U0920603

中关村年鉴

YEARBOOK OF ZHONGGUANCUN

—2017—

（总第十卷）

中关村科技园区管理委员会　编

北京出版集团公司
北　京　出　版　社

图书在版编目（CIP）数据

中关村年鉴. 2017 / 中关村科技园区管理委员会编. — 北京 ：北京出版社，2017.11

ISBN 978-7-200-13218-2

Ⅰ. ①中… Ⅱ. ①中… Ⅲ. ①高技术开发区—北京—2017—年鉴 Ⅳ. ①F127.1-54

中国版本图书馆CIP数据核字(2017)第207949号

策　　划　于　虹
责任编辑　白　珍
封面设计　盛天果
排版设计　云伊若水
责任印制　宋　超

中关村年鉴 2017
ZHONGGUANCUN NIANJIAN 2017
中关村科技园区管理委员会　编

*

北京出版集团公司
北　京　出　版　社　出版

（北京北三环中路6号）
邮政编码：100120

网　址：www.bph.com.cn
北京出版集团公司总发行
新　华　书　店　经　销
北京华联印刷有限公司印刷

*

889毫米×1194毫米　16开本　38.75印张　1241千字
2017年11月第1版　2017年11月第1次印刷

ISBN 978-7-200-13218-2

定价：420.00元

质量监督电话：010-58572393

《中关村年鉴》编纂委员会

《中关村年鉴》编辑部

《中关村年鉴》组稿人员

编辑说明

一、《中关村年鉴》（原名《中关村科技园区年鉴》《中关村国家自主创新示范区年鉴》）是一部反映中关村国家自主创新示范区发展变化的专业性资料工具书和史料文献，由中关村科技园区管理委员会主持编纂。

二、本年鉴编纂全面贯彻党的十九大会议精神，坚持以邓小平理论、“三个代表”重要思想、科学发展观、习近平新时代中国特色社会主义思想为指导，贯彻习近平总书记对中关村示范区的系列指示要求，遵循实事求是的原则，科学、客观地反映实际情况。

三、本年鉴从2008年开始，逐年编纂。本卷为第十卷。当年出版的年鉴，记述上一年度中关村示范区所发生的重大事件和新的情况，为领导决策提供可资参考的依据，为制订科技发展规划提供有价值的资料，为在园区的创新创业者和国内外人士了解中关村示范区、研究北京地区高新技术产业园区提供最新信息，为开展交流合作和对外宣传提供基础资料。

四、本年鉴主要记载中关村示范区政策覆盖范围（488平方千米）“一区十六园”内高新技术企业的情况，对中关村示范区内科研机构、高等院校等单位情况也适当记述，使主体突出而又概括全貌。

五、本年鉴设有特载、专文、大事记、概况、综合管理、多园格局、产业发展、重大创新成果、创业基地、科技金融、人才工作、创业服务、知识产权与标准化、合作与交流、社会组织、统计资料、附录17个一级栏目。

六、本年鉴采用文章和条目两种体裁，以条目体为主，用规范的语体文、记述体，直陈其事，文字力求言简意赅。文前配有彩色图片及图表，文内配有随文图片和表格。

七、本年鉴收录中关村科技园区管理委员会及十六园管理委员会等机构信息，所列各单位主要负责人均以2016年内任职为限。

八、选入本年鉴的文章和条目，均由《中关村年鉴》参编单位确定的专人负责撰写或提供，稿件均经所在单位主管负责人审核。

九、本年鉴所使用的统计数据由北京市统计部门、中关村科技园区管理委员会及各园区管理委员会的统计部门提供。书中部分数据合计数或相对数由于计量单位取舍不同，分项之和未必等于总计，分项占比合计未必等于100%。

十、为便于读者查阅，本年鉴卷首设有“目录”，卷末设有“索引”。

十一、本年鉴所涉及的国务院机构和北京市政府机构名称使用简称，根据国务院办公厅和北京市政府办公厅的规定规范使用。中关村国家自主创新示范区、中关村科技园区管理委员会在文中简称为“中关村示范区”“中关村管委会”。

十二、本年鉴记述2016年1月1日—12月31日期间情况，凡2016年的内容，均直书月、日，不再写年份。文中“年内”一律指2016年，涉及其他年份的时间均标明年份。

十三、本年鉴除印刷出版纸质文本外，还出有电子版本。电子版刊载在中关村示范区官网的“中关村志鉴”平台（yqz.zgc.gov.cn）上。

2016年5月20日，中共北京市委书记郭金龙（前排右2）、北京市市长王安顺（前排左2）参观第十九届中国北京国际科技产业博览会中关村示范区展区

2016年11月4日，中共北京市委副书记、北京市代市长蔡奇（左1）到中关村示范区调研

2016年9月1日，十二届全国政协副主席杜青林（前排右2）到中关村外国人服务大厅调研

2016年5月13日，科技部部长万钢（前排右3）到北京生命科学研究所调研

2016 年 1 月 7 日，农业部部长韩长赋（前排右 3）到鸿坤·金融谷调研

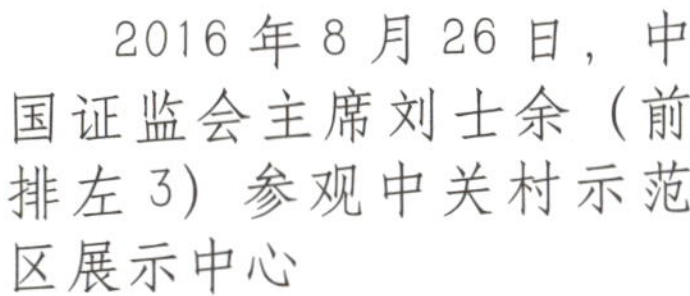

2016 年 8 月 26 日，中国证监会主席刘士余（前排左 3）参观中关村示范区展示中心

2016 年 5 月 17 日，北京市人大常委会主任杜德印（右 1）到中关村前沿技术研究院调研

2016 年 5 月 11 日，中共北京市委副书记苟仲文（左 1）为石家庄（正定）中关村集成电路产业基地揭牌

2016 年 8 月 26 日，中共北京市委常委姜志刚（前排右 2）到中关村智造大街调研

2016 年 7 月 23 日，北京市副市长隋振江出席中关村国际创新周开幕式暨中关村智造大街启动仪式

2016 年 1 月 16 日，中关村互联网＋产品发布会举办

2016 年 2 月 26 日，中关村国家自主创新示范区 2016 年园区工作会暨双创经验交流会召开

2016 年 2 月 29 日，2015 年中关村独角兽企业榜单发布

2016 年 3 月 9 日，中关村管委会 2016 年党风廉政建设工作会召开

2016 年 3 月 29 日，中关村一带一路产业促进会成立

2016 年 3 月 30—31 日，河北省党政代表团到中关村示范区调研

2016 年 4 月 21 日，京津中关村科技城发展论坛举办

2016 年 4 月 22 日，北京市京海公司院士专家工作站揭牌仪式举行

2016 年 4 月 26 日，北京四板市场大兴区企业孵化培育基地启动仪式暨北京股权交易中心企业集体挂牌仪式举行

2016 年 4 月 29 日，2016 中关村知识产权论坛举办

2016 年 5 月 12 日，中关村大数据产业园挂牌

2016年5月19—22日，中关村示范区企业参加第十九届中国北京国际科技产业博览会

2016 年 5 月 20 日，首批中关村外籍高层次人才获颁外国人永久居留证

2016 年 5 月 25 日，百城千校十万智能制造人才培养助推计划启动

2016 年 5 月 27 日，中关村核心区知识产权金融创新产品智融宝（助知贷）发布

2016 年 5 月 31 日，北京市“展望‘十三五’发展谱新篇”之创新发展百姓宣讲团中关村专场宣讲会举行

2016 年 6 月 8 日，中关村京企云梯科技创新联盟成立

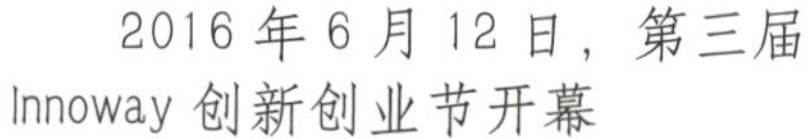

2016 年 6 月 12 日，第三届 Innoway 创新创业节开幕

2016 年 6 月 19 日，房山区人民政府、北京航空航天大学、中关村发展集团合作协议签约仪式举行

2016 年 7 月 23 日，中关村智造大街开街

2016 年 7 月 24 日，南宁·中关村双创示范基地揭牌

2016 年 8 月 9—10 日，第二届中关村国际创业节暨盛景全球创新大奖总决赛举办

2016 年 10 月 8 日，共建中国科学院联动创新产业园签约仪式举行

2016 年 10 月 12 日，2016 年全国大众创业万众创新活动周北京会场启动仪式暨中关村创新创业季开幕式举行

2016 年 10 月 12—18 日，2016 年全国大众创业万众创新活动周北京会场主题展举办

2016 年 10 月 21 日，中关村并购母基金成立

2016 年 11 月 2 日，中关村示范区贯彻落实《促进科技成果转化法》暨先行先试政策宣讲启动会召开

2016 年 11 月 5 日，G20 科技创新部长代表团参观中关村示范区展示中心

2016 年 11 月 16 日，2016 ·京津冀协同发展石家庄（正定）中关村集成电路产业基地暨正定科技新城“十三五”发展推介会举行

2016 年 11 月 25 日，首个投贷联动试点项目落地中关村示范区

2016 年 12 月 9 日，中关村创业生态发展促进会成立

2016 年 12 月 12 日，2016 中关村大数据日暨京津冀大数据协同发展高峰论坛开幕

中关村军民融合创新学院启动仪式

2016年12月24日，中关村军民融合创新学院启动

2016年12月27日，北师大－北中医国家大学科技园横琴科技创新研究院首批项目落地

2016年12月27日，国家现代农业科技城通州国际种业科技园区研发中心项目开工

2016年，中关村100企业家俱乐部举办6场企业做强做大闭门研讨会

遨博（北京）智能科技有限公司研发的工业机器人

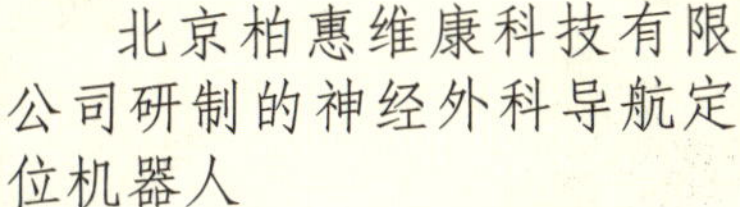

北京柏惠维康科技有限公司研制的神经外科导航定位机器人

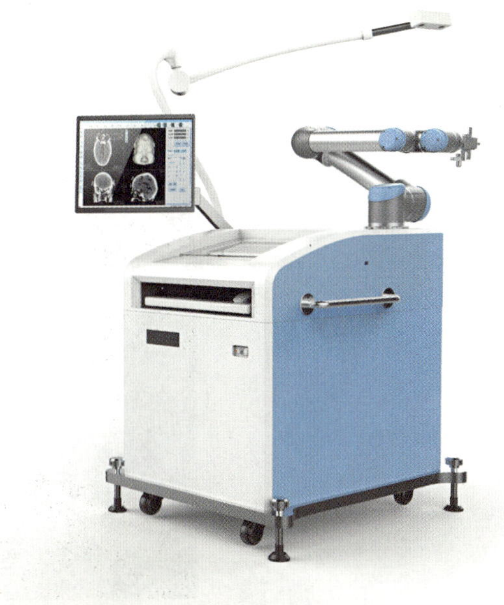

北京格灵深瞳信息技术有限公司研发的Foveacam人眼摄像机

北京京东世纪信息技术有限公司推出的无人配送车

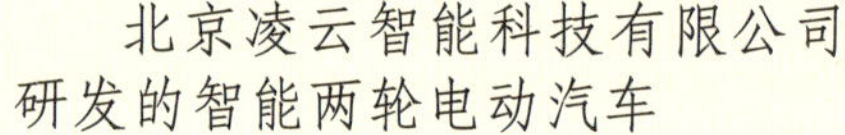

北京凌云智能科技有限公司研发的智能两轮电动汽车

北京中航智科技有限公司研发的 TD220 无人直升机

北京诺亦腾科技有限公司研发的混合动捕技术多人虚拟现实交互系统 Project Alice

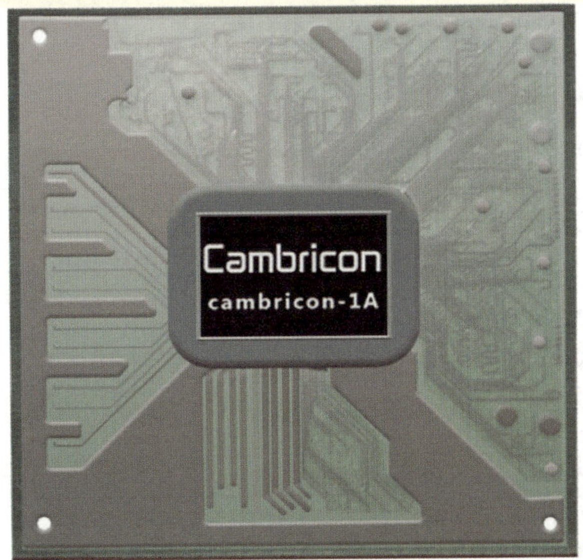

北京中科寒武纪科技有限公司研发的世界首款商用深度学习专用处理器——寒武纪 -1A

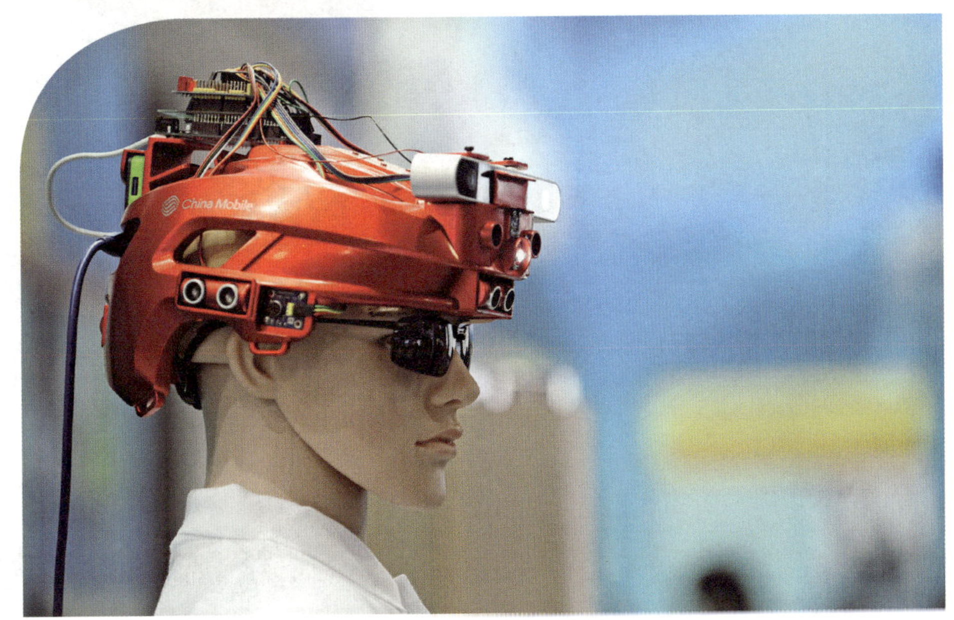

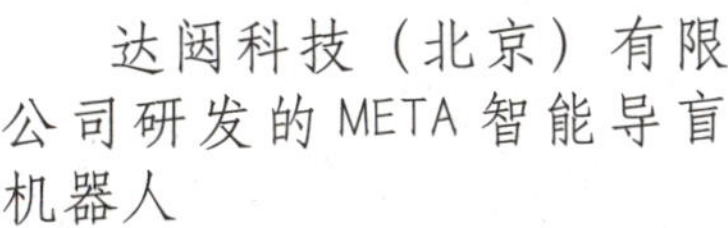
达闼科技（北京）有限公司研发的 META 智能导盲机器人

零度智控（北京）智能科技有限公司研发的基于智能手机芯片的口袋无人机

芯视界（北京）科技有限公司研制的量子点光谱仪

驭势科技（北京）有限公司推出的无人驾驶观光车

2016 年中关村示范区企业数量统计图
（按园区分组）

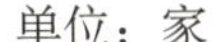

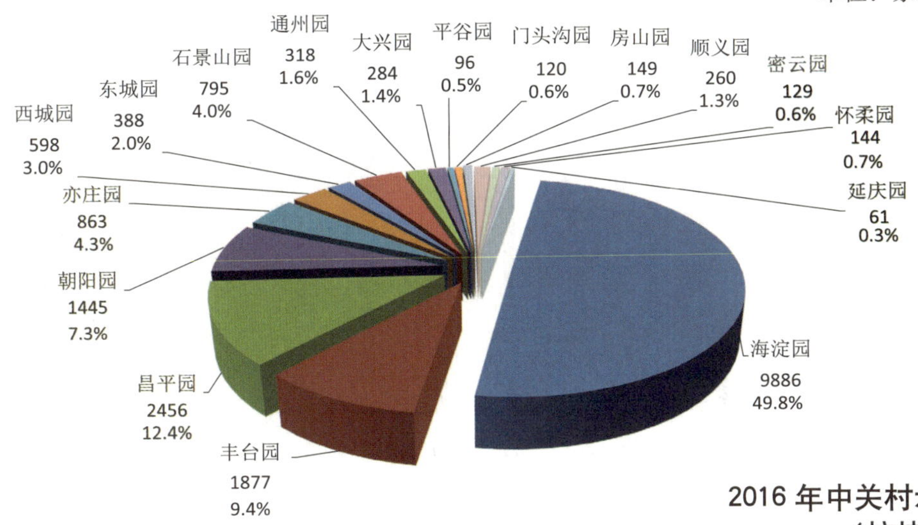

2016 年中关村示范区企业数量统计图
（按技术领域分组）

单位：家

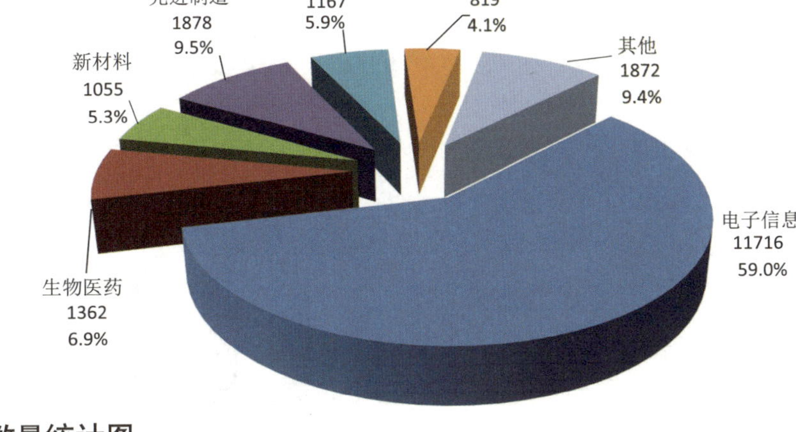

2016 年中关村示范区企业数量统计图
（按经济类型分组）

单位：家

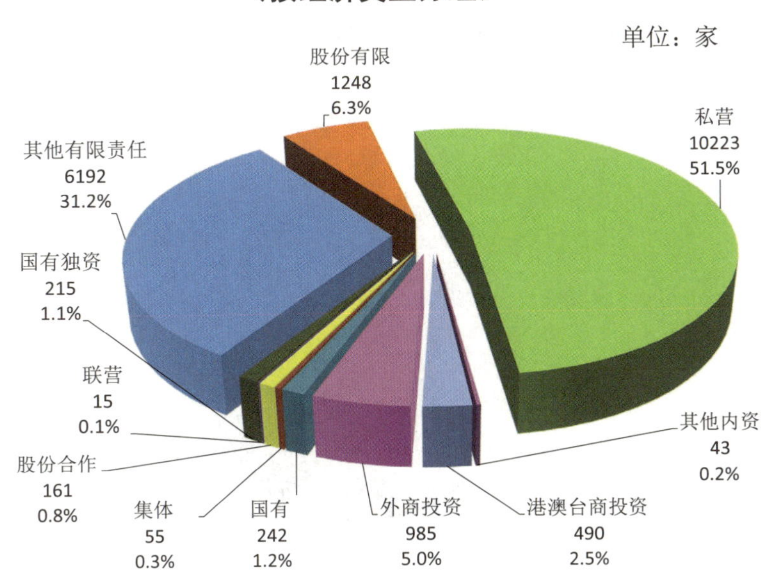

2006—2016 年中关村示范区年收入亿元以上企业数量统计图

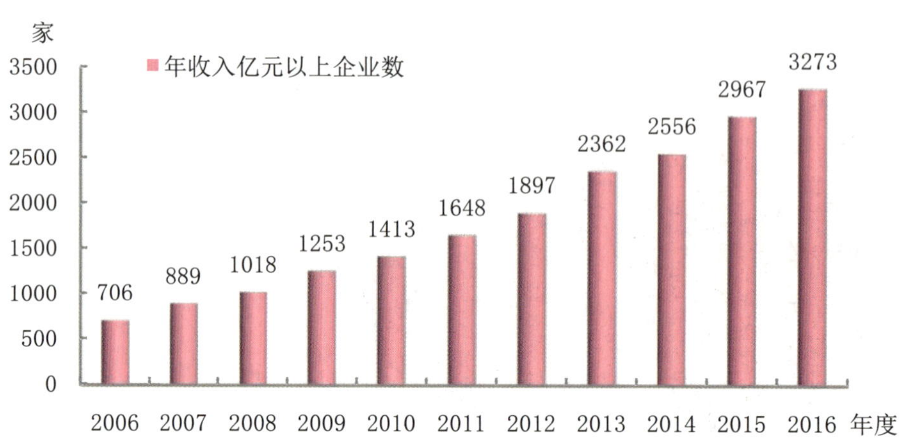

2006—2016年中关村示范区累计上市企业数量统计图

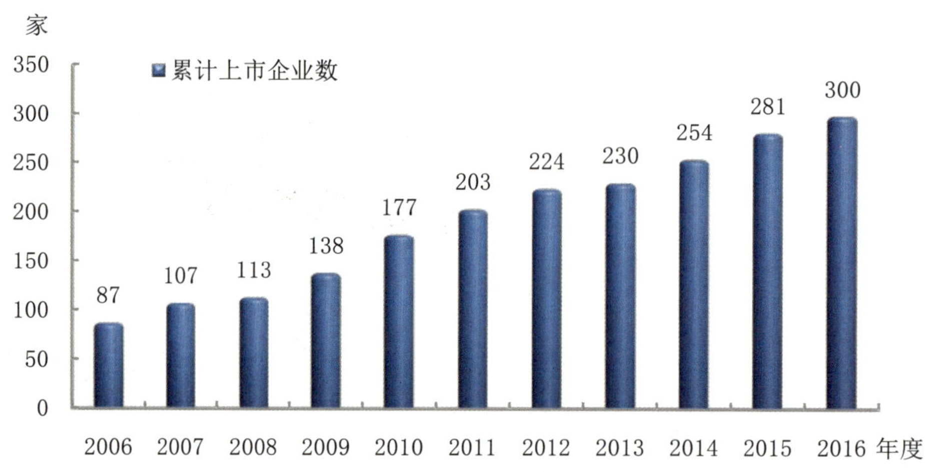

2016 年中关村示范区创业投资占全国比重统计图

创业投资案例数占全国比重

单位：起

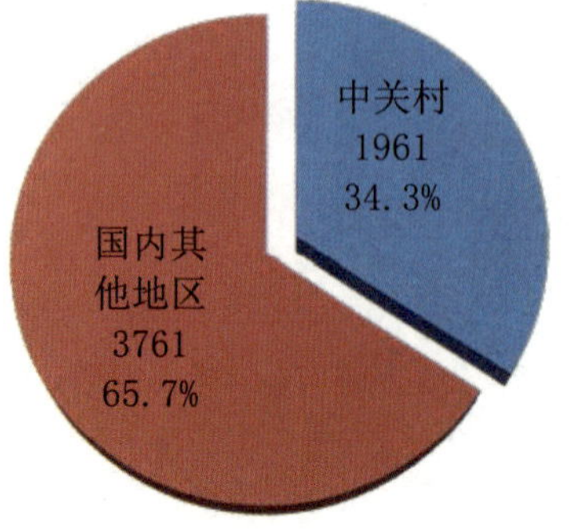

创业投资金额占全国比重

单位：亿元

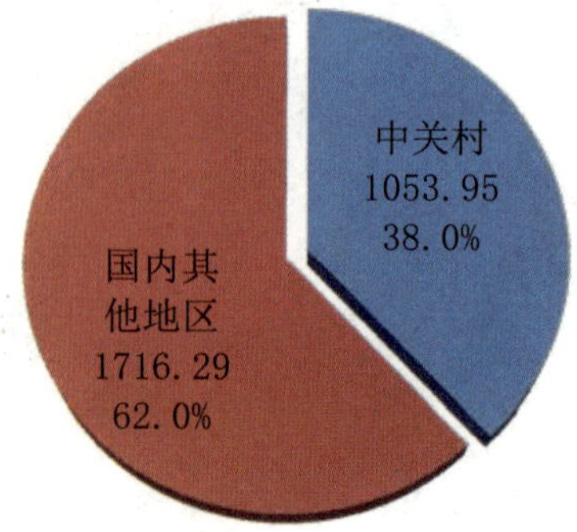

2006—2016 年中关村示范区总收入及增长率统计图

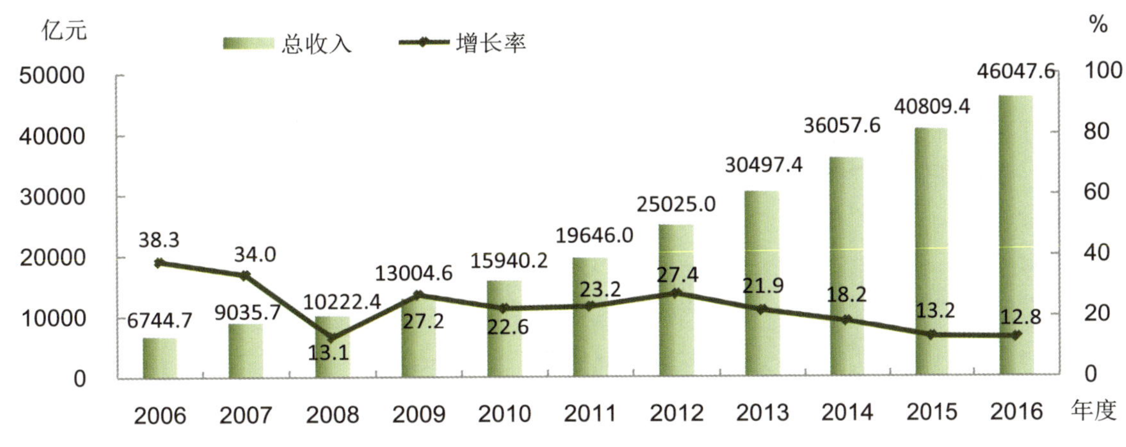

2016 年中关村示范区总收入统计图
（按园区分组）

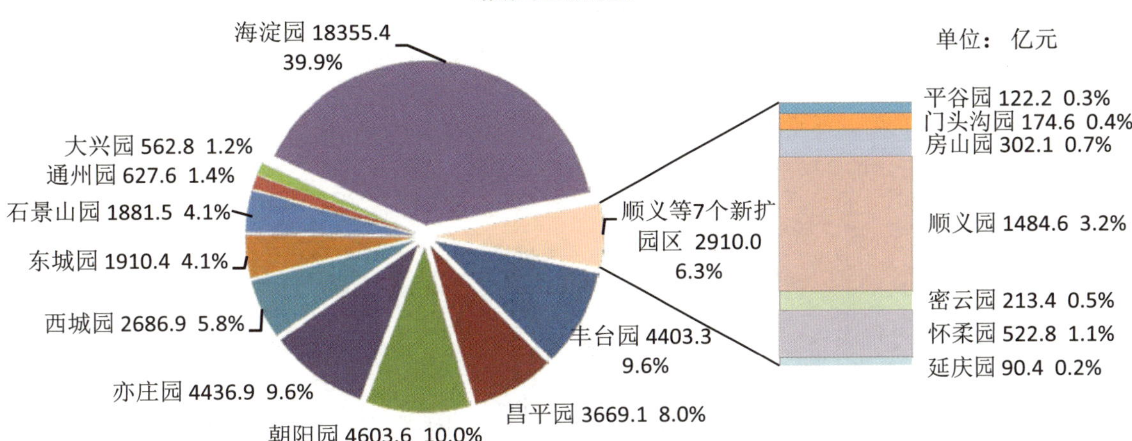

2016 年中关村示范区总收入统计图
（按技术领域分组）

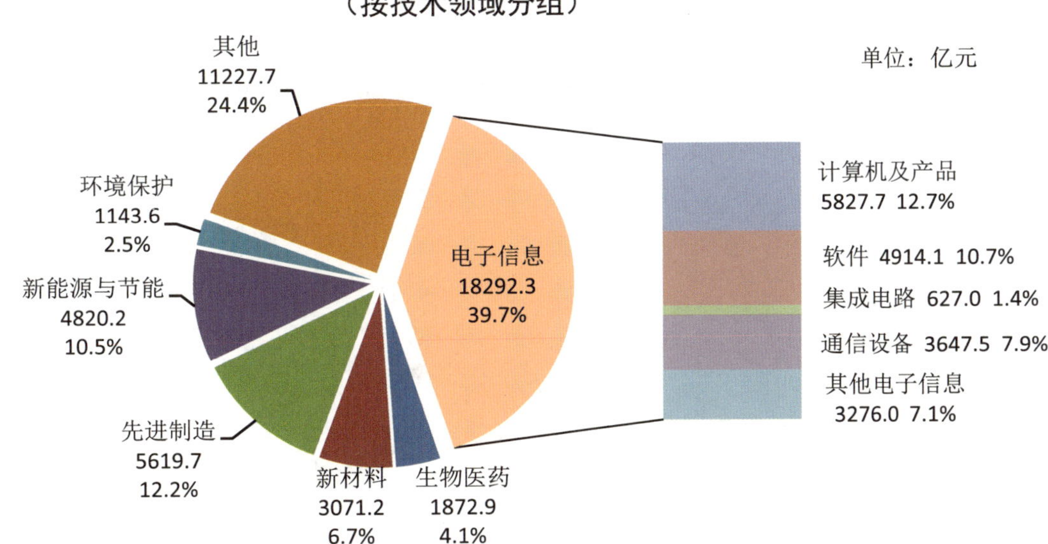

2006—2016年中关村示范区总收入占全国高新区比重统计图

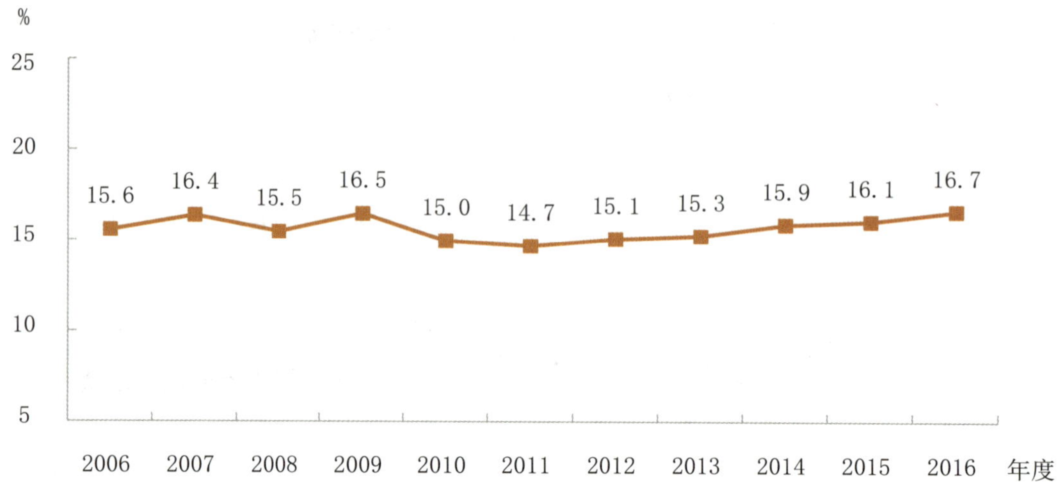

2006—2016年中关村示范区实缴税费及增长率统计图

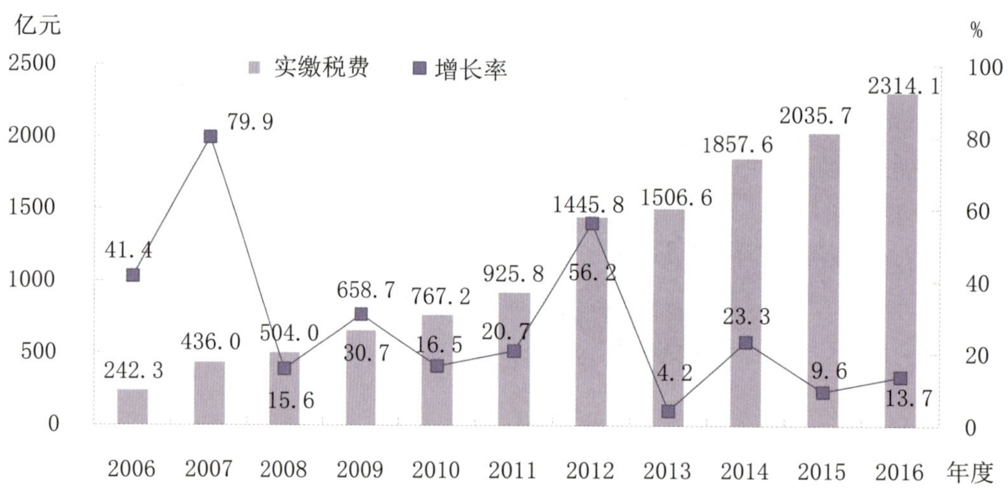

2006—2016年中关村示范区实缴税费占全国高新区比重统计图

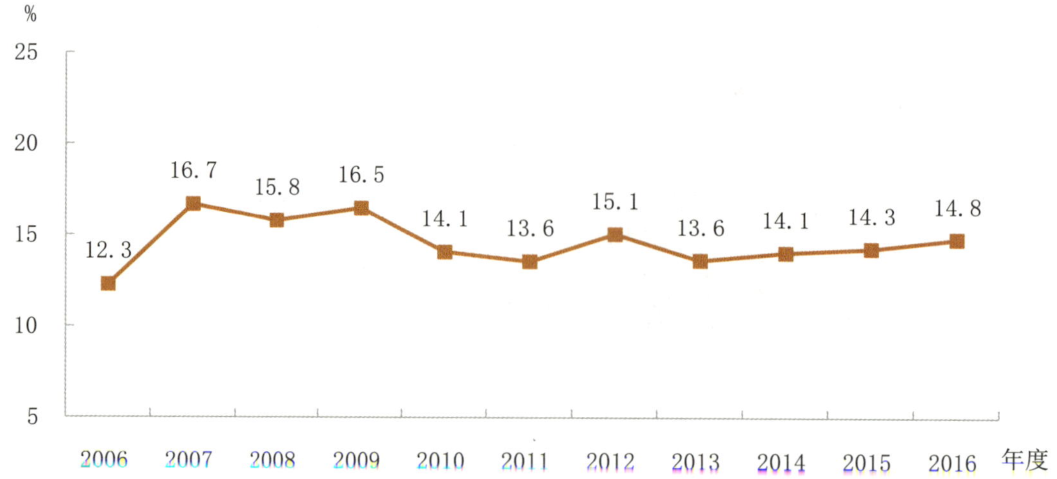

2006—2016 年中关村示范区增加值及占北京市比重统计图

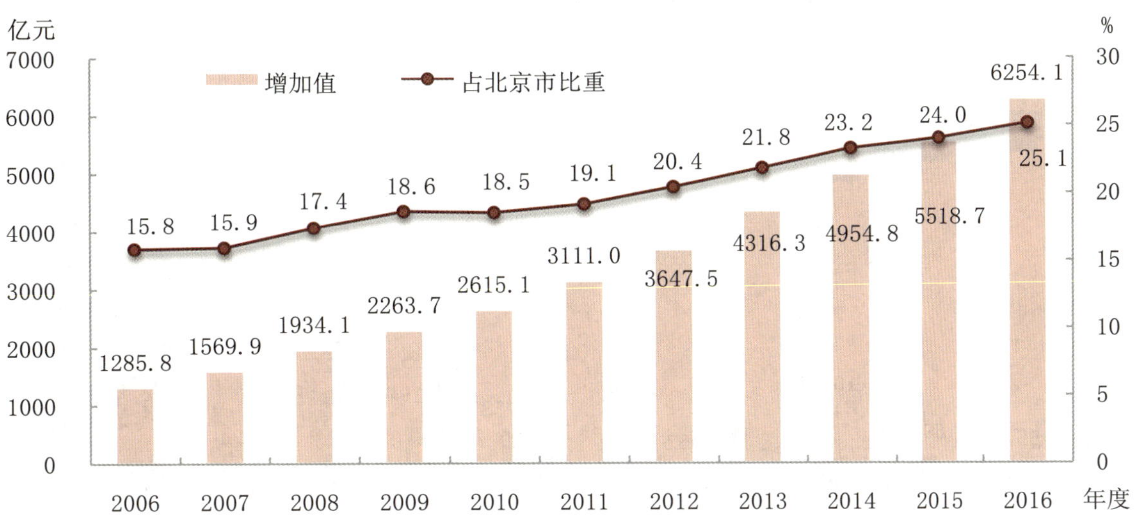

注：根据市统计局对 2015 年中关村增加值初步统计数据的调整，改为 5518.7 亿元

2009—2016 年中关村示范区企业科技活动经费支出总额及占总收入比重统计图

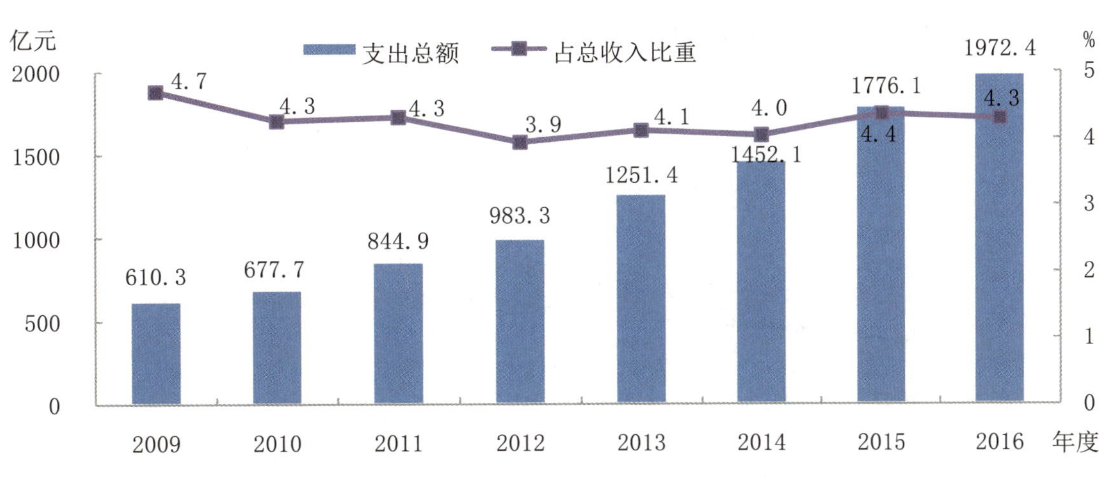

2016 年中关村示范区技术交易流向分布统计图

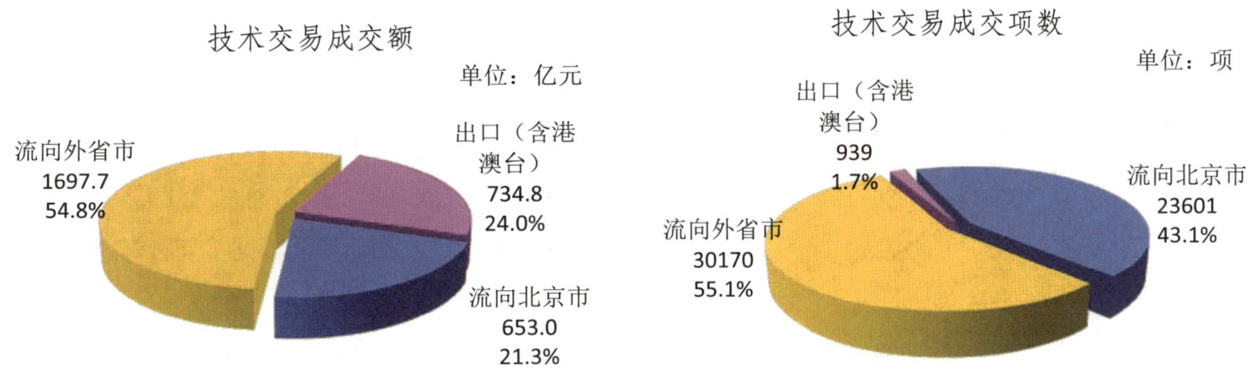

2006—2016 年中关村示范区企业专利申请量与授权量统计图

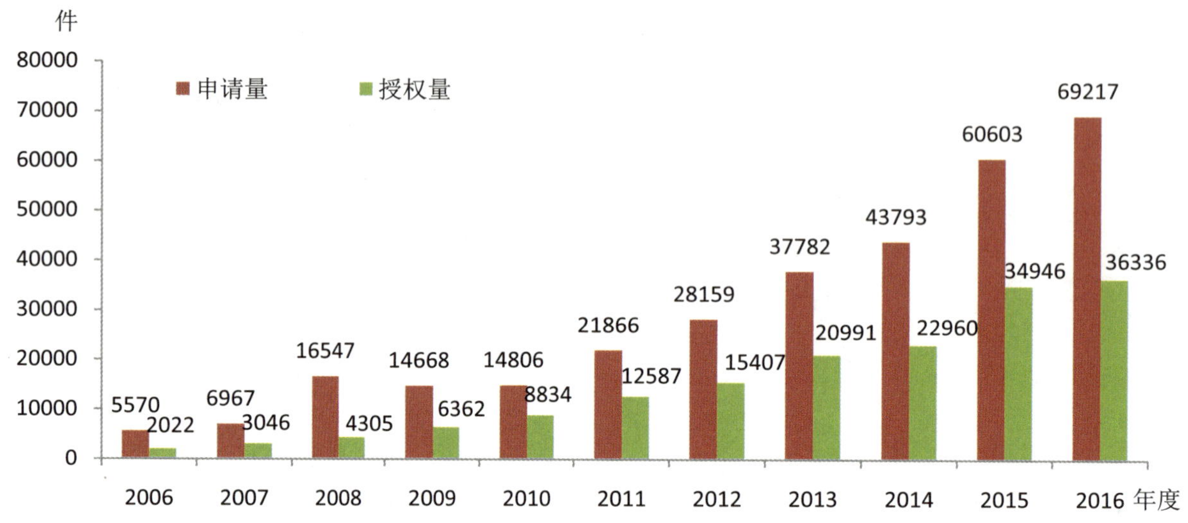

2006—2016年中关村示范区企业万人拥有发明专利申请量与授权量统计图

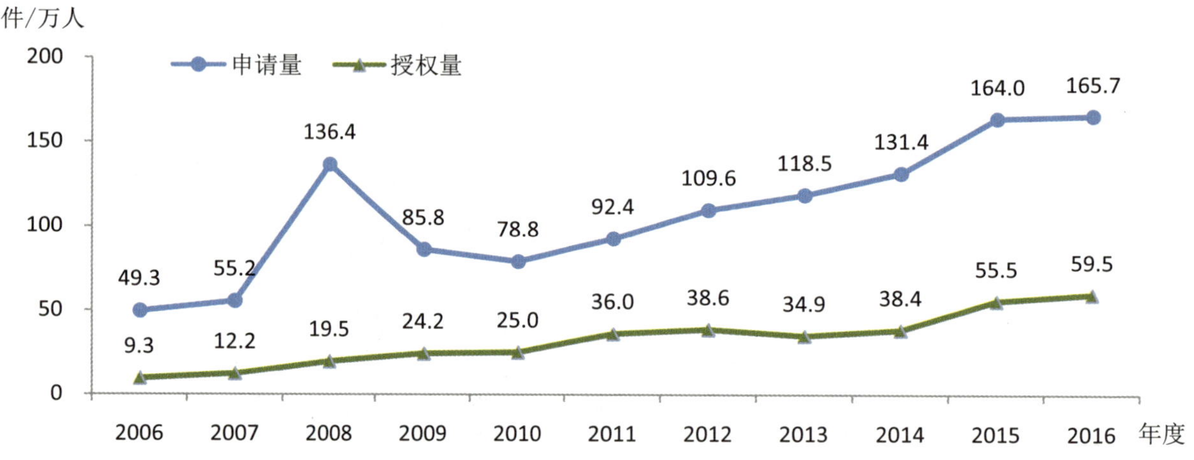

2006—2016年中关村示范区出口总额及增长率统计图

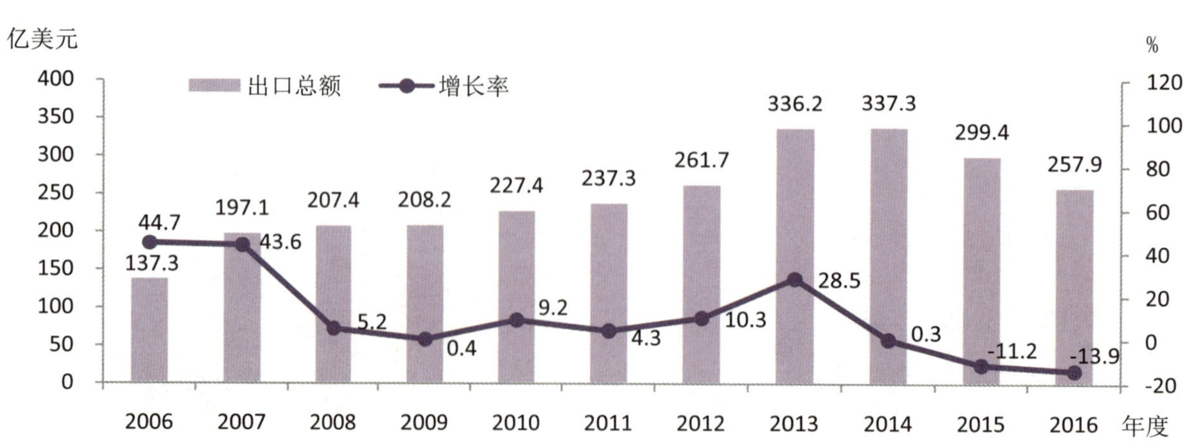

中关村国家自主创新示范区

空间范围示意图

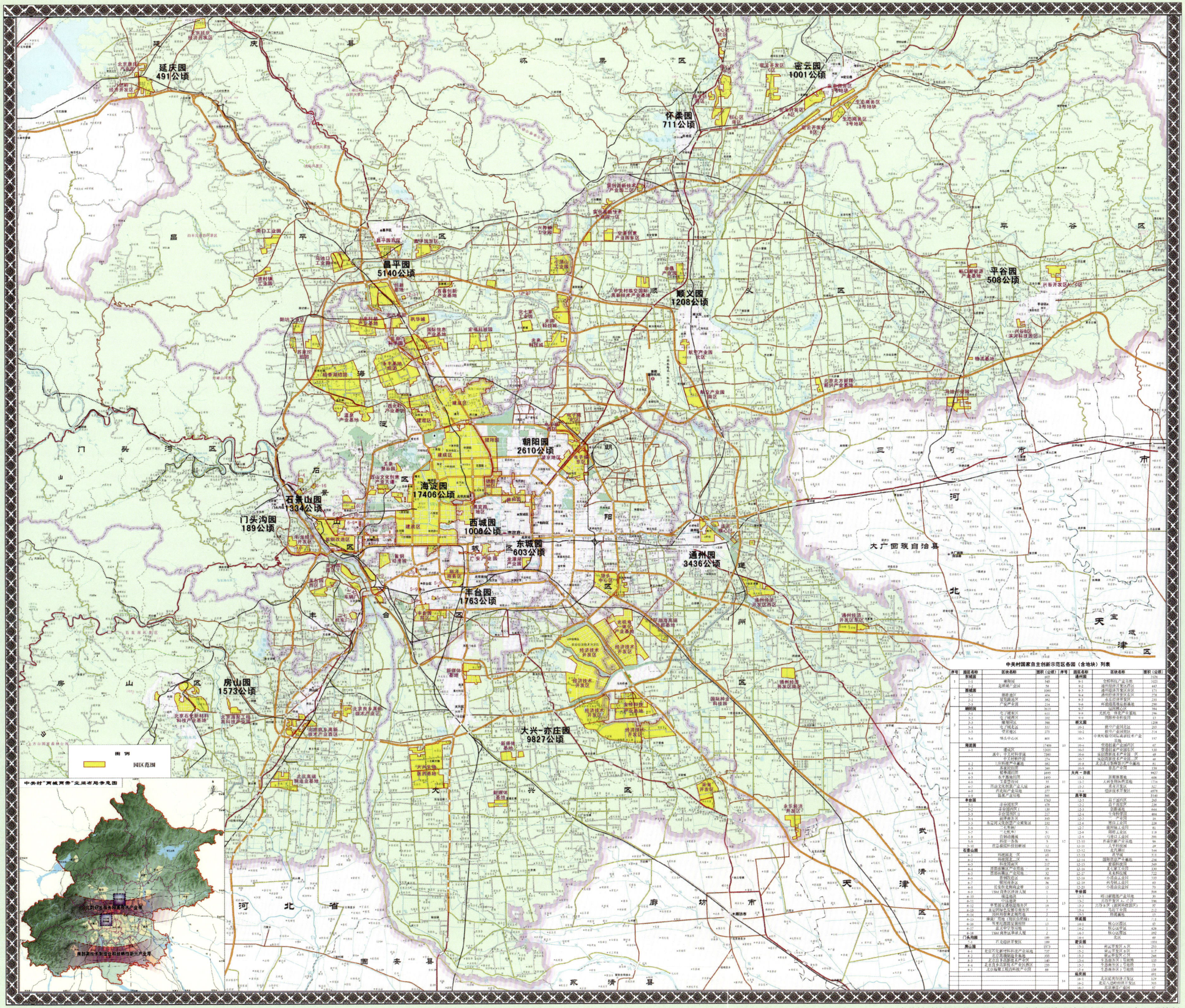

延庆园 491公顷
密云园 1001公顷
怀柔园 711公顷
昌平园 5140公顷
平谷园 508公顷
顺义园 1208公顷
朝阳园 2610公顷
海淀园 17406公顷
石景山园 1334公顷
门头沟园 189公顷
西城园 1008公顷
东城园 603公顷
通州园 3436公顷
丰台园 1763公顷
房山园 1573公顷
大兴-亦庄园 9827公顷

图例
园区范围

中关村"两城两带"空间布局示意图

中关村国家自主创新示范区各园（含地块）列表

序号	园区名称	区块名称	面积（公顷）
1	东城园		603
	1-1	雍和园	545
	1-2	龙潭湖产业园	58
2	西城园		1000
	2-1	德胜地区	404
	2-2	展览路地区	382
	2-3	广安产业园	214
3	朝阳园		2610
	3-1	电子城东区	611
	3-2	电子城西区	202
	3-3	健翔园区	388
	3-4	电子城北区	337
	3-5	望京地区	271
	3-6	垡头中心区	801
4	海淀园		17406
	4-1	建成区	12031
		其中：中关村科学城	7500
		中关村软件园	274
	4-2	上庄科技产业基地	582
	4-3	苏家坨组团	260
	4-4	稻香湖组团	1895
	4-5	永丰基地组团	1495
	4-6	玉泉慧谷园	35
	4-7	西山文化创意产业大道	240
	4-8	西北旺产业基地	277
	4-9	温泉产业基地	591
5	丰台园		1763
	5-1	丰台园东区	478
	5-2	丰台园西区 I	130
	5-3	丰台园西区 II	217
	5-4	丽泽商务区	393
	5-5	永定河文化创意产业聚集区	232
	5-6	二七车辆厂	71
	5-7	二七机车厂	51
	5-8	首钢动漫城	172
	5-9	科技一条街	5
	5-10	应急救援科技创新园	12
6	石景山园		1334
	6-1	科技园北一区	65
	6-2	科技园北二区	91
	6-3	科技园南区	217
	6-4	首钢拓展区产业用地一	19
	6-5	首钢拓展区产业用地二	32
	6-6	首钢改造区	816
	6-7	银河商务区	36
	6-8	长安街北侧商业带	13
	6-9	TSM 商务区泽洋大厦	1
	6-10	瑞达地块	1
	6-11	中冠地块	3
	6-12	苹果园交通枢纽商务区	10
	6-13	永定河绿色发展带商务区	7
	6-14	园林局宿舍北侧用地	2
	6-15	弹簧厂用地（现状仙鹤楼）	1
	6-16	五里坨西部发展预留	13
	6-17	重大中学等用地	1
	6-18	TSM 商务区华录大厦	2
7	门头沟园		189
	7-1	石龙经济开发区	189
8	房山园		1573
	8-1	北京石化新材料科技产业基地	737
	8-2	北京高端制造业基地	355
	8-3	北京良乡高新技术产业区	140
	8-4	北京良乡高新技术产业区西区	233
	8-5	北京海聚工程高科技产业园	88

序号	园区名称	区块名称	面积（公顷）
9	通州园		3436
	9-1	金桥科技产业基地	1021
	9-2	通州经济开发区西区	443
	9-3	通州经济开发区南区	171
	9-4	通州经济开发区东区	278
	9-5	永乐经济开发区	231
	9-6	环渤海高端总部基地	290
	9-7	运河核心区	394
	9-8	光机电一体化产业基地	396
	9-9	国际种业科技园	13
10	顺义园		1208
	10-1	航空产业园北区	205
	10-2	航空产业园南区	314
	10-3	中关村临空国际高新技术产业基地	157
	10-4	空港创意产业园西区	67
	10-5	空港创意产业园东区	130
	10-6	实创高新技术产业园一区	49
	10-7	实创高新技术产业园二区	46
	10-8	北京北方新能源新兴产业基地	81
	10-9	非晶产业园	159
11	大兴－亦庄		9827
	11-1	新媒体基地	606
	11-2	大兴生物医药基地	1716
	11-3	采育开发区	527
	11-4	经济技术开发区	6978
12	昌平园		5140
	12-1	昌平园西区	265
	12-2	昌平园东区	236
	12-3	创新基地	644
	12-4	生命科学园	464
	12-5	三一产业园	16
	12-6	南口工业园	228
	12-7	沙河镇工业园	81
	12-8	阳坊工业区	118
	12-9	马池口工业园	391
	12-10	南邵创新产业基地	96
	12-11	大学科技园	29
	12-12	北汽福田	144
	12-13	[illegible]	311
	12-14	国际信息产业基地	234
	12-15	宏福科技园	349
	12-16	北七家工业园	130
	12-17	未来科技城	722
	12-18	小汤山工业园	333
	12-19	兴寿镇工业园	60
	12-20	小汤山农业园	70
13	平谷园		508
	13-1	峪口新能源产业基地	30
	13-2	兴谷开发区 A、C 区	196
	13-3	兴谷 B 区（滨河科技园区）	57
	13-4	马坊工业园	212
	13-5	物流基地	13
14	怀柔园		711
	14-1	核心区西区	45
	14-2	核心区中区	426
	14-3	核心区南区	192
	14-4	北区	49
15	密云园		1001
	15-1	密云开发区 A 区	253
	15-2	密云开发区 B 区	117
	15-3	密云开发区 C 区	266
	15-4	生态商务区 1 号地块	133
	15-5	生态商务区 2 号地块	73
	15-6	生态商务区 3 号地块	158
16	延庆园		491
	16-1	北京延庆经济开发区	129
	16-2	北京八达岭经济开发区	305
	16-3	北京康庄产业园	57

中关村科技园区管理委员会 北京市测绘设计研究院 2013 年 1 月编制

目录 Contents

特　载

专　文

大事记

概　况

综合管理

多园格局

产业发展

重大创新成果

创业基地

科技金融

人才工作

创业服务

知识产权与标准化

合作与交流

社会组织

统计资料

附　录

目录 Contents

Special Issues

Special Articles

Chronicle

Overview

General Management

Sub-Parks

Industry Development

Major Innovative Achievements

Entrepreneurial Base

Sci-tech Financing

Work of Talents

Entrepreneurial Service

Intellectual Property and Standardization

Cooperation and Exchange

Social Organizations

Statistics Data

Appendix

特　载

Special Issues

本栏目主要刊载国务院以及国务院所属相关部委，中共北京市委、北京市政府印发的指导中关村国家自主创新示范区发展的相关文件；中央和北京市领导及中关村管委会主要领导的有关讲话和文章等。

国务院关于印发北京加强全国科技创新中心建设总体方案的通知

国发〔2016〕52号

各省、自治区、直辖市人民政府，国务院各部委、各直属机构：

现将《北京加强全国科技创新中心建设总体方案》印发给你们，请认真贯彻执行。

国务院

2016年9月11日

北京加强全国科技创新中心建设总体方案

为深入贯彻党的十八大和十八届三中、四中、五中全会精神，全面落实全国科技创新大会精神和《国家创新驱动发展战略纲要》《京津冀协同发展规划纲要》部署要求，坚持和强化北京全国科技创新中心地位，在创新驱动发展战略实施和京津冀协同发展中发挥引领示范和核心支撑作用，制订本方案。

一、总体思路

按照党中央、国务院决策部署，坚持创新、协调、绿色、开放、共享发展理念，根据京津冀协同发展的总体要求，以中关村国家自主创新示范区为主要载体，以构建科技创新为核心的全面创新体系为强大支撑，着力增强原始创新能力，打造全球原始创新策源地；着力推动科技和经济结合，建设创新驱动发展先行区；着力构建区域协同创新共同体，支撑引领京津冀协同发展等国家战略实施；着力加强科技创新合作，形成全球开放创新核心区；着力深化改革，进一步突破体制机制障碍，优化创新创业生态。塑造更多依靠创新驱动、更多发挥先发优势的引领型发展，持续创造新的经济增长点，为把我国建设成为世界科技强国、实现“两个一百年”奋斗目标提供强大动力。

二、发展目标

按照“三步走”方针，不断加强北京全国科技创新中心建设，使北京成为全球科技创新引领者、高端经济增长极、创新人才首选地、文化创新先行区和生态建设示范城。

第一步，到2017年，科技创新动力、活力和能力明显增强，科技创新质量实现新跨越，开放创新、创新创业生态引领全国，北京全国科技创新中心建设初具规模。

第二步，到2020年，北京全国科技创新中心的核心功能进一步强化，科技创新体系更加完善，科技创新能力引领全国，形成全国高端引领型产业研发集聚区、创新驱动发展示范区和京津冀协同创新共同体的核心支撑区，成为具有全球影响力的科技创新中心，支撑我国进入创新型国家行列。

第三步，到2030年，北京全国科技创新中心的核心功能更加优化，成为全球创新网络的重要力量，成为引领世界创新的新引擎，为我国跻身创新型国家前列提供有力支撑。

三、重点任务

充分发挥北京高端人才集聚、科技基础雄厚的创新优势，统筹利用好各方面科技创新资源，积极协同央地科技资源，深入实施军民融合发展战略，完善创新体系，优化提升首都创新核心功能，突出重点，在基础研究、原始创新和国家急需的领域取得突破，全面服务国家重大战略实施。

（一）强化原始创新，打造世界知名科学中心

加大科研基础设施建设力度，超前部署应用基础及国际前沿技术研究，加强基础研究人才队伍培养，建设一批国际一流研究型大学和科研院所，形成领跑世界的原始创新策源地，将北京打造为世界知名科学中心。

1. 推进三大科技城建设

统筹规划建设中关村科学城、怀柔科学城和未来科技城，建立与国际接轨的管理运行新机制，推动央地科技资源融合创新发展。加强北京市与中央有关部门会商合作，优化中央科技资源在京布局，发挥高等学校、科研院所和大型骨干企业的研发优势，形成北京市与中央在京单位高效合作、协同创新的良好格局。中关村科学城主要依托中国科学院有关院所、高等学校和中央企业，聚集全球高端创新要素，实现基础前沿研究重大突破，形成一批具有世界影响力的原创成果。怀柔科学城重点建设高能同步辐射光源、极端条件实验装置、地球系统数值模拟装置等大科学装置群，创新运行机制，搭建大型科技服务平台。未来科技城着重集聚一批高水平企业研发中心，集成中央在京科技资源，引进国际创新创业人才，强化重点领域核心技术创新能力，打造大型企业集团技术创新集聚区。

2. 超前部署基础前沿研究

北京发挥科教资源优势，加强与国家科技计划（专项、基金等）衔接，统筹布局重点领域原始创新，集中力量实施脑科学、量子计算与量子通信、纳米科学等大科学计划，引领我国前沿领域关键科学问题研究。瞄准国际科技前沿，以国家目标和战略需求为导向，整合优势力量，在明确定位和优化布局的基础上，建设一批重大科研创新基地。围绕国家应用基础研究领域部署，加强对信息科学、基础材料、生物医学与人类健康、农业生物遗传、环境系统与控制、能源等领域的支撑，取得一批具有全球影响力的重大基础研究成果，引领国际产业发展方向。

3. 加强基础研究人才队伍建设

坚持高起点、高标准，建设结构合理的创新人才团队，造就一批具有国际影响力的科学大师和以青年科学家为带头人的优秀研究群体。支持高等学校、科研院所和有条件的企业共建基础研究团队，加快科学家工作室建设，创新青年人才支持模式，形成一批从事基础研究的杰出青年科学家队伍。在全球范围内吸引一批能够承接重大任务、取得尖端成果、做出卓越贡献、形成“塔尖效应”的顶尖人才。在统筹考虑现有布局和国家对外科技合作总体部署基础上，鼓励以我为主发起国际大科学计划和大科学工程，吸引海外顶尖科学家和团队参与。

4. 建设世界一流高等学校和科研院所

推进新兴交叉学科建设，促进基础学科与应用学科、自然科学与人文社会科学交叉融合，积极推动网络数据科学、量子信息学、生物医学、纳米科学与技术、核科学与技术、航空宇航科学与技术、生物信息学等学科发展与完善，加快世界一流高等学校和科研院所建设。建设国际马铃薯中心亚太中心。创新科研院所运行体制机制，推广北京生命科学研究所等管理模式。

（二）实施技术创新跨越工程，加快构建“高精尖”经济结构

围绕国家经济社会发展重大需求，深入实施“北京技术创新行动计划”“《中国制造2025》北京行动纲要”“‘互联网+’行动计划”等，突破一批具有全局性、前瞻性、带动性的关键共性技术，加强重要技术标准研制，培育具有国际竞争力的研发创新体系，加快科技成果向现实生产力转化，在北京经济技术开发区等打造具有全球影响力的创新型产业集群。

5. 夯实重点产业技术创新能力

以智能制造、生物医药、集成电路、新型显示、现代种业、移动互联、航空航天、绿色制造等领域为重点，依托优势企业、高等学校和科研院所，建设一批对重点领域技术创新发挥核心引领作用的国家技术创新中心，突破与经济社会发展紧密相关的关键共性技术和核心瓶颈技术，形成一批具有竞争力的国际标准。推动科技与产业、科技与金融、科技与经济深度融合，培育一批具有国际竞争力的创新型领军企业，聚集世界知名企业技术创新总部，构建跨界创新合作网络。完善技术创新服务平台体系，加强研究开发、技术转移和融资、计量、检验检测认证、质量标准、知识产权和科技咨询等公共服务平台建设，打造高端创业创新平台。利用中关村政策优势，推动国防科技成果向民用领域转移转化和产业化。

6. 引领支撑首都“高精尖”经济发展

在新一代信息技术、生物医药、能源、新能源汽车、节能环保、先导与优势材料、数字化制造、轨道交通等产业领域实施八大技术跨越工程，重点突破高性能计算、石墨烯材料、智能机器人等一批关键共性技术，培育先导产业和支柱产业。推动以科技服务业、“互联网+”和信息服务业为代表的现代服务业向高端发展，促进服务业向专业化、网络化、规模

化、国际化方向发展。深化科技与文化融合发展，推进“设计之都”与中关村国家级文化和科技融合示范基地建设。以北京国家现代农业科技城为依托，加快推进高端农业创新发展。

7. 促进科技创新成果全民共享

实施首都蓝天行动，推动能源结构向清洁低碳转型，深化大气污染治理，持续改善空气质量。实施生态环境持续改善行动，加强水资源保护与污水治理、垃圾处理和资源化利用，提升城市生态功能。实施食品安全保障行动，建立对食品生产经营各环节的科学高效监督管理体系，保障食品质量安全。加强重大疾病科技攻关，在疾病预防、诊断、精准医疗等领域形成一批创新成果并转化应用，打造具有国际影响力的临床医学创新中心。实施城市精细化管理提升行动，强化城市综合运行监控与重点行业安全保障能力，提高巨灾风险防范与应对能力。推动大数据与社会治理深度融合，不断推进社会治理创新，提升维护公共安全、建设平安中国的能力水平。组织实施科技冬奥行动计划，加强北京市、河北省与国家相关部门科技创新资源整合，聚焦绿色、智慧、可持续 3 个重点领域，集成应用和展示最新科技成果，为冬奥会提供科技支撑。

（三）推进京津冀协同创新，培育世界级创新型城市群

贯彻落实《京津冀协同发展规划纲要》等战略部署，充分发挥北京全国科技创新中心的引领作用，构建京津冀协同创新共同体，打造世界级创新型城市群。积极参与和服务“一带一路”、长江经济带等发展战略，有力支撑国家创新驱动发展战略实施。

8. 优化首都科技创新布局

全力推进高端产业功能区和高端产业新区建设，优化中关村国家自主创新示范区“一区多园”布局，提升产业技术创新水平，带动各园区创新发展。推动首都各区精细化、差异化创新发展，形成功能清晰、导向明确、秩序规范的发展格局。首都自主创新中心区（城六区）重点推进基础科学、战略前沿高技术和高端服务业创新发展；首都高端引领型产业承载区（城六区以外的平原地区）重点加快科技成果转化，推进生产性服务业、战略性新兴产业和高端制造业创新发展；首都绿色创新发展区（山区）重点实现旅游休闲、绿色能源等低碳高端产业创新发展；首都军民融合示范区重点打造前沿探索、基础研究、系统集成、示范应用、推广转化、产业发展的军民融合发展链条。加强统筹协调，对非首都功能疏解后的空间进行合理再布局，建设研发创新聚集区。

9. 构建京津冀协同创新共同体

整合区域创新资源，打造京津冀创新发展战略高地。加强宏观指导和政策支持，结合产业链布局需要，培育具有产学研协同特征的科技企业集团，推进其在京津冀地区联动发展。完善协同创新体制机制，推动科技创新政策互动，建立统一的区域技术交易市场，实现科技资源要素的互联互通。建设协同创新平台载体，围绕钢铁产业优化升级共建协同创新研究院，围绕大众创业万众创新共建科技孵化中心，围绕新技术新产品向技术标准转化共建国家技术标准创新基地，围绕首都创新成果转化共建科技成果转化基地等。实施协同创新工程，围绕生态环境建设、新能源开发应用、废弃资源利用等重点领域开展联合攻关，围绕钢铁、建材等传统产业转型发展共同开展创新试点，围绕工业设计、科技服务业、文化创意等领域共同组织新技术应用示范等。

10. 引领服务全国创新发展

发挥北京全国科技创新中心的辐射引领作用，搭建跨区域创新合作网络，加强与其他地区的科技创新合作。与上海、江苏、浙江、安徽等长江中下游省市重点推进基础研究和战略高技术领域合作；与广东、福建等东南沿海省份重点推进产业关键技术、创新创业等领域合作；与东北、中西部等地区重点推进技术转移、成果转化、产业转型升级等方面合作；加强与港澳台全方位科技交流合作。面向全国开放共享创新资源，推广“一站一台”（首都科技条件平台合作站和北京技术市场服务平台）等合作模式，建立跨区域科技资源服务平台，推动科技人才、科研条件、金融资本、科技成果服务全国创新发展。支持国家科技传播中心建设，打造国家级科学文化公共服务平台和全国“双创”支撑平台。

（四）加强全球合作，构筑开放创新高地

坚持“引进来”与“走出去”并重、引智引技和引资并举，集聚全球高端创新资源，以创新提升区域发展层级，使北京成为全球科技创新的引领者和创新网络的重要节点。

11. 集聚全球高端创新资源

吸引符合北京功能定位的国际高端创新机构、跨国公司研发中心、国际科技组织在京落户，鼓励国际知名科研机构在京联合组建国际科技中心，努力使北京成为国际科技组织总部聚集中心。面向全球引进世界级顶尖人才和团队在京发展。引导和鼓励国内资本与国际优秀创业服务机构合作建立创业联盟或成立

创新创业基金。发挥中国国际技术转移中心等平台作用，完善市场化、国际化、专业化的服务体系，吸引国际高端科技成果在京落地，形成面向全球的技术转移集聚区。

12. 构筑全球开放创新高地

在研发合作、技术标准、知识产权、跨国并购等方面为企业搭建服务平台，鼓励企业建立国际化创新网络。构筑全球互动的技术转移网络，加快亚欧创新中心、中意技术转移中心、中韩企业合作创新中心等国际技术转移中心建设，推动跨国技术转移。推进海外人才离岸创新创业基地建设，为海外人才在京创新创业提供便利和服务。鼓励国内企业在海外设立研发机构，加快海外知识产权布局，参与国际标准研究和制定，抢占国际产业竞争高地。鼓励国内企业通过对外直接投资、技术转让与许可等方式实施外向型技术转移。鼓励拥有自主知识产权和品牌的企业开拓国际市场，培育以技术、标准、品牌、质量、服务为核心的外贸竞争优势，提高产业在全球价值链中的地位。促进服务创新国际化，深化北京市服务业扩大开放综合试点，加快推进服务标准、市场规则、法律法规等制度规范与国际接轨。

（五）推进全面创新改革，优化创新创业环境

深入落实创新驱动发展与体制机制改革系列重大部署，充分发挥中关村国家自主创新示范区改革“试验田”的作用，加快推进京津冀全面创新改革试验，破除制约创新的制度藩篱，形成充满活力的科技管理和运行机制，以深化改革促进创新驱动发展。

13. 推进人才发展体制机制改革

实施更具吸引力的海外人才集聚政策，突破外籍人才永久居留和创新人才聘用、流动、评价激励等体制和政策瓶颈，推进中关村人才管理改革试验区建设，开展外籍人才出入境管理改革试点，对符合条件的外籍人才简化永久居留、签证等办理流程，让北京真正成为人才高地和科技创新高地。开展人才引进使用中的知识产权鉴定制度试点。深入实施北京市“雏鹰计划”“高层次创新创业人才支持计划”“科技北京百名领军人才培养工程”等人才计划，完善人才梯度培养机制，推进人才结构战略性调整。建立灵活多样的创新型人才流动与聘用模式，鼓励高等学校和科研院所人才互聘，允许高等学校、科研院所设立一定比例流动岗位，吸引企业人才兼职。研究制定事业单位招聘外籍人才的认定标准，探索聘用外籍人才的新路径。鼓励科研人员潜心研究，激发科研人员创新动力和积极性，完善市场化的人才评价激励机制，创新评价标准和办法。完善事业单位内部分配机制，推进绩效工资向关键岗位、业务骨干和有突出贡献的人员倾斜。优化人才服务保障体系，在住房条件、子女就学、配偶就业、医疗服务等方面为高层次人才提供便利。落实教学科研人员因公临时出国相关管理政策。

14. 完善创新创业服务体系

加快发展高端创业孵化平台，构建集创业孵化、资本对接、营销服务等为一体的众创空间，提供集约化、专业化、社区化的创新创业环境。建立便捷高效的商事服务机制，推动集群注册登记、“先照后证”等改革，降低创业门槛。实施中关村大街改造提升工程，加快北京市海淀区“一城三街”建设，以创新创业打造经济社会发展新动力。深入推进国家科技服务业区域试点、服务业扩大开放综合试点、中关村现代服务业试点，探索科技服务业促进创新创业的新模式和新机制。发挥首都科技条件平台、首都科技大数据平台、中关村开放实验室等公共服务平台作用，推广创新券等科技资源开放共享的市场化机制，促进重大科研基础设施、大型科研仪器和专利基础信息资源向社会开放。加快推进研究开发、技术转移和融资、知识产权服务、第三方检验检测认证、质量标准、科技咨询等机构改革，构建社会化、市场化、专业化、网络化的技术创新服务平台。探索推动产业协同创新共同体建设，助力产业转型升级和大众创业万众创新。充分利用现有资源，统筹建设全国知识产权运营公共服务平台，建设国家知识产权服务业集聚发展示范区。

15. 加快国家科技金融创新中心建设

完善创业投资引导机制，通过政府股权投资、引导基金、政府购买服务、政府和社会资本合作（PPP）等市场化投入方式，引导社会资金投入科技创新领域。结合国有企业改革建立国有资本创业投资基金制度，完善国有创投机构激励约束机制。按照国家税制改革的总体方向与要求，对包括天使投资在内的投向种子期、初创期等创新活动的投资，研究探索相关税收支持政策。支持“新三板”、区域性股权市场发展，大力推动优先股、资产证券化、私募债等产品创新。开展债券品种创新，支持围绕战略性新兴产业和“双创”孵化产业通过发行债券进行低成本融资。推动互联网金融创新中心建设。选择符合条件的银行业金融机构在中关村国家自主创新示范区探索为科技创新创业企业提供股权债权相结合的融资服务方式；鼓励符合条件的银行业金融机构在依法合规、风险可控前提下，与创业投资、股权投资机构实现投贷联动，支持科技创新创业。

16. 健全技术创新市场导向机制

加快营造公平竞争市场环境。探索药品、医疗器械等创新产品审评审批制度改革试点。改进互联网、金融、节能、环保、医疗卫生、文化、教育等领域的监管，支持和鼓励新业态、新商业模式发展。严格知识产权保护，加快形成行政执法和司法保护两种途径优势互补、有机衔接的知识产权保护模式，健全知识产权举报投诉和维权援助体系。探索建立符合国际规则的政府采购技术标准体系，完善新技术、新产品首购首用风险补偿机制。建立高层次、常态化的企业技术创新对话、咨询制度，发挥企业和企业家在创新决策中的重要作用。市场导向明确的科技项目由企业牵头联合高等学校和科研院所实施。健全国有企业技术创新经营业绩考核制度，加大技术创新在国有企业经营业绩考核中的比重。

17. 推动政府创新治理现代化

依法全面履行政府职能，建立权力清单和责任清单制度。深化行政审批制度改革，提高行政效能，建立创新政策调查和评价制度，加快政府职能从研发管理向创新服务转变，为各类创新主体松绑减负、清障搭台。建立科技创新智库，提升对创新战略决策的支撑能力、科技创新政策的供给能力、创新理念的引领能力，推进决策的科学化和现代化，探索政策措施落实情况第三方评估机制。大力发展市场化、专业化、社会化的创新服务机构和组织，逐步建立依托专业机构管理科研项目的市场化机制。建立健全科技报告制度和创新调查制度，加强公共创新服务供给。建立健全创新政策协调审查制度。推动创新薄弱环节和领域的地方立法进程，构建适应创新驱动发展需求的法治保障体系。深化科技项目资金管理改革，建立符合科研规律、高效规范的管理制度，强化对科研人员的激励。

18. 央地合力助推改革向纵深发展

在中关村国家自主创新示范区内，允许在京中央高等学校、科研院所在符合国家相关法律法规的前提下，经主管部门授权，试行北京市的相关创新政策。充分发挥北京市和中央在京单位的改革合力，探索新一轮更高层面、更宽领域的改革试点，进行新的政策设计，在充分调动科技人员创新创业积极性上再形成新一批政策突破，解放和发展生产力。深入落实促进科技成果转化法，在京中央高等学校、科研院所依法自主决定科技成果转移转化收益分配。着力打破创新资源配置的条块分割，支持北京市统筹用好各类创新资源，鼓励市属和中央高等学校协同创新。完善高等学校与企业开展技术开发、技术咨询、技术服务等横向合作项目经费管理制度，鼓励开展产学研合作，其支出依据合同法和促进科技成果转化法执行。探索创新创业人才在企业与机关事业单位之间依法自由流动，并做好社会保险关系转移接续工作。鼓励在京企业、高等学校和科研院所承担国防科技前沿创新研究工作，并给予相关配套优惠政策。探索开展事业单位担任行政领导职务的科技人员参与技术入股及分红激励试点，并根据领导干部职务明确审批程序。

四、保障措施

（一）强化组织领导

在国家科技体制改革和创新体系建设领导小组领导下，国家有关部门与北京市共建北京全国科技创新中心建设工作机制，在顶层设计、改革保障等方面实现上下联动，统筹运用各部门资源建设北京全国科技创新中心。北京市建立北京全国科技创新中心建设统筹机制，形成促进科技创新的体制架构，分解改革任务，明确时间表和路线图，推动各项任务落到实处。

（二）加强资金保障

加大财政科技投入力度，明确财政资金投入重点。切实加强对基础研究的财政投入，完善稳定支持机制。北京市设立战略性新兴产业技术跨越工程引导资金，加大对产业关键共性技术和贯穿创新链科技创新项目的支持力度。深化科技与金融结合，健全政府引导、企业为主、社会参与的多元化科技投入体系。

（三）完善监督评估机制

加强监督考核，改革完善创新驱动发展的评价机制。研究建立科技创新、知识产权运用和保护与产业发展相结合的创新驱动发展评价指标体系，将本方案任务落实情况纳入北京市各级领导干部绩效考核体系。健全决策、执行、评价相对分开、互相监督的运行机制，强化对本方案实施进展情况的监督和问责机制。发挥第三方评估机构作用，定期对本方案落实情况进行跟踪评价，依据评价结果及时调整完善相关政策。

中关村国家自主创新示范区发展建设规划（2016—2020年）（摘要）

中示区组发〔2016〕1号

《中关村国家自主创新示范区发展建设规划（2016—2020年）》共分为7部分，第一部分是新成效新特征新形势，第二部分是总体思路，包括指导思想、推进原则和发展目标，第三、第四、第五、第六部分是重点任务，第七部分是保障措施。

一、指导思想、推进原则及发展目标

（一）指导思想

深入贯彻党的十八大，十八届三中、四中、五中全会，全国科技创新大会精神和习近平总书记“9·30”“2·26”等系列重要讲话精神，加快推进落实“四个全面”战略布局，积极践行创新、协调、绿色、开放、共享发展理念，牢牢抓住国家实施创新驱动发展、京津冀协同发展、“一带一路”等重大机遇，更加注重创新对供给侧结构性改革的基础、关键和引领作用，进一步强化全球高端创新资源配置中心、自主创新重要源头和原始创新主要策源地、科技创业首选地、新经济引领地、制度创新示范地、创新思想文化发源地的战略功能定位，着力深化全面创新改革、着力提升创新驱动发展能力、着力加强一区多园统筹协同发展、着力深化开放合作创新，构建跨层级跨区域创新创业生态系统，在更大范围内促进创新链、产业链、服务链、资金链和园区链深度融合，打造中关村升级版，引领大众创业万众创新新潮流，率先建成具有全球影响力的科技创新中心，为北京建设全国科技创新中心、全国文化中心、构建京津冀协同创新共同体和建成世界科技强国提供强力支撑，为全国实施创新驱动发展战略发挥更好示范引领作用。

（二）推进原则

全球视野。坚持对标全球创新坐标系和立足国家创新战略需求相统一，着力增强全球高端创新资源配置能力，提升在全球创新网络中的影响力和话语权，打造链接全球创新网络的关键枢纽。

创新引领。坚持前沿高端标准，把握全球创新趋势和国家重大战略需求，超前布局、加快培育新技术新模式新业态新产业，着力增强原始创新能力、自主创新能力和创新驱动发展能力，引领首都、京津冀乃至全国经济社会转型升级发展方向。

智慧生态。坚持高端化、服务化、集聚化、融合化、低碳化的智慧生态园区建设原则和标准。加强信息基础设施建设和生态环境保护，推动智能、节能、生态环保产业发展，努力构建“环境友好、和谐宜居”的国际一流智慧生态园区。

市场主导。健全促进科技创新和产业创新的市场化机制，发挥市场在资源配置中的决定性作用和更好发挥政府作用。转变政府职能，不断完善政府引导、市场主导、社会参与的创新联合治理体系。

开放融合。大力发展多层次、多模式、市场化的融合创新平台，打造融合创新利益、命运和责任共同体。

改革保障。坚持科技创新与制度创新“双轮”驱动。持续发挥改革试验田功能，着力在科技创新、人才管理服务、科技金融、政府监管服务模式、开放式创新等重点领域，探索创新驱动发展新机制。

（三）发展目标

《规划》以“建设具有全球影响力的科技创新中心”战略总目标为指引，构建了由创新能力、创新质量、创新环境、科技创业、协同发展、全球竞争力等6个方面17项指标的《规划》目标体系。

规划的总目标是：到2020年，率先建成具有全球影响力的科技创新中心。创新能力显著增强，创新质量明显提高，创新环境更加优化，科技创业高度活跃，重点区域协同创新格局形成，对全国特别是京津冀协同创新共同体的引领创新能力进一步提升，全球影响力进一步显现。园区产业规模进一步壮大，形成2～3个拥有技术主导权的产业集群，培育出一批优秀创新人才特别是产业领军人才，产生一批国际知名品牌和具有较强国际竞争力的跨国企业，形成若干世界一流大学和科研机构。

二、重点任务

（一）着力深化全面创新改革，构建国际一流的创新创业生态系统

1. 发挥好中关村改革创新试验田作用

深化科技创新与成果转化体制改革试点。落实《中华人民共和国促进科技成果转化法》，建立并完善可复制、有示范作用的成果转化市场体系和服务体系。完善科研人员创新创业保障和激励政策，支持科研人员创办企业。优化市级科技财政资金对基础性、前瞻性、公益性研究的支持方式。率先开展领衔科技专家科研项目管理自主权试点、科技分类评价改革等试点。

探索新技术新模式新业态新产业政府监管服务改革试点。研究新技术新模式新业态新产业发展规律和特点，率先探索政府监管服务模式创新。完善有利于促进商业模式创新的知识产权法律法规，探索有利于新型商业模式创新的政策发现及引导机制。

推动开放式创新体制改革试点。以开放倒逼改革，促进人才、技术、资本等要素跨地区、跨国境自由流动。支持高校院所、企业与国外高水平大学、科研机构和产业组织开展深度融合创新。推动开展吸引聚集外籍优秀人才、扩大企业境外投资自主权等制度改革试点。

2. 加快建设中关村人才管理改革试验区

集聚国际一流高端人才和团队。大力引进全球高层次人才。推动国际人才港建设，打造国际化高端人才创新创业聚集区。支持高校院所、领军企业或中介服务组织等共建一批国际化人才创新创业基地。开展外籍高层次人才取得永久居留资格程序便利化试点，探索技术移民、华裔卡试点。建立市场化外籍人才评价标准体系。

完善人才培养流动和评价机制。构建创新型人才培养模式。开展产学研用联合培养人才试点。支持优秀人才进入新型产业组织。依托领军企业、重点院校和培训机构，建设一批实训基地。探索创新导向的市场化人才评价机制。探索开展现代服务业领域的专业人才资格认证。

促进人力资源服务业发展。提高人力资源市场对外开放水平，放宽设立中外合资人才中介机构外资比例限制，引进一批国际一流的人力资源服务机构。鼓励在本市注册的人力资源服务机构在国（境）外设立分支机构。将人力资源服务业纳入中关村现代服务业试点范围。鼓励发展猎头、人力资源服务外包、薪酬管理、人力资源管理咨询等新兴业态。设立人力资源服务产业园，吸引高端人力资源服务机构入驻。

3. 深化中关村国家科技金融创新中心建设

深化科技信贷创新。支持各银行设立中关村分行、信贷专营机构或特色支行，鼓励银行开展业务模式创新，围绕企业融资需求精准设计个性化金融产品。

大力发展天使投资和创业投资。积极支持知名投资机构、行业领军企业、产业技术联盟等发起组建天使和创投基金，完善一区多园基金布局，探索组建海外投资基金。加大境内外并购支持力度，支持海淀区打造中关村并购资本中心。

完善多层次资本市场体系。加快发展多层次股权融资市场，继续加强与上交所、深交所、全国中小企业股份转让系统的战略合作。支持北京区域股权交易市场建设科技创新板，支持科技型中小企业发行私募债权，完善科技企业改制挂牌上市服务工作体系。

加快建设中关村互联网金融创新中心。争取开展中关村互联网金融综合改革试点，探索实施股权众筹试点，打造中关村互联网金融创新中心和全球众筹中心。支持中关村互联网金融行业协会和中关村众筹联盟发挥作用，强化行业自律。

完善科技保险体系。推动建立科技保险创新示范区，探索“互联网＋保险”新兴业务模式，鼓励保险机构开发适应科技创新特点的保险产品和服务模式。支持保险资金投资创业投资基金，参与企业并购重组和示范区基础设施建设。

率先构建服务新经济的新金融生态体系。围绕以共享经济为代表的新经济发展需要，在金融领域推进技术创新、商业模式创新和科技金融创新相结合，聚焦金融前沿科技应用，促进科技与金融紧密结合，率先构建并持续优化服务于新经济的新金融生态体系。

进一步完善中关村政策性金融服务支撑体系。围绕中关村示范区建设发展需求和战略性新兴产业融资规律，进一步建设并完善中关村政策性金融服务体系。加强政策性金融机构聚集。探索设立服务中关村开发建设和创新创业的区域政策性银行、投资、担保、保险等金融机构。

4. 深入实施“创业中国”中关村引领工程

完善创新创业市场化服务体系。深入开展高校院所育苗工程、领军企业摇篮工程、创业人才集聚工程、创业金融升级工程、创客极客筑梦工程、创业服务提升工程、创业文化示范工程七大工程。

强化创新创业基础环境建设。推进智慧园区建

设。完善智慧中关村基础网络和数据共享服务平台建设。推进绿色生态园区建设。支持节能环保、绿色生态等产业发展。营造公平竞争的市场环境和有利于科技创新的法治环境。加强知识产权保护服务，打造全国性知识产权保护服务平台。

弘扬中关村创新创业文化。传承和发扬中关村“鼓励创业、宽容失败”的文化，坚持“全球视野、开放融合、协同共享”的创新理念，营造“自由探索、尊重创造、追求卓越”的科研创新氛围，深入挖掘“勇于创新、不惧风险、敢为天下先”的中关村创业者精神，发挥“诚信、务实、高效”的作风，坚守“心怀强国、产业报国”的情怀。

（二）着力提升创新驱动发展能力，打造自主创新重要源头和原始创新主要策源地

1. 深入实施知识产权和标准引领战略

建设中关村知识产权服务业集聚发展示范区。积极争取国家支持，在中关村开展知识产权服务业管理与服务体制机制创新。实施知识产权推进计划。深入推进知识产权和标准化一条街建设，加强中关村知识产权服务业联盟及相关社会组织建设。

建设中关村专利导航产业发展实验区。围绕移动互联网产业，积极搭建平台、整合资源、统筹规划、协同推进，完善专利导航产业机制，优化专利导航产业布局，强化产业发展基础。营造鼓励原始创新和技术创新的公平竞争环境。

深入实施中关村标准化试点示范和国家技术标准基地创新（中关村）建设推进工程。探索形成产业化、市场化和国际化的“中关村标准”运行机制。支持成立中关村标准化协会，聚集一批中关村企业和产业联盟开展团体标准创制，及时发布一批“中关村标准”。

深入实施中关村重点企业商标品牌培育工程。建立中关村商标品牌众扶机制，推动商标战略制定、国际化布局和保护运营，培育形成一批商标示范试点单位，推动中关村产品向中关村品牌转变。

2. 增强融合创新能力

强化企业技术创新主体地位和主导作用。重点培育引领世界前沿创新的领军企业和潜力企业。完善支持企业创新的政策支持体系。大力支持企业主导的政产学研用融合创新。加大新技术新产品示范应用推广。拓宽新技术新产品应用渠道，建设需求对接和新技术新产品推介平台。

发挥央地高校院所融合创新优势。强化部市会商、院市合作工作机制，加强央地高校院所资源统筹，开展融合机制创新。支持央地高校院所聚焦量子通信、人体组织工程、微纳制造、纳米材料、新型储能技术等前沿产业领域，建设一批世界顶尖实验室。

建设中关村军民融合创新示范区。支持组建军地前沿技术研发机构和军民融合创新平台，开展中关村军民融合科技创新体制改革试点。重点推进中关村科学城、大兴、丰台三大军民融合创新发展区。

发挥新型社会组织融合创新平台作用。持续优化社会组织培育、服务、指导手段和方式，促进社会组织依法自治、诚信自律、释放活力。加大社会组织政策创新力度，优化支持方式，深化中关村社会组织登记管理改革。

3. 当好新经济的发动机

加快布局以人工智能、大数据等为重点的前沿信息产业。重点发展人工智能、大数据与云计算、虚拟现实、下一代通信与未来网络、信息安全、核心芯片、智能硬件等前沿信息产业，抢占全球信息产业发展的制高点。

做强做优以精准医学、智慧医疗为重点的生物健康产业。积极落实“健康中国”战略，推动生物医药、生物医学工程、生物农业与食品安全、健康服务业四大产业领域发展。重点支持高通量基因测序、分子免疫、脑科学、微生物组学、组织工程等精准医学技术创新。

大力培育以智能机器人、石墨烯等纳米材料为重点的智能制造和新材料产业。落实“中国制造 2025”战略，重点发展工业互联网及应用服务、智能机器人、无人机、3D 打印、新型材料等产业。支持柔性机器人、微纳机器人、人机协作机器人、服务机器人和特种机器人等发展。

大力发展以环境保护、能源互联网为重点的生态环境与新能源产业。大力发展大气污染防治、水污染处理与水资源利用、固废处置与资源循环利用、环境修复、高效节能、新能源及能源互联网六大产业板块。

优化提升以智能汽车、轨道交通为重点的现代交通产业。重点发展智能汽车与新能源汽车、智能交通、北斗与位置服务、轨道交通等领域。

积极培育以科技服务业、“互联网 +”为重点的新兴服务业。贯彻落实国家“互联网 +”战略，培育以“互联网 +”为核心的新兴服务业，重点发展科技服务业、创业服务业、文化创意、互联网金融、电商物流业等新兴服务业。

（三）着力优化创新功能布局，加强一区多园统筹协同发展

1. 优化六大新兴产业创新集群空间布局

前沿信息产业创新集群：以海淀园、朝阳园、亦庄园等园区为核心，推动大数据、云计算、集成电路、物联网、移动互联网、信息安全等产业集群发展。重点打造大数据与人工智能创新中心、集成电路与智能硬件创新中心。

生物健康产业创新集群：以海淀园、昌平园、大兴—亦庄园、通州园等为核心，聚集生物医药、生物医学工程、健康服务、生物农业等高端生物健康产业和服务企业。重点打造生物与健康服务创新中心、都市现代农业创新中心。

智能制造和新材料产业创新集群：以海淀园、昌平园、大兴—亦庄园、丰台园、房山园、顺义园、门头沟园等为重点，聚集智能机器人、纳米材料、新型显示材料、石墨烯、增材制造（3D 打印）、通用航空和无人机等产业高端环节。重点打造国际领先的智能制造创新中心、新材料创新中心。

生态环境和新能源产业创新集群：以海淀园、昌平园、大兴—亦庄园、石景山园、延庆园为重点，促进新能源、节能环保、能源和环境服务等新兴产业聚集。重点打造节能环保和新能源创新中心。

现代交通产业创新集群：以海淀园、丰台园、大兴—亦庄园、房山园、昌平园、顺义园等为核心，大力推进轨道交通、新能源汽车、卫星应用与位置服务等产业高端化和服务化发展。重点打造轨道交通、卫星应用与位置服务、新能源汽车等创新中心。

新兴服务业创新集群：以海淀园、东城园、西城园、朝阳园、丰台园、石景山园、大兴—亦庄园为重点，加快建设科技服务、创业服务、文化创意、科技金融、电子商务等新兴服务业聚集区。

2. 推动形成“一区多园、各具特色、协同联动”发展格局

一是强化创新功能新布局。中关村示范区核心区指海淀区和昌平区南部平原地区。支持海淀园加快建设中关村示范区核心区和全国科技创新中心核心区，打造成为全球原创思想和创新成果重要发源地、新兴产业和创新模式策源地、创新改革和政策先行试验区，引领示范和辐射带动多园创新驱动发展。支持海淀园发展大数据、大智造、大服务、大健康、大生态和大文化等一批具有国际竞争力的主导产业，培育具有技术主导权的产业集群。加快推进中关村西区业态升级和中关村大街改造，支持中关村科学城整合央地高端创新资源，强化原始创新、协同创新和体制机制创新，建设全国双创示范基地。加快“一城三街”和海淀北部生态科技新区建设，打造衔接全球创新生态、城乡统筹发展、生态环境一流的城市发展新区。

推动各分园集聚高精尖创新资源，提升存量盘活利用和产业承接能力，加快高端化、差异化、特色化发展。支持亦庄建设高精尖产业创新中心，发展集成电路、光电显示、新能源汽车、生物健康、智能机器人、电子商务和现代物流。支持朝阳园发展新一代信息技术、生物医药、文化创意、现代服务业，重点建设中关村朝阳电子城国际研发创新城，打造具有全球影响力的国际研发创新集聚区。支持丰台园发展轨道交通、应急救援、军民融合，重点建设中关村丰台轨道交通科技创新城，打造中国高铁创新中心。支持石景山园发展科技金融、文化创意、信息服务，重点建设新首钢高端产业综合服务区。支持昌平园发展能源科技、信息技术、大健康产业，打造国家小微企业双创基地示范城市，支持未来科技城集成央企研发创新资源和全球高层次创新人才，加快建成引领我国应用技术研发和产业升级的创新平台。支持大兴—亦庄园发展新能源汽车、生物医药、现代服务业，重点建设中关村大兴现代服务业产业园。支持房山园发展智能制造、新能源汽车、高端装备，重点建设中关村房山科技创新城，构建宜居宜业的西南部创新高地。支持通州园发展信息服务、金融服务、健康医疗等现代服务业，全力支撑首都城市副中心建设和产业转型升级。支持顺义园发展新一代信息技术、第三代半导体、高端装备，联合北京天竺综合保税区、北京临空经济核心区建设中关村顺义科技创新城，打造产城融合的东北部特色增长极。支持门头沟园发展智能制造、医药健康、节能环保。支持延庆园发展能源互联网、节能环保、现代服务业，建设中关村延庆低碳创新城，依托 2019 世园会、2022 冬奥会等重大活动，打造产城融合的科技小镇和创新家园。支持怀柔园发展纳米科技、文化创意、科技服务业，支持怀柔科学城以大科学装置为核心建设国家科学中心，构建基础研究、原始创新和科技服务的新高地。支持密云园发展新一代信息技术、智能制造、生物医药。支持平谷园发展通用航空、智能制造、现代农业。

二是建立健全“一区多园”统筹协同发展机制。建立完善发展改革、规划、国土等市级部门联席工作机制、产业对接服务机制、重大项目综合评价和统筹落地机制、规划调控引导机制、智慧生态园区建设标准控制机制、存量空间盘活利用激励机制、市场化平台服务机制、利益协调机制、园区建设市区共同责任机制。

（四）着力深化开放合作创新，率先建成具有全

球影响力的科技创新中心

1. 引领区域协同创新

着力推动京津冀协同创新共同体建设，深入推进京津冀区域全面创新改革试验。全面贯彻落实《京津冀系统推进全面创新改革试验方案》，充分发挥中关村示范区的先行先试作用，以促进创新资源合理配置、开放共享、高效利用为主线，以深化科技体制改革为动力，强化中关村与津冀两地园区的工作协同，构建跨区域的利益共享机制，深化落实财税共享、人才服务、科技金融等政策，加快形成一体化、有机衔接的政策体系和工作机制。打造京津冀科技创新园区链。聚焦天津滨海－中关村科技园、河北曹妃甸协同发展示范区、北京新机场临空经济合作区、河北张承生态功能区4个战略合作功能区以及保定等若干产业项目承接地，构建互利共赢、特色突出的创新成果转化基地，打造政产学研用结合的跨京津冀科技创新园区链。

共同打造协同创新网络节点。以推进区域创新资源优化配置、新兴产业对接协作和融合发展为重点，充分发挥市场化运营服务的平台型机构作用，逐步建立政府、市场、社会共同参与的跨区域创新合作体系。深化与“一带一路”重要城市节点和对外开放桥头堡地区的创新合作。加强与创新要素密集地区深度合作，形成若干跨区域新兴业态和产业优势区。

2. 打造链接全球创新网络的关键枢纽

加快聚集国际化高端资源。整合利用国际化高端创新资源。吸引跨国公司在京设立研发中心、结算中心、采购中心、营销中心等机构。支持跨国公司通过多种方式与示范区企业开展合作。引进境外创业投资机构和天使资本，支持境外创业投资机构等设立分支机构。

抢占全球科技创新制高点。跟踪全球科技创新前沿。加强与国际知名的科技园区、专业产业技术研发机构、创新产业咨询机构，及外国驻华使馆、外国商会、协会及驻外使馆合作，及时掌握各国创新发展新态势。支持企业通过自建、并购、合资、参股、租赁等方式建立海外研发中心、实验室，开展全球关键核心技术研发和产业化应用研究。吸引国际知名高校技术转移办公室、国际领先的技术转移促进服务机构设立分支机构，建设全球技术转移枢纽。

支持企业拓展国际市场。支持企业开展海外布局，鼓励行业领军企业在发达国家和地区建立研发、营销、品牌策划等分支机构，在发展中国家和地区建立生产基地，形成研发、生产、销售的全球布局和运营体系。支持企业积极承接国际工程项目，出口高技术产品和服务，扩大国际市场份额。支持企业开展境外投资和跨境并购。加强支持企业境外并购的综合金融服务，为企业提供并购咨询、培训和辅导。支持企业积极参与“一带一路”建设。

搭建国际化发展服务平台。搭建国际交流合作平台，加强与重点国家地区、重点行业、重点企业、商务部门的交流与合作，探索建立信息沟通联络机制。支持企业、孵化服务机构、中介机构积极在国际知名创新中心布局一批海外孵化器，在美国、以色列、芬兰等重点国家（地区）搭建企业国际化综合服务平台，建设离岸创新中心。

中关村国家自主创新示范区京津冀协同创新共同体建设行动计划（2016—2018年）

中示区组发〔2016〕3号

为深入贯彻落实《京津冀协同发展规划纲要》（中发〔2015〕16号）、北京市《关于贯彻〈京津冀协同发展规划纲要〉的意见》（京发〔2015〕11号）以及《京津冀系统推进全面创新改革试验方案》等文件精神，充分发挥中关村国家自主创新示范区在京津冀协同创新共同体建设中的引领支撑和辐射带动作用，特制定本行动计划。

一、总体思路、工作原则和发展目标

（一）总体思路

深入贯彻落实党中央、国务院关于京津冀协同发展的重大战略决策部署，坚持创新、协调、绿色、开放、共享五大发展理念，立足区域整体及三地功能定位，以服务有序疏解北京非首都功能、优化提升首都核心功能为出发点，以完善区域创新创业生态系统为核心，以政策先行先试、创新社区共建、重点园区建设、新兴产业培育、要素资源整合等工程为抓手，进一步推动中关村各类创新主体聚焦“4+N”重点区域，构建政产学研用结合的跨京津冀科技创新园区链，高效聚合全球创新要素资源，为北京建设全国科技创新中心和京津冀建设引领全国、辐射周边的创新发展战略高地做出积极贡献。

（二）工作原则

——改革突破，先行先试。发挥中关村示范区体制机制创新试验田作用，坚持问题导向，率先突破制约创新资源合理配置、开放共享、高效利用的体制机制障碍，构建跨区域的科技创新新机制与新模式，探索可复制、可推广的先行先试政策体系。

——顶层规划，前瞻布局。强化顶层设计和政策引导，面向全球创新前沿领域，优化布局园区链，进一步促进三地创新链、产业链、资金链、政策链深度融合，实现创新要素跨区域流动和优化配置，为京津冀协同发展注入新动力。

——市场主导，需求引领。充分发挥市场在资源配置中的决定性作用，充分调动企业、机构、人才、资本等各方积极性，形成建设协同创新共同体的强大合力；围绕转方式调结构、建设现代产业体系、培育战略性新兴产业等需求，持续推动新技术、新产品、新模式、新业态蓬勃发展。

——重点示范，互利共赢。聚焦重点合作园区，通过试点示范，探索促进中关村技术、人才、资本与津冀产业、空间资源充分协同和互补合作的渠道和路径；遵循科技创新的区域集聚规律，探索差异化的创新发展路径和模式，实现多方协作、互利共赢的发展格局。

（三）发展目标

到2018年，在“4+N”重点区域，初步形成以科技创新园区链为骨干，以多个创新社区为支撑的京津冀协同创新共同体。

——协同创新机制和支持政策取得重点突破。力争一批先行先试政策在重点合作园区试点实施，联合出台科技成果转化落地、新兴产业协同发展、区域对外开放等一批政策措施，努力推动形成京津冀一体化市场。

——跨区域创新创业生态系统初步构建。在重点合作园区共建一批创新社区，推动一体化的技术交易、科技成果转化、信息共享等各类服务平台和多层次资本市场建设，形成要素融合、主体协同、文化融合、环境友好的类中关村创新创业生态系统。

——自主创新的重要源头和原始创新的主要策源地作用进一步增强。初步建立区域协同创新体系，实现高端创新资源共建共享；围绕前沿领域，突破一批核心技术，促进研发、转化和产业化的有效衔接，建立经济增长内生动力的创新机制。

——跨京津冀科技创新园区链形成合理布局。围绕新一代信息技术、智能制造、节能环保、生物健康等领域，跨区域科学布局战略性新兴产业，推动建设重点合作园区，不断延伸、完善产业链，形成上下游联动、分工合理的特色产业带和产业集群。

——区域产业转型升级取得明显成效。围绕区域传统产业转型升级、污染防治、节能减排等需求，联合开展一批关键技术研发和应用示范；大数据、云计算、物联网等新一代信息技术与区域传统产业深度融合；在技术工艺、生产流程、能源利用等产业环节升级改造成效明显。

二、实施政策先行先试工程，打造区域体制机制创新高地

推进中关村与津冀区域政策互动、有效衔接、优势互补，在区域对外开放、产业协同发展等方面先行先试一批政策、措施，初步实现创新政策共享。

（一）深入推进京津冀区域全面创新改革试验

全面贯彻落实《京津冀系统推进全面创新改革试验方案》，充分发挥中关村示范区的体制机制试验田作用，以促进创新资源合理配置、开放共享、高效利用为主线，以深化科技体制改革为动力，强化中关村与津冀两地园区的工作协同，构建跨区域的利益共享机制，把财税共享、人才服务、科技金融等政策落到实处，加快形成一体化、有机衔接的政策体系和工作机制，努力探索可复制、可推广的发展模式。

（二）推动先行先试政策互动共享

进一步推动中关村示范区“1+6”“新四条”“新新四条”等政策在重点合作园区实施。积极争取中关村国家自主创新示范区与天津自贸区先行先试政策交叉覆盖、叠加发力，并逐步推广至其他重点合作园区。发挥市场对区域创新资源配置的导向作用，研究出台京津冀区域首台（套）、新技术新产品示范应用、保险补贴等政策，推动形成京津冀一体化市场。

（三）推动对外开放政策取得突破

依托北京市服务业扩大开放综合试点等政策，在重点合作园区联合探索开展科技创新保税区、企业境外投资和并购创新政策、中关村境外并购外汇管理政

策等试点，积极支持上市公司海外投资创新类项目，开展投资信息披露制度改革试点，争取实施更便利的外汇管理、海关监管、人才引进等措施，实现国际化企业、人才、资本等创新资源高效集聚。

（四）探索产业协同与园区共建机制体制创新

落实《京津冀协同发展产业转移对接企业税收收入分享办法》，探索利益分配和责任分担机制。落实《国家食品药品监督管理总局关于支持中关村食品药品监管及产业发展若干政策事项的批复》，支持中关村企业在京津冀地区设立生产基地，实施药品上市许可持有人制度。联合津冀共同在园区共建、科技成果转化落地、新兴产业协同发展等方面出台政策措施，研究制定在产值分计、税收分享以及高新技术企业、产品、专业技术人才和劳动用工资质互认等方面的政策措施。

三、实施创新社区共建工程，建设跨区域创新创业生态系统

支持重点合作园区建设创新社区，推动形成新的类中关村创新创业生态系统，鼓励中关村企业、社会组织、高校院所、科技服务机构等创新主体与津冀企业通过各类方式开展创新创业合作，支持津冀创新主体到中关村发展。

（一）完善创业孵化服务体系

进一步完善京津冀区域的创业孵化服务体系，支持中关村创新型孵化器、加速器等在创新社区设立分支机构，开展创业孵化服务；引导技术转移、科技金融、创新教育等机构进驻创新社区。支持津冀企业、园区等创新主体在中关村设立孵化器、基金等合作平台，推动其围绕津冀产业发展需要，联合中关村高校院所、企业、孵化器等机构开展技术研发、创业孵化、成果转化等合作。

（二）强化协同创新服务支撑

完善中关村重大科技成果在津冀重点园区转化落地机制。支持创新社区联合中关村企业、高校院所、产业联盟、协会等创新主体，建设技术转移、成果转化、技术交易及产业化等协同创新服务平台，构建中关村科技成果转化—创新社区孵化—专业园区产业化的全流程服务体系。

（三）推进创新资源开放共享与合作

推动首都科技条件平台、中关村开放实验室的重大科学仪器设备面向创新社区开放共享，支持各类检验检测认证公共服务平台建设，促进科技创新合作便利化；支持具备条件的中关村开放实验室面向企业实际需求开展市场化创新服务；支持中关村与津冀地区创新创业服务机构联合建设国际合作平台，吸引国外科技创新服务机构在创新社区落地。

（四）营造良好的知识产权服务环境

支持中关村各类知识产权服务机构、联盟等，在津冀设立分支机构、组建专业团队、开展知识产权专业服务；支持中关村服务机构为津冀企业解决知识产权方面的问题，提升企业知识产权的运营和管理能力，增强在国内外市场的核心竞争力。

四、实施重点园区建设工程，构建跨京津冀科技创新园区链

充分发挥中关村示范区科技创新中心和战略性新兴产业策源地作用，聚焦天津滨海－中关村科技园、河北曹妃甸协同发展示范区、北京新机场临空经济合作区、河北张承生态功能区4个战略合作功能区以及保定等若干个产业项目承接地，构建要素聚集、资源共享、产业上下游高效衔接、互利共赢的园区链。

（一）加快天津滨海－中关村科技园建设

研究制定园区共建方案，明确园区范围、管理体制、建设发展模式，推动中关村示范区和滨海新区综合配套改革等政策整合集成，共同在园区体制机制创新、人才吸引集聚、金融服务、投资贸易便利化等方面开展先行先试和改革创新，围绕电子信息、先进制造、节能环保、新能源等领域，建设高水平的研发转化和制造基地。

（二）推动北京中关村（曹妃甸）高新技术成果转化基地建设

支持中关村各类创新资源向曹妃甸开放共享和辐射集聚。支持中关村科技金融等机构在曹妃甸建设分支机构，完善曹妃甸科技服务体系。支持中关村企业积极参与曹妃甸万吨级海水淡化产业基地、唐山循环经济园等重大项目建设，推动中关村新技术新产品在曹妃甸重大工程、传统产业转型升级以及民生项目领域的应用示范。支持下一代互联网、海水淡化、激光显示、新材料、智能制造、新能源、通用航空等产业链上下游企业在曹妃甸布局，构建新兴产业集群。

（三）支持北京新机场临空经济合作区建设

发挥市场机制，支持大数据、人工智能、物联网、节能环保、新能源、智能制造、新型显示等中关村企业积极参与新机场建设，提升基础设施建设、航空运输、民航综合服务、物流配送服务等水平和能力。支持中关村现代服务业特别是航空服务、现代物流、跨境电子商务、综合保税、航空金融等领域企业

的集聚发展，加快形成新的经济增长点。

（四）支持河北张承生态功能区建设

推动健康、旅游、数据存储、节能环保、现代农业等生态友好型产业到张承发展。重点支持张北云计算基地、承德大数据产业基地等园区建设。支持中关村延庆园与张家口围绕冬奥会建设零碳排放试验区及能源互联网产业示范区，推动节能环保、能源互联网、体育旅游、会展商务等产业集聚发展。

（五）发挥市场作用，支持若干个产业项目承接地建设

支持保定·中关村创新中心建设，通过资本、管理、人才、服务输出等协作方式，打造具有特色的协同创新平台。发挥市场作用，鼓励中关村企业根据自身发展实际，结合当地资源禀赋，通过投资共建、参股、并购、授权委托、品牌输出等多种方式，在石家庄（正定）中关村集成电路产业基地、中关村海淀园秦皇岛分园等多个合作共享平台和项目承接地发展。

五、实施新兴产业培育工程，共筑区域高精尖产业主阵地

围绕新一代信息技术、智能制造和新材料、节能环保及新能源、现代交通等产业，支持中关村企业开展示范应用，推动传统产业转型升级，培育战略性新兴产业集群。

（一）推动京津冀大数据产业创新发展

发挥中关村大数据研发服务及天津装备制造优势，依托张家口、承德等地自然资源和成本优势，推进大数据产业在京津冀区域内的合理布局，积极争取国家有关部委支持，共同建设全要素支撑、全链条发展、具有全球影响力的区域性大数据综合试验区。支持中关村大数据企业在城市管理、交通出行、建筑等领域开展示范应用，鼓励相关企业建设基础数据库和基于物联网大数据技术的智慧云服务平台。支持中关村企业运用信息技术对传统制造业实现数字互联升级改造，全面推进基于工业物联网的“数字工厂”建设，分析和整合设备、产品、订单、客户等业务数据，促进“制造”向“智造”转型。支持中关村企业跨区域开展大数据关键技术自主研发创新、打破人才培养的地域限制、搭建技术交流平台、开展大数据应用成果的孵化与转化，推进京津冀政府部门及重点行业数据资源的集聚、交换与协同。

（二）促进智能制造与新材料产业协同发展

发挥中关村在智能制造和新材料等领域的设计研发优势，引导国内外集成电路、智能硬件、智能制造、新材料等企业在津冀布局制造环节，实现产业链整合对接，构建具有核心竞争力的产业生态。推进津冀企业与中关村企业联合探索“北京研发—网络设计—异地制造”模式，加快建立以制造研发创新中心为核心载体、以工程数据与网络服务中心为重要支撑的制造业创新网络，提升协同制造、产业链优化和集中管控等能力，推广以自主可控软硬件系统为支撑的“工业 4.0”智慧生产模式、大规模生产线新型工业机器应用等。支持中关村新材料企业在天津滨海、唐山（曹妃甸）等地建设集新材料研发、中试、生产于一体的产业化基地，抢占新材料研发、生产及应用制高点。

（三）推动智慧医疗示范应用

支持中关村企业在津冀建立远程数字病理、第三方影像中心等，建设覆盖京津冀远程医疗网络和健康服务平台，开展互联网健康管理、慢病监测等服务。支持企业与津冀医疗机构共建分子医学影像工程技术与应用联合实验室、基因检测服务实验室等，共同开展分子医学影像、基因检测等应用示范，带动精准医疗及相关产业发展。

（四）推进区域智能交通一体化发展

支持中关村企业整合公交一卡通、车辆、红绿灯、道路监控等数据资源，结合气象、环境、人口、土地等行业数据，建设交通大数据。支持汽车电子、车联网、船联网等技术广泛应用，加快交通大数据和智慧出行服务模式创新，促进公路、水运、城市交通等方面实现数字化、网络化与智能化。支持关键零部件、通信信号、运营服务等领域的中关村企业参与京津冀交通一体化建设，支持新能源汽车示范应用和京津冀区域充电网络建设，推广分时租赁等运营模式。

（五）服务区域生态环境建设

结合传统产业转型升级需求，在钢铁、水泥、石化等领域，支持中关村企业开展工业窑炉改造、余热余压利用、工业能量系统优化等技术服务，联合开展烟气脱硫、脱硝、除尘及燃煤效率提升、煤炭清洁利用、挥发性有机物治理等技术示范应用。支持中关村企业开展建筑节能技术的集成应用和智能化改造工程，在延庆、张北等有条件的地区推广分布式能源、风光储输及智能微电网示范工程。

六、实施京津冀人才圈建设工程，推进高端人才集聚和跨区域创新创业

聚焦重点合作园区，积极促进人才交流和联合培养，完善跨区域人才服务网络，努力实现京津冀人才支持政策相互衔接、工作体系相互对接、资源市场

相互贯通、发展平台相互支撑、体制机制改革相互促进，不断增强对高端人才的吸引力。

（一）共同集聚高端人才

推动北京市“海聚工程”、中关村“高聚工程”与津冀高端人才吸引政策交叉覆盖，支持入选人才和团队在京津冀三地工作和创业。加强中关村海外联络处的作用，为京津冀三地吸引高端人才和对外投资提供服务。支持高校院所、园区、孵化器、海创园等与津冀机构合作，共建海外人才创业园或投资基金，吸引海外高端人才开展跨区域创业、联合承担重大项目，合力开展关键技术研发和产业化。

（二）共建人才服务体系

共同建立京津冀高级专家数据库，搭建三地高层次人才资源交流共享平台。建立京津冀人才圈公共服务平台，支持三地公共就业和人才服务机构、青联、社会组织等举办人才招聘、沙龙、研讨会、论坛等活动，促进人才互动交流。

七、实施金融服务一体化工程，推动三地科技金融服务体系有机衔接

深化金融与科技融合，逐步在重点合作园区建立支撑“大众创业、万众创新”的科技金融组织体系、市场体系和服务体系。

（一）联合推动科技金融政策对接与创新

推动中关村先行先试金融政策体系与津冀重点合作区域金融政策对接。联合研究在重点合作园区开展促进天使投资、创业投资发展的税收政策，开展债券品种创新、小额贷款公司跨区域经营等试点。积极支持商业银行在中关村设立信贷专营机构或特色支行，创新业务模式，为重点合作园区企业提供综合金融服务。依托中关村大数据、互联网领军企业，推动建设互联网金融资产交易、数据交易、信用信息、行业预警监控等第三方平台，服务三地互联网金融企业。

（二）联合搭建多渠道融资体系

进一步发挥中关村协同创新投资基金的引导作用，通过与津冀设立协同发展子基金，支持重点合作园区新兴产业发展和创新创业投融资体系建设。推动京津冀区域股权投资机构开展合作交流，支持国内外天使投资、创业投资在重点合作园区集聚发展。鼓励各类银行在重点合作园区开展信用贷款、知识产权质押贷款、股权质押贷款、小额贷款保证保险等融资产品创新，支持企业通过并购、信托、债券等进行融资。

（三）联合营造良好信用环境

支持中关村信用服务机构与津冀信用自律组织开展合作，在重点合作园区搭建京津冀企业信用平台，加强信用产品和服务市场的培育与发展，探索信用联动、信息共享的服务体系。

八、保障措施

（一）加强统筹协调

发挥中关村创新平台的优势，在中关村示范区领导小组和北京市推进京津冀协同发展领导小组的领导下，与津冀有关部门联合，建立中关村京津冀协同创新共同体建设的工作协调机制，统筹部署，合力推进。

（二）加强跟踪评估

联合津冀有关部门，共同开展协同创新共同体建设动态评估，加强对政策创新、产业发展、企业集聚等建设进展情况的跟踪、分析，确保高质量完成各项任务。

（三）加强宣传推广

推动跨部门、跨区域信息交流和宣传平台建设，有效整合各类信息渠道，及时发布信息动态，挖掘、提炼典型示范及成效，及时向有关部门报告，总结推广可示范、可复制的经验和模式。

在北京市科技创新大会上的讲话

中共北京市委书记　郭金龙

（2016 年 9 月 6 日）

这次会议非常重要，是我们贯彻落实全国科技创新大会精神，加快建设全国科技创新中心的动员会、部署会。这里，我讲 4 点意见。

一、进一步提高认识，统一思想

2016 年 5 月 30 日，全国科技创新大会、两院院士大会、中国科协第九次全国代表大会隆重召开，习近平总书记发表了重要讲话，李克强总理提出了明确要求。习总书记的重要讲话，放眼世界和我国发展的历史进程，把科技创新与我国现代化建设宏伟目标紧密联系起来，深刻阐述了加快实施创新驱动发展战略的重大意义，明确提出了建设世界科技强国的总体要求、主要目标和重点任务，为在新的历史起点上实现我国科技事业“三步走”战略目标指明了方向。习总书记的重要讲话和关于科技创新、创新发展的一系列重要论述，思想内涵丰富，回答的都是我国现代化建设的重大理论和实践问题，我们要深入学习、深刻领会，切实把思想和行动统一到中央决策部署上来，自觉地把科技创新摆在更加重要的位置，加快全国科技创新中心建设，使北京成为具有全球影响力的科技创新中心。这里，我想着重谈 3 个方面的思想认识。

第一，深入推动科技创新，加快全国科技创新中心建设，是北京市服务国家发展的重大历史责任。习总书记强调指出，科技兴则民族兴，科技强则国家强；如果我们不识变、不应变、不求变，就可能陷入战略被动，错失发展机遇，甚至错过整整一个时代。面对实现“两个一百年”奋斗目标、实现中华民族伟大复兴的光明前景，在中央发出了建设世界科技强国动员令的关键时候，作为全国科技创新中心，首都北京当有责无旁贷、舍我其谁的历史使命感、责任感，必须率先出征、走在前列。

一方面，北京科技资源极为丰富，高等学府、科研院所众多，全国 50% 以上的“两院院士”、近 30% 的“千人计划”人员聚集在这里，国家级高新技术企业占全国的 20%，是名副其实的国家科技事业发展“主力部队”所在地。资源所在，力量所在，就是责任所在。“主力要出征，地方须支前”。我们经常讲服务大局，建设世界科技强国就是大局，而且是关系国家民族长远发展的大局。我们唯有奋勇争先，才能配得上“全国科技创新中心”这样的核心功能定位，才能无愧于中央和人民的期望。

另一方面，多年来，在中央坚强领导下，中央各部门、各单位大力支持协同，我们坚持深化改革、扩大开放，加快中关村国家自主创新示范区建设，科技创新取得长足进步。先后创制国际标准 180 多项，在下一代移动通信、卫星导航等领域突破了一批关键技术，全市技术合同成交额占全国总量的 1/3，科技进步对经济增长的贡献率超过 60%。应该说北京科技创新有了相当基础，积累了一些经验。我们能够也应该有更高追求，把科技创新抓得更好，调动起方方面面的积极性，共同代表国家参与全球科技竞争，努力为建成创新型国家、建成世界科技强国做出新的更大贡献。

第二，深入推动科技创新，加快全国科技创新中心建设，是北京市实现更高水平更可持续发展的必由之路。当前，北京发展进入了新阶段，习总书记视察重要讲话指明了前进方向，京津冀协同发展重大规划开启了现代化建设的新征程。我们要落实首都城市战略定位，建设国际一流的和谐宜居之都，关键是要坚持疏解功能谋发展，构建“高精尖”经济结构，使经济发展与资源环境相适应、相协调。而关键的关键，是把发展的着力点更多放在创新上，全面实施创新驱动发展战略，进一步发挥科技创新优势，加快发展动力转换，塑造更多依靠创新驱动、更好发挥先发优势的引领性发展，着力解决制约经济社会持续健康发展的重大问题。这也是我市适应和引领经济发展新常态、深化供给侧结构性改革的重要内容，无论现在还是将来都极具战略意义。当今世界，新一轮科技革命蓄势待发，技术更新和成果转化更加快捷，一些重大技术创新正在创造新产业新业态，与我们落实首都城市战略定位、加快转变经济发展方式形成历史性交汇。这样的重大机遇，我们不能错过，必须紧紧抓住、占得先机。

第三，北京建设全国科技创新中心，一定要紧贴国家战略，注重搞好服务，发挥辐射带动作用。在京研究型大学和科研院所，包括部队、央企的研发机构，不仅是我们建设具有全球影响力科技创新中心的依靠，而且在国家创新体系中也具有十分重要的地位和作用。我们要坚持主动服务，老老实实搭平台，不分“你我亲疏”，健全合作机制，全心全意推进央地合作、军民融合，国有、民营一视同仁，把科技创新资源配置得更有效，共同把科技创新这台大戏唱好、演好。同时，作为全国科技创新中心，一定要有辐射、带动和引领作用，我们不仅要看科技创新对结构调整、经济增长的支撑作用，也要看有多少科技成果辐射到全国各地，更要看在北京地面上产生了多少原创理论、原创发现和关键领域核心技术的突破。这样的认识，一定要牢固树立，并切实落实到科技创新和各方面工作中。

二、聚焦目标任务，拓展工作思路

经过多年探索，我们围绕科技创新，形成了具有自身特点的工作格局。总体规划上，以中关村国家自主创新示范区建设为龙头，实行先行先试的改革举措与政策，建设中关村人才特区，打造战略性新兴产业策源地和创新创业高地。空间布局上，中关村示范区发展到了“一区十六园”，北部建设研发服务与高技术产业，南部建设高技术制造业与战略性新兴产业。合作机制上，与科技部有部市会商，与中科院有院市合作，与中央企业共同建设未来科技城，与部队单位推进军民融合发展，与在京高校有各种合作平台。政策创新上，有中关村示范区“1+6”和新四条先行先试政策，还有“京校十条”“京科九条”。

面对新时期、新形势、新任务，贯彻落实全国科技创新大会精神，我们要紧紧围绕建设具有全球影响力的科技创新中心，聚焦打造原始创新高地、培育具有国际竞争力的研发创新体系、更好发挥在全国的辐射带动作用等目标，在继续推动各方面工作落实落地的同时，更加重视抓好以下几个方面工作。

第一，积极支持国家实验室建设。国家实验室是攻坚克难、引领发展的战略科技力量。在重大创新领域组建一批国家实验室，是党的十八届五中全会做出的重大部署。我们要积极配合科技部、国家发改委等部门，争取国家实验室在京落户，并搭建好服务平台，完善保障机制，努力创造优良发展环境。要依托国家实验室，以重大科技任务攻关为核心，完善协同创新机制，落实好部市会商、院市合作、军民融合等各项战略协议的任务，推动首都不同隶属、门类丰富的创新资源深度融合，促进各个方面、多元主体共同协作，形成强大的科技攻关合力。要积极对接国家重大科学计划、重大科技专项，紧紧围绕国家重大战略需求，加大对在京科研单位探索攻关的支持力度，为我国攻破关键领域核心技术、在重要科技领域实现跨越式发展做出贡献。

第二，着力推进京津冀协同创新共同体建设。这是落实京津冀协同发展战略的重要举措，也是发挥北京科技创新辐射带动作用的有力体现。中央把京津冀确立为全国唯一跨省级行政区的全面创新改革试验区，并批复同意了实施方案，北京应更加积极主动地落实，努力推动取得明显成效。协同创新共同体，应该是政策一体、服务一体，各类创新主体紧密联系、有效互动，创新链条与产业链条贯通连接，最后形成一批以企业集团、科技园区为载体的创新实体。要建立起有效的沟通协调机制，就区域科技发展规划、重大科技示范工程、科技创新平台及研发基地布局等重大问题进行顶层设计，形成区域科技发展战略规划“一盘棋”。要充分发挥首都科技的辐射带动功能，推动京津冀三地在促进科技资源开放共享、共建科技园区和产业基地、加快科技成果转移转化等方面，开展深度交流合作。要支持京津冀三地企业、高等院校和科研院所联合研发与成果转化，根据三地的资源禀赋、发展基础和要素条件，联合开展战略研究和关键技术攻关，共同申请国家重大科技计划和产业化项目，联合建设实验室、工程中心、中试基地、科技成果转化基地，形成区域间产业合理分布和上下游联动机制。要发挥市场在资源配置中的决定性作用，建立统一开放、竞争有序的市场体系，促进首都科技创新要素按照市场规律流动配置，更好重组区域资源，贯通创新链条、产业链条。

第三，扎实推进三大科技城建设。中关村科学城、怀柔科学城、未来科技城，是国家重大科技项目、大科学装置、央企“国家队”等关键资源的集中地。要把这三大科技城建设放到科技创新全局的突出位置，加强与科技部、教育部、国务院国资委、中科院及其他相关部委的工作对接，统筹各方面的资源，集中力量加快建设，形成标志性、示范性效应。各有关部门和区要有更高的积极性、更强的主动性，认真落实责任，注重听取入驻单位的意见建议，努力协调解决相关问题，推动规划实施，创造良好环境。

第四，深入抓好中关村自主创新示范区建设。要对照建设具有全球影响力的科技创新中心的要求，以更高的站位、更宽的视野、更新的理念，坚持深化改革、先行先试，根据企业发展需求配置资源和公共服务，吸引各类科技创新主体加快聚集，不断提升核心竞争力，更好发挥辐射带动作用。要总结推广各项改革举措，突破外籍人才永久居留权和创新人才聘用、流动、评价激励等体制瓶颈，进一步完善创新创业服务体系，营造有利于创新的生态环境。要切实把握创新空间拓展的规律，落实新修订的城市总体规划，总结发展经验，加大统筹力度，推动各园区精细化、差异化发展，形成功能清晰、导向明确、秩序规范的发展格局。各园区都要聚焦新常态、供给侧、高精尖，围绕科技创新和成果产业化做足文章，承接与疏解并举，加快产业转型升级，提升发展质量与水平。

创新是一个系统工程，创新链、产业链、资金链、政策链相互交织、相互支撑，需要全面部署、全面推进。各部门都要更积极地融入建设全国科技创新中心的工作中来，围绕发挥科技资源优势、提升自主创新能力，找到履行部门职责、服务科技创新的抓手，找到改进提高工作的环节。要围绕加强科技供给，破解城市发展难题，提高公共服务水平，改善人民群众生活，深入进行研究，主动提出科技需求，引导支持科研机构和企业攻关，促进科技成果转化运用。各区都要深刻认识到，主要依靠资源、资本、劳动力等要素投入支撑经济增长和规模扩张的方式已不可持续，抓创新就是抓发展，谋创新就是谋未来，围绕科技创新，围绕构建“高精尖”经济结构，认真思考分析自身的角色与定位，在城市功能布局优化调整的过程中，谋好科技创新和成果转化这篇大文章，努力实现更好发展。

三、全面深化改革，激发创新活力

改革创新是科技事业发展的动力之源。建设具有全球影响力的科技创新中心，必须进一步深化改革，加快形成充满活力的科技管理和运行机制。过去，我们把主要精力大多放在了研发管理上，重点关注的是项目怎么选，经费怎么分配。新形势下，要更加注重抓战略、抓规划、抓政策、抓协调，特别是把工作重心转移到创新服务上来，为科技创新活动提供更好的配套服务，打造更加适宜创新创业的环境和氛围。好的环境既不能单靠“管”出来，也不能靠钱“堆”出来，只能靠深化改革营造出来。要以深化“放管服”改革为契机，加快转变政府职能，进一步简政放权，从政策法规、制度保障、公共服务、基础设施、文化氛围等多方面着力优化创新生态，推动政府创新治理现代化，大力推进科技金融、商事制度改革，落实完善科技经费鼓励支持政策，培育“大众创业、万众创新”的土壤，让机构、人才、装置、资金、项目都充分活跃起来，形成推动科技创新的强大合力。

人是最具有决定性的创新要素。科技管理既要见物，更要见人，无论是项目管理，还是经费投入，都要坚持以人为本，注重调动人的积极性和创造性。要充分尊重科技创新和科学研究的规律，给予广大科研人员充分的信任和自由，给予他们更大的资源支配权和技术决定权，破除影响研发的各种条条框框，尽可能地让科研人员少一些羁绊束缚和杂事干扰，让他们有更多时间去自由探索、专心攻关。要深入推进落实科研项目和经费管理各项改革举措，切实解决流程烦琐、繁文缛节等问题，真正做到让科研经费为人的创造性活动服务，而不是让人的创造性活动为科研经费服务。要完善人才的市场化评价和激励机制，建立以能力、业绩和贡献为导向的科技人才评价体系，落实以增加知识价值为导向的分配政策，构建体现智力劳动价值的薪酬体系和收入增长机制，激发广大科研人员的积极性、主动性和创造性。同时，要深化改革人才的培养、引进、使用等机制，优化人才服务保障体系，聚天下英才而用之，努力把北京打造成为全球高端创新人才的栖息地。

企业是科技和经济紧密结合的重要力量，尤其在技术创新方面更是主角，中关村示范区多年经验已经充分证实了这一点。要落实和完善鼓励企业技术创新的政策措施，在融资、税收、人才等各方面给予企业更多的支持，鼓励企业自建或与高校、科研院所共建研发中心、技术中心和中试基地，激发企业开展科技创新的主动性，使企业真正成为技术创新决策、研发投入、科研组织、成果转化的主体。加强对知识产权的保护，规范市场竞争，让企业从技术创新中获得应有回报、尝到“甜头”。要积极帮助那些有潜力、有实力的骨干企业充实研发力量，建设国家技术创新中心，培育有国际影响力的行业“龙头”；加强对中小企业技术创新支持力度，造就大批各具特色的科技“小巨人”，形成以重点领先企业带动、大量科技型中小企业参与的企业创新体系。

科技成果转化难，是制约科技与经济有效融合的一大瓶颈。破解这一难题，根本出路也在于深化改革，建立市场主导的技术转移转化体系，促进科技成果的资本化、产业化，切实打通科技成果向现实生产力转化的通道。一方面，要发挥好政府“有形之手”的引导作用，细化落实科研成果使用权、处置权及收益权归高校院所、科研团队或科研人员所有的政策举措，完善技术转移和成果转化的收益分配激励机制，真正把科研单位和科技人才的积极性调动起来。科研管理部门和高校院所都要解放思想，制定切实可行的实施方案，真正给科研人员和成果转化活动松绑解套，大力推动科技成果转化。要高度重视首台（套）采购，落实相关政策，鼓励订购和使用自主创新的重大技术装备。另一方面，要释放市场“无形之手”的内生动能，发挥市场在科技资源配置中的决定性作用，健全市场导向的创新成果评价机制和定价机制，培育壮大技术交易市场，完善成果转化的市场体系和服务体系，打通成果转化“最后一公里”，让更多的科技成果走出高墙大院、走出实验室和数据库，成为企业的产品、最新的应用、产业升级的支撑和民生改善的依托。

四、加强组织领导，推动任务落实

建设具有全球影响力的科技创新中心，是中央的决策部署和明确要求。国务院已经审议通过了《北京加强全国科技创新中心建设总体方案》，政策措施也更加完善，关键是要抓好落实、取得成效。全市各级各部门要切实强化责任担当，对照中央要求和市委部署，进一步明确自身职责定位，找准“成长坐标”和工作结合点，以更大的智慧和勇气改革创新、攻坚克难，更好地肩负起组织领导创新发展的重大责任。各级领导干部尤其是党政一把手要及时研究解决工作推进中的重大问题，全方位支持科技创新，当好科技工作的“后勤部长”。科技主管部门要转变工作思路，加强统筹协调、衔接配合，抓好业务指导和全方位服务。各有关部门要牢固树立“一盘棋”思想，各司其职、密切配合，形成推动科技创新的合力。要充分发挥考核这个“指挥棒”的作用，加快完善考评体系，加大对科技创新的考核力度，通过考核层层传导压力、强化责任，在全市推动形成抓创新发展的鲜明导向。

抓落实必须弘扬优良作风。要以“咬定青山不放松，一张蓝图干到底”的劲头，全面落实方案确定的各项任务，把总体目标细化为务实举措，把任务要求分解到责任主体，把现有政策用好用足，使各项决策部署尽早落地见效。要少些空谈、多些实干，坚决克服等待、观望和畏难情绪，坚持主动作为、稳扎稳打，抓紧把一件件具体事情做起来，坚持一步一个脚印地往前推，用实际行动为建设科技创新中心探索经验、夯实基础。要多一些忧患意识和危机感，少讲成绩、多看问题，开动脑筋、把脉问诊，在解决一个个瓶颈难题中更加富有成效地推动工作。要多深入实际、少坐而论道，多到科技园区、科技企业中去调查研究，了解企业最盼望、最迫切的需求，到科技工作者中去听实话、察实情，帮助他们协调解决一个个实际困难和问题。

群众中蕴藏着巨大的创新能量和创造潜力。要努力营造开放、宽松、公平的创新创业环境，营造尊重劳动、尊重知识、尊重人才、尊重创造的浓厚社会氛围，使全社会的创新智慧充分释放、创新力量充分涌流。要大力培育敢冒风险、宽容失败的文化氛围，健全扶持和保护创新创业的制度机制，使勇于创新创业成为城市的一种品格、一种风尚。要坚持把抓科普工作放在与抓科技创新同等重要的位置，广泛开展科普宣传和教育活动，使科学理念、科学精神在市民心中落地生根。要进一步加大对科技创新的宣传力度，加强政策宣传解读，使更多的创新主体知晓、享受政策，加强典型人物、成功事例宣传报道，充分发挥榜样的引领和示范作用。

广大科技工作者是推进科技创新的重要依靠力量。各级各部门要关心爱护科技人员，高标准落实科技人才政策，为他们的工作和生活创造更好条件。科协作为联系科技工作者的人民团体，要认真倾听来自科技工作一线的意见，走好新形势下的群众路线，不断提升团结、吸引、凝聚、服务科技工作者的能力和水平，为他们施展抱负、脱颖而出提供有力支持。希望全市广大科技工作者认清肩负的重大责任和光荣使命，继续发扬求真务实、勇于创新的科学精神，更加努力地提高科技创新能力、勇攀科技高峰，积极投身创新创业大潮，不断为建设具有全球影响力的科技创新中心奉献新成果、做出新业绩。

同志们，深入实施创新驱动发展战略、加快建设全国科技创新中心，是历史赋予首都北京的重大责任。让我们紧密团结在以习近平同志为总书记的党中央周围，只争朝夕、踏石留印，努力创造首都科技事业新的辉煌，为实现“两个一百年”奋斗目标，实现中华民族伟大复兴的中国梦做出新的更大贡献！

深入学习贯彻全国科技创新大会精神 建设具有全球影响力的科技创新中心

北京市副市长　中关村管委会党组书记　隋振江

（2016 年 6 月 24 日）

根据中央和市委“两学一做”学习教育总体部署，按照中关村管委会党组工作安排，今天我就学习贯彻习近平总书记系列重要讲话精神，落实好全国科技创新大会精神，在“两学一做”学习教育中强化党性锻炼，增强政治意识、大局意识、核心意识、看齐意识，特别是中关村管委会和中关村发展集团全体党员干部如何进一步增强服务意识，加快建设具有全球影响力的科技创新中心，谈一些学习体会和认识，与大家共同交流探讨。

一、“两学一做”学习教育是当前一项重大政治任务

党的十八大以来，以习近平同志为总书记的党中央高度重视党的建设，把全面从严治党纳入“四个全面”战略布局，制定和落实中央“八项”规定，开展党的群众路线教育实践活动和“三严三实”专题教育，举措有力、成效显著，使管党治党真正从宽、松、软走向严、紧、实。思想建党是马克思主义政党建设的基本原则，是我们党的优良传统和政治优势，也是党的十八大以来管党治党的鲜明特征。

2016 年，党中央决定在全体党员中开展“两学一做”学习教育，这是落实党章关于加强党员教育管理要求、面向全体党员深化岗位教育的重要实践；是继党的群众路线教育实践活动、“三严三实”专题教育之后，推动党内教育从关键少数向全体党员拓展，从集中性教育活动向经常性教育延伸的重大举措；是协调推进“四个全面”战略布局，特别是推动全面从严治党向基层延伸的有力抓手；是加强党的思想政治建设的重要部署。

中央和市委对开展“两学一做”学习教育高度重视，并做出重要部署。2 月 4 日，习近平总书记主持召开中央政治局常委会议，审议“两学一做”学习教育方案并发表重要讲话。2 月 24 日，中央办公厅印发《关于在全体党员中开展“两学一做”学习教育方案》，并发出通知。4 月，习近平总书记对“两学一做”做出重要指示，强调“两学一做”学习教育是加强党的思想政治建设的一项重大部署，是协调推进“四个全面”战略布局特别是推动全面从严治党向基层延伸的有力抓手，基础在学、关键在做。各级党组织要履行抓好“两学一做”学习教育的主体责任，坚持区分层次、突出问题导向，确保取得实际成效。习近平总书记重要指示深刻阐明了“两学一做”学习教育重要意义、基本要求和主要任务，为开展学习教育指明了方向。

4 月 21 日，郭金龙书记主持召开了“两学一做”学习教育工作会议，要求坚持高标准、严要求，把“两学一做”学习教育开展好，把党员集结起来，为率先全面建成小康社会、加快建设国际一流的和谐宜居之都而努力奋斗。

中关村示范区是落实国家创新驱动发展战略的排头兵，中关村的党员干部要更加自觉成为“两学一做”的先锋和表率。5 月 3 日，中关村管委会召开党组中心组学习扩大会，学习传达中央和市委有关学习教育指示精神，对全委学习教育做出部署。我们要将思想和行动统一到中央和市委的决策部署上来，深刻领会开展“两学一做”学习教育的重大意义，把“两学一做”作为当前的一项重大政治任务，通过学习教育，提高每名党员干部的能力素质，在建设具有全球影响力的科技创新中心中建功立业，为建设世界科技强国做出自己的贡献。

二、在“学”上下功夫，用科学理论成果武装头脑

“两学一做”基础在学，学什么？就是要深入学习党章党规，深入学习习近平总书记系列重要讲话。学党章党规重在牢记党章党规党纪。十八大以来，我们党对党内法规做了一系列修改、完善、强化，《中国共产党廉洁自律准则》《中国共产党纪律处分条例》等都是一系列加强制度建设的新成果，必须成为这次学习要掌握的重要内容。

要对党绝对忠诚。党章是党的根本大法，是全党必须遵循的总规矩，党章党规是全面从严治党的依据，是全体党员的行为规范，要通过对党章党规的学习，唤醒和强化党员的党章意识、纪律意识，更加坚定理念信念、强化宗旨意识，补精神之“钙”、固思想之元。在政治上讲忠诚，组织上讲服从，行动上讲纪律，切实维护党的团结统一，努力增强党的创造力、凝聚力、战斗力。

习近平总书记系列重要讲话，是系统完整的科学理论体系。党的十八大以来，习近平总书记围绕改革发展稳定、内政外交国防、治党治国治军，发表了一系列重要讲话，以巨大的理论勇气和政治智慧，提出了许多富有创见的新思想、新观点、新论断、新要求，深入阐释了党的十八大精神，深刻回答了新的历史条件下党和国家发展的重大理论和现实问题，进一步深化了对共产党执政规律、社会主义建设规律、人类社会发展规律的认识，是中国革命建设和改革的历史逻辑、理论逻辑和实践逻辑的贯通融合，深化了马克思主义发展新境界，续写了中国特色社会主义理论新篇章。

特别值得重视的是，“创新”是习近平总书记治国理政战略思想的重要关键词。2016年1月，《习近平关于科技创新论述摘编》正式出版，集中反映了党的十八大以来习近平总书记关于科技创新的新思想、新论断、新要求，应该成为中关村管委会、中关村发展集团党员干部重要的学习篇章。

5月30—31日，全国科技创新大会、两院院士大会、中国科协第九次全国代表大会在京隆重召开。习近平总书记出席大会并发表重要讲话，李克强总理在第二次全体会议上做重要讲话，刘延东同志做了总结讲话。这次科技创新大会吹响了建设世界科技强国的号角，明确了未来三十年的奋斗目标、发展方向和重点任务。对我们贯彻落实好首都城市战略定位，加快建设具有全球影响力的科技创新中心提供了基本遵循。当前，要把学习贯彻习近平总书记在全国科技创新大会上的讲话和大会精神，与“两学一做”学习教育紧密结合起来，用大会讲话中的新思想、新论断、新要求指导我们当前的工作。

（一）学习领会全国科技创新大会的里程碑意义

这次全国科技创新大会，是党中央、国务院在全面建成小康社会决胜阶段召开的一次重要会议，是我国科技事业发展史上新的里程碑。为什么会成为里程碑？一是时间节点，二是发出的号召和部署。

我国进入经济发展新常态，处于跨越“中等收入陷阱”“爬坡过坎”阶段，是全面建成小康社会、实现“两个一百年”的奋斗目标的前夜。没有科技创新的突破，全面建成小康、跨越中等收入陷阱、实现“双中高”，都没有保障，实现“两个一百年”奋斗目标也没有基础。

在大会上，总书记在讲话中提出建设世界科技强国“三步走”发展目标：到2020年时使我国进入创新型国家行列，到2030年时使我国进入创新型国家前列，到新中国成立100年时使我国成为世界科技强国。

总书记在讲话中也描绘了向世界科技强国进军的路线图。强调实现中华民族伟大复兴的中国梦，必须坚持走中国特色自主创新的道路，面向世界科技前沿，面向经济主战场，面向国家重大需求，加快各领域科技创新，掌握全球科技竞争先机。围绕世界科技强国目标，习近平总书记提出5个方面的重点任务。“三个面向”“五大任务”，既是当前我国科技发展的根本着眼点，也是科技助推实现中华民族伟大复兴中国梦的战略基点，必须牢牢坚持。

（二）学习贯彻总书记提出的五大重点任务

第一，夯实科技基础，在重要科技领域跻身世界领先行列。

强调固本强基，以全球视野把握时代脉搏，在新一轮科技革命中抢占先机。进入到21世纪，一些重大颠覆性技术创新正在创造新产业、新业态，信息技术、生物技术、智能制造技术、新材料技术、新能源技术等已经广泛渗透到所有领域，经过多年发展，我国基础科学研究水平有了显著提高，科学论文产出快速增长，成果影响力明显增大，基础科学研究队伍规模日益壮大。但与世界发达国家相比，我国基础研究综合水平还存在较大差距，需要更加重视基础科学研究，加大研发投入，更加突出科学前沿，更加注重基础研究人才队伍建设，丰富和优化目前我国基础研究的资助机制，突出我国优势学科领域，提高我国科学研究的原始创新能力，丰富科技创新源泉，确保未来

科技发展跻身世界科技前列。

第二，强化战略导向，破解创新发展的科技难题。

强调增强自主创新能力，突破战略瓶颈，在竞争中赢得战略主动。对照世界科技强国的目标，我国发展还面临重大科技瓶颈，关键领域核心技术受制于人的格局，没有从根本上改变，科技基础仍然薄弱，科技创新能力，特别是原始创新能力，与发达国家相比还有很大差距。

习近平总书记在这方面举了很多例子。比如：从理论上讲，地球内部可利用的成矿空间分布在从地表到地下1万米，目前世界先进水平勘探开采深度已达2500～4000米，而我国大多小于500米，向地球深部进军是我们必须解决的战略科技问题。此外，从先进高端材料，到生命科学和生物技术，再到深海探测、空间技术，都迫切要求我们攻破关键核心技术，抢占事关长远和全局的科技战略制高点。

我国要成为世界科技强国，必须拥有一批世界一流科研机构、研究型大学、创新型企业。能够持续涌现一批重大原创性科学成果。习近平总书记在讲话中强调，要在重大创新领域组建一批国家实验室，以国家实验室建设为抓手，以重大科技任务攻关和国家大型科技基础设施为主线，围绕国家目标和紧迫战略需求，依托最有优势的创新单元，整合全国创新资源，建设突破型、引领型、平台型一体的国家实验室，成为攻坚克难、引领发展的战略科技力量。

值得注意的是，这类实验室不同于以往的国家重点实验室、国家工程实验室， 而是类似美国阿贡、洛斯阿拉莫斯、劳伦斯伯克利等国家实验室和德国亥姆霍兹研究中心等，是国家科技力量的重大战略布局，将成为跨学科、大协作和高强度支持下的协同创新研究基地。

科技创新，特别是原始创新，是没有终点的比赛，一个成果出来接着又一个成果，我们没看到世界科技强国为每一阶段取得的科技成果而搞庆祝和总结，因为这个成果出来之后，就意味着过时的技术，马上就开始追逐下一代技术。尤其在军事技术领域，一个技术能制约战略对手10年，同时再储备下一代战略技术，等你追上我的时候，我又拿出新的技术来比。将来国家实验室是一个赛跑的平台，要按照长周期、阶段性科学规律对科学家进行考核。 要整合力量，形成能够统筹运作新机制的科技研发平台，共用技术研发平台，面向园区开放的技术源泉，使企业能在迭代更新的过程中掌握新的技术前沿的基础。

解决整个重大基础科技源泉的问题，是国家重大战略，北京是全国科技创新中心，要积极参与、积极服务。中关村在基础科技研究方面，从基础科学理念到形成科技成果过程中要有所作为。要面向园区所有的优势资源，以我为中心，促成要素快速、有效的聚变和整合，这样才能在这几个领域形成突破，反过来促进传统大学和院所存量的改革。

第三，加强科技供给，服务经济社会发展的主战场。

强调树立创新的发展理念，将创新置于发展全局的核心位置，促进科技创新与经济社会发展紧密结合，塑造更多依靠创新驱动、更多发挥先发优势的引领型发展，更好地引领经济发展新常态，深入推动供给侧结构性改革，推动中国经济迈向“双中高”。习近平总书记特别强调，广大科技工作者要把论文写在祖国的大地上，把科技成果应用在实现现代化的伟大事业中。

改革开放以来，我国发展不断跃上新台阶，经济总量已稳居全球第二，但不少领域依然大而不强、大而不优。我国作为发展中大国，过去几十年比较好地利用了后发优势，创造了经济发展史上的奇迹。但长期以来不少产业和产品处于跟踪仿制阶段。发展不平衡和资源环境刚性约束增强等矛盾愈加凸显，处于跨越中等收入陷阱、实现“双中高”转型的关键时期。无论是为经济发展提供新动力，还是应对人口老龄化、消除贫困、保障人民健康和国家安全等风险挑战，或者是建设天蓝、地绿、水清的美丽中国，都要求我们用好科技这一强国之利器，依靠更多更好的科技创新闯出发展新路子。

第四，深化改革创新，形成充满活力的科技管理和运行机制。

强调科技创新、制度创新协同发挥作用，实现双轮驱动。发挥社会主义制度集中力量办大事这个最大优势，深化改革创新，形成社会主义市场经济条件下集中力量办大事的新机制，进一步彰显制度优势。

这次全国科技创新大会上有许多鲜活生动的论述，指出了许多涉及体制机制的深层次矛盾和问题，切中要害，引起各界强烈共鸣。比如习近平总书记在讲话中指出：“要完善符合科技创新规律的资源配置方式，解决简单套用行政预算和财务管理方法管理科技资源等问题”“要着力改革和创新科研经费使用和管理方式，让经费为人的创造性活动服务，而不能让人的创造性活动为经费服务”“要尊重科学研究灵感瞬间性、方式随意性、路径不确定性的特点，允许科学家自由畅想、大胆假设、认真求证。不要以出成果的名义干涉科学家的研究，不要用死板的制度约束科学家的研究活动”。李克强总理在讲话中指出：“把科研人员从烦琐的表格中解放出来”“不能把对行政人员的有关规定简单套用到兼任科研和教学领导职务的专家学者上”“要面子里子一起做，真正让有贡献的科技人员名利双收，经济上有实惠、工作上有保障、社会上受尊敬”。

6月1日，全国科技创新大会刚刚闭幕，李克强总理就主持召开国务院常务会，就落实全国科技创新大会精神，推进科研领域“放管服”改革，更大调动科研人员积极性、创造性提出明确要求。会议确定，一是简化中央财政科研项目预算编制，将直接费用中多数科目预算调剂权下放给项目承担单位。项目年度剩余资金可结转下年使用，最终结余资金可按规定留归项目承担单位使用。二是大幅提高人员费用比例。增加间接费用比重，用于人员激励的绩效支出占直接费用扣除设备购置费的比例，最高可从原来的5%提高到20%。对劳务费不设比例限制。三是差旅会议管理不简单比照机关和公务员。中央高校、科研院所可根据工作需要，合理研究制定差旅费管理办法，确定业务性会议规模和开支标准等。四是简化科研仪器设备采购管理，中央高校、科研院所对集中采购目录内的项目可自行采购和选择评审专家。对进口仪器设备实行备案制。五是合理扩大中央高校、科研院所基建项目自主权，简化用地、环评等手续，对利用自有资金、不申请政府投资的项目由审批改为备案。

除了要充分尊重人才，中关村管委会的党员干部、中关村发展集团的党员干部自身也要成为推动创新的人才、服务创新的人才。科技管理工作中的人才也是极其缺乏的，虽然我们一直在学习，但我们没有进入到创新规律中，对创新规律深层次的认知和把握还不够。我们做合格党员，要政治上合格，能力上过硬。政治合格就是要奉献创新示范区建设，奉献创新型国家建设；能力过硬就是服务创新创业主体中有过硬的措施，有我们的好环境，最终要靠企业发展成果、科技创新成果来检验。

三、在“做”上求实效，在建设具有全球影响力的科技创新中心中做合格党员

（一）增强危机感、紧迫感、责任感

我们中关村经过了30年的发展，过去是唯一的国家自主创新示范区，享受政策先行先试，享受体制外溢效应，顺风顺水走到了今天，成为国家科技创新重要的阵地，一面旗帜，也是建设全国科技创新中心的主阵地，在国际上也得到关注。这鼓舞了我们的信心，但我们也要认识到差距。我们相当一批企业有技术、有创新，但主要还是靠我们的市场赢得了先机。从BAT 3家企业在世界市场的份额看，以中国大陆为主的华语区仍然是收入的主体，所以它们还不是真正世界级的企业。任正非在全国科技创新大会上讲已经茫然了，因为杀入了无人区，摩尔定律已经接近极限，新的成长在哪儿？中关村也同样面临这个问题。下一轮的科技革命爆发，会在什么技术、什么领域形成新的爆发，爆发的时候会不会有我们的企业团队引领？我们不要想当然认为有大学、有院所就一定是我们引领，可不一定。

我们也看到历史，硅谷之所以成为硅谷，为什么没有在美国最传统的教育资源最集中的波士顿地区形成硅谷。创新跟历史资源积累有关系，但不是绝对关系。中关村历史发展很好，有很好的基础，有创新团队，有人才优势，这些话我们都熟了。但是新一轮的以信息技术为动力推动的技术革命是什么样子，最后在中国会落成什么样子，具有相当的不确定性，而恰恰现在我们的企业也走到了这个门槛，我们的原始创新能力如何，将很大程度决定着中关村的未来进程。

在我们成长历史中已经看到了技术竞争迭代更新的残酷性，本来很牛的企业眼看着就死掉了。我刚来海淀的时候，去了好几个很牛的企业，现在找不到了。现在排头领先的，恐怕再过5年又没了。这是科技发展的规律，我们要预判，所以特别要有紧迫感。兄弟省区现在持续发力，因为国家发出了号召，不靠创新也无以为继。现在有几个亮点地区，比如珠三角，特别是深圳地区；长三角，上海和江苏的毗邻地区，他们的原始研发能力、工业转化能力都相当之强，产业链比咱们完整；成都地区，创新成本低，生活环境好，国家原始布局，科技创新布局也非常丰富；西安布局了相当一批高科技大学和企业，现在政策也不断在聚集；中原地区还有武汉。这几个创新集群在一定时间内足可以在某些方面，甚至在一些重要方面和中关村竞争，而且他们有这样的种子选手。

所以中关村示范区确实要增强危机感。我们对光荣历史有自豪感，对未来要充满信心，但是在我们内心，在参与没有终点的长跑的时候，要卸掉历史包袱，千万别回头看。跑步的时候就怕回头看，你只能往前跑，不能回头看。历史对创新而言是一个不断清零的过程，完了就完了，下场比赛又开始了。联想领先多长时间，模式变了，不是现在也在痛苦地寻找新

的成长吗？我们也要有这样的心态，这样你才能轻装上阵，没有包袱。

要知道很多政策体制激励决定权不在我们这儿，给我们一些政策，落地的如何？我们心里是有数的，不要过高估计。中关村示范区许多先行先试政策已经被复制。我们是13个国家自主创新示范区的老大，要维持老大的地位，还得往前跑，还得引领。所以千万别把自己真当老大了，思想上要保持谦虚，在科技大会确定的世界科技强国建设的征程上，我们从新的起点上重新开始，这是我今天要给大家讲的最主要的一点。

（二）增强服务的主动性、开放性

我们中关村管委会永远要定位为科技创新的服务机构，不要定位成一个政府机关。身份是政府机关，但是其职能是一个服务机构，不是权力机关。否则行政化了，就失去了对创新适应的弹性、张力和主动性，一定要保持这种弹性、张力和主动性。永远因时而变、因势而变，随时跟进。我们是推动变革的一种力量。因为科技创新很快，是社会发展中的一个变量，我们也必须用变革来推动和服务这个变量。中关村这么多年也是这么过来的。现在这种创新的精气神不能减弱，要加强。时间长了，我们机关的人越来越多，组织结构越来越重叠，你来我往，人来人往，只见树木，不见森林，我们就会迷失，迷失在我们前进的森林中，只看到前面一棵一棵树，看不到最终通向彼岸的目标。

开放性就是中关村示范区要拥有更大的胸怀。小的说，一区多园要协同发展，核心区带动辐射区域协同发展；中的说，京津冀要协同发展，要建立创新要素能够有机流动的机制，要形成多方互利的机制；更大的就是面向国家大的创新战略，与其他区域的合作；再一个就是面向国际，现在我们走出去了，既然要成为具有全球影响力的科技创新中心，就要与世界一流的，美、欧、日、以色列最核心的团队、最核心的平台，建立市场化开放的对接机制。当然背后有政府这只手引导。

（三）要务实、精准服务

我们服务产业，服务创新，服务企业，服务人才，推动新一轮中关村的先行先试，有些事自己能做主的，我们就干。比如说我们投入资源，建一个科技创新平台，就可以直接设计制度。此外还要争取一批国家的平台落地，这需要我们在座的各位领导放下面子去跑、去找，别觉得我这儿挺好，不需要了，千万别灯下黑。国家各部委在这儿，咱们有中关村创新平台，就得主动，这样才能争取到精准落地、务实的政策和举措。

（四）要树立奉献和服务的情怀

中关村管委会也好，中关村发展集团也好，我们付出艰辛的努力，扶持一批一批人才成长，扶持一批一批企业壮大，会看到一批一批人富有，但是我们必须长期地保持这种奉献和服务的情怀，否则的话，我们的服务动力肯定会衰减。我们作为一名党员，作为一名党员干部，在这个岗位上，奉献国家，奉献北京，奉献中关村，最终的成果就是他们的成长。刚才我一再说，没有他们的成长，我们努力的成效就会大打折扣。创新都是少数人，成功的人一定是很少数的人，是一个民族的精英，才有可能成就创新的梦想，我们就是使这些精英梦想成真、让这些凤凰飞翔的人。

最近也有企业到我们这儿挖人。首先，我们培养的干部队伍，还要树立奉献岗位的精神，干部队伍如果不稳定，很难服务中关村更多的企业。个别同志确实有选择，我们也支持，但是整个干部队伍要保持稳定，因为我们这个平台是要奉献于这个事业的。反过来说，你们服务得越好，为中关村创新企业和事业发展奉献的效果越明显，你们自身的市场价值也越高，这是个共同成长的过程。一个团队的形象，是整体形象，也是个体形象，都是整体中的个体，而不是个体中的整体。我们在这个岗位上，一定要有服务、奉献的精神，这样我们工作的动力就会有源泉，否则就可能会出现廉政上的问题，道德上的风险，政治上的风险，动力上衰减也会影响到我们的工作效果。

借这个机会，跟大家交流一下这些体会。在党组书记这个岗位上我一定尽职尽责和大家一起，把我们这个党组建设好，把我们这个组织建设好，把我们合格的党员带好，奉献于我们中关村建设有全球影响力的创新中心这个伟大的事业。

在全国科技创新中心建设中发挥中关村引领支撑和辐射带动作用

——在北京市科技创新大会上的发言提纲

中关村管委会主任 郭 洪

(2016 年 9 月 6 日)

2016 年上半年，尤其是全国科技创新大会召开以来，中关村围绕加快建设全国科技创新中心、率先建成具有全球影响力的科技创新中心，重点抓了 4 件事：

一是认真学习贯彻全国科技创新大会精神，推动增强原始创新和自主创新能力。全国科技创新大会闭幕后，振江副市长以“深入学习认真贯彻全国科技创新大会精神”为主题，给中关村管委会和中关村发展集团的同志讲了党课。我委围绕扩大科研自主权、开展科研项目和经费管理改革、落实人员激励、开展人员考核管理改革等方面，研究形成了试点方案。落实组建国家实验室的部署要求，积极支持百度在人工智能、滴滴在未来城市等重大创新领域牵头筹建国家实验室。积极整合央地创新资源，支持中航发集团航材院建立石墨烯系列科技成果孵化转化平台，申请国家石墨烯创新中心。推动中国科技大学“1+2”协同创新平台在中关村落地，“1”即成立中国科大北京研究院，“2”即成立量子通讯科技成果转化平台和人工智能科技成果转化平台。支持北京大数据研究院开展民办非企业组织注册工作，挂牌成立了中关村大数据产业园。支持中关村集成电路设计园创新创业平台建设，推动集成电路上下游企业聚集发展。支持世纪互联等公司组建中关村区块链产业联盟。

二是遵循科技创新本质和规律，深化全面创新改革。配合财政部、科技部研究完善股权激励有关个人所得税政策，财政部已形成政策文件，按程序上报国务院，将在延期纳税和降低税率方面有重大突破。着力推动开放式创新。会同市公安局等部门实施公安部支持的 20 项出入境政策措施，5 个月来，公安部已通过“绿卡直通车”受理 224 名外籍人才在华永久居留资格申请，联想、百度、小米等公司 90 多名外籍高层次人才及其家属已获得在华永久居留资格，审批时限由原来的 180 天缩短至 50 天。着力推动新业态监管创新。会同市审改办提出中关村“双创”领域简政放权第一批 6 项改革试点建议，已报国务院审改办；会同市发改委提出中关村“双创”综合改革第一批 10 项改革试点建议，已报发展改革委。大力发展天使、创投、并购等新金融，缓解科创企业融资难、融资贵问题。在银监会等部委支持下，中关村率先开展了银行业金融机构投贷联动试点。2016 年上半年，中关村发生 379 起天使投资案例、占全国 46.3%，发生创业投资 403 起、占全国 31.9%。

三是引领“大众创业、万众创新”，发展以互联网跨界融合创新和分享经济为代表的新经济。会同科技部火炬中心深入实施“创业中国”中关村引领工程，打造中关村创业服务 3.0 升级版，引领“双创”升级发展。2016 年 1—7 月，新创办科技型企业 9803 家，平均每天诞生企业 47 家；规模以上企业实现总收入 21427.6 亿元，同比增长 16%，增速高于上年同期 6.6 个百分点；实现技术收入 2978 亿元，同比增长 25.1%；企业内部科技活动经费支出 727.5 亿元，同比增长 18%；企业国内发明专利授权量 9925 件，同比增长 38.6%。中关村新业态、新模式、新经济大量涌现，“2016 年中国‘互联网 +’产业创新企业 100 强”有一半以上是中关村企业，全国分享经济领军企业也主要在中关村，比如滴滴出行、好大夫在线、春雨医生、小猪短租、今日头条、天使汇等。中关村引领高端产业发展潮流呈现三大特征：第一个是互联网和大数据推动各行业特别是传统产业转型升级，深刻改变所在行业；第二个是前沿技术研发、商业模式创新和科技金融创新相结合不断催生新业态；第三个是制造业与服务业融合发展，制造业服务化趋势凸显，新一代信息技术与制造业深度融合，对《中国制造2025》起到了支撑引领作用。

四是加强对大企业的精准服务，加快做强做大具有全球竞争力的国际化企业和品牌。中关村互联网领军企业较多，大公司更迭变化较快，百度、京东市值已超千亿元，独角兽企业40家，小米、滴滴、美团等估值均超过100亿美元。但是，一些企业正在去深圳发展，比如地平线、零度智控等人工智能、智能硬件企业，中国电子总部，百度、乐视、小米、奇虎等中关村互联网领军企业也在深圳设有基地。因此，在实施普惠性政策的同时，加强对领军企业和潜力企业的服务十分必要。目前，我们已梳理出京东、小米、百度、联想、京东方、紫光、乐视、奇虎、中芯国际、腾讯科技（北京）10家领军企业和滴滴、美团、碧水源、神州高铁、乐普医疗、三聚环保、利亚德、爱奇艺、暴风科技、拉卡拉10家潜力企业。我们高度重视它们在京发展的需求，统筹协调相关委办局、各区政府形成合力，研究制定“一企一策”服务措施，加强精准服务。我们推动中关村民营企业与市属国有企业的创新合作，成立了中关村京企云梯科技创新联盟，首批成员有35家，包括电控集团、北控集团、京城机电、首农集团、北汽集团等15家国企和百度、奇虎、滴滴等20家中关村民企。

北京建设全国科技创新中心是重要国家战略。下一步，我们将把思想、认识和行动统一到这次大会精神上来，围绕全国科技创新中心的定位和“三步走”战略目标，当好全国科创中心建设的核心载体，从3个方面充分发挥中关村的引领支撑和辐射带动作用：

一是在打造原始创新高地、加快突破关键核心技术上，充分发挥引领支撑和辐射带动作用。推动进一步加强部市会商、院市合作，加快中关村科学城、怀柔科学城、未来科技城的建设。支持生命科学研究所、纳米能源与系统研究所、北京大数据研究院、北京协同创新研究院、北航先进技术研究院等一批前沿科研机构和新型研发机构建设。支持企业对接国家科技重大专项和重大科技基础设施，参与脑科学、量子通信、干细胞、纳米科学、石墨烯应用等关键共性技术攻关，承接一批国家重大创新项目和新型国家实验室在京落地。在国务院国资委支持下制定实施《关于推进中央企业与中关村企业共同开展“双创”工作方案》，联合建设中央企业创新创业基地。促进军民深度融合发展，建设中关村军民融合科技创新示范基地，争创国家级军民融合创新示范区。同时，瞄准国际科技创新前沿趋势，聚焦布局形成中关村六大新兴产业格局，包括：以人工智能、大数据等为重点的前沿信息产业，以精准医学、智慧医疗为重点的生物健康产业，以智能机器人、石墨烯等纳米材料为重点的智能制造和新材料产业，以环境保护、能源互联网为重点的生态环境与新能源产业，以智能汽车、轨道交通为重点的现代交通产业，以科技服务业、“互联网+”为重点的新兴服务业。

二是在当好改革试验田、构建国际一流创新创业生态系统中，充分发挥引领支撑和辐射带动作用。深入推进中关村人才管理改革试验区建设，在公安部指导下开展中关村外籍人才申请在华永久居留积分评估工作，率先探索建立与国际人才评价接轨的外籍人才永久居留积分评估体系，形成可复制可推广的经验。加快建设中关村国家科技金融创新中心，支持中关村领军企业发起设立CEPA框架下的合资证券公司，深化开展中关村企业境外并购外汇管理试点和外债宏观审慎管理试点，协调银监会批复同意筹建中关村银行。争取发展改革委、国务院审改办支持，推进中关村“双创”综合改革试点和中关村“双创”领域行政审批管理改革试点，分批出台政策措施。我们还将大力推进中关村一区多园统筹协同发展，实施“高精尖”产业对接工程，组织中心城区待疏解的创新资源与远郊分园对接，组织有关成果转移转化项目选址对接特色分园，支持郊区十园发展特色产业孵化平台，强化郊区分园的创新功能。

三是在构建京津冀协同创新共同体、打造链接全球创新网络关键枢纽上，充分发挥引领支撑和辐射带动作用。落实京津冀协同发展国家战略，近期已印发实施《中关村国家自主创新示范区京津冀协同创新共同体建设行动计划（2016—2018年）》。我们将发挥中关村协同发展投资有限公司和中关村协同创新投资基金作用，会同津冀共同建设天津滨海－中关村科技园、曹妃甸绿色环保示范基地、张家口云计算产业园、承德大数据产业园、保定·中关村创新中心，打造跨京津冀科技创新园区链。中关村将坚持在全球创新坐标系中找定位，整合利用国际化高端创新资源。吸引跨国公司在京设立研发中心、结算中心、采购中心、营销中心等机构。吸引一批国际技术和标准组织、国际产业和行业联盟组织、国际高水平中介服务机构入驻或设立分支机构。支持跨国公司通过多种方式与示范区企业开展合作。搭建企业“走出去”服务平台，在美国、以色列、芬兰等重点国家（地区）搭建企业国际化综合服务平台，建设运营好中关村硅谷创新中心。

专　文

Special Articles

本栏目主要刊载主流媒体对中关村国家自主创新示范区上一年度发展变化的专题报道、与中关村示范区相关的研究论文及“中关村指数”等专文。

"新三驾马车"奋蹄中关村

朱竞若

中关村，被称为我国战略性新兴产业的发源地。记者深入采访发现，"人才、技术、资本"已形成"新三驾马车"，推动中关村科技园区从科技创新、新兴产业国际前沿水平的"跟跑者"，转变为不同领域"并跑者"、局部领域"领跑者"。

一、突破关键，"新三驾马车"聚合力

百济神州，一个陌生的名字。来到这里，记者才知道，它在国际生物医药领域，已一鸣惊人。短短5年间，它集合顶尖科学家团队，首创的靶向抗肿瘤药、免疫肿瘤药物及重要药物组合疗法已实现国内研发、国外进入临床。企业的创始人，正是北京生命科学研究所首任所长王晓东博士。全球灵活组合人才，是企业运营新模式。

以高新技术为支点，"小不点"企业快速成长为行业龙头，是中关村20多年持续上演的产业传奇。今天，成长依然是主线，但突破关键技术，布局前沿产业，则是全新的故事。

清华紫光，以资本撬动技术，通过全球并购，跨越技术壁垒，迅速形成了从"芯"到"云"的全球产业链。2015年，中关村企业发起境外并购37起，并购金额超过560亿元。

市场饱和、销售放缓的小米，正悄然展开新的布局，以智能手机、电视、路由器、机顶盒和可穿戴设备5个产品线为核心，通过对外投资，建立以大数据挖掘、分析、应用为核心的智能硬件生态圈。抓住下一个风口，是它的战略重心。

服务移动通信的综艺超导技术，服务3D打印的液态金属技术，能将肢体动能、海浪河流动能转换成电能的纳米能源系统……突破关键，"新三驾马车"凝聚起合力，行走在中关村，扑面而来的新技术，让人真切地感受到，一个新的时代正在开启。

二、先行先试，只做改革高地

给科研经费松绑，是全国科技创新大会上颇为强烈的呼声。短短几个月过去，松绑新规在北京已经完成调研、对接、制定。"不做政策洼地，只做改革高地"。在"新三驾马车"发力的背后，是中关村持续先行先试、深化改革释放的巨大动能。

作为我国智力最为密集的区域，中关村同时也是壁垒密集的区域。院所间、高校间、行业间、中央部委与地方间，各有章法，自成一体。中关村科技园区以新政策、新机制，破除一切阻碍创新的条条框框。

建设第一个国家自主创新示范区、第一个国家级人才特区、第一个国家科技金融创新试验区；创新部市会商工作机制；推出"新四条""京校十条""京科九条"等系列政策……改革创新，打破了院所的围墙，打开了大学的校门，打破了行业的疆界，推进了军民融合。

中关村先后实施了国家层面改革28项，市级层面改革70项，涉及创业支持、人才引进、科技金融等多个方面，形成了可推广、可复制的经验。

三、重组资源，带动结构调整

"新三驾马车"相互支撑，推动中关村经济实现高质量发展，近5年间经济年均复合增长率达20%。2015年，中关村企业实现总收入4.07万亿元，其中战略性新兴产业集群收入占比71.6%，2016年上半年继续呈现高速发展态势。

在做大做强自身的同时，中关村科技园区不断伸展两翼。一翼伸向国际，紧紧盯住"率先建成具有全球影响力的科技创新中心"的总目标，提高全球创新资源配置能力和国际标准制定能力，不断推出前沿成果。

另一翼伸向国内，中关村企业总部在北京，产业在全国，通过"人才、技术、资本"的捆绑输出，带动了地方创新资源的重组。数据显示，2015年中关村技术合同成交额超过3000亿元，占全国总量的30%，其中80%输出到京外，落地覆盖全国330多个城市。

自主创新在园区，开花结果在全国；资源重组在园区，结构升级在全国，这正是科技园区先行一步的使命。

（此文刊载在2016年8月27日《人民日报》）

中关村：将世界推向新高度

董 城 张景华 殷燕召

在中国大地上，中关村的面积不足两万分之一，能当得起“民族前途”这万钧重担吗?

中共中央政治局集体学习首次走出中南海，把“课堂”搬到了中关村。那天的上午，习近平总书记深刻指出，实施创新驱动发展战略决定着中华民族前途命运。而中关村，恰恰是我国唯一的自主创新示范区。

如果以此作为认识中关村的逻辑起点，那怎样高看其肩负的历史使命，都不为过。

“始终保持战略决断力”

近一个时期以来，国内外舆论场对中国经济声音不少，归根到底离不开一个问题：“中国的经济到底还行不行？”

目前，中关村估值在10亿美元以上的“独角兽”企业数量仅次于美国硅谷，分布全球的无数分支机构、研发中心为世界分享中国红利提供了机遇。

中关村，以“战略家”的智慧，逐渐厘清了对历史性交汇的认识——

一方面，面对全球竞争，过去擅长的“打法”灵光不再，转入创新驱动发展轨道已成必由之路；另一方面，新一轮核心技术革命先兆频频，迅速抢占制高点，关系着复兴大业的实现。

中关村的实践，越来越带有“千钧一发”的味道。

2015年5月，清华大学所属的紫光集团成功收购“新华三”公司，开创了世界顶级企业在中国本土化的新路径。姓了“紫光”的跨国企业带来了全球第一的服务器和存储产品线，成为清华产业全线布局的“独门秘籍”。

“并购世界一流企业是一招‘险棋’，趁势赶自主创新的路才是王道。”紫光集团董事长赵伟国在接受采访时反复讲，成熟的中关村人必须“始终保持战略决断力”。

以此发端，柳传志交出联想集团“指挥权”二度创业，雷军做出“站在台风口，猪都能飞起来”的比喻，刘成城放言“告别硅谷崇拜”，无不体现着战略决断力。

没有“大咖”们丰富的人生阅历，坐在一个工位里的深鉴科技公司CEO姚颂同样气度不凡。这位在校期间就关注深度学习加速研究的90后，本科毕业就开始创业。

“我团结的是全球最好的团队，我的奋斗目标是赋予万物智能。”姚颂认为自己所拥有的，也是一种战略决断力。

“看得远、抓得准才走得顺”

美国斯坦福大学教授威廉·米勒曾提出，中关村比世界上任何科技园都更接近硅谷。

尽管像极了硅谷，中关村却是在中国特色社会主义旗帜下成长起来的全球科技创新中心。

中关村，以“过来人”的经历，诉说着走中国道路的荣光——

俯瞰中关村，以北大、清华以及中科院若干研究所为代表的200多所科教单位星罗棋布。共和国的缔造者们早在60多年前，就亲手定准了中关村的“根”——文脉竞传承，知识为薪火。

改革开放初期，一批体制内科研人员离职创业，打拼出中关村电子一条街。这批开拓者念念不忘的，是全国科学大会首次宣告“知识分子是工人阶级一部分”。科学的春天和历史大势交相辉映所带来的命运转折，成就了中关村之“魂”——举思想之光，视创新为生命。

从1988年批准成立北京新技术产业开发试验区，到国家自主创新示范区的诞生，近30年来，党中央、国务院先后8次对中关村发展做出重大决策。洪钟大吕铭刻下的，是中关村之“本”——敢为天下先，沐浴国家力量。

清华控股有限公司董事长徐井宏认为，中关村形成今天创新生态环境的背后，各级决策者“一张蓝图绘到底”的决心，始终是最深沉而持久的力量。

“看得远、抓得准才走得顺。”中关村管委会主任郭洪坦言，一代又一代中关村人时至今日仍在不断反思和庆幸。从百废待兴中走出的新中国，如果不是从起点就谋划好、呵护好一方知识高地；操持着大家大业的中国共产党，如果不是毫不动摇地坚持改革开放，就不可能完成一个个像中关村这样的战略布局，从而无限接近中国梦的实现。

“不患金银而患懈怠”

工业4.0起跑在即，人类社会将再次面临前所未有的转型。作为世界第二大经济体的中国，是还像过去那样追求迎头赶上，还是已经做好了超越与引领的储备？

中关村，以前瞻者的目光，锁定了稍纵即逝的机遇——

在中关村，创业者们接受采访，鲜有人夸耀已有的业绩，总是在谈世界将往哪里走；记者难以拍摄到火星四溅的研发场面，更多头脑风暴的诞生地像个网吧；一大批蜚声中外的专家、企业家同年轻人一道吃简单的盒饭，一干就是通宵。

比如余凯，“千人计划”专家、前百度深度学习研究院创始人，就放弃了已经拥有的辉煌，再次辞职创业。余凯说，自己图的是赢得尊敬，这远远比挣钱更重要。

在中关村，一本名为《从0到1》的译著备受推崇。书里讲，实现从无到有是西方科学家一贯的拿手好戏。该书作者彼得·蒂尔断言，中国人更适合干从1到n的事儿，即不断模仿和探索可行的商业模式。

“‘道生一’的真理老祖宗讲得清清楚楚。创造的价值，中国人早就认识到骨子里了。”说这话的刘静，是中科院理化所研究员。几十年间，刘静带领团队开世界液态金属研究之先河，创造了“液态金属芯片冷却”等多项独一无二的技术。

从通用技术到撒手锏技术再到颠覆性技术，清华大学鲍杰捷团队研制量子点光谱仪、施一公团队捕获真核细胞剪接体三维结构，一批民营企业在导航芯片、智能识别、能源利用等领域推出诸多“全球首创”，无不在给彼得·蒂尔举出反例。

“不等待、不观望，不患金银而患懈怠。”对外经贸大学教授廉思认为，一代又一代中关村人身上，始终闪烁着中国知识分子理想主义的光芒。

“从引进世界到引领世界”

《自然科学大事年表》记载，16世纪以前，影响人类生活的重大科技发明近六成属于中国人。当今世界，中国对人类的贡献在哪里？

中关村，以负责任的心态，树立起国之重器的担当——

邓中翰回国创办中星微电子；邓兴旺打造系统作物设计前沿平台；高禄峰研发自平衡车并推向60多个国家；季逸超20岁就创立巅峰实验室……在中关村，不断有响彻海外的名字回归，不断有天才、怪才成长为“极客”“创客”。

“我发现美国真正该害怕中国什么了。”一位美国《华盛顿邮报》记者在结束采访后写道。

西方少数人的心中，一直有个“中国威胁论”的担忧挥之不去。在自主创新道路上越走越快的中关村，想过用新技术话语权压制别人吗？

2007年，美国《大众科学》杂志宣称，一个来自中国的团队，利用神经外科机器人技术成功救治了一名瑞典男孩。这则报道背后，是王田苗、田增民两位中国科学家长达20年的“寂寞长跑”。如今，他们研发的机器人产品已进入第六代，挽救人类生命的技术被推向新的巅峰。

“从引进世界到引领世界，中关村正将世界推向新高度。”北京市首都发展研究院院长梁昊光如是说。

行驶在快车道上的中关村，深谙独木不成林的道理。

身处首都，中关村将各个远郊区一体纳入政策范围，对北京全市经济贡献率突破36.8%；在协同发展共识下，中关村制定了同天津滨海新区的共建方案，累计在河北设立分公司2000余家；放眼全国，中关村率先践行五大发展理念，始终保持国家新经济发动机高速运转。

从跟跑并跑到并跑领跑，中关村，作为世界新秩序的参与者、建设者和贡献者，已成为中国负责任大国形象的代言者之一。

（此文刊载在2016年5月23日《光明日报》）

中关村“三剑客”：创客、痛客、极客

姚 雯

中关村有这样一批批的英才，他们有充沛的创意力，善于把各种创意变成现实；他们有敏锐的洞察力，善于提出问题的关键所在以及解决问题的方向；他们有着对技术巅峰的执着力，不断追求技术的新高度。

他们是中关村“三剑客”——极具想象力和创造力的“创客”，极具洞察力和执行力的“痛客”，极具毅力和技术颠覆力的“极客”。他们从科技创新发展的供给侧、需求侧两方面发力，引领和驱动着“中国创造”的步伐，为科技创新和产业变革，源源不断地贡献着力量。

创客：梦想行动派

最新的数字科技与古典的DIY匠艺迎面相遇，创造了一个新名词——“创客”（Maker）。“创客”与其说是一种称呼，不如说是一种信仰。他们怀揣改变世界的梦想，并勇于实践。就像金庸武侠里的独孤求败，坚信最好的防守就是进攻，最后练就了破尽天下剑法的“独孤九剑”。

创客之于中关村，就像剑客之于江湖。中关村的创客故事，俯拾即是……

LED灯好、好、好，但也存在散热难和易碎的软肋。毕业于清华大学的季春庆创建了北京优格莱照明科技有限公司，梦想就是创造一种完美的、无懈可击的LED光源。经过多年摸索，他们大胆尝试放弃铝片散热加空气散热的传统思维，使用绝缘阻燃、无毒无腐、安全环保的专利液体冷却技术，将LED发光芯片以及驱动电路全部浸泡在液体中，解决了影响LED寿命最主要的散热问题。而且他们研发的LED灯，可以当作乒乓球用，拍来拍去不仅不会碎，弹性还挺好。

汽车来到这个世界已经100多年了，一提到它，浮现在我们眼前的是4个轮子（甚至更多）托着个小房子跑。您想过两个轮子的汽车吗？中关村创客、凌云智能科技公司创始人祝凌云研发的凌云电动车，白色的流线型外观，宽度只有正常车辆一半；两个轮子，驾驶方式和体验却与四轮车一样，不用考虑平衡问题；瘦小的车身，意味着更少的行驶路面、更少的停车空间、更小的耗能……祝凌云说，这辆车是由程序员制造、用算法驱动的，是一辆具备纯正互联网“血统”的电动车。从设计之初，就预备将自动驾驶、云计算、大数据等前沿技术引入，连车载电池也将实现“可插拔、模块化”，摆脱充电桩的束缚。

糖尿病，我们生活中最常见的疾病之一。近100年来，注射胰岛素或者通过活化胰岛素受体，是最常用的治疗糖尿病的方法， 这些方法的主要功能是降低血糖，但仍然不能够完全控制和治疗糖尿病，使用不当还会产生低血糖症和对心血管产生副作用。在中关村创业的留美海归严海博士有一个梦想，他要开创一条治疗糖尿病的康庄大路——通过阻断机体本身的血糖合成来降低糖尿病人的血糖水平。这是一条全新的路线。他们成功开发了全球第一例针对胰高血糖素受体的拮抗性（阻断性）单克隆抗体药物。胰高血糖素受体抗体药物就像是生化武器，注射一次就会大规模地削弱胰高血糖素一方的实力。在美国完成的临床Ⅰ期试验表明，在正常人群中，一次注射该抗体可以在15～28天保持降低空腹血糖的效果。该药物一旦开发成功，这将对Ⅰ型和Ⅱ型糖尿病治疗产生革命性的影响。

这就是中关村的创客和创客精神。通过创客的创新创业，将奇思妙想从无到有、从小到大逐渐变为现实，这是人的创造性社会实践过程。

痛客：满足用户心塞的刚性需求

几乎每一个投资人在问创业者时，都会问一句话：“目标用户的痛点是什么？”“痛点”一词，早已成为互联网时代的高频词汇。什么是“痛点”？痛点是指目前尚未被满足而又被广泛渴望的需求，其本质是未被满足的刚性需求。说得通俗点，这个刚性需求让人一想起来就会有百爪挠心、心塞的感觉。中医上讲“通则不痛，痛则不通”。中关村有这样一群人，就像中医治病一样，以解决痛点之痛为己任，用科技的“药方”“药材”，提供解决“病痛”的通道和途径。他们，被称为“痛客”。

前些年，“打车难”已是城市通病，在拥堵路段、上下班高峰时段、重要节假日或是遇上恶劣天气，打坐出租车更是难上加难。有调查统计的数据显示，有 8.48%的人表示打车很难，通常需等待半小时以上，45.29%的人表示打车需等待 10 ～ 30 分钟。另一个现实是：北京每辆出租车每天大约运行 400 公里，但空驶率达到 30%～ 40%。2012 年，滴滴打车软件横空出世，在 4 年的时间里，程维带领的痛客团队，让人们充分体验了网络约车的便利，很大程度上缓解了打车难的“痛点”。

作为电子信息产业的基础产品，液晶显示面板曾是制约我国产业发展的弱项。缺少话语权、缺少定价权，“缺屏之痛”令国内电子显示产业长期受制于海外。业界热切期待着本土显示面板企业的崛起。京东方董事长王东升带领着痛客团队从学习国外先进技术做起，坚持技术的创新变革，持续地研发浇灌，创新之树终于开花结果。2005 年，京东方自主建设的北京第五代 TFT-LCD 生产线投产，结束了中国大陆的“无自主液晶显示屏时代”。自 2012 年底进军超高清显示领域以来，京东方 4K、8K、10K 产品全部实现全球首发。公司 8K 超高清显示屏还成功打入日本的市场。也正是因为京东方，中国的面板自给率从 5% 提升到 60%，摆脱了对进口面板的依附。2016 年 3 月初，京东方再次发布重磅消息，拟投资 245 亿元在成都建设第六代 LTPS/AMOLED 生产线二期项目，标志着我国将在柔性显示领域迈出关键一步，透露出其冲击全球显示行业第一阵营的决心。

随着信息技术的深入发展，让计算机看懂、听懂世界，并像人类一样思考，为人类的生活带来更大的改变，成为全世界的渴求与期盼。百度深度学习实验室的痛客们正在自然语音理解、机器翻译、无人驾驶汽车等领域不懈努力，百度研究院前副院长、深度学习实验室主任余凯更是带领一群痛客创立了地平线机器人技术研发有限公司，把内置人工智能技术的芯片推向市场，并应用到了智能空调、智能冰箱等实际产品之中。

在新经济、新动能蓬勃兴起的浪潮中，一批又一批的中关村的痛客们正不懈拼搏、奋斗，犹如孙悟空，炼就一双善于发现“妖魔鬼怪”（痛点）的“火眼金睛”和“降妖除魔”的真实本领，努力做时代潮流的引领者，用实际行动吹响“大众创业、万众创新”号角。

极客：追求极致，“牛人”创造“牛科技”

中关村有这样一批人：他们极具工匠精神，总是把事情做到极致。他们是专业上的行家里手，并以行业内技术巅峰为追求的目标。他们对所从事的事务，有着超乎寻常的热爱，也为自己设立了近乎苛刻的标准。为达到这一标准，他们全身心投入其中，精益求精、尽善尽美。他们，被称为极客，被称为“技术牛人”，或者“技术狂人”。

“用夏普的屏幕、用首款双核 1.5G 的处理器……小米以最好的配置做手机，价格居然只卖 1999 元。”“不同的一流元器件在小米手机身上，居然能融合得那么流畅、好用。”“手机操作系统提前公布、免费下载，喜欢的人都能‘刷机’。”每个人喜欢小米手机的原因，都不一样。但核心都指向一点——这是一款质优价廉的中国制造，它改写了手机“红海”里既有的商业逻辑。小米公司自创办以来“为发烧而生”的极客精神，使其保持了令世界惊讶的增长速度——2012 年全年售出手机 719 万台，2013 年 1870 万台，2014 年 6112 万台。2015 年超过 7000 万台，保持全国第一。同时，小米公司在互联网电视机顶盒、互联网智能电视，以及家用智能路由器和智能家居产品等领域也颠覆了传统市场。小米公司旗下生态链企业已达 55 家，其中紫米科技的小米移动电源、华米科技的小米手环、智米科技的小米空气净化器、加一联创的小米活塞耳机等产品均在短时间内迅速成为影响整个中国消费电子市场的明星产品。

有没有一种材料，能从根本上改变目前极端散热需求困境，能让个人的电路设计图直接打印成真实的电路实验产品，还可作为高传导性神经信号通路？中国科学院理化研究所研究员刘静的答案是：有。我们的液态金属就能做到！刘静带领的清华大学和中科院理化所联合研究组，正以极客的精神，致力于室温状态下呈液态的金属材料的研究。他们研制的液态金属具有优异的换热能力，热导率为水的 60 倍左右。由此发展的散热技术，在高热流密度及大功率电子芯片和高强度光电器件等产品中已展示出极大的价值，为解决国防领域的极端散热需求提供了新途径。同时，他们成功研发出世界首台液态金属电子电路打印机，也首次证实了以液态金属作为高传导性神经信号通路的可行性。他们还通过建立牛蛙腓肠肌模型，采用液态金属连接剪断的神经组织，实验结果表明，利用液态金属连接的神经模型能很好地传递刺激信号，与剪断前的正常神经组织在信号传导方面具有高度的一致性和保真度。

常言道“人生七十古来稀”，有没有一项技术，让我们提前预知疾病风险，从而有效进行预防，打破这一千百年来的固有观念？中关村华康基因研究院的极客们将这个梦想进一步拉近了。他们多年来专注于基因检测和治疗，研发出拥有了自主知识产权、达到世界领先水平的Bestseq致病基因检测技术。这项仅需一滴血就能对心血管、肿瘤等恶性疾病进行基因检测，从中提前预知将来疾病的发病风险，检出率为100%，检验敏感度远高于目前国际市场领先的各类基因芯片检测产品。这使得过去不可知、不可治、无法预防的疾病，变成可知、部分可治、完全可防。截至目前，华康基因已经成功研制出针对包括癫痫、智障、心血管病等28大类4500多种单基因遗传病的致病基因检测产品，国内合作的医院已超过200家，受到了全国广大临床医生和患者的肯定。华康基因也正加快新的研发步伐，努力破译更多的生命密码，向着生命的极致进发。

极致，是一种坚持，一种较真，一种态度。付出到了极致，积累到了极致，就会由量的积累，形成质的飞跃，正如金庸笔下的“六脉神剑”，指出剑行，出神入化，无往不胜。中关村的极客们，正以务求极致的工匠精神，艰苦卓越的创新创造，站在全国乃至世界技术革命和产业变革之巅，炼就高精尖的“利剑”，“劈刺”出中国创造、中国品牌的异彩光芒。

创客，怀揣梦想，供给侧发力；痛客，解决痛点，需求侧着力；极客，追求极致，技术狂人。这三种“角色”，是中关村引领中国创新创业和创造智造的一个缩影。当新一轮科技革命呼之欲出时，来自全球和全国各地的创业者，在中关村交流、碰撞。这里有非凡的热情，它召唤的不是靠着运气一夜暴富的“发财梦”，而是用科技和信念让世界更美好的梦想。他们，恰是中国创新力的源头活水，激荡起中华民族伟大复兴的光荣图景。

（此文刊载在2016年4月4日《中国高新技术产业导报》）

中关村指数2017

2016年，中关村综合指数突破400，达466.9，比2015年增长67.2。2016年是“十三五”开局之年，在全国加快实施创新驱动发展战略、京津冀协同发展战略以及推进“一带一路”建设的背景下，中关村示范区以推动北京加强全国科技创新中心建设和国家自主创新示范区建设为“两个抓手”，着力推进“三城一区”建设，持续加强政策引领、产业引领和区域引领，中关村示范区经济发展再上新台阶，实现“四力”即创新能力、创业活力、辐射带动力和国际影响力均加速提升，进一步向具有全球影响力的科技创新中心迈进。

中关村综合指数

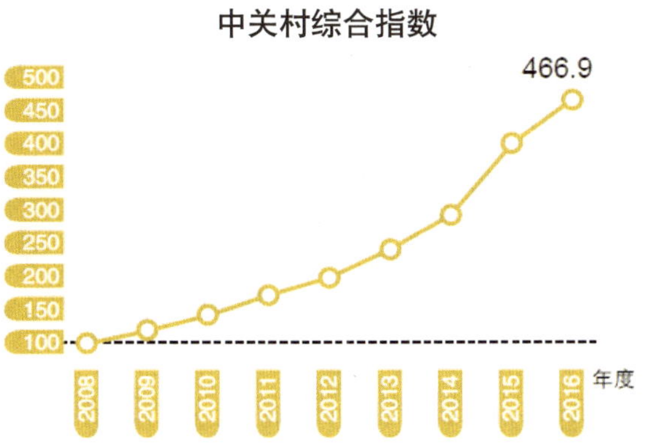

中关村指数一级分项指数

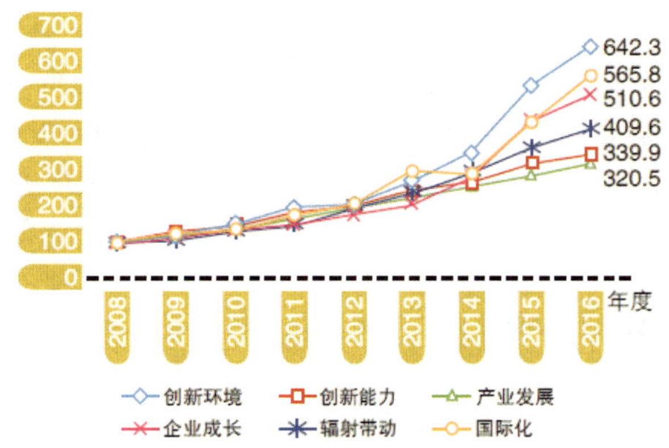

一、先行先试政策取得新突破，高端创新要素加速集聚

2016年，中关村示范区创新创业环境指数642.3，较2015年提高111.6，科技金融环境逐步优化，融资总额大幅提升。

人才政策不断创新，高端人才加速聚集。中关村示范区坚持高起点、高标准，加快人才结构向高端化、年轻化、国际化转变，为构建“高精尖”经济结构提供智力支撑。突出政策引导，打造人才政策创新高地。2016年，公安部推出的支持北京创新发展的20项出入境政策正式实施，其中有10项政策在中关村示范区先行先试；创新外籍人才评价体系，出台支持雏鹰人才创业等政策，促进创新创业人才结构优化，为推动全国和首都人才发展体制机制改革探索路径。突出高端引领，人才高端高智特征凸显。2016年，中关村示范区拥有本科及以上学历人员占从业人员的53.2%，较“十二五”初期提高4.1个百分点。其中，硕士和博士学历的从业人员达26.3万人和2.5万人，分别占从业人员的10.6%和1%。突出创新创业，中青年成为双创的中流砥柱。2016年，中关村示范区创业者平均年龄39.1岁，其中30岁及以下创业者占22.4%。随着创业品质的提升，中关村示范区优秀企业家和创业新锐在国内外的影响力进一步增强。程维、王兴等18人入选“2016年中国40位40岁以下的商业精英”榜单，占全国的近50%；28人入选2017年《福布斯》“亚洲十大领域30位30岁以下杰出青年”榜单，占中国入选创业者的近50%。

*资本要素供给能力不断增强，多层次市场加快推进。*中关村示范区积极探索科技金融供给侧结构性改革，不断增强天使投资、创业投资等资本要素的供给能力。金融创新改革取得新成效。2016年，中关村示范区率先开展投贷联动试点、外债宏观审慎试点、创新创业债和绿色债发行试点，不断增强资本要素供给。截至年底，共为74家企业办理外债宏观审慎试点业务149笔，签约金额42.46亿美元，业务笔数和金额在全国试点范围内均居第一位。新金融引领发展。2016年，中关村示范区发生股权投资案例1961起，已披露股权投资金额1054亿元，均占全国的近40%，居全国首位。一批中关村新创企业凭借独特的技术创新、商业模式创新等优势获得资本市场青睐，人工智能领域全年就有北京市商汤科技开发有限公司、北京地平线机器人技术研发有限公司等近40家企业获风险投资。同时，科技金融企业积极探索以技术创新提升金融服务效率。北京京东金融科技控股有限公司（京东金融）获新加坡《亚洲银行家》杂志授予的“年度信贷风控技术实施奖”，以数据驱动的风控体系助力银行、企业等降低成本提高效率。多层次资本市场助力融资能力提升。2016年，中关村示范区新增上市企业20家，其中境外上市6家，上市企业总数达300家，累计首发融资约2900亿元；新增新三板挂牌企业711家，总数1475家；截至年底，中关村股权交易服务集团有限公司（北京四板市场）累计服务中小微企业4199家，实现各项融资累计131.05亿元，共有挂牌企业3103家，登记托管企业889家。

*双创服务体系不断升级，引领创新创业新潮流。*中关村示范区不断加强双创服务供给，出台“1+4”资金政策支持体系，主要包括精准支持重大前沿项目与创新平台建设、优化创业服务促进人才发展等，通过“精准＋普惠”相结合的方式助力打造中关村“升级版”。中关村创新创业服务不断迭代升级，形成以97家创新型孵化器、29家大学科技园、26家特色产业孵化平台为代表的创新与创业相结合、线上与线下相结合、孵化与投资相结合的双创服务体系，截至年底，创新创业服务机构达1000余家。创新引领孵化模式。中关村示范区率先涌现出大企业加速模式、天使孵化模式、股权众筹模式、创客孵化模式等十大孵化模式，引领创新创业服务新潮流。同时，双创集聚地强劲发展，截至年底，中关村创业大街及入驻机构累计孵化创业团队1581支，日均孵化1.7个创业项目，超40%孵化项目（655个）获融资，融资总额65.34亿元。大企业双创平台持续活跃。中关村示范区带动大企业和科研机构加码双创，逐步形成高校院所为创新源头、大企业为主体、大中小企业协同共生的双创格局，涌现出航天云网科技发展有限责任公司、中航联创科技有限公司（中航爱创客）等为代表的大企业双创平台30余家，孵化和培育北京卓易讯畅科技有限公司（豌豆荚）、北京融世纪信息技术有限公司（融360）、北京格灵深瞳信息技术有限公司等一批融合大企业创新基因的独角兽企业和高成长初创企业。

二、创新活力加速迸发，协同创新能力不断增强

2016年，中关村示范区创新能力指数339.9，较2015年提高23.2。

*企业创新积极性逐步提升，创新投入力度持续加大。*2016年，中关村示范区科技活动投入保持增长，企业科技活动人员65.7万人，同比增长8.7%，占从业人员总数的26.5%；企业科技活动经费支出1972.4亿元，同比增长11.1%。领军企业投入和配置科技资源更为积极主动，全年收入百亿元以上企业的科技活动经费支出总额317.9亿元，同比增长12.7%，增速高于中关村示范区整体1.6个百分点。百度公司不断加大在语音识别、图像识别、大数据以及人工智能技术上的研发投入，2016年科技活动经费支出位居中关村示范区企业首位，市场领先优势也随之巩固，百度人工智能的市场化、产品化为原生广告业务提升了30%的获客能力。

*企业自主创新能力不断增强，创新产出效率稳步提升。*专利申请量和授权量齐增长，专利质量明显提升。2016 年，中关村示范区企业专利申请量 69217 件，同比增长 14.2%，获专利授权 36336 件，同比增长 4%，占北京市的比重分别为 36.6% 和 36.1%。其中，发明专利申请量 41127 件，同比增长 8.7%；授权量 14782 件，同比增长 15.3%。在 1989—2016 年连续 17 届中国专利奖评选活动中，中关村示范区企业累计获中国专利金奖 46 项，其中 2016 年获 3 项金奖。创新产出效率快速提升，领先全国平均水平。2016 年，中关村示范区企业万人专利申请量 278.8 件，较 2015 年提高 16.2 件，其中万人发明专利申请量 165.7 件，较 2015 年提高 1.7 件；万人专利授权量 146.3 件，其中万人发明专利授权量 59.5 件，较 2015 年提高 4 件。截至年底，万人发明专利拥有量 248.8 件，约是北京市的 3.2 倍。2016 年，中关村示范区每百亿元增加值发明专利申请量、授权量和有效量分别达到 657.6 件、236.4 件和 987.8 件，高于全国和北京市水平，其中有效发明专利拥有量为全国平均水平的 6.7 倍。

*协同创新能力持续增强，创新发展呈现新格局。*中关村示范区加快构建新型产业组织，积极探索创新主体之间的协作创新模式，建立以企业为主体、市场为导向、产学研相结合的创新体系，发挥各方优势，激发创新活力。探索军民融合创新模式，加快军民深度融合发展。中关村示范区逐步形成优势民口企业参与国防建设、社会组织推动、军民融合特色园建设等多形式、多主体参与的军民融合新模式，同时培育出一批优势民口企业参与国防和军队建设，25 家中关村示范区企业参加第二届军民融合高科技成果展，占全部参展民口企业的近 30%；支持成立中关村蓝创通用航空产业联盟等社会组织，加强与军方、军工集团联系，提高军方和民口企业的对接效率；推进中关村国防科技园、中关村军民融合网络与信息安全产业园等特色园区建设，加快形成各具特色、布局合理、协同高效的发展格局；支持成立中关村军民科技协同创新孵化中心，提升科技领域军民融合的成果转化、技术转移以及科技创新水平。企业与高校院所协同创新日益密切，科技成果转化取得新进展。北京品驰医疗设备有限公司和清华大学联合研发的脑起搏器系统通过欧盟 CE 认证，打破美国的技术垄断，是国内首个获 CE 认证的脑起搏器系统；北京天智航医疗科技股份有限公司同北京航空航天大学等机构联合研发的天玑骨科手术机器人，填补上颈椎手术机器人的国际空白。持续构筑技术创新平台，聚力推动协同创新。中关村示范区发挥新型社会组织融合创新平台作用，开展服务产业链协同、产学研协作。百度在线网络技术（北京）有限公司牵头筹建深度学习技术及应用国家工程实验室，着力从研究突破、产业合作等方面提升人工智能核心竞争力；北京石墨烯产业创新中心落户中关村示范区，中心聚焦前沿新材料的研发，加快科研成果转化落地，提升以石墨烯为代表的前沿新材料的产业创新能力。

三、企业内生发展动力不断增强，独角兽企业占据全国半壁江山

2016 年，中关村示范区企业成长指数 510.6，较 2015 年提高 72.9。

*科技型企业快速增长，独角兽企业占据全国半壁江山。*企业规模实力不断增强。2016 年，中关村示范区年收入亿元以上企业 3273 家，较 2015 年增加 306 家，其中年收入超百亿元 73 家，较 2015 年增加 5 家；超千亿元企业 6 家。同时，高成长高估值企业不断涌现，截至年底，中关村示范区瞪羚企业实现总收入 4526.2 亿元，同比增长 23.5%，增速约是中关村示范区整体水平的 2 倍。中关村示范区独角兽企业达 65 家，比 2015 年增加 25 家，总数占全国一半，仅次于美国硅谷，成为全球独角兽数量排名第二的区域。65 家独角兽企业总估值 2137 亿美元，其中小米科技有限责任公司（460 亿美元）、北京小桔科技有限公司（滴滴出行）（338 亿美元）、北京三快科技有限公司（美团点评）（180 亿美元）3 家企业估值超过百亿美元。

*新创办科技型企业发展迈向纵深，技术驱动和市场驱动成为新趋势。*中关村示范区创新创业活动愈发活跃，新创办科技型企业数持续保持增长态势。2016 年，中关村新创办科技型企业数量创历年新高，达 24607 家，占北京市新创办科技型企业总量的 30.5%。技术驱动型新创办企业日益活跃，人工智能、生物医药等前沿领域成为创业主流。在人工智能领域，北京中科寒武纪科技有限公司开发出全球首个深度学习专用处理器架构指令集，并被计算机体系结构领域顶级国际会议 ISCA2016 所接收，其评分排名第一。在生物医药领域，美因健康科技（北京）有限公司自主研发的“美因安”易感基因检测、个人基因组检测等多项低成本基因检测产品成功运用到众多三甲医院中。市场驱动型新创办企业持续涌现。随着“大众创业、万众创新”的加速推进，创新创业服务需求日益增多，一批资源聚集度高、服务模式新、专业化能力强的创业服务机构应运而生，硅谷巷内（北京）

科技有限公司直切市场痛点，通过整合美国硅谷优质资源和国内一线创业服务资源，为创业者提供联合办公空间。北京达创空间创业服务中心推出国内首家“互联网＋创客管家”一站式双创服务平台，助力双创产业健康发展。

企业实力不断增强，竞争力和影响力日益提升。中关村示范区领军企业不断通过技术创新增强内生发展动力，卓越企业、创新成果脱颖而出，品牌知名度、品牌价值及其影响力进一步提升。在综合性榜单方面，北京京东世纪信息技术有限公司、联想集团有限公司等8家企业入选2017年《财富》世界500强榜单；43家中关村示范区企业入选福布斯中国的“2017中国潜力企业榜”；京东方科技集团股份有限公司等13家企业入选“2017福布斯全球企业2000强”。在科技创新和行业榜单方面，北京量化健康科技有限公司、北京百奥赛图基因生物技术有限公司等15家中关村示范区企业入选“2016中国商业最佳创新公司50”，占全部入选企业的30%。在品牌性榜单方面，滴滴出行、北京拜克洛克科技有限公司（ofo）入选国际品牌咨询公司Interbrand发布的“2017全球最具突破性品牌”出行榜单；联想集团、小米公司、北京奇虎科技有限公司等企业入选BrandZ中国出海品牌30强，其中联想集团位列第一；百度公司、小米公司等5家企业入选英国品牌评估机构Brand Finance发布的“2017全球科技品牌百强榜”。

四、新动能加快培育，“高精尖”经济结构支撑首都创新发展

2016年，中关村示范区产业发展指数320.5，较2015年提高29.7。

经济发展稳中有进，有力支撑北京市经济增长。2016年，中关村示范区高新技术企业实现总收入4.6万亿元，同比增长12.8%，占全国国家级高新区的16.7%，较2015年提升0.7个百分点，创10年来新高；实现增加值6254.1亿元，同比增长13.3%，占北京市地区生产总值的25.1%，较2015年提高1.2个百分点。中关村示范区在推动北京经济持续发展中的引领支撑能力逐步增强，对北京市经济增长贡献率由“十二五”初期的不到20%提高到2016年的39%，且较2015年增加5.5个百分点。

“高精尖”经济结构加快构建，汇聚发展新动力。2016年，中关村示范区六大重点技术领域实现总收入34820亿元，同比增长12.7%，先进制造、新材料和生物医药3个领域均实现15%以上的快速增长。同时，以高技术产业、现代服务业为代表的“高精尖”产业发展势头良好。智能制造助力高技术产业稳步发展。2016年，中关村示范区高技术产业实现总收入16868.2亿元，同比增长11.6%，其中高技术制造业同比增长10.9%，扭转2015年负增长的局面。中关村示范区企业以智能制造为突破口，改变传统制造的生产方式和产业形态。京东方集团陆续推进合肥、苏州、重庆等地智能工厂的智能制造转型，通过客户、产品、制程、设备、供应商的互联，实现生产数字化、智能化、柔性化；三一重工股份有限公司在产品上增加自主开发的嵌入式芯片，并基于工业物联网平台，帮助企业实现机器的精准定位、协同指导。现代服务业成为经济发展的主力军。2016年，中关村示范区现代服务业实现收入29869.7亿元，同比增长11.4%，占中关村示范区总收入的64.9%，近5年占比始终保持在60%以上，成为中关村示范区经济发展的压舱石。“互联网＋”向现代服务业加速渗透，带动智慧物流、智慧交通等领域迅速发展，服务业智能化成为新趋势。

新经济加快发展，新动能逐步培育壮大。2016年，中关村示范区持续发展新经济，推动新技术、新产业和新业态快速成长，不断创造新的供给和新的消费，逐步提升经济的内生增长动力。以人工智能、石墨烯为代表的新兴产业集群竞相崛起，新技术、新产品引领全球。中关村示范区聚集数百家人工智能机构，形成覆盖基础层、技术层、应用层的全产业链集群，多项产品及技术领跑全球。国际权威人脸识别数据库LFW显示，中关村示范区有5家企业研发的人脸识别技术的准确率在99%以上，比美国硅谷多2家；360人工智能研究院在2017年图网（ImageNet）大赛中获“物体定位”两个场景的第一，同时在所有任务和场景中均获全球前三；北京灵犀微光科技有限公司凭借领先的光学技术，自主研发出36度视场角（FOV）、透光率超90%、双眼视野显示分辨率720P的AR眼镜，AR光学引擎生产技术全球领先。以分享经济为代表的新业态、新模式不断拓展，新竞争优势加快构筑。中关村示范区拥有涵盖出行、住宿、知识分享、生活服务等多个领域的分享经济企业2000余家，引领行业发展新潮流。北京数码大方科技股份有限公司基于自身制造技术和知识优势，发展面向制造企业的双创服务平台及解决方案，提供软件按需取用、在线协同合作、技术资源交易等共享服务，实现制造与分享经济的深度融合，推动新型制造模式发展。

五、辐射带动能力持续增强，京津冀协同发展成效显著

2016年，中关村示范区辐射带动指数快速增长，达409.6，较2015年提高51.3。

*京外布局稳步推进，引领全国创新发展。*2016年，中关村示范区企业在京外设立分支机构12068家，较2015年增加805家，约是“十二五”初期京外分支机构数的2.1倍。中关村示范区上市企业2016年实现合并报表营业收入3.5万亿元，其中对外辐射收入约2.6万亿元，约是2015年的1.5倍，约是“十二五”初期的3.3倍；对外辐射收入占上市公司合并报表总收入的73.4%。跨区域并购持续升温，技术并购成为新亮点。2016年中关村示范区企业发起的境内跨区域并购案例256起，较2015年增加4起，占中关村示范区企业境内并购案例总数的近50%。中关村示范区企业频频聚焦前沿技术开展并购。北京神州绿盟科技有限公司收购大数据企业北京阿波罗云信息科技有限公司，将其网络安全技术与阿波罗云公司在基础网络领域的技术优势相结合，实现可运营的安全云。

*创新链园区链产业链齐头并进，引领京津冀协同发展成效显著。*在中关村示范区的辐射带动下，京津冀发展模式逐步从“有极限”外延式发展转向“无极限”内涵式发展。探索制度共享机制，搭建跨区域创新创业生态系统。中关村示范区不断加强顶层设计，印发《中关村国家自主创新示范区京津冀协同创新共同体建设行动计划（2016—2018年）》，加快推动京津冀协同发展；争取食品药品监管总局的上市许可持有人制度试点推广至天津市、河北省，为京津冀生物医药产业协同提供制度保障。积极培育新兴产业集群，推动京津冀产业链协同发展。张承地区大数据及其他重点产业初步集聚，阿里张北云基地项目、北京供销大数据集团建设的承德德鸣大数据产业园开工，总投资400亿元。围绕“4+N”重点区域，在天津滨海、曹妃甸、张承地区等重要节点，构建科技创新园区链。2016年，中关村示范区加快天津滨海－中关村科技园、保定•中关村创新中心、石家庄（正定）中关村集成电路产业基地等合作园区或基地的建设。截至年底，天津滨海－中关村科技园共有45个项目集中签约，总投资规模超过350亿元。

*跨区域技术创新持续发力，推动津冀两地加快转型升级。*2016年，中关村示范区输出技术合同54710项，成交额3067.5亿元，同比增长5.8%，占北京市技术合同成交总额的77.8%。其中，流向津冀两地的技术合同3012项，较2015年增加447项；成交额136.4亿元，同比增长52.6%。为推动京津冀传统产业升级，中关村管委会联合天津市、河北省有关部门出台《发挥中关村节能环保技术优势推进京津冀传统产业转型升级工作方案》等政策，支持动力源－邯钢焦化厂煤气余热回收利用等20余个项目。中关村示范区企业主动作为，通过承接重大工程和项目落地、关键技术研发与示范应用，促进津冀两地传统产业转型升级。北京中科宇杰节电设备有限公司和天津亿环巨能重型锻压有限公司共同研发节能型蓄热式高效锻造加热炉项目，助力亿环巨能公司年用电量同比下降28%；北京和隆优化科技股份有限公司与天津天铁冶金集团有限公司开展热轧加热炉精确燃烧控制技术的开发等。

六、开放竞争力进一步提高，推进“一带一路”建设取得新成就

2016年，中关村示范区企业国际化步伐加快，国际化指数快速提升至565.8，较2015年提高132.2。

*国际创新资源吸附力逐步增强，创新要素集聚质量不断提升。*海外高端人才逐步增加。截至年底，中关村示范区共有留学归国人员3万人，同比增长11.2%；外籍人才9779人，同比增长14.6%。入选中央“千人计划”累计1188人，占北京市的80%，占全国的20%；入选北京市“海聚工程”累计590人，占北京市的65.6%。国际顶尖创新机构加速集聚，优质创新项目加速向中关村靠拢。截至年底，美国英特尔公司、美国微软公司、德国西门子股份公司等130家《财富》世界500强企业在中关村示范区设立子公司或研发机构。中关村创业大街成立以来，联手街区机构与美国、以色列等20余个国家的30余个机构开展合作，吸引全球创新资源和人才汇聚。加州－北京创新中心落地中关村，促进能源、环保等领域的技术交流、投融资服务、产业合作和资源共享。

*积极融入“一带一路”建设，海外拓展能力快速提升。*中关村示范区企业充分发挥技术创新等优势，积极融入“一带一路”建设。积极参与“一带一路”建设，科技创新服务“一带一路”沿线国家取得新成效。中关村一带一路产业促进会成立，促进不同产业领域、产业链上下游企业通过优势互补抱团出海，同时鼓励中关村示范区企业为“一带一路”沿线国家提供科技服务，实现互利共赢。北京神雾环境能源科技集团有限公司煤炭高效清洁利用、生物质及生活垃圾

处理、冶金有色等领域的先进技术运用于“一带一路”沿线20余个国家的多个工业节能减排技术改造和资源综合利用项目，为当地发展经济、防治污染、推动可持续发展发挥积极作用。广联达软件股份有限公司与“一带一路”沿线国家科研院所和高校建立合作，输出技术手段，培养专业人才，助推其建筑工程领域信息化。一批领军企业逐步向跨国公司、全球公司升级，国际市场竞争力不断提升。小米手机成功进入美国、巴西等7个国家和地区的市场，并在新加坡开设第一家海外实体零售店。京东方集团在韩国、新加坡、美国、日本、德国等国家设立子公司的基础上，成立俄罗斯公司，实现研发、生产一体化。通过海外并购等方式加快整合国际资源。2016年，中关村企业发起的境外并购案例52起，较2015年增加15起；并购总额685.6亿元，同比增长15.7%。北京鼎汉技术股份有限公司收购德国艾思玛铁路技术有限公司的100%股权，通过并购完善其车载辅助电源序列的产品，实现业务协同并提升研发技术实力，进一步打开国际市场。

*积极搭建全球创新研发网络，链接全球创新资源能力不断增强。*中关村示范区企业以全球视野谋求创新，通过在海外设立研发中心、与境外科研机构开展研发合作等方式在全球活跃的创新区域加快布局，形成一个多节点的国际创新网络。截至年底，中关村示范区企业在海外设立分支机构535家。中关村示范区企业立足全球前沿技术创新，纷纷在海外设立研发中心，主动链接全球创新资源。滴滴出行成立加州人工智能实验室，吸引硅谷无人驾驶领域的人才，研发无人驾驶汽车技术。在境外研发合作方面，中关村示范区企业纷纷与全球著名高校、科研院所等机构开展研发合作，加快技术创新取得突破。百济神州（北京）生物科技有限公司与全球性制药企业新基共同研究治疗实体肿瘤，加快在实体肿瘤治疗领域的研发步伐。

*深度参与国际标准制定，抢占国际话语权。*中关村示范区积极参与国际标准的制定，国际标准化地位显著提升。截至年底，中关村示范区企业发布国际标准229项。中关村示范区16家企业的14个标准项目获2016年中国标准创新贡献奖，占全国总奖项的24%。PCT专利和欧、美、日专利数量不断增长，持续抢占全球科技创新的制高点。随着企业在全球布局由抢占市场份额向抢占市场份额和技术制高点转变，越来越多的企业开始注重知识产权的保护。2016年中关村示范区企业共申请PCT专利3187件，占北京市的47.9%。其中，京东方集团以1673件的PCT申请量位列全球第八位，较2015年同期增长36.3%。2016年中关村示范区企业欧、美、日三方专利申请量5374件，同比增长22.4%；欧、美、日三方专利授权量1852件，约是2015年的1.8倍。

大事记

Chronicle

本栏目采用以月为序的形式记载中关村国家自主创新示范区上一年度中发生的大事、要事。

2016年中关村示范区大事记

1月

7日 农业部部长韩长赋到鸿坤·金融谷调研，北京市市长王安顺等陪同。

12日 中关村众筹联盟、融360大数据研究院联合发布《2016中国互联网众筹行业发展趋势报告》。

15日 北京捷翔天地信息技术有限公司的优易捷无人机遥感网（www.uav-net.cn）上线运营。

16日 中关村产品发布系列活动启动，首场活动中关村互联网+产品发布会在中关村示范区展示中心举行。

17日 北京因果树网络科技有限公司推出“期权变现通”平台产品，在国内首次实现期权交易。

18日 洪泰智能硬件孵化器A+Labs、中关村科技园区海淀园创业服务中心联合发布新一代孵化器发展战略，启动“基金+孵化空间+生产线+实验室+研发团队”五合一孵化模式。

19日 京微雅格（北京）科技有限公司在京发布面向大容量FPGA市场的“云”系列首款FPGA芯片——CME-C1（祥云）。

28日 北京软件和信息服务交易所有限公司的软件交易服务标准化试点项目入选国家标准委确定的2016年度国家级服务业标准化试点。

同日 由中关村管委会、天津滨海高新区管委会、瀚海智业投资管理集团有限公司共建的滨海－中关村瀚海117国际创新港揭牌。

29日 北京电信技术发展产业协会等8家单位被列入国家专利协同运用试点名单，北大方正集团有限公司等6家企业被确定为国家专利运营试点企业。

30日 博奥生物集团有限公司研发出寨卡病毒(Zika Virus) 30分钟快速恒温扩增检测试剂。

2月

3日 由北京世纪互联宽带数据中心有限公司等单位联合发起的中关村区块链产业联盟在京成立。

15日 科技寺、极地国际创新中心等30家中关村示范区单位被科技部认定为第二批国家级众创空间，纳入国家科技企业孵化器管理服务体系。

同日 中关村示范区第一家创新型孵化器——创新工场在新三板挂牌。

18日 国内首家私募股权基金转让平台——北京私募股权基金交易中心获市金融局批复，落户海淀区。

19日 博奥生物集团有限公司研发的呼吸道病原菌核酸检测试剂盒获食品药品监管总局颁发的国家医疗器械产品注册证书。

25日 市委书记郭金龙到海淀区调研。市长王安顺，市委常委陈刚、苟仲文、张工，副市长隋振江陪同。

26日 中关村国家自主创新示范区2016年园区工作会暨双创经验交流会在中关村示范区展示中心召开，副市长隋振江出席。中关村管委会主任郭洪做中关村示范区2015年工作总结。

29日 2015年中关村独角兽企业榜单发布，小米科技有限责任公司等40家企业上榜。

是月 由中国空间技术研究院承担的140吨振动试验系统完成验收测试，标志着世界最大推力的电动振动试验系统研制成功。

是月 百度硅谷人工智能实验室等机构研发的深度语音识别系统Deep Speech2、中科院遗传与发育生物学研究所等机构研发的植物的精准基因编辑两个项目入选美国麻省理工科技评论杂志社评选的2016年十大突破技术。

3月

1日 公安部中关村外国人永久居留服务大厅（北京市公安局出入境管理局中关村外国人服务大厅）开始对外办公，公安部推出的支持北京创新发展的20项出入境政策正式实施。

同日 中关村管委会与昆明市委、市政府和滇中新区管委会在京签署战略合作框架协议。

4日 中国政企合作投资基金股份有限公司成

立，注册资本1800亿元，落户中央财经大学科技金融产业园。

9日 中关村管委会2016年党风廉政建设工作会召开，中关村管委会各部门负责人分别签订《党风廉政建设责任书》。

11日 神雾环保技术股份有限公司在京发布自主开发的乙炔法煤化工新工艺。

16日 发展改革委批复同意北京新能源汽车股份有限公司实施纯电动乘用车建设项目，是《新建纯电动乘用车企业管理规定》实施后的第一个纯电动乘用车生产资质。

23日 科技部公布2015年度国家级科技企业孵化器名单，北京地区中关村意谷（北京）科技服务有限公司等7家孵化器入选，全部在中关村示范区。

24日 由大唐微电子技术有限公司自主研发的指纹安全处理芯片（DMT−FAC−CG4P）获第十届（2015年度）中国半导体创新产品和技术奖。

28日 由贝壳菁汇创新孵化器联合相关企业共同打造的专利萃取众创平台在丰台园成立。

29日 由中国远大集团有限责任公司等单位发起的中关村一带一路产业促进会在海淀园成立。

30—31日 河北省委书记赵克志、省长张庆伟率河北省党政代表团到中关村示范区调研。北京市委书记郭金龙等领导陪同，中关村管委会主任郭洪参加。

4 月

6日 发展改革委、北京市发展改革委、中关村管委会签订战略合作备忘录，将在支持东北地区新兴产业发展等方面合作。

同日 由中科院国家空间科学中心抓总负责研制的中国首颗微重力科学实验卫星实践十号发射升空，并于18日返回地球。

同日 国家电力投资集团公司中央研究院在京发布超宽幅双相不锈钢S32101产品——3.5米幅宽双相不锈钢板。

8日 市委书记郭金龙、市长王安顺到朝阳园调研。市领导李士祥、张工、林克庆、王宁等陪同，中关村管委会主任郭洪参加。

同日 海淀区地方税务局与中国技术交易所有限公司等4家科技服务机构签署委托代征技术合同印花税合作协议。

同日 北京中关村大街运营管理股份有限公司揭牌成立，中关村大街改建项目启动。

15日 中关村示范区被银监会、科技部、人民银行确定为第一批科创企业投贷联动试点地区。

同日 北京大学量子材料科学中心江颖、王恩哥课题组在美国《科学》杂志发表论文，首次揭示水的核量子效应。成果入选2016年中国十大科技进展新闻。

18日 优客工场、北京众创空间联盟等单位在京联合发布《中国众创空间发展蓝皮书》。

21日 由中关村管委会、中关村发展集团股份有限公司、天津市宝坻区政府联合主办的京津中关村科技城发展论坛在京举行。

25日 大唐电信科技产业集团在京发布“5G综合验证平台及256大规模天线”。

27日 保定·中关村创新中心成立一周年暨双创成果发布会在保定市举办。同日，中关村领创金融首批贷款发放。

同日 由中科院国家空间科学中心研制的“鲲鹏−1B”空间环境垂直探测试验探空火箭发射成功。

28日 贵阳市与中关村大数据企业座谈会在京举行，主题为“创新发展与大数据生态体系”。中关村管委会主任郭洪出席并讲话。

同日 由中关村数海数据资产评估中心联合中国信息通信研究院等单位共同发起的中关村数据资产双创平台在京成立。

同日 由北京合众思壮科技股份有限公司研发的“慧农”北斗导航农机自动驾驶系统在京通过中国卫星导航定位协会组织的鉴定。

同日 京津冀协同票据交易中心获市金融局批复，在海淀区落户。

29日 在2016年中关村知识产权推进会上，市知识产权局、中关村管委会联合发布《2016—2018年中关村知识产权推进计划》，中关村国家知识产权服务业集聚发展示范区揭牌。

同日 由市知识产权局、中关村管委会、海淀区政府共同主办的2016中关村知识产权论坛在中关村示范区展示中心举办。

5 月

8日 国务院办公厅印发《关于建设大众创业万众创新示范基地的实施意见》，海淀区、清华大学、中国航天科工集团公司入选国家双创示范基地。

11 日 石家庄·中关村协同创新区域合作工作组第二次会议在京召开。北京市委副书记苟仲文、河北省委常委孙瑞彬共同为石家庄（正定）中关村集成电路产业基地揭牌。

12 日 中关村硅谷创新中心在美国圣克拉拉市揭牌。北京市副市长隋振江出席并致辞。

同日 由市经济信息化委、中关村管委会、海淀区政府共同建设的中关村大数据产业园在中关村软件园挂牌成立。

13 日 科技部部长万钢到北京生命科学研究所调研。北京市委副书记苟仲文等领导陪同。

17 日 市人大常委会主任杜德印到房山区的良乡高教园区、中关村新兴产业前沿技术研究院等地调研。市人大常委会副主任李昭玲等领导陪同。

18 日 中科院生物物理研究所柳振峰研究组、章新政研究组与常文瑞、李梅研究组在英国《自然》杂志发表主题论文，解析高等植物（菠菜）光系统 II–捕光复合物 II 超级膜蛋白复合体的三维结构。成果入选 2016 年中国十大科技进展新闻。

19—22 日 在第十九届中国北京国际科技产业博览会上，中关村管委会组织举办中关村自主创新成果展，150 余家企业参展。市委书记郭金龙、市长王安顺参观中关村示范区展区。

20 日 中关村外籍高层次人才永久居留“直通车”政策落实座谈会在京召开。副市长隋振江等领导为首批 7 名外籍高层次人才颁发外国人永久居留证。

25 日 中鑫创投（北京）教育科技有限公司和北京中关村软件园发展有限责任公司在中关村软件园共同举办百城千校十万智能制造人才培养助推计划新闻发布会，中鑫创投公司与德国 Trias 公司签约。

26 日 十二届全国人大常委会副委员长严隽琪率调研组到大兴区鸿坤·金融谷调研土地制度改革试点情况。北京市委常委戴均良参加调研。

27 日 由北京知识产权运营管理有限公司、建设银行中关村分行推出的知识产权金融创新产品“智融宝”（助知贷）在京发布。

31 日 北京市“展望‘十三五’发展谱新篇”之创新发展百姓宣讲团中关村专场宣讲会举办。

6 月

6 日 全球首个以创意和可持续发展为主题的联合国教科文组织二类中心——国际创意与可持续发展中心落户西城园。

7 日 美国白宫科技政策办公室主任约翰·霍尔德伦一行访问中关村示范区。科技部部长万钢陪同。

8 日 中关村京企云梯科技创新联盟成立大会在中关村示范区展示中心举行。副市长隋振江出席大会。

12 日 北京品驰医疗设备有限公司的植入式迷走神经刺激脉冲发生器套件、植入式迷走神经刺激脉冲电极导线套件获食品药品监管总局医疗器械产品注册证书。

同日 首个金属 3D 打印定制 19 厘米人造脊椎植入手术在北京大学第三医院完成。

同日 由海淀园管委会等单位主办的第三届 Innoway 创新创业节开幕式在中关村创业大街举行。创业节为期 4 天。

13 日 由中关村发展集团股份有限公司、北京首都创业集团有限公司共建的中关村集成电路设计园创新创业平台发布。

15 日 沃尔兹曼（北京）科技有限公司在京发布自主研发的国内首款全景 VR 运动摄像头 ZMER ONE。

16 日 由北京大河融科创业投资有限公司等机构、企业发起的国内股权众筹领域的行业自律组织——中关村众筹联盟第一届会员大会召开。

19 日 房山区政府、北京航空航天大学、中关村发展集团股份有限公司签署《共建医工交叉创新研究院合作协议》。市委副书记苟仲文、市人大常委会副主任刘伟、副市长隋振江等领导出席仪式，中关村管委会主任郭洪参加。

20 日 国家并行计算机工程技术研究中心研制的超级计算机“神威·太湖之光”以其峰值计算速度 12.5 亿亿次 / 秒登第四十七届世界超级计算机 500 强榜单榜首。

同日 北京中星微电子有限公司的数字多媒体芯片技术国家重点实验室研发的中国首款嵌入式神经网络处理器（NPU）芯片“星光智能一号”在京发布，并开始量产。

22 日 美国麻省理工科技评论杂志社公布 2016 年五十大创新公司榜单，百度在线网络技术（北京）有限公司、北京小桔科技有限公司（滴滴出行）两家企业入选。

23 日 中关村国家自主创新示范区领导小组第十九次会议在京召开，市长王安顺主持会议并讲话。常务副市长李士祥，副市长隋振江、王宁出席。

24 日 中国航空发动机集团有限公司落户海淀区战略合作备忘录签约仪式举行。

27 日 中关村发展集团股份有限公司在上海证券交易所发行首期 20 亿元公司债券。

同日 中关村示范区的北京爱奇艺科技有限公司、北京农信互联科技有限公司等 15 家企业的案例入选发展改革委公示的《中国 “互联网 +” 行动百佳实践》案例名单。

28 日 中关村示范区 3 家企业的缝制设备远程运维服务、数字压力校验装置智能制造、智能伺服电机数字化车间项目入选工业和信息化部 2016 年智能制造试点示范名单。

29 日 由中关村管委会、中关村发展集团股份有限公司共同发起设立的中关村德国科技创新中心在海德堡市揭牌。北京市常务副市长李士祥出席仪式。

同日 北京银行在中关村示范区展示中心发布中关村 “万家创客” 行动计划。

30 日 中关村国家自主创新示范区标准创新试点工作在京通过国家标准委组织的验收。

7 月

1 日 工商总局商标局、北京市工商局、中关村管委会联合印发《中关村国家自主创新示范区商标品牌示范试点单位培育工作方案（2016—2018 年）》。

5 日 市委书记郭金龙、市长王安顺到回 + 双创社区调研。市委常委陈刚、李伟及副市长王宁陪同，中关村管委会主任郭洪参加。

8 日 由丰台园管委会打造的基于互联网的在线高端智力共享平台零工社区上线。

11 日 由北京市海淀区高层次人才发展促进会等单位主办的首届中关村人才创客大赛全国总决赛在中关村人才市场举办。

12 日 海淀园管委会实施协同创新券政策，面向中小微企业首次发放 2000 万元的扶持资金。

15—16 日 在第一次全国年鉴工作会议上，《中关村国家自主创新示范区年鉴 2014》获中国地方志指导小组颁发的全国地方志优秀成果（年鉴类）特等奖。

20 日 第三代半导体材料及应用联合创新基地在顺义园奠基，将建设 “两个平台、一个基金”。

23 日 中关村国际创新周开幕式暨中关村智造大街启动仪式在海淀园举行。副市长隋振江等领导出席，中关村管委会主任郭洪参加。

24 日 由中关村管委会设立的南宁 · 中关村双创示范基地在南宁高新区揭牌运营。广西壮族自治区主席陈武、北京市副市长隋振江、南宁市委书记王小东等领导出席，中关村管委会主任郭洪参加。

28 日 市委书记郭金龙到怀柔区调研，听取怀柔园内研究机构及企业发展情况汇报。市领导李士祥、张工、林克庆一同调研。

同日 大唐电信科技产业集团的移动互联网国家专业化众创空间和北京航空航天大学的虚拟现实与智能硬件国家专业化众创空间入选科技部首批国家专业化众创空间示范名单。

同日 秦皇岛经济技术开发区管委会、中关村科技园区海淀园创业服务中心共建的北京（海淀）留学人员创业园秦皇岛分园开园，首批 4 家企业入驻。

29 日 由北京华清燃气轮机与煤气化联合循环工程技术有限公司等企业和科研机构研发的 F 级重型燃气轮机 CGT−60F 全三维复合倾斜透平第一级静叶片完成高温冷却效果试验。

8 月

4 日 国家开发银行北京分行、国开金融有限责任公司、中关村管委会、北京中关村科技融资担保有限公司在京签署《中关村国家自主创新示范区科创企业投贷联动合作框架协议》。

6 日 由中国空间技术研究院等单位研制的中国卫星移动通信系统首发星——天通一号 01 星在西昌卫星发射中心发射升空。

9—10 日 由盛景网联科技股份有限公司等单位主办的第二届中关村国际创业节暨盛景全球创新大奖总决赛在清华大学举行。中关村管委会主任郭洪参加。

10 日 由中国空间技术研究院研制的中国首颗分辨率达到 1 米的 C 频段多极化合成孔径雷达成像卫星——高分三号在太原卫星发射中心发射升空。

18 日 中关村国家自主创新示范区领导小组印发《中关村国家自主创新示范区发展建设规划（2016—2020 年）》。

19—21 日 由科技部火炬中心、中关村管委会等单位共同主办的中关村创新创业季 2016 暨 2016 北京创客盛会在中华世纪坛举办。

22 日 河南省委书记谢伏瞻、省长陈润儿率河南省党政代表团到中关村示范区调研。北京市委书记郭金龙、市长王安顺等领导陪同，中关村管委会主任郭洪参加。

同日 北京康信知识产权代理有限责任公司等9家单位入选第二批全国知识产权服务品牌机构。

26日 证监会主席刘士余到中关村示范区调研多层次资本市场建设情况。中央巡视工作领导小组办公室主任黎晓宏，北京市常务副市长李士祥、副市长隋振江陪同。

同日 市委常委姜志刚到中关村智造大街就人才支撑和科技创新建设等工作进行调研。

29日 中关村国家自主创新示范区领导小组印发《中关村国家自主创新示范区京津冀协同创新共同体建设行动计划（2016—2018年）》。

30日 京津冀技术转移协同创新联盟与北京大学创业训练营共同组建的京津冀技术转移人才实训基地在京揭牌。

9月

1日 十二届全国政协副主席杜青林到中关村示范区调研。北京市政协主席吉林、副市长隋振江等陪同，中关村管委会主任郭洪参加。

7日 内蒙古自治区主席布小林率党政代表团到中关村示范区调研。北京市市长王安顺等领导陪同，中关村管委会主任郭洪参加。

同日 中科院电工研究所马衍伟团队研制出首根100米量级铁基超导长线，表明中国率先掌握铁基超导长线制备技术。

10日 市委书记郭金龙到石景山园调研。常务副市长李士祥，副市长张工、张建东、隋振江等陪同，中关村管委会主任郭洪参加。

同日 由清华大学等牵头，冶金自动化研究院等企业、院所及高校联合组建的北京工业大数据创新中心在中关村智造大街揭牌成立。

12日 中关村管委会、西藏自治区科技厅和拉萨市政府在拉萨市签订《支持建设拉萨高新技术产业开发区框架协议》。

14日 市知识产权局印发《关于第四届北京市发明专利奖评审结果公示的通知》，中关村示范区内35件专利获奖。其中，特等奖1件、一等奖5件、二等奖10件、三等奖19件。

15日 由中国空间技术研究院研制的天宫二号空间实验室在酒泉卫星发射中心发射升空，并进入预定轨道。

18日 市金融局、中关村管委会、北京银监局联合印发《关于支持银行业金融机构在中关村国家自主创新示范区开展科创企业投贷联动试点的若干措施（试行）》。

21—24日 拉萨市委书记齐扎拉率领的拉萨市党政代表团到中关村示范区调研。北京市委书记郭金龙、市长王安顺等陪同，中关村管委会主任郭洪参加。

25日 由中科院国家天文台主导建设的500米口径球面射电望远镜在贵州省黔南州平塘县大窝凼落成启用。中共中央总书记习近平致信祝贺。成果入选2016年中国十大科技进展新闻。

29日 中科院北京纳米能源与系统研究所园区建设项目在怀柔园开工。

同日 东方嘉诚众创空间等58家中关村示范区单位被科技部认定为第三批国家级众创空间，纳入国家科技企业孵化器管理服务体系。至年底，中关村示范区内国家级众创空间累计115家。

30日 质检总局、国家标准委印发《关于公布2016年中国标准创新贡献奖获奖名单的通知》，中关村示范区内16项成果获奖。其中，一等奖3项、二等奖4项、三等奖9项。

10月

8日 中国科学院国有资产经营有限公司、北京市顺义区人民政府、国测地理信息科技产业园集团有限公司共建中国科学院联动创新产业园签约仪式在顺义区举行，副市长隋振江等领导出席。

10日 中关村管委会印发《关于开展2016年度中关村外籍人才申请在华永久居留积分评估申报工作的通知》，启动中关村外籍人才在华永久居留积分评估工作。

12日 中关村创新发展研究院发布“中关村指数2016”。

同日 由发展改革委、中国科协、北京市政府主办的2016年全国大众创业万众创新活动周北京会场启动仪式暨中关村创新创业季开幕式在京举行。市长王安顺、副市长隋振江等领导出席。

12—18日 2016年全国大众创业万众创新活动周北京会场主题展在中关村示范区展示中心举办，设5个展区，集中展示近200个双创项目。

14日 由中关村创业大街运营公司和英特尔（中国）有限公司共建的中关村创业大街－英特尔开放创新实验室成立。

17 日 由科技部火炬中心、北京市科委、中关村管委会、海淀区政府等单位联合主办的2016中关村全球创新论坛在京举行。

同日 由中国空间技术研究院研制的载人飞船——神舟十一号成功发射。19日，飞船与天宫二号空间实验室自动交会对接。11月18日，飞船返回着陆。成果入选2016年中国十大科技进展新闻。

同日 北京中关村科技融资担保有限公司推出“零保费”融资担保产品“创易保”。

18 日 由科技部火炬中心、中关村管委会等单位主办的科技成果直通车暨首届科技成果路演活动（北京站）在中关村示范区展示中心举办。

19 日 清华大学罗永章团队在世界上首次证明肿瘤标志物热休克蛋白90α（Hsp90α）可用于肝癌患者的检测，并被食品药品监管总局批准在临床应用。

同日 北京格灵深瞳信息技术有限公司在京发布首款基于人眼工作原理的摄像机Foveacam。

20 日 在2016北京·澳门合作伙伴行动启动暨签约仪式上，中关村管委会与澳门特别行政区政府高等教育辅助办公室签署合作备忘录。澳门特别行政区行政长官崔世安和北京市市长王安顺出席，中关村管委会主任郭洪参加。

20—25 日 由工业和信息化部、中国科协、北京市政府主办的2016世界机器人大会在亦庄园举行。国务院副总理刘延东出席开幕式并致辞。北京市委书记郭金龙、科技部部长万钢、工业和信息化部部长苗圩出席。

21 日 中关村并购母基金成立，计划募集3期，共300亿元。第一期100亿元，实际认缴122.5亿元。

22 日 北人亦创孵化器在亦庄园挂牌，北人壹创基金同日启动。

24 日 由中关村社会组织联合会主办的2016中关村品牌推介系列活动启动仪式在京举行，活动分三大板块，设置12个榜单。

31 日 北京碳世纪科技有限公司在京发布石墨烯空气净化器烯净。产品在2小时内对甲醛的吸附率达97%以上。

11 月

1—30 日 由市国资委、中关村管委会主办的北京市属国企高管和中关村领军企业家培训班在京举办，主题为“发展混合所有制经济，构建高精尖经济结构”。中关村管委会主任郭洪出席开班仪式并讲话。

2 日 中关村示范区贯彻落实《促进科技成果转化法》暨先行先试政策宣讲启动会在中关村示范区展示中心举行。中关村管委会主任郭洪参加。

同日 中关村示范区34家国家级科技企业孵化器通过科技部火炬中心组织的2015年度考核。

3 日 市政府印发《关于2016年度北京市科学技术奖励的决定》，180项成果获奖，中关村示范区149项。其中，一等奖24项、二等奖49项、三等奖76项。

4 日 青海省委书记王国生、省长郝鹏率青海省党政代表团到中关村示范区调研。北京市委书记郭金龙，市委副书记、代市长蔡奇等领导陪同，中关村管委会主任郭洪参加。

5 日 G20科技创新部长代表团参观中关村示范区展示中心，中关村管委会主任郭洪陪同并介绍中关村示范区及京津冀的发展概况。

10 日 由中国空间技术研究院研制的脉冲星试验卫星在酒泉卫星发射中心升空，并进入预定轨道。

11 日 北京赛欧科园科技孵化中心有限公司等4家基地被工业和信息化部授予第二批国家小型微型企业创业创新示范基地称号。

14 日 由北汽福田汽车股份有限公司与百度在线网络技术（北京）有限公司联合开发的国内首款无人驾驶超级卡车在上海市发布。

15 日 市政府办公厅印发《怀柔科学城建设发展规划（2016—2020年）》，明确科学城发展的指导思想、战略定位、基本原则、空间布局等。

16 日 由石家庄市政府、北京市经济信息化委、中关村管委会共同主办的2016·京津冀协同发展石家庄（正定）中关村集成电路产业基地暨正定科技新城“十三五”发展推介会在中关村示范区展示中心召开。中关村管委会主任郭洪参加。

同日 由中科院计算技术研究所与北京中科寒武纪科技有限公司共同开发的世界首款商用深度学习专用处理器——寒武纪-1A深度神经元网络处理器入选世界互联网领先科技成果。

22 日 天津滨海-中关村科技园揭牌。北京市常务副市长李士祥、副市长隋振江，天津市委常委段春华等领导出席天津滨海-中关村科技园领导小组第一次会议。中关村管委会主任郭洪参加。

25 日 北京中关村科技融资担保有限公司、国家开发银行北京分行等与北京仁创生态环保科技股份公司签署投贷联动多方“投资+贷款+担保”协议，全国首个投贷联动试点项目落地中关村示范区。

30 日 由中关村企业信用促进会等主办的 2016 信用北京暨（第二届）信用中关村高峰论坛在中关村示范区展示中心举办。会议公布“2016 中关村信用双百企业”名单，发布《中关村企业信用发展报告》。

是月 市委副书记、代市长蔡奇先后到怀柔区、昌平区和海淀区，视察园区内企业，调研推动科技创新中心建设情况。副市长隋振江等陪同，中关村管委会主任郭洪参加。

12 月

1 日 中关村·电子城（昆明）科技产业园项目启动仪式在云南省滇中新区举行。产业园由昆明市政府、滇中新区管委会与北京电子城投资开发集团股份有限公司三方共建。中关村管委会主任郭洪出席。

5 日 拉萨中关村科技成果产业化基地在拉萨高新区揭牌成立。

6 日 北京首钢吉泰安新材料有限公司的圆珠笔头用超易切削不锈钢材料项目在京通过由中国制笔协会等单位组织的专家鉴定。

7 日 中关村示范区企业家顾问委员会 2016 年全体会议在通州园金桥科技产业基地召开。

同日 知识产权局印发《关于第十八届中国专利奖授奖的决定》，中关村示范区内 83 件专利获奖。其中，专利金奖 3 件、外观设计金奖 1 件、专利优秀奖 79 件。

9 日 由创业黑马（北京）科技股份有限公司牵头，40 余家创新型孵化器组建的中关村创业生态发展促进会成立。

12—13 日 2016 中关村大数据日暨京津冀大数据协同发展高峰论坛在京举办。京津冀大数据产业协同创新平台成立，《2016 京津冀大数据产业地图》发布。

16 日 由 36 家中关村示范区内重点产业联盟、企业和科研院所共同发起的中关村标准化协会成立，首批发布 7 项中关村标准。副市长隋振江出席仪式并讲话。

同日 中国银行与中关村管委会在京签署投贷联动业务战略合作协议，与北京高信达通信科技股份有限公司等企业签署投贷联动服务协议，中国银行首批中关村示范区投贷联动试点项目启动。

同日 由中国技术交易所有限公司创立的新型创新创业服务平台“T 空间”和“T 中心”在海淀园启动。

19 日 银监会批复同意筹建北京中关村银行股份有限公司，为北京市首家民营银行，由用友网络科技股份有限公司等 11 家园区上市企业共同发起设立。

同日 市地方志办等单位印发《关于表彰第二届北京市年鉴编校质量评比获奖年鉴的决定》，《中关村年鉴 2015》获年鉴编校质量评比一等奖。

20—23 日 由中关村管委会、中关村发展集团股份有限公司主办的 2016 中关村海外人才考察团活动在京举办，来自美国、加拿大等 10 余个国家的 120 余位海外高端人才参加。

21 日 由中关村管委会、唐山市政府主办的京冀曹妃甸协同发展示范区推介会在中关村软件园举行，8 个项目签约。

22 日 市委副书记、代市长蔡奇到亦庄园调研，察看企业的生产、研发工作。副市长隋振江陪同。

24 日 由海淀区政府主办的中关村军民融合“军地对接平台”揭牌仪式在中关村示范区展示中心举行。13 家军方联络处揭牌，中关村军民融合创新学院启动，中关村军民融合评价标准体系发布。副市长隋振江出席并讲话。

29 日 科技部公布 2016 年度国家级科技企业孵化器名单，中关村示范区的大唐创新港投资（北京）有限公司等 5 家企业入选。至年底，中关村示范区共有国家级科技企业孵化器 48 家。

是年 中关村示范区内中科院物理研究所的赵忠贤院士、中医科学院中药研究所的屠呦呦研究员获 2016 年度国家最高科学技术奖；58 项成果分别获国家自然科学奖、国家技术发明奖、国家科技进步奖。

概　况

Overview

本栏目简要记述了中关村国家自主创新示范区的起源及其沿革，重点记述上一年度中关村示范区的创新发展情况和特点等。

2016 年中关村示范区概况

中关村国家自主创新示范区源于 20 世纪 80 年代初期的中关村电子一条街，是中国改革开放的产物。

1978 年 3 月，中共中央在京召开全国科学大会。时任中共中央副主席邓小平在会上发表重要讲话，明确指出，科学技术是生产力，知识分子是工人阶级的一部分。这使得中关村地区广大科技人员感受到“春天”的来临，重新燃起科技报国的激情。从那时起，以中国科学院物理研究所的陈春先为代表的一大批科技人员走出科研院所和高等院校，创办民营高科技企业（通称“下海”），形成中关村电子一条街。

中关村地区不断涌现的民营高科技企业得到党中央和北京市委的大力支持。1988 年 5 月，经国务院批准，市政府印发《北京市新技术产业开发试验区暂行条例》。《暂行条例》规定：“以中关村地区为中心，在北京市海淀区划出 100 平方公里左右的区域，建立外向型、开放型的新技术产业开发试验区”，在北京市新技术产业开发试验区内注册的高新技术企业可以享受《暂行条例》所规定的国家各项优惠政策。由此，中国第一个国家级高新技术产业开发区成立。1999 年 6 月，国务院对科技部、北京市政府报送的《关于实施科教兴国战略加快建设中关村科技园区的请示》做出《关于建设中关村科技园区有关问题的批复》，原则同意关于加快建设中关村科技园区的意见和关于中关村科技园区的发展规划。同年 8 月，北京市新技术产业开发试验区更名为中关村科技园区。2009 年 3 月，国务院印发《关于同意支持中关村科技园区建设国家自主创新示范区的批复》，明确中关村科技园区的新定位是国家自主创新示范区，目标是成为具有全球影响力的科技创新中心，并同意在中关村示范区实施股权激励、科技金融改革创新等试点工作。中关村成为中国首个国家级自主创新示范区。30 余年来，中关村示范区的建设和发展得到党中央、国务院高度重视，先后 8 次做出重大决策部署。2013 年 9 月 30 日，中共中央政治局在中关村举办第九次集体学习活动，中共中央总书记习近平发表重要讲话。习近平在讲话中指出，中关村已经成为中国创新发展的一面旗帜，面向未来，要加快向具有全球影响力的科技创新中心进军。

从 1994 年 4 月起，经原国家科委（后更名为科技部）批准，北京市新技术产业开发试验区和中关村科技园区先后 3 次调整范围，经历“一区三园”“一区五园”“一区七园”的发展格局，但政策区域范围始终保持 100 平方公里不变。2006 年 1 月，经国务院批准，发展改革委发布公告，审核确定中关村科技园区规划用地总面积为 232.52 平方公里。随后，国土资源部公布中关村科技园区的海淀园、丰台园、昌平园、电子城、亦庄园、德胜园、石景山园、雍和园、通州园、大兴生物医药产业基地 10 个园区规划用地的四至范围。2012 年 10 月，国务院印发《关于同意调整中关村国家自主创新示范区空间规模和布局的批复》，原则同意对中关村国家自主创新示范区空间规模和布局进行调整。调整后，中关村示范区空间规模扩展为 488 平方公里，形成包括海淀园、昌平园、顺义园、大兴—亦庄园、房山园、通州园、东城园、西城园、朝阳园、丰台园、石景山园、门头沟园、平谷园、怀柔园、密云园、延庆园 16 个园区的“一区多园”发展格局。

2016 年，中关村示范区牢固树立新发展理念，坚决贯彻落实党中央国务院和市委、市政府关于实施创新驱动发展战略、构建京津冀协同创新共同体、建设全国科技创新中心等重大决策部署，完成全年各项工作任务，实现“十三五”良好开局。

经济发展保持良好势头，质量和效益持续提升。 2016 年，中关村示范区高新技术企业实现总收入为 4.6 万亿元，比 2015 年增长 12.8%；实缴税费 2314.1 亿元，比 2015 年增长 13.7%；利润总额 3732.5 亿元，比 2015 年增长 9.6%；高新技术企业实现增加值 6254.1 亿元，同比增长 13.3%，占北京市生产总值的 25.1%，对北京市经济增长的贡献率为 39%。2016 年，中关村示范区六大重点技术领域实现总收入 3.5 万亿元，占示范区总收入的 75.6%，同比增长 12.7%。其中，电子信息领域作为重点支撑，同比增长 12.6%，占示范区总收入的 39.7%。

创业创新活力持续增强。 2016 年，中关村示范区新创办科技型企业 2.5 万家，是国内创业最活跃的区域。入统高新技术企业 1.98 万家，科技活动人员 65.7

万人，同比增长8.6%，占从业人员的26.5%；企业科技活动经费支出总额1972.4亿元，同比增长11.1%。资本市场持续活跃。2016年，中关村示范区新增上市公司20家，截至年底，上市公司总数300家，其中境内203家，境外97家，创业板上市公司86家，占全国的1/7；新增新三板挂牌企业711家，约占全国当年新增挂牌企业总数的13%，累计1475家，约占全国的14.6%。

创新效率不断提升。2016年，中关村示范区企业专利申请量6.92万件，同比增长14.2%，占北京市的36.6%；其中发明专利申请量4.11万件，同比增长8.7%，占申请量的59.4%；获专利授权3.63万件，同比增长4%，占北京市的36.1%。其中，发明专利授权量1.48万件，同比增长15.3%，占授权量的40.7%；共申请PCT专利3187件。截至年底，示范区企业拥有有效发明专利6.18万件，占北京市的62.6%；示范区企业和产业联盟创制标准6173项，其中国际标准229项。

辐射带动和国际影响力进一步提升。中关村示范区各分园快速发展。2016年，海淀园总收入1.8万亿元，占示范区总收入的39.9%。朝阳园、丰台园等9个分园收入超1000亿元，其中5个分园收入超3000亿元。京津冀协同创新共同体建设初具规模。2016年，中关村示范区企业在津冀两地设立分公司290家，设立子公司689家。截至年底，中关村示范区企业在津冀两地累计设立分公司2917家，累计设立子公司2901家。中关村示范区输出技术合同成交额3067.5亿元，占北京市的77.8%，78.7%以上辐射到北京以外地区。中关村示范区企业累计在海外设立分支机构535家，全年完成并购项目约600起，涉及金额2958亿元。其中，境外并购52起，涉及金额685.6亿元，同比分别增长8.3%和15.7%。

2016年，中关村示范区创新发展的经验和做法主要有以下几个方面。

加快构建“高精尖”经济结构。加强前沿产业政策引导，印发促进中关村智能机器人、虚拟现实等产业创新发展的政策措施。探索采用公开路演的形式选拔前沿项目，发掘支持北京中科寒武纪科技有限公司全球首个深度学习专用处理器架构指令集等一批前沿技术项目。搭建高端产业创新平台，支持北京大数据研究院创新发展，推进中关村大数据产业园挂牌成立；推动成立中关村京企云梯科技创新联盟，民企国企创新合作进一步加强；推动成立中关村标准化协会，发布首批“中关村标准”。设立300亿元的中关村并购母基金，支持企业实施海外并购、境外融资。截至年底，中关村示范区独角兽企业共65家。涌现出北京摩拜科技有限公司（摩拜单车）等一批分享经济领军企业。

持续优化创新创业生态系统。不断完善双创服务体系，打造中关村创业大街、中关村智造大街、回龙观双创社区等科技创业新地标，形成以97家创新型孵化器、29家大学科技园、26家特色产业孵化平台为代表的创新与创业相结合、线上与线下相结合、孵化与投资相结合的创业服务体系。40余家创新型孵化器成立中关村创业生态发展促进会，有效推进中关村创新创业资源汇聚融合。中关村示范区双创服务由提供基础服务的1.0时代、提供增值软服务的2.0时代，演进到创业资源共享融合、专业垂直、生态多维的3.0时代。支持大企业搭建双创平台，大企业创新型孵化器30余家，占创新型孵化器总量的1/3。推动双创国际化发展，美国Plug&Play孵化器等企业和国际顶尖孵化企业相继入驻示范区。中关村创新型孵化器在美国、德国、英国等国家设立20余个分支机构。发挥知识产权对双创的支撑作用，中关村示范区获批成为全国首批国家知识产权服务业集聚发展示范区、国家知识产权质押融资示范区，制定实施《2016—2018年中关村知识产权推进计划》。

深入推进全面创新改革，持续优化政策环境。加强全面创新改革顶层设计，落实京津冀全面创新改革试验，配合市发展改革委等部门，研究制订《京津冀系统推进全面创新改革试验方案》《北京系统推进全面创新改革试验加快建设全国科技创新中心方案》和相应工作方案，推动落实方案中涉及中关村示范区的各项发展任务和改革举措。深化“放管服”改革，围绕企业提出的股票期权税收问题，配合财政部、科技部开展专题调研，相关部委印发《关于完善股权激励和技术入股有关所得税政策的通知》，政策实现重要突破。落实食品药品监管总局支持中关村食品药品监管及产业发展的15项试点政策，形成配套措施。落实工商总局关于促进中关村创新发展的19条意见，出台《中关村国家自主创新示范区企业名称自主预查管理办法（试行）》等文件，进一步简化登记程序、下放登记管理权限。全年共推进各项改革举措45项，推出突破性政策15项。

加快建设中关村人才管理改革试验区和国家科技金融创新中心。实施公安部支持北京创新发展的20项出入境政策措施，为外籍人才提供签证、出入境等便利化服务，其中10项政策为全国首创，在中关村示范区先行先试。截至年底，发放500余张“绿卡”，其中通过新政办理260余张。启动中关村外籍人才申请在华永久居留积分评估工作。截至年底，中关村示范区高端人才入选中央“千人计划”1188人，占北京地区的80%，占全国的20%；入选北京市“海聚工程”590人，占北京地区的65.6%；入选“高聚工程”292人（团队）。率先启动投贷联动试点，与国家开发银行等首批试点银行合作，发布支持投贷联动试点的10条措施，全国首个投贷联动项目落地中关村示范区。北京市首家民营银行——中关村银行获批筹建。开展中关村创新创业债和绿色债发行试点工作。深化中关村境外并购外汇改革试点和外债宏观审慎管理改革试点，外债宏观审慎试点业务签约金额42.46亿美元。2016年，中关村天使投资案例1115起，占全国的40.5%，投资金额43.9亿美元，占全国的66.7%；创业投资案例1961起，占全国的34.3%，金额1053.95亿元，占全国的38%。

*推动一区多园统筹协同发展。*搭建中关村科学城建设新的工作体系，研究编制中关村科学城发展提升规划。中关村科学城建成并投入使用项目31个，在建项目9个，新增各种高端人才及团队81个，引进或转化重大产业化项目255个，新创办企业288家。完善一区多园统筹机制，支持各分园强化创新功能。印发推进中关村示范区“一区多园”统筹协同发展的指导意见，实施“一区多园”“高精尖”项目对接工程，推动存量空间资源盘活利用，加强生态园区建设，各分园高端化、特色化、协同化发展态势凸显。城区各分园推动“瘦身健体”，加快转型升级，高端化、服务化、特征化发展特征明显。郊区分园对接城区创新资源和重大项目，疏解与引进并举，助推产业结构调整升级，探索形成创新驱动和内生增长的造血机制。

*加快构建京津冀协同创新共同体。*制定印发《中关村国家自主创新示范区京津冀协同创新共同体建设行动计划（2016—2018年）》。聚焦“4+N”，京津两地签署《共建天津滨海－中关村科技园协议》，设立天津滨海－中关村科技园管委会。推动北京中关村（曹妃甸）高新技术成果转化基地建设，建立产品、技术、服务双向输出渠道和促进机制，共同推进新技术、新产品的产业化应用和普及推广。支持北京新机场临空经济合作区建设，在可再生能源利用技术等方面，组织中关村示范区企业对接需求。支持河北张承生态功能区建设，组织企业与张家口市、承德市开展大数据、节能环保、新能源等产业对接协作。支持重点产业项目承接地建设，保定·中关村创新中心初具规模；石家庄（正定）中关村集成电路产业基地启动规划编制，精进电动正定生产基地等重点项目落地建设。推动创新资源开放共享，中关村开放实验室、创业孵化、平台服务等资源，以市场化运营机制引入津冀地区。

*辐射带动国内其他区域创新发展。*强化“一带一路”倡议沿线省份对接合作，与南宁市政府共同打造南宁·中关村双创示范基地。加大与对口支援地区合作，支持拉萨高新区建设，签署《支持建设拉萨高新技术产业开发区框架协议》。落实对口支援与合作任务，推动中关村e谷（南阳）软件创业基地、十堰中关村科技成果产业化基地等建设。截至年底，中关村示范区与国内地区或单位建立战略合作关系的超过60个，与京外地区合作共建园区（基地）15个。

*打造链接全球创新网络关键枢纽。*成立中关村一带一路产业促进会，围绕“一带一路”沿线国家基础设施互联互通、重点经贸产业园区建设及科技产业转移等内容，建立企业“走出去”合作共同体，推动企业在“一带一路”沿线国家落地生根。推进开放创新，北京新能源汽车股份有限公司等企业在硅谷成立研究中心、研究院，百度公司等领军企业直接投资孵化境外科技初创企业或注资科技投资基金，实现全球新技术平行孵化。120家2016年《财富》世界500强企业在中关村示范区设立子公司或研发机构，美国苹果公司在中国第一家直接投资的研发中心落地朝阳园。中关村企业加速“走出去”步伐，中关村发展集团股份有限公司在德国海德堡市设立中关村德国科技创新中心，太库孵化器等中关村创业服务机构通过跨界合作，纷纷在海外设立分支机构或与国外机构合作。

（王　宇）

综合管理

General Management

本栏目设有调研与决策、示范区活动、政策法规、管理机构 4 个分栏目，以条目体和记述体两种形式，系统介绍各级领导对中关村国家自主创新示范区发展的关注和各种类型的重大活动，以及相关部门和中关村管委会发布的有关促进中关村示范区发展的主要政策、法规和采取的举措，还包括对中关村示范区管理机构的介绍。

综　述

2016 年，中关村示范区牢固树立新发展理念，坚决贯彻落实中共中央、国务院和市委、市政府关于实施创新驱动发展战略、京津冀协同发展战略、加强全国科技创新中心建设等决策部署，主动把握和引领经济发展新常态，编制印发《中关村国家自主创新示范区发展建设规划（2016—2020 年）》，深化供给侧结构性改革和全面创新改革，优化创新创业生态系统，引领双创高端发展，加快构建“高精尖”经济结构，实现“十三五”良好开局，为全国实施创新驱动发展战略发挥示范引领作用。

*发挥改革试验田作用，释放创新创业活力。*开展股票期权税收专题调研，推动财政部、税务总局联合印发完善股权激励和技术入股有关所得税政策。实施公安部推出的支持北京创新发展的 20 项出入境政策措施，其中“绿卡直通车”、外籍人才申请在华永久居留积分评估制度等 10 项政策为全国首创，在中关村示范区先行先试。在全国率先启动投贷联动试点，与国家开发银行等首批试点银行签署合作框架协议，发布支持投贷联动试点的 10 条措施。北京市首家民营银行——北京中关村银行获银监会批复筹建。中关村示范区获批成为全国首家国家知识产权服务业集聚发展示范区；海淀区、中关村（知识产权促进局）获批成为专利质押融资示范区。

*引领双创升级，培育新动能、新经济。*支持中关村示范区央企、市属国企、跨国外资企业、民营企业等大企业，依托行业领军优势，搭建双创平台，成立大企业开放创新联盟。推动双创国际化发展，美国 Plug&Play 孵化器、英特尔开放创新实验室等国际孵化企业入驻中关村示范区。前沿技术研发、商业模式创新、科技金融创新相结合催生新业态，制造业服务化趋势凸显，滴滴出行、ofo 共享单车等成为分享经济新领军企业。年内，一区两单位入选国家双创示范基地；洛可可众创科技（北京）有限公司等 69 家机构被认定为第三批北京市众创空间；科技寺、优客工场等 88 家机构被科技部认定为第二批、第三批众创空间。至年底，国家级众创空间累计 115 家，中关村创新型孵化器累计 97 家。

*抢占全球创新制高点，构建“高精尖”经济结构。*加强创新发展政策引导，出台《中关村国家自主创新示范区产业发展资金管理办法》，以及促进智能机器人、集成电路设计、虚拟现实产业创新发展的政策。科研单位、科技孵化器、创投机构共同打造硬科技创新联盟，构建硬科技全产业生态网络。引导组建中关村京企云梯科技创新联盟，作为市属国有企业与中关村示范区企业间创新合作的高端服务平台。创新产业促进方式，以公开路演的方式，遴选发掘出人工智能、大数据、新材料、生物技术等领域的 36 家中关村前沿企业。64 家企业成为“十三五”时期首批北京生物医药产业跨越发展工程（G20 工程）企业。小米科技有限责任公司等 40 家企业入选首批中关村独角兽企业榜单。中关村并购母基金启动，支持中关村领先企业开展 1500 亿～ 2000 亿元的并购。

*提升分园创新功能，构建京津冀协同创新共同体。*加强统筹工作制度建设，研究制定《关于推进中关村一区多园统筹协同发展的指导意见》，并以中关村示范区领导小组名义印发。有序疏解非首都功能，支持各分园存量盘活改造项目。海淀园引进高端要素，中关村智造大街开街，打造智能制造生态圈；怀柔园积极推动怀柔科学城建设。打造跨京津冀园区链。《京津冀系统推进全面创新改革试验方案》获国务院批复，2016—2018 年中关村示范区京津冀协同创新共同体建设行动计划印发实施，天津滨海－中关村科技园开工建设，支持重点产业项目承接地建设，石家庄（正定）中关村集成电路产业基地揭牌成立，京津冀大数据综合试验区建设在亦庄园启动。年内，中关村示范区企业在津冀新设分支机构约 900 家。

*推进开放式创新，配置全球创新资源。*搭建国际创新合作平台。支持成立中关村一带一路产业促进会，打造具有全球影响力的国际合作服务平台。中关村示范区企业加速“走出去”步伐，联想集团有限公司等领军型企业设立境外分支机构。搭建国际孵化和资本运营平台。中关村硅谷创新中心启动运营，中关村发展集团股份有限公司在德国海德堡市设立中关村德国科技创新中心。首届中关村国际创新周举办，为中关村示范区及全国最新前沿技术展示、发布和交流提供舞台。

（王　宇）

调研与决策

【贯彻落实全国地方志事业发展规划纲要】 1月4日，中关村管委会印发《关于贯彻落实〈全国地方志事业发展规划纲要（2015—2020年）〉有关工作的通知》（中科园发〔2016〕1号）。《通知》明确提出加强中关村示范区志鉴工作的6条意见：深刻领会、准确把握《规划纲要》的重大意义和工作思路；坚持常编常新，扎实做好“1520”工程；建立健全工作机制，规范年鉴编纂工作；依托信息技术支撑，提高志鉴平台的开发利用；加强理论研究，扩大学术交流与合作；加大培训力度，推进志鉴人才队伍建设。

（王　翔）

【隋振江到顺义区调研】 1月8日，副市长隋振江就顺义区产业发展和科技创新情况进行专题调研，市经济信息化委、中关村管委会等单位相关负责人陪同。在北京住总顺义住宅产业化基地，隋振江一行听取基本情况介绍，参观基地展示中心及车间；在中航国际产业园，听取产业园、中航复合材料基地项目及中航发动机基地项目情况汇报，并参观中航复合材料有限责任公司车间生产线。隋振江指出，面临新时期、新形势，顺义区要在创新中谋发展，在巩固基础的同时适应新的发展趋势，探索新的发展方式；在产业发展上，

要由招引项目向培育新型企业转变，由靠空间要素招商向综合要素融合方式招商转变，由重视当期向长远规划转变；创新投资环境，在建设园区基础上搭建创新和服务平台，加快产业结构转型升级。

（袁永章　王　翔）

【隋振江到朝阳园调研】 2月24日，副市长隋振江到朝阳园就推动盘活利用市属国有企业土地资源、产业结构调整等情况进行调研。隋振江一行到安捷伦科技（中国）有限公司，听取安捷伦公司发展的情况介绍，参观气相色谱实验室、液相色谱实验室等专业实验室，并同科研人员进行交流。隋振江指出，朝阳园要立足长远、抓好定位，在推动建设特色园区和实现国际化研发聚集发展等方面做出新的成绩。

（赵　培）

【郭金龙到海淀区调研】 2月25日，市委书记郭金龙以“深入贯彻习近平总书记视察北京重要讲话精神，加快非首都功能疏解，实施创新驱动发展战略，落实首都城市战略定位”为主题到海淀区调研。郭金龙察看中关村东升科技园三期项目拆迁腾退和规划建设情况，充分肯定东升镇政府在贯彻落实习近平总书记视察北京重要讲话精神、努力破解发展难题、切实维护群众利益中取得的新成绩。郭金龙还察看了中国航空工业集团公司北京航空材料研究院和一亩园地区拆迁腾退工作进展。座谈会上，郭金龙要求海淀区要紧紧围绕城市核心功能定位，在更大尺度上谋划和推进各项工作，不断优化区域功能；要在实施创新驱动战略上有更大作为，发挥排头兵作用；要在服务全国文化中心建设上走在前列，加强优秀传统文化传承，积极推进西山历史文化带建设；要在提升城市管理服务水平上取得更大进步，建设国际一流的和谐宜居之都示范区。市长王安顺一同调研，市委常委陈刚、苟仲文、张工及副市长隋振江陪同，中关村管委会主任郭洪参加。

（王　翔）

【姜志刚到朝阳园调研党建工作】 3月10日，市委常委姜志刚一行来到朝阳园的洛娃科技实业集团有限公司及北京奇虎科技有限公司调研非公企业党建工作。姜志刚听取党建工作汇报，了解奇虎公司党建工作开展情况，参观洛娃集团的党员之家、道德讲堂和党委党校，并与叶青大厦入驻企业的代表进行交流。姜志刚强调，要理直气壮、旗帜鲜明地抓非公企业党建；要解放思想，适应新的环境和要求，创新非公企业党建工作的方式方法；要积极探索，为非公企业党建工作提供有力保障。

（苏　姗）

【陈刚到中关村前沿技术研究院调研】3月15日，市委常委陈刚一行到中关村新兴产业前沿技术研究院调研，市政府副秘书长张维以及市国土局、市规划委、市住房城乡建设委等部门相关负责人陪同，房山区政府、中关村发展集团股份有限公司、北京高端制造业基地管委会等单位相关负责人参加。陈刚一行观看院

情展板，察看研究院配套的会议中心、服务中心，听取有关研究院建设背景、产业功能定位、招商运营进展及发展规划等方面的情况介绍，特别是研究院在疏解非首都功能、推进京津冀协同发展、打造“京保石”桥头堡、推动房山区产业创新能力提升等方面所发挥的作用。考察过程中，陈刚对研究院中西合璧的建筑风格和庭院式建筑布局给予很高评价。陈刚强调，要利用研究院良好的硬件环境，吸引一批高质量的企业入驻，为全面建设高端产业聚集区，优化北京“高精尖”产业布局做出贡献。

（李贺英）

【林念修到中关村示范区调研】3月，发展改革委副主任林念修两次到中关村示范区调研“双创”和战略性新兴产业发展工作。8日，林念修一行实地考察百度在线网络技术（北京）有限公司人工智能、自动驾驶汽车、大数据技术，二十一世纪空间技术应用股份有限公司卫星遥感应用、空间信息服务，博奥生物集团有限公司生物芯片、基因检测等产业的发展情况，并与企业负责人就企业生产经营、未来发展规划以及有关政策建议交流座谈。23日，北京市副市长隋振江陪同林念修一行参观清华大学创新创业实践基地、智能芯片+智能硬件创新创业平台及中关村创业大街3W咖啡、36氪、联想之星等创业孵化机构，并与相关单位负责人就推进双创工作进行交流，听取各界对双创工作的意见和建议。

（王　翔）

【郭金龙到朝阳园调研】4月8日，市委书记郭金龙围绕“深入贯彻习近平总书记系列重要讲话精神，优化城市功能布局，提高城市治理能力，促进经济社会发展”主题到朝阳园调研。市长王安顺一同调研。郭金龙一行首先参观大望京科技商务创新区绿地中心大楼，结合展板了解大望京科技商务创新区基本区位情况、建设历程及发展理念等，并从大楼顶层俯瞰大望京科技商务创新区及周边的规划建设情况。随后到阿里巴巴北方运营中心，察看中心专利展示墙、实时交通大数据展示屏，并在高德软件有限公司听取其软件服务市民交通出行、缓解交通拥堵的数据支持情况。郭金龙指出，要认真落实首都城市战略定位，努力提高北京发展和管理水平，让城市更加宜居，让人民群众的工作生活更加便利。市领导李士祥、张工、林克庆、王宁，市政府秘书长李伟一同调研，中关村管委会主任郭洪参加。

（苏　姗）

【吉林到顺义园调研】4月17日，市政协主席吉林一行到顺义园正元地理信息责任有限公司调研。副市长隋振江及国家知识产权局、顺义区政府等单位相关负责人陪同。吉林一行参观地理信息科技馆，听取正元地理信息公司负责人关于公司主营业务和发展战略的介绍。吉林在了解公司在智慧管网、智慧城市等方面取得的成果后强调，将进一步关注和支持公司发展，希望公司为北京城市发展多做贡献。

（袁永章）

【配合出台经济建设和国防建设融合发展的意见】5月1日，中共中央、国务院、中央军委印发《关于经济建设和国防建设融合发展的意见》。《意见》着眼国家安全和发展战略全局，明确新形势下军民融合发展的总体思路、重点任务、政策措施，是统筹推进经济建设和国防建设的纲领性文件。中关村管委会作为北京市落实军民融合国家战略的重要部门，配合军委战略规划局完成案例分析及政策解析，对出台《意见》提供支撑。

（赵蔚彬）

【万钢一行到北京生命科学研究所调研】5月13日，科技部部长万钢一行到北京生命科学研究所调研，北京市委副书记苟仲文、市委副秘书长郭广生以及市委办公厅、市科委、昌平区政府、中关村发展集团股份有限公司等单位及企业相关负责人一同调研。万钢一行参观罗敏敏实验室、汤楠实验室、陈婷实验室，与相关负责人进行交流，了解并探讨研究成果的最新进展、技术方法和应用前景。在座谈中，万钢听取研究所运行状况、体制创新、成果转化等方面的汇报，并

指出，北京生命科学研究所的模式和机制创新，切实提升了科研工作的效率，培养出一批行业顶尖科技人才。希望研究所总结10年来创新实践的经验，谋划今后10年乃至更长时间的发展道路，不懈探索创新机制，强化学科交叉融合，打造国际交流合作的平台，引领生命科学发展，推出高水平的科研成果。

（李贺英）

【陈竺到访中关村硅谷创新中心】5月17日，由欧美同学会·中国留学人员联谊会海归创业学院硅谷分院、中关村硅谷创新中心主办的座谈会暨授牌仪式在创新中心举行，十二届全国人大常委会副委员长、欧美同学会会长陈竺出席会议并参观创新中心。中关村（国际）控股公司负责人向与会者介绍创新中心的服务功能和商业模式。座谈会上，陈竺表示，欧美同学会作为外联、统战领域的“百年老店”，将支持留学人员创新创业，为建设创新型国家提供人才支持和保障。陈竺鼓励留学人员要立足国内、开拓海外，成为留学报国的人才库、建言献策的智囊团、开展民间外交的生力军。欧美同学会、中国驻旧金山总领事馆、信中利国际控股公司等单位相关专家分别就人才政策、海归创业等话题发表演讲。陈竺还为海归创业学院名誉院长张首晟教授、硅谷分院执行院长孔德海博士及其他导师授牌，表彰其对学院发展做出的贡献。（海归创业学院位于创新中心内，1月16日挂牌。）

（李贺英）

【杜德印到房山区调研】5月17日，市人大常委会主任杜德印一行到房山区调研，市人大常委会副主任李昭玲、孙康林、刘伟陪同，房山区政府、中关村发展集团股份有限公司等单位相关负责人参加。杜德印一行先后到北京高端制造业基地、北京基金小镇、良乡高教园区等实地考察。在重庆长安汽车股份有限公司北京长安汽车公司，杜德印听取企业发展历程和现阶段情况的介绍，参观新技术展区及在展车型，询问长安CS75汽车的市场销售情况、长安CS95汽车未来的市场定位以及长安无人驾驶车的工作原理，并在总装车间现代化的生产线旁近距离感受中国品牌汽车的生产制造。在中关村新兴产业前沿技术研究院，杜德印察看会议中心、服务中心等办公环境，了解到研究院已落户新能源电池及系统控制、云端智能机器人、无人驾驶汽车、量子光谱分析等一批“高精尖”项目，后续将有更多“千人计划”团队和致力于智能制造、新能源、新材料的项目进驻。北京基金小镇已引进北京文资光大文创产业投资管理有限公司等92家企业入驻；北京格瑞拓普生物科技有限公司金针菇产量占北京市90%以上。杜德印指出，要抓住京津冀协同发展、国家新型城镇化试点建设等重大机遇，提高配套服务水平，注重人口结构调控，实现承接产业集聚与创造宜居环境相同步，让更多核心区企业享受到京郊良好发展环境。

（梁雪媛　李贺英）

【中央军委办公厅领导到中关村示范区调研】5—6月，中央军委办公厅及代管的军委战略规划办公室、军委改革和编制办公室、军委审计署3个军委直属机构的360余名机关领导及干部，分5批参观中关村示范区展示中心。部队领导干部们参观学习3D打印、集成电路、新一代信息、智能终端及新型显示、生物和健康、新材料产业、节能环保与新能源等领域的技术研发和应用情况，了解中关村示范区取得的创新成果。

（赵蔚彬）

【张茅调研海淀区简政放权工作】6月14日，工商总局局长张茅率队到海淀区调研简政放权等工作，副市长程红以及海淀区政府的相关负责人陪同。张茅一行先后考察中关村云计算产业基地、北京小米科技有限责任公司、中关村创业大街的创新展示中心及创业会客厅，分别听取企业发展及工商政策支持等情况的介绍，并体验手机、电视、电饭煲、手环等创新产品，了解一站式创新创业服务平台工作进展状况。在中关村发展集团股份有限公司召开的座谈会上，张茅听取市政府、市工商局、中关村管委会、海淀区政府等部门相关负责人的意见建议，并指出，在经济下行压力下，要深化商事制度改革，转变政府职能，加强企业服务管理；要推动简政放权工作在海淀区、中关村示范区的先行先试，为企业发展提供便利，提升经济发展活力和动力；要明确职责，加强监管，推动企业信用系统建设；要加强对小微企业的创新创业服务，简化优化企业办事流程，提升办事效率；要继续按照“放管服”的改革思路，管好放开，做好服务工作。

（李贺英）

【中关村示范区领导小组第十九次会议召开】6月23日，中关村国家自主创新示范区领导小组第十九次会议在京召开，市长王安顺主持会议并讲话。会议听取中关村管委会关于中关村示范区“十三五”规划、推动中关村一区多园统筹协同发展指导意见、中关村京津冀协同创新共同体建设行动计划的汇报；听取市教委关于进一步推动北京高校高精尖创新中心建设计划工作的汇报；审议通过《中关村国家自主创新示范区发展规划（2016—2020年）》《中关村国家自主创新示范区京津冀协同创新共同体建设行动计划（2016—2018年）》《关于推动中关村国家自主创新示范区一区多园统筹协同发展的指导意见》。常务副市长李士祥及副市长隋振江、王宁出席会议，中关村管委会主任郭洪参加。

（张倩倩）

【白春礼一行到地理信息产业园调研】 7月8日，中科院院长白春礼、副市长隋振江到国家地理信息科技产业园调研。白春礼一行走访入驻产业园的中科院电子学研究所顺义园区及航天星图科技（北京）有限公司，参观地理信息产业园展厅，听取科技创新情况汇报。白春礼指出，地理信息产业园定位于成果转移转化，要与中科院相关院所、企业建立合作关系；将人才工作与之结合，吸引高科技人才到顺义；中科院要围绕北京市建设全球影响力科技创新中心目标，为北京市经济社会发展做出贡献。隋振江强调，“十三五”期间北京市与中科院的院市科技合作大有可为；顺义区是承接科技成果转移转化的重要区域，中科院与工业相关的优秀科研成果，适合在顺义及地理信息产业园进行转化的，产业园和中科院要做好平台搭建和服务工作。顺义区委、区政府的相关负责人陪同调研。

（袁永章）

【王安顺到北京高端制造业基地调研】 7月13日，市长王安顺一行到北京高端制造业基地进行调研。王安顺一行先后到重庆长安汽车股份有限公司北京长安汽车公司的产品展厅和冲压、焊接、总装工艺车间，了解公司的智能制造情况，特别是新能源汽车的技术攻关情况，听取公司经营情况及生产运营情况的汇报。王安顺指出，北京长安汽车公司调整升级项目符合“创新、协调、绿色、开放、共享”的发展理念，符合北京市4个中心建设中“国家科技创新中心”的定位，有助于非首都功能的疏解，京津冀协同发展及“高精尖”经济结构的构建，希望长安汽车公司加大对新能源汽车的研发和生产投入，为环境污染治理贡献力量。副市长隋振江，市政府秘书长李伟一同调研。

（梁雪媛）

【郭金龙到国家空间科学中心怀柔园区调研】 7月28日，市委书记郭金龙一行到怀柔区调研。在中科院国家空间科学中心怀柔园区，听取关于中心整体情况和创建空间科学国家实验室规划情况的介绍，到空间科学任务中心、科学卫星长管间、空间科学数据中心，了解有关黑洞、暗物质等前沿领域研究成果。郭金龙指出，北京市要与中科院精诚合作，自觉地做好服务，聚集更多科技资源，壮大发展原动力，为落实京津冀协同发展国家战略、建设创新型国家做出贡献。在国联汽车动力电池研究院有限责任公司、北京金隅兴发水泥有限公司，了解新能源电池研发、成果转化以及企业转型发展等情况。郭金龙还主持召开座谈会，怀柔区政府相关负责人汇报工作，市有关部门就加快区域发展提出意见和建议。市领导李士祥、张工、林克庆一同调研。

（雷思源）

【中关村示范区发展建设规划印发】 8月18日，中关村国家自主创新示范区领导小组印发《中关村国家自主创新示范区发展建设规划（2016—2020年）》（中示区组发〔2016〕1号）。详见特载。

（王　宇）

【姜志刚到中关村智造大街调研】 8月26日，市委常委姜志刚到中关村智造大街就人才支撑和科技创新建设等工作进行调研。市科委、市公安局、中关村管委会等单位相关负责人参加。姜志刚一行在北京市商汤科技开发有限公司体验计算机视觉VR技术，了解企业科技创新的情况；在北京神州泰科科技有限公司，观摩手机3D建模的过程，并与科研人员进行交流；在中关村外国人服务大厅，听取市公安局和中关村管委会相关负责人的汇报，并研究部署相关工作。

（曾　佳）

【刘士余到中关村示范区调研】 8月26日，证监会主席刘士余一行到中关村示范区调研多层次资本市场建设情况。中央巡视工作领导小组办公室主任黎晓宏，北京市常务副市长李士祥、副市长隋振江陪同调研。刘士余一行到中关村示范区展示中心了解人工智能、石墨烯、无人机及飞控系统、无人驾驶、液态金属等领域的前沿技术和产品，到中关村股权交易服务集团有限公司调研，并召开多层次资本市场建设座谈会，听取中关村股权交易服务集团及相关企业代表的发言。刘士余表示，证监会将一如既往地支持北京市

建设好多层次资本市场体系，加强对区域性股权市场的指导和管理，促进资本市场持续健康平稳发展，服务好中关村示范区改革创新发展和首都建设全国科技创新中心。

（孙当如　秦　琳）

【京津冀协同创新共同体建设行动计划印发】 8月29日，中关村国家自主创新示范区领导小组印发《中关村国家自主创新示范区京津冀协同创新共同体建设行动计划（2016—2018年）》（中示区组发〔2016〕3号）。详见特载。

（王　宇　杜　玲）

【杜青林到中关村示范区调研】 9月1日，十二届全国政协副主席杜青林一行到中关村示范区调研。杜青林参观中关村外国人服务大厅、中关村智造大街、

北京生命科学研究所，并听取美国Plug&Play中国总部、硬创梦工场等孵化机构发展情况介绍。全国政协常委杨崇汇、全国政协副秘书长张秋俭、北京市政协主席吉林及副市长隋振江陪同，中关村管委会主任郭洪参加。

（张倩倩）

【郭金龙到石景山园调研】 9月10日，市委书记郭金龙到石景山园和首钢总公司调研。郭金龙一行先到首钢创业公社，察看创业公社培育孵化移动互联、文化创意、节能环保等新兴领域创业企业的情况，鼓励青年创业者大胆创新，并要求有关部门深化改革提升服务品质，不断优化创新创业环境。在创业公社办公区，当听到首钢公司将空闲职工单身宿舍改造成解决创客“生活问题”的37度公寓等情况时，郭金龙称赞首钢公司作为老国有企业，积极践行、深化供给侧结构性改革，勉励首钢公司围绕“闯”和“创”继续努力，闯出新路。郭金龙还到位于首钢北京园区的首钢静态交通公交立体车库研发基地，听取首钢静态交通产业和研发示范基地建设等工作汇报。基地立体停车技术研发取得重大进展：18米的公交车3分钟内垂直上升，然后平移准确停进3层高的大型立体停车楼；最小的家用折叠式立体车库，让一个车位同时容纳两辆车；运用智能仓储机器人技术研发设计的智能快递站可以作为立体停车库等人流密集场所的配套设施使用。郭金龙了解技术攻关和市场推广情况后称赞首钢公司把传统钢铁、机械技术优势整合再创新，为解决停车难提供技术支撑，鼓励做好市场开发和推广，不仅为北京解决停车难做贡献，更要为全国大城市解决停车问题发挥好辐射带动作用。常务副市长李士祥，副市长张工、张建东、隋振江等领导陪同。

（张玉霞　王鹤乾）

【国务院印发全国科技创新中心建设总体方案】 9月11日，国务院印发《北京加强全国科技创新中心建设总体方案》（国发〔2016〕52号）。详见特载。

（王　宇）

【怀柔科学城建设发展规划印发】 11月15日，市政府办公厅印发《怀柔科学城建设发展规划（2016—2020年）》（京政办发〔2016〕53号）。《规划》包括总体要求、重点任务、保障措施3个部分，明确怀柔科学城建设发展的指导思想、战略定位、基本原则、空间布局发展目标。怀柔科学城按照“一核四区”进行空间功能布局，规划面积为4120公顷，四至范围为：东至京通铁路－怀柔区界，南至京密路，西至雁栖河—京通铁路及中国科学院大学西边界，北至怀柔新城边界。《规划》提出：到2020年，建成一批重大科技基础设施，落地一批重大科技项目，高端人才、科技资源、重大项目加速集聚，健全功能完善的科技服务体系，前沿科学和先进技术研究成果不断涌现，高端特色产业集群效应初步显现，为全国科技创新中心建设提供重要支撑；并确定10项重点任务，分别是建设重大科技基础设施集聚区、建设高端科技人才聚集区、全面支撑国家实验室建设、加快推进综合性国家科学中心建设、提升怀柔科学城的国际影响力、高标准建设绿色生态智慧人文科学城、创新建设运营机制、构建高水平科技服务体系、促进产业结构转型升级、强化生活保障服务。

（王　宇）

【蔡奇到中关村新兴产业前沿技术研究院调研】 11月24日，市委副书记、代市长蔡奇就“落实首都城市战略定位、推进产业转型升级、切实保障和改善民生”到房山区调研。在中关村新兴产业前沿技术研究院，蔡奇听取北京航空航天大学医工交叉创新研究院的技术创新情况汇报，并希望研究院再接再厉，拓展医工交叉创新研究，为北京建设具有全球影响力的科技创

新中心做出更大贡献。

（钮　键）

【蔡奇调研科技创新中心建设情况】11 月，市委副书记、代市长蔡奇先后到怀柔区、昌平区和海淀区，调研推动科技创新中心建设情况。在怀柔科学城，蔡奇参观中科院空间科学先导专项科学卫星工程展览，听取中心相关负责人关于空间科学先导专项、“十三五”规划、空间科学卫星在轨实验任务等情况介绍。在未来科技城，蔡奇察看相关建设和企业入驻情况。在中关村生命科学园，蔡奇察看北京生命科学研究所罗敏敏、汤楠实验室，并听取关于中关村生命园发展成果、建设现状和北京中关村生物医药产业投资发展有限公司规划情况的汇报。在中关村软件园，蔡奇到曙光信息产业（北京）有限公司、软通动力信息技术（集团）有限公司，听取创新成果介绍。蔡奇强调，科技创新中心建设是落实国家战略、提升首都功能的重大举措。要以“三大科技城”为主平台，明确功能定位，整合创新资源，发挥示范带动作用；要以高校、科研院所和科技创新型企业为主力军，优化创新创业环境，调动创新主体积极性；要以重大创新项目为抓手，攻坚克难，加快推动重大项目落地。副市长陈刚、隋振江，市政府秘书长李伟一同调研，中关村管委会主任郭洪参加。

（雷思源　李贺英）

【蔡奇到亦庄园调研】12 月 22 日，市委副书记、代市长蔡奇到亦庄园调研。蔡奇先后到中芯国际集成电路制造（北京）有限公司、北京奔驰汽车有限公司、北京京东方显示技术有限公司，察看 3 家企业的生产、研发工作，并试验智慧产品等。蔡奇强调，当前经济工作要坚持稳中求进总基调，开发区属于“进”的重要领域，要始终坚持高端化发展方向，发展一批战略性新兴产业，打造“高精尖”经济结构，形成高端引领、创新驱动、绿色低碳的产业发展模式；着力打造创新驱动发展的前沿阵地，聚集一批代表国家水平、能参与国际竞争的技术创新中心，加快推动“亦庄制造”转向“亦庄创造”，为全国科技创新中心建设做贡献；积极做好“腾笼换鸟”文章，盘活利用低效土地；在京津冀协同发展中发挥引领带动作用，形成区域产业发展与亦庄高端发展互相促进的格局；进一步推动产城融合发展，做到高端制造业和现代服务业良性互动，打造宜居宜业环境，实现社会管理和产业布局一体化。副市长隋振江一同调研。

（徐　建）

【蔡奇调研青棠湾公租房项目】12 月 27 日，市委副书记、代市长蔡奇到永丰产业基地调研青棠湾公租房项目规划建设情况。在项目展示中心，结合沙盘、展板和样板间，蔡奇了解项目采用装配式的工业化建造技术以节约能源资源、提高建设效率和建筑质量等情况，并实地察看房屋建筑质量和产业化部品、构件使用情况。项目由北京实创高科技发展有限责任公司开发建设，2015 年 12 月开工建设，总建筑面积 31.7 万平方米，其中住宅面积 21 万平方米，可提供房源 3790 套。项目采用开放式街区设计和装配式的工业化建造技术，住宅部分全部使用装配式剪力墙结构形式，并实施管线和结构分离的内装产业化技术，集成绿色建筑、海绵城市、健康建筑、智慧运维等技术，节约了建设成本和能源资源，提高了建筑质量、建设效率和居住品质。建成后，优先面向海淀区保障房轮候家庭和所在地区的高科技企业分配。副市长陈刚等领导一同调研。

（孙燕艳）

示范区活动

【中关村示范区企业参展 2016 国际消费电子展】 1 月 6—9 日，在 2016 年美国国际消费类电子产品展览会（CES2016）上，中关村管委会组织利亚德光电股份有限公司、北京思必拓科技股份有限公司、中科创达软件股份有限公司等 20 余家企业参展，主要展示中科创达公司的“Snapdragon Flight”平台、利亚德公司的 LED 显示屏、闪联产业技术创新战略联盟的智慧教育解决方案和智能家居、北京爱链科技传媒有限公司的声控机器人、北京国承万通信息科技有限公司的 gogo 系列运动智能硬件等。展会现场接待 1000 余家客户，签订合作意向 200 余份，合同金额超 1 亿元。

（殷　茵）

【2016 年中关村标准化推动会举行】 1 月 8 日，由中关村管委会、市质监局主办的 2016 年中关村标准化推动会在京举行。工业和信息化部、国家标准化委等单位相关负责人以及各区质监局、各分园管委会、园区重点企业的代表近 300 人参加。会议对 2015 年中关村标准化工作进行总结，对 2016 年工作进行部署，并发布中关村管委会、市质监局联合出台的《中关村国家自主创新示范区标准化试点示范单位培育工作方案（2015 年—2017 年）》。相关专家还分别就“中国制造 2025”“团体标准培育发展的指导意见”“标准与专利协同创新”等主题发言。

（钟铎章　王家立）

【中关村示范区志鉴工作会召开】 1 月 14—15 日，由中关村管委会主办的 2016 年中关村国家自主创新示范区志鉴工作会在京召开。市地方志办等单位相关负责人、年鉴编委会部分成员以及参编单位的负责人、通讯员等 100 余人参加。会议做主题为“把握历史战略机遇　记述中关村创新创业历程”的工作报告，总结 2015 年中关村示范区志鉴编纂工作情况，部署 2016 年年鉴编纂工作，并对海淀园管委会等 7 家先进集体和 28 名优秀通讯员进行表彰。《中关村年鉴 2015》最终成书 124 万字，包括特载 7 篇、大事记 199 条、各栏目条目 1932 条、彩色插图 300 张、示范区及各园区区域图 17 张、各类附表 40 个。

（曾　佳）

【中关村产品发布系列活动举办】 1 月 16 日，由中关村示范区展示交易中心主办、中关村会展与服务产业联盟等单位承办的中关村展示中心系列发布活动首场发布会——中关村互联网 + 产品发布会在中关村示范区展示中心举办。中关村管委会、海淀园管委会等单位相关负责人以及企业的代表、营销专家等参加。活动对北京微众文化传媒有限公司、北京硬蛋空间等企业的“互联网 +”产品进行集中发布，产品涉及新概念产品、“互联网 +”服务、智能硬件等。发布会现场设 300 平方米的产品互动体验区，汇聚停车神器、云打印机、图灵机器人等 30 余家企业的近 100 件产品，消费者可现场体验购买参展的“互联网 +”产品。会上，中关村会展与服务产业联盟和北京股权交易中心、京东金融等投资机构，以及硬蛋空间、亿蜂平台、智能硬件梦工场等平台型企业签署战略合作协议，为中关村企业升级提供服务。中关村产品发布系列活动由中关村示范区展示交易中心主办，联手行业协会、中小型科技创新企业、金融机构、新闻媒体等相关机构，凝聚多方资源，吸引企业、科研院所、高校等科技创新主体，支持其在中关村示范区展示中心发布（首发）具有全球影响力的新技术新产品，开展一系列不同领域、不同板块、不同主题的专场发布活动，为优秀的创新企业铸就一个全新的展示舞台，塑造中关村新技术新产品的发布平台品牌。年内，活动共举办 3 场，分别以无人系统、区域对接等为主题，发布中关村示范区企业的各类新技术新产品 14 件，来自高新技术领域的代表 700 余人次参加。

（王洁琦　杜　玲）

【军民融合合作研讨会召开】 1 月 19 日，由中关村管委会主办的军民融合合作研讨会在管委会召开。副市长隋振江、市政府副秘书长朱炎、中关村管委会主任郭洪等领导以及相关企业的代表参加。会议围绕军地共同建设“军民融合快速对地监视卫星与应用系统”等事项进行座谈，邀请北京信威通信技术股份有限公司、二十一世纪空间技术应用股份有限公司、北京鼎普科技股份有限公司等6家中关村示范区企业进行相关业务介绍，并针对部队网信领域、卫星领域等军民融合项目合作建设，与解放军战略支援部队进行务实研讨。

（赵蔚彬）

【滨海－中关村瀚海117国际创新港揭牌】 1月28日，共建“滨海－中关村瀚海117国际创新港”合作协议签约揭牌仪式在天津滨海高新区举行。中关村管委会、天津滨海高新区管委会、天津市科委等单位相关负责人参加。创新港由中关村管委会、天津滨海高新区管委会和瀚海智业投资管理集团有限公司合作共建，位于天津滨海高新区内，是天津117大厦科技商圈的核心部分，总面积约6万平方米，将打造“中美”“中加”“中德”3个新型国际企业创新中心，吸引集聚全球高端人才，转移孵化全球科技项目，成为科技文化领域的高端国际交流平台。创新港由瀚海智业集团负责运营管理。创新港作为滨海－中关村科技园的重要组成部分，将推动京津两地的协同发展与融合创新，整合瀚海北美与欧洲的创新资源，打造成为京津的高端国际创新平台。

（王　翔）

【中关村·广西创业创新人才基地成立】 2月1日，中关村管委会与广西壮族自治区人力资源和社会保障厅在京签署《关于共同建立广西中关村创业创新人才基地战略合作协议》，中关村·广西创业创新人才基地项目启动。7月22日，中关村·广西创业创新人才基地开业典礼举行。基地位于南宁市的广西人才大厦内，一期建设占地面积0.16公顷，共2层，建成后可提供

建筑面积1200余平方米的创业创新工作平台。基地将按照“政府搭台、团队导演、专家唱戏、社会共享”的模式，依托广西壮族自治区的重点园区、优势企业、高等学校和科研院所，全面对接中关村示范区科技人才资源，持续引进领军人才、创新项目、创业导师，建设成为立足广西、面向东盟、国内领先的创业创新服务平台。入驻基地的高端人才，全部享受广西壮族自治区关于高层次创新创业人才的政策，还享受基地提供的办公场所、政策申请、创业服务、资源对接、品牌宣传、培训咨询、人才招聘等专业化、个性化服务。基地首批入驻7个高端科技项目，其中6个是中央“千人计划”专家项目，项目涵盖机器人、电子信息、大数据、新能源等领域。

（朱　凯　王　征）

【30家机构入选第二批国家级众创空间】 2月15日，科技部印发《关于公布第二批众创空间的通知》（国科发火〔2016〕46号），全国362家众创空间通过备案。其中，中关村示范区内的科技寺、极地国际创新中心、北大创业孵化营等30家众创空间通过备案，被纳入国家级科技企业孵化器的管理服务体系。

序号	众创空间名称	运营主体
1	科技寺	北京科聚思网络科技有限公司
2	极地国际创新中心	北京市极地加科技有限公司
3	北大创业孵化营	北京北达燕园科技孵化器有限公司
4	Binggo 咖啡	北京思源易创科技服务有限公司
5	飞马旅	北京飞马旅企业管理有限公司
6	京西创业公社	北京创业公社投资发展有限公司
7	瀚海 Plug and Play	北京瀚海亚美迪创业投资有限公司
8	C客空间	北京普天德胜科技孵化器有限公司
9	洪泰创新空间	洪泰创新空间（北京）创业投资有限公司
10	京东 JD+	北京京东顺顺餐饮服务有限公司
11	创投圈	北京海蓝创景投资咨询有限公司
12	金种子创业谷	北京金种子创业谷科技孵化器中心
13	清华经管创业者加速器	北京清创纪元创业教育科技有限责任公司
14	北航夸克空间	北京北航科技园有限公司

（续表）

序号	众创空间名称	运营主体
15	太库北京	太库（北京）科技孵化器有限公司
16	创业谷・光华	北京创业谷科技孵化器有限公司
17	兰天使	兰天使创新创业孵化器有限公司
18	拓荒族	优府科技服务（北京）有限公司
19	IBI 咖啡	中关村科技园区丰台园科技创业服务中心
20	创亦汇	汇龙森欧洲科技（北京）有限公司
21	硬创梦工场	北京硬创梦工场科技有限公司
22	云研社	北京云研社科技有限公司
23	创业魔法学院	天下创业（北京）教育科技有限公司
24	零壹时光	北京零壹诚品科技有限公司
25	V 创空间	北京微创空间科技孵化器有限公司
26	融创空间	北京四方共创生产力促进有限公司
27	InnoTREE 因果树	北京因果树网络科技有限公司
28	北京 IC 咖啡	北京爱思创芯汇咨询有限公司
29	虫洞创业之家	北京虫洞创业之家投资管理有限公司
30	DRC 创億梦工厂	北京迪希工业设计创意开发有限公司

（钮　键　彭　晨）

【7 家社会组织获评 5A 级社会组织】2 月 22 日，市民政局发布《关于 2015 年度市级社会组织评估等级结果的公告》（京民社发〔2016〕78 号）。其中中关村示范区北京软件和信息服务业协会、中关村宽带无线专网应用产业协会、中关村储能产业技术联盟等 7 家社会组织获评 5A 级社会组织。

（郝峥嵘）

【中关村示范区 2016 年园区工作会召开】2 月 26 日，由中关村管委会主办的中关村国家自主创新示范区 2016 年园区工作会暨双创经验交流会在中关村示范区展示中心召开。副市长隋振江出席并讲话，中关村管委会、中关村示范区各分园管委会及企业、社会组织的代表等 200 余人参加。中关村管委会主任郭洪总结中关村示范区 2015 年创新发展情况，部署 2016 年重点工作，包括深化全面创新改革、深入推进中关村人才管理改革试验区建设、加快建设中关村国家科技金融创新中心、大力推进军民融合科技创新、提升自主创新和原始创新能力、加快构建“高精尖”经济结构、持续优化创新创业生态系统、推动一区多园统筹协调发展、构建京津冀协同创新共同体、打造链接全球创新网络的关键枢纽等。会议提出，中关村示范区将聚焦改革、统筹、服务，扎实推进供给侧结构性改革、全面创新改革和扩大对外开放，优化创新创业生态系统，打造国家自主创新重要源头和原始创新主要策源地，抢占全球科技创新竞争制高点，在建设全国科技创新中心、构建京津冀协同创新共同体中发挥引领支撑和辐射带动作用，实现“十三五”良好开局。园区代表交流双创工作经验。

（王　翔）

【2015 年中关村独角兽企业榜单发布】2 月 29 日，由北京市长城企业战略研究所主办的 2015 年中关村独角兽企业榜单发布会在北京国际会议中心举行。中关村示范区的小米科技有限责任公司等 40 家企业入选首批榜单，总估值 1462.1 亿美元，平均估值 36.56 亿美元。2015 年 8 月，长城战略研究所受中关村管委会委托，启动中关村独角兽企业研究，旨在通过发现中关村独角兽企业，树立新经济的典型，并通过展现独角兽对创新发展的引领作用，吸引多方关注和支持独角兽企业的发展。中关村独角兽企业评定标准为：在中关村示范区注册的、具有法人资格的企业；成立时间不超过 10 年；获得过私募投资，且尚未上市；企业估值超过 10 亿美元（以企业最后一轮融资时估值为依据）。（2013 年 11 月，美国投资人 Aileen Lee 和 TechCrunch 最先提出“独角兽”概念，后迅速为全球所接受，指那些发展速度快、稀少、为投资者所追求的创业企业。标准主要包括创业 10 年左右、估值超过 10 亿美元等。）

（王　翔　石会昌）

【中关村外国人服务大厅启动运营】3 月 1 日，公安部中关村外国人永久居留服务大厅（北京市公安局出入境管理局中关村外国人服务大厅）开始对外办公。副市长隋振江等领导为服务大厅揭牌。服务大厅位于海淀区双榆树北里甲 22 号院，有两层办公区，一层设有 10 余个办理签证窗口，二层设有 6 个专门办理永久居留服务的窗口，负责为在中关村示范区创新创业的外国人提供永久居留、居留许可和签证的申请、发放证件、咨询等服务。美籍华人黄莹成为新政实施首日第一位完成申办外国人永久居留证并缴费的申请人，50 个工作日后便可拿到中国“绿卡”。

（王　翔　王　征）

【中关村先行先试出入境政策实施】3月1日，公安部推出的支持北京创新发展20项出入境政策措施开始实施。政策主要服务在北京创新创业的外籍高层次人才、外籍华人、创业团队外籍成员和外籍青年学生四大类外籍人才。其中10项政策措施在中关村示范区先行先试，主要包括：对符合认定标准的外籍高层次人才及其配偶、未成年子女，经中关村管委会推荐，可直接申请在华永久居留资格，申请将在50个工作日内完成审批；在中关村创业的外籍华人（不受60周岁年龄限制），可凭工作许可和雇主担保函件直接申请5年有效的工作类居留许可，也可凭创业计划直接申请5年有效的私人事务类居留许可（加注"创业"）；对中关村创业团队外籍成员和外籍技术人才提供入境便利、居留便利，并实施外籍人才申请在华永久居留积分评估制度；中关村企业邀请前来实习的境外高校外国学生，可以向口岸签证机关申请短期私人事务签证（加注"实习"）入境进行实习活动等。

（王　征）

【2016年党风廉政建设工作会召开】3月9日，中关村管委会2016年党风廉政建设工作会在京召开。中关村管委会全体党员干部及处级以上非党员领导干部100余人参加。会议传达中央纪委十八届六次全会和市纪委十一届五次全会精神，总结中关村管委会2015年党风廉政建设工作，部署2016年党风廉政建设工作。会议强调，要深入学习贯彻习近平总书记重要讲话精神，切实把思想和行动统一到中央和市委部署的要求上来；要坚定不移推进党风廉政建设和反腐败工作，营造有利于示范区创新发展的政治生态；要坚持以首善标准落实全面从严治党要求，为示范区创新发展提供坚强保障；要切实加强党内监督，完善不能腐、不想腐的制度保障。会上，中关村管委会各部门负责人分别签订《党风廉政建设责任书》。

（程　昊）

【4家企业入选工业产品生态（绿色）设计试点】3月17日，工业和信息化部公布第二批工业产品生态（绿色）设计试点企业名单，58家企业入选，北京地区4家，全部在中关村示范区，即北京碧水源科技股份有限公司、江河创建集团股份有限公司、北京汽车股份有限公司、北京雅昌艺术印刷有限公司，分别属于环保装备、建筑装饰、汽车、印刷行业。工业产品生态设计具有很强的创新性和前瞻性，被视作企业所在行业代表性的成果。[2015年8月，工业和信息化部组织开展第二批工业产品生态（绿色）设计示范企业创建工作，旨在引导工业污染防治从末端治理向全生命周期控制转变，通过3～4年，创建百家生态设计示范企业，发布一批工业绿色产品名录，引导绿色消费。]

（陈　潇）

【69家机构入选第三批北京市众创空间】3月21日，市科委发布《关于公示拟挂牌第三批北京市众创空间名单的通知》，76家机构被授予北京市众创空间称号。其中，中关村示范区内可可豆创新孵化平台、晶蛋工场、一九八九咖啡馆等69家机构入选。至年底，中关村示范区内北京市众创空间累计134家。

（魏立亮　李　琳）

【7家孵化器被认定为国家级科技企业孵化器】3月23日，科技部印发《关于公布2015年度国家级科技企业孵化器的通知》（国科发火〔2016〕90号），北京7家孵化器入选，均在中关村示范区，包括中关村意谷（北京）科技服务有限公司、北京东方嘉诚文化产业发展有限公司、北京创业公社投资发展有限公司、博雅燕园科技企业孵化（北京）有限公司、北京嘉捷美锦科技发展有限公司、北京华商置业有限公司、北京牡丹创新科技孵化器有限公司。

（徐　建）

【中关村一带一路产业促进会成立】3月29日，中关村一带一路产业促进会成立大会暨第一届中关村"一带一路"产业发展论坛在京举行。发展改革委、科技部等国家部委以及来自高等院校、金融机构、相关企业等150余家单位的代表200余人参会。促进会是国内首个由高科技企业、相关机构及个人自主发起、致力于"一带一路"国际合作服务的社团组织，由一批中关村核心领军企业家和研究院所、联盟等60余家机构倡议发起成立，涵盖现代农业、生物医药、云计算、智能制造、地理信息、节能环保、新材料新能源、大数据等产业领域。促进会将围绕"一带一路"沿线国家基础设施互联互通、重点经贸产业园区建设及科技产业转移等内容，以市场运作的方式，建立企业"走出去"的合作共同体，促进国际间文化、科技和人才的双向交流，促进不同产业领域的企业、产业链上下游企业通过优势互补，建立互信多赢的合作机制，抱团出海，抱团向西，有效应对企业独自"走出去"的挑战和风险，帮助企业拓展国际市场。促进会理事长由中国远大集团有限责任公司副总裁张晓东担任。会议还举行战略合作签约仪式和首届中关村"一带一路"产业发展论坛，与会嘉宾围绕"'一带一路'战略下，中关村企业如何走出去"主题展开讨论。

（梁　冰）

【中关村管委会与发展改革委开展合作】4月6日，国家发展改革委振兴司、北京市发展改革委、中关村管委会三方座谈会召开，会上签订战略合作备忘录。根据备忘录，三方将按照“政府引导，市场主导，品牌输出，高效管理，创新驱动，利益共享”的总体思路，共同推进深化改革和政策创新，推动科技创新载体建设，打造科技服务资源开放平台，以“互联网+”带动产业转型升级和新兴产业发展，开展国际创新合作。通过建立协调合作工作机制，在支持东北地区新兴产业发展和产业合作、落实京津冀协同发展战略部署的衔接协调、发挥中关村创新引领和示范带动作用等方面进行分工。备忘录自签署之日起生效，有效期3年。

（朱　凯）

【中关村示范区获批首批投贷联动试点地区】4月15日，银监会、科技部、人民银行印发《关于支持银行业金融机构加大创新力度开展科创企业投贷联动试点的指导意见》（银监发〔2016〕14号），公布第一批试点地区和试点银行业金融机构名单，中关村示范区等5个国家级自主创新示范区被列为第一批试点地区，国家开发银行、中国银行、北京银行等10家银行被列为第一批试点银行。根据《意见》部署，中关村示范区将发挥创新创业生态系统完善、科技企业资源丰富、金融机构聚集的优势，配合北京银监局，推动试点工作开展，主要包括：研究制订北京地区投贷联动试点方案，确定不良贷款本金风险分担补偿机制，明确风险分担权责；支持北京银行等试点金融机构设立投资功能子公司及科技金融专营机构；推动担保公司、保险公司等机构参与投贷联动试点建设；鼓励试点机构针对科技企业特点，建立与投贷联动相适应的人才团队和信贷文化，构建单独的激励约束机制。

（秦　琳）

【京津中关村科技城发展论坛举办】4月21日，由中关村管委会、中关村发展集团股份有限公司、天津市宝坻区政府主办的京津中关村科技城发展论坛在中关村示范区展示中心举行。主办单位相关负责人以及高校、科研院所、企业、联盟、媒体等各方代表200余人参加。论坛主题为“协同创新　共建共赢”。北京市社会科学院、北京大学首都发展研究院等单位有关专家就“加快京津中关村科技城建设，打造京津冀协同创新重要平台”“京津冀科技创新一体化发展研究”“建设中关村科技城智能电网、打造城市能源互联网新样板”等主题进行主旨发言。宝坻区政府与中关村协同发展投资有限公司签署合作备忘录，与中关村发展集团、中科院创新孵化投资有限责任公司等单位签署产学研联盟合作协议；中物动产信息服务有限公司等10家企业、院所与科技城签订意向入驻协议；北京中关村科技融资担保有限公司等12家融资机构、联盟、协会签署战略合作伙伴协议。（2013年11月，主办单位三方签署协议，决定共建京津中关村科技城。科技城占地面积1450公顷，建设包括“一带、三心、七区”，定位为以信息技术为引领的跨区域产业协作区及高端人才的创新创业示范基地，将结合传统产业形成智慧能源、智慧环保、智慧装备、智慧物流四大产业，并完善创新服务产业链，发展形成“I5E”产业体系。）

（李贺英　张倩倩）

【获批首家国家知识产权服务业集聚发展示范区】4月26日，知识产权局办公室印发《关于同意在北京中关村建设国家知识产权服务业集聚发展示范区的函》（国知办函规字〔2016〕305号），批复中关村示范区为全国首家国家知识产权服务业集聚发展示范区。根据批复，未来3年，中关村示范区将围绕京津冀协同发展战略，以建设具有全球影响力的科技创新中心为牵引，深化国际交流合作，加大知识产权服务模式创新，推动知识产权服务向专业化和价值链高端延伸，发挥知识产权服务业在促进新兴产业发展、构建“高精尖”经济结构中的支撑作用，促进知识产权服务与产业深度融合，推动区域经济提质增效升级，发挥好引领示范和辐射带动作用。

（孙婷婷）

【中关村企业挂牌上市工作会召开】4月28日，市金融局与中关村管委会在京召开中关村2016年企业挂牌上市工作会。中关村管委会主任郭洪以及来自各区金融办、中关村示范区各分园、股转公司、中证机构间报价系统公司和科技企业、券商的代表等参加。与会代表介绍支持企业挂牌上市的工作举措和存在的问题，并提出相关建议。会议决定从5个方面开展工作，以保持中关村板块在资本市场的领先优势：充分发挥中关村作为政策先行先试试验田的重要作用，进一步优化企业挂牌上市政策环境；挖掘培育国际前沿技术领域企业挂牌上市，提升中关村在全球创新网络中的影响力和话语权；加强北京四板市场建设，积极为科技型中小微企业融资和发展提供服务；支持市场化服务主体加强联动合作，为企业改制挂牌上市提供全周期、多元化、差异化融资服务；完善跨层级、跨部门、跨区域的多方联动工作机制。

（王扬丹　秦　琳）

【2016年中关村知识产权推进会举行】4月29日，由市知识产权局和中关村管委会主办的2016年中关村知识产权推进会在京举行，主题为“集聚资源　助力双

创——构建中关村知识产权服务新生态”。国家知识产权局副局长甘绍宁、北京市政府副秘书长刘印春、中关村管委会主任郭洪等领导以及来自各分园区管委会、企业、服务机构的代表200余人参加。会议介绍中关村示范区创新创业和知识产权发展情况，发布《2016—2018年中关村知识产权推进计划》和《2016年中关村知识产权工作要点》，并为中关村国家知识产权服务业集聚发展示范区揭牌。同时还展示合享新创、创意宝、快法务等一批中关村互联网知识产权专业服务平台，并围绕中关村知识产权服务新生态构建举办高端论坛。论坛上，中国信息通信研究院发布《区块链产业和专利分析报告》，相关专家分别进行主题演讲。

（潘　丹　孙婷婷）

【2016年中关村开放实验室工作会召开】5月5日，由中关村管委会主办的2016年中关村开放实验室工作会在京召开。来自中关村开放实验室及推荐单位的代表等参加。会议对各开放实验室的下一步工作以及相关支持政策进行布置和说明。方正国际软件（北京）有限公司的方正国际公共信息服务平台智慧城市开放实验室、北京大北农科技集团股份有限公司的饲用微生物工程国家重点实验室、北京协尔鑫生物资源研究所有限责任公司的非人灵长类动物开放实验室等40家第九批中关村开放实验室获授牌。

（韩洋洋）

【中关村科技型企业创业孵化集聚区名单发布】5月5日，中关村管委会发布2016年中关村科技型企业创业孵化集聚区名单，包括京西创客工场等20家创业服务机构，涉及门头沟园、房山园等5个分园。根据《中关村国家自主创新示范区科技型企业创业孵化集聚区管理办法（试行）》（中科园发〔2014〕48号），入选集聚区的创业服务机构可免费为符合相关条件的企业办理入驻手续和出具登记注册的住所或经营场所使用证明，有效降低创业期科技型小微企业开办和经营成本。

序号	企业名称	所属园区
1	京西创客工场	门头沟园
2	北京创新谷科技孵化器有限公司	房山园
3	英特华云（北京）电子商务股份有限公司	通州园
4	北京方和正圆科技企业孵化器	通州园
5	通州国际种业科技有限公司	通州园
6	北京北物通科技发展有限公司	通州园
7	北京慧谷置业有限公司	通州园
8	西集创益投资发展有限公司	通州园
9	北京永乐店企业管理服务中心	通州园
10	北京鸿坤理想投资管理有限公司	大兴—亦庄园
11	北京奥宇科技企业孵化器有限责任公司	大兴—亦庄园
12	北京群英科技孵化器有限公司	大兴—亦庄园
13	北京华商置业有限公司	大兴—亦庄园
14	北京密云经济开发区总公司	密云园
15	北京亦庄移动硅谷有限公司	大兴—亦庄园
16	北京安快创业科技有限公司	大兴—亦庄园
17	汇龙森国际企业孵化（北京）有限公司	大兴—亦庄园
18	汇龙森欧洲科技（北京）有限公司	大兴—亦庄园
19	北京嘉捷美锦科技发展有限公司	大兴—亦庄园
20	北京亦庄国际生物医药投资管理有限公司	大兴—亦庄园

（陈宝德）

【一区两单位入选国家双创示范基地】5月8日，国务院办公厅印发《关于建设大众创业万众创新示范基地的实施意见》（国办发〔2016〕35号），公布首批28个双创示范基地名单。其中海淀区被确定为区域示范基地，清华大学被确定为高校和科研院所示范基地，中国航天科工集团公司被确定为企业示范基地。区域示范基地的建设目标是：结合全面创新改革试验区域、国家综合配套改革试验区、国家自主创新示范区等，以创业创新资源集聚区域为重点和抓手，集聚资本、人才、技术、政策等优势资源，探索形成区域性的创业创新扶持制度体系和经验；建设重点包括推进服务型政府建设、完善双创政策措施、扩大创业投资来源、构建创业创新生态、加强双创文化建设5项内容。高校和科研院所示范基地的建设目标是：以高校和科研院所为载体，深化教育、科技体制改革，完善知识产权和技术创新激励制度，充分挖掘人力和技术资源，把人才优势和科技优势转化为产业优势和经济优势，促进科技成果转化，探索形成中国特色高校和科研院所双创制度体系和经验；建设重点包括完善创业人才培养和流动机制、加速科技成果转化、构建大学生创业支持体系、建立健全双创支撑服务体系 4 项内容。企业示范基地的建设目标是：发挥创新能力突出、创业氛围浓厚、资源整合能力强的领军企业核心作用，引导企业转型发展与双创相结合，推动科技创新和体制机制创新，探索形成大中小型企业联合实施双创的制度体系和经验；建设重点包括构建适合创业创新的企业管理体系、激发企业员工创造力、拓展创业创新投融资渠道、开放企业创业创新资源 4 项内容。

（徐　建）

【石家庄·中关村协同创新区域合作会议召开】5 月 11 日，石家庄·中关村协同创新区域合作工作组第二次会议在京召开。北京市委副书记苟仲文，河北省委常委、石家庄市委书记孙瑞彬出席并讲话。中关村管委会主任郭洪以及北京市、石家庄市有关部门负责人参加。会议听取中关村管委会、石家庄市政府关于双方合作进展情况的总结汇报，审定并初步通过正定（中关村）科技新城发展规划，并对下一步重点工作进行部署。会议举行中关村与石家庄创新区域合作项目签约仪式，石家庄中关村协同发展有限公司、国家电投燃机热电项目等 6 个项目签约。会议还举行石家庄（正定）中关村集成电路产业基地揭牌仪式。基地由石家庄市政府与中关村管委会共建，位于正定高新技术开发区，占地面积 167 公顷，将以集成电路封测产业为核心，建设集智能硬件制造、封测材料、电子物料为一体的现代化电子信息产业园区。

（杜　玲　李贺英）

【中关村硅谷创新中心揭牌】5 月 12 日，由中关村发展集团股份有限公司主办的中关村硅谷创新中心揭牌仪式在美国圣克拉拉市举行，标志着创新中心历经近 1 年的建设与探索后正式运营。揭牌仪式由中关村管委会主任郭洪主持，北京市副市长隋振江出席并致辞。仪式上，中关村发展集团海外子公司中关村（国际）控股公司与 CloudMinds、长城会等 6 家进驻中心的企业签署服务协议；美国加利福尼亚州及圣克拉拉市政

府向创新中心赠送奖状，表彰其对当地经济发展与科技创新做出的贡献；还为参会代表组织座谈活动，斯坦福大学教授、湾区委员会、奇虎 360 驻硅谷企业孵化器的代表分别结合自身在硅谷创业发展的经历，围绕关注全球前沿科技成果、发挥高端人才价值、完善扶持政策体系、打造多层次投融资机制等方面阐述自身看法，表达积极建议。来自中国驻旧金山总领事馆、北京市政府、中关村管委会和中关村发展集团的相关负责人，以及美国当地各界代表近 100 人参加。

（李贺英　王　征）

【13 家机构入选中关村特色产业孵化平台】5 月 12 日，中关村管委会发布《关于对中关村 2016 年特色产业孵化平台名单予以公示的通知》。北京迪希工业设计创意开发有限公司、北京微创空间科技孵化器有限公司等 13 家创业服务机构入选。其中海淀园 6 家，昌平园 2 家，大兴—亦庄园 2 家，西城园、石景山园和房山园各 1 家。至年底，中关村特色产业孵化平台累计 26 家。

序号	申报主体	所在园区
1	北京迪希工业设计创意开发有限公司	西城园
2	北京微创空间科技孵化器有限公司	海淀园
3	北京智泽惠通科技孵化器有限公司	海淀园
4	北京中关村上地生物科技发展有限公司	海淀园
5	大唐创新港投资（北京）有限公司	海淀园
6	北京中关村软件园孵化服务有限公司	海淀园
7	北京中关科城科技股份有限公司	海淀园
8	北京华海基业科技孵化器有限公司	石景山园
9	北京神州航天食品技术研究院	房山园
10	北京正开企业管理有限公司	大兴—亦庄园
11	北京中关村生命科学园生物医药科技孵化器有限公司	昌平园
12	北京禾芫科技孵化器有限公司	昌平园
13	大族环球科技股份有限公司	大兴—亦庄园

（陈宝德　江茂华）

【2016 年中关村创新论坛举行】5 月 19 日，由中国科技体制改革研究会、中国贸促会北京分会、中关村杂志社主办的中关村创新论坛在京举行。论坛主题为“创新驱动：今天的课题”。论坛分为中关村创新论坛主题报告会和中关村·保定协同创新发展论坛两大部分，围绕国家实施创新驱动发展战略，突出展现科技创新与经济社会深度融合的发展趋势。政府部门有关负责人、相关企业家、专家、学者等同台演讲与对话，

分别以“深化供给侧结构性改革，构建创新发展新体制”“创新创业的核心在于创造价值”“京津冀协同发展中的创新之路”等为主题，共同研讨中国的创业生态系统、产业结构调整、推动京津保率先联动发展、科技与文化协同发展、众创空间如何筑巢引凤等问题。有关企业家、专家学者和政府部门负责人等200余人参加论坛。

（徐　建）

【150余家中关村示范区企业参展科博会】5月19—22日，在第十九届中国北京国际科技产业博览会上，中关村管委会以“智能中关村，创业新动能”为主题，以“互联网+”为纽带，以“双创”产品展示为核心，举办由智能+（人工智能、大数据、虚拟现实）、硬件+（智能硬件）、制造+（智能制造）、生态+（节能环保）、健康+（生物健康）、城市+（智慧城市和智能交通）、创业+（创新创业）7个子展区组成的中关村自主创新成果展，展览面积3200平方米。150余家中关村示范区企业参展，采用图片、数据、多媒体等方式，以互联网跨界融合为线索，围绕国家大数据战略、“互联网+”行动计划、中国制造2025等重大战略部署，集中展示人工智能、万物互联、大数据、生态修复、资源替代、智能机器人、工业互联网、3D打印、高端装备、基因监测、精准医疗等前沿技术领域的新技术新产品新服务，其中包括北京清大致汇科技有限公司的安卓智能系统3D打印机、北京品驰医疗设备有限公司的脑起搏器、北京爱创科技股份有限公司的产品质量监控及安全追溯系统、北京智齿博创科技有限公司的智慧客服产品等。

（朱　凯　马晓清）

【硬科技创新联盟成立】5月28日，未来已来——硬科技创新联盟成立大会在中关村示范区展示中心举行。中关村管委会、海淀区政协等单位有关负责人以及前沿科技科学家、企业家近500人参加。联盟由中国科学院国有资产经营有限责任公司、中科创星科技孵化器有限公司、北京昌平科技园发展有限公司、清华x-lab科技与智能制造创新中心、清华校友TMT协会等科研单位、科技孵化器、创投机构共同打造，旨在用硬科技创新创造未来，通过政产学研资的深入结合，促进中国创新科技产业发展，将致力于构建硬科技全产业生态网络，服务和扶持硬科技领域的创新创业，推动产业快速发展，打造全球最具影响力的硬科技创新创业生态圈。（硬科技的概念由中科创星公司创始合伙人米磊提出，是指人工智能、基因技术、航空航天等需要经过长期投入积累的高门槛技术，是推动人类进步的核心动力。）

（万　玮　石会昌）

【中关村示范区企业参展京交会】5月28日—6月1日，在第四届中国（北京）国际服务贸易交易会上，中关村管委会以“科技创新，扩大开放，服务全球”为主题，以中关村科技创新助力首都产业转型升级、推动京津冀协同发展、引领现代服务业发展为主线，组织北京国承万通信息科技有限公司、北京七鑫易维科技有限公司等26家企业和6个创新创业平台参展，集中展示大数据、物联网、虚拟现实、智慧环境、智能硬件等前沿技术以及中关村现代服务业创新成果。在创业孵化平台方面，重点展示以天使汇、启迪之星、中

国技术交易所有限公司、中关村天合科技成果转化促进中心为代表的创业孵化、创业投资、技术交易与成果转化等公共服务平台。会上还以“互联网+”为主线，以场景模拟、互动体验、现场活动为主要形式，设立数字内容、移动生活、生态环境3个组团，让观众近距离感受高科技对传统服务业的提升改造。

（朱　凯）

【创新发展百姓宣讲团中关村专场宣讲会举行】5月31日，由市委宣传部、首都文明办、市委讲师团牵头与市科委、中关村管委会、经济技术开发区管委会联合组建的北京市“展望‘十三五’发展谱新篇”之创新发展百姓宣讲团中关村专场宣讲会举行。来自北京生命科学研究所、京东方科技集团股份有限公司、北京蚁视科技有限公司、车库咖啡、91金融等8家单位的宣讲员讲述在创新、创业道路上攻坚克难、开拓进取的故事。宣讲结束后，宣讲员们还与听众代表进行座谈交流，征集听众对宣讲内容和形式的意见和建议。中关村管委会机关党委有关人员、中关村发展集团股份有限公司干部职工、园区企业管理人员、技术人员和一线职工等200余人参加。

（徐　建）

【19家单位获首批市服务贸易示范基地授牌】6月1日，在第四届中国（北京）国际服务贸易交易会北京主题

日活动上，市商务委举行北京市首批服务贸易示范基地授牌仪式，27家单位获授牌。其中，中关村示范区内的中关村雍和航星科技产业园、中关村软件园、清华科技园等19家单位获认定。被认定园区可以获得市商委在政策、资金、信息及配套设施方面的支持，将优先提供各项个性化服务，不定期组织定向招商活动并研究制订扶持政策。

序号	基地名称	报送单位	所属园区
1	中关村雍和航星科技产业园	北京航星机器制造有限公司	东城园
2	中关村科技园西城园，其中包含：中国北京出版创意产业园区设计之都核心区	中关村科技园区西城园管理委员会	西城园
3	中关村环保科技示范园	北京实创环保发展有限公司	海淀园
4	中关村软件园	北京中关村软件园发展有限责任公司	海淀园
5	中关村东升科技园	北京东升科技企业加速器有限公司	海淀园
6	中关村玉渊潭科技商务区	北京市海淀区玉渊潭农工商总公司	海淀园
7	清华科技园	启迪控股股份有限公司	海淀园
8	北京中关村永丰高新技术产业基地	北京中关村永丰产业基地发展有限公司	海淀园
9	北京丽泽金融商务区	北京丽泽金融商务区开发建设指挥部办公室	丰台园
10	北京市通州区国际种业科技园区	北京市通州区国际种业科技园区管理委员会	通州园
11	北京天竺综合保税区	北京天竺综合保税区管理委员会	顺义园
12	北京临空经济核心区	北京临空经济核心区管理委员会	顺义园
13	中关村科技园区顺义园	中关村科技园区顺义园管理委员会	顺义园
14	北京大兴新媒体产业基地	北京大兴新媒体产业基地管理委员会	大兴—亦庄园
15	中关村科技园区大兴生物医药产业基地	中关村科技园区大兴生物医药产业基地管理委员会	大兴—亦庄园
16	北京中关村生命科学园	北京中关村生命科学园发展有限责任公司	昌平园
17	北京市马坊物流基地	北京市平谷马坊物流基地管理委员会	平谷园
18	北京平谷国家音乐产业基地	北京平谷国家音乐产业基地管理委员会	平谷园
19	北京雁栖经济开发区	北京雁栖经济开发区管理委员会	怀柔园

（康秋红　尚亚库）

【中关村示范区在国家高新区评价中综合排名第一】6月6日，科技部火炬中心印发《关于通报国家高新区评价（试行）结果的通知》，中关村示范区在2015年度国家高新区评价（试行）工作中，综合排名第一名。其中，知识创造和技术创新能力第一名，产业升级和结构优化能力第一名，国际化和参与全球竞争能力第二名，高新区可持续发展能力第三名。评价结果显示：中关村示范区发展态势向好，单项排名均居全国前列。园区在创新创业平台建设、服务业培育、战略性新兴产业发展、产学研合作、政府研发投入、企业吸引投资等方面表现突出；在能够获取高利润的科技企业培育、形成具有全球影响力的高端服务企业、如何大幅度提升各类要素的利用效率等方面表现相对薄弱。

（曾　佳）

【中关村京企云梯科技创新联盟成立】6月8日，中关村京企云梯科技创新联盟成立大会在中关村示范区展示中心举行。北京市副市长隋振江以及国务院国资委规划局、北京市国资委、中关村管委会等单位相关负责人出席，首批会员单位代表及相关企业的代表等100余人参加。联盟由市国资委和中关村管委会共同推动，北京电子控股有限责任公司、北京首都农业集团有限公司、北京汽车集团有限公司、神州数码（中国）有限公司、北京奇虎科技有限公司等10家单位自愿联合发起成立。作为市属国有企业与中关村企业间创新合作的高端服务平台，联盟致力于促进双方在高新技术产业等领域实现资本融合，通过资本市场、产权市场和组建股权投资基金等方式，推进双方优质资源整合。联盟首批会员35家，包括15家市属国有企业和20家中关村民营企业。会上，首钢总公司与北京佳讯飞鸿电气股份有限公司、北京电子控股有限责任公司与北京五八信息技术有限公司、北京首都旅游集团有限责任公司与百度外卖、首农集团与东华工程科技股份有限公司等4组市属国有企业与中关村示范区企业签约。

（梁　冰　石会昌）

【京津冀系统创新改革试验方案获国务院批复】 6月24日，国务院发布《关于京津冀系统推进全面创新改革试验方案的批复》（国函〔2016〕109号），原则同意《京津冀系统推进全面创新改革试验方案》。《批复》要求围绕促进京津冀协同发展，以促进创新资源合理配置、开放共享、高效利用为主线，以深化科技体制改革为动力，充分发挥北京全国科技创新中心的辐射带动作用，依托中关村示范区、北京市服务业扩大开放综合试点、天津国家自主创新示范区、中国（天津）自由贸易试验区和石（家庄）保（定）廊（坊）地区的国家级高新技术产业开发区及国家级经济技术开发区发展基础和政策先行先试经验，进一步促进京津冀三地创新链、产业链、资金链、政策链深度融合，建立健全区域创新体系，推动形成京津冀协同创新共同体，打造中国经济发展新的支撑带。

（孙　芸）

【15个案例入围“互联网+”行动百佳名单】 6月27日，发展改革委公示《中国“互联网+”行动百佳实践》案例名单，中关村示范区北京爱奇艺科技有限公司、北京奇虎科技有限公司等15家企业的案例入围。

领域	案例名称
创业创新	创新工场：构建新型众创平台，创新投资孵化模式
	爱奇艺：全力打造中国电影网络自制剧的创业创新平台，为中国文化双创产业发展助力添彩
协同制造	航天科工：航天云网平台打造制造业网络化生态体系
	和利时科技集团：“互联网+制造”推动制造业服务化升级
现代农业	北京农信互联科技有限公司：创建“互联网+养猪”生态圈
智慧能源	中国石油：借助物联网技术，实现“少人高效、控投降本”
	中国电科院：基于云计算的智能电网在线分析系统
	大唐移动：油气生产管理青海油田应用项目
	奇虎360：构建互联网大数据企业信用平台，营造电子商务健康发展环境
	百度：利用“互联网+”构建智慧出行生态
	交通运输部公路科学研究院：政企合作模式的全国综合交通出行服务信息共享应用示范

（续表）

领域	案例名称
人工智能	旷视科技：人工智能模式识别应用创新
	中标软件：基于互联网云平台的无人驾驶汽车
	百度公司：自动驾驶汽车研发项目
	地平线机器人：智能机器人领域的人工智能创新实践

（杜　玲）

【中关村德国科技创新中心揭牌】 6月29日，在德国海德堡市举办的中德高科技对话论坛上，中关村德国科技创新中心揭牌。北京市常务副市长李士祥以及中关村管委会、中关村发展集团股份有限公司等单位相关负责人出席仪式。中心由中关村管委会、中关村发

展集团共同发起设立，位于中德科技大厦，旨在为中关村示范区企业在德国和欧洲发展打造一个对外沟通的平台，借鉴中关村硅谷创新中心运行模式，为入驻的中德科技项目创业团队和公司提供孵化、咨询等增值服务，为中关村示范区和德国高端制造领域的合作以及促进中国制造2025和德国工业4.0的有效对接服务，借助两地优势构建生态智慧型的创新科技园区和产业孵化基地。仪式上，中关村发展集团与中德科教创新园签署中德科技大厦入驻意向协议，与海德堡市政府签署合作谅解备忘录，与海淀区政府、中德科教创新园共同签署中关村德国创新投资引导基金合作意向协议。

（李贺英　王　征）

【2016中关村华侨华人创业大会举办】 7月3—6日，由市政府侨办、中关村管委会等8家单位主办的2016中关村华侨华人创业大会在京举行。副市长隋振江以及来自40余个国家和地区的海外华人科学家、侨界科技人士，在京创新创业的侨界专业人士等500余人参加。会议主题为“万侨创新、共享机遇”，内容包括

会前创业项目大赛、大会开幕式、主论坛、专题分论坛、现场体验、服务咨询、考察交流及“北京侨创空间”揭牌等。大会共收集200余项海内外高科技项目，美国国立卫生研究院研究员翁旭建的“癌症早期筛查及个性化用药”、芬兰赫尔辛基工业大学贺国友的“城市道路复合抑尘材料项目”等10个项目被评为2016年中关村华侨华人创业大会优秀项目。会议主论坛对公安部出台的支持北京创新发展的20项人才政策措施、冬奥会相关筹备情况与国际人才需求、中关村示范区创新创业情况及政策、全国科技创新中心建设情况、京津冀人才与科技项目政策等内容进行解读和推介。专题分论坛包括首都“高精尖”产业发展论坛和首都现代服务业创新论坛。

（张倩倩　王　征）

【中关村示范区77人获高级工程师（教授级）职称】 7月11日，北京市高级专业技术资格评审委员会发布《2016年北京市高级专业技术资格评审结果公示（中关村直通车）》，中关村示范区内北斗航天卫星应用科技集团张微等77人通过评审。截至年底，共计410名中关村高端领军人才通过直通车通道获评高级工程师（教授级）职称，分布在信息技术、生物医药、新材料、新能源以及高端制造业等战略性新兴产业领域。

（王　征）

【《中关村年鉴》获全国地方志优秀成果特等】 7月15—16日，在第一次全国年鉴工作会议上，中国地方志指导小组公布全国地方志优秀成果（年鉴类）通报表扬名单。其中，由中关村管委会编纂的《中关村国家自主创新示范区年鉴2014》凭借在内容记述、宣传图片等方面较高的编纂质量，获全国地方志优秀成果（年鉴类）特等。

（曾　佳）

【11家企业入选《财富》世界500强】 7月20日，财富中文网发布2016年《财富》世界500强排行榜，中国上榜企业110家。其中，中关村示范区内中国建筑股份有限公司、中国铁路工程总公司、联想集团有限公司、北京京东世纪信息技术有限公司等11家企业入选。

序号	2016年排名	2015年排名	公司名称	营业收入（亿美元）	利润（亿美元）
1	27	37	中国建筑股份有限公司	1401.6	22.5
2	57	71	中国铁路工程总公司	994.3	9.8
3	110	165	中国交通建设集团有限公司	677.6	17.1
4	160	207	北京汽车集团有限公司	549.3	11.0
5	202	231	联想集团有限公司	449.1	-1.3
6	266		中国中车股份有限公司	378.7	18.8
7	281	371	中国船舶重工集团公司	360.1	13.1
8	293	288	中国机械工业集团有限公司	351.3	7.7
9	327	270	中国建筑材料集团有限公司	317.1	-1.4
10	329	366	中国电子信息产业集团有限公司	315.4	1.8
11	366		北京京东世纪信息技术有限公司	288.5	-14.9

（陈宝德）

【中关村智造大街开街】 7月23日，中关村国际创新周开幕式暨中关村智造大街启动仪式在海淀园举行。副市长隋振江等领导出席，中关村管委会主任郭洪参加。中关村智造大街位于海淀区五道口，北起双清路，南至成府路，全长380米。大街于2015年9月启动建设，

当年11月施工完毕。大街由北京海东硬创科技有限公司运营，汇聚人工智能和智能硬件创新平台、智造项目成果转化平台、国际技术交流转移平台等类型的服务主体，以“创意转化和硬件实现”为目标，以全链条服务和创新育成为特色，涵盖敏捷制造、工业设计、技术研发、检测认证、小批量试制、科技服务、市场推广等环节，形成支撑创新的“北斗七星”产业生态，通过平台化的服务，“一站式”解决创新企业的服务需求。至年底，大街累计入驻机构40余家。

（程晓荷　陈宝德）

【首届中关村国际创新周举办】 7月23—25日，由海

淀区政府、市经济信息化委、中关村管委会共同主办的首届中关村国际创新周在海淀区举行。副市长隋振江、中关村管委会主任郭洪等领导出席开幕式。创新周以“众志、众智、众制”为主题，突出支撑国家创新驱动发展战略，聚集高端智力资源，推动智能硬件、智能制造产业发展的街区定位。开幕式上，举办企业集中展示活动，中国联通北京分公司、北京国承万通信息科技有限公司、北京汉唐自远技术股份有限公司等企业进行核心技术、项目和科技服务的展示；举办中关村智造大街启动仪式，美国 Plug&Play 中国总部、中国电子技术标准化研究院、北京协同创新研究院等单位与智造大街运营方签署合作协议，入驻中关村智造大街；国际协同创新平台成立；设立 10 亿元智能制造产业基金等。创新周期间，还举办以 VR 虚拟现实、AR 增强现实、3D 打印、机器人等 50 余项产品为主的“未来科技展”活动，以“敏捷制造 0 到 1”“协同服务手牵手”“核心技术快刷新”为主题的系列活动等。其中，全国首台可商用的氢燃料电池发动机和首台巨型载人机甲等前沿科技产品在创新周上发布。

（梁　冰）

【104 家单位获中关村社会组织发展支持资金】 7 月 26 日，中关村管委会发布《2016 中关村社会组织发展支持资金建设经费支持单位公示》，决定给予中关村民营科技企业家协会、中关村企业信用促进会等 66 家协会、民办非企业单位和北京长风信息技术产业联盟、中关村储能产业技术联盟等 38 家产业联盟“2016 年度中关村社会组织发展支持资金建设经费”支持。

（曾　佳）

【1364 家企业入选“展翼计划”】 8 月 2 日，中关村管委会公布 2016 年“展翼计划 ”企业名单，德赛奥智能科技（北京）有限公司、北京世恒达科技有限公司、北京盛阳谷科技有限公司等 1364 家企业入选。

（郑霁晨）

【4009 家企业入选“瞪羚计划”】 8 月 2 日，中关村管委会公布 2016 年“瞪羚计划 ”企业名单，安华信达（北京）科技有限公司、北京宽带生活传媒技术有限公司、北京华进创威电子有限公司等 4009 家企业入选。

（郑霁晨）

【蓝鲸园建设座谈会召开】 8 月 3 日，蓝鲸园建设座谈会在北京市政府召开，副市长隋振江、海军副司令员刘毅等领导出席，市经济信息化委、中关村管委会、北京经济技术开发区管委会等单位相关负责人参加。会议就蓝鲸园建设和推动军民融合工作进行沟通对接，明确由北京经济技术开发区管委会牵头接手蓝鲸园具体运营、后期建设和配套管理工作，负责提供产业服务；中关村管委会负责科技创新资源支持，协调市里高层会晤，并对蓝鲸园管委会运行机制方案等进行审定。

（赵蔚彬）

【投贷联动试点座谈会召开】 8 月 4 日，国家开发银行与北京市政府在京召开中关村国家自主创新示范区科创企业投贷联动座谈会。常务副市长李士祥等领导以及相关机构和企业的代表参加。座谈会就投贷联动模式、风险补偿机制、收益分享机制、政府支持政策及试点工作进展进行讨论和推动。国开行北京分行、国开金融有限责任公司、中关村管委会、北京中关村科技融资担保有限公司签署《中关村国家自主创新示范区科创企业投贷联动合作框架协议》，共建多方联动工作机制，以进一步加快实施创新驱动战略，发挥国开行投贷债租证综合金融服务优势，推动基于科创企业成长周期前移金融服务，重点为初创期及成长期的科创企业提供资金支持。北京东土科技股份有限公司、北京八亿时空液晶科技股份有限公司、北京仁创生态环保科技有限公司与国开行北京分行、国开金融公司、中关村科技担保公司签署《投贷联动意向合作协议》，率先获银行业投贷联动金融支持。

（孙当如　秦　琳）

【111 家企业获中关村雏鹰计划资金支持】 8 月 9 日，中关村管委会发布《2016 中关村雏鹰计划专项扶持资金支持企业予以公示的通知》，给予 111 家企业 2650.3 万元创业启动资金，包括爱尚游（北京）科技股份有限公司等 82 家海淀园企业，北京永数网络科技有限公司等 17 家石景山园企业，北京健康有益科技有限公司等 3 家朝阳园企业，北京多乐时代信息科技有限公司等 3 家东城园企业，北京宝护科技有限公司等 2 家昌平园企业，以及西城园的北京盘砾网络科技有限公司、通州园的中关源（北京）科技有限公司、丰台园的贝壳菁汇（北京）生态创新科技有限公司和密云园的北京智酷计算机有限公司。其中，北京彩彻区明科技有限公司等 12 家企业属 U30 类（30 岁以下类），北京必互科技有限公司等 99 家企业属投资类。

（王　征）

【64 家企业入选 G20 工程】 8 月 11 日，市科委、市发展改革委、市经济信息化委、市卫生计生委、市食品药品监管局、中关村管委会、市投资促进局印发《关于发布“十三五”时期第一批 G20 企业及 G20 后备企业的通知》（京科发〔2016〕449 号），66 家企业入选“十三五”时期第一批北京生物医药产业跨越发展工程（G20 工程）企业。其中，中关村示范区内北京天智航

医疗科技股份有限公司等64家企业入选，包括北京泰德制药股份有限公司等37家G20行业领军企业、北京民海生物科技有限公司等20家G20创新引领企业和北京昭衍新药研究中心股份有限公司等7家G20高端服务企业。同时，华润赛科药业有限责任公司等23家企业入选G20后备企业，全部为中关村示范区企业。

（韩洋洋）

【获批专利质押融资示范区】8月15日，知识产权局印发《关于在广州市等地区和单位开展专利质押融资及专利保险试点示范工作的通知》（国知发管函字〔2016〕160号），决定在广州市等72个地区和单位开展专利质押融资、专利保险试点示范工作，试点示范时间自2016年8月起，为期3年。其中，海淀区、中关村（知识产权促进局）获批成为专利质押融资示范区。中关村知识产权促进局将按照《中关村知识产权质押融资示范工作方案》，以知识产权金融产品创新和服务创新为主线，重点从投贷联动产品创新和模式创新、专利价值分析推广及应用、知识产权权益处置机制研究、知识产权质押融资服务和数据共享机制构建、知识产权质押融资实务培训等方面进行专项突破，推动知识产权质押融资示范工作加快发展。

（孙婷婷）

【北京创客盛会举行】8月19—21日，由科技部火炬中心、北京市科委、中关村管委会、海淀区政府、北京歌华文化发展集团主办的中关村创新创业季2016暨2016北京创客盛会在中华世纪坛举行。活动目的是“帮助大众了解创新文化，激发大众创意创新热情”，包括创客市集、工作坊、创客论坛及展演舞台四大板块，涉及科技、教育、艺术设计、工艺制作等领域，现场展示3D打印、无人机、VR/AR、机器人等热门技术。创客市集作为活动主体，集中展示来自中国、美国、法国等国家的200余个创客团体、机构的具有DIY精神的创客作品。工作坊包括由国内外创客设立的10个形式各异的工作坊，并特邀非物质文化遗产大师和创客在现场进行中国传统文化与现代科技结合后再创造等。创客论坛以“文化与创新”为主题，来自中国、美国、法国等国的20位创客代表进行演讲。展演舞台是创客展现风采的平台，通过引入国内外实力投资人加盟，为参与展演的创业者提供技术辅导和资金支持。

（徐　建）

【5家企业入选中国民营企业500强榜单】8月25日，由全国工商联评选的“2016中国民营企业500强”榜单揭晓。北京11家企业上榜，其中中关村示范区联想控股股份有限公司、北京京东世纪贸易有限公司、北京建龙重工集团有限公司、百度在线网络技术（北京）有限公司、江河创建集团股份有限公司5家企业入选。

（陈宝德）

【科技领域军民融合联系人工作座谈会召开】9月7—8日，由中关村管委会、市政务服务办共同主办的北京市和驻京部队科技领域军民融合联系人工作座谈会在京召开。市发展改革委、市教委等16个市属单位以及军委战略规划办军民融合局、军委科技委科技战略局军民融合办公室、军委后勤保障部等12个驻京军事科技领域军民融合业务部门的相关负责人参加。会上，军地双方围绕在军队改革实施后建立起科技领域军民融合工作联系机制，共同推进首都军民协同创新、共建科技创新中心，加强军事需求对接、军地资源共享、建设协同创新机构等思路和举措进行研讨，并在加强顶层谋划和共同推进北京市军民融合“十三五”专项规划编制上达成一致。

（赵蔚彬）

【中关村企业家邓小平城乡发展学院培训班举办】9月19—23日，由中关村管委会、四川省广安市政府主办的第二期中关村企业家四川广安邓小平城乡发展学院培训班在广安市举办。来自广联达科技股份有限公司、北京海鑫科金高科技股份有限公司、北京科信必成医药科技发展有限公司等35家中关村示范区企业的主要负责人参加。培训采取现场教学、分组调研、课堂教学、座谈交流等形式进行，学习广安市经济社会发展情况、城市规划和邓小平改革开放战略等内容。培训既有政治学习课程，又有项目对接合作、项目扶贫等内容。

（王　征）

【共建天津滨海－中关村科技园】9月28日，中关村管委会与天津市滨海新区政府在京签署《共建天津滨海－中关村科技园协议》。北京市委书记郭金龙、市长王安顺、市委副书记苟仲文及天津市委书记李鸿忠、代市长王东峰等领导出席签约仪式。中关村管委会主任郭洪代表中关村管委会签字。11月22日，天津滨海－中关村科技园入园项目暨北京企业投资滨海新区项目签约仪式在滨海新区举行，天津滨海－中关村科技园揭牌。科技园位于天津滨海新区，以原滨海新区中的北塘企业总部园区作为起步区与核心区，规划占地面积1030公顷，总建设面积575万平方米，将利用中关村示范区和滨海新区创新政策叠加优势，承接高新技术企业转移和重大科技成果转化，并在2018年实现起步区基本建成。在行政管理上，双方组建滨海－中关村科技园管委会作为滨海新区政府派出机构，不设行政级别，设双主任，分别由中关村管委会主任郭洪和滨海新区区长张勇担任，共同管理园区。仪式上，来自北京44家企业的45个项目与滨海新区签约，总投资金额约350亿元，其中24个项目入驻天津滨海－中关村科技园。北京市常务副市长李士祥、副市长隋振江、天津市委常委段春华等领导出席天津滨海－中关村科技园领导小组第一次会议，研究确定《共建天津滨海－中关村科技园工作方案（2016—2018）》，并表示将全面落实京津两市合作协议，快速启动，合力推动，促进联动，打造京津冀全面创新改革的引领区、吸引聚集全球创新资源的高地、建设京津协同创新共同体的示范区。

（朱　凯　陈宝德）

【中关村青联第二次全体会议举行】9月28日，中关村青年联合会第二次全体会议在中国科学院文献情报中心举行。会议决定，中国科学院北京分院分党组副书记房自正为中关村青联第一届委员会副主席，增加北京小桔科技有限公司（滴滴出行）创始人程维、北京字节跳动科技有限公司（今日头条）创始人张一鸣等53人为青联委员。截至年底，中关村青联委员244人，按照新一代信息技术、高端装备制造、生物医药、能源环保、现代服务业等产业领域划分界别，各界别委员人选以中关村示范区内的优秀青年企业家为主体，涵盖中关村示范区各园区相关领域的政产学研金介等各类机构的优秀青年人才。

（王　征）

【58家机构入选第三批国家级众创空间】9月29日，科技部印发《关于公布第三批众创空间的通知》（国科发火〔2016〕292号），北京地区的优客工场、东方嘉诚众创空间、北京银行中关村小巨人创客中心等68家众创空间通过审核备案，纳入国家级科技企业孵化器的管理服务体系。其中58家在中关村示范区内。至年底，中关村示范区内国家级众创空间累计115家。

序号	众创空间名称	运营主体
1	优客工场	优客工场（北京）创业投资有限公司
2	东方嘉诚众创空间	北京东方嘉诚文化产业发展有限公司
3	北京银行中关村小巨人创客中心	北京银行中关村分行
4	果壳空间	北京果壳互动科技传媒有限公司
5	369云工厂	大唐网络有限公司
6	大唐创新港	大唐创新港投资（北京）有限公司

（续表）

序号	众创空间名称	运营主体
7	健康智谷众创空间	北京天亿弘方投资管理有限公司
8	创园国际	北京嘉润创业商务有限公司
9	贝壳菁汇创新生态圈	贝壳菁汇（北京）生态创新科技有限公司
10	泰智会	北京宏泰智会科技服务有限公司
11	可可豆创新孵化平台	洛可可众创科技（北京）有限公司
12	服饰时尚设计产业创新园	北京北服时尚投资管理中心
13	TA众创	北京顺宝蓝庭投资有限公司
14	新华1949·中文创客空间	中印集团文化责任有限公司
15	苏河汇	北京点观科技孵化器有限公司
16	Alphawolf未来加速器	阿尔法沃夫（北京）加速器科技有限公司
17	筑梦空间	北京东晟合创科技孵化器有限公司
18	硬创邦	北京英鹏硬创科技有限公司
19	亦庄创投汇	北京亦庄移动硅谷有限公司
20	91众创	九一金融信息服务（北京）有限公司
21	晶蛋工场	众智博汇（北京）科技孵化器有限责任公司
22	无界空间	合作共创（北京）办公服务有限公司
23	奥宇创客+	北京奥宇科技企业孵化器有限责任公司
24	杰客咖啡	北京中软国际教育科技股份有限公司
25	清创空间	北京清创科技孵化器有限公司
26	软件众创星谷	北京中关村软件园孵化服务有限公司
27	文化创客港	北京人大文化科技企业孵化器有限公司
28	文曲星	北京远见育成科技孵化器有限公司
29	建筑梦工厂	北京正开企业管理有限公司
30	锋创科技	锋创科技发展（北京）有限公司
31	格雷众创园	鼎石天元投资（北京）有限公司
32	北理工创意空间	北京理工创新高科技孵化器有限公司
33	京仪创新港	北京京仪科技孵化器有限公司
34	赢家伟业众创空间	北京赢家伟业科技孵化器股份有限公司
35	创客大爆炸	北京硬创互联网科技有限公司
36	出壳创业园	出壳科技（北京）有限公司
37	创客全球	北京创客工场科技有限公司

（续表）

序号	众创空间名称	运营主体
38	悠上空间	北京建设大学（中国农业大学科技园）
39	军民融创汇	北京北方车辆新技术孵化器有限公司
40	大创中心	美丽华夏（北京）投资有限公司
41	京师咖啡创新空间	北京众合海川科技孵化器有限公司
42	快创学院	北京快投会网络科技有限公司
43	清华同方众创空间	同方科技园有限公司
44	YOU+青年创业社区	北京U家创业投资管理有限公司
45	安快创业谷	北京安快创业科技有限公司
46	海创空间	北京海创百川创业咨询服务有限公司
47	北京方和正圆众创空间	北京方和正圆科技企业孵化器有限公司
48	硬派空间	北京海置科创科技服务有限公司
49	衫晒众创空间	北京衫晒科技孵化器有限公司
50	公司宝	汉唐信通（北京）咨询股份有限公司
51	紫荆花众创基地	紫荆花科技孵化器（北京）有限公司
52	纳什空间	纳什空间创业科技（北京）有限公司
53	文化创新工场	北京市文化创新工场投资管理有限公司
54	中财大科技金融港	中财大科技园（北京）有限公司
55	库尔好同学	北京库尔好同学科技有限公司
56	雷雷伙伴	雷雷伙伴（北京）科技孵化器有限公司
57	智泽汇	北京智泽惠通科技孵化器有限公司
58	创新谷	北京创新谷科技孵化器有限公司

（李　莹）

【“智慧中关村”两个项目通过验收】9月29日，“智慧中关村”示范试点建设工作重点支持的北京数海科技有限公司的“中关村数海数据资产评估中心”、北京金山办公软件有限公司的“金山互联网+企业综合服务平台”项目通过中关村管委会终验。两个项目共获支持资金500余万元。金山综合服务平台进入功能完善调试阶段，在云南、海南、青岛等地均上线运行，注册企业用户2万余户，实际提供服务50余种；数海评估中心完成数据资产登记确权的企业3万余家，登记资产包7.5万件，数据总价值超过358亿元。

（马文涛　于喜鹏）

【中关村外籍人才在华永久居留积分制启动】10月10日，中关村管委会印发《关于开展2016年度中关村外籍人才申请在华永久居留积分评估申报工作的通知》，启动中关村外籍人才在华永久居留积分评估工作。积分评估制度主要针对达不到直接申请“绿卡直通车”标准，且为中关村示范区做出积极贡献的外籍人才；借鉴美国、加拿大等地经验，积分评估制度适用于中关村创业团队外籍成员、中关村企业选聘的外籍技术人才两类群体。积分评估标准围绕学历、年龄、在华工作年限、工作方式等设置多项指标。对于评分达到70分及以上的申请者，列入拟推荐的名单，再经审核评定，形成最终推荐名单，由中关村管委会出具推荐函。对于中关村创业团队外籍成员的评估，侧重创业团队的发展预期，团队素质和结构，外籍成员为中关村示范区带来的技术、投资等；对于企业选聘的外籍技术人才的评估，侧重外籍人才实际工作能力，是否为紧缺人才，为企业带来的经济社会效应，等。至年底，51位外籍人才提出申请，经过评估，45位外籍人才符合推荐条件。

（王　征）

【中关村创新创业季举办】10月12日，由发展改革委、中国科协、北京市政府主办，科技部火炬中心、中关村管委会、海淀区政府等单位承办的2016年全国大众创业万众创新活动周北京会场启动仪式暨中关村创新创业季开幕式在京举行。活动以“创·新能力”为主题。市长王安顺、副市长隋振江及市有关部门领导出席。来自以色列、美国、德国等10余个国家和地区的700余家机构、企业的代表等5万人次参加。创业季设有全球创新峰会2016、极客挑战赛72小时、K12少年创客马拉松、Demo the World全球创新路演、人工智能论坛、央地协同论坛、共享经济论坛、中关村全球创新论坛等20余场活动，涵盖峰会研讨、论坛沙龙、路演竞赛、体验展示等形式，累计200余个项目进行路演，达成近200个合作与投资意向。活动期间，发

布“中关村指数2016”，国家知识产权局向海淀区授予“国家知识产权示范城区”奖牌，为K12少年创客马拉松、极客挑战赛72小时、Demo the World全球创新路演等赛事颁奖，发布“创新先锋2016”榜单和“2016中国创业创新指数”，中关村并购母基金启动。21日，中关村创新创业季闭幕。

（梁　冰）

【“中关村指数2016”发布】10月12日，在全国大众创业万众创新活动周北京会场启动仪式暨中关村创新创业季开幕式上，中关村创新发展研究院发布“中关村指数2016”。“指数”由创新创业环境、创新能力、产业发展、企业成长、辐射带动、国际化6个分项指数合成，包括14个二级指标和38个三级指标，以2008年为基期，基期数为100。“中关村指数2016”综合指数为375.9，比2015年提高90.1。其中创新创业环境指数为542.1，位居第一，较2015年提高184.4；国际化指数为439.9，较2015年提高158.3；辐射带动指数为358.3，较2015年增加68.2。

（徐　建）

【大企业开放创新联盟成立】10月12日，大企业开放创新联盟在京成立。联盟由北京海置科创科技服务有限公司（中关村创业大街运营公司）、英特尔（中国）有限公司、同方科技园有限公司（清华同方孵化器）等18家企业发起成立，旨在聚合国内大型企业的资源，培育、孵化创新项目，同时集成“产业资源＋技术平台资源＋创新创业服务资源”，设立联合孵化基金，探索国际化企业创新需求对接平台等，推动创新创业与大企业创新需求相结合，并支持小微企业发展。联盟将通过定期举办“极客挑战赛”等活动的方式，提供大企业创新需求的发布对接线上和线下平台，征集契合大企业创新需求的优秀项目；联合优秀创新创业服务机构，与大企业共同开展联合孵化，探索“产业资源＋技术平台资源＋创新创业服务资源”孵化模式。

（梁　冰　陈宝德）

【2016年全国“双创周”北京会场主题展举办】10月12—18日，2016年全国大众创业万众创新活动周北京会场主题展在中关村示范区展示中心举办。展览以“发展新经济，培育新动能”为主题。主题展展览展示面积约7000平方米，通过构建创新创业新生态、引领新经济澎湃新动能、京津冀协同创新共同体、创业文化和双创活动、创业服务机构5个展区，集中展示中央在京、北京市以及天津市、河北省各类创新创业主体的近200个双创项目，项目涉及人工智能、新材料、生物技术、节能环保、智能机器人等前沿技术和产业

领域，参观及参加主题展人数近2万人次。

（石会昌　陈宝德）

【2016中关村全球创新论坛举办】10月17日，由科技部火炬中心、北京市科委、中关村管委会等单位联合主办的2016中关村全球创新论坛在京举办。论坛以“全球创新·协同共享”为主题，重点关注创新发展理念和创新全球化。相关专家就“德国中小企业成功之道”“宏观经济近期发展趋势”等主题演讲。同时，举办“中外著名风险投资人主题演讲”“激荡五十年——中国五个年代创新创业代表人物圆桌对话”“中国风险投资和新热点圆桌论坛”等活动。来自中国、美国、以色列、欧洲等国家和地区的企业家、风险投资人、创新创业人士、行业专家等500余人参加。

（陈宝德）

【科技成果直通车成功首发】10月18日，由科技部火炬中心、深圳证券交易所、北京市科委、中关村管委会共同主办的科技成果直通车暨首届科技成果路演活动（北京站）在中关村示范区展示中心举办。来自全国生物医药企业、投资机构、高新园区和技术转移机构的代表600余人参加。科技成果直通车活动由科技部火炬中心、深圳证券交易所发起，旨在建立产、学、研、资、用高效连接平台，探索科技成果转移转化的新机制、新模式，提升全国技术转移服务能力。首届路演活动聚焦创新药物和医疗器械领域。清华大学的靶向肿瘤的基因线路溶瘤病毒疫苗开发、北京中科纳泰生物科技有限公司的“肿瘤捕手”多肽纳米磁珠捕获和分离循环肿瘤细胞技术等11个项目参加路演，22个项目参加展示。

（徐　建）

【参展第二届军民融合发展高技术成果展】10月19—23日，由中央军委装备发展部、教育部等单位联合主办的第二届军民融合发展高技术成果展在京举行。展览以“全面落实军民融合国家战略、全面推进军民深度融合发展”为主题，分为科技创新区、竞争活力区、

基础保障区、信息发布区、大型实装展示区5个展区，展示党的十八大以来军民融合发展的阶段性成果。80余家民营企业参展，其中中关村示范区25家企业参展，参展产品包括无人机、小卫星、海底网设备、援潜救生系统、声呐探测、水下通信、作战仿真等，涵盖电子信息、装备制造等领域。中共中央总书记习近平率队参观展览，并与中航智科技有限公司、北京海兰信数据科技股份有限公司、北京韦加航通科技有限责任公司等中关村示范区企业进行交流。

（赵蔚彬）

【“智慧中关村”顶层设计方案通过验收】 10月20日，由北京国研信息工程监理咨询有限公司完成的“智慧中关村”顶层设计方案（第二版）通过中关村管委会验收。方案以深化应用为基础，应用大数据、云计算、物联网和移动互联网等技术，巩固已有建设成果应用范围和应用效果，强化以融合服务为主线的双创平台、业务协同及决策分析等体系建设，规划2016—2018年期间建设的18项主要任务和重点工程，包括：企业国际化发展服务系统、军民融合公众服务系统、业务协同系统、新兴企业挖掘与大企业转型侦测系统、基于GIS的中关村创新社区服务及一区多园信息共享交换平台等。

（马文涛　于喜鹏）

【“智慧中关村”安全中心项目建设完成】 10月21日，由中关村管委会承担的“智慧中关村”安全中心项目（一期）通过中关村管委会终验。项目进行中关村管委会信息化基础网络的重新规划和实施改造，完成合同约定设备的采购、部署以及访问控制策略的配置，安全管理平台和统一认证平台的部署工作，实现部分定制功能的开发。安管平台初步完成业务监控、报表管理、设备配置核查等功能模块开发；统一认证平台实现与业务协同、融合数据中心、GIS系统、邮件及档案系统的接口集成以及与业务系统中经费审批的电子签章集成开发等工作。

（马文涛　于喜鹏）

【中关村并购母基金成立】 10月21日，中关村创新创业季2016闭幕式暨中关村并购母基金启动签约仪式在中关村示范区展示中心举行。母基金是北京中关村大河资本投资管理中心（有限合伙）与北京市海淀区国有资产投资经营有限公司、清华控股有限公司、中关村发展集团股份有限公司等单位联合发起设立的市场化产业并购母基金，参与企业均为市值100亿元以上的上市公司、估值超过100亿元或者利润超过1亿元的非上市公司、具有明显领军潜力的企业。母基金计划募集3期，共计300亿元，通过和参与母基金的中关村领先科技企业联合设立子基金的方式，在3～5年内，将支持中关村领先企业开展1500亿～2000亿元的并购。第一期计划为100亿元，实际认缴122.5亿元，用友网络科技股份有限公司、北京华胜天成科技股份有限公司等多家A股企业作为LP（有限合伙人）参股，各认购1.5亿元。会上，中关村发展集团、清华控股公司及北京银行、中国邮政储蓄银行、南京银行等单位分别与基金管理公司签订协议，签约各方将在产业资源对接、资金渠道对接等方面与母基金开展战略协同，共同促进资金和资源向科技产业、实体经济流动。

（蔡宇行　李贺英）

【2016中关村品牌推介系列活动启动】 10月24日，由中关村社会组织联合会主办的2016中关村品牌推介系列活动启动仪式在京举行。系列活动由中关村社会组织联合会主办，北京中关村高新技术企业协会、中国技术交易所有限公司、启迪控股股份有限公司、中关村创业投资和股权投资基金协会等16家社会组织、专业机构及企业共同承办。活动分为品牌挖掘活动、榜单发布和主题活动、宣传推介活动三大板块，设置“2016中关村年度人物”“2016中关村十大海归新星”“2016中关村年度最受关注品牌”“2016中关村十大创新成果”“2016中关村十大创新标准”“2016中关村十大创投案例”“2016中关村十大并购案例”“2016中关村新锐企业十强”“2016中关村十大年度新闻事件”“2016中关村独角兽企业榜”“2016中关村创业未来之星”“2016中关村十大天使投资人”12个榜单。

（徐　建）

【伊朗代表团来访中关村示范区】 10月24日，伊朗副总统索瑞那·萨塔里（Sorena Sattari）率代表团10余人访问中关村示范区，并与中关村管委会相关负责人进行座谈。北京可汗之风科技有限公司、北京博奥晶典生物技术有限公司等企业的负责人参加。萨塔里介绍伊朗创新创业发展情况，表示伊方拥有许多工业专业领域技术人才，希望加强伊朗与中关村示范区专业技术人才交流，同时伊朗在纳米技术领域属中东地区前列，希望与中科院北京纳米能源与系统研究所建立联系，开展技术交流与合作。

（殷　茵）

【智脉医药公司获北京市首份电子营业执照】 11月1日，市工商局企业登记注册全程电子化试点工作在海淀区启动。北大科技园北京智脉医药科技有限公司获颁北京市第一张电子营业执照。企业登记全程电子化平台包括业务申请、业务审批、电子档案、电子营业执照应用等功能模块，并同步推出手机 App 移动客户端。企业从自主预查名称，到电子材料申报，再到取得电子营业执照，只需 3 天时间。电子营业执照采用密码技术，具有市场主体身份认证、防伪、防篡改等信息安全保障功能，同时具有便于携带、使用安全，支持在线、离线使用等特点，供用户读取电子营业执照信息、进行身份认证、企业变更以及注销登记、查询企业电子档案，发布减资、合并分立、注销公告等业务。通过全程电子化的方式登记，免去网上登记、网上预约、现场办理 3 个环节，实现档案存储和查询的电子化。（电子营业执照由工商行政管理部门依据国家有关法律法规和技术标准，按照全国统一标准颁发、载有市场主体登记信息、采用电子签名技术的数字化营业执照，与纸质营业执照具有同等法律效力。）

（王学军）

【市属国企高管和中关村领军企业家培训班举办】11 月 1—30 日，由市国资委、中关村管委会主办的北京市属国企高管和中关村领军企业家培训班在京举办。中关村管委会主任郭洪、市国资委党委副书记赵林华出席开班仪式。培训活动以“发展混合所有制经济，构建高精尖经济结构”为主题。来自首钢总公司、北京首都创业集团有限公司、北京控股集团有限公司、北京粮食集团有限责任公司等市属国有企业和北京星网宇达科技股份有限公司、北京海兰信数据科技股份有限公司、北京金山顶尖科技股份有限公司、北京创业公社投资发展有限公司等中关村领军企业的 40 位企业家参加培训。培训内容包括学习中共中央总书记习近平关于经济建设的重要讲话及五大发展理念、企业家的社会责任及理念信念教育、国有企业改革、中关村创新驱动发展 4 个方面。

（王　征）

【2016 中关村先行先试政策宣讲活动举办】11 月 2 日，中关村示范区贯彻落实《促进科技成果转化法》暨先行先试政策宣讲启动会在中关村示范区展示中心举行。中关村管委会主任郭洪等领导以及企业的代表等参加。至 12 月 8 日，中关村管委会联合市科委、市教委、市财政局、市地税局、市工商局、北京国税局、市国资委、市人力社保局等单位组成政策宣传团，开展 2016 中关村示范区先行先试政策宣讲活动 14 场，2500 余家企业的科研和管理人员 4000 余人参加。11 月 2—18 日，宣传团赴中关村示范区各分园，将股权激励和技术入股所得税政策、企业研发费用加计扣除政策、高新技术企业认定政策和工商“19 条”政策等国家部委在科技体制改革、税收制度改革、工商管理制度改革等方面出台的法规政策作为重点，进行 11 场面向企业的集中宣讲，覆盖 16 个分园。11 月 18 日—12 月 8 日，面向有限合伙制创投企业、高校和科研机构、国有科技型企业等特定主体召开 3 场专题宣讲会，其中，针对高校、科研机构以《促进科技成果转化法》系列法规政策、“京校十条”及实施细则、“京科九条”及实施细则等为重点宣讲内容，针对国有科技型企业重点对国有科技型企业股权和分红激励政策进行解读，针对有限合伙制创投企业重点对有限合伙制创业投资企业法人合伙人所得税政策进行解读。

（胡雪洁　段　梅）

【G20 科技创新部长代表团参观中关村展示中心】11 月 5 日，20 国集团（G20）科技创新部长代表团参观中关村示范区展示中心。代表团包括 20 个成员国代表、6 个嘉宾国代表以及有关国际组织负责人。中关村管委会主任郭洪陪同，并从“中关村正在成为中国新经济的发动机”“持续完善的创新创业生态系统”“中关村正在成为全球创新网络中的关键枢纽”3 个部分介绍中关村示范区及京津冀的发展概况。代表团一行参观展示的重点创新项目，包括北京市商汤科技开发有限公司的计算机视觉算法、北京凌云智能科技有限公司的两轮电动轿车、零度智控（北京）智能科技有限公司的口袋无人机、百济神州（北京）生物科技有限公司的肿瘤免疫药物等。参观活动是 G20 科技创新部长会议的重要组成部分。

（殷　茵）

【4 家单位获国家小微型企业创业创新示范基地称号】11 月 11 日，工业和信息化部发布《关于公布第二批国家小型微型企业创业创新示范基地名单的通告》（工信部企业〔2016〕371 号），授予全国 99 家基地为国家小型微型企业创业创新示范基地称号。其中，中关村示范区内 4 家基地入选，包括北京赛欧科园科技孵化中心有限公司的赛欧小微企业创业创新示范基地、北京云基地企业管理有限公司的北京云基地、北京亦庄国际生物医药投资管理有限公司的北京亦庄生物医药园小型微型企业创业创新基地、北京华电天德科技园有限公司的华电能源电力产业园，涉及电子信息、生物医药、文化创意、新媒体、云计算、新材料、节能环保等“高精尖”产业领域。示范基地将不断优化创业创新设施和环境，创新服务和运行模式，完善服务功能，提高服务能力；规范内部运营管理体系，加强对服务质量的监督，提升服务水平；集聚社会服务资源，畅通信息渠道，满足小微企业的创业创新需求；并主动开展公益性服务，承担政府部门委托的各项任

务；加强与其他小型微型企业创业创新基地的交流学习，发挥示范带动作用。示范基地有效期为3年。

（江　欣　张　蕾）

【首个投贷联动试点项目落地】11月25日，在国家开发银行、中关村科创企业投贷联动试点项目落地座谈会上，北京中关村科技融资担保有限公司、国家开发银行北京分行及国开科技创业投资有限责任公司与北京仁创生态环保科技股份公司签署投贷联动多方“投资＋贷款＋担保”协议，并实现国开科创公司3000万元股权投资款、国开行北京分行3000万元保证贷款同步到位，标志着国内首单投贷联动支持科创企业项目落地中关村示范区。资金将用于仁创生态公司的绿色循环产品设计研发及产业化。

（赵正国）

【芬中企业家协会成立】11月，中关村示范区驻赫尔辛基联络处发起成立芬中企业家协会。协会由中兴通讯股份有限公司、华为技术有限公司、比亚迪股份有限公司等中资企业及芬兰雅威科技有限公司（AAVI）、Eficode等芬兰企业9家单位发起，将中芬企业家及创业人才聚集起来，打造促进中芬企业密切合作的沟通交流平台。驻赫尔辛基联络处主任朱梓齐担任协会第一届会长。

（王　征）

【中关村企业新三板挂牌预辅导咨询服务推出】12月2日，中关村管委会、中关村股权交易服务集团有限公司印发《关于启动中关村企业新三板挂牌预辅导咨询服务的通知》，共同开展新三板挂牌预辅导咨询服务。服务内容包括挂牌前诊断咨询和预辅导、协助落实挂牌支持政策，在券商向新三板申报挂牌材料前，预辅导办公室可为中关村示范区企业提供申报材料预辅导服务，指导完善申报材料，减少申报后反馈次数，为券商和企业节省时间，并在申请支持政策方面给予一定的咨询服务。预辅导办公室设在中关村股权交易服务集团。

（孙当如）

【中关村示范区企业家顾问委员会全体会召开】12月7日，中关村示范区企业家顾问委员会2016年全体会议在通州园金桥科技产业基地召开。中关村管委会相关负责人以及顾委会的30余位企业家参加。会议通报顾委会2016年工作情况，并就2017年工作计划进行讨论。确定2017年工作围绕重大产业化项目推荐、金融科技、政策先行先试、区域合作和国际化、创业服务和人才培育5个方面内容展开。

（霍燕燕）

【2016中关村大数据日活动举办】12月12—13日，2016中关村大数据日暨京津冀大数据协同发展高峰论坛在中关村示范区展示中心举办。发展改革委、工业和信息化部、京津冀三地政府等部门相关负责人，以及企业家、业界专家、知名学者等近1000人参加。活动以“数据驱动创新　智慧引领未来”为主题，聚焦

京津冀大数据产业协同发展。论坛围绕大数据分析与人工智能、大数据人才培养、大数据交易、传媒大数据、时空大数据、消费大数据应用、城市运营大数据应用等内容设置16个专题；《2016京津冀大数据产业地图》发布；京津冀大数据产业协同创新平台宣布成立，并举行协同创新平台示范项目签约仪式，北京大学时空大数据协同创新平台、方正信产大数据战略合作、中航工业电子采购平台大数据服务、北京供销大数据战略合作等项目签约；相关专家从创新驱动大数据发展、打造大数据落地的北京模式、政府如何支持大数据产业发展、数据重塑企业发展战略和转型、让数据“释放、流通、聚合”助力区域经济发展，如何利用大数据技术优势服务业京津冀一体化等方面为京津冀大数据协同发展献智献策。

（石会昌　杜　玲）

【中关村标准化协会成立】12月16日，中关村标准化协会成立大会暨首批中关村标准发布仪式在京举行。北京市副市长隋振江和国家标准委、工业和信息化部、中关村管委会等单位有关负责人以及国内外标准化组织、专家学者、协会会员的代表等200余人参加。协会由36家中关村示范区重点产业联盟、企业和科研院所共同发起，是以研究、制定、发布和实施“中关村标准”为目标的创新标准化组织，将按照“国际化、专业化、市场化”的工作导向，以企业和联盟为标准制定主体，遵循国际标准制定规则，探索形成适应市场发展需要的标准化运行模式，将“中关村标准”打造成为全球标准品牌。由协会发布实施的“中关村标准”将围绕中关村示范区重点产业，源于市场和产业实际需求，注重新兴领域标准培育及跨领域标准的协

同，将成为在中关村示范区形成一批拥有技术主导权产业集群的重要支撑。闪联信息产业联盟理事长孙育宁任协会首届理事会理事长。会上发布首批 7 项“中关村标准”，北京银行与标准化协会签署标准和金融合作的战略合作协议。

（王家立　杜　玲）

【北京中关村银行获批筹建】 12 月 19 日，银监会印发《关于筹建北京中关村银行股份有限公司的批复》（银监复〔2016〕424 号），同意在北京市筹建北京中关村银行，银行类别为民营银行；同意用友网络科技股份有限公司、北京碧水源科技股份有限公司分别认购北京中关村银行总股本 29.8%、27% 股份的发起人资格；要求自批复之日起 6 个月内完成筹建工作。北京中关村银行作为北京市首家民营银行，由用友网络公司等 11 家中关村示范区上市公司共同发起设立，拟注册的公司名称为北京中关村银行股份有限公司，拟注册资本 40 亿元，拟注册地址为北京市海淀区，将以服务“三创”（即创客、创投和创新型企业）为根本宗旨，以科技金融为最大特色，致力于为用户提供以数据驱动为核心的全生命周期的个性化、精准化、智能化、综合性金融服务。

（赵正国　蔡宇行）

【《中关村年鉴》获市年鉴编校质量评比一等奖】 12 月 19 日，市地方志办和北京地方志学会年鉴工作委员会发布《关于表彰第二届北京市年鉴编校质量评比获奖的决定》。由中关村管委会编纂的《中关村年鉴 2015》凭借较好的编校质量，获年鉴编校质量评比一等奖。评比活动自 3 月 25 日启动，经过申报、自查、专家复审等环节，最终确定获奖名单。

（曾　佳）

【9 家园区入选第二批北京市生态工业园区名单】 12 月 20 日，市经济信息化委、市环保局发布《关于公示第二批北京市生态工业园区名单的通知》，9 家园区入选，全部在中关村示范区，包括中关村房山园（北京高端制造业基地、北京良乡经济开发区、石化新材料科技产业基地）、北京林河经济开发区、中关村通州金桥科技产业基地、中关村通州园（东区、西区、南区）、北京雁栖经济开发区、北京八达岭经济开发区、北京石龙经济开发区、北京兴谷经济开发区、北京马坊工业园区。

（郭庆云　席　锴）

【京津冀大数据综合试验区建设启动】 12 月 22 日，京津冀大数据综合试验区建设在亦庄园启动。副市长隋振江出席。试验区将充分发挥京津冀在大数据基础设施建设、数据开放共享、产业集聚发展等方面的示范带动作用，进一步加强基础设施建设统筹，打破数据资源壁垒，发掘数据资源价值，在数据开放、数据交易、行业应用等方面开展创新探索，努力将京津冀打造成为国家大数据产业创新中心、国家大数据应用先行区、国家大数据创新改革综合试验区、全球大数据产业创新高地。京津冀将立足三地各自特色和比较优势，其中北京强化创新和引导，天津强化带动和支撑，河北强化承接和转化，形成北京中关村 + 天津滨海新区、武清 + 河北张家口、廊坊、承德和秦皇岛“1+2+4”协同发展功能格局。来自发展改革委、工业和信息化部、中央网信办，京津冀三地的相关部门负责人和承担试验区建设任务的地市政府负责人，以及三地大数据领域的企业、研究机构、行业组织和媒体的代表等 500 余人参加。

（徐　建）

【中关村军民融合“军地对接平台”启动】 12 月 24 日，由海淀区政府主办的中关村军民融合“军地对接平台”揭牌仪式在中关村示范区展示中心举行。副市长隋振江出席并讲话。军地领导共同启动中关村军民融合“军地对接平台”，为中央军委联合参谋部、中央军委后勤保障部、中央军委训练管理部、陆军、海军、空军、火箭军、战略支援部队、军事科学院、国防大学、武

装警察部队、后勤学院、空军指挥学院 13 家军方联络处揭牌，启动中关村军民融合创新学院，并发布中关村军民融合评价标准体系。平台将通过构建“军地双方协调机制，军民先进技术发现、对接和验证机制，军民先进技术成果转化机制”，形成深度融合的工作机制，拓展军地协同创新路径，推动民口企业的技术和产品与国防需求无缝对接。来自部队系统、工业和信息化部、国防科工局、中关村管委会等单位相关负责人及有关企业的代表参加。

（赵蔚彬　程晓荷）

【5 家企业入选国家级科技企业孵化器】 12 月 29 日，科技部印发《关于公布 2016 年度国家级科技企业孵化

器的通知》(国科火发〔2016〕418号)，确定129家单位为国家级科技企业孵化器。其中，中关村示范区内大唐创新港投资（北京）有限公司、北京赢家伟业科技孵化器股份有限公司、北京嘉润创业商务有限公司、北京华电天德科技园有限公司、北京国投尚科信息技术有限公司5家企业入选。至年底，中关村示范区共有国家级科技企业孵化器48家。

（徐　建）

【第三届京津冀协同创新共同体高峰论坛举办】 12月29日，由中关村社会组织联合会、北方技术交易市场、河北省协同创新中心等单位主办的第三届京津冀协同

创新共同体高峰论坛暨滨海中关村科技园发展战略研讨会在天津市举办。来自京津冀三地的300余家协会、服务机构的专家、学者、企业家代表等800余人参加。会上，解读《中关村国家自主示范区京津冀协同创新共同体建设行动计划（2016—2018年）》，围绕“京津冀协同创新共同体建设”“滨海中关村科技园发展战略”“智能装备制造”“节能环保”“移动互联”“科技金融”“大数据产业创新与区域合作”等话题展开研讨。天津天铁冶金集团有限公司、银龙预应力材料股份有限公司等11家单位分别与来自北京的和隆优化科技股份有限公司、正菱北方科技有限公司等企业就“天铁热轧加热炉精确燃烧控制技术开发”“典型钢铁企业酸洗废水多级耦合深度处理及资源化利用示范”等项目签署合作协议。

（冯秋帆）

【36家企业入选中关村前沿企业】 年内，中关村管委会开展中关村前沿储备项目征集，分3批确定36家企业为2016年度中关村前沿企业。9月6日，确定北京地平线机器人技术研发有限公司等18家企业及清华大学量子光谱团队（注册完后）为首批前沿企业；11月15日，确定北京至信普林科技有限公司等14家企业为第二批前沿企业；12月13日，确定北京腾云天下科技有限公司等3家企业为第三批前沿企业。中关村前沿储备项目是针对海内外“高精尖”企业开展的前沿储备支持项目，聚焦人工智能、虚拟现实（增强现实）、大数据、高端芯片、生物医药和高端医疗器械、智能机器人（含智能电动车、无人机）、前沿材料和3D打印等产业领域。

第一批	
序号	企业名称
1	北京地平线机器人技术研发有限公司
2	北京诺亦腾科技有限公司
3	智车优行科技（北京）有限公司
4	北京凌云智能科技有限公司
5	北京市商汤科技开发有限公司
6	达闼科技（北京）有限公司
7	北京毅新博创生物科技有限公司
8	爱博诺得（北京）医疗科技有限公司
9	北京科信美德生物医药科技有限公司
10	北京柏惠维康科技有限公司
11	北京固圣生物有限公司
12	元码基因科技（北京）有限公司
13	北京梦之墨科技有限公司
14	北京羲源创新科技有限公司
15	北京信远华油科技有限公司
16	泰邦泰平科技（北京）有限公司
17	北京中科寒武纪科技有限公司
18	北京深鉴科技有限公司
19	清华大学量子光谱团队
第二批	
序号	企业名称
1	北京至信普林科技有限公司
2	北京优特捷信息技术有限公司
3	数据堂（北京）科技股份有限公司
4	北京百分点信息科技有限公司
5	北京百家互联科技有限公司
6	北京忆恒创源科技有限公司
7	北京浩瀚深度信息技术股份有限公司
8	天云融创数据科技（北京）有限公司
9	北京匡恩网络科技有限责任公司
10	北京智能管家科技有限公司
11	遨博（北京）智能科技有限公司
12	北京拓博尔轨道维护技术有限公司
13	北京旷视科技有限公司
14	诺伯乐（北京）科技有限公司

（续表）

第三批	
序号	企业名称
1	北京腾云天下科技有限公司
2	北京修齐治平科技有限公司
3	北京佳格天地科技有限公司

（李　莹）

【987 个项目获中关村国际化发展专项资金支持】年内，中关村管委会对小米通讯技术有限公司等 386 家单位申报的 987 个项目给予中关村国际化发展专项资金支持，其中，境外展览项目 910 个，境外设立分支机构项目 28 个，国际研发合作项目 22 个，举办国际会议项目 22 个，集聚国际商务、投资与科技服务机构项目 5 个。在国际研发合作项目中，重点支持的是安诺优达基因科技（北京）有限公司与法国居里实验室合作研发三维基因组学研究——Hi–C 测序技术、小米通讯技术有限公司与美国英特尔公司基于 WIDI 技术的新一代小米盒子研发及产业化项目，以及北京泛生子基因科技有限公司与美国杜克大学合作开展癌症个体化治疗的全基因序列分析检测项目等。

（殷　茵）

【海外联络处政策宣讲活动举办】年内，中关村示范区驻硅谷联络处、华盛顿联络处、多伦多联络处、伦敦联络处、悉尼联络处、慕尼黑联络处、赫尔辛基联络处、东京联络处分别在所在地组织政策宣讲活动，累计 100 余场。活动采取电视宣传片、专业协会论坛、媒体专题座谈会等形式，介绍中关村示范区创新发展 10 项出入境政策，累计 1 万余人接受宣传。

（王　征）

【接待外事来访团组 105 个】年内，中关村管委会接待国外及港澳台地区来访团组 105 个 2165 人次。其中，按级别分类，国家级团组 5 个，部级团组 11 个，常规团组 89 个。按团组性质分类，政府机构 62 个，大学院校 15 个，商业团组 11 个，社会团组 7 个，交流团组 7 个，科技园区 3 个。来访国家和地区主要为美国、澳大利亚、俄罗斯、法国、芬兰、韩国及中国香港、中国台湾等。

（殷　茵）

【中关村国际化大讲堂活动举办 12 期】年内，中关村管委会委托中关村创新研修学院、北京长风信息技术产业联盟和北京数字内容产业协会共同举办中关村国际化大讲堂活动，累计 680 余人次参加。其中，创新研修学院举办 2 期实训班，8 期专题讲座；长风联盟和数字协会各举办 1 期实训班。大讲堂围绕海外投资与并购、知识产权、ICT 产业、数字内容产业等方面，以论坛、专题讲座或沙龙等形式开展，课程涵盖企业国际化经营中涉及的战略、技术、知识产权、投资并购、资本、创新、人才、政策、市场、技术转移路径和渠道等方面的内容，聚焦企业国际化业务开展的重点和难点，使学员们在一定程度上掌握了国际化经营的技巧和战略，为企业更好地走向海外，参与国际市场竞争与合作奠定基础。实训班针对实际问题展开分析、研讨、实战演练等，解决企业发展过程中遇到的疑难杂症。

（殷　茵）

【申报发展改革委专项军民融合项目建设基金】年内，中关村管委会组织开展发展改革委 2016 年专项建设基金军民融合项目申报工作，北京海兰盈华科技有限公司、北京旋极信息技术股份有限公司、北京东土科技股份有限公司、北京京金吾高科技有限公司、长源动力（北京）科技有限公司、中关村军民协同科技创新孵化中心（北京）有限公司 6 家企业参与申报。5 月，北京东土科技公司获国家开发银行军民融合项目建设基金 1 亿元。未入选项目，被录入中关村管委会与北京市经济和装备动员办公室联合建立的军民融合重大工程项目库。

（赵蔚彬）

【特殊物品全流程监管模式创新】年内，中关村管委会配合北京国检局在中关村示范区试点特殊物品全流程一体化监管模式和相关改革措施，特殊物品的通检审批时限从原来的 5 天缩短为 3 天，最快可 24 小时完成；支持中关村国际生物试剂物流中心协助北京国检局开发完成“出入境特殊物品全流程一体化管理信息平台”并上线运行，支持中关村生命科学联合创新服务中心配合北京国检局组织特殊物品风险评估。北京国检局依托信息平台选取一批监管风险相对较低、产品风险等级低的企业，进行“智能审批”试点，通过系统自动审批，开启特殊物品审批“零等待”模式。北京国检局 2016 年完成出入境特殊物品卫生检疫审批 15325 批次、货值 30.35 亿美元，对 35 家生物医药研发单位申请入境的人体血液质控品、人源细胞系（株）、非高致病性病原微生物等高风险特殊物品开展风险评估，解决 600 余批次的高风险特殊物品入境问题。

（马媛月）

【新增 35 家中关村创新型孵化器】年内，中关村管委会分两批认定中关村创新型孵化器，中航爱创客创新创业服务平台等 35 家新型创业服务机构入选，被纳入中关村创业服务支持体系。至年底，中关村创新型孵化器累计 97 家。

（陈宝德）

【中关村创业青年主题宣传教育活动举办】 年内，中关村团工委、中关村青年联合会分别以“VR 元年的创业选择”“‘双创启航’－VR/AR 创新峰会”“你好！达·芬奇——科学与艺术的碰撞”“计算机与艺术设计”为主题，在北京理工大学、中关村创业公社、北京印刷学院、北京联合大学举办 4 场中关村创业青年主题宣传教育活动。来自中关村示范区科研院所、企业的青联委员及专家就 AR/VR 技术发展现状、VR 行业变化、科学与艺术交融的美、电脑艺术在现代设计中的应用等问题进行研讨。累计 800 余人次参加。

（王　征）

【中关村管委会机关党委党风廉政建设制度化】 年内，中关村管委会机关党委根据《市委第四巡视组关于对中关村管委会党组专项巡视情况的反馈意见》指出的问题，逐条逐项进行整改，在干部队伍建设、党风廉政建设、机关内控体系建设、因公出国（境）管理、财政资金整合等方面形成 17 项规章制度；印发《中关村管委会党组落实〈关于推进领导干部落实党风廉政建设主体责任全程记实工作的意见〉的实施办法（试行）》（中科园党发〔2016〕29 号）、《关于对领导干部进行提醒、函询和诫勉的实施办法》（中科园党发〔2016〕33 号）等文件。

（程　昊）

【中关村独角兽企业总数增加 25 家】 年内，中关村示范区新增北京字节跳动科技有限公司（今日头条）、人人行科技股份有限公司（借贷宝）、北京摩拜科技有限公司（摩拜单车）等中关村独角兽企业。截至年底，中关村独角兽企业总数 65 家，比 2015 年增加 25 家。（2017 年 3 月 1 日，在《2016 中国独角兽企业发展报告》《2016 中关村独角兽企业发展报告》发布会上，科技部火炬中心联合北京市长城企业战略研究所发布 2016 年中关村独角兽企业榜单。）

（曾　佳）

【发明专利申请量首超 4 万件】 年内，中关村示范区企业共申请专利 6.92 万件。其中，电子信息领域企业的专利申请量 3.67 万件，占中关村示范区企业专利申请量的 53%；新能源领域企业的专利申请增长 2338 件，以 8216 件的申请量排名第二；先进制造、新材料领域企业的专利申请量分列第三、第四位。中关村示范区企业发明专利申请量首超 4 万件，达 41127 件，同比增长 8.7%，在中关村示范区企业专利申请量中占比 59.4%；有效发明专利累计 6.18 万件，占北京市企业同期有效发明专利数量的 62.6%。

（孙婷婷）

【中关村示范区企业总量 398845 家】 截至年底，中关村示范区企业总量 398845 家，占北京市企业总量的 29%，同比增长 7.2%，注册资本总额 10.9 万亿元。其中，内资企业 388786 家，同比增长 7.3%，占北京市内资企业总量的 28.9%；外资企业 10059 家，同比增长 2.8%，占北京市外资企业总量的 33.1%。中关村示范区企业主要集中在“科学研究、技术服务业”“批发和零售业”“租赁和商务服务业”“文化、体育和娱乐业”4 个行业，分别占比 39.8%、19%、18.5%、8.2%。其中，科技型企业 177898 家，同比增长 9.9%，占北京市总量的 41.1%；文化及相关产业企业 58484 家，同比增长 3.8%，占北京市总量的 25.9%。

（付　饶）

政策法规

【中关村示范区科技型中小企业资格确认工作流程】 1月7日，中关村管委会印发《中关村国家自主创新示范区科技型中小企业资格确认工作流程》（中科园发〔2016〕2号）。《流程》明确中关村示范区科技型中小企业资格确认工作的组织形式，成立由中关村管委会牵头，市科委、市经济信息化委、市财政局、市地税局、市工商局和市国税局为成员单位的示范区科技型中小企业服务与监督管理工作组，负责示范区科技型中小企业资格确认有关服务、落实和事中事后监督管理工作；明确自行评定、资格申请、信息公示、公众监督、资格确认5项办理流程及具体操作程序；明确科技型中小企业资格的有效期为企业经公示获得科技型中小企业资格所在月份起两年（24个月）内。《流程》自《中关村国家自主创新示范区科技型中小企业资格确认管理办法（试行）》（京财税〔2015〕1935号）施行之日起执行。

（王　宇　王　翔）

【关于积极推进"互联网+"行动的实施意见】 1月9日，市政府印发《关于积极推进"互联网+"行动的实施意见》（京政发〔2016〕4号）。《意见》确定积极推进"互联网+"行动的指导思想、基本原则、总体目标，提出4个方面的主要任务：发挥互联网对科技创新的促进作用，推进全国科技创新中心建设；利用互联网加速重构生产力布局，有序疏解北京非首都功能；以互联网驱动新一轮产业变革，加快构建"高精尖"经济结构；利用互联网促进区域资源开放共享，推动京津冀协同发展。结合北京市的具体情况和资源要素优势，《意见》围绕产业转型、城市管理、改善民生、创新创业4个方面提出15项北京市互联网融合创新发展的重点领域和9个方面保障措施，并分别明确相关委办局为负责单位。其中，中关村管委会负责"互联网+"金融、"互联网+"商务、"互联网+"制造等重点领域，还负责落实夯实产业发展基础、营造开放包容发展环境、加大引导和支持力度等保障措施。

（王　宇）

【落实食品药品监管总局批复的实施意见】 1月13日，市食品药品监管局印发《关于落实食品药品监管总局支持中关村食品药品监管及产业发展若干政策事项批复的实施意见》（京食药监〔2016〕2号）。《意见》提出支持创新药物审评审批、支持医疗器械研发创新、支持国际多中心临床试验、搭建药品医疗器械创新平台、试点药品上市许可持有人制度、加强药品医疗器械标准制定的服务、推进北京市药品医疗器械技术审评中关村中心建设等15项配套措施，旨在鼓励药品医疗器械创新、开展改革政策先行先试、提升技术支撑和服务能力、促进食品药品产业协同发展。

（王　宇）

【优化审批程序简化登记手续支持企业发展的意见】 1月14日，市工商局印发《关于优化审批程序简化登记手续支持中关村示范区企业发展的意见》（京工商发〔2016〕11号）。《意见》包括放宽名称登记条件、放宽住所登记条件、改革经营范围登记制度、改革企业集团登记方式、创新工商服务方式、工作要求和附则7个部分，提出实行企业住所和经营场所分离的登记管理模式、放宽集团公司登记条件、推行全程电子化服务、开展股权众筹平台登记试点等支持中关村示范区企业创新发展的系列措施，并明确规定，享受《意见》政策措施的企业迁出中关村示范区的，原已享受的优惠政策继续有效，不再要求按示范区外政策进行调整，但企业迁出后不再享受新的示范区政策。《意见》自2月15日起实施。

（王　宇）

【中关村示范区企业名称自主预查管理办法】 1月14日，市工商局发布《关于印发中关村国家自主创新示范区企业名称自主预查管理办法（试行）的通知》（京工商发〔2016〕9号）。《办法》设有总则、名称预查的一般规定、名称预查程序、名称审查及不适宜名称纠正、名称争议处理、附则6章30条，明确在中关村示范区内登记注册的企业，只要在工商行政管理部门开放的名称数据库中自行检索并自主确定企业名称，即可凭网上预查取得的名称办理设立或名称变更登记手续，无需向登记机关提交名称预查通过的证明文件。通过预查取得的企业名称有效期为3个月。根据通知，按照先行先试，逐步推开的改革原则，名称自主预查制度先期在中关村示范区内海淀园选择科技和文化行业的内资公司进行试点，待条件成熟后逐步扩展到全市中关村示范区范围全行业推广实施。《办法》自2月15日起施行。

（王　宇）

【国家高新技术企业认定管理办法修订】1月29日，科技部、财政部、国家税务总局联合发布《关于修订印发〈高新技术企业认定管理办法〉的通知》（国科发火〔2016〕32号）。《办法》设有总则、组织与实施、认定条件与程序、监督管理、附则5章23条及附件。《办法》重点修订的内容包括：调整“研发费用占销售收入比例”指标；调整“科技人员占比”指标；调整认定条件中对知识产权的要求；优化和简化认定管理流程；增加异地搬迁企业资质互认内容等。附则中的“国家重点支持的高新技术领域”也做了3个方面的调整：扩充服务业支撑技术；增加相关领域新技术，淘汰落后技术；增强内容的规范性和技术特点。《办法》自1月1日起实施，原《高新技术企业认定管理办法》（国科发火〔2008〕172号）同时废止。

（王　宇）

【加快众创空间发展服务实体经济的指导意见】2月14日，国务院办公厅发布《关于加快众创空间发展服务实体经济转型升级的指导意见》（国办发〔2016〕7号）。《意见》明确加快众创空间发展的总体要求和基本原则，提出5项重点任务：在电子信息、生物技术、现代农业、高端装备制造、文化创意和现代服务业等重点产业领域发展众创空间；鼓励龙头骨干企业围绕主营业务方向建设众创空间；鼓励科研院所、高校围绕优势专业领域建设众创空间；依托国家自主创新示范区、国家高新技术产业开发区等试点建设一批国家级创新平台和双创基地；鼓励龙头骨干企业、高校、科研院所与国外先进创业孵化机构开展对接合作，提升众创空间发展的国际化水平。《意见》还明确从财政资金支持、税收政策优惠、金融手段创新等6个方面加大众创空间政策支持力度，并从组织领导、示范引导、分类指导、宣传推广4个方面加强组织实施。

（王　宇）

【国有科技型企业股权和分红激励暂行办法】2月26日，财政部、科技部、国资委联合印发《国有科技型企业股权和分红激励暂行办法》（财资〔2016〕4号）。《办法》设有总则、实施条件、股权激励、分红激励、激励方案的管理、附则6章46条，明确符合条件的国有科技型企业，可采取股权出售、股权奖励、股权期权等股权激励方式，或项目收益分红、岗位分红等分红激励方式。其中国有大型企业的股权激励总额不超过企业总股本的5%，中型企业不超过10%。激励对象主要是重要技术人员和经营管理人员两类人。《办法》自3月1日起施行。企业依据《财政部科技部关于印发〈中关村国家自主创新示范区企业股权和分红激励实施办法〉的通知》（财企〔2010〕8号）、《财政部科技部关于〈中关村国家自主创新示范区企业股权和分红激励实施办法〉的补充通知》（财企〔2011〕1号）制定并正在实施的激励方案，可继续执行，实施期满再执行新的激励方案。

（王　宇）

【实施《中华人民共和国促进科技成果转化法》若干规定】2月26日，国务院印发《实施〈中华人民共和国促进科技成果转化法〉若干规定》（国发〔2016〕16号）。《规定》旨在打通科技与经济结合的通道，促进“大众创业、万众创新”，鼓励研究开发机构、高等院校、企业等创新主体及科技人员转移转化科技成果，推进经济提质增效升级。《规定》重点在促进研究开发机构、高等院校技术转移，激励科技人员创新创业，营造科技成果转移转化良好环境3个方面提出促进科技成果转化的政策措施。原《国务院办公厅转发科技部等部门关于促进科技成果转化若干规定的通知》（国办发〔1999〕29号）同时废止。

（王　宇）

【关于深化人才发展体制机制改革的意见】3月20日，中共中央印发《关于深化人才发展体制机制改革的意见》（中发〔2016〕9号）。《意见》着眼于破除束缚人才发展的思想观念和体制机制障碍，解放和增强人才活力，形成具有国际竞争力的人才制度优势，聚天下英才而用之，明确深化改革的指导思想、基本原则和主要目标，从推进人才管理体制改革、改进人才培养支持机制、创新人才评价机制、健全人才顺畅流动机制、强化人才创新创业激励机制，构建具有国际竞争力的引才用才机制、建立人才优先发展保障机制、加强对人才工作的领导等方面提出改革措施。

（王　宇）

【促进科技成果转移转化行动方案】4月21日，国务院办公厅印发《促进科技成果转移转化行动方案》（国办发〔2016〕28号）。《方案》明确促进科技成果转移转化的基本原则、主要目标，提出“十三五”期间，建设100个示范性国家技术转移机构，支持有条件的地方建设10个科技成果转移转化示范区，在重点行业领域布局建设一批支撑实体经济发展的众创空间，建成若干技术转移人才培养基地，培养1万名专业化技术转移人才，全国技术合同交易额力争达到2万亿元。《方案》围绕开展科技成果信息汇交与发布、产学研协同开展科技成果转移转化、建设科技成果中试与产业化载体、强化科技成果转移转化市场化服务、大力推动科技型创新创业、建设科技成果转移转化人才队伍、大力推动地方科技成果转移转化、强化科技成果转移转化的多元化资金投入 8 个方面提出 26 项重点任务。

（王　宇）

【促进中关村智能机器人产业创新发展的若干措施】4 月 25 日，中关村管委会、大兴区政府与北京经济技术开发区管委会联合印发《关于促进中关村智能机器人产业创新发展的若干措施》（中科园发〔2016〕10 号）。《措施》包括加快建设全球智能机器人创新中心、加大智能机器人前瞻布局、加快推动智能机器人核心技术研发和成果转化产业化、深入推动智能机器人产品应用推广、支持智能机器人企业创制标准和申请专利、高水平建设智能机器人共性技术平台和产业促进平台、大力推动智能机器人创业孵化、积极吸引国际顶级智能机器人企业和研究机构设立区域总部和研发中心、大力推进智能机器人企业集聚发展、集聚国际一流的智能机器人高端领军人才和团队、加大金融支持力度、建设国际化智能机器人展示交流平台、资金来源和附则 14 个部分，明确“一个发展目标”：以建设中关村全球智能机器人创新中心为发展目标，聚焦大兴—亦庄园，推动智能机器人与大数据、云计算、物联网等产业深度融合；“三个重点方向”：重点发展人机协作、数字化车间、智能工厂等工业机器人，智能驾驶、教育娱乐、医疗健康等服务机器人，公共安全、应急救援、特种作业等特种机器人。《措施》还在提升创新能力和水平、推动上下游合作、推动形成产业集聚、健全配套服务 4 个方面提出 10 条举措。《措施》自发布之日起 30 日后施行，有效期 5 年。

（王　宇　张倩倩）

【品牌推广和创新文化支持资金管理办法】4 月 29 日，中关村管委会印发《关于印发〈中关村国家自主创新示范区品牌推广和创新文化支持资金管理办法〉的通知》（中科园发〔2016〕13 号）。《办法》设有总则、资金适用范围、预算编制、资金使用、监督管理、附则 6 章 27 条。中关村品牌资金主要支持开展媒体合作、宣传品制作、宣传活动组织、宣传工作体系建设、重点工作宣传保障、舆情监测服务、新媒体平台运维、创新文化建设等方面支出。《办法》自发布之日起施行，原《中关村国家自主创新示范区宣传专项资金使用管理办法》（中科园发〔2012〕69 号）同时废止。

（王　宇）

【中关村示范区优秀人才支持资金管理办法】5 月 6 日，中关村管委会印发《中关村国家自主创新示范区优秀人才支持资金管理办法》（中科园发〔2016〕14 号）。《办法》设有总则、海外人才创业支持资金、雏鹰人才创业支持资金、资助资金的申请程序、监督管理、附则 6 章 18 条，鼓励各分园管委会等相关机构对中关村示范区优秀人才支持资金予以配套支持。《办法》支持海外人才和雏鹰人才到中关村创办企业，对符合条件的企业按照实缴注册资本 50% 的比例给予一次性创业启动资金支持。《办法》自发布之日起 30 日后实施，原《中关村国家自主创新示范区优秀人才支持资金管理办法》（中科园发〔2013〕40 号）同时废止。

（王　宇　张倩倩）

【中关村示范区产业发展资金管理办法】5 月 10 日，中关村管委会印发《中关村国家自主创新示范区产业发展资金管理办法》（中科园发〔2016〕15 号）。《办法》设有总则、支持内容、资金申请程序、监督管理、附则 5 章 23 条，明确支持对象包括中关村示范区战略性新兴产业领域创新性强和成长性好的高新技术企业、产业技术联盟及其成员单位、民办非企业单位（组织）、中关村开放实验室以及中关村科学城体系内高校建设的产业技术研究院（特色产业园）等，资金从中关村示范区发展专项资金中列支，按照年度预算进行安排。《办法》自发布之日起 30 日后实施，原《中关村国家自主创新示范区产业发展资金管理办法》（中科园发〔2014〕56 号）同时废止。

（王　宇　张倩倩）

【关于深化首都人才发展体制机制改革的实施意见】6 月 13 日，中共北京市委印发《关于深化首都人才发展体制机制改革的实施意见》（京发〔2016〕15 号）。《意见》明确深化首都人才发展体制机制改革的总体要求和主要目标，提出推进人才管理体制改革、建立京津冀人才一体化发展体制机制、构建具有国际竞争力的人才开发机制、发挥市场在人才资源配置中的决定性作用、构建符合创新驱动发展规律的创新创业机制、完善有利于人才优先发展的财税金融保障机制、加强党对人才工作的领导 7 方面改革举措。通过深化改革，到 2020 年率先形成符合首都经济社会发展需要、人人皆可成才、人人尽展其才的制度环境和社会环境。

（王　宇）

【中关村商标品牌示范试点单位培育工作方案】7 月 1 日，工商总局商标局、北京市工商局、中关村管委会联合印发《中关村国家自主创新示范区商标品牌示范试点单位培育工作方案（2016—2018 年）》（中科园发〔2016〕22 号）。《方案》包括工作目标、选择范围及条件、示范试点工作内容、支持措施、组织实施5个方面，提出到2018年，培育一批具有国际影响力的商标示范、试点单位；培育一批具有国际影响力的中关村产业集群、产业联盟商标品牌；建立一套适合创新创业企业特点的商标品牌服务体系；培养一批服务示范企业和产业联盟商标品牌创制、保护与运营团队。《方案》中试点、示范单位包括企业和产业联盟两大类，示范试点工作内容包括开展制订并实施企业商标品牌战略、加强企业商标品牌管理体系建设、加强企业商标品牌保护体系建设、探索多种方式开展商标品牌运营、实施商标品牌人才培育战略、增强企业商标品牌国际竞争力等，并对认定的试点企业给予专项资金和专业服务支持。示范试点单位培育期为3年。

（王　宇　张倩倩）

【关于财政促进民间投资的措施】7月22日，市财政局印发《关于财政促进民间投资有关措施》（京财预〔2016〕1287号）。《措施》从落实税费优惠政策、扩大政府购买服务规模、发挥政府采购政策功能、大力推广PPP模式、完善政府投资引导基金管理机制、完善风险担保政策、优化民营企业公平竞争环境7个方面提出30项具体举措，发挥财政政策和资金作用，促进北京市民间投资健康发展。

（王　宇）

【推动中关村一区多园统筹协同发展的指导意见】8月23日，中关村国家自主创新示范区领导小组印发《关于推动中关村国家自主创新示范区一区多园统筹协同发展的指导意见》（中示区组发〔2016〕2号）。《意见》明确推动一区多园统筹协同发展的指导思想、发展原则、发展目标，确定建立产业对接服务机制、重大项目综合评价和统筹落地机制、规划调控引导机制、存量空间盘活利用激励机制、利益协调机制、智慧生态园区建设标准控制机制、园区建设市区共同责任机制7项工作机制。《意见》提出，到2020年，中关村示范区各分园实现高端化、特色化、协同化发展，空间布局显著优化，实现紧凑集约、绿色高效发展，形成“一区多园、各具特色、协同联动”的发展格局。

（王　宇）

【支持金融机构在中关村开展投贷联动试点的措施】9月18日，市金融局、中关村管委会、北京银监局联合印发《关于支持银行业金融机构在中关村国家自主创新示范区开展科创企业投贷联动试点的若干措施（试行）》（京金融〔2016〕201号）。《措施》提出鼓励试点银行不断扩大投贷联动信贷规模、鼓励保险公司和担保公司参与投贷联动业务创新、支持试点银行在中关村设立投资子公司、对试点银行的不良贷款本金给予一定比例的风险补偿、设立中关村科创企业投贷联动试点风险防控投资引导基金等10条具体措施，旨在加快推进供给侧结构性改革，建设中关村国家科技金融创新中心，支持试点银行在中关村示范区开展投贷联动金融创新，建立健全投贷联动市场化风险分担补偿和收益分享机制，探索适合科技创新企业发展的可复制金融服务模式。《措施》自发布之日起实施。

（王　宇　秦　琳）

【关于完善股权激励和技术入股有关所得税政策】9月20日，财政部、国家税务总局联合印发《关于完善股权激励和技术入股有关所得税政策的通知》（财税〔2016〕101号）。《通知》包括对符合条件的非上市公司股票期权、股权期权、限制性股票和股权奖励实行递延纳税政策，对上市公司股票期权、限制性股票和股权奖励适当延长纳税期限，对技术成果投资入股实施选择性税收优惠政策，相关政策和配套管理措施5个部分。政策将股票期权、股权期权、限制性股票等股权激励形式纳入政策适用范围；将企业股权激励的纳税时点递延至股权转让环节；统一适用20%税率，比原来税负降低10～20个百分点；技术入股在5年分期缴纳基础上，增加递延至转让股权环节缴纳的选择。《通知》自9月1日起施行，中关村示范区1月1日至8月31日之间发生的尚未纳税的股权奖励事项，符合《通知》规定的相关条件的，可按《通知》有关政策执行。

（王　宇　孙　芸）

【市“十三五”时期加强全国科创中心建设规划】9月22日，市政府印发《北京市“十三五”时期加强全国科技创新中心建设规划》（京政发〔2016〕44号）。《规划》分三大部分、六大章节。第一部分总结“十二五”时期北京科技创新事业取得的成绩，提出“十三五”时期北京建设全国科技创新中心面临的新形势和新使命；第二部分提出“十三五”时期全国科技创新中心建设的总体思路、基本原则和发展目标；第三部分从知识创新、技术创新、协同创新和深化改革4个维度提出“十三五”时期加强全国科技创新中心建设的主要任务。《规划》提出，到2020年，北京全国科技创新中心的核心功能进一步强化，成为具有全球影响力的科技创新中心，支撑中国进入创新型国家行列；建成中关村科学城、怀柔科学城、未来科技城，形成国际一流的综合性大科学中心等发展目标。《规划》由市科委牵头，市发展改革委、市经济信息化委、中关村管委会和经济技术开发区管委会共同编制。

（王　宇）

【促进中关村集成电路设计产业发展的若干措施】10月8日，中关村管委会、海淀区政府联合印发《关于促进中关村国家自主创新示范区集成电路设计产业发展的若干措施》（中科园发〔2016〕37号）。《措施》提出支持集成电路设计企业加大新产品研发力度、支持集成电路设计企业不断提升创新能力、支持集成电路设计领域创业孵化、支持集成电路设计产业共性技术平台和产业促进服务平台建设、支持集成电路设计企业与整机企业联动发展、支持企业吸引和培育全球集成电路设计领军人才、加大对集成电路设计产业的金融支持力度、推动集成电路设计企业形成产业集聚、推动在集成电路企业开展进出口通关政策试点10项措施，推动中关村集成电路设计产业创新发展。《措施》自发布之日起施行，原《关于促进中关村国家自主创新示范区集成电路设计产业发展的若干措施》（中科园发〔2015〕12号）同时废止。

（王　宇　张倩倩）

【中关村集成电路设计产业发展资金管理办法】10月8日，中关村管委会、海淀区政府联合印发《中关村国家自主创新示范区集成电路设计产业发展资金管理办法》（中科园发〔2016〕38号）。《办法》设有总则、支持内容、资金来源、资金申请程序、监督管理、附则6章24条。《办法》明确支持的企业为在中关村示范区内注册成立，从事集成电路功能研发、设计、应用及相关服务的法人企业；支持内容包括支持集成电路设计企业加大新产品研发力度、支持集成电路设计企业与整机企业联动发展、支持集成电路设计企业参与军工合作、支持在中关村核心区等区域设立中关村集成电路设计产业园等。《办法》自发布之日起施行，原《中关村国家自主创新示范区集成电路设计产业发展资金管理办法》（中科园发〔2015〕55号）同时废止。

（王　宇　张倩倩）

【促进中关村虚拟现实产业创新发展的若干措施】10月11日，中关村管委会、石景山区政府联合印发《关于促进中关村虚拟现实产业创新发展的若干措施》（中科园发〔2016〕39号）。《措施》包括大力发展虚拟现实产业具有重大意义、促进虚拟现实产业创新发展的主要措施、执行说明3个部分，围绕紧扣定位、重在创新，全球视野、布局高端，重点突破，构建生态，形成合力、注重实效的原则，从虚拟现实领域的关键技术研发、产业促进平台建设、技术成果产业化和行业应用、创业发展、集聚发展、提升国际影响力、引进国际领军人才和团队以及虚拟现实创新发展综合配套支持8个方面提出相关支持政策，聚焦中关村石景山园，打造虚拟现实产业创新发展引领区和创新应用先导区。《措施》自发布之日起30日后施行，有效期5年。

（王　宇　岳继华）

【北京市促进科技成果转移转化行动方案】11月2日，市政府办公厅印发《北京市促进科技成果转移转化行动方案》（京政办发〔2016〕50号）。《方案》明确推动北京市科技成果转移转化的总体思路、基本原则、发展目标，确定汇集发布科技成果信息、释放创新主体科技成果转移转化活力、激发科技人员科技成果转移转化动力、强化科技成果转移转化市场化服务、建设科技成果中间性试验与产业化载体、强化央地协同推动科技成果转移转化、促进科技成果跨区域转移转化、推动科技型创新创业快速发展、建设科技成果转移转化人才队伍、健全科技成果转移转化多元化资金支持体系10个方面36项重点任务。其中，中关村管委会负责拓展科技成果产业化承接空间、建立军民科技信息交互机制、推进具有军民融合特色的产业园区建设等重点任务。

（王　宇）

【北京市企业简易注销登记办法】11月16日，市工商局印发《北京市企业简易注销登记办法（试行）》（京工商发〔2016〕66号），在中关村示范区开展简易注销登记试点。《办法》包括总则、简易注销程序、其他3章13条，在缩短公告期、简化清算组备案程序、简化登记材料方面实施了“三项简化”，推进工商注册制度便利化。《办法》自11月20日起实施。

（孙　芸）

【企业登记电子公告试行办法】11月16日，市工商局印发《企业登记电子公告试行办法》（京工商发〔2016〕67号）。《办法》设总则、公告程序、其他3章13条，明确适用于中关村示范区，根据试行情况，适时调整适用区域。《办法》提出由市工商局建设北京市企业信用信息网企业登记公告子系统，为企业提供注销、减资、合并、分立等公告的发布服务。实施后，企业决定解散、减资、合并、分立、转变组织形式等事项时，可通过企业登记公告子系统发布公告，可不再通过报纸发布公告。《办法》自2016年11月20日实施。

（王　宇　孙　芸）

管理机构

中关村科技园区建设国家自主创新示范区部际协调小组

中关村科技园区建设国家自主创新示范区部际协调小组负责协调各部门在职责范围内支持中关村科技园区建设国家自主创新示范区，落实相关政策措施，研究解决发展中的重大问题。

中关村国家自主创新示范区领导小组

中关村国家自主创新示范区领导小组为市政府议事协调机构。主要职责是：贯彻落实党中央、国务院的有关指示，研究和决定建设中关村国家自主创新示范区的重大事项；提出需要中关村科技园区建设国家自主创新示范区部际协调小组研究解决的重大问题；组织、协调推进示范区有关发展战略、政策法规、体制创新、空间和产业规划、重大项目等实施工作。

中关村国家自主创新示范区领导小组办公室设在中关村科技园区管理委员会，具体承担领导小组的日常工作。

中关村科技园区管理委员会

中关村科技园区管理委员会（简称中关村管委会）是负责对中关村科技园区（包括海淀园、昌平园、顺义园、大兴—亦庄园、房山园、通州园、东城园、西城园、朝阳园、丰台园、石景山园、门头沟园、平谷园、怀柔园、密云园、延庆园，以下简称园区）发展建设进行综合指导的市政府派出机构。

其主要职责是：

（一）贯彻落实国家有关法律法规和政策，研究拟订园区的发展战略和规划，参与组织编制园区有关空间规划，组织研究园区相关改革方案，促进可持续发展。

（二）研究制定园区发展和管理的相关政策，起草相关地方性法规草案、政府规章草案。

（三）协调整合各类创新资源，开展园区创新创业、高新技术研发及其成果产业化、科技金融、人才资源、中介组织、知识产权保护等方面的促进和服务工作。

（四）负责管理市财政拨付的园区发展专项资金，并协助有关部门监督专项资金的使用。

（五）根据市政府授权，对中关村发展集团股份有限公司市级财政投入资金履行出资职责，依法对其国有资产进行监督管理，并加强业务指导。

（六）统筹产业空间布局，对各分园整体发展规划、空间规划、产业布局、项目准入标准等重要业务实行统一领导。

（七）承担示范区领导小组的具体工作，负责园区内各类协会组织的联系工作。

（八）开展园区国际交流与合作，提升园区国际化发展水平。

（九）承担园区外事、宣传、联络等工作。

（十）承办市政府交办的其他事项。

主　　任：郭　洪
副 主 任：杨建华（4月12日免）
　　　　　宣　鸿
　　　　　廖国华（4月12日免）
　　　　　王汝芳
　　　　　周国林（挂职，2月23日免）
　　　　　侯　云（女，7月19日任）
　　　　　张　涛（挂职，9月27日免）
　　　　　赵慧君（女，挂职，7月5日任）
　　　　　张永强（挂职，9月27日任）
委　　员：刘　航（8月18日挂职任河北省保定市委委员、常委，9月1日挂职任保定市政府党组成员，10月20日挂职任保定市副市长）
　　　　　陈文奇
　　　　　赵　清（女，2月23日任）
纪检组长：侯　云（女，7月15日免）
党组书记：苟仲文（5月11日免）

隋振江（5月11日任）
党组副书记：郭　洪
党 组 成 员：杨建华（4月1日免）
宣　鸿
廖国华（4月1日免）
侯　云（女）
周国林（挂职，2月1日免）
张　涛（挂职，9月5日免）
地　址：北京市海淀区阜成路73号
邮　编：100142
电　话：88828800
传　真：88828882
网　址：www.zgc.gov.cn

机构设置

办公室

负责本机关的政务工作；负责公文处理、信息、议案、建议、提案和信访、档案、保密工作，以及重要会议、活动的组织工作；负责重要文件和会议决定事项的督察工作；负责机关联络接待、服务保障、安全保卫等工作；负责机关信息化建设工作。

产业发展促进处

研究和拟订园区产业规划和政策并组织实施；督促落实发展园区高新技术企业的各项政策；促进重大科技成果产业化；扶持高新技术企业做强做大。

自主创新能力建设处

研究和拟订园区自主创新能力建设及战略性新兴产业培育的规划、政策并组织实施；推动园区产业技术联盟的组建和发展；推动关键技术的示范应用；建设园区技术创新服务体系；促进园区科技基础设施建设；协调园区知识产权保护和促进工作，推动园区技术标准创新工作。

规划建设协调处

研究制订园区发展规划并协调组织实施；参与组织编制园区的空间规划、土地利用规划和生态规划等工作；负责园区重大建设项目信息的收集和分析。

科技金融处

负责研究提出园区投融资体系建设方案；研究分析园区投融资发展状况，并提出政策建议，搭建园区投融资政策平台；推动园区企业的股权交易和上市融资工作；组织协调投融资机构为园区产业发展提供支持，发展适合园区企业的多种融资方式，促进科技与金融的结合；促进园区信用体系建设工作。

人才资源处

研究拟订园区人才资源发展战略规划；研究拟订园区培养、吸引、使用人才等方面的有关政策，并协调组织实施；建立健全人才资源的服务体系，优化园区人才发展环境。

创业服务处

研究拟订园区创业服务体系的发展规划，提出创业服务政策措施并组织实施；促进大学科技园、孵化器、行业协会和社会中介组织建设，搭建创业服务平台；整合园区创业服务资源，完善园区创业服务体系和环境。

军民融合创新工作处

落实军地战略合作框架协议中关于中关村国家自主创新示范区的任务；研究拟订中关村军民融合科技创新相关政策、规划并组织实施；组织开展军地会商、供需对接、项目联合攻关等工作；促进军民融合科技创新成果的转化和产业化；推进中关村军民融合科技创新示范基地建设。

经济分析处

协助统计主管部门开展园区统计调查工作；配合统计主管部门建立健全园区经济运行、重点产业评测及预测预警系统；跟踪分析国内外相关地区和相关产业发展情况；利用统计资料开展统计分析工作，为园区发展提供服务。

国际交流合作处

负责园区的国际交流与合作工作；负责园区派遣人员因公临时出国（境）和邀请外国经贸科技人员来华事项的审批工作；负责园区驻海外联络处的建设、联络和管理工作。

研究室（法制处）

研究拟订园区发展规划；承担园区体制和机制创新及其配套改革措施的研究工作；组织研究园区发展建设中的重大问题，并提出相关对策、建议，起草有关地方性法规草案、政府规章草案及配套文件；组织有关地方志、年鉴的编纂工作。

宣传处

负责园区宣传工作，制订园区宣传方案并组织实施；组织园区新闻发布会；组织园区重要活动、重要工作的新闻报道工作。

资产监管和审计处

承担中关村发展集团股份有限公司国有资产监督管理工作；负责机关及所属单位的国有资产管理工作；负责机关和所属事业单位的内部审计以及园区发展专项资金内部审计工作；协助有关部门监督专项资金的管理使用。

财务处

负责机关及其所属单位的财务管理工作；负责园区发展专项资金预算编制和管理工作；配合财税部门开展园区财政税收政策的研究和落实工作。

人事处

负责机关及所属单位的干部人事、机构编制、教育培训及退休人员的管理服务工作。

机关党委

负责本机关及所属事业单位的党群工作。

监察处

履行派驻纪检监察机构职责。

直属事业单位

中关村高科技产业促进中心

具体承担中关村国家自主创新示范区高科技产业促进政策的宣传和落实工作；承担高科技产业促进信息的收集、整理与分析，为中关村示范区内的企业提供政策咨询等服务；组织开展产学研用创新协作和交流交往活动。

中关村政府采购促进中心

承担搭建中关村自主创新产品政府采购综合服务平台工作，承担信息收集、项目推介和对接、项目跟踪服务等工作。

中关村人才特区建设促进中心（北京海外学人中心中关村分中心）

具体承担中央和市委、市政府关于中关村国家自主创新示范区建设人才特区政策的宣传和落实工作，联系和吸引海内外高层次人才到中关村示范区创新创业，为中关村示范区内的人才事业发展提供服务保障。

中关村科技创新和产业化促进中心

北京市政府会同中关村国家自主创新示范区部际协调小组相关部门，共同组建中关村科技创新和产业化促进中心（首都创新资源平台）。首都创新资源平台在市政府和中央相关部门共同领导下，负责落实示范区建设的各项重大决策，整合资源，提高效率，对跨层级审批和跨部门审批加强协调和督办，促进重大科技成果产业化，构建有利于政策先行先试的工作机制，形成高效运转、充满活力的科技创新和产业化服务体系。中关村管委会加挂中关村科技创新和产业化促进中心综合办公室牌子。中关村管委会作为市政府的派出机构，同时又是中关村科技创新和产业化促进中心的办事机构。综合办公室主任由中关村管委会主任兼任。综合办公室负责保障首都创新资源平台正常运行，统一开展审批受理、内部协调和对外联络服务等工作。

工作机构

重大科技成果产业化项目审批联席会议办公室

具体研究审定项目的确定、资金支持、选址和产业布局等重大问题，主要支持国家科技重大专项、科技基础设施和重大科技成果产业化项目。

科技金融工作组

负责协调金融机构开展符合科技企业特点的制度创新、产品创新、服务创新，吸引聚集金融服务资源，推动全国场外交易市场的管理机构落户中关村国家自主创新示范区，推动开展知识产权质押、信用贷款等科技金融创新业务，推动股权投资聚集和发展，支持企业在境内外资本市场上市和利用资本市场开展兼并重组，及时提出需要由首都创新资源平台解决的重大事项。

人才工作组

负责搭建吸引和聚集高端领军人才创新创业的服务平台，吸引国际一流人才团队和科研机构，推动建立有利于创新工作的学术环境和与国际接轨的创新创业服务体系。

新技术新产品政府采购和应用推广工作组

负责推动实施新技术、新产品政府采购和重大应用示范工程，促进新技术、新产品的应用和推广。

政策先行先试工作组

负责研究制订中关村国家自主创新示范区内有关单位股权激励试点方案审批实施细则，加快推进股权激励试点工作；联合审定示范区内有关单位申报的股权激励试点方案，推动落实间接经费列支、高新技术企业认定、品牌和标准建设等先行先试政策，及时提出需要由首都创新资源平台协调解决的重大事项。

规划建设工作组

按照土地集约利用原则，负责推进实施中关村国家自主创新示范区空间布局规划，协调推进重大科技成果产业化项目的选址、规划建设等方面的审批工作，促进重大项目落地实施。

中关村科学城工作组

协调推进中关村科学城建设的相关工作；负责按照产业发展规划，组织提出特色产业园的建设方案；统一受理中关村科学城区域内的特色产业园项目、重大科技成果产业化项目、产业技术研究院项目的申报，并汇总整理和组织筛选；会同其他职能部门开展项目落地服务工作。

现代服务业工作组

组织拟订中关村现代服务业总体发展规划及分领域规划、总体实施方案及分领域方案；组织研究财税、金融、土地等创新政策；组织建立评价体系和统计体系，制定试点专项资金管理办法；承担中关村现代服务业综合试点工作领导小组的日常工作。

军民融合创新工作组

负责推动落实中关村军民融合科技创新任务，统筹研究中关村军民融合科技创新政策，组织制订并实施中关村军民融合科技创新规划，建立健全军地和部市会商工作机制，协调解决工作中遇到的重大问题。

多园格局

Sub-Parks

本栏目设有海淀园、昌平园、顺义园、大兴—亦庄园、房山园、通州园、东城园、西城园、朝阳园、丰台园、石景山园、门头沟园、平谷园、怀柔园、密云园、延庆园16个分栏目，以条目体形式记述“十六园”在创新创业中采取的主要举措、开展的重要活动和取得的主要成绩等。

综 述

2016年，中关村示范区“十六园”深入落实党中央、国务院和北京市委、市政府关于实施创新驱动发展战略、构建京津冀协同创新共同体、建设全国科技创新中心等重大决策部署，坚持制度创新与科技创新“双轮驱动”，进一步释放创新创业活力，各园区均持续稳步发展。年内，中关村示范区企业总数19869家；从业人员248.3万人；工业总产值9937.7亿元；总收入4.6万亿元；进出口总额781.4亿美元；实缴税费总额2314.1亿元；利润总额3732.5亿元；资产总计9.8万亿元；科技活动经费支出总额1972.4亿元；专利申请6.9万件，专利授权3.6万件。

园区机构建设不断完善，支持政策日益细化。丰台园企业家顾问委员会成立，参与丰台园中长期发展规划、产业发展规划及重大政策的研究制订，下设轨道交通、应急救援等领域的专项委员会。中关村科技园区延庆园服务中心成立，承担延庆园招商引资、基础设施建设等工作，原北京延庆经济开发区投资服务中心等单位撤销。北京中关村南部（房山）科技创新城企业发展服务中心成立，提供服务企业的绿色通道。东城园工会联合会成立，负责园区高新技术企业建会、会员发展等工作。朝阳、东城、平谷等园区的“十三五”时期发展规划编制完成，为“十三五”开局打下良好开端。与此同时，促进中关村石景山园高端产业集聚发展的办法、昌平“双创”金融集聚示范区支持政策、东城园创新孵化集聚区管理办法等政策措施纷纷出台，支持企业创业创新。

园区企业创新能力持续增强，创新成果不断涌现。延庆园北京玻钢院复合材料有限公司的“高性能复合材料杆塔”项目获第十届北京发明创新大赛金奖，昌平园中国华能集团清洁能源技术研究院有限公司的“循环流化床锅炉新型耐磨防漏渣通用风帽研制及工程应用”项目获大赛银奖。昌平园10家单位的15项成果获2016年度北京市科学技术奖；神雾环保技术股份有限公司自主开发的乙炔法煤化工新工艺发布，中海阳能源集团股份有限公司承担的“玉门东镇导热油槽式5万千瓦光热发电项目”入选国家首批光热示范项目。丰台园北京赛佰特科技有限公司的工业码垛机器人获首批国家机器人认证。

园区创业环境持续优化，人才资源不断聚集。昌平园区实施腾笼换鸟项目5个，盘活土地资源8.87公顷。密云园盘活闲置土地8宗，占地面积31.48公顷。海淀园的北京海龙电子城市场进入转型升级、打造海龙大厦“智能硬件创新中心”阶段；北部地区空间和平台资源发布，将建成为城乡统筹发展的典范地区和生态环境一流的生态化科技新城。大兴—亦庄园内西红门创业大街开街，“全球创新港－产融结合示范实施体系总体方案”落地。首个国家级制造业创新中心——国家动力电池创新中心落户怀柔园。国家信息中心大数据创新创业（总部）基地、机器人产业孵化基地等落户丰台园。北京顺义智能新能源汽车生态产业示范区揭牌，总体规划面积1000公顷。房山园随着驭势科技无人驾驶汽车、达闼科技云端智能机器人等“高精尖”项目的入驻，聚集10余名“千人计划”专家和20余名行业领军人才。西城园内北京奇虎科技有限公司的齐向东等8人入选国家“万人计划”。密云园的北京市京海换热设备制造有限责任公司院士专家工作站、怀柔园的北京碧水源膜科技有限公司院士专家工作站等揭牌成立。

园区创业创新服务能力不断提升，京津冀协同创新发展。海淀区入选国家双创示范基地；海淀协同创新券政策实施，激发中小微企业的创新活力。昌平区以中关村示范区回＋双创社区为主要载体入围2016年国家小微企业创业创新基地城市示范名单；昌平区政府与北京市中小企业发展基金共同发起设立规模为9亿元的昌平中小微企业双创发展基金。延庆园、门头沟园、通州园金桥科技产业基地12330工作站等揭牌，为园区企业提供知识产权服务平台。各园区积极参与京津冀协同发展。通州园梳理整合园区迁出企业资源和周边承接地资源，推动产业疏解转移工作，接待河北省、天津市等省市的县级以上承接地单位107家。朝阳园加快保定满城分园建设，制订保定分园母基金建设计划。顺义园与河北省唐山市、怀来县、威县等区域开展产业对接，推进项目疏解。唐山东方雨虹防水技术有限责任公司一期卷材、嘉寓光伏节能门窗幕墙建筑一体化项目一期投产运营。

（曾　佳）

海淀园

海淀园为中关村示范区"一区十六园"总体布局的核心区，起源于1980年中国第一家民营科技机构的成立，起步于中关村电子一条街。1988年，经国务院批准，北京市新技术产业开发试验区在海淀区成立，成为中国第一个国家级高新技术产业开发区，规划占地面积1.33万公顷。1999年，国务院再次批复建设中关村科技园区，同年8月，海淀试验区更名为中关村科技园区海淀园，主要功能定位为"高新技术成果的研发、辐射、孵化和商贸中心"。2004年4月，中关村科技园区海淀园管理委员会挂牌成立，标志着海淀园先进生产力的发展进入新的生产关系平台。2009年4月，市政府批复同意在海淀园建设中关村国家自主创新示范区核心区，总目标是"建设成为具有全球影响力的科技创新中心"，海淀园进入全新的跨越式发展阶段。2012年10月，国务院调整中关村示范区空间布局，海淀园规划占地面积增至1.74万公顷，占中关村"一区十六园"的1/3。2012年，海淀园管委会与海淀区科委合署办公，为海淀区政府统一领导协调海淀园建设管理工作和区科技工作提供支撑。2014年3月，海淀园管委会获批加挂中关村国家自主创新示范区核心区管理委员会的牌子，启用"两个合署、七块牌子"的"大部门"机构管理模式。园区拥有丰富的科技资源，包括北京大学、清华大学等著名学府及中国科学院等研究机构；拥有专业园区10个，大学科技园20个；拥有以联想（北京）有限公司、百度在线网络技术（北京）有限公司等为代表的国家高新技术企业5000余家，中关村高新技术企业1.2万余家；上市公司（含挂牌）500余家，形成中关村板块。园区产业发展战略重点为云计算、移动互联网和下一代互联网、空间与地理信息、集成电路设计、生物医药、新能源新材料、节能环保及文化与科技融合等"6+1"战略性新兴产业细分领域。核心区以两大重点功能区（中关村科学城和北部生态科技新区）建设为重点，实施产业领航、创新聚变、创业光合、创想圆梦、全球联动五大工程，建立新技术新产品推广应用、重点企业动态监测和服务、园区乡镇联动服务、产业有序转移与共享、楼宇经济投资促进五大机制，全面建设富有竞争力的政策环境、值得企业信赖的法治环境、营造包容创新的人文环境三大软环境，增强核心区创新发展吸引力。

海淀园管理委员会领导成员

主　　任　李长萍（女）
副 主 任　胡　岩　黄　英（女）
工委书记　李长萍（女）
工委常务副书记　吴宝华

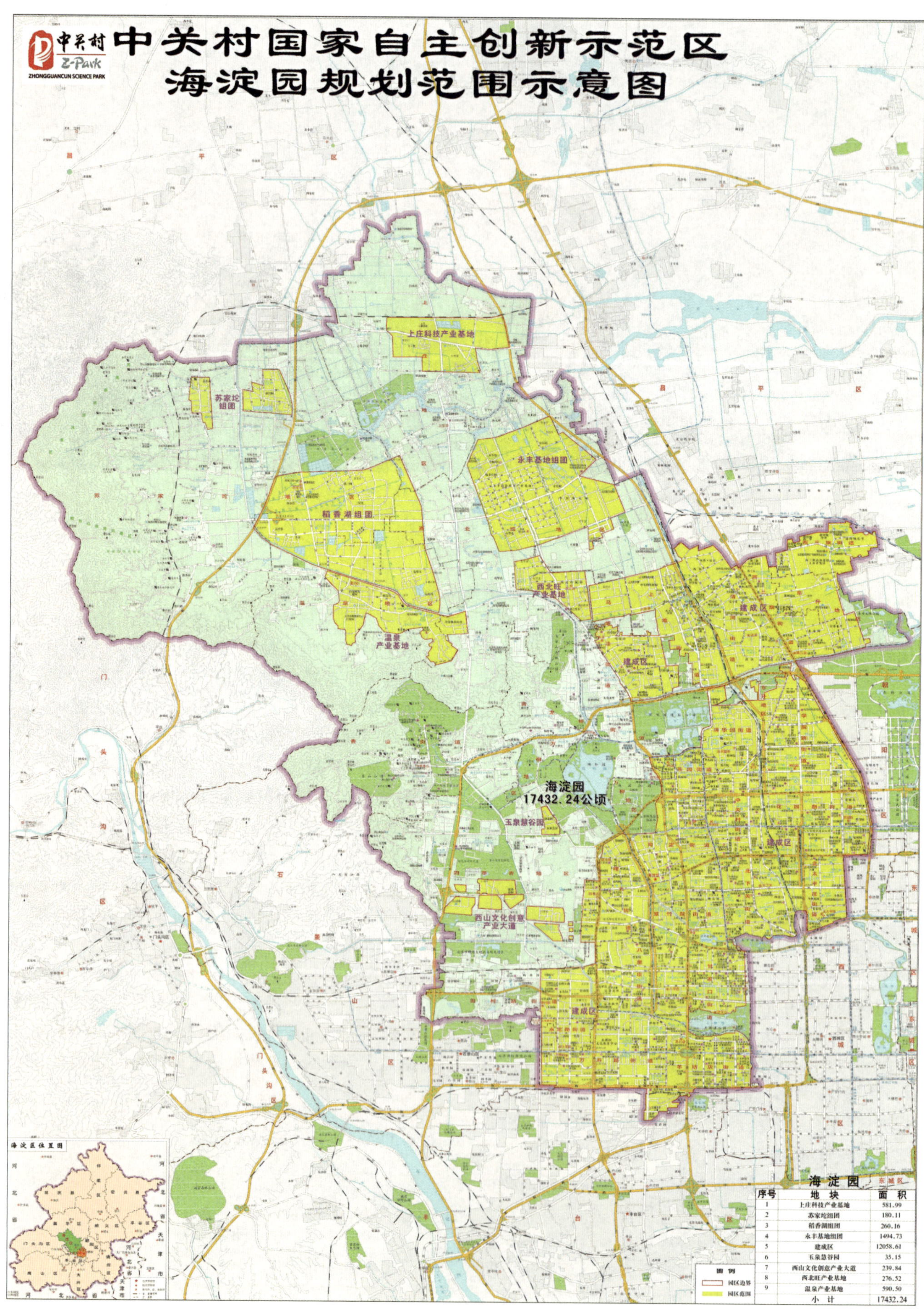

序号	地块	面积
1	上庄科技产业基地	581.99
2	苏家坨组团	180.11
3	稻香湖组团	260.16
4	永丰基地组团	1494.73
5	建成区	12058.61
6	玉泉慧谷园	35.15
7	西山文化创意产业大道	239.84
8	西北旺产业基地	276.52
9	温泉产业基地	590.50
	小计	17432.24

【概况】 2016年，海淀园坚持以创新、协调、绿色、开放、共享五大发展理念为统领，以“产业先行、聚焦尖端、存量挖潜、双创联动”为着力点，围绕“核心区就是海淀区，海淀区就是核心区”的发展思路，深入落实“减人、添秤、服务”的核心任务，强化顶层设计，切实担当起全国科技创新中心核心区的使命。年内，园区入统高新技术企业总数9886家；从业人员109.1万人；工业总产值2140亿元；实现总收入1.8万亿元；进出口总额252.5亿美元；实缴税费总额746.8亿元，利润总额1407.9亿元；资产总计3.7万亿元；科技活动经费支出总额1045.2亿元；专利申请3.5万件，专利授权1.66万件。

“高精尖”经济结构持续优化。《海淀区“互联网+”行动实施方案（2016—2018年）》发布，推进核心区“互联网+”在各领域的融合发展；《核心区技术转移三年行动计划（2016—2018）》印发，实施五大工程，打造具有全球影响力的技术转移重要枢纽。实施海淀协同创新券政策，激发中小微企业的创新活力。中关村大数据产业园挂牌成立，10余家大数据领域企业入驻；中关村集成电路设计园创新创业平台发布，并发布14条专属支持政策；加快海龙大厦等传统电子卖场转型升级，打造智能硬件创新中心。

*打造特色鲜明的科技街区和功能区。*中关村智造大街启动运营，涵盖敏捷制造、工业设计、技术研发等支撑创新的“北斗七星”产业生态，美国Plug&Play中国总部等20余家孵化机构入驻。中关村创业大街汇聚40余家国内外优秀创业服务机构，年内举办各类创业活动2800余场次。中关村大街提升发展战略合作伙伴签约，北京中关村大街运营管理股份有限公司成立，启动中关村大街改建项目。以知识产权为主题的“创之翼”创业图书咖啡吧等机构进驻中关村知识产权一条街。中关村科学城互联网服务创新园开工，将打造成国际互联网区域交流中心。海淀北部地区空间和平台资源发布会举办，加快南北创新要素融通速度，推动创新创业协同发展。

*知识产权体系建设不断深入。*年内，海淀区被国家知识产权局确定为国家知识产权示范城区，并被认定为全国首批11家专利质押融资示范地区之一。以“知识产权运营与保护”为主题的2016中关村知识产权论坛举办，全国首家知识产权众筹平台和首家知识产权主题书店启动。首个知识产权质押融资产品“智融宝”启动，通过“知识产权运营+投贷联动”全方位助力科技企业成长。园区内3项专利获第十八届中国专利奖金奖，14家知识产权服务机构获评首批市知识产权服务品牌机构。

*完善创新创业服务载体建设。*海淀区入选国家双创示范基地，区内拥有各类服务机构超100家，包括新兴产业孵化器14家、中关村创新型孵化器23家、国家级孵化器19家、大学科技园18家、留学人员创业园21家、科技企业加速器7家，孵化总面积260万余平方米，累计孵化企业2万余家，累计毕业企业1万余家。各类孵化机构参与举办创启未来国际青年科技创业大赛、WISE互联网创业峰会、中国天使投资人大会、全球移动互联网大会、中关村创新创业季等品牌化、国际化的创新创业活动，打造具有全球影响力的创新创业集聚区。中关村核心区军民融合产业联盟牵头，建立中关村军民融合创新学院，助力打造“万亿军民融合产业”。

*推动科技金融创新发展。*北京中关村大河资本投资管理中心（有限合伙）与北京市海淀区国有资产投资经营有限公司等单位发起设立总规模300亿元的中关村并购母基金，支持中关村领先企业开展1500亿～2000亿元的并购。海淀百家中小企业集合授信贷款项目、海淀科技金融本外币集合授信和投贷联动启动。北京银行与海淀区政府签署全面战略合作协议，将在3年内为海淀区及驻区机构提供1000亿元意向性战略授信，并支持中关村“万家创客”行动计划。

*加快人才工作体系建设。*截至年底，园区“三站”建站总数92家，其中院士专家工作站29家，博士后工作站55家，博士后（青年英才）创新实践基地工作站8家，累计进站院士67人次，博士后325人。园区“千人计划”“海聚工程”“高聚工程”累计入选人数分别为1040人、267人和184人，分别占全市入选总数的70%、36%和68%；累计617人入选“海英人才”（其中创业领军人才217人、创新领军人才313人、青年英才87人）。

（程晓荷）

【中关村创业大街街坊会召开】 1月6日，由中关村创业大街联合党委主办的中关村创业大街街坊会暨中关村创业大街新的社会阶层人士联谊会2016年第一次会议在中关村创业大街召开。会议介绍联合党委的成立、工作机制以及联谊会的相关情况。联谊会是由中关村创业大街上新的社会阶层代表人士组成的具有统战性、联谊性的非营利性社会组织，定位于为创业者、企业家对接政府创业资源、政治资源并建立一对一的个别需求服务，以及能够直接倾听创客们的心声和诉求。会议还介绍“三证合一”登记政策对于创业大街入驻机构的政策及实施办法、企业征信系统的体系建设意向，并宣传自1月1日起实施的新的企业年报公示政策，征求进一步规范、便捷集中办公区建设管理的意见和建议。海淀区知识产权局、海淀园管委会、海淀区金融办等单位有关负责人以及相关企业的代表30余人参加。

（王　翔）

【全国统战工作观摩团到中关村创业大街调研】 1月10日，全国统战工作实践创新现场观摩活动举行。中央统战部副部长陈喜庆、冉万祥率全国统战工作实践创新观摩团到中关村创业大街，实地调研新形势下“两新”组织统战工作实践创新所取得的成果。观摩团一行分别来到创业会客厅、可可豆、黑马会等创业服务机构，针对创新创业企业和人员统战工作进行考察。北京市委常委戴均良及海淀区委、区政府的相关负责人陪同调研。

（王　翔）

【TCL& 紫光产业并购基金启动】 2月23日，TCL& 紫光产业并购基金启动签约仪式在京举行。TCL集团股份有限公司和紫光集团有限公司共同宣布，将利用双方各自的产业和资金优势，共同打造一支目标规模为100亿元的产业并购基金，兼具产业协同效应和资本效应，以促进中国半导体和消费电子产业的转型与升级。基金将重点投资于紫光集团和TCL集团产业上下游及相关产业、TMT（科技、媒体和通信）、工业4.0、中国制造2025及“互联网+”等领域的直接投资和并购等，并主要通过基金投资的项目上市或者并购等方式实现退出。基金拟以有限合伙企业形式组建，名称拟定为西藏东伟兴华投资中心（有限合伙），首期募集金额为18.02亿元，其中TCL集团的全资子公司新疆TCL股权投资有限公司拟与紫光集团之全资子公司西藏紫光清彩投资有限公司作为有限合伙人（LP）各认缴出资9亿元，西藏东伟基金管理中心（有限合伙）作为普通合伙人及基金管理人出资200万元。

（蔡宇行）

【241家企业获海帆企业称号】 2月25日，海淀园管委会发布《关于公布2015年度海帆企业名单的通知》，艾威梯科技（北京）有限公司、北京3W科技有限公司、北京艾力泰尔信息技术有限公司等241家企业入选2015年度海帆企业。名单依据《核心区中小微企业助力计划（2013—2015年）》（海行规发〔2013〕7号）及《关于启动2015年度海帆企业申报和审核工作有关事项的通知》审核通过。海帆企业资格的有效期为1年，自公布海帆企业名单之日起计算。

（李　莹）

【“创之翼”创业图书咖啡吧落户海淀园】 2月26日，国内首家以知识产权为主题的图书咖啡吧——“创之翼”创业图书咖啡吧在中关村知识产权大厦启动运营。市知识产权局、海淀区知识产权局等单位相关负责人参加启动仪式。图书咖啡吧定位为“知识产权人交流、提升与体验的专属平台”，集咖啡休息吧、知识产权图书库、知识产权孵化器、专业知识充电站、专业研讨会、知识产权沙龙等形式为一体，创建知识产权从业者之家，建设知识产权人专属的培训、交流与休闲修身平台，促进企业知识产权管理人员、专利代理人、商标代理人、版权经纪人、知识产权律师等在内的知识产权相关人员的交流与合作，优化知识产权文化建设环境。运营当天，举办知识产权典型案例讨论会，来自北京知识产权法院的法官、行业资深专家与参会嘉宾分享2015年度知识产权法院部分典型案例。

（程晓荷）

【氪空间战略入股纳什空间】 3月13日，中关村创业大街的36氪、氪空间与纳什空间宣布结成战略合作伙伴关系，36氪旗下氪空间以战略入股的形式参与到纳什空间的B轮融资，三方将在共享办公领域展开物业拓展、招商、企业服务等方面进行合作。氪空间会将自有的创业服务体系引入纳什空间，纳什空间将把运营优化体系置入氪空间。在共享资源的基础上，纳什空间将与36氪、氪空间共同推进“全程孵化、全城办公”的生态体系，即在物理空间上在全国进行撒网式覆盖，在服务层面上提供整个周期的创业服务，实现从创业项目孵化到办公基础类服务的可追溯闭环。

（梁　冰）

【海淀区工商联互联网教育商会成立】 3月16日，北京市海淀区工商业联合会互联网教育商会成立大会在海淀区举行。市工商联、海淀区委、区工商联等单位相关负责人及有关企业的代表等参加。会上，互联网教育商会揭牌，选举产生第一届领导班子，北京尚学跨考教育科技有限公司董事长张爱志任商会会长。商会将以海淀区互联网教育产业发展战略为导向，聚合全产业链资源，搭建沟通交流的平台，将异地优质教育资源引入海淀区，开展互联网教育产业相关课题的调研，向政府提供互联网教育产业创新发展情况和意见建议，搭建政企沟通桥梁，帮助会员企业协调解决发展中的问题，助推互联网教育企业快速成长。商会首批会员60家，主要由中关村互联网教育创新中心园区内教育企业和辐射区域互联网教育企业组成。

（梁　冰）

【中国地质科学院项目封顶】 3月18日，中国地质科学院京区地质科研实验基地项目主体结构封顶。项目位于永丰产业基地C1地块，紧邻京新高速公路，2015年7月开工，由中国建筑第二工程局有限公司所属三公司承建。项目建设用地6公顷，建筑面积7.5万平方米，投资7.1亿元，由3栋独立的楼体组成，其中1号楼1.95万平方米，2号楼3.62万平方米，3号楼1.98万平方米，1号楼和3号楼地上7层、局部5层，2号楼地上8层、地下2层。地上主要是科研办公、实验室及配套用房，地下主要是车库、厨房、锅炉房及设备用房，建成后将承载9个部级重点实验室和研究生教育任务，成为国际一流的地学交流中心和研究生教育基地。

（李贺英　孙燕艳）

【“环球商机”系列活动举办】3月25日，由海淀园管委会主办的2016“环球商机”系列活动——设计创新与环球商机论坛在中关村软件园举办。海淀区政府、市科委等单位相关负责人参加。来自海淀园有关企业的市场、设计方面人才以及3D打印、色彩、模型和软件等工业设计供应商的代表200余人参加。香港伟易达公司（Vtech）高级设计总监、小米科技有限责任公司设计总监、联想集团有限公司设计创新中心执行总监等嘉宾做主题发言，分别结合自身工作经历，向与会者分享其在工业设计方面的成功经验。在“主题

沙龙”环节，与会专家们围绕“设计如何促进科技成果转化”“企业在哪个阶段引入设计”“用户如何参与设计”等话题进行讨论。年内，“环球商机”系列活动共举办6场，包括发展中国家商机活动、国际技术产业化及合作商机论坛、东盟商机研讨会、气候变化与绿色低碳发展论坛等，来自园区企业的代表累计1000余人次参加。

（梁　冰）

【军民融合协同创新西郊论坛举行】3月29日，由北京市海淀区双拥工作领导委员会、中关村军民融合产业联盟及全国工商联科技装备业商会共同主办的军民融合协同创新西郊论坛在中关村军民融合产业园举行。中央军委办公厅、国防大学等单位的有关专家以及来自中关村示范区100余家企业的代表等参加。论坛以“扬帆远航·开启军民融合创新时代”为主题，专家们从军民融合上升为国家战略后的新形势、新机遇、新任务等方面对民参军的相关政策进行解读；来自北斗导航、大数据、量子通讯、空间科技等领域的企业进行路演；军方与企业、金融机构近距离接触，就双方关心的军民融合创新领域的话题进行交流与探讨。

（程晓荷）

【百度公司发布“智慧汽车战略”】3月31日，百度·长安智慧汽车战略签约仪式在京举行。百度在线网络技术（北京）有限公司发布“智慧汽车战略”，并与中国长安汽车集团股份有限公司签署战略合作协议，双方计划1年内推出数十万量级的智慧汽车，并在3～5年达到百万量级规模。智慧汽车致力于通过智慧互联、智慧地图、智慧服务三大技术平台，将应用场景从车机智能互联、远程车辆操控、智能语音交互等方面，全方位覆盖驾驶过程，相当于给汽车装上一个“大脑”和行车助手以及虚拟管家，让驾驶者从烦琐枯燥的驾车程序中解脱出来。

（梁　冰）

【北京协同创新研究院香港分院成立】3月31日，北京协同创新研究院与香港科技园公司签署战略合作协议。根据协议，北京协同创新研究院香港分院将落户香港科学园，并通过与香港当地大学、科研机构、科技企业和人才合作发展创新科技。研究院将投资1亿港元成立北京协同创新香港基金，鼓励香港青年投身科技创业，吸引有发展潜质的科技创业企业到香港发展。预期基金成立首年将完成约4000万港元的投资及科研支持，项目范围包括新材料、机械人及资讯、通讯及科技。双方还将合作成立机械人研究中心，推出“香港青年创新创业计划”项目，通过研究院在世界各地的研究设施和网络，为香港青年在未来3年内提供超过100个实习职位机会。

（程晓荷）

【出入境政策解读宣讲会举办】3月，海淀园管委会分别在中关村高端人才创业基地、中关村软件园和海淀招商大厦举办3场“公安部支持北京创新发展出入境政策措施解读”专题宣讲会，邀请中关村管委会和市公安局出入境管理局相关负责人解读公安部支持北京创新发展20项出入境政策的出台背景、具体内容和措施，介绍办理流程，并进行现场答疑。宣讲会共吸引企业、孵化器、大学科技园、留创园等单位的代表

200 余人参加。

（梁　冰）

【委托技术交易服务机构代征印花税】4 月 8 日，海淀区地方税务局与中国技术交易所有限公司、北京中关村高新技术企业协会、中关村科技园区海淀园企业服务中心、北京海科源知识产权服务有限公司在京签署合作协议，委托 4 家技术交易服务机构代征技术合同印花税。根据协议，代征期限为 2016 年 4 月 1 日至 2019 年 3 月 31 日。4 家机构办理税收票款结报缴销的期限最长不得超过 30 天，额度最高不得超过 20 万元，并以期限或额度条件先满足之日为准。代征模式使纳税企业在 4 家机构接受交易服务的同时，可以一并办理印花税缴纳手续。

（徐　建）

【海淀创新产品系列展举办】4 月 11—22 日，由海淀园管委会和海淀区政府机关事务管理处主办，中关村示范区展示交易中心和中关村会展与服务产业联盟承办的海淀创新产品系列展在海淀区政府举办。展览是海淀创新产品系列展的首展，以“科技改变生活”为主题，选取小叶子智能钢琴、生态宝“ECOBAO”系列空气净化产品、康力优蓝机器人等 30 余家企业的 60 余件与日常生活相关的智能硬件产品嵌入生活场景，展示中关村核心区企业为“科技控”营造的“智能的一天”。创新产品系列展是围绕全国科技创新中心核心区建设目标，集中展示核心区企业科技创新产品和服务的系列活动，选择智能硬件、移动互联、智慧城市等领域的产品分批展出，展示内容紧密结合日常生活和行业应用，为企业对外宣传、拓展市场提供平台。年内，活动共举办 3 场，分别以“自主专利产品展”“节能环保”等为主题，展示安防高科电磁安全技术（北京）有限公司等企业的 130 余件产品，吸引 800 余人次观展。

（王洁琦）

【中网数据（北京）公司入驻永丰基地】4 月 13 日，中网数据（北京）股份有限公司入驻永丰产业基地。公司（www.isinonet.com）成立于 2007 年，位于永丰科技企业加速器（三区），前身为讯新思远科技（北京）有限公司，2011 年 10 月业务运营。公司拥有高性能网络流量分析与业务还原核心技术，得到多个顶级产业基金的战略投资，其核心团队已研究出具有自主知识产权的即时大数据平台以及面向网络流量、业务数据和建模体系的大数据即时分析解决方案，客户遍及金融、交通、物流、互联网、电商等行业，获得过国家高新技术企业、双软企业、CMMI3、ISO 9001 认证以及中国最具投资价值方案商 50 强、中关村最具创新力 100 强等荣誉。

（何　慰）

【中关村万人导师促进会成立】4 月 16 日，由中关村东升新型城镇化产业联盟主办的中关村万人导师促进会成立仪式暨新闻发布会在中央财经大学举行。中关村人才协会、国家留学人才基金会、中央财经大学等单位相关负责人参加。中关村万人导师促进会是由 40 余家产业联盟、行业协会及优秀企业共同发起，由中关村东升新型城镇化产业联盟成立专委会落地实施，利用中关村以及海淀区东升镇的优势，邀请各地政府、企业、行业专家、高校共同参与的教育专业委员会。促进会将利用共享经济模式，通过搭建万人导师、千所高校参与的在线导师资源库，发挥对接企业家、政府、高校的桥梁作用，提供一个优秀企业家、专业人士反哺教育的平台。

（梁　冰）

【知识产权海外维权援助基地新闻发布会举行】4 月 28 日，由海淀区知识产权局主办的中关村核心区知识产权海外维权援助基地新闻发布在京举行。海淀区政府、区知识产权局等单位相关负责人参加。海淀区知识产权海外维权援助基地建设启动于 2014 年，已建设海外维权援助基地 6 个，覆盖英国、法国、德国等国家，是海淀区知识产权局为中关村核心区企业走出国门进军海外市场搭建的专业高效的服务平台之一，专注于为核心区企业提供知识产权海外市场的战略布局等服务。发布会上，海淀区知识产权局负责人对海外维权援助基地的工作做介绍，法国驻华大使馆知识产权负责人做法国知识产权环境状况的主题发言，德国冠科、法国理利仁等律师事务所的负责人分别做交流发言。

（程晓荷）

【望远知识产权众筹平台启动】4 月 29 日，在 2016 中关村知识产权论坛上，首家知识产权众筹平台——望远知识产权众筹平台启动。平台是海淀区知识产权局支持和指导的项目，是以“知识产权保护为重点”的

众筹平台兼孵化器，旨在加强知识产权保护和运用，平衡优秀创业者和投资人之间的资源信息不对等，为中小企业提供全方位、专业化的知识产权服务，为创业者的创意、想法与技术安全落地提供专业支持。平台将通过线上众筹、线下开展宣传、培训等活动，由专业的服务团队、专家团队和创业导师团队从众筹资金、众筹项目、众筹人才3个方面，打造集孵化器、众筹、知识产权服务、资源共享为一体的众筹平台。市知识产权局、海淀区政府、中关村管委会等单位相关负责人参加仪式。

（程晓荷）

【智慧书堂启动】4月29日，在2016中关村知识产权论坛上，全国首家知识产权主题书店——智慧书堂启动。智慧书堂是由知识产权出版社有限责任公司建设的新型知识产权服务平台，旨在通过提供知识产权创新服务模式提升创新创业质量和效率。智慧书堂位于海淀区海淀大街31号籍海楼1层，除通过线上线下的图书传播、知识产权文化展示外，还打造知识产权项

目展示和路演区、知识产权服务对接洽谈区、知识产权文化区等活动空间，并承载三大服务功能：打造知识产权资源集聚的创客交流空间；提供优秀知识产权项目的评估、展示、路演洽谈和投融资对接服务；整合各类知识产权服务资源，为创新创业者提供全方位知识产权解决方案。

（程晓荷）

【中关村创业大街与北京大学签约】5月3日，中关村创业大街与北京大学就全球青年创新创业交流和实践在京签署战略合作协议。中关村创业大街运营公司及北京大学国际合作部的负责人分别代表协议双方签字。根据协议，双方将会依托各自优势和资源，为国际优秀创新青年与中国创业企业搭建一个交流、实践和合作的平台。合作内容主要包括全球青年创新创业交流活动的联合组织及推广，全球青年创新创业体验的联合开发及推广，全球青年创业人才的双向推荐、对接，以及全球青年创新创业的资源共享等。

（梁　冰）

【海淀区获批国家知识产权示范城区】5月5日，国家知识产权局发布《关于确定绵阳等城市为国家知识产权示范城市的通知》（国知发管函字〔2016〕53号），

确定海淀区为国家知识产权示范城区，示范时限自2016年5月至2019年5月。10月12日，在全国大众创业万众创新活动周北京会场启动仪式上，海淀区获“国家知识产权示范城区”授牌，海淀区作为中关村示范区的核心区，不断探索和深化知识产权领域改革，深入实施国家和首都知识产权战略，全面提升区域的知识产权创造、运用、保护和管理能力，区域知识产权综合发展指数稳步上升，开展制定首个区级知识产权战略三年行动计划、成立国内首支知识产权运营基金、建立国内首个技术转移与知识产权服务平台等12项全国首创性工作，起到示范引领作用，被国家知识产权局确定为第四批国家知识产权示范城区。

（程晓荷　瑞　鑫）

【海淀区应急专家委员会成立】5月5日，海淀区应急专家委员会成立仪式暨应急专家委员会第一次会议在京举行。应急专家委员会由来自中科院、清华大学、北京大学等单位的17名专家组成，将发挥各自的专业优势和技术支撑作用，帮助海淀区增强防范和应对突发事件的水平，提高政府应急准备及突发事件应对处置能力。会上，海淀区区长为各位专家颁发聘书，有

关部门负责人介绍海淀区应急工作总体情况，专家代表就应急工作提出意见和建议。

（梁　冰）

【核心区技术转移三年行动计划发布】5月5日，海淀区政府印发《核心区技术转移三年行动计划（2016—2018)》(海政发〔2016〕13号)。《计划》包括总体思路、基本原则、发展目标、重点任务、保障措施五大部分内容，提出以中关村西区为核心载体，重点实施技术源头活化工程、高端要素聚合工程、服务能力提升工程、模式路径拓展工程、技术辐射发展工程五大工程，力争用3年时间，将核心区建设成为技术创新更加活跃、高端要素加速聚集、技术交易普遍活跃、转移转化模式多样、运行服务接轨国际的全国技术转移要素集聚区、技术转移服务体系先行区、技术转移服务模式示范区、技术转移新型业态引领区，打造具有全球影响力的技术转移重要枢纽。

（曾　佳）

【国家农担联盟公司落户海淀园】5月6日，经国务院批准，由财政部、农业部、银监会联合发起设立的国家农业信贷担保联盟有限责任公司在海淀园注册成立，注册资金40余亿元。国家农担联盟公司是全国农业信贷担保体系的国家层面政策性担保机构，不以营利为目的，实行政策性主导、专业化管理、市场化运作，旨在统一担保业务标准、强化系统风险控制、规范农业信贷担保体系建设，更好地发挥担保的经济助推器功能和财政资金的作用，将更多金融活水引入农业农村发展领域，推动粮食结构调整和农业适度规模经营，促进农业发展方式转变。公司股东包括财政部和全国省级农业信贷担保机构，拟分3年形成约150亿元的资本金规模。省级机构股东根据其组建进展情况，分期分批加入，全国已有10余家省级机构完成工商注册。

（蔡宇行）

【清华大学科学技术协会成立】5月15日，清华大学科学技术协会成立大会暨“科技梦·中国梦——中国现代科学家主题展”巡展启动仪式在清华大学举行。中国科协党组书记尚勇和北京市科协、清华大学等单位相关负责人参加。会上宣读《北京市科协关于清华大学成立科学技术协会的批复》，通过《清华大学科学技术协会章程》，选举清华大学副校长薛其坤担任主席。会后，与会领导和清华大学科协委员参观“科技梦·中国梦——中国现代科学家主题展”。展览由中国科协联合教育部、文化部等八部委共同主办，北京市科协和清华大学等单位承办，呈现中国科学家为科技进步、国家发展所做出的突出贡献，帮助社会公众更好地了解中国现代科学家群体诞生、发展、壮大的成长史。清华师生及校外嘉宾300余人参观首日展览。

（梁　冰）

【永丰产业基地电动汽车充电桩初具规模】5月18日，永丰科技企业加速器（二区）的20个电动汽车充电桩项目建设调试完成，达到使用条件，可供社会车辆使用的充电桩总数41个，基本覆盖北清路以北部分。项目年初启动，由北京中关村永丰产业基地发展有限公司与有车（北京）新能源汽车租赁有限公司、普天新能源（北京）有限公司合作共同建设，旨在让企业员工不出园区就能实现有车租、有电充的愿望，进而达到实现零排放、减少城市噪音、改善城市热岛效应、共建绿色生态园区的目的，解决园区企业员工出行难问题。至年底，基地建成便民自行车、企业互助班车、公交车、通勤车以及电动汽车5种类型的交通体系，基本满足企业员工短途、长途以及上下班等服务需求。

（何　慰）

【巴黎市政府代表访问中关村创业大街】5月27日，巴黎市政府代表一行对中关村创业大街进行访问，旨在通过介绍“法国科技之门”计划，吸引中国初创企业入驻法国，走进巴黎。中关村管委会创业服务处负责人向代表团介绍中关村示范区的发展历史以及创业大街成立以来的发展情况，创业大街将设立更多欢迎外国初创企业入驻的合作项目，加深与“中法创新加速器”等项目的合作。6位在京的中法创业者也进行互动交流，分享在各自领域内的创业经验和创业过程中遇到的困难与挑战。[“法国科技之门”(French Tech Ticket)是法国科技项目中专为外国创业者打造的创业竞赛，旨在鼓励全球创业者进行更多互动交流，吸引创新创业人才到法国。]

（梁　冰）

【“互联网+教育”创新周系列活动举办】5月28日—6月13日，由海淀园管委会主办的“互联网+教育”创新周系列活动在中关村互联网教育创新中心举办。活动以“科技教育 创享未来”为主题，分为“行业趋势”“展示体验”“资本陪跑”三大板块，来自政府、学界、高校、企业等超过1000人的教育科技从业者参与。其中，近50位教育专家参与主题演讲和圆桌论坛，交流探讨中国互联网教育的发展方向，近100家创新企业展示最前沿的教育科技。

（梁　冰）

【中国航发集团落户海淀区】5月31日，中国航空发动机集团有限公司完成工商注册，公司位于海淀区蓝靛厂南路，注册资本500亿元。6月24日，中国航发集团落户海淀区战略合作备忘录签约仪式举行。8月28日，中国航发集团成立大会在京举行，国家主席习近平、国务院总理李克强分别做出批示，国务院副总理马凯出席大会并讲话。中国航发集团是国务院批复设立的国有控股商业类军工集团公司，下属企业包括中航工业所属从事航空发动机及相关业务的46家企事业单位（在京单位9家），经营范围包括军民用飞行器动力装置、第二动力装置、燃气轮机、航空发动机技术衍生等产品的设计、研制、生产、销售和售后服务；飞机、发动机、直升机及其他国防科技工业和民用领域先进材料的研制等。中国航发集团将结合海淀区在航空发动机创新及人才等方面的优势，建设高端研发平台及快速反应中心，并共同推进其他项目落地。

（梁　冰　杜　玲）

【两大交易中心落户海淀区】6月7日，海淀区金融服务办公室对外公布，北京私募股权基金交易中心和京津冀协同票据交易中心分别于2月18日和4月28日获市金融局批复，同意其在海淀区落户设立。两个交易中心均由海淀区属企业北京市海淀区国有资产投资经营有限公司（海国投）作为主发起人。私募股权基金交易中心注册资本6400万元，京津冀票交中心注册资本1亿元。两个交易中心的设立，旨在落实国家关于促进多层次资本市场体系建设和普惠金融发展等政策导向，为不同规模、类型和成长阶段的企业提供差异化的金融服务，加大对实体经济和中小微企业融资的支持力度；同时发挥京津冀在深化金融改革、完善金融服务方面的引领作用，推动商业汇票业务在三地经济中的实际应用与业务发展，解决区域中小企业资金需求。私募股权基金交易中心作为国内首家私募股权基金转让平台，可实现全国私募股权基金及相关资产的二级交易。

（江　欣）

【2016联想全球科技创新大会举行】6月10日，由联想集团有限公司主办的2016联想全球科技创新大会（Lenovo Tech World）在美国旧金山市举行。大会以“让想象力生长”为主题，来自全球各地合作伙伴、媒体的代表等1000余人参加。联想集团发布摩磁手机，包括MotoZ系列智能手机和MotoMods模块创新平台；还发布搭载美国谷歌公司Tango技术的智能手机PHAB2 Pro等产品。Moto Z系列智能手机包括Moto Z和Moto Z Force两款产品。Moto Mods模块创新平台包括JBL®SoundBoost音乐模块、Insta-Share Projector投影模块、Power Pack电源模块和Style Shell时尚背壳等一系列可更换智能模块，扩展模块可以通过磁力吸附在Moto Z系列产品上，用户可根据需要随时随地进行更换。PHAB2 Pro配有6.4英寸显示屏、高通骁龙652处理器，其配备的深度感应3D摄像头，可使手机在现实图像上叠加2D物体，还可以在3D空间内生成虚拟物体。

（杜　玲）

【第三届Innoway创新创业节举办】6月12日，由海淀园管委会、北京海置科创科技服务有限公司（中关村创业大街运营公司）主办的第三届Innoway创新创业节开幕式在京举行。科技部火炬中心、北京市科委、中关村管委会、保定高新区等单位的相关负责人及企业的代表等200余人参加。开幕式上，海置科创公司与保定高新区、中欧区域经济合作中心签署合作协议；中欧区域科技创新中心挂牌成立；中关村创业大街创新展示中心启用，将为全球的创业者、创业服务机构、大企业平台提供多项服务；创视记——创业视频孵化实验空间启用；“寻找街区新力量”活动颁奖仪式举行，评选出优秀入驻机构等。创新创业节为期4天，设置创新集市、智慧教育创新展、全球科技投融大赛、盛

景全球创新大奖文化娱乐专场、智能硬件节、街区机构主题活动等环节。海置科创公司与北京大学、新加坡国立大学、因果树等单位联合发布“全球创新青年领袖计划”，旨在与全球知名高校、机构建立合作，通过创新创业体验、创业实习、创业第二课堂等方式，在全球搭建一个能够挖掘、筛选和培养优秀创新青年的平台，引领全球青年创业浪潮，促进全球创新文化交流和思想碰撞。

（梁　冰　陈宝德）

【“电动北京伙伴计划”永丰产业基地示范站落成】6月13日，“电动北京伙伴计划”永丰产业基地示范站开业仪式在永丰科技企业加速器（二区）举行。示范站由有车（北京）新能源汽车租赁有限公司负责具体建设、运营、宣传及服务，主要为方便永丰产业基地范围内企业员工就近咨询、办理新能源汽车租赁业务，

满足企业员工绿色出行需求，有效推广新能源汽车，建设低碳园区。有车公司已与清华科技园、东升科技园合作，建成两座“电动北京伙伴计划”示范站，与永丰产业基地示范站形成铁三角，基本覆盖海淀区东部、中部和北部地区。

（何　慰）

【北京大学－神州控股协同创新中心揭牌】6月16日，北京大学－神州控股协同创新中心揭牌仪式暨大数据技术与应用研讨会在北大举行。工业和信息化部、科技部、教育部等单位有关负责人以及陆汝钤院士、何新贵院士、倪光南院士等信息领域专家和相关高校、企业、科研院所的代表200余人参加。中心由神州数码控股有限公司与北京大学共同建立，将进行智慧城市、大数据、云计算、机器人、区块链等新技术的IT技术攻关和项目孵化，其主要任务包括前沿基础研究、关键技术攻关、项目孵化及创业支持、参与产业政策及标准、人才交流培养5个方面。

（杜　玲）

【海龙电子城转型升级启动】7月7日，由北京海龙资产经营集团有限公司主管的北京海龙电子城市场中心发布通知，宣布市场停止对外营业，结束其17年经营电子卖场、主营消费类电子产品的历史，进入转型升级、打造海龙大厦“智能硬件创新中心”阶段。至年底，海龙电子城市场中心引进优客工场、硬蛋空间、天使共赢、北大创业谷、燕园众筹等创新型高科技企业和孵化器。（海龙集团是由北京市海淀区供销合作社投资设立的企业集团。由海龙集团运营管理的海龙电子城于1999年12月18日开业，建筑面积2万余平方米，曾一度处于全国IT卖场的领军地位。根据国家、北京市对中关村发展战略，北京市供销总社于2014年开始探索新的产业方向和转型模式，推出“再改革、快发展，做大做强新型供销社”的工作思路和加快培育“高精尖”经济实体的战略部署，构建创新型经营平台，加快实施转型升级。）

（李洪彦）

【海淀协同创新券政策实施】7月12日，由海淀园管委会主办的海淀协同创新券新闻发布会在中关村示范区展示中心举行。海淀协同创新券政策实施，在海淀区注册的中小微企业可以注册申领协创券，1万余家企业将受惠。海淀协创券按照“互联网模式、开放普惠、市场导向、动态调节”的模式，旨在发挥市场在资源配置中的决定性作用，激发中小微企业的创新活力，提高政府财政专项资金使用效率，促进中小微企业与高校院所、社会服务机构之间的产学研合作。海淀园2016年创新扶持资金2000万元，用于补贴企业通过协同创新券平台向认证服务机构购买研发创新服务或成果的费用。协创券采用电子券形式，企业成功注册海淀协同创新券平台后，填报协创券使用计划等材料进行申领。协创券的抵扣金额最高不超过实际成交金额的30%，年抵扣金额累计不超过50万元。协创券支持范围包括技术开发、产品创新、分析检测、检验认证、实验试制、技术评估、专利中介等4类13项服务。中科院、北京大学、清华大学等200余家科研院所、实验室、科研服务机构入选海淀协创券服务机构名单，将为中小微企业提供专业化服务。

（程晓荷）

【中关村科学城互联网服务创新园项目开工】7月20日，中关村科学城互联网服务创新园（中国科学院信息化大厦）奠基暨开工仪式举行。中科院、海淀区政府等单位相关负责人及大厦设计、施工、监理单位的代表等180余人参加。创新园是中关村科学城第四批建设项目，以互联网服务产业为核心，将打造成为国际互联网区域交流中心，集研发、孵化和总部产业基地为一体的互联网高技术服务产业链航母集群。整体建筑面积6.7万平方米，高度80米，施工周期3年。

（程晓荷）

【海淀区“互联网＋”行动实施方案发布】8月5日，海淀区政府印发《海淀区“互联网＋”行动实施方案（2016—2018年）》（海政发〔2016〕28号）。《方案》包括总体思路与发展目标、重点行动、保障措施三大部分，提出实施“互联网＋”产业转型升级行动、“互联网＋”服务业创新行动、“互联网＋”城市管理提升行动、“互联网＋”发展基础夯实行动、“互联网＋”体制机制创新行动五大重点行动，到2018年，突破一批“互联网＋”关键核心技术，形成一批“互联网＋”公共服务平台和产业创新中心，培育一批“互联网＋”新兴业态，打造一批“互联网＋”领军企业和创新示范企业，构建起适合“互联网＋”发展的开放包容环境，海淀区互联网与经济社会各领域实现深度融合，成为京津冀地区协调发展高地和全国“互联网＋”带动辐射中心。

（程晓荷）

【光大中船基金公司落户海淀园】8月10日，光大中船新能源产业投资基金管理有限公司成立并落户海淀园。光大中船基金公司由中国光大实业（集团）有限责任公司、中船投资发展有限公司和力神资本管理（北京）有限公司出资5000万元设立，将负责运作总规模100亿元的新能源产业基金，重点支持新能源汽车、动力电池和储能三大领域项目，并拟通过并购重组等方式对新能源产业进行整合。

（蔡宇行）

【北斗卫星导航国际化应用与推广论坛举办】 8月26日，由中关村空间信息产业技术联盟、商务部投资促进事务局卫星应用产业投资促进工作委员会共同主办的电子信息产业国际合作与投资论坛暨北斗卫星导航国际化应用与推广论坛在京举办。来自泰国、印尼、波兰驻华使馆负责人和商务部合作司、中国出口信用保险公司、海淀园管委会等单位相关负责人以及媒体、企业的代表等70余人参加。各使馆负责人从不同角度对泰国、印尼、波兰的投资环境和国家政策做详细解读。商务部国际合作司负责人介绍亚洲各国投资环境以及国家对企业“走出去”的支持政策。北京合众思壮科技股份有限公司首席科学家从不同角度对北斗卫星导航“走出去”面临的机遇与环境、问题与挑战进行解读和经验分享。

（梁　冰）

【米家扫地机器人发布】 8月31日，在小米生态链2016秋季沟通会上，小米科技有限责任公司发布米家扫地机器人。产品可通过米家App远程操控，其采用NIDEC无刷电机，具备1800帕斯卡风压；浮动主刷设计，可以根据地面的高低上下浮动，紧贴地面；通过即时定位与地图构建算法实时构建房间地图，进行清扫路径规划，然后根据路径清扫；在清扫墙边缝隙的过程依靠沿墙传感器，可与墙精确保持约1厘米的距离，配合边刷的工作将墙边缝隙的灰尘清理干净；配备5200毫安锂电池，续航2.5小时，充满电一次可清扫250平方米。

（杜　玲）

【AI写稿机器人推出】 8月，北京大学计算机所万小军团队与今日头条实验室李磊团队联合推出AI写稿机器人——奥运AI小记者Xiaomingbot。Xiaomingbot是利用大数据分析、自然语言处理与机器学习技术的人工智能写稿机器人，可以基于实时赛事数据与知识库生成比赛简讯，还可以基于体育比赛文字直播精炼合成长达上千字的比赛总结报道。

（杜　玲）

【海淀百家中小企业集合授信贷款项目启动】 9月9日，海淀百家中小企业集合授信贷款项目启动仪式在海淀招商大厦举行。在海淀区经信办和金融办的支持下，北京海淀中小企业协会和广发银行、光大银行、杭州银行、农业银行、北京银行5家银行签订战略合作协议，启动海淀百家中小企业集合授信贷款项目。从2016

年9月至2017年9月，海淀中小企业协会将对区内的100余家科技型中小企业以总体打包集合授信融资贷款的方式与合作银行对接，贷款企业将会在银行贷款方面享受到审批时间短、简化流程快、贷款利率低、50%～100%利息补贴等方面的优惠政策。来自海淀区中小企业及相关银行的代表等100余人参加。

（梁　冰）

【北京工业大数据创新中心成立】 9月10日，北京市产业创新中心政策发布会暨北京工业大数据创新中心成立大会在中关村智造大街举办。工业和信息化部、北京市经济信息化委等单位的相关负责人以及100余位专家学者参加。会上，北京工业大数据创新中心宣布成立，并发布《北京市产业创新中心实施方案》和《2016工业大数据行业白皮书》。创新中心由清华大学、昆仑智汇数据科技（北京）有限公司牵头，与冶金自动化研究院、中国石油规划总院、金风科技股份有限公司等19家企业、科研院所及高等院校联合组建，将围绕北京市新能源智能汽车、集成电路、智能制造系统和服务、自主可控信息系统、云计算与大数据、新一代移动互联网、新一代健康诊疗与服务、通用航空与卫星应用八大专项的重要创新领域和企业绿色化、智能化、服务化、高端化转型发展的通用技术领域进行布局，致力于中国自主研发工业大数据平台的核心技术突破、应用推广、标准创制、产业孵化、人才培养和国际合作，形成集研究开发、成果转化、行业服务、人才培养于一体的工业大数据产业协同创新基地，助推北京产业转型升级。昆仑智汇数据科技（北京）有限公司创始人陆薇任工业大数据创新中心主任。

（梁　冰　杜　玲）

【海淀科技金融本外币集合授信和投贷联动启动】 9月14日，由海淀区政府主办的海淀科技金融本外币集合授信和投贷联动启动会在京举行。海淀区委、区政府及中国人民银行、市金融局等单位的相关负责人参加。会上，中关村核心区200家新三板企业与北京中关村海淀科技金融创新商会、中国工商银行、中国建设银行等金融机构签署总额为20亿元的本外币集合授信与投贷联动合作协议，通过“组团”授信贷款、本外币结合的形式解决中小企业融资难题。同时，北京银行和中国银行分别与两家新三板企业代表签署投贷联动投资和贷款协议，标志着银监会投贷联动试点率先在海淀区落地。海新会还与清华控股有限公司等机构和部分新三板企业共同发起设立全国首支新三板产业创新发展基金，并举行基金签约仪式。基金将立足支持新三板企业并购重组、定向增发，实施投贷联动，在证监部门和股转公司指导下开展业务。

（蔡宇行）

【海淀区政府与北京银行战略合作签约】 9月14日，海淀区政府与北京银行全面战略合作协议签字仪式在京举行。双方相关负责人出席并签约。根据协议，北京银行将在未来3年内为海淀区及驻区机构提供1000亿元意向性战略授信；参与并支持政府产业基金，搭建产融结合的平台；在海淀区注册投资子公司，深入开展投贷联动业务试点；实施中关村“万家创客”行动计划，支持海淀建设全国科技创新中心核心区。双方还将进一步加大创新力度，深入落实科技金融创新，持续探索投贷联动创新模式，共同开启“互惠双赢，共同发展”的新篇章。

（蔡宇行）

【2016创响中国巡回接力北京站活动启动】 9月22日，由发展改革委、中国科协、北京市政府主办，海淀区政府、海淀园管委会等单位联合承办的2016创响中国巡回接力北京站活动启动仪式在中关村示范区展示中心举行。北京市政府副秘书长刘印春及发展改革委、中国科协等单位的相关负责人出席。启动仪式上，创响中国巡回接力活动组委会为海淀区双创示范基地授旗。活动至9月30日，通过开展“五个一”系列活动（一次政策宣讲、一次创业培训、一次创业沙龙、一次创意设计及一系列自选活动），集中展现创新创业发展的主要成果，持续营造创新创业氛围，打造双创热点，

传播双创理念，激发全社会双创活力。

（梁　冰）

【8家企业获市首批“五证合一”营业执照】 9月27日，副市长程红及市工商局、市国税局、市质监局等七部门相关负责人在市工商局海淀分局的办事大厅为首批8家企业颁发全新的“五证合一”营业执照。其中，北京天地农禾科技有限公司、清辞科技（北京）有限公司等5家企业分别来自北大科技园、清华科技园。“五证合一”营业执照是在北京市原工商营业执照、组织机构代码证、税务登记证、统计登记证“四证合一”基础上，再整合“社会保险登记证”，通过一次申请，由工商行政管理部门一次性核发的一个加载统一社会信用代码的营业执照。统一社会信用代码设计为18位，由登记管理部门代码1位、机构类别代码1位、登记管理机关行政区划码6位、主体标识码(组织机构代码)9位、校验码1位5个部分组成。实行“五证合一”后，将进一步降低创业准入的制度性成本，优化首都营商环境。

（王学军）

【海淀园与俄罗斯绿城开发公司签约】 9月27日，北京—莫斯科城区友好合作圆桌论坛在京举办。活动中，

海淀园管委会与俄罗斯绿城开发公司签署合作协议。根据协议，双方将积极开展在优势产业及技术领域的合作与交流，共同探索合作研究和开发国际科技先进技术的可行性；双方可根据实际需要，举办有关新技术研究开发的研讨会或论坛，必要时可以建立网站链接渠道，互通信息；建立互访制度，积极探讨促进人员交流工作机制，鼓励企业间相互访问与交流；互相支持对方企业在区域内设立的企业或办事机构。（莫斯科绿城高新区是俄罗斯最大的高新区之一，绿城开发公司由莫斯科市政府设立，负责绿城高新区建设、运营、监管并提供服务。其主要致力于集成电路设计、微电子产品、光学和光电子、电子机械制造业及俄罗斯航空、导航、国防及能源产业的高端产品的创新、

研发和制造。）

（梁　冰）

【海淀智享自行车系统启动】9月27日，主题为“绿色出行，海淀先行”的海淀智享自行车正式运行启动仪式在上地街道八一社区举行。智享自行车系统由北京易代步科技有限公司研发，采用物联网、智能硬件技术、移动互联技术、无线蓝牙技术、大数据系统等创新技术，通过对社区内的闲置自行车进行回收、智能化改造后投放回社区，实现共享再利用。用户只需下载App或用微信扫码就可完成从租车、用车、还车、支付的全过程，并且租还车的时间、地点不受限制。

（杜　玲）

【14人入选2017年度科技北京百名领军人才】10月14日，市科委印发《关于科技北京百名领军人才培养工程2017年度拟入选人员名单公示的通知》，海淀区有3所高校、2所医院、2所科研院所、7家企业的14人入选。其中，7家企业的领军人才分别是：纳恩博（北京）科技有限公司的王野、北京怡和嘉业医疗科技有限公司的庄志、北京中科汉天下电子技术有限公司的杨清华、谱尼测试集团股份有限公司的宋薇、北京市勘察设计研究院有限公司的周宏磊、航天恒星科技有限公司的战勇杰、北京文安智能技术股份有限公司的陶海。

（程晓荷）

【小米公司首家海外实体零售店开业】10月，小米通讯技术有限公司全球首家海外实体零售店在新加坡开业。零售店位于新加坡购物中心新达城，店内销售产品有小米系列手机与配件、运动手环、旅行箱、电动自行车等。

（杜　玲）

【百度公司与中国联通签署战略合作协议】11月2日，百度在线网络技术（北京）有限公司与中国联合通信有限公司战略合作签约仪式在青岛市举行。双方相关负责人参加。根据协议，双方将充分发挥各自领域的优势资源，以资源置换、技术互补、成果共享等方式在移动互联网、人工智能、大数据、通信基础业务等领域开展深度合作。中国联通将在手机百度、百度糯米、百度地图、度秘等项目与百度公司进行深入合作，并为百度公司提供IDC、ICT、终端定制、渠道等全方位通信服务及资源支持。双方还将探索电信企业与互联网企业更大范围、更深层次的合作，通过强强联合形成优势互补，为双方客户提供更为丰富、便捷的综合互联网服务及综合信息通信服务。

（梁　冰　杜　玲）

【2016年金融科技CEO领袖年会举办】11月5日，由91活动网、91天使创投主办的2016年金融科技CEO领袖年会暨财富管理论坛在海淀园举办。北京市政协副主席蔡国雄和全国工商联、北京市政府等单位相关负责人，相关金融机构、专业中介机构以及100余家企业的代表等400余人参加。论坛以“新经济、新活力、新愿景”为主题，聚焦“金融科技”话题，共同探讨营造活力健康的金融科技生态环境，通过金融科技的发展，提高金融机构对中国消费者和中小企业的金融服务水平。会上颁发“2016年度最具投资价值金融科技企业”（7家）、“2016年度最具品牌价值金融科技企业”（1家）、“2016年度最具成长性移动理财平台”（1家）和“2016年度最具成长价值金融科技企业”（1家）4个奖项。

（蔡宇行）

【加强创新创业人才队伍建设的若干措施印发】11月6日，海淀区委、区政府印发《关于进一步加强创新创业人才队伍建设的若干措施》（京海发〔2016〕11号）。《措施》包括总体要求，加快引进海内外顶尖创业人才（团队），建立以需求为导向、更加精准的企业科技创新人才支持体系，加大外籍人才引进聚集力度，加强各层次创新创业人才培养，加强科技创新公共管理与服务人才队伍建设，提升人才服务的市场化、专业化、国际化水平，深入推进高校、科研院所与企业人才协同发展，促进京津冀人才一体化发展，进一步完善党管人才的体制机制10个方面34条。到2020年，初步建立起面向美国硅谷、以色列等世界创新高地的海内外顶尖创业人才（团队）引进机制，引进30名（个）左右顶尖创业人才（团队）；加快聚集外籍人才，园区从业人员中港澳台和外籍人才数量达到4000人，支持100名企业家、500名技术领军人才和创业人才到世界级创新高地进修，重点培育1000名具有国际化视野的公共管理与服务人才；支持企业人才发展的政策措施体系更加完善、针对性更强，重点支持100名企业高层次人才，重点培养200名优秀青年人才创新发展；使海淀成为带动京津冀、辐射全中国、具有全球影响力的创新创业人才高地。

（曾　佳）

【启迪之星投资公司入选国家级基金排行榜】11月6日，由中国母基金联盟主办、领投会中国投资人中心承办的中国私募基金峰会暨“2016中国私募股权基金排行榜”颁奖典礼在京举行。科技部火炬中心、中国民营经济研究会、中国创投委会、中国母基金联盟等单位的相关负责人参加。“2016中国私募股权基金排行榜”是由科技部火炬中心全程监督的首份国家级私募股权母基金和基金排名，分为政府引导基金、市场化母基金、天使基金、创业投资基金、私募股权投资基金等13个榜单。启迪之星（北京）投资管理有限公司凭借“投资+孵化”的模式，以及成功投资北京中文在线数字出版股份有限公司、北京海兰信数据科技股份有限公司、北京兆易创新科技股份有限公司等29家上市企业的业绩，分别入选“2016中国天使投资基金TOP20”和“2016年中国双创基金TOP10”榜单。

（康秋红　蔡宇行）

【海淀区“十三五”建设规划印发】11月8日，海淀区政府印发《海淀区“十三五”时期加强全国科技创新中心核心区建设规划》（海政发〔2016〕40号）。根据《规划》，“十三五”时期海淀区将以创新引领、人才为本、强化协同、全球视野、改革强基为基本原则，推进提升自主创新能力、增强产业核心竞争力、优化创新创业生态、深化人才管理改革试验区建设、完善科技金融创新体系、推动京津冀协同发展、整合全球创新网络、深化全面创新改革8个方面重点任务，实施世界实验室建设工程、全球领军企业培育工程、产业引领跨越工程、众创平台提升工程、全球顶尖人才引育工程、科技金融创新工程、京津冀协同创新工程和国际化创新工程八大创新工程。到2020年，培育具有核心竞争力的国家级高新技术企业超过7000家，打造面向前沿技术的企业研发机构1100家左右，聚集各类金融机构2800家；园区企业科技经费投入强度达5.8%，发明专利授权量年均增长5%左右；园区规模以上企业总收入年均增长10%，高新技术产业增加值占全区GDP的65%；总收入超100亿元的创新型企业达30家左右。

（程晓荷）

【永丰分布式光伏屋顶电站并网发电】11月16日，永丰科技企业加速器（二区）分布式光伏屋顶电站并网发电。项目由北京中关村永丰产业基地发展有限公司、北京远方动力可再生能源科技发展有限公司合作建设，利用二区6000平方米屋面，安装260瓦多晶硅组件，将太阳能转换成电能，供二区使用，余电上网。项目总装机量为403千瓦，年平均发电量约为48万度，相当于节省标准煤125吨，减排粉尘、灰渣、二氧化碳等污染物效果明显。

（何　慰）

【ofo共享单车城市战略发布会召开】11月17日，由北京拜克洛克科技有限公司主办的“在城市”ofo共享单车城市战略发布会在京召开。拜克洛克公司宣布开启城市服务，推出新一代小黄车ofo3.0版，并启动“城市大共享”计划。小黄车3.0版本使用实心胎、三角形把立、可调节座椅、前后双抱刹系统等设计，提升单车的耐用程度；加配实用性更高的转动车铃，升级为22英寸轮组和密闭中轴，增强操控感；从方盘式摁键密码锁（有210种开锁密码）升级为圆柱式转盘密码锁（有1万种开锁密码）。“城市大共享”计划将面向全球的自行车品牌与生产商将自行车整车硬件和自行车服务接入ofo，共同为用户提供差异化、个性化的自行车出行服务，同时鼓励市民将闲置自行车共享出来，接入ofo平台为更多人提供服务，实现“连接自行车，而不生产自行车”。

（徐　建）

【中关村e谷（锦州）园首期投入运营】11月19日，中关村e谷（锦州）创新创业园入孵企业签约仪式在锦州滨海新区国家级电商基地举行，创新创业园首期投入运营。锦州市政府、北京航空航天大学、锦州滨海新区管委会等单位相关负责人参加。创新创业园是北航校友企业走进辽宁和锦州的首批落地项目代表，位于锦州滨海新区大学城，占地面积2.4公顷，总投资1.68亿元，总建筑面积5.4万平方米，主要建设内容为中关村e谷创新创业基地、中小微电子商务办公区、展示体验馆、线下零售实体店以及电子商城、精品超市、宾馆、美食街、网咖、影院、娱乐等项目，将打造集孵化、培训、辅导、技术、人才、金融等全方位服务功能于一体的创业生态圈。仪式上，锦州意谷科技服务有限公司与锦州光荫电影文化传媒有限公司等5家入孵企业签约，与锦州锦研科技有限责任公司等3家企业进行技术转移对接签约，北京航空航天大学还向创新创业园授予北航“校友之家”牌匾。

（曾　佳）

【14家机构入选首批市知识产权服务品牌机构】11月30日，首都知识产权服务业协会、北京市专利代理人协会、北京商标协会、北京版权保护协会联合发布《关于公布首批北京市知识产权服务品牌机构名单的通知》，共19家机构入选。其中，海淀区的北京彼速信息技术有限公司、北京东方灵盾科技有限公司等14家机构入选。2014年，市知识产权局遴选公布第一批北京市知识产权服务品牌机构培育单位，并组织开展为期两年的培育工作。首都知识产权服务协会联合市专利代理人协会、北京商标协会和北京版权保护协会根据《北京市知识产权服务品牌机构培育办法》，对首批培育期届满的品牌机构培育单位工作成效开展评鉴，通过品牌机构提交培育总结、初审和专家评审，最终

确定品牌机构名单。

（曾　佳）

【中关村军民融合创新学院启动】12 月 24 日，在中关村军民融合“军地对接平台”揭牌仪式上，中关村军民融合创新学院启动。学院由中关村核心区军民融合产业联盟牵头，将建立学院为主体、线上线下互动、学研孵产一体的军民融合创新体系，打造中国首家融合式组织、混合制体制、体验式教学的创新学院，建成军民融合高端人才培养基地、重大技术发明基地、创新企业孵化基地、产业链条培育基地，加大军民融合的人才培养投入，加强信息安全等重点领域科研开发力度，打造中国式“创新梦工厂”；并以“百、千、万”作为奋斗目标，即每年培育孵化 100 家企业，每年培训 1000 名高端人才，助力打造“万亿军民融合产业”。

（徐　建）

【创新型企业走进北部对接会举行】12 月 27 日，由海淀区北部地区开发建设委员会办公室、海淀园管委会主办的创新型企业走进北部对接会暨北部地区空间和平台资源发布会在中关村示范区展示中心举行。海淀区政府等单位有关负责人以及相关企业的代表等参加。会议以“南北共融　协同发展”为主题，介绍海淀北部生态科技新区发展情况和规划以及产业发展情况。海淀北部地区位于百望山以北，东至八达岭高速公路、南至五环路，西与门头沟区交界，北与昌平区毗邻，面积 23800 公顷，占海淀区面积的 55%。根据规划，北部地区将依托良好的生态环境和海淀区强大的教育和科研资源，以“产城融合”发展为宗旨，按照“用地集约、产业集群、设施配套、生态良好、城乡一体”的原则，到 2020 年建设成为具有全球影响力、产值过万亿元的科技创新基地，成为城乡统筹发展的典范地区和生态环境一流的生态化科技新城。海淀北部地区产业主要以翠湖科技园、永丰基地、中关村软件园为依托，优先布局核心通用芯片、人工智能、精准医疗、新能源、新材料、航空航天等战略性产业，同时做强

做大智能制造、大数据、大健康等产业，加快形成创新型领军企业和产业集群。会上，北京维德维康生物技术有限公司、北京合锐赛尔电力科技股份有限公司等单位签约入驻翠湖科技园等园区。

（梁　冰）

【2016 聚焦秦皇岛开发区对接京津成果发布会举办】12 月 28 日，由秦皇岛经济技术开发区管委会、秦皇岛市政府新闻办公室及中关村海淀园管委会共同主办的 2016 聚焦秦皇岛开发区对接京津成果发布会在京举

办。秦皇岛市政府、海淀区政府等单位相关负责人参加。秦皇岛开发区管委会负责人做承接京津产业成果报告，介绍北大（秦皇岛）科技产业园、秦皇岛（中科院）技术创新成果转化基地、中关村海淀园秦皇岛分园、中国北京（海淀）留学人员创业园秦皇岛分园、中关村天合科技成果转化促进中心秦皇岛分中心、中关村天合（秦皇岛）科技成果转化研究院、北京市科学技术研究院秦皇岛高新技术产业园等秦皇岛开发区对接京津协同发展的主要成果，并提出将按照“引进一个龙头企业，带动一个产业集群”的思路，扭住龙头不松手，瞄准京津重大项目、战略投资和关键技术，着力引进具有产业带动能力的大项目。40 余家国内主流媒体的代表参加。

（程晓荷）

【中关村资本大厦落成】12 月 30 日，中关村资本大厦落成启用仪式举行。大厦由北京城建集团有限责任公司自行投资、设计、建设、经营，是集办公、商业、会议、休闲于一体的综合智能化商业楼宇。大厦位于海淀区学院南路 62 号，总建筑面积 8 万余平方米，其中地上 13 层，地下 3 层，建筑高度 60 米。北京城建集团将与海淀区政府联手将大厦打造为国家级互联网金融双创示范基地。根据与海淀区金融办签订的关于中关村资本大厦合作的框架协议，入驻大厦且工商注册和税务登记在海淀区的科技金融类企业，参照有关规定，对区域经济社会发展有突出贡献的科技金融类

企业，给予前两年 50%、第三年 30% 的补助；还可给予工商注册、人才落户、子女入学等支持，同时提供协助与金融监管部门对接等服务。

（曾　佳）

【实创公司经营态势良好】年内，北京实创高科技发展有限责任公司实现总收入 39.70 亿元，利润总额 29118 万元，上缴税费 27154 万元，净利润 24489 万元。截至年底，实创公司资产总额为 226.96 亿元，净资产 18.85 亿元，其中归属母公司净资产 18.52 亿元。

（孙燕艳）

【33 个中关村北部园区项目开复工】年内，中关村北部三大园区开复工项目 33 个，开复工面积 317 万平方米。其中，中关村软件园的新浪总部研发楼、百度科技园二期等项目竣工，腾讯总部结构封顶；永丰基地的中关村壹号、四维图新、大唐电信等项目处于室内外装修施工阶段，集成电路产业设计园处于结构施工阶段；翠湖科技园的央行清算中心、国开行数据中心处于收尾阶段，农业银行数据中心、建行数据中心等项目处于装修和设备安装阶段。全年共 12 个产业项目竣工，新增产业空间 160 万余平方米。

（程晓荷）

【中关村创业大街接待参访团队 600 余批】年内，中关村创业大街接待各级参访团队 600 余批，累计 1.7 万余人次，其中海外 110 余批，涉及 29 个国家和地区的 3000 余人次。截至年底，中关村创业大街及其入驻机构累计孵化创业团队 1500 余个，其中海归和外籍团队近 200 个；600 余个团队获得融资，总融资额超过 65 亿元；累计举办各类创业活动 2800 余场次，形成一批品牌活动，参与人数超过 28 万人次；汇聚 40 余家国内外优秀创业服务机构，入驻机构在全国各地设立分支机构 150 余家。

（徐　建）

【中关村协同创新服务平台会员超 2000 家】年内，中关村协同创新服务平台网站累计注册会员 2241 家，促成服务交易金额约 2 亿元。加强与各类研发服务平台的合作，增设创新驿站 28 家，新增创新导师 275 人，新增服务机构 278 家。海淀区科技项目公开招标平台征集各类需求信息 687 项，已匹配相应资源的信息 300 余项，对接项目 137 项，促成招标项目 31 项。

（程晓荷）

【海淀园重点技术领域总收入 18355.4 亿元】年内，海淀园重点技术领域总收入 18355.4 亿元。其中，电子信息领域在产业发展中领先，收入 12433.6 亿元，占总收入的 67.7%；新材料领域收入 1016.9 亿元，占总收入的 5.5%；新能源与节能领域收入 884.6 亿元，占总收入的 4.8%；先进制造领域收入 685.5 亿元，占总收入的 3.7%；环境保护领域收入 441.0 亿元，占总收入的 2.4%；生物医药领域收入 280.0 亿元，占总收入的 1.5%；其他领域收入 2613.8 亿元，占总收入的 14.2%。

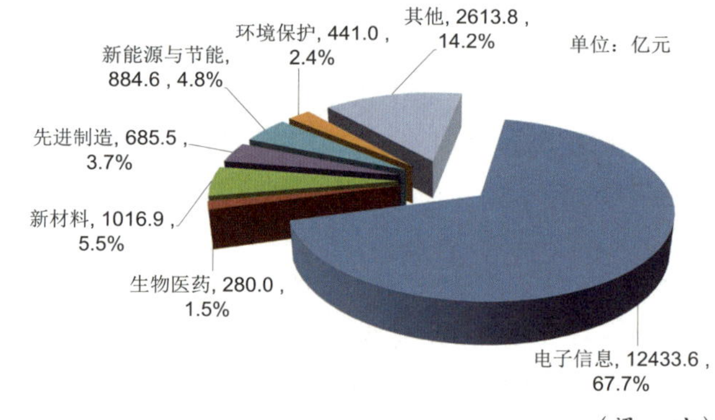

（梁　冰）

昌平园

1991 年 11 月，北京市新技术产业开发试验区昌平园区成立；1999 年 6 月纳入中关村科技园区，更名为中关村科技园区昌平园；2002 年，昌平园进行范围调整，政策区域面积 500 公顷；2005 年，昌平园规划范围重新认定，总面积 1148 公顷；2009 年 3 月，经国务院批复，成为中关村国家自主创新示范区昌平园；2012 年 10 月，昌平园政策区范围调整为 5140.71 公顷，包括 29 个地块，由中心区、未来科技城、中关村生命科学园、国家工程技术创新基地、北汽福田新能源汽车产业基地、三一产业园等重点功能区及部分镇级开发区组成，形成能源科技、生物医药、新一代信息技术、高端现代制造四大支柱产业。昌平区南部地区整体纳入中关村核心区和北部产业带范围，肩负建设"一城一带"重大任务，在中关村示范区"两城两带、六高四新"的产业发展格局中，昌平园占据"一城"——未来科技城、"一带"——北部研发服务和高新技术产业带、"一高"——北京科技商务区。未来科技城位于昌平区东南部，入驻中国海洋石油总公司、鞍山钢铁集团公司等 14 家央企。北京科技商务区包括科技金融岛、科技商务中心区等，其中生命科学园作为国家级生物技术和新医药高科技产业的创新基地，入驻博奥生物集团有限公司等高科技生物医药企业。国家工程技术创新基地位于园区南部，以新材料、新能源、重大装备等高新技术研发为主。昌平园怀来分园重点发展生物医药、高端装备制造等产业。20 余年来，昌平园入园企业数量由建园初期的 90 余家发展到目前的 3778 家，其中国家级高新技术企业突破 800 家。世界 500 强中国石油天然气集团公司等的相关企业入驻园区，涵盖新能源、节能环保、新医药等新兴产业领域；拥有上市企业 20 家，新三板企业 60 家，"十百千工程"企业 35 家。园区创新创业活力不断提升，汇聚 14 所重点高校及其新校区、分校区，18 个国家级科研机构，11 家博士后科研工作站，11 家博士后科研工作分站，3 家创新实践基地工作站，3 家院士专家工作站。企业孵化环境不断改善，已构成总面积近 140 万平方米的孵化网络，启动国内首家双创社区——回 + 双创社区，共有大学科技园、海创园、孵化器等创业机构 42 家，其中国家级孵化器 4 家。园区企业 可享受国家、北京市、中关村示范区的各项优惠政策。

昌平园管理委员会领导成员

主　　任	贺　军
工委书记 常务副主任	张劲柏
副 主 任	颜　梅（女）　康巍巍（女） 姚春增　王晨光
工委副书记	高　芬（女）

中关村国家自主创新示范区昌平园规划范围示意图

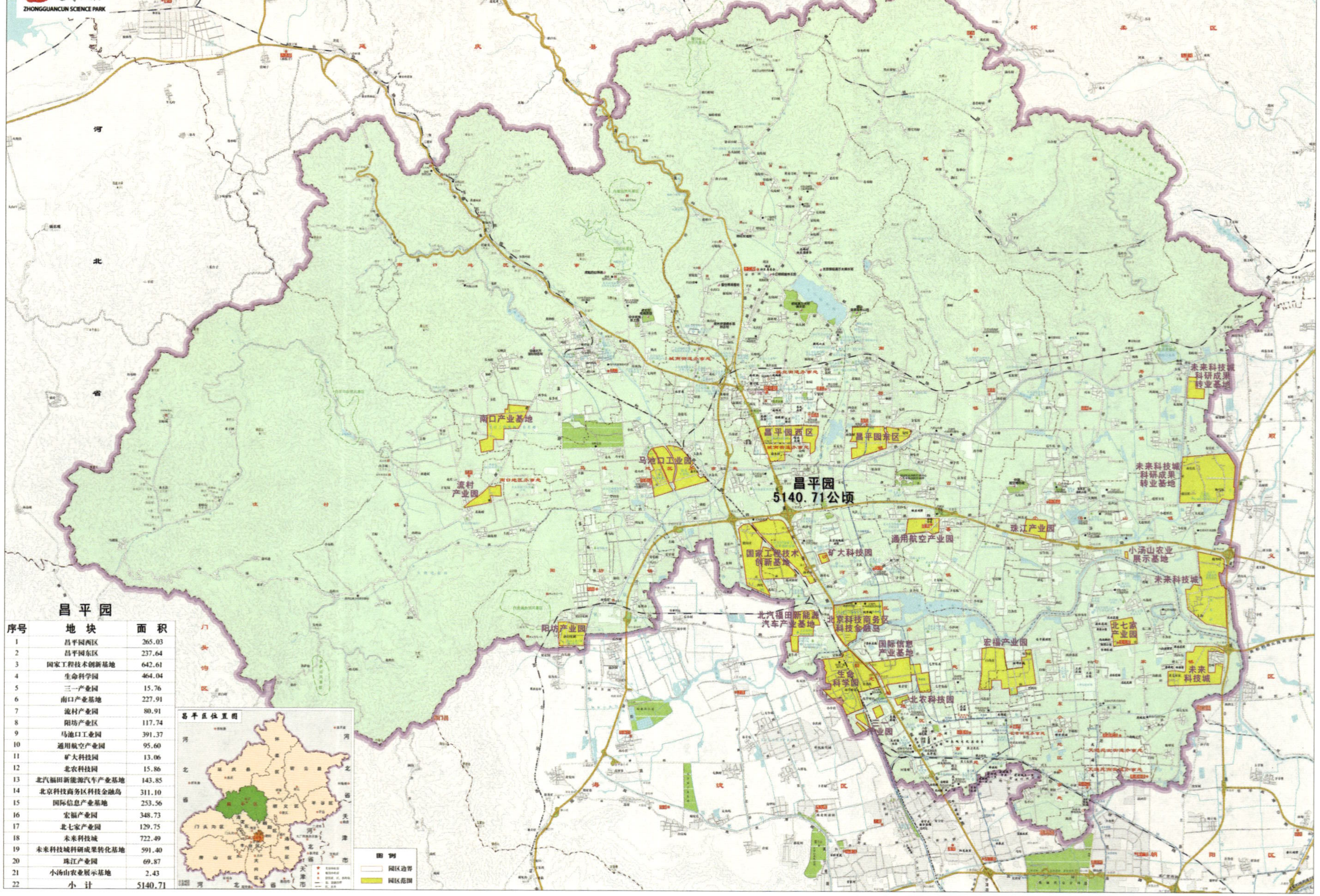

昌平园
5140.71公顷

图例
园区边界
园区范围

昌平园

序号	地块	面积
1	昌平园西区	265.03
2	昌平园东区	237.64
3	国家工程技术创新基地	642.61
4	生命科学园	464.04
5	三一产业园	15.76
6	南口产业基地	227.91
7	流村产业园	80.91
8	阳坊产业区	117.74
9	马池口工业园	391.37
10	通用航空产业园	95.60
11	矿大科技园	13.06
12	北农科技园	15.86
13	北汽福田新能源汽车产业基地	143.85
14	北京科技商务区科技金融岛	311.10
15	国际信息产业基地	253.56
16	宏福产业园	348.73
17	北七家产业园	129.75
18	未来科技城	722.49
19	未来科技城科研成果转化基地	591.40
20	珠江产业园	69.87
21	小汤山农业展示基地	2.43
22	小计	5140.71

昌平区位置图

【概况】2016年，昌平园经济继续保持稳定发展态势。年内，园区入统高新技术企业总数2456家；从业人员16万人；工业总产值883.1亿元；总收入3669.1亿元；进出口总额27.5亿美元；实缴税费总额160.7亿元；利润总额203.1亿元；资产总计5810.2亿元；科技活动经费支出总额133.9亿元；专利申请数5948件，专利授权数3440件。

加大招商空间承载。实施回购北京康比特体育科技股份有限公司1.2公顷土地等腾笼换鸟项目5个，盘活土地资源8.87公顷；启动回+天通苑双创社区建设，总建筑面积20万平方米，包括宅创部落和极客丛林两个项目；未来科技城市政基础设施基本建成，融资环境日益优化，累计中国海洋石油总公司等14家央企入驻，共引进企业181家，投资1亿元以上的企业33家。

推动重大项目建设。中国交通建设集团子公司中交星宇科技有限公司等优质项目落地未来科技城；北京大学医学部血管疾病社区防治中心落户北大医疗产业园，主要开展与心血管疾病相关的新药研发、生产及临床试验。北京颖泰嘉科研办公楼项目、北京世纪华盛C3文化娱乐项目、北大国际医院行政办公楼项目竣工；中关村生命科学园医药科技中心项目开工建设，将打造成中小医药科技企业发展中心。

提升园企科技含量。15项成果获2016年度北京市科学技术奖，其中北汽福田汽车股份有限公司参与两个一等奖项目的研发。北京贝瑞和康生物技术股份有限公司独立研发的环化单分子扩增和重测序检测技术方法、试剂盒获国际专利，主要应用于遗传病检测和无创肿瘤检测；博奥生物集团有限公司和清华大学联合完成的一种微纳升体系流体芯片的检测系统及检测方法获第十届北京发明创新大赛金奖，广泛应用于食品安全、临床医疗等领域；新时代健康产业（集团）有限公司成为健康服务国家标准工作组组长单位，参与中医药管理局《中医药保健服务标准研究》中健康服务相关国家标准的制定；北京品驰医疗设备有限公司生产和销售的脑起搏器系统通过欧盟CE认证，意味着产品具备进入欧盟市场的能力和资格；爱博诺德（北京）医疗科技有限公司自主研发的普诺明肝素表面改性散光矫正型人工晶体获食品药品监管总局审核，将改善白内障患者术后的生活质量。北京万泰生物药业股份有限公司等13家企业入选市科委、市发展改革委等7家单位评定的G20工程。

促进科技金融发展。举办企业知识产权金融培训班，为中小企业开展知识产权质押融资营造良好环境；成立“双创”金融服务联盟，加强区内外金融机构之间信息沟通和业务合作；北京未来科技城基金管理有限公司落户园区，专注于非证券业务和股权的投资管理；设立昌平中小微企业双创发展基金，服务于国内双创示范城市的科技金融环境建设。百济神州（北京）有限责任公司在美国纳斯达克交易所挂牌，上市企业总数20家；北京宏福科技孵化器股份有限公司等18家企业挂牌新三板，挂牌企业总数60家。

优化双创服务环境。昌平区入围国家小微企业创业创新基地城市示范名单；制订、发布《昌平双创服务平台认定及支持办法》等政策，对双创空间载体、公共服务平台以及符合条件的科技金融机构给予政策和资金支持；授予北大医疗产业园、禾芫科技孵化器北京市众创空间称号，禾芫科技孵化器、生命园孵化器中关村国家自主创新示范区特色产业孵化平台称号；宏福孵化器获2016年中央引导地方科技发展专项立项；华电科技园获批国家级科技企业孵化器，并被授予留学回国人员实习基地；北京华电天德科技园有限公司华电能源电力产业园获批第二批国家小型微型企业创业创新示范基地；北京市首家专门服务双创的工商登记注册分中心在回+双创社区成立，为入驻企业打开一条登记注册的绿色通道；成立回+双创社区知识产权服务中心，为小微企业提供服务通道。

推动科技平台建设。与清华大学施一公院士在生命科学园共建创新药物科学实验平台，组织实施成果产业化；全国知识产权运营公共服务平台落户昌平园，将打造最专业、最高端的知识产权服务聚集区和创新发展实验区；中关村关联联合绿通平台运营良好，服务范围由北京市辐射至津冀；人人实验科研服务平台上线运营步入正轨，完成近500家单位5万余项科研设施、设备的上线服务。

推进科技人才建设。博奥生物集团有限公司程京院士获第九届谈家桢生命科学成就奖；北京神雾环境能源科技集团股份有限公司董事长吴道洪博士被授予“当代发明家”荣誉称号。3家企业的人才入选2017年度科技北京百名领军人才培养工程，7家企业的人才入围北京市第十二批“海聚工程”，15家企业的人才获2016年中关村示范区高端领军人才工程技术系列高级工程师（教授级）专业技术资格。至年底，昌平园拥有中关村高端领军人才91人，其中，“千人计划”32人、“海聚工程”49人、“高聚工程”10人。

（万　玮）

【APEC燃料电池国际论坛举办】1月18—19日，由国电新能源技术研究院承办的APEC2016燃料电池国际论坛在京举办。来自中国、美国、加拿大等国家的燃料电池领域专家、学者，相关协会、企业的代表等400余人参加。论坛围绕国内外燃料电池发展趋势、固定式燃料电池发电技术及应用前景、交通用燃料电池产业及技术、氢能及其基础设施四大主题，探讨国内外燃料电池技术的发展趋势，交流燃料电池领域的研究机构、企业的研究成果和实践经验，针对技术瓶颈提出解决方案，旨在促进燃料电池技术提升。中国工程院院士衣宝廉、美国燃料电池和氢能协会主席莫里·马克维茨（Morry Markowitz）以及丰田汽车（中国）投资有限公司、北京戴姆勒汽车有限公司等企业的代表结合各自研究领域和工作经验做了主题报告。

（万 玮）

【爱博诺德公司获批设立博士后科研工作站】 1月，市人力社保局、全国博士后管委会批准爱博诺德（北京）医疗科技有限公司建立博士后科研工作站。工作站由爱博诺德公司董事长、“千人计划”入选者解江冰，市优秀人才培养计划、市科技新星入选者王曌领衔，拟开发新型眼科医用生物材料和适合中国人病理特征的高端眼科医疗产品，掌握高端医疗器械产品的精密加工工艺和系统集成能力。至年底，昌平园共有博士后科研工作站11家，博士后科研工作分站11家，在站博士后26名，在研课题涉及生物医药大健康、能源环保、信息技术等领域。

（万 玮）

【CODCr水质在线自动监测仪入选水利推广指导目录】 2月16日，水利部科技推广中心印发《2016年度水利先进实用技术重点推广指导目录》，由北京雪迪龙科技股份有限公司郜武、张尔刚、曹兵等研发的CODCr水质在线自动监测仪位列其中。仪器专有的试剂配比可测量氯离子每升6000毫克含量的水样，极高浓度的水样也可通过稀释系统进行测量，蠕动泵加进样阀岛方式进样，蠕动泵并不与样品、试剂直接接触，进样的体积由光电定量系统控制；通过比色测量水中的化学需氧量（CODCr）浓度的在线分析仪器，能够长期无人值守地自动监测各种水体中的CODCr。产品可应用于废（污）水排放点源、地表水等有机物化学需氧量的在线自动监测，测量结果准确。

（万 玮）

【华能清能院与华能新疆公司签署合作协议】 2月18日，由中国华能集团清洁能源技术研究院有限公司主办的合作框架协议书签约仪式在未来科学城华能人才

创新创业基地举行。根据协议，华能清能院将与华能新疆能源开发有限公司建立长效联系机制，在可再生能源发电技术、煤炭清洁高效利用技术、弃风消纳技术和清洁燃料开发技术等领域开展合作，通过优势互补，互相促进，推进清洁能源前沿技术的研发和推广。签约双方单位相关负责人参加。

（万 玮）

【合作开发昌平南邵07地块项目】 2月26日，北京昌平科技园发展有限公司、泰禾集团股份有限公司在京举行昌平南邵07地块项目合作开发签约仪式。双方将共同出资开发该地块，泰禾集团持有80%股权，昌发展公司的子公司北京昌基置业有限公司持股20%。南邵07地块位于昌平新城东区核心区，紧邻地铁昌平线南邵站，占地面积4.88公顷，地上建筑面积12万余平方米，将与泰禾集团独立开发的20余万平方米的54号地块连片开发，总建筑面积32万余平方米。项目涵盖地标性办公、时尚商业中心、高端居住、酒店式人才公寓等业态，其中12万平方米的住宅项目，将打造高品质与差异化的精品住宅，6万余平方米的商业地块上，将建造北京地区首个高端商业综合体泰禾广场，同时还将打造3万余平方米的精品写字楼。12月，项目动工，并成立运营公司——北京昌基鸿业房地产开发有限公司。

（万 玮）

【中核工业公司与中海阳公司签署合作协议】 3月22

日，中国核工业二三建设有限公司、中海阳能源集团股份有限公司战略合作协议签约仪式在京举行，双方相关负责人参加。根据协议，双方将发挥各自在资源、市场、技术等方面的既有优势，形成联合体，共同参与国内外光热电站EPC总包业务，可联合投标，分工协作；各自主导开发的项目，优先选择对方为合作伙伴；在符合政策的前提下，双方可合资成立项目公司，投资国内外光热电站；共同针对太阳能光热发电的核心技术进行交流和合作研发，拓展综合应用领域的核心竞争优势，共享通过合作研发所获得知识产权。

（万　玮）

【非球面人工晶体列入国家科技成果转化推广信息】3月24日，科技部发布第二批国家科技计划重点科技成果转化推广信息。爱博诺德（北京）医疗科技有限公司的非球面人工晶体作为人口健康技术领域代表项目入选。普诺明一片式高次非球面人工晶状体为可折叠式，植入眼内的手术时间短、创伤小，只需2～3毫米的切口即可。产品为疏水性丙烯酸酯材质，临床证实有良好的生物相容性与黏性，能有效避免前囊膜混浊（PCO）、后囊膜混浊（ACO）的发生；高次非球面设计，利用非球面方程高次项来补偿人工晶状体在偏心和倾斜状态下产生的高阶像差（主要为彗差、三叶像差），视觉效果高；突破性后凸设计，使人工晶状体更接近人眼的自然晶状体形状，减少囊袋褶皱的发生；后部支撑设计，由1.5度襻夹角和后凸组成，确保人工晶状体与后囊帖服更紧密，增加旋转和轴向稳定性，降低PCO的发生率。

（万　玮）

【福田汽车公司推出轻型商用车6款系列新品】3月26日，在图雅诺杯——2016（第八届）福田奥铃中国勒芒轻卡耐力赛启动仪式上，北汽福田汽车股份有限公司推出奥铃纯电动汽车、奥铃CTX欧Ⅵ、奥铃TX城市物流车、图雅诺纯汽车、风景G9纯电动、图雅诺S自动挡轻型商用车6款系列新品。其中，奥铃纯电动汽车是一款零污染、零排放的绿色轻卡，采用福田汽车公司自主研发动力电池BMS系统，电机最大扭矩1000牛顿·米，最高时速90千米/时，百公里最低耗电30度，续航里程240千米，具备高效节能、安全可靠、舒适环保的特点；奥铃CTX欧Ⅵ在奥铃CTX科技版国Ⅴ基础上，配装康明斯ISF系列3.8升/2.8升柴油欧Ⅵ发动机，可实现2万千米间隔保养、50万千米无大修，在舒适性、节能性、可靠性等方面表现出均衡性的高水平；奥铃TX城市物流车采用五十铃4J28TC发动机，额定功率81千瓦，最大扭矩280牛顿·米，发动机通过高温、高原、高寒地区适应性标定，适合国内各地区使用。

（万　玮）

【高性能熔融碳酸盐燃料电池电极研制成功】4月9日，中国华能集团清洁能源技术研究院有限公司研制出高性能熔融碳酸盐燃料电池电极。项目组经多年自主开发，采用水溶性的羧甲基纤维素钠（CMC）为黏结剂，

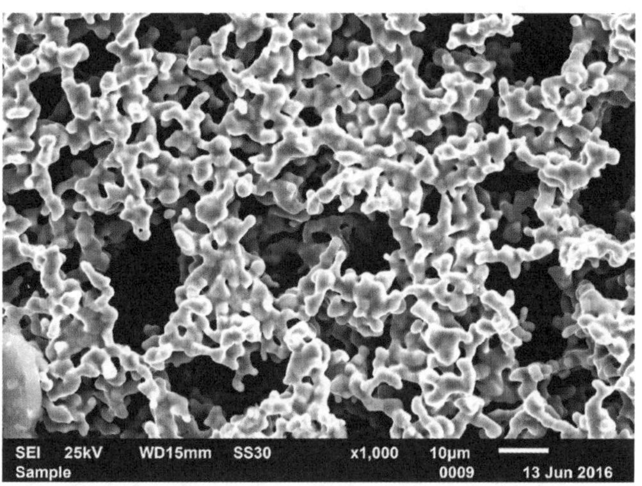

通过流延法成功制备出高性能指标的镍电极，电极孔隙率范围可控制在50%～70%，最大面积可达800毫米×400毫米，装配在有效面积为225平方厘米的单电池中，在常压、700毫伏特放电电压的条件下经过72小时的连续性能测试，最大放电电流42.7安培，最大电流密度每平方厘米190毫安，同等测试条件下输出功率为之前单电池性能的两倍，具有不需要贵金属作催化剂、燃料来源广、可实现热电联供等优点，主要应用于大功率（兆瓦级）的分布式电站。产品在华能清能院5千瓦、10千瓦级熔融碳酸盐燃料电池发电试验中应用，且建立两条小型的电极中试生产线。同时，实验室与相关企业合作，共同实现熔融碳酸盐燃料电池的商业化运行。

（万　玮）

【无循环甲烷化工艺包通过评审】4月27日，由中国石油和化学工业联合会组织的年产13亿立方米合成天然气无循环甲烷化工艺包评审会在京召开。项目由北京华福工程有限公司完成。新工艺取消循环气压缩机，实现工艺技术、催化剂及核心装备的国产化，装置综合能耗降低25%以上，投资减少20%以上；通过氢碳比的分级调节、精准控制，产品质量更加稳定易控；采用自主开发的耐高温甲烷催化剂，性价比更优；开发内置废热锅炉的轴径向甲烷化反应器，流程简洁，易于大型化。工艺包符合《石油化工装置工艺设计包（成套技术工艺包）内容规定》（SHSG—052—2003）要求，

成功应用“无循环甲烷化工艺”“氢碳比分级调节”“耐高温甲烷化催化剂”等技术，各项设计指标满足大型甲烷化装置建设需要，具备行业内推广应用的条件。成果历经8年研究，2015年在中试装置上获成功，应用于内蒙古港原化工有限公司年产1亿立方米液化天然气项目中。由中国工程院院士金涌等组成的专家评审组对工艺包的设计完整性、合理性及缜密性给予肯定，一致同意项目通过评审。

（万　玮）

【未来科技城公司发行第一期私募债5亿元】 4月29日，北京未来科技城发展集团有限公司经中国银行间市场交易商协会批准，获33亿元私募债的注册额度，有效期两年。10月25日，未来科技城公司通过簿记建档方式发行2016年第一期私募债，额度5亿元，票面利率3.5%，较同期贷款基准利率下浮26.32%。募集资金全部用于偿还银行贷款，以有效降低公司融资成本，优化债务结构，同时将根据后续资金情况在有效期内分期发行剩余28亿元额度的私募债。

（范丁波）

【2016北京·昌平金融峰会举行】 5月10日，由市金融局、中关村管委会、昌平区政府主办的2016北京·昌平金融峰会在京举行。市经济信息化委、昌平园管委会等单位相关负责人以及光大永明资产管理股份有限公司等100余家金融机构的300余位代表参加。会议围绕“资本助力创新创业”主题进行推介，从多角度分析昌平区的资本市场，产业格局、投资环境等；主题演讲以“2016，股权投资大时代！”“科技+资本的爆发力”切入，探讨双创背景下的投资新机遇；三大专场分别聚焦大健康、能源环保、智能制造重点产业。会上，昌平区“双创”金融服务联盟成立，包括股权投资、银行、保险等机构在内的近50家成员单位将为园区企业融资、上市、并购重组等提供综合解决方案和联动金融服务；昌平区政府发布《昌平区“双创”金融集聚示范区支持政策》；昌平园管委会、昌平区发展改革委、国投创合（北京）基金管理有限公司等8家单位共同启动昌平园母基金，且对《中关村昌平园母基金体系发展规划报告》进行解读，介绍母基金的优势、运营载体、基金规模、投资策略和发展思路以及“十三五”期间母基金的“三步走”战略和发展目标。

（万　玮）

【昌平区“双创”金融集聚示范区支持政策出台】 5月10日，在2016北京·昌平金融峰会上，昌平区政府发布《昌平区“双创”金融集聚示范区支持政策》（昌政办发〔2016〕13号）。《支持政策》主要为吸引金融、科技等创新创业要素在回龙观双创社区聚集，运用金融资本力量激活创新潜能，构建创新创业生态体系，打造“双创”金融集聚示范区。《支持政策》对依法新设立或新迁入双创社区核心区的各类科技金融机构和个人，在购房补贴、租房补贴、人才奖励、引导基金、服务措施等方面予以支持，并明确具体的支持办法。

（万　玮）

【循环流化床锅炉获北京发明创新大赛银奖】 5月10日，在北京发明创新大赛10届回顾活动上，中国华能集团清洁能源技术研究院有限公司申报的“循环流化床锅炉新型耐磨防漏渣通用风帽研制及工程应用”项目获第十届北京发明创新大赛银奖。项目提出“新型耐磨防漏渣风帽”的技术概念，全面研究不同类型风帽的结构形式，分析风帽的阻力特性和磨损、漏渣机理，绘制风帽设计型谱；建立风帽数值模拟的数学模型和计算方法，完成结构完善优化和工程应用。项目2015年获发明专利授权，生产风帽2.7万余支，年更换率仅为1%～3%，提高循环流化床锅炉的可用率和连续运行周期，减轻检修维护工作量和生产成本。

（万　玮）

【昌平区入围国家小微企业创业创新基地城市示范名单】 5月16日，财政部、工业和信息化部、科技部、商务部、工商总局联合印发《2016年小微企业创业创新基地城市示范入围名单公示》，昌平区以回+双创社区作为主要载体入选，北京地区仅此1家，示范期为2016—2018年，国家将在资金、政策等方面给予大力支持和特殊倾斜。回+双创社区2015年11月启幕，拥有三大优势，即：打造最创新的中国业城融合典范。依托回龙观、天通苑两大社区高密度、多元化人群聚集区，通过双创社区引入高端产业，实现“在家门口就业、在家门口创业”，促进区域“业城融合”；创业创新基础环境北京市最优。在创业培训等公共服务上细致贴心，且整合优质资源，成立中关村生命科学联合创新服务平台、人人实验科研服务平台等，提供稀缺性服务，促进小微企业创新和研发升级；创业创新空间增量北京市第一。至年底，昌平区累计打造各类双创空间载体 42 家，总建筑面积 177 万平方米，计划到 2018 年底，完成载体建设 228 万平方米。12 月，昌平区政府出台《昌平区小微企业创业创新基地城市示范专项资金管理办法》（昌政办发〔2016〕33 号），规范小微企业创业创新基地城市示范专项资金管理。

（万　玮）

【全国知识产权运营公共服务平台落户昌平园】 5 月，知识产权局、昌平园管委会及相关公司签署《中关村科技园区昌平园管理委员会关于全国知识产权运营公共服务平台落户昌平合作协议书》。根据协议，昌平园在人才居住、子女教育、医疗、交通等方面为平台落地提供保障。平台将承担形成和完善全国知识产权交易价格发现机制、整合专利交易信息、提供公益性服务、规范服务标准、开展人才培养、促进业务协作等任务。平台是国家“十三五”规划中关于加强知识产权运用、建设知识产权运营交易和服务平台的重要项目，将采用云计算环境提供知识产权信息服务的方式，呼应“互联网 +”、云计算、大数据的战略部署要求，打通各个环节的信息壁垒。由中国专利技术开发公司、知识产权出版社有限责任公司、中国专利信息中心共同注资成立的华智众创（北京）投资管理有限公司将全面承担平台建设和平台运营公司组建任务。[2014 年，财政部、知识产权局联合下发《关于开展以市场化方式促进知识产权运营服务工作的通知》（财办建〔2014〕92 号），试点核心内容是建设“全国知识产权运营公共服务平台”。]

（万　玮）

【北京品驰公司两项产品获注册批准】 6 月 12 日，食品药品监管总局《关于批准注册医疗器械产品公告》（2016 年第 117 号）印发，北京品驰医疗设备有限公司的植入式迷走神经刺激脉冲发生器套件（国械注准 20163210989）、植入式迷走神经刺激脉冲电极导线套件（国械注准 20163210990）获批。发生器套件由脉冲发生器、测试电阻、力矩螺丝刀和控制磁铁组成；电极导线套件由电极、造隧道工具（包括穿刺工具和套管）和固定夹组成。两个产品配合使用，对药物不能有效控制的难治性癫痫患者，各种原因无法进行开颅手术或开颅手术后仍发作的癫痫患者均能起到控制作用，具有创伤小、无须开颅、效果随时间延长会越来越好等优势。

（万　玮）

【关于大力推进大众创业万众创新的实施意见出台】 6 月 13 日，昌平区委四届十二次全会审议通过《中共北京市昌平区委 北京市昌平区人民政府关于大力推进大众创业万众创新的实施意见》（京昌发〔2016〕8 号）。《实施意见》主要从构建双创服务体系、优化双创空间布局、聚集双创资源要素、改善双创政策环境等方面，对推动双创工作进行具体安排和全面部署，明确昌平区双创工作的近、远期目标和具体任务。

（万　玮）

【四季沐歌公司参加上海国际水展】 6 月 15 日，在第九届上海国际水展上，北京四季沐歌太阳能技术集团有限公司携家用系列悦净、畅享、水金刚，商用系列卫视窗、校园饮水机、自动售水机等多款中高端净水

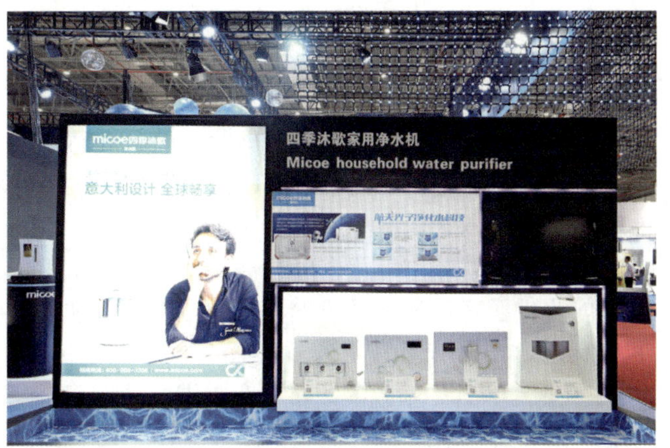

产品参展，囊括冷热一体机、软水机、管线机等品类，其中 Z 系列、ZERO 为首次发布。Z 系列净水机采用 PE 材质滤芯，抗腐蚀，柔韧性强、表面光滑，可再生清洗，有效抑制细菌滋生；设有智能 LED 显示，可监控滤芯状态，及时提醒滤芯更换，避免污染，零费电、零废水；无储水桶设计，可节省用户的厨下空间。ZERO 净水机设计有以 RO 膜为核心的一体式复合滤芯，可保证水质深度净化；净水箱中放置深紫外线杀菌系统，可有效避免二次污染。四季沐歌公司与德国奈固公司旗下的 AQUER（阿古尔）净水品牌联袂同台布展，并与其举行品牌合作战略发布会，双方将在产品线上进行互补，在渠道上共享合作。

（万　玮）

【大庆市政府与神雾集团签订合作协议】 6 月 28 日，大庆市政府与北京神雾环境能源科技集团股份有限公司就大庆林源煤炭分质清洁利用项目签署战略合作框架协议，双方相关负责人参加签约仪式。项目位于大庆高新区林源园区，由北京神雾集团与大庆高新区共同出资建设，总投资约 152 亿元，总规模为年处理 1500 万吨原煤。项目分两期开发，主要应用神雾集团的煤炭快速热解技术，建设 120 万吨 / 年褐煤快速热

解装置3套、60万吨/年乙二醇装置、50兆瓦背压式汽轮发电机组自备电站3座及其相关配套公辅设施等。9月26日，项目开工建设。

（万　玮）

【校企共建教学实践基地】 7月1日，由北京首冶新元科技发展有限公司主办的北京大学经济学院－新元科技园实践基地签约授牌仪式在新元科技园举行。根据协议，校企双方将共同在专利、企业文化、网络经济等方面开展理论研究和实践课题，让学生在学到企业经营模式的同时，还可将理论与实践相融合，实现创新创业。新元科技园位于沙河镇，由昌平区国资委下属北京首冶新元科技发展有限公司独立建设运营，2012年纳入中关村示范区并获“北京市第一批小企业创业基地”授牌。园区入驻企业100余家，涉及集成电路、智能装备物联网、节能环保、新能源等领域，建有八大公共服务平台，其中的大学生实践平台，陆续安排高校学生来园区进行社会实践，为园区企业提

供人才资源储备。

（万　玮）

【国电新能源研究院工程项目获绿色建筑标识证书】 7月1日，国电新能源技术研究院工程项目获住房城乡建设部颁发的中国绿色建筑评估标准中的最高级别认证“三星级绿色建筑标识证书”，并获政府绿色建筑经费补助。项目设计上围绕节能、节水、节材、环保，采用地热系统、风光储一体化系统、雨水回用系统、节能照明系统、楼宇智能化控制系统等先进的新技术、新材料，在建筑节能率、可再生能源利用率、非传统水源利用率、住区绿地率、可再生建筑材料用量比、室内空气污染物浓度、物业管理等方面的评价指标，均达到国家三星级绿色建筑评价标准。项目2010年8月开工建设，规划建设用地14.2公顷，总建筑面积24.3万平方米，由3栋单体科研楼、研发群楼和3座实验厂房组成，2013年6月整体入驻。（《绿色建筑评价标准》由住房城乡建设部制定，其中三星级为中国绿色建筑评估标准中的最高级别。）

（万　玮）

【三方合作实施煤炭分质清洁利用项目】 7月8日，在第二十二届中国兰州投资贸易洽谈会重点项目签约仪式上，北京神雾环境能源科技集团股份有限公司、金

川有色金属（集团）股份有限公司、金昌市政府三方签署煤炭分质清洁利用多联产40万吨/年聚乙烯项目合作协议，总投资122亿元。项目将利用甘肃省当地丰富的煤炭、石灰矿等资源，采用神雾集团的“蓄热式电石生产新工艺”“煤炭快速热解耦合火力发电节能脱硝一体化新工艺”“乙炔加氢制乙烯新工艺”，生产电石中间产品，继而以电石为原料生产聚烯烃，副产乙二醇、电石渣、焦油、丁烯等。项目总规模为120万吨/年电石、40万吨/年聚乙烯。

（万　玮　杜　玲）

【燃烧前二氧化碳捕集装置建成】 7月10日，科技部高技术中心组织专家组对国内首套燃烧前二氧化碳捕集装置进行72小时满负荷连续运行测试。装置采用低水气比耐硫变换等工艺，使合成气中的一氧化碳通过与水蒸气发生变换反应，完全转化为二氧化碳和氢气，在常温下经硫碳共脱化学吸收工艺，将合成气中的二氧化碳和硫化氢脱除，经再生工艺，使二氧化碳和硫化氢分别解析，回收得到98%以上纯度的二氧化碳和单质硫，分离的二氧化碳压缩液化后可实现工业利用，分离的氢气可回注燃气轮机或燃料电池系统发电。二氧化碳的捕集率达90%以上，年捕集二氧化碳的能力

10万吨。装置由中国华能集团清洁能源技术研究院有限公司牵头，与10余家院所、高校和制造企业合作，历时5年，在华能（天津）煤气化发电有限公司建成，具有自主知识产权，是国家“十二五”“863”重点课题“基于IGCC的CO_2捕集系统研制”的组成部分。

（万　玮）

【昌平园15人获高级工程师（教授级）职称】7月11日，北京市高级专业技术资格评审委员会发布《2016年北京市高级专业技术资格评审结果公示（中关村直通车）》，77人通过高级工程师（教授级）专业技术资格评审。由昌平园管委会、未来科技城管委会推荐的中玉金标记（北京）生物技术股份有限公司卢洪、北京神雾环境能源科技集团股份有限公司曹志成等15位企业高端人才入选，涉及生物技术、信息技术、新能源汽车等领域。

（万　玮）

【合作开发分布式太阳能无线充电站项目】7月28日，聚力充电桩、共赢新能源——中海阳·亚孚石化分布式太阳能无线充电站项目合作签约仪式举行。根据协议，中海阳能源集团股份有限公司将与安徽亚孚石化能源有限公司共同开发建设合肥地区分布式太阳能无线充电站，首批示范项目建设地点为亚孚石化公司的3个加油站——合钢站、力达站、寿县站。项目将利用停车棚、加油站、服务区管理场所等闲置屋顶，架设分布式太阳能发电单元，用于补充电量或直接充电，并增加储能功能，满足新能源车的能量补给需求，同时也便于电网调峰，保障电力系统的安全。在新能源车充电方面，将力推“快充为主、储能为辅”的模式，采用“一车一桩”充电方式。

（万　玮）

【昌平区创新创业服务者协会成立】8月5日，昌平区创新创业服务者协会成立。协会由昌平园管委会牵头，北京昌科科技孵化器有限公司发起区内众创空间、科研机构、社会公益组织、高科技企业等自愿联合成立，是经昌平区民政局社会团体登记管理机关核准登记的非营利性社会团体，将在创新社区文化、培育创业服务机构、孵化优质项目以及实现技术、人才等要素的聚集等方面开展工作，包括组织技术开发、技术服务、技术培训、技术转让以及企业管理咨询、企业形象策划等相关活动，为创新创业主体提供专业化、集成化、便利化、国际化的服务，完善区域服务体系建设。首届会长为英诺天使基金创始合伙人李竹。

（万　玮）

【共建新能源与现代农业循环经济产业园】9月8日，新能源与现代农业循环经济产业园项目签约活动在晓清环保科技股份有限公司举办，项目投资方晓清环保公司、沧州市青县政府相关负责人分别代表各方签署《沧州市青县新能源与现代农业循环经济产业园协议书》。产业园位于沧州市青县流河镇，总投资约3亿元，包括日产2万立方米秸秆粪便制沼气工程、年产5000头肉牛的现代化养殖场、2.47兆瓦分布式光伏发电站、占地面积60余公顷的温室大棚等项目。

（万　玮）

【PD-1单抗BGB-A317获药物临床试验批件】9月12日，百济神州（北京）有限责任公司自主研发的创新型生物药PD-1单抗BGB-A317获食品药品监管总局（CFDA）颁发的药物临床试验批件，中国大陆成为继澳大利亚、新西兰、美国和中国台湾地区之后BGB-A317获临床试验许可的第五个地区。BGB-A317是一种正处于临床试验阶段的人源化单克隆抗体，是被称为“免疫关卡”抑制剂的新型肿瘤免疫制剂，可用于治疗多种实体和血液肿瘤。BGB-A317的作用机制是与细胞表面的PD-1受体结合，可抑制T细胞的活化，从而降低免疫系统的作用。BGB-A317对PD-1有很高的亲和性和特异性，且通过生物工程技术特异性可去除与Fcγ受体I的结合能力。（1月8日，百济神州公司的新药BGB-A317临床试验申请通过美国食品药品管理局的审评。）

（万　玮　陈　潇）

【中海阳玉门国家光热示范项目启动】9月14日，国家能源局印发《关于建设太阳能热发电示范项目的通知》（国能新能〔2016〕223号），中海阳能源集团股份有限公司承担的“玉门东镇导热油槽式5万千瓦光热发电项目”入选国家首批光热示范项目，技术路线为导热油槽式，7小时熔融盐储热，企业承诺的系统转化效率为24.6%。11月26日，项目奠基仪式在甘肃省酒泉市玉门东镇举行。项目建设装机容量50兆瓦，占地面积290公顷，槽式太阳能集热回路192个，熔融盐储热 9 小时，电站设计寿命 25 年。

（万　玮）

【循环流化床锅炉关键技术研发集成项目通过鉴定】 9 月 26 日，中国电机工程学会在京组织召开循环流化床锅炉关键技术研发集成与工程应用项目科技成果鉴定会。来自西安交通大学、清华大学等单位相关专家听取中国华能集团清洁能源技术研究院有限公司有关负责人的项目技术、测试、经济效益分析报告。项目针对循环流化床锅炉普遍存在的效率低、可靠性差、污染物排放浓度达标难度大等问题，通过理论研究、数值模拟、实验室及现场试验，研发新型耐磨防漏渣风帽、双偏心高效分离器、等效分离、布风补偿等关键技术，结合大数据分析，开展系统的技术集成与应用研究，并完成工程实践。项目获授权发明专利 9 件、实用新型专利 12 件，制定电力行业标准 1 项，出版著作 1 部。相关技术在 23 台 50 ~ 300 兆瓦等级循环流化床锅炉推广应用，降低超低排放改造投资和运行成本。

（万　玮　杜　玲）

【地中海贫血基因检测试剂盒获注册证】 9 月，由博奥生物集团有限公司自主研发的地中海贫血基因检测试剂盒（微阵列芯片法）获食品药品监管总局颁发的医疗器械注册证（证书编号：国械注准 20163401444）。产品采用微阵列芯片法，结果准确可靠，只需 4.5 小时，即可一次性同时完成 α－和 β－地中海贫血基因共 25 种突变的检测，并全面覆盖国内常见的地贫突变基因型，结果准确可靠，可辅助临床诊断，也可用于流行病学调查、婚检及新生儿检测等领域。

（万　玮）

【共建科学实验平台】 10 月 27 日，昌平区政府与清华大学施一公院士及团队签署共建科学实验平台合作协议，旨在使具有自主知识产权的创新药物研究和成果在昌平区实现产业化。实验平台由北京诺诚健华医药科技有限公司与北京昌平科技园发展有限公司增资设立的北京天诚医药科技有限公司运营管理，一期建设总面积约 8300 平方米。施一公院士为实验平台及产业化公司的科学顾问委员会主席，将主导实验平台的技术研究方向，并组建人才团队。至年底，位于北大医疗产业园的实验楼基本建成，设有化学实验室、生物实验室、动物房及 CMC 平台，采购约 3000 万元的专业科研仪器，汇聚一批“千人计划”专家和行业顶尖科学家。

（万　玮）

【蓄热式电石生产新工艺通过成果鉴定】 11 月 5 日，由工业和信息化部组织的“蓄热式电石生产新工艺成套技术开发及产业化示范”科技成果鉴定会在内蒙古自治区察右后旗召开。鉴定委员会的专家以及成果完成单位北京神雾环境能源科技集团股份有限公司相关人员 40 余人参加。项目采用热解技术将中低阶煤炭分级分质利用与电石生产系统耦合，通过对干法细粉成

型、蓄热式热解炉、高温固体热装热送、电石炉冶炼等技术的集成，形成蓄热式电石生产新工艺的成套技术与装备，解决传统电石行业高能耗、高污染、低效益的难题，并可副产大量的人造石油、人造天然气和合成气。成果具有完全自主知识产权，在内蒙古港原化工示范项目运行，系统稳定，设备作业率达 92% 以上，电炉年产量提升至 14 万吨 / 年，平均生产电耗降至 2819 千瓦时 / 吨电石，综合生产成本降低约 572 元 / 吨电石，综合能耗 710 标煤 / 吨电石，电石产品质量达到国家标准《碳化钙》(GB10665—2004) 优等品要求。

（万　玮）

【昌平区科技企业金融协会成立】 11 月 11—12 日，北京市昌平区科技企业金融协会成立大会在神华管理学院举行。昌平区政府、昌平区发展改革委等单位相关负责人以及北京昌平科技园发展有限公司、北京晨光昌盛投资担保有限公司等 40 余家企业的代表 60 余人参加。协会是由入驻及参与未来科技城发展建设的相关企业、金融机构、中介服务机构、社团组织等自愿联合发起成立的非营利性社会团体，首批会员 44 家，包括 4 家央企、22 家金融机构、12 家中介机构、6 家昌平园企业。协会将发挥服务职能，在政府、企业、投资机构之间开展金融与非金融企业投资业务的信息交流，加强各类创新研讨和业务合作，拓宽投融资渠道，为企业和金融投资机构的发展创造有利条件。北京未来科技城发展集团有限公司总会计师耿志云当选首届理事长。

（万　玮）

【普诺明肝素表面改性散光矫正型人工晶体获批】 11 月 24 日，食品药品监管总局印发《准产批件发布通知》，

由爱博诺德（北京）医疗科技有限公司研发的普诺明肝素表面改性散光矫正型人工晶体通过审批（准15—2869）。产品“后表面高凸”设计能够提高术后囊袋愈合速度，防止白内障再次发生；“高次非球面”与“面形独立分离”设计可降低手术难度，并使人工晶状体具有更好的术后视觉效果；“边缘等厚”设计可防止晶体旋转，精确、永久、稳定地矫正散光；材料表面“肝素改性”能提高人工晶状体的生物相容性，减少术后炎症的发生。产品适用于成年患者无晶体眼和原发性角膜散光摘除白内障后的视力矫正，旨在改善远视力，减少残余散光度及对远视力眼镜的依赖，改善白内障患者术后的生活质量。

（万　玮　杜　玲）

【未来科技城硅谷工作站设立】12月1日，北京未来科技城落户创新中心揭牌仪式在中关村硅谷创新中心举行。中国驻旧金山领事馆、中关村管委会驻硅谷联络处、未来科技城管委会等单位相关人员以及50余位硅谷科技企业、创投机构、新闻媒体的代表参加。硅谷工作站是未来科技城管委会结合国际人才社区建设需要，为推进国际化建设、抓取海外高端资源而设立的国际创新资源引进及国际交流合作平台。工作站将充分利用中关村示范区海外平台资源，长期开展高端人才引进、技术信息和项目信息交流、园区宣传推介、产业招商等工作。

（万　玮）

【《昌平双创服务平台认定及支持办法》审议通过】12月3日，第五十六次区政府专题会议审议通过《昌平双创服务平台认定及支持办法》（昌园委发〔2016〕2号）。《办法》明确双创服务平台的认定标准，确立评审机构和流程以及对获认定的双创服务平台予以支持的方式和标准。

（万　玮）

【共同筹建畜禽健康养殖研究分中心】12月5日，生物芯片北京国家工程研究中心畜禽健康养殖研究分中心（筹）签约仪式在博奥生物集团有限公司举行。签约双方相关负责人参加。分中心由北京农学院与生物芯片北京国家工程研究中心共建，将以市科委重大项目“动物疫病公共检测服务平台建设及生物芯片的研制开发”为契机，依托北京农学院农业生物制品与种业实验室，借助生物芯片北京国家工程研究中心和农学院的优势资源和人才队伍，开发出有特色、有差异化的畜、禽养殖技术和产品，促进生物芯片技术在畜禽健康养殖领域的应用和成果转化。

（万　玮）

【昌平中小微企业双创发展基金成立】12月15日，在2016回＋双创社区暨腾讯众创空间（北京）周年庆——“一起回家”活动中，昌平中小微企业双创发展基金合作签约仪式举行。基金由昌平区政府与北京市中小企业发展基金共同发起设立，规模为9亿元，是首只区域型中小基金，主要服务于回龙观、天通苑等地区双创社区的科技金融环境建设。基金运营单位北京昌平中小微企业双创发展基金有限公司与清科集团、盛景网联科技股份有限公司、丹华资本等机构达成合作意向，共建双创金融集聚示范区。

（万　玮）

【15项成果获北京市科学技术奖】年内，昌平园10家单位的15项成果获2016年度北京市科学技术奖。其中，8个项目为第一完成单位和独立完成单位，7个项目为参与完成单位。北京勤邦生物技术有限公司参与完成的“农产品中典型化学污染物精准识别与确证检测关键技术研究及应用”、北汽福田汽车股份有限公司参与完成的“纯电客车直驱600～2500Nm电机系统产品关键技术研发与产业化”和“汽车同轴并联混合动力机电耦合系统关键技术及其产业化应用”3个项目获一等奖。爱博诺德（北京）医疗科技有限公司解江冰等完成的“高次非球面人工晶体关键技术、系统与临床应用”等4家单位的6个项目获二等奖，中国华能集团清洁能源技术研究院有限公司许世森等完成的“大规模干煤粉加压气化工艺智能控制技术及应用”等5家单位的6个项目获三等奖。

（万　玮）

【昌平园盘活土地资源8.87公顷】年内，昌平园实施腾笼换鸟项目5个，盘活土地资源8.87公顷。北京康比特体育科技股份有限公司1.2公顷土地、北京富桦明电子有限公司2.2公顷土地均由北京昌平科技园发展有限公司以回购股权的方式盘活，主要用于建设“高精尖”企业的新载体；北京峻铭新技术产业有限公司占地0.7公顷，拟与北京坤和兴业科技有限公司合作，建设机器人研发中心和生产线；北京双赛药业有限公司的2.67公顷土地，计划与园区内优质企业对接，用于企业扩产；北京泰润创新科技孵化器有限公司的2.1

公顷土地将建北京万泰生物药业股份有限公司的带状疱疹疫苗项目产业化基地。

（万　玮）

【同昕生物公司 6 项产品获市级医疗器械注册证】 年内，同昕生物技术（北京）有限公司自主研发的 6 项产品获市食品药品监管局颁发的医疗器械注册证。肌酸激酶同工酶（CK－MB）测定试剂盒、脂蛋白相关磷脂酶 A2（Lp－PLA2）测定试剂盒、肌红蛋白（MYO）测定试剂盒、心脏型脂肪酸结合蛋白（H－FABP）测定试剂盒、D－二聚体（D－Dimer）测定试剂盒 5 项产品为化学发光免疫分析法；心肌肌钙蛋白 I（cTnI）测定试剂盒为化学发光法。其中 cTnI 是急性心肌梗死（AMI）临床诊断的重要指标，通过检测 cTnI 升高的程度用于心梗危险分层，判断溶栓治疗效果和心肌再灌注状况。

（万　玮）

【未来科技城建设成效显著】 年内，中国海洋石油总公司、鞍山钢铁集团公司进驻未来科技城，累计有 14 家央企入驻；引进企业 181 家，其中，投资 1000 万元以上企业 95 家，投资 5000 万元以上企业 55 家，投资 1 亿元以上企业 33 家；完成固定资产投资 108 亿元，累计投资 611 亿元；开工面积 399 万平方米，完工面积 288 万平方米。市政基础设施基本建成，定泗路及地下通道主体结构完工，南区 220 千伏变电站、北区公交场站投入使用，垃圾气力收送系统取得用地预审和环评批复，地铁 17 号线未来科技城段开工建设，未来中心项目（A08 组团）1 ~ 6 号楼结构封顶，北区 A21 项目、未来公元项目（A14 组团）开工。未来科学城二期中小学建设项目取得立项批复。融资环境日益优化，落实新增融资额度 80.34 亿元，到位 8.23 亿元，归还债务 64.17 亿元，取得 33 亿元私募债注册额度，发行 5 亿元。

（万　玮）

【昌平园重点技术领域总收入 3669 亿元】 年内，昌平园重点技术领域总收入 3669 亿元。其中，电子信息领域在产业发展中领先，收入 1213.6 亿元，占总收入的 33.1%；新能源与节能领域收入 979.4 亿元，占总收入的 26.7%；先进制造领域收入 556.9 亿元，占总收入的 15.2%；生物医药领域收入 242.3 亿元，占总收入的 6.6%；新材料领域收入 233.7 亿元，占总收入的 6.4%；环境保护领域收入 192.4 亿元，占总收入的 5.2%；其他领域收入 250.7 亿元，占总收入的 6.8%。

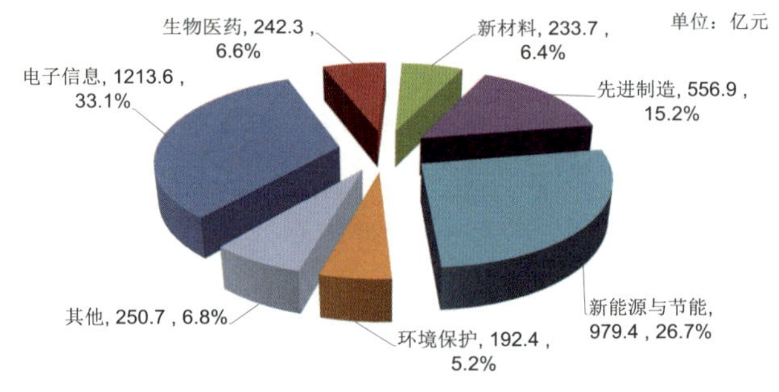

（万　玮）

顺义园

2012 年 10 月，经国务院批复，顺义区航空产业园、空港创意产业园、北京北方新辉新兴产业基地、实创高新技术产业园、非晶产业园等 9 个区域组成中关村示范区顺义园，总规划占地面积 1207.70 公顷，包括 6 个基地，集中形成下一代互联网、移动互联网和新一代移动通信、卫星应用、生物和健康、节能环保、轨道交通六大新优势产业集群以及集成电路、新材料、新能源汽车、高端装备与通用航空四大潜力产业集群，重点发展航空航天、高端装备制造、研发服务、信息服务等高端产业，加快推进高新技术成果孵化转化，建设“生态良好、产业集聚、用地集约、设施配套、城乡一体”的研发服务和高技术产业集聚区。2013 年 2 月，园区获授牌。中航工业北京航空产业园占地面积 518.41 公顷，包括北区和南区。北区位于汽车生产基地，占地面积 204.78 公顷，市政基础设施实现“八通一平”，为航空总部、研发和制造业基地，中航发动机控股有限公司等企业入驻；南区位于国门商务区，占地面积 313.63 公顷，基础设施建设将达到“九通一平”，主要发展地理信息、航空服务等现代服务业产业，国家地理信息科技产业园等入驻。临空国际高新技术产业基地占地面积 157.02 公顷，主要发展电子信息、通信设备产业，北京数码视讯软件技术发展有限公司等企业入驻。空港创意产业园占地面积 197.07 公顷，包括西区和东区。西区占地面积 66.78 公顷，主要发展汽车展销、汽车金融等产业、北京运通嘉恩汽车销售服务有限公司等企业入驻；东区占地面积 130.29 公顷，发展以汽车研发生产为主导的现代制造业、文化创意产业等四大产业，北京汽车股份有限公司北京分公司等入驻。实创高新技术产业基地位于北石槽镇，占地面积 94.79 公顷，包括南区和北区。南区占地面积 49.04 公顷，以医药产业为主，北京世桥生物制药有限公司等企业入驻；北区占地面积 45.75 公顷，规划用地性质为工业用地，以医药及软件开发为主导产业，重点企业为北京梦天门科技股份有限公司等。北方新辉新兴产业基地占地面积 81.47 公顷，以新兴节能环保、现代制造业等产业为主，重点企业有北京北汽大世汽车系统有限公司等。非晶产业园占地面积 158.94 公顷，以非晶产业为主，引进中兆培基（北京）电气有限公司等企业。顺义园作为中关村示范区的重要组成部分，是顺义区科技创新的战略高地，也是培育“高精尖”产业的核心载体，同时还是顺义区实现创新驱动的先行区域。2014 年 8 月，顺义园管理委员会成立。园区内企业可享受国家、北京市、中关村示范区的各类优惠政策。

顺义园管理委员会领导成员

副主任　张友生　王　辉　王玉明
副书记　张友生　苏瑞峰

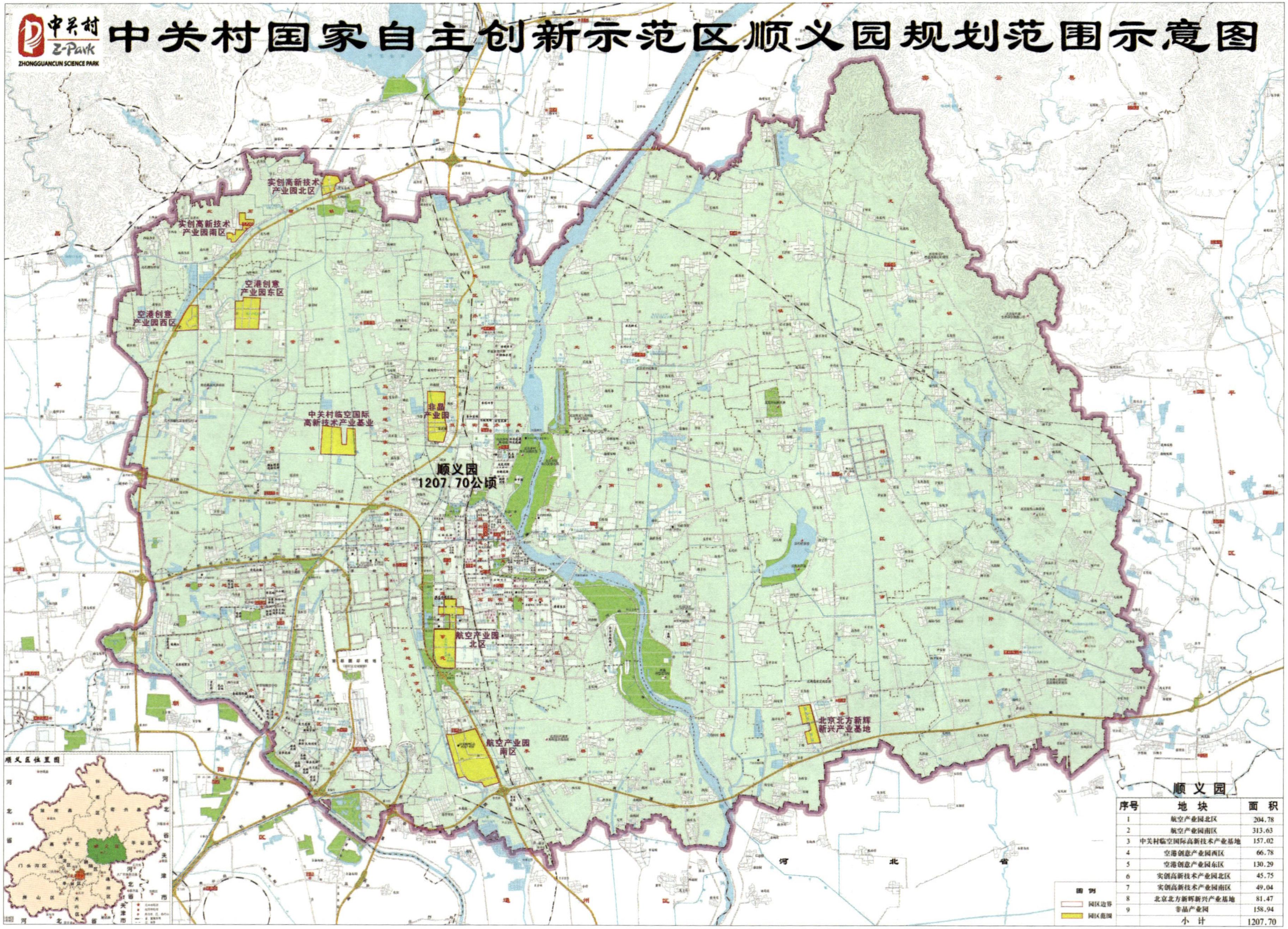
中关村国家自主创新示范区顺义园规划范围示意图
顺义园
1207.70公顷
航空产业园北区
航空产业园南区
中关村临空国际高新技术产业基业
空港创意产业园西区
空港创意产业园东区
实创高新技术产业园北区
实创高新技术产业园南区
北京北方新辉新兴产业基地
非晶产业园
顺义园
序号 地块 面积
1 航空产业园北区 204.78
2 航空产业园南区 313.63
3 中关村临空国际高新技术产业基地 157.02
4 空港创意产业园西区 66.78
5 空港创意产业园东区 130.29
6 实创高新技术产业园北区 45.75
7 实创高新技术产业园南区 49.04
8 北京北方新辉新兴产业基地 81.47
9 非晶产业园 158.94
小计 1207.70
图例
园区边界
园区范围
顺义区位置图

【概况】2016年，顺义园在中关村示范区政策、资金、项目等方面的支持下，产业发展进一步加快，带动顺义区经济社会发展。年内，园区入统高新技术企业总数260家；从业人员11.7万人；工业总产值970.9亿元；总收入1484.6亿元；进出口总额45.5亿美元；实缴税费总额62.7亿元；利润总额29.9亿元；资产总计3064.8亿元；科技活动经费支出总额81.6亿元；专利申请量2421件，专利授权量2030件。

不断增强创新活力。顺义区政府发布《顺义区创业摇篮计划支持政策专项资金申报指南》，结合创业人才和所在创业企业条件综合评定，给予资金支持；印发《顺义区创建北京市服务业扩大开放综合试点示范区实施方案》，推进航空、科学技术、文化贸易等七大服务领域发展。中关村顺义园科技创新产业基地揭牌；第三代半导体材料及应用联合创新基地开工建设；北京城市学院协同创新研发中心成立，荷兰代尔夫特理工大学中国研究院等15个项目入驻；中国科学院联动创新产业园启动建设，首批入驻企业7家。

加快集聚科技人才。实施国家和市级高层次人才引进计划，吸引海内外优秀人才、科学家，园区获工程领域教授级高级工程师职称5人，入选中央"千人计划"1人，入选"万人计划"2人；新增5家博士后（青年英才）创新实践基地工作站和两家博士后科研工作站，截至年底，博士后（青年英才）工作站累计10个，博士后科研工作站累计12个。北京海外学人中心顺义工作站揭牌，将为海外人才在顺义创新创业提供支持；荷兰代尔夫特理工大学中国研究院揭牌，将吸引欧洲半导体材料及应用领域的尖端技术和人才。

协同发展初显成果。与河北省唐山市、怀来县、威县等区域开展产业对接，推进项目疏解。唐山东方雨虹防水技术有限责任公司一期卷材、嘉寓光伏节能门窗幕墙建筑一体化项目一期节能门窗幕墙项目投产运行；五〇二所张家口市怀来空间飞行器姿轨控系统试验中心项目，完成单组元工程基础，环评获批；顺义区政府与玉溪市政府签订《玉溪·顺义产业园合作协议》，将引导推荐区内企业到玉溪投资，开展经济技术合作。

项目建设进展顺利。年内，由北京国联万众半导体科技有限公司负责建设和运营的第三代半导体材料及应用联合创新基地一期A工程开工建设，建筑面积3万余平方米，计划投资9000万元；由北京浩达置业有限公司在林河经济开发区板块投资建设的顺新嘉苑项目、中航工业北京青云航空仪表有限公司在中航产业园内投资建设的航空产业园科研生产基地一期工程竣工，两项工程总建筑面积27.8万平方米，投资33亿元；由北京顺义建筑企业集团公司、北京福森园林绿化工程有限公司、北京大通正大建设工程有限公司承建的位于北京非晶科技产业园内的蓄水池及中水管线工程、景观提升等3项改造工程竣工，工程总投资1423万元。

（袁永章）

【5家单位获博士后(青年英才)工作站授牌】1月21日，顺义区博士后（青年英才）创新实践基地工作站授牌暨成果展在顺义园管委会举行。市人力社保局、区委组织部、区人力社保局等单位相关负责人参加，为中关村科技园区顺义园管委会、北京国华科技集团有限公司、北京新源国能科技有限公司等5家新设立博士后（青年英才）工作站单位授牌。北京东方雨虹防水技术股份有限公司、中国核工业二三建设有限公司等15家企业展出在博士后科研工作站和博士后（青年英才）工作站方面的成果。

（袁永章）

【北京城市学院协同创新研发中心成立】1月22日，中关村科技园区顺义园与北京城市学院成立协同创新研发中心签约暨揭牌仪式在北京城市学院举行。顺义区委、区政府、相关委办局等单位相关负责人以及园区有关创新创业平台企业的代表等参加。研发中心位于城市学院，前期投入使用面积7000平方米；荷兰代尔夫特理工大学中国研究院、北京国联万众半导体科技有限公司等15个项目已入驻。预计2017年底，实现在孵企业30家，年总收入10亿元；2020年，实现在孵企业100家，年总收入实现100亿元。研发中心主要承载创业孵化、金融服务、人才培训、政策咨询、技术交流、综合服务6项功能，重点围绕顺义园"一智两核三新"（一智：智能制造；两核：第三代半导体、地理信息；三新：科技服务、生物新医药、文化创意）六大特色产业吸引创新创业资源，服务区域经济发展。

研发中心将发挥区位及人才集聚优势，吸引更多优秀人才及高端创新企业向顺义集聚，打造新的经济增长极；发挥城市学院学术研究优势，对引入项目进行指导和考核，提高项目孵化培育成功率，并与创新型人才双向互动，形成产学研无缝对接、合作共赢创新创业优质生态环境。

（袁永章）

【顺义园科技创新产业基地揭牌】2月22日，顺义园管委会与北京中瑞皓宇科技发展有限公司合作共建中关村顺义园科技创新产业基地签约暨揭牌仪式在中瑞皓宇公司举行。双方负责人参加并为基地揭牌。基地位于赵全营镇空港开发区C区内，由中瑞皓宇公司投资建设，总占地面积1.7公顷，建筑面积1.7万平方米，包括综合办公楼、厂房和职工生活楼等。基地将为企业提供总部办公、研发中心、人才培训等场所和服务。

入驻基地的企业科研人员、海外留学人员等创业群体将享受包括国家、北京市、顺义区等层面税收优惠、专项资金补贴和专利技术、知识产权、科研成果转化等资金扶持，以及人才引进、人才奖励等政策。

（袁永章）

【新源国能公司与怀来县政府签署PPP框架协议】3月7日，北京新源国能科技有限公司与河北省怀来县政府签订水环境一体化PPP项目合作框架协议。根据协议，新源国能公司对怀来县水务环境进行全面升级，打造生态水源涵养先行区、绿色产业发展领跑区，建设全国水资源综合利用示范城市。双方开展水环境治理建设，包括1.5万吨/日的燕山文化新城污水处理厂、50吨/日的污泥干化厂、再生水回用工程等项目。双方共同组建项目公司，负责水务、污泥及公用基础设施项目设计、投资、建设和运营，在净化水质、水资源综合循环利用等方面开展合作。

（袁永章）

【6家企业获中关村技术创新专项资金奖励】3月22日，中关村管委会发布《关于公示2015年度中关村技术创新能力建设专项资金（商标部分）支持单位名单的通知》。其中，顺义园北京汽车集团有限公司、北京世桥生物制药有限公司、北京中卓时代消防装备科技有限公司、山景科创网络技术（北京）有限公司、北京韩江自动化玻璃机械设备有限公司、北京东方雨虹防水技术股份有限公司6家企业共获108.6万元专项资金支持。

（袁永章）

【顺义园管委会与天津银行北京分行战略合作】3月25日，顺义园管委会与天津银行北京市分行在顺义园管委会签署战略合作协议。根据协议，双方将在园区内企业资金支持及创新金融服务、园区建设与开发、招商引资等领域深化战略合作，推进科技与金融创新结合，建立定期沟通机制。协议确立了战略合作伙伴关系，将加速推进科技创新与金融创新有效结合，驱动顺义园高科技企业发展。

（袁永章）

【京津冀民用机场能源管理合作协议签署】3月31日，北京首都机场动力能源有限公司与天津滨海国际机场、河北机场管理集团有限公司民用机场能源管理协议签约仪式在京举行。三方相关负责人参加，签署《京津冀民用机场能源管理协同发展合作协议》，将在机场安全服务、航空市场联合营销、数据共享、协同运营和人才交流培训方面开展战略合作。根据协议，首都机场集团公司与天津、河北机场对接沟通，托管河北机场集团，搭建机场安全服务协作、航空市场联合营销、数据共享等平台。

（袁永章）

【两个国家级考核中心揭牌】4月1日，由国家核安全局批准设立的“民用核安全设备焊工焊接操作工考核中心”和“民用核安全设备无损检验人员考核中心”在中国核工业二三建设有限公司揭牌。中核二三公司具有了两项国家级考核中心资质。焊工焊接操作工考核中心，具有申请范围内专项焊接焊工考试理论知识培训教材和考试题库、考试试件制备、检验和考试结果评定能力或编制焊工考试焊接工艺规程能力等。无损检验人员考核中心，具有与从事考核活动相适应的基础设施及无损检验设备、器材、试件、底片，及相应无损检验专业技术人员、管理人员、健全组织机构和至少5种无损检验方法的考核能力。

（袁永章）

【北京海外学人中心顺义工作站揭牌】4月16日，北京海外学人中心顺义工作站揭牌仪式暨北京海外高层次人才顺义行活动在北京临空经济核心区举办。市委组织部、北京海外学人中心、顺义区委等单位相关负责人及40余位“海聚工程”入选者、企业代表等参加。仪式上，顺义区发展改革委、经济信息化委、投资促进局等7家职能部门负责人分别介绍顺义区“十三五”规划、区域投资环境、重点产业情况以及相应扶持政策，与会海外高层次人才也推介相关项目并进行对接洽谈。顺义工作站是北京海外学人中心成立的第六个区域海外人才专业服务机构，将作为面向海外吸引优秀人才的服务平台，为海外人才在顺义创新创业提供支持和帮助。

（袁永章）

【共建北京虚拟现实产业研究院】4月29日，中关村顺义园与北航虚拟现实技术与系统国家重点实验室共建北京虚拟现实产业研究院的框架协议签约仪式在京举行。市发展改革委，顺义区政府、顺义园管委会等单位相关负责人参加。根据协议，双方共建的北京虚拟现实产业研究院将在基础研究和技术研究相结合的基础上与航空航天、装备制造、医疗健康、教育文化、智慧城市等行业企业、研发机构合作，重点开发数据采集与建模设施、行业特色模拟装置、虚拟现实与增强现实人机交互设备、虚拟现实与增强现实应用系统，建设国内领先的虚拟现实技术转化平台；开展口腔手术模拟器、腹腔镜微创手术模拟器、心血管手术模拟器、全任务飞行模拟器和虚拟现实视频融合监控系统研发和产业化工作。顺义区政府将从政策、资金等方面对创新项目予以支持。

（钮　键　袁永章）

【北务科技园项目签订监管协议】5月5日，顺义园管委会与北京慧远通广科技发展有限公司签订《联东U谷·顺义北务科技园项目监管协议》。项目位于北务科技园，占地面积1857.26公顷，总建筑面积5.57万平方米，规划建设26栋楼宇，4层标准厂房及配套设施，项目总投资约2.6亿元。协议明确推进项目建设，解决科技园二次招商、园中园管理等问题，提高入园项目质量，加强入园企业监管。

（袁永章）

【枫科膜技术公司项目获奖】5月7日，在中国膜产业“十三五”科技创新、规划发展报告会暨中国膜工业协会五届三次理事扩大会上，2015—2016年度“中国膜工业协会科学技术奖”评审结果公布，枫科（北京）膜技术有限公司的“面向难降解废水的复合支撑结构MBR膜－膜料联用工艺的开发应用”项目获二等奖。项目通过中空纤维膜制备方法，在编织物表面涂覆一层高分子料液，在保持膜分离孔径基础上突破高分子材料强度不足瓶颈。技术有延长污染物停留时间，有效去除难降解有机物，提高出水水质，去色、除臭效果好，污泥浓度高，占地面积小等优点；独特的复合内衬超滤膜结构，在空气长期擦洗中不断丝，延长膜丝使用寿命，降低运行成本。

（袁永章）

【顺义园4家企业参展科博会】5月19—22日，在第十九届中国北京国际科技产业博览会上，顺义园内北京虚拟现实产业研究院、光峰华影（北京）科技有限公司、航天图景（北京）科技有限公司、北京神州科鹰技术有限公司4家企业参展。企业展品包括口腔虚拟现实手术模拟器、光峰二代激光电视、小明激光微型投影仪、第五代小间距LED显示屏幕等10余项。

（袁永章）

【3家功能区获批市服务贸易示范基地】6月1日，在第四届京交会北京主题日活动上，市商务委举行北京市服务贸易示范基地授牌仪式。其中，天竺综合保税区、中关村顺义园、临空经济核心区3家功能区被认定为北京市服务贸易示范基地（第一批）。7月22日，顺义区建设北京市服务业扩大开放综合试点示范区揭牌。综合试点示范区将依托天竺综保区、顺义园和临空经济核心区，聚焦航空服务、智能新能源汽车服务、科学技术服务、地理信息服务、文化贸易服务、国际商务和旅游服务及金融服务七大领域，推行企业科技基础设施资源向顺义区开放，促进顺义区产业升级；搭建天竺综保区与中关村示范区、北京亦庄经济技术开发区之间科技研发创新服务平台等38项政策措施先行先试，引导企业向研发、服务产业链延伸，为北京市服务业扩大开放探索新途径，积累新经验。

（袁永章）

【第三代半导体创新基地开工】7月20日，第三代半导体材料及应用联合创新基地建设启动仪式在顺义园举行。科技部、市科委、顺义区政府等单位相关负责人以及科研院所、企业的代表等100余人参加。基地

定位于第三代半导体材料及应用产业的创新策源地、人才集聚地、技术辐射地、创业成功地，通过汇聚全球创新创业人才，以专业化、市场化、国际化的运营方式打造第三代半导体的开放式创业生态系统，实现第三代半导体关键技术重大突破，形成产业聚集，成为国内有影响的第三代半导体生产基地。基地由北京国联万众半导体科技有限公司负责建设和运营，将建设“两个平台、一个基金”，即开放的国际化的公共研发平台、创业加速孵化科技服务平台以及1个投资基金。开工的是基地一期A工程，建筑面积3万余平方米，计划投资近9000万元，预计2017年底前竣工。

（袁永章）

【东方雨虹公司入选全国企业文化示范基地】 7月22日，在2016全国企业文化示范基地现场会上，北京东方雨虹防水技术股份有限公司以“发上等愿、向高处立”的责任文化，“苦练内功、艰苦奋斗”的创业文化，“铁腕柔情、无限厚爱”的管理文化获“全国企业文化示范基地”称号。

（袁永章）

【顺义园“十三五”建设发展规划发布】 7月29日，顺义园管委会、顺义区发展改革委印发《“十三五”时期中关村顺义园建设发展规划（2016—2020年）》（顺义园文〔2016〕6号）。《规划》包括发展背景与面临形势；发展思路与建设目标；推进转型升级，构建“一智两核三新”产业体系；促进创新创业，构筑国际科创发展高地；推进产城融合，建设绿色智慧示范新城；强化协同合作，构建协同创新共同体；创新政策与服务，促进发展要素聚集；加强规划管理，推进规划落地实施8个方面内容。《规划》明确，顺义园（包括顺义科技创新产业功能区）推动区域内汽车产业、高端装备制造等支柱产业向智能转型升级，打造第三代半导体材料和航空航天两大核心产业，培育生物医药产业、文化创意产业、新兴服务业3个新兴产业；实施“筑巢育凤”“腾笼换鸟”“创业摇篮”创新创业三大计划；打造产城融合、生态园区示范点，加快建设“智慧园区”；推动“一园六镇”创新合作，借力中关村示范区发展，深度融入津冀国家战略区，实施园区全球资源链接工程等。“十三五”期间，实现总收入年均增速8%，高新技术企业达300家。

（袁永章）

【顺义区创建服务业综合试点实施方案印发】 8月5日，顺义区政府印发《顺义区创建北京市服务业扩大开放综合试点示范区实施方案》（顺政发〔2016〕34号）。《方案》包括指导思想、基本原则、任务目标、实施范围、实施步骤、主要任务、政策措施7个部分；明确依托北京天竺综合保税区、北京临空经济核心区和中关村科技园顺义园功能平台，聚焦航空、智能新能源汽车、科学技术等七大服务领域，选取优势产业、战略性新兴产业进行试点试验；完善创新体制机制，包括优化企业发展环境、完善公共服务、建立区域协同发展机制等，形成顺义区服务业扩大开放支撑体系；培育和发展特色产业集群，使试点政策在顺义落地生根。《方案》提出23条落实北京市服务业扩大开放综合试点任务措施和15条北京市服务业扩大开放综合试点先行先试措施，力争实现全区服务业增加值占GDP比重达到60%以上，服务业收入占一般公共预算收入达到65%以上。试点建设2016年5月5日起至2018年5月4日结束，在两年内分3个阶段实施，总结试点工作成效，形成在全市可复制可推广的经验。

（袁永章）

【丰收未来股权投资基金投入运行】 8月17日，由北京顺义科技创新集团有限公司出资参与的“北京丰收未来股权投资基金”取得营业执照，基金管理公司“北京丰收壹号投资管理有限公司”完成在中国证券投资基金业协会管理人登记。基金（有限合伙）一期规模为5.1亿元，深圳市康达尔（集团）股份有限公司认缴2亿元，占出资总额的39.22%；顺义科创集团认缴1亿元，占出资总额的19.61%；北京丰收壹号公司认缴1000万元，占出资总额的1.96%。基金60%将投资于顺义区相关企业和创业项目，发挥顺义区政策优势、资源优势和产业导向作用，吸引社会和民间资本，扶持创新型中小企业，形成产业集群，带动区域经济发展。

（袁永章）

【玉溪·顺义产业园合作协议签约】 9月5日，顺义区党政企代表团在云南省玉溪市调研考察期间，举行玉溪·顺义产业园合作协议签约仪式。顺义区政府与玉溪市政府签订《玉溪·顺义产业园合作协议》。产业园位于玉溪高新技术产业开发区龙泉园区内，总面积约300公顷，重点发展高端装备制造、电子信息、生物医药、食品加工、新能源新材料、节能环保、现代服务业等产业。根据协议，顺义区政府负责引导推荐区内企业到玉溪投资，为产业园管理运作、人员培训、园区内关联产业及企业间经济技术合作等提供咨询和相关支持；玉溪市政府负责对符合条件项目给予产业发展专项扶持资金支持、差别化用地支持、减税支持，做好项目建设、运营、管理过程中各项服务。

（袁永章）

【闽商总部基地落户顺义园】9月6日，在第八届投资北京洽谈会上，北京福建企业总商会、北京京奥港集团有限公司与顺义园管委会签订《战略合作协议》。根据协议，闽商总部基地项目总投资约45亿元，选址顺义园，规划用地约13.3公顷，项目建成后作为集闽籍商会总部、闽籍企业总部、闽籍在京代表性集团等国内外闽籍大集团企业办公及展览展示、会议会展为一体的企业总部基地，入驻企业数量约100家。（2013年12月，北京福建企业总商会与顺义区政府签署《战略合作框架协议》，双方建立起长期、全面、深度战略合作。）

（袁永章）

【中科院科技成果转化创新平台签约】9月12日，由中国科学院国有资产经营有限责任公司、顺义区政府、国测地理信息科技产业园集团有限公司主办的共建"中国科学院科技成果转化创新平台"战略合作签约仪式在京举行。中科院国有资产公司、北京临空经济核心区管委会、国测集团就共同创建中科院科技成果转化创新平台签署战略合作协议。根据协议，三方将发挥各自优势，夯实合作基础，不断深化内涵、创新合作模式、拓展合作领域，开展产学研用、科技金融创新、人才交流等方面的合作，使中科院更多科技成果在顺义转化落地。

（袁永章）

【创业摇篮支持政策资金申报指南发布】9月20日，由顺义区政府主办的《顺义区创业摇篮计划支持政策专项资金申报指南》发布会在京召开。顺义区经济功能区和部分创业基地的70余家单位相关负责人参加。《指南》由顺义区经济信息化委主持编写，包括创业人才专项资金申报指南、创业基地专项资金申报指南、创业服务机构专项资金申报指南三大部分，各项指南主要有申报条件、政策支持项目分类、申报流程、所需资料清单等方面内容。其中，创业人才专项资金申报指南中明确：创业人才在顺义区创办企业，经天使、创业、风险等投资机构其中两家推荐的高端人才、企业创业和其他创业人才，分别给予30万元、10万元和累计最高不超过3万元资金支持，折算为"政府购买服务"；创业人才在顺义区注册创业企业满1年，由第三方评审机构按照企业所取得的科技创新成就、产业化效果、区级财政贡献和品牌价值等综合评价，对高端人才、企业和其他创业人才分别给予最高50万元、30万元和10万元资金支持。

（袁永章）

【中科院联动创新产业园启动建设】10月8日，中国科学院国有资产经营有限责任公司、北京市顺义区人民政府、国测地理信息科技产业园集团有限公司共建中国科学院联动创新产业园签约仪式在顺义区举行。副市长隋振江等领导以及市相关委办局、中科院等单位相关负责人和企业的代表等150余人参加。仪式上，三方签订《关于联合建设"中国科学院联动创新产业园"战略合作框架协议》，中国科学院联动创新产业园启动建设。产业园依托中科院科研力量，实现创新链、产业链、资本链联动，加速科技与经济融合，促进科技成果向实际应用和需求转化，形成"政、产、学、研、用"的协同创新生态体系；顺义区政府将按照相关政策规定，在建设用地、产业规划、人才落户政策等方面给予全面支持；国测集团投资建设的国家地理信息科技产业园二期提供产业用房、配套设施、科学家公寓等。产业园将为中科院技术与成果转化、科技保险创新实践、科技成果展示暨科普教育基地建设提供支持与服务，首批入驻企业包括北京协力筑成传媒科技有限公司、中科院创新孵化投资有限责任公司、北京福纳康生物技术有限公司等7家。建成后预计年产值1000亿元。

（袁永章）

【顺义智能新能源汽车生态产业示范区揭牌】10月24日，由顺义区政府主办的以"新产业、新动能、新经济"为主题的2016北京·顺义战略性新兴产业投资峰会在京举行。副市长隋振江以及市各委办局、中关村管委会等单位相关负责人，来自企业和机构的代表等近400人参加。会上，"北京顺义智能新能源汽车生态产业示范区"揭牌，示范区总体规划面积1000公顷，包括研发聚集地、整车与服务聚集地和核心部件聚集地3个基地，将承载研发设计、智能制造、汽车金融、检验检测、创新应用、展示体验六大功能为一体的产业集群。预计到2025年，年产30万辆新能源汽车，形成千亿级产业规模智能新能源生态产业示范区。会上14个项目签约，其中涉及智能新能源汽车、生物医

药与新一代健康诊疗等战略性新兴产业项目10个，投资总额约100亿元；涉及创新基金项目4个，吸引资金规模500亿元。

（袁永章）

【顺义园管委会与两家企业签约】 10月27日，在第十二届北京国际金融博览会上，顺义区政府等单位举办“打造新平台　建设北京新兴金融聚集区”首都产业金融中心环境推介暨项目签约仪式，顺义园管委会分别与北京航天投资控股有限公司和首颐医疗健康投资管理有限公司两家企业签署战略合作协议。根据协议，各方将围绕服务国家战略、首都经济和顺义发展，聚焦军民融合、航空航天、新能源汽车等开展全方位、多领域金融合作。

（袁永章）

【荷兰代尔夫特理工大学中国研究院揭牌】 11月12日，荷兰代尔夫特理工大学中国研究院、北京代尔夫特智能科技研究院有限公司揭牌仪式在京举行。科技部、顺义区政府、荷兰驻中国大使馆等单位有关负责人以及相关专家和企业的代表等50余人参加。研究院以产业应用价值为导向，以前瞻性技术和工程化技术为主要方向，以电力电子、光伏材料及应用、智能硬件和传感技术、计算机技术、医疗设备和光健康为研究方向，并以半导体、新能源、智能装备、航空航天等领域的

技术研发和成果孵化转化为研究重点，吸引欧洲半导体材料及应用领域的尖端技术和人才，加快北京第三代半导体材料及应用联合创新基地建设。代尔夫特理工大学同北京国联万众半导体科技有限公司合资成立北京代尔夫特智能科技研究院有限公司，开展研究院运营工作。代尔夫特理工大学B.Ferreira教授任院长。

（袁永章）

【华融新兴产业投资公司落户顺义园】 11月15日，华融新兴产业投资管理股份有限公司揭牌暨战略合作签约仪式在京举行。顺义区政府、中国华融资产管理股份有限公司等单位相关负责人参加。华融新兴产业投资公司注册资本10亿元，由中国华融公司联合北京市国有资产经营有限责任公司、北京顺义科技创新集团有限公司、新恒基长江国际控股有限公司等企业在顺义园发起设立，中国华融公司持股51%。公司主要从事资产管理、投资基金和资本市场三大领域，涵盖投资业务、融资服务、资产重组和并购业务、资产经营与管理、财务顾问、咨询服务等业务。

（袁永章）

【东方雨虹公司研发投入上榜】 12月1日，欧盟委员会（European Commission）发布“2016全球企业研发投入排行榜”（World Top 2500 R&D investors）。北京东方雨虹防水技术股份有限公司以2015—2016财年3560万欧元的研发投入上榜，较上一财年增长11.7%，约占年销售额的4.8%。东方雨虹公司依据产品技术战略，建立集产品研发、工艺装备、应用技术等一体的技术中心，覆盖防水系统设计、材料研发、施工及技术服务系统。

（袁永章）

【中卓时代公司获市科委资金支持】 12月2日，北京中卓时代消防装备科技有限公司的“具有水带自动收放、超大流量远程供水、灭火及城市排涝集成系统产业化”项目，通过市科委组织的实施方案论证和预算评审，获300万元资金支持。项目研发用于事故现场

远距离、长时间、大流量供水、排水技术和装备，解决火灾、旱灾、洪涝灾害地区事故现场供水、排水效率低，灾害现场控制困难，保障人们生活和城市建设。12月底资金到位并开题。

（袁永章）

【正元公司获中国质量评价协会科技创新奖】12月22日，在2016年中国质量评价协会科技创新奖颁奖典礼上，正元地理信息有限责任公司的“城市井盖监控预警数字化管理平台”获科技创新奖二等奖。井盖监控预警平台通过传感器对井盖状态信息进行采集，在线监测井盖实时状态，在监管平台显示井盖属性、信息、故障处理等信息；通过移动通信终端或互联网向现场人员及有关部门发送信息；在井盖发生丢失、损坏等异常情况时，管理部门会立即收到计算机系统报警。

（袁永章）

【东方雨虹公司施工工法通过评审】12月26日，北京东方雨虹防水技术股份有限公司的“橡胶沥青防水涂料与卷材防水层热粘复合防水施工工法”被市住房城乡建设委专家组评为北京市工法。工法由东方雨虹公司副总工程师许宁牵头撰写、修订，经过工程实践，证明其技术先进、效益显著、经济适用，符合节能环保要求，具备完整工艺。

（袁永章）

【3家企业获中关村专利领军企业奖励】年内，顺义园大唐移动通信设备有限公司、清华同方威视技术股份有限公司、北京新能源汽车股份有限公司3家企业被中关村管委会评为“中关村专利领军企业”，共获奖励资金77.3万元。其中，大唐移动公司获30万元、清华同方公司获29.85万元、北京新能源汽车公司获17.45万元。

（袁永章）

【4家企业获市区级文创资金支持】年内，顺义园4家企业获北京市和顺义区文化创意资金支持727万元。其中，北京数码视讯软件技术发展有限公司与北京雪域西藏文化发展有限公司两家企业，分别获北京市文创产业发展专项资金支持300万元和59万元；宝泉钱币投资有限公司与北京数码视讯软件技术发展有限公司两家企业，分别获顺义区文化创意产业发展专项资金支持300万元和68万元。截至年底，园区共有文创企业187家，其中规模以上企业17家。

（袁永章）

【9家企业落户地理信息产业园】年内，北京天宸精农农业智能装备技术有限公司、北京图盟科技有限公司顺义分公司、南山公务机有限公司北京分公司、中科院所属企业航天星图科技（北京）有限公司、北京鼎联网络科技有限公司、北京龙浩机场管理有限公司、荣田（北京）国际商务咨询有限公司、北京中兴航港建设发展有限公司、中科蓝卓（北京）信息科技有限公司9家企业落户国家地理信息科技产业园，注册资本总额1.83亿元，涉及遥感信息处理、航空服务和技术开发等行业。截至年底，地理信息产业园注册企业累计42家，注册资本累计20亿元。

（袁永章）

【非晶产业园3项工程竣工】年内，北京非晶科技产业园内3项改造工程竣工。其中，北京顺义建筑企业集团公司承建的蓄水池及中水管线工程，完成电气、给排水、绿化灌溉管线等；北京福森园林绿化工程有限公司承建的产业园景观提升三期工程，完成透水砖铺设、喷灌管线安装、绿化种植等；北京大通正大建设工程有限公司承建的聚源工业区道路改造工程，完成铣刨路面，更换井盖等。3项工程总投资1423万元，其中蓄水池及中水管线投资966万元、景观提升工程投资246万元、道路改造投资211万元。

（袁永章）

【加强顺义科技创新产业功能区工程建设】年内，顺义科技创新产业功能区内两项工程竣工，包括由北京浩达置业有限公司在林河经济开发区板块投资建设的顺新嘉苑项目、由中航工业北京青云航空仪表有限公司在中航国际产业园内投资建设的航空产业园科研生产基地一期工程。两项工程总建筑面积27.8万平方米，投资33亿元。其中，顺新嘉苑项目建筑面积13万平方米，投资约17亿元；科研生产基地一期占地面积20.5公顷，建筑面积14.8万平方米，投资16亿元。2016年，顺义科技创新功能区内在建工程15项，总建筑面积118.68万平方米，总投资95.41亿元。

（袁永章）

【顺义园4个疏解项目推进】年内，顺义园企业与河北省唐山市、怀来县、威县等区域开展产业对接，推进4个项目疏解。其中，由北京东方雨虹防水技术股份有限公司出资成立的独资子公司唐山东方雨虹防水技术有限责任公司，2013年8月在唐山市成立，2015年开建，总占地面积18.3公顷，项目一期卷材2016年投产，生产卷材320万平方米，实现销售收入约10亿元；由北京嘉寓门窗幕墙股份有限公司投资建设的嘉寓光伏节能门窗幕墙建筑一体化项目，2015年8月落户威县，总投资12.1亿元，占地面积35.3公顷，一期节能门窗幕墙项目投产运行，二期光伏电站项目预计2017年开建；由北京控制工程研究所投资建设的五〇二所张家口市怀来空间飞行器姿轨控系统试验中心项目，占地面积23.3公顷，建筑面积约2.62万平方米，完成单组元工程基础；由亿利资源集团有限公司旗下亿利生态修复股份公司负责的亿利生态修复项目，对接怀来县沙城镇废弃化工厂生态修复项目，化工厂占地面积约46.7公顷，地上建筑面积17.6万平方米，项目签订框架协议。

（袁永章）

【顺义园4家企业获资金资助】年内，顺义园北京新源国能科技有限公司、北京国华科技集团有限公司、北京数码视讯支付技术有限公司、朗姿股份有限公司4家企业的博士后工作站和3家青年英才站，获顺义区人力社保局和顺义区科委的科研资助和综合资助25万元。

（袁永章）

【顺义园科技人才聚集加速】年内，顺义园5人获工程领域教授级高级工程师职称，包括中国建筑技术中心陈晓明、北京百迈客生物科技有限公司郑洪坤、北京华大基因研究中心有限公司陈唯军、北京澄通光电股份有限公司徐国平、北京东方雨虹防水技术股份有限公司陈永初；北京科华微电子材料有限公司全球技术总监Mark Oliver Neisser（美籍）入选“千人计划”；北京汽车集团有限公司詹文章、北京伟博海泰生物科技有限公司董事长李和伟入选第二批“万人计划”科技创新领军人才。截至年底，园区共有中国工程院院士1人，中央“千人计划”人才6人，“海聚工程”人才7人，“高聚工程”人才1人，“百千万人才工程”人才6人，享受政府特贴人才13人，突出贡献高技能人才5人。2016年，北京北一机床股份有限公司、百迈客公司两家单位获批博士后科研工作站，园区累计有博士后科研工作站12个，博士后（青年英才）创新实践基地工作站10个。

（袁永章）

【顺义园新增11家上市企业】年内，顺义园新增11家上市企业，包括北京长久物流股份有限公司1家主板上市企业，北京奇良海德印刷股份有限公司、京磁材料科技股份有限公司、北京数据家科技股份有限公司等10家新三板上市企业。截至年底，顺义园上市企业累计27家，其中主板上市企业5家、中小板上市企业2家、创业板上市企业1家、海外上市企业1家、新三板上市企业17家、新四板上市企业1家。

（袁永章）

【顺义园新增企业199家】年内，顺义园新增北京控制工程研究所1家实体企业；新增注册类企业198家，累计注册资本47亿元。注册类企业中，包括北京富电新能科技有限公司、启迪新材料（北京）有限公司、北京长城华冠汽车科技股份有限公司等科技类企业87家，注册资金21亿元；华融新兴产业投资管理股份有限公司等投资类企业两家，注册资金10亿元；北京富电绿源新能源汽车销售有限公司、大合亨（北京）贸易有限公司等销售类企业28家，注册资金3.3亿元；中航医疗管理有限公司、北京智采国际企业管理有限公司、北京黄记煌商贸有限责任公司等其他类企业81家，注册资金12.7亿元。截至年底，累计入区企业1772家，注册资金565亿元。其中实体企业104家，楼宇租赁类企业371家，注册类企业1297家。

（袁永章）

【新增8家新三板挂牌企业】年内，顺义园的北京国富纵横文化科技咨询股份有限公司、北京科净源科技股份有限公司、北京众拓联科技发展有限公司、北京耀源咨询股份有限公司、北京邦源环保科技股份有限公司、北京智鑫博达科技股份有限公司、北京辉宏世纪科技股份有限公司和北京火柴互娱科技股份有限公司8家企业在全国中小企业股份转让系统挂牌。截至年底，顺义园新三板挂牌企业累计9家。

（袁永章）

【顺义园重点技术领域总收入1484.7亿元】年内，顺义园重点技术领域总收入1484.7亿元。其中，新能源与节能领域在产业发展中领先，收入429.3亿元，占总收入的28.9%；电子信息领域收入312.1亿元，占总收入的21.0%；先进制造领域收入193.3亿元，占总收入的13.0%；新材料领域收入172.6亿元，占总收入的11.6%；生物医药领域收入93.6亿元，占总收入的6.3%；环境保护领域收入13.8亿元，占总收入的0.9%；其他领域收入270.0亿元，占总收入的18.2%。

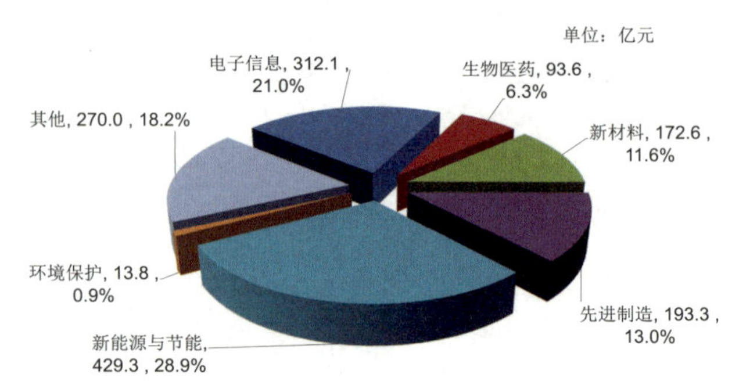

（袁永章）

大兴—亦庄园

2012 年 10 月，经国务院批复，大兴—亦庄园总面积 9827.07 公顷。2015 年 12 月，大兴—亦庄园管委会成立。园区企业可享有国家、北京市、中关村示范区的各项优惠政策。大兴园以先进制造、生物医药、移动通信、新一代显示技术及装备、影视制作、新能源汽车等为主导产业，拥有四大基地。大兴生物医药产业基地 2002 年成立，2006 年纳入中关村科技园区，面积 1124 公顷，以生物医药为主导产业，重点构建“1+4+2”的特色产业格局，即医药研发及检验机构形成的核心板块，生物制药、现代中药、创新化药、医疗器械四大主体板块，“大健康”、动物疫苗及动物用药两大拓展板块。国家新媒体产业基地 2005 年成立，2012 年纳入中关村示范区，面积 819 公顷，分为北区和南区以及星光影视园、多维创新园、北京时尚体育公园、北普陀影视园 4 个园，主要发展新媒体、数字出版印刷、现代服务等产业。新能源汽车产业基地 2009 成立，面积 355 公顷，2012 年纳入中关村示范区，主要以汽车零部件与新能源汽车为支柱产业。军民结合产业基地 2011 年成立，面积 170 公顷，被认定为“国家新型工业化产业示范基地（军民结合）”，重点发展总部经济、高端研发。经济技术开发区 1992 年建设，1994 年被国务院批准为北京地区唯一的国家级经济技术开发区。1999 年，市政府决定经济技术开发区 700 公顷为中关村科技园区“亦庄科技园”，同时享有国家级经济技术开发区和国家高新技术产业园区双重政策。2000 年，北京市机构编制委员会办公室决定经济技术开发区管委会与亦庄园管委会合署办公。2007 年，市政府批复《亦庄新城规划（2005—2020 年）》，明确以经济技术开发区为核心功能区的亦庄新城是北京东部发展带的重要节点和重点发展的新城之一。亦庄园位于京津塘高速公路和城市五环路与六环路之间，拥有“八横八纵”的路网格局、多种交通方式，连接各重要经济区域和交通枢纽的道路畅通，总里程超过 3000 千米；基础设施完备、配套服务设施齐全，建有完整的供电网络、供水管网、污水处理系统等，实现“十通一平”。亦庄园已形成包括电子信息、生物医药、汽车制造、装备制造四大主导产业，新能源新材料、军民结合、文化创意三大新兴产业，生产性服务业、科技创新服务业、都市产业三大支撑产业在内的十大高端、高效、高辐射产业集群；拥有北京奔驰汽车有限公司等各领域的知名企业，在大尺寸集成电路生产、移动通信产品研发与制造等方面领先国内同行业水平；拥有国家级、市级研发机构，国家级重点实验室，博士后工作站等各级各类研发机构。

大兴—亦庄园管理委员会领导成员

主　任　梁　胜

副主任　绳立成　谢冠超

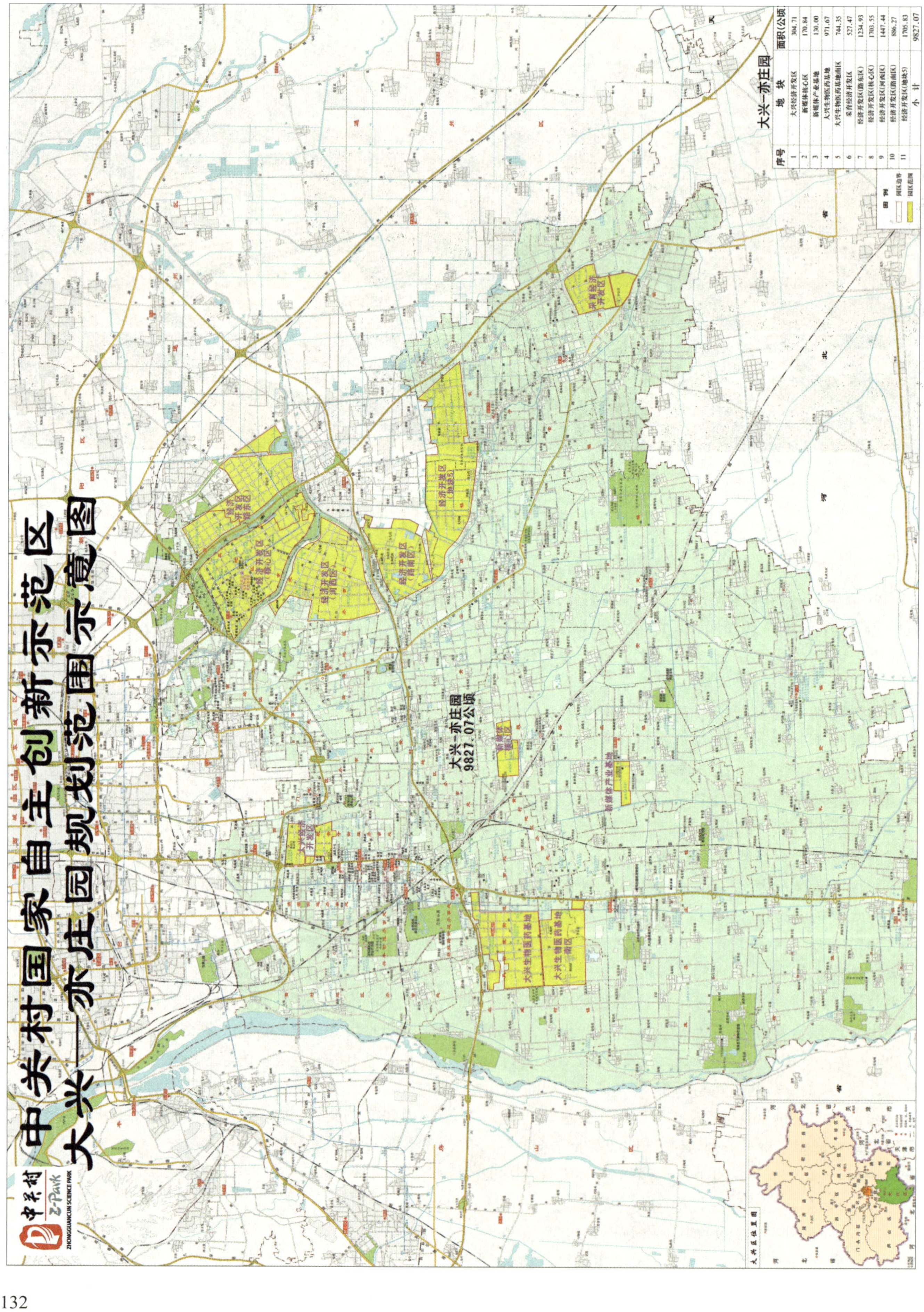
中关村国家自主创新示范区
大兴—亦庄园规划范围示意图
大兴—亦庄园
9827.07公顷
大兴—亦庄园
序号 地块 面积(公顷)
1 大兴经济开发区 304.71
2 新媒体核心区 170.84
3 新媒体产业基地 130.00
4 大兴生物医药基地 971.67
5 大兴生物医药基地南区 744.35
6 采育经济开发区 527.47
7 经济开发区(路东区) 1234.93
8 经济开发区(核心区) 1703.55
9 经济开发区(河西区) 1447.44
10 经济开发区(路南区) 886.27
11 经济开发区(地块5) 1705.83
小计 9827.07
图例
园区边界
园区范围
大兴生物医药基地
大兴生物医药基地南区
经济开发区(地块5)
经济开发区(路南区)
经济开发区(河西区)
新媒体产业基地
大兴区位置图
中关村 Z-Park ZHONGGUANCUN SCIENCE PARK

【概况】 2016年，大兴园创新能力提升，特色产业发展突出，服务企业的能力不断增强。年内，园区入统高新技术企业总数284家；从业人员4.6万人；工业总产值400.1亿元；总收入562.8亿元；进出口总额1.9亿美元；实缴税费总额27.3亿元；利润总额40.8亿元；资产总计992.3亿元；科技活动经费支出总额25.6亿元；专利申请1646件，专利授权873件。

特色产业亮点突出。 加大特色产业发展力度，特别是医药医疗产业，龙头企业带动，优势资源汇集，品牌效果显著。由依生生物制药有限公司自主开发的人用皮卡佐剂狂犬病疫苗在新加坡完成临床一期研究并取得良好效果。大兴生物医药基地管委会与北京众筹芯互联网科技服务有限公司展开资源共享合作，为基地入驻企业的金融需求助力。中国食品药品检定研究院等31家药物研发、药物检定检验机构以及生物制药、现代中药等生物医药领域企业参展北京国际生物医药创新展览会。

创新发展动力强劲。 西红门创业大街开街，重点打造创新创业核心区等四大区域，培育文化创意、创新金融等五大优势产业集群，为中小企业营造良好的创业氛围、打造优质的创业环境、提供完善的创业服务。猪八戒网北京园区在国家新媒体产业基地开发建设，涵盖"互联网+创新创业"等六大领域。北京绿地京城置业有限公司和北京绿地京华置业有限公司联合体两宗多功能地块上市，北京一诺康生物药业有限公司、北京怡展生物医药有限责任公司取得建筑施工许可证并进行开工建设。

企业服务提质增效。 北京四板市场大兴区企业孵化培育基地启动，将通过在基地内搭建投融资平台和政策综合运用平台等方式支持基地内企业发展。举办政策培训、产业对接等活动，拉近政府与企业间的距离，简化办事流程，提高工作效率。首农·中科电商谷市级"众创空间"获授牌，为入园企业搭建资源共享平台。

品牌打造成果显著。 北京大兴新媒体产业基地、大兴生物医药产业基地获市商务委服务贸易示范基地（第一批）认定；大兴生物医药产业基地入选2016年中国产业园区营商环境百强。北汽新能源汽车产业布局采育基地，大兴生物医药园升级换代；推进新机场和临空经济区以及新航城征地拆迁、安置房及相关配套设施建设工作，永兴河新机场改线工程一期全面竣工。华克医疗科技（北京）股份公司登陆全国中小企业股份转让系统，增强企业品牌影响力。

2016年，亦庄园在经济运行调度、产品结构调整、工业用地高效利用以及创新体系、科技人才等方面均获显著成效。年内，园区入统高新技术企业总数863家；从业人员24.1万人；工业总产值2581.7亿元；总收入4436.9亿元；进出口总额168.7亿美元；实缴税费总额330.2亿元；利润总额371.4亿元；资产总计5790亿元；科技活动经费支出总额133.4亿元；专利申请3289件，专利授权2194件。

调结构转方式促发展。 坚持问题导向，及时发现企业经营过程中遇到的难点，主动服务，狠抓精准调度，将有限的资源用在帮助企业解决资金、技术、市场、人才、基础设施等方面实际需求上。支持企业增品种、提品质，不断满足国际、国内市场需求，提高有效供给。制定实施新增产业禁止和限制目录，基本完成对星网工业园企业的腾退。提升城市环境建设，累计建成大型公园绿地项目7个，占地面积1200公顷，区域绿地覆盖率高达32%。通过腾笼换鸟，探索疏解腾退土地的二次利用新模式；以回购方式收回原诺基亚厂区土地及厂房，建设北汽集团新能源汽车总部和研发中心；改建亦创智能机器人创新园，建成世界机器人大会永久会址。

聚焦科创中心建设，创新生态不断完善。 发挥投融资平台作用，方便企业、双创人才、创业团队低成本融资。北京亦庄国际投资发展有限公司参与发起基金共55只，总规模超2200亿元，累计投资项目110余个，投资金额达243亿元。引导、支持北京泰德制药股份有限公司等企业建设国家和市级工程实验室；区内企业累计承担"863"计划课题等国家级项目30余个，各类企业研发机构总数300余家。设立亿元人才奖励基金，开展"博大贡献奖""亦麒麟"评选表彰活动，累计吸引高端海外学人3300余人，"千人计划"63人，"海聚工程"117人。新增国家高新技术企业70家，总数555家；新增4家企业博士后工作站分站，累计已拥有28家，培养博士后60余人；4组创新簇示范站获授牌。新增市级知识产权示范企业23家、试点企业285家。

辐射带动一体化协同发展。 完成亦庄镇五环绿化带非住宅腾退，实施集贤村、南海子等地的7个土地项目一级开发，启动南海子二期核心区建设；完成旧宫中学改扩建、亦庄镇东工业区等管线铺设及道路通车，旧宫镇、瀛海镇330蒸吨锅炉煤改气工程，基本实现经济技术开发区与三镇一园集中供热无煤化。依托京津冀开发区创新发展联盟，促进产业合作、项目对接和企业服务常态化发展；创建曹妃甸京津冀协同发展示范园区，签订13个合作协议，实现50余家企

业与联盟成员单位对接；“亦庄·永清园”等7个项目落地、京东集团华北电子商务产业园等17个项目签约；京津冀国开区产业人才联盟、经济技术开发区科技创新企业商会成立，将发挥人才对经济转型升级的引领和带动作用，为企业家搭建生活服务平台及增值服务平台。

（孙　静　崔春雷）

【韩长赋到鸿坤·金融谷调研】 1月7日，农业部部长韩长赋在北京市市长王安顺等领导的陪同下就西红门镇农村集体经营性建设用地改革试点情况到鸿坤·金融谷调研。韩长赋一行了解大兴区农村集体产权制度改革以及资产股份权能改革等方面工作，与相关人员就改革中存在的问题进行交流和探讨。韩长赋指出，北京市高度重视农村集体产权制度改革工作，起步较早、成效明显，对全国农村改革发展具有先试先行、探索引路的作用，为大城市郊区农村集体产权制度改革探索了一条新路。

（周　坤）

【人用皮卡佐剂狂犬病疫苗一期临床结果公布】 1月13日，由依生生物制药有限公司主办的“重大新药创制”人用皮卡佐剂狂犬病疫苗一期临床结果新闻发布会在京举办。中国工程院院士侯云德、俞永新以及相关专家、部分机构的代表等参加。依生公司宣布，其自主开发的人用皮卡佐剂狂犬病疫苗在新加坡完成临床一期研究，效果良好。疫苗用于潜在的狂犬病病毒暴露后的免疫保护。其主要临床结果：疫苗的耐受性和安全性较好；疫苗在人体中产生更强的特异性T细胞免疫反应；疫苗（3针7天）的免疫效果良好，在第十四天获100%的血清阳转率，达到预防性疫苗的标准；疫苗组中75%的受试者在第七天实现血清阳转，而市售人用狂犬病疫苗对照组（4针14天）只有16.67%的受试者在第七天实现血清阳转，这一差别具有统计学显著性差异（$P<0.05$）。项目2013年被科技部列为“重大新药创制”项目，并获国家专项资金支持。

（尚亚库）

【智能汽车与智慧交通应用示范合作协议签约】 1月18日，由工业和信息化部、北京市政府、河北省政府共同主办的基于宽带移动互联网的智能汽车与智慧交通应用示范合作框架协议签约会在经济技术开发区举行。工业和信息化部副部长怀进鹏、北京市副市长隋振江等领导出席，相关部门负责人、行业专家和企业、高校、科研院所的代表等200余人参加。主办三方签订基于宽带移动互联网的智能汽车与智慧交通应用示范框架合作协议，确定2016—2020年，在经济技术开发区全面建成智能汽车与智慧交通产业创新示范区，将围绕智能汽车与智慧交通开展绿色用车、智慧路网、智能驾驶、便捷停车、快乐车生活、智慧管理六大应用示范。会上，北京亦庄国际投资发展有限公司、北京千方科技股份有限公司等15家单位发起设立智能汽车与智慧交通产业联合创新中心。中心将通过参与经济技术开发区应用示范建设，突破与沉淀一批智能汽车与智慧交通关键与核心技术，带动汽车制造、移动通信、互联网等相关产业的技术与商业模式创新，推动新产品、新技术的实验验证和成果转化，形成拥有一批有核心技术与行业影响力的龙头企业加创新企业的产业生态。乐卡汽车智能科技（北京）有限公司、北汽福田汽车股份有限公司等4家企业发起设立北京未来车联网创新基金，拟为北京市未来车联网项目提供资金支持。

（梁　冰　崔春雷）

【“互联网+大健康”高峰论坛举办】 1月20日，由国家新媒体产业基地管委会主办的“互联网+大健康”高峰论坛暨新媒体基地企业联合会第三次理事会在京举办。大兴区政府等单位有关负责人以及企业联合会理事、监事成员参加。与会代表围绕“互联网+大健康”主题进行交流。会上，开通“基地企业联合会”微信公众平台，并发布“优+”服务内容，为会员单位提供包括“送法律、送政策、送资金、送项目、送维权、送安全”在内的“六送”助理型服务和囊括“医、食、住、行、游、购、娱”七位一体的保姆型服务。企业联合会理事单位的代表还发出合法经营、共同树立信用自律的道德观念和行业风尚等10项承诺倡议。

（周思远）

【共建新能源汽车创新科技中心】 1月27日，北京汽车集团有限公司与亦庄园管委会就共建新能源汽车创新科技中心签署合作协议。签约双方相关负责人参加。中心规划由研发创新中心、全球营销中心、品牌体验中心、管理本部、联合创新中心五大模块组成，将开展整车中心、电池工程中心、电驱动工程中心以及大数据中心在内的9个核心技术研发，推进新能源汽车研发技术向“高精尖”发展，建成从用户研究、概念设计、前瞻技术、研发试制到资源整合的全球化新能源汽车创业创新示范基地。

（崔春雷）

【新增4家博士后工作站分站】 2月29日，经人力资源社会保障部批准，亦庄园中国通信建设集团设计院有限公司、北京泰豪智能工程有限公司、安诺优达基因科技（北京）有限公司、北京海思特临床检验所有限公司4家企业设立博士后科研工作站分站。至年底，亦庄园拥有28家企业博士后科研工作站分站，累计培养博士后研究人员60余人，承担各类创新型课题近70项，获各类资助200余万元。

（崔春雷　苑丁波）

【医药基地管委会与众筹芯公司签订协议】3月25日，大兴生物医药产业基地管委会与北京众筹芯互联网科技服务有限公司签订战略合作协议。根据协议，双方将结成深度战略合作伙伴关系，实现资源、信息的互通与共享。众筹芯公司将利用互联网技术资源，与基地共建线上综合金融索引平台，为企业提供金融服务，打造智慧园区；众筹芯平台多样的金融产品服务、专业的金融服务队伍，将为基地入驻企业的金融需求助力，实现双赢；通过众筹芯的数据库资源，收集与基地匹配的项目，进行产业化；众筹芯公司在美国、加拿大、以色列等国家的驻外机构，拟集聚海外在生物医药领域的人才、项目、技术等，与基地企业对接。

（孙　超）

【北京四板市场大兴区企业孵化培育基地启动】4月26日，由大兴区政府主办的北京四板市场大兴区企业孵化培育基地启动仪式暨北京股权交易中心企业集体挂牌仪式在鸿坤·金融谷举行。大兴区政府、经济技术开发区工委等单位相关负责人以及四板挂牌企业、四板市场推荐机构、拟挂牌企业的代表等100余人参加。仪式上，北京小管家社区服务有限公司等12家企业在北京四板市场大兴区企业孵化培育基地挂牌，其中，1家企业在标准板挂牌，11家企业在孵化板挂牌。基地位于鸿坤·金融谷，是北京四板市场首个区级孵化培育基地，中关村股权交易服务集团有限公司将通过在基地内搭建投融资平台和政策综合运用平台等方式支持企业发展，孵化、培育一批优质的大兴区企业进入更高层次资本市场。

（周　坤　孙当如）

【西红门创业大街开街】5月8日，由大兴区政府主办的2016北京市大兴区创新创业大赛暨西红门创业大街开街仪式在鸿坤·体育公园举行。来自中国工程院、科技部、中国科协、国家体育总局等部门相关负责人以及企业、创投机构的代表400余人参加。西红门创业大街西起地铁4号线西红门站，沿宏福路、南西路往东至鸿坤·金融谷，全长5千米，创新创业总体量超过300万平方米，重点打造以鸿坤广场、鸿坤·体育公园为核心的创新创业核心区，以鸿坤·金融谷为核心的金融文化服务区，以嘉悦广场、兴创国际中心、荟聚购物中心、宜家家居为核心的特色创新功能区，以城乡结合部改造1号地、2号地为中心的创新创业

拓展区四大区域，培育文化创意、创新金融、电子商务、创意设计、“互联网+”五大优势产业集群，将通过对产业、配套资源的整合，建设慢生活创业生态圈，并为创业者搭建服务资源平台、运营空间平台、创业孵化平台、政府扶持平台，成为产业结构优化、高端人才聚集、高密度投融资的绿色经济引擎。优客工场（北京）创业投资有限公司、北京昆尚文化传媒有限责任公司（昆仑决）等企业签约入驻西红门创业大街。

（周　坤）

【大兴基地企业参展廊坊国际经洽会】5月18—21日，大兴生物医药产业基地管委会组织中国食品药品检定研究院、北京费森尤斯卡比医药有限公司等35家药物研发、检定检验机构以及生物医药领域企业参展2016中国·廊坊国际经济贸易洽谈会，主题为“协同发展构建高精尖、有序疏解打造健康城”，主要展示园区在产业发展、项目集聚、转型升级等方面取得的成就，包括医疗机器人、无血手术刀等前沿科技医疗器械和园区企业生产的药品。其间，为参展企业发放宣传资料1万余份，随身科技（北京）有限公司、北京阿迈特医疗器械有限公司等20余家公司与多家企业达成合作意向。

（尚亚库）

【亦庄展团亮相科博会】5月19日，在第十九届中国北京国际科技产业博览会上，亦庄园管委会组织63家高新技术企业组成亦庄展团，以“引领新常态、打造高精尖、服务京津冀”为主题，通过企业成果展示及互动体验项目，展现园区“产城融合、绿色低碳、高端集群、创新智造、金融创新”的发展成就与发展优势。开发区展台上首设路演区，现场展现主动机器人场景的使用、互联网医疗服务系统和便携式智能仪器的操作、东械智能制造工厂内物资物流智能化解决方案的演示、四轴飞行器的DIY等双创项目。北京思瑞德医疗器械有限公司的呼吸麻醉机、康力优蓝机器人

科技有限公司的第四代家用服务机器人 U03S 等创新成果均得到与会者关注。在科技合作项目签约仪式上，亦庄开发区企业信息管理系统、IC 产业化服务平台等项目签约，总金额近 110 亿元。

（崔春雷）

【严隽琪到鸿坤·金融谷调研】5 月 26 日，十二届全国人大常委会副委员长、民进中央主席严隽琪率调研组到大兴区开展土地制度改革试点情况调研。在鸿坤·金融谷，严隽琪一行听取西红门镇城乡结合部升级改造建设进展汇报，了解大兴区通过综合整治，腾退低端产业、优化环境、疏解非首都核心功能等情况。严隽琪表示，大兴区是一块改革的热土，承担改革任务的过程中非常尊重历史，不仅注重和过去工作的衔接，还考虑到将来可能进行的改革，规划合理。北京市委常委戴均良参加调研。

（周　坤）

【亦庄第二届创新创业大赛举办】6 月 2 日，北京亦庄第二届创新创业大赛启动仪式在全球路演中心举行。活动由亦庄园管委会主办，设大赛启动仪式及“大咖谈路演”思享会、大健康产业项目北创营路演专场两个部分，有 679 个项目参赛，涵盖电子信息、先进制造等七大领域。大赛至 9 月 21 日结束，经 12 场复赛，92 个项目晋级决赛，14 家企业和 6 个团队获奖。其中，北京诺康达医药科技有限公司获一等奖，米果（北京）投资管理有限公司、北京随方信息技术有限公司获二等奖，北京万洁天元医疗器械有限公司等 3 家企业获三等奖，北京富龙康泰生物技术有限公司等 8 家企业获优秀奖；6 个团队中，DynaAFP 团队获一等奖，钠博特工业机器人运动控制器团队、私银贵族团队获二等奖，阿尔法睿虚拟现实等 3 个团队获三等奖。亦庄园管委会对获奖企业和团队设置百万级的奖金池，还将对获奖和参赛项目分别在政策服务、特色产业园落地、产业基金投资、创业特训营等 8 个方面给予支持。

（崔春雷）

【共同打造未来工厂生态城】6 月 7 日，鸿坤集团 & 智慧工厂战略合作签约仪式在鸿坤·金融谷举行，主题为“携手共赢　智慧共享”。大兴区科委、西红门镇政府、大兴区电子商务中心区建设办公室等单位有关负责人参加。根据协议，北京鸿坤理想投资管理有限公司和中国科技自动化联盟智慧工厂研究院将在智能制造领域展开合作，共同打造未来工厂生态城，探索面向 2025 年后未来产业的制造模式、产品模式、服务模式、商业模式。同时，双方还将在智能工业领域的科技服务、资本运作等方面共同建设领先的智能制造产业服务新平台。

（周　坤）

【骁龙 425 处理器量产】6 月 22 日，中芯国际集成电路制造（北京）有限公司成功量产美国高通公司的骁龙 425 处理器。骁龙 425 芯片是一款 64 位智能手机处理器，拥有集成的 LTE 连接、高性能图形和影像处理、1080P 高清显示等一系列先进数据处理功能，采用中芯国际（北京）公司 28 纳米工艺制造，且进行批量生产。

（崔春雷　杜　玲）

【苟仲文到首农·中科电商谷调研】6 月 24 日，市委副书记苟仲文一行到大兴区调研贯彻落实市委全会精神和“两学一做”活动开展情况。在首农·中科电商谷，苟仲文一行了解到大兴区转变经济发展方式、积极发展新兴业态等有关情况。苟仲文在听取发展汇报后表示，通过近年来多次对电商谷的考察，电商谷的发展模式是走对了，建设速度非常快。大兴区委、区政府等部门有关领导陪同调研。

（李　松）

【中国科协主题日活动举办】6 月 25 日，由中国食品科学技术学会、亦庄园管委会承办的全国食品安全宣传周·中国科协主题日活动在博大广场举办，主题为“食品安全进社区、进网络、进工厂”，旨在引导社会各界广泛参与食品安全科普，促进公民科学素质的提升。中国工程院院士孙宝国以及中国科协、食品药品监管局等单位相关负责人、专家以及企业、协会的代表等 500 余人参加。活动现场，相关专家对日常生活中食品误区进行科普，向参与人群发放宣传折页、书、小礼品等，北京三元食品股份有限公司等企业通过展板、视频，现场讲解产品性能及生产工艺，让消费者了解到真实的食品生产流程，将科学、权威的食品安全知识近距离传递给消费者，并与观众互动问答。活动中，中国食品科学技术学会与光明网签署合作协议，将共同打造以食品安全为重点宣传内容的《食品安全大咖谈》栏目。

（崔春雷）

【医药基地获 2016 中国产业园区营商环境百强称号】6 月 26 日，在第二届“一带一路”园区建设国际合作峰会暨第十三届中国企业发展论坛上，大兴生物医药产业基地凭借基础设施、产业发展、项目集聚、转型升级等方面的建设成就，获 2016 中国产业园区营商环境百强（生物医药健康产业区十佳）称号。

（尚亚库）

【北汽新能源研发中心签约入驻星网工业园】6 月，北京新能源汽车股份有限公司与北京经济技术投资开发总公司签订入驻亦庄星网工业园（原诺基亚园区）合作协议。根据协议，开发总公司完成对星网工业园收回后，将星网工业园以“先租赁后入股”的模式提供给北汽新能源公司使用，确保新能源汽车创新中心项目快速落地。7 月 7 日，开发总公司与微软（中国）有限公司签署星网公司股权与资产转让协议，北汽新能源研发总部将入驻星网工业园，建设北汽新能源汽车研发中心。工程预计总投资 120 亿元，2020 年建设完成。建成后将集研发与生产为一体，涵盖整车、电池工程、电驱动工程、智能网联、轻量化、造型工程、验证等 9 个核心研发中心。

（杜　玲）

【CED 电商产业园区联盟成立】7 月 12 日，由北京电子商务中心区建设办公室和大兴区旧宫镇政府主办的 2016 北京 CED 互联网创新发展高峰论坛暨 CED 电商产业园区联盟成立仪式在京举行。市商务委、中关村管委会、大兴区政府等单位有关负责人以及行业专家和相关企业的代表参加。会议围绕“产业助力，领耀南城”主题，探讨产业新环境下的园区发展之路。会上，首农·中科电商谷、CDD 创意港·嘉悦广场、鸿坤·金融谷、西红门创业大街等 15 家电商园区组建成立 CED 电商产业园区联盟，旨在完善电子商务园区发展环境，整合资源，构建北京南城电子商务健康发展的生态链。北京中科电商谷投资有限公司为首届理事长单位。

（尚亚库）

【首都创新驱动发展交流活动举办】8 月 2 日，由市科协、亦庄园管委会主办的 2016 年第八届首都创新驱动发展展示交流活动在亦城国际路演中心举办，主题为“智造新经济·智能新生活”，旨在向参会企业展示“十三五”时期国家对于智能制造业的利好政策，为推动智能企业创新发展营造良好的政策氛围。北京科技咨询中心等单位相关负责人以及来自智能机器人、3D 打印、VR 家装等行业的代表 200 余人参加。中国农业大学 3D 打印研究中心相关专家做了关于智能行业研发及智能制造业发展状况的主题报告，为与会者提供关于智能行业创新与创业的建议和指导。北京进化者机器人科技有限公司、随身科技（北京）有限公司、第二空间（北京）科技有限公司等企业高层及行业专家带来不同智能领域的新技术、新研究、新理念和新产品，从专业视角分析行业发展态势，展示智能产品功能，分享技术创新经验，探讨智能经济的未来趋势。

（崔春雷）

【参展国际生物医药创新展】8 月 18—20 日，在 2016 北京国际生物医药创新展览会上，大兴生物医药产业基地管委会和经济技术开发区管委会共同搭建“大兴—亦庄”展台，组织中国食品药品检定研究院、新型疫苗国家工程研究中心、北京博奥医学检验所有限公司等 31 家药物研发、药物检定检验机构以及生物制药、现代中药等生物医药领域企业参展。展览以“中国药谷健康新城”为主题，通过大兴—亦庄主形象、科技创新、创新成果三大展区，展示重大项目、空间布局、企业服务、创新科技等内容以及大兴—亦庄园在产业发展、项目集聚、转型升级、创新体系等方面的成就，包括北京柏惠维康科技有限公司的神经外科手术机器人、懿加乐通信科技（北京）有限公司的“宅医生”便携式电子健康档案智能检测仪、北京华益精点生物技术有限公司的“血糖手环”、北京东方泰华科技发展有限公司的可穿戴血压仪等前沿科技医疗器械。

（孙　超）

【全球异构计算 HSA 峰会举行】8 月 22 日，由全球异构系统架构协会、中国半导体行业协会联合主办的 2016 年全球异构计算 HSA 峰会在经济技术开发区举行，旨在推动统一计算标准形成，为国内厂商互相合作、共谋发展搭建平台。中科院、北京大学、乐金电子（中国）研究开发中心有限公司等大学、科研院所、投资机构、企业的代表等1000余人参加。会议以“拥抱CPU+时代”为主题。与会者围绕人工智能、深度学习、软件无线电、物联网等进行研讨。华夏芯（北京）通用处理器技术有限公司发布一款集中央处理器（CPU）、数字信号处理器（DSP）、图像和视频处理器（IVP）等为一体的 64 位高性能处理器 IP 核。IP 核基于华夏芯公司自主知识产权的指令集、微架构和工具链等核心技术，支持 HSA 国际标准，可显著提升性能和降低功耗，同时还可以降低下游厂商的开发时间和成本，主要面向移动通信、机器视觉、人工智能、智能终端、消费电子和物联网等领域。

（崔春雷　杜　玲）

【亦庄国际公司与产融创新平台签署协议】8月23日，北京亦庄国际投资发展有限公司与全国产业与金融创新平台签署战略合作协议。根据协议，双方将共同推进加强亦庄主导产业集中度，提高产业控制力，提升产业价值；在亦庄园设立上市公司定向加速器；力争引进国际或国内龙头企业、有代表性的金融机构等落户亦庄园，强化首都作为科技创新中心和文化中心功能，增强亦庄作为京津冀协同发展的桥头堡作用，并培育园区内的上市或拟上市项目；沟通探讨组建产业投资基金或并购基金等事宜；共同支持园区企业响应国家“一带一路”倡议，进行国际并购，引进国际先进技术和管理经验；支持双创企业，连接科技创新孵化器，为入园平台和企业提供系统服务。

（杜　玲）

【青旅联合物流科技集团总部项目签约】9月6日，在第八届投资北京洽谈会上，大兴区政府与青旅联合物流科技集团有限公司就建设青旅总部签订战略合作协议。根据协议，项目落户大兴新媒体产业基地后，公司将专注于信息服务、电子商务和物流配送等全产业链各领域的整合服务，实现“互联网信息服务”与“电子商务服务”相结合、“线上服务”与“线下服务”相结合的发展格局，促进新区新兴产业发展。

（周思远）

【4家科技社团创新簇示范站成立】9月19日，在第十九届北京科技交流学术月开幕式暨中国制造2025报告会上，市科协和亦庄园管委会联手打造的汇龙森示范站、京东方示范站、安诺优达示范站和华德集团示范站4家科技社团创新簇示范站成立。示范站旨在引导科技社团根据企业创新及产业发展需求，建立创新簇团队，以助力企业提升自主创新能力。科技社团创新簇将集成各方面的创新要素，为企业在创新决策、研发投入、科研组织、成果转化等方面做好服务，提供科技力量。同时，示范站企业也要主动梳理自身科技创新发展目标，为创新簇开展工作提供必要的资金和条件保障。

（崔春雷）

【经济技术开发区科技创新企业商会成立】9月20日，北京经济技术开发区科技创新企业商会成立大会暨第一届会员大会举行，市工商联、经济技术开发区管委会等单位相关负责人以及商会会员等300余人参加。商会由北京亦庄区域合作投资有限公司、北京博大万泰国际投资咨询有限公司等18家企业共同发起成立。商会遵循“政府引导、商会主导、企业主体、市场机制、合作共赢”的原则，拟构建科技企业与政府、科技企

业与服务机构、科技企业与科技企业之间跨界创新的生态系统，着力为企业家搭建生活服务平台及企业增值服务平台，举办各类专题活动，同时将成立企业商学院，组织召开国际会议，并在美国及欧洲等地设立分会。会上，还举行亦庄·科技商会创新基金发布仪式、亦庄科技商学院揭牌仪式、亦庄京东企业购平台发布仪式、中欧国际项目推进合作平台签约仪式。商会首届会长为李宏，首批会员120人。

（崔春雷）

【物联网与人工智能技术高峰论坛举办】9月20日，由市科协、亦庄园管委会共同主办的2016年物联网与人工智能技术高峰论坛在亦庄举办，主题为“提升、创新、共融”，北京物联网研究会、北京信息科技大学、中国人工智能学会等单位相关负责人出席，来自日本高知工科大学、河南省科学院、北京科技大学等国内外物联网和人工智能相关领域的专家学者分别从“京津冀一体化发展模式下物联网与人工智能技术”“人机交互新趋势”“国家智慧城市发展趋势”“智能制造的物联网新思维”“人工心理与人工智能技术”等方面发表演讲，共同探讨物联网与人工智能技术的发展趋势以及在智慧京津冀建设中的现状。论坛以主题演讲、案例分析、现状解析、互动交流等形式为与会者搭建信息沟通、商务合作、市场拓展的平台，吸引近200位专家学者和高校师生参加。

（崔春雷）

【全国双创周亦庄分场活动举办】10月12日，由亦庄园管委会主办的全国大众创业万众创新活动周亦庄分场活动在亦创国际会展中心启动，主题为“互联京津冀 创业亦精彩”。市科委、市经济信息化委、市科协、中关村管委会、经济技术开发区管委会等单位相关负责人参加。开幕式上，开发区创业期科技型企业首批集中办公区授牌；北京市创新创业大赛和iCAN国际大学生创新创业大赛中国赛区总决赛启动。活动期间，

亦庄分场还设立美国、欧洲分会场，中外创业者和投资机构“面对面”、零距离零时差交流；经济技术开发区管委会分别与河北省政府、天津市政府以及创新创业企业等签署合作协议；在京津冀全球路演中心以及区内 12 家产业园区、孵化器、众创空间设置 13 个分会场。亦庄分场聚焦产业创新，融合园区、平台、企业、人才、技术等多种要素，推出国际交流、创业大赛、双创培训、主题论坛、路演投资五大类别 26 场活动，120 余家投资机构、上千家企业的代表共 1 万余人参加。

（崔春雷）

【猪八戒网北京园区签约落地】 10 月 12 日，猪八戒（北京）“互联网 +”创新创业示范项目三方战略合作签约仪式在亦庄园举行。大兴区政府、北京市文化投资发展集团有限责任公司、重庆猪八戒网络有限公司签署建设北京市国家级“互联网 +”型创新创业综合示范区项目合作协议书。猪八戒网北京园区由三方共同开发建设，位于国家新媒体产业基地，将分 3 个阶段建成 20 万平方米的“互联网 +”型第三代园区产业空间，涵盖“互联网 + 创新创业”“互联网 + 文创新媒体”“互联网 + 广告”“互联网 + 金融”“互联网 + 北京智造 2025”“互联网 + 教育”六大领域。

（周思远）

【经济技术开发区产业技术创新联盟促进会成立】 10 月 18 日，由经济技术开发区管委会主办的北京经济技术开发区产业技术创新联盟促进会成立大会在博大大厦举行，联盟会员单位的代表等 100 余人参加。促进会是由开发区内的电子信息、生物医药、装备制造、汽车产业等领域的产业技术创新联盟自愿联合发起成立、经核准登记的非营利性机构，旨在推动各产业技术创新联盟的创新、融合发展。促进会将梳理各细分产业技术创新联盟，搭建各细分产业公共服务与技术平台；引进一批科技创新项目与企业，联动京津冀协同发展；参与细分产业相关国家、行业技术标准制订；加强对重点新产品的知识产权保护与交易指导，系统构建专利池；开展学术交流、专业培训、成果展示，提供政策咨询、投融资、产业规划等服务；组织行业内企业、科研机构共同开展技术攻关。北京旷博生物技术股份有限公司董事长兰宝石当选首届会长，首批会员单位 39 家。

（崔春雷）

【2016 世界机器人大会举办】 10 月 20—25 日，由工业和信息化部、中国科协、北京市政府主办，中国电子学会、北京市经济信息化委、亦庄园管委会承办的 2016 世界机器人大会在亦创国际会展中心举办。国务院副总理刘延东、北京市委书记郭金龙、科技部部长万钢、工业和信息化部部长苗圩、中国科协党组书记尚勇等领导出席开幕式。大会以“共享共创共赢，开启智能时代”为主题，分为机器人主论坛及专业论坛、博览会、大赛 3 个部分，设有 4 万平方米展区，包括工业机器人、服务机器人、特种机器人等专业展区，邀请世界 10 余个国家和地区的近 150 家机器人企业，展出仿生机器蝴蝶、智能协作机器人、情感机器人等产品与解决方案；举办无人驾驶挑战赛、无人机飞行极限挑战赛、国际水中机器人大赛、RoboCup 机器人足球挑战赛、RoboCom 青少年挑战赛、机器人明星挑战赛 6 项赛事，来自 15 个国家和地区的 830 余支参赛队伍和 2500 余人参赛；发布 6 项机器人团体标准以及智能机器人 Bots 平台；举办 39 场报告、6 场高峰会谈和 22 个专题论坛，来自俄罗斯、德国、美国等国家及地区的行业组织和国际机构的 300 余名国际机器人领域知名学者围绕新一代机器人技术发展趋势与产业应用展开交流探讨。会上，北人壹创（北京）投资管理有限公司、北人亦创孵化器揭牌，北人壹创基金启动。活动共吸引 22.8 万余人次参与，观看在线直播人数超过 440 万人。

（崔春雷）

【生物免疫治疗药物 YS-ON-001 获孤儿药资质】 10 月 24 日，依生生物制药有限公司宣布，其生物免疫治疗药物 YS-ON-001 取得美国食品药品管理局（FDA）批准的用于肝癌治疗的孤儿药资质。YS-ON-001 是依生公司开发的具有生物免疫调节功能的大分子药物，通过诱导多种细胞因子产生，具有促进 Th-1 型免疫应答，诱导树突细胞（DC）、B 细胞和自然杀伤细胞（NK）的活化和增殖，调节肿瘤相关巨噬细胞由 M2 型向 M1 型极化以及下调调节性 T 细胞等功能，实现在打破免疫抑制状态的同时，提升免疫系统对肿瘤细胞的杀伤功能。产品在抗实体瘤方面展现出广谱性、优秀的疗效和安全性。

（李积伟）

【全球创新港产融结合示范体系落地亦庄园】 11 月 30 日，在第十二届中外跨国公司国际年会上，举行全球创新港启动仪式，宣布中国集团公司促进会与北京经济技术开发投资总公司的战略合作项目“全球创新港 - 产融结合示范实施体系总体方案”落地亦庄园，拟将北京南部区域作为示范区，打造产融结合示范实施体系第一个样板工程。中国集团公司促进会下属的产城融合专业委员将进驻亦庄园，在经济技术开发区管委会的支持下，构建亦庄“全球创新港”产业创新生态体系。中国产融结合示范区将定制化搭建柔性智库，关注企业发展过程中所需要的技术、资金和产业生态链数据，同时在全球范围内整合资源，构建创新合作网络、区域产业链信息系统、产融综合平台、区域创新资源中心，形成一整套城市创新生态实施体系与资源体系，服务于国家创新驱动战略规划。

（崔春雷）

【产研共同搭建 IC 中枢平台】 12 月 2 日，在 2016 年全球传感器与智能化发展高峰论坛上，举行北京亦庄移动硅谷有限公司与中科院微电子研究所产业孵化服务平台战略合作签约仪式。双方签署《战略合作协议》，拟在集成电路 IP 资源共享、集成电路设计、物联网产业融合、项目孵化引入及人才培训等方面开展合作，旨在促进中科院微电子研究所科技成果转化和人才培养工作，同时共同推进经济技术开发区形成完备的集成电路产业链，提升产业规模，加速本土企业进入价值链高端环节，汇聚设计与应用企业，吸引集成电路设计类企业在开发区集聚。

（崔春雷）

【大兴园重点技术领域总收入 562.9 亿元】 年内，大兴园重点技术领域总收入 562.9 亿元。其中，新能源与节能领域在产业发展中领先，收入 156.6 亿元，占总收入的 27.8%；先进制造领域收入 116.3 亿元，占总收入的 20.7%；电子信息领域收入 64.9 亿元，占总收入的 11.5%；生物医药领域收入 59.0 亿元，占总收入的 10.5%；新材料领域收入 41.0 亿元，占总收入的 7.3%；环境保护领域收入 19.1 亿元，占总收入的 3.4%；其他领域收入 106.0 亿元，占总收入的 18.8%。

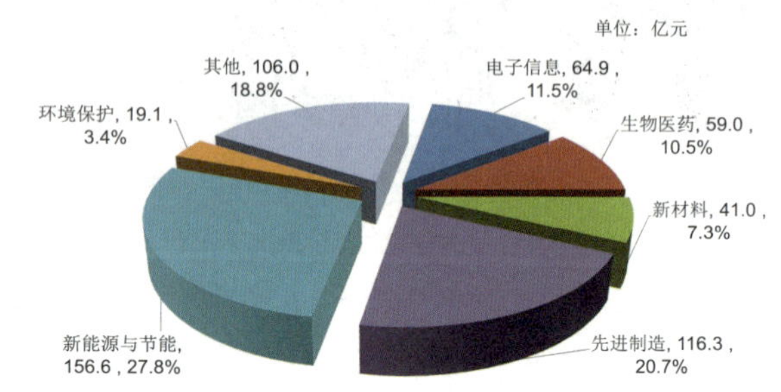

（苏金城）

【亦庄园重点技术领域总收入 4437 亿元】 年内，亦庄园重点技术领域总收入 4437 亿元。其中，先进制造领域在产业发展中领先，收入 1621.0 亿元，占总收入的 36.5%；电子信息领域收入 1286.8 亿元，占总收入的 29.0%；生物医药领域收入 494.7 亿元，占总收入的 11.1%；新能源与节能领域收入 226.3 亿元，占总收入的 5.1%；新材料领域收入 84.3 亿元，占总收入的 1.9%；环境保护领域收入 70.8 亿元，占总收入的 1.6%；其他领域收入 653.1 亿元，占总收入的 14.7%。

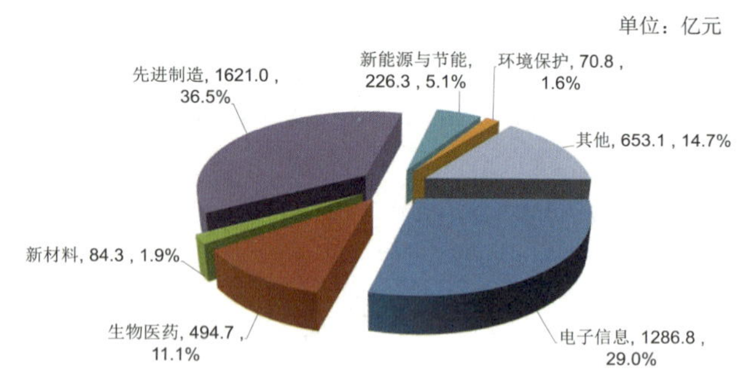

（崔春雷）

房山园

2012 年 10 月，经国务院批复，中关村国家自主创新示范区扩展为“一区十六园”。房山区北京石化新材料产业基地、北京高端制造产业基地、北京良乡高新技术产业基地东区、北京良乡西区、海聚工程产业基地 5 个重点功能区域共 21 个地块组成中关村示范区房山园，规划占地面积 1572.97 公顷。2013 年 12 月，房山园获授牌。石化新材料基地是国内首批 62 家新型工业化产业示范基地之一，位于房山区“三大城市组团”的燕房组团，分为东区和西区，纳入中关村示范区范围的面积 736.77 公顷，重点发展新材料产业，北京八亿时空液晶科技股份有限公司等企业入驻。高端制造基地位于房山区“三大城市组团”的窦店组团，纳入中关村示范区范围的面积 355.28 公顷，重点打造高端自主品牌汽车、新能源汽车及动力电池、轨道交通设备制造等领域的新兴产业集群，达闼科技云端智能机器人、长安汽车调整升级、中关村新兴产业技术研究院等一批重点项目正在建设。良乡高新区东区位于房山区“三大城市组团”的长阳良乡组团东部，包括长阳科技园和良乡高教园，纳入中关村示范区范围的面积 139.80 公顷。长阳科技园已有中国核工业集团公司、中国航天科工集团公司等央企入驻。良乡高教园主导建设四大孵化基地（北京高校大学生创业园、优客工场良乡园、中国移动互联网产业孵化园、高校科技成果转化暨国际技术转移转化中心）和四大“高精尖”产业园区（中关村知识产权科技园、智汇城科技创业园、健康管理产业园、东旭光电科技园），搭建有科技条件平台、校企合作平台、知识产权服务平台、智慧城公共信息云平台、孵化服务平台等十大创新创业高端服务平台，在孵企业 217 家。良乡高新区西区位于房山区“三大城市组团”的长阳良乡组团西部，包括良乡经济技术开发区和北京西南良乡物流基地，纳入中关村示范区范围的面积 253.32 公顷。良乡经济开发区成立于 1992 年，2000 年 12 月市政府批准列为市级开发区，占地面积 109.5 公顷，特色发展生物医药、高端装备制造和都市产业，北京华素制药股份有限公司等企业入驻。西南良乡物流基地位于房山新城良乡组团西南，规划总面积 291.14 公顷，天洋蜂巢国际知识经济创新示范区、中融安全印务生产基地、京煤集团总部基地等项目入驻。海聚工程产业基地规划面积 87.80 公顷，重点围绕新材料、电子信息等领域发展，北京飞航吉达航空科技有限公司等企业入驻。园区内企业可享受国家、北京市、中关村示范区的各类优惠政策。

房山园管理委员会领导成员

主　　任（暂缺）
常务副主任（暂缺）
副 主 任（暂缺）

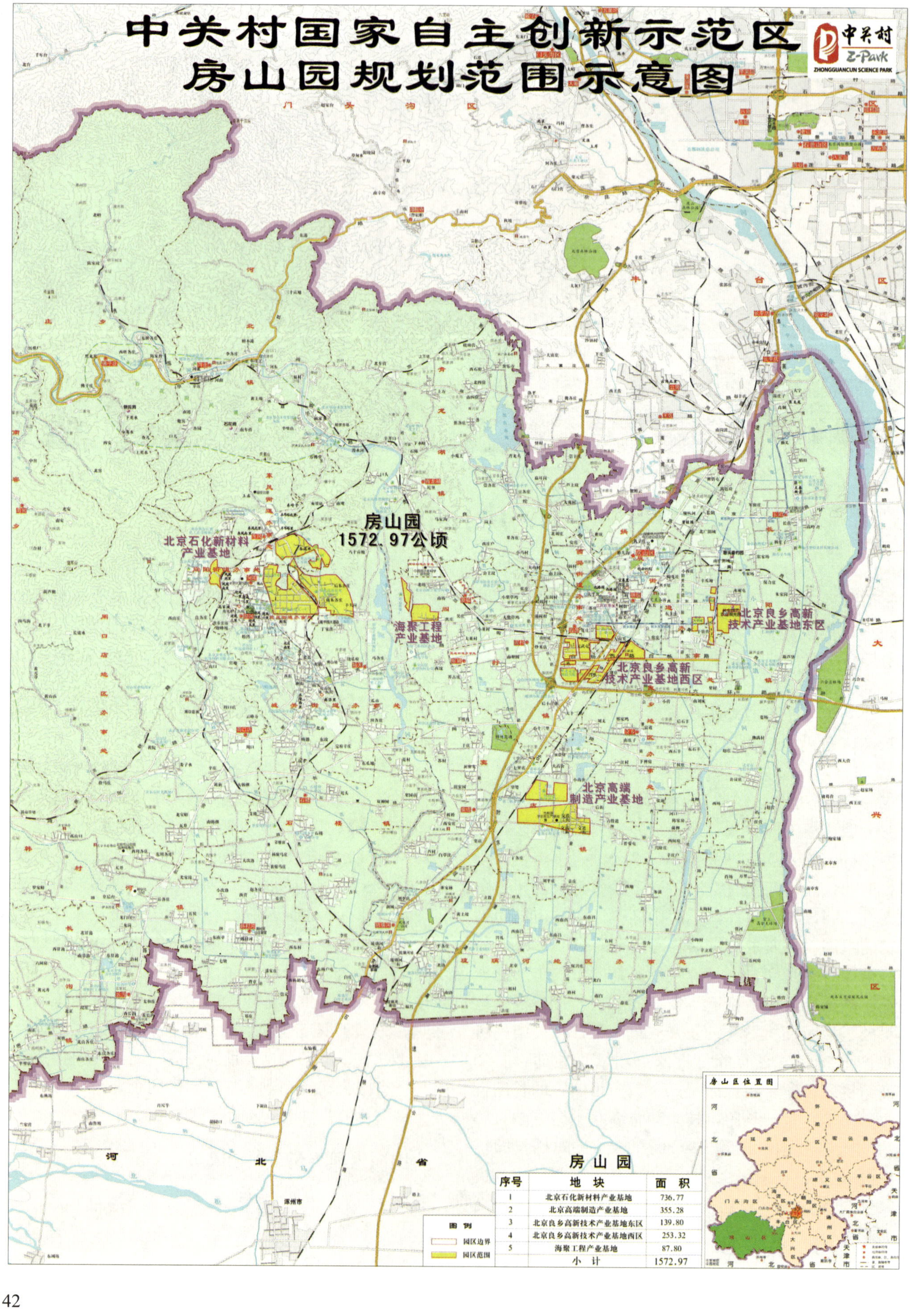

中关村国家自主创新示范区房山园规划范围示意图

房山园
1572.97公顷

北京石化新材料产业基地

海聚工程产业基地

北京良乡高新技术产业基地东区

北京良乡高新技术产业基地西区

北京高端制造产业基地

图例

园区边界

园区范围

房山区位置图

房山园

序号	地 块	面 积
1	北京石化新材料产业基地	736.77
2	北京高端制造产业基地	355.28
3	北京良乡高新技术产业基地东区	139.80
4	北京良乡高新技术产业基地西区	253.32
5	海聚工程产业基地	87.80
	小 计	1572.97

【概况】2016年，房山园围绕打造京保石发展轴桥头堡的新目标，落实中关村南部创新城和生态宜居示范的新定位，加大各级工作落实力度，园区经济平稳运行。年内，园区入统高新技术企业总数149家；从业人员3.1万人；工业总产值171.8亿元；总收入302.1亿元；进出口总额2.5亿美元；实缴税费总额15.3亿元；利润总额19.3亿元；资产总计455.3亿元；科技活动经费支出总额10.8亿元；专利申请443件，专利授权261件。

推进特色园区建设。房山园不断推进北京高端制造产业基地、北京石化新材料产业基地、良乡高教园区、北京互联网金融安全示范产业园4个特色产业园区的建设。2016年，高端制造基地引进北京海博思创科技有限公司房山分公司的新能源汽车动力电池检测系统等一批“高精尖”项目，中关村前沿技术研究院一期入驻驭势科技无人驾驶汽车、达闼科技云端智能机器人两个前沿技术项目，研究院二期项目完成土地出让合同签订。截至年底，共有落地企业24家，其中11家投产运营，12家进行施工建设，1家在履行摘地手续。投产企业中，重庆长安汽车股份有限公司北京长安汽车公司全年税收超过1亿元，全口径税收16亿元；北京京西重工有限公司等3家企业全年税收超过1000万元；北京航天奥祥通风科技有限公司等两家企业全年税收超过500万元。石化新材料基地共有进驻企业45家，其中，37家企业投产运营，在建和办手续的企业8家；规模以上工业企业25家，2016年实现规模以上工业总产值510亿元，累计实现固定资产投资15.2亿元，实现区域税收98.1亿元。在良乡高教园内，智汇城科技创业园共有7家高新企业入驻；北京高校大学生创业园（良乡园）共引进大学生创业团队38个，创业人员150余人。北京互联网金融安全示范产业园一期工程12万平方米建设完成，二期工程也已完成方案设计。

推动创新创业发展。年内，优客工场（北京）创业投资有限公司创办的优客工场、北大校友会创办的北大创业训练营、北京潜研科技有限公司创办的中英科创孵化中心、智汇邦创办的柠檬空间以及房山区内创新品牌新金融创业港、光合优创、青创动力、三维六度等众创空间陆续投入运营。其中，创新谷获国家级众创空间认定，新金融创业港获北京市众创空间认定，首诚生物健康产业园获中关村特色产业孵化平台认定。

人才引进成效明显。年内，随着驭势科技无人驾驶技术、达闼科技云端智能机器人、海博思创新能源汽车动力电池检测系统、锐视康PET/CT医学影像中心等“高精尖”项目和北航医工交叉创新研究院落户房山园，黄晓庆、胡志宇、张剑辉等10余名“千人计划”专家和吴甘沙、任秋实等20余名行业领军人才集聚房山园。

（梁雪媛）

【房山区政府等三方签署全面战略合作协议】6月19日，房山区政府、北京航空航天大学、中关村发展集团股份有限公司合作协议签约仪式在房山区政府举行。市委副书记苟仲文、市人大常委会副主任刘伟、副市长隋振江等领导以及市科委、中关村管委会等单位相关负责人参加。房山区政府、北航签署《全面战略合作协议》，双方将重点围绕医工交叉、军民融合和智能制造等领域，开展长期、稳定、全面的战略合作，共同推进建设集科研创新、成果转化、企业孵化和产业发展等平台为一体的创新生态示范区。房山区政府、北航、中关村发展集团签署《共建医工交叉创新研究院合作协议》并为研究院揭牌，三方将以解决临床医学问题和促进人类健康为目标，依托北航等相关单位的科技资源优势，汇聚国内外高端人才，重点在医工结合、医用机器人、高端服务机器人等领域开展医工交叉创新研究。

（钮　键　李贺英）

【北京石化新材料基地入选中国产业园区百佳榜单】6月26日，在第二届“一带一路”园区建设国际合作峰会暨第十三届中国企业发展论坛上，中国产业园区百佳榜单发布，包括2016中国产业园区营商环境百佳、2016中国产业园区创新力百佳和2016中国产业园区成长力百佳。其中，北京石化新材料产业基地因其坚持政策服务、人才服务、融资服务、行政审批手续服务、及时研究解决企业问题、大力开展建设六大服务并行的服务体系，获2016中国产业园区营商环境百佳称号。同时，基地还获2016新材料产业十佳称号。

（梁雪媛）

【房山大学城·优客工场创业嘉年华活动举办】7月5日—8月9日，由房山区经济信息化委、区人力社保局、区科委、良乡高教园区管委会和房山大学城·优客工场主办的房山大学城·优客工场创业嘉年华活动在北京高校大学生创业园举办。来自52个创业团队的100余名创业者参加。活动主要为青年创业者提供一个入驻房山大学城·优客工场的一站式推进和加速服务体验。优客工场为青年创业者提供为期1个月的免费入驻孵化体验，青年创业者可免费享受优客工场的全部会员服务，包括办公空间及办公配套服务，以及专业创业导师定期举办的法务、财务、人力、投融资等方面的创业指导公开课，同时优客工场还组织所有入驻企业进行深度互动及交流合作。

（梁雪媛）

【中关村南部（房山）科技创新城服务中心成立】 7月8日，北京中关村南部（房山）科技创新城企业发展服务中心授牌仪式在京举行。房山区委、区政府等单位有关负责人以及相关机构的代表等参加。中心将整合政府部门资源，提供绿色通道，建设企业服务专厅，保证服务企业的各项工作运行顺畅、优质高效。26家与服务企业相关的职能部门及社会服务企业机构入驻专厅，设立产业确认与政策服务、商事税务服务、金融服务、企业综合服务、重点项目专项服务、社会中介服务6个工作室对外开展服务。

（梁雪媛）

【共同打造办公生态系统】 8月9日，在汉美中国联合办公4.0战略发布会上，举行博物馆金融生态空间&创新谷&汉美中国三方战略联盟签约仪式。北京创新谷科技孵化器有限公司与汉美财富世纪（北京）投资管理有限公司、中国金融博物馆签署战略合作协议，三方将在办公生态系统、企业服务等方面深度融合，以互补的形式共同打造联合办公新形态，引领行业标准。

（梁雪媛）

【中关村南部科技创新城首批项目签约】 8月10日，由房山区企业发展服务中心主办的中关村南部（房山）科技创新城项目签约仪式在房山区举行。房山区政府等单位有关负责人以及相关企业的代表等参加。利比奥环保科技有限公司的基于纳米技术的水处理项目、北京尚水信息技术股份有限公司的海绵城市智能监测与信息化管理平台项目、北京绿控罗素生物科技有限公司的绿控罗素病害生态防控项目、北京创合汇科技有限公司的工业无线物联网项目、龙日艺通文化艺术公司的大电流快速连接整体解决方案项目等首批6个项目签约入驻，涉及电子信息、环境保护、生物医药等领域。

（梁雪媛）

【北京互联网金融安全示范产业园入园仪式举行】 9月8日，北京互联网金融安全示范产业园产业入园暨中关村区块链研究院启动仪式在房山阎村工业开发区举行。市金融局、市网信办、中关村管委会等单位有关负责人以及相关专家、企业代表等100余人参加。中关村区块链研究院、北京市网贷行业协会、成都数联铭品科技有限公司等23家单位首批入园。中关村区块链研究院由中关村发展集团股份有限公司与北京阿尔山科技有限公司共同发起成立，是横跨大学、科研院所以及企业之间的合作交流平台，将组织国内外区块链领域的机构开展产学研合作，致力解决会员单位在发展中遇到的技术攻关、知识产权保护、产业化等问题，打造完整的区块链产业链。

（梁雪媛　杜　玲）

【三维六度互联影视空间启动】 10月18日，由房山区经济信息化委、房山区企业发展服务中心、房山区长阳镇政府、三维六度（北京）科技股份有限公司主办的中关村双创周暨房山三维六度互联影视空间启动仪式在三维六度科技文创产业园举行。房山区委、区政

协等单位有关负责人以及相关企业的代表等参加。仪式以“创造新辉煌，实现心梦想”为主题。三维六度互联影视空间成立于2015年7月，注册资本2000万元，是一家以文化创意产业、影视动画新媒体、交互式设计为主营，以促进科技成果转化、培养高新技术企业和企业家为宗旨的科技创业服务机构，将打造成为具有服务深度与广度的“众包、众筹、众创”三位一体的企业孵化基地。三维六度科技文创产业园位于房山区长阳镇，是三维六度互联影视空间的主要载体，将建设众创基地、产学合作平台、产业集聚平台、创新创业平台，可入孵创新创业中小微企业200余家。房山区第二职业高中与三维六度公司签署合作协议，双方将在4K影片修复、影视特效、3D技术、VR等方面进行合作。

（梁雪媛）

【驭势科技智能汽车示范运营启动】11月5日，由驭势科技（北京）有限公司主办的驭势科技智能汽车示范运营启动暨智能网联汽车产业发展战略合作签约仪式在中关村新兴产业前沿技术研究院举行。中关村管委会主任郭洪等领导以及房山区委、中关村发展集团股份有限公司等单位有关负责人和相关企业的代表等参加。驭势科技公司与房山区政府签订《智能网联汽车产业发展战略合作协议》，启动智能汽车示范运营，在智能网联汽车和智能驾驶领域开展全面战略合作。根据协议，双方拟将房山区打造成为国内乃至世界范围内领先的智能网联汽车和智能驾驶示范区，实现智能网联汽车和智能驾驶技术的示范落地，完成示范运营点的选择；逐步推动高宽带和高实时的车联网通讯基础设施以及智能交通基础设施的建设，打造高安全、高可靠和高承载的新型智能网联汽车；连接公共运输系统，实施智慧城市基础建设，将居住、出行和工作结合成一体，提供智能驾驶共乘、共享、安全、舒适和便捷的运营服务，有效提升交通出行的效率，减缓交通堵塞，降低空气污染。

（梁雪媛）

【北京文心房山文创产业发展基金成立】12月13日，北京市房山城市投资发展有限责任公司联合北京市文化中心建设发展基金管理有限公司、北京智慧长阳文化产业基地和北京市文化中心建设发展基金（有限合伙）设立北京文心房山文创产业发展基金。基金注册地为房山区北京基金小镇大厦，计划规模2亿元，其中房城投公司出资8000万元。基金将主要以股权方式进行投资，对于政府政策扶持的项目采用股权与债权相结合的方式或债权方式，重点投资国内文化创业领域和有价值的处于种子期、初创期、成熟期的优质企业，基金总规模的60%投资引入房山区的文化项目，40%投资优秀的市场化股权项目，同等条件下优先考虑投资北京智慧长阳文化产业基地的文化项目。

（梁雪媛）

【百名海外名校博士创业中国行活动走进房山】12月19日，由欧美同学会、“千人计划”专家联谊会主办的百名海外名校博士创业中国行——走进房山活动举办。来自美国、德国等20余个国家和地区的107位博士，携带100余项涉及新材料、新能源、电子信息、智能制造、生物医药等领域的创新创业项目参加。百名博士参观北京互联网金融安全示范产业园和中英科技创新孵化中心，通过相关人员的介绍与实地考察，了解房山区的基本情况和投资环境。活动还通过创新创业辅导、创新创业论坛、项目路演、项目对接、高新区实地考察等形式，为海外学子创新创业搭建交流、融资、落地平台。乌克兰敖德萨国立理工大学博士周晖雨、湖州蔚蓝航娱科技有限公司分别与中英科技创新孵化中心签订合作协议。活动还举办欧美同学会海归创业学院（北京房山）授牌仪式。

（梁雪媛）

【3家企业上市】年内，房山园有3家企业上市。能科

节能技术股份有限公司在上海证券交易所上市；北京中元成能源技术股份有限公司在新三板挂牌；北京德麦特捷康科技发展有限公司在北京四板市场挂牌。

（梁雪媛）

【6个“高精尖”项目落户房山园】年内，6家企业的“高精尖”项目落户房山园。其中，北京天仁道和新材料有限公司的北京天仁道合高速列车基础摩擦材料研究院及智能制造示范基地项目总投资6.5亿元，占地面积6.5公顷，涉及轨道交通装备和新材料领域，计划年产80万件高速列车制动闸片；重庆长安汽车股份有限公司的长安汽车研发及创新中心项目总投资54亿元，占地面积25.3公顷，涉及新能源智能网联汽车领域，重点建设环境仓、试制、NVH三大领域，补充系统级电气验证能力；驭势科技（北京）有限公司的驭势科技无人驾驶技术项目总投资5000万元，租用中关村新兴产业前沿技术研究院3000平方米办公场地，建设无人驾驶汽车改装和展示平台，涉及智能网联汽车领域；达闼科技（北京）有限公司的云端智能机器人项目总投资5亿元，租用中关村新兴产业前沿技术研究院5500平方米办公场地，涉及智能机器人领域，主要建设内容包括全球云端机器人产业化协同创新与示范服务、META导盲机器人研发、云端智能公共服务平台北京市工程实验室创新能力建设等；北京海博思创科技有限公司房山分公司的新能源汽车动力电池检测系统项目总投资2亿元，租用01街区标准厂房5.9万平方米，涉及动力电池管理系统及电池检测领域；北京锐视康科技发展有限公司的PET/CT医学影像中心项目总投资1.2亿元，租用03街区标准厂房1.6万平方米，用于高端医学影像设备研发及生产。

（梁雪媛）

【各级政策支持园区发展】年内，房山园13家企业申报2016年度中关村高端人才创业基地房租补贴，其中北京中科纳泰生物科技有限公司、北京中科华纳玻璃技术有限公司、北京北达智汇微构分析测试中心、北京圣谷智汇医学检验所有限公司、北京北方新诺半导体技术有限公司5家企业获197万元资金支持。两家机构申报中关村特色产业孵化平台，其中首诚生物健康产业园1家获中关村特色产业孵化平台认定并获资金支持。创新谷获中关村科技型企业创业孵化集聚区认定。北京华素制药股份有限公司、北京澳特舒尔保健品开发有限公司、北京冠华东方玻璃科技有限公司、康莱德国际环保植被（北京）有限公司获2016年中关村技术创新能力建设专项（商标专利部分）资金支持。北京八亿时空液晶科技股份有限公司、北京京源水仪器仪表有限公司两家企业入选中关村示范区标准化试点示范单位。易华录智慧城市产业基金、博源包装移动互联网产业投资基金申报2016年北京高精尖产业发展基金，易华录基金入选首批拟合作机构。房山园管委会从市财政争取2016年中关村现代服务业创业孵化试点项目资金共2367万元。重庆长安汽车股份有限公司北京长安汽车公司、北京八亿时空液晶科技股份有限公司分别获北京市高精尖产业发展重点支撑项目资金5000万元和1000万元。达闼科技（北京）有限公司获中关村第一批前沿企业认定。

（梁雪媛）

【房山园重点技术领域总收入302.1亿元】年内，房山园重点技术领域总收入302.1亿元。其中，新材料领域在产业发展中领先，收入98.4亿元，占总收入的32.6%；先进制造领域收入81.7亿元，占总收入的27%；新能源与节能领域收入30.8亿元，占总收入的10.2%；环境保护领域收入18.2亿元，占总收入的6.0%；生物医药领域收入12.4亿元，占总收入的4.1%；电子信息领域收入11.4亿元，占总收入的3.8%；其他领域收入49.2亿元，占总收入的16.3%。

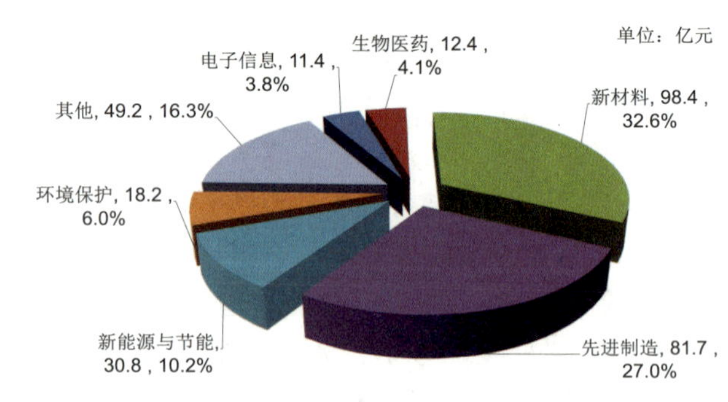

（梁雪媛）

通州园

2006年1月，发展改革委第三号公告批准通州光机电一体化产业基地、环保园区纳入中关村科技园区政策区范围。同年5月，经中关村管委会同意、通州区编办批准，成立中关村科技园区通州园管理委员会，标志通州园光机电一体化产业基地、金桥科技产业基地纳入中关村科技园区政策区范围，规划占地面积1450公顷。2012年10月，经国务院批复，调整中关村示范区空间规模和布局，通州园在光机电、金桥两个基地的基础上，将通州经济开发区东区、西区、南区，永乐经济开发区，运河核心区，环渤海总部基地，国际种业科技园，国际医疗服务区8个分园纳入中关村示范区政策区范围，规划占地面积3434.46公顷。光机电基地纳入面积596.11公顷，重点打造总部经济、中小企业创新集群与现代制造业产业集群。金桥基地纳入面积1019.60公顷，重点打造以集成电路为主导，以能源环保、生物医药为支撑的现代产业体系。开发区西区纳入面积442.61公顷，重点发展电子信息和以航空零部件为特色的装备制造，培育发展以商务服务和科技服务为核心的生产性服务业。开发区东区纳入面积277.98公顷，着重打造以汽车零部件为主导，以智能电网装备、生物医药为支撑的产业体系。开发区南区纳入面积170.89公顷，重点发展新材料特色产业，培育发展生物医药、专用装备制造产业。永乐经济开发区纳入面积231.27公顷，重点打造北京市生物医药产业基地和通州区高端装备制造业基地。国际种业科技园纳入面积12.94公顷，重点发展种业研发交易和种业总部经济，打造研、育、繁、推、展、销一体化产业链协同创新示范区和农业种业政策创新试点区。国际医疗服务区纳入面积26公顷，是补充基本医疗、提供高端医疗健康服务、健全医疗产业发展体系的医疗产业聚集区。环渤海高端总部基地纳入面积289.58公顷，以高端企业总部聚集为目标，重点发展战略性新兴产业和以文化创意产业为代表的现代服务业，形成城业共兴的创新创业新城。运河核心区纳入面积393.48公顷，重点发展商务服务，配套发展金融服务，打造与北京建设世界城市相匹配的城市副中心核心区。园区建立起信息服务平台、就业服务平台、人才培训基地和融资绿色通道，实现企业网上申报、政府网上办公、政企时时互动的服务模式，通过提供全方位、高质量、高效率的服务，降低企业商务成本，减轻企业负担，助力企业发展。园区内企业可享受国家、北京市、中关村示范区的各类优惠政策。

通州园管理委员会领导成员

主　　任　洪家志

党组副书记
副 主 任　姚华松

副 主 任　赵正胜　杨建路

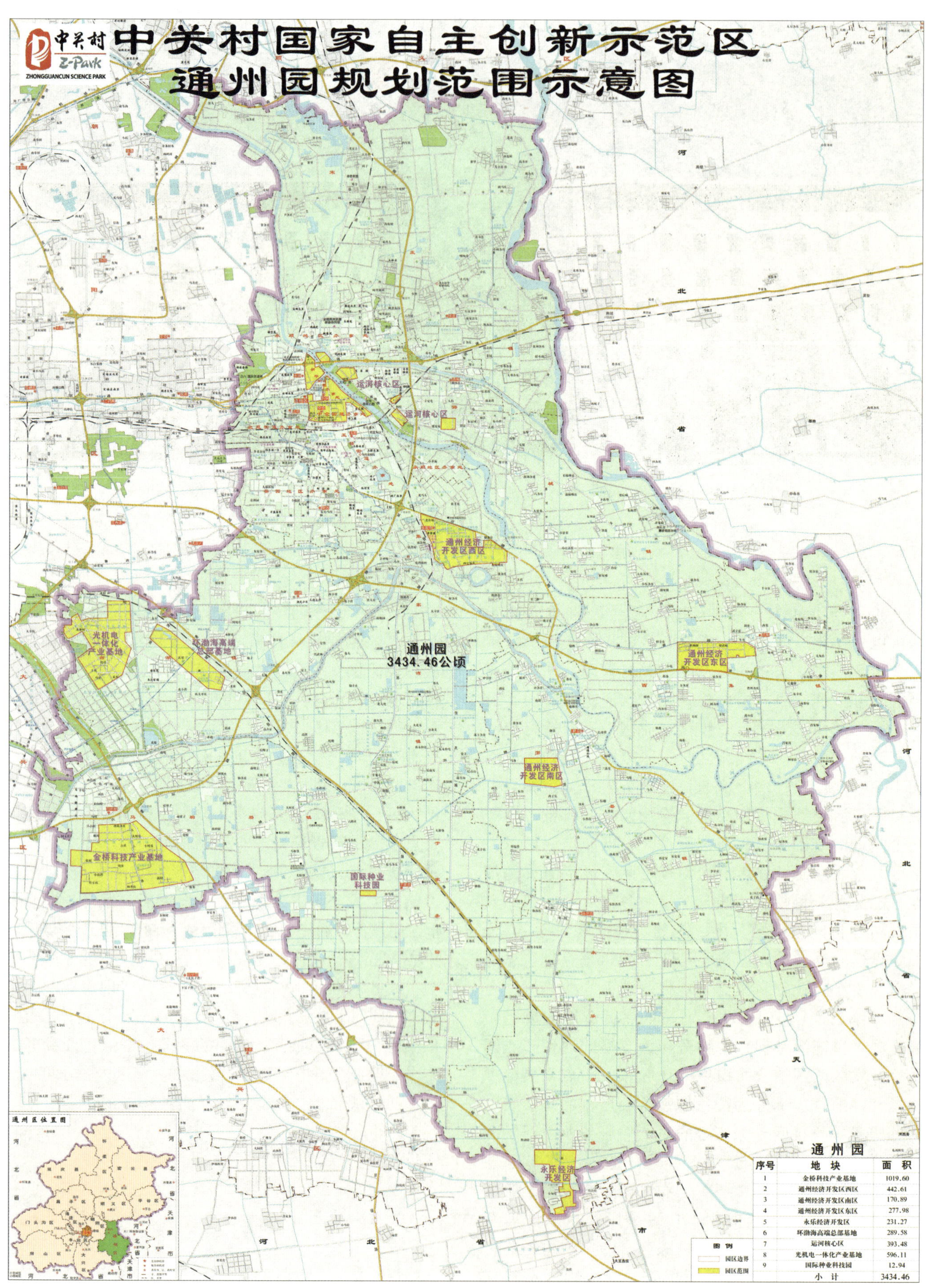

通州园

序号	地块	面积
1	金桥科技产业基地	1019.60
2	通州经济开发区西区	442.61
3	通州经济开发区南区	170.89
4	通州经济开发区东区	277.98
5	永乐经济开发区	231.27
6	环渤海高端总部基地	289.58
7	运河核心区	393.48
8	光机电一体化产业基地	596.11
9	国际种业科技园	12.94
	小计	3434.46

【概况】2016年，通州园贯彻落实京津冀协同发展战略部署要求，全面深化园区工作改革创新。年内，园区入统高新技术企业总数318家；从业人员4.7万人；工业总产值321.5亿元；总收入627.6亿元；进出口总额9亿美元；实缴税费总额31.5亿元；利润总额63.3亿元；资产总计976.9亿元；科技活动经费支出总额28亿元；专利申请1095件，专利授权751件。

加强项目建设。年内，园区引进企业111家，协议投资总额125.07亿元，投资亿元以上企业14家。园区项目建设全面开展，北京永乐佳地科技发展公司项目等17个项目开工建设；北京嘉林药业股份有限公司一期项目等35个项目复工建设；北京博海升药品包装生产基地工业厂房及附属设施用房项目等14个项目竣工。园区共建设道路、变电站等基础设施项目35个，总投资额17.5亿元，其中24个项目竣工。通州园金桥科技产业基地等4个园区入选第二批北京市生态工业园区名单。

推进创新驱动。年内，园区66家企业的159件发明专利获授权。北京方和正圆科技企业孵化器有限公司的“方和正圆”和英特华云（北京）电子商务股份有限公司的“英特华云全境电商空间”入选第三批北京市众创空间，北京市医疗器械检验所和北京清洁能源成套设备工程实验室入选2016年中关村开放实验室，通州国际种业科技有限公司等7家企业入选2016年中关村科技型企业创业孵化集聚区，4家企业入选“2016中关村信用双百企业”，15家企业入选2016年瞪羚重点培育企业，61家企业入选瞪羚企业，6家企业入选2016年“展翼计划”，4家企业入选第一批G20企业，7家企业的26项产品入选第四批北京市新技术新产品（服务）名单，3家企业的3个项目入选2016年北京市高新技术成果转化项目，15家企业的15个项目获通州区科学技术奖。

完善企业服务。年内，园区中新认定的中关村高新技术企业47家，累计中关村高新技术企业275家。协助北京高新利华科技股份有限公司等6家企业在新三板挂牌。通过集中培训和送政策到园区等方式，对中关村高新技术企业认定、人才引进、中关村高端领军人才资格评价等政策进行培训，为企业申报各级有关政策资金提供帮助。梳理整合园区迁出企业资源和周边承接地资源，加强与北京周边区域的创新合作，推动产业疏解转移工作。通州园管委会共接待河北省、天津市等省市的县级以上承接地单位107家；梳理出园区内需要调整退出企业151家，园区转移企业名单内已迁出在外地选址的企业21家，签署停产协议保证书的企业42家。建立企业疏解平台，与北京开宝投资管理有限公司等两家平台公司建立战略合作关系，组织赴外地开发区实地考察100余次。

持续人才引进。年内，通州园管委会新增设两家博士后科研工作站分站，累计博士后科研工作站分站6家，新引入2人入站。园区2人获北京市高级工程师（教授级）专业技术资格，1人入选北京市第十二批“海聚工程”，2人获2016年度北京市优秀人才培养资助资金，2个项目获“通州区人才工作创新项目奖”三等奖，3家企业工作室入选通州区“首席技师工作室”。中关源（北京）科技有限公司获“2016年度中关村雏鹰计划专项扶持资金”支持30万元。

（郭庆云）

【HMR集团两家业务公司入驻光机电基地】1月7日，香港中蒙资源集团（HMR集团）下属的北京环磨矿冶能效技术研究院和北京耐磨标准技术有限公司，完成在光机电基地的注册手续。HMR集团是一家为矿山企业提供专业化技术服务的国际化集团公司。其中，北京环磨矿冶能效技术研究院将主要开展矿山整体工艺流程诊断和优化、设备能效分析、理论研究等工作，促进矿山企业节能降耗、挖潜增效，拥有包括1名院士、11名正高级技术职称在内的专家25人；北京耐磨标准技术有限公司将建立耐磨产品原材料和产品检测、产品制造工艺监控和现场使用的技术标准体系，为高新耐磨产品的研发和生产提供保障。

（郭庆云）

【徐南平到通州园调研】1月26日，科技部副部长徐南平一行到国家现代农业科技城北京通州国际种业科技园区调研。徐南平先后到园区规划沙盘、物联网技术集成与应用平台、高通量分子育种研发实验室、北京神舟绿鹏农业科技有限公司进行实地调研并召开座谈会。会上，种业园区管委会负责人汇报园区建设进展情况。徐南平对园区现代种业发展成绩、“政府搭台、

企业运营”的管理体制、农业科技推广新模式给予肯定，并指出北京农科城在“十三五”期间要结合创新型国家和北京全国科技创新中心建设的要求，充分发挥首都科技资源优势，将农业科技高端化作为主攻方向，发展“高精尖”产业，加速科技成果转化落地，创新引领全国现代农业发展。市科委、通州区政府等单位相关负责人陪同调研。

（郭庆云）

【通州园管委会与曹妃甸区政府签订合作协议】 1月28日，由通州区政府与唐山市政府共同主办的曹妃甸协同发展示范区承接北京行政副中心产业转移对接会在通州区举行。会上，唐山市曹妃甸区政府与通州园管

委会签订《关于疏解非首都功能推进曹妃甸协同发展示范建设框架协议》。根据协议，双方将以北京（曹妃甸）现代产业发展试验区为重点，探索跨地区产业合作发展新模式，引导通州区非首都功能产业向曹妃甸协同发展示范区转移，重点承接非首都功能转移。曹妃甸政府区给予通州区产业转移项目政策支持，通州园管委会结合外迁企业实际，严格执行通州区出台的企业调整退出的相关政策。曹妃甸协同发展示范区管委会筹备组在通州区设立产业转移对接小组，派驻专人与通州园管委会建立联系，实行“点对点”对接、“零距离”接触，落实一个项目、一套班子、一支队伍、一抓到底全程推进机制，提高非首都功能疏解的成功率。北京市投资促进局、主办单位的相关负责人以及两地企业的代表等120余人参加。

（郭庆云　范丁波）

【罗克佳华公司入驻光机电基地】 3月7日，北京罗克佳华信息技术有限公司落户通州区光机电一体化产业基地经开国际企业大道III项目。罗克佳华公司成立于2004年，是一家集信息化顶层设计、软件开发、智能产品、系统集成、运营服务为一体的信息技术产业集团，其核心科技团队包括3名“千人计划”专家，4名国家特聘专家，多名外专局专家，数百名博士研究生；拥有相关专利、软件著作权580余件，承担国家火炬计划等国家级课题39项，负责编制国家环保物联网、节能监测等技术标准和技术规范编制。罗克佳华公司将把总部设在通州区，并将在通州区重点发展节能环保物联网和大数据服务等主营业务，向公众提供“物联网+”的节能信息服务。

（郭庆云　李贺英）

【产业园区转型升级专题研修班举办】 3月7—11日，由通州区委组织部和通州园管委会联合主办的北京市行政副中心“产业园区转型升级”专题研修班在深圳市经理进修学院举办。通州区主管产业园区的领导和通州区相关委办局、通州园管委会、各产业园区负责人及有关工作人员49人参加。培训采取行动教学法，包括专题讲座、现场教学和交流研讨3种方式，围绕深圳市在创新驱动、产业转型升级方面的先进经验和成果，尤其在园区建设发展、优势产业融合发展、产城融合等方面的探索，从不同角度学习深圳经济发展、高新区建设、科技创新、城市管理等经验。参训人员参观深圳前海深港现代服务业合作区、深圳湾创业广场、天安云谷等高新技术产业园区，开展移动课堂与现场教学，并进行座谈交流和研讨。

（郭庆云）

【YW300煤层多点温度监测仪获安全标志认证】 3月15日，由开元创杰（北京）科技有限公司研发的YW300煤层多点温度监测仪获安标国家矿用产品安全标志中心颁发的矿用产品安全标志证书（安标证号：MFA160041）。监测仪是一种采用钻孔法测量煤层深部温度的新型便携式智能仪器，由主机、温度探头（包括高温温度传感器）、不锈钢套管等组成，可准确确定易发生煤自燃煤层内部多点温度；分析煤层温度变化趋势，并绘制曲线图；温度超限后，主动向井下发送报警信号；自动存储测温记录、超温记录；并具备智

能充电控制、仪器自检、故障保护等功能。监测仪可用于煤矿防灭火钻孔温度测量和火区温度监控，能为火灾的预测预报节省资金，提高防灭火工作效率。

（郭庆云）

【举办4场大型现场招聘会】3月16日，由通州经济开发区西区管委会和张家湾镇政府社保所共同举办的“春风行动”大型现场招聘会在张家湾镇举行。北京万生药业有限责任公司、吉林森林工业股份有限公司北京门业分公司等70余家企业参加，提供招聘岗位1000余个，工种200余个，3000余人参加招聘，达成意向1042人，发放就业宣传资料2000余份。年内，通州园区与相关乡镇联合举办春秋季招聘会4场，参会企业累计195家，提供岗位累计2800余个，达成意向累计2400余人。

（郭庆云）

【通州区民间商会光机电基地分会成立】3月21日，由光机电基地管委会主办的通州区民间商会光机电基地分会筹备成立大会在光机电基地举行。会上，区工商联负责人宣读《关于同意北京市通州区民间商会光机电分会成立的批复》，筹备工作组负责人做筹备工作报告，与会代表表决通过《通州区民间商会光机电分会章程（草案）》和提名的理事会人选名单。光机电

基地商会揭牌成立，将为企业打造良好的发展空间及交流环境，本着服务企业与服务社会的宗旨继续发展。通州区统战部、工商联、光机电基地管委会等单位相关负责人及有关企业的代表50余人参加。

（郭庆云）

【通州经济开发区东区科协第一次代表大会召开】3月24日，由北京通州经济开发区东区管委会主办的北京通州经济开发区东区科学技术协会第一次代表大会在西集镇企业服务中心召开。会上审议通过科协章程、大会选举办法，选举出第一届委员会候选人、科协主席及副主任等。开发区科协将团结和动员园区科技工作者发挥好技术创新、科技培训等在园区转型升级方面的引擎和支撑作用，加快科技创新，推动科技园区建设步伐。市科协、区科协等单位相关负责人以及园区20余家企业的代表等100余人参加。

（郭庆云）

【“玫瑰树众筹项目”新闻发布会举办】3月30日，北京花儿朵朵花仙子农业有限公司与京东众筹在通州区于家务国际种业技术园区共同举办“玫瑰树众筹项目”新闻发布会，双方相关负责人及北京日报、北京电视台等10余家媒体的代表等参加。项目由花仙子公司和京东众筹共同打造，以京东众筹为平台，以“闹中取静，抚慰心灵，让爱零距离”为主题。在京东众筹页面搜索“浪漫玫瑰树与爱的人静守岁月”，点击参与认养玫瑰树，玫瑰树将在花仙子万花园长久种植，其间所产生的养护费用，均由花仙子公司承担，并聘请园艺管家对玫瑰树精心呵护。认养期间，认养人享有玫瑰树所开花朵的使用权，玫瑰花任由其采摘，还可在专业的园艺导师培训下，用玫瑰花瓣制作精美的玫瑰爽肤水、玫瑰手工皂、玫瑰花茶、玫瑰插花品等。

（郭庆云）

【牛有成到通州园调研】4月7日，市人大常委会副主任牛有成一行到通州国际种业科技园区调研，通州区人大、于家务乡党委的相关负责人陪同调研。牛有成一行先后参观园区高通量分子育种实验室、物联网中控中心、北京神舟绿鹏农业科技有限公司组培车间以及航天育种基地，了解园区的科技创新领域的新成果、新发展。牛有成对园区建园以来的建设发展成果给予肯定，并指出种业科技的创新升级，对加快推进全国农业科技创新建设具有重要意义，园区建设应持续发展创新创业工作，培育创新服务能力。

（郭庆云）

【通州区产业转移对接会举办】4月7日，由通州区政府主办、通州园管委会承办的通州区产业转移对接会

在台湖镇举办。来自河北、山东、内蒙古、辽宁等 40 余个省市自治区承接地的代表与通州区 400 余家企业对接。对接会总咨询量达 2000 余次，与会企业着重了解政策、地价、科技补贴等内容，承接地负责人对企业进行讲解和答疑。对接会通过面对面对接的形式，为地区政府、开发区和企业搭建平等、透明、公开的平台，在友好协商的氛围里加强沟通，促进产业疏解对接工作，实现地方政府和企业的双赢。各承接地政府和通州区相关委办局、乡镇、园区管委会等单位相关负责人及企业的代表等 800 余人参加。

（郭庆云）

【首量科技公司参展 2016 北京照明展】 4 月 14—16 日，北京首量科技有限公司参加在北京·中国国际展览中心举办的 2016 中国（北京）国际照明展览会。公司展出其研发的太阳光光纤导入照明系统。产品崇尚绿色、健康，运用太阳跟踪传感跟踪系统和低损耗石英传导光纤，实现“让阳光无处不在”，能够提高健康生活品质。产品可应用于医院、学校、高档宾馆、大型商场、火车站、航空港、运动场馆、地下矿井、施工隧道、电磁屏蔽室博物馆等场所。

（郭庆云）

【总部基地智慧城市顶层设计通过评审】 4 月 15 日，由北京环渤海高端总部基地管委会组织的北京环渤海高端总部基地智慧城市顶层设计专家评审会在总部基地召开，中国信息协会、国家基础地理信息中心等单位相关专家参加。总部基地是通州首个开展智慧城市顶层设计的园区，2014 年启动智慧城市建设工作。设计项目由北京三正科技股份有限公司主要承担，方案立足总部基地实际，提出智慧城市建设的发展思路、总体目标、技术架构和应用体系，明确规划期内的主要任务和重点工程，提出推进步骤和运营模式建议，把总部基地的规划、建设、管理及产业发展纳入统一的可实施方案，以推动总部基地智慧城市建设工作，推进总部基地科学合理高效发展。专家组一致同意项目通过评审。

（郭庆云）

【金桥基地 12330 工作站成立】 4 月 19 日，由市知识产权局、市保护知识产权举报投诉服务中心、通州区知识产权局联合举办的北京市通州区金桥科技产业基地知识产权保护服务工作站成立仪式在金桥基地管委会举行。市知识产权局、通州区政府等单位相关负责人参加，并为金桥科技产业基地 12330 工作站揭牌。工作站成立后，将为园内企业建立知识产权举报投诉及维权援助的公共服务平台，提供知识产权保护法律咨询、宣传培训等公益服务，助推园区企业加速发展。

（郭庆云）

【通州园两家企业入选中关村开放实验室】 4 月 21 日，中关村管委会公布《关于公布 2016 年中关村开放实验室名单的通知》，其中通州园光机电基地的北京市医疗器械检验所和金桥科技产业基地的北京清洁能源成套设备工程实验室入选。医疗器械检验所经授权检验范围涵盖医用电子、医用射线、核医学、电声学、体外诊断系统、一次性医疗产品、医用防护用品、医用橡胶制品、口腔材料、生物安全柜、电磁兼容、生物相容性等专业领域，承担授权范围内医疗器械产品监督抽验检验、注册检验、认证检验，以及委托检验等检测任务，拥有各类国内外先进检测仪器设备 2300 余台（套），建有 8 个专业科室。清洁能源工程实验室业务包括为相关设备或系统的设计研发、原理验证提供服务平台，为相关设备或系统的功能和性能评价、分析测试提供服务平台，为相关设备、系统或行业标准制订提供服务平台，为物联网及云平台在清洁能源行业中的应用提供服务平台等。

（郭庆云）

【通州园 1 家企业获中关村直接融资资金支持】 4 月 22 日，中关村管委会发布《关于对 2016 年度中关村股权质押贷款及直接融资支持资金予以公示的通知》，其中通州园企业北京鸿仪四方辐射技术股份有限公司获2015年度企业直接融资贴息50万元。

（郭庆云）

【电动液压破门器通过公安部检测认证】4月27日，北京凌天世纪控股股份有限公司的电动液压破门器通过国家安全防范报警系统产品质量监督检验中心（北京）和公安部安全与警用电子产品质量检测中心检测认证。产品可以不用撞击，悄无声息地打开铁门、多功能门和防盗门等；系统主要由12伏直流发电机、压力泵、液压罐、密封容器及破门撞击装置等组成；整套装置采用复合材料制成，内部结构精密紧凑，携带方便。产品的安装、操作和开门突击一系列动作可在20秒内完成；电池机组可使5米远处的最大噪音控制在50分贝内；只需支撑在门上即可定位，并且在开门后不会挡住操作者的去路；可远距离用遥控操作开门系统；可打开同时附有8把锁的防盗门，能打开各种铁门、多功能门、防盗门和双页门等。

（郭庆云）

【天使街“创+”产业创新加速器项目启动】5月4日，由北京天使街网络科技有限公司主办的天使街“创+”产业创新加速器项目启动仪式在北京国际矿业城天使街总部举行。科技部火炬中心、光机电基地管委会等单位相关负责人以及有关企业的代表等80余人参加。仪式上，梦想之杆——“创+咖啡”MINI高尔夫开杆启动；7天酒店众筹案例、北京四合院项目、创梦大道的设计及运营等项目路演；聘请中铄投资股份有限公司负责人为“创+空间”创业导师。“创+”是天使街公司联合各地政府、知名机构及相关企事业单位共同创办的新型创客空间，其中包括“创业咖啡”及“创+空间”，致力打造具有协同当地优质资源，扶植地方创业人才，聚焦地方产融一体的新型互联网金融生态空间，是为入驻项目提供资源拓展、行业交流、投融资对接等多层次投融服务的创业孵化基地。

（郭庆云）

【凌天公司参展第八届中国国际警用装备博览会】5月17—20日，在公安部主办的第八届中国国际警用装备博览会上，北京凌天世纪控股股份有限公司携自主研发制造的高端警用装备参展，包括多目标穿墙雷达、排爆机器人、抛投机器人、自动升降机、遥控自动推进式静音电钻、气动破门器、电动液压破门器、便携式频率干扰仪、非线性节点探测仪、便携式噪声驱散器等。来自公安部、武警部队以及各地区企业的代表参观公司的产品。

（郭庆云）

【国际种业科技园区获批市服务贸易示范基地】6月1日，在第四届京交会北京主题日活动上，市商务委举行北京市服务贸易示范基地授牌仪式。其中，通州区国际种业科技园区被授予北京市服务贸易示范基地（第一批）。国际种业科技园区自成立以来，坚持服务体系创新、注重提高服务水平，贯彻落实国务院关于推动服务贸易有关文件精神，加快发展北京服务贸易。获认定后，园区内的服务贸易企业将优先享受到各项政策服务和个性化服务，进一步推动基地的发展，提升种业产业集聚功能。

（郭庆云）

【通州区工业调整退出工作奖励暂行办法印发】6月14日，通州区政府印发《通州区工业调整退出工作奖励暂行办法（试行）》（通政发〔2016〕22号）。《办法》明确，对于规模以上符合《市调整退出奖励办法》相关条件的调整退出企业，按能源节约量和污染物减排量，由区产业调整退出工作领导小组办公室会同区环保局、区财政局、区统计局指导其申报50万～300万元的市级奖励资金；对于未获得市级调整退出奖励资金的推荐上报企业，由区财政按照市级奖励额度给予奖励；对于规模以下调整退出企业，按《通州区规模以下调整退出工业企业能耗、排放指标评估实施方案》，核算调整退出企业的能源节约量和污染物减排量，参照《市调整退出奖励办法》（第八条）的计算方法，按照市级奖励金额的70%，由区财政给予35万～210万元的奖励；对于按照要求仍不能获得奖励的调整退出企业，区政府按调整退出企业的税收贡献、用工人数和占地规模3项指标的综合情况给予奖励。对于整体退出企业的奖励最高给予60万元，对于生产工艺环节退出企业的奖励最高给予15万元。《办法》自2016年6月14日起施行。

（郭庆云）

【通州园19家企业获国际化发展专项资金支持】7月4日，中关村管委会发布《关于对2016年中关村国际化发展专项资金第一批支持名单进行公示的通知》。其中，通州园内北京佩特来电器有限公司在境外设立分支机构“佩特来电器（印度）有限公司”和“俄罗斯佩特来电器有限责任公司”、北京约基工业股份有限公司的境外展览项目“2015澳大利亚国际矿业展”和“2015印度尼西亚国际矿业展”等17家企业的34个项目获资金支持。7月25日，中关村管委会发布《关于对2016年中关村国际化发展专项资金第二批支持名单进行公示的通知》。其中，通州园北京诠道科技有限公司的境外展览项目“2015年德国国际冶金铸造展”

和“2015 年德国慕尼黑国际陶瓷工业展览会”、甘李药业股份有限公司的境外设立分支机构项“Gan&Lee Pharmaceuticals（USA）Corporation 公司”两家企业的 3 个项目获资金支持。

（郭庆云）

【总部基地智慧城市专家咨询委员会成立】7 月 15 日，由北京环渤海高端总部基地管委会主办的总部基地智慧城市专家咨询委员会成立大会在总部基地召开。专家委员会是总部基地管委会设立的智慧城市建设决策咨询机构，由中国工程院院士崔俊芝、中国信息协会副会长杜链、发展改革委宏观经济研究院研究员曾澜、国家基础地理信息中心研究员蒋景瞳等 10 余位从事智

慧城市研究、规划、服务、实践的专家学者组成，重点涉及政务、交通、城建、环保、安防、智慧产业等领域。专家委员会的主要任务是对总部基地智慧城市建设中带有长远性、全局性和战略性的重大问题，组织开展调查研究，提出意见建议，供决策参考；对总部基地重要规划、计划、政策的制订提供咨询建议；及时为总部基地各项工作提供信息服务，为各领域扩大交流合作牵线搭桥；开展专业人才、行业高端人才培训等，推进总部基地智慧城市科学合理高效建设。

（郭庆云）

【北京亦庄新城站前区Ⅳ-3 街区规划方案编制完成】7 月，北京环渤海高端总部基地取得由北京市城市规划设计研究院编制完成的《北京亦庄新城站前区Ⅳ-3 街区道路网及交通设施规划方案》。亦庄新城站前区Ⅳ-3 街区规划范围为：北起站前街次渠路，南至太平西二路，西起京渠路，东至亦庄站前街，规划区域总面积为 147 公顷，包含 29 条规划道路，道路总长度 22.16 千米，其中城市主干路 4 条，总长度为 1.55 千米；城市次干路 7 条，总长度为 4.24 千米；城市支路 18 条，总长度 16.37 千米。

（郭庆云）

【3 个项目入选市高新技术成果转化项目】8 月 8 日，市科委发布《关于公示拟认定的 2016 年度北京市高新技术成果转化项目名单的通知》。其中，通州园北京佩特来电器有限公司“基于柴油高效清洁燃烧的 M 系列大功率起动机产业化”，安泰天龙钨钼科技有限公司“LED 半导体照明行业用高性能难熔金属制品产业化”，福耀集团北京福通安全玻璃有限公司“汽车玻璃模具压制成型技术成果转化”3 个项目入选，涉及节能环保和新材料技术领域。

（郭庆云）

【化纤长丝纺丝等成套装备产业化课题通过验收】8 月 17 日，由市科委组织的化纤长丝纺丝、卷绕及全自动落筒成套装备产业化课题验收会在天津武清举行。课题由北京中丽制机工程技术有限公司承担完成，对化纤长丝生产线前端纺丝、卷绕系统板块的技术升级进行研究，研制后端自动落筒、自动输送、在线检测、自动包装板块，建立集纺丝、卷绕、自动落筒、自动装卸、在线检测、自动包装于一体的化纤长丝全流程生产线。课题的完成使北京中丽公司实现在国内首次研制并建成化纤长丝全流程生产线，纺丝速度 2700 ~ 3200 米 / 分钟，满卷率达 98%；落筒系统与纺丝生产线“线对线”配比为 1:1，单线落筒能力达 24 次 / 小时；包装系统与纺丝生产线“线对线”配比为 1:1 ~ 1:4，单线包装能力达 580 个 / 小时，实现自动打标签、人工贴标签。验收组专家一致同意课题通过验收。12 月 6—8 日，“化纤长丝自动落筒和自动包装”智能生产线（成套设备）在 2016 世界智能制造大会上展出。

（郭庆云）

【通州园 26 项产品入选市新技术新产品名单】8 月 25 日，市科委、市发展改革委、中关村管委会等 6 家单位联合发布《关于公示第四批北京市新技术新产品（服务）名单的通知》（京科发〔2016〕486 号）。其中，通州园内北京凌天世纪控股股份有限公司、云海慧服（北京）技术有限公司、北京海斯顿水处理设备有限公司、北京佩特来电器有限公司、北京首量科技有限公司、保罗生物园科技股份有限公司、开元创杰（北京）科技有限公司 7 家企业的 26 项产品入选，涉及新一代信息技术、节能环保、现代农业、高端装备制造等领域。

（郭庆云）

【15 项成果获通州区科学技术奖】8 月 30 日，通州区政府发布《关于 2016 年度通州区科学技术奖励的决定》（通政发〔2016〕32 号）。其中，通州园北京凯德石英股份有限公司的“半导体产业关键材料提纯用石英玻璃筛板精馏塔研制”、北京中丽制机工程技术有限

公司的“国产节能型柔性化工业丝成套装备技术开发与产业化应用”等4项成果获一等奖；中际联合（北京）科技股份有限公司的“智能助力攀爬装置的研发及应用”、北京莱恩斯高新技术有限公司的“高性能酚醛保温板的研究”两项成果获二等奖；北京万生药业有限责任公司的“治疗慢性肾脏病国产创新药的研制”、北京韬盛科技发展有限公司的“附着式升降脚手架（TSJPT9.0）的研发”等9项成果获三等奖。

（郭庆云）

【LC-19DZ特种离子注入机项目完成】10月，由北京中科信电子装备有限公司自主研发制造的定制离子注入机——“LC-19DZ特种离子注入机”通过出厂指标测试，发往订购单位清华大学。项目是中科信公司在离子注入领域的市场化成果，专门针对科研院所的特殊需求研制，其应用范围涵盖半导体器件研究、材料改性、新材料合成、电力电子器件研究等领域，注入的离子几乎覆盖元素周期表中所有的元素，设备既可用于常温下注入，也可用于高温的离子注入。项目从立项、总体设计、详细设计、整机调试测试到出厂验证历时8个月。

（郭庆云）

【北京岱摩斯公司4工厂竣工】11月2日，北京岱摩斯变速器有限公司4工厂竣工仪式在光机电基地举行。北京海关驻朝阳办事处、北京经济技术开发区海关、光机电基地管委会等单位相关负责人参加。北京岱摩斯公司是韩国现代岱摩斯株式会社、韩国现代汽车株式会社、韩国起亚汽车株式会社、现代汽车（中国）投资有限公司共同投资设立的外商独资企业，2003年入驻光机电产业基地，2004年一期工厂投产，2005年建设2工厂，2010年建设3工厂，竣工的4工厂建筑面积3.8万平方米，投资总额9亿元，年产7速双离合（DCT）变速器25万台。

（郭庆云）

【2人获市优秀人才培养资助9万元】11月9日，市委组织部发布《关于公布2016年度北京市优秀人才培养资助获资助人员（单位）名单的公告》。其中，通州园北京汽车动力总成有限公司鲁守卫申报的“A150TDNVH性能开发”项目和中际联合（北京）科技股份有限公司丁增杰申报的“高空安全应急逃生装置”项目获青年骨干个人项目资助，共计金额9万元。

（郭庆云）

【9家企业获中关村企业改制挂牌上市资金支持】11月10日，中关村管委会发布《关于对2016年度中关村企业改制挂牌上市项目第三批支持资金予以公示的通知》。其中，通州园华新绿源环保股份有限公司、北京络捷斯特科技发展股份有限公司、北京中科同志科技股份有限公司3家企业获改制资助；北京澳佳生态农业股份有限公司、北京凯德石英股份有限公司、北京普发动力控股股份有限公司、北京络捷斯特科技发展股份有限公司、北京天基新材料股份有限公司5家公司获挂牌资助。12月2日，中关村管委会发布《关于对2016年度中关村企业改制挂牌上市项目第五批支持资金予以公示的通知》。其中，通州园北京元延医药科技股份有限公司获改制资助。

（郭庆云）

【北京神舟绿鹏公司太空种子返回】11月22日，由中国载人航天工程办公室和中国航天科技集团公司主办的神舟十一号返回舱开舱仪式在中国空间技术研究院举行。由通州区国际种业科技园区企业北京神舟绿鹏农业科技有限公司航天育种科技园培育的水稻、小麦、蔬菜三大类69份种质资源搭载神舟十一号飞船在太空遨游33天后返回。太空种子在轨飞行中，航天员完成生菜栽培实验，包括从第一天植物装置的组装、浇水、在轨播种、铺地膜等程序，实现中国首次在太空人工栽培蔬菜。太空种子被取回后，航天育种科技园将开展一系列地面选育试验，培育出杧果、丹参、马铃薯、食用菌菌种等作物的优良新品种，促进航天工程育种产业发展。

（郭庆云）

【北京天安数码城天安世创园项目签约】11月22日，马驹桥镇人民政府与天安数码集团签约仪式在通州区举行。通州区政府、通州园管委会、通州区投资促进局等单位相关负责人参加。根据协议，通州区马驹桥镇人民政府与天安数码城（集团）有限公司将共建北京天安数码城天安世创园项目，打造产城融合示范区。项目位于金桥科技产业基地二期，占地面积220公顷，总建筑面积291万平方米，总投资额550余亿元，分为启动区、中心商务区、金融总部区、生态能源区4

期建设。双方将发挥各自的资源和优势，在以产业园区开发运营为主的多个领域开展合作，通过市场化的方式，为区域发展导入前沿的设计理念、“高尖精”的产业资源、成熟的产业运营体系、绿色低碳的产城融合氛围，助力通州区产业优化升级和城市副中心建设。

（郭庆云　范丁波）

【北京中丽公司两个项目获奖】11月23日，“纺织之光”2016年度中国纺织工业联合会科技教育奖励大会在人民大会堂举行。由中国纺织科学研究院、北京中丽制机工程技术有限公司等单位完成的“高品质差别化再生聚酯纤维关键技术及装备研发”项目获“纺织之光”2016年度中国纺织工业联合会科学技术奖一等奖。北京中丽公司完成的“锦纶一步法分纤母丝纺丝设备及工艺技术开发”项目获科学技术奖二等奖。

（郭庆云）

【4家企业入选中关村信用双百企业】11月30日，在2016信用北京暨（第二届）信用中关村高峰论坛上，中关村企业信用促进会发布“2016中关村信用双百企业”名单。其中，通州园甘李药业股份有限公司、北京天基新材料股份有限公司、北京鸿仪四方辐射技术股份有限公司、北京中捷四方生物科技有限公司4家企业入选。

（郭庆云）

【两家企业获中关村融资促进及信用保险补贴】12月1日，中关村管委会发布《关于对2016年度中关村高成长企业融资促进及信用保险第五批支持资金予以公示的通知》。其中，通州园婷美保健科技股份公司获2014年、2015年直接融资补贴各50万元；北京嘉林药业股份有限公司获2015年直接融资补贴50万元。

（郭庆云）

【农业科技企业项目对接活动举办】12月1日，中关村企业与通州区国际种业科技园区项目对接活动在种业园区举办。北京市政府研究室、中关村管委会、通州园管委会等单位相关负责人参加。参会人员参观种业园区规划示意沙盘、农业物联网服务平台、高通量分子育种研发平台、北京神舟绿鹏农业科技有限公司的航天育种组培实验室及品种展示基地。对接活动上，中关村管委会负责人介绍项目对接的总体情况，通州园管委会、种业园区管委会分别就通州园产业发展情况、种业园区建设发展情况、入园企业发展及需求进行介绍。参会企业代表达成共建共享农业发展方面的技术研发、检验检测、展览展示和商业推广等公共服务平台等领域的合作共识。中关村示范区12家农业科技企业、农业信息企业、高校科研机构及种业园区6

家企业的代表参加。

（郭庆云）

【两家企业设立博士后科研工作站分站】12月8日，全国博士后管委会办公室印发《关于批准在北京经济技术开发区博士后科研工作站增设北京天地互联信息技术有限公司分站等的通知》（博管办〔2016〕109号）。其中，批准通州园管委会增设北京中丽制机工程技术有限公司、北京中科信电子装备有限公司两家博士后科研工作站分站。至年底，通州园累计博士后科研工作站分站6家，新引入两位博士进站，累计引入8位博士进站。

（郭庆云）

【东昇集团与京东生鲜签约】12月22日，京东生鲜与东昇集团签约仪式在北京神舟绿鹏航天育种基地举行。市农委、通州区国际种业科技园区管委会等单位相关负责人参加。根据协议，北京东昇农业技术开发（集团）有限公司与北京京东世纪贸易有限公司联合打造京东

公司自营蔬菜品牌“绿鲜知”，开创蔬菜协同仓新模式。双方将共建蔬菜协同仓，用于蔬菜品类的分拣和存储，激发东昇蔬菜基地全国布局，利用库房科技化、现代化等优势，实现蔬菜从基地到配送的无缝对接，缩短中间环节，减少过程中不当存放带来的菜品损坏，提

高配送时效和产品品质，实现华北大部分城市优质蔬菜极速配送，丰富华北消费者的“菜篮子”。

（郭庆云）

【国际种业科技园区研发中心项目开工】 12月27日，国家现代农业科技城通州国际种业科技园区研发中心项目开工现场会在种业园区举行，市科委、通州区政府、中关村管委会、于家务乡政府等单位相关负责人参加。研发中心位于种业园区内，占地面积5公顷，建设面积8.2万平方米，主要兴建种子技术孵化器、国家级种子实验室、各业品种实验基地、种子检测实验室、先进育种技术人才培育基地等，预计2018年底建设完毕。研发中心的建设将满足园区企业和科研机构研发、办公的需求，承接国家级农业科技成果的转化应用，提高园区的种业科技创新能力和服务水平。

（郭庆云）

【两个项目获通州区人才工作创新项目奖】 12月29日，通州区委发布《关于授予“潞河医院高层次人才科研平台建设工程”等6个项目“通州区人才工作创新项目奖”的决定》（京通发〔2016〕29号）。其中，通州区国际种业科技园区的“国际种业科技园区人才集聚环境优化工程”和通州园管委会党组的“通州区博士后（青年英才）创新实践基地科研成果转化率提升项目”获通州区人才工作创新项目奖三等奖。

（郭庆云）

【3家企业被认定通州区“首席技师工作室”】 12月30日，通州区政府印发《关于批准建立北京市通州区第二届“首席技师工作室”的通知》（通政发〔2016〕40号）。其中，通州园北京汽车动力总成有限公司的“任喜祥发动机装调首席技师工作室”、北京中丽制机工程技术有限公司的“刘哲钳工首席技师工作室”、北京华腾大搪设备有限公司的“肖志水焊接首席技师工作室”获认定。

（郭庆云）

【159件发明专利获授权】 年内，通州园北京中丽制机工程技术有限公司的“一种全牵伸长丝牵伸卷绕系统”、北京迪玛克医药科技有限公司的“手术托架装置”、北京首量科技股份有限公司的“一种可有效保护光纤的太阳光采集装置”等66家企业的159件发明专利获授权。

（郭庆云）

【24个基础设施项目竣工】 年内，通州园内的环科东二路道路工程（景盛北三街—景盛中街）、杜望路升级改造项目、农业综合开发项目——高标准农田建设等35个基础设施项目开工建设，总投资额17.5亿元。其中，光机电基地兴光一街、金桥基地景盛北一街、国际种业园区基础设施及种苗基地建设项目、景盛北一街道路工程（环科中路至环科东路二路）等24个项目竣工。

（郭庆云）

【35家企业获中关村技术创新能力建设资金支持】 年内，通州园北京燕化永乐生物科技股份有限公司、北京迪玛克医药科技有限公司、北京天宇朗通通信设备股份有限公司等7家企业获中关村技术创新能力建设专项资金（商标部分）支持；北京融安特智能科技股份有限公司、北京嘉洁能科有限公司、北京通美晶体技术有限公司等28家企业获中关村技术创新能力建设专项资金（专利部分）支持。[2017年3月13日、3月20日，中关村管委会分别发布《关于公示2016年度中关村技术创新能力建设专项资金（商标部分）支持单位名单的通知》和《关于2016年度中关村技术创新能力建设专项资金（专利部分）支持名单公示的通知》。]

（郭庆云）

【3家园区地块获控规批复】 年内，通州园3家园区地块获市规划委控规批复，分别为：环渤海高端总部基地获《北京市规划委员会关于北京亦庄新城站前区IV-1街区YZ00-0401-0039等地块控制性详细规划的批复》（市规函〔2015〕2151号），光机电基地获《北京市规划委关于亦庄新城III-3街区YZ00-0303-6010等地块控规的批复》（市规函〔2016〕343号），永乐经济开发区获《北京市规划委员会关于北京永乐经济开发区TZ10-0300-6009～6012等地块控制性详细规划的批复》（市规函〔2016〕1078号）。3个地块批复总面积57.01公顷，主要用于工业研发、居住、城市道路、公用停车场等。

（郭庆云）

【60余个园区建设项目实施】 年内，通州园实施60余个建设项目。其中竣工项目14个，包括北京博海升药品包装生产基地工业厂房及附属设施用房项目、北京

乔治费歇尔管路系统有限公司二期工业厂房项目等，总投资额162.78亿元，总建筑面积216.89万平方米；复工建设项目35个，包括北京嘉林药业股份有限公司一期项目、北京京奥珅投资管理有限公司工业厂房及附属设施项目等，总投资额393.41亿元，总建筑面积576.87万平方米；开工建设项目17个，包括北京永乐佳地科技发展公司项目、通州区台湖镇B-21地块（部分）F3其他类多功能用地项目等，总投资额154.09亿元，总建筑面积175.98万平方米。

（郭庆云）

【新增6家新三板挂牌企业】年内，通州园北京高新利华科技股份有限公司、北京凌天世纪控股股份有限公司、北京元延医药科技股份有限公司、鸿鑫互联科技（北京）股份有限公司、力姆泰克（北京）传动设备股份有限公司、北京天基新材料股份有限公司6家企业在新三板挂牌。

（郭庆云）

【82家企业获中关村示范区政策扶持】年内，通州园内北京万生药业有限责任公司、北京北机机电工业有限责任公司、北京海斯顿水处理设备有限公司等61家企业入选2016年瞪羚企业名单；北京宝克测试系统有限公司、北京航天金羊电梯有限公司、北京鸿仪四方辐射技术股份有限公司等15家企业入选2016年瞪羚重点培育企业名单，北京华强京工机械制造有限公司、北京绿竹生物技术股份有限公司、北京中欧互联信息技术有限公司等6家企业入选2016年“展翼计划”企业名单。

（郭庆云）

【推进园区产业疏解转移工作】年内，通州园管委会梳理整合园区迁出企业资源和周边承接地资源，接待河北省、天津市等省市的县级以上承接地单位107家；梳理出园区内需要调整退出企业151家，其中整体退出企业90家，环节退出企业23家，已停产企业38家；园区转移企业名单内已迁出在外地选址的企业21家，签署停产协议保证书的企业42家；与北京开宝投资管理有限公司、北京盈汇通投资管理有限公司建立企业疏解平台，平台内的企业超过2000家，通过平台组织赴外地开发区实地考察100余次。

（郭庆云）

【新引进企业111家】年内，通州园引进企业111家，协议投资总额125.07亿元，投资亿元以上企业14家。其中，实体占地企业2家，协议投资总额3亿元，占地面积3.3公顷；购买标准厂房企业34家，协议投资总额109.74亿元，建筑面积11.25万平方米；租赁标准厂房企业75家，协议投资总额12.33亿元，建筑面积8.51万平方米。

（郭庆云）

【新增47家高新技术企业】年内，通州园力姆泰克（北京）传动设备股份有限公司、北京索普尼科技股份有限公司、北京兴德通医药科技有限公司等47家企业被认定为中关村高新技术企业。至年底，通州园累计认定的中关村高新技术企业275家，其中国家级高新技术企业213家。

（郭庆云）

【通州园重点技术领域总收入627.6亿元】年内，通州园重点技术领域总收入627.6亿元。其中，先进制造领域在产业发展中领先，收入213.4亿元，占总收入的34.0%；新材料领域收入118.1亿元，占总收入的18.8%；电子信息领域收入43.2亿元，占总收入的6.9%；生物医药领域收入45.7亿元，占总收入的7.3%；环境保护领域收入15.8亿元，占总收入的2.5%；新能源与节能领域收入13.8亿元，占总收入的2.2%；其他领域收入177.6亿元，占总收入的28.3%。

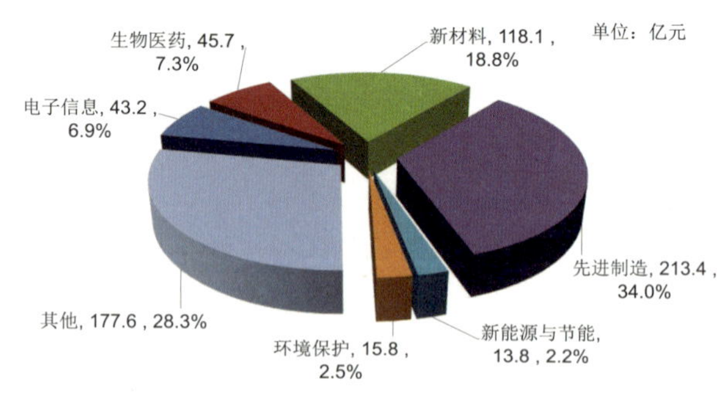

（郭庆云）

东城园

2012年10月，经国务院批复，东城园在原雍和园的基础上调整建立，增加龙潭湖地块，总规划占地面积为603.33公顷。2014年3月，东城园管委会成立，由原雍和园管理委员会、龙潭湖体育产业园建设发展办公室、东二环交通商务区建设管理办公室3个机构整合而成。2006年1月，雍和园被列入中关村科技园区，位于东城区东二环路和北二环路的交会处，是科技部、中宣部、文化部、新闻出版广电总局认定的国家级文化和科技融合示范基地，国家版权局认定的“国家版权贸易基地”，北京市首批认定的文化创意产业集聚区，也是“国家网络游戏动漫产业（北京）发展基地”。园区具有深厚的文化底蕴和鲜明的古都风貌，拥有国家级文物5处（钟楼鼓楼、柏林寺、国子监、孔庙及雍和宫），市级文物7处，保护院落4处，歌华大厦、雍和大厦等大型现代化楼宇设施85座，建筑面积约570万平方米，以及嘉诚印象藏经馆17号、人民美术文化园等分布在胡同的胡同创意工厂17处，建筑面积约20万平方米。园区形成以中国出版集团公司等企业为代表的东二环总部经济产业带；以神华集团有限责任公司为代表的和平里现代服务业新区；以北京歌华文化发展集团为代表的北二环文化和科技融合发展的数字内容产业带；以体育总局及其下属企业为核心的龙潭湖体育产业专业园区；以创新创意企业集聚为特色的胡同里的创意工厂，发展文化创意产业、优化胡同创意生态、促进城市有机更新的胡同创意文化。东城园拥有良好的商务氛围和便捷的交通等服务环境，可享受中关村示范区系列优惠政策、国家网络游戏动漫产业（北京）发展基地优惠政策等。园区将以文化为内涵、科技为手段，成为国内文化和科技融合发展典范；应用下一代互联网、大数据等新兴信息技术，发展移动娱乐、移动办公、移动电子商务等移动互联网产业和内容服务业，拓展数字文化、数字版权、数字生活等新兴服务业，成为中关村现代服务业创新发展区；围绕文化创意产业、体育产业和绿色低碳环保产业的创新发展需求，推动文化金融服务、体育金融服务和绿色金融服务等领域的金融服务机构聚集，打造成集新兴产业投融资服务、版权交易、体育产权交易及碳交易于一体的具有全国影响力的新兴产业金融服务中心，成为新兴产业金融服务功能区。

东城园管理委员会领导成员

主　　任　许　汇
工委书记
常务副主任　李照宏
副 主 任　任继明　李强　蔡勇　韩树凡
副 书 记　苏广交

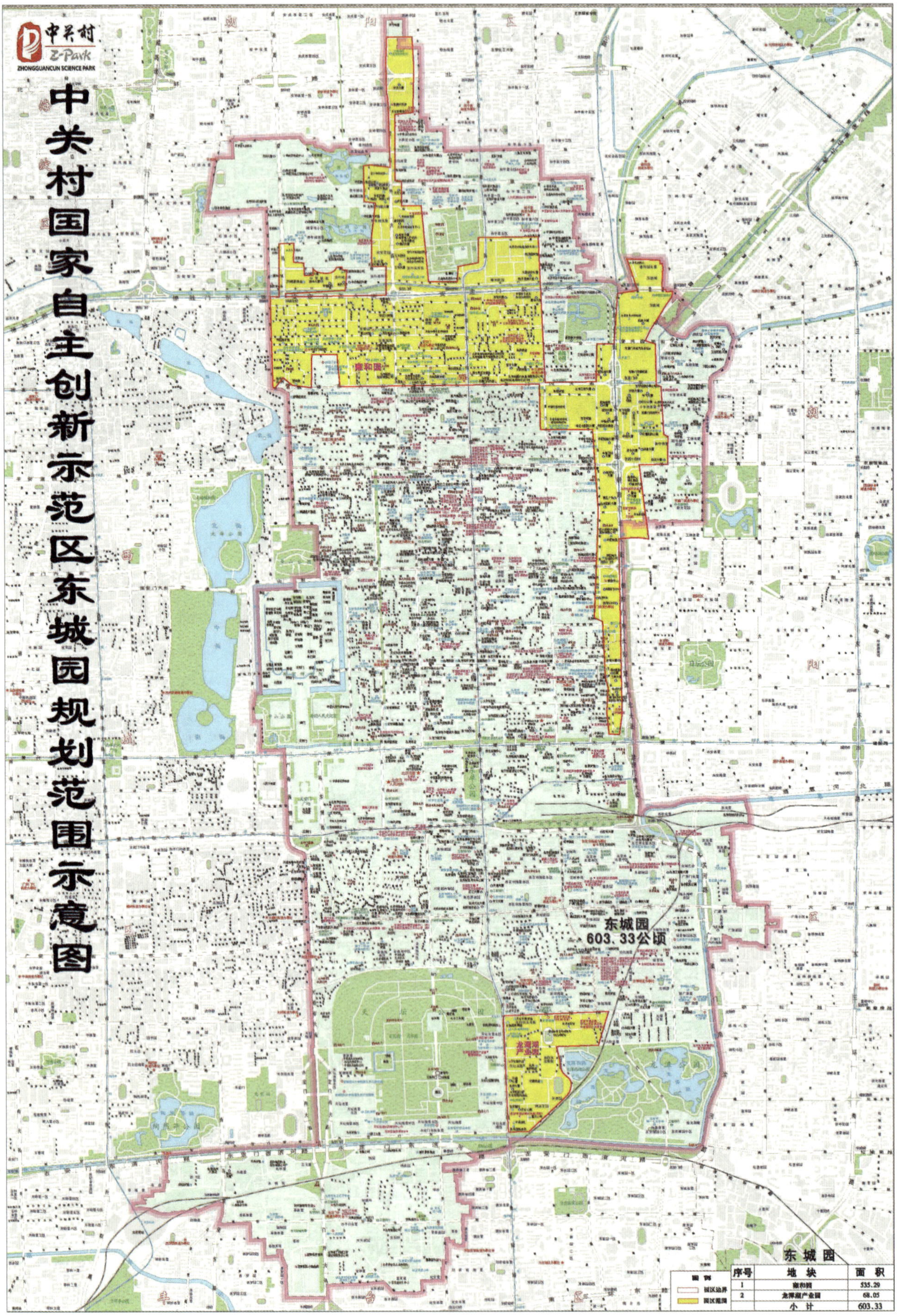

中关村
Z-Park
ZHONGGUANCUN SCIENCE PARK

中关村国家自主创新示范区东城园规划范围示意图

雍和园

东城园
603.33公顷

图例
园区边界
园区范围

东城园

序号	地块	面积
1	雍和园	535.29
2	龙潭湖产业园	68.05
	小计	603.33

【概况】2016年，东城园积极应对经济下行和非首都功能疏解双重压力，重点工作稳步推进，园区经济实现平稳运行。年内，园区入统高新技术企业总数388家；从业人员7.3万人；工业总产值31.2亿元；实现总收入1910.4亿元；进出口总额18.8亿美元；实缴税费总额108.3亿元，利润总额181.1亿元；资产总计5332.7亿元；科技活动经费支出总额60.8亿元；专利申请1349件，专利授权533件。

*加强调查研究，完善相关规划及政策。*2016年，根据园区发展实际，结合疏解非首都核心功能和京津冀协同发展战略部署，东城区政府编制并发布《东城区“十三五”时期中关村东城园建设发展规划》，出台《东城区关于促进产业发展的暂行办法》《东城区文化创意产业发展专项资金管理办法（试行）》《东城区文化创意产业发展引导基金管理办法（试行）》《中关村国家自主创新示范区东城园创新孵化集聚区管理办法》等政策措施，改善东城园创新环境、支持成长性创新企业发展。

*做好品牌宣传工作，以活动树立园区品牌。*组织园区企业参加科博会，接待观众1万余人，达成合作意向33项，签约2项。以青龙街区为中心，举办2016年北京国际设计周东城园分会场暨“创意点亮北京”活动，历时近5个月，开展主题为“市集青龙”“诗意青龙”“创意青龙”和“设计青龙”等活动近100场。举办青龙客厅演讲分享会、2016未来领袖文化创意大赛和2016“文化+”创业大赛等，树立东城园创业工作特色品牌。

*挖潜园区资源，改善企业发展环境。*举办2016年科技文化金融促进暨企业项目对接活动，推动投融资机构与文化科技类企业间沟通，搭建合作发展平台，解决企业融资困难。青龙胡同创园战略联盟成立，将通过资源整合、经验共享的方式，为园区内在孵企业提供更加完备的对接服务。中国－瑞典创新创业基地落户东城园，搭建中国－瑞典创新创业平台。

*主动服务企业，加强税源建设。*年内，完成中关村东城园政策摘编（2016版）；举办园区政企联谊、沙龙、座谈、政策宣讲、培训等12场活动，累计参会企业300余家、1万余人次。走访企业200余家，收集企业资金、办公场地、人才、政策等需求125项，搜集融资需求6亿余元。为企业解决子女入学、办公场地、企业间合作等事项80余项。

（刘晓霞）

【东城区关于促进产业发展的暂行办法出台】3月7日，东城区政府发布《关于印发东城区关于促进产业发展的暂行办法的通知》（东政发〔2016〕6号）。《办法》包括总则、补贴类条款、奖励类条款、附则4章39条。根据《办法》，凡符合东城区“高精尖”产业发展方向以及《东城区产业指导目录（2015年版）》要求，且不属于《北京市新增产业的禁止和限制目录（2015年版）》范畴的产业领域和方向均受支持。驻区企业可享受租房补贴、贷款贴息、融资补贴、担保费用补贴、版权费补贴、展会参展补贴；公共服务平台可享受平台建设补贴和平台活动补贴；中介服务机构可享受担保机构代偿补贴。同时，驻区企业可享受获奖奖励、资金配套奖励、引进风险投资奖励、股权投资奖励等；中介服务机构可享受金融机构奖励和担保机构奖励；商务楼宇可享受楼宇置换奖励和产业聚集奖励等。《办法》自发布之日起30日后施行，原《北京市东城区人民政府关于印发东城区促进二四三产业发展办法的通知》（东政发〔2014〕24号）同时废止。

（曾　佳）

【东城区文化创意产业发展专项资金管理办法出台】3月7日，东城区政府发布《关于印发东城区文化创意产业发展专项资金管理办法（试行）的通知》（东政发〔2016〕7号）。《办法》包括总则、使用范围、使用方法、申报和审批程序、监督和管理、附则6章25条。根据《办法》，2016—2020年，东城区每年统筹安排1亿元专项资金用于支持文化创意产业发展，资金来源为区财政预算。东城区文化创意产业发展联席会议负责研究讨论专项资金分配计划、使用管理相关事项。在文化创意产业统计范围内，在东城区注册、统计、纳税、具有独立法人资格的企业和企业化管理事业单位可申报使用专项资金。资助采取基金引导、项目补助、政府购买服务等方式。《办法》自发布之日起30日后施行。

（曾　佳）

【东城区文化创意产业发展引导基金管理办法出台】3月7日，东城区政府发布《关于印发东城区文化创意产业发展引导基金管理办法（试行）的通知》（东政发〔2016〕9号）。《办法》包括总则、组织架构、引进与退出方式、风险控制、附则5章24条。根据《办法》，引导基金由区文化发展促进中心设立，区政府批准并出资，引导社会资金加大对东城区文化创意产业领域的投资。引导基金资金来源为东城区文化创意产业发展专项资金，2016年度投入规模为4000万元，以后年度根据财力状况和引导基金投资运作情况，再行确定引导基金规模。财政资金投入最长不超过5年。引导基金的资金放大效应不低于1∶4，引导基金不分享投资收益，存续期限为8年。设立东城区文化创意产业发展引导基金领导小组作为引导基金的决策管理机构。《办法》自发布之日起30日后施行。

（曾　佳）

【东城园9家企业参展科博会】 5月19—22日，在第十九届中国北京国际科技产业博览会上，东城园管委会组织园区内9家科技文化融合型企业参展，通过展板与互动体验产品等方式，展示东城区文化与科技相融的创新环境，以及科技产业的进步和发展。现场互动项目包括：北京一数科技有限公司的投影类可穿戴设备、北京震宇翱翔文化创意有限公司的VR密室体验馆、乐动天下（北京）体育科技有限公司的智能摇摆动感单车、北京视联动力国际信息技术有限公司的视联网通用功能互动体验、北京自在科技有限责任公司的Nut智能寻物防丢贴片、北京瑞盖科技有限公司的“中国鹰眼”技术等。会上，2个项目签约，33个项目达成合作意向。

（刘晓霞）

【北京国际设计周东城分会场启动】 6月17日，由东城园管委会主办的“青龙范儿新生态——新邻里·青龙胡同文化创新街区项目分享会”暨东城园创意家俱乐部第十期主题沙龙活动在歌华大厦举行，“青龙范儿创意市集”同时开幕，标志着2016年北京国际设计周东城分会场活动启动。活动以“新邻里关系”为主题，以打造“青龙胡同文化创意街区”为中心，通过社会策展人、设计师、企业、公众广泛参与，以“在地设计”“主题展览”“互动活动”“主题论坛”“商业服务”等形式，借力北京国际设计周平台，联动区内各类创新企业，举办涵盖市集、设计、诗歌、展览、创业、创意等领域和板块的近百场活动。分会场从启动到9月北京国际设计周主体活动期间，分别举办主题为“市集青龙”“诗意青龙”“创意青龙”和“设计青龙”的活动。其中，“青龙范儿创意市集”为核心活动，自开幕后每周五举办1场，累计5000人次参加。

（刘晓霞）

【科技寺与WeWork签署合作协议】 6月20日，东城园科技寺创业空间与美国WeWork签署合作协议，成为WeWork在亚洲的首家创业生态合作方。根据协议，双方合作期10年，在联合经营之外，同时探讨更多深度合作。WeWork将引入中国本土化资源和创业服务，吸引大量优质创业团队入驻，快速融入中国市场，成为中国企业出海发展的据点，海外企业进入中国的落地首选。科技寺将运营WeWork位于上海亚洲总部的所有开放式工位。（WeWork是一家总部位于美国纽约的众创空间，最早于2011年4月向纽约市的创业人士提供服务，全球已拥有80余个联合办公空间，服务对象以中小企业、自由职业者及世界500强企业和创业团队为主。科技寺成立于2013年9月，拥有2000余平方米的联合办公空间，从事面向“互联网+”和TMT等科技领域公司的创业服务。）

（范丁波　杜　玲）

【“诗意青龙”活动举办】 7月7—24日，由东城园管委会主办的“诗意青龙”活动在东城区青龙街区举办。活动是由北京歌华创意设计服务中心DSC、伦敦设计中心为执行单位，中央美术学院中国公共艺术研究中心、北京ONE、北京时代美术馆、艺窝蜂、西藏《雪域萱歌》平台等为合作单位，联合多家机构、艺术家、设计师、诗人以及诗歌爱好者等共同开展的以诗意为主题创新设计的系列公益文化活动。启动仪式上，青龙胡同城市设计更新部分发布，诗歌朗诵会、夏意酸梅汤、戴珍珠项链的胡同、胡同读诗会等活动举办。北京青龙胡同、藏经馆胡同、炮局胡同、戏楼胡同等10条老胡同的居民、行人和街区里的上班族吟诵诗歌，感受胡同里的文化归属感和邻里间的亲密感，并与西藏布达拉宫广场、拉萨河边、八廓街的居民同步读诗。活动期间，诗意咖啡杯、诗歌橱窗、可触摸的诗歌、寻访青龙等活动分别举办。

（刘晓霞）

【青龙胡同创园战略联盟成立】 8月9日，由东城园管委会主办的“东城创意家俱乐部”第十一期主题沙龙暨青龙胡同创园战略联盟发布会在东城区东雍创业谷举行。中关村管委会、东城区工商联、东城区科委等单位相关负责人以及近150家机构和企业的代表等参加。联盟是在东城园管委会及东城园商会指导下，由北京创园国际科技孵化器有限公司发起，科技寺、东方嘉诚等12家“胡同里的创园”共同成立的创新孵化平台及创新服务资源供应组织，旨在通过构建创新街

区文化，聚合文化与科技的创新力量，以东城区深厚的文化资源为支撑，以青年互助创新的形式，引导文化与科技、文化与金融及其他产业联动。联盟将致力于为创业者、投资机构、创业孵化等创新要素增加横向的交流，实现不同行业跨界联合与资源共享，为入驻东城园、东城区的创新生态圈企业提供优质高效的服务。至年底，联盟组织创业培训16场、举办市级创业大赛22场，推荐优秀项目26个，其中15个智能硬件和文创项目获得资本机构的投资。

（刘晓霞　范丁波）

【科技文化金融促进活动举办】 9月23日，由东城园管委会主办的2016年科技文化金融促进暨企业项目对接活动在东城园举办。中关村管委会、东城区国税局等单位相关负责人以及驻区银行和保险、担保、投资等机构的代表100余人参加。东斓视觉科技发展（北京）有限公司、大卫之选信息技术（北京）股份有限公司、北京九麦文化传媒有限公司、北京云中游科技有限公司等15家企业参加项目路演，文资担保、华盖资本、凯兴资本等12家金融机构进行项目路演和宣传推介。东城园管委会将通过创新孵化器与楼宇征集融资的45个项目进行筛选编辑成册，在对接活动上发放给驻区的金融企业与合作机构，推动投融资机构与文化科技类企业间沟通，搭建合作发展平台，解决企业融资困难。

（刘晓霞）

【"创意点亮北京"活动举办】 9月23—30日，由东城园管委会主办的2016年北京国际设计周东城园分会场暨"创意点亮北京"活动举办。活动包括青龙街区环境改造升级、城市更新展览、青龙胡同肖像、设计论坛、创意市集、青龙生活节等。其中，"城市更新点·城市空间复活"通过创意设计，形成充满艺术感的胡同景观；"树木投影"利用架设在树上的投影器，将青年诗人的原创诗作垂直投影于胡同地面，为社区和城市构造诗意空间；"青龙胡同街区更新和再生体验展"通过影像、模型、概念设计、景观表现等方式展现青龙胡同文化创新街区的调研及设计成果，体现"传统居民社区"与"新兴创意产业"的新邻里关系；"创新实验室专场"聚合创新实验室和Maker Faire的创客资源，带来"创新+设计+产业"结合的专场设计服务。77文创园、东城人才创业园等胡同创意工厂同时举办"77文创艺舍灯光秀影像展"、立和空间"设计的自然之道"展览、NC SPACE"一张胡同桌子的可能性"和"汉字之美"全球青年设计大赛等分项活动。

（刘晓霞）

【"青龙范儿"北京国际设计主题市集举办】 9月24—28日，由东城园管委会主办的"青龙范儿"北京国际设计主题市集在青龙胡同举行。市集以"设计—未来—生活—寻找身边的设计师"为主题，设有独立设计、复古收藏、原创手作、健康食品等创意市集，还有专为儿童策划的"儿童创意义卖"、儿童独立手工作品义卖、VR互动体验、手工课程体验等活动。市集位于北二环小街桥边青龙胡同的入口处，占地面积0.16公顷。活动期间，累计6000人次参加。[*"青龙范儿"创意市集是由东城文化人才（国际）创业园组织实施的一个服务青龙文化创新街区、丰富社区百姓文化生活、帮助文化青年创新创业的公益性项目。每期都有摊主沙龙、公益捐赠、爱心义卖、露天电影、主题推荐等活动。*]

（刘晓霞）

【中国—瑞典创新创业基地落户东城园】 11月21日，由中关村雍和航星科技园等单位主办的首届中国—瑞典创新创业论坛在京举行。瑞典驻华大使和中关村管委会的相关负责人，来自瑞典在华企业的代表，瑞典使馆、商会工作人员及瑞典留学归国校友、企业家等300余人参加。活动旨在落实北京市及东城区构建"高精尖"产业结构的相关要求，搭建中国—瑞典创新创业平台，推动中瑞两国在材料、机械、自动化、信息产业、生物医药、医疗器械、游戏、设计等产业领域的合作，引进以瑞典为中心的北欧优势产业资源落地航星科技园。论坛上，航星科技园、瑞典中国校友会、瑞典职业青年三方代表签约，“中国—瑞典创新创业基地”揭牌。基地将引导以瑞典为代表的北欧具有创新性和颠覆性前沿技术的信息技术、高端制造、文化等高科技创新项目落户航星科技园，并进行孵化，加速航星科技园对来华创新创业瑞典相关人员给予物理空间支持和优惠，提供本地化企业服务和相关政策支持。

（刘晓霞）

【东城园工会联合会成立】 12 月 16 日，中关村科技园区东城园工会联合会成立大会暨第一次代表大会在东城园管委会召开。东城区委、区总工会等单位相关负责人参加。会议审议通过《东城园工会联合会章程（草案)》，选举产生第一届委员会委员 7 名和经审委员会委员 3 名，东城园管委会常玉敏当选为联合会主席。大会同时成立东城园工会服务站。东城园工会联合会日常办公机构设在东城园管委会，其成立后，已在街道建会的高新技术企业工会可结合企业的意愿，逐步将工会组织关系转至东城园工会联合会；未划转工会组织隶属关系前，实行双重管理，以街道总工会为主；未建会的高新技术企业建会、会员发展和工会各项工作、活动的开展等由东城园工会联合会负责。

（刘晓霞）

【“十三五”时期东城园建设发展规划发布】 12 月 17 日，东城区政府发布《关于印发东城区“十三五”时期中关村东城园建设发展规划的通知》(东政发〔2016〕66 号)。《规划》包括东城园“十二五”时期发展回顾、“十三五”时期面临的机遇和挑战、2016—2020 年发展规划以及保障措施 4 个部分。根据《规划》,“十三五”期间，东城园将以文化为核心，科技为手段，金融为支撑，以文化科技融合发展、文化金融创新发展为抓手，重点发展文化创意、金融服务、科技和信息服务、商务服务等产业，继续打造国家级文化和科技融合发展示范基地、国家级体育产业示范基地、国家版权贸易基地、北京市文化创意产业集聚区、北京市新兴产业金融功能区、中关村现代服务业创新发展区。到 2020 年，园区 GDP 年均增长 7%；全口径税收年均增长 6.5%；区级税收年均增长 6.5%；高新技术企业数量年均增长 10%，达到 600 家；高新技术企业年总收入增长 9%，超过 2500 亿元；上市公司达到 80 家；建设一批创新孵化器，利用市场化手段，依托创新孵化机构吸引集聚社会资本，初步形成东城园创新孵化体系，创新孵化器达到 15 家。

（曾　佳）

【东城园创新孵化集聚区管理办法出台】 12 月 17 日，东城区政府发布《关于印发中关村国家自主创新示范区东城园创新孵化集聚区管理办法的通知》（东政发〔2016〕67 号）。《办法》共 19 条，明确创新孵化集聚区的基本条件、认定程序、管理制度、考核、入驻企业退出机制、享受政策等内容。创新孵化集聚区实行联席会管理制度。联席会由东城园管委会牵头成立，东城工商分局、区国税局、区地税局、区人力社保局等单位为成员单位。联席会办公室设在东城园管委会。创新孵化集聚区应满足建筑面积 500 平方米以上、场所原则上为管理服务机构自有或租期 5 年以上、入驻企业数量不低于 20 家等条件。《办法》自 2017 年 2 月 1 日起施行，原《中关村东城园创新孵化平台认定管理办法》同时废止。

（曾　佳）

【新增两家上市企业】 年内，东城园内中青博联整合营销顾问股份有限公司和北京长江文化股份有限公司在新三板挂牌上市。至年底，东城园累计上市企业 37 家，其中境外上市企业 2 家，主板上市企业 4 家，创业板上市企业 2 家，新三板上市企业 29 家，涉及影视娱乐、文化教育、电子信息等领域。

（刘晓霞）

【东城园重点技术领域总收入 1910.3 亿元】 年内，东城园重点技术领域总收入 1910.3 亿元。其中，电子信息领域在产业发展中领先，收入 689.1 亿元，占总收入的 36.1%；生物医药领域收入 172.1 亿元，占总收入的 9.0%；先进制造领域收入 16.4 亿元，占总收入的 0.9%；新材料领域收入 8.6 亿元，占总收入的 0.5%；新能源与节能领域收入 8.0 亿元，占总收入的 0.4%；环境保护领域收入 3.9 亿元，占总收入的 0.2%；其他领域收入 1012.2 亿元，占总收入的 53.0%。

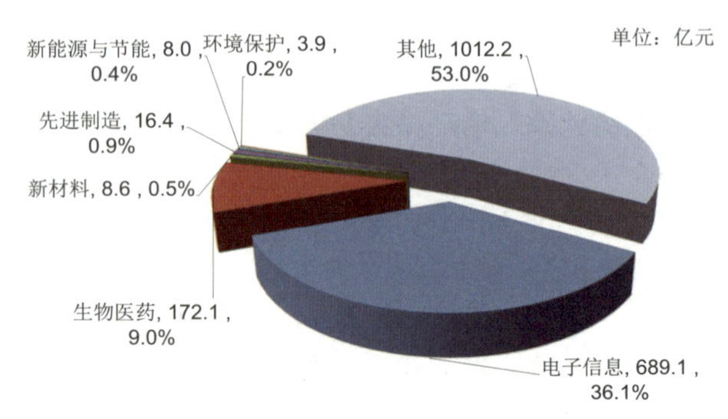

（曾　佳）

西城园

2001年6月，经科技部批准，德胜园成立，2002年5月开园，占地面积290公顷，位于西城区北部。2006年1月，经发展改革委审核、国务院批准，德胜园面积增至564公顷，分为德外地区与西外地区两个部分。西城区首都功能核心区的定位，以及其深厚的文化底蕴和强大的金融、信息、科技、教育等资源优势，为园区产业发展奠定了良好的基础。先后改造西外大街、德外大街等近20条市政道路，建成德胜国际、西环广场等一批标志性的高端商务楼宇，新增建筑面积150万平方米；充分利用国有企业老旧厂房等资源，集中建设科技企业孵化器，孵化面积11万平方米；在园区及周边建成一批大型高端商务酒店、商务公寓和综合服务设施，改造人定湖公园、双秀公园和玫瑰公园等园林的环境，教育、医疗、文化等公共服务设施得到较大改善和提升。园区拥有电子与信息技术、生物医药、新材料、先进制造、文化创意等领域众多重点企业，包括联动优势科技有限公司、北京奇虎科技有限公司、有研稀土新材料股份有限公司、北京矿业研究总院等。通过巩固优势资源、完善基础设施建设、引进重点项目、培育特色产业，园区自主创新能力不断增强，文化创意产业实力雄厚，科技与金融不断融合，高端交易市场前景广阔，科技孵化基地成果显著，逐步发展成为一个设施完备、服务优良的综合性产业功能区，先后被认定为北京市首批文化创意产业集聚区之一、首都四大金融后台服务区之一、全国唯一的国家级出版创意产业园区、北京设计之都核心区、第一批国家级文化和科技融合示范基地。2012年10月，经国务院批准，西城园（含原德胜园）占地面积扩大至约1000公顷，包括德胜地区、展览路地区和广安地区3个区域，涉及11个街道办事处。作为典型的都市型科技园，西城园的基本功能是服务和支撑西城区的城市核心功能，根本依托是首都核心功能所带来的科技、文化、金融和人才等高端要素资源，主要手段是整合资源、搭建平台，重要途径是腾笼换鸟、点状突破，基本布局是以央企、市企、大型科研院所等产权单位腾退转型的老旧厂院和部分科技创新企业聚集的特色楼宇所形成的点状格局，产业总部化、服务化、高端化、融合化特色鲜明。为优化企业发展环境，西城园初步形成“1+X”政策体系，支持包括出版创意、科技孵化、设计服务专项等政策。政府每年投入不少于1亿元产业发展资金，为园区发展提供保障。

西城园管理委员会领导成员

主　　任　陈　宁（女）
常务副主任　缪剑虹
副 主 任　涂云国（女）　吴江明　祁晓红（女）
工委书记　陈　宁（女）
工委副书记　缪剑虹　涂云国（女）

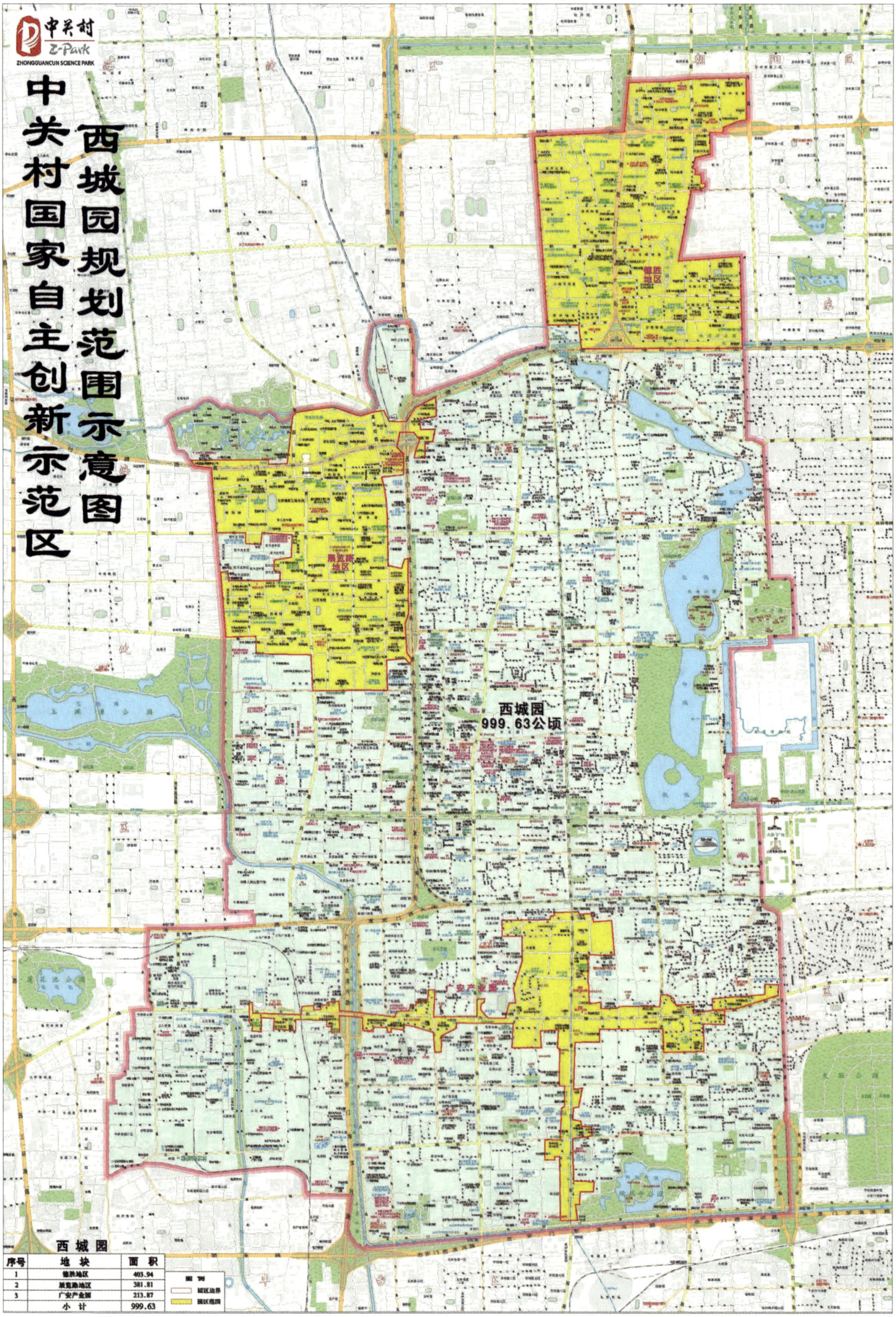

中关村国家自主创新示范区西城园规划范围示意图

德胜地区

展览路地区

西城园
999.63公顷

广安产业园

西城园

序号	地块	面积
1	德胜地区	403.94
2	展览路地区	381.81
3	广安产业园	213.87
	小计	999.63

图例

园区边界

园区范围

【概况】2016年，西城园围绕国家建设中关村国家自主创新示范区的要求，贯彻落实西城区委、区政府决策部署，经济持续保持稳步发展。年内，园区入统高新技术企业总数598家；从业人员10.5万人；工业总产值1007.4亿元；总收入2686.9亿元；进出口总额30.7亿美元；实缴税费总额107.5亿元；利润总额261.6亿元；资产总计7019亿元；科技活动经费支出总额58.7亿元；专利申请2825件，专利授权1612件。

*文化创意产业优势突出。*西城园的设计创意、内容服务、新媒体等产业快速发展。至年底，中国北京出版创意产业园有北京磨铁图书有限公司、联合读创（北京）文化传媒有限公司等60余家机构入驻，并举办首届“优秀出版成果”评选活动和首届“中国最美书店周”。北京普天德胜科技孵化器有限公司运营的“C客空间”和北京迪希工业设计创意开发有限公司运营的“DRC创億梦工厂”入选第二批国家级众创空间。北京市文化创新工场投资管理有限公司的“文化创新工场”等3家机构获评第三批北京市众创空间。西城园（其中包含中国北京出版创意产业园区、设计之都核心区）被市商务委授予北京市服务贸易示范基地（第一批）称号。联合国教科文组织全球首个“国际创意与可持续发展中心”落户园区。北京洛可可科技有限公司等3家企业产品获2016中国设计红星奖。

*科技创新人才资源持续增强。*年内，北京诺亦腾科技有限公司刘昊扬、全新优筑（北京）建筑设计有限公司冯博入选“2015中关村十大海归新星”，北京奇虎科技有限公司的周鸿祎等7人获评教授级高级工程师，北京有色金属研究总院、北京矿冶研究总院等5家单位的8名人才入选国家“万人计划”。

*园区企业获扶持力度显著提高。*2016年，北京梅泰诺通信技术股份有限公司等5家企业的项目获北京市科技服务业促进专项支持，北京博锐尚格节能技术股份有限公司等6家单位的7个项目获2016年度中央引导地方科技发展专项中“地方科技创新项目示范”支持，天皓成服装批发市场改造项目获2016年度中关村示范区存量土地及空间资源盘活改造专项资金支持，264家单位入选2016年度“北京科创企业清单”所属企业名录。中关村普天海外人才创业园等5家单位获中关村海外人才创业资金支持。

*园区政策法规不断完善。*年内，西城园管委会发布《中关村科技园区西城园“十三五”时期发展规划（2016—2020年）》。西城区政府编制出台《北京市西城区支持中关村科技园区西城园自主创新若干规定》《北京市西城区科技企业孵化加速平台认定和支持办法》《北京市西城区促进出版创意产业园区发展办法》。西城区质量技术监督局出台《中关村科技园区西城园技术标准补贴的实施办法》。管委会还对园区企业进行相关政策的解读、培训及宣讲等。

（宋　涛）

【西城园两家众创空间入选国家级众创空间】2月15日，科技部印发《关于公布第二批众创空间的通知》（国科发火〔2016〕46号），362家众创空间通过备案，纳入国家级科技企业孵化器管理服务体系。其中，西城园内北京普天德胜科技孵化器有限公司运营的“C客空间”和北京迪希工业设计创意开发有限公司运营的“DRC创億梦工厂”两家众创空间入选。

（单　毅）

【中检科公司落户西城园】2月26日，由中国检验检疫科学研究院主办的中检科（北京）健康管理有限公司成立仪式在京举行。中检科公司落户西城园，并发布“中检用药”检验项目。项目依托检科院的科研能力，联合临床药物基因组学专家，利用国际前沿分子生物学技术，对个体药物代谢相关基因进行分析与解读，对个人用药剂量给出“量体裁衣”式的合理建议，以保障药物疗效，降低药物毒副反应。“中检用药”涵盖国际认证的120项精准药物指导，以及1336种药物成分的安全指导，覆盖中国市售18.2万种药品。仪式上，公司还与北京大学第一医院、各地检疫系统单位达成协同创新合作，与广东、河北等地方企业代表达成营销推广合作，签订金额10.2亿元的营销合约。

（单　毅）

【西城园3家机构获批北京市众创空间】3月21日，市科委公布第三批北京市众创空间名单，共76家机构被授予北京市众创空间称号。其中，西城园内北京市

文化创新工场投资管理有限公司的“文化创新工场”、洛可可众创科技（北京）有限公司的“可可豆创新孵化平台”和九一金融信息服务（北京）有限公司的“91金融”3家众创空间入选。

（单　毅）

【264家单位入选“北京科创企业清单”企业名录】3月24日，市科委公布2016年度“北京科创企业清单”所属企业名录，共15442家。其中，西城园内北京国电德安电力工程有限公司、北京国电德胜工程项目管理有限公司等264家单位入选，包括高新技术企业、技术先进型服务企业以及科技企业孵化器、工程技术研究中心、企业工程研究中心等机构。入选单位可根据公安部支持北京创新发展有关出入境政策措施的相关规定，为聘雇的外籍行业高级专业人才推荐并担保办理相关出入境证件。西城园管委会将依据政策协助北京市公安局出入境管理局工作，对符合条件的企业提供证明函件，服务外籍人才在北京市办理签证、入境出境、停留居留、永久居留等事务手续，吸引和促进外籍人才来京创新创业。

（强彬彬）

【中关村西城园登记分中心启动】3月24日，由市工商局西城分局在德胜工商所设立的中关村西城园登记分中心启动并运行。分中心受理注册地址在西城园范围内的内资有限公司及分公司的登记注册。园区企业可就近咨询工商业务法规，且无须预约即可现场排队办理企业设立、变更业务。同时，针对园区企业放宽名称登记条件，名称可使用阿拉伯数字，对科技类文化类企业实施企业住所和经营场所分离的经营管理模式。

（王　翔）

【首届“优秀出版成果”评选活动举办】4月12日，由中国北京出版创意产业园区主办的首届“优秀出版成果”评选活动颁奖仪式在京举行。市新闻出版广电局、市委宣传部、西城园管委会等单位相关负责人参加。活动评选出10项“优秀图书奖”、10名“优秀编辑奖”、5项“最佳装帧设计奖”、8项“最佳市场表现奖”。《胡耀邦（1915—1989）》和《秘密花园》获优秀图书特别奖，各获10万元奖励；《天下归仁：王蒙说〈论语〉》《魂兮归来：金一南讲抗日战争》《信仰改变中国》等10部书获优秀图书奖，各获5万元奖励。

（单　毅）

【西城园2人入选中关村十大海归新星】4月16日，在中关村人才协会主办的第十三届中关村人才论坛上，发布“2015中关村十大海归新星”榜单。西城园北京诺亦腾科技有限公司刘昊扬、全新优筑（北京）建筑设计有限公司冯博入选。其中，刘昊扬率领的诺亦腾公司，掌握着世界上先进的基于传感器的动作捕捉技术，创造世界上第一套全无线的动作捕捉系统、第一套可同时捕捉全身与全部手指动作的动捕系统等。

（郭　海）

【360入选中关村年度最受关注品牌】4月21日，在中关村社会组织联合会主办的“2015年度中关村品牌推介系列活动榜单发布会暨互联网+时代行业自律与品牌建设高峰论坛”上，“2015中关村年度最受关注品牌榜单发布，西城园内北京奇虎科技有限公司的360品牌入选。奇虎公司凭借其360安全卫士、360杀毒、360安全浏览器、360安全桌面、360手机卫士等系列优质产品，成为网络安全领先品牌。

（陈晓伟）

【天皓成服装批发市场改造项目获专项资金支持】4月25日，中关村管委会发布《2016年度中关村示范区存量土地及空间资源盘活改造专项资金支持情况公示》，西城园内天皓成服装批发市场改造项目获批。项目位于西直门外大街137号，是“动批”区域的腾退盘活、产业升级的首个项目，转型为宝蓝金融创新中心，由宝蓝物业服务股份有限公司负责项目的改造与招商运营工作，重点发展高新技术、文化创意、新兴金融等

产业，为区域其他服装批发市场的产业升级调整起到引领示范作用。

（程　雪）

【合优智景公司获留学人员创办企业开办费资助】4月27日，北京海外学人中心发布《第十八批（2016年第一批）北京市留学人员创办企业开办费资助资金通过评审人员名单公示》。其中，西城园内优智景（北京）科技有限公司的王云飞通过评审，获10万元资金支持。公司是西城园普天德胜科技孵化基地引进培育的海归创业企业，主要研发针对3～9岁儿童需求的HUMAX早教机器人，为硬件（机器人）和软件（移

动应用 App）的结合体，与瑞典玩具设计师合作形象设计，兼顾中国本土元素及国际流行趋势，自主研发 IP 应用，开发 IP 的系列产品和衍生品及动漫和游戏，并通过手机或智能终端的专门 App 在亲子社交圈进行分享，形成儿童泛娱乐生态系统，打造全新的围绕家庭的生态圈。

（单　毅）

【联动优势公司展出联动惠 POS】 5 月 19—22 日，在第十九届中国北京国际科技产业博览上，联动优势科技有限公司展出联动惠 POS，其集成支付宝、微信支付、京东钱包、Apple Pay、银行卡等支付工具，植入移动的和包电子券消费以及北京城市一卡通的充值、消费使用功能，为市民提供多种类型的生活缴费和充值服务，打造家门口的银行和便民中心。商家选用联动惠 POS，可以快速、全面享有各大支付工具的营销资源，完成拉新、引流和消费转换。联动惠 POS 还可根据客户的消费轨迹形成用户画像，通过微信、短信等方式帮助商家定向推送优惠券或发放会员卡，实现精准营销。联动惠 POS 还能实现进销存一体化管理、供应链解决方案、内置 App 应用商店、远程更新服务、商户自服务平台服务、T+1 清结算服务等功能，已在部分连锁商户的店面内投入使用，提供“支付 + 金融 + 营销 + 会员管理”一体化服务。

（曾　佳）

【华奥国科公司技术支持“校园足球新长征”活动】 5 月 27 日，由全国青少年校园足球工作领导小组办公室主办的 2016“校园足球新长征”系列活动启动仪式及新闻发布会在北京市八一学校举行。西城园内的华奥国科体育大数据科技（北京）有限公司作为活动的技术支持单位之一，通过自主研发的“智能助教”校园足球教学管理服务平台，在拍摄足球技术视频、校园足球公开课等方面提供全程技术服务。华奥国科公司把互联网和大数据理念引入校园足球的实践中，通过引进世界先进教学资源和互联网教育方式解决校园足球师资力量薄弱、无法快速普及和缺乏评价体系、无法管控的问题，以科学管理方法解决足球发展中的困难。

（刘　昆）

【西城园获批市服务贸易示范基地】 6 月 1 日，在第四届京交会北京主题日活动上，市商务委举行北京市服务贸易示范基地授牌仪式。其中，中关村科技园区西城园（包含中国北京出版创意产业园区、设计之都核心区）被授予北京市服务贸易示范基地（第一批）。西城园及所辖的出版创意产业园区和设计之都核心区产业集中度高：以高新技术企业为核心的科技服务业年收入规模超过 2000 亿元，从业人员 8 万余人，集聚 600 余家企业；设计服务业年收入规模近 300 亿元，从业人员 3 万余人，集聚 200 余家企业；以出版创意为核心的内容服务业年收入规模超过 150 亿元，从业人员近 2 万人，集聚 200 余家企业。

（单　毅）

【国际创意与可持续发展中心落户西城园】 6 月 6 日，在第二届教科文组织创意城市“北京峰会”上，联合国教科文组织国际创意与可持续发展中心（ICCSD）宣布成立，落户西城园。中心为全球首个以创意和可持续发展为主题的联合国教科文组织二类中心，未来工作将聚焦研究、信息、培训、示范、合作 5 个方面，包括组织和协调国际智力资源开展跨学科、跨领域、跨地区的研究；建立国际交流共享机制，形成面向全球开放和领先的创意数据库；在中国和全球层面开展多层次多形式的教育和培训，构建线上线下教育和培训体系，开展能力建设活动；在指定城市或领域，将研究付诸实践；寻求文化和可持续发展、创意产业、创意城市网络间的合作模式，组建全球创意合作网络等。

（曾　佳）

【西城园 8 人入选国家“万人计划”】 6 月 20 日，中央人才工作协调小组办公室发布《关于公示第二批国家“万人计划”领军人才人选的公告》。在由科技部、人力资源社会保障部等部门共同组织的 2016 年度国家高层次人才特殊支持计划中，西城园内北京有色金属研究总院的于敦波、庄卫东，北京矿冶研究总院的蒋开喜、卢世杰，中国医学科学院阜外医院的郑哲、蒋立新，中国科学院古脊椎动物与古人类研究所的倪喜军 7 人入选“科技创新领军人才”，北京奇虎科技有限公司的齐向东入选“科技创业领军人才”。

（单　毅）

【首届“中国最美书店周”举办】 7 月 8—15 日，中国北京出版创意产业园区举办首届“中国最美书店周”。全国 20 余座城市的近 100 家书店参与。首届书店周以“开拓年轻读者阅读视野”为主题，为读者提供由专家和出版机构联袂推荐的年度主题书单，推出“书店星球”文创周边产品，举办“民谣与诗”、书店实验室等跨界主题活动，还评选出“最受欢迎出版品牌”“最受欢迎图书”“最受欢迎书店”3 个奖项。（“中国最美书店周”是由出版创意产业园区发起的全民阅读主题活动，联合中国出版业优秀出版机构和实体书店，在每年 7 月举办一系列有特色的主题文化活动，精选优质主题书单，推出文化周边产品，鼓励读者走进书店，参与互动，获得更多、更丰富的阅读体验。）

（郭　海）

【西城园 7 人获高级工程师（教授级）职称】7 月 11 日，北京市高级专业技术资格评审委员会发布《2016 年北京市高级专业技术资格评审结果公示（中关村直通车）》，77 人通过高级工程师（教授级）专业技术资格评审。其中，西城园北京奇虎科技有限公司的周鸿祎、联动优势科技有限公司的吴锋海、北京建工建筑设计研究院的丛小密和罗辉、北京迪希工业设计创意开发有限公司的王果儿、北京建工京精大房工程建设监理公司的田成钢、北京洛可可科技有限公司的王小葵 7 人获评高级工程师（教授级）。

（单　毅）

【2016 瞪羚秀场·红星 T 台项目路演举办】7 月 14 日，由北京 DRC 工业设计创意产业基地、中创红星设计创业投资基金、北京设计产业联盟、瞪羚企业家创新合作组织等单位联合组织的 2016 瞪羚秀场·红星 T 台项目路演活动在京举办。活动围绕“智能 +”的主题，邀请 5 家企业参加路演，项目涉及大数据脑波识别、智能机器人应用底层语言、节能热泵、个性化定制智能柔性生产线、智能投顾等领域。君紫资本、大唐财富、清控科创资本等近 30 家投资机构的投资人，对项目进行现场点评和资源对接，使企业与投资者之间零距离接触。

（单　毅）

【7 个项目获中央引导地方科技发展专项支持】7 月 21 日，市科委印发《关于公示 2016 年中央引导地方科技发展专项拟支持企业名单通知》，13 个重大研发项目获“地方科技创新项目示范”支持。其中，西城园内北京博锐尚格节能技术股份有限公司的“基于‘能耗数据深度挖掘 +BIM’技术的建筑能源与设备管控系统”、北京智博联科技股份有限公司的“装配式构件套筒灌浆连接关键技术研究与示范”、北京城建设计发展集团有限公司的“城市综合管廊智能运行维护管理系统研究”、北京市环境保护科学研究所的“雨水污染控制关键技术开发与示范”和“汽修行业 VOCs 催化净化技术研究及应用示范”、北京市建设工程质量第三检测所有限责任公司的“道路地下损害数字化整合探查技术研究及示范”、北京城市排水集团有限责任公司的“基于新地标条件下的城市污水厂脱氮性能强化和稳定性保障技术研究”7 个项目获支持。

（单　毅）

【5 家企业项目获市科技服务业促进专项支持】7 月 29 日，市科委印发《关于公示 2016 年度北京市科技服务业促进专项拟支持名单的通知》。西城园内北京梅泰诺通信技术股份有限公司“具有自我监测、安全预警功能的智能景观塔”、北京恒华伟业科技股份有限公司“基于云计算的电网资产全生命周期服务平台”、北京万桥兴业机械有限公司“山区特殊工况高速铁路桥梁施工装备技术服务”、北京世纪国源科技股份有限公司“基于互联网的土地经营权一体化管理服务平台”、北京速途网络科技股份有限公司“基于互联网的新媒体技术与服务平台”5 个项目入选。

（单　毅）

【5 家单位获中关村海外人才创业支持资金】8 月 22 日，中关村管委会印发《2016 年中关村海外人才创业支持资金（第一批）予以公示通知》。其中，西城园内中关村普天海外人才创业园获中关村海外人才创业服务机构资金支持；全新优筑（北京）建筑设计有限公司、北京雅乐时空科技有限公司、北京聚爱财科技有限公司、北京正安维视科技股份有限公司 4 家企业分别获中关村海外人才创业企业资金支持 10 万元。

（单　毅）

【西城区支持西城园自主创新若干规定印发】10 月 11 日，西城区政府印发《北京市西城区支持中关村科技园区西城园自主创新若干规定》(西政发〔2016〕16 号)。《规定》包括总则、支持创业自主创新、完善科技服务平台、优化科技金融服务、激励创新创业人才、优化提升园区特色产业、促进国际交流合作、附则 8 章 30 条。《规定》自 2016 年 11 月 1 日起实施，有效期 5 年。原《北京市西城区人民政府关于印发〈北京市西城区支持中关村科技园区德胜科技园自主创新若干规定〉的通知》（西政发〔2012〕14 号)、《北京市西城区人民政府办公室关于修订〈北京市西城区支持中关村科技园区德胜科技园自主创新若干规定〉和〈北京市西城区自主创新示范基地和高新技术产业专业孵化基地认定及支持办法〉的通知》（西政办发〔2015〕10 号）同时废止。

（曾　佳）

【西城区科技企业孵化加速平台认定和支持办法印发】10 月 11 日，西城区政府印发《北京市西城区科技企业孵化加速平台认定和支持办法》(西政发〔2016〕17 号)。《办法》包括总则、申报条件、专项资金的设立与使用、考核、附则 5 章 15 条，由西城园管委会负责解释与组织实施，承担组织相关部门认定区孵化加速基地、受理区孵化平台备案、对西城区科技企业孵化加速平台进行工作指导以及服务和考核、对西城区科技企业孵化加速平台兑现政策等相关职责。《办法》自 2016 年 11 月 1 日起实施，有效期 5 年。《北京市西城区人民政府关于印发〈北京市西城区自主创新示范基地和高新技术产业专业孵化基地认定及支持办法〉的通知》（西政发〔2012〕15号）和《北京市西城区人民政府办公室关于修订〈北京市西城区支持中关村科技园区德胜科技园自主创新若干规定〉和〈北京市西城区自主创新示范基地和高新技术产业专业孵化基地认定及支持办法〉的通知》（西政办发〔2015〕10号）同时废止。

（曾　佳）

【西城区促进出版创意产业园区发展办法印发】10月11日，西城区政府印发《北京市西城区促进出版创意产业园区发展办法》（西政发〔2016〕18号）。《办法》包括支持企业入驻出版园核心区（德胜国际中心），按照每天3元/平方米的标准给予连续3年的房租补贴；搭建出版园版权服务平台，通过平台登记的版权在加工制作、应用推广、交易出版后给予专项补贴；鼓励园区企业参与技术标准创制；企业年度策划、出版、发行的作品获有关奖项的，给予一次性奖励；以园区品牌出版的精品出版物，给予奖励；鼓励数字出版与新媒体企业推广应用新技术，给予资金支持等11条。《办法》由西城园管委会负责解释并具体实施，自2016年11月1日起实施，有效期5年。《北京市西城区人民政府印发关于落实〈北京市西城区促进出版创意产业园区发展办法〉的通知》（西政发〔2013〕2号）同时废止。

（曾　佳）

【西城园“十三五”时期发展规划发布】10月26日，西城园管委会在官网发布《中关村科技园区西城园“十三五”时期发展规划（2016—2020年）》。《规划》包括发展基础、发展形势、总体思路、特色产业、空间布局、协同发展、创新环境、保障措施8个方面，明确“十三五”时期西城园的三大战略定位：全国科技、文化、金融深度融合发展示范区，中关村最具文化创意活力的高科技园区，西城区创新驱动、转型发展的强大引擎。《规划》提出到2020年园区高新技术企业总收入达到4500亿元以上，地均产出达到450亿元/平方千米，产业集中率达到15%，高新技术企业从业人员人均产出达到300万元/人，创新型重点企业研发投入比重达到5%以上，专利、版权和知名商标等知识产权数量年均增长15%以上，培育新增境内外资本市场挂牌或上市企业50家，园区亿元以上收入重点企业累计达到120家等发展目标；加快构建以现代服务业为主体，以科技服务业和文化创意产业为两翼，重点涵盖设计研发、新兴金融、智慧城市和内容服务四大领域的特色产业体系；空间布局在腾笼换鸟、点状突破基础上植入高端业态，提升业态品质和环境品质，形成“一园、三区、多点支撑”的都市型科技园发展布局，重点打造北京设计之都核心区、中国北京出版创意产业园、普天德胜高端创业基地、北展（宝蓝）科技金融创新中心、北京建筑大学规划设计创意文化园、广安门－大栅栏文化与科技融合发展示范区、广安新兴金融与互联网商务产业园7个特色产业园（中心、基地）。

（宋　涛）

【国家高新技术企业新政策培训会举办】10—11月，西城园管委会在园区举办3次国家高新技术企业认定新政策培训会，累计300余家园区高新技术企业的代表参加。培训内容主要包括国家高新企业认定的新政策以及高新技术企业的相关税收优惠政策，使园区高新技术企业及时掌握了解最新政策，促进企业健康快速发展。

（强彬彬）

【西城园技术标准补贴的实施办法印发】11月10日，西城区质监局印发《中关村科技园区西城园技术标准补贴的实施办法》。根据《北京市西城区支持中关村科技园区西城园自主创新若干规定》（西政发〔2016〕16号），园区内主导和参与创制基础技术、产品、工艺、技术服务的国际标准、国家标准、行业标准的企业（须为起草单位前5名），在标准公布后分别给予一次性50万元、20万元、10万元补贴。《办法》明确补贴的申报条件、申报材料、申报办理程序3项内容，落实《若干规定》中关于技术标准补贴的工作。

（曾　佳）

【梅泰诺公司入选中国黑科技百强名单】11月11日，在“T100新技术·新产品创新力行动”发布盛典上，北京科技协作中心、中国民营科技促进会联合发布“2016中国黑科技百强——新技术新产品TOP100”名单，北京梅泰诺通信技术股份有限公司基于物联网的具有自我监测、安全预警功能的智能景观通信塔入选。获奖项目将被推荐参与美国《大众科学》杂志全球TOP100科技创新奖榜单的评选，与全世界最好的科技产品和技术比肩，还将优先推荐在中国科技馆及地方科技馆面向公众进行展示，并参与主办方举办的投融资、项目对接、技术转化、媒体宣传等活动。适合的产品将有可能被纳入政府“首购”范围。

（曾　佳）

【联动优势公司入选中国大数据创新企业TOP100】11月18日，在第三届世界互联网大会·大数据产业发展论坛上，DT大数据产业创新研究院（DTiii）发布《2016

中国大数据创新企业 TOP100》大数据行业报告和榜单，联动优势科技有限公司列居榜单第二十七位。DTiii 从创新能力、应用案例、产品及方案成熟度等多个维度、不同权重进行评估，同时利用大数据技术，抓取人才招聘、离职员工评论、网络正负面声量等信息进行分析，最终从 1200 余家企业中遴选出 TOP100 榜单。联动优势公司大数据业务致力于通过大数据获取、数据分析和挖掘、机器学习、智能决策等技术，改善合作伙伴的数据资源利用能力，为合作伙伴提供基于海量大数据分析的企业经营多方位的决策服务，包括精准营销、客户关系管理、信贷风险管控等，以提高整体运营效率，降低整体运营成本。同时针对商业地产、银行等重点商户，提供卡券、社交媒体等营销资源，在大数据基础上为合作商户提供获客引流营销服务。

（曾　佳）

【西城园 3 家企业产品获 2016 中国设计红星奖】 12 月 12 日，2016 中国设计红星奖颁奖典礼在京举行。西城园内北京洛可可科技有限公司设计的“脉针”和“随身空气质量监测器”、北京智加问道科技有限公司设计的“四轴倾旋翼无人机”“智能多轴血管造影 X 射线系统”“兽用直接数字化 X 射线摄影系统”、北京乐品乐道科技有限公司原创设计的“G 型臂 X 光机”“商用净水器”“老年搓澡器” 8 件产品获红星奖；“G 型臂 X 光机”和“老年搓澡器”还获最受大众喜爱奖。

（单　毅）

【普天德胜孵化器入选全国创业孵化示范基地】 12 月 14 日，人力资源社会保障部印发《关于确定第三批全国创业孵化示范基地的通知》（人社部发〔2016〕126 号），确定 34 家孵化基地为全国创业孵化示范基地，中关村示范区内北京普天德胜科技孵化器入选。《通知》要求，示范基地要进一步完善各项制度，全面落实创业政策，提升服务能力和水平，发挥好示范引领作用，为促进创业就业做出更大贡献。

（徐　建）

【同仁堂国际中医药“走出去”平台上线】 12 月 16 日，由北京同仁堂国际信息技术有限责任公司主办的同仁堂国际中医药“走出去”平台上线发布会在京举行。国家中医药管理局、中国医药保健品进出口商会、北京市医疗保险办公室等单位相关负责人参加。平台（www.trtmed.com）采取从源头到用户的直采模式，整合国内优质的中药厂商，源头直接供货给全球用户；整合同仁堂全球供应链，实现境外直发，达到更高的配送效率；同仁堂国际公司的健康服务管理模块和中医药“走出去”平台实现后台融合，全球用户不仅可以购买到高品质的中医药产品，还可获得高品质健康服务和全面的中医健康资讯，从产品销售到健康服务，实现全方位精准健康管理。平台覆盖美国、加拿大、澳大利亚、新西兰、新加坡、英国、爱尔兰 7 个国家，支持美元、欧元、英镑等 15 种货币结算。发布会上，同仁堂国际公司还与扬子江药业集团有限公司、云南三七科技药业有限公司、河南羚锐制药股份有限公司等企业签署战略合作协议。

（单　毅）

【西城园重点技术领域总收入 2686.9 亿元】 年内，西城园重点技术领域总收入 2686.9 亿元。其中，新能源与节能领域在产业发展中领先，收入 991.0 亿元，占总收入的 36.9%；电子信息领域收入 158.5 亿元，占总收入的 5.9%；环境保护领域收入 123.1 亿元，占总收入的 4.6%；先进制造领域收入 61.8 亿元，占总收入的 2.3%；新材料领域收入 35.6 亿元，占总收入的 1.3%；生物医药领域收入 8.0 亿元，占总收入的 0.3%；其他领域收入 1308.9 亿元，占总收入的 48.7%。

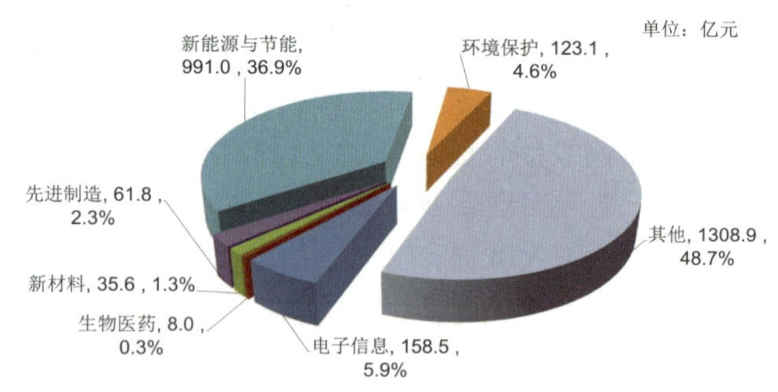

（宋　涛）

朝阳园

1999年1月，经科技部批准，酒仙桥电子城1050公顷的区域范围被纳入北京市新技术产业开发试验区，成为中关村科技园区“一区五园”之一。2001年6月，科技部同意将望京新兴产业区约300公顷土地调入政策区。2006年，根据国土资源部《第十五批落实四至范围的开发区公告》，重新核定电子城四至范围，政策区域面积增至1680公顷。2007年6月，电子城管委会划归朝阳区政府管理，电子城工委与电子城管委会合署办公，东区、西区、北区、健翔园一并纳入电子城管委会管理范畴。东区地处酒仙桥地区，规划占地面积690公顷，是市政府批复的老工业基地改造试验区，高新技术产业和生产性服务业融合发展的新型产业区，吸引和培育一批像京东方科技集团股份有限公司、ABB集团等国际知名的电子信息领军企业，北京798艺术区、北京时尚设计广场两大文化创意产业园也坐落其中。西区位于望京地区，规划占地面积310公顷，是国际电子通信总部及研发中心的聚集地，安捷伦科技有限公司等世界500强企业聚集此地。北区规划占地面积276公顷，重点打造中国“移动谷”，为高新技术产业集群提供新的承载空间，是电子城的“未来之星”。健翔园规划占地面积404公顷，辖区内分布着中科院动物研究所等12个科研院所和10个国家级、市级重点实验室，为国际科技活动和产业发展提供重要的服务平台。2012年10月，经国务院批复，电子城在原有基础上重组，成立中关村示范区朝阳园，总规划占地面积扩大至2610.18公顷，包括电子城东区、西区、北区，健翔园，望京地区，垡头中心区，重点发展电子信息、生物医药、高技术服务三大产业。调整规划后，电子城东区规划面积629.6公顷，西区规划面积202.16公顷，北区规划面积337.5公顷；健翔园规划面积387.94公顷；望京地区规划面积252.15公顷，其核心区大望京科技商务创新区规划面积97公顷，定位为具有国际影响力的科技商务中心，与北区一并列入朝阳区十大发展基地，成为电子城“三新”产业高地的延伸和支撑；垡头中心区规划面积800.83公顷，所建垡头环渤海总部商务基地重点发展“总部办公、科技研发、商务服务、文化休闲”四大功能性产业。2014年3月，朝阳园管委会成立。2015年8月，朝阳区垡头科技商务区管委会及其下设的管委会办公室撤销，其主要职能和行政编制划入朝阳园管委会。园区企业可以享受国家、北京市、中关村示范区的各类优惠政策。

朝阳园管理委员会领导成员

常务副主任　苏向东
常务副书记　齐建宗
副 主 任　刘克文　刘　伟　刘　琳（女）
纪工委书记　张志明

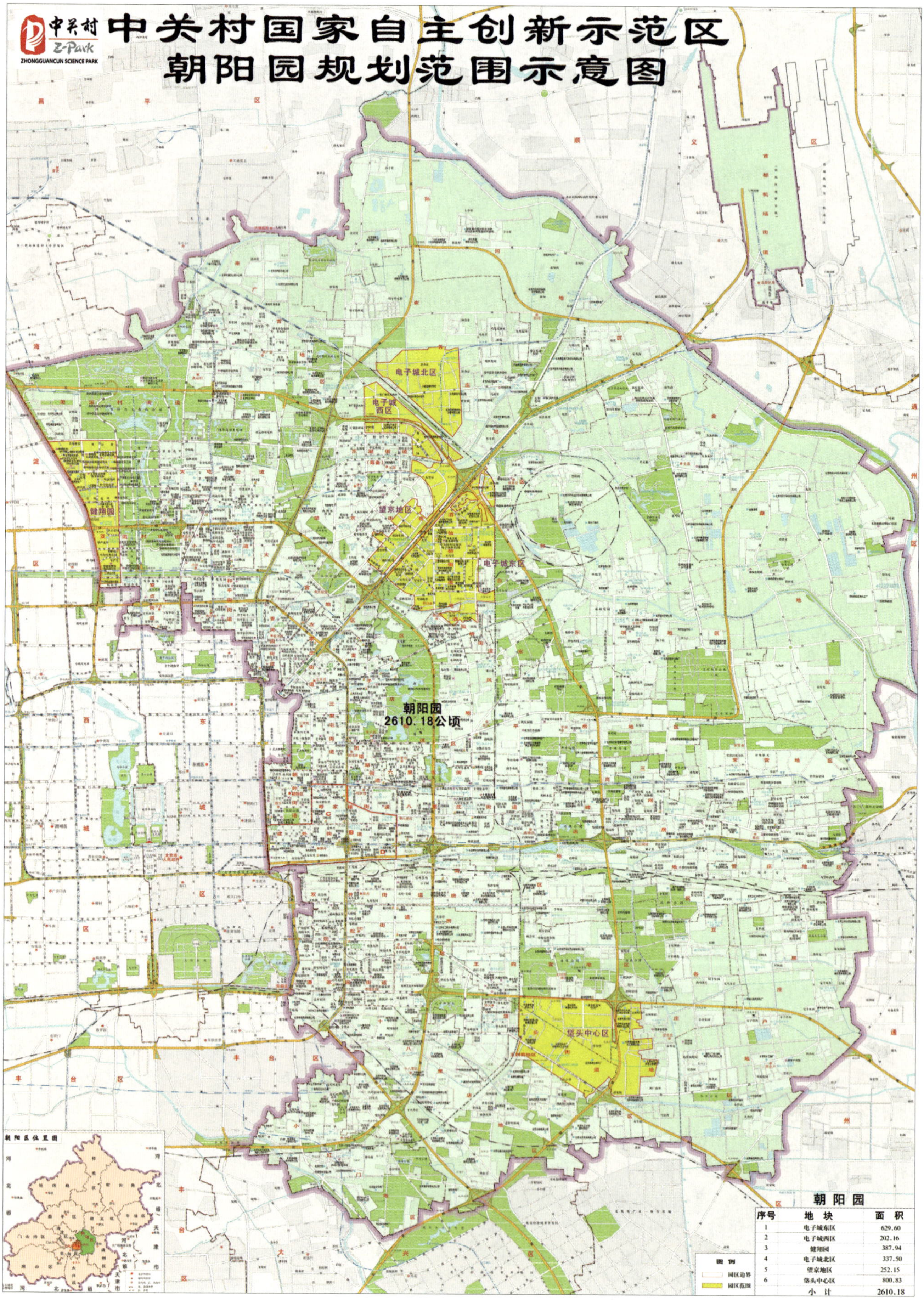

中关村国家自主创新示范区 朝阳园规划范围示意图

朝阳园

序号	地块	面积
1	电子城东区	629.60
2	电子城西区	202.16
3	健翔园	387.94
4	电子城北区	337.50
5	望京地区	252.15
6	垡头中心区	800.83
	小计	2610.18

【概况】2016年，朝阳园管委会围绕建设国家科技创新中心的功能定位，实施创新驱动发展战略，推进园区主导产业发展，拓展“高精尖”项目发展空间，区域经济贡献度不断提升。年内，园区入统高新技术企业总数1445家；从业人员22.5万人；工业总产值391.3亿元；总收入4603.6亿元；进出口总额168.3亿美元；实缴税费总额449.3亿元；利润总额441.9亿元；资产总计1万亿元；科技活动经费支出总额205.1亿元；专利申请8105件，专利授权4184件。

*固本培源，经济保持平稳增长。*朝阳园管委会制订园区经济、税源建设、疏减稳等工作方案，建立经济形势研究会商机制，统筹做好企业服务、招商选商、创新创业等工作。全年对园区1000余家高新技术企业和50余家重点楼宇税源进行摸底调查，加强对重点行业、重点企业的调研走访。强化电子信息、新能源、先进制造、生物医药四大战略性新兴产业的核心竞争力，四大产业集群全年实现收入3533.6亿元，占总收入的76.8%，其中，电子信息产业实现收入983.2亿元，占总收入的21.4%；新能源产业实现收入859.2亿元，占总收入的13.7%；先进制造产业实现收入1590.2亿元，占总收入的34.5%；生物医药产业实现收入101亿元，占总收入的2.2%。同时发展“互联网+”产业和科技服务业，随着阿里巴巴北方运营中心、苹果研发中心等一批创新型企业相继入驻，大望京及周边地区成为北京市以“互联网+”为主的科技服务业集中区域，园区电子信息企业总数超过800家，全年实现总收入983.2亿元，同比增长12.8%。2016年，园区新认定高新技术企业188家，入统中关村高新技术企业总数1445家，其中国家高新技术企业841家。园区高新技术企业科技研发投入205.1亿元，同比增长10%。

*加快建设，发展环境持续优化。*加快大望京、电子城IT产业园、国际电子总部基地等重点区域开发建设。国际电子总部4号地、5号地，融新科技中心，IT产业园C1、C2、C3厂房等项目按预期进度加快建设，普天三网融合创新园二期项目通过市规委动态维护会审议，中国电科太极产业园、金汉王研发中心、京东方研发楼、利星行中心二期等重点项目相继竣工并投入使用，大望京绿地中心、浦项中心、保利国际广场、望京金辉大厦全部实现入驻，阿里巴巴2号楼、远洋商务中心完成竣工验收，中航大厦玻璃幕墙封顶，望京崔各庄中心地下结构达到正负零。

*统筹对接，服务企业能力不断深化。*加强与市政府、中关村管委会等部门的紧密对接，邀请中关村管委会进行政策宣讲，帮助企业用足、用好政策，组织和引导园区企业开展高新产业专项资金、中关村示范区“十百千”项目、质量标准奖励、中小企业孵化平台等申报工作，帮助企业获取市、区支持资金。成功举办未来论坛科技创新峰会等2016年“双创周”活动，推动“双创”工作的开展。加强入驻企业服务，为企业选址、工商注册、高新认定、专利申请、人才服务等方面搭建专业平台，助力企业快速发展。

（张浩琦）

【SJJ1601云密码服务器密码机获国密局批复】2月2日，由北京三未信安科技发展有限公司研发的云密码机获国家密码管理局颁发的商用密码产品型号证书（证书编号：SXH2016014号），被纳入商用密码管理范畴，并被国密局命名为SJJ1601云密码服务器密码机。产品的虚拟化技术支持云环境中多用户、多系统安全可靠地共享同一台云密码机，解决传统密码机在云环境中部署面临的诸多问题，增强密钥管理和通信过程的安全性，降低企业采购和管理成本。

（海雅婷）

【乐视汽车中国研发中心入驻朝阳园】2月16日，乐视超级汽车（中国）有限公司乔迁仪式在电通创意产业园举行。乐视汽车中国研发中心以及其实验室—试制车间入驻朝阳园的电通创意园。研发中心占地面积约2公顷，是乐视汽车公司在中国的首个综合多功能研发及业务基地。中心承担乐视汽车公司包括三电技术、轻量化车身技术及底盘等整车研发工作，实验室和试制车间将承接整车及核心零部件的实验验证及试制工作。

（赵　培）

【ISM系列网管型工业交换机通过UL认证】2月，由北京映翰通网络技术股份有限公司研发的ISM系列导轨式网管型以太网交换机通过美国保险商实验室（UL）产品检测认证。产品符合电磁兼容性（EMC）4级标准，内嵌工业级冗余电源，采用−40～85摄氏度的宽温设计，可在极端温差环境下正常工作。其G.8032v2环网恢复时间<5毫秒（与节点无关），可瞬时完成链接切换；支持STP/RSTP标准环网协议，可完成不同品牌之间的混合协议；支持iRing环网协议，结合映翰通ISF系列产品，可为客户提供更为经济的环网方案。

（张冬梅）

【奥特维公司参加中国国际智能建筑展览会】3月9—11日，在2016中国国际智能建筑展览会上，北京奥特维科技有限公司以“智慧云集——成就未来”“智能体验——伴你同行”两个主题展示其研发的智慧园区和智慧酒店产品，包括人员感测系统、园区远程无线求助对讲系统、智能停车系统、智能手机信息推送系统、三维监控系统、影音系统、集成能源一体化平台以及可视化机房管理系统等。其中，集成能源一体化管理平台可通过各类智能楼宇控制系统及能耗管理功能，实时感知、监控、分析用户的各种能源的详细使用情况以及周边环境数据，并通过集成能源运营管理系统与 BAS、物业管理软件对比，为节能降耗与环境监控提供直观的科学依据，实现可靠、低成本、数据化、可持续能源策略与管理服务。新型智慧酒店的光网络和 Wi-Fi 采用基于 PON 技术的 FTTH，可提高用户接入互联网的速率，并有 QOC 保护能力和网络管理能力，可以满足用户对带宽、服务质量和运行维护的需求。

（张冬梅）

【万里云公司获阿里健康公司增资】3 月 28 日，华润万东医疗装备股份有限公司发布《关于公司子公司万里云医疗信息科技（北京）有限公司引入战略投资者的公告》，宣布华润万东公司、万里云公司与阿里健康科技（北京）有限公司签署《增资协议》《股东协议》。根据《增资协议》，万里云公司注册资本由 800 万元增加至 1066.67 万元，新增注册资本 266.67 万元全部由阿里健康公司以货币资金认购，认购价格为 2.25 亿元。增资后，万里云公司的股权结构为：华润万东公司持股 75%，阿里健康公司持股 25%。通过合作，万里云公司在获发展资金的同时，还可以获双方股东在技术、运营、服务、市场推广、设备、品牌等方面的支持，同时借助阿里健康公司在互联网医疗领域的平台优势，以及其在影像行业的深度积累，开拓第三方影像中心业务，开展 2B、2C 远程医学影像诊断及相关服务，在患者、基层医院、影像中心、影像专家、设备厂商之间形成高效专业的连接。

（黄雅卿）

【中建一局获中国质量奖】3 月 29 日，在第二届中国质量奖颁奖大会上，中建一局集团建设发展有限公司凭借“5.5 精品工程生产线”获中国质量奖工程建设组织奖。“5.5 精品工程生产线”是以 PDCAS 循环管理方法打造的质量管理模式，包含“目标管理→精品策划→过程控制→阶段考核→持续改进”5 个步骤和人力资源管理、劳务管理、物资管理、科技管理、安全管理 5 个平台，涵盖工程建设的各个环节，把工程建设过程看成“生产线”，强调过程质量控制，注重质量关键点检测，发现问题及时改进。

（段　梅）

【开展移动支付安全合作】4 月 28 日，北京握奇数据系统有限公司与中国银联股份有限公司、联想集团有限公司在京联合宣布，三方将共同开展基于银联云闪付的移动支付安全合作。合作基于中国银联公司自主可控的 TEE 标准体系，握奇公司提供移动安全服务，联想手机终端作为硬件载体支持银联云闪付。握奇公司将在银联云闪付中提供融合 TEE+eSE+TSM 的整体移动安全解决方案——WatchTrust。WatchTrust 基于移动设备主处理器之上的硬件信任根，在主处理器上构筑与移动操作系统并行且隔离的 TEE 可信执行环境，通过对设备资源的特权访问，为授权的应用程序提供安全的存储和运行环境，防止敏感应用及数据受到来自开放操作系统端恶意软件的攻击，使应用及数据更为保密、完整。同时，通过 TAM 可信应用管理平台对移动端的安全应用进行动态部署及远程管理。

（赵　培）

【京东方集团成为半导体行业全球第二大创新体】5 月 11 日，汤森路透知识产权与科技事业部发布《2016 全球创新报告》，京东方科技集团股份有限公司被评为 2015 年半导体领域全球创新企业第二名。2015 年，京东方集团研发投入 33.2 亿元，较 2014 年同比增长 34%；新增专利申请 6156 件，其中发明专利超过 80%，累计可使用专利超过 4 万件。

（张　晔）

【中科宇图院士专家工作站成立】5 月 19 日，由中科宇图科技股份有限公司主办的《互联网时代的环境大数据》新书首发暨中科宇图院士专家工作站授牌仪式在京举行，主题为“互联网 +· 大数据 · 绿生态”。中国环境科学学会、北京市科协、朝阳区科协等单位相关负责人参加。中国工程院院士魏复盛受聘进站。工作站将开展有关环境监测信息化的研究，推动“互联网 + 环境监测”的模式创新，让环境数据在决策、管理、监督等方面发挥作用。由中科宇图公司主编的《互联网时代的环境大数据》，对环境大数据创新、环境大数据服务以及如何在生态文明建设中发挥作用进行阐述。

（张　晔）

【东方国信公司设立大数据产业基金】5 月 23 日，北京东方国信科技股份有限公司发布《关于投资设立大数据产业基金的公告》，宣布引入专业投资管理机构和其他社会资本共同设立大数据产业基金——国信高鹏大数据基金合伙企业（有限合伙），重点对大数据、人工智能、机器学习、互联网等领域的企业进行成长型股权投资。基金的总规模 10 亿元，首期认缴 5 亿元。

新余高鹏资本投资管理合伙企业（有限合伙）作为基金的普通合伙人，出资1000万元，东方国信公司作为基金的有限合伙人，出资2亿元。基金存续期6年，前3年为投资期，后3年为退出管理期。

（张冬梅）

【握奇公司展示智能交通解决方案】5月23—25日，在2016中国国际智能交通展览会上，北京握奇数据系统有限公司展示四大解决方案：Quipass ETC电子不停车收费系统解决方案可基于5.8吉赫兹专用短程通信（DSRC）技术进行车路通信，实现车辆在国内高速公路电子不停车收费通道（ETC）的快速通行；基于卫星定位技术的城市道路电子收费解决方案可根据北斗定位数据判断车辆在城市道路上的行驶路径及时间，进行费用计算和收取；基于DSRC和ETC技术的智能场站管理系统，主要用于各类场站的出入口控制、车辆鉴权管理和综合调度管理，实现场站管理的现代化、智能化，达到安全高效精细运营的目的；MEV移动稽查车辆模拟互动体验区可以让访客体验如何运用DSRC、视频、图像识别等技术，完成违法车辆识别、违法证据的收集。

（黄雅卿）

【威胁情报驱动的新一代安全产品发布】5月30日，由北京奇安信科技有限公司（360网神）主办的“芯动力　新未来”——威胁情报驱动的新一代安全产品发布会在京举办。360网神发布新一代威胁感知系统、新一代终端安全系统和新一代智慧防火墙，形成终端、网络、未知威胁感知等方面的安全产品智能协同防御。新一代威胁感知系统使用互联网数据发掘APT攻击线索，提升客户发现威胁的能力；以威胁情报形式打通攻击定位、溯源与阻断多个工作环节，增强客户对攻击回溯的能力；结合搜索技术提升数据挖掘能力，以及轻量级沙箱的未知漏洞攻击检测技术，增强客户检测未知漏洞的能力。新一代终端安全系统可以持续洞察内网终端的安全活动信息，并提供针对威胁事件的自动化响应和修复能力。新一代大数据智慧防火墙基于网络的检测与响应安全体系（NDR）的全网应急处置响应能力，使防火墙能自动或在管理员干预下完成发现问题、分析问题和处置响应一体化流程。

（张　晔）

【时代凌宇公司获涉密信息系统集成甲级资质】6月30日，北京时代凌宇科技股份有限公司获国家保密局颁发的涉密信息系统集成/综合布线/安防监控甲级资质证书。资质的取得，代表时代凌宇公司具有为国家认可的最高级别的涉密信息系统提供服务的能力，可以在全国范围内从事绝密级、机密级和秘密级信息系统集成业务，包括涉密信息系统的规划、设计、系统集成、软件开发和实施业务。

（王仁清　段　梅）

【唱吧麦克风获红点奖】7月4日，2016德国红点产品设计大奖在德国埃森市揭晓，北京唱吧科技股份有限公司的两款麦克风产品获奖。唱吧麦克风C1获红点设计至尊奖，获奖理由为“其特点是一种生活方式。该款麦克风专为配合手机一起使用，实现边唱边录而设计，目标人群是年轻女性。产品外观让人联想起头戴大帽子的玩具娃娃，类似身着制服的英国守卫：麦克风的防风罩就像守卫的毛皮帽，手柄部分如同守卫的躯干”。唱吧麦克风M1获红点设计奖。

（段　梅）

【南水北调中线工程建设项目签约】7月9日，南水北调中线工程叶县段生态廊道建设及灰河沙河治理PPP项目签约仪式在河南省平顶山市举行。签约各方的代表参加。叶县林业局与北京东方园林生态股份有限公司、河南正本农业开发有限公司联合体签约。项目总投资5.72亿元，投资方为北京东方园林公司和河南正本农业公司联合体，合作期限为10年。项目分两期建设，一期工程为南水北调叶县段生态廊道建设项目，涉及建设里程31.2千米，总投资额1.72亿元，工期1年，将建成一条集生态、经济、旅游、景观、扶贫效益为一体的生态长廊；二期工程为灰河、沙河综合治理项目，总投资4亿元，其中灰河治理5千米，沙河治理3千米，主要包括河道清淤、绿化、景观小品、园路、路灯等配套工程。

（黄雅卿）

【阿里巴巴北方运营中心落户朝阳园】7月11日，阿里巴巴北方运营中心入驻大望京科技商务创新区绿地中心项目3号楼（阿里中心望京A座）。项目地上建筑总面积5.5万平方米。阿里巴巴集团控股有限公司将以北方运营中心为核心，全面整合在京业务，打造集团云计算、大数据、移动互联网等信息技术领域的研发基础平台。同时，北方运营中心也将成为阿里巴巴集团电子商务、阿里健康、阿里音乐、互联网金融等相关创新产业的运营基地。

（王仁清　范丁波）

【朝阳园 5 人获高级工程师（教授级）职称】7 月 11 日，北京市高级专业技术资格评审委员会发布《2016 年北京市高级专业技术资格评审结果公示（中关村直通车）》，77 人通过评审。其中，朝阳园内北京星河亮点技术股份有限公司张治，北京超图软件股份有限公司李绍俊、王康弘，北京中电华大电子设计有限责任公司叶茵，精进电动科技（北京）有限公司余平 4 家企业的 5 人获高级工程师（教授级）职称。

（张　晔）

【智慧西站工程通过验收】8 月 31 日，在北京西站地区信息化监控系统建设项目竣工验收专家评审会上，由北京时代凌宇科技股份有限公司承接的智慧西站工程通过北京西站地区管委会组织的竣工验收。智慧西站工程利用物联网、大数据、云计算等科技手段，使西站地区成为智慧城市体系的重要组成部分，提升西站地区科技防范水平，增强维稳和应对突发事件的处理能力，在资源整合、信息共享、部门联动等方面起到重要作用。

（张冬梅）

【京东方集团超高清显示屏获 IFA 创新大奖】9 月 2 日，在 2016 德国柏林国际电子消费品展览会（IFA）上，美国国际数据集团（IDG）和德国工商会公布 2016 IFA 产品技术创新大奖榜单，京东方科技集团股份有限公司推出的 65 英寸 8k 超高清显示屏入围。65 英寸 8k 超高清显示屏搭载康宁第三代 Iris 玻璃导光板，采用全贴合背光工艺，实现机身的极致纤薄，最薄处 3.8 毫米。

（张　晔）

【中国旅游客源地评价指数发布】9 月 3 日，在 2016 亚洲旅游产业年会上，北京东方国信科技股份有限公司联合现代旅游业发展协同创新中心发布《中国旅游客源地评价指数研究报告》。《报告》用大数据 + 旅游的创新视角解读旅游产业，体现大数据在旅游产业发展中的独特价值；同时，创新性地从旅游客源地视角出发，深度剖析游客的需求与偏好，挖掘旅游目的地潜在市场，推动旅游客源地精准营销。

（张冬梅）

【朝阳园拨付高新技术产业专项资金 3968.11 万元】9 月 27 日，朝阳园管委会在京召开 2016 年新三板挂牌奖励资金拨付工作会。2015 年挂牌新三板的 14 家园区企业的代表参加。朝阳园管委会拨付第一批高新技术产业专项资金 700 万元，14 家企业各获奖励资金 50 万元。11 月 16 日，朝阳园管委会完成第二批高新技术产业专项资金拨付，共涉及金额 3268.11 万元，包括：对北京望京新兴产业区综合开发有限公司等 9 家产业园、商务楼宇的管理主体予以补贴奖励，涉及资金 1000 万元；对奇智软件（北京）有限公司等 34 个企业的技术创新项目予以补贴奖励，涉及资金 2234.3 万元；对北京安珂罗工程技术有限公司等 25 家 2015 年新认定的国家高新技术企业实际发生的认定审计费用予以补贴奖励，涉及资金 33.81 万元。

（段　梅）

【朝阳园“十三五”规划发布】9 月 29 日，朝阳区政府发布《中关村朝阳园“十三五”时期发展规划》。《规划》总结朝阳园“十二五”时期取得的成就，分析“十三五”时期所面临的发展形势，提出未来 5 年朝阳园发展的指导思想、发展思路、发展目标、主要任务、发展重点和保障措施。其总体目标为：到 2020 年，将园区建设成为中关村国际研发创新聚集区、朝阳区自主创新的核心区、高新技术产业承载区和辐射带动城乡发展的示范区，构建“高精尖”经济结构新的增长极。《规划》明确朝阳园“十三五”时期的 8 项重点任务，分别是：实施国际研发聚集工程，打造国际研发创新高地；实施产业空间拓展工程，培育经济增长新动力；实施新兴产业培育工程，促进产业结构优化调整；实施双创氛围提升工程，融入京津冀协同发展大局；实施基础设施完善工程，提升园区开发建设水平；实施生态环境改善工程，建设优美的生态环境；实施服务体系完善工程，营造良好的企业服务环境；实施功能辐射带动工程，充分发挥示范引领作用。

（王仁清）

【苹果研发公司落户朝阳园】10 月 13 日，苹果研发（北京）有限公司在朝阳园注册成立。苹果研发公司是美国苹果公司在中国第一家直接投资的研发中心，注册资本 1 亿元，总投资 3 亿元，位于金汉王科技大厦，面积约 2.16 万平方米，设有研发公司和实验室。研发中心将致力于计算机软硬件、通信、音频和视频设备、消费电子产品技术及信息技术等先进技术的研发，加强与园区内合作伙伴和高校的沟通，支持全国范围内的人才发展，创造更多就业机会，吸引本地区优秀工程师进入研发中心工作，使苹果公司更贴近中国市场。

（段　梅　张　蕾）

【未来论坛科技创新峰会举行】10 月 15 日，由中关村管委会、朝阳区政府与未来论坛理事会主办的未来论

坛科技创新峰会在朝阳园举行。中关村管委会主任郭洪等领导以及来自国内外的科学家、企业家、投资人的代表等参加。论坛主题为“创新源于科技”。与会代表围绕“挑落欧姆定律的量子现象和应用展望”及“创新生态——从基础科研到前沿技术开发”主题展开交流。中科院院士薛其坤做了“神奇的量子世界”主旨演讲，结合自身研究成果对量子力学基本概念和发展动态进行介绍。

（段　梅）

【中国电科太极产业园竣工】 10月23日，中国电科太极信息技术产业园竣工仪式在朝阳园举行。中电科资产经营有限公司、中国电子科技集团公司第十五研究所等单位有关负责人以及参建单位的代表等400余人参加。项目由太极计算机股份有限公司投资建设，2014年3月31日开工，位于朝阳园西区A10-1地块，占地面积4.87公顷，总建筑面积15万平方米，是中国电科集团软件与服务产业的重要平台，是其面向国防等重要领域提供信息化解决方案和自主可控产业支撑的重要载体。产业园遵循“现代简约、稳重大气、科技精致”的设计风格，园区整体呈“四合院”布局，包括3座科技办公楼、云计算数据中心、测试中心5个单体建筑，可容纳6000人入驻。园区的建设应用太极公司的“智慧园区”解决方案，运用物联网、云计算、移动计算、社交网络等技术，对园区各类资源进行有效管理和调度，实现园区活动主体便捷安全地获取、交换，共享园区各类感知信息和服务。

（苏　姗）

【SuperMap GIS 8C（2017）发布】 10月25日，由北京超图软件股份有限公司主办的“不一样的GIS不一样的平台”SuperMap GIS 8C(2017)产品发布会在京召开。产品是采用超图软件公司全新架构的新一代云端一体化GIS平台软件，基于跨平台、二三维一体化、云端一体化三大技术体系，提供GIS云管理器、云GIS门户平台、GIS应用服务器与GIS分发服务器，以及PC端、Web端、移动端产品与开发包，协助客户打造强云富端、互联互享、安全稳定、灵活可靠的GIS系统。产品主要六大特性是：支持WebGL，让微信也能访问三维GIS；采用三维动态渲染引擎，可展示5万实时动态目标；支持VR头盔，用户可以沉浸式地体验三维GIS；支持Docker，降低云GIS部署难度与门槛，提升计算资源的负载容量；支持室内导航，提供室内地图与室外地图无缝衔接的显示功能；采用空间大数据引擎，可实现位置大数据可视化，分布式存储、检索、管理，以及高性能处理、挖掘与分析，让更多人能处理时空大数据。

（张　晔）

【国遥新天地公司获地理信息产业优秀工程金奖】 11月1日，在2016中国地理信息产业大会上，由北京国遥新天地信息技术有限公司完成的“架空输电线路三维协同设计平台”项目获2016年度中国地理信息产业优秀工程金奖。项目是国遥新天地公司为中国电力科学研究院开发的电力三维地理信息基础平台，实现对输电线路工程全设计周期的线路设计，以及设计过程、成果的三维可视化显示，提高输电线路设计工作的可视化程度以及设计效率。

（张冬梅）

【北京S1线首列磁浮列车开放日活动举办】 12月25日，北京市中低速磁浮交通示范线（S1线）首列磁浮列车媒体开放日活动在S1线石门营车辆段举办。列车由北京控股磁悬浮技术发展有限公司和国防科学技术大学等单位联合研制，中车唐山机车车辆有限公司生产。列车由两辆头车、4辆中间车组成6辆编组，铝合金车体，宽幅车身，最大载客量1302人，最高运行时速100千米，具有安全可靠性高、转弯半径小、爬坡能力强、噪声低等特点，爬坡能力70‰，最小转弯半径不大于75米，可适应风沙、雨雪天气运营。（S1线是北京市首条磁浮线，也是北京中低速磁悬浮交通运营示范线，全线长10.2千米，设8座车站，西起门头沟区的石门营站，东至石景山区的苹果园站。）

（张　晔）

【朝阳园政策培训会举办】 年内，朝阳区电子城科技园服务中心举办6场园区政策培训会。培训围绕新《高新技术企业认定管理办法》、社会保险费率调整及生育保险办理流程、技术合同登记、工作居住证相关政策等内容进行讲解。来自施耐德电气（中国）有限公司、北京和协航电信息科技有限公司、西门子（中国）有限公司等1000余家园区企业的代表2000余人次参加。

（司　维　苏　姗）

【200 家企业通过国家高新技术企业认定】年内，朝阳园管委会组织召开 3 场朝阳园 2016 年高新技术企业认定政策宣讲会，进行相关政策的学习、培训与宣传，并分两批组织园区 200 家企业提交认定申请，较 2015

年申报国家高新技术企业数增长 8.1%，连续 3 年实现园区申报企业 100% 获资质认定。

（赵 剑）

【朝阳园专场招聘会举办】年内，朝阳区电子城科技园服务中心举办 3 期朝阳园专场招聘活动。3 月，举办朝阳园企业中华英才网招聘活动，安东石油技术（集团）有限公司、洛娃科技实业集团有限公司等 50 家园区企业参加，提供岗位 400 余个，吸引的招聘浏览数 21.5 万人次，收到主动应聘简历 2 万余份。10—12 月，组织校园巡回招聘活动，选取北京航空航天大学、北京科技大学等 10 所高校作为进校园巡回招聘活动的目标学校，北京七星华电科技集团有限责任公司、北京东方国信科技股份有限公司等 40 家园区企业参与，共收到简历 100 余份。11 月，举办朝阳园 2016 年秋季网络招聘会，北京携程国际旅行社有限公司、京东方科技集团股份有限公司等 50 家高新技术企业在线参与，提供岗位近 300 个，吸引的招聘浏览数 35.8 万人次，收到主动应聘简历 2.9 万份。

（司 维 苏 姗）

【认定登记技术合同 635 份】年内，朝阳园共认定登记技术合同 635 份，合同登记总金额 306.16 亿元，同比增长 362.37%，其中技术交易额 287.79 亿元，同比增长 338.43%。实现合同 1285 份，同比增长 0.54%，实现合同总金额 69.82 亿元，同比增长 170.42%，其中实现技术交易额 69.82 亿元，同比增长 170.71%。在技术领域的划分中，电子信息类的合同为 529 份，占登记合同总数的 83%，电子信息类合同登记金额 189.89 亿元。

（司 维）

【朝阳园重点技术领域总收入 4603.6 亿元】年内，朝阳园重点技术领域总收入 4603.6 亿元。其中，先进制造领域在产业发展中领先，收入 1590.2 亿元，占总收入的 34.5%；电子信息领域收入 983.2 亿元，占总收入的 21.4%；新能源与节能领域收入 859.2 亿元，占总收入的 18.7%；环境保护领域收入 129.5 亿元，占总收入的 2.8%；生物医药领域收入 101.0 亿元，占总收入的 2.2%；新材料领域收入 85.3 亿元，占总收入的 1.9%；其他领域收入 855.2 亿元，占总收入的 18.6%。

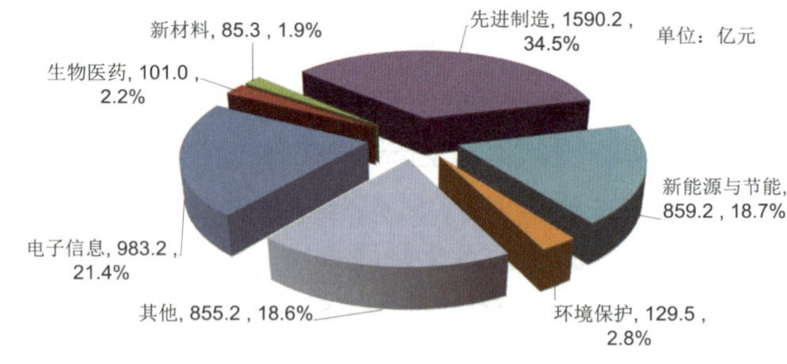

（苏 姗）

丰台园

丰台园建于1991年11月，位于北京西南四环，交通四通八达、环境清新优美，投资环境优越。2006年1月，国务院批准园区总规划面积818公顷，由东区、西区和科技一条街构成“两区一街”空间格局。东区面积401公顷，是发展总部经济核心区域。其中东区一期规划建设面积176万平方米，主要入驻北京动力源科技股份有限公司等一批以管理、研发、生产为主体的重点企业，成为集企业研发、总部管理、中试制造为一体的产业化基地；东区二期规划建筑面积235万平方米，采用组团式大项目建设，拥有总部基地、汉威科技园、总部国际等重点项目，吸引中国建龙钢铁控股有限公司等一批重点总部型企业入驻，成为园区发展总部经济最重要的空间载体，其总部基地是丰台园“东扩西进”开发战略重要的组成部分；东区三期总面积181公顷，是北京西南地区面积最大的一片待开发高新技术产业用地，整体定位为高新技术服务总部区。西区面积417公顷，部分建成军民融合创新园，主要定位于制造业创新中心。科技一条街主要是对原有楼宇的整合拓展，以北京国际企业孵化中心（IBI）为品牌，构成14个孵化器分中心、18幢孵化大楼、22万平方米的孵化器网络，是中小企业的重要空间载体，汇聚以软件、生物医药、光机电为主体，涵盖新材料、新能源、高效节能与环保等领域在内的高新技术企业，形成高科技领域产业带。2012年10月，国务院批复调整中关村示范区空间规模和布局，丰台园规划面积1763.09公顷，增幅115%，新增新兴际华集团、中车集团、首钢总公司和丽泽开发办4个主体，应急救援科技创新园、二七机车厂、二七车辆厂、首钢二通产业园、永定河文化创意产业聚集区（包括北区和南区）、丽泽金融商务区7个区域，共11个区块。园区成为创新活跃、要素集中、经济发达、区域和谐的总部经济区，北京市重要的高新技术产业基地和丰台区核心的城市经济功能区。丰台园已实现政府加市场的管理与运行体系。园区管委会为丰台区政府派出机构，区相关委办局在园区设有派驻机构，包括财政所、国税所等，形成相对独立的经济、社会管理模式。园区企业可享受国家、北京市、中关村示范区的各类优惠政策。

丰台园管理委员会领导成员

主任	张婕（女，12月22日免） 周新春（12月22日任）
副主任	段海波　孙永文　史建民　熊飞
工委书记	周新春（12月22日任）
工委副书记	段海波　管洪波
纪工委书记	贾敏（女，回族）
系统工会主席	石岩（女）

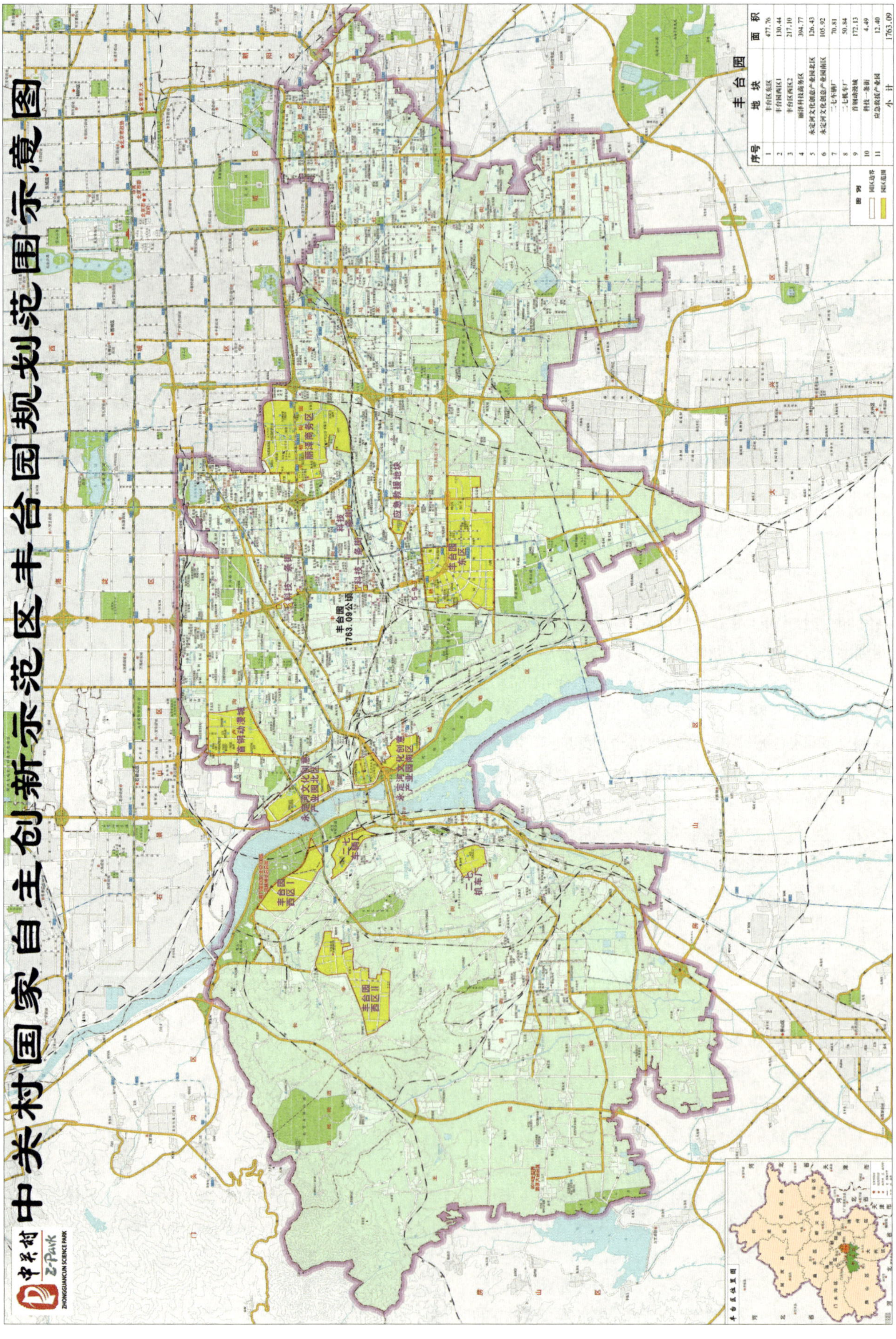

中关村国家自主创新示范区丰台园规划范围示意图

丰台园
1763.09公顷

首钢动漫城
丰台园西区Ⅰ
永定河文化创意产业园北区
二七车辆厂
丰台园西区Ⅱ
永定河文化创意产业园南区
二七机车厂
科技一条街
丽泽商务区
应急救援地块
丰台园东区

丰台区位置图

图例
园区边界
园区范围

丰台园

序号	地块	面积
1	丰台区东区	477.76
2	丰台园西区1	130.44
3	丰台区西区2	217.10
4	丽泽科技商务区	394.77
5	永定河文化创意产业园北区	126.43
6	永定河文化创意产业园南区	105.92
7	二七车辆厂	70.81
8	二七机车厂	50.84
9	首钢动漫城	172.13
10	科技一条街	4.49
11	应急救援产业园	12.40
	小计	1763.09

【概况】2016年，丰台园坚持产业功能升级、生态环境示范、城市功能提升，实现园区产业的联动发展、高端发展、绿色发展和聚集发展，产业结构调整逐步深化，创新生态体系初见成效，生态环境不断优化提升，在新常态下保持健康、稳定和可持续的发展。年内，园区入统高新技术企业总数1877家；从业人员17.4万人；工业总产值276.6亿元；总收入4403.3亿元；进出口总额42.6亿美元；实缴税费总额138.7亿元；利润总额345.6亿元；资产总计1.4万亿元；科技活动经费支出总额89.9亿元；专利申请3578件，专利授权2206件。

*招商引资提质增量。*新引进注册资金1亿元以上企业62家，涵盖轨道交通、新一代信息技术、节能环保、生物医药、科技服务、金融投资等领域，包括中车产业投资有限公司、国创易安高科技股份有限公司、北京绿能安邦高科技公司等企业。

*特色产业加快集聚。*丰台园管委会以丰台区政府名义印发《中关村科技园区丰台园国家高端装备制造业（轨道交通装备）标准化试点工作方案》，并获国家标准化委、工业和信息化部国家高端装备制造业标准化试点授牌；中关村军民融合科技协同创新孵化中心运营，建立智能制造核心技术中心、外骨骼机器人及康复技术中心、工业级无人机技术中心、应急与国防动员数据中心、新能源与环保技术中心5个技术分中心，开展军民融合工业创新专项行动。丰台园管委会与中国标准化研究院、北京市计量检测科学研究院、比利时新鲁汶大学签约，在石墨烯国际标准转化、检测计量和高端应用领域开展战略合作；与英国国家物理实验室签署国际技术交流培训合作谅解备忘录，将围绕国际溯源标准关键技术展开全领域技术交流与培训。举办2016中国国际石墨烯产业发展论坛，同时成立中关村石墨烯产业发展联盟。

*深化创新平台建设。*启动以“互联网+知识产权+众创空间”为特点的专利萃取众创平台建设，平台在贝壳菁汇创新生态圈挂牌启动，全年萃取发明专利30件，引入企业37家，导入“两岸四地大学生创新创业大赛”融资项目600余项；制订专利萃取共享计划，与北京工业大学、北京航空航天大学洽谈签订专利转让协议，构建专利池。新增3家国家级众创空间、4家市级众创空间、1家国家自主创新示范区双创基地。确定国信优易大数据创新创业基地、海尔企孵空间、依文创客空间等7个创智空间支持项目。零工社区创新服务平台发布，多家众创空间入驻线下平台，线上平台已注册人数375人，平台项目103项。

*科技创新成效显著。*新增新三板挂牌企业17家；完成登记合同数量580份，实现技术合同认定登记额550亿元，同比增长15.9%。北京交控科技股份有限公司获国家工程实验室认定；中建科技有限公司、北京冶自欧博科技发展有限公司和中铁工程设计咨询集团有限公司3家企业成立院士专家工作站。新认定国家高新技术企业122家、中关村高新技术企业343家。

*企业服务不断创新。*搭建园区企业服务微信公众平台，加强政策宣传和信息交流，公示主要工作流程，实现培训、活动、会议的全程管理功能，企业服务工作进入微时代。构建在北京市有示范效应的企业服务模式。建立园区企业数据库，在中铁诺德中心、华电工程大厦等园区重点楼宇内派驻企业专管员进行数据采集。深化商事登记制度改革，对重点产业、重点项目和重点区域实行“直通车”制度，推进丰台科技园区工商服务全程电子化，提升服务企业能力。

*开发建设有序推进。*园区东区被市规划和国土资源管委会授予北京市绿色生态示范区称号。丰台区作为北京市唯一示范区，入选全国首批58个产城融合示范区，丰台区政府将以永定河以西地区为依托开展产城融合示范区建设。加快保定满城分园建设，制订保定分园母基金建设计划，国资中心、园区、保定分园、社会机构共同搭建母基金平台，并以分期注资的形式完成母基金的建设工作。

（魏立亮）

【天健移动医疗平台入选优秀数字医疗解决方案】1月12日，中国数字医疗网公布2015年度优秀数字医疗解决方案获奖名单,北京天健源达科技有限公司的“天健移动医疗服务平台解决方案”被评为“2015十大优秀数字医疗解决方案”。方案在医院数字化建设基础上构建，以患者为中心，贯穿诊前、诊中和诊后全进程，是利用移动医疗手段建立的新型服务模式，是对传统医疗服务的补充与延伸。平台可以通过手机App、微信、支付宝的多媒体消息、GPS定位、内嵌网页浏览器以及二维码扫描、支付等功能为患者提供功能齐全的移动医疗服务，完成预约、挂号、支付、排队、就诊、提醒、回访、咨询及医患互动等就诊流程的闭环，方便患者就诊，优化患者就医流程，提高医院服务质量。

（魏立亮）

【丰台园路演影片首映】1月28日，由丰台园管委会主办的中关村丰台园“成长·变革·荣耀”路演影像系统首映礼在赛欧科园科技孵化中心举行。丰台区政府、区相关委办局、乡镇政府、派驻机构的有关负责人以及企业、孵化器、众创空间的代表等100余人参加。

影片由黑钻石(北京)文化传媒股份有限公司马强执导，从产业布局、行业特色、企业发展历程3个层面进行拍摄。其中，价值篇《成长》以互联网动漫风格阐述丰台园的发展历程；路演影片《变革》以3位不同角色的主人公为载体，分别从创业氛围、产业集聚优势和政府服务职能3个层面展示丰台园的特色；招商篇《荣耀》以纪录片形式从轨道交通、应急救援、军民融合、节能环保、创业孵化等不同层面采访园区15家代表性企业，讲述企业成长的故事。

(魏立亮)

【第六届"丰台科技园·赛佰特杯"大赛举办】3月1日—8月19日，由中国电子学会、丰台园管委会主办的第六届"丰台科技园·赛佰特杯"全国大学生物联网创新应用设计大赛在京举办。来自国内125所学校的320支团队提交设计方案，方案涉及基于物联网的家居安防、智慧城市、医疗健康等应用领域。大赛旨在打造物联网人才建设方面的交流平台、创业平台、就业平台，推动国内物联网相关专业人才培养模式的探索与创新，建立企业选拔优秀物联网技术人才快速通道，加速物联网人才和项目的落地成长。经过初选，150支团队进入决赛。合肥信息技术职业学院的"智能窗户"、解放军信息工程大学的"基于可见光通信定位的爱GO导航系统"和"意念方舟——基于脑机接口和物联网的残疾人智能陪护系统"3个方案获特等奖。大赛还举办大型专场招聘会，联合物联网及机器人自动化行业的相关企业进行校企对接。

(魏立亮　柳　杨)

【国家信息中心大数据(总部)基地落户丰台园】4月8日，国家信息中心大数据创新创业(总部)基地合作签约及揭牌仪式在丰台区政府举行。国家信息中心、丰台区政府、丰台园管委会等单位有关负责人参加。国家信息中心、国信优易数据有限公司与丰台区政府签订合作协议，共建国家信息中心大数据创新创业(总部)基地。基地位于丰台园，一期建设面积1万平方米，以打造大数据产业基地、聚集大数据领域企业、建立丰台区大数据生态圈为重点工作，将承载国家大数据重大项目，提供大数据创新创业服务、大数据产品展示，并创办大数据创业学院。

(魏立亮　李　琳)

【机器人产业孵化基地落户丰台园】4月15日，中车北京二七车辆有限公司与北京建筑大学在京举行机器人产业孵化基地落户丰台签约仪式。丰台区政府等单位有关负责人以及北京乾华投资有限公司等相关合作企业的代表参加。基地由二七车辆公司与北京建筑大学联合运营，依托北京市机器人重点实验室和国家机器人重点实验室开展建设，通过"平台＋智库＋资本"的模式，形成跨界域、跨平台的机器人以及人工智能集成共享开发的创新生态环境。同时，基地与乾华投资公司等相关企业共同成立的"机器人产业孵化基金"揭牌。

(魏立亮　苑丁波)

【城市轨道交通列车通信国家工程实验室启动】4月27日，城市轨道交通列车通信与运行控制国家工程实验室第一届理事会和技术委员会会议暨启动大会在丰台园召开。中国工程院院士施仲衡、柴天佑、孙优贤、周寿桓、樊邦奎以及发展改革委、北京市发展改革委、丰台区政府等单位有关负责人和专家参加。实验室由北京交控科技股份有限公司联合北京交通大学、北京市轨道交通建设管理有限公司、北京地铁车辆装备有限公司采用“政产学研用”协同创新模式共建，将针对中国城市轨道交通发展情况和需求，建设城市轨道交通列车通信与运行控制技术研发与应用示范平台，支撑开展集约型列控系统（CBTC）、基于 CBTC 的全自动驾驶系统（FAO）、互联互通的 CBTC 系统（I–CBTC）等技术、工艺和装备的研发，主要内容有：全生命周期安全设计保障技术研究与平台建设、ATP/ATO 设备关键技术研究与平台建设、车地通信信息传输设备技术研究与平台建设、以行车为核心的综合调度指挥设备技术研究与平台建设、面向最小系统的集成试验验证技术研究与平台建设、基于大数据的运维及培训设备技术研究与平台建设等。[2014 年 10 月 30 日，发展改革委办公厅印发《关于请组织申报城市轨道交通创新能力建设专项的通知》（发改办高技〔2014〕2600 号）。专项建设内容和重点是提升城市轨道交通系统试验能力、增强城市轨道交通车辆系统技术水平、促进城市轨道交通安全保障技术发展、提高城市轨道交通工程建设和基础设施技术水平，为此建设城市轨道交通列车通信与运行控制国家工程实验室等五大国家工程实验室。2016 年 3 月，城市轨道交通列车通信与运行控制国家工程实验室获发展改革委批复立项（京发改〔2016〕4 号）。]

（魏立亮　李　琳）

【与盛景公司签订合作协议】5 月，丰台区政府、丰台园管委会分别与盛景网联科技股份有限公司签订合作协议。丰台园管委会与盛景公司将以培训咨询为切入点、以全球创新大奖赛为发展载体、以股权投资基金和母基金为动力，借助盛景公司的创新资源，协助扩大丰台区在国内创新创业和股权投资基金领域的影响。根据协议，双方共同出资成立总规模 2 亿元的“B2B 企业级服务股权投资基金”，重点面向盛景母基金旗下一线基金所投优质的 B2B 企业级服务项目；盛景公司将“优中选优”，通过助力打造招商引资创新模式和优化丰台企业发展结构，推动相关项目在丰台区实施落地；盛景公司拟依托其企业家培训咨询课程体系，为丰台区中小企业提供商业模式创新、市值管理提升、新三板挂牌等方面的培训咨询服务。双方还就盛景全球创新大奖展开合作，将充分发挥各自优势，助力丰台区与国际创新资源全面链接，达到“走出去、引进来”的战略目的，推动国际创新企业、人才，创新资本，创新技术与市场在丰台区形成高度集聚，引荐盛景公司旗下母基金投资以及大赛筛选的优质创新创业项目落户丰台区。

（魏立亮）

【海尔 U+ 创新创业示范基地启动】6 月 21 日，“聚合力　创未来”海尔 U+ 创新创业示范基地启动仪式在丰台园举行。发展改革委、丰台区政府等单位有关负责人以及行业专家、风险投资机构的代表等参加。示范基地位于海尔企孵众创空间，是由海尔 U+ 智慧生

活开放平台和北京倪帮尔科技孵化器有限公司共同组建的小微企业孵化器，是专注于智能家居与消费电子的智慧生活领域的众创空间，将从创意构想、产品设计、供应链、市场推广等项目的各阶段为入孵企业提供一站式服务。

（魏立亮　李　琳）

【丰台园企业家顾问委员会成立】7 月 1 日，中关村丰台园企业家顾问委员会成立大会在赛欧科园科技孵化中心举办。丰台区政府、区科委、区投促局等单位相关负责人及企业家代表共 70 余人参加。委员会以“前瞻、创新、求是、直谏”为宗旨和原则，参与丰台园

中长期发展规划、产业发展规划及重大政策的研究制订。对科技园区重点领域、重点产业、重大项目进行咨询、论证，下设轨道交通、应急救援、规划建设、孵化器等领域的专项委员会。会议选举产生企业家顾问委员会首届决策委员会成员及秘书处单位。

（魏立亮　李　琳）

【“丰台园创”微信服务平台发布】8月8日，由丰台园管委会主办的“丰台园创”微信服务平台发布会在京举行。丰台区政府等单位有关负责人以及企业代表100余人参加。平台是丰台园管委会以企业服务为突破口，根据园区企业需求，创新政府服务理念、优化业务服务流程，借助“互联网+”思路和微信技术工具进行的新型政府服务模式创新探索，将面向企业开展精准、高效的服务，使政策宣贯、流程办事、组织会议、基层沟通、项目监管等政务工作变得简单、高效、便捷、有趣，让企业用户随时随地可与政府进行一对一沟通。

（魏立亮）

【丰台园东区获批北京市绿色生态示范区】8月15日，市规划和国土资源管委会发布《关于2016年北京市绿色生态示范区评选结果的公示》，丰台园东区入选。丰台园东区二期和三期总用地面积约346公顷，规划地上总建筑规模约535万平方米。东区在规划编制方面，遵循绿色生态原则，引入开放共享、小尺度街区和生态廊道等规划理念；在规划落实方面，从规划到产业引入，从项目选择到建设和管理运营，形成一套全流程的管理机制，确保规划理念的实施。

（山显彬）

【睿思众创空间揭牌】8月26日，京辰瑞达睿思众创空间揭牌仪式在丰台园举行。丰台区委宣传部、区科委、区投促局等单位有关负责人以及丰台区孵化联盟、相关投资机构的代表近100人参加。睿思众创空间由北京京辰瑞达科技文化孵化中心成立，拥有300余平方米的孵化面积，配有办公区、多功能路演大厅、会客厅、会议室等设施，将为创业企业提供工商注册、税务申报、法律咨询、财务顾问、项目风险评估、企业管理咨询、资源对接、政策项目申报、银行融资、创投融资以及资本市场对接等创业服务。中心还设立1000万元种子基金，为创新创业优秀人才、优秀项目提供支持及服务。

（魏立亮　陈宝德）

【第十六期中小企业技术创新国际研讨班举办】9月5—9日，由中关村管委会主办、丰台园科技创业服务中心承办的第十六期科技型中小企业技术创新国际研讨班在北京IBI举办。来自刚果、哈萨克斯坦、菲律宾等9个国家的17名学员参加。培训旨在推动“一带一路”地区科技园区和孵化器建立科技合作新机制，构建国际区域协同创新共同体。培训主要介绍中关村示范区在建设创新创业生态系统、促进产业发展以及孵化器在促进创新创业方面的经验。授课采用课堂教学、现场观摩、访问交流等形式，课程设置围绕创新创业的主题进行，包括火炬计划、创新创业生态系统、中国知识产权保护法律体系及发展概况、中关村丰台园介绍4个主题。主办方还组织学员参观园区科技企业以及中关村智造大街、首都经济贸易大学“CUEB+首贸创客社区”。

（柳　杨）

【大丰公司与国家纳米科学中心签约】9月12日，国家纳米科学中心与北京大丰瑞墨电池科技有限公司技术合作协议签署仪式在京举行。丰台区政府、丰台园管委会等单位有关负责人及相关企业人员近30人参加。根据协议，双方将结合纳米中心的科研优势和大丰公司的石墨烯制备及生产工艺，共同建设联合实验室和中试基地，输出产业化成熟的工业化技术和标准，推广石墨烯技术在产业链中的应用。

（魏立亮　李　琳）

【开展烧结系统高效余热综合利用技术研究】9月14日，市科委发布《“2016年度首都蓝天行动科技示范工程”后补助政府采购项目中标公告》，北京志能祥赢节能环保科技股份有限公司中标唐山建龙实业有限公司烧结系统高效余热综合利用技术科技示范工程。工程是污染源产生的减量化项目，将根据烧结低温余热利用的技术水平及工程实践，结合烧结余热资源的数量和品位以及用户的需求特点，进行钢铁企业烧结中低温余热高效回收应用关键技术研究。项目技术是利用中低温的废气产生低品位蒸汽，用来供热或推动低参数的汽轮机组做功发电，适用于各种不同条件的烧结系统。其与火电发电相比，不需要消耗一次能源，不产生额外的废气、废渣、粉尘和其他有害气体，可充分利用低温废气，达到变废为宝、净化环境的目的。

（魏立亮　李　琳）

【丰台区入选首批产城融合示范区】9月22日，发展改革委印发《关于支持各地开展产城融合示范区建设的通知》（发改地区〔2016〕2076号），确定全国首批58个产城融合示范区，丰台区作为北京市唯一示范区入选。丰台产城融合示范区任务为统筹推进新型城镇化体制机制创新，探索疏解非首都功能和促进产业转型升级新模式。丰台区政府将以永定河以西地区为依托开展产城融合示范区建设，通过产业发展、政策、制度及体制等创新驱动，实现区域产城融合的跨越发展。（产城融合示范区是指依托现有产业园区，在促进产业集聚、加快产业发展的同时，顺应发展规律，因势利导，按照产城融合发展的理念，加快产业园区从单一的生产型园区经济向综合型城市经济转型，为新型城镇化探索路径，发挥先行先试和示范带动作用。经过努力，该区域能够发展成为产业发展基础较好、城市服务功能完善、边界相对明晰的城市综合功能区。）

（魏立亮）

【特乐意平台获优秀B2B平台奖】9月25日，在第四届中国绿色建材产业合作论坛上，2015—2016年度中国“互联网+建材”优秀平台评选结果揭晓。其中，特乐意信息技术（北京）股份有限公司的特乐意建材电商交易平台（www.teleyi.com）因致力于将工程建材领域的B2B服务做深、做透而获优秀B2B平台奖。平台是建筑材料领域电子商务交易平台，主要提供包含线上交易、线下物流配送、供应链融资金融、产业资讯于一体的电子交易完整闭环生态服务，通过网站和移动客户端，提供包括土建、建筑结构、装饰等领域全品类的材料，以快速安全的方式送达采购商，并提供有银行监管的安全支付方式。

（魏立亮　李　琳）

【石墨烯暨国际技术交流会召开】9月27日，由丰台园管委会主办的丰台园石墨烯暨国际技术交流会在京召开。来自中国、英国、比利时等国家相关机构的有关负责人、专家学者以及黑龙江、深圳等地的企业代表近100人参加。会议围绕深化中英石墨烯国际标准检测平台合作、产业转型升级国际技术交流、进一步扩大合作范围和领域问题以及丰台园“走出去”共建中英诺丁汉大学联合实验室、创建中国境外的第二个产业园等主题进行交流。会议还就北京、黑龙江两地“石墨—石墨烯公共服务平台”的构建签署合作协议。英国国家物理实验室举行授牌仪式，指定丰台园管委会、北京丰泰新材料检测院为其中国官方代表。

（魏立亮）

【石墨烯空气净化器烯净发布】10月31日，北京碳世纪科技有限公司在京举办产品会，发布石墨烯空气净化器烯净。烯净主要功能是去除甲醛，在2小时内对甲醛的吸附率达97%以上，可使甲醛浓度快速达到0.05毫克/立方米的儿童安全值。清华大学建筑环境检测中心测定显示，烯净吸附产品相比普通吸附产品，对甲醛的吸附总量超过100倍，烯净滤芯的理论使用寿命在3年以上。产品经过生物实验证明，肌肤接触完全无毒。

（魏立亮）

【赛佰特公司码垛机器人获首批国家机器人认证】11月2日，在2016国际机器人检测认证高峰论坛上，发展改革委、工业和信息化部、质检总局、国家认监委发布“中国机器人认证（CR）”标志，并颁发首批机器人产品认证证书。北京赛佰特科技有限公司的工业码垛机器人获首批认证。工业码垛机器人控制器系统全部为赛佰特公司自主研发，采用嵌入式控制器和实时操作系统，设有高速以太网通信接口，具有高速重载工况下的机器人抑振功能，适用于饲料、化工、粮食、饮料等行业的生产线末端，用来处理批量生产流水线上的物料工件，替代人工进行自动化码垛作业，通过安装不同的末端执行器（抓手），可以完成各种不同形状和状态的工件码垛工作。

（魏立亮　李　琳）

【共建青年侨商科创园】11月4日，在第二十届北京·香港经济合作研讨洽谈会上，北京丰台科技园孵化器有限公司、北京丰科致远置业有限公司与经纬置地有限公司签署合作意向书，投资30亿元的“紫荆谷·青年侨商科创园”项目落户丰台园。项目将面向青年侨商、新侨商的“科技创新”事业，以高技术服务、服务贸易、创业服务、新金融四大领域为主导产业，

依托跨境投融资平台、跨境知识产权平台、跨境税务法律平台、跨境传播招商平台，将“紫荆谷·青年侨商科创园”打造成为科技创新的“东方硅谷”。

（魏立亮）

【2016中国国际石墨烯产业发展论坛举办】11月8日，由中关村石墨烯产业联盟、丰台园管委会主办的2016中国国际石墨烯产业发展论坛暨中关村石墨烯产业联盟成立大会在北京汽车博物馆举办。中科院院士刘忠

范、成会明、刘云圻，工业和信息化部、知识产权局、北京市委等单位有关负责人以及来自北京大学、清华大学等单位的代表近200人参加。会议举行中关村石墨烯产业联盟成立仪式，并发布《中关村石墨烯专利预警分析报告》。国家纳米科学中心与北京大丰御墨技术服务有限公司、北京碳世纪科技有限公司与机械产品再制造国家工程研究中心、中关村石墨烯产业联盟与中国国际石墨烯资源产业联盟举行签约仪式，签约各方将依托中关村石墨烯产业联盟的平台作用在石墨烯研发与产业化方面开展合作。相关专家做了关于石墨烯政策及产业发展的报告，并就“打破石墨烯产业链中的产学研用之间的关键环节，形成有生命力的产业链”“推进石墨烯产业资源整合、协调创新”等话题开展交流。

（魏立亮　李　琳）

【采集者1代和观测者1代无人机发布】11月16日，在第三届世界互联网大会·互联网之光博览会上，埃洛克航空科技（北京）有限公司发布两款工业级固定翼无人机产品——采集者1代与观测者1代。采集者1代是针对单次起降5000公顷三维影像采集的平台，续航时间90分钟，可直接获取5厘米精度航空测图，并实现无工具拆装以及超低空精确定点回收。观测者1代是针对单次起降1000公顷小范围正摄影像二维影像采集的平台。两款产品均有轻便、高效、便于维护等特点，可用于边境巡逻、应急救灾、农业普查、矿山调查等领域。

（魏立亮）

【北斗关爱平台启用】11月23日，由国家信息中心主办的北斗关爱平台启动仪式在京举行。中国卫星导航系统管理办公室、中国残疾人联合会、中国儿童少年基金会等单位有关负责人以及相关企业的代表等参加。平台（www.lovingtourgps.com）由北斗航天卫星应用科技集团有限公司和北斗国信智能科技有限公司建设运营，针对儿童、老人、残障人士及其他需要关心和照顾的群体而建立，集“监测—提醒—定位—报警—保护”于一体，是利用智能穿戴物联网感知技术、北斗移动互联多网融合技术，结合云计算、大数据分析及应用技术形成基于北斗定位服务的软硬件、大数据综合解决方案。平台的服务功能包括终端服务、平台服务和应用服务，并针对不同人群服务需求划分3个版块：儿童关爱平台、老人关爱平台和其他人群关爱平台。

（魏立亮）

【丰台园科协第三次代表大会召开】11月23日，中关村科技园区丰台园科学技术协会第三次代表大会在京召开。市科协、丰台园管委会等单位有关负责人以及企业代表等100余人参加。会议听取并审议通过丰台园科协第二届委员会工作报告及相关文件，选举产生第三届委员会。北京大学化学与分子工程学院教授刘忠范当选第三届委员会主席。

（魏立亮）

【增设博士后科研工作站铁道所分站】12月8日，全国博士后管委会办公室印发《关于批准在北京经济技术开发区博士后科研工作站等增设北京天地互连信息技术有限公司分站等的通知》（博管办〔2016〕109号）。其中，丰台园企业北京铁道工程机电技术研究所有限公司被批准成立博士后企业分站。分站主要研发项目包括铁路动车组、机车、车辆、城市轨道交通等领域的专用设备以及环保节能、电子信息工程产品和机车配件，产品用于国内各铁路局、动车组检修基地、和谐型大功率交流机车检修基地、中国南车集团公司、中国北车股份有限公司及城市轨道交通领域的单位等。至年底，丰台园博士后科研工作站企业分站14家，博士后（青年英才）创新实践基地工作站8家，在站博士后16人，累计进站博士后33人。

（柳　杨）

【丰台园“十三五”规划出台】12月12日，丰台区政府印发《丰台区“十三五”时期丰台科技园区发展规划》。《规划》总结丰台园“十二五”时期取得的成就，分析“十三五”时期所面临的发展形势，提出未来5年丰台园发展的总体思路、基本原则、功能定位、发展目标、主要任务、组织和保障。其发展目标为：到2020年，丰台园创新驱动发展要迈上新台阶，成为高端创新要素加快汇聚、原始创新能力显著增强、产业核心竞争力大幅提升、创新创业活力持续迸发、城市高端配套不断完善的创新型园区和绿色生态示范城区，丰台区域转型升级发展的地标、京津冀协同发展的创新枢纽、国家科技创新中心建设的重要承载地。《规划》明确丰台园“十三五”时期的6项重点任务，分别是：打造特色优势产业，培育新兴创新集群；突出创新引领作用，构建创新生态体系坚决落实疏解提升，推动区域协同升级；搭建国际开放平台，参与全球技术竞争；强化空间承载能力，实现科学开发布局；完善综合服务配套，优化园区发展环境。

（魏立亮）

【华夏幸福创新中心揭牌】12月21日，华夏幸福创新中心揭牌和入驻企业签约仪式在丰台园举行，主题为

“抢占产业发展制高点、共建创新创业生态圈”。中关村管委会、丰台区政府、丰台园管委会等单位有关负责人以及来自产业联盟、行业协会、服务机构的代表等100余人参加。中心由华夏幸福基业股份有限公司投资建设，位于丰台园东区三期，占地面积13.89公顷，建筑面积33.32万平方米，由企业独栋产业园、写字楼、产业展示中心、24小时路演中心、“1+N”产业服务平台以及国际会议中心、主题商业街、中央公园等设施组成，其中一期建筑面积5.6万平方米，包括3座写字楼和相应商业配套设施。中心定位于打造国际化的创新创业生态社区，聚焦人工智能、智慧城市和节能环保等战略新兴产业，构建企业创新主体协同共生、创新要素资源共享交流、创新组织与服务优质高效的生态圈。仪式上，中心获科技部科技服务业行业试点、中关村双创示范基地等9块匾牌，并与19家来自人工智能、智慧城市等行业的入驻企业和机构集中签约。

（魏立亮　陈宝德）

【8家企业获北京市企业技术中心认定】年内，丰台园8家企业被市经济信息化委认定为北京市第十九批企业技术中心，分别为：北京凯普林光电科技股份有限公司、北京航天希尔测试技术有限公司、北矿机电科技有限责任公司、通号工程局集团有限公司、北京华电瑞通电力工程技术有限公司、北京国能中电节能环保技术股份有限公司、中交一公局桥隧工程有限公司、拜西欧斯（北京）生物技术有限公司。[2017年1月11日，《北京市经济和信息化委员会关于公布2016年度北京市第十九批企业技术中心名单的通知》（京经信委发〔2017〕1号）印发。]

（魏立亮　李　琳）

【ICI孵化中心投入运营】年内，中关村军民科技协同创新孵化中心（ICI孵化中心）投入运营。ICI孵化中心是由原解放军总装备部国防知识产权局与中关村管委会共同授权建立的国防科技成果转化示范单位，位于丰台园总部基地，是中国第一家以国防科技成果民用转化为孵化标的的创新型孵化器，也是中国第一个以军民两用技术的双向转化为投资方向的军民融合专业孵化机构，专注于军民科技双向转化服务和两用技术产业投资管理。中心建成以技术数据分析、合同管理、软件开发为主的运营团队，引入多家军工技术团队协同开展技术孵化的前期工作；设有智能制造核心技术中心、外骨骼机器人及康复技术中心、工业级无人机技术中心、应急与国防动员数据中心、新能源与环保技术中心5个技术分中心；自主开发“科技投资全生命周期的风险管理平台”，为军民技术服务提供专业工具支撑；承接秦皇岛国家级外骨骼康复实验室、唐山大功率工程车油改电等项目，为京津冀协同发展提供服务；开展全国军民融合工业创新专项行动，与佛山高新区签订技术集群孵化服务合同，与中山、贵阳等国内50家高新区签约，面向地方产业界开展技术孵化支持工作；与全军武器装备采购信息服务中心合作，开展“民参军”政策培训及民用技术参军辅导。

（魏立亮）

【丰台园新增3家院士专家工作站】年内，丰台园管委会分别在3家企业建立院士专家工作站。其中，中建科技有限公司院士专家工作站，中国工程院院士周福霖、周绪红、叶可明、肖绪文、刘加平、聂建国、孟建民进驻，主要开展新型建筑工业化、绿色建筑、建

筑节能与环保等方面的研究；北京冶自欧博科技发展有限公司院士专家工作站，中国工程院院士段宁进驻，主要开展电解锌、电解锰行业先进适用的智能化和自控化清洁生产技术方面的研究；中铁工程设计咨询集团有限公司院士专家工作站，中国工程院院士王梦恕、施仲衡、梁文灏、杜彦良、聂建国进驻，主要开展重载铁路连续槽型梁—拱组合结构设计研究。

（魏立亮　苑丁波）

【共同打造安全可控云平台】年内，由北京东方通科技股份有限公司开发的虚拟化平台（Tongo Cloud）通过亚信科技（成都）有限公司（亚信安全）的认证，将与亚信安全服务器深度安全防护系统Deep Security配合，为东方通私有云解决方案提供防恶意软件、防火墙、入侵防御、完整性监控、日志审查等全方位安全功能，共同打造安全可控的企业级云数据中心。东方通云管理平台采用B/S的管理架构，可实现私有云的建设和管理，为用户提供一个简单、易用、功能丰富的企业级云管理平台系统。平台通过与Tongo Cloud整合，利用服务器虚拟化技术可帮助企业将传统的数据中心转化为云计算基础架构，实现私有云的建设和管理，同时为企业提供灵活、稳定可靠和富有弹性扩

展的云计算服务。

（魏立亮）

【完成固定资产投资 132 亿元】 年内，丰台园完成固定资产投资 132 亿元，为近 5 年新高。西区 I（C 地块及 D 地块部分区域）控规调整获得市规划委批复，批复范围为北至京周公路新线，东至长顺一路，南至长辛店北二十九路、北三十路，西至长顺三路和园博园主展馆，总用地面积 54.9 公顷，总建筑规模 84.6 万平方米。西区 I 研发设计用地约 22.78 公顷，建筑规模约 60.82 万平方米；图书展览用地约 4.08 公顷，建筑规模约 2.86 万平方米；商业金融用地约 2.49 公顷，建筑规模约 11.22 万平方米；其他类多功能用地约 5.02 公顷，建筑规模约 9.68 万平方米；公园绿地用地约 6.7 公顷；城市道路用地约 13.83 公顷。东区三期 1516—12—B 地块项目通过结构工程长城金杯评审，由中铁置业集团有限公司和中铁投资集团有限公司联合开发，项目总用地面积约 2.3 公顷，总建筑规模约 9.1 万平方米，其中地上建筑规模约 6 万平方米，地下建筑规模约 3 万平方米。

（山显彬）

【新增 17 家新三板挂牌企业】 年内，丰台园新增新三板挂牌企业 17 家，分别为：北京泛华新兴体育产业股份有限公司、北京中航泰达环保科技股份有限公司、中食净化科技（北京）股份有限公司、北京中鼎恒业科技股份有限公司、北京八叶科技股份有限公司、龙铁纵横（北京）轨道交通科技股份有限公司、天河智造（北京）科技股份有限公司、北京军懋国兴科技股份有限公司、北京弘益热能科技股份有限公司、北京优淏特医学科技股份有限公司、北京世纪建通科技股份有限公司、北京数维翔图高新技术股份有限公司、北京鑫丰南格科技股份有限公司、北京中电拓方科技股份有限公司、北京德信德胜科技股份有限公司、北京金橙子科技股份有限公司、北京亿邦中和医疗科技股份有限公司。

（魏立亮　李　琳）

【丰台园重点技术领域总收入 4403.3 亿元】 年内，丰台园重点技术领域总收入 4403.3 亿元。其中，新材料领域在产业发展中领先，收入 1037.2 亿元，占总收入的 23.6%；电子信息领域收入 490.9 亿元，占总收入的 11.1%；生物医药领域收入 304.2 亿元，占总收入的 6.9%；先进制造领域收入 216.0 亿元，占总收入的 4.9%；新能源与节能领域收入 86.0 亿元，占总收入的 2.0%；环境保护领域收入 69.4 亿元，占总收入的 1.6%；其他领域收入 2199.6 亿元，占总收入的 50.0%。

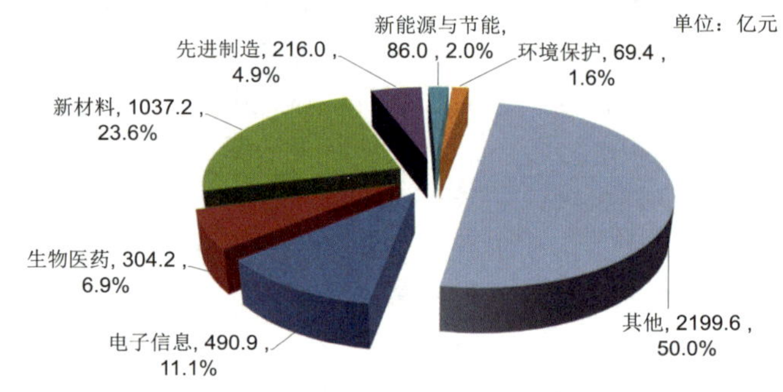

（魏立亮）

石景山园

2006 年 1 月 17 日，经发展改革委批准，石景山园加入中关村科技园区，规划面积 345 公顷，分为北一区、北二区和南区 3 个区域。2012 年，经国务院批复，石景山园规划面积增至 1334.39 公顷，增加西部拓展区、首钢改造区、银河商务区、永定河绿色发展带商务区、五里坨西部发展预留用地等 17 个区域。2007 年 3 月，区委、区政府确立区科委、园区管委会、区知识产权局三位一体的管理模式，建立园区建设领导小组工作协调机制。2014 年 9 月，石景山园管理体制调整，组建由常务副区长和主管副区长牵头， 科委园区、区金融办、区经济信息化委、区投促局等部门组成的石景山园管理委员会，推动园区建设。按照石景山区建设国家级绿色转型发展示范区的目标要求，园区重点发展现代金融、文化创意及科技服务等新兴高端产业，努力建设成为区域经济新的增长极。以科技和文化融合发展的数字娱乐产业为特色，为园区树立品牌，增强核心竞争力。园区形成以网络游戏、影视动漫、数字媒体和设计产业互为支撑的发展格局，“中国数字娱乐第一区”品牌初步形成；先后获“国家网络游戏动漫产业基地”“国家动画产业基地”等一批特色基地认定；被中宣部等单位认定为“国家级文化和科技融合示范基地”；以趣游科技集团有限公司为代表的娱乐互动门户企业，以华录文化产业有限公司为代表的影视文化企业先后参与国家重大科技工程建设；北京保险产业园、中关村互联网金融产业基地等一批重大项目建设有序推进，引导支撑高端绿色产业快速发展。园区大力发展互联网金融产业，九一金融信息服务（北京）有限公司等企业通过云计算、大数据等技术与金融业务的融合，开创“信息科技＋金融创新”模式。园区努力打造“石景山服务”品牌，建立健全“特色产业＋知识产权＋人才发展＋创新激励”四位一体的园区发展政策体系，将品牌、政策和服务优势辐射至全区。针对企业不同发展阶段，实施“金种子计划”“明星计划”“小巨人计划”等扶持项目，在全区形成从创新研发、创业发展到产业集聚的良好功能布局。园区内企业可享受国家、北京市、中关村示范区的各类优惠政策。

石景山园管理委员会领导成员

主　　任　司马红（女）
工委书记　文　献
副 主 任　杨京春（女）张晋福　王晓华
　　　　　唐　铭　房之炜　毛慧敏（女）
　　　　　翟继松　邓清平　李　晨（女）
　　　　　于海春
副 书 记　杨京春（女）张晋福　房之炜
纪工委书记　王　朴（女）

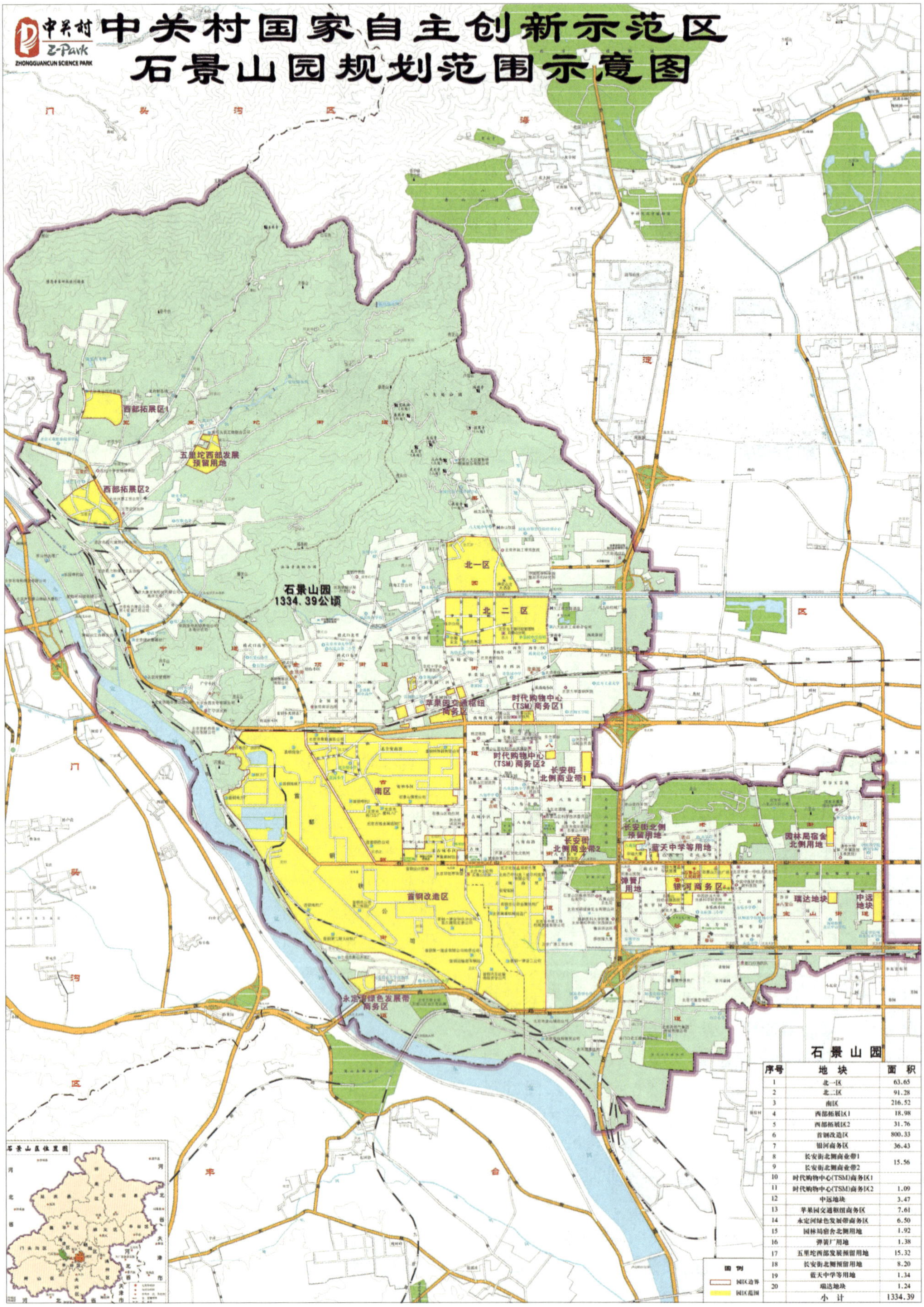

中关村国家自主创新示范区石景山园规划范围示意图

石景山园
1334.39公顷

西部拓展区1
五里坨西部发展预留用地
西部拓展区2
北一区
北二区
苹果园交通枢纽商务区
时代购物中心(TSM)商务区1
时代购物中心(TSM)商务区2
长安街北侧商业带1
南区
长安街北侧商业带2
长安街北侧预留用地
蓝天中学等用地
园林局宿舍北侧用地
弹簧厂用地
银河商务区
瑞达地块
中远地块
首钢改造区
永定河绿色发展带商务区

石景山园

序号	地块	面积
1	北一区	63.65
2	北二区	91.28
3	南区	216.52
4	西部拓展区1	18.98
5	西部拓展区2	31.76
6	首钢改造区	800.33
7	银河商务区	36.43
8	长安街北侧商业带1	15.56
9	长安街北侧商业带2	
10	时代购物中心(TSM)商务区1	
11	时代购物中心(TSM)商务区2	1.09
12	中远地块	3.47
13	苹果园交通枢纽商务区	7.61
14	永定河绿色发展带商务区	6.50
15	园林局宿舍北侧用地	1.92
16	弹簧厂用地	1.38
17	五里坨西部发展预留用地	15.32
18	长安街北侧预留用地	8.20
19	蓝天中学等用地	1.34
20	瑞达地块	1.24
	小计	1334.39

图例
园区边界
园区范围

【概况】2016年，石景山园积极推进高端的科技创新驱动体系建设，加快构建“高精尖”产业体系，推动“创新创业石景山”启航工程，优化产业发展环境。年内，园区入统高新技术企业总数795家；从业人员8.6万人；工业总产值71.9亿元；总收入1881.5亿元；进出口总额4.1亿美元；实缴税费总额79.3亿元；利润总额308.3亿元；资产总计5576.8亿元；科技活动经费支出总额50.5亿元；专利申请1304件，专利授权754件。

*“高精尖”产业促进经济发展。*2016年，石景山园九一金融信息服务（北京）有限公司、北京金山安全管理系统技术有限公司等176家企业通过国家高新技术企业认定。截至年底，石景山园经认定的国家级高新技术企业473家，涉及电子信息技术、高技术服务业、资源与环境技术等领域。新增北京鑫创佳业科技股份有限公司、北京安趣科技股份有限公司、北京资旗源信息技术股份有限公司等新三板挂牌企业和境外上市企业27家，园区新三板挂牌企业累计42家，上市企业累计16家。新首钢高端产业综合服务区（首钢园）正气候发展项目被纳入C40正气候项目发展计划，成为中国第一个、全球第十九个正气候项目。聚焦园区特色产业定位招优引强成效明显，高新技术产业全年实现收入1260亿元，同比增长5%；文化创意产业实现收入360亿元，同比增长12.5%；科技金融产业实现收入330亿元，同比增长65%。

*重点项目建设稳步推进。*北京保险产业园648地块主体结构封顶，1605–637地块、641地块、639地块、649地块挂牌出让，保险产业园二期建设启动；位于石景山国北Ⅱ区的点石商务中心竣工；中国光大银行研发中心项目完成控规，办理完成土地协议出让手续；首特绿能港科技中心项目取得建设工程规划许可证和建筑工程施工许可证等。

*推进“1+N”政策。*石景山区政府办公室印发《关于印发〈石景山区关于促进中关村石景山园高端产业集聚发展的办法〉（试行）和〈石景山区关于支持科技创新和科技成果转化应用的办法〉（试行）的通知》。两个《办法》分别从加强支持重点企业，支持企业进驻本区购租办公载体，支持载体和中介招商引资，完善金融服务环境，优化产业发展；支持企业建立研发机构、支持企业加强产学研用合作、支持申请国内外专利等方面给予政策支持。

*创新科技不断发展。*北京暴风魔镜科技有限公司的VR2.0虚拟现实发布会举行；华夏银行杯首届北京市文化创意创新创业大赛复赛动漫游戏行业专场举办；百融（北京）金融信息服务股份有限公司、北京量科邦信息技术有限公司、北京玖富联银科技有限公司3家企业入选中国领先金融科技50强；中国光大银行信用卡中心和第四范式（北京）科技有限公司成立“光大银行信用卡中心－第四范式人工智能实验室”。

（张玉霞）

【两家企业入选年度创新成长企业100强】1月9日，在创业邦100未来领袖峰会暨2016创业邦年会上，创业邦公布“中国年度创新成长企业100强”名单。石景山园内北京豆果信息技术有限公司（豆果美食）和北京量科邦信息技术有限公司(量化派)两家企业入选。其中，豆果美食获高瓴资本管理有限公司和清流（北京）投资咨询有限公司2500万美元的C轮融资，估值3亿美元；量化派获上海复星昆仲股权投资管理有限公司、北京高榕资本管理中心、北京华创投资管理有限公司2058万元的A轮融资。

（曹　洁）

【石景山12330分中心获双奖】1月27日，在北京市知识产权举报投诉服务中心（12330）举办的2016年北京12330分中心、工作站工作会上，石景山分中心被授予“执法维权协助优秀单位”“信息服务优秀单位”。2015年度，石景山分中心及工作站走访药店、商场20余次，提供专利侵权案件线索10余条，开展“知识产权进载体”、知识产权金融等系列服务活动11次。

（陈　京）

【两家企业被认定为北京市专利示范单位】4月25日，市知识产权局发布《关于认定北京市第七批专利示范单位的通知》，石景山园内可牛网络技术（北京）有限公司、北京中天金谷科技股份有限公司两家企业获“北京市专利示范单位”称号，截至年底，石景山园有北京市专利示范单位13家。专利示范单位可以享受国内专利申请费用的全额资助、申请国外专利时同等条件下优先获得费用资助、享受优先参加市级各类专项资金的申报等多项优惠政策。

（王　震）

【暴风魔镜移动VR2.0虚拟现实发布会举行】5月31日，北京暴风魔镜科技有限公司的VR2.0虚拟现实发布会在京举行。会上发布新款移动VR设备暴风魔镜5/暴风魔镜5Plus，是首款支持手势识别的VR眼镜。暴风魔镜5和暴风魔镜5Plus是公司的第五代产品，其特点是使用手机的Micro–USB接口与VR头显相连接，从而使用内置的更精确的陀螺仪，减少移动VR手机部分陀螺仪不精确出现的画面抖动、漂移等问题。产品支持睡眠休眠技术，配备高精度九轴陀螺仪，以及高精度3D摄像头，内置Mgic UI。

（岳继华）

【21家企业项目获市中小企业促进专项支持】6月2日，市科委发布《2016年度北京市科技型中小企业促进专项立项公告》。石景山区21家企业的项目入选，共获资助资金560万元。其中，北京安怀信科技股份有限公司、中节能工程技术研究院有限公司等5家企业获创新项目资金320万元，主要涉及电子信息和节能环保领域；北京暴风微城科技有限公司、炫我信息技术（北京）有限公司、赛尔数维（北京）科技有限公司等16家企业获创业项目资金240万元，涉及数字媒体、电子信息、节能环保、3D打印等领域。

（王　震　罗耀玲）

【首钢园被纳入C40正气候项目发展计划】6月8日，在第二届中美气候智慧型/低碳城市峰会上，首钢总公司与C40城市气候领导联盟签署认证证书，新首钢高端产业综合服务区（首钢园）正气候发展项目被纳入C40正气候项目发展计划，成为中国第一个、全球第十九个正气候项目。项目位于长安街南北两侧，是新首钢高端产业综合服务区的核心地区，占地面积33.81公顷，总建筑面积约96万平方米。项目将通过建立国际领先正气候规划建设目标，探讨创新城市化模式，建立低碳生态城市建设管理机制，推动建立中国城市与国际其他城市的有效交流平台，引进国际上城市应对气候变化的最佳实践经验，与全球不同城市进行低碳城市合作，实现人类生态文明的可持续发展目标。（C40正气候项目发展计划由C40组织、克林顿基金会和美国绿色建筑委员会联合创立，旨在创建一种既能实现温室气体排放为负又具经济性的大规模城市发展模式。）

（苑丁波）

【首届市文化创意大赛复赛动漫游戏行业专场举办】8月3日，由市文化创意产业促进中心主办的华夏银行杯首届北京市文化创意创新创业大赛复赛动漫游戏行业专场在石景山91众创空间举办。市委宣传部等单位相关负责人以及文创领域专家学者、相关投资机构的代表及创业者等近100人参加。11个动漫游戏类项目参加复赛，其中北京泽灵文化传媒有限公司的“泽灵文化”和“二次元Coser产业化平台”、迈吉客科技（北京）有限公司的“appMagics”3个项目获直接晋级资格；北京兴欣时代网络技术有限公司的“NOWDO脑洞”、北京震宇翱翔文化创意有限公司的“奥秘之家”和星际互娱（北京）科技股份有限公司的“基于云技术的跨平台移动终端游戏研发及营销平台”3个项目进入网络竞选环节。[首届市文化创意大赛5月28日启动，包括初赛、复赛、决赛、总决赛4个阶段。组委会将入围复赛的100个文创项目按行业分组分配至各分赛区，分别在东城区文化人才（国际）创业园举办文化教育和文化体育行业复赛、在西城区文化创新工场举办创意设计行业复赛、在海淀区大唐创新港举办广播影视行业复赛、在丰台区竹海科技孵化器举办文化交易和文化旅游行业复赛、在石景山区91众创空间举办动漫游戏行业复赛、在昌平区回＋双创社区举办综合类复赛、在亦庄经济技术开发区亦庄国投举办广告传媒行业复赛。8月28日举行总决赛。]

（曹　洁）

【3家企业获市设计创新中心认定】8月16日，市科委发布《关于公示2016年度北京市设计创新中心拟认定单位名单的通知》，39家单位入选。其中，石景山园北京青果灵动科技有限公司、北京合康亿盛变频科技股份有限公司、北京国是经纬科技股份有限公司3家企业获认定。

（王鹤乾　张玉霞）

【石景山“园区讲堂”举办】9月7日，由石景山园管委会主办的科委园区第251期园区讲堂在石景山区创新平台举行，园区内艾斯特太阳能技术公司等企业的代表近300人参加。市科委、区总工会和区人力社保局讲师对高新技术企业认定、北京市人才引进及工作居住证办理和工会建会等相关政策进行讲解。截至年底，石景山园管委会共举办“园区讲堂”30期，培训内容包括高新技术企业认定、知识产权、金融服务、企业人才引进、重点企业政策兑现政策辅导、园区绿色通道、非公党建、红十字急救等，园区企业累计1500家次1600余人次参加。

（崔海霞）

【航天测控公司参与天宫二号发射任务】9月15日，在搭载天宫二号空间实验室的长征二号运载火箭发射任务中，北京航天测控技术有限公司自主研发的地面测控设备完成发射前对火箭各系统的全面自动化测试任务，保证天宫二号空间实验室发射成功。测控设备主要用于长征运载火箭的故障检测处理系统、遥测系统、外安系统、全箭空调系统的地面测试，以及发控过程中的自动化检测与控制。公司研制的“航天器测试数据自动判读软件”和“航天器专家知识库”有效解决以往人工测试中无法对海量数据、高速数据实施准确监视的问题，达到对航天器运行状态实时监测的目的。

（胡　妍）

【3 家企业入选中国领先金融科技 50 强】9 月 19 日，毕马威中国首次发布中国领先金融科技 50 强榜单，石景山园百融（北京）金融信息服务股份有限公司、北京量科邦信息技术有限公司、北京玖富联银科技有限公司 3 家企业入选。百融金融公司是大数据技术研发与应用企业，核心产品为大数据技术层的操作系统（BD-OS），可为金融机构提供用户运营服务、量化投资、风控监管等服务；量科邦公司是金融消费大数据应用企业，通过机器学习和互联网化的风险定价，整合互联网及传统数据源，帮助个人及小微企业快速获得低成本贷款，旗下拥有消费信贷 App、白条服务 App 等产品；玖富联银公司是信用评估大数据应用企业，其研发的互联网大数据信用评估平台“Wecash 闪银”可将大量个人互联网数据转化为互联网信用与金融机构连接，为客户提供便捷的资金借贷服务。

（付　航）

【法国游戏企业代表团到石景山园考察】9 月 26 日，法国游戏企业代表团一行 10 人到石景山园考察。代表团参观北京畅游时代数码技术有限公司、石景山创新平台政府服务大厅、创业公社，并进行座谈。座谈会上，双方介绍各自企业游戏业务现状，并就未来 VR 和数字智能时代下游戏发展趋势和技术合作进行沟通和交

流，还与蓝港在线（北京）科技有限公司、北京趣酷科技有限公司在主机游戏推广、游戏本地化服务领域的合作进行探讨。

（胡　妍）

【石景山区两个《办法》印发】9 月 28 日，石景山区政府办公室印发《关于印发〈石景山区关于促进中关村石景山园高端产业集聚发展的办法〉（试行）和〈石景山区关于支持科技创新和科技成果转化应用的办法〉（试行）的通知》（石政办发〔2016〕41 号）。《石景山区关于促进中关村石景山园高端产业集聚发展的办法》包括总则，加强重点企业支持，完善金融服务环境，优化产业发展环境，申报、受理与监督，附则 6 章 25 条；主要内容包括加强重点企业支持，支持企业进驻本区购租办公载体，支持载体和中介招商引资，完善金融服务环境，支持企业运用直接债务融资和多层次资本市场融资，优化产业发展环境，完善人才服务、创业服务和政务服务环境，支持公共创新服务平台、联盟和协会发展，在全区内提升综合创新能力。《石景山区关于支持科技创新和科技成果转化应用的办法》包括支持企业建立研发机构、支持企业加强产学研用合作、支持申请国内外专利、支持制订和修订各类标准、支持知识产权专业服务、支持企业申报国家高新技术企业、支持科技成果在本区落地转化和示范应用、加大区级科技专项经费向科技成果转化应用支持力度等 10 项内容。两个《办法》都是自公布之日起 30 日后实施。

（张玉霞）

【13 家企业参展文创博览会】10 月 27—30 日，在第十一届中国北京国际文化创意产业博览会上，石景山区北京暴风魔镜科技有限公司等 13 家虚拟现实产业企业展出科技成果。北京业主行网络科技有限公司展示虚拟现实主题乐园产品，产品通过 3D 眼镜让处理后的图像信息呈现虚拟现实的效果，同时，体验座椅也会根据图像中的场景进行 360 度调整，模拟游乐项目上下翻飞、极速俯冲等一系列感受；暴风魔镜公司展示一款射击游戏暴风魔镜产品，产品只需将手机固定在眼镜前端，用户就能置身游戏场景之中，同时通过互动手柄，用户就可以在游戏中做出射击动作，用户通过下载可以体验更多游戏内容。平台已推出游戏项目 200 余个，月活跃用户超过 120 万人。

（张玉霞）

【第四范式人工智能实验室成立】11 月 1 日，中国光大银行信用卡中心和第四范式（北京）科技有限公司在京成立“光大银行信用卡中心－第四范式人工智能实验室”。实验室依托光大银行信用卡中心丰富的数据资源和广泛的应用场景，凭借第四范式公司在人工智能领域国际领先性的尖端技术，针对信用卡业务的难点与痛点问题进行探索，让数据资产发挥出更大价值，并在产品创新、风险管理、精准营销、客户细分等方面进行创新应用。

（曹　洁）

【暴风魔镜公司发布会召开】12 月 20 日，北京暴风魔镜科技有限公司召开主题为“VR Evolving 虚拟现实 · 进化”的发布会，宣布推出暴风魔镜 Matrix、VR 眼镜 S1、新一代 VR ROM——Magic UI 2.0 和移动空间定位＋手势识别整合解决方案。Matrix 采用 VR 最高

清 3K 显示屏幕，单目分辨率为 1440×1440，PPI 达 705，刷新率为 90 赫兹；超轻薄 VR 眼镜 S1 重量为 220 克，采用复合曲面菲涅尔镜片，能够有效降低纱窗效应，带来更好的观看效果。Magic UI 2.0 增加让用户身临其境的应用场景界面和更加轻松自如的体感交互功能等，集合新华网、爱奇艺、优酷等内容平台，包含 3.5 万余部影视资源、2500 余部全景视频、1000 余部全景漫游和图片等。

（岳继华）

【176 家企业通过国家高新技术企业认定】年内，石景山园九一金融信息服务（北京）有限公司、北京金山安全管理系统技术有限公司等 176 家企业通过国家高新技术企业认定。截至年底，石景山园经认定的国家级高新技术企业 473 家，涉及电子信息技术、高技术服务业、资源与环境技术等领域。

（张　旭）

【27 家企业上市】年内，石景山园新增新三板挂牌企业和境外上市企业 27 家。其中，北京鑫创佳业科技股份有限公司、北京安趣科技股份有限公司、北京资旗源信息技术股份有限公司等 26 家企业进入全国中小企业股份转让系统，北京大生在线科技有限公司在美国纽交所上市。截至年底，石景山园新三板挂牌企业总数 42 家，上市企业总数 16 家。

（王　震　罗耀玲）

【保险产业园项目建设】年内，石景山园内保险产业园 648 地块所有楼座实现主体结构封顶，项目占地面积 2.73 公顷，地上建筑面积约 6.3 万平方米，主要建设保险博物馆、保险孵化器和展示会议中心，为保险产业园提供配套服务。石景山园北 I 区 1605－637 地块、641 地块、639 地块、649 地块通过挂牌方式分别被北京京石科园投资发展有限公司和北京保险产业发展有限公司两家单位竞得，标志着北京保险产业园二期建设启动。4 个地块总建设用地面积 13.59 公顷，建筑规模 25.83 万平方米，将于 2017 年实现主体结构封顶。639 地块、649 地块主要建设产业孵化器以及高端定制商务楼，满足企业对办公环境个性化需求。1605－637 地块、641 地块主要建设保险产业高端服务区办公用房、高新技术产业基地，并发展多种商业形态，丰富区域商业内容。

（张玉霞　崔　欣）

【点石商务中心项目完成】年内，石景山园内点石商务中心项目竣工。项目于 2012 年 6 月立项，北京华清安平置业有限公司获得项目开发权。项目位于园区北 II 区，占地面积 3.54 公顷，容积率 3.5，建筑控制高度 60 米，规划建筑面积 12.4 万平方米，主要用于高品质商务综合体，提供商务办公、金融服务、研发体验和产品展示平台。2016 年 7 月开始招商入驻。

（张玉霞　崔　欣）

【石景山园重点项目建设】年内，石景山园内中国光大银行研发中心项目完成控规，办理完成土地协议出让手续，预计 2019 年完成；首特绿能港科技中心项目总用地规模 5.6 公顷，总建设用地面积 2.8 公顷，容积率 3.0，地上建筑面积 8.5 万平方米，建筑控制高度 60 米，项目主要用于高新技术企业及节能环保企业的技术研发、展览展示、商务服务等高端产业服务综合体，已完成控规，取得用地规划许可证、工程规划许可证、土地证，完成施工图强审、施工及监理招标，预计 2018 年完成。

（张玉霞　崔　欣）

【石景山园重点技术领域总收入 1881.5 亿元】年内，石景山园重点技术领域总收入 1881.5 亿元。其中，电子信息领域在产业发展中领先，收入 447.2 亿元，占总收入的 23.8%；新能源与节能领域收入 55.1 亿元，占总收入的 2.93%；先进制造领域收入 34.0 亿元，占总收入的 1.8%；新材料领域收入 16.5 亿元，占总收入的 0.9%；生物医药领域收入 5.4 亿元，占总收入的 0.3%；环境保护领域收入 1.7 亿元，占总收入的 0.1%；其他领域收入 1321.6 亿元，占总收入的 70.2%。

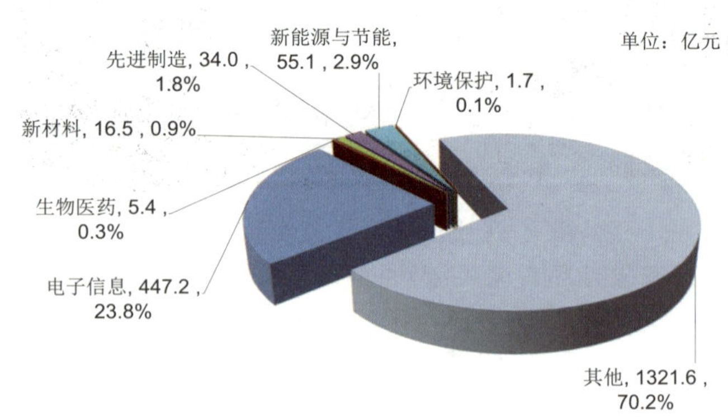

（张玉霞）

门头沟园

2012年10月，经国务院批复，北京石龙经济开发区划入中关村国家自主创新示范区，定名为中关村示范区门头沟园，由石龙开发区管委会负责行政管理与服务工作。园区始建于1992年1月，地处北京西部，位于门头沟区新城南部，占地面积188.96公顷，东至华园路、规划S1线、西苑路，南至京原路、小圆安置房用地北边界，西至三石路，北至石龙东路、北京锅炉厂南路西延线，2000年经市政府批准为市级开发区。2013年5月13日，门头沟园获授牌。经过20余年的发展，拥有驻地企业100余家，注册企业1.9万余家，其中国家级高新技术企业70家，中关村高新技术企业123家，形成以数控装备、生物医药、仪器仪表、机械等行业为主体的产业集群，涵盖房地产、商业物流、信息技术等行业，且拥有北京立思辰科技股份有限公司等上市企业。以北京精雕科技集团有限公司为代表的智能装备制造产业组团、北京万辉双鹤药业有限责任公司为代表的医药健康产业组团、北京利德衡环保工程有限公司为代表的节能环保产业组团成为区财政收入的重要组成部分。园区具备“九通一平”基础设施和税务、邮政、电信、银行等系列配套设施，为企业和职工提供良好的生产和生活环境。拥有110万伏变电站1座，装有3150千伏安变压器2台，供电容量能满足产出规模基本运营需要；建成门头沟南城地区供热中心——金源热力有限公司，装有3台80吨燃煤热水锅炉，热力供应有足够保障；自来水管网供水充足，接用方便；再生水厂日处理污水4万吨，区内的生产与生活废水均可得到集中处理，达到再生水标准；完成8条主要道路及市政基础设施的升级改造和绿化、美化工程，涉及绿化、街牌、道路牌等18个要素的建设。石龙开发区产业孵化中心引进一批有房屋产权的企业入驻，12家企业在原有土地上开始企业总部基地建设。北京城西总部新基地将发展高端制造业、网络金融业、现代服务业三大产业，打造企业研发中心、结算中心、行政中心、销售中心“四位一体”的总部集群。在京津冀协同发展和非首都功能疏解的总目标下，园区与中关村核心区紧密融合，打造创新创业发展带，形成以互联网产业为核心，以智能制造、医疗健康、节能环保三大产业为支撑的“一主三辅”的产业体系，着力构建“高精尖”产业结构，落实“门创30条”政策，重点实施“创新创业门头沟”7个行动计划，为园区企业提供多级叠加的政策服务以及资金支持。

门头沟园管理委员会领导成员

主　　任 工委书记	张兴胜
常务副主任	杨　璞

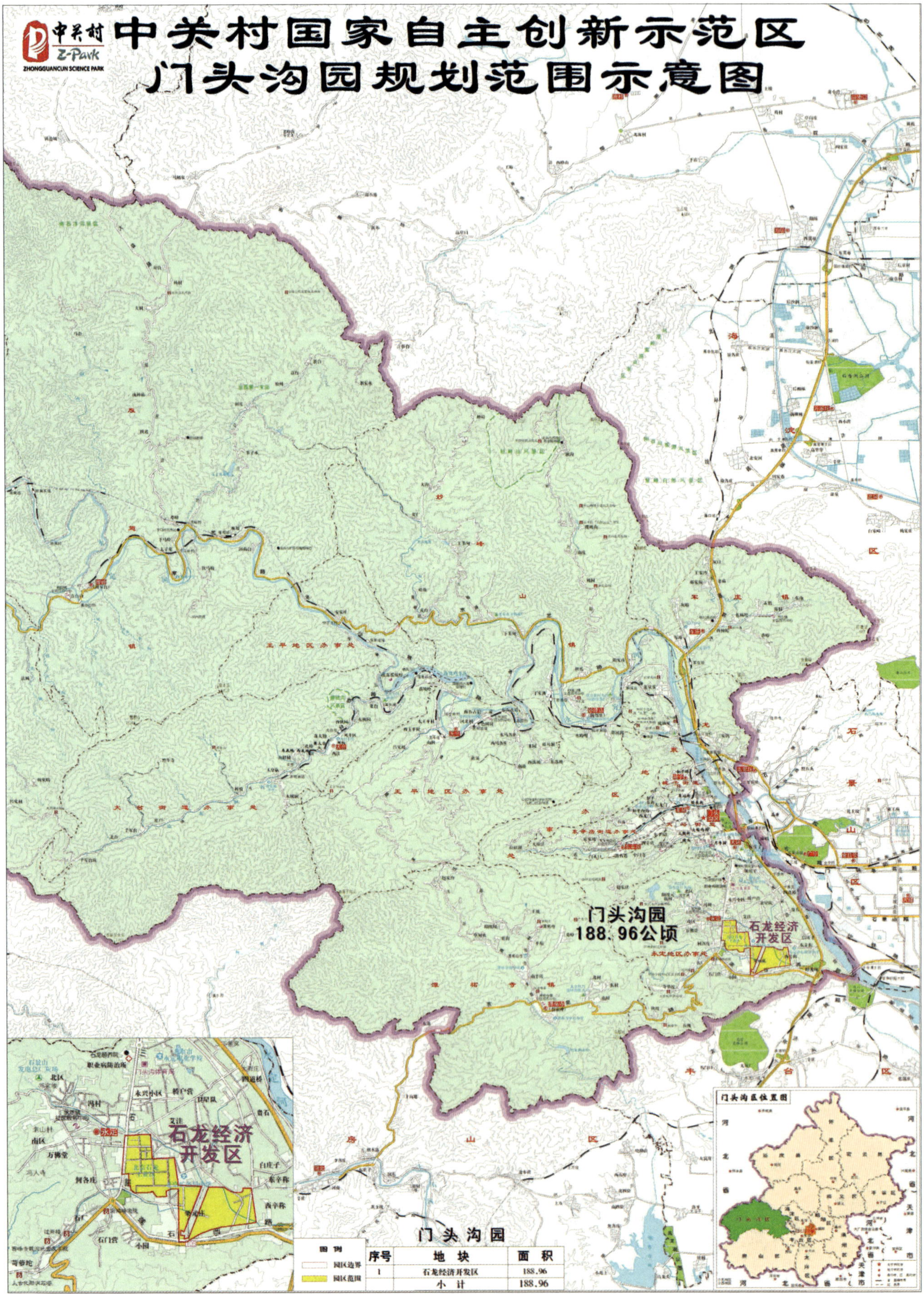
中关村 Z-Park ZHONGGUANCUN SCIENCE PARK
中关村国家自主创新示范区
门头沟园规划范围示意图
门头沟园
188.96公顷
石龙经济开发区
石龙经济
开发区
门头沟区位置图
图例
园区边界
园区范围
门头沟园
序号 地块 面积
1 石龙经济开发区 188.96
小计 188.96

【概况】2016年，门头沟园不断强化服务意识和创新意识，坚持科学、理性、绿色、效益的工作理念，产业培育成效显著。年内，园区入统高新技术企业总数120家；从业人员1.9万人；工业总产值70.6亿元；总收入174.6亿元；进出口总额3.1亿美元；实缴税费总额10.7亿元；利润总额-0.2亿元；资产总计662.4亿元；科技活动经费支出总额15.2亿元；专利申请数347件，专利授权数240件。

招商引资质量效益双提升。集成的政策支持、全方位的服务和独特的区位环境优势，吸引一批创新团队快速落地。新引进实体经营企业87家，新增中关村高新企业14家，完成对18家中关村高新企业年度复审。累计共有中关村高新企业123家，国高新企业70家，规模以上高新技术企业58家。新注册企业739家，注册资金141.6亿元，其中注册资金超过1亿元的企业33家。北京航天环境工程有限公司、博后天下资产管理有限公司等企业入驻园区，将共同打造门头沟园创新产业发展新模式。

高端人才汇聚态势明显。突出改革创新，深入推进人才强区和人才优先发展战略。北京思比科微电子技术股份有限公司、北京巨芯科技有限公司等企业人才入选中央“千人计划”和北京“海聚工程”，园区“千海高”实现零的突破；共引进博士、硕士100余人，海外留学人才36人，招引留学人才创办创新创业型企业12家，与2015年同期相比呈爆发式增长态势。

创新载体建设顺利推进。石龙开发区产业孵化中心（石龙电子商务产业园）思源大厦项目开工，总建筑面积5.6万平方米，总投资3亿元。景观提升二期工程全面开启，高标准设计、高标准实施，全力打造成为“三河一带”协调辉映的生态花园型科技园区；莲石湖西路等路段道路建设改造及景观提升一期工程完成；石龙阳光大厦A1楼、石龙创新大厦B1楼等6座建筑完成工程建设竣工验收，建筑面积共23.5万平方米，建安投资约10亿元；东方博特研发基地大厦、三聚裕进研发基地（三座大厦）、立思辰大厦等处于施工状态，总建筑面积为26.1万平方米，建安投资约15亿元；北方工业大学京西创新创业基地开园，将建设成为门头沟园的示范基地；北京石龙经济开发区投资开发总公司成为北京市战略新兴成果转化基地、中关村特色产业孵化平台、北京市级众创空间；门头沟科技园12330知识产权保护服务工作站成立，将成为门头沟区立足城市生态涵养发展区和首都西部综合服务区的区域功能定位的有力支撑。

加强政策服务体系建设。2016年“门创30条”政策全面实施，得到强烈反响。门头沟园管委会发放创新创业及产业化支持资金3500余万元，受益企业100余家，包括“合同包”研发补贴、知识产权奖励、上市及新三板挂牌奖励等。“门创30条”的制定与实施，成为门头沟区集成中关村各园“双创”促进政策、推动创新创业企业聚集发展、加快门头沟区转型发展步伐的重大举措。

科技金融体系发展活跃。在中关村创投引导资金的支持下，园区建立京西互联网+创投、京西医药产业投资、京西大健康产业3只创投基金，其中2只基金全部实缴到位；为鼓励优秀人才企业通过多种融资渠道快速发展，园区制定优秀人才企业融资补贴政策，北京精雕科技集团有限公司等3家企业获得贷款贴息支持。为支持园区企业借助资本市场实现规范运作和快速发展，对在沪、深和境外交易所上市，新三板挂牌的区内企业给予奖励补贴，7家企业获拨资金。举办“多彩京西行”、创新型企业投融资对接座谈会等投资促进活动，致力于服务体系建设，构建适合科技创新型企业发展的投融资平台。

（韩海建）

【德山M-Lab生物医药孵化器启动】1月，德山M-Lab生物医药孵化器启动。孵化器由北京德山科技有限公司运营，位于门头沟园德山大厦，包括地上10层、地下3层，孵化面积1.1万平方米，建有500平方米集中办公区，以出租工位方式为医药相关领域小型创业团队提供开放式办公场所，将利用在孵企业仪器资源，搭建技术网络共享平台，以定制化的方式为企业量身建设生物实验室。至年底，累计举办知识产权培训、法律咨询服务、政策宣讲、项目对接会、财税培训等系列创业活动12次。

（曾　佳）

【以“合同包”形式开展科研工作暂行办法发布】5月10日，门头沟园管委会发布《中关村门头沟科技园促进企业以“合同包”形式开展科技研发工作暂行办法》（门政办发〔2016〕15号），是中关村示范区一区十六园中首个以专项资金支持企业、以“合同包”形式制定的创新创业政策，包括总则，支持范围、条件与支持方式，申请、受理与审核立项，发包、资金拨付及监管，附则5章26条。“合同包”形式是指高新技术企业、创新型企业采取招标方式将相关项目整体或分技术模块发包给符合条件的创新创业企业，完成科技研发活动。对符合条件的项目申报主体，按照合同金额的50%予以资金支持，从门头沟区促进创新创业和产业发展专项资金中列支，并重点支持符合门头沟园互联网、智能制造、医药健康、节能环保“一主三辅”主导产业定位的高新技术企业，优先支持园区内经认定的国家级、北京市级科技企业孵化器以及中关村各类孵化平台的协作共建企业或其他具备创新创业引领能力的实体经营企业。《办法》自发布之日起实施。至年底，北京百华百汇生物科技有限公司等11家企业的23个项目获“合同包”研发补贴，首批资金113万元。

（韩海建）

【“多彩京西行”系列投资促进活动启动】5月20日，由市投资促进局、门头沟区政府主办的驻京中外知名企业投资门头沟行暨“多彩京西行”系列投资促进活动启动仪式在门头沟区举行。中植企业集团有限公司、中石化易捷销售有限公司等10余家企业的代表参加。系列活动按照规模小、频次高、针对性强的方式开展，分行业、多场次邀请重点招商企业高管及核心团队人

员走进门头沟，旨在让更多的企业家了解门头沟。与会企业家参观了解门头沟区的生态旅游资源、园区科技创新资源等，表示待入驻门头沟园后，将在门头沟区推出中小企业贷款、主导产业创业基金等优惠的金融政策，通过资金支持助推门头沟区转型发展。年内，“多彩京西行”系列投资促进活动共举办30场，累计400余人次参加。

（韩海建）

【第一期“悦读空间”读书分享会举办】6月29日，由门头沟团区委、门头沟园管委联合主办的第一期“悦读空间”读书分享会在西山创客咖啡举办。活动包括“书友招募”“好书速递”“书籍阅读”“图书分享”4个环节。第一期读书分享会邀请30名区内“悦读者”参加，共同交流分享读书的心得体会。会上，清华大学博士生讲师团的讲师从经济制度变革的影响因素解读《历代经济变革得失》，通过历史和当代经济变革的相互印证，阐述经济变革的演变规律，并现场做有针对性的解答。与会人员阐述各自的观点，对在阅读书籍中遇到的问题进行讨论。

（韩海建）

【阳光大厦创客服务中心成立】7月4日，门头沟园阳光大厦创客服务中心成立。中心是由区工商局、地税

局等各委办局共同组成、分别管理的综合服务站，主要方便创客办理业务，设有工商、税务、业务代办等窗口，提供创业投资、创业辅导等专业化咨询服务。7月8日，北京中航智防务科技有限公司成为首家在创客服务中心取得营业执照的企业。

（韩海建）

【绵阳市政府考察团来访门头沟园】7月6日，四川省绵阳市政府考察团一行5人到门头沟园考察。门头沟区政府、门头沟园管委会的相关负责人陪同。考察团一行先后参观京西创客工场、遨博（北京）智能科技有限公司、北京精雕科技集团有限公司，相关企业的负责人分别就区内招商政策、招商载体、招商环境、配套服务设施以及企业科技成果等进行现场讲解、演示。考察团对园区不断完善投资环境，优化招商服务，搭建招商平台，全力支持和服务企业的发展理念给予肯定，并希望与门头沟区形成长效合作机制，结合两地产业定位，互帮互助，共同发展。

（韩海建）

【门头沟园管委会与博后天下公司开展战略合作】9月13日，门头沟园管委会与博后天下（北京）投资管理有限公司签约仪式在阳光大厦举行。根据协议，双方

将以“一个平台，一个团队，一个智库，一个基金，一个支撑”（一个平台即双创服务的线上平台，一个团队即运营平台的管理团队，一个智库即为企业提供高端智力支持的人才库，一个基金即发起创业引导基金，一个支撑即服务型政府作为支撑。）作为运作模式，共同打造双创服务生态产业链，力争到2019年，实现门头沟双创园产业布局覆盖国内50家大中型城市；初级计划投资300个项目，按20%成功率，打造5～8家年营业收入超过5000万元以上的创业企业，为门头沟园创造超过10亿元的税收。

（韩海建）

【中央电视台创新·创客频道落户门头沟园】9月27日，门头沟区工商局为中视新科动漫股份有限公司核准换发营业执照，标志着中央电视台创新·创客频道落户门头沟园。创新·创客频道由中央电视台原新科动漫频道转型而来，中视新科公司负责运营，是中央电视台体系内唯一的以创新创业创客为内容的专业电视频道，将成为科技、文化、艺术、影视动漫等创意创新产品聚合展示的国家级媒体平台。创新·创客频道拟发挥央视国有专业媒体的优势，整合媒介资源，打造新媒体融合性生态产业链，并将通过电视节目、创业创新大赛、培训及独具创意的线上线下活动以及自身广泛的社会联系，助推门头沟园走向国内市场。

（韩海建）

【“门创30条”专项资金首批发放】9月29日，门头沟园“门创30条”专项资金首批发放，对35家创新创业企业拨付知识产权奖励资金242万元。知识产权奖励分为专利奖励和商标奖励。专利部分主要针对国内外发明专利、国内实用新型专利、国内外观设计专利进行奖励，奖励金额1000～2万元；北京精雕科技集团有限公司、北京竞业达数码科技有限公司等29家单位的181件专利获奖励。商标部分主要针对北京市著名商标进行奖励，每件奖励20万元；北京光环新网科技股份有限公司、北京鼎信体育设施有限公司等6家单位的6件商标获奖励。

（韩海建　曾　佳）

【门头沟园第二届“创新创业活动周”举办】10月12—18日，由门头沟园管委会主办的中关村门头沟科技园第二届“创新创业活动周”在园区举办。活动以“科技助推转型，创新引领时代”为主题，设第二届“创新创业活动周”开幕式暨2016年京西创新论坛、京西创客对话、“双创”书画展、12330知识产权保护服务工作站成立仪式、门头沟区青少年3D打印竞赛、创新创业投融资对接会、创客文艺汇演七大主题板块。

活动邀请市区领导、专家学者、创客和投资机构的代表等进行演讲交流，展示门头沟园的建设成果和创客风采。累计1500余人次参加。

（韩海建）

【2016年京西创新论坛举办】10月13日，中关村门头沟科技园第二届“创新创业活动周”开幕式暨2016年京西创新论坛在石龙创新大厦举办。中关村管委会主任郭洪等领导以及有关专家学者、知名创客、投资机构的代表等200余人参加。与会代表围绕“创新中国与产业发展”“军民融合与北斗应用创新”等话题展开讨论，分享科技创新新视野，探讨制度创新新思路。清华大学、中国人民解放军战略支援部队的专家分别做“北斗技术应用、创新和普及”“北斗科技与产业最新进展”主旨演讲。专家沙龙环节，北京卫星导航中心、航天科工二院十一所、北斗时空信息技术（北京）有限公司、北京芯盾时代科技有限公司的4位专家进行对话交流。开幕式专场举行中国国土经济学会北斗应用创新专业委员会落户门头沟京西创客工场揭牌仪式，专委会向门头沟区赠献《北斗发现榜：京西门头沟百佳国土名片》书法长卷，并向与会代表赠献《北斗应用创新四字歌》主题书法作品。

（韩海建　陈宝德）

【北方工业大学京西创新创业基地开园】10月14日，北方工业大学京西创新创业基地开园暨揭牌仪式在门头沟园举行。北方工业大学、门头沟区政府、门头沟园管委会等单位的相关负责人参加。基地位于创新大厦裙楼2层，面积820平方米，旨在推进北方工大的技术开发、成果转化以及创新创业人才的培养和服务。基地还将带动北方工大与门头沟区政府、门头沟园管委会的深入合作，实现共建、共享、共荣，发挥北方工大在京西地区的技术优势和人才优势，以创新推动创业。

（韩海建）

【京西创客对话活动举办】10月14日，第二届“创新创业活动周”之京西创客对话活动在石龙创新大厦举办。科技部等单位有关负责人以及经济学者、园区管理者和创客创业者等100余人参加。活动以“践行创新发展理念，加快转型升级步伐”为主题。门头沟区政府相关负责人介绍园区在推进双创工作、转型升级中的新举措与新政策，与会代表以门头沟园科技创新为切入点论述生态立区、转型发展理念，多角度展示社会各界对转型升级的思考和对策，分享创业经验，拓展创新视野。

（韩海建）

【门头沟园12330工作站成立】10月14日，中关村门头沟科技园12330知识产权保护服务工作站成立仪式在京西创客工场举行。市知识产权局、门头沟区政府、门头沟园管委会等单位相关负责人以及园区近60家企业的代表参加。仪式上，市保护知识产权举报投诉服务中心（北京12330）与门头沟区知识产权局、石龙经济技术开发区管委会共同签署《中关村门头沟科技园12330知识产权保护服务工作站共建协议》，并向园区企业赠送由北京12330组织编写的《创业知识产权宝典》《知识产权百题问答》等书籍。工作站将以企业需求和产业发展特点为导向，为门头沟区企业发展做好知识产权公共服务，为区域经济转型发展提供保障。来自法院的志愿专家还以“企业日常经营中的知识产权风险”为主题对企业开展培训。

（韩海建　陈宝德）

【门头沟区青少年3D打印竞赛举办】10月17日，第二届“创新创业活动周”之门头沟区青少年3D打印竞赛在阳光大厦举办。门头沟园管委会、区教委、团区委等单位相关负责人参加开幕仪式。比赛指定以设计吉祥物为主题，小创客们通过3D立体打印笔进行吉祥物设计、手工绘制、场景布置等制作，最终完成作品。评委针对作品的创意、形态、笔触等方面进行评分，选出优胜者。比赛包括“3D立体绘画竞赛”“3D数字建模竞赛”两个赛制项目，完全自主设计。绘画竞赛是以3D立体打印笔为操作工具绘制出指定主题的作品；数字建模竞赛是以电脑及数字建模软件为操作工具，设计出指定主题的建模作品。大赛还设有互动体验区，观赛者可现场观摩3D打印机DIY组装、3D食品打印等项目展示，亲身体验3D打印工艺成型的全过程。比赛提出创新技术走进生活、走进校园的中心思想，旨在提高孩子们的想象力和创造力，锻炼学生自主动手设计能力，借助创新技术解决现代生活面临的问题，鼓励青少年人群及科技爱好者在科学领域学习、探索、研究和实践。

（韩海建）

【投融资对接会暨弘帆书院揭牌仪式举行】10月17日，由门头沟园管委会主办的投融资对接会暨中视创新·创客弘帆书院揭牌仪式在弘帆书院举行。门头沟区政府、区发展改革委、区工商联等部门相关负责人以及企业、投融资机构的代表等30余人参加。对接会上，来自园区的企业进行路演，包括跟随与伴随机器人项目、互联网支付安全项目、农产品电商平台、内窥镜芯片项目、无人机项目、信贷源－在线信用风险评测

系统、时间管理软件项目等。京西互联网产业投资基金、京西大健康基金等创投机构、银行、基金机构的专家围绕企业的销售模式、经营体制，以及未来发展规划和前景等问题与路演嘉宾进行讨论，并表示将以股权、债权等方式支持企业的发展。同时，中视创新·创客弘帆书院揭牌成立。书院由中视新科动漫股份有限公司、门头沟园管委会和北京弘帆投资控股有限公司合作创办，将采取传统书院传道授业解惑的形式，结合双创人群鲜活实践，采用新媒体融合传统书院气息的模式描画出一批中国创新与创客文化故事，从媒体的视角演绎中国智造与创造的新活力、新机遇，探索中国创客学习交流的新模式，力争打造成为中国传统文化与新时代创新创业结合的文化传播新标杆，门头沟区创客创业团队、各类企业和人才交流的平台及创业发展的基地。

（韩海建　陈宝德）

【创客文艺汇演举办】10月18日，第二届“创新创业活动周”之创客文艺汇演在石龙创新大厦举行。活动以“科技创新，文化汇演”为主题，旨在推动园区文化科技融合发展，提升园区文艺气息，展示园区企业及园区工作者的精神风貌和精神状态。演出节目包括《园区漫步起舞》拉丁舞伦巴组合、《快乐的牛仔明星》拉丁牛仔舞、京剧《美猴王》、视频节目《开发区的灯》、大合唱《香格里拉》和《中国梦》等，老、中、青、

少四代表演者在舞台上百花齐放，各展风采。

（韩海建）

【珠峰财产保险公司北京分公司落户门头沟园】 11月21日，珠峰财产保险股份有限公司北京分公司获门头沟区工商部门颁发的营业执照。珠峰保险公司是经保监会（保监许可〔2016〕371号）批准设立的全国性财产保险公司，注册地址在西藏拉萨市，营业场所设在北京市，注册资本10亿元。分公司办公地址位于门头沟区双峪路35号熙旺中心B座，办公面积近300平方米，是珠峰保险公司首批设立的二级经营机构。公司服务网点遍布北京市各城区和郊区区域，主营业务包括机动车保险、企业/家庭财产保险及工程保险(特殊风险除外)、责任保险、船舶/货运保险、短期健康/意外伤害保险等。

（韩海建）

【北京航天环境工程有限公司入驻门头沟园】 12月2日，北京航天环境工程有限公司入驻门头沟园，注册资金2776.53万元，并与北京洪源广业科技有限公司签约，租用办公场地1605.4平方米。公司成立于1998年，前身为北京天福力高科技发展有限公司，是国内最早的工业烟气治理公司之一，主要从事挥发性有机物（VOCs）治理、水污染治理、土壤修复、固废处理、智慧环境等环保业务。入驻园区后，将依托门头沟园的创新平台与发展契机，以打造管理一流、技术领先的现代化大型环保企业为目标，加强技术创新与人才引进，提升管理水平。

（韩海建）

【航科精机公司获军民融合突出贡献单位奖】 12月10—11日，在第九届中国军民融合年会暨成果展会上，门头沟园企业北京航科精机科技有限公司获中国军民融合年会组委会颁发的2016年度军民融合突出贡献单位奖。航科精机公司是一家从事3D打印工艺、设备研发快速制造加工服务的企业，业务重点在航空航天领域，累计已为企业生产重要零部件数万件。成果展上，航科精机公司相关人员做“3D打印技术及其在航空航天领域的应用”主题发言。

（韩海建）

【中关村京西建设发展有限公司成立】 12月21日，北京中关村京西建设发展有限公司成立大会在中关村发展集团股份有限公司召开。公司由中关村发展集团、北京京西文旅产业投资基金共同出资组建，地处中关村半小时经济圈内，将以门头沟区石龙高新技术产业用地为起点，实施土地一级开发及科技园区规划建设运营服务，按照“市场主导、政府引导、全面合作、

统筹推进”的原则，搭建合作平台，促进产业转型升级，通过科技与文化高度融合的双轮驱动，建设成为长安街沿线与金融街、中央商务区等相衔接的首都西部高端功能区。12月29日，京西公司取得工商营业执照。

（李贺英）

【100余家企业获门头沟园政策补贴】 年内，门头沟园管委会发放创新创业及产业化支持资金3500余万元，受益企业100余家。其中，35家企业获知识产权奖励，181件专利及6件北京市著名商标拥有人受益，奖励资金242万元；38家企业获科研研发补贴，受益研发项目38个（其中重大研发项目6个），研发补贴金额1260万元；4家企业获创业服务支持，补贴金额185万元；4家企业的8个项目获创新创业平台建设支持，补贴金额505万元；3家企业获贷款贴息政策支持，补贴金额747万元；7家上市及新三板挂牌企业获奖励420万元；“合同包”研发补贴11个技术外包项目790万元，首次拨付113万元。

（韩海建）

【举办400余次考察对接活动】 年内，门头沟园管委会举办400余次考察对接活动，分别接待台湾中华工商业联合会、中关村华侨华人创业大会、中关村外商投资企业协会、中关村亚洲杰出企业家成长促进会等社会组织的各类考察团队，累计5500余人次。考察人员分别参观利德衡环保产业园、京西创客工场、德山生物医药孵化器等基地以及有关企业，了解门头沟园的经济运行、发展规划、区位优势、产业政策等情况。园区管委会与各考察团进行交流对接，旨在推动园区招商引资工作的开展。

（韩海建）

【举办两场“门创30条”政策解读会】 年内，门头沟园管委会分别在创客学院和德山M-lab举办两场“门创30条”政策解读会。主办方相关负责人对企业科技创新政策、创业服务支持政策等申报工作进行介绍，

并重点解读"门创30条"中研发补给创业服务的产业政策。与会代表就申报企业主体类型是否符合"一主三辅"产业定位、项目周期起止时间的具体要求、公共服务平台补贴申报方式等热点问题提出疑问，并现场得到解答。园区企业的代表累计400余人次参加。

（韩海建）

【举办两期创业政策讲堂活动】年内，门头沟园管委会和门头沟区团委在创客学院联合举办两期创业政策讲堂。第一期主题为"商标专用政策"，主要讲解商标基础知识，以商标专用权在知识产权体系中的地位为指引，解读商标的组成、分类以及注册原则和流程，引导企业重视商标注册在创业过程中的重要性，了解门头沟区商标专用权政策。第二期主题为"创业企业劳动关系处理实务"，主要内容为创业企业劳动关系处理实务，就《劳动法》、劳动关系的表现形式，劳动关系的特点，对企业规章制度、法律地位和效力以及劳动合同的订立进行解读。园区重点企业的代表和创业者累计400余人次参加。

（韩海建）

【门头沟园重点技术领域总收入174.5亿元】年内，门头沟园重点技术领域总收入174.5亿元。其中，电子信息领域在产业发展中领先，收入54.1亿元，占总收入的31.0%；先进制造领域收入43.8亿元，占总收入的25.1%；新能源与节能领域收入24.2亿元，占总收入的13.8%；环境保护领域收入4.4亿元，占总收入的2.5%；生物医药领域收入2.4亿元，占总收入的1.4%；新材料领域收入1.8亿元，占总收入的1.1%；其他领域收入43.8亿元，占总收入的25.1%。

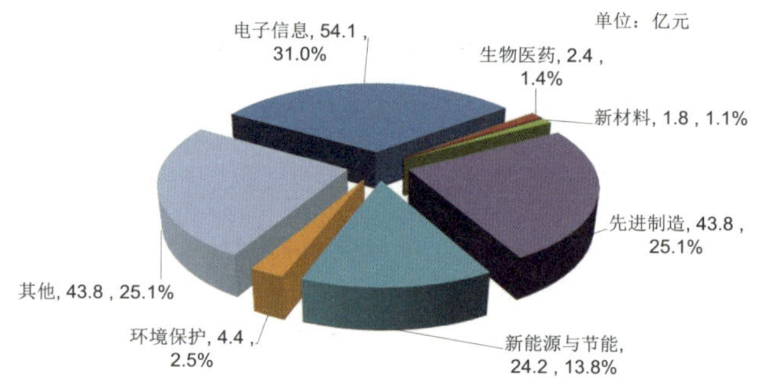

（韩海建）

平谷园

2012年10月，经国务院批复，中关村国家自主创新示范区平谷园成立。2013年2月，平谷园获授牌。园区位于北京市东北部，地处京津冀三省市交汇点，境内大秦铁路横贯东西，高速公路直达京津，内陆口岸连通首都机场和天津新港，区位优势明显，系首都生态涵养区，历史文化底蕴深厚，居住生活环境良好。园区规划占地面积508公顷，包括北京马坊工业园区（1区、2区、3区）、北京兴谷经济开发区（A、C区和B区）、峪口新能源产业基地、北京市平谷区马坊物流基地园区共7块地域4个园区，各园区高新产业用地分别占平谷园规划占地总面积的41.7%、49.8%、5.9%、2.6%。园区以通用航空、高端食品与健康、现代物流和电子商务、休闲健康等为主导产业，形成以北京通用航空产业基地、中关村食品产业网络发展基地、北京平谷马坊物流基地、北京轨道交通设备产业基地等为核心的各大产业集群。兴谷开发区主要以仪器仪表、通用航空、健康食品等为重点产业；马坊工业园区以生物医药、新能源、现代制造为主导产业；峪口产业基地尚处于由二产向三产转型发展阶段；马坊物流基地主要分为口岸功能区、电子商务园、御马坊国际物流中心、物流总部。园区拥有北京普析通用仪器有限责任公司、北京市富乐科技开发有限公司等知名企业，兴谷孵化中心、马坊创业大厦、环渤海创业大厦等可为各种创新创业企业及项目提供全方位的支持。平谷园立足区域功能定位，以京津冀协同发展、非首都功能疏解以及2020年世界休闲大会为契机，充分发挥自身在中关村示范区“一区十六园”中的后发优势和京津冀区域协作北京市东北部节点的生态、区位、资源优势，对接北京市“高精尖”产业发展战略和中关村示范区最新的产业发展导向，按照“创新驱动、辐射引领、区域协同、绿色集约”的发展原则，优化存量、培育增量、做大总量，打造中关村科研成果转化基地、首都通用航空产业基地、京东大健康产业基地、特色生态型总部基地，电子商务和口岸融合发展，形成“两园三区四基地”的空间格局，促进产业由集聚向集群发展转变。平谷园深入推进与天津市蓟县、河北省三河市等周边地区的合作，提升园区作为京津冀东部区域的中心地位，辐射带动平蓟三兴多区域实现协同发展，发挥生态环境优势，统筹推进休闲文化产业，引领地区经济转型升级，使平谷园成为中关村示范区的重要功能区、京东生态科技新城。园区企业可享受到国家、北京市、中关村示范区等各级机构的各类优惠政策。

平谷园管理委员会领导成员

主　　任　李永生
常务副主任　胡东升
副 主 任　徐双合

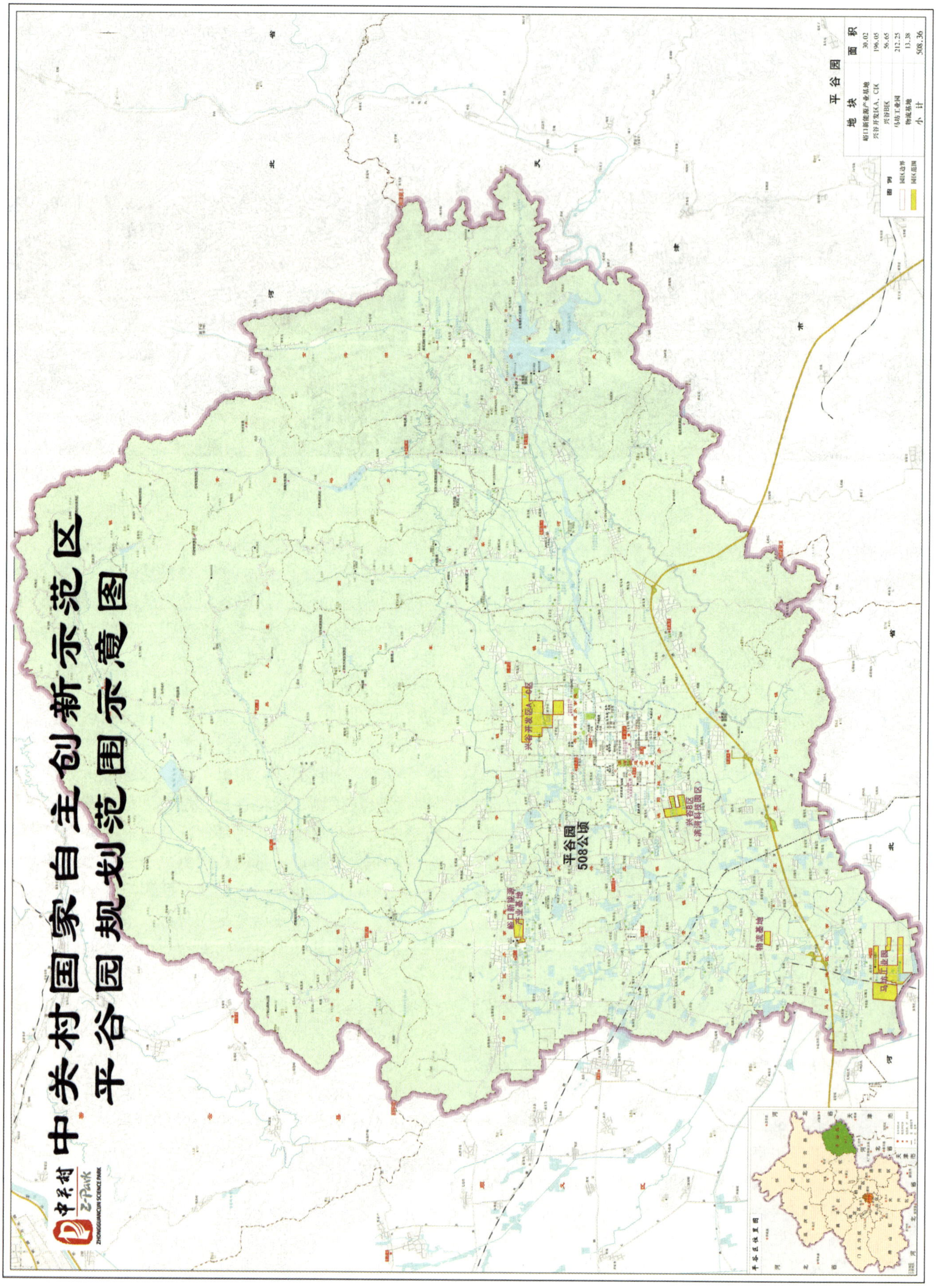
中关村国家自主创新示范区
平谷园规划范围示意图
中关村 Z-Park ZHONGGUANCUN SCIENCE PARK
平谷园
地块 面积
峪口新能源产业基地 30.02
兴谷开发区A、C区 196.05
兴谷B区 56.65
马坊工业园 212.25
物流基地 13.38
小计 508.36
图例
园区边界
园区范围
平谷园
508公顷
兴谷开发区A、C区
兴谷B区（滨河科技园区）
峪口新能源产业基地
物流基地
马坊工业园
平谷区位置图

【概况】 2016年，平谷园以京津冀协同发展和非首都功能疏解为契机，实施创新驱动发展战略，聚集优势产业，进一步调整产业结构，优化产业布局，为推动地区经济发展。年内，园区入统高新技术企业总数96家；从业人员1.3万人；工业总产值84.7亿元；总收入122.2亿元；进出口总额1.3亿美元；实缴税费总额6.7亿元；利润总额7.7亿元；资产总计183.5亿元；科技活动经费支出总额4.2亿元；专利申请127件，专利授权119件。

制定并发布平谷园“十三五”规划。 平谷园结合发展现状、面临问题、发展环境和空间布局，出台《平谷区“十三五”时期中关村平谷园发展规划》，明确园区发展总体思路和目标、发展重点和空间布局，并确立“十三五”时期的园区主要任务。

“一做两抓”，为园区企业服务。 做好企业服务工作。在工商注册登记方面为企业提供优质便捷的服务，与地税工作组核实企业有效信息、清理地税历史遗留问题、接待上门办理业务、解答来电咨询。联合金融部门，编制《中关村平谷园银行创新产品汇编》，扩充企业融资渠道。组织召开政策宣讲会、银企对接会、校企对接会、创投对接会，接待单个企业政策咨询，多次赴企业调研。引进企业23家，总注册资本1.91亿元，其中注册资本超过1亿元的1家，累计税收总入库2000余万元；华瑞联合航空技术有限公司、泊鹭通航产业公司与通用航空基地签订协议，瑞士皮拉图斯飞机项目、美国海王飞机项目入驻基地。

力推融资产品，助小微企业发展。 与工商银行平谷支行、邮政储蓄银行平谷支行等金融机构组织政策解读座谈会、“捷融”融资培训会，对“科技通”“网贷通”等融资产品进行解读；平谷区经济信息化委与建设银行平谷支行签订“助保贷”合作协议，通过整合政府、企业信用资源，政府增信、企业互助，建立助保金池和“目标客户库”，共同缓解小微企业融资难题。

发展特色产业，培育经济增长点。 顺应北京地区发展航空经济的大趋势，通航基地建设稳步推进。以运营服务业为主导，完成起步区、P750项目用地控规，机场选址论证及可行性研究报告编制；备降机场改造工程完工，第一架P750飞机交付使用。引导企业由初加工向精深加工发展，充分发挥政策支持作用，扶持食品企业改造生产线和生产工艺，拓展产品研发、销售、食品安全检测、冷链物流仓储等产业链环节。突出主体培育，以北京市富乐科技开发有限公司为引领，加快生物医药产业发展，推进马坊医疗器械产业园建设，有效提升生物医药产业发展层次、质量和效益，进一步构建循环产业体系，实现产业结构优化升级。

加强园区建设，改善创新创业大环境。 新认定高新技术企业20家，到期复核通过并获得新证书企业23家，其中国高新企业52家。马坊物流基地获市商务委、北京海关等部门的中国（北京）跨境电子商务产业园授牌，基地将搭平台、聚资源、建机制，迎接更多的电子商务企业入园投资发展。中关村健源食品微生物技术产业创新战略联盟成立，将开展协同创新，促进中关村示范区内的食品微生物企业技术改造与升级。北京兴谷经济开发区、北京马坊工业园区获批市经济和信息化委、市环保局授予的第二批“北京市生态工业园区”。

（席　锴）

【推进平蓟三兴重点产业合作】 1月8日，平蓟三兴重点产业合作会在河北省兴隆县举行，马坊物流基地管委会、三河市新兴产业园区管委会、兴隆县商务局等单位相关负责人20余人参加。三方围绕特色农产品进京、网上销售、展示交易和农产品出口等方面的具体合作进行探讨。马坊物流基地管委会将利用京津冀都市圈的中心节点位置、平谷口岸便利化通关、保税物流优惠政策和产业基础设施，深化平蓟三兴产业领域的合作，在保障首都城市功能运转的基础上，助力三河市打造“世界商谷·燕郊国际商贸城”，协助兴隆县特色农产品实现线上销售、线下展示并扩大出口，同时加快平谷区“口岸商谷”建设，促进周边企业及商品向马坊物流基地集聚，推动区域经济发展。

（郭欣平）

【马坊基地与中通商谷公司签署合作协议】 1月18日，北京市马坊物流基地基础设施开发建设有限公司与中通商谷供应链投资控股有限公司签署合作协议书。根据协议，双方将共同成立中国世界贸易组织非洲

委员会采购供应基地，建立以产品展示、物流采购信息、电子商务及口岸通关为主要服务内容，集通关、商贸、物流服务于一体的综合平台，发挥中通商谷公司在中非贸易、跨境电商领域的人才、技术、资金和管理等优势，利用马坊物流基地保税库等政策资源，为进出口企业提供方便快捷的通关通检服务以及相关产品的线下展示交易。中通商谷公司还将作为马坊物流基地电子商务大厦1层、2层的主体，负责招商运营工作，双方将在中非贸易和跨境电商等领域开展深度合作。

（郭欣平）

【平谷园校企对接会召开】1月19日，由平谷园管委会组织的中关村平谷园校企对接会在平谷区召开，旨在为高校、招聘单位及第三方招聘平台搭建交流合作平台。北京交通大学、南开大学生命科学学院、中国农业大学食品学院3家高校和大学生招聘平台“椅子网”，以及北京市富乐科技开发有限公司、北京普析通用仪器有限责任公司等平谷园高新技术企业参会。会上，各高校代表介绍各自学校的专业、生源等情况；公司代表讲述了各自企业的人才需求及整体情况；与会人员就企业人才引进、高校大学生就业等议题进行探讨。校企商定将加强合作，为大学生人才提供实习及就业岗位。

（席　锴）

【千喜鹤公司获分布式光伏发电项目奖励】3月14日，市发展改革委印发《关于公布北京市分布式光伏发电项目奖励名单（第一批）的通知》（京发改〔2016〕394号），北京千喜鹤食品有限公司二期太阳能屋顶并网电站示范工程获北京市首批分布式光伏发电奖励资金，奖励期限5年。项目并网规模910千瓦，每年发电量约100万千瓦时，市财政按照发电量给予0.3元/千瓦时的奖励。

（席　锴）

【“捷融”融资培训会举办】5月24日，北京市中小企业服务平台、北京国资融资租赁股份有限公司、中国邮政储蓄银行平谷支行在平谷园举办“捷融”系列融资培训会。会上，国资融资公司、储蓄银行平谷支行相关负责人针对平谷区中小企业融资规划、信贷需求和融资租赁业务等相关扶持政策进行培训。北京普析通用仪器有限责任公司、北京市富乐科技开发有限公司等20余家园区高新技术企业代表50余人参加。

（席　锴）

【“十三五”时期中关村平谷园发展规划出台】5月，平谷区经济和信息化委印发《平谷区“十三五”时期中关村平谷园发展规划》。按照规划，“十三五”期间，平谷园将发挥园区交通区位优势和中关村示范区政策资源优势，与河北省兴隆县、三河市及天津市蓟县等地合作建设“园中园”；重点实施“两提升+三做大+四培育”工程，即提升汽车零部件和食品饮料加工两大传统主导产业，做大总部经济、“互联网+物流”、高端商务休闲三大现代服务业集聚区规模，培育通用航空、大健康、智能装备制造、新能源四大“高精尖”新兴产业，初步构建“高精尖”产业体系；通过增量调控，优化园区产业布局，打造“两园三区四基地”空间格局。

（席　锴）

【博雅英杰物联网北斗产业基地项目开工】8月10日，由马坊物流基地管委会主办的博雅英杰物联网北斗产业基地项目开工典礼在园区举行。工商银行平谷支行、北京筑都方圆建筑设计有限公司等单位相关负责人参加。基地位于马坊物流基地，由北京博雅英杰科技股份有限公司投资兴建，计划投资4亿元，总占地面积约3.4公顷，总建筑面积约10万平方米，将建成为集物流仓储销售、产品展示、科技研发、生产加工、大型卖场等为一体的高科技商贸、物流园区，开展民用无人机、无人艇、智能机器人、亚米级北斗精确导航、智能物流等物联网、云计算项目的开发。

（郭欣平）

【富乐科技公司9项产品入选市新技术新产品名单】8月25日，市科委、市发展改革委、中关村管委会等6家单位联合印发《关于公示第四批北京市新技术新产品（服务）名单的通知》（京科发〔2016〕486号）。平谷园内北京市富乐科技开发有限公司的脊柱后路钉棒系统（Usmart）、脊柱后路钉棒系统（COX）、脊柱后路钉棒系统（MIKO）、空心钉系统、颈椎后路钉板系统、椎间融合器、锁定接骨板、脊柱后路内固定系统、脊柱前路钉板系统9项产品入选，并获市科委等单位颁发的北京市新技术新产品（服务）证书，

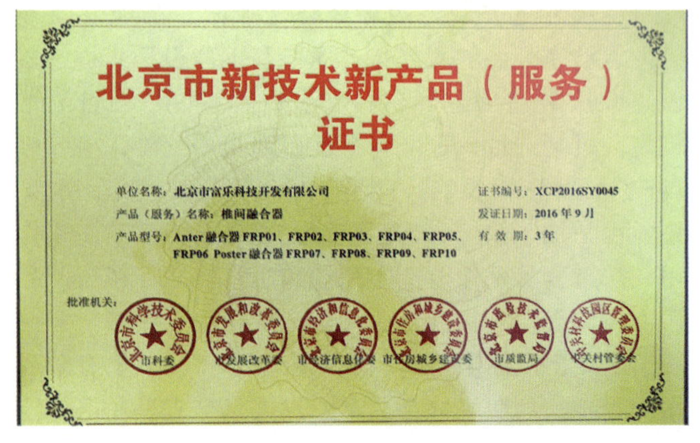
北京市新技术新产品（服务）
证书

单位名称：北京市富乐科技开发有限公司　证书编号：XCP2016SY0045
产品（服务）名称：椎间融合器　发证日期：2016年9月
产品型号：Anter融合器FRP01、FRP02、FRP03、FRP04、FRP05、FRP06 Poster融合器FRP07、FRP08、FRP09、FRP10　有效期：3年

批准机关：
市科委　市发展改革委　市经济信息化委　市住房城乡建设委　市质监局　中关村管委会

有效期3年。产品涉及生物、医药与医疗器械技术领域，均应用在医疗行业。

（席　锴）

【北京爱飞客航空休闲嘉年华举办】 8月27日，由北京通用航空产业基地管委会、中航通用飞机有限责任公司、北京宋致露营投资管理有限公司主办的2016北京爱飞客航空休闲嘉年华在马坊石佛寺机场开幕，中航工业集团公司、市科委、中关村管委会、平谷区政府等单位相关负责人参加，近1000人次观众参与。活动以“爱飞客、爱生活、爱平谷”为主题，旨在传播航空文化、体验休闲生活、助推北京通航发展。开幕式上，平谷区政府与中航通用公司签署合作协议，双方拟建设集通用航空产业与创意文化产业融合发展的北京爱飞客通用航空综合集聚示范区。30余家企业参展，设有航空飞行表演、展览展示、“海陆空”全元素玩营地等活动。中航通用公司旗下包括小鹰500、西锐SR20、A2C、海鸥300等型号的固定翼飞机、初级教练机、高端飞行器近100架，进行“空中芭蕾”、直升机开酒瓶、“四机编队”等飞行及特技表演。爱飞客公益基金组织“小小飞行侠”航空科普大讲堂，现场讲解航空知识，进行场景模拟，为“小飞侠”们手把手辅导飞机模型制作。北京宋致露营公司带来更多元的露营地玩法，汽车、房车、帐篷营地和奇炫“海陆空”相配合，展示营地生活时尚前沿的一面。

（席　锴）

【马坊物流基地获批跨境电子商务产业园】 9月29日，在北京跨境电商产业发布会上，马坊物流基地园区获市商务委、北京海关等部门颁发的中国（北京）跨境电子商务产业园授牌。基地将发挥示范作用，充分利用首都政策环境、航路资源和口岸建设体系等方面优势，搭建政府、企业之间信息共享和产业合作的交流平台，促进区域经济快速发展，迎接更多的电子商务企业到基地投资发展。基地在发展跨境电子产业的工作包括：搭平台——搭好基础设施、人才创业、金融服务平台；聚资源——聚政策、功能、信息资源为一体；建机制——完善口岸联席会议制度、推动质量安全追溯体系建设、建立奖励和信息共享机制。

（郭欣平）

【中关村健源食品微生物创新联盟成立】 10月27日，中关村健源食品微生物技术产业创新战略联盟第一次会员大会召开，平谷区经济信息化委、平谷园管委会等单位相关负责人参加。联盟由北京晶品赛思科技有限公司、中国农业大学食品学院等院校、企业、科研机构共同发起，旨在以政产学研用推动食品生物技术创新，引领大健康产业发展。首批联盟企业30家，北京味食源食品科技有限责任公司董事长田崇华为首届理事长。联盟将带动中关村示范区内食品微生物相关的上下游企业以应用为导向、以产业为主线、以技术为核心、以创新为动力，形成“高、新、轻、智、特”的“高精尖”产品创新集群，建立京津冀区域具有核心竞争力的食品微生物技术产业安全健康中心。

（席　锴）

【两家航空企业入驻通用航空基地】 11月1日，北京通用航空产业基地在珠海中国航展中心现场召开专场推介会，华瑞联合航空技术有限公司、泊鹭通航产业公司与北京通用航空产业基地管委会签订战略合作协议，标志着瑞士皮拉图斯飞机项目、美国海王飞机项目入驻基地。华瑞航空公司是瑞士皮拉图斯飞机公司中国区总经销商，主要经营瑞士皮拉图斯通用航空系列飞机，且负责皮拉图斯品牌市场开发，PC-6多用途作业飞机、PC-12多用途公务机销售，网络建设及飞机售后服务等，是一家通用及公务航空领域多元化发展企业。泊鹭通航公司中国总部位于深圳市，致力于通航飞机的研发、设计、生产和运营，2012年完成对美国海王飞机公司的重组，2013年成立上海办事处，2015年取得中国民航CAAC的适航认证及生产认证，将在金海湖地区投资建设海王水陆两栖飞机旅游营地，以“旅游+航空”的模式，开展飞机销售、托管、飞行体验、飞行员培训等业务，传播航空休闲文化。

（席　锴）

【科技政策解读会举办】12 月 6 日，由平谷园管委会主办的中关村平谷园、国税、科委、工行平谷支行政策解读会在平谷区中小企业平台举办，旨在最大限度地发挥政策效应，增加企业融资渠道，促进企业发展。北京普析通用仪器有限责任公司、北京白象新技术有限公司等 20 余家企业代表参加。平谷园管委会、区国税局、区科委等单位相关人员对高新技术企业认定、

技术合同登记、首都科技创新券、中关村技术能力创新、企业改制和上市并购、研发费用加计扣除等科技金融政策进行解读；工商银行平谷支行推介“科技通”“网贷通”等金融产品。

（席　锴）

【“助保贷”助小微企业发展】年内，平谷区经济信息化委与建设银行平谷支行签订“助保贷”合作协议，旨在通过开发整合政府、企业信用资源，政府增信、企业互助，共同缓解小微企业融资难题。该融资模式由银、政、企三方合作，在建立助保金池和“目标客户库”后，建设银行根据信贷业务的要求对拟贷款企业进行贷前调查，并根据企业实际情况确定贷款额度及期限、利率。截至年底，共为 4 家企业发放贷款 1340 万元。

（席　锴）

【首都经济圈区域物流协同服务试点项目通过验收】年内，首都经济圈区域物流协同服务试点项目通过验收。2012 年 8 月，发展改革委批准项目列入国家高技术产业发展项目计划（发改办高技〔2012〕2219 号），由北京京津港国际物流有限公司实施，投资 4200 余万元。研发物流中国信息网软件、物流中国信息网后台管理系统、e 管车车辆管理系统 Web 版、e 配货信息网手机客户端 iPhone 版和 Android 版 5 项软件著作权成果，通过“呼叫中心、协同服务中心、预警服务中心”三大子系统，实现信息发布与搜索、网上招投标及交易、物流监控服务、物流应急信息服务等系统功能。截至 2015 年底，平台会员数量超过 12 万人，实现年销售收入 7000 余万元，市场范围从京津冀区域推向全国。项目推广应用在农产品、快消品、电子产品、食品冷链等行业，规范中小物流企业操作流程，降低车辆空驶率和企业成本，实现节能减排。

（郭欣平）

【平谷园重点技术领域总收入 122.2 亿元】年内，平谷园重点技术领域总收入 122.2 亿元。其中，先进制造领域在产业发展中领先，收入 52.2 亿元，占总收入的 42.7%；新能源与节能领域收入 26.4 亿元，占总收入的 21.6%；生物医药领域收入 12.0 亿元，占总收入的 9.8%；电子信息领域收入 9.6 亿元，占总收入的 7.9%；新材料领域收入 5.5 亿元，占总收入的 4.5%；环境保护领域收入 2.1 亿元，占总收入的 1.7%；其他领域收入 14.4 亿元，占总收入的 11.8%。

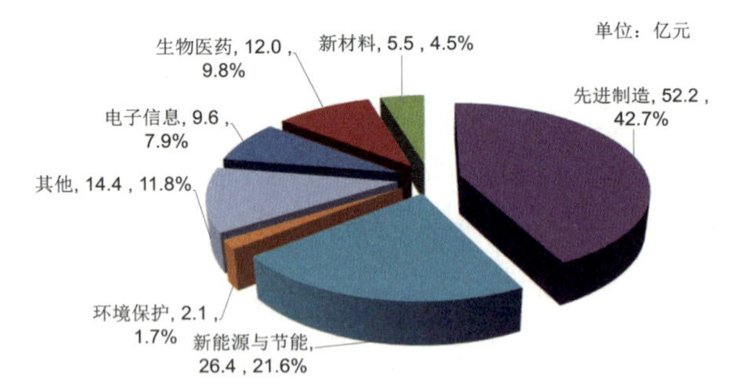

（席　锴）

怀柔园

2012年10月，经国务院批复，以北京雁栖经济开发区主园区为核心的711.01公顷土地面积被纳入中关村国家自主创新示范区。2013年3月7日，中关村示范区怀柔园揭牌。园区位于雁栖湖畔，包括核心区西区、中区、南区以及北区1～4区共7块区域。西、中、南区面积662.5公顷，位于雁栖开发区内；北区面积48.5公顷，在怀北镇，分属中国科学院大学校区及创新基地用地。根据怀柔区建设文化科技高端产业新区的总体目标及“641”整体布局，怀柔园确定总体产业规划，重点发展以特色新材料为主的纳米科技产业、以专业技术研发为重点的科技服务业、以云计算和物联网为重点的数字信息产业。纳米科技产业园建于2012年4月21日，由市科委与怀柔区政府共同打造，主要涵盖纳米领域共性技术研发、科技成果孵化、成果落地转化、产业化支撑服务四大功能，致力于纳米科技在能源、电子、环境、生物医药四大领域的应用。2013年，产业园被科技部评定为“国家纳米高新技术产业化基地”，产业园现有46个纳米项目入驻，包括国家“千人计划”入选者、中科院外籍院士王中林领衔的纳米发电机，中科院院士、清华大学范守善的超顺排碳纳米管，中科院化学所宋延林的绿色打印印刷，中组部首批“千人计划”特聘专家项晓东的东泮材料基因等前沿科技项目。科技服务产业园以中科院北京怀柔科教产业园为基础，重点发展研发和设计服务、创业及产业化服务以及科技咨询服务，聚集中科院部分科研机构、中国航空综合技术研究所等一大批科技服务资源。数字信息产业园主要以中科院网络中心为代表，大力培育并加快发展云计算应用、物联网关键技术、大型数据中心、数字内容等服务业态，目标是建成特色鲜明、创新能力极强、产业配套完善、具备国内竞争力的数据信息服务基地。网络中心的北京超级云计算中心项目如期完成一期建设，全部建成后将实现院市共建千万亿次级计算机的超级计算环境，同时还是北京同城信息化设施的重要备份中心、国家域名顶级节点同城灾备中心，将成为面向科研信息化与区域信息化需求服务的平台。园区市政基础设施全面实现“十通一平”，建有变电站、水厂、热力中心、银行等配套设施，包括万方研发服务中心等商务配套，顶秀美泉小镇等生活配套，已有来自美国、英国等国家的企业入驻。园区企业可享受到国家、北京市、中关村示范区、怀柔区的各项政策。

怀柔园管理委员会领导成员

主　　任	周福枢
党委书记	刘怀英
党委副书记 纪委书记	李建荣（女）
副 主 任	肖东亮（女）　杨　飞

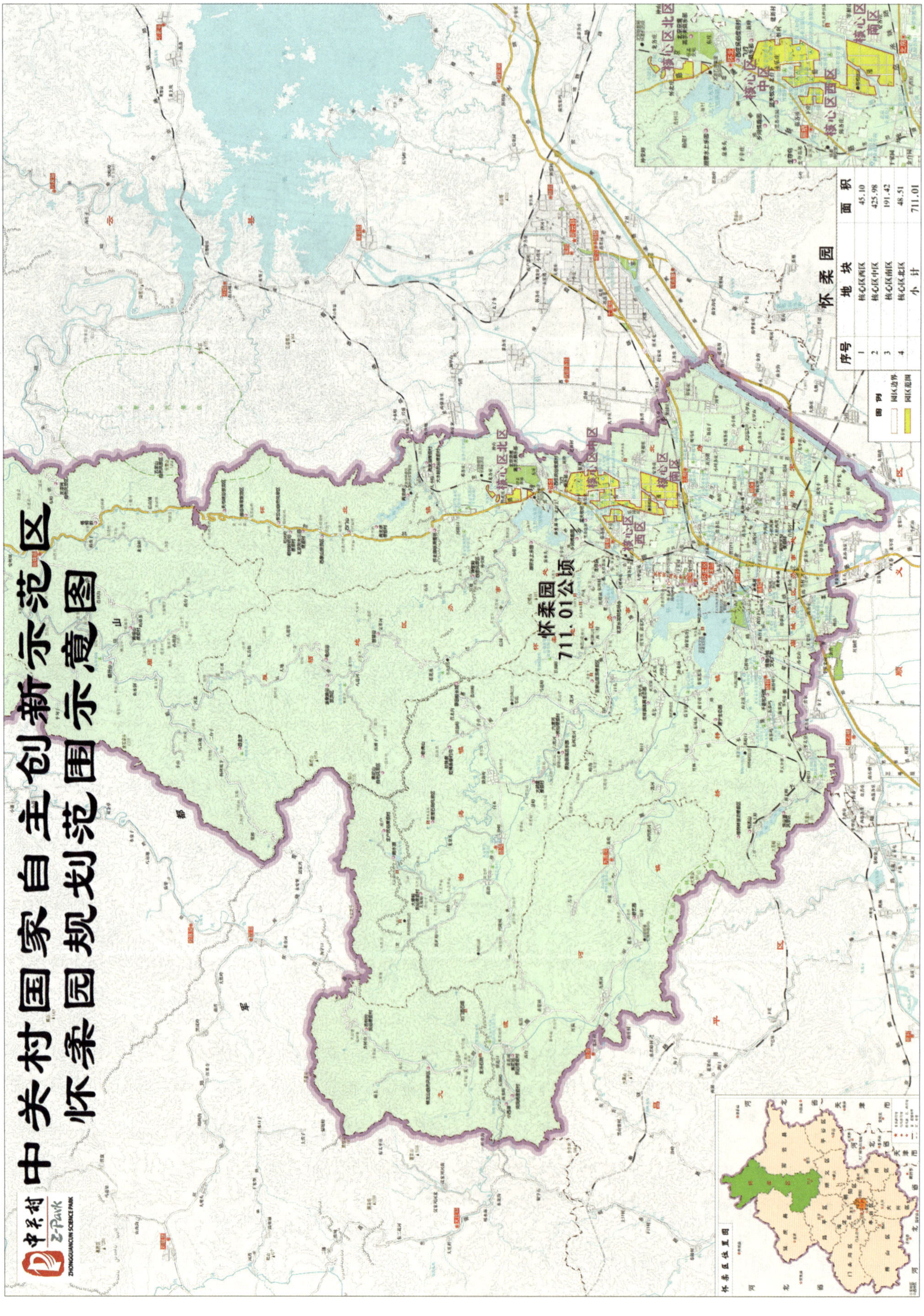

中关村国家自主创新示范区
怀柔园规划范围示意图

怀柔园
711.01公顷

核心区北区
核心区中区
核心区西区
核心区南区

怀柔园

序号	地块	面积
1	核心区西区	45.10
2	核心区中区	425.98
3	核心区南区	191.42
4	核心区北区	48.51
	小计	711.01

图例
园区边界
园区范围

怀柔区位置图

【概况】2016年，怀柔园高新技术产业快速发展，科技创新活动活跃，总体稳增长态势良好。年内，园区入统高新技术企业总数144家；从业人员3万人；工业总产值346.8亿元；总收入522.8亿元；进出口总额3.3亿美元；实缴税费总额21.4亿元；利润总额34.9亿元；资产总计636.5亿元；科技活动经费支出总额16.6亿元；专利申请494件，专利授权252件。

*招商引资成效显著。*年内，共引进金属富勒醇抗肿瘤纳米药物产业化等实体项目17个，总投资36.8亿元，达产经营收入91亿元，税收10亿余元。租赁厂房或办公项目15个，利用闲置空间近3.2万平方米，投资28亿元，达产经营收入20亿元，税收2亿余元。引进项目大部分科技含量较高，发展前景较好，其中属于技术研发类的占比达80%以上，多为科技服务性产业，在园区经济结构调整中起到引领作用。全年引进北京特麦科技有限公司、北京新医文化有限公司等注册型企业219家，其中注册资本1亿元以上企业8家，5亿元以上2家，总注册资本45亿余元。

*推进重点工程建设。*综合极端条件实验装置项目修改可研报告和能评报告，获发展改革委批复；北京先进光源验证装置各项工作按照计划正常开展，进行项目建议书土建方案设计工作；地球系统数值模拟装置项目建议书修改完善；华信集团总部基地、竞技世界总部基地项目完成考古勘察、交通影响评价报告并上报，办理相关合同；ETC电子标签生产基地项目取得钉桩报告及规划意见书，并办理发展改革委立项；中科佰能项目完成地价评审；中科院纳米能源与系统研究所项目开工建设；北京声望电子科技有限公司项目取得权属审查，待市政府批复以协议出让方式供地；清华大学碳纳米管项目在进行外立面施工以及室内装修和水、电、暖通、消防等专业安装施工。

*征地工作取得阶段性进展。*至年底，B区1号、2号（雁栖镇北台下村）、4号、6号地（怀北镇西庄村）已完成全部地上物补偿协议签订工作，为后续供地工作打下坚实基础。

*搭建企业服务平台。*针对园区企业，开展知识产权专利检索分析。通过网站检索、企业调查、台账对比等方式，对企业专利情况进行统计分析。完善企业交流平台，建立企业台账。通过建立企业QQ群、微信群等沟通渠道，确定企业联系人，定期联系，确保服务工作有效开展，并建立企业走访调研台账，按季度进行上报。邀请中关村政策宣讲团现场解读政策具体内容、实施办法和申请程序，累计发放资料200余份。梳理现行政策，编写新版《中关村怀柔园北京雁栖经济开发区政策汇编》，共收集政策文件49件。

（雷思源）

【550千瓦光伏示范项目启动】1月14日，由英利能源（北京）有限公司主办的玛氏550千瓦光伏示范项目启动仪式在玛氏食品（中国）有限公司举行。怀柔区发展改革委、区电网公司以及部分企业的代表参加。项目2015年12月完成并网调试，由英利公司投资，以“合同能源管理”模式运营，利用玛氏公司办公室屋顶空闲面积和员工汽车停车场，英利北京公司负责设计、安装、维护，所发全部电力按照低于市电价格由玛氏公司就近消纳。项目占地面积约4000平方米，总装机容量550千瓦，其中办公室屋顶87千瓦、停车场463千瓦，采用英利公司250瓦多晶高效组件，380伏低压用户侧并网接入，自发自用，余电上网。电站设计寿命25年，平均发电量约55万千瓦时，年可节约标准煤约220吨，减少二氧化碳排放量约520吨，二氧化硫排放量约16吨。

（李伟屹）

【声望声电公司推出两款录音产品】4月5—8日，北京声望声电技术有限公司携MicW全系列产品参加在德国法兰克福市举办的国际灯光音响展。展会期间，公司推出两款全新产品，分别是3D录音套装、大振膜录音麦克。录音套装是一款专为智能手机而设计的3D录音解决方案，旨在解决音频的虚拟现实技术问题，既可用在3D环绕音频的录制上，也可为研究人员提供现实声场的全景采样，适合汽车NVH工程分析使用。录音麦克属D系列，可填补MicW在传统的录音领域中大振膜产品的空档，针对网络主播和自媒体录音提出完美的解决方案。

（范森淋）

【新辣道公司获中国食品健康七星奖】4月12日，在第五届中国食品健康七星奖颁奖典礼上，北京新辣道餐饮管理有限公司凭借其在全渠道方面的领先优势，获中国食品健康七星奖供应链管理奖。北京鸿日鸿源食品有限公司系新辣道公司2012年成立的全资子公司，位于雁栖开发区内，租用厂房5000平方米，为其总公司提供全系列产品，2015年产值1.7亿元，解决当地就业近100人。（中国食品健康七星奖是由艺康集团与第一财经联合主办，并携手食品行业专家、学者和相关政府部门共同打造的关于食品安全领域的最高规格奖项。）

（张　蕾）

【世界知识产权日培训会举办】 4月26日，由怀柔区知识产权局、区商委、12330雁栖开发区工作站主办的2016年世界知识产权日培训会举办。北京碧水源膜科技有限公司、北京康普锡威科技有限公司、北京中科纳通电子技术有限公司等50余家企业的代表参加。

培训班邀请北京专利代办处、北京彭丽芳知识产权代理有限公司的专家，分别为园区企业做电子申请及常见问题、专利申请操作流程、企业知识产权战略等讲解，内容涉及纳米材料、纳米电子、纳米印刷等领域。培训结束后，企业代表参观知识产权宣传展板。

（王焱霖）

【抑制肿瘤转移纳米药物项目落户怀柔园】 5月5日，中科院高能物理研究所、国家纳米中心与怀柔园管委会就金属富勒醇抗肿瘤纳米药物产业化项目入驻纳米科技产业园举行签约仪式。项目一期计划租赁1.3万平方米厂房，投资15亿～20亿元，1年内实现金属富勒醇抗肿瘤纳米材料的规模化制备，并报批国家食品药品监管局和美国药监局进行临床实验。二期投资200亿元，建设金属钆富勒醇“监禁肿瘤”纳米药物研发总部及永久性产业园，设计产能为500万支/年，拟在3～5年内实现产业化，成为具有自主知识产权的原创性1.1类新药。金属钆富勒醇是将稀土钆内包于直径约1纳米、含有82个碳的富勒烯纳米烯碳内部，再在富勒烯表面修饰22个羟基。因其球体外壳完全由碳原子组成，金属钆原子悬浮于1个由π电子云包围起来的真空球形空间内，使金属原子被限制在1个纳米空间内，而形成独特的抗肿瘤效应。钆富勒醇不杀死肿瘤细胞，是通过调节肿瘤细胞周围的微环境，把肿瘤细胞“监禁”起来导致凋亡，以抑制肿瘤生长、转移，患者在治疗过程中无须再进行化疗和放疗，可减轻患者痛苦和医疗负担。

（张　蕾）

【中科院公众科学日活动举办】 5月20日，由中科院北京怀柔科教产业园主办的中国科学院第十二届公众科学日、中国科学院北京怀柔科教产业园第一届公众科学日活动在雁栖开发区举办。怀柔区科普基地成员以及大、中、小学生和社会公众等400余人参加。与会者听取中科院相关专家做的“创新驱动发展与北京综合研究中心（怀柔科学城）建设”“漫谈古生物学”“高性能计算破解生命密码”的专题报告和科普讲座，参观中科院力学研究所的复现高超声速飞行条件激波风洞实验室、高速列车动模型实验室；中科院电子研究所的高速精密机械加工中心、环境模拟与可靠性试验中心；中科院计算机网络信息中心的北京超级云计算中心超级计算机“元”；中科院空间科学与应用研究中心的空间科学任务大厅、中科院空间科学战略性先导科技专项卫星工程科普展厅；北京综合性国家科学中心的高能同步辐射光源、综合极端条件实验装置、地球系统数值模拟器三大科学装置沙盘及展板。

（雷思源）

【跨境电子商务产业园总部基地落户怀柔园】 5月29日，在2016年中国（北京）电子商务大会上，怀柔园管委会与上海维龙企业管理咨询有限公司、软通动力信息技术（集团）有限公司签署《北京市怀柔区跨境电子商务产业园总部基地项目合作框架协议》。项目由两家企业共同投资，拟建研发中心、跨境电商体验中心、跨境电商O2O体验店，实现线上线下相结合、产业与园区相结合以及研发、销售、总部结算等功能，同时还将为软通动力公司等电子商务类企业提供定制物业服务和高端物业管理服务等。

（崔银龙）

【电信技术仪表研究所SMT项目落户怀柔园】 6月24日，电信科学技术仪表研究所与怀柔园管委会签署《SMT项目用地意向协议》，拟购买D区1.34公顷土地，

一期投资1.8亿余元。项目主要业务是为SMT提供综合配套服务，涵盖元器件配套及智能仓储、SMT智能制造、产品自动化组装及测试、电装工艺研究及培训、行业标准制订、个性化3D模具打印及芯片封测等，将承担军工、特通、航天等领域多项重点科研项目试制任务，其电装产品涉及军事、工业、农业、信息等多个行业和领域。

（李伟屹）

【两家企业获全国“守合同重信用”称号】 6月27日，工商总局印发《关于公示2014—2015年度“守合同重信用”企业的公告》（工商市字〔2016〕118号）。怀柔园内北京博龙阳光新能源高科技开发有限公司、北京奥康达体育用品有限公司两家企业入选，属于生物工程和新医药、先进制造技术领域。两家企业合同履约状况好，合同行为规范，合同信用管理体系健全，社会信誉好。

（雷思源）

【国家动力电池创新中心落户怀柔园】 6月30日，由工业和信息化部主办的动力电池战略发展研讨会暨国家动力电池创新中心成立大会在京举行。工业和信息化部部长苗圩、北京市副市长隋振江等领导以及发展改革委、国资委等单位有关负责人和国家动力电池创新中心组建单位、中国汽车动力电池产业协同创新联盟成员单位的代表参加。国家动力电池创新中心是《中国制造2025》的五大工程之一，也是中国首个国家级制造业创新中心，由国联汽车动力电池研究院有限责任公司建设，位于北京有色金属研究总院怀柔基地内，占地面积约2公顷。创新中心以“公司＋联盟”的模式组建，将形成以国联公司为核心，股东单位为主体，行业骨干企业、国内高校、科研机构、关联企业为重要成员的国家动力电池创新平台。创新中心将聚焦新能源汽车产业中的核心——动力电池，围绕动力电池技术经济性和产品质量，结合动力电池产业发展的重大需求，以研发设计、测试验证、中试孵化和行业服务为主要任务，并通过人才培养、成果推行和国际合作等方式，加快科技成果的产业化应用，实现中国动力电池产业竞争力的跨越式提升。

（雷思源　杜　玲）

【中国航空航天增材制造技术与应用论坛举办】 7月7—8日，由中国航空航天工具协会、中国航空综合技术研究所主办的首届中国航空航天增材制造技术与应用论坛在中航所举办。论坛以“航空航天增材制造”为主题，工业和信息化部等单位相关负责人以及国内金属增材制造领域具有代表性的高校、科研院所、企业、行业协会的代表等近200人参加。中国工程院院士卢秉恒、王华明分别做题为“3D打印在航空航天领域的应用”“高性能大型金属构件增材制造技术应用及展望”的主旨报告，对国内外增材制造技术的发展现状及在航空航天领域的应用进行分析。活动设两个分论坛，中国运载火箭研究院、北京遥感设备研究所、中航工业制造所、清华大学等单位的14位航空航天增材制造专家就增材制造技术发展在航空航天及发动机的应用、轻量化设计、工艺、检测、标准体系建设等热点做专题演讲，并进行探讨。

（雷思源）

【公共照明改造工程竣工】 7月21日，怀柔园管委会组织的公共照明改造工程招标结束，北京华电北辰电力安装有限公司中标。项目主要对园区内杨雁路北段、雁栖大街路灯电缆进行改造，包括更换老化、损坏的路灯低压电缆，电缆接入道路现况箱式变压器及杆上变压器，安装LED照明灯具、双臂灯杆、单臂灯杆，增加单相30千伏安、50千伏安、80千伏安箱变及四单元开闭器等。12月，改造工程竣工。在D区安装5台路灯变压器，更换近600套LED灯具，解决D区道路照明电源和个别路段路灯不亮等问题，进一步提升园区夜间公共照明景观品质。

（武艳英）

【林念修到怀柔科学城调研】 7月28日，发展改革委副主任林念修就怀柔科学城规划建设情况进行调研。中科院副院长王恩哥、北京市副市长隋振江以及相关

部门负责人一同调研。林念修一行在国家空间科学中心怀柔园区，听取中科院空间科学战略性先导科技专项卫星工程推进情况及创建空间科学国家实验室规划情况的介绍，实地考察空间科学任务大厅；到中科院力学所高速列车动模型实验室和高温气动动力学国家重点实验室，观看高速列车模型动态演示，听取复现高超声速飞行条件激波风洞等实验装置的介绍。在座谈会上，市发展改革委、中科院的相关负责人就怀柔科学城发展建设规划的初步设想、大科学装置立项建设进展及交叉研究平台准备情况等进行汇报。林念修指出，要加快怀柔科学城规划编制，建立一流的运行体制机制，体现出北京的特色和优势；要从国家、中科院、北京市3个层面加紧对接，推进科学城项目集聚；要对已经批准的项目抓紧时间实施，争取后续项目在3～5年内全部落地。

（武艳英）

【10家企业获中关村国际化发展专项资金支持】 7月，中关村管委会分两批公示2016年中关村国际化发展专项资金支持名单。其中，怀柔园北京太尔时代科技有限公司、瑞奥电气（北京）股份有限公司、北京金田麦国际食品有限公司3家企业以及安东石油技术（集团）有限公司、北京碧水源科技股份有限公司、北京大北农科技集团股份有限公司、北京九强生物技术股份有限公司、北京双杰电气股份有限公司、北京雷力海洋生物新产业股份有限公司、北京欧亚瑞康新材料科技有限公司7家注册不在园区而在园区生产的企业获资金支持，涉及智能制造、食品制造、电子制造等领域。

（王焱霖）

【怀柔区科技企业孵化器成立】 8月12日，由北京市长城伟业投资开发总公司主办的长城伟业收购海创百纳股权签约仪式暨怀柔区科技企业孵化器成立大会在雁栖开发区举行。怀柔区政府、区相关委办局等单位有关负责人参加。怀柔园管委会与北京雷力海洋新产业股份有限公司签署《股权收购协议书》。北京市长城伟业投资开发总公司完成对北京海创百纳生物科技有限公司（雷力海洋公司的全资子公司）股权收购后，将进行厂房改造，总建筑面积2.6万余平方米，容积率由原来的0.54变为1.02，形成集办公、研发、中试和商务服务为一体的科技企业孵化器，长城伟业公司负责全面运营管理，服务重点确定为纳米科技、纳米新材料、智能制造等。孵化器规划有5000余平方米的加速器平台，可容纳10个左右的中试生产项目；7000余平方米的孵化空间可供100家企业使用；众创空间1000余平方米，可提供100余个办公工位；创业公寓3000余平方米96间，可满足200余人居住；900余平方米餐饮区，含餐厅、酒吧、咖啡厅等，可满足500余人的用餐需求。

（邱文建）

【两家企业获评区科普示范（教育）基地】 8月16日，怀柔区科委、区科协公示“2016年怀柔区科普示范（教育）基地名单”，10家单位获认定。怀柔园的北京碧水源膜科技有限公司的水净化处理技术展示教育基地、北京中科纳新印刷技术有限公司的纳米绿色印刷教育基地入选。评选突出公益性、科普宣传教育和科技示范活动，要求基地具有一定规模的专门用于科学技术教育、传播与普及的场所和配套设施，可经常开展面向群众的科普讲座、展览、培训、咨询等活动，每年不少于10次、受益群众2000人次。被认定的基地，区科协将采取“以奖代补、奖补结合”的方式，给予一定的资金支持，用于科普设施建设和宣传。

（雷思源）

【“首都院士之家”揭牌】 8月18日，由中科院等单位主办的“首都院士之家”揭牌仪式暨“院士怀柔行”见面会在怀柔区举行。中科院副院长王恩哥院士、中国工程院副院长徐德龙院士、北京市委常委姜志刚出席。副市长林克庆主持，左铁镛等25名在京两院院士参会。“首都院士之家”由中科院、中国工程院和北京市人才工作领导小组联合共建，依托北京专家联谊会，是落实“市院人才服务与合作计划”的重要举措，将在为北京建设提供决策咨询，共同承接重大项目，联合攻关核心技术，协同推进创新成果在京落地转化等方面发挥作用。怀柔区作为建设试点，将建“院士服务中心”，在区人才工作小组领导下开展工作。中心设在雁栖湖生态发展示范区，涵盖接待、会议、展示、书画等功能，建设经费从区人才工作经费中列支，人才培养、学术交流、决策咨询等活动均采取市场化运作方式开展，且拟开通微信公众号，建立网上服务中心，

加强信息化建设。与会两院院士还先后到中科院北京综合研究中心、中科合成油技术有限公司、雁栖湖生态发展示范区等研究机构、企业考察。

（雷思源）

【6项产品入选市新技术新产品名单】 8月25日，市科委、市发展改革委、中关村管委会等6家单位联合印发《关于公示第四批北京市新技术新产品（服务）名单的通知》（京科发〔2016〕486号）。怀柔园两家企业6项产品（服务）入选，均属于生物、医药与医疗器械领域，包括：北京大北农科技集团股份有限公司的美克星（500克/袋），神爽（EM105L），猪支原体肺炎灭活疫苗（DJ–166株）新兽药技术服务，猪传染性胃肠炎、猪流行性腹泻二联活疫苗（HB08株+ZJ08株）（10头份/瓶），约氏乳杆菌畜禽健康养殖饲料添加调控技术服务；北京大北农动物保健科技有限责任公司的渔诺玢（散剂）。至年底，怀柔园内共有北京雷力海洋生物新产业股份有限公司等4家企业的24项产品（服务）入选市新技术新产品（服务）名单。

（王焱霖）

【两家企业获市发明专利奖】 9月14日，市知识产权局印发《关于第四届北京市发明专利奖评审结果公示的通知》，怀柔园3家单位的两项发明获三等奖。北京康普锡威科技有限公司、北京有色金属研究总院的张少明等人的专利“一种金属粉末制备装置及方法”包括气氛准备、金属熔炼、输液等环节，金属熔化并处理后浇到雾化器上进行离心雾化形成粉末，被气动分级器分级后的粗粉经过机械筛分得到成品粉，细粉被气流送入除尘器净化，气体经高压离心风机驱动获得加速，通过列管换热器换热后重新参与雾化与分级。北京碧水源膜科技有限公司陈亦力等人的专利“一种增强型中空纤维膜的生产方法及装置”公开一种增强型中空纤维膜的生产方法，包括：纤维绳编织，作为中空纤维膜的内支撑；拖拽纤维绳通过铸膜液，纤维绳完全浸没在铸膜液内；离开铸膜液的纤维绳通过一孔眼，管内放置一球状体，直径大于孔眼，利用收集拉力使得球状体抵住孔眼；通过孔眼的纤维绳经过水槽，在液体中凝固，待纤维绳表面的铸膜液失去流动性后送出。

（王焱霖）

【纳米能源与系统研究所园区建设项目开工】 9月29日，由怀柔区政府、中关村发展集团股份有限公司、中科院北京分院等5家单位联合主办的中国科学院北京纳米能源与系统研究所科研进展汇报、合作签约暨园区建设项目开工仪式在雁栖开发区项目现场举行。市政府副秘书长刘印春以及国家纳米科学中心、市发展改革委、中关村管委会、怀柔区政府等单位相关负责人和参建单位、部分企业的代表等200余人参加。项目2012年筹建，位于怀柔新城13街区中部HR00–0013–6005地块，北京中关村微纳能源投资有限公司为建设单位，总投资近10亿元，规划用地面积4.47公顷，总建筑面积10.79万平方米，主要分为科研办公、中试和产业孵化、研究生公寓3个区域，预计2018年建成，将成为集研发、展示、交流、产业转化等于一

体的国际一流纳米能源全球创新中心。其中6.25万平方米的办公区可容纳科研人员约900人，部分实验室按照实验工艺要求设置净化区，其中光刻间及电子束曝光间为百级净化；2.32万平方米的中试和产业孵化区将汇聚纳米科技、新能源、新材料的前沿创新创业企业及产业链上下游服务企业；2.22万平方米的研究生公寓为学生和访问学者提供生活配套。微纳能源公司与纳米能源所现场签约，将依托中关村发展集团在政府对接、资源整合、市场与产业运营的多方优势，支持纳米能源所进行技术创新和成果转化。

（耿晓夏　李贺英）

【全模式下数字化营销平台研发成功】 10月8日，北京中财乔通软件有限公司研发成功全模式下数字化营

销平台。平台是中财乔通公司专为锦州奥鸿药业有限责任公司“奥鸿药业营销信息化管理平台”项目研发的，其技术优势是只需要开发一套模式软件即能够同时适用PC端、平板电脑端和各种操作系统手机端，主要模块包括日常办公、数据中心、数据分析、系统设置等，其特色功能有销售员手机定位打卡、客户营销提醒、流程化学术会议及跟踪、即时通信等，能够精准计算出每一次的营销投入和产出，包括销售员、产品等，通过大数据可视化技术达到数字化营销的目的。

（雷思源）

【两家企业产品参展“双创”周】 10月12—18日，在2016年全国大众创业万众创新活动周北京会场主题展上，怀柔园管委会组织中科赛凌（北京）科技有限公司、北京莱恩创科纳米科技有限公司的混合工质高低温试验箱、蔚蓝呼吸服务项目参展。30升台式高低温试验箱，采用新型制冷、高效节能、小巧静音等技术，1台单级压缩机，通过改变工质的配比，即可实现零下190摄氏度的高效制冷，性能卓越、体积小，在系统噪音、环境依赖性以及节能降耗等方面都具有明显优势，可应用于航空航天、电工电子等领域。蔚蓝呼吸是莱恩创科公司旗下室内空气治理顶级服务品牌，其产品采用能够使纳米二氧化钛和无机物基材表面实现永久附着的技术，经蔚蓝呼吸治理服务后，在房间内的墙面、屋顶和地面表面形成150～200纳米的无机防护层，其光解特性可高效地分解和净化空气中的甲醛、苯、总挥发性有机化合物（TVOC）等有毒有害污染物，在基材表面形成纳米涂层，且将纳米粒子通过化学反应永久地“长”在基材表面。

（田文静）

【碧水源院士专家工作站揭牌】 11月7日，北京碧水源膜科技有限公司院士专家工作站揭牌仪式在碧水源大厦举行，市科协、中关村管委会、怀柔区科委等单位相关负责人参加。工作站是怀柔区第一家院士专家工作站。进站专家中国工程院院士侯立安，将组成高起点、高水平的团队，与碧水源公司共同开展污水处理等领域的研究，提高控制水污染、保护水环境、增加水资源、保障水安全等方面的科研水平，产学研有机结合，联合培养科技人才。（侯立安院士长期致力于环境科学与工程领域的基础研究、工程设计和技术管理工作，在饮用水安全保障、分散点源生活污水处理和人居环境空气净化等方面取得多项成果。）

（雷思源　陈　潇）

【怀柔园重点技术领域总收入522.7亿元】 年内，怀柔园重点技术领域总收入522.7亿元。其中，电子信息领域在产业发展中领先，收入72.3亿元，占总收入的13.8%；先进制造领域收入55.5亿元，占总收入的10.6%；新材料领域收入48.3亿元，占总收入的9.2%；生物医药领域收入20.5亿元，占总收入的3.9%；新能源与节能领域收入17.8亿元，占总收入的3.4%；环境保护领域收入10.4亿元，占总收入的2.0%；其他领域收入297.9亿元，占总收入的57.0%。

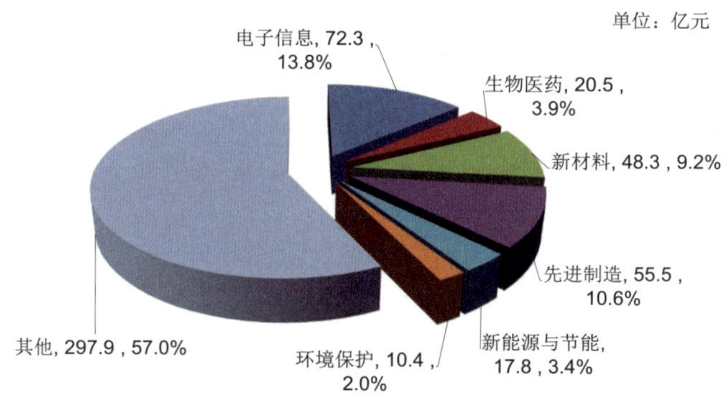

（雷思源）

密云园

1992年5月，经市政府批准，位于密云县城西南部的密云县工业开发区成立，2000年升级为市级开发区；2006年12月，经发展改革委验收，更名为北京密云经济开发区；2007年，成为中关村高新技术产业共建基地。经过20多年的建设，开发利用面积1255公顷，其中A区和B区规划占地面积735公顷、C区规划占地面积520公顷，全面实现“九通一平”。2012年10月，经国务院批复，中关村示范区密云园成立，包括密云经济开发区A、B、C区部分地块和生态商务区的3个地块，共6个区域，总规划占地面积1000.81公顷。2013年5月，密云园获授牌。园区初步形成以北京宝沃汽车有限公司为代表的汽车及零部件产业、以中科恒源科技股份有限公司为代表的电子电气产业、以今麦郎饮品股份有限公司为代表的食品饮料产业、以北京康辰药业有限公司为代表的生物医药产业四大主导产业，并提出打造“‘总部经济+标杆工厂’基地、现代制造业和数字信息产业基地”两大功能区的总体规划。教育部、科技部、农业部、北京市政府、市经济信息化委相继批准在园区建立中国高校科技产业基地、国家火炬计划北京绿水高新技术产业基地、全国农产品加工业示范基地、北京高新技术成果孵化基地、北京汽车零部件产业基地、北京数字信息产业基地、生态工业园试点园区。2010年10月，密云生态商务区成立，总体规划面积694公顷。2011年5月，市政府审议通过《密云生态商务区的概念性规划》，明确其发展与建设“要坚持一流标准，大力发展符合生态涵养发展区功能定位要求的高端生态商务产业、与城市核心区功能优势互补的高端服务业，吸引高端商务、休闲消费”，其定位是立足北京，面向国际，建设绿色低碳生态特色总部基地，打造首都乃至全国首屈一指的“山水商务、田园总部”。商务区一期包括3个地块，生态乐活城、中央公园、五彩城商业综合体等项目开工建设，联通智网科技有限公司等企业先后入驻。2013年6月，商务区被市商务委授予首批“北京市总部经济发展新区”；2014年10月，被市规划委授予“北京市绿色生态试点区”。2015年11月，经济开发区被中关村管委会授予“中关村国家自主创新示范区特色产业孵化平台”；12月，通过市经济信息化委、市环保局审核验收，被认定为第一批“北京市生态工业园区”。2016年10月，生态商务区被北京国际金融博览会组委会授予“最具投资潜力总部园区”称号。

密云园管理委员会领导成员

主　　任　李洪山
工委书记　李守军
副 主 任　曹文秀　王武军　马小晶
纪工委书记　蒋书香（女）

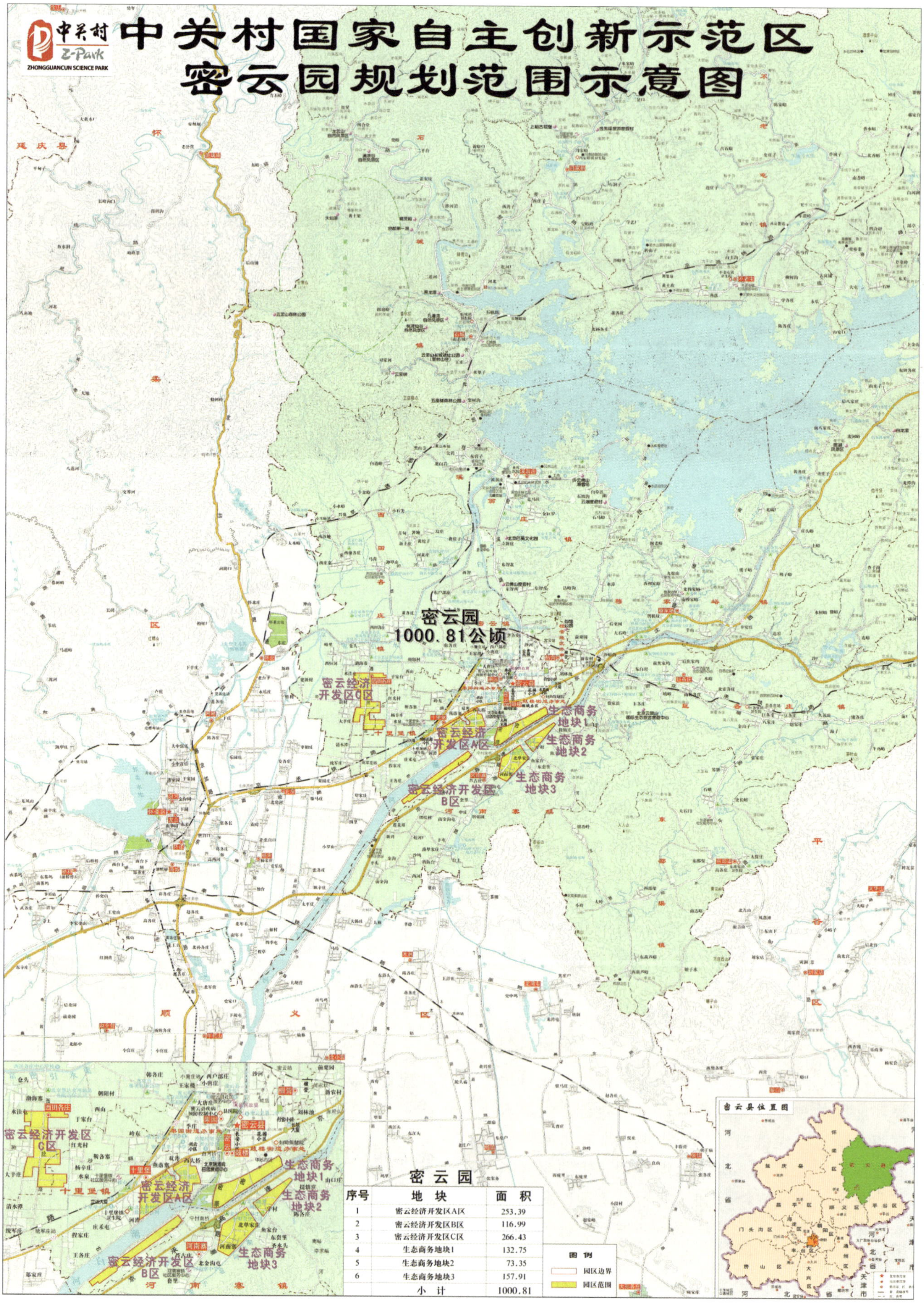

中关村国家自主创新示范区密云园规划范围示意图

密云园

序号	地块	面积
1	密云经济开发区A区	253.39
2	密云经济开发区B区	116.99
3	密云经济开发区C区	266.43
4	生态商务地块1	132.75
5	生态商务地块2	73.35
6	生态商务地块3	157.91
	小计	1000.81

【概况】2016年，密云园做好招商引资、生态工业园区建设、企业上市、资产盘活等重点工作，实现主要经济指标稳步增长。年内，园区入统高新技术企业总数129家；从业人员1.8万人；工业总产值138.8亿元；总收入213.4亿元；进出口总额1.4亿美元；实缴税费总额14亿元；利润总额12.4亿元；资产总计338亿元；科技活动经费支出总额9.6亿元；专利申请701件，专利授权217件。

招商引资效果明显。年内，康为同创集团有限公司、航密（北京）精密设备有限公司等6个实体项目入园，协议投资额13.4亿元。引进结算型总部企业485家（开发区327家、商务区158家），总注册资本419.67亿元。北京世纪微熵科技有限公司等12家企业在新三板挂牌，挂牌企业总数达23家。

重点项目扎实推进。超同步智能装备产业园一期主体工程竣工，建筑面积4.3万平方米，进入设备安装阶段；北京云联时代总部基地办公大楼、万都（北京）汽车底盘系统有限公司二期扩建工程开工建设。绿地朗山国际健康产业园、华润七彩乐活城两个建设项目完成主体结构封顶。

资产盘活工作取得成效。全年共盘活北京华源泰盟节能设备有限公司、再绿山河环保投资（北京）股份有限公司、北京安耐驰信息服务有限公司、北京紫色光激光技术有限公司、北京诚志股份有限公司、北京合生新型建材有限公司、北京盛世庄园葡萄酒有限公司、北京超能宇恒科技集团有限责任公司8家企业；盘活土地面积31.48公顷、建筑面积3.48万平方米。利用盘活的土地厂房资源，引进康为同创集团有限公司、北京辉腾恒信制冷设备有限公司、布来特医疗科技（北京）有限公司3家企业。

企业服务质量不断提升。协调市经济信息化委、中关村管委会等单位，帮助企业申报政策扶持资金390万元。利用中关村示范区“一区十六园”的人才政策，加快高端人才队伍建设。北京市京海换热设备制造有限责任公司院士专家工作站成立；北京赫宸环境股份有限公司董事长赵健飞成为密云园首位入选国家“万人计划”人才。全年共有17家企业通过中关村高新技术企业认定，总数达到131家（其中93家被认定为国家高新技术企业），数量居北京市5个生态涵养发展区之首。由北京股权交易中心、北京创业公社投资发展有限公司、密云生态商务区等共同成立的创业公社孵化器投入运营，孵化项目以新一代信息技术及“互联网+”企业为主。生态商务区被北京国际金融博览会组委会授予“最具投资潜力总部园区”称号。

（王希华）

【生态智慧系统通过市科委验收】1月28日，北京密云经济开发区商务开发中心的“智慧生态园区综合服务系统软件技术研发及示范应用项目”通过市科委专家组验收。智慧系统包含规划管理系统、移动商务展示系统、公共服务展示系统、数字楼宇管理系统四大板块，利用虚拟现实技术对北区进行3D建模，实现对建筑物、景观、绿化、道路管网等内容的全方位立体展示。年内，系统上线并应用于招商引资展示、投资企业统计管理、宣传门户对外展示及内部档案系统管理等工作。

（孙铭遥）

【中低温发电热力循环系统项目通过验收】1月30日，由科技部高技术中心组织的“中低温地热发电关键技术研究与示范”项目验收会在天津市举行。专家组成员及参研单位的代表等参加。项目为国家“863”计划项目，分为4个课题。2014年8月，北京市京海换热设备制造有限责任公司和天津大学共同承担其中的“中低温发电热力循环系统关键技术与部件研制”课题。系统可将中低温地热能、工业余热、废热、太阳能、生物质能转换成电能，余热回收和发电的最低余热资源温度可到80摄氏度，为建材、冶金、化工等行业的低温余热资源回收提供技术手段和设备。专家组一致同意课题通过验收。

（王希华）

【3种产品获评北京知名品牌】3月18日，在北京质量协会举办的第六届北京质量奖、北京知名品牌等质量奖项颁奖表彰大会上，密云园3家企业的3种产品获北京知名品牌奖。分别是：北京康辰药业股份有限公司的注射用尖吻蝮蛇血凝酶（商品名：苏灵）、北京杰利阳能源设备制造有限公司的天然气压缩机组、北京倍舒特妇幼用品有限公司的卫生巾。

（王希华）

【京海换热公司院士专家工作站成立】4月22日，由密云区科协主办的北京市京海换热设备制造有限责任公司院士专家工作站揭牌仪式暨中国能源与装备2016发展论坛在密云经济开发区管委会举行。英国皇家工程院院士林建国及中国特种设备安全与节能促进会、北京市科协、密云区政协等单位相关负责人出席，有关专家、学者及企业的代表等参加。京海换热公司院士专家工作站揭牌成立，京海换热公司董事长为进站的林建国、金红光等院士代表及专家颁发聘书。京海换热公司院士专家工作站将引进院士专家及其创新团

队，开展产业及企业发展战略咨询和技术指导，围绕换热装备领域的共性、关键、重大前沿技术开展联合攻关，推进科技成果转化和产业化，促进产业结构转型升级。同时加大科技投入，共建企业科技人才培养基地，联合培养科技创新人才，研发节能环保领域“高精尖”新型产品。

（王希华）

【两家企业被认定为北京市专利示范单位】4月25日，市知识产权局发布《关于认定北京市第七批专利示范单位的通知》，55家单位获认定。其中，密云园内的北京康辰药业股份有限公司、中科恒源科技股份有限公司两家企业获认定。

（王希华）

【两家企业参展科博会】5月19—22日，在第十九届中国北京国际科技产业博览会上，密云园北京超同步伺服股份有限公司的20千克直角坐标机器人及两台JLRB20、JLRB50关节机器人，北京仁创科技发展有限公司的一体化的雨水收集模式参展。20千克直角坐标机器人，JLRB20、JLRB50关节机器人都可以满足地面安装、侧装、吊装多种安装方式，广泛应用于机床上下料、打磨、焊接、喷涂、搬运码垛等工业场景；一体化的雨水收集模式通过砂基透水砖、透水路缘石、滤水井，将雨水收集到蓄水池中，再采用透气保鲜技术，让雨水经过重重过滤以后新鲜储存，超出雨水收集系统的容积时，多余的水回补地下水，实现水资源的循环利用。

（王希华）

【1人入选国家“万人计划”】6月20日，中央人才工作协调小组办公室发布《关于公示第二批国家“万人计划”领军人才人选的公告》。在由科技部、人力资源社会保障部等部门共同组织的2016年度国家高层次人才特殊支持计划中，北京赫宸环境股份有限公司董事长赵健飞入选“科技创业领军人才”，成为密云园首位入选“万人计划”人才。

（王希华）

【威视公司扫描设备服务里约奥运会场馆】8月5—21日，在巴西里约热内卢举行的第三十一届夏季奥林匹克运动会上，北京威视技术股份有限公司为奥运会各个场馆提供手提行李和大型货物的X射线扫描设备200余台，用于物品的安全检测。用于个人物品扫描的CX6040BIX射线扫描设备和用于货物检查的CX100100TX射线扫描设备，均采用具有升级X射线发生器的低辐射X射线成像系统，改进的探测器能够通过精确的图像算法拥有更高的扫描分辨率。如果检

测到爆炸物品、隐藏摄像机或者X射线无法穿透的物品，警报会自动响起，而且系统能够有效地识别，并通过颜色区分有机和无机物质。

（王希华）

【倍舒特公司产品入选市第四批新技术新产品】8月25日，市科委、市发展改革委、中关村管委会等6家单位联合印发《关于公示第四批北京市新技术新产品（服务）名单的通知》（京科发〔2016〕486号）。密云园北京倍舒特妇幼用品有限公司的“底膜四角施加大块胶的护理垫”入选。产品在护理垫底膜上用大块离型纸胶，解决离型纸在黏附离型纸胶后的褶皱现象，加大离型纸胶的剥离率。公司经过吸附输送及角度剪切原理，通过离型纸的涂胶、输送及离型纸切断，完成离型纸胶瞬间转移，制作出四角贴有大块胶的护理垫，解决大尺寸高级护理垫使用中的移动问题。

（王希华）

【正和公司获工程机械租赁行业3项大奖】9月8日，在第八届全国建筑施工机械租赁大会和中国工程机械租赁行业年会上，北京正和工程装备服务股份有限公司获“2016建筑机械租赁品牌”“全国建筑施工机械租赁50强企业”“2016年中国工程机械租赁业最具竞争力品牌”3项大奖。公司以大型建筑工程设备租赁为主营业务，具有国家建设部起重设备安装工程专业承包一级资质、国家质量技术监督局特种设备安装维

修A级资质；在华中、华南等6个区域分别建立运营中心和大型塔机、起重设备安拆、起重设备维修3个服务中心，市场范围遍及全国20余个省市自治区；承接深圳平安金融中心、北京CBD核心区项目群、合肥京东方TFT-LCD六代线、西安三星等地方标志性建筑及大型工业厂房的塔机租赁安拆任务，年租赁收入3亿余元。

（王希华）

【创业公社孵化器投入运营】9月23日，创业公社孵化器在密云生态商务区投入运营。孵化器由北京股权交易中心、北京创业公社投资发展有限公司、上海绿地（集团）有限公司及密云生态商务区共同成立，利用绿地营销中心500平方米办公空间，设置50个共享式办公工位和多个洽谈区，孵化项目主要以新一代信息技术及“互联网+”企业为主。年内，完成办公场所装修改造，已有北京汉泉科技有限公司、北京中创新能源技术有限公司、北京欣利源丰电子商务有限公司3家企业进驻。

（郭　海）

【三氧化二砷药物涂层支架项目通过验收】9月，北京美中双和医疗器械股份有限公司承担的“十二五”国家科技支撑计划项目“新型药物缓释冠脉支架——三氧化二砷药物涂层支架”通过医疗器械产业技术创新战略联盟组织的验收。支架选用三氧化二砷作为药物涂层，并采用独特的氨基酸-PLA共聚物载体为生物可降解材料，抑制细胞的增殖，减少血管再狭窄的发生，在1个月内形成稳定的内膜，实现血管内皮修复功能。

（王希华）

【生态商务区获“最具投资潜力总部园区”称号】10月27—30日，在第十二届金融博览会上，密云生态商务区以“山水商务，田园总部”为主题参展，并荣获北京国际金融博览会组委会授予的“最具投资潜力总部园区”称号。密云生态商务区连续5年参加金博会，入区企业400余家，合计注册资本超过300亿元，未来网络产业实现初步聚集，创业孵化基地完成建设并投入运营，健康医疗、文化创意、新能源等产业蓬勃发展。

（曾　佳）

【1家企业获市级企业科技研究开发机构认证】12月，北京力标伟业科技股份有限公司技术中心通过市科委认证，成为“北京市级企业科技研究开发机构”，并被授予资质牌匾。技术中心有研发人员30余人，主要针对各类高科技工业零部件进行新产品、新工艺、新装备、新材料研究与开发，拥有专利24件。

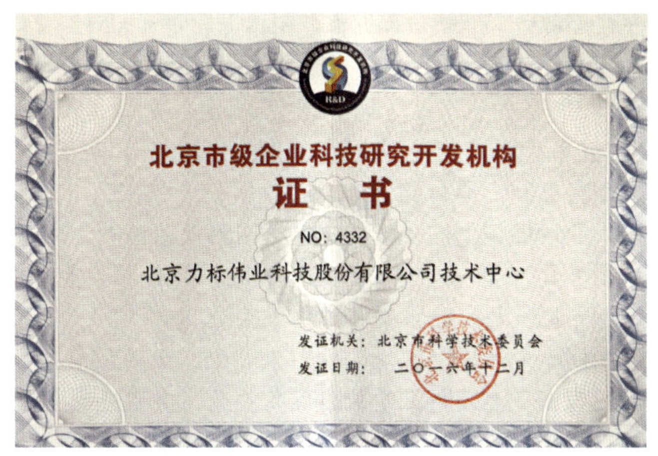
北京市级企业科技研究开发机构
证　书
NO: 4332
北京力标伟业科技股份有限公司技术中心
发证机关：北京市科学技术委员会
发证日期：二〇一六年十二月

（王希华）

【17家企业通过中关村高新技术企业认证】年内，密云园北京中新药业制造股份有限公司、高频美特利科技（北京）有限公司等17家企业通过中关村高新技术企业认证。截至年底，密云园通过中关村高新技术企业认证的企业共131家。

（王希华）

【6个项目签约落地】年内，密云园引进落地实体项目6个，分别是：北京瑞龙慷农业生物科技有限公司的注射针剂及保健品项目，航天瑞达科技（北京）有限公司的计量、检测中心项目，康为同创集团有限公司的机械成套设备、液压、气动设备项目，航密（北京）精密设备有限公司的惯性制导设备项目，中港四环（北京）汽车贸易有限公司的汽车销售项目，北京百特莱德工程技术股份有限公司的机械输送系统、气力输送系统项目。6个项目投资总额13.4亿元。预计可实现年收入71.5亿元、税收2.79亿元。

（王希华）

【9家企业获390万元政策扶持资金】年内，密云园北京北创网联科技股份有限公司、北京万邦联合科技股份有限公司等9家企业获政策扶持资金390万元。其中包括中关村管委会改制上市和并购支持资金270万元；北京美中双和医疗器械股份有限公司、北京友宝在线科技股份有限公司等4家企业获新三板挂牌财政补贴120万元。

（王希华）

【北京亨通斯博公司6件发明专利获授权】年内，密云园内北京亨通斯博通讯科技有限公司的“一种应用于雨水管道底部的光缆”“用于线缆生产的自循环冷却装置及线缆生产线”“小规格线缆成盘张力控制装置”“一种用于提高电缆内端塑化质量的加热装置及塑化设备”“一种路面微槽光缆”“提高通信电缆绝缘性能和绕包质量的缆心二次绕包方法”6件发明专利获知识产权局授权。北京亨通斯博公司累计获专利 87 件，其中发明专利 14 件。

（王希华）

【密云开发区“十三五”规划编制完成】年内，密云园管委会编制完成《北京密云经济开发区“十三五”时期产业发展规划》。《规划》包括明晰现状基础，认清形势变化，指导思想、目标与战略，产业发展重点，产业布局优化，产业提升工程，实施具体措施，构筑政策保障 8 章 34 节内容。《规划》明确，“十三五”时期，密云园将重点发展高端智能装备制造、生物医药医疗健康、“互联网 +”三大主导产业；初步形成“两新三高三提升”产业发展格局，实现工业收入、工业总产值、税收、就业人数、高新技术企业数量的“五个翻番”。到 2020 年，工业总产值达 450 亿元，年均增速为 10%；工业收入实现 500 亿元，年均增速为 10%；实现税收 40 亿元；“高精尖”产业收入占工业收入的 60% 以上。

（王希华）

【密云园重点项目建设】年内，密云园 5 个重点项目加紧建设，总投资 52.19 亿元，总建筑面积 105.6 万平方米。超同步智能装备产业园一期工程主体竣工，进入设备安装阶段；北京云联时代总部基地办公大楼、万都（北京）汽车底盘系统有限公司二期扩建工程开工建设。绿地朗山国际健康产业园、华润七彩乐活城两个建设项目完成主体结构封顶。

（王希华）

【盘活闲置低效土地 8 宗】年内，密云园完成闲置低效土地盘活 8 宗，占地面积 31.48 公顷，地上物建筑面积 3.48 万平方米。其中，北京华源泰盟节能设备有限公司占地面积 10.02 公顷，引进企业 1 家；北京安耐驰信息服务有限公司占地面积 2.75 公顷，厂房面积 7687 平方米；再绿山河环保投资（北京）股份有限公司占地面积 10.55 公顷；北京合生新型建材有限公司占地面积 0.64 公顷，厂房面积 2917 平方米，引进企业 1 家；北京超能宇恒科技集团有限责任公司占地面积 2.38 公顷，厂房面积 9042 平方米；北京诚志股份有限公司占地面积 2 公顷，建筑面积 7629.5 平方米；北京紫色光激光技术有限公司占地面积 2.15 公顷，建筑面积 5709 平方米；北京盛世庄园葡萄酒有限公司占地面积 0.97 公顷，建筑面积 1872 平方米，引进企业 1 家。

（王希华）

【新增 12 家新三板挂牌企业】年内，密云园的北京世纪微熵科技有限公司、北京美中双和医疗器械股份有限公司、北京友宝在线科技股份有限公司、北京时空视点整合营销顾问股份有限公司、北京万邦联合科技股份有限公司、北京北创网联科技股份有限公司、北京般若企业策划股份有限公司、北京龙鼎源科技股份有限公司、北京荣创岩土工程股份有限公司、北京京润环保科技股份有限公司、北京一骑当千网络科技股份有限公司、北京汇众融成教育科技股份有限公司 12 家企业在新三板挂牌。截至年底，新三板挂牌企业总数 23 家。

（王希华）

【密云园重点技术领域总收入 213.4 亿元】年内，密云园重点技术领域总收入 213.4 亿元。其中，先进制造领域在产业发展中领先，收入 74.8 亿元，占总收入的 35.1%；新能源与节能领域收入 25.0 亿元，占总收入的 11.7%；新材料领域收入 24.3 亿元，占总收入的 11.4%；环境保护领域收入 21.0 亿元，占总收入的 9.9%；生物医药领域收入 17.0 亿元，占总收入的 8.0%；电子信息领域收入 14.5 亿元，占总收入的 6.8%；其他领域收入 36.8 亿元，占总收入的 17.2%。

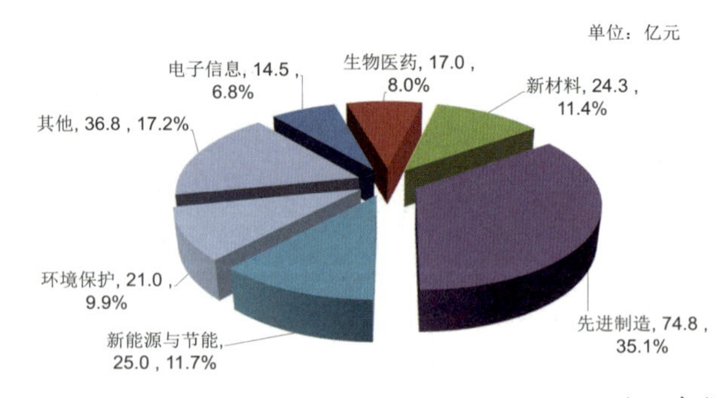

（王希华）

延庆园

2012年10月，经国务院批复，中关村示范区延庆园成立，规划面积491.2公顷，包括北京八达岭经济开发区304.7公顷、北京延庆经济开发区129.31公顷、康庄产业园57.49公顷。2013年4月，园区获授牌。2014年5月，中关村科技园区延庆园管理委员会成立。延庆园位于北京市西北部延庆县域内，与河北省交界，毗邻京包铁路、京藏高速等多条重要交通干道，是北京市辐射西北地区的重要通道，也是“两城两带”中北部研发服务和高技术产业带的重要拓展区域。延庆园空间资源较为丰富，未开发利用空间271公顷，占延庆园规划面积的55.2%，且多数土地集中连片、开阔平坦，有利于高端产业资源的聚集发展。园区基础设施完备，生态环境优美，配套服务设施齐全，政府服务高效，初步形成了“一园多基地” 空间布局、“121”产业集群创新引领的发展格局， 整体定位为首都绿色科技新磁极，京冀协同发展新支点。八达岭经济开发区1992年8月经市政府批准成立，2000年12月晋升为市级经济开发区，2006年3月被市发展改革委确定为北京市保留的16家市级开发区之一，2009年6月被认定为“北京市新能源产业基地”，2012年被认定为市第三批生态工业试点园区。2015年5月，北京八达岭经济开发区管理委员会更名为北京八达岭经济开发区管理中心。园区实现道路、供水、排水等“九通一平”，先后引进了中材科技股份有限公司、国家能源风电叶片研发中心等一大批科技企业和研发机构，逐步形成风电产业、光伏产业、智能电网产业、生物质能产业、节能环保产业集群。延庆经济开发区1992年8月经市政府批准成立，2004年升级为市级开发区，2006年通过ISO 14001国际环境管理体系认证，成为第四批通过发展改革委审核的市级开发区。2015年5月，北京延庆经济开发区管理委员会更名为北京延庆经济开发区管理中心。2016年10月，北京八达岭经济开发区管理中心和北京延庆经济开发区管理中心整合成立中关村科技园区延庆园服务中心。园区实现“八通一平”，北京卓文时尚纺织股份有限公司、北京九龙制药有限公司等多家知名企业入驻，形成以纺织服装、生物医药、绿色食品产业为特色的三大产业聚集区。康庄农民就业产业基地依托八达岭经济开发区和新能源基地，实施整体运作、联动开发，不断提高北京和合拉链有限公司、北京光瑞机械制造有限责任公司等企业的产能，实施一批重点项目建设，着重开发和引进总部经济。园区内企业可享受国家、北京市、中关村示范区的各类优惠政策。

延庆园管理委员会领导成员

主　　任　罗　瀛
常务副主任　徐自成
副 主 任　王　江　张春元

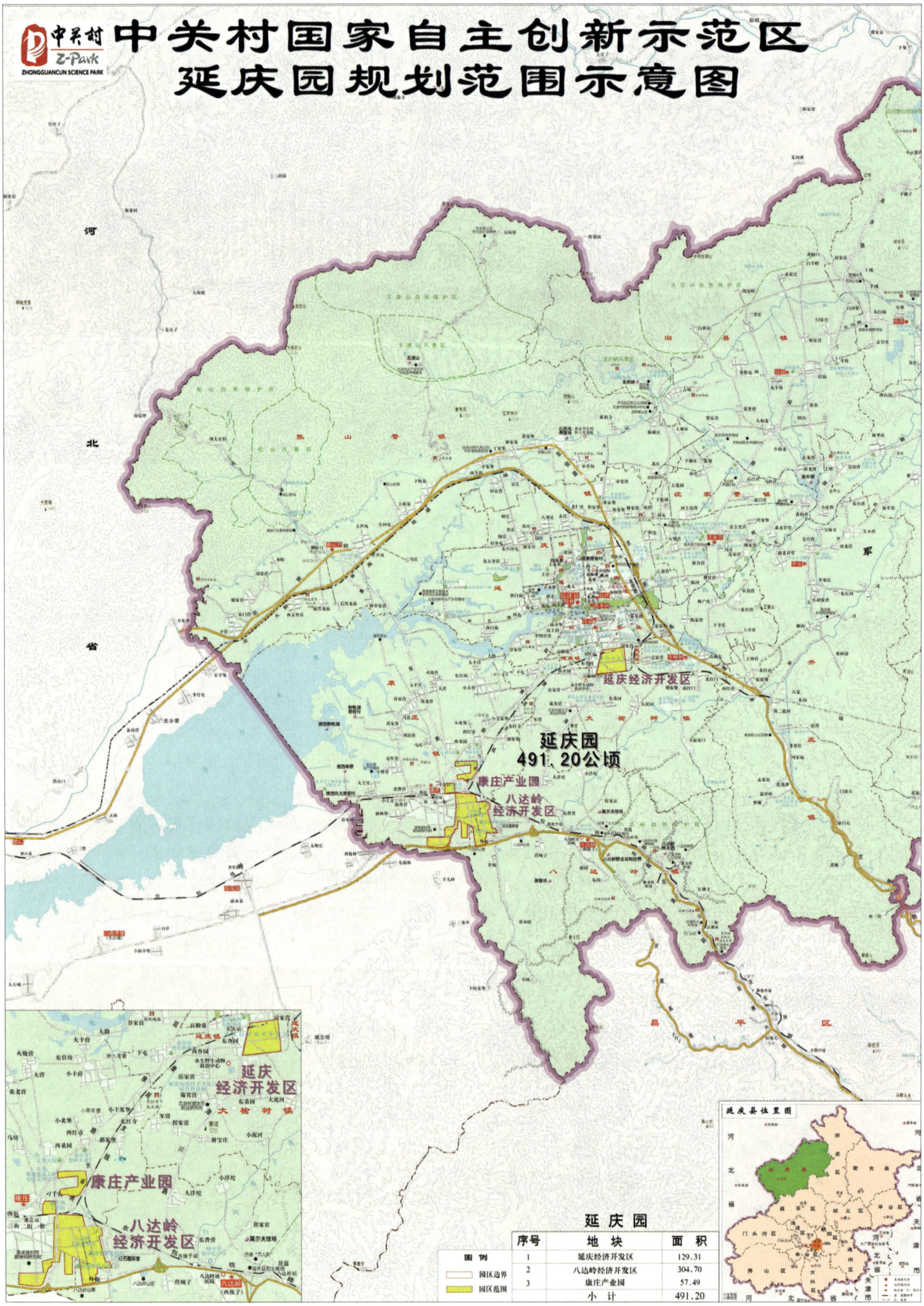

中关村国家自主创新示范区 延庆园规划范围示意图

延庆园
491.20公顷

延庆经济开发区

康庄产业园

八达岭经济开发区

延庆县位置图

图例

园区边界

园区范围

延庆园

序号	地块	面积
1	延庆经济开发区	129.31
2	八达岭经济开发区	304.70
3	康庄产业园	57.49
	小计	491.20

【概况】2016年，延庆园抓住京津冀协同发展的重大机遇，立足生态涵养发展区功能定位，发挥资源和区位优势，统筹推动重点改革任务，稳步推进园区建设。年内，园区入统高新技术企业总数61家；从业人员0.65万人；工业总产值49.4亿元；总收入90.4亿元；进出口总额0.1亿美元；实缴税费总额3.6亿元；利润总额3.4亿元；资产总计148.4亿元；科技活动经费支出总额3.2亿元；专利申请222件，专利授权74件。

调整园区工作机构。年内，《关于印发进一步深化中关村延庆园机构改革实施方案的通知》印发，《进一步深化中关村延庆园机构改革实施方案》落实。延庆园管委会对北京八达岭经济开发区管理中心和北京延庆经济开发区管理中心进行整合，成立中关村科技园区延庆园服务中心，撤销北京八达岭经济开发区投资开发服务中心、北京延庆经济开发区投资服务中心等单位，相关管理职责由延庆园服务中心承担。

提升科技水平。年内，园区5家企业被认定为国家高新技术企业，累计33家，17家企业被认定为中关村高新技术企业，累计34家；北京卓酷冰雪科技有限公司等3家企业获由版权局、知识产权局颁发的专利证书；北京玻钢院复合材料有限公司获批中关村标准化试点单位，其“高性能复合材料杆塔”项目获第十届北京发明创新大赛金奖；北京弘兆科技有限公司、北京佳时代包装制品有限责任公司两家企业获知识产权（专利）资金支持。

完善服务体系。年内，中关村延庆园12330知识产权保护服务工作站成立，由市保护知识产权举报投诉服务中心、延庆区知识产权局、中关村延庆园管委会三方共建，主要负责接收和转交知识产权侵权假冒违法行为的举报投诉，提供知识产权维权援助，开展知识产权政策宣传、业务培训和纠纷调解等工作，并启动12330知识产权保护服务工作站微信互动平台，20余家重点企业相继加入微信平台，通过微信平台各企业可相互沟通交流，并及时获取12330知识产权最新动态和相关新闻信息。

组织招商推介活动。年内，延庆园管委会招商引资专项小组推进招商推介活动。对接启迪控股股份有限公司、西诺（北京）花卉种业有限公司等100余家企业；中关村能源互联网产业技术联盟和中关村纤维增强复合材料产业技术创新战略联盟入驻园区；与博天环境集团股份有限公司等近10家企业达成入驻意向；与中关村智慧环境产业联盟、新能源产业联盟、北京国际绿色经济协会等10家产业中介组织初步达成合作意向。“长城脚下的创新家园”项目通过专家评审，项目由海淀区政府、中关村管委会、中关村发展集团股份有限公司与延庆区政府合作建设，位于八达岭长城脚下，建设总量约420万平方米，其中包括产业建筑145万平方米，商业、创新服务及公共服务设施70万平方米。

（王　雪）

【中关村能源互联网联盟落户延庆园】1月29日，中关村能源互联网产业技术联盟筹备成立大会在人民大会堂举行。中关村管委会主任郭洪以及联盟成员单位的相关负责人等100余人参加。联盟由清华大学、北京电工技术学会、中国科学院电工研究所、北京能源集团有限责任公司等30余家企业及院校共同发起，在延庆园注册成立，旨在积极参与“互联网+”智慧能源行动计划，以智能电网技术为支撑，通过技术创新和商业模式创新推动能源生产、能源供给、能源消费、能源体制“四个革命”，推动电力体制改革，培育新兴能源业态，通过联盟成员共同参与，实现合作共赢。大会通过联盟章程并选举产生联盟第一届理事会，清华大学为理事长单位，清华大学能源互联网创新研究院院长曾嵘担任首届理事长。

（杜　玲　梁　冰）

【北京卓酷冰雪公司入驻延庆园】3月15日，北京卓酷冰雪科技有限公司在市工商局延庆分局注册成立，注册资本1000万元。公司致力于设计、制造、推广室内外冰雪运动，首期推出“卓酷JK2016–A01”型室内滑雪模拟器，并获知识产权局颁发的室内模拟滑雪机的实用新型专利证书；其制造厂位于吉林省长春市，总占地面积2.3公顷，拥有建筑面积1.4万平方米的现代化科研、生产基地，并且从德国、美国等国家引进先进的数控生产设备，自主研发的新产品20余种且获多项国家专利。

（孙迎莹）

【“长城脚下的创新家园”专家评审会召开】4月15日，中关村延庆园建设发展有限公司在中关村发展集团股份有限公司召开中关村“长城脚下的创新家园”概念规划方案评审会，中关村管委会、延庆区政府等相关单位负责人及有关代表参加。专家组由中国城市规划设计研究院王瑞珠院士等组成。专家组成员参观创新家园模型，听取清华大学建筑设计研究院有限公司等4家设计单位的方案汇报，最终认为中国城市规划设计研究院北京公司建筑设计所提交的规划设计方案位列第一。创新家园项目由海淀区政府、中关村管委会、中关村发展集团与延庆区政府合作建设，位于八达岭长城脚下，建设总量约420万平方米，其中包括产业

建筑145万平方米，商业、创新服务及公共服务设施70万平方米。创新家园将坚持绿色低碳发展，借力冬奥会、世园会两大盛事，联动高校、院所等研发创新资源，着力发展体育、园艺、能源互联网、信息技术及现代服务业，逐步构建“高精尖”的经济结构，吸引和承接中心城区优质教育、医疗、商业等社会公共服务资源，满足周边区域的功能需求。

（李贺英）

【北玻院获批中关村标准化试点单位】 5月10日，中关村管委会、市质监局联合印发《关于公布中关村国家自主创新示范区标准化试点示范单位的通知》（中科园发〔2016〕16号），认定10家中关村标准化示范单位和88家中关村标准化试点单位。其中，北京玻钢院复合材料有限公司被认定为中关村标准化试点单位，将获中关村示范区专项资金支持，共享国家层面标准化资源，拓展与国际标准组织的交流合作。

（高建敏）

【“高性能复合材料杆塔”项目获发明大赛金奖】 5月10日，在北京发明创新大赛10周年回顾活动上，北京玻钢院复合材料有限公司的“高性能复合材料杆塔”项目获第十届北京发明创新大赛金奖。项目采用仿生结构设计理论，计算机模拟优化设计结构，完成高性能复合材料杆塔等刚度设计，降低塔身重量，比同种型号的金属塔减轻30%，具有轻质高强、耐腐蚀、耐老化、绝缘性能好、成型工艺优越、可设计性好等优点。

（高建敏）

【“储能国际峰会2016”专场活动举办】 5月13日，延庆园管委会、中关村储能产业技术联盟“储能国际峰会2016”专场活动——延庆智能微电网项目考察及产业对接交流会在延庆园举办。相关负责人和国内及韩国、澳大利亚等国家的近30家企业的代表45人参加。与会人员到八达岭新能源孵化器，参观延庆智能微电网项目及“长城脚下的创新家园”展览，并就延庆园新能源产业规划及园区招商工作进行产业对接座谈，近距离了解园区新能源产业规划、储能产业发展及支持政策等。

（高建敏）

【中关村信用政策宣讲培训会举办】 6月16日，由延庆园管委会主办的中关村信用政策宣讲会——延庆信用工作平台专场在延庆园举办。延庆园内中关村高新技术企业及银行机构的代表等60余人参加。中关村信用促进会相关人员就科技中介服务、融资租赁、小额保证保险等7方面中关村科技金融政策进行讲解，重点介绍政策支持对象、支持内容、支持的资金额度以及申报补贴的时间流程等，并解答企业代表现场提出的问题。

（孙迎莹）

【两项产品入选市新技术新产品名单】 8月25日，市科委、市发展改革委、中关村管委会等6家单位联合印发《关于公示第四批北京市新技术新产品（服务）名单的通知》（京科发〔2016〕486号）。延庆园内中农绿康（北京）生物技术有限公司的“绿地康（抗病毒型）”和“抗重茬微生态滴灌肥”两项产品入选。绿地康产品为防植物病毒病微生态制剂，由内生芽孢杆菌和天然植物源活性物质复配而成，可预防病毒病、多种真菌和细菌病害，并可促进植物生长，提高植物坐花、坐果率和改善农产品品质，对人畜安全，不污染环境。滴灌肥产品含有防病促生内生芽孢杆菌等有益微生物，经高效微生物发酵和制剂加工工艺制备而成，通过调控农作物根际土壤和植株体内的微生态发挥作用，优化微生物群落结构，提升有益微生物的种群数量，最终达到促进植物生长、增加产量、改善品质以及预防和控制重茬病害等功效。

（王　雪）

【进一步深化中关村延庆园机构改革实施方案印发】 9月13日，延庆区政府印发《进一步深化中关村延庆园机构改革实施方案》（延政发〔2016〕38号）。《方案》包括指导思想、基本原则、主要任务、组织实施4方面12条。《方案》明确将北京八达岭经济开发区管理中心和北京延庆经济开发区管理中心整合，成立中关村科技园区延庆园服务中心；组建中关村延庆园机构改革工作小组，在经济体制改革专项小组的领导下开展工作。（中关村延庆园机构改革工作小组完成中关村延庆园机构改革相关工作后，于2016年10月底撤销。）

（王　雪）

【中关村科技园区延庆园服务中心成立】 10月11日，中关村科技园区延庆园服务中心成立。延庆园服务中心由北京八达岭经济开发区管理中心和北京延庆经济开发区管理中心整合而成，为延庆园管委会所属公益一类正处级财政补助（即全额拨款）事业单位，延庆园管委会副主任兼任服务中心主任。服务中心内设10个机构，主要职责为：组织协调园区招商引资、基础设施建设等工作；为入驻企业提供政策咨询、信息引导等综合服务，组织入驻企业开展产学研用创新协作和交流活动；管理园区及下属企业的资产运营。同时，撤销北京八达岭经济开发区投资开发服务中心、北京延庆经济开发区投资服务中心、北京延庆经济开发区工程服务中心、北京延庆经济开发区中小企业总部服务中心、北京八达岭经济开发区供暖中心、北京延庆经济开发区公用事业服务中心等单位，相关管理职责由延庆园服务中心承担。

（王　雪）

【延庆园12330工作站成立】12月9日，由北京市保护知识产权举报投诉服务中心（北京12330）和延庆区知识产权局主办的中关村延庆园知识产权保护服务工作站成立仪式在北京鼎翰恒海生物科技发展有限公司举行。市知识产权局、延庆区政府、延庆园管委会

等单位有关负责人及企业的代表等80余人参加。北京12330、区知识产权局、延庆园服务中心三方负责人签署《中关村延庆园知识产权保护服务工作站共建协议》。延庆园12330工作站主要负责接收和转交知识产权侵权假冒违法行为的举报投诉，提供知识产权维权援助，开展知识产权政策宣传、业务培训和纠纷调解等工作。

（王　雪）

【西诺花卉种业公司成立】12月12日，西诺（北京）花卉种业有限公司在延庆园注册成立，注册资金2000万元。公司主要经营花卉种植；技术开发、培训、服务、转让；销售花卉、盆景、草坪、化肥、农药；园林设计；园林绿化等项目。公司将为2019世界园艺博览会提供园艺方面的综合服务。

（王　雪）

【5家企业通过国家高新技术企业认定】年内，延庆园北京佳时代包装制品有限责任公司、北京中航长力能源科技有限公司、亿利首建生态科技有限公司、北京恒源亨通网络工程技术有限公司、北京世纪宇达新能源科技有限公司5家企业通过国家高新技术企业认定。截至年底，延庆园内累计认定的国家级高新技术企业33家，涉及生物与新医药、电子信息、新能源与节能技术等领域。

（王　雪）

【74件发明专利获授权】年内，延庆园北京玻钢院复合材料有限公司的“叶轮组件及风力发电装置”、北京大兆新元停车设备有限公司的“一种车库用待机车辆房”、亿利首建生态科技有限公司的“一种人工湿地系统”等14家企业的74件发明专利获知识产权局授权。

（王　雪）

【两家企业获知识产权（专利）资金支持】年内，延庆园两家企业共获知识产权（专利）资金2.8万余元。其中，北京弘兆科技有限公司ISO 9001质量管理体系、ISO 14001环境管理体系双认证获补贴1.2万元，申请知识产权（专利）资金补贴1.3万元；北京佳时代包装制品有限责任公司申请知识产权（专利）资金补贴3750元。

（王　雪）

【新增17家中关村高新技术企业】年内，延庆园北京环都拓普空调有限公司、北京汇磁粉体材料有限公司、北京卓酷冰雪科技有限公司等17家企业被认定为中关村高新技术企业。截至年底，延庆园内累计认定的中关村高新技术企业34家。

（王　雪）

【延庆园12330工作站微信互动平台启动】年内，延庆园12330知识产权保护服务工作站微信互动平台启动，北京玻钢院复合材料有限公司、北京三吉利新材料有限公司、北京阔野田园生物技术有限公司等20余家企业加入。通过微信平台，延庆园企业可相互沟通交流，并及时获取12330知识产权最新动态和相关新闻信息。

（王　雪）

【延庆园管委会编制“十三五”规划】年内，延庆园管委会成立“十三五”规划编制小组，启动《中关村国家自主创新示范区延庆园“十三五”时期发展规划》编制工作，完成《规划》初稿。根据规划，“十三五”期间，延庆园将重点以园艺产业、体育休闲产业、能源互联网产业、信息产业、高端装备产业、新能源和节能环保产业、智慧服务业为特色的绿色产业体系为目标，实现一年一变样、三年大变样、五年大跨越、

十年创一流的目标。2020年，园区总收入力争达到1000亿元，税收力争实现40亿元，高新技术企业力争达到200家，申请专利近1000件。

（王　雪）

【延庆园加大招商引资力度】年内，延庆园管委会组建招商引资专项小组，开展招商推介活动。其中，对接启迪控股股份有限公司、西诺（北京）花卉种业有限公司等100余家企业；中关村能源互联网产业技术联盟和中关村纤维增强复合材料产业技术创新战略联盟入驻园区；与博天环境集团股份有限公司等近10家企业达成入驻意向；与中关村智慧环境产业联盟、新能源产业联盟、北京国际绿色经济协会等10家中介组织初步达成合作意向。

（王　雪）

【延庆园企业指标稳步增长】年内，延庆园累计引进企业222家，注册资本42.8亿元。其中，实体企业6家，注册资本3000万元；注册型企业216家，注册资本42.5亿元。延庆园纳税总额21.2亿元，财政收入7.5亿元，其中实体企业纳税3.8亿元；规模以上企业工业总产值65.9亿元，同比增长6%；固定资产投资7.3亿元，同比增长170%。延庆园新能源产业企业共缴纳各项税金2亿元，占工业企业纳税总额的63%，形成区级财政收入4960.4万元，占工业企业财政收入总额的64%；完成工业总产值43.1亿元，同比增长16%，占工业总产值的76%；完成销售收入45.8亿元，占工业销售收入总额的78%。

（王　雪）

【延庆园重点技术领域总收入90.4亿元】年内，延庆园重点技术领域总收入90.4亿元。其中，新材料领域在产业发展中领先，收入43.1亿元，占总收入的47.7%；电子信息领域收入7.2亿元，占总收入的8.0%；先进制造领域收入7.0亿元，占总收入的7.7%；环境保护领域收入6.9亿元，占总收入的7.6%；新能源与节能领域收入6.7亿元，占总收入的7.4%；生物医药领域收入2.7亿元，占总收入的3.0%；其他领域收入16.8亿元，占总收入的18.5%。

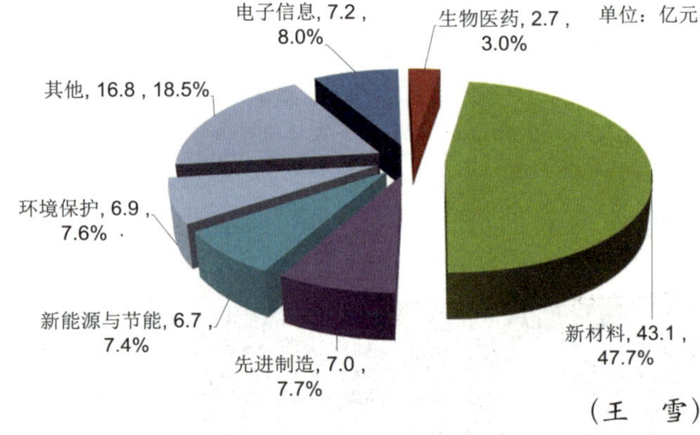

（王　雪）

产业发展

Industry Development

本栏目设有电子信息产业，先进制造产业，生物与健康产业，新材料产业，新能源、节能与环境保护产业，航空航天产业，文化创意产业7个分栏目，以条目体形式记述中关村国家自主创新示范区企业和单位在各产业领域开展的创新活动、取得的新进展和新成绩等。

综　述

2016年，中关村示范区围绕国家及北京市创新驱动发展战略，瞄准科技创新前沿趋势，引导政策创新突破，不断加强“高精尖”项目布局、协同创新平台建设，持续培育发展新技术、新产品、新模式、新业态；经济运行速稳质优，实现“十三五”良好开局；有效发挥中关村示范区在京津冀协同创新发展和北京建设全国科技创新中心中的引领支撑和辐射带动作用。

*规模总量全国领先，构筑发展优势。*2016年，中关村示范区实现总收入4.6万亿元，同比增长12.8%，占全国高新区的1/6。其中，电子信息产业实现收入1.8万亿元，同比增长12.6%；先进制造产业实现收入5619.7亿元，同比增长17.6%；生物健康产业实现收入1872.9亿元，同比增长15%；新材料产业实现收入3071.2亿元，同比增长17%；节能环保与新能源产业实现收入5963.8亿元，同比增长6%；航空航天产业实现收入788.9亿元，同比增长18.2%；文化创意产业实现收入7639亿元，同比增长12.7%。

*领军企业影响力逐步扩大，内生驱动升级成为常态。*2016年，中关村示范区收入亿元以上企业3273家，其总收入占示范区的94.1%，其中超千亿元企业6家，超百亿元的企业73家。领军企业不断适应新常态，探索转型升级驱动发展。京东方科技集团股份有限公司在不断加强面板产业的同时，推动基于DSH战略基础向软硬融合、应用整合及服务化的物联网转型进一步深化，推出家庭云艺术馆BOE iGallery等产品。领军企业不断拓展并购，抢占技术制高点和创新主导权。中关村示范区企业全年并购案例数约600起，同比增长19.6%。北京京东世纪信息技术有限公司98亿元收购美国沃尔玛百货有限公司旗下1号店，并与沃尔玛公司共同打造融合线上线下的零售商业模式。

*现代服务业平稳较快发展，成为经济发展的生力军。*2016年，中关村示范区现代服务业实现收入近3万亿元，同比增长11.4%，占示范区总收入的64.9%。其中，交通运输、仓储和邮政业同比增长22.8%，增速高于现代服务业约11个百分点。消费升级逐步加快，促进形成新动力、新供给，出行、餐饮等领域的新业态企业由以往的“低价格”竞争逐步转向“高服务”竞争，通过提供定制化服务、个性化服务，寻求新的经济增长点。

*硬科技引领科技创新，创新成果高质丰硕。*2016年，中关村示范区在人工智能、大数据、虚拟现实、智能机器人、生物医疗、能源互联网等领域技术不断出现新突破，创新产品持续涌现，引领技术发展新潮流。北京中科寒武纪科技有限公司开发出全球首个深度学习专用处理器架构指令集；北京七鑫易维信息技术有限公司成功研制出全球首款VR眼球追踪器，用户通过眼球转动即可控制虚拟世界；京东方科技集团等企业推出首台国产OLED电视，打破外资垄断的技术格局。

*“互联网+”引领创新驱动新引擎。*2016年，互联网金融、智慧医疗、互联网教育、智能交通、智慧环境等“互联网+”新业态迅速发展，成为中关村示范区新的增长着力点。以用友网络科技股份有限公司为代表的传统软件企业向互联网企业转型升级，积极实施“去软件化”，发力互联网金融、企业级服务等新兴领域；以百度在线网络技术（北京）有限公司为代表的大企业超前布局人工智能领域，依托百度大脑平台推出面向企业、机构、创业者、开发者等群体的技术共享服务，以开放式技术输出引领行业发展；以软通动力信息技术（集团）有限公司为代表的传统IT技术服务商向智慧城市与产业互联网建设的领导者转型，不断强化端到端“软件+服务”综合业务能力在城市运营管理方面的创新应用，致力于为城市装上“智慧大脑”。“智能制造+分享经济”为高技术制造业发展迎来新机遇，呈现出智能制造系统共享、智能解决方案共享、智能制造技术和设备共享等发展趋势。

*携手津冀打造创新驱动新引擎，引领构建京津冀协同创新共同体。*以服务有序疏解北京非首都功能、优化提升首都核心功能为出发点，编制印发《中关村国家自主创新示范区京津冀协同创新共同体建设行动计划2016—2018》，聚焦“4+N”重点区域，加速将人才、科技、创新创业资源辐射到周边地区，持续形成区域间良性互动的产业链和创新链。2016年，中关村示范区企业在津冀两地设立分、子公司979家，累计5818家；并购津冀地区案例数28起，较2015年增加10起，涉及投资额126亿元。

（杜　玲）

电子信息产业

【概况】2016 年，中关村示范区电子信息产业发展迅猛，拥有企业 1.2 万家，实现营业收入 1.8 万亿元，同比增长 12.6%，实现利润 1079.4 亿元。中关村示范区走在人工智能产业发展的前沿，云集全国近一半的人工智能企业，在深度学习、专用芯片、机器视觉、语音识别和自然语言处理、无人驾驶、智能机器人等产业的各个环节均聚集了一批全国乃至全球领军企业，初步形成国际领先的人工智能生态体系。人工智能领域的创业呈现爆发式增长，涌现出北京地平线机器人技术研发有限公司等一大批创业企业。地平线公司研发出面向自动驾驶的“雨果”平台和面向智能家居的“安徒生”平台，取得多项世界领先的落地成果。人工智能向智能制造、智能服务、智能城市等领域快速渗透，智能汽车、智能机器人、智能金融与医疗等跨界创新，带动科技与经济结合，促进实体经济发展。大数据技术加快迈向产业化，中关村示范区从数据存储、云计算平台到大数据分析处理与可视化、行业应用、数据资源与交易的产业生态布局基本完成，产业协同创新能力不断提升，成为京津冀国家大数据综合试验区建设的重要力量。北京大数据研究院开展大数据共性关键技术研发、行业大数据分析和成果转化，推出京津冀大数据产业协同创新平台。虚拟现实和内容产业井喷式发展，技术创新与投融资活力强大。北京七鑫易维信息技术有限公司攻克注视点渲染的技术难题，利用 VR 眼球追踪技术，推出全球首款 VR 眼控配件。中关村虚拟现实产业发展势头迅猛，全年有近 50 家虚拟现实及相关产业企业获 PE/VC 融资。

（杜　玲）

【Asianux Server7+ 系列产品发布】1 月 7 日，北京中科红旗软件技术有限公司在京举行“重塑企业 IT 环境，筑梦未来”Asianux Server7+ 发布会。红旗软件公司推出“Linux +”产品战略，即以 Asianux Server7 为基础，在上层与 openstack、docker、kvm、hadoop 相结合形成开源技术解决方案，同时针对开源技术解决方案提供售前销售咨询、部署、实施和技术服务等。Asianux7 系列产品包括红旗 Asianux7 for X86 平台和 Asianux7 for Power，以及针对客户高阶需要而研发的安全操作系统、HA 高可用集群软件以及云管理平台。Asianux7 for Power 由红旗软件公司与美国国际商业机器公司（IBM）、OpenPOWER 联盟合作研发，是国内首款基于开源的、应用于国产 Power 服务器的 Linux 操作系统。在软件兼容性方面，红旗软件公司完成 3000 余个开源软件，以及 10 余家 ISV 的软件兼容性测试。

（徐　建）

【桂花网公司推出智能管家】1 月 8 日，北京桂花网科技有限公司推出用于蓝牙智能硬件、音箱等设备的蓝牙路由器——兰桂智能管家。产品主要作用是管理和连接智能硬件和健康监测类设备，包括音箱、蓝牙灯泡、蓝牙插座、空调等，其蓝牙 4.0 的传输距离为室外实测 300 米，室内穿透 3 堵墙，且不要求终端设备做任何改变，并可同时稳定连接 22 个设备，还可为接入的蓝牙设备做路由中继，通过 Wi-Fi 连接到互联网上，解决设备的遥控问题。

（徐　建）

【人脸识别技术助力互联网金融】1 月 16 日，北京融世纪信息技术有限公司（融 360）宣布与北京市商汤科技开发有限公司达成战略联盟，共同推进人脸识别技术在互联网金融风控、在线信贷等方面的应用。商汤科技公司将为融 360 的“天机”大数据风控系统提供人脸识别技术支持，同时结合双方在各自领域的自有优势推出性能更强的人脸识别云服务 2.0 版本。融 360 将利用“人脸识别 + 大数据风控服务技术”替代小额在线信贷人工审核。经测算，使用该技术后，5 万元以下小额贷款的身份核实成本降低到原来的 20% 左右，且人脸识别的准确率超过人工识别。（2015 年 5 月，融 360 联合商汤科技公司推出“天机”风控系统，系统从用户身份认证、还款意愿和还款能力 3 个方面进行信用评分，再根据分值向放贷机构提出放款建议。）

（高　婧　秦　琳）

【京微雅格公司发布首颗 2000 万门级 FPGA 芯片】1 月 19 日，京微雅格（北京）科技有限公司在京召开“核高基”国家科技重大专项首颗高性能 FPGA 芯片暨京微雅格 CME-C1（祥云）系列新品发布会，宣布其面向大容量 FPGA 市场的“云”系列首款 FPGA 芯片——CME-C1（祥云）发布。CME-C1 采用台湾积体电路制造有限公司（TSMC）的 40 纳米 CMOS 工艺，逻辑容量 30 ~ 200K。"云"系列产品使用全新的 LUT6 架构和 32 路全时钟网络，运行速度可达到 700 兆赫。针对高速大容量市场的应用需求，CME-C1 还整合高速 Serdes 接口，最高可达 6.5 吉兆，拥有 1333 兆 / 秒的硬核 DDR2/3 控制器和硬核 PCIe 接口及 36 × 18 的 DSP 处理器。产品可应用在广播通信、国防军工、金融安全、电力传输、仪器仪表等传统领域，也可使用在机器人、无人机、大数据等新兴领域。

（徐　建）

【京东集团与国务院扶贫办战略合作】1 月 22 日，国务院扶贫办・京东集团电商精准扶贫战略合作协议签约仪式在京举行。国务院扶贫开发领导小组办公室与北京京东世纪信息技术有限公司签署《电商精准扶贫战略合作框架协议》，双方将共同探索"产业扶贫、创业扶贫、用工扶贫"三大模式，发挥京东电商平台优势，以电子商务手段助力国家精准扶贫战略。根据协议，京东集团将在贫困地区加大投资力度，保证将贫困地区生鲜产品配送到全国主要消费城市；帮助贫困地区建设 200 家京东线上特产馆；帮助贫困户就近就业、获得收益；与中国扶贫志愿服务促进会设立"京东扶贫基金"，以支持贫困地区的创业发展；面向贫困家庭定向招收劳动力，提供相当数量的正式用工岗位。

（杜　玲）

【京东电子签收系统上线】1 月，由北京京东世纪信息技术有限公司自主研发的青龙系统电子签收功能上线，购买京东自营商品的用户在接收快递时，在快递员的 POS 机上签名即可，省去纸张的打印，节约成本。电子签收系统由 5 个部分组成，包括青龙电子小票管理系统、电子小票图片云存储系统、第三方电子签名 CA 认证前置系统、POS 一体机设备及基于京牛 App（京东配送员专属 App）的加密通道。物流小票电子签收模块和 POS 小票签收模块产生的签收数据通过加密网络传输通道，经第三方 CA 认证后回传青龙电子小票管理系统。青龙电子小票管理系统采用京东云存储，可对授权用户提供高访问强度、高速度的读取服务，将读取的数据实时在线合成为对应的刷卡单、物流签收单图片，下发到每一个客户端。从用户在 POS 机上点下请求按钮到收到结果，仅需几十毫秒便可完成。

（徐　建）

【捷通华声公司推出灵云全能力平台】2 月 19 日，北京捷通华声科技股份有限公司推出覆盖灵云各项人工智能能力的灵云全能力平台。平台隶属灵云平台级产品，采用开放性架构设计，可提供语音合成、手写识别、人脸识别、指纹识别、语义理解等全方位人工智能能力服务，以及包括配置、监控、告警、运营报表等在内的多种功能服务。同时，为了适配企业客户系统的多样性，基于 Linux 系统开发的灵云平台级产品，设有 SDK、HTTP、MRCP 等多种接口形式，供系统之间平滑对接。平台可应用于金融、电信、能源等领域，以及行业软件开发商、解决方案提供商、系统集成商等网络供应商和服务商，客户可以选择部分能力服务进行调用，实现初始的功能需求，当不同人工智能能力的应用需求发生变化时，可通过对能力平台挂接的各项人工智能能力服务进行增加或裁剪，完成现有系统的平滑升级，其灵云平台级产品还提供灵活可靠的授权模式，以保障各能力服务的正常运行。

（张　蕾）

【联想云服务"懂的通信"两款智能产品推出】2 月 22 日，在世界移动通信大会（MWC2016）上，联想云服务业务集团推出"懂的通信"两款产品及服务："懂漫游"（Global Roaming Service）和智能设备开箱即联网服务（Always Online Service）。"懂漫游"可使短期出境的国际商旅用户无须购买当地电话卡，只需要在联想智能手机或设备上打开"懂漫游"应用，即享受按照当地资费标准进行上网，让消费者享受世界国民待遇，服务支持全球 60 余个国家和地区；智能设备开箱即联网服务可通过联想 Miix700 平板电脑进行展示，内置智能 4G 通信模块，支持多 APN 通道，让用户开箱即联网，不管身处何处都可以在设备上随时接入互联网，安全高速地使用 4G 网络，对于联想用户有专属特权，在国外上网可享受本地资费。

（孙志勇　武　悦）

【"一带一路"大数据综合服务门户网站运行】2 月 26 日，在"一带一路"大数据综合服务门户暨系列战略合作签约仪式上，"一带一路"大数据综合服务门户网站（www.bigdataobor.com）上线运行。网站由国家信息中心与亿赞普（北京）科技有限公司共同建设，是"一带一路"大数据中心的对外信息传播、服务、合作的窗口，包括信息、服务、合作三大核心板块，将面向政府和社会的"一带一路"综合信息服务平台及相关"互联网 + 信息"服务体系，提供机制化、个性化、可视化的大数据服务。（2015 年 12 月 8 日，国家信息中心、克拉玛依市政府、亿赞普集团共同发起成立国家信息中心"一带一路"大数据中心。）

（韩洋洋）

【小米手机登陆美国市场】2 月，美国虚拟移动运营商——美国移动（US Mobile）开始销售部分型号的小米手机，标志着小米科技有限责任公司的手机登陆美国市场。登陆US Mobile在线商城的小米手机分别为小米4i、小米3和红米2。

（杜　玲）

【百度深度语音识别系统入选十大突破技术】2月，麻省理工科技评论杂志社公布其评选出的2016年十大突破技术榜单，由百度硅谷人工智能实验室（SVAIL）等机构研发的深度语音识别系统Deep Speech2入选。系统使用端对端的深度学习技术，主要专注于提高嘈杂环境下的英语语音识别的准确率，在噪音环境下，其出错率比美国谷歌公司、微软公司以及苹果公司的语音系统低10%以上。同时还加入汉语语音查询功能，识别准确率94%。《麻省理工科技评论》评价：随着百度在语音技术方面的不断进步，语音接口变得更为实用和有效，人们可以更为便利地与身边的设备进行互动。百度的深度语音识别系统（Deep Speech2）包含一个非常大的、“深”的神经网络，引入数以百万计的转录语音。有时其在识别汉语语音片段方面，要比人为识别更加准确。”

（杜　玲）

【东华软件公司与美国C3公司合作进军能源大数据】3月3日，东华软件、C3 IoT战略合作新闻发布会在京举行。东华软件股份公司与美国C3 IoT公司将共同推动中国能源互联网、工业大数据领域的建设及数字化转型。利用C3公司经实践检验的基于弹性云计算、大数据分析和机器学习的物联网应用，双方将共同面向中国用户提供工业级大数据的专项服务。

（杜　玲）

【MPOS终端设备G30通过银联安全认证】3月14日，由北京神州龙芯集成电路设计有限公司研发的MPOS终端设备G30通过《银联卡受理终端安全规范Q/CUP007—2014》认证，获中国银联股份有限公司颁发的“银联卡受理终端产品安全认证证书”。MPOS终端设备G30是一款基于智能手机等移动设备的移动互联支付终端，具有易携带、易操作、易维护、智能化等特点，可为小微商户提供一站式收款解决方案。

（韩洋洋）

【汉王科技进军智能汽车引外媒关注】3月14—18日，在2016德国汉诺威消费电子、信息及通信博览会（CEBIT 2016）上，汉王科技股份有限公司携手写输入法、人脸识别、空气检测和净化三大针对汽车领域的核心技术参展，受到英国路透社、美国福克斯电视台等近200家国外主流媒体关注和报道。手写输入法将手写和键盘输入导入汽车导航，不仅增强车载智能终端识别的智能性、预判性和精准性，且提升汽车驾驶者在旅途中输入文本时的舒适感和安全性；人脸识别技术在汽车领域的应用，能有效地进行身份认证、环境适配、疲劳提醒，实现智能汽车“刷脸开车”；将空气检测和净化技术导入汽车模组，可随时为车乘人员提供车内外空气质量信息，还能通过智能判断，自动净化车内空气。

（张　蕾）

【联想集团“云笔记本”电脑问世】3月17日，联想集团有限公司在京举办以“新势力鹿头角”为主题的联想小新春日Family Day，发布云笔记本产品小新Air13和小新Air12。小新Air13具有高颜值、高性能、高价值三大特色；小新Air12具有随时随地轻松上网的功能。新产品将设备和云服务进行融合，实现跨设备的同步共享，满足用户在各场景应用的需求。小新Air系列云笔记本为每位用户提供100吉兆云盘，网络同步速度不设限。联想云盘能实现文件实时编辑，任何编辑修改都会自动同步上传到云端，还能在多个设备之间同步共享。联想云服务配备照片大师软件，除可实现常规的修图功能外，还能通过联想云服务，将移动设备中的照片自动极速同步到软件图库中，不必担心出现照片丢失的问题。通过联想云服务的“一键冲印”功能，用户可在小新Air上完成照片冲印。同时,联想集团还首次在PC行业为用户带来“一键换机”的功能，只需动动手指，用户就可以将旧电脑上的常用软件、个性化设置迁移到小新Air当中。

（徐　建）

【用友电子发票服务平台推出】3月23日，在“电子发票与你有关”电子发票服务平台业务新闻发布会上，用友网络科技股份有限公司推出用友电子发票服务平台（www.piaoeda.com）。平台基于云服务模式提供电子发票全流程服务，实现开票、流转、收票、报销、入账、归档等功能，通过移动应用简化发票处理和报销流程，改变传统纸质发票网上认证困难、纳税人办理国地税业务分开跑、人力成本过高等问题。同时，平台还以电子发票为媒介，对企业经营的流程进行融合和优化，实现企业上下游数据互连互通，减少数据孤岛，提高运营效率，实现精细管理；缩短企业回款周期，减少资金占用，加速经济微循环；帮助企业归集和管理多平台、多来源的电子发票，杜绝纸质发票带来的假票、丢失、污损等方面的风险，降低发票管理的成本；发掘电子发票大数据优势，整合金融、营销等各方面服务资源，打造企业服务生态圈。

（秦　琳）

【HS8269 芯片获奖】3 月 24 日，在 2016 中国半导体市场年会暨第五届集成电路产业创新大会上，北京中科汉天下电子技术有限公司的“基于标准 CMOS 工艺的单芯片射频前端芯片 HS8269”项目获第十届（2015 年度）中国半导体创新产品和技术奖。HS8269 芯片是 CMOS GSM 射频前端芯片，其将全部电路（射频功率放大器、控制器和天线开关）集成于 1 颗 CMOS 晶圆中，实现 GaAs 射频前端方案至少需要 3 颗晶圆才能实现的功能。芯片支持 4 频段发射（GSM850/EGSM900/DCS1800/PCS1900）和双频段接收（GSM/DCS），能够有效实现功率放大、功率控制、开关切换的功能。

（杜　玲）

【大唐微电子公司指纹安全处理芯片获奖】3 月 24 日，在 2016 中国半导体市场年会暨第五届中国集成电路产业创新大会上，大唐微电子技术有限公司自主研发的指纹安全处理芯片(DMT-FAC-CG4P)获第十届(2015 年度）中国半导体创新产品和技术奖。芯片是国内首批支持国密算法的指纹安全处理芯片，采用高安全、高性能、低功耗的 32 位 CPU，主频高达 120 兆赫以上，SRAM128 千字节以上，配置 512 千字节 Flash，集成国际常用加密算法、国密安全算法及指纹处理算法，支持 USB2.0、SPI、UART 等多种接口，可灵活应用于移动终端系统，实现指纹图像的处理和数据信息安全加密功能。安全方面，芯片内部集成独立的安全协处理器，运用多种芯片安全技术，达到 EAL4+、国密二级等金融级芯片安全水平。同时，独立的安全协处理器可为敏感数据的处理提供安全的运行环境及存储环境，有利于实现高安全的指纹识别方案。结合配套的指纹传感器，大唐微电子公司可提供基于安全芯片的指纹 KEY、指纹盾、指纹仪、手机终端指纹识别等一体化解决方案，具有集成度高、便于二次开发、开发周期短等特点，可支持客户快速完成产品化。

（徐　建）

【中国物联网产业“十三五”发展路线图发布】4 月 8 日，由中关村物联网产业联盟、北京信息化协会等单位主办的中国物联网产业“十三五”加速发展高峰论坛暨物联网联盟年会在北京唯实大厦召开。来自物联网领域的专家及全国 400 余家联盟会员单位的代表参加。中关村物联网联盟发布中国物联网产业“十三五”加速发展路线图，包括一个愿景、三条路线和六大行动计划。其中，一个愿景是指“美丽中国，改变世界”，以“技术创新 + 商业模式创新 + 金融资本创新”，让中国物联网产业快速做大，中国物联网企业迅速做强；三条路线指的是技术创新路线图、商业模式创新路线图和投资金融创新路线图；六大行动计划包括通过物联网加速、真环保加速、投融资加速、全国加速器成长、产业生态共创、商业模式加速，重点投资智能家居、智慧城市应急安全、智能交通车联网、智慧节能、智慧环境安全检测、智能制造、健康养老、智慧农业、智慧金融服务、国防军事十大细分应用领域。会议还举行物联网加速发展 10×10 计划启动仪式、重庆－中关村物联网公共服务平台揭牌仪式，并对中关村物联网产业优秀单位和个人进行表彰。

（江　欣　杜　玲）

【重要信息系统基础数据库管理系统通过终验】4 月 8 日，由北京圣博润高新技术股份有限公司承担的重要信息系统基础数据库管理系统通过公安部十一局组织的专家终验。系统建设内容包括信息安全等级保护过程工作和数据管理，用于部、省、市三级公安机关网络安全保卫部门的日常等级保护工作管理，由定级备案数据管理系统、政策法规标准数据管理系统、应急演练管理系统、监测预警管理系统、通报与事件管理系统、监察检查数据管理系统、信息安全产品管理系统、灾备建设管理系统、建设整改数据管理系统、等级保护队伍管理系统、等级测评数据管理系统、数据分析与统计管理系统等组成，可供网安专网内部、省二级部署，以及部、省、市三级使用。

（韩洋洋）

【智慧课堂解决方案上线】4 月 10—14 日，由闪联信息技术工程中心有限公司研发的涪陵第十四中远程互动课堂——智慧课堂解决方案上线。方案集录播、直播、远程互动、听讲教室四大系统为一体，满足学校的课程录制、分校区之间的远程网络互动教学和会议、多级网状直播、多方课堂直播互动等功能的需要。方案基于交互智能平板（一体机）、精品录播，并融合“互联网 +”、云平台及无线互联技术的标准化智慧校园解决方案。其中，闪联智能触控一体机多应用在课堂教学中，展示教学内容过程控制简易，IGRS 标准软件对教学板书、师生互动、无线互联、修复作业等应用起到关键性作用，实现产品与技术的无缝对接。

（孙志勇）

【亚信在线车联网项目上线】4 月 13 日，亚信集团股份有限公司亚信在线车联网项目在比亚迪股份有限公司上线，标志着亚信公司与比亚迪公司将共同布局和抢占车联网市场。比亚迪公司将在比亚迪“元”系列车型上使用亚信车联网运营支撑系统，后续再逐步推广到所有车型上，提升比亚迪公司与客户有关车联网的业务运营能力。亚信公司通过基于开放型的系统架构，采用互联网云创新模式，能够应客户要求进行迭代开发、持续优化，完成运营系统商品管理、资源管理、结算管理等功能，进而提高车屏系统的使用，增加客户与车的黏性。至年底，项目实现一键部署简化平台流程，增加平台间调用异常监控。

（张　蕾）

【升哲科技公司低功耗蓝牙传感器发布】4月14日，北京升哲科技有限公司发布符合蓝牙信标安全协议EID的传感器和服务。升哲科技公司研发的低功耗蓝牙传感器可以感知温度、速度、光线，可应用于城市灾难预警；传感器还可以同手机相连接，向手机推送服务信息，为传统零售行业、服务业和金融行业提供数字营销策略。

（杜　玲）

【联方云天公司获中国数据中心高能效产品奖】4月15日，在由中国计算机报社主办的第九届中国数据中心大会上，联方云天科技（北京）有限公司凭借分布式电源系统的产品在电信、金融等行业的应用及优秀表现，获2016年度中国数据中心高能效产品奖。联方云天公司的能源路由器、直流微电网和能源策略管理系统的配合，实现能源虚拟化，支持软件定义数据中心，有效提升数据中心供电的可靠性，可实现按需部署，降低数据中心的运营成本。产品轻巧灵活、安全高效、弹性扩容、易于管理；采用锂电池储能技术，提升整体系统的安全可靠性及系统寿命和空间利用率；数据中心管理系统和3D可视化运营系统能够有效协助管理者直观地进行管理并做出决策。

（朱文利）

【2016中国（北京）VR/AR产业峰会召开】4月16日，由智东西、极果共同主办的2016中国（北京）VR/AR产业峰会在京召开。相关行业从业者1000余人参会。峰会以“虚实无界、创新无限”为主题，就“双创驱动下的VR/AR产业革命”“VR/AR产业风口的中国机会”“虚拟现实究竟离我们有多远”等方面探讨VR/AR产业的行业难题，展望未来发展趋势。

（杜　玲）

【ZEPP新品发布】4月20日，ZEPP2016春季产品发布会在京召开。泽普互动（北京）科技有限公司（ZEPP）推出运动传感器ZEPP2和专门用于运动中的视频捕捉、智能集锦、分享的软件产品——北看台，以及足球项目的传感器产品——ZEPP足球。ZEPP2引入“ZEPPinside”的理念，可置入体育器材中。北看台的主要功能包括：独特的拍摄方式，通过“先看到，后拍摄”的方式抓住体育运动中稍纵即逝的精彩瞬间；名为HiLEE（Highlight Editing Engine）的智能集锦功能，通过对捕捉到的镜头进行智能分类，从而把一场比赛的精彩镜头自动生成集锦。ZEPP足球传感器只有4克重，运动员通过腿套在左右腿各佩戴一个，利用蓝牙连接手机传输数据，可以记录全队球员在比赛中跑动、冲刺、触球等方面的一系列数据。

（杜　玲）

【大唐电信集团5G综合验证平台发布】4月25日，大唐电信科技产业集团“5G综合验证平台及256大规模天线”发布会在京举行。大唐电信集团发布的5G综合验证平台，可通过灵活配置支持各种典型5G场景的多技术组合验证，支撑5G技术的标准化和产业化。在平台上，大唐电信集团展示超大规模天线（Massive MIMO）技术、非正交多址接入（PDMA）技术和车联网技术。其中，256大规模天线拥有128独立数字通道，可以实现20流数据并行传输，传输速率超过4吉兆；PDMA针对的低功耗广覆盖物联网场景，重点解决每平方千米部署100万个接入数量低成本、大覆盖的业务需求；5G综合验证平台可模拟V2X自主安全驾驶，在满足99.999%的可靠性传输下，时延达毫秒级，还支持多种场景的防碰撞检测与告警，验证车联网方案中算法和设计的有效性、可靠性。

（杜　玲）

【北斗导航农机自动驾驶系统通过鉴定】4月28日，中国卫星导航定位协会在京召开合众思壮“慧农”北斗导航自动驾驶系统产品鉴定会，由北京合众思壮科技股份有限公司研发的拥有完全自主知识产权的北斗导航农机自动驾驶系统通过专家鉴定。系统采用以北斗导航为主线的多项自主知识产权核心技术，开发出一种全新的GNSS定位定向和MEMS传感器融合的导航自动驾驶系统；采用前向、停止、后向连续自动驾驶技术，实现连续控制，小于15米快速入线（快速倒车入线小于10米）；使用分段线性化技术，在保证精度情况下，首次实现极简化校车流程；开发适合于多种应用场景的算法模型，实现对角线作业模式在农业自动驾驶系统上的首个应用。“慧农”系统作业直线精度2.5厘米，交接行精度2.5厘米，中途停车起步无起步弯，倒车入线距离小于10米。专家组一致认为，项目立项正确及时、创新性强，成果整体达到国际先进水平。其中，北斗/GNSS高精度定位与低成本MEMS传感器融合技术实现快速入线居于国际领先。

（徐 建）

【STEPVR大盒子推出】 5月11日，在2016亚洲消费电子展上，北京国承万通信息科技有限公司推出VR产品——STEPVR大盒子。产品包含一套全沉浸式的虚拟现实设备，包括头戴式VR眼镜、背包式计算单元、标准定位及动作捕捉单元、空间定位激光发射单元，以及VR游戏中用到的控制器等，采用国承万通公司自主研发的反向动力学算法和定位技术及9轴姿态融合算法等技术，实现及时且1:1精准还原动作，交互人数不受限制，并可实现在大空间内的自由行走和交互体验，提高体验者的体验感受，可应用于游戏、影视、教育、旅游、房产等领域。

（杜 玲）

【翰云数据库获评云计算大数据优秀项目】 5月18—20日，在第八届中国云计算大会上，北京翰云时代数据技术有限公司翰云数据库项目获2016云计算大数据创新创业评选活动“云计算大数据总评选优秀技术创新项目”称号。翰云数据库系统是一款支持关系型/非关系型的数据库系统，其主要特点是分布式+大平台+全兼容+定制化，可支持2000个以上并发用户的同时访问，以及高达2万及以上高并发，采用列存储和压缩技术对数据进行存储，能提供高速的数据加载和复杂查询，集群节点可以扩展到上千个节点。同时为用户提供多种标准接口和ETL工具,支持SQL92标准，使用户应用过程中做到无缝迁移，并且无须学习新的数据库语言。

（樊敬愚）

【“天琴”芯片发布】 5月19日，在第七届中国卫星导航学术年会上，北京合众思壮科技股份有限公司发布新一代GNSS基带芯片“天琴”。“天琴”芯片采用11毫米×11毫米小尺寸TFBGA封装，同时支持2路独立的LBAND信号通道，支持“中国精度”星基增强信号的接收，最大可同时跟踪14个信号体制，支持80兆赫采样，并行394通道，实现GNSS全系统、全频点跟踪；内置快速捕获引擎，无须电池即可提升快速捕获跟踪性能；支持CAN2.0B等接口；支持北斗B1/B2/B3、GPSL1/L2/L5、GLONASSG1C/G1P/G2C/G2P/G3、IRNSSL5、GalileoE1/E5a/E5b、QZSS、SBAS等卫星导航信号。基于“天琴”芯片开发的P326星基增强板卡，可实现在全球任一地点单机厘米级精度的“中国精度”增强服务，其采用雅典娜引擎，支持RTK星基续航，以小尺寸、易集成的特点提升市场化服务能力，可广泛应用于无人机、无人驾驶汽车、测量测绘、机械控制、海洋工程等领域。

（杜 玲）

【“安徒生”平台推出】 5月20日，在科沃斯新产品发布会上，科沃斯机器人有限公司首次展示搭载北京地平线机器人技术研发有限公司的智能家居“安徒生”平台的下一代管家伴侣型扫地机器人“地宝”。“安徒生”平台提供针对家居产品的软硬件结合的人工智能解决方案，搭载平台的家居产品具备感知、交互与控制的核心智能。平台采用语音识别和图像识别相结合的方式，使机器人能够更准确地获取信息，从而弥补单一信源所无法掩盖的缺陷，同时平台还以端上智能为基础，配以云端辅助支持，提供“云+端”的服务，具有保护隐私、实时性更强、稳定性更强等优点。

（张 毅）

【威目视图大数据系统发布】 5月23日，在2016中国国际智能交通展览会上，北京格灵深瞳信息技术有限公司发布针对智能交通领域的产品——威目视图大数据系统。系统包括威目车辆特征识别系统、威目视频结构化系统、威目视图大数据分析平台3个部分，采用深度学习、高性能运算及大数据技术，利用海量视频/图片资源，打造集视频/图片结构化分析、数据存储、数据应用、研判分析于一体的高精度、高性能运算与分析平台，提高视图资源利用效率，可进行车辆识别，实现人、车、物等目标的检测、识别与分析，并利用人体、人脸结构化识别的信息，对嫌疑人员进行快速定位。

（徐 建）

【物联网遥感大数据联合研究中心成立】 5月24日，清华大学－致生联发信息技术股份有限公司物联网遥感大数据联合研究中心成立仪式在清华大学举行。市科委、中关村管委会等单位的相关负责人及清华大学相关院系师生代表等参加。联合研究中心由致生联发公司与清华大学共同成立，是清华大学在遥感大数据领域首家校级校企联合科研机构，研究方向集中在海洋生命科学、国土资源、防灾减灾、军民融合、智慧城市五大产业领域，将依托清华大学科研团队的理论

技术优势，结合致生联发公司在“物联网＋云计算＋大数据”模式下的产品转化能力及资源整合能力，实现遥感数据的采集与通信，形成海量的大数据资源，打造创新型的应用，最终实现产业化的推广。清华大学洪阳教授任联合研究中心首任主任。

（朱文利　张　晔）

【大洋公司e系列产品问世】 5月，北京中科大洋科技发展股份有限公司自主研发的面向广播电视专业级市场的e系列产品问世。eCutter专业级非编系列产品集剪辑、合成、调色、转码、管理于一体，具备广播级音视频接口、强大的视频编辑能力、海量的制作模板、预制的网络配置方案，可满足各地县级电视台、影视制作机构、企事业单位等多行业用户的各类需求。iChannel2一体化播出系统拥有大洋视频服务器平台、大洋高集成化播出软件及采集、转码、技审、编单、播出、字幕等功能，单机即可实现4个频道的高清播出方案，还可选择两路高标清同播方案，1～2个频道的简单数字、模拟播出方案，适用于中小型电视台。eVIAS声像资料数字化管理系统是以媒体数字化处理技术及互联网技术为基础构建的专业数字资产管理系统，可为不同行业提供一体化解决方案，实现精品素材和节目的保存与共享、多集声像资料上报汇聚管理、声像资料统一存储与发放，应用于政府、教育等部门。eMagic一体化虚拟演播室适用于各种虚拟背景抠像的应用场景，具备一键抠像、高品质输出效果、虚拟机位/无限蓝箱、无限层虚拟前景、方便灵活的虚拟大屏、真三维在线图文包装效果等功能。eSafe专业级安全传输网关系统基于USB3.0或Infiniband安全传输链路，可满足各类文件安全、高效的传输需求。

（张　蕾）

【中关村芯园EDA平台上线】 6月1日，由中关村芯园（北京）有限公司建设的EDA平台上线运营。平台是具备EDA工具商业授权资质的IC设计技术服务平台，可承担中关村芯园集成电路公共服务平台的一部分服务。平台完成标准新机房建设，硬件、网络、许可证资源管理系统的配置与搭建；与IC设计企业需求沟通，完成对Cadence、Mentor EDA工具资源的有效配置，实现定制与模拟、数字、混合电路、PC和物理验证等集成电路全流程设计；配置国际主流工具最前沿的设计技术与方法学，服务范围覆盖全国（深圳市和上海市除外）；以许可超市模式运营，定制化满足不同规模企业各设计阶段的需求，可协助IC设计企业加快产品的创新，降低研发成本。

（李贺英　梁　冰）

【星河亮点公司参展“十二五”科技创新成就展】 6月1—7日，在国家“十二五”科技创新成就展上，北京星河亮点技术股份有限公司携SP8200终端无线资源管理（RRM）一致性测试系统、SP9010通用生产型综合测试仪等产品参展。SP8200可解决多种制式、多频点、多小区下的无线/移动通信复杂网络环境构建的问题，为多模多频终端RRM一致性测试提供足够接近真实环境的测试场景，有效提高在网络环境下终端的互操作能力，可广泛应用于芯片研发、手机设计/测试、终端认证、运营商验证等环节。SP9010可解决高性能宽带射频模块处理能力、高吞吐量低时延的基带处理能力、多制式协议模拟能力、多通道多天线处理能力、高效准确的测试测量能力等问题，为无线设备提供快速和精确的生产测试，可广泛应用于多模终端认证、研发、设计、制造和维修等领域。

（朱文利）

【中关村示范区企业获中国金软件金服务奖】 6月7日，在2016中国方案商大会暨（第十八届）金软件金服务颁奖盛典上，2016年金软件金服务调查评选活动结果揭晓。其中，中关村示范区东华软件股份公司CEO薛向东、中科软科技股份有限公司总裁左春入选2016中国IT方案商最具贡献力企业家；太极计算机股份有限公司等4家企业入选2016中国金软件金服务·五大领袖企业；北京超图软件股份有限公司等6家企业入选2016年度中国金软件金服务·十大杰出企业；北京中科江南信息技术股份有限公司等10家企业获2016中国金软件金服务·企业奖；北京东软望海科技有限公司等7家企业获2016中国金软件金服务·解决方案奖；海智网聚网络技术（北京）有限公司等8家企业获2016中国金软件金服务·产品奖。

（司　维）

【首款全景VR运动摄像头发布】 6月15日，沃尔兹曼（北京）科技有限公司在京发布自主研发的国内首款全景 VR 运动摄像头 ZMER ONE。摄像头在机身两侧装有错位式超广角双鱼眼镜头。通过后台算法，摄像机中的芯片能对双鱼眼镜头拍摄的内容进行鱼眼矫正、画面实时拼接并呈现在拍摄者面前。摄像机支持手持、头盔、背带、车载等拍摄方式，720 度全景无死角拍摄，普通人在运动、旅行、玩直播时也能拍出让人身临其境的 VR 视频。摄像头技术还能实现与直播平台的无缝对接，把平面的直播形式变成全景直播。

（徐　建）

【神州龙芯公司参展 CNTE2016】6 月 15—17 日，在 2016 第五届中国国防信息化装备与技术展览会（CNTE2016）上，北京神州龙芯集成电路设计有限公司展出龙芯 GSC328x 系列芯片、龙芯大型 PLC 产品、龙芯工业级串口服务器、龙芯工业监测终端等 10 余款产品，其产品芯片的核心技术、板级方案的关键器件、软件底层源代码等全部实现国产化。其中，龙芯 GSC328x 芯片是主要面向终端类应用的片上系统级 SOC 系列，具有工业级芯片品质，工作温域零下 40 摄氏度至 85 摄氏度，采用 0.13 微米标准 CMOS 制造工艺，主频 300 兆赫，以 32 位龙芯处理器作为主控处理器，并在片内集成丰富的功能模块与外围设备，可用于智能电网、物联网和工业控制等领域。

（韩洋洋）

【“神威·太湖之光”成为世界最快计算机】6 月 20 日，国际 TOP500 组织在德国法兰克福世界超算大会（ISC）上发布第四十七届世界超级计算机 500 强榜单，由国家并行计算机工程技术研究中心研制的超级计算机“神威·太湖之光”以其峰值速度 12.5 亿亿次 / 秒，持续速度 9.3 亿亿次 / 秒排名第一。“神威·太湖之光”采用国产核心处理器“申威 26010”，实现核心处理器的全部国产化。“申威 26010”是国际首款万亿次异构众核处理器，面积约 25 平方厘米，集成 260 个运算核心，内置数十亿晶体管。单芯片运算能力为每秒 3 万多亿次。超级计算机由 40 个运算机柜和 8 个网络机柜组成，搭载 40960 块“申威 26010”处理器，主要应用于天气气候、航空航天、船舶工程、海洋环境、石油物探、生物信息、药物设计、电磁仿真、动漫渲染、核物理、新能源、新材料等 10 余个重要领域，实现数百万核的超大规模并行运算。《华尔街日报》评论称：“神威·太湖之光”是中国首台未使用美国芯片技术且运行速度排名世界第一的计算机。凭借一套搭载本土自主研发处理器芯片的世界一流超级计算机系统，中国巩固了在这一计算机最高领域的领导地位。

（杜　玲）

【国内首款嵌入式神经网络处理器研发成功】6 月 20 日，由北京中星微电子有限公司主办的“星光智能一号”中国首款嵌入式神经网络处理器芯片诞生——成果发布会在京举行。中星微公司数字多媒体芯片技术国家重点实验室宣布，国内首款嵌入式神经网络处理器（NPU）芯片“星光智能一号”研发成功，并开始量产。芯片针对卷积神经网络（CNN）算法特性而设计，采用“数据驱动并行计算”架构，在一个时钟周期内，NPU 处理器可同时完成 64 个长位宽 MAC 运算或者 128 个短位宽 MAC 运算，每个 NPU 处理器具有 38GOps 的长位宽处理能力或者 76GOps 的短位宽处理能力。数据流类型处理器可提升计算能力与功耗的比例，可处理视频、图像类的海量多媒体数据，使人工智能应用于嵌入式机器视觉应用中。产品可应用于高清视频监控、智能驾驶辅助、无人机、机器人等嵌入式机器视觉领域。

（杜　玲）

【北京地平线公司展示“雨果”平台】6 月，在香港举办的麻省理工学院 EmTech 世界新兴技术峰会上，北京地平线机器人技术研发有限公司展示其开发的自动驾驶“雨果”平台。“雨果”平台依靠其深度学习能力和“神经网络”平台，可以实时识别道路上的行人、车辆和车道线，即使是在有遮挡物或者浓雾大雨等极端天气的情况下，均能够提升自动驾驶汽车在行驶过程中的安全系数。

（张　毅）

【2016 联想全球超算峰会举行】7 月 1 日，2016 联想全球超算峰会·中国站在京举行。国内外高性能计算研究与应用专家及来自国内各应用与研究领域的高性能计算用户代表 1000 余人参加。峰会以“开启 E 级计算新篇章”为主题。与会代表共同分享和交流高性能计算技术和应用发展趋势。联想集团有限公司发布其自主研发的、面向 E 级计算的高性能计算机系统深腾 X8800。系统基于联想智能超算平台 LiCO，包括刀片系统、NeXtScale 服务器、GSS LeoStor 高性能存储、System Tools R&D 资源管理、网络、RAC 服务器、Intelligent Cluster 预集成系统和部署调优运维服务等。（E 级计算，即每秒 10 的 18 次方次 Flops 计算。）

（杜　玲）

【实景三维建模软件 PhotoMesh 推出】7 月 7 日，在第六届国际数字地球高峰会议上，泰瑞数创科技（北京）有限公司推出实景三维建模软件 PhotoMesh。PhotoMesh 是倾斜摄影自动批量建模软件，是基于图形运算单元 GPU 快速三维模型的构建软件，通过摄影测量原理，可以将多种源数据、分辨率、任意数据量的照片转化为高分辨率的、带有图像纹理的三维网格模型。其过程仅依靠简单连续的二维图像，就能还原出真三维模型，完全无须人工干预便可以完成海量城市模型的批量处理。软件采用全新底层架构，支持私有云、公有云，突破海量倾斜数据处理瓶颈，将实景三维建模带入云计算时代。

（李　莹）

【11家企业入围2016年中国电子信息百强企业】7月12日，在2016年中国电子信息百强企业发布会暨重点企业监测工作座谈会上，中国电子信息行业联合会公布2016年（第三十届）中国电子信息百强企业名单。中关村示范区内联想集团有限公司、中国电子信息产业集团有限公司、北大方正集团有限公司、京东方科技集团股份有限公司、小米通讯技术有限公司、紫光集团有限公司、航天信息股份有限公司、同方股份有限公司、大唐电信科技产业集团、中国华录集团有限公司、北京华胜天成科技股份有限公司11家企业入围。

（杜　玲）

【27家企业入围2016中国互联网百强企业榜单】7月12日，在2016年中国互联网企业100强发布会暨百强企业论坛上，中国互联网协会、工业和信息化部信息中心联合发布2016年中国互联网企业100强企业排行榜。其中，中关村示范区百度在线网络技术（北京）有限公司、北京京东世纪信息技术有限公司、北京奇虎科技有限公司等27家企业入围。

（杜　玲）

【百度云计算战略发布】7月13日，风云际会——2016百度云计算战略发布会在京举行。中国工程院院士倪光南等专家及合作伙伴代表等参加。百度在线网络技术（北京）有限公司发布其“云计算+大数据+人工智能”三位一体发展战略。百度开放云作为百度公司基于其技术积累提供的云计算服务，同时也是其技术的输出平台，致力于将百度公司的先进技术，包括大数据、人工智能等向全社会、各行业，以及企业和开发者开放输出，助力企业创新，推动人工智能和全行业的结合。百度公司还发布智能大数据平台——天算、智能多媒体云平台——天像、智能物联网平台——天工，其中包含众多行业解决方案和产品。三大智能平台连同百度云服务，共同构成百度开放云产品矩阵。

（杜　玲）

【两家企业入选中国电子元件百强】7月14日，在中国电子元件行业协会第七届第四次常务理事会暨2016中国电子元件产业峰会上，中国电子元件行业协会公布2016年（第二十九届）中国电子元件百强企业榜单。中关村示范区内两家企业入选，其中，朝阳园企业北京七星华电科技集团有限责任公司以2015年主营业务收入14亿元列第三十九位，丰台园企业北京元六鸿远电子科技股份有限公司以5.2亿元列第七十九位。

（魏立亮）

【10款产品和服务通过移动信息化可信选型认证】7月19日，在2016移动智能终端峰会新闻发布会暨移动信息化可信选型认证结果发布会上，移动智能终端技术创新与产业联盟公布移动信息化可信选型认证（第一批）结果，15家企业的22款产品和服务通过认证。其中，中关村示范区内中科创达软件股份有限公司的ThunderEMM企业移动管理平台、北京奇安信科技有限公司的360天机移动终端安全管理系统、美通云动（北京）科技有限公司的Enterplorer企业浏览器和北京元心科技有限公司的元心企业移动管理系统4款产品通过“企业移动化管理平台”认证，北京小米移动软件有限公司的小米推送平台通过“移动消息推送平台”认证，美通云动公司的Enterplorer Studio平台通过“移动企业应用平台”认证，北京国电通网络技术有限公司的卓越能源可信终端和元心公司的YX802（S1）终端通过“移动办公终端”认证，北京友普信息技术有限公司的友普移动OA系统通过“政企移动应用软件”认证，元心公司的元心双系统通过“操作系统”认证。

（杜　玲）

【小米新品发布会举行】7月27日，小米新品发布会在京举行。小米科技有限责任公司推出首款笔记本产品小米笔记本Air，包括13.3英寸和12.5英寸两个版本。13.3英寸笔记本配备英特尔酷睿i5-6200U处理器，拥有全尺寸背光键盘，玻璃触控板支持多点触控，采用GeForce 940MX独立显卡，可处理游戏相关的复杂运算。12.5英寸笔记本主要用于办公需求。同时，小米公司还发布旗下红米品牌的旗舰机型——红米Pro。红米Pro采用Helio X25处理器、Mail-T880图形处理器和5.5寸1080p屏幕，提供500万像素前置、1300万像素双后置摄像头，配备双色温闪光灯和金属拉丝工艺机身。

（杜　玲）

【34家企业入围中国软件业务收入百强榜】7月28日，工业和信息化部发布2016年（第十五届）中国软件业务收入前百家企业名单及发展报告。其中，中关村示范区内34家企业入围中国软件业务收入前百家企业名单。

序号	全国排名	企业名称	软件业务收入（万元）
1	10	航天信息股份有限公司	913412
2	12	同方股份有限公司	700372
3	14	金山软件有限公司	567611
4	15	东华软件股份公司	562014
5	18	北京中软国际信息技术有限公司	515709
6	21	文思海辉技术有限公司	490662
7	24	软通动力信息技术（集团）有限公司	476019
8	25	亚信科技（中国）有限公司	474037
9	29	大唐电信科技股份有限公司	426066
10	32	北京小米移动软件有限公司	386793
11	33	太极计算机股份有限公司	378327
12	35	中国软件与技术服务股份有限公司	360160
13	36	神州数码系统集成服务有限公司	348136
14	37	北京全路通信信号研究设计院集团有限公司	338128
15	39	中科软科技股份有限公司	327828
16	40	中国民航信息网络股份有限公司	318107
17	43	用友网络科技股份有限公司	296598
18	48	石化盈科信息技术有限责任公司	268077
19	49	北京神州泰岳软件股份有限公司	264654
20	51	北京中电普华信息技术有限公司	255798
21	52	北京京东尚科信息技术有限公司	251681
22	58	北京中油瑞飞信息技术有限责任公司	220172
23	64	北京华胜天成科技股份有限公司	202451
24	74	高德信息技术有限公司	172220
25	75	博彦科技股份有限公司	171809
26	84	广联达软件股份有限公司	153943
27	87	启明星辰信息技术集团股份有限公司	151411
28	88	北京四方继保自动化股份有限公司	151383
29	89	北京四维图新科技股份有限公司	150615
30	90	北京宇信科技集团股份有限公司	146778
31	92	北大方正集团有限公司	144628
32	93	博雅软件股份有限公司	141722
33	97	北京华宇软件股份有限公司	135167
34	100	北京易华录信息技术股份有限公司	133355

（李云芝）

【神州龙芯公司 LOR112 模块推出】 7 月，北京神州龙芯集成电路设计有限公司推出远程（Long Range，LoRa）扩频技术领域产品——LOR112 模块。LOR112 模块是高性能物联网无线收发器，采用一种低功耗、远距离传输的网络技术，具有超高灵敏度（−140±1 分贝毫 @300 比特 / 秒）、传输距离远（城市公路环境 5 千米 @250 比特 / 秒）的优点，同时具有功耗应用灵活、穿透力强、抗干扰力强等特点，可应用于电力无线抄表、工业数据采集控制、无线报警、智能无线安防、医疗医院呼叫等系统。

（韩洋洋）

【27 家企业入选 2016 中国大数据企业 50 强】 8 月 3 日，在 2016 中国大数据产业生态大会上，2016 中国大数据企业 50 强榜单揭晓。其中，中关村示范区内微软（中国）有限公司、北京京东世纪信息技术有限公司、北京超图软件股份有限公司等 27 家企业入选。

（吴思思　杜　玲）

【百度公司推出 DuSee 平台】 8 月 3 日，在 2016 年百度智能营销解决方案发布会上，百度在线网络技术（北京）有限公司推出面向智能手机的现实增强平台——度视（DuSee）。DuSee 采用“复杂的计算机视觉和深度学习技术”，能利用智能手机去“理解”真实世界的 3D 环境，使计算机生成的对象与真实世界互动。平台将与百度移动搜索等应用整合，用于互动广告营销等项目。

（杜　玲）

【搜狗知音引擎发布】 8 月 3 日，开启更自然的语音交互——搜狗知音引擎发布会在京举行。北京搜狗科技发展有限公司发布其研发的语音交互引擎知音系统。引擎致力于让人机交互更加自然，不仅“能听会说”，还具有“能理解会思考”的能力。知音系统解决用户在说话过程中因语速过快导致的吞音问题，将语音识别错误率下降 30% 以上，语音识别速度提升 3 倍；在语音交互过程中支持用户修正错误的识别结果，用户可以使用自然语言进行改错，同时还支持多轮对话，处理复杂的用户交互逻辑，用自然并且用户更容易接受和理解的方式进行交互，感知用户语音请求背后的真正需求，从而提供便捷的人性化服务。系统将在物联网、车联网、人工智能等方面得到应用。

（杜　玲）

【AI 智能公交导航产品发布】 8 月 8 日，高德软件有限公司在京举行发布会，发布公交出行产品——AI 智能公交导航。产品利用高德公司的大数据及机器学习能力，为用户公交出行提供全新的智能导航出行解决方案。在大数据应用方面，高德公司的公交数据覆盖全国超过331个城市，总计7.5万条、158万千米、近100万站点的公交线路，每条线路都有超过130种线路属性。高德公司每天监控的实时公交情报超过1000条，10分钟内便可更新上线最新数据，24小时内100%解决用户反馈问题并上线数据。在机器学习能力方面，高德公司的AI智能公交导航运用左右大脑双层机器学习能力。左脑学习出行模型，根据用户地域、距离、时长、工具等不同场景学习不同的出行决策，形成出行决策模型；右脑学习用户的行为偏好，根据用户的定位数据、出行数据、反馈数据，为用户提供省时、省力及舒适性的偏好决策模型。

（杜　玲）

【2016中国互联网安全大会举行】8月16—17日，由中国互联网协会和360互联网安全中心主办的2016中国互联网安全大会在京举行。大会以“协同联动，共建安全+命运共同体”为主题。来自全球70余家安全机构的160余位专家及累计超过3万人次的专业观众参加。大会设有安全领袖峰会与精英峰会及13个分论坛，议题涵盖网络安全战略、大数据、云计算、物联网、漏洞挖掘、产业创新合作、法律法规、创业投资、人才培养、技术交流等领域，与会代表就世界网络安全形势、网络空间战略、产业方向、行业趋势、产业合作、投资创业、人才培养、安全攻防实战等方面进行交流。大会还举办“安全创客汇·寻找中国创客”活动，来自云计算安全、车联网、安全存储等领域的10家初创安全公司在现场演示创业项目，接受来自投资人、安全专家的专业指导。

（杜　玲）

【百度人工智能解说员推出】8月17日，在澳大利亚队对阵立陶宛队的2016年里约热内卢奥运会男篮1/4决赛中，由百度在线网络技术（北京）有限公司研发的人工智能机器人“度秘”与解说员杨毅共同完成人机同台解说。“度秘”通过学习大量真实比赛的解说数据，并借鉴机器翻译的思路，将获取到的各种比赛数据变成自然语言解说，并通过对篮球比赛领域知识学习，可以在比赛场景下像专业讲解员一样进行推理并准确表达。

（杜　玲）

【乐视云产品发布会举行】8月18日，由乐视云计算有限公司主办的兑·乐视云产品发布会在京举行。乐视云公司围绕其视频即服务（Video-as-a-Service，VaaS）模式，对外发布云资源、云视频、云应用、云发行、云营销、云数据六大VaaS场景，包括云存储、云直播、云新闻、云媒体、视频发行平台等21款VaaS产品，涉及内容、媒体、教育、游戏、政务、体育、金融、智能硬件等领域。乐视云公司与美国思科系统公司宣布在数字版权管理领域探索开展全球战略性合作，将推出免费的云版权。乐视云公司还与美国霍尼韦尔公司达成合作，双方将在云营销领域启动全面合作。

（杜　玲）

【岩蛙FreeGo2北斗农业导航自动驾驶系统推出】8月19—23日，在第四届（2016）中国草业大会暨草产业展览交易会上，北京奥腾岩石科技有限公司推出岩蛙FreeGo2北斗农业导航自动驾驶系统。系统包括北斗差分基准站、导航控制器、自动驾驶导航显示屏、液压组件等模块，内置GPRS功能，适用于各种地形作业，工作内容直观可视，可辅助农机实时测算作业面积，能有效减少遗漏和重复面积，节约成本，提高产量，同时解放驾驶员的双手，使工作强度降低，并能支持拖拉机、喷药机、收割机等农机配套使用。

（杜　玲）

【亚里士多德卷积神经网络处理器推出】8月21—23日，在第28届国际高性能微处理器研讨会（IEEE 2016 Hot Chips）上，北京深鉴科技有限公司推出名为亚里士多德（Aristotle）的卷积神经网络（CNN）加速处理器。处理器基于美国赛灵思公司全可编程的Zynq-7000 SoC打造而成，在处理同样任务时比CPU或者GPU速度更快、能效更高，其中在图像识别与语音识别上可实现比GPU高出一个数量级的能效比。

（杜　玲）

【光学卫星测绘遥感影像深化应用关键技术项目获奖】8月26日，中国地理信息产业协会发布《2016年度地理信息科技进步奖评选结果公示》，由国家测绘地理信息局卫星测绘应用中心等单位唐新明等完成的光学卫星测绘遥感影像深化应用关键技术项目获特等奖。项目针对卫星测绘遥感影像大规模应用中的技术问题，开展大区域卫星测绘遥感影像处理与应用关键技术研究，突破立体影像去云、高精度处理、数字正射影像图（DOM）和数字表面模型（DSM）产品快速生产以及半自动信息提取等技术难题，实现4项技术创新：提出三线阵影像立体去云和修补的全自动处理方法，建立基于暗像元的去雾方法，快速制作大区域无云的“干净”影像，实现大范围影像的连续覆盖，解决卫星影像利用效率低下问题；构建卫星激光测高仪严密几何定位模型，研发出中国对地观测卫星激光测高仪高精度数据处理技术，实现国产卫星激光测高精度达到1米；提出多准则约束的激光高程控制点自动提取方法，实现国产以及其他激光测高数据辅助的联合区域网平差；提出基于影像的二三维一体化典型地物信息提取技术，解决复杂路网背景下的道路自动提取技术难题，提高导航电子地图更新的自动化水平和作业效率。项目全面提升中国卫星测绘遥感影像的规模化应用能力，获行业科技进步特等奖 2 项，发明专利 21 件，软件著作权 16 件，发表论文 112 篇，创制行业标准 2 项。成果在测绘、水利、农业、林业、民政减灾、海洋等 10 余个行业和产业部门的 1200 余家单位得到应用，提升中国自主遥感卫星服务保障能力和应用服务水平，经济社会效益显著。

（张　毅）

【灵云智能电话外呼机器人推出】 8 月，北京捷通华声科技股份有限公司推出灵云智能电话外呼机器人。产品融合应用灵云语音识别（ASR）、语音合成（TTS）、语义理解（NLU）等人工智能技术，具有主动外呼客户、与用户无障碍语音交流及“能说会听、能思考、会判断”等特点，最适用于金融、保险等领域的还款催收、保险续缴提醒等业务，其统一标准、热情礼貌的语音沟通，可降低人工外呼成本，并将问答内容记录成工单，如遇特殊情况，人工坐席可灵活转接处理，构成“灵云电话外呼机器人＋人工坐席”的新型外呼模式。产品在华夏银行信用卡中心上线应用，为用户提供账单、还款、积分、密码、分期等业务的自助语音查询，通过对问答结构的优化，以“说”代“按”，实现“菜单扁平化”，让客户可快速、便捷地查询、办理信用卡业务。

（张　蕾）

【2016 百度世界大会举行】 9 月 1 日，2016 百度世界大会在京举行。大会以“人工智能”为主题。百度在线网络技术（北京）有限公司首次向外界全面展示其人工智能成果——百度大脑，并宣布对广大开发者、创业者及传统企业开放其核心能力和底层技术。同时还公布百度人工智能的两大开放平台：百度深度学习平台与百度大脑开放平台。百度深度学习平台以更少的数据准备及训练配置，实现易学易用、性能高效；百度大脑开放平台则向合作伙伴开放技术与培训资料，实现因智而能，促进行业发展。大会还宣布百度金融云将向业界开放，并向金融机构输出包括人工智能、安全防护、智能获客、大数据风控、IT 系统和支付技术的金融解决方案。

（杜　玲）

【滴滴出行智能交通云计算平台发布】 9 月 1 日，在华为全联接大会 2016 上，北京小桔科技有限公司（滴滴出行）发布智能交通云计算平台。平台通过收集到的出行大数据，可以实现区域热力图、OD 数据分析、城市运力分析、城市交通出行预测、城市出行报告及信号灯动态配时等功能，同时还能为实时路况、实时公交、ETA、城市运力补充等公共出行方面提供服务。

（杜　玲）

【京东金融 ABS 云平台发布】 9 月 6 日，北京京东金融科技控股有限公司（京东金融）在京宣布推出“资产证券化云平台”（ABS 云平台）。平台包括三大引擎，分别是资产证券化服务商（基础设施服务业务）、资产云工厂（资本中介业务）和夹层基金投资业务，可帮助券商、信托、基金子公司、评级、会计师事务所等中介机构搭建和管理 ABS 底层系统，实现更加精确的现金流管理和数据分析，提高发行效率，降低企业的融资门槛、服务成本、违约风险，并帮助投资机构实现 ABS 投后管理。

（杜　玲）

【北斗星通公司参展 ION GNSS+ 2016】 9 月 12—16 日，在 2016 美国导航学会全球卫星导航系统年会（ION GNSS+ 2016）上，北京北斗星通导航技术股份有限公司展示其研发的多系统多频 GNSS 芯片、高精度板卡 / 天线等系列产品。在高精度方面，北斗星通公司展出面向海外市场的 3 款产品。其中，UB380：支持 GPS L1/L2/L5+GLONASS L1/L2+ 北斗 B1/B2/B3，主要面向 CORS、RTK 测量测绘等；UB282：支持 GPS L1/L2+GLONASS L1/L2，采用单板双天线，主要面向精准农业、机械控制等；UB352：支持 GPS L1/L2+GLONASS L1/L2+ 北斗 B1，主要面向 GIS 手持设备、无人机、自动驾驶等。在导航型方面，展出的 UM220 全系列模块，具有车规级品质、小型化、高性能等特点，支持 A–GNSS+D–GNSS、GNSS+MEMS 组合导航等。

（韩洋洋）

【神州网信技术有限公司成立】 9 月 20 日，中国电子科技集团公司与美国微软公司共同宣布，双方筹建的合资公司——神州网信技术有限公司成立。合资公司位于海淀区清华东路 35 号，注册资本 4000 万美元，将主要为中国政府和国企开发专门版本的微软操作系统 Windows10。

（杜　玲）

【“互联网＋教育新生态系统”发布】 9 月 24 日，在“互联网＋教育”新生态高峰论坛上，北京天仕博科技有限公司发布“互联网＋教育新生态系统”。系统是天仕博公司自主研发的“学酷智慧教育云平台”产品，是贯通教育系统的完整的教育信息化建设解决方案，包括省级教育云平台、城市智慧教育、数字校园、智动课堂、运营服务五大系列，以培养学生能够适应终身发展和社会发展的必备品格和关键能力为目标，构建一个全新的、可持续发展的互联网教育生态系统，促进教育资源均衡和公平享受。

（韩洋洋）

【和芯星通公司两项成果获卫星导航定位奖】9月28日，在第五届中国卫星导航与位置服务年会暨展览会上，和芯星通科技（北京）有限公司的两项成果获2016年度卫星导航定位科技进步奖一等奖。其中，由钱镱等研发的“全系统多核多频高精度GNSS导航定位芯片（Nebulas-II）”，具备全系统、抗干扰、高输出率等特性，支持板载MEMS和外部IMU的组合导航等功能，可以实现高精度GNSS测量仪器小型化，适合于对体积、功耗、性能和成本有较高要求的无人机、GIS信息采集、车道级导航、农机自动驾驶等应用领域的多模多频高精度定位定向专业应用；由任超等研发的“多模多频导航抗干扰基带处理芯片（Bumbee）”项目突破抗干扰关键技术，研制的产品可使导航终端在恶劣的电磁干扰环境下为导弹、炸弹、飞机、舰船等多种武器装备提供精确的导航信息，为武器装备提供低成本、低功耗、高抗干扰性能的抗干扰基带处理芯片及抗干扰阵列天线完整解决方案，项目研发出基于北斗导航的多频点多模式抗宽带干扰处理芯片，并在研制过程中突破并掌握通道校正预处理、空时频自适应滤波、自动增益控制等多项抗干扰基带处理芯片关键技术，形成以七阵元、四阵元为基础的北斗B1/B3/S多模式抗干扰板卡，其研制的产品支持8路数字中频，可配置北斗B3/S、B3/B1双系统或B1/B3/S单系统抗干扰模式，有效抑制多个宽带和窄带干扰。

（韩洋洋）

【协同型虚拟现实仿真环境系统推出】10月9—11日，在首届世界仿真技术应用展览会上，北京赢康科技开发有限公司推出其研发的协同型虚拟现实仿真环境系统。系统由紧凑式CAVE显示系统和多种大型仿真显示系统组成，可实现协同设计、虚拟拆装、虚拟培训、验证评审等功能。紧凑式CAVE显示系统具有良好的沉浸效果和体验，占地面积小，可实现多人协同、长时间工作。

（杜　玲）

【28家企业入围2016中国地理信息百强企业榜】10月10日，中国地理信息产业协会公布2016中国地理信息产业百强企业评选结果，北京市31家企业入围。其中，中关村示范区北京四维图新科技股份有限公司、高德软件有限公司、正元地理信息有限责任公司、北京北斗星通导航技术股份有限公司等28家企业入围。

序号	企业名称	排名	所属园区
1	北京四维图新科技股份有限公司	2	海淀园
2	高德软件有限公司	3	昌平园
3	正元地理信息有限责任公司	5	顺义园
4	北京北斗星通导航技术股份有限公司	6	海淀园
5	北京超图软件股份有限公司	11	朝阳园
6	北京数字政通科技股份有限公司	12	海淀园
7	苍穹数码技术股份有限公司	14	大兴—亦庄园
8	北京城建勘测设计研究院有限责任公司	17	朝阳园
9	北京恒华伟业科技股份有限公司	19	西城园
10	北京天下图数据技术有限公司	20	海淀园
11	北京合众思壮科技股份有限公司	26	海淀园
12	北京辰安科技股份有限公司	27	海淀园
13	二十一世纪空间技术应用股份有限公司	33	海淀园
14	中国四维测绘技术有限公司	38	海淀园
15	北京国遥新天地信息技术有限公司	40	朝阳园
16	北京世纪国源科技股份有限公司	43	西城园
17	北京麦格天宝科技股份有限公司	44	海淀园
18	北京中色测绘院有限公司	47	朝阳园
19	中测新图（北京）遥感技术有限责任公司	50	海淀园
20	北京洛斯达数字遥感技术有限公司	52	海淀园
21	四维世景科技（北京）有限公司	58	海淀园
22	北京中农信达信息技术有限公司	61	海淀园
23	北京四维空间数码科技有限公司	62	海淀园
24	北京帝测科技股份有限公司	72	昌平园
25	北京四维远见信息技术有限公司	74	海淀园
26	北京天恒昕业科技发展有限公司	79	朝阳园
27	北京航天世景信息技术有限公司	80	海淀园
28	北京吉威数源信息技术有限公司	100	海淀园

（韩洋洋）

【和芯星通公司参展INTERGEO 2016】10月11—13日，在2016德国国际大地测量学和地球信息技术展（INTERGEO 2016）上，和芯星通科技（北京）有限公司展示和芯星通UB380、UB282、UB352系列高精度板卡等产品。其中，多系统多频点高精度GNSS模块——UM332/UM4B0通过使用单颗UC4C0基带芯片及单颗宽带射频芯片，采用单面表贴式，实现高精度定位定向同时输出，并具有尺寸小（4厘米×3厘米）

的特点，可实现5秒以内的RTK初始化及10赫兹以上的数据输出率，在实现长距离厘米级RTK定位的同时，可输出优于0.2度的定向结果；具备自适应抗干扰能力及惯导组合完整方案，在较恶劣的环境下也能保持良好的使用体验，适用于对方案成本、大规模生产品质和在复杂环境下的动态性能有较高要求的智能机械控制、轻型机器人、无人机、高端车载导航等领域。

（韩洋洋）

【实景建模软件PhotoMesh7.0发布】 10月11—13日，在2016德国国际大地测量学和地球信息技术展上，泰瑞天际科技（北京）有限公司与美国Skyline公司共同发布PhotoMesh7.0版本实景建模软件。新版本在辅助建模、系统兼容、优化处理等方面融入更多特性，包括数据输入多元化，即可依据连续的二维相片的数据进行建模，或依据视频进行自动建模；数据成果多样化，实现"一次飞行，多元数据成果获取"；城市级别海量数据快速解决方案，可运用空三分块算法机制和云计算机制，有效规避单台硬件设备性能限制；支持公有云和私有云，实现海量数据处理过程自动伸缩利用硬件资源，加速数据生产；无人机数据处理算法，可提供独有的无人机空三算法，自动根据数据输入优化空三参数设置，提高特征点提取及空三效率；利用输出的多样化数据成果，无缝链接SmartEarth智慧城市开发框架。

（李　莹）

【天珣内网风险管理与审计系统（移动版）推出】 10月14日，启明星辰信息技术集团股份有限公司推出天珣内网安全风险管理与审计系统（移动版）。天珣移动版针对移动终端木马病毒泛滥、遗失、身份认证及数据传输风险等主要安全问题，通过灵活配置、稳定规范、易扩展的服务端架构以及丰富的内容展现为移动终端提供从网络层、接入层、协议层到应用层等多层次的安全保障措施，让移动终端像PC一样安全。

（张　蕾）

【共建中国网约车大数据交互共享中心】 10月18日，贵阳市道路运输管理局与北京小桔科技有限公司（滴滴出行）签署战略合作协议，双方将共同在贵阳市双龙新区成立中国网约车大数据交互共享中心，实现网约车和出租车的数据融合分析、决策支撑。根据协议，双方将推动贵阳市道路运输管理相关数据公开，重点在公交、物流、网约车等领域展开合作。中心将着力打造新型业态交通运输大数据体系，推进交通行业数据资源在线聚集、开放和应用，逐步实现各个网约车平台的数据聚合、通用。

（杜　玲）

【寒武纪团队获中国计算机学会科技奖】 10月21日，在2016中国计算机大会上，北京中科寒武纪科技有限公司团队凭借"神经网络处理器指令集和体系结构研究"项目获2016中国计算机学会科学技术奖一等奖。其获奖理由：寒武纪团队开展神经网络处理器指令集和体系结构研究，在提高深度学习神经网络训练和部署的速度、降低功耗方面取得了一系列重要进展，是国际计算机体系结构界在此方向上的引领者。寒武纪团队研制的世界上首款深度学习处理器芯片，显著提升计算机系统在人工智能领域的运算效能（超过传统CPU、GPU芯片两个数量级），可实现终端产品的离线智能化，并提升智能云服务器的效率。

（张　毅）

【触景无限公司的视觉卡V101参展安博会】 10月25日，在2016年第十三届中国国际社会公共安全产品博览会上，触景无限科技（北京）有限公司展示其研发的视觉卡V101。视觉卡V101基于NVIDIA Tegra K1

移动处理器开发，可广泛适配监控摄像头、安防巡逻机器人、仓储机器人、无人机、智能汽车等，不仅能够实时生成3D点云图和目标分类，还能基于3D坐标和目标分类进行摄像监控，摄取更清晰、更有效的图像，并实时将抓拍图片与分析数据传输至后台大数据与云存储平台，便于智能与可视化管理。在卡口监控上，视觉卡能实时生成3D稠密点云图，能进行摄像监控、越界报警与区域侵入报警等。

（彭　晨）

【京东公司展示无人仓】 10月26日，北京京东世纪信息技术有限公司展示由其自主研发的自动化物流仓储系统——京东无人仓。系统采用大量智能物流机器人进行协同与配合，通过人工智能、深度学习、图像智能识别、大数据应用等技术，让工业机器人可以进行自主的判断和行为，适应不同应用场景、商品类型与形态，完成各种复杂的任务，在商品分拣、运输、出库等环节实现自动化，其存储效率是传统横梁货架存储效率的10倍以上，并联机器人拣选速度达每小时

3600 次，相当于传统人工的 5 ～ 6 倍。其中，负责分拣的 DELTA 型分拣机器人，采用 3D 视觉系统，能够实现动态拣选、自动更换捡拾器等功能。

（杜　玲）

【EyeSquare 虹膜识别解决方案获墨提斯奖】 10 月 27 日，在 2016 移动智能终端峰会上，由北京释码大华科技有限公司研发的 EyeSquare 虹膜识别解决方案获墨提斯年度“生物识别技术创新奖”。产品利用虹膜具有唯一性的生物识别认证技术，可用单眼或双眼识别，应用于手机、笔记本电脑、智能终端等各种应用场景，识别距离 70 厘米，具有体积小、识别速度快、低成本和支持 Window7、Window8、Window10 系统的虹膜设备等优势。

（朱文利　张　晔）

【曙光科学大数据引擎发布】 10 月 28 日，曙光信息产业（北京）有限公司举行曙光科学大数据引擎新闻发布会，发布全球首个“科学大数据引擎”，旨在帮助政府部门、科研院所、教育机构、行业技术创新中心、大型企业研发部门等向大数据研究方面转型。科学大数据引擎由 5 个组件构成，即针对海量非结构化数据的曙光 ParaStor 并行存储系统、类型丰富的曙光高性能计算平台、可提升系统整体效能的曙光深度学习计算平台、高效敏捷的曙光 XData 大数据处理平台、能覆盖科学大数据中心全生命周期的曙光 EasyOP 运维管理平台。引擎有六大亮点：专门为科学数据处理流程进行优化，提供“计算、存储、分析、运维”一体化强劲性能；基于曙光公司独特的超融合架构，灵活支持高性能计算、大数据计算、深度学习计算等多种计算模式；超强弹性设计，最高支持 E 级超算系统立体扩展；可构建 EB 级单一存储空间，是经过验证的国内最大存储系统；支持 PB 级数据处理能力，可实现亿级数据库毫秒级极速查询分析；可为上万节点提供 7×24 小时在线、移动、实时自动监控服务。

（张　蕾）

【下一代跨平台设备安全产品 S-TEE 发布】 10 月 28 日，花甲科技产品发布会在京举行。中关村管委会等单位有关负责人及创业导师和相关企业的代表等参加。北京花甲科技有限公司发布下一代跨平台设备安全产品 S-TEE。产品集 software-tee、stack-tee、secure-tee、split-tee 和 satisfy-tee 五大层次安全防护为一体，系统化地保护设备端上的互联网业务核心逻辑，具有主动识别风险的能力和平台集成的特征，可用于解决端、链路及与业务风险相关的各种安全问题。

（杜　玲）

【Cassia 蓝牙路由器获物博会银奖】 10 月 30 日，在 2016 世界物联网博览会上，北京桂花网科技有限公司的 Cassia 蓝牙路由器获新技术新产品银奖。Cassia 产品套件包括 3 个蓝牙路由器——S1000、S1100 和 X1000。凭借紧凑、经济、高效的设计，S1000（非 POE）和 S1100（POE）路由器针对室内应用进行优化，可安装在墙壁或天花板上，或简单地放置在桌子或柜台上。X1000（POE）可用于室内和室外环境，并提供无缝的蓝牙覆盖。在监听模式下，3 款路由器均可监听数百个设备，并可充当与 Cassia IoT 接入控制器（AC）一起工作的互联网网关，以便用户能够远程访问和控制其终端设备。产品可应用于医疗健康、体育教育、智慧养老等行业。

（彭　晨）

【VR 眼球追踪模组 aGlass 发布】 11 月 2 日，北京七鑫易维信息技术有限公司在京发布 VR 眼球追踪模组产品 aGlass。aGlass 是一款可用于 VR 头盔的眼控模组，通过眼球追踪传感器捕捉用户头部和眼部的转动信号，形成视线轨迹的记录，并通过复杂的数学模型计算出用户的注视点，从而进行交互控制。产品实现眼控 VR 全视场角追踪，可满足人眼转动任何角度，覆盖 FOV 大于 110 度的主流 VR 设备，其追踪范围垂直 30 度，水平 50 度，追踪速度最高 380 赫兹，追踪延迟低于 5 毫秒。产品还支持视力矫正镜片，近视客户可配备适合自己的镜片；免工具拆装，使用简易便捷，在同等硬件性能条件下，可使渲染效率提高 7 倍以上，节省 87% 的像素数据量。

（杜　玲）

【轨道交通运营与安全综合保障技术项目启动】 11 月 6 日，国家重点研发计划“基于空天车地信息协同的轨道交通运营与安全综合保障技术”项目启动会在北京航空航天大学召开。科技部、工业和信息化部等单位相关负责人以及项目参与单位的 100 余位代表参加。项目是“十三五”国家重点研发计划“先进轨道交通”重点专项中公开择优启动的重点任务，由北京天恒长鹰科技股份有限公司牵头，北京航空航天大学教授曹先彬任项目负责人，将进行天临空车地一体化的轨道交通状态监测与处理技术体系、关键装备的研发和集成示范，构建轨道交通专用静/动态滞空平台、传感载荷及数据传输网络系统，以及轨道交通全息化运行安全保障和运营支持系统，以满足轨道交通安全运行所需要的大范围、全天候、全覆盖、全方位实时监测与服务需求，并进行典型场景的应用示范验证。

（钮　键）

【物联网芯片 RDA5981 发布】 11 月 8 日，在第十四届中国国际半导体博览会暨高峰论坛上，锐迪科创微电子（北京）有限公司发布一款全集成低功耗的 Wi-Fi 芯片 RDA5981。芯片支持 802.11b/g/n 无线协议的 HT20/40 模式，具有低功耗、低成本的特点，同时可提升设备的计算能力、安全能力及其他各项特性。RDA5981 内部集成 ARM CortexM4，为开发者提供高容量可配置的芯片可用内存（SRAM），同时也支持外置 PSRAM，并提供一组扩展接口（I2S/UART/PWM/I2C/SDMMC/USB2.0/SDIO 等），可以直接与传感器、片外 Codec 等相连接；集成 MPU/FPU，实现 RSA/AES/TRNG 等硬件加速引擎，可满足物联网产品各种高级安全功能设计上的要求；支持锐连平台架构，可以在 Mbed 和 FreeRTOS 等环境下进行编程开发，包括一整套通信协议和主流云协议，方便用户应用于家庭、汽车、医疗设备、智慧城市和可穿戴设备等领域的各种物联网终端设备中。

（杜　玲）

【共建安全管理与态势分析联合实验室】 11 月 10 日，安全管理与态势分析联合实验室成立仪式在北京交通大学国家保密学院举行。实验室由北京交通大学与北京启明星辰信息技术股份有限公司共建，位于北京交通大学计算机与信息技术学院信息安全系，共建双方将进行安全管理与态势分析领域的技术预研、技术研发、技术验证等深度合作。启明星辰公司将向北京交通大学开放泰合安全管理平台南向和北向数据接口、安全大数据库、实验平台和学生实习基地，共同研发核心技术，实现产品化，培养面向市场的优秀安全人才。双方相关负责人参加。（*启明星辰公司拥有完整的网络安全技术、产品、解决方案和服务能力，并专门成立泰合产品本部负责大数据安全分析领域及泰合系列安全管理类、审计类和流安全分析类系统的研发、咨询、项目实施与运维，2015 年底提出以数据为核心的 SOC3.0 全新理念，并在国内首家推出融合大数据技术的泰合新一代智能安管平台。*）

（张　蕾）

【寒武纪 -1A 入选世界互联网领先科技成果】 11 月 16 日，在第三届世界互联网大会世界互联网领先科技成果发布活动上，中科院计算技术研究所发布其与北京中科寒武纪科技有限公司共同开发的世界首款商用深度学习专用处理器——寒武纪 -1A（Cambricon-1A）深度神经元网络处理器。处理器在计算机中用虚拟的神经元和突触，组成多层的人工神经网络，对信息进行智能处理，神经网络在一些图像识别、语音识别和游戏博弈问题上，接近甚至超过人类水平。产品可集成至各类终端 SoC 芯片，每秒可处理 160 亿个虚拟神经元，每秒峰值运算能力 2 万亿个虚拟突触，性能比通用处理器高两个数量级，功耗降低 1 个数量级，有效支撑语音识别、机器视觉、自然语言理解、图像搜索、广告推荐等智能应用，实现终端产品的离线智能化，并提升云服务器的效率，可应用在手机、无人机、机器人、穿戴设备和智能云服务器等人工智能领域。

（张　毅）

【万兆防火墙设备助力载人飞行任务】 11 月 18 日，神舟十一号飞船返回舱着陆，天宫二号与神舟十一号载人飞行取得成功。任务实施过程中，北京网御星云信息技术有限公司自主研发的万兆防火墙设备作为中继卫星系统中的关键产品，运行稳定、可靠，天基测控与数据中继过程零间断，实现数据的可靠传输。万兆防火墙是一款集成防火墙、漏洞扫描、主动防御、入侵检测与防护系统、防网络病毒等功能于一身的多威胁统一管理产品，可实现多重立体式安全防护网关解决方案，保障网络安全控制，保密安全数据传输，保护网络不受攻击。

（张　蕾）

【搜狗语音实时翻译技术发布】 11 月 21 日，北京搜狗网络技术有限公司召开媒体沟通会，发布搜狗语音实时翻译技术。搜狗语音实时翻译技术是搜狗公司推出的基于大数据和深度学习的机器同声传译技术，涵盖语音识别、机器翻译两项技术，其语音识别的准确率为 97%，支持最快 400 字每秒的高速听写；搜狗机器翻译融合端到端神经机器翻译技术以及基于实例的翻译技术，使用的端到端神经网络翻译模型通过编码端获取源端句子的分布式表示，利用注意力模型聚焦源端，使用循环神经网络生成翻译结果，翻译的结果比传统机器翻译更加流畅。

（杜　玲）

【百度公司开放 4 项语音技术】 11 月 22 日，在百度语音开放平台 3 周年庆活动上，百度在线网络技术（北京）有限公司宣布开放情感合成、远场方案、唤醒二期技术和长语音方案 4 项语音技术的接口。其中，情感合成技术主要为合成语音“加入情感”，可达到接近真人发声效果；开发者可利用新的接口，使语音识别距离增加到 3 ~ 5 米，将设备的语音唤醒率提升到 95% 以上，同时更省电误报更少，提升长时间语音识别的准确率。

（杜　玲）

【28 家企业获中关村集成电路产业发展资金支持】 11

月23日，中关村管委会印发《关于对2016年度中关村国家自主创新示范区集成电路设计产业发展资金支持名单予以公示的通知》，28家企业入选。其中，北京兆易创新科技股份有限公司、高拓讯达（北京）科技有限公司等23家企业获集成电路设计企业开展新产品批量验证的流片和掩膜版制作支持，北京兆易公司还获集成电路设计企业不断加大研发投入支持，北京尊冠科技有限公司等4家企业获搭建集成电路共性技术服务平台和产业促进服务平台支持，乐视移动智能信息技术（北京）有限公司1家企业获集成电路设计企业与整机企业联动发展支持。

（曾　佳）

【京东－寒武纪联合实验室成立】 11月23日，北京中科寒武纪科技有限公司与北京京东世纪信息技术有限公司成立京东－寒武纪联合实验室，启动基于深度学习处理芯片的智能系统研发。联合实验室将基于寒武纪深度学习处理器的智能应用系统，开展前瞻性研究，搭建智能应用系统的演示系统，并组织人才培养交流。根据合作协议，寒武纪公司将在深度学习处理器上，实现对深度学习算法的高效率支持，并在京东商城基于深度学习的一系列智能应用上展开探索实践，推动人工智能创新，以提升电子商务企业的效率和中国互联网企业在人工智能领域的核心竞争力。

（杜　玲）

【全景声软硬件方案发布】 11月23日，北京时代拓灵有限公司在京举办“为全景声而来”2016时代拓灵新品发布会。时代拓灵公司发布便携式VR全景声录制机Twirling720。产品通过内置的4个指向性麦克单元，以精准方位捕捉音质，可进行360度全方位声场处理及全景声回放，制作的内容格式支持在谷歌、脸书等视频平台播放，并支持多种数据格式输出，最高支持24比特/96千赫兹的无损HD音频格式，适用于VR影视、游戏、VR新闻、音乐等领域。时代拓灵公司还提供录制机配套软件Twirling720 Studio，软件可将录制的声场进行实时360视频音频预览，支持传统立体声、5.1/7.1多种格式输出，实现降噪均衡与声源定位。同时，还推出相应的全景声后期制作软件TwirlingWoriks。其主要功能是，可以实时编辑和预览设计的全景声效果，自由设计每个音轨所代表声源的位置、距离、大小、运动轨迹等，最多支持128条音轨，可以一键输出所设计和制作的全景声音频文件，支持各种全景声格式。

（徐　建）

【7家企业入围“中国芯”评选】 11月24日，在2016中国集成电路产业促进大会上，2016年第十一届“中国芯”评选结果揭晓。中关村示范区内北京中电华大电子设计有限责任公司的BDS/GPS多模射频基带一体化高安全导航芯片HD8030被评为最具潜质产品，北京同方微电子有限公司的双界面金融IC卡芯片THD88、北京智芯微电子科技有限公司的基于国密算法的安全微处理芯片SGC1024、北京神州龙芯集成电路设计有限公司的神州龙芯嵌入式工业级处理器GSC328x被评为安全可靠产品，北京中科网威信息技术有限公司的中科神威防火墙NSFW-6000被评为最具创新应用产品，北京中科汉天下电子技术有限公司、北京集创北方科技股份有限公司被评为最具投资价值企业。

（韩洋洋）

【北斗地基增强系统实现厘米级定位】 11月24日，在中国兵器工业集团公司科技创新大会上，中国兵器集团宣布，北斗地基增强系统实现厘米级高精度定位。由中国兵器集团建设的北斗地基增强系统，通过修正卫星定位误差增加定位精准度，可为无人机、无人车等运输设备提供厘米级高精度定位服务。

（杜　玲）

【软通动力公司保险互联网核心系统发布】 11月24日，由软通动力信息技术（集团）有限公司主办的2016保险互联网核心系统产品发布会在京举行，主题为“新技术助力保险业快速发展”，来自保险行业客户及媒体、相关部门的代表100余人参加。产品基于云计算、大数据理念研发设计，由核心管理平台、渠道展业平台和基础服务平台3个部分组成，具备支持保险产品快速上线、渠道敏捷接入、多渠道数据整合、架构支持每秒万级订单的高并发、高效快速的大数据处理能力等特点，是业界第一款真正意义上的保险互联网核心业务系统。产品研发历时两年，耗资数千万元，在安心财产保险有限责任公司、建信财产保险有限公司、众惠财产相互保险社等保险机构得到应用。

（张　蕾）

【首条20英寸新型光电倍增管生产线启动】 11月25日，由中科院高能物理研究所牵头成立的微通道板型大面积光电倍增管研制合作组宣布，国内首条年产7500支20英寸微通道板型光电倍增管（MCP-PMT）的生产线建成运行。北方夜视技术股份有限公司将生产1.5万支光电倍增管用于江门中微子实验。经过4年攻关，合作组攻克高量子效率的光阴极制备技术、高收集效率、低噪声、高增益微通道板、大尺寸低放射性本底的玻壳，以及真空光电子器件封装技术等技术难点，研制出量子效率、收集效率和单光电子峰谷比等关键技术指标达到国际先进水平的 20 英寸光电倍增管。光电倍增管像一个硕大的灯泡，正常人全黑环境下的感光下限约为 20 个光子，而其则能分辨出 1 个光子。（光电倍增管是检测微弱光信号的光电元件，具有极高的灵敏度和超快的时间响应，是高能物理实验的一个非常关键、非常基础的部件。）

（徐　建）

【2016 百度云智峰会举行】 11 月 30 日，由百度在线网络技术（北京）有限公司主办的 2016 百度云智峰会在京举行。峰会以“智能，计算无限可能”为主题。中科院院士邬贺铨、中国工程院院士李德毅等专家，以及来自政府机构、产业联盟、百度生态合作伙伴、企业的代表等 2000 余人参加。与会代表就人工智能大数据、工业物联网、智能多媒体云、云计算基础技术、云生态发展、智能交通云、行业创新等方面进行交流。百度公司发布人工智能平台级解决方案“天智”。天智底层为百度云计算，由感知平台、机器学习平台和深度学习平台 3 部分组成，可为不同需求的客户提供全面的人工智能服务。同时，由百度公司与中国海事局、太原铁路局等单位共同发起的智能交通生态联盟成立。联盟将借助百度云计算、人工智能和大数据技术，构建“交通大脑”，并通过可以计算、分析、处理庞大交通数据的“交通大脑”，打破海陆空及行政区域的限制，实时抓取散落在各个路面交通、地下交通、空中航线的海量数据，并对交通大数据有效归类、提取、利用，实现多系统配合协调，建立起一个更安全、更高效、更准确的智能交通体系。

（杜　玲）

【面向远海工程的通信导航关键技术及应用项目获奖】 11 月 30 日，中国电子学会公布 2016 年度中国电子学会科学技术奖获奖名单，由北京邮电大学等单位邓中亮等完成的面向远海工程的通信导航关键技术及应用项目获科技进步类一等奖。项目针对国家海洋工程重大需求，在远海导航与通信一体化核心架构、快速捕获跟踪、精确定位、安全监控、智能服务等系列关键技术取得重大突破。通过产学研合作创新，项目形成的系列产品，在道路交通、远海作业、勘探、港口、国防、科研等领域得到广泛应用，并在中国及马来西亚、斯里兰卡、马尔代夫等数十个国家的海洋位置服务平台的建设中，为海洋工程、航道的疏浚、监测等方面做出贡献。

（张　毅）

【触控屏配备主动电容笔 &Dial 解决方案推出】 11 月，北京汉王容笔科技有限公司推出中大尺寸触控屏配备主动电容笔 &Dial 解决方案。方案采用通用触控笔联盟（USI）的 USI 1.0 协议，允许在 21 ～ 70 英寸触控屏上实现主动式电容笔的原笔迹书写，拥有最高支持 4096 级压感与 4 笔同屏书写的特性，同时支持自定义 Dial 旋钮及按键。主动式电容笔笔尖细、精度高；有压感特性，能模拟笔迹粗细或浓淡；可悬空感应，代

替部分鼠标功能；有倾角检测，满足绘画特殊需求；可增加无线蓝牙传输数据及中长距离控制；模仿铅笔具备橡皮功能；可一支笔在多个触控屏上使用，也可以多支笔在同一触控屏上使用。（汉王容笔公司成立于 2016 年上半年，专注于主动电容笔技术产品研发与全球市场开拓。7 月，《USI 1.0 主动电容笔与设备规范》在美国马萨诸塞州发布，汉王容笔公司参与制定。）

（张　蕾）

【大洋公司中标中央电视台 4K 制作平台项目】 11 月，北京中科大洋科技发展股份有限公司中标中央电视台 4K 制作平台后期制作系统集成项目（TC160P6FV）。4K 制作平台是一个以单机编辑为主，按照 4K 拍摄、4K 剪辑、4K 成片的模式，全流程 4K 文件化的电视节目网络后期制作系统。应用大洋公司 D3-Edit3.0 系统、4K 编辑格式，可支持 50P 帧率的超高清精编制作，提供高精度的颜色管理方案，另配套 4K 桌面级技术监视器和多台顶级 4K 电视，以满足在制作中对于画质与颜色的监看需求，提高 4K 节目生产制作能力。

（张　蕾）

【百度移动统计发布三大解决方案】 12 月 10 日，在百度统计新品牌系列活动——移动统计专场活动上，百度移动统计发布智能埋点、转化分析及流量研究院三大产品解决方案。智能埋点方案可以把用户接入 SDK 的时间缩短至 1 分钟以内，且不需要重新发版，可以协助开发者将工作效率提升 120 倍；转化分析方案提供四大智能模板，场景化、专业化解决用户的转化问题；流量研究院则利用百度在线网络技术（北京）有限公司的大数据和深入挖掘的能力和优势，帮助开发者对

自身应用和行业趋势进行对比分析，从而更好地决定自身发展方向和了解行业发展大势。

（杜　玲）

【2016京津冀大数据产业地图发布】 12月12日，在2016中关村大数据日活动暨京津冀大数据协同发展高峰论坛上，由北京大数据研究院、中关村大数据产业联盟等5家单位共同编制的《2016京津冀大数据产业地图》发布。地图收录北京（779家）、天津（66家）和河北（21家）共866家京津冀大数据企业单位，展示京津冀大数据在基础架构、数据资源、应用服务和支撑服务四大产业链中的分布情况和相关代表企业。在产业链分布上，应用服务类大数据约占72%，基础架构约占20%，数据资源类大数据和支撑服务类大数据尚处于发展过程中。在大数据支撑服务机构里，包括科技创新平台、交易中心、联盟协会、产业园区等，服务机构为大数据产业的发展构造良好的生态环境。

（徐　建）

【京津冀大数据产业协同创新平台成立】 12月12日，在2016中关村大数据日活动暨京津冀大数据协同发展高峰论坛上，京津冀大数据产业协同创新平台宣布成立。平台由北京大数据研究院、清华大学等科研院校及同方知网（北京）技术有限公司、北京京东世纪信息技术有限公司、北京奇虎科技有限公司等企业及中关村大数据产业联盟、北京软件和信息服务协会等机构联合成立，旨在促进京津冀大数据产学研协同创新的资源共享、监测评价和试点示范等，将探索创新三地大数据人才联合培养、大数据人才引进、流动与共享、大数据人才创新创业等试点示范，为京津冀大数据产业发展提供人才、技术及智力支撑，并利用京津冀在人才和产业方面的优势，推动以科技创新为动力的大数据产业协同发展。

（韩洋洋）

【共推实时公交查询服务】 12月13日，天津市公交集团·滴滴出行战略合作签约仪式举行。根据协议，天津市公共交通集团（控股）有限公司和北京小桔科技有限公司（滴滴出行）将在公交信息实时查询服务、大数据公交线路规划技术咨询及公交服务质量评价上展开合作，在方便市民公共出行的同时，助力天津市“公交都市”示范工程建设进程。双方合作后，滴滴出行App上的“实时公交”查询业务产品将即时登陆天津市，用户可在滴滴出行App中的“公交”板块，或关注“滴滴公交”微信公众号使用查询功能，实现更加合理的出行规划，缩短候车时间，提升公交出行体验。双方还将开展公交线路规划和优化的技术性咨询服务。

（杜　玲）

【紫光集团入主国家存储器基地项目】 12月19日，紫光集团有限公司通过其下属控股子公司湖北紫光国器科技控股有限公司与长江存储科技有限责任公司股东国家集成电路产业投资基金股份有限公司、湖北国芯产业投资基金合伙企业（有限合伙）和湖北省科技投资集团有限公司签订《长江控股出资协议》，共同出资设立长江存储科技控股有限责任公司。长江存储控股公司注册资本386亿元，紫光控股公司出资197亿元，占长江存储控股公司注册资本的51.04%。长江存储有限公司是国家存储器基地项目实施主体公司。12月30日，国家存储器基地项目在武汉东湖高新区开工。

（杜　玲）

【百度公司与中信国安广视公司签约】 12月21日，国安广视战略发布暨百度度秘合作签约仪式在京举行。中信国安集团有限公司、中信国安信息产业股份有限公司等单位有关负责人及来自广电网行业和互联网行业的代表等参加。中信国安广视网络有限公司与百度在线网络技术（北京）有限公司签署合作协议。根据协议，双方将联合推进广电网服务与互联网服务的深度融合，在电视搜索、人工智能、语音控制、人脸识别、节目预约、内容定制、多屏互动等方面开展业务合作，整合上下游产业资源，普及媒体创新融合，携手打造广电网+互联网新生态产业圈。双方推出“广电+人工智能”产品——G-1智能高清机顶盒。机顶盒加入百度人工智能技术，用户只需通过语音与度秘对话，即可享受查找影片、搜索资料、点播、天气查询、预约提醒等实用智慧服务。

（杜　玲）

【百度地图智能出行生态大会举办】 12月23日，由百度地图主办的智能出行新启点——2017年智能出行生态大会在京举行。百度地图发布3D地图产品，并围绕虚拟现实化、智能化、共享化、全球化4个方面推出“下一代地图”概念。百度3D地图采用无人机航拍采集影像，利用3D重建技术还原真实世界，是百度公司“下一代地图”的重要组成部分。“下一代地图”凭借百度地图大脑人工智能和大数据核心技术，将线上的虚拟世界向现实世界不断靠拢：在数据采集上采用“多栖组合采集模式”，将全景采集车、骑行采集车、全景采集背包、无人机采集进行多维组合，实现每日更新采集数据，驱动地图接近真实世界；将导航路线与AR实景结合，带来更真实、更清晰的导航体验；通过室内图精准度量商场、机场、医院等大型建筑内的真实场景，让用户对楼层品牌、设施等室内分布一览无余，助力用户出行的“最后一公里”。

（杜　玲）

【北大软件公司成果获市产品评价中心奖项】12月27日，北京北大软件工程发展有限公司张世琨等完成的“基于值依赖分析的C程序通用缺陷检测方法研究”获2016年北京市产品评价中心产品质量创新贡献奖——优秀奖。成果采用北大软件公司研发的静态分析检测模型——值依赖模型，并在模型上进行语义缺陷的检测，帮助用户及时发现软件中的威胁。

（韩洋洋）

【“鹰眼”风控系统上线】12月，拉卡拉支付有限公司上线第二代风控系统——“鹰眼”风控系统。系统利用大数据的4V特性（Volume——数据量大，Velocity——输出和处理速度快，Variety——数据多样性，Value——数据价值），实现高效、低耗的风险防范，从而进一步提升平台风控安全等级。

（韩洋洋）

【北京电信协会参与项目获国家科技进步奖特等奖】年内，由北京电信技术发展产业协会参与完成的“第四代移动通信系统（TD–LTE）关键技术与应用”项目获2016年度国家科学技术进步奖特等奖。项目由中国移动通信集团公司等14家单位完成，北京电信技术发展产业协会是其中唯一的社会组织，其他13家单位均为协会成员。项目围绕TD–LTE技术创新与规模应用，取得物理层核心技术创新、产业能力创新及商用运营关键技术创新，实现“1G空白，2G跟随，3G突破，4G引领”的网络强国战略。在“新一代宽带无线移动通信网”重大专项的支持下，项目攻克TD–LTE物理层设计、智能多天线等关键技术，构成TD–LTE标准的基础技术；系统性解决时分双工（TDD）技术规模应用的干扰消除、网络覆盖等关键技术，形成大规模运营的技术体系；克服多频多模终端芯片设计与集成电路开发技术瓶颈，实现多频多模网络、芯片、终端、仪表等全产业链的群体突破。项目攻克中国通信产业在芯片、仪表等薄弱落后环节，使中国移动通信行业跻身国际先进行列；构建公共试验验证平台，推进产业链整体研发和产业化进程；克服规模组网应用中的挑战，构建全球领先的TD–LTE精品网络，推动TD–LTE在全球规模应用，首次实现由中国主导的移动技术标准走向世界。中国主导的TD–LTE在与美国主导的WiMAX的全球4G产业竞争中胜出，成为全球两大主流4G标准之一，使无线移动通信成为中国少数具有国际竞争力的高科技领域之一。

（马媛月）

【共建专业化数据中心地产平台】年内，世纪互联数据中心有限公司与美国华平投资集团签订合作协议，分别以资产和现金形式投资超3亿美元，共同打造国内最大规模的专业化数据中心地产平台。平台将通过交钥匙工程、定制化产品、模块化产品、白空间等产品方案，逐步发展新的第三方整租客户，帮助用户降低数据中心建维成本。

（杜　玲）

【释码大华公司入围印度Aadhar身份识别项目】年内，北京释码大华科技有限公司凭借其虹膜技术中标印度生物身份识别系统（UID，又称Aadhar计划）的全球招标，并取得印度政府的国家牌照，参与印度身份证管理局12亿人口虹膜数据库身份证系统认证工作。项目通过搜集所有印度人的虹膜信息和指纹信息，为每个人提供一个12位身份证明号码，在印度任何地方做任何认证，只要输入12位身份证明号码，再加上指纹和虹膜识别，就可以立即识别身份。系统以电子方式收集和储存个人资料，可在联网的数据库里进行远程查询。释码大华公司联合英特尔公司、印度数字安全公司等合作伙伴组成国际虹膜专家团队，与印度政府的核心团队合作，参与制定顶层框架设计、虹膜数据库存储格式等子模块的工作，提供核心虹膜识别算法等核心技术和整体解决方案。（Aadhar计划是印度政府推动建设的全球最大的生物身份识别系统工程，旨在通过虹膜技术采集印度12亿人口的生物信息，使其从世界上身份认证最困难的国家之一，一跃成为拥有最先进人口信息数据库的国家。）

（朱文利）

先进制造产业

【概况】2016年，中关村示范区先进制造产业发展态势良好，拥有企业1878家，实现营业收入5619.7亿元，同比增长17.6%；实现利润531.9亿元，同比增长25.3%。中关村示范区围绕智能硬件和智能智造领域，聚集敏捷制造、工业设计、技术研发、检测认证、小批量试制、科技服务、市场推广等智能智造服务资源，打造形式多样的智能制造创新平台。其中3D打印产业高端金属粉末研发、激光及电子束快速成型技术、熔融挤压成型技术、生物三维打印技术、三维工业软件开发、应用服务等环节多项技术世界领先，中科院空间应用工程与技术中心成功进行首次微重力环境下的3D打印试验。中关村示范区涌现出百度在线网络技术（北京）有限公司等一批互联网企业，开展智能汽车技术研发。高德信息技术有限公司等服务型企业在智慧出行、智能共享等领域进行积极的尝试。在新能源汽车领域，中关村示范区围绕电池、电机、电控三大核心技术领域培育出北京新能源汽车股份有限公司等企业，完成新能源汽车整车控制技术、车载能源系统、驱动技术等关键技术的布局。科研院所的源头创新与企业研发创新的叠加效应在现代交通产业中体现明显，中国铁道科学研究院、中铁工程设计咨询集团有限公司等单位联合制造的高速铁路跨度40米箱梁进行2.0倍荷载结构强度破坏性能试验取得圆满成功，标志着中国高速铁路基于预制架设技术的跨度40米箱梁建造技术取得重大突破。

（杜　玲）

【协同无功电压自动控制系统成果通过鉴定】1月15日，教育部在京召开“复杂电网自律——协同无功电压自动控制系统关键技术及应用”成果鉴定会。项目由清华大学电机系孙宏斌团队经历20余年研发完成，攻克无功电压自动控制从单控制中心到多级控制中心、从常规电网到可再生能源接入电网、从中国电网到北美电网应用中的系列关键技术难题，构建复杂电网自律协同电压控制的技术体系和标准，研制出具有完全自主知识产权的无功电压自动控制系统。至2015年底，技术在华北、华东等六大区域电网和北京、天津等22个省级电网得到推广应用，总装机容量7.55亿千瓦，占国内水、火电装机总容量的56%。成果在北美洲最大区域电网PJM成功应用，填补了北美在该领域应用的空白。专家们一致认为，项目取得重大的原创性科研成果，整体达到国际领先水平，引领电力系统电压控制领域的发展与技术进步，同意通过鉴定。

（徐　建）

【光刻机双工件台掩模台系统样机研发成功】1月29—30日，国家科技重大专项实施管理办公室在清华大学组织召开“光刻机双工件台系统样机研发”项目验收会。项目由清华大学牵头承担，以研制光刻机双工件台系统样机为目标，为中国自主研发65～28纳米双工件台干式及浸没式光刻机提供具有自主知识产权的核心子系统。项目研究团队针对光刻机双工件台技术，历经5年完成研究内容，突破平面电机、微动台、超精密测量、超精密运动控制、系统动力学分析、先进工程材料制备及应用等关键技术；攻克光刻机工件台系统设计和集成技术，通过多轮样机的迭代研发，最终研制出两套光刻机双工件台掩模台系统α样机，并通过相关测试，达到预定的全部技术指标；围绕双工件台技术完成专利申请231件（其中国际发明专利41件），获授权122件；培养一支近200人的专业研发团队，建立高水平研发平台，为后续产品研发和产业化打下基础。验收专家认为，项目的完成，标志着中国成为世界上可以研制光刻机双工件台这一超精密机械与测控技术领域尖端系统的国家之一。

（徐　建）

【北汽新能源巴塞罗那研发中心成立】2月22日，北京新能源汽车股份有限公司成立第四家海外研发中心——西班牙巴塞罗那研发中心。中心将依托西班牙Campos Racing公司在专业赛车领域的经验和技术，主要承担北汽新能源公司高性能运动车型的设计和研发。双方将在电动赛车、跑车及全球电动赛车赛事领域开展技术人才交流、整车研发与测试、拓展海外市场等方面深入合作，从而提升北汽新能源公司自主品牌的核心技术，在运动车型和高性能车领域注入新的产品，创建研发技术试点与模式，高效整合资源，降低研发成本，使产品设计更加国际化，更好地满足消费者对新能源车动力和操控的需求。

（王　翔）

【140吨振动试验系统完成验收测试】2月，由中国空间技术研究院自主研制的140吨振动试验系统完成验收测试和某型号振动环境试验，标志着世界最大推力电动振动试验系统研制成功。系统主要包括垂直振动试验系统和水平振动试验系统。垂直振动试验系统由4个振动台、镁合金焊接扩展台面及导向支撑系统、同步控制系统，以及智能化健康监测系统等组成，研制中突破4台同步激振、大尺寸镁合金台面焊接（包络尺寸4.6米×4.6米）、高精度高承载高稳定性导向支撑等关键技术，系统静承载能力40吨，最大推力1372千牛，抗倾覆能力350千牛·米，系统频率大于200赫兹。由两个振动台组成的水平振动试验系统采用“品”字形组合式水平滑台台面，克服大型镁合金台面加工制造的难题，台面尺寸4.65米×4.78米，同时具备单台、双台使用模式；系统分区优化布置100余个轴承，静承载能力超过100吨，最大推力686千牛，抗倾覆能力6000千牛·米，系统频率大于300赫兹。现场装配调试是系统研制的关键环节，在5米范围内装配误差控制在0.05毫米以内，局部达到0.02毫米以内。

（徐　建）

【北汽纯电动乘用车项目获批】3月16日，发展改革委印发《关于北京新能源汽车股份有限公司纯电动乘用车建设项目核准的批复》（发改产业〔2016〕562号），同意北京新能源汽车股份有限公司实施纯电动乘用车建设项目。项目为《新建纯电动乘用车企业管理规定》自2015年7月1日开始实施后，发展改革委批复的第一个纯电动乘用车生产资质。项目总投资11.495亿元，主要建设内容包括：将北京采育基地作为总部基地，进行新产品开发、试制和高端产品的批量生产；利用原有整车车间、电机车间、电池车间、试制车间、实验中心及各类设备，年产2万辆纯电动乘用车；成立青岛分公司，新建青岛莱西基地，进行产品规模化制造等。项目建设规模为达产后形成7万辆纯电动乘用车产能，其中新增5万辆纯电动乘用车产能。《批复》自印发之日起有效期限2年。

（徐　建）

【精进电动公司新能源汽车驱动总成项目开工】3月27日，由正定县政府、精进电动科技（北京）有限公司主办的精进电动正定生产基地开工仪式在河北省正定高新区举行。石家庄市政府、正定高新区管委会等单位的相关负责人参加。精进电动正定基地规划年产50万台新能源汽车驱动电机和驱动总成，总投资11亿元，占地面积6.67公顷，总建筑面积6.93万平方米，将引入新能源汽车驱动系统生产线，建成新能源汽车电机和驱动总成生产基地。

（朱文利）

【综合极端条件实验装置项目获批复】3月29日，国家“十二五”重大科技基础设施“综合极端条件实验装置”建设项目建议书获发展改革委批复。项目是《国家重大科技基础设施建设中长期规划（2012—2030年）》重点内容之一，旨在利用若干世界上最先进的极端条件下的材料制备、物性表征等研究手段，开展物质科学研究，探索新物态、新现象、新规律，力争在发现新型高温超导体、非常规超导机理研究、量子计算核心技术研究、实现物性超快调控和晶格振动实时成像等方面取得突破。项目建设由中科院物理研究所牵头负责，内容主要包括极端条件物性表征系统、高温高压大体积材料研究系统、极端条件量子态调控系统、超快条件物质研究系统，以及实验辅助设施和土建工程等。

（耿晓夏）

【智能制造领域专场对接会举办】4月8日，首都科技条件平台北航研发实验服务基地与北京北航天汇科技孵化器有限公司等单位主办的“智能制造领域专场对接会”在北航科技园举办，20余家中小企业的代表参加。会议介绍智能制造领域的飞行器装配机器人装备北京市重点实验室、虚拟现实技术与系统国家重点实验室等实验室的基本情况，分享实验室与企业对接的经验。北京云图视界科技有限公司、天峋创新（北京）科技有限公司等企业就自身的科研需求与开放实验室进行交流和对接。对接会作为百家实验室进千家企业系列活动之一，列入首都科技条件平台的重点活动，为企业解决研发需求搭建沟通平台。

（钮　键）

【首次微重力条件下的3D打印试验成功】4月13日，中科院空间应用工程与技术中心宣布，利用抛物线飞机成功进行首次微重力环境下的3D打印试验。根据中科院空间应用中心与德国宇航局的双边合作协议，德国宇航局向中科院太空增材制造技术试验队提供抛物线飞行试验机会。抛物线飞机可以模拟太空失重，创造每次约22秒的微重力环境。试验队在法国波尔多市进行93次抛物线飞行试验，用自主研发的设备和工艺成功打印目标样品。试验共对5种材料和两种制造工艺进行微重力环境下的验证与探索，其中包含美国国家航空航天局（NASA）从未尝试过的纤维增强复合材料，获取不同材料与工艺在微重力环境下的特性数据。试验为未来把3D打印机搬上太空、为空间站提供后勤补给等提供重要的数据和经验。

（徐　建）

【理工华创公司参展交通技术与设备展并获奖】5月23—25日，在第十三届中国国际交通技术与设备展览会（China Transpo 2016）上，北京理工华创电动车技术有限公司推出新研发的电动商用车核心产品，其中HCDN55VCU系列整车控制器、HC6553ACDCPDG-A3五合一风冷集成控制器获“中国道路运输杯”2016年度最佳新能源客车零部件奖。HCDN55VCU系列整车控制器采用V模式开发流程，为客户量身打造纯电动汽车整车控制一站式解决方案；HC6553ACDCPDG-A3五合一风冷集成控制器，是集气泵控制器、油泵控制器、DCDC、绝缘检测和高压配电功能于一体的新能源汽车核心部件，具有尺寸小、接口丰富、运行可靠、支持电流检测和CAN通信等特点。参展的HC4R10PT-BZA型10～12米客车用电驱动与传动系统，采用公司研发的换挡过程全扭矩控制技术，具有低能耗、强动力、高可靠性、通用和兼容等优势，代表未来电动客车动力总成系统的发展方向。

（李　莹）

【首个3D打印人工脊椎植入成功】6月12日，首个金属3D打印定制19厘米人造脊椎植入手术在北京大学第三医院完成，标志着中国3D打印技术开启人工椎体时代。钛网填入自体或异体碎骨是作为椎体间支撑的最常用器材，填充的碎骨与相邻的骨头长到一起后，可以实现骨融合，完成稳定结构的重建，但要实现19厘米的大跨度支撑不现实，而钛网一旦移位，还可能压迫脊髓，导致患者瘫痪。利用3D打印技术生产出来的人工椎体是按照患者的解剖结构完成脊椎结构重建及固定的，患者装上后，完全可以像正常人一样生活和工作。3D打印人工椎体由北医三院骨科和北京爱康宜诚医疗器材股份有限公司合作开发研制，获食品药品监管总局批准注册，属于直接植入人体的三类骨科植入物，为中国监管等级最高的医疗器械。

（徐　建）

【3个项目入选国家智能制造试点示范项目】6月28日，工业和信息化部发布《关于公布2016年智能制造试点示范项目名单的通告》（工信部装函〔2016〕261号），全国63个项目入选。其中，北京市3个项目入选，全部为中关村示范区企业的项目，包括北京大豪科技股份有限公司（朝阳园）的“缝制设备远程运维服务试点示范”项目、北京康斯特仪表科技股份有限公司（海淀园）的“数字压力校验装置智能制造试点示范”项目和北京超同步伺服股份有限公司（密云园）的“智能伺服电机数字化车间试点示范”项目。

（张冬梅　韩洋洋）

【汉王蓝天公司车载霾表C1上市】6月，北京汉王蓝天科技有限公司发布一款空气质量检测新品——汉王车载霾表C1。产品能随时准确检测车内PM2.5含量，让车内空气质量随时“可见”。产品内置B2检测模组，专业级别检测；即插即测，4秒快速感应；屏幕可随意旋转，视角全方位展示；具有USB接口，可支持外部设备进行充电。车载霾表C1使用简单，只需将其插入汽车点烟器接口，通电即可进行PM2.5检测，且可单击按键进行屏幕方向旋转，长按按键3秒便可开关机。

（张　蕾）

【首批搭载华创动力系统电动公交车进入波兰市场】6月，由北京理工华创电动车技术有限公司、上海电巴新能源科技有限公司共同为中波经贸合作的重要项目“中国·波兰e-Bus项目”开发的第一批电动公交车交付波兰客户。产品搭载的华创动力系统，包括智能辅助驾驶功能的整车控制系统、可实现功率和转矩最优分配的双电机驱动系统、智能化功率转换系统等，整车能够在动力系统全转速范围内进行高效驱动，单位载质量能量消耗量明显优于相应指标要求。（2013年，北京理工大学、理工华创公司、电巴新能源公司等单位与波兰TAURON集团、华沙理工大学签订“中国·波兰e-Bus项目”合作协议。根据协议，中波双方将在波兰建立电动公共交通系统，从中国进口的电动客车在波兰进行示范运营。其中，第一期示范阶段总额2800万元，目标是理工华创公司在北京理工大学的电动客车系统平台基础上整合国内先进技术资源，与TAURON集团在波兰建立一个电动公共交通系统。）

（李　莹）

【“大艾外骨骼机器人”参展中关村国际创新周】7月23日，在中关村国际创新周开幕式暨中关村智造大街启动仪式上，北京航空航天大学科技成果转化项目“大艾外骨骼机器人”作为国内领先的智能外骨骼机器人创新产品参展。“大艾外骨骼机器人”是由北京航空航天大学自动化学院牵头研发，北京积水潭医院、国家康复辅具研究中心等康复医疗专家团队参与临床指导完成的医工学科交叉的创新产品，完成临床实验100余例，可实时监控穿戴者的行走特点，通过在线反馈、智能引导、调整步态，助力脊髓损伤患者重新行走或使早期偏瘫患者高效康复。

（胡　键）

【氢燃料电池发动机推出】7 月 23 日，在中关村国际创新周开幕式暨中关村智造大街启动仪式上，北京亿华通科技股份有限公司推出其研制的商用氢燃料电池发动机。发动机是一种将氢气与氧气发生电化学反应产生电能的装置，反应过程不涉及燃烧，无机械损耗，能量转换率高，零污染，产物仅为电、热和水，运行平稳，无振动和噪音。

（徐　建）

【重型燃气轮机透平叶片实现国产化】7 月 29 日，北京华清燃气轮机与煤气化联合循环工程技术有限公司在京宣布：拥有自主知识产权的 F 级重型燃气轮机 CGT-60F（燃气温度 1400 摄氏度）全三维复合倾斜透平第一级静叶片在中国燃气涡轮研究院完成高温冷却效果试验，各项性能指标包括叶片冷却效率、叶片温度分布均优于设计要求，标志着中国重型燃气轮机核心设计制造技术的重大突破。成果由华清燃机公司联合无锡永瀚特种合金有限公司、中国燃气涡轮研究院等单位共同完成，其验证的 F 级重型燃气轮机 CGT-60F（70 兆瓦）第一级静叶片，在透平进口压力和温度不变的条件下，可不再需要做冷却效果试验而直接相似放大到 F 级 300 兆瓦燃气轮机透平叶片。叶片属于重型燃气轮机领域首创，与传统的直叶片相比，全三维复合倾斜造型气动损失小、效率高。

（徐　建）

【乐视超级汽车生态体验园区启动】8 月 10 日，LeEco&LeSEE——浙江超级汽车工厂项目启动仪式在杭州市举行。浙江省代省长车俊等领导及浙商总会等单位代表参加。浙江省政府与乐视控股（北京）有限公司宣布双方启动乐视超级汽车生态体验园区等战略合作项目。园区位于德清县湖州莫干山高新区，规划用地面积约 287 公顷，计划年产 40 万台整车，项目总投资 200 亿元，将形成以乐视超级汽车先进制造、观光体验为特色，融入乐视体育、乐视音乐和影视生态元素的汽车整车制造基地和主题游乐旅游目的地。

（杜　玲）

【京东无人配送车发布】9 月 1 日，北京京东世纪信息技术有限公司宣布，由其自主研发的无人配送车进入道路测试阶段，将于 10 月开始试运营，2017 年有望进行大规模商用。无人车长、宽、高分别为 1 米、0.8 米和 0.6 米，具备 6 个不同大小的载货舱，可以按照既定路线自动导航行驶，并具备路径规划、智能避障、车道保持、智能跟随等功能。无人车自动行驶到目标建筑的指定位置后，可通过京东 App、手机短信等方式通知用户收货；用户到无人车前输入提货码就可以打开货仓，取走自己的包裹。

（杜　玲）

【中关村企业参展德国柏林国际轨道交通技术展】9 月 20—23 日，在 2016 年德国柏林国际轨道交通技术展览会上，中关村管委会组织北京燕宏达铁路设备有限公司、北京鼎汉技术股份有限公司、北京中材人工晶体研究院有限公司等 14 家企业参展，展示精确打磨钢轨廓形的精磨机 G2、高速动车组健康监测系统（MS-EH）、铁路 IT 资产大数据应用平台（ROSS）、基于北斗卫星导航技术的铁路危险品运输监测系统（SMS-HT），以及光纤网络综合维护管理系统（IMS-PON）、信号智能电源系统、空调系统及特种电缆等产品。中关村示范区参展企业展会成交额约 300 万美元。

（殷　茵）

【ROLLCAP 口袋云台相机发布】9 月 22 日，零度智控（北京）智能科技有限公司召开 ROLLCAP 口袋云台相机产品发布会。产品内置三轴机械云台，配合零度智控精密的云台控制算法，其增稳精度高达 ±0.03 度；搭载一颗有效像素 1300 万的无畸变高清摄像头，最高能够拍摄 4K 画质的照片或高清增稳视频，且拥有延时摄影、慢动作摄影、多张连拍、HDR、定时拍摄等多种拍摄模式；最大可视角度（FOV）达 94 度，既

能捕捉到较为丰富的画面，又能将所拍景物高度还原，且在安装有 ROLLCAP 专用防水外壳的情况下，支持水下拍摄。ROLLCAP 倡导极简操作模式，通过机身上的按键，一键即可开始拍摄；可根据使用场景的不同，选择独立盲拍或连接手机 App 进行拍摄；使用与 ROLLCAP 同名的 App 软件，能实时查看拍摄影像或进行剪辑操作，并将照片和视频同步至手机本地，分享一键上传；拥有近似于甜筒的紧凑造型，重量 219 克，适用于生活、旅行、运动等各类场景。

（张　蕾）

【赛诺威盛新工厂揭幕及产品发布会举行】9 月 25 日，赛诺威盛新工厂揭幕仪式及产品发布会在京举行。赛诺威盛科技（北京）有限公司 CT 新工厂位于康盛工

业园，属于定制型制造车间，面积3000平方米，用于CT部件组装和产品出厂测试，将承担其“精广角”系列CT及DR产品的制造。赛诺威盛公司还发布其自主研发的“精广角”系列CT。“精广角”系列CT采用其研发的VISION影像链技术和“金”几何机架及空间优化技术，独特的vPixel“正点”32排探测器阵列可实现4600采样／圈·单元的高采样率，还实现76厘米大孔径，并在大孔径基础上实现20线对以上空间分辨率，为有效解决孔径与影像质量间的矛盾奠定根基。产品还采用其研发的准直器vArc技术，实现根据人体不同检测部位调整射线入射范围，从源头解决用最少的射线达到影像诊断的目标，减少射线给人体带来的不利影响。

（杜　玲）

【世界最大单口径射电望远镜落成启用】9月25日，有超级“天眼”之称的500米口径球面射电望远镜（FAST）在贵州省黔南州平塘县大窝凼落成启用。中共中央总书记习近平致信祝贺。FAST工程是国家科教领导小组审议确定的国家九大科技基础设施之一，由中国天文学家于1994年提出构想，从预研到建成历时22年，由中科院国家天文台主导建设，是具有中国自主知识产权、世界最大单口径、最灵敏的射电望远镜。工程由主动反射面系统、馈源支撑系统、测量与控制系统、接收机与终端及观测基地等部分构成。主动反射面是由上万根钢索和4450个反射单元组成的球冠型索膜结构，其外形像一口巨大的锅，接收面积相当于30个标准足球场。FAST把中国空间测控能力由地球同步轨道延伸至太阳系外缘，将深空通讯数据下行速率提高100倍；脉冲星到达时间测量精度由120纳秒提高至30纳秒，成为国际上最精确的脉冲星计时阵；进行高分辨率微波巡视，以1赫兹的分辨率诊断识别微弱的空间讯号，作为被动战略雷达为国家安全服务；作为“子午工程”的非相干散射雷达接收系统，提供高分辨率和高效率的地面观测，还可跟踪探测日冕物质抛射事件，服务于太空天气预报。FAST作为一个多学科基础研究平台，有能力将中性氢观测延伸至宇宙边缘，观测暗物质和暗能量，寻找第一代天体；能用1年时间发现约7000颗脉冲星，研究极端状态下的物质结构与物理规律；有希望发现奇异星和夸克星物质；发现中子星——黑洞双星，无须依赖模型精确测定黑洞质量；通过精确测定脉冲星到达时间来检测引力波；作为最大的台站加入国际甚长基线网，为天体超精细结构成像；还可能发现高红移的巨脉泽星系，实现银河系外第一个甲醇超脉泽的观测突破；用于搜寻识别可能的星际通信信号，寻找地外文明等。成果入选2016年中国十大科技进展新闻。

（张　毅）

【莱伯泰科公司8款仪器发布】10月10—12日，在2016慕尼黑上海分析生化展（Analytica China2016）上，北京莱伯泰科仪器股份有限公司发布8款仪器。分别为：① SPE1000全自动固相萃取系统，通量大，可兼容不同大小体积样品，全新液面追随及自动清洗池等功能可减少样品交叉污染。② AFT黄曲霉毒素分析系统，一站式完成黄曲霉毒素分离检测过程，提供黄曲霉毒素检测从前处理到分析过程整体解决方案；有光化学衍生和碘衍生两种配置可选，单独溶剂管理系统，采用避光设计。③ EV400旋转蒸发仪，自动识别溶剂沸点；智能捕获最佳蒸馏参数，无须人工条件摸索，溶剂数据库存储；内置常见溶剂蒸馏参数，一键启动蒸馏。④第二代全自动石墨消解仪S60UP，集LabTech消解和温控产品技术于一体；可同时处理60个样品，运行两个独立消解程序；具有防腐、耐用、消解等特点。⑤电热板，控温更精准均匀实验室加热；2.4吉赫无线指令传输，人虽未至，指令先达；根据样品反应需要设置温度和时间程序，支持10段升温设置。⑥ autoCOLLECT便携式气体液体采样器，用于采集气体或液体中的无机或有机组分，可以连接吸附管、萃取柱、吸收液等采样、富集组件；根据采集体积或采样时间设定自动开关机。⑦ geoMILL超快速研磨机，样品在几秒内研磨好，研磨后的样品尺寸可达5～50微米；使用坚硬材料制作的研磨工具，保证最小磨损率和完美粉碎效果；自动封闭设计，避免样品热损失，研磨过程确保最大回收率等。⑧ MAX-L冷原子吸收汞分析仪，配有自动减小体积的稀释进样系统，超出量程高汞样品可以根据设定减小进样体积后再次测量；高汞保护智能冲洗系统，配合恒温吸收池，防止高浓度样品的记忆效应等。

（袁永章）

【量子点光谱仪参展“双创周”主题展】10月12—18日，在2016年全国大众创业万众创新活动周北京会场主题展上，芯视界（北京）科技有限公司展示其研发的量子点光谱仪。芯视界公司的光谱芯片技术，通过将高性能的光谱分析专业仪器传感器化，使光谱仪最小能达到约1立方毫米，可以植入智能手机，通过摄像头可对食品药品、个人健康、环境污染等方面进行检测，使智能手机或手持便携设备，具备对空气、水、食品、药品、人体健康、危险品、名贵产品等实时实地的检测和鉴别能力。技术可应用在科研、工业、农业、医疗健康、国防、环境、教育等领域。

（张　毅）

【Magixoom 复眼成像技术参展“双创周”主题展】 10 月 12—18 日，在 2016 年全国大众创业万众创新活动周北京会场主题展上，泰邦泰平科技（北京）有限公司展出复眼摄像机技术及产品。Magixoom 复眼成像技术具有复眼系统独特的全景 + 细节显示模式，以及现有光学成像技术无法比拟的光学图像信息获取能力。基于该技术研发的复眼摄像系统系列产品，最高分辨率达 4 亿像素，可同时实现远距离、宽视场、超细节的监控，具备广角和特写兼备、动态细节长时间跟拍的特性，为安防监控提供关键技术解决方案。

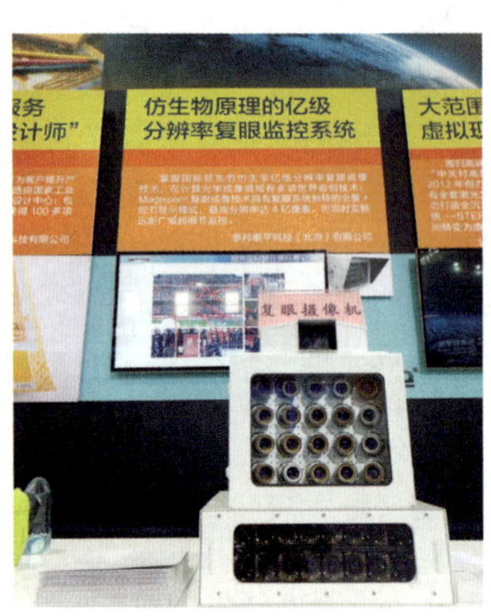

（李　莹）

【北京现代沧州工厂投产】 10 月 18 日，北京现代汽车有限公司的北京现代沧州工厂竣工投产。工厂 2015 年 4 月开工建设，总投资 120 亿元，总面积 192 万平方米，设有整车生产设备、引擎工厂、驾驶试验场，预计年产整车 30 万辆。投产首款车型“悦纳”，包括搭载 1.4 升和 1.6 升两款自然吸气发动机的 6 款车型。

（袁永章）

【格灵深瞳 Foveacam 人眼摄像机发布】 10 月 19 日，格灵深瞳 Foveacam 人眼摄像机发布会在京举行。北京格灵深瞳信息技术有限公司发布基于人眼工作原理的摄像机 Foveacam。摄像机采用格灵深瞳公司独创的像素动态瞬时分配技术，可瞬时将局部画面的有效像素提升百倍以上，整体画面可以达到数亿等效像素，在 50 米内可以展现清晰的可识别人脸，100 米内看清全身特征，视场角 70 度，使人脸抓拍可以应用于更大面积的开放空间，一台格灵深瞳人眼摄像机即可实现数千平方米的有效人脸抓拍。摄像机还可同时对多种目标进行检测，行人、人脸、机动车、三轮车等均可检测识别。在对全场景的目标进行快速抓拍时，能同时兼具超高抓拍准确率（不抓拍错对象）和极低漏检率（不漏掉每张人脸），可以有效对抗常见误检干扰（如树枝等）。产品主要应用于安防监控领域。

（徐　建）

【北汽集团获中汽科技奖】 10 月 28 日，在中国汽车工程学会年会上，北京汽车集团有限公司的“乘用车关键技术创新及其在绅宝系列化车型开发中的应用”“车内空气质量检测能力的创新性建设与提升应用”分获中国汽车工程学会授予的 2016 年中国汽车工业科学技术奖二等奖和三等奖。其中，“乘用车关键技术创新及其在绅宝系列化车型开发中的应用”在消化吸收引进瑞典萨博汽车公司的技术及知识产权基础上，通过体系创新、集成创新，打造出全新的支撑持续创新发展的乘用车开发、供应商、质量等体系，实现系列化轿车、城市 SUV 同步规划、递进开发再创新模式，满足市场的多元化需求。

（袁永章）

【金雨科创电控柜自动装配系统发布】 11 月 8 日，在 2016 年金雨科创电控柜自动装配系统客户推介会上，北京金雨科创自动化技术有限公司发布其自主研发的电控柜自动装配系统。系统由在线电气自动设计平台、工控商城即在线选型与采购平台和电控柜自动装配系统组成，采用智能设计、智能供货、智能生产等技术，可自动完成面板和安装板开孔、导线选取、切割、剥皮、标识、端头处理，并按预定路径将导线准确地连接到元件的接线端，实现数字化生产，有效地减除电气设计与装配环节的人工操作，消除人为因素造成的装配误差和错误，使电气控制柜装配变得高效、准确和节约成本。

（杜　玲）

【首款无人驾驶超级卡车问世】 11 月 14 日，在福田汽车集团 & 福田戴姆勒汽车 2016 中国上海智能网联汽车展览会暨福田自动驾驶超级卡车发布仪式上，北汽福田汽车股份有限公司发布其与百度在线网络技术（北京）有限公司联合开发的国内首款无人驾驶超级卡车。产品通过车联网、自动驾驶和新能源三大核心技术，实现整车油耗降低 30%，货运效率提升 70% 的目标，同时通过融合百度公司的高精度地图、定位、感知、智能决策与控制四大技术，实现有条件的无人驾驶。

（徐　建）

【智能硬件大脑平台 TurboX 发布】 11 月 17 日，在“携手 TurboX 智造无限可能”中科创达智能硬件战略发布会上，中科创达软件股份有限公司发布智能硬件大脑平台 TurboX。TurboX 提供包括核心计算模块、操作系统、算法和 SDK 的一体化解决方案等核心内容，以及开发板及社区服务等周边配套服务，汇集产业链中内容、应用、云服务等多方资源，为无人机、虚拟现实、机器人、智能相机等领域的智能硬件创业者提供底层通用技术基础平台，推动智能硬件创业项目快速落地实现产业化。

（杜　玲）

【“植入式纳米发电机”获中国发明协会金奖】 11月17—20日，在第九届国际发明展览会上，由中科院北京纳米能源与系统研究所王中林院士领导的联合科研团队完成的“植入式纳米发电机”获中国发明协会授予的“发明创业奖·项目奖”金奖。2014年，植入式摩擦纳米发电机（iTENG）首次应用于生物体内，成功将运动产生的机械能转化为电能用于驱动相关的电子器件，为发展可以替代或补偿电池的植入式长效能源提供新的思路和契机。经连续攻关，团队在自驱动心脏起搏器、自驱动心脏实时监控系统、自驱动红外治疗系统、植入式能源器件的封装及全可降解生物能收集器件等项目上取得重大进展，获以“一种植入式发电机”（ZL201410184298.6）为核心专利的多个国家发明专利授权。

（范丁波）

【中德汽车轻量化技术工程中心成立】 11月24日，北京新能源汽车股份有限公司与德国未来交通公司在德国签署中德汽车轻量化技术工程中心有限公司合资合同。工程中心由北汽新能源公司控股，是北汽新能源公司的第五家海外研发中心，位于德国德累斯顿市，以多材料轻量化整车设计开发、碳纤维复合材料车用零部件开发为主业务，还将持续开展新能源汽车轻量化技术领域的新材料、新结构、新工艺研发等相关工作。

（杜　玲）

【ISG混联插电混合动力系统获2016铃轩奖】 11月29日，在2016首届铃轩奖颁奖典礼暨中国汽车零部件创新论坛上，精进电动科技（北京）有限公司的ISG混联插电混合动力系统获2016铃轩奖——新能源类零部件年度贡献奖。系统在总成内布置两台轴向紧凑的高转矩电机实现同轴化、双电机组合驱动，具有优异的爬坡性能，节油（节气）减排效果突出，采用高功率

发电机，实现混联系统整车性能的功率平衡，配备高转矩电磁齿式离合器，全工况自动无级平滑变速，防水能力达到IP67等级，实现全生命周期免维护。（铃轩奖由汽车商业评论杂志社发起，旨在促进中国汽车零部件产业健康发展，将打造中国汽车零部件相关产业的“奥斯卡”奖，共设置17个奖项，分为六大类，包括发动机类、底盘类、车身类、电子电器类、新能源类、跨国零部件类。）

（朱文利）

【大基医疗机器人上市】 11月，由北京大基康明医疗设备有限公司研发的影像机器人和放疗机器人上市。影像机器人系统是一款用于PET−CT−MRI病人自动转运及精确定位的医疗设备，可实现PET−CT、PET−MR及PET−CT−MR的联合应用，同时也克服PET/CT假阳性等难题。放疗机器人系统可以将病人搬运机器人和机械臂应用于患者放射治疗过程中，通过两台机器人和两个摆位房间实现放疗的流水化作业，提高放疗设备的利用率，同时自动化搬运功能还可防止射线对物理师和医护人员的辐射。

（杜　玲）

【中发时代公司与旧金山智能制造产业战略合作签约】 12月4日，由北京中发时代科技发展有限责任公司主

办的中美智能制造战略合作启动仪式暨旧金山市长一行莅临中发时代参观交流活动在中发智能智造生态馆举办。中国北京市政府、美国旧金山市政府的有关负责人及来自中美企业界、投资界、研究机构的代表参加。中发时代公司与旧金山市政府签订《中发—旧金山智能制造产业战略合作协议》，双方将通过共同搭建国际智能制造生态服务平台、发起中美智能制造产业基金、在两地互设国际智能制造展示中心、创办国际智能制造博览会、建立互访机制等方式共同促进中美两国间在智能制造产业的合作与发展。

（丁　旭　张　悦）

【中关村智能制造创新产业投资基金揭牌】12月4日，中关村智能制造创新产业投资基金揭牌仪式在京举行。北京中发时代科技发展有限责任公司、北京银行股份有限公司等单位的相关负责人参加。基金由中发时代公司联合纳米基金、北京本地金融机构、知名基金管理人共同发起筹建，总规模拟100亿元，首期募集规模拟20亿元。基金所募集资金将以股权投资形式投资国内智能制造企业，解决智能制造企业孵化、发展、扩大规模的资金需求及资源引进、配置问题。

（丁 旭 张 悦）

【高速铁路跨度40米预制简支箱梁通过测试】12月7日，中国铁路总公司科技管理部在房山区召开高速铁路跨度40米预制简支箱梁试验现场会。中国工程院院士何华武及中国铁路总公司相关部门的负责人和专家参加。会议对中国铁道科学研究院、中铁工程设计咨询集团有限公司等单位联合制造的高速铁路跨度40米箱梁进行2.0倍荷载结构强度破坏性能试验，试验总荷载达到预定值时，梁体变形和裂缝状态与设计相符，科学验证箱梁的结构设计和预制技术水平达到预期试验目的，标志着中国高速铁路基于预制架设技术的跨度40米箱梁建造技术取得重大突破，又一项标志性的中国高铁工程技术诞生。试验梁是高速铁路标准梁由设计走向工程应用过程中的重要技术环节，是全面检验结构受力性能和设计状态的重要手段。

（张 毅）

【天玑骨科手术机器人获批上市】12月8日，食品药品监管总局发布《关于批准注册医疗器械产品公告》（2016年第188号），北京天智航医疗科技股份有限公司骨科手术导航定位系统（型号：天玑“TiRobot”）获医疗器械注册许可证（国械注准20163542280）。天玑骨科手术机器人是天智航公司开发的第三代骨科手术机器人系统，由主机、机械臂、手术计划与控制软件、光学跟踪系统、主控台车和导航定位工具包组成，用于在脊柱外科和创伤骨科开放或经皮手术中以机械臂辅助完成手术器械或植入物的定位。骨科手术导航定位系统采用6自由度机械臂、兼容2D和3D医学影像等专利技术，适用于采用创伤骨科空心螺钉内固定术和脊柱螺钉内固定术的患者，可有效保证螺钉置入的精度，缩短手术时间，减少X线辐射损伤，减轻患者损伤。

（韩洋洋）

【阿里原初引力波探测实验启动】12月13日，由中科院高能物理研究所主办的阿里原初引力波探测实验启动会在京举行。中科院等单位相关负责人和专家及清华大学、北京大学、中国科技大学等20余家科研单位的80余名代表参加。中科院高能所宣布中国第一次引力波探测实验启动，由中科院高能所研究员张新民担任项目首席科学家，项目组计划用5年的时间，在西藏自治区阿里地区建成“阿里一号”望远镜并开始进行科学观测。项目由中科院高能所牵头，中科院国家天文台、上海微系统与信息技术研究所、国家天文台狮泉河观测站、中国科学技术大学、西藏大学等单位参与建设，中科院、自然科学基金委、科技部等部门提供资金支持，计划以测量宇宙微波背景辐射（CMB）光子B模式偏振信号为主要手段，建成世界上最灵敏的原初引力波探测实验，并在宇宙诞生与演化、暗物质、暗能量等其他科学研究中获取新进展。西藏阿里观测站将是世界上第一个地处北半球的原初引力波观测站。（2月11日，LIGO实验组和美国自然科学基金委员会联合宣布，2015年9月14日探测到来自于13亿年前由两个黑洞并合产生的引力波。这是人类第一次直接探测到引力波。）

（张 毅）

【北方微电子公司深硅刻蚀设备进入海外生产线】年内，由北京北方微电子基地设备工艺研究中心有限责任公司研发的HSE/DSE系列8英寸深硅等离子刻蚀机进入马来西亚晶圆代工企业SilTerra公司，为其提供MEMS和Power Device等工艺制程的解决方案，成为北方微电子公司首台进入东南亚主流晶圆代工厂的深硅等离子刻蚀设备。HSE/DSE系列深硅刻蚀机可实现高深宽比刻蚀工艺，刻蚀速率快，工艺性能优异，可满足MEMS领域刻蚀工艺要求。

（杜 玲）

【共建智能硬件加速器】年内，掌握主动科技（北京）有限公司与汇龙森国际企业孵化（北京）有限公司共建智能硬件加速器。加速器位于汇龙森科技园，设有研发实验室、头脑风暴创意实验室、工业化实验室和专业实验室4间，配有工业级3D打印机、激光雕刻机、小型贴片机、切割机、钻铣机等设备，创客可在基地进行一站式的产品实现，包括设计、生产、组装、测试环节，为创客验证创意方案、改进创意、快速试错开辟一条快速通道。

（杜　玲）

【获取国内首幅太赫兹波段外场SAR图像】 年内，中国航天科工集团第二研究院23所完成其首部太赫兹雷达样机研制，并开展外场试验，获国内首幅太赫兹波段外场合成孔径雷达（SAR）图像，系统的主要技术指标和成像算法得到试验验证。（太赫兹波长位于毫米波和红外线之间。太赫兹雷达成像系统相对毫米波和微波系统具有更优的分辨率和更快的成像时间，图像可判读性高；相对光学红外成像系统具有更优的环境适应能力和伪装识别能力，在烟尘、雾霾等复杂环境下成像性能基本不受影响。在未来战场及反恐应用领域中，太赫兹雷达成像系统能够在复杂环境条件下对地面目标实现快速高分辨成像，图像质量与光学／红外传感器成像结果相当。）

（杜　玲）

【国内首台高通量扫描电镜下线】 年内，聚束科技（北京）有限公司为中科院某研究所特别定制的国内首台高通量扫描电子显微镜在亦庄园下线。显微镜是专门为生物样品3D重构应用设计的电子光学结构，具有高效率、高增益地进行BSE/SE收集的特点，同时还可以应对无人值守且连续几个月不间断工作的情况，并且可以扩展多机并行采集、同步数据处理。高通量电镜技术是多项技术综合应用的总称，包括浸没摇摆物镜、聚焦跟踪技术、荷电控制技术、高速图像采集系统等，可以完成大面积高精度扫描成像，综合成像速度是传统扫描电子显微镜（SEM）的300倍以上。

（杜　玲）

【红外热波无损检测技术应用于长征火箭】 年内，由北京维泰凯信新技术有限公司研发的红外热波无损检测技术应用于“长征五号”火箭的关键部件检测，并写入火箭检测技术规程。红外热波无损检测技术是利用物体热属性的差异，通过设计热激励方法、数据处理算法及软件模块，采集、记录和处理被检对象表面热场及其变化的信息，在不损坏被检对象的条件下，检测获其内部的状况，可以用于给大型装备或重要对象做体检、透视，进行质量和可靠性评估。技术应用于液体火箭关键部件的分层类型缺陷无损检测，是国内唯一能应用于该种材料、结构、分层类型缺陷，满足严苛的检测条件和要求的检测方法。

（韩洋洋）

生物与健康产业

【概况】2016年，中关村生物健康产业拥有企业1362家，实现总收入1872.9亿元，同比增长15%；实现利润243亿元，同比增长26.8%。新药取得重大突破，涌现一批潜力品种。北京东方百泰生物科技有限公司研发的糖尿病治疗药物JY09Exendin-4融合蛋白获食品药品监管总局临床批件，舒泰神（北京）生物制药股份有限公司研发的注射用鼠神经生长因子获批进行糖尿病足适应症临床试验。高端医疗装备本土企业成长迅速，产品打破国外垄断。诊断试剂特色明显，博奥颐和健康科学技术（北京）有限公司研发的爱身谱®糖尿病基因检测产品开启糖尿病防控精准时代；卡尤迪生物科技（北京）有限公司的卡尤迪生物Mini8分子检测平台检出北京市第一例输入性寨卡病例。前沿技术交互融合催生健康服务新业态。下一代基因测序和生物大数据分析技术进步对基因诊断发展形成强大促进作用，发展水平全国领先。伟嘉创新研究院研发的基因工程猪α-干扰素获国家转基因生物安全证书；北京博奥医学检验所、安诺优达基因科技（北京）有限公司获批建设国家基因检测技术应用示范中心；北京贝瑞和康生物技术股份有限公司建设完成世界首个中国人群基因组数据库。

（杜　玲）

【爱身谱®糖尿病基因检测产品发布】1月11日，由博奥生物集团有限公司等单位联合主办的糖尿病精准防控暨爱身谱®糖尿病基因检测产品发布会在京举行。由博奥生物集团旗下博奥颐和健康科学技术（北京）有限公司研发的爱身谱®糖尿病基因检测产品发布。产品主要通过对健康人群进行糖尿病及其并发症的患病风险和药物敏感性评估，有针对性地提供膳食处方、运动处方、用药指导、中医调理、体质调理、血糖血脂调理等方面的糖尿病个性化健康管理系统解决方案。方案将中医“治未病”的理念融入其中，通过中医体质辨识糖尿病易患体质，结合基因检测技术预测糖尿病易感性，同时综合生活中的危险因素、血糖等生化指标的多因素评估结果，建立以个体为中心的身心健康大数据信息，帮助准确评估受检人群的健康状况，配合现代智能移动设备，实时监控健康数据，利用云计算与大数据分析糖尿病精准防控效果，适时调整干预方案。中华预防医学会、中关村管委会等单位相关负责人及来自全国各地的医药企业、医院、药品代理商的代表等参加了发布会。

（王　翔　陈　潇）

【共建健康大数据平台】1月11日，在糖尿病精准防控暨爱身谱®糖尿病基因检测产品发布会上，博奥生物集团有限公司与中金数据系统有限公司签署战略合作协议。根据协议，双方将在大数据平台基础设施、公民健康信息安全、隐私保障、健康大数据处理和分析及健康大数据业务拓展等方面合作，以博奥生物集团业务领域的专业性为基础，以中金数据公司安全、稳定的IT设施和信息技术为保障，共同研发面向健康大数据、健康管理的创新技术和系列产品，共同建设以基因数据、健康档案数据为基础的健康风险及健康管理云平台，探索全新的服务形态，合作开拓新市场。

（万　玮　杜　玲）

【共建新型生物肥料定位监测试验站】1月22日，黑龙江省农业科学院土壤肥料与环境资源研究所、北京世纪阿姆斯生物技术有限公司战略合作协议签约仪式在平谷区举行。平谷区科委、哈尔滨工业大学等单位有关负责人参加。根据协议，双方共同在黑龙江省建立新型生物肥料定位监测试验站，计划用3～5年时间，初步明确阿姆斯新型生物肥料对土壤肥力等土壤环境质量指标的影响，建立生物肥料对土壤生物肥力的评价体系。

（杜　玲）

【博奥生物集团开发出寨卡病毒快速检测试剂】1月30日，博奥生物集团有限公司开发出寨卡病毒（Zika Virus）30分钟快速恒温扩增检测试剂，从拿到需求开始到查出病毒序列，再针对扩增方法做技术上的设计，到最后检测出结果仅用3天时间。寨卡病毒检测试剂以微流控芯片形式实现对寨卡病毒的快速检测，相对常规检测方法，恒温扩增微流控芯片检测迅速、操作简便、所需样本量少，可以并行检测多个指标。拿到血液样本之后把其中的核酸提取出来，注入微流控芯片内放到恒温扩增微流控芯片核酸分析仪中，即可完成自动检测。同时，博奥生物集团还制备出寨卡病毒的假病毒颗粒，可用于科研或产品开发的标准品或参考品。

（王　翔）

【液体活检无创基因精准检测技术及仪器发布】2月12日，在美国科学促进会（AAAS）2016年会暨全球科学大会上，北京易活生物有限公司发布其自主研发的液体活检无创基因精准检测技术及仪器（EFIRM技术平台）。产品包括EFIRM高精度生物分子检测仪和肺

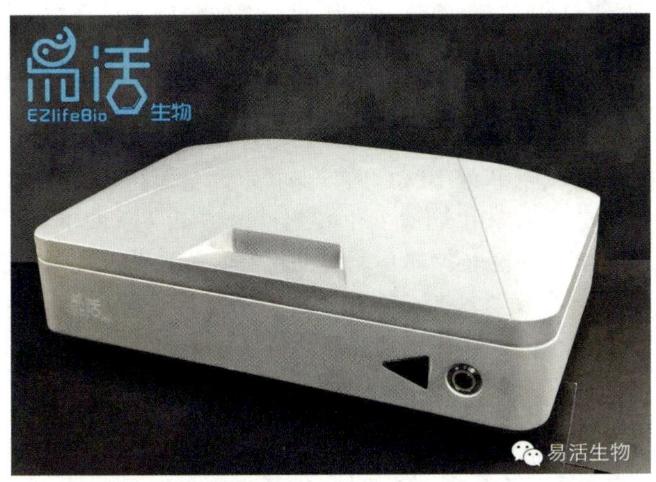

癌基因突变检测试剂盒两个部分。EFIRM的基本原理是利用超高灵敏度电化学检测方法特异捕获游离肿瘤基因片段，能快速、准确、精准检测出血液或者唾液中游离的极微量的癌症突变基因，准确率与传统活检结果相当。（AAAS成立于1848年，是世界上最大的科学和工程学协会的联合体，也是最大的非营利性国际科技组织，下设21个专业分会，涉及的学科包括数学、物理、化学、天文、地理、生物等自然科学和社会科学，现有265个分支机构和1000万成员。）

（彭　晨）

【呼吸道病原菌核酸检测试剂盒获注册证】2月19日，由博奥生物集团有限公司自主研发生产的微流控碟式芯片产品——呼吸道病原菌核酸检测试剂盒获食品药品监管总局颁发的国家医疗器械产品注册证书。试剂盒基于博奥生物集团研发的微流控碟式芯片及配套仪器平台，一次可检测肺炎链球菌、金黄色葡萄球菌、流感嗜血杆菌等8种临床常见下呼吸道病原菌，并将从取得病人样本到给出检测报告的时间缩短到2小时以内。

（徐　建）

【基因工程猪α－干扰素获国家转基因生物安全证书】2月19日，由伟嘉创新研究院研发的基因工程猪α－干扰素通过农业部审批，获“中华人民共和国农业转基因生物安全证书（生产应用）”。干扰素属于广谱类抗病毒药物，可以治疗流行性腹泻、口蹄疫等病毒性疾病。产品通过对猪α－干扰素不同基因亚型进行筛选、改造，构建基因重组猪α－干扰素工程菌，通过发酵过程调控及后处理纯化获高纯度基因工程猪α－干扰素蛋白，相对于以往猪白细胞干扰素生产方式，具有生产工艺简便、产量高、成本低、周期短、安全性好等优点。

（陈　潇）

【毅新博创公司飞行时间质谱系统通过鉴定】2月28日，北京毅新博创生物科技公司Clin-ToF飞行时间质谱系统技术成果通过中国分析测试协会组织的专家鉴定。系统采用自主研发的离子引出聚焦装置、激光引入和样品成像装置、单离子透镜技术、高压脉冲发生器、自动断高压金属滑片导轨、高速采集卡技术、运动控制平台技术、图像采集及处理技术、触摸屏技术等，具有操作简单、快速、高通量、高灵敏度和准确度的特点。系统的创新点：高速数据采集卡采用的是一款高速质谱仪专用模拟数据采集卡，AD位数8位，双通道采集时支持1GS/s通道，单通道采样率2GS/s，硬件缓存支持2GSa，质量精度和分辨率提高；建立44属149种3030株病原微生物的谱库，涵盖近120余种临床常见病原微生物等。飞行时间质谱仪的出现，使以蛋白质为代表的生物高分子化合物的质谱分析成为可能，试验分析人员只需经过适量操作培训便可正确获得微生物质谱鉴定结果，改变医疗结构临床检验的现状。专家组一致认为系统的性能指标达到国际同类产品水平。

（徐　建）

【植物的精准基因编辑项目入选十大突破技术】2月，麻省理工科技评论杂志社公布其评选出的2016年十大突破技术，由中科院遗传与发育生物学研究所与英国塞恩斯伯里实验室和约翰英纳斯中心、韩国首尔国立大学、美国明尼苏达大学共同开展的植物的精准基因编辑项目入选。项目提供一种简洁而精准的基因编辑工具，从而能够为培育更多抗病或抗旱的作物新品种创造便利。经过技术处理的农作物基因组内不含有外源性基因成分，使其能够不受针对转基因作物制定的限制性法规规制，并消除消费者针对转基因作物所持有的大部分疑虑。其突破性技术：能够在不引入外来DNA成分的前提下，实现对植物基因便捷而精准的编辑。重要意义：提高农业生产率，以满足全球不断增长的人口对食物的需求，预计到2050年，全球人口将超过100亿人。

（张　毅）

【国家基因检测技术应用示范中心建设启动】3月3日，发展改革委办公厅印发《关于第一批基因检测技术应

用示范中心建设方案的复函》（发改办高技〔2016〕534号），批复在国内建设27个基因检测技术应用示范中心。北京地区2家，即北京博奥医学检验所、安诺优达基因科技（北京）有限公司，均在中关村示范区内。其中，博奥医学检验所获批主体建设单位，旗下长春博奥医学检验所等16家第三方医学检验机构同时成为主体承建单位。项目由发展改革委投资，将建设生物芯片、基因测序、染色体核型分析等多种高端检测技术平台和基因检测技术成果应用于临床医学的转化平台，构建基因检测技术体系，并将其应用于出生缺陷、遗传病、肿瘤及心脑血管疾病等重大疾病的个体化诊断和靶向治疗，推动基因检测技术规范化、规模化、产业化发展，实现规模化、集约化、高质量、高效率的疾病筛查与诊断。（4月22日，发展改革委产业经济与技术经济研究所、经济技术开发区管委会举办基因惠民高端论坛暨国家基因检测技术应用示范中心启动仪式，基因检测技术中心建设启动。）

（万　玮）

【永洪科技公司推出医疗大数据解决方案】3月10日，在中关村互联网产业联盟移动医疗专委会等单位主办的2016西部医院信息化大会上，北京永洪商智科技有限公司推出新开发的医疗大数据行业解决方案。方案基于其创建的“一站式大数据分析平台”，针对医院管理层决策需求、医院临床研究问题及公众关注的医疗热点问题，提供快速响应、多维度分析、趋势预测的决策性分析信息和解决手段，以化解医院信息化和医疗改革发展过程中可能遇到的一系列难题。

（李　莹）

【遗传性妇科肿瘤基因检测产品发布】3月11日，在中华医学会妇科肿瘤学分会第十五次全国妇科肿瘤学学术会议上，北京贝瑞和康生物技术有限公司发布遗传性妇科肿瘤基因检测产品。产品依托高通量测序技术，用于对女性常见恶性肿瘤进行检测，依据检测基因的数量和范围不同，分为“核心版”“拓展版”“完全版”3种。“核心版”可检测BRCA1、BRCA2、PTEN、TP53等4个基因，覆盖2016年美国国家综合癌症网络（NCCN）指南推荐的与妇科肿瘤密切相关的遗传性乳腺卵巢癌综合征、李法美尼综合征和多发性错构瘤综合征。“拓展版”可检测含“核心版”在内的、与妇科肿瘤遗传因素最为相关的23个基因，能够对明确的妇科肿瘤遗传性基因突变进行检测，准确评估肿瘤发生风险。“完全版”在“拓展版”基础上加入妇科肿瘤遗传性因素评价前沿研究所涉及的相关基因，将检测范围扩大至48个基因，可以对妇科肿瘤遗传性因素进行全面的评价。

（万　玮　江茂华）

【三方签署蛋白质组学领域合作协议】3月17日，国家蛋白质科学中心·北京（凤凰中心）、北京蛋白质组研究中心（BPRC）与北京邦菲生物科技有限公司签署2016年度蛋白质组学领域独家战略合作协议，旨在合作开发针对基础科研、医疗、药物开发等领域的蛋白质组学技术服务项目。邦菲生物公司成为凤凰中心/BPRC在蛋白质组学领域唯一指定的商业合作伙伴，通过公司的推广和商业化运作，将促进对蛋白质组研究分析感兴趣的生物医药科研单位、医院、企业等充分利用凤凰中心/BPRC的先进技术，全面拓展蛋白质组学分析和应用。（凤凰中心是2008年由发展改革委、原总后勤部、教育部和北京市政府共同投资建设的国家重大科技基础设施之一；BPRC成立于2004年，由军事医学科学院、中科院等单位共同创建，是蛋白质组学国家重点实验室和蛋白质组学北京市重点实验室；邦菲生物公司成立于2013年，是一家专业从事蛋白质组学外包服务的公司。）

（陈　潇）

【先正达公司与农科院蜜蜂所签署合作协议】3月30日，先正达生物科技（中国）有限公司与中国农业科学院蜜蜂研究所签署《农药科学使用、生物多样性与蜜蜂发展科技合作项目框架协议》。签约双方负责人及相关人士参加。根据协议，未来3年双方将在种植猕猴桃、苹果、柑橘等果树的果园内逐步推进由先正达公司发起、实施的“授粉者行动”和“农场放蜂”项目。“授粉者行动”在英国、法国、德国等13个国家有10年的实践推广经验，首次引入中国，通过创建适应当地条件和适合本土昆虫的栖息地来提高商业农场授粉昆虫的数量，为授粉昆虫提供必要的栖息地；“农场放蜂”在先正达研发农场进行试点，是在定期施用植保产品的农场上放置蜂箱，帮助小农户由人工授粉改为由蜜蜂进行高质量授粉，减少劳工成本，提升授粉质量。

（陈　潇）

【30亿元规模大健康产业投资基金签约】4月6日，天弘创新资产管理有限公司与中关村医学工程转化中心在京签署战略合作协议。双方拟共同发起设立总规模为30亿元的大健康产业投资基金，助力医药领域科技成果的快速产业化，实现医药企业价值的跨越式增长。根据协议，天弘创新公司将为入驻转化中心区域内的企业提供战略规划、行业整合、财务和管理咨询、企业增值、上市筹划、再融资协调等增值服务，与企业共同成长、共同发展；转化中心也将技术预审中心、

检验认证机构、科研院所、医疗机构和高等院校等高端资源充分整合，为创新药物和医疗器械研制企业提供早期指导、全程跟进、资本引入、加速审评审批及生产销售支持等一站式服务。

（杜 玲）

【M-fast™致病菌快速测试盒系列产品发布】4月7日，在CBIFS2016第九届中国国际食品安全技术论坛上，北京良润生物科技有限公司、北京热景生物技术有限公司联合举办“让您的实验室告别增菌”M-fast™致病菌快速定量测试盒新品发布会。中国食源性微生物检测技术创新战略联盟等单位有关负责人及企业、科研单位的代表等参加。M-fast™致病菌快速测试盒系列产品由主办双方共同研发，包括M-fast™沙门氏菌快速测试盒、M-fast™金黄色葡萄球菌快速测试盒、M-fast™大肠杆菌O157快速测试盒、M-fast™阪崎肠杆菌快速测试盒、M-fast™单增李斯特菌快速测试盒。测试盒由特异性免疫磁珠和特定微生物快速测试片组成，将免疫磁珠的选择性和特异性酶检测相互结合，实现样品中致病菌的快速、简便、明确的检测。产品操作简便，可实现致病菌定量、定性检测，可在24小时内完成常规致病菌整个前处理和检测过程。

（尚亚库）

【JY09 Exendin-4融合蛋白获临床批件】4月16日，由北京东方百泰生物科技有限公司研发的糖尿病治疗药物JY09 Exendin-4融合蛋白获食品药品监管总局临床批件（批件号：2016L04254）。JY09是生物制品一类新药，用于治疗II型糖尿病。药物的注射给药方式突破GLP-1受体激动剂需要频繁注射的技术瓶颈，从传统的1天3次注射改为7～10天给药1次，缓解患者的痛苦和不便性，能够平稳地控制患者的血糖水平，降低低血糖发生的风险，提高患者用药的安全性。

（杜 玲）

【默沙东中国研发中心新园区启用】4月18日，创新领未来，研发启新程——默沙东中国研发中心新园区启用典礼在京举行。市科委、市经济信息化委、朝阳区政府等单位相关负责人以及企业代表400余人参加。研发中心是美国默沙东制药公司（Merck&Co.，Inc）在美国本土以外的全球第二大研发中心，位于朝阳园望京研发创新基地，总投资3亿美元，建筑面积约4.7万平方米，将有生物信息学部、数据管理和标准部、临床研究科学部等11个研发部门的约600名药物研发、临床开发人员入驻，就疫苗、心血管疾病、感染、免疫系统疾病等领域进行创新药物研发。

（杜 玲）

【苏肽生获批进行糖尿病足适应症临床试验】5月11日，舒泰神（北京）生物制药股份有限公司发布《关于获得药物临床试验批件的公告》，宣布收到食品药品监管总局签发的药物临床试验批件（批件号：2016L04307），其产品注射用鼠神经生长因子（商品名：苏肽生）新适应症的临床申请获批。糖尿病足是糖尿病最严重的和治疗费用最高的慢性并发症之一。神经生长因子能够修复损伤神经，改善糖尿病足溃疡的血液供应，参与糖尿病足溃疡愈合的炎性期、肉芽期、上皮形成期，促进溃疡愈合。

（杜 玲）

【卡尤迪检测平台检出北京首例输入性寨卡病毒】5月14日，由卡尤迪生物科技（北京）有限公司研发的寨卡病毒检测系统——卡尤迪生物Mini8分子检测平台在首都国际机场检出北京市第一例输入性寨卡病例。检测系统包括Mini8和“一步法”试剂，可确保检测的高敏感度和特异性，对寨卡病毒实现实时定量分析。Mini8采用领先的光电技术、便携式设计，操作简便，可完成实时荧光定量PCR的设置，节省实验时间和成本，并可使用12伏直流电源，可车载，是可移动使用的实时荧光定量PCR仪。系统和产品还应用到北京西客站、北京国际旅行保健中心及上海、深圳、浙江和辽宁等省市的出入境检验检疫局。5月30日，卡尤迪生物Mini8和Mini 8Plus两款荧光定量PCR仪入选质检总局发布的《2016年专用仪器设备采购目录》。

（彭 晨）

【破解光合作用超分子结构之谜】5月18日，中科院生物物理研究所柳振峰研究组、章新政研究组和常文瑞、李梅研究组在英国《自然》杂志发表主题论文，介绍其通过单颗粒冷冻电镜技术，在国际上首次解析高等植物（菠菜）光系统II—捕光复合物II超级膜蛋白复合体（PSII-LHCII supercomplex）的三维结构。所解析的菠菜PSII-LHCII超级复合物的总分子量约1.1兆道尔顿，形成1个同质二聚体的超分子体系。每个单体中包含25个蛋白亚基、105个叶绿素分子、28个类胡萝卜素分子和众多的其他辅因子。研究结果首次揭示高度复杂的超分子体系的总体结构特征和各亚基的排布规律。在每个菠菜PSII核心复合物的外周，结合主要捕光复合物LHCII三聚体，以及分子量分别为29千道尔顿和26千道尔顿的次要捕光复合物CP29和CP26。成果首次解析CP29的全长结构和CP26的结构，并发现3个不同外周捕光复合物与核心复合物之间相互装配和识别的机制和位点，在准确指认外周捕光复合物与核心复合物界面上的3个小亚基的基础上，合理解释其在介导二者之间装配及稳定超级复合物方面的作用。在对菠菜PSII–LHCII超级复合物内部高度复杂的色素网络进行分析的基础上，首次揭示LHCII、CP29及CP26向核心天线复合物CP43或CP47传递能量的途径。同时，还对在光保护过程中发挥作用的潜在能量淬灭位点进行定位。研究结果对于进一步在分子水平理解PSII–LHCII超级复合物中的能量传递时间动力学和光保护机理具有重要意义。成果入选2016年中国十大科技进展新闻。

（张　毅）

【共建中医系统医学影像远程诊断平台】5月27日，在“贵阳中医学院·云上医疗”中医信息化建设大数据平台签约仪式暨医用大数据磁光存储中心授牌仪式上，由海纳医信（北京）软件科技有限责任公司、贵州云上医疗科技管理有限公司、贵阳中医学院联合建设的中医系统医学影像远程诊断平台建设项目启动。平台依托海纳医信公司自主研发的医疗影像信息管理系统搭建，能够实现贵州省甚至全国范围内大影像数

据高速并实时调阅、上传、存储及处理，以影像的跨地域共享来支持医疗的跨地域协同，包括远程会诊、远程教学、远程病历研讨等。

（韩洋洋）

【人乳头瘤病毒核酸检测试剂盒获CFDA认证】5月31日，由北京博晖创新光电技术股份有限公司与美国Rheonix公司联合开发的人乳头瘤病毒核酸检测试剂盒（生物芯片法）获食品药品监管局（CFDA）颁发的“医疗器械注册证（体外诊断试剂）”（国械注准20163401108），6月13日获准产批件。产品（HPV检测试剂盒）由核酸芯片检测仪、试剂盒（含芯片）两个部分组成，可实现全部的分子诊断实验室功能。整个检测过程中，样本、核酸、检测用试剂和废液均封闭保留在芯片内，减少生物废物污染，同时也可避免外界实验环境对检测的干扰，能够对24个样本平行进行分子检测，每个样本都带有内控，监测从取样到结果的整个实验过程。24种亚型都有相应外控。内外质控共同构成完善的质控体系，保障结果准确。高度集成的设计使产品具有全自动、全封闭、完善质控体系的特点，成本相对低廉。试剂盒采用生物芯片法，24人份/盒，可用于体外定性检测女性宫颈脱落上皮细胞样本中24种基因型HPV病毒的基因亚型，且实现产业化，开始进入市场销售阶段。

（陈　潇）

【乐普公司入选2015年全球医疗器械公司百强榜】6月1日，Qmed网站发布2015年全球医疗器械公司百强排行榜，国内有5家企业入选。其中，乐普（北京）医疗器械股份有限公司以2015年总收入3.562亿美元、市值40.863亿美元排名第八十一位，成为唯一入选榜单的中关村示范区企业。

（杜　玲）

【中关村企业参展国际生物技术大会暨展览会】6月6—9日，在2016年美国国际生物技术大会暨展览会（BIO2016）上，中关村管委会组织北京蓝贝望生物医药科技股份有限公司、卡尤迪生物科技（北京）有限责任公司、北京美康基因科学股份有限公司等16家企业参展，集中展示胃功能4项常规普查检测及胃癌筛查系列产品、妇幼保健系统检测系列产品、核酸前处理系列试剂产品、多重荧光定量检测试剂系列产品、高通量基因检测系统检测试剂及服务产品、极高速核酸检测系列产品、MD便携式核酸检测箱、“一步法”核酸检测试剂盒、Taqman探针法检测试剂、抗癌药物等。展会上，中关村示范区企业签订合作协议11份，合同金额4800万元。

（殷　茵）

【博奥晶典中药分子检测联合实验室成立】6月7日，博奥晶典中药分子检测联合实验室签约及特聘专家授予仪式在京举行。联合实验室是由北京博奥晶典生物技术有限公司与中国中医科学院中药资源中心中药分子鉴定中心共建的独立第三方中药分子检测实验室，以中药分子检测为主要服务，将为国内科研院所、中药生产及加工企业、中药检测机构等中药行业相关单位提供第三方检测服务，同时为中药材市场提供一种快速、简便、高效、准确、易于操作、样品量少的中药材鉴定方案。

（杜　玲）

【共同研究细胞焦亡的分子机理】6月8日，北京生命科学研究所、中科院生物物理研究所的研究人员在英国《自然》杂志在线发表题为“Gasdermin蛋白家族的打孔活性及结构自抑制”的文章，首次解析GSDMD

蛋白家族重要成员的三维结构，确证GSDMD为细胞炎性坏死的直接“杀手”，揭示GSDMD蛋白及其家族蛋白介导细胞焦亡和在天然免疫中发挥功能的分子机理，为研发自身免疫疾病和败血症等疾病的创新药物奠定理论基础。课题由国家“973”计划、北京市政府北京学者计划、中科院先导计划以及美国霍华德·休斯医学研究所青年科学家奖等项目资助。（细胞焦亡是一种程序性细胞坏死，表现为细胞不断胀大直至细胞膜破裂，导致细胞内容物的释放进而激活强烈的炎症反应，是机体重要天然免疫反应，在拮抗感染和内源危险信号中发挥重要作用。）

（陈　潇）

【共建精准医学联合研发中心】6月28日，北京泛生子基因科技有限公司与美国赛默飞世尔科技公司签署战略合作协议，共建精准医学联合研发中心。中心将依托赛默飞公司在精准医疗领域的全面解决方案，联合泛生子公司的研发与检测服务平台，为中国临床及科研用户提供更多符合国际化标准的基因检测产品、服务及解决方案，推动精准医学在中国的长远发展。

（杜　玲）

【全新人类脑图谱绘制成功】6月，中科院自动化研究所脑网络组研究中心蒋田仔团队在英国《大脑皮层》（*Cerebral Cortex*）杂志上在线发布全脑精细分区图谱及其全脑连接图谱。成果绘制出全新的人类脑图谱：脑网络组图谱。图谱包括246个精细脑区亚区，以及脑区亚区间的多模态连接模式，引入脑结构和功能连接信息对脑区进行精细划分和脑图谱绘制的全新思想和方法，比传统的由德国神经科学家布罗德曼在100多年前绘制的图谱精细4～5倍，具有客观精准的边界定位，第一次建立宏观尺度上的活体全脑连接图谱。脑网络组图谱包含大脑皮层脑区与皮层下核团亚区结构，并在体定量描绘不同脑区亚区的解剖与功能连接模式，对每个亚区进行功能描述。图谱的构建将引领人类脑图谱未来发展从标本走向活体，从粗糙走向精细，从单一的解剖结构描述到集成结构、功能和连接模式等多种知识的综合描述，为实现脑科学和脑疾病研究的源头创新提供基础，将加深对于人类精神和心理活动的认识，为理解人脑结构和功能开辟新途径，并对未来类脑智能系统的设计提供重要的启示，能让临床神经精神疾病治疗技术取得跨越式发展。成果入选“2016年国内十大科技新闻”。

（杜　玲）

【食品风险污染物检测仪获通州区科技计划立项支持】6月，北京首量科技有限公司的“高集成多指标食品风险污染物快速检测仪”项目（编号：KJ2016CX014）获北京市通州区科技计划项目立项支持。仪器基于全反射原理、生物亲和反应和荧光定量检测原理，由光源、光学系统、生物敏感识别与换能器系统、多通道弱信号探测与采集系统、数字锁相放大系统和信息处理软件平台等部件组成，采用模块化设计，可以配制不同的样品前处理和自动进样系统、多指标快速检测模块、荧光信号处理模块和基于物联网的信息通讯模块，实现食品非法添加剂、农药残留、生物毒素等不同类型污染物的快速检测。

（韩洋洋）

【同位素标记药物代谢技术合作协议签署】7月12日，中国原子能科学研究院同位素研究所与北京苏雅医药科技有限责任公司签署《同位素标记药物代谢技术合作协议书》。根据协议，合作实验室建设分两期进行，第一期建设以大鼠放射性同位素代谢研究能力为目标，建成后可同时开展1～2个以大鼠为目标动物的同位素标记药物代谢项目研究，第二期建设以提升平台的研究能力为目标，建成之后可开展大鼠、小鼠、犬及猴的同位素代谢研究，具备药物代谢产物研究能力、高通量分析研究能力。合作达成后，苏雅医药公司将利用同位素研究所具有放射性甲级资质的实验室进行同位素药物代谢相关项目的研究，同位素研究所将为相关项目研究提供标记化合物，而苏雅医药公司将成为拥有放射性甲级实验室使用权的药物代谢科研机构，形成具有创新药体外快速筛选、体内代谢研究、代谢产物鉴定、物质平衡（同位素示踪）研究、人体药代动力学研究、仿制药一致性评价研究能力的、完整的药物代谢科研链条。

（杜　玲）

【易活生物公司EFIRM16产品参展美国博览会】7月13日，在首届美国公共卫生博览会上，北京易活生物科技有限公司的便携式基因检测设备EFIRM16及配套试剂盒产品作为美国牙科研究协会重点推荐的项目参展。产品由易活生物公司和美国加利福尼亚大学洛杉矶分校的Dr.Wong团队共同开发完成。EFIRM全称为电场诱导释放检测法，其基本原理是利用超高灵敏度电化学检测方法特异捕获游离肿瘤基因片段，在不经过样品处理和PCR扩增的情况下，直接读取体液中的基因突变信息，可以准确诊断出常见的肺癌亚型。通过一项简单的体液分析判断非小细胞肺癌，不仅能解决肿瘤发病全过程中检测的诸多问题，还可实现更多公共卫生方面的创新应用。（易活生物公司2015年入驻海淀创业园，专注于基因诊断领域，拥有世界领先的液体活检无创基因精准检测技术。）

（彭　晨）

【发现新的动物恐惧记忆调控机制】7月14日，北京生命科学研究所转基因动物中心与瑞士巴塞尔大学合作的题为“缰核胆碱能神经元GABAB受体通过突触前兴奋调控动物恐惧记忆”的文章在美国《细胞》杂志上在线发表。研究发现，大脑内侧缰核－脚间核神经通路参与动物恐惧记忆的调控；抑制内侧缰核胆碱能神经细胞上的GABAB受体或直接损毁该神经细胞导致动物产生过度的恐惧反应，阻碍恐惧记忆的消退；激活GABAB受体或胆碱能神经元可减弱动物恐惧反应，促进恐惧记忆的消退；GABAB受体的兴奋作用是通过促进钙离子从细胞外经由R－型电压门控钙离子通道进入细胞引起的；通过药物，包括1个PDE2A抑制剂，激活该神经通路可以有效降低恐惧反应并促进恐惧记忆的消退；发现1条新的调控恐惧记忆的神经环路，为治疗过度恐惧和创伤后应激障碍等相关的恐惧障碍提供治疗思路；开创性地发现GABAB受体的兴奋作用，拓展神经科学领域对GABA及GABAB受体相关信号通路的认知。研究得到国家“973”计划及自然科学基金委、北京市政府的资助。

（陈　潇）

【心肌肌钙蛋白Ⅰ（cTnI）测定试剂盒获注册】7月14日，同昕生物技术（北京）有限公司自主研发的用于心梗预警的产品——心肌肌钙蛋白I（cTnI）测定试剂盒（化学发光法）获市食品药品监管局颁发的“中华人民共和国医疗器械注册证（体外诊断试剂）”（京械注准20162400657）。试剂盒用于体外定量测定人血清或血浆中cTnI的含量，急性心肌梗死（AMI）临床诊断检测，可为心梗危险分层，还可通过cTnI定量检测判断溶栓治疗效果和心肌再灌注状况，尤其适用心肌梗死疾病的早期预警，便于患者早诊断、早发现。

（陈　潇）

【杰华生物公司新药“乐复能”投入试生产】7月18日，杰华生物医药生产基地交接暨试生产启动仪式在青岛市举行。基地位于青岛市崂山区，是北京杰华生物技术有限责任公司原创生物药“乐复能”（通用名：重组高效抗肿瘤抗病毒蛋白注射液）的生产基地，于2015年8月动工，2016年5月竣工，占地面积约2.8公顷，建筑面积2.7万平方米，拥有生产车间、针剂厂房、实验室等设施。“乐复能”（Novaferon）是杰华生物公司历经10年投资研发的第一个蛋白质专利药物，适应症包括病毒性感染、恶性肿瘤和自身免疫性疾病三大人类重大疾病。临床结果显示，经“乐复能”治疗6个月的乙肝病人，e抗原转阴率（临床治愈率）达49.06%，优于国际上使用的其他药品；其抗肿瘤活性及抗病毒活性分别是同类产品的200倍及10倍以上，创造抗肿瘤活性、抗病毒活性两个世界第一，并获美国商标专利局专利授权。“乐复能”项目先后被列入国家“十一五”“十二五”重大新药创制专项。

（朱文利　杜　玲）

【春雨医生在线问诊开放平台上线】8月3日，开放、联结、共赢——春雨医生在线问诊开放平台战略发布会在京举行。北京春雨天下软件有限公司宣布其在线问诊开放平台上线，App、网站、微信公号3类在线平台可申请接入。网民无须下载、登录春雨医生App，便可在接入春雨医生在线问诊服务的任意网络平台中，享受在线问诊服务。

（杜　玲）

【南阳智慧农业项目签约】8月3日，“峠山丹水　玉液琼浆　润泽京津　万物共享”致生联发——南阳智慧农业项目签约仪式在望京科技创业园举行。南阳市政府、北京市朝阳区科委、中国智慧城市投资联合体等单位的相关负责人参加。致生联发信息技术股份有限公司与东蓝数码有限公司、中线渠首（南阳）农业发展有限公司就南阳市智慧农业项目签署建设合同。根据协议，致生联发公司负责推出“南阳智慧农业2.0版”，利用“高分卫星专项”，建立基于遥感大数据的中线渠首农业大数据中心，对南阳市的水文、土壤、墒情、作物、灾害等进行数据分析和预警，并对中线渠首公司的“互联网＋农业”项目进行升级。项目总投资3.53亿元，包括建设占地面积8公顷、库容5万吨的智能冷链、种植基地智能大棚、有机农产品电子交易系统、农产品全生命周期溯源系统。项目11月30日前完成并通过验收。

（朱文利）

【新一代染色体结构变异分析技术项目合作签约】8月

17 日，北京贝瑞和康生物技术股份有限公司与美国生物纳米基因公司（BioNano Genomics）宣布共同开发以 Irys® 平台为基础的新一代染色体结构变异分析临床产品。根据协议，双方合作开发一款高通量、高分辨率且易于操作的用于染色体结构变异检测的分析系统。系统由双方共同开发的基于 Irys® 平台的设备和检测试剂盒组成。贝瑞和康公司负责向食品药品监管总局申报相关产品注册。针对特定临床应用领域，贝瑞和康公司拥有系统在中国的独家生产及营销权。在科学研究领域，BioNano 公司则面向包括基因组研究中心、政府部门、学术机构、转化研究机构，以及制药公司在内的中国研究机构销售其科研版的 Irys® 系统。

（江茂华）

【北京医药中小企业公共服务平台发布】 8 月 18 日，在 2016 北京国际生物医药创新展览会开幕式上，北京医药中小企业公共服务平台（www.biomedbj.com）发布上线。平台由中关村生物医药产业投资发展有限公司与北京医药行业协会开发运营，为北京市中小企业公共服务平台下的生物医药行业子平台，设有找资讯、找服务、找企业、找产品等七大窗口，可通过互联网实时为医药行业的中小企业提供政策法规、研发创业、生产加工、市场开拓、人才培训、投融资等各类信息及成功案例。

（李贺英）

【博奥生物重庆产业化基地项目签约】 8 月 23 日，博奥生物重庆产业化基地项目签约活动举办。博奥生物集团有限公司与重庆市两江新区管委会签署合作协议。根据协议，博奥生物集团将在两江新区水土高科技产业园区天海星两江数码工坊投资建设博奥生物重庆产业化基地，包括颐和产业化基地、新景产业化基地、重庆研发中心等项目，总投资 4 亿元。博奥生物集团下属两个子公司博奥颐和健康科学技术有限公司、博奥新景医学科技有限公司也将落户两江新区，分别打造大健康管理旗舰公司和中国未来新型细胞免疫诊断企业，开发生物芯片、移动穿戴设备、细胞免疫诊断仪器和试剂、基因组医学、健康食品和康复器械等方向的产品。两家企业还将建设集“国医治未病、多组学联检、大情志调理、环境测调控、膳练息意疗和健康智慧云”六位一体的“类经堂”和“颐健堂”健康管理中心，首选重庆市开展社区慢病管理工作，依托母公司完整的糖尿病防控产品体系和完备的整体解决方案，在两江新区所辖社区内开展面向 15 万常住人口、为期两年的糖尿病健康管理项目，建成健康人群糖尿病数据库。

（陈　潇）

【可穿戴动态血糖仪推出】 8 月，圣美迪诺医疗科技有限公司北京分公司推出能够实现远程监测的可穿戴式动态血糖监测（CGM）产品。监测仪可实现 11 秒监测一次血糖变化，3 分钟更新一个血糖平均值，具有准确、便捷、可远程监测等特点。产品基于 CGM 动态血糖监测技术，结合大数据云计算，提供糖尿病远程居家监测及慢病管理模式。同时血糖仪还能够监测患者饮食、运动、药物、应激等因素对血糖的影响，帮助患者改善饮食，帮助医生指导用药。

（杜　玲）

【世界首个中国人群基因组数据库建成】 9 月 8 日，北京贝瑞和康生物技术股份有限公司完成世界首个中国人群基因组数据库建设，填补国际基因数据库中缺少中国人群特有基因组数据信息的空白。数据库是“神州基因组数据云项目”阶段性成果，借助阿里云计算有限公司的存储和计算平台、贝瑞和康基因信息分析团队和大数据项目专家，以及贝瑞和康公司在基因数据分析领域的两大核心技术——Verita Trekker 变异位点检测系统和 Enliven 变异位点注释系统，挖掘出一批中国人群特有的高质量的核酸变异位点（SNV/SNP）和插入缺失片段（Indel），揭示中国人一系列遗传突变规律，为重大疾病的预测、诊断和治疗奠定基础。（“神州基因组数据云项目”由贝瑞和康公司与阿里云公司合作开展，2015 年启动，包括对中国人群基因组的批量计算、分析和存储，以及中国人遗传性乳腺癌基因突变图谱项目、中国 40 万人基因组大数据项目和开发基因数据分析系统。）

（万　玮）

【百迈客公司两项科研成果发表】 9 月 19 日，北京百迈客生物科技有限公司以“全球首度公布芸薹属基因组大数据”为主题在京召开新闻发布会，宣布芸薹属两项科研成果被英国《自然－遗传学》（*Nature Genetics*）杂志发表。由中国农业科学院蔬菜花卉研究所联合百迈客公司攻关的白菜和甘蓝相关研究结果，8月15日发表；由浙江大学蔬菜研究所联合百迈客公司攻关的芥菜研究结果，9月5日发表（最新影响因子31.616）。在白菜和甘蓝研究中主要探讨物种间亚基因组受到平行选择压力，发现研究芸薹属不同作物之间产生相同或类似形状的原因；在芥菜研究中主要解析芥菜亚基因组水平 dmoinance 现象与性状的关系，发现芥菜中亚基因组间的 dominance 与优势品种有一定联系。两篇论文为培养产量高、营养丰富、养生保健等抗病性作物提供理论基础。发布会上，芥菜基因组数据全球同步发布。科技部有关专家、项目相关负责人及科技日报社等20余家媒体的代表等参加。

（袁永章）

【建设全球最大妇科肿瘤基因组数据库】9月23日，在第十九届全国临床肿瘤学大会上，北京贝瑞和康生物技术股份有限公司公布其与北京大学肿瘤医院合作完成的中国人遗传性乳腺癌基因突变图谱项目及与阿里云计算有限公司合作开展的中国40万人基因组大数据项目在临床应用层面上取得的阶段性成果。结果显示中国人乳腺癌基因突变和其他人种相比具有显著性差异，为基因检测在国内临床检测领域的应用提供可靠的数据支撑。贝瑞和康公司采用自主开发的 Enliven 变异位点注释系统对美国国家卫生研究院的相关项目中的 BRCA1、BRCA2 基因的2152个位点进行注释，将注释结果与以往报告结果对比，阳性预测值（PPV）99.3%，充分验证 Enliven 注释和解读能力的准确性。在此基础上，贝瑞和康公司将自建的中国人基因组数据库与上万例妇科肿瘤患者的基因数据进行整合，建设成为全球最大的妇科肿瘤基因组数据库。

（陈　潇）

【共建古巴马里埃尔港生物医药基地】9月，北京东方百泰生物科技有限公司与古巴分子免疫学中心在古巴哈瓦那市签署中古生物医药马里埃尔港国际战略合作协议。根据协议，双方将共建古巴马里埃尔港生物医药基地，进行新药孵化和落地产业化，推进抗癌重大专项计划组织实施，实现中古生物医药技术在全球抗肿瘤药物产业化进程中的创新引领作用。

（杜　玲）

【共建精准医疗协作中心】10月10日，博奥晶典－赛默飞战略合作签约暨精准医疗协作中心挂牌仪式在京举行。北京博奥晶典生物技术有限公司与美国赛默飞世尔科技有限公司签署战略合作协议。根据协议，双方将在荧光定量、Sanger 测序、高通量测序及更前沿的技术平台上开展合作，共同开发针对精准医疗市场的临床检测产品、检测技术，共建符合国际标准的精准医疗协作中心。双方共建的精准医疗协作中心(北京)同时挂牌。

（杜　玲）

【百度医疗大脑发布】10月11日，由百度在线网络技术（北京）有限公司主办的开启智能医疗新时代——百度医疗大脑启动仪式在京举行。医疗领域相关专家等参加。百度大脑由人工智能算法（超大规模的神经网络）、计算能力（数十万台服务器来进行计算，基于GPU）、大数据3个部分组成，主要具有语音能力（语音合成、语音识别）、图像能力、自然语言处理能力及用户画像4种能力。百度医疗大脑是百度大脑在医疗场景中的具体应用，是通过海量医疗数据、专业文献的采集与分析进行人工智能化的产品设计，模拟医生问诊流程，与用户交流，依据用户症状提出可能出现的问题，并通过验证给出最终建议。

（杜　玲）

【北京国际医学工程转化高峰论坛举办】10月12—13日，由中国食品药品企业质量安全促进会、中关村医学工程转化中心和美国宾夕法尼亚大学医学转化中心主办的2016北京国际医学工程转化高峰论坛在京举办。来自政府部门、科研团体、医疗单位、企业和投资机构的代表等600余人参加。论坛以特邀主题报告、分会场专题报告、转化医学研究技术新进展报告、产学研专题研讨等形式，就中医药国际化发展、细胞治疗研究与临床应用、肿瘤精准治疗等医疗前沿技术进行探讨和交流。会议期间，中国食品药品企业质量安全促进会、中关村医学工程转化中心发起成立中国医学工程转化联盟，中关村医学工程转化中心就医药技术交易中心、医药保险、医药影像等项目，与国内外相关机构、企业进行签约。其中，医药技术交易中心由中国技术交易所有限公司与中关村医学工程转化中心共建，将提供药品、医疗器械领域先进技术及产品的交易服务功能，建成科技创新与成果转化的平台。

（韩洋洋）

【美国医疗健康创新企业中国巡回路演】10月17日，由中国科学技术交流中心、美中创新联盟主办的2016美国医疗健康创新企业中国巡回路演对接会（北京站）在大兴生物医药产业基地举办。大兴区政协、中关村发展集团股份有限公司等单位相关负责人，以及中美两国政府、投资机构、企业的代表等100余人参加。活动设美国企业项目路演、中美企业 B2B 合作洽谈对接等板块。中关村医疗器械园有限公司从规划建设、园区运营与产业服务体系等方面对中关村高端医疗器

械产业园进行推介；美国17家生命科学与医疗器械领域创新企业技术项目寻求合作，其中自体间充质干细胞（MSC）防病变、定向DNA测序技术诊断重症新生儿的遗传疾病、治疗脆性X染色体综合征的新药物、利用云技术的医学影像分析、肺癌诊断软件、新药筛选软件等项目进行路演；开展150余项次的B2B对接洽谈；中关村医疗器械园有限公司、大兴生物医药基地管委会、北京高创天成国际企业孵化器公司等单位共同签署《大兴生物医药产业基地产业投资促进联盟合作框架协议》，计划投入专项资金150亿元，旨在整合各方优势资源，提升园区人才聚集、科技创新和成果转化能力。

（赵剑雄　李贺英）

【雅康博公司3款基因检测试剂盒获批上市】10月18日，食品药品监管总局发布《关于批准注册医疗器械产品公告》（2016年第163号），由北京雅康博生物科技有限公司研发的人EGFR基因18–21外显子突变检测试剂盒（荧光PCR法）（注册证编号：国械注准20163401512）通过审批。试剂盒可检测覆盖表皮生长因子受体（EGFR）基因18、基因19、基因20、基因21外显子45种药敏和耐药突变，用于定性非小细胞肺癌患者EGFR基因突变。12月8日，《关于批准注册医疗器械产品公告》（2016年第188号）发布，雅康博公司的人NRAS基因突变检测试剂盒（荧光PCR法）（注册证编号：国械注准20163401726）和人EML4–ALK融合基因检测试剂盒（荧光PCR法）（注册证编号：国械注准20163401731）通过审批。其中，NRAS试剂盒可检测NRAS基因2号外显子基因12、基因13号密码子和3号外显子61密码子共9种热点突变，用于定性人非小细胞肺癌和结直肠癌等癌症患者NRAS基因突变；EML4–ALK试剂盒用于定性检测非小细胞肺癌患者9种EML4–ALK融合基因型。

（韩洋洋）

【全新广谱肿瘤标志物Hsp90α发布】10月19日，由清华大学抗肿瘤蛋白质药物国家工程实验室主办的全新广谱肿瘤标志物Hsp90α成果发布会在清华大学举行。全国政协、中央统战部、民主促进会等单位有关负责人及相关企业的代表等参加。清华大学宣布，其罗永章团队在世界上首次证明肿瘤标志物热休克蛋白90α（Hsp90α）可用于肝癌患者的检测，并被食品药品监管总局批准在临床中使用。罗永章团队的研究证明，Hsp90α突破甲胎蛋白的局限，对肝细胞癌、肝内胆管癌、混合性肝癌等常见肝癌类型均有较高的灵敏度，对于全面提高肝癌防治水平、降低肝癌死亡率具有划时代的意义。研究表明，血浆Hsp90α浓度与肝癌的发生及进展有密切相关性，且不受肝癌病理分型的局限，为检测用于肝癌早期辅助诊断提供重要依据。当特异度为90%时，Hsp90α检测肝癌的灵敏度为93%，准确率为92%，高出甲胎蛋白约1倍。在甲胎蛋白检测结果为阴性的肝癌患者中，Hsp90α的检出率为94%。成果被科技部列为“辉煌‘十二五’”重大原创性成果，在5月30日召开的全国科技创新大会、中国科学院第十八次院士大会和中国工程院第十三次院士大会、中国科学技术协会第九次全国代表大会上被中共中央总书记习近平列入新中国成立以来的10项基础科学突破之一。

（王　征）

【华大基因研究中心加盟国际基因合成联盟】10月30日，北京华大基因研究中心有限公司在美国宣布加入国际基因合成联盟（IGSC，International Gene Synthesis Consortium）。IGSC联盟是联合基因合成机构，建立完整、标准的流程进行基因/DNA订单序列筛选，对服务对象进行资格审查，降低基因合成带来的潜在威胁。华大基因研究中心加入IGSC后，将拓展技术平台，搭建全球DNA合成中心，推动基因/基因组合成领域发展；将筛选流程分享业内伙伴，助力整体行业发展，营造安全DNA合成环境。

（袁永章）

【春雨国际公司与声网合作】10月，春雨壹品（北京）国际信息科技有限公司与上海兆言网络科技有限公司（声网Agora.io）达成战略合作。双方将共同致力于提升国际视频会诊咨询的通讯服务质量，帮助患者与海外医疗专家进行无缝沟通，实现高清、实时的异地私密、一对一问诊咨询。

（杜　玲）

【海纳医信公司与沙特企业签约】10月，海纳医信（北京）软件科技有限责任公司与沙特阿拉伯王国国家科技集团（National Technology Group，NTG），及其旗下的阿拉伯计算机系统公司（Arabic Computer System，ACS），在沙特阿拉伯王国利雅得市签署针对沙特阿拉伯王国的独家授权代理合作协议。根据协议，NTG 成为海纳医信公司在沙特阿拉伯销售的唯一第三方渠道，双方将共同开拓医学影像信息化与远程医疗服务市场。

（韩洋洋）

【华大基因研究中心两个产品发布】 11 月 5 日，在第十一届国际基因组学大会（ICG-11）上，北京华大基因研究中心有限公司的高通量台式测序系 BGISEQ-50 和跨组学软件系统 TranOS 发布。BGISEQ-50 沿用联合探针锚定聚合技术（cPAS）和 DNA 纳米球（DNB）核心测序技术，采用高精密部件，内置独立样本加载试剂槽和全自动试剂针穿刺系统，在简约化结构中自动集成样品加载、测序和分析等功能；体积小，易于安放，支持临床领域和科研领域基础测序应用项目；适用范围广，在高海拔低气压环境中正常运行。TranOS 是一体机应用扩展，将实验室管理系统和后台报告交付系统整合于软件环境里，为用户提供交付环境；能提供管理实验室里的测序仪、样品制备仪等实验仪器解决方案，具有高度集成、按需分配、快速部署等特点。

（袁永章）

【BRCA1/2 全外显子基因突变检测产品发布】 11 月 8 日，北京贝瑞和康生物技术股份有限公司发布昂科益系列的产品——BRCA1/2 全外显子基因突变检测。产品依托高通量测序技术，全面覆盖 BRCA1 和 BRCA2 基因全部 48 个编码外显子序列，检测位点数超过 1.6 万个，可检测已知致病性突变，以及中国人群中特有的新发突变。检测以口腔拭子采集口腔脱落细胞，简化临床采样方式。

（江茂华）

【共建眼科用药联合研发基地】 11 月 9 日，中国医学科学院药物研究所、北京汇恩兰德制药有限公司眼科用药联合研发基地签约仪式在京举行。根据协议，双方将通过委托研发、联合攻关、技术转化等方式，将研发基地打造成高水平眼科用药的技术合作与转化平台，实现科研机构与生产企业的高效合作，推动技术创新，加速科研成果产业化的进程。基地主要研发角膜修复、干眼症、青光眼、抗炎、消毒杀菌五大类眼科用药。

（韩洋洋）

【海纳医信公司与中国东信公司签约】 11 月 10 日，中国－东盟信息港股份有限公司与海纳医信（北京）软件科技有限责任公司战略合作框架协议签约仪式在南宁市举行。根据协议，双方将把基于互联网和云计算技术的“区域影像中心＋远程医疗平台”作为中国与东盟的医疗卫生协作平台项目建设重点，实现国内和东盟各国优质医疗服务资源的整合，以及国际间医疗协作和医疗大数据研究合作，共同在“互联网＋医疗”方面为用户提供整体互联网医疗信息化服务，合作开发医疗信息化市场，推进中国－东盟医疗卫生事业发展。

（韩洋洋）

【品驰脑起搏器获欧盟 CE 认证】 11 月 10 日，在医疗器械国际法规论坛上，英国标准协会（BSI）为北京品驰医疗设备有限公司和清华大学联合研发的脑起搏器系统颁发欧盟 CE 认证证书。品驰脑起搏器成为国内首个获 CE 认证的脑起搏器系统，标志着产品在安全、可靠、有效等方面完全达到国际标准要求，同时也意味着品驰公司自主研发的高性能医疗设备产品具备进入国际发达国家市场的能力和资格。产品包括单通道脑起搏器、双通道脑起搏器和双通道可充电脑起搏器及相关配套产品，2013 年获国家食品药品监督管理总局颁发的产品注册证。上市 3 年来，产品植入量近 5000 例次，覆盖全国 26 个省、自治区、直辖市的近 120 家三甲医院和脑专科医院。

（杜　玲）

【燕京公司两个项目通过科技成果鉴定】 11 月 22 日，中国酒业协会技术委员会在京组织召开北京燕京啤酒股份有限公司两个项目的科技成果鉴定会。鉴定委员会由来自中国食品发酵工业研究院、大连工业大学生物工程学院、华南理工大学等单位的 25 位专家组成。“基于航天诱变高效啤酒酵母菌种的选育技术体系的开发与应用”项目完成相应酵母选育技术体系的构建，为燕京公司生产酵母菌种优化提供基础数据和高效快速筛选技术，对啤酒酵母菌种改良有示范作用。“啤酒酿造过程污染微生物群落高效动态监测体系与功能数据库的开发及应用”项目建设具有比对鉴定、数据统计、信息管理等功能的污染微生物高效动态监测技术体系，包含135株污染微生物的啤酒污染微生物功能数据库，有效提高检测人员对微生物污染处理能力。鉴定委员会专家一致同意两个项目通过鉴定。

（袁永章）

【共建国内首家生物银行】11月28日，中关村生命科学园生物医药科技孵化有限公司与北京起源爱心生物科技有限公司合作共建中关村生物银行签约仪式在中关村生命科学园举行。中关村生物银行建成后，将制订各类组织工程种子细胞的实验室处理标准和质量控制鉴定体系，推广建设国家组织工程种子细胞库储存细胞，并尝试用于组织工程项目和各项基础与临床应用研究，为中关村示范区打造生物样本存储和研发的国际顶级平台，助力国内干细胞等相关产业发展，向公众传递行业细胞存储及生物医疗的基本价值和意义，为中国人自己建立生物样本库。预计中关村生物银行将于2017年6月建成。（生物银行，是指收集、存储人体组织、血浆、体液等生物样本的资源库，同健康银行一样是对某种具有泛银行性质的事物的简称。生物银行中的每份样本都将成为区域疾病研究的重要依据。生物银行会对用户一生的生物样本进行采集、存储、分析，以提供用户个人健康信息，用于预防及预测疾病、家族遗传记录以及为医学科研提供依据。）

（江茂华　杜　玲）

【博奥检验司法鉴定所成立】12月9日，北京市司法局授予北京博奥医学检验所有限公司司法鉴定所司法鉴定许可证，有效期至2021年。司法鉴定所隶属于博奥生物集团有限公司旗下第三方医学检验机构——北京博奥医学检验所，拥有近500平方米实验室，以及实力强大的专家团队、行业领先的技术平台、完善的质量管理体系，可进行司法、个人、落户、移民、试管婴儿、胎儿等方面的亲子鉴定，组织实施亲缘关系鉴定、DNA身份识别、人体面貌特征识别、线粒体DNA检测、DNA寻亲觅祖等鉴定项目。其技术平台中由博奥生物集团和清华大学、公安部物证鉴定中心等单位联合推出的全集成DNA指纹/靶基因测序仪，利用微流控技术，将DNA指纹分析和靶基因测序所需的核酸提取、扩增反应和电泳检测集中到一个微流控芯片上，避免交叉污染等问题。整个检验过程完全自动化，从接收样本到出具结果只需2.5小时，可应用于司法、公安等领域，尤其适用于现场快速检验。

（陈　潇）

【IAA工作站登陆美国企业网站】12月15日，由旭月（北京）科技有限公司研发的NMT活体工作站系列产品之吲哚乙酸（IAA）工作站登陆美国扬格公司官方网站。IAA工作站是旭月公司依托非损伤微测技术（Non−invasive Micro−test Technology，NMT）推出的检测IAA实时动态信息的系统，是一款针对植物生长激素IAA而特别设计的活体生理功能检测平台，可在保持样品完整的情况下，检测进出活体样品内外的IAA流速，能满足生长调节、极性运输、除草剂机理等方向的研究需求。（IAA是英国科学家达尔文在100多年前发现的第一个植物生长不可或缺的化学物质，是植物生长、发育的关键。）

（韩洋洋）

【北京生命科学与健康协同创新联合体启动】12月17日，北京生命科学与健康协同创新联合体揭牌仪式在国家蛋白质科学中心（北京）举行。市科委、昌平区政府、中关村发展集团股份有限公司等单位相关负责人及发起单位的代表参加。联合体由北京生命科学研究所、博奥生物集团有限公司等15家单位共同发起成立，将立足于生命科学发展趋势和中国人群的健康需求，整合京内外乃至全球生命科学与健康领域的创新

资源，培育一批世界一流的科研领军人才，借鉴国际先进模式，利用自身优势条件和基础，引导企业和研究机构共同参与，聚焦于感染及天然免疫、衰老及相关疾病、癌症与精准医学、脑认知与脑医学、干细胞与再生医学、生命组学、系统生物学与合成生物学七大研究方向，推动不同隶属、不同领域的创新资源深度融合，实现“优势互补、资源共享、交叉研究、协同攻关”。仪式上，联合体与北京大学肿瘤医院、北京泛生子基因科技有限公司等单位的9个协作项目签约。

（李贺英　杜　玲）

【“科学－品驰”奖设立】12月21日，“神经调控‘科学－品驰’奖”（Science−PINS Prize of Neuromodulation）签约仪式在京举行。市科委等单位有关负责人及清华

大学、神经调控技术国家工程实验室等相关机构的代表参加。“科学－品驰”奖由北京品驰医疗设备有限公司与美国科学杂志社联合设立，是全球首个神经调控领域的学术奖项，将重点关注神经调控领域在技术创新与临床应用等方面的研究进展，以鼓励和奖励全球学者在神经调控相关领域内的研究与创新，推动神经调控领域的发展与技术成果转化。自 2017 年起，奖项每年将在世界范围内评选两名在神经调控领域做出杰出贡献和取得重要成果的学者。

（杜　玲）

【博奥生物公司产品入选生物技术十大进展】 12 月 24 日，博奥生物集团有限公司“呼吸道病原菌碟式芯片系统”凭借“突出的技术创新性、具有显著的经济和社会效益、推动行业科技进步作用明显”入选“2016 年中国医药生物技术十大进展”。项目获国家“863”计划资金资助。系统将等温扩增、碟式芯片和实时荧光检测 3 种技术有机结合，实现对肺部感染的常见病原菌进行快速菌种鉴定，以辅助临床诊断；结合微流控与核酸扩增技术，能够对核酸分子进行快速、高通量并行检测，一次可检测肺炎链球菌、嗜肺军团菌、鲍曼不动杆菌、肺炎支原体等 13 种与呼吸道感染相关的病原微生物，检测的细菌种类可拓展到食品安全、检验检疫、畜牧水产等领域。系统的仪器平台和微流控病原菌检测芯片获国家三类医疗器械证书，投入规模化生产；投放市场后，在国内 100 余家医院应用，且陆续完成细菌耐药基因检测、呼吸道病毒检测等方面的一系列芯片及便携式一体化检测仪器的研发。

（万　玮）

【北京领创精准医疗公司成立】 12 月 27 日，北京领创精准医疗健康产业投资股份公司创立大会暨第一届董事会第一次会议在中关村领创空间召开。公司注册资本 1 亿元，由中关村发展集团股份有限公司、北京国际信托有限公司、北京劳尔德投资基金管理中心及山东荣德投资集团按照 3 ∶ 3 ∶ 3 ∶ 1 比例共同出资创立，业务范围包括精准医疗服务、健康养老服务、科技成

果转化服务等，将聚焦心脑血管、肿瘤疾病的精准医疗领域，从根本上减少医疗支出，提高诊疗的准确率，推动实验室的研究成果转化到临床。

（李贺英）

【开展生物医药领域培训和服务】 年内，中关村现代医药生产力促进中心开展药品政策法规、技术标准咨询等方面的各类培训和服务 67 次，为企业介绍和解读仿制药质量与疗效一致性评价等方面的政策法规，并根据企业遇到的问题，提出有针对性的可行性建议和方案。100 余家生物医药行业的企业及相关单位参加，咨询人员累计 150 余人次。促进中心还联合相关企业举办医药国际化培训——医药企业对以色列合作中的技术交易与专利保护专题讲座，介绍以色列及中国在技术交易、专利保护方面的规则和要求，并为企业解答疑难问题。

（张琳培）

新材料产业

【概况】2016年，中关村示范区新材料产业成就突出，拥有企业1055家，实现营业收入3071.2亿元，同比增长17%，实现利润143.7亿元。新型材料领域创新成果高质丰硕。新型显示产业加速布局全国，京东方科技集团股份有限公司成都第六代LTPS/AMOLED生产线项目和合肥10.5代TFT-LCD生产线项目封顶，绵阳第六代AMOLED生产线开工；石墨烯产业化步伐加速，中关村石墨烯产业联盟在丰台园成立，商用模式和产品不断涌现；中科院电工研究所马衍伟团队研制出国际首根100米量级铁基超导长线，成为铁基超导材料从实验室研究走向产业化进程的里程碑；北京首钢吉泰安新材料有限公司的圆珠笔头用超易切削不锈钢材料项目通过鉴定，打破国内圆珠笔头材料长期被发达国家垄断的局面。纳米材料科技成果转化活跃，关键技术取得新突破。石墨烯技术创新取得新突破。随着石墨烯的快速发展，中关村示范区企业持续加大技术创新，取得一定突破。北京碳世纪科技有限公司发布的石墨烯高端产业应用“石墨烯表面波探测技术”，将进一步推动石墨烯高端产业应用。中国航空发动机集团有限公司研制出具有快速充电、长寿命、低发热等特点的新型石墨烯锂离子电池，产品实现批量制备。国内首家石墨烯众创空间——清创华清石墨烯众创空间启动，将致力于石墨烯技术的创新和转化。

（杜　玲）

【国家材料环境腐蚀平台获NACE杰出机构奖】3月9日，在美国腐蚀工程师协会（NACE）2016年度颁奖典礼上，中国国家材料环境腐蚀平台获NACE杰出机构奖（Distinguished Organization Award）。平台设在北京科技大学，由科技部、自然科学基金委支持，北京科技大学负责运营管理，整合建成30个国家级试验站和1个位于北京科技大学新材料技术研究院的材料腐蚀平台中心，形成国内完善的自然环境腐蚀试验研究基地，构建具有权威性的材料环境腐蚀数据共享服务平台，并开通门户网站——中国腐蚀与防护网（www.ecorr.org）。平台围绕数据积累与数据库建设、模拟仿真、共享工程等开展工作，取得一系列基础研究和工程应用成果，推动基于“腐蚀大数据”构架的腐蚀学科发展新模式，运用现代信息技术，有效整合科技资源，为科学研究、技术研发、企业创新及重大工程建设提供信息化、网络化科技支撑服务。（NACE杰出机构奖主要奖励长期以来在腐蚀科学或工程领域有杰出贡献或重大技术贡献的组织或机构。）

（张　琪）

【合作发展虚拟现实技术应用】3月22日，利亚德光电股份有限公司发布《关于与川大智胜签署“虚拟现实技术创新与应用”战略合作协议的公告》，宣布将与四川川大智胜软件股份有限公司合作研究LED小间距显示技术与VR技术的融合及应用，以解决VR设备的分辨率问题，提供更高清的图像。根据协议，双方将把巨幕立体互动科普体验系统推广到校园电影院线中，共同投资研发影院级“高清晰立体LED显示”，共同投资建设和运营“虚拟现实科普体验馆”。

（杜　玲）

【石墨烯材料综合研究机构落户包头北大科技园】3月22日，中国首个石墨烯材料综合型研究与技术开发中心——内蒙古石墨烯材料研究院落户包头北大科技园。同期，内蒙古包头石墨烯科技产业展示馆启动运营。研究院旨在发挥内蒙古自治区晶质石墨矿自然资源优势，围绕石墨烯材料与技术应用，搭建成果转化、技术服务、企业孵化、产业投资、国际交流与合作的产学研用综合发展平台，助推内蒙古自治区抢占未来万亿级石墨烯产业的制高点。其下设11个研究所和1个分析测试中心，与英国曼彻斯特大学、新加坡南洋理工大学和中国清华大学、复旦大学等一批国内外知名高校进行合作，开展技术与产品研发。展示馆启动后，将搭建中国石墨烯交易平台，线上获取动态行业大数据，为新能源科技发展提供支撑。（中国内蒙古石墨烯材料研究院创建于2013年6月，是中国首个石墨烯材料综合型研究机构和技术开发中心，由内蒙古自治区科技厅主管，主要从事石墨烯材料的新品种、新工艺、新装备、新技术的研究开发、产品标准制订及质量监督检测。）

（王学军）

【高性能石英玻璃技术研发及示范课题通过验收】3月31日，中国建筑材料联合会在京组织召开“十二五”国家科技支撑计划“高性能石英玻璃、微晶玻璃等特种材料关键技术研发及示范”课题技术验收会。课题由中国建筑材料科学研究总院承担，共16家单位参与研究，执行周期3年。课题围绕高性能石英玻璃、特种微晶玻璃、高抗侵蚀耐火材料三大领域，通过研制超纯石英玻璃、大尺寸高均匀高纯石英玻璃、石英玻璃光掩模基板、超低膨胀微晶玻璃、高耐磨耐蚀微晶玻璃、熔铸氧化铝格子砖、致密熔融再结合碱性耐火材料、方镁石－无铬复合尖晶石砖等关键材料，研制出超纯石英玻璃生产用200千瓦大功率沉积炉，首创大尺寸石英砣料料点摆动沉积工艺，大尺寸石英玻璃光学均匀性突破2.0×10^{-6}；光掩模基板实现规模化生产，超低膨胀微晶玻璃热膨胀系数2.4×10^{-8}/摄氏度（–40～70摄氏度）；研制出无铬高抗蚀耐火材料等，形成一批相关的制备技术、工艺和装备，打破国外的技术封锁和垄断，满足国内相关产业的配套需求。专家组一致同意课题通过技术验收。

（徐　建）

【3.5米幅宽双相不锈钢板S32101发布】 4月6日，国家电力投资集团公司中央研究院在京举办超宽幅双相不锈钢S32101产品发布会，宣布其研制出先进三代非能动核电站主结构用料——超宽幅双相不锈钢板（S32101），其3.5米幅宽为世界之最，在三代核电建设中可使每个反应堆省去300米焊缝，在高温性能方面亦填补空白。S32101产品具有耐腐蚀、寿命长、屈服强度高、经济性优良等性能特点。在生产上，国家电投中央研究院突破轧制、抓取易产生裂纹、表面易产生气泡等难点，生产出的3.5米宽幅不锈钢板工艺优、表面无气泡、无裂纹。中国核能行业协会对产品进行鉴定，指出产品解决超宽幅不锈钢板轧制过程中出现的边部开裂、表面延迟裂纹、高温力学性能不稳定和固溶处理问题。

（徐　建）

【首次揭示水的核量子效应】 4月15日，北京大学量子材料科学中心江颖、王恩哥课题组在美国《科学》杂志发表论文，介绍其在国际上首次揭示水的核量子效应的研究成果。课题组围绕“原子尺度上水的核量子效应”开展研究工作，基于扫描隧道显微镜（STM），分别发展亚分子级分辨成像技术、单分子操控技术和单分子振动谱技术，首次实现核量子态的原子尺度探测和操控。课题组通过精确控制水分子－针尖耦合和水分子－衬底的耦合，提升STM对氢原子核空间位置的灵敏度，在氯化钠（001）薄膜表面上获单个水分子和水团簇的亚分子级分辨图像，在国际上首次实现对水分子的空间取向和水团簇的氢键方向性的直接识别，并将STM的亚分子级成像技术和实时探测技术相结合，实现对氯化钠（001）表面上单个水团簇内氢核转移的实时跟踪，直接观察到氢核在水分子团簇内的量子隧穿动力学过程，确认隧穿过程由4个氢核协同完成，是一种全新的相干量子过程，比经典过程更容易发生，同时还研发“针尖增强的非弹性电子隧穿谱”技术，在国际上首次获单个水分子的高分辨振动谱，并由此测得单个氢键的强度。成果入选2016年中国十大科技进展新闻。

（张　毅）

【汉朗科技公司参展2016显示周】 5月24—26日，在美国举办的2016显示周上，汉朗科技（北京）有限责任公司展出动态防窥隐私屏、第三代电子纸、电子价签显示屏等产品。其中，动态防窥隐私屏，采用基于多稳态液晶材料的Priview®E–Diffuser电子扩散调光技术，创新性地在传统显示屏中嵌入动态可变防窥片，实现防窥显示模式与共享显示模式间的动态切换，解决传统防窥显示器视角锁死、使用不便等问题，且防窥片只需在切换工作模式的瞬间施加1个电脉冲信号，完成切换后维持任意状态完全零功耗，节能环保；第三代电子纸，采用全新材料配方架构，柔性可弯曲，生产成本低；电子价签显示屏，附带显示多种制式的可读条码或集成NFC等识别功能，方便操作人员使用标准条码枪、PAD等手持智能终端设备进行扫描识别，内置专有RF通讯模块，能准确快速与系统进行双向通讯，支持基于专有RF方式的无线自动识别技术。

（李　莹）

【高磁感取向硅钢产品及应用通过评审】 5月28日，北京首钢股份有限公司“高磁感取向硅钢产品及超高压变压器应用”成果评审会在京召开。成果通过由中国机械工业联合会、中国钢铁工业协会组织的专家评审。首钢股份公司2005年9月启动取向硅钢研发工作，完成高磁感取向硅钢产品研发及产业化；掌握低温板坯加热工艺生产高磁感取向硅钢技术，自主集成高磁感取向硅钢全流程生产装备，突破电磁性能、板形尺寸、涂层质量控制等核心技术，具备年产15万吨高磁感取向硅钢产品的能力；实现高磁感取向硅钢产品牌号全覆盖，产品应用于500千伏超高压变压器生产制造；成为世界第四家全低温高磁感取向硅钢制造商。产品通过中国计量科学研究院和沈阳变压器研究院的检测认证，技术指标全面达到同类产品的国际先进水平；采用首钢股份公司提供的高磁感取向硅钢制造的500千伏级电力变压器通过国家变压器质量监督检验中心认证，主要性能指标优良。

（徐　建）

【赛欧兰公司硅氮系阻燃纤维产品发布】 5月29日，由中国化学纤维工业协会和北京赛欧兰阻燃纤维有限公司主办的“拯救生命，保护地球——感恩社会·倡导绿色安全新生活”新型硅氮系阻燃纤维材料发布会在京召开。中国纺织工业联合会、总后军需装备研究所、中国阻燃学会等单位相关负责人及纺纱、化纤、面料、家纺等领域企业和用户的代表等100余人参加。赛欧兰公司推出硅氮系阻燃纤维。产品采用其研发的具有环保、绿色性能的硅氮系阻燃剂，与纤维素进行接枝和共混制备出阻燃再生纤维素纤维，经1100摄氏度高温烧灼后仍能维持织品的骨架形状，极限氧指数≥ 35%，烟密度Ds4.0平均值<5，具有阻燃性能高、永久阻燃、舒适性及可纺性好的特点，可应用于消防、部队和特种行业防护服领域，以及婴幼儿与老年人睡衣、家纺、公共场所内饰、无纺布及填充物等民用领域。

（杜　玲）

【重掺硅单晶抛光片获有色金属科学技术一等奖】 6月15日，在第五届中国轻工企业家高峰论坛暨轻工百强企业颁奖会上，有研半导体材料有限公司的“200mm重掺硅单晶抛光片技术”获中国有色金属工业科学技术一等奖。重掺硅单晶抛光片突破生长、切片、硅片背面处理等7项技术，在热场结构、加料方式、气体弥散方式和装置、腐蚀槽具及液流调控等方面进行技术创新，获授权专利23件，其中发明专利6件，实用新型专利17件。技术用于生产200毫米重掺硅单晶抛光片，产能建设10万片/月。

CNIA

中国有色金属工业科学技术奖

证书

为表彰中国有色金属工业科学技术奖获得者，特颁发此证书。

项目名称：200mm重掺硅单晶抛光片技术

奖励等级：一等奖

获 奖 者：有研半导体材料有限公司

中国有色金属工业协会　中国有色金属学会

2016年1月5日

证书号：中色协科[2016]5-2015033-D01

（袁永章）

【石墨烯标准检测平台承担NQI示范项目】 6月22日，中国21世纪议程管理中心发布《关于对国家重点研发计划“国家质量基础的共性技术研究与应用”重点专项2016年度项目安排进行公示的通知》，石墨烯国际标准检测和公共服务平台获批承担“石墨烯等碳基纳米材料NQI技术研究、集成与应用”重大专项（项目编号：2016YFF0204300）的石墨烯国家质量基础（NQI）共性技术标准在石墨烯产业的验证与示范应用课题。项目开展石墨烯等碳基纳米材料的NQI技术基础研究，并研究NQI各要素的集成技术，在相关产业开展NQI技术的全链条应用示范。通过项目的实施，在中国初步建立石墨烯等碳基纳米材料产业的计量、标准和合格评定体系，实现NQI全链条示范应用，引导和规范中国高质量碳基纳米材料产业健康有序发展，消除中国相关产业在国际贸易中的技术壁垒，加速中国碳基纳米材料的产业化、商品化进程，提高相关产品在国际市场中的竞争力。

（魏立亮）

【注射成形增压涡轮制备技术研究项目通过验收】 6月26日，科技部高技术研究发展中心在京召开国家“863”计划重大项目课题“先进粉末高温合金的研制及制备技术”验收会。其中，由北京科技大学等单位联合承担的课题任务三“注射成形增压涡轮制备技术研究”项目通过技术验收。采用汽车涡轮增压技术是实现汽车节油减排的重要措施之一，高温合金增压涡轮是高效率涡轮增压器发展的瓶颈。项目组联合北京航空材料研究院、北京有色金属研究总院、无锡威孚英特迈增压技术有限公司等单位开展高性能高温合金增压涡轮近终形制备技术的研究，突破合金设计、微细球形粉末制备、复杂形状成形、烧结致密化和组织精确控制等关键技术，研制出性能优异、可满足新一代高性能增压器需要的涡轮产品，并通过台架超速（24.5万转/分钟）飞裂试验。

（张　琪）

【石墨烯基锂离子电池“烯王”发布】 7月8日，东旭光电石墨烯基锂离子电池产品发布会在京举行。东旭光电科技股份有限公司发布石墨烯基锂离子电池产品——“烯王”，率先实现石墨烯新材料的产业化。作为世界首款石墨烯基锂离子电池产品，“烯王”可在满足5C条件下，实现15分钟内快速充放电，可在−30～80摄氏度环境下工作，循环寿命3500次左右。

（杜　玲）

【中国首条柔性显示面板生产线封顶】 7月22日，中国首条面向柔性显示的OLED生产线——京东方第六代AMOLED生产线主体封顶。京东方科技集团股份有限公司的第六代LTPS/AMOLED生产线项目位于成都高新西区，占地面积30余公顷，建筑面积67万平方米，总投资465亿元，计划2017年投产，主要产品为中小尺寸的柔性可弯折AMOLED面板，其产品将被应用于高端手机及新一代穿戴显示系统。（柔性显示是指使用柔性基板制造成超薄、超轻、可弯曲产品的显示技术。）

（杜　玲）

【京东方集团8K显示产品转播里约奥运会】 8月5—

21 日，第三十一届夏季奥林匹克运动会在巴西里约热内卢举行。奥运会期间，巴西环球电视台在明日博物馆特别设立“体验未来：电视的演变”展览，采用京东方科技集团股份有限公司生产的 98 英寸 8K 超高清电视转播奥运会现场赛事。电视显示屏分辨率 7680×4320，画面中有 3300 万个像素点，是普通高清电视 200 万像素点的 16 倍，在显示效果上是 4K(UHD)显示屏的 4 倍。

（杜　玲）

【北科大科技园三方战略合作签约】8 月 16 日，在第十届全国材料科学与图像科技学术会议暨校地企产学研合作创新论坛上，北京科技大学国家大学科技园与河南省洛阳市洛宁县政府、蓝思泰晶新材料科技有限公司签署三方战略合作协议。根据协议，三方在洛宁县合作开展年产 10 万吨功能复合材料及硅基新材料项目，进行产业集聚区建设，以解决国家在该领域长期依赖进口的问题。

（张　琪）

【首根 100 米量级铁基超导长线研制成功】9 月 7 日，中科院电工研究所宣布，其马衍伟团队成功研制国际首根 100 米量级铁基超导长线。马衍伟团队通过对超导长线的结构设计研究和加工技术的试验优化，解决铁基超导线规模化制备中的均匀性、稳定性和重复性等技术难点，制备出长度 115 米的铁基超导长线。经测试，其载流性能表现出良好的均匀性和较弱的磁场衰减特性，在 10 特斯拉高磁场下的临界电流密度超过 1.2 万安培 / 平方厘米。成果开创铁基超导材料从实验室研究走向产业化进程的里程碑，表明中国率先掌握具有自主知识产权的铁基超导长线制备技术，奠定铁基超导材料在工业、医学、国防等领域的应用基础。

（徐　建）

【薛其坤获物质科学奖】9 月 19 日，在首届未来科学大奖新闻发布会上，首届未来科学大奖获奖名单揭晓，清华大学教授薛其坤获物质科学奖。薛其坤利用分子束外延技术，在对奇特量子现象的研究中取得突破性的发现，与合作者制备多种高质量的单晶薄膜材料，并于 2012 年首次发现量子反常霍尔效应和在钛酸锶衬底上的单层铁硒高温超导现象。两个发现被许多研究小组重复出来，并在全世界范围内激发出更多的相关研究活动，有望进一步提升量子反常霍尔效应和界面超导的临界温度，从而具有更大的实用价值。（*未来科学大奖由未来论坛发起，是中国首个由国内企业家、科学家共同发起的民间科学奖项，旨在奖励为大中华区科学发展做出杰出贡献的科学家，希望通过奖励吸引更多青年人投身于科学研究中，推动科学进步和发展。*）

（张　毅）

【功能型装饰装修材料关键技术项目启动】9 月 27 日，“十三五”国家重点研发计划“功能型装饰装修材料的关键技术研究与应用”项目启动会在京召开。国资委、科技部等单位有关负责人，以及项目组成员等 80 余人参加。项目属于首批启动的“十三五”重点研发计划“绿色建筑及建筑工业化”专项，由北新集团建材股份有限公司牵头，北京科技大学、中国建筑材料科学研究总院等 27 家产学研用单位组成项目研究组。项目 7 月开始，2020 年 6 月结束，主要针对中国装饰装修材料存在的功能单一、工业化水平低、施工工序繁杂等共性问题，研发净化、抗菌、蓄热、吸波功能性装饰装修制品，并解决批量化生产技术难题，提出功能型装饰装修一体化板材生产和应用技术，开发功能型装饰装修材料绿色度评价及选材技术，建立材料功能失效的测试评价体系，实现装饰装修材料功能化、一体化、装配化、绿色化、工业化。

（冯秋帆）

【稀土提取与分离提纯系列技术成果通过评价】9 月 27—28 日，中国有色金属工业协会组织专家召开科技成果评价会，对北京有色金属研究总院、有研稀土新材料股份有限公司等单位完成的稀土资源绿色高效提取与分离提纯等 4 项技术予以评价。中国工程院院士张文海、何季麟等专家参加。有研总院、有研稀土公司等单位自 2010 年以来，自主研发生态环境友好型镁盐及其复合体系浸取离子型稀土原矿新技术、低浓度稀土浸出液非皂化与非平衡耦合离心萃取富集新工艺，在广西崇左六汤稀土矿山建立日处理 1200 立方米稀土浸出液示范线，并实现连续稳定运行，与传统工艺相比，流程缩减 5 道工序，硫酸稀土浸出液直接萃取富集生产高浓度氯化稀土（REO 230 克 / 升左右），总稀土回收率提高 8% 以上，萃余液磷含量降至 1 毫克 / 升以下，循环用于浸矿，解决困扰稀土行业的氨氮污染和含放射性废渣处置的难题，并降低成本；研发出高纯碳酸氢镁溶液皂化萃取分离和沉淀回收稀土的原创性技术，首次将稀土分离提纯过程产生的氯化镁废水和二氧化碳气体低成本回收用于制备纯净的碳酸氢镁溶液，应用于稀土萃取分离和沉淀回收稀土过程，从源头革除氨氮废水污染，减少高盐度废水和二氧化碳的排放，并建立稀土分离生产线，实现连续规模生产；运用 4N 级超高纯稀土金属集成化制备技术，开发 14 台套高纯稀土金属的高温、高真空专用提纯装备，3 套可覆盖 16 种稀土金属高效制备和提纯的工程化技术，获 13

种绝对纯度4N级、相对纯度5N的超高纯稀土金属，并建成国内第一条超高纯稀土金属生产线。与会专家一致认为，成果是离子型稀土矿生产工艺的一次重大变革，整体领先于世界稀土金属选冶技术水平和冶炼分离技术水平，突破国外对中国该类产品、制备技术及关键装备的封锁，将引导中国稀土产业向高端功能材料及器件制造领域跨越式发展。

（张　毅）

【中国牵头承担首批两项稀土国际标准制定工作】10月11—12日，国际标准化组织稀土标准化技术委员会（ISO/TC298）首次会议在北京召开。中国提出的两项稀土术语标准提案《稀土术语第一部分－矿产品及化合物》《稀土术语第二部分－稀土金属及合金》获初步通过，进入立项程序，标志着中国在稀土标准国际化方面迈出关键一步。《稀土术语第一部分－矿产品及化合物》国际标准由中国北方稀土（集团）高科技股份有限公司牵头，联合有研稀土新材料股份有限公司等单位共同制定；《稀土术语第二部分－稀土金属及合金》国际标准由有研稀土公司牵头，联合虔东稀土集团股份有限公司等单位共同制定。

（张　毅）

【重庆京东方智能制造生产线开工】10月28日，重庆京东方智慧电子系统智能制造生产线开工仪式在重庆市举行。重庆市市长黄奇帆等领导及重庆两江新区有关部门负责人参加。项目由北京京东方视讯科技有限公司与重庆京东方光电科技有限公司共同投资建设，总投资15.26亿元，位于重庆两江新区水土高新技术产业园，规划用地面积约11.3公顷，建筑面积15.8万平方米，采用自动化生产线、智能物流和智能仓储系统等先进技术，将主要生产液晶电视机、显示器及车载显示终端等智慧产品，计划产能为每年1000万台（套），计划2017年12月投产。新工厂将采用京东方科技集团股份有限公司的智能制造体系，包括1个线上平台（iMaker）和两个线下平台（创客工坊、智能工厂），可将新一代信息技术与传统制造业融合，打造以客户为中心、信息共享、过程联动、生产自动化的高度统一的系统。通过系统，客户或创客可提出个性logo、定制电视、定制画框等个性化、私人订制式的需求订单，结合具体的要求，由创客工坊完成创意产品的前期制作，然后交由智能工厂实现批量生产，最终交付客户。

（杜　玲）

【共同开发先进骨科植入材料】11月2日，比利时法兰德斯技术研究院和中奥汇成科技股份有限公司签订先进骨科植入材料与制造技术合作协议。根据协议，双方将整合各自的技术优势，合作开发多孔钛材料，研究钛合金镀膜球头与多孔钛臼杯、多孔钛股骨柄配伍，解决人工髋关节易磨损、腐蚀的问题，提高抗冲击能力，创制出满足国内市场需求的中国制造产品。

（杜　玲）

【中关村石墨烯产业联盟成立】11月8日，在2016中国国际石墨烯产业发展论坛上，举行中关村石墨烯产业联盟成立大会。联盟由丰台区政府、中关村发展集团股份有限公司、北京大学和北京烯碳石墨烯科技研究院等多家单位发起，是经中关村管委会、市民政局批准成立的社团组织，旨在进一步推动石墨烯产业的发展，实现创新链、产业链、资金链、服务链的多链融合。北京航空材料研究院、清华大学、国家纳米中心、东旭科技集团有限公司、国知专利预警中心等40余家来自石墨烯产业及周边的专业单位加入联盟。联盟组建专家委员会和检测与标准、合作交流、专利建设、产业推进4个业务工作组。专家委员会由学术专家、企业、投融资专家及知识产权和行业研究专家组成，负责把握联盟未来发展方向及对联盟规划进行指导。中科院院士刘忠范担任联盟理事长和专家委员会主任委员，中关村发展集团总经理助理贾一伟担任联盟执行理事长。

（李贺英　魏立亮）

【首台中国自主研发的OLED电视发布】11月16日，深圳创维集团有限公司、京东方科技集团股份有限公司和海思半导体有限公司在深圳发布首台中国自主研发的OLED电视——创维M1。三方共同研发OLED电视的核心技术，自主生产最为关键的显示屏和“核高基”芯片，实现OLED电视纯国产，打破韩国企业对OLED核心技术的长期垄断。电视的OLED面板来自京东方科技集团合肥G8.5代液晶面板生产线，尺寸55英寸，4K分辨率，亮度可视角度160度，色度可视角度120度。

（张　毅）

【京东方集团合肥10.5代线项目封顶】11月29日，京东方科技集团股份有限公司合肥10.5代TFT-LCD生产线项目在合肥新站高新区封顶。生产线投建于2015年12月，总投资400亿元。项目建筑面积约128万平方米，主要生产65英寸以上8K超高分辨率液晶显示屏，设计产能为每月9万片玻璃基板（3370毫米×2940毫米），计划2018年第一季度量产。

（杜　玲）

【碳世纪公司石墨烯表面波探测技术发布】12月6日，由北京碳世纪科技有限公司主办的碳世纪石墨烯表面波探测技术产品发布会在汽车博物馆举行。该技术是指石墨烯表面形成的波在探测方面的应用，包括气态、液态和固态，其优势在于具有很高的灵敏度和很快的响应速度，可替代传统的SPR探测系统，为科学研究提供更加准确、快捷的数据信息，提高探测技术在科技、医疗、安防等行业中的应用效果。技术可提供高灵敏湿度探测与气体特异性检测、高灵敏分子探测和单细胞检测等，应用到无声人机交互系统、无声安防系统、蛋白质工程、制药工程及石墨烯测量与鉴定、二维材料测量与鉴定等方面；可通过探测口腔湿度变化，将湿度频率数据转换成语言信息，借助音响设备发声，帮助听力障碍者用常人的声音表达自己；可即时探测到癌细胞的变化，为医生提供准确、快捷的病理信息，提高对患者用药量的准确度。

（苑丁波）

【圆珠笔头用超易切削不锈钢材料研发成功】12月6日，北京首钢吉泰安新材料有限公司的圆珠笔头用超易切削不锈钢材料项目在京通过由中国制笔协会、中国钢研科技集团有限公司和北京金属学会组织的专家鉴定。吉泰安新材料公司在对超易切削材料的化学成分、超易切性能、笔厂生产要求等20余项技术指标进行研究的基础上，先后攻克微合金成分精准冶炼、冷拉钢丝易切削性控制、增加材料耐蚀耐磨性能等六大技术难题，掌握材料制备的关键技术，总结出材料冶炼和轧制工艺，研发出圆珠笔头球座体所用的超易切削不锈钢。产品投放国内重点笔业公司实现批量生产。专家组认为，吉泰安新材料公司攻克中国圆珠笔头生产技术难关，材料“工业技术和实物质量”均达到国际先进水平，打破长期被发达国家垄断的局面。

（徐　建）

【清创华清石墨烯众创空间启动】12月18日，在中国石墨烯产业技术创新战略联盟2016年会上，国内首家石墨烯行业众创空间——清创华清石墨烯众创空间启动。众创空间由石墨烯产业联盟和北京清创科技孵化器有限公司共同成立，集产品展示、体验、销售、合作于一体，将立足于全球石墨烯研发和产业化前沿，依托石墨烯产业联盟的专家智库、国际商务平台及全球石墨烯产业研究中心、国际石墨烯知识产权运营中心，融合清创公司的创新团队、公共服务体系和运营经验，为石墨烯创新创业提供人才培育、技术转化、项目孵化和产业推进等服务。东旭光电科技股份有限公司与清创公司签署战略合作协议，双方将在5年内，在品牌合作、资源共享、项目孵化、基金合作、上市公司收购等方面开展合作。

（张　毅）

【绵阳京东方第六代AMOLED生产线开工】12月28日，由京东方科技集团股份有限公司主办的绵阳京东方第六代AMOLED（柔性）生产线项目开工仪式在四川省绵阳高新区举行。四川省政府、绵阳市政府等单位有关负责人及项目方、建设方的代表等参加。项目位于绵阳高新区，占地面积约80公顷，建筑面积70万平方米，计划总投资465亿元，计划产能为每月4.8万片玻璃基板，基板尺寸为1500毫米×1850毫米，产品主要应用于智能手机、可穿戴设备、车载显示、AR/VR等领域。项目计划2019年投产。

（杜　玲）

【新型石墨烯锂离子电池研制成功】年内，中国航空发动机集团有限公司研制出具有快速充电、长寿命、低发热等特点的新型石墨烯锂离子电池，并实现批量制备。产品充电时间为普通锂离子电池的1/10，使用寿命是普通锂离子电池的5倍，并且有效抑制发热问题，可应用于汽车、航空、通信等领域。

（杜　玲）

新能源、节能与环境保护产业

【概况】2016年，中关村示范区节能环保与新能源产业拥有企业1986家，实现营业收入5963.8亿元，同比增长6%，实现利润475.5亿元。中关村示范区企业在节能环保与新能源产业领域形成较为完善的产业链，部分领域产业基础雄厚，并在全国处于领先位置；在改善大气质量、水环境治理、固废处理、环境监测、高效节能等领域形成一批自主创新技术和产品，带动中关村示范区成为国内节能环保产业科技引领高地。在环境保护部2016年度环境保护科技奖评选中，北京赛科康仑环保科技有限公司和北京环卫集团环境研究发展有限公司两家企业参与的两个项目获一等奖。国电科技环保集团股份有限公司等27家中关村示范区企业入围2016全球新能源企业500强。节能环保企业收购兼并促使行业集中度增加，资本整合能力加强。2016年，节能环保企业爆发式上市，北京科净源科技股份有限公司等11家企业挂牌上市。PPP模式成绩凸显，节水领域探索新型模式。以PPP为代表的混合所有制及第三方治理为环保产业的新发展提供史无前例的机遇和条件，订单向优势企业集中，项目规模效应增强。中关村示范区企业以联合体形式全面参与通州—北京城市副中心水环境治理PPP建设项目，联合体分别由北京碧水源科技股份有限公司等龙头企业牵头，北京正和恒基滨水生态环境治理股份有限公司等企业参与。

（杜　玲）

【北汽新能源底特律研发中心成立】1月9日，北汽新能源美国底特律研发中心成立仪式在美国底特律市举行。底特律研发中心是北京新能源汽车股份有限公司在海外设立的第三家研发中心，其重点业务是研发、吸收“高精尖”的电机驱动、电力电子、智能控制技术，以及引进掌握核心技术的高端人才和推进与北美汽车研发领域的合作等，将为北汽新能源公司提供全新的自主研发基地和全球最佳资源的整合平台，同时作为北汽新能源公司开拓北美市场的跳板，在承担必要的技术研发之外，还将建立符合国际车辆、国际充电接口的各类标准，核心技术也将申请国外专利，从而实现技术、服务和商业运营模式的不断创新。

（杜　玲）

【金晟公司成果获光伏产业优秀创新技术应用奖】1月15日，由光伏产业观察杂志社、PVTT技术·智库评选的2015年度光伏产业优秀创新技术应用奖获奖名单揭晓，由北京金晟阳光科技有限公司、莱芜金晟阳光精密设备有限公司完成的“低能耗、高效率陶瓷辊道式太阳电池连续烧结炉”项目获奖。产品是传统链式烧结炉的更新换代产品，采用高纯无污染的陶瓷辊道传输电池片，进出烧结炉的只有质量很轻的电池片，无须水冷，能耗不到10千瓦，比网带炉节能80%，每年可节电33万度；陶瓷辊道炉烧结的电池转换效率比进口网带炉提高0.1%的绝对值，每台烧结炉可额外增加70万元的收益。

（朱文利）

【乙炔法煤化工新工艺发布】3月11日，神雾环保乙炔法煤化工新工艺新闻发布会在北京国家会议中心举行，主题为“能源革命时代的来临”。工艺由神雾环保技术股份有限公司自主开发，根据煤炭的分子结构及固有特性，以蓄热式电石生产新工艺为核心，以石灰、煤炭为原料，电力为能源，将煤炭中的挥发分与固定碳进行分质梯级利用，通过催化热解产生人造天然气、人造石油、合成气；固定碳在高温下还原生石灰，生成电石和一氧化碳，电石再与水反应生成乙炔。在能源转换效率上，煤气化仅获合成气，是最初级的化工原料，而新工艺可同时得到人造石油、人造天然气、乙炔，3种产品按热值占比分别为24%、38%和38%，进而可大量生产烯烃、汽柴油、甲醇、天然气、乙二醇、芳烃等能源化工产品。与煤气化工艺相比，新工艺吨

烯烃的投资额、煤耗、水耗、能耗、二氧化碳排放等指标大幅降低。新工艺在内蒙古自治区察哈尔右翼后旗杭宁达莱工业园区实现商业化生产，各项技术指标达到预期。（2014年9月15日，神雾环保公司与内蒙古港原化工有限公司签订《密闭电炉节能技术改造项目合同能源管理项目合同》，独立投入技改资金1.6亿元，对港原化工公司的电石炉生产系统进行以节能降耗为目的技术改造。）

（万 玮 杜 玲）

【清芸阳光公司分布式光伏发电项目获奖励】 3月14日，市发展改革委印发《关于公布北京市分布式光伏发电项目奖励名单（第一批）的通知》（京发改〔2016〕394号），由北京清芸阳光能源科技有限公司承担完成的“北京乔波1.6兆瓦分布式屋顶光伏发电项目”入选。项目并网规模1.2兆瓦，是2015年度北京市最大并网规模项目，采用Solarule日衡光伏电站诊断运维管理系统，实现全面的在线监测、诊断、评估与管理，电站年均发电量约150万度，每年发电总收入210万元，运用周期25年，实现二氧化碳总减排3.7万吨。市级财政将按照发电量给予0.3元/千瓦时的奖励，补贴电量按照市电力公司2016年1月1日起至2020年12月31日止的抄见电量为准。

（康秋红）

【国际噪声污染防治发展论坛举办】 4月1日，由中国工业环保促进会、中关村民营科技企业家协会、环都节能环保产业联盟、北京绿创声学工程股份有限公司主办的2016绿创-IAC国际噪声污染防治发展论坛在京举办。中关村管委会主任郭洪等领导及来自国内外政界、学术界、业界的代表参加。与会代表共同研讨全球噪声污染防控技术发展趋势和市场开拓策略。北京绿创声学工程股份公司宣布收购英国IAC Acoustic公司，获其IAC品牌及其全球业务和负责研发、设计的国际化人才队伍及运营管理能力，并将其全球研发及数据中心迁至中关村示范区。

（杜 玲）

【京津冀钢铁联盟与迁安市对接科技成果签约】 4月12日，京津冀钢铁科技协同创新与绿色发展座谈会暨京津冀钢铁行业节能减排产业技术创新联盟与河北省迁安市对接科技成果签约仪式在北京科技大学举行。京津冀三地科技部门、河北省迁安市政府等单位的相关负责人及钢铁联盟会员单位、金融机构代表等100余人参加。首批迁安市钢铁行业节能减排及转型升级项目签约，包括迁安市“十三五”钢铁产业转型升级规划编制、烧结机烟气脱硫、烧结机头除尘器临界脉冲电源试用、烟气多污染物净化试验基地共建、耐腐蚀高强度抗震钢筋开发等一系列合作项目。根据协议，联盟和北京市科委与迁安市政府共同实施迁安钢铁行业节能减排与产业转型升级产业化工程，推动首都科技成果在迁安市转化落地，共同把迁安市建设成钢铁行业节能减排科技示范区，打造魅力钢城，同时将共同建设京津冀钢铁联盟（迁安）协同创新研究院。会上，北京鼎鑫钢联科技协同创新研究院和京津冀钢铁联盟（迁安）协同创新研究院揭牌成立。

（张 琪）

【首套超级悬浮床开车成功】 4月15日，北京三聚环保新材料股份有限公司在京召开新闻发布会，宣布经过5年多努力，其与北京华石联合能源科技发展公司联合开发的超级悬浮床（Mixed cracking treatment，MCT）工业示范装置在河南省鹤壁市一次开车成功。装置2月首次投料，连续安全平稳运行1300余小时，无结焦，无磨损，无堵塞，悬浮床单元总转化率96%～99%，轻油收率92%～95%，实现中国在重劣质油加工世界难题上的重大技术突破。MCT技术主要用于加工非常规原油（超重原油、油砂、页岩油）及渣油、催化油浆、焦油、沥青等重劣质原料，提升重劣质原料的转化率，汽柴油收率较传统工艺提高20%以上，并可降低投资成本，同时还能将低阶煤提质后的副产物煤焦油转化成轻质油和高附加的芳烃原料，实现煤炭的清洁、高值、高效利用。

（徐 建）

【俞孔坚当选美国艺术与科学院院士】 4月20日，美国艺术与科学院公布第二百三十六届新院士名单，北京土人城市规划设计有限公司院长俞孔坚入选。俞孔坚针对快速城镇化和恶化的生态系统，开创生态安全格局研究与应用；通过建立生态基础设施来综合解决土地问题和生态环境问题，并提出以生态基础建设为先导的城市与国土“反规划”理论和方法论；系统构建中国“海绵城市”规划设计理论和方法，用景观设计学的方法进行城市生态防洪和雨洪管理、生态水净化和工业废弃地生态修复及文化遗产保护和利用。俞孔坚领导的团队实验设计一系列可复制的工程范例，并在中外200余个城市推广，设计作品11次获全美景观设计奖，4次获国际建筑展全球年度景观奖。俞孔坚领衔创办北京大学建筑与景观设计学院和具有国际声誉的土人设计公司（Turenscape）以开展广泛的城市和景观规划设计实践；领衔创办的中英双语杂志《景观设计学》（*Landscape Architecture Frontiers*），2015年获国际传媒奖，并成为中文核心期刊和英文ESCI引文源期刊。

（娜　琳）

【天津－北京中关村钢铁行业技术对接会举行】4月29日，由中关村管委会与天津市科委主办的首场天津－北京中关村钢铁行业节能减排技术对接会在天津市举行。来自天津、北京两地60余家企业的代表参加。北京中竞同创能源环境技术股份有限公司、天壕环境股份有限公司等20余家中关村示范区钢铁行业节能减排技术服务企业展示烟气余热利用、脱硫脱硝等节能减排技术，并根据不同需求与天津市30余家钢铁企业分组对接，达成20余项合作意向。

（杜　玲）

【同方泰德公司获地铁节能EMC项目】4月，同方泰德国际科技（北京）有限公司就“北京地铁8/9号线通风空调系统节能改造EMC项目”与北京市地铁运营有限公司签订合同。项目采用合同能源管理模式，由同方泰德公司负责北京地铁8/9号线全线28座地铁地下站点的通风空调系统节能改造，包括工程设计、产品提供、设备安装、调试、运营及维护。工程采用同方泰德公司自主研发的Techcon EEC车站通风空调专家节能系统，应用以机器学习算法为基础的节能工艺，通过自动跟踪和学习车站的运行规律和负荷变化特点，实时调整系统运行模式和设备出力，整体优化冷量输配链，从而有效降低环控系统的运行能耗。

（韩洋洋）

【储能国际峰会2016举办】5月10—12日，由中关村储能产业技术联盟和杜塞尔多夫展览（上海）有限公司共同主办的储能国际峰会2016暨中国储能及微电网应用技术展览会在京举办。峰会的主题是“储能支撑能源转型，推动中国能源变革”。全球储能及电力行业相关机构的代表1000余人参加。与会代表就售电模式、全球储能应用市场、储能与能源互联网、电力储能应用需求解读及技术解决方案、分布式光伏与储能、前沿储能技术等议题展开讨论。储能联盟发布《储能产业研究白皮书2016》。《白皮书》对市场动态、技术研发动态、热点应用等方面进行跟踪与分析，并对新兴储能技术、储能技术经济性评估、需求响应市场应用进行专题分析。北京四方继保自动化股份有限公司等50余家企业展示以储能和微电网关键技术为核心的相关产品、技术和系统应用方案，来自10余个国家和地区的2000余人观展。

（杜　玲）

【环促中心承办中关村创新创业（生态）成果展】5月19—22日，在第十九届中国北京国际科技产业博览会

上，北京中关村国际环保产业促进中心有限公司承办中关村创新创业成果展中的“生态+”子展区，包括节能环保和生态农业两个板块，27家企业参展。节能环保板块重点展示湿法烟气脱硫技术、环卫云平台、电渗透污泥高干脱水系统、玻璃窑脱硫脱硝技术、区域性机动车排放云运营技术以及石墨烯油节能改进剂等；生态农业板块主要展示远程墒情监测站和酒糟循环发酵等专利技术。

（马晓清）

【多功能智能回收机新品发布】6月7日，由北京盈创再生资源回收有限公司和北京物美商业集团股份有限公司主办的智能便民安全回收示范站暨多功能智能回收机新品发布会在京举行，主题为“寻找环保幸运星　共同守护绿色未来”。盈创回收公司推出其研发的新型物联网多功能智能回收机。回收机可回收塑料瓶、易拉罐、玻璃瓶等多个品类，日回收量2万个，速度达到1分钟回收50个空瓶或16箱空瓶。回收机还搭建物联网数据监控平台及便民快捷的支付方式，可对投瓶地点、时间、品牌、用户消费习惯等数据进行实时统计录入，确保所有回收物品进入到安全可靠的回收渠道。盈创回收公司与物美集团共建的智能便民安全回收示范站同时开业。

（杜　玲）

【3个湿地公园总体规划项目通过评审】6月18日，在河北省拟建国家湿地公园（试点）总体规划省级评审会上，由北京碧水天成湿地生态环保科技有限公司与国家林业局调查规划设计院合作完成的《河北任县大陆泽国家湿地公园总体规划》《河北涿鹿桑干河国家湿地公园总体规划》《河北卢龙一渠百库国家湿地公园总体规划》3个项目全票通过由河北省湿地保护管理中心组织的专家评审。大陆泽公园项目位于邢台市任县境内，规划总面积983.2公顷，其中湿地面积416.58公顷，湿地率42.37%，公园建设以有效保护湿地资源为出发点，包括水系水质保护恢复、水岸保护恢复、

栖息地保护恢复等，最终建成湿地生态系统健康、生境结构完整、景观资源丰富、自然环境优美、宣教设施完善、游憩条件优越、文化底蕴深厚的生态型、公益型国家湿地公园。桑干河公园项目位于张家口市涿鹿县，规划总面积1364.7公顷，其中湿地面积674.49公顷，湿地率49.42%，公园建设将通过保护河流蜿蜒、畅通及周边植被，围垦地还湿还草，控制农业面源污染，减少对河流水系水质的破坏；通过自然生态型修复模式，恢复河岸带植被，实现防洪、生物多样性、景观等多种功能；通过采取营造碟形洼地、退耕还湿和植被恢复等措施，恢复深水区、浅滩区、浅水草丛等野生动物栖息生境。一渠百库公园项目位于秦皇岛市卢龙县，规划总面积922.88公顷，其中湿地面积534.3公顷，湿地率57.89%，将对青龙河两侧的鱼塘、采矿迹地，通过采取地形改造、水系梳理、植被恢复等措施，恢复为河流水面、内陆滩涂和有林地，促进受损湿地良性逆转，完善青龙河湿地生态功能，最终将建成集湿地景观展示、环境教育、科普和科研等功能于一体的湿地公园。

（刘　佳　洪剑明）

【空港科锐工业园开工】 6月21日，北京科锐配电自动化股份有限公司能源互联网战略合作签约暨空港科锐工业园项目开工仪式在郑州市举行。郑州航空港经济综合实验区管委会、华北电力大学等单位有关负责人及相关企业的代表参加。空港科锐工业园项目由科锐公司建设，位于航空港实验区，总投资11亿元，总建筑面积约25万平方米，主要由两个部分组成。其中，高端电力设备制造部分，将用于制造模块化变电站、智能断路器、节能变压器、新型静止无功发生器（SVG）、新型有轨电车充电机等电力设备及相关原材料元器件周转库等配套设施；能源互联网部分将建设一个微能源网平台，包括微网群、新能源发电、用电设备能耗、电力物业服务、智慧社区服务、智能售电服务等。

（韩洋洋）

【碧水源公司投建的地下式污水处理厂试运行】 6月，由北京碧水源科技股份有限公司投建的地下式污水处理厂——太原市晋阳污水处理厂投入试运行。项目占地面积27.3公顷，设计规模48万吨/日，其中完工的一期工程规模32万吨/日。处理厂采用碧水源公司的改良AAO工艺（厌氧－缺氧－好氧组合工艺）和膜生物反应器（MBR）膜法水处理技术。AAO工艺处理能力20万吨/日，出水水质达国家一级A排放标准；MBR膜法水处理技术处理能力12万吨/日，出水水质优于国家一级A排放标准。

（杜　玲）

【天壕环境公司收购赛诺水务公司100%股权】 7月8日，天壕环境股份有限公司发布《第二届董事会第三十二次会议决议的公告》，宣布拟以非公开发行股份及支付现金方式购买北京赛诺水务科技有限公司的100%股份，股权交易作价8.8亿元。12月9日，证监会做出《关于核准天壕环境股份有限公司向西藏君升恒齐电子科技有限公司等发行股份购买资产并募集配套资金的批复》（证监许可〔2016〕3062号），核准天壕环境公司发行股份及支付现金购买资产并募集配套资金事项。

（杜　玲）

【清芸阳光公司与晶澳太阳能公司战略合作签约】 8月1日，北京启迪清芸能源科技有限公司与晶澳太阳能有限公司在清华科技园签署战略合作协议。根据协议，双方在各自原有产品的基础上建立对接渠道，拓展合作范围，共享业务资源，在大型光伏地面电站项目及分布式光伏发电项目的开发、投资、建设和运营管理

等方面展开合作。晶澳公司将在400兆瓦光伏项目中应用清芸日衡智能光伏电站运维诊断系统（Solarule），通过清芸阳光公司的全球监控运维整体技术解决方案，实现晶澳公司自有电站大数据整合功能，高速、真实地提供反馈决策依据。

（康秋红）

【共同打造世界级山地公园】 8月9日，临安市政府、东方园林产业集团全域旅游投资运营项目签约仪式举行。东方园林产业集团有限公司与临安市政府签署《关于临安市全域旅游投资运营项目的战略合作协议》，启动总额60亿元的战略合作，包括“全域旅游投资运营”“城市文化及品牌宣传推广”“景区投资建设运营”“体育项目投资建设运营”“重大体育赛事组织”“产业招商运作”等项目。双方合作的首批项目将重点打造临安清凉峰国家山地公园，以100千米山地旅游公路串联沿途多个景区，让游客充分感受峡谷、瀑布、

天池等丰富山地自然风光，同时体验浙西民居、昌化鸡血石等独特人文风情，参与骑行、攀岩、穿越、漂流、越野跑等时尚休闲运动，将临安市西部打造成世界级山地公园。

（杜　玲）

【煤矿典型动力灾害风险判识及监控预警项目立项】8月20日，由中国矿业大学（北京）牵头，联合国内28家单位参与承担的国家重点研发计划项目“煤矿典型动力灾害风险判识及监控预警技术研究”立项，中国工程院院士袁亮担任项目负责人。项目设置“煤矿冲击地压失稳灾变动力学机理与多场耦合致灾机制”“煤与瓦斯突出灾变机理及复合动力灾害孕育机制”“冲击地压风险智能判识与监测预警理论及技术体系”“煤与瓦斯突出风险判识与监测预警理论及技术体系”“煤矿动力灾害前兆采集传感与多网融合传输技术及方法”“基于数据融合的煤矿动力灾害多元信息挖掘分析技术”“基于云技术的煤矿典型动力灾害区域监控预警系统平台”“煤矿典型动力灾害监测预警技术集成及示范”8项课题，主要围绕煤矿典型动力灾害多相多场耦合灾变孕育规律及演化机理、煤矿典型动力灾害多参量前兆智能判识预警理论与技术、煤矿典型动力灾害前兆信息新型感知与多网融合传输方法与技术、大数据与云技术的煤矿典型动力灾害预警方法与技术4个方面开展科学研究。项目的实施，可降低国内煤炭资源开采中动力灾害风险，提升监控预警能力。

（姜笑笑）

【启迪之星－亚洲开发银行清洁技术创业大赛举办】8月23日，由启迪之星（北京）科技企业孵化器有限公司与亚洲开发银行主办的启迪之星－亚洲开发银行清洁技术创业大赛决赛在清华科技园举办。大赛是专注于清洁技术领域的创新创业公益赛事，旨在促进清洁技术及气候技术的创新创业与投资。5月14日启动，招募全国各地清洁技术领域的创业项目100余个，涉及节能环保、新能源、新材料、智慧城市、智慧建筑、智能电网及储能等领域。最终，蓝晶生物科技有限责任公司凭借其蓝水技术、独特的微生物菌种、可以系统性降低PHA生产成本等核心技术获大赛冠军。

（康秋红）

【20千瓦光伏微电网项目竣工】8月25日，清华大学“清芸阳光·梦之网”20千瓦四川阿坝县柯河乡中心校光伏微电网项目竣工。项目由北京清芸阳光能源科技有限公司、清华大学“清芸阳光·梦之网”实践支队共同完成，为解决偏远地区无电或是电力不稳定搭建新能源微电网。项目基于清芸阳光自主研制的微电网智

能控制和管理系统，可根据预测信息对微电网进行控制，实现微电网的智能化运行管理，将保障学校微电网系统高效、平稳地运行。

（康秋红）

【气相防锈包装服务入选市新技术新产品名单】8月25日，市科委、市发展改革委、中关村管委会等6家单位联合印发《关于公示第四批北京市新技术新产品（服务）名单的通知》（京科发〔2016〕486号）。其中，北京维泰凯信新技术有限公司的“节能环保的气相防锈包装服务”入选。气相防锈是应用气相缓蚀剂技术进行腐蚀防护的一门科学，将气相缓蚀剂灵活应用于不同载体，制成气相防锈纸、气相防锈膜（袋）、挥发器等防锈产品，由专业的技术工程师团队，针对不同行业、产品、工艺、客户需求等，为客户提供全方位的技术咨询服务，量身定制锈蚀管理整体解决方案，可应用于汽车发动机及零部件、核电、风电等领域金属零部件和制品的存储、海运。

（韩洋洋）

【生活垃圾热解成套技术通过鉴定】8月26日，工业和信息化部在河北霸州6万吨/年垃圾热解处理项目现场主持召开“生活垃圾无热载体蓄热式旋转床热解成套技术开发及产业化示范”科技成果鉴定会。工业和信息化部相关负责人、鉴定委员会专家等参加。成果是由北京神雾环境能源科技集团股份有限公司历时10年开发的全球第三代垃圾处理技术，主要包括预处理系统、热解系统、流化床气化系统、油气分离净化系统、尾气净化系统、污水处理系统等，可杜绝产生二噁英、实现重金属有效固化处置，同时杜绝大部分污染物。垃圾热解处理后，剩余无机物残渣热灼减率低于1%，减量化效果明显。技术能够同时处理生活垃圾、有机污泥、病死牲畜等有机固废，实现区域有机固废综合处置，生产清洁燃料，可作为分布式能源站在县城、乡镇、农村及工业园广泛推广。技术的示

范项目“河北霸州胜芳镇200吨／天生活垃圾热解项目”，将普通居民的生活垃圾低成本转变为高品质的燃油和燃气，产生的清洁能源可以就地出售、发电及作为分布式能源系统的清洁燃料，其旋转床热解炉效率达80%以上，设备作业率达95%以上，具有良好的社会、经济和环保效益。鉴定委员会专家一致同意成果通过鉴定。

（万　玮　杜　玲）

【派得伟业公司项目入选现代农业百佳实践案例】 8月31日，农业部办公厅印发《关于公布全国“互联网+”现代农业百佳实践案例和新农民创业创新百佳成果的通知》（农办市〔2016〕26号），北京派得伟业科技发展有限公司的“一二三产融合打造智慧美丽乡村”案例入选“互联网+”现代农业百佳实践案例。2014年，北京市农村经济研究中心、北京市城乡经济信息中心和平谷区政府选取平谷区大兴庄镇西柏店村建设并实施“美丽智慧乡村”集成创新试点项目，项目由派得伟业公司承担技术支持。项目基于改善农村生活和生态环境的目标，立足“美丽”功能定位，实施生活污水景观化处理和农村生活垃圾分类处理资源化利用两项工程；基于促进都市型现代农业发展、提升农村社会化管理水平的目标，立足“智慧”功能定位，建设美丽智慧西柏店综合服务平台（村级网站、手机App网站、多系统管理平台）、设施大棚物联网智能监控系统、农产品溯源管理系统及数据采集终端App、村内视频监控系统、覆盖村域的无线网络接入环境、村委会机房及局域网6项工程。

（韩洋洋）

【中国能源研究会储能专业委员会成立】 9月28日，中国能源研究会储能专业委员会成立大会暨储能产业发展与政策研讨会在京举行。来自政府部门、电力部门、储能技术企业、新能源产业企业及相关领域科研院所的代表等100余人参加。专委会以推动储能产业发展为宗旨，组织储能产业链上下游开展学术／技术交流、发展战略研究、创制专业技术标准等活动，提高储能产业研发、应用、成果转化水平，加速储能产业市场化和商业化进程，从而推动储能产业快速发展，同时为国家、地区制订储能政策、发展技术路线提供科学方法和依据，做好政策咨询工作。储能专委会秘书处设立在中关村储能产业技术联盟。中科院工程热物理研究所副所长陈海生当选为专委会主任。

（杜　玲）

【中标北京城市副中心环境治理项目】 9月，中国招标网发布通州—北京城市副中心水环境治理PPP建设项目预成交结果公示，公布工程8个片区项目的招标结果，工程总预算279.5亿元。其中，由中关村示范区企业牵头或参与的联合体中标5个项目，分别为：北控水务（中国）投资有限公司、北京东方园林生态股份有限公司联合体中标北运河生态带项目，工程预算83亿元；北京桑德环境工程有限公司、中国建筑第八工程局有限公司联合体中标潮白河生态带项目，工程预算5亿元；中国葛洲坝集团股份有限公司、北京正和恒基滨水生态环境治理股份有限公司联合体中标于永片区项目，工程预算12亿元；北京碧水源科技股份有限公司、北京京通水务有限公司联合体中标台马片区项目，工程预算16亿元；中电建路桥集团有限公司、博天环境集团股份有限公司联合体中标漷牛片区项目，工程预算13亿元。

（张　毅）

【中关村企业参展迪拜国际能源、环保、水处理展】 10月4—6日，在2016年迪拜国际能源、环保、水处理展览会上，中关村管委会组织北京赛诺膜技术有限公司、诺伊环保设备制造（北京）有限公司、北京中远通科技有限公司等15家企业参展，展示仪表仪器（环境监测仪器）、环保电池、环保动力、工业固体废弃物处理、除尘、脱硫、脱氮技术等方面的设备。其中，赛诺膜公司展示的超滤膜组件，产品意向成交额2000万美元；诺伊公司展出水处理复合材料压力容器的研究成果等。参展企业展会现场成交额10万美元。

（殷　茵）

【碧水源公司中标房山区大石河水环境项目】 10月12日，北京碧水源科技股份有限公司中标房山区大石河水环境综合治理政府和社会资本合作（PPP）项目。项目位于房山区大石河流域，包含11座污水处理站及部分管网，涉及窦店、琉璃河、韩村河及周口店4个乡镇，投资额约5.5亿元，建成后日处理总规模3.96万吨。碧水源公司将通过其MBR膜技术工艺，保障该地区的水环境质量，助力房山区在“十三五”期间的生态宜居示范区建设。

（陈　潇）

【湘潭市农村生活污水处理工程竣工】10月12日，由北京中关村国际环保产业促进中心有限公司承接的湘潭市昭山示范区立新村生活污水处理工程竣工。自2015年起，环促中心根据立新村经济发展水平、地质条件、居住分散情况、人口数量、污水成分组成、污水排放量以及污水未经处理直接外排等情况，采用自有专利技术——高性能合并净化槽技术，在村户相对集中区域建设6座生活污水处理站，总处理能力每天91立方米。高性能合并净化槽技术是一种兼有活性污泥法和生物膜法的废水生化处理法，具有全地埋式和长寿命设计、因地制宜分散处理、建设成本和运行费用低、抗冲击负荷强、维护操作简单便捷以及处理效果好等优势。

（马晓清）

【碧水源公司第二代智能污水净化系统推出】10月13日，在第七届中国国际水技术展览会暨中国国际膜与水处理技术及装备展览会上，北京碧水源科技股份有限公司推出其研发的第二代智能一体化污水净化系统（CWT）。系统采用集装箱式的结构设计，由缺氧单元、好氧＋膜池单元、控制＋设备单元和办公区4个基本模块单元组合而成，可以根据污水净化要求和现场的实际情况，实现其基本模块单元的任意组合。

（杜　玲）

【煤炭洁净加工与利用研发中心挂牌】10月14日，矿大能源安全产业技术研究院与北京圆之翰工程技术有限公司共建的煤炭洁净加工与利用研发中心在京举行挂牌仪式，合作双方的代表参加。中心的成立旨在推动高校科技成果在京津冀协同创新共同体转化落地。根据共建协议，双方将在煤泥浮选药剂、煤泥水沉降絮凝剂和助滤剂，煤炭洗选新工艺和新设备，煤炭产品洁净和高附加值利用技术等方面开展产学研对接与合作。中心依托能源安全产业技术研究院，将科技成果进行中试转化，圆之翰公司将为中试转化建立技术研究、开发和试验的基地，为工业性试验、设备的加工制造提供条件。研究院在科技成果转化服务、投资咨询、市场开发等方面给予支持，实现技术成果的应用与推广。

（李俊峰　姜笑笑）

【环促中心承办第七届国际生态城市博览会】10月21—23日，第七届中国（天津滨海）国际生态城市论坛暨博览会在天津市举行，北京中关村国际环保产业

促进中心有限公司承办展会的中关村展区。中关村展区展陈面积1000余平方米，以“科技引领、协同创新、共建京津冀碧水蓝天”为主题，分为生态环保技术、节能与新能源、京津冀协同发展三大板块。环促中心组织北京神雾环境能源科技集团股份有限公司、北京万向新元科技股份有限公司、北京嘉博文生物科技有限公司等21家中关村示范区企业和天津清科环保科技有限公司、天津汉海环保设备有限公司两家天津市节能环保企业参展，展出70余项能源环保领域技术和产品，涵盖水处理、空气治理、固废处理、环境监测、生态修复、节能、新能源及环境服务等领域。其中，嘉博文公司展出具有钝化重金属、减少化肥、提升品质的“一剂三效”特性的高有机质有机肥料；万向新元公司展出橡胶行业的VOC治理技术；北京约顿气膜建筑技术有限公司展出高性能的建筑膜材料等产品和技术。

（马晓清）

【2016北京能源论坛举办】10月27日，由北京能源协会主办的2016北京能源论坛在北京会议中心举办，主题为“加快转型创新升级步伐，全面建设现代能源体系”。来自北京、天津、山东等地的60余家能源企事业单位和10余家社会团体的代表200余人参加。论坛就如何推动国内能源消费革命和能源科技创新，促进能源行业整体发展和能源企业战略合作等内容进行讨论。

（冯秋帆）

【20个项目获2016年度环境保护科学技术奖】10月31日，环境保护科学技术奖奖励工作办公室发布《关于2016年度环境保护科学技术奖拟授奖项目的公示》，共有63个项目获奖。其中，中关村示范区内中科院生态环境研究中心兰华春等完成的辅助电还原/电凝聚及高效多相分离净水技术与应用、中科院过程工程研究所林晓等完成的钨钼冶金氨污染全过程控制技术及应用示范两个项目获一等奖，海湾环境科技（北京）股份有限公司魏巍等完成的油品全生命周期VOCs排

放与控制等8个项目获二等奖，北京华能达电力技术应用有限责任公司孟金来等完成的径流式电除尘技术与成套设备等10个项目获三等奖。[2017年1月20日，环境保护部发布《关于公布2016年度环境保护科学技术奖获奖项目的公告》(公告2017年第4号)。]

（张　毅）

【原泉系列D601/D668净水机发布】 10月31日，碧水源“纳滤好水傲然于芯”新品发布会在京举行。中国家用电器研究院、清华大学、中国疾控中心等单位有关负责人及相关专家参加。北京碧水源科技股份有限公司推出原泉系列D601/D668净水机。净水机装备由碧水源公司研发的“低压选择性纳滤芯”，通过纳米级孔径筛分和带电基团之间的电荷作用，实现离子级选择性过滤，可有效去除水中细菌、病毒、有机污染物及重金属等有害物质，同时保留人体需要的钾、钠、钙、镁等矿物质元素，净化得到的是既安全又健康的饮用水。

（杜　玲）

【“黑启动”试验成功完成】 10月，国家风光储输示范电站成功完成“黑启动”试验。试验模拟电站在突然失去外部电网供电的情况下，通过自有大规模电化学储能电站的反向送电功能，由小至大，逐级启动，最终完成电站整体启动。电站采用北京索英电气技术有限公司的储能双向变流器系统，系统具备“黑启动”能力和多台并列运行的能力，以及根据负荷类型建立的储能系统发电控制策略，为试验成功提供关键的软硬件支撑。

（韩洋洋）

【清芸公司与泰国企业合作项目签约】 11月1—3日，泰国Enserv Power集团、恩力能源集团一行15人到访北京清芸能源科技有限公司。清芸公司分别与两家公司签订战略合作协议。根据协议，泰国Enserv Power集团拟在所辖电站全线推广“清芸日衡”智能光伏电站管理系统，实现电站组件级监控和优化。清芸公司与恩力能源集团达成首期100兆瓦光伏电站项目合作开发意向，双方将整合在智能光伏电站质量控制、运营管理、储能及微网控制等领域的技术优势和产业资源，推动基于多能互补、协同控制和智慧管理的可再生能源示范应用。

（康秋红）

【电废拆解处理项目纳入产业协同发展示范项目】 11月8日，工业和信息化部公布“京津冀及周边地区工业资源综合利用产业协同发展示范工程项目”名单。其中包括启迪桑德环境资源股份有限公司旗下企业河南艾瑞环保科技有限公司的年拆解处理350万台废弃电器电子产品建设项目。项目纳入示范项目管理后，可在政策、资金、金融等方面获优先支持。项目预计2017年建成投产，年处理废弃电器电子产品5万吨。

（康秋红）

【摩擦纳米发电技术在空气净化领域应用】 11月10日，摩擦纳米发电技术在空气净化领域应用发布会暨中国科学院北京纳米能源与系统研究所与北京大清创业投资有限公司合作签约仪式在纳米能源所举行。市科委、市经济信息化委、中科院北京分院等单位相关负责人参加。技术是一种全新的颗粒物净化技术，基于摩擦纳米发电原理，利用风的动能产生高压电场，再利用纳米技术使空气中的颗粒物摩擦带电，当带电的颗粒物经过高压电场时就会被高效过滤。其具有三大优势：无耗材，摩擦电过滤核心在保证过滤效率的前提下可反复清洗、循环使用，降低使用成本；零臭氧产生，摩擦电空气净化具有无须电离空气即可使颗粒物带电的原理，从源头上消除臭氧的产生路径；全颗粒尺寸净化，从十几纳米至数十微米尺寸范围内的颗粒物，可实现平均过滤效率超过98%，对于纳米级的微小颗粒物，数量去除效率超过99%，降低微小颗粒物对人体健康的危害。技术是北京纳米能源所的首个科技成果转化项目。根据双方的投资合作协议，项目将落户怀柔园，完成从技术成果到商品的产业化过程。

（王　征）

【DF膜入选“2016中国黑科技百强”】 11月11日，在“T100新技术·新产品创新力行动”发布会上，北京碧水源科技股份有限公司“超低压选择性纳滤（DF）膜”入选“2016中国黑科技百强”。项目研发历时2年，近100名国内外专家参与，耗资3.5亿元，具有完全自主知识产权。DF膜孔径0.1纳米，是超滤膜的1%，可高效去除重金属离子、溶解性有机物、胶体、细菌和病毒，保留对身体有益的小分子有机物和低价无机盐，能在极低的操作压力下达到和常规低压膜同样的高水通量和高脱盐率，可以将MBR出水处理为地表Ⅲ类至Ⅱ类以上的水，可用于工业用自来水、饮用水和地下水源地的补充水，有效解决国内水资源短缺问题。DF膜广泛应用于污水深度资源化与安全饮水领域，并在“月宫一号”实验舱中得到应用。碧水源公司还采用双膜新水工艺（MBR+DF）建成国内首座新生水厂——北京翠湖新水源厂。

（耿晓夏）

【北控水务水环境研究院成立】 11月25日，北控水务水环境研究院成立仪式在京举行。中国科学院院士刘昌明等行业知名专家和学者参加。研究院由北控水务集团有限公司设立，是集行业研究、技术研究、模式研究等为一体的，兼具开放性和包容性的平台，其将加强研发、孵化、合作，打造水环境顶层研究、咨询策划与规划团队，为各地政府水环境问题提供适应性的顶层设计与系统性解决方案。

（杜　玲）

【薄煤层无煤柱 110 工法项目通过鉴定】 11 月 29 日，“薄煤层浅埋深破碎顶板 110 工法切顶留巷无煤柱开采技术”项目科技成果鉴定会在延安市召开。中国煤炭工业协会组织中国工程院、中科院、神华集团有限责任公司等单位的 15 位专家进行评审。项目由中国矿业大学（北京）与延安市能源化工集团有限责任公司共同完成。110 工法是以“切顶短臂梁”理论为指导，采用恒阻锚索对巷道顶板加强支护，运用采前切顶卸压技术，做到回采 1 个工作面，只需掘进 1 条顺槽巷道，另 1 条顺槽巷道自动形成，取消区段煤柱，实现无煤柱开采，具有“拉得住、切得开、下得来、护得好”的工艺特点，相比传统工法可节省施工费用。专家组一致同意通过鉴定。

（姜笑笑）

【27 家企业入围 2016 全球新能源企业 500 强】 12 月 6 日，在 2016 全球新能源企业 500 强发布会暨新能源发展高峰论坛上，中国能源报社发布 2016 全球新能源企业 500 强名单。193 家中国企业入围，其中包括中关村示范区内国电科技环保集团股份有限公司、龙源电力集团股份有限公司、国电联合动力技术有限公司等 27 家企业，占比 14%。

（张　毅）

【启迪桑德公司入选固废行业十大影响力企业】 12 月 8 日，在 2016 年度固废行业企业评选颁奖典礼上，启迪桑德环境资源股份有限公司凭借“互联网 + 环卫”模式，形成完整的产业生态链条，实现固废运营收入、垃圾焚烧总规模等指标位于国内前列，被 E20 环境平台、中国固废网评为“2016 年度固废行业十大影响力企业”，对其评语为：“高远的战略格局，清晰的战略版图，完整的产业生态链条；46 亿定增方案加码环保主业彰显固废服务大跨越;尝试‘互联网 + 环卫’模式，实现‘互联网 + 再生资源’闭环循环、占领‘城市矿山’高地；两网融合成果有望率先落地。”

（康秋红）

【世界首个商用高温气冷堆核电站技术方案发布】 12 月 21 日，在先进核能技术协同创新中心 2016 年会上，创新中心发布世界首个商用高温气冷堆核电站技术方案——60 万千瓦高温气冷堆核电站技术方案，标志着中国高温气冷堆技术从“863”时期的“跟跑”位置，到示范工程阶段的“领跑”位置，跨入商用阶段。由清华大学自主研发、具有完全自主知识产权的高温气冷堆是国际公认的第四代先进核能系统，具有安全性好、堆芯不会熔毁及温度高、用途多等优势。2012 年，在山东省荣成市开工建设全球首座 20 万千瓦高温气冷堆核电站示范工程。项目建成后将成为国际首个商用高温气冷堆核电站。60 万千瓦高温气冷堆核电站采用 6 个反应堆模块连接 1 台蒸汽机轮机的设计方案，与常规压水堆核电站核岛厂房体积和占地面积相当。每个反应堆模块热功率 250 兆瓦，机组的热功率 1500 兆瓦，电功率 655 兆瓦，发电效率 43.7%。（高温气冷堆，是指用气体做冷却剂，出口温度高的核反应堆，是世界最安全的核反应堆堆型之一。）

（张　毅）

【煤炭间接液化示范项目建成投产】 12 月 28 日，神华宁夏煤业集团有限责任公司 400 万吨 / 年煤炭间接液化示范项目在宁夏回族自治区建成投产。项目核心技术是由中科合成油技术有限公司李永旺研发团队历时 20 年自主研发的“高温浆态床合成成套工艺技术”（包括油品合成及加工工艺技术、GSP 煤粉加压气化技术等），其中费托合成催化剂和大型浆态床反应器技术是工程取得成功的决定因素。新一代费托合成技术提高副产蒸汽品位过低的问题，催化剂生产技术为独创配方，产油能力比低温浆态床提高 3 倍以上，达到 1000 吨油 / 吨催化剂，产业化项目能量利用效率 42% ～ 45%，形成煤制油高度节水流程技术，使吨油耗水从 8 ～ 10 吨降到 5 吨左右。项目年产油品 405.2 万吨，其中柴油 273.3 万吨、石脑油 98.3 万吨、液化气 33.6 万吨，并副产硫黄、混醇、硫酸铵等，每年可就地转化煤炭 2046 万吨。项目生产的柴油为无硫、无芳的优质柴油组分，十六烷值超过 70，尾气排放达到欧 V 标准。

（徐　建）

航空航天产业

【概况】 2016年，中关村示范区航空航天产业拥有企业147家，实现营业收入788.9亿元，同比增长18.2%；实现利润47.4亿元，同比增长38.3%。中国航空发动机研究院成立，将为航空发动机及燃气轮机国家科技重大专项的基础研究提供重要支撑。北京京东世纪信息技术有限公司送出无人机配送试运营的第一单。飞天联合（北京）系统技术有限公司推出国内第一个提供支持HTS卫星的全套机上解决方案，可提供大带宽、高性价比的飞机实时无线连接和互联网服务。中国长征火箭有限公司成立，业务涵盖航天发射服务、空间资源利用和亚轨道飞行体验三大板块。由中国航天科技集团公司第五研究院负责总研制的天宫二号空间实验室发射升空，并与由中国空间技术研究院总研制的神舟十一号飞船对接成功。由航天东方红卫星有限公司抓总研制的高景一号商业遥感卫星发射升空，将为全球用户提供遥感数据服务和应用系统解决方案服务。由中国航天科工集团第二研究院207所自主研发的用于真空模拟系统中的大型太阳模拟器研制成功，实现对外太空环境的太阳辐照模拟及可变条件的光照特性模拟。由中国空间技术研究院研制的中国卫星移动通信系统首发星——天通一号01星发射升空，将为用户提供全天候、全天时、稳定可靠的移动通信服务。

（杜　玲）

【先进航空发动机协同创新中心与中国民航签约】 1月5日，北京航空航天大学先进航空发动机协同创新中心与中国民用航空发动机适航审定中心合作协议签约仪式在京举行。根据协议，双方将在科研、教育、人才等领域，在基础科研项目合作、适航验证技术及设施建设、数据库建设及资源共享、适航审定及咨询服务、人才培养与双聘机制等方面开展多领域、深层次的长期合作，构建适航审定与设计、验证技术研究与“2+X”合作机制，即以双方合作为核心，吸纳国内外相关研究力量，推动中国适航法规建设，提升国内航空发动机安全性水平和中国适航审定能力。

（钮　键）

【优易捷无人机遥感网上线】 1月15日，在2016无人机航摄超微传感器与三维应用论坛北京产品发布会上，北京捷翔天地信息技术有限公司的优易捷无人机遥感网（www.uav-net.cn）上线运营。遥感网旨在通过技术创新与商业模式创新，建设覆盖全国的无人机服务网络，为用户提供优质、方便、快捷的无人机正射影像与倾斜摄影服务，具备50架无人机规模，形成覆盖国内中东部地区48小时到达能力，2017年将增加到300～500架，在全国形成24小时到达的覆盖能力。同时，捷翔天地公司还与合作伙伴一起，推出50克3600万像素超小型传感器、100克8000万像素超轻倾斜摄影相机、航时50分钟轴距69厘米携带1.8亿倾斜相机多旋翼无人机，以及常规大白倾斜摄影无人机等新产品。

（徐　建）

【SaFi系统发布】 3月16日，由飞天联合（北京）系统技术有限公司主办的飞享·新丝路——机上互联网新产品发布会在中关村软件园举行。工业和信息化部、中国民用航空局、中关村管委会等单位有关负责人及来自航空、飞机制造等领域相关企业的代表参加。飞天联合公司发布其自主研发的基于高吞吐量卫星(High Throughput Satellite，HTS）的新一代机上互联网平台——SaFi系统。SaFi系统支持HTS宽带卫星连接技术，可提供大带宽、高性价比的飞机实时无线连接和互联网服务，解决机上网络系统的带宽窄、覆盖受限、成本昂贵、用户体验差等问题。系统是国内第一个提供支持HTS卫星的全套机上解决方案，也是国内第一个通过CAAC适航认证的支持IEEE802.11ac的机载Wi-Fi系统，由机舱Wi-Fi、卫星通信、机上应用平台3个部分组成。乘客通过系统可访问机载服务器中提供的应用及服务，还可通过卫星链路访问互联网，使用微信、在线购物等互联网应用，并可流畅地观看互联网上的视频。

（杜　玲）

【第二十二颗北斗导航卫星成功发射】 3月30日，由中国空间技术研究院研制的第二十二颗北斗导航卫星在西昌卫星发射中心成功发射。卫星将运行于倾斜地球同步轨道，成为中国区域卫星导航系统成功组网运行后发射的首颗在轨备份卫星。卫星的核心单机皆属国产，部件国产化率91%。卫星在姿态控制方式上得到一系列优化，增加灵活、稳定的控制模式，可以自由切换，操控自如。根据用户的需求，卫星还增加卫星编号在轨重构等功能，能带来更好的用户体验。

（徐　建）

【实践十号卫星成功发射】 4 月 6 日，中国首颗微重力科学实验卫星实践十号发射升空，18 日在位于内蒙古自治区的预定区域着陆。卫星于 2012 年 12 月立项，由中科院国家空间科学中心抓总负责，中国航天科技集团公司第五研究院负责研制卫星系统及卫星平台，中科院力学研究所负责科学应用系统，19 个科学实验项目由中科院的 11 个研究所和清华大学等 6 所高校承担，其主要任务是开展空间科学实验，研究、揭示微重力条件和空间辐射条件下的物质运动规律及生命活动规律。其创新点：全部科学项目均为微重力科学和空间生命前沿研究课题，其中哺乳动物胚胎发育研究、对颗粒团簇行为进行系统空间实验等科学实验在国际上是首次开展，并首次引入流体回路技术，解决返回舱的热控问题。

（徐　建）

【首枚箭头姿态可控探空火箭成功发射】 4 月 27 日，由中科院国家空间科学中心研制的“鲲鹏 –1B”空间环境垂直探测试验探空火箭在其海南探空部发射。“鲲鹏 –1B”的探空仪包括朗缪尔探针、双臂探针式电场仪和探测落球 3 种科学探测有效载荷。其中，朗缪尔探针和双臂探针式电场仪，对空间等离层 70 ～ 300 千米高度范围内的 E 层和 F 层电子密度、离子密度、空间电场和磁场进行原位探测，首次成功获得电离层顶的原位探测数据。探空火箭箭头姿态可控，探测顶点高度 316 千米。试验还首次使用柔性碳纤维伸杆，可以折叠，对提高未来火箭探空的技术能力意义重大。

（徐　建）

【遥感卫星三十号成功发射】 5 月 15 日，由东方红卫星有限公司研制的遥感卫星三十号在酒泉卫星发射中心发射升空，并进入预定轨道。卫星主要用于科学试验、国土资源普查、农作物估产及防灾减灾等领域。

（徐　建）

【自拍小型无人机 DOBBY 发布】 5 月 25 日，在 2016 中国大数据产业峰会暨中国电子商务创新发展峰会上，零度智控（北京）智能科技有限公司和腾讯科技（深圳）有限公司共同推出迷你自拍无人机多比(DOBBY)。DOBBY 采用可折叠设计，收起状态下长、宽、高为 135 毫米 ×67 毫米 ×36.8 毫米，可以塞进口袋里，整机含电池重量 199 克。操控方面，DOBBY 搭载骁龙 801 芯片及 SMART 智能无人机整体解决方案，采用手机 App 当遥控器，支持一键起飞、拍拍起飞、语音操控、体感操控等多种起飞操控方式。拍摄方面，DOBBY 配备 1300 万像素摄像头，采用三轴电子增稳，不开增稳可以拍摄 4K 视频，开增稳的情况下可以录制 1080P 视频，并针对自拍加入人脸识别、目标跟随、一键美颜、一键分享等功能，同时预制专业的视频轨迹。

（张　蕾　杜　玲）

【资源三号 02 卫星成功发射】 5 月 30 日，由中国空间技术研究院研制的资源三号 02 星在太原卫星发射中心成功发射。资源三号 02 星搭载有 3 台三线阵相机、1 台多光谱相机和 1 台激光测距仪。02 星将与在轨工作的 01 星形成组网观测，创新中国测绘方式，实现更高分辨率、更优异影像融合能力、更高图像高程测量精度，可连续、稳定、快速获取高分辨率立体影像和多光谱数据，提升中国 1∶50000 比例测绘的整体能力，满足基础测绘、地理国情监测及其他行业的应用需求。

（徐　建）

【京东无人机完成首单送货】 6 月 8 日，北京京东世纪信息技术有限公司在江苏省宿迁市曹集乡送出无人机配送试运营的第一单。3 款无人机参与试运营，载重能力分别在 10 ～ 15 千克，往返续航里程在 15 ～ 20 千米，飞行速度最快每秒 15 米。3 款无人机均是针对物流无人机送货需求进行分析统计后量身定制的专用机型，可实现自动装卸货、自动启飞、自动巡航和返航等，可以在 5 级风和中雨的天气中飞行。

（杜　玲）

【第二十三颗北斗导航卫星成功发射】 6 月 12 日，由中国空间技术研究院研制的第二十三颗北斗导航卫星在西昌卫星发射中心用长征三号丙运载火箭成功发射升空。卫星属地球静止轨道卫星，其入轨并完成在轨测试后，与其他在轨卫星共同提供服务，将进一步增强系统稳健性，强化系统服务能力，为系统服务从区域向全球拓展奠定坚实基础。与北斗卫星家族其他成员相比，第二十三颗北斗导航卫星的发射场研制周期更短。在发射场阶段取消 1 个大型试验，减少部分电测项目和总装项目，将发射场工作时间缩短近 10 天，参试人员也得到精简，为后续的北斗导航卫星探索一条新路。

（徐　建）

【安达维尔公司获直升机加装夜航设备证书】 6 月 14 日，北京安达维尔通用航空工程技术有限公司（Andawell）获中国民用航空华北地区管理局颁发的施瓦泽 269C–1 型直升机加装夜航设备改装设计批准证书（MDA）。施瓦泽 269C–1 属轻型多用途直升机，可用于飞行训练、个人运输、线路巡逻和航空摄影等。Andawell公司确定改装方案，编制改装文件，完成设计、施工等工作，在保持原机设备状态不变的情况下，满足客户作业需求和民航局相关规章要求，改装设计获适航批准。

（袁永章）

【大型真空太阳模拟器研制成功】 7月11日，由中国航天科工集团第二研究院207所自主研发的用于真空模拟系统中的大型太阳模拟器经48小时连续加电试验，通过验收。太阳模拟器具有大尺寸光斑、均匀性和稳定性良好、可长时间持续工作等特点，光照直径和辐照度最大，有效光照直径5米，最大辐照度1.3个太阳常数，相当于每平方米接受1760瓦的辐射能量。其主要作用是为真空测试环境提供照射光源，通过模拟真实太阳的发光特性，实现外太空环境的太阳辐照模拟及可变条件的光照特性模拟，可有效提高国内真空环境下对目标测量的范围和精度。（*在制造卫星、载人飞船、空间站等太空飞行器时，需要先在地面实验室里对太空中的真空环境进行模拟，其中一个重要模拟因素就是太阳光照。真空太阳模拟器可在地面模拟太空中的太阳光照情况，帮助科研人员开展研究和测试，也被称为“小太阳”。*）

（杜　玲　范丁波）

【国内临近空间火箭探空系统首飞成功】 7月，由中国航天科工集团第二研究院23所研制的基于北斗导航的临近空间火箭探空系统完成首次飞行试验，成为国内首个成功放飞的临近空间火箭探空系统。试验将3枚火箭探空仪发射至70千米高度，由降落伞携带探空仪在稳定落速下实现临近空间气象探测任务，并实时将探测数据、位置信息及解算速度等信息回传，同时完成实时显示和处理绘制要素曲线，有效探测数据获取率超过指标规定的90%。系统首次在火箭上升段获取飞行状态监控数据，将为火箭系统的研发、改进提供支撑。

（徐　建）

【天通一号01星成功发射】 8月6日，中国卫星移动通信系统首发星——天通一号01星在西昌卫星发射中心用长征三号乙运载火箭发射升空。卫星是由中国空间技术研究院研制的大容量地球同步轨道移动通信卫星，引入三维数字化设计，采用单机集成设计、混合集成电路等技术，集成多种信息处理功能，1台单机可执行过去多台单机才能完成的任务，有效提高卫星效能。卫星的研制成功使东方红四号卫星平台的能力得到进一步提升与扩展。卫星的地面业务由中国电信集团公司负责运营，将与地面移动通信系统共同构成移动通信网络，为中国及周边、中东、非洲等相关地区，以及太平洋、印度洋大部分海域的用户提供全天候、全天时、稳定可靠的移动通信服务，支持话音、短信息和数据业务。卫星的成功发射标志着中国进入卫星移动通信的手机时代，具有重要的里程碑意义。

（徐　建）

【高分三号卫星成功发射】 8月10日，由中国空间技术研究院研制的高分三号卫星在太原卫星发射中心发射升空。卫星是中国首颗分辨率达到1米的C频段多极化合成孔径雷达（SAR）成像卫星，同时还是中国首颗设计使用寿命8年的低轨遥感卫星，具备12种成像模式，涵盖传统的条带成像模式和扫描成像模式，以及面向海洋应用的波成像模式和全球观测成像模式，是世界上成像模式最多的合成孔径雷达卫星。卫星成像幅宽大，与高空间分辨率优势相结合，可实现大范围普查，还能详查特定区域，可满足不同用户对不同目标成像的需求。卫星投入使用后，将为国家海洋局、民政部、水利部、中国气象局等用户部门提供高质量和高精度的稳定观测数据，支撑海洋权益维护、灾害风险预警预报、水资源评价与管理、灾害天气和气候变化预测预报等应用，有效改变中国高分辨率SAR图像依赖进口的现状。

（徐　建）

【天宫二号空间实验室发射升空】 9月15日，天宫二号空间实验室在酒泉卫星发射中心发射升空，进入预定轨道。空间实验室由中国航天科技集团公司五院负责总研制，是在天宫一号目标飞行器备份产品的基础上改进研制而成，全长10.4米，最大直径3.35米，太阳翼展宽约18.4米，重8.6吨，采用实验舱和资源舱两舱构型，设计在轨寿命不小于2年，主要任务是接受载人飞船和货运飞船访问，开展空间科学实验和相关技术试验，验证空间站建造和运营相关关键技术。空间实验室将开展平台和空间应用载荷测试，并在神舟十一号飞船发射前，做好与飞船交会对接的准备。

（徐　建）

【神舟十一号飞船完成飞行任务】 10月17日，神舟十一号飞船在酒泉卫星发射中心由长征二号FY11运载火箭成功发射。飞船由中国空间技术研究院研制，目的是为了更好地掌握空间交会对接技术，开展地球观测和空间地球系统科学、空间应用新技术、空间技术和航天医学等领域的应用和试验。10月19日，飞船与天宫二号空间实验室自动交会对接成功，形成组合体，航天员进驻天宫二号，组合体在轨飞行30天。

11月18日，飞船返回着陆。神舟十一号飞行任务是中国第六次载人飞行任务，飞行乘组由景海鹏和陈冬两名航天员组成。成果入选2016年中国十大科技进展新闻。

（张　毅）

【中国长征火箭有限公司揭牌】10月19日，中国长征火箭有限公司战略发布会暨揭牌仪式在京举行。中国航天科技集团公司等单位有关负责人及中国火箭公司合作伙伴、客户和相关企业的代表参加。中国火箭公司是中国航天科技集团公司打造的航天运输及商业火箭发射平台，业务涵盖航天发射服务、空间资源利用和亚轨道飞行体验三大板块，将提供火箭及发射、商业航天保险、卫星地面测控系统建设、地面站建设等方面的服务，并通过合资公司等模式在通信、遥感、导航等方面开展多种商业运营，最终实现天地一体化。中国运载火箭技术研究院、北京亦庄国际投资发展有限公司、航天投资控股有限公司签署《投资中国长征火箭有限公司合作框架协议》。三方将在商业火箭制造、商业发射及搭载服务、空间信息利用、空间在轨服务、亚轨道飞行体验、太空虚拟经济与虚拟体验等领域开展合作，并在亦庄园建设有标志性的中国火箭大厦和商业火箭工业园区。

（杜　玲）

【中技克美公司提供载人飞船对接技术】10月19日，神舟十一号载人飞船与天宫二号空间实验室实现对接。北京中技克美谐波传动有限责任公司为载人飞船与天宫二号空间实验室对接核心部件提供全固体润滑型谐波传动减速器技术。技术应用于温控阀及太阳能帆板、陀螺框架姿态控制、电源分系统驱动机构，具有传动比大、体积小、重量轻、精度高、承载能力大、传动效率高等优点。

（袁永章）

【鸿雁卫星星座通信系统发布】11月1日，在第十一届中国国际航空航天博览会上，中国长城工业集团有限公司召开商业航天新闻发布会，宣布中国航天科技集团公司将建设全球低轨卫星星座通信系统——鸿雁卫星星座通信系统，在2020年组网完毕。系统由60颗低轨道小卫星及全球数据业务处理中心组成，具有全天候、全时段及在复杂地形条件下的实时双向通信能力，可为用户提供全球实时数据通信和综合信息服务。鸿雁星座将集成多项卫星应用功能：卫星数据采集功能，可实现大地域信息收集，满足海洋、气象、交通、环保、地质、防灾减灾等领域的监测数据信息传送需求，并可为大型能源企业、工程企业等提供全球资产状态监管、人员定位、应急救援和通信服务；卫星数据交换功能，可提供全球范围内双向、实时数据传输，以及短报文、图片、音频、视频等多媒体数据服务。系统将搭载船舶自动识别系统，实现对远海海域航行船舶的监控及渔政管理；搭载广播式自动相关监视载荷，增强飞行安全性及突发事故搜救能力；具备移动广播功能，是实现公共及定制信息一点对多点发送的有效手段；其导航增强功能可为北斗导航卫星增强系统提供信息播发通道，提高北斗导航卫星的定位精度。

（张　毅）

【光纤移像镜助力长征五号发射】11月3日，中国首枚大型运载火箭长征五号在海南文昌航天发射场发射升空。由特种玻璃纤维与光电功能材料研究院研制的光纤移像镜配套用于导航系统瞄准镜测试校准仪，满足高精度、一体化测试要求，实现对长征五号导航系统瞄准镜的精确校准。光纤移像镜由数千万根微米级光纤规则排列而成，可实现图像零厚度、倒转180度传输的双重功能，配套用于导航系统瞄准镜测试校准仪，解决传统光学透镜系统无法克服的成像质量与小型化之间的矛盾，提升图像的耦合效率、检测分析精度和目视观察效果。

（万　玮）

【脉冲星试验卫星成功发射】11月10日，由中国空间技术研究院研制的脉冲星试验卫星在酒泉卫星发射中心用长征十一号运载火箭发射升空，并精确入轨。卫星属太阳同步轨道卫星，将开展在轨技术试验，验证星载脉冲星探测器性能指标和空间环境适应性，积累在轨实测脉冲星数据，为脉冲星探测及技术体制验证奠定技术基础。

（徐　建）

【天链一号04星成功发射】11月22日，由中国空间技术研究院为主研制的天链一号04星在西昌卫星发射中心使用长征三号丙运载火箭成功送入预定轨道。卫星主要用于替代天链一号01星，确保中继卫星系统由第一代向第二代平稳过渡。卫星入轨并完成在轨测试后，将与天链一号01星、02星、03星实现全球组网运行，为中国神舟飞船、空间实验室、空间站提供数据中继与测控服务，支持空间交会对接任务，同时为中国中、低轨道资源卫星提供数据中继服务，为航天器发射提供测控支持。

（徐　建）

【首套磁聚焦霍尔电推进系统完成在轨验证】12月15日，中国空间技术研究院宣布，其研制的1.5千瓦级磁聚焦霍尔电推进系统在实践十七号卫星上完成全部在轨飞行验证工作，成为世界上第一套完成在轨飞行验证工作的磁聚焦霍尔电推进系统。系统采用第二代磁聚焦霍尔推进技术，其推力密度高、结构简单、可靠度高。经在轨性能标定、单次 8 小时连续点火、20 次开关机试验、50 小时在轨点火等工况考核，产品比冲较国际上同功率霍尔电推力器高出近 20%，性能指标达到该类推力器的最高水平。中国新型高轨卫星平台及深空探测任务采用该技术后，航天器所携带的推进剂重量将从数吨降至数百千克，可提升航天器有效载荷、延长航天器在轨寿命、降低航天器发送成本。

（徐　建）

【高景一号商业遥感卫星发射升空】12 月 28 日，由航天东方红卫星有限公司抓总研制的高景一号商业遥感卫星在太原卫星发射中心发射升空。高景一号由 01 星、02 星两颗 0.5 米分辨率的光学小卫星组成，具有专业级的图像质量、高敏捷的机动性能、丰富的成像模式和高集成的电子系统等技术特点，将为全球用户提供遥感数据服务和应用系统解决方案服务，以及针对国土资源调查、测绘、环境监测、金融保险及互联网行业的增值服务。卫星由四维测绘技术有限公司负责商业化运营，可针对不同用户的需求，提供卫星准原始数据，还将提供卫星数据的衍生产品、给予卫星数据的相关服务等。两颗卫星未能进入预定轨道。同时还搭载发射首颗中学生科普小卫星“八一·少年行”卫星。卫星是由航天专家指导、北京市八一学校 40 余名中学生全程参与研制并主导载荷设计的一颗低轨道科普卫星，长约 12 厘米，宽约 11 厘米，高约 20 厘米，入轨后其搭载的四大载荷将完成对地拍摄、无线电通信、对地传输音频和文件以及快速离轨试验，可以跟踪拍摄雾霾、台风等天气现象，进行一定的气象观察数据积累，支持全球无线电爱好者开展通联活动。

（程晓荷）

【中国航空发动机研究院成立】12 月 28 日，中国航空发动机研究院成立大会在京举行。副市长隋振江等领导及国家有关部委、北京市政府、顺义区政府等单位相关负责人和企业、高校的代表等 300 余人参加。研究院位于顺义园中航产业园，由中国航空发动机集团有限公司组建，主要承担航空发动机发展战略与规划研究、基础与应用技术研究、共性技术研究、仿真技术研究、研发体系建设、信息化建设、对外合作和集团内技术交流等工作，旨在促进国家航空发动机自主创新能力的提升，并为航空发动机及燃气轮机国家科技重大专项的基础研究提供重要支撑。会上，研究院与北京航空航天大学、西北工业大学、南京航空航天大学等 7 所高校和科研机构签订科技创新合作协议。

（袁永章）

【UPX 自动驾驶仪升级版推出】年内，北京普洛特无人飞行器科技有限公司推出 UPX 自动驾驶仪升级版。产品实现双系统、双备份，搭载该自动驾驶仪的无人机在各种条件下可实现更多自动功能，飞行安全性得到提升。同时，无人机可实现有高度差的亮航点间斜坡飞行控制，可进行全自动起降，控制模式也增加到 6 种，包括地面站地图指点飞行；预设导航点全自动导航飞行；控制飞行器以指定中心点、半径和速度做顺时针和逆时针圆轴运动等，实现设置参数就能操控的“傻瓜”状态。

（杜　玲）

【微纳卫星平台载荷一体化技术获批立项】年内，由航天东方红卫星有限公司牵头申报的国家重点研发计划“地球观测与导航”重点专项的“面向遥感应用的微纳卫星平台载荷一体化技术”项目获科技部立项批复。项目主要面向微纳卫星实现高精度定量化遥感应用，完成微纳卫星平台载荷一体化关键技术研究，通过技术创新促进微纳遥感卫星技术及应用发展，使微纳卫星从“小而弱”提升到“精而强”，为未来实现高性能“微纳百星遥感云”建立技术能力和手段。

（张　毅）

文化创意产业

【概况】2016年，中关村示范区文化创意产业拥有企业2516家，实现收入7639亿元，同比增长12.7%。中关村示范区形成以软件、网络及计算机服务为主体，以高技术、高附加值为特征，以数字化和高端化为方向的文化创意产业体系。虚拟现实产业发展势头迅猛。《关于促进中关村虚拟现实产业创新发展的若干措施》印发，将聚焦石景山园，打造虚拟现实产业创新发展引领区和创新应用先导区。北京蚁视科技有限公司发布蚁视二代VR头盔系列产品，北京暴风魔镜科技有限公司推出移动VR头盔“暴风魔镜”，康得新复合材料集团股份有限公司发布全球首款3D视频+VR音频手机。2016年中关村示范区有近50家虚拟现实及相关产业企业获PE/VC融资。“IP化”、数字出版全产业链运营、大数据精准营销等新型商业模式不断涌现。合一信息技术（北京）有限公司推出动漫“创计划”，全面布局动漫产业链的上、中、下游，让IP合作伙伴从源头享受到全IP收益。文化与资本接轨深度推进。完美世界（北京）网络技术有限公司收购时代今典影院投资有限公司217家影院，进一步完善影视娱乐产业的全产业链布局；中文在线数字出版集团股份有限公司以2.5亿元收购广州弹幕网络科技有限公司13.51%的股权，有助于强化其“文学+、教育+”战略，并利于提高其用户的时间覆盖面和使用黏性。2016年，中关村示范区共有3家文化创意企业上市，分别是中国在线教育集团（无忧英语）、新奥特（北京）视频技术有限公司和新华网股份有限公司，其中无忧英语作为“互联网+教育”的践行者，在美国纽约交易所上市。

（杜　玲）

【动漫“创计划”推出】1月13日，合一信息技术（北京）有限公司在京举办动漫战略发布会，宣布推出动漫“创计划”，即通过“创作、创收、创导”实现产业规划，全面布局动漫产业链的上、中、下游，并宣布未来每年将投入5亿元，支持动漫产业持续性地孵化国产动漫的精品内容。“创计划”将通过与欧美、日本、韩国等国家和地区的动漫创作、营销团队的合作，以动漫形式对外输出中国文化产品和主流价值观。其中，“创作”指合一公司将从单一的播出平台开始转型为更加专注于精品创作的多元化平台，通过日本动画团队来为中国的国漫提供制作技术支持；“创收”，即合一公司在动漫IP的打造上加大资源投入，并且在IP的孵化期就鼓励游戏和衍生等商业化合作伙伴的加入，让IP合作伙伴从源头享受到全IP收益；“创导”，则是合一公司开始着眼于少儿用户，要创导“孩子开心、家长安心”的少儿观看体验，并提供更先进、更绿色、更便利的观看环境，以及更高品质的少儿动漫内容。

（杜　玲）

【掌趣科技公司入股掌阅科技公司】1月15日，北京掌趣科技股份有限公司发布《关于对外投资暨关联交易的公告》，宣布以自有资金3.03亿元投资深圳国金天吉创业投资企业（有限合伙）。交易完成后，掌趣科技公司作为有限合伙人持有国金天吉74.25%的合伙份额。国金天吉以4亿元投资认购掌阅科技股份有限公司新增股份，投资完成后持有掌阅科技公司10%的股份。掌趣科技公司作为国金天吉的有限合伙人间接投资掌阅科技公司，有助于其布局文学领域优质IP资源，促进双方在泛娱乐方面的优势资源合作，加强和完善其在泛娱乐领域的产业布局。

（杜　玲）

【百种中英双语学术期刊首发】3月31日，在2016美国亚洲研究协会（AAS）年会上，同方知网（北京）技术有限公司美国子公司CNKI（美国）发布由知网公司翻译出版的《经济研究》《东北亚论坛》《敦煌研究》《心理学报》《中国针灸》等近100种中英双语对照学术期刊网络版。期刊将收录到“中国精品学术期刊双语出版数据库”（CNKI Journal Translation Project，JTP）中。JTP是国家文化产业发展专项资金支持的大型翻译出版工程，目标是双语对照出版200种左右中国最具国际影响力的学术期刊，涵盖经济、哲学、人文科学、农业、医药卫生、工程、信息科技等学科领域，致力于突破语言障碍，为全球学者提供最前沿、最全面的中国学术内容。

（韩洋洋）

【乐视超级体育会员服务推出】4月6日，乐视网信息技术（北京）股份有限公司在京召开“生态406超级会员日”发布会，宣布推出付费会员服务——乐视超级体育会员，为体育爱好者打造“最多内容+最优体

验 + 最全服务”的体育消费模式。乐视超级体育会员享有独家数据、直播服务、直播加速以及解说员国家队的优先服务、多路解说、多路视角等特权。

（杜　玲）

【百度公司与乐视公司达成战略合作】 4月18日，百度 & 乐视战略合作签约仪式在百度大厦举行。百度在线网络技术（北京）有限公司和乐视网信息技术（北京）股份有限公司签订战略合作协议，双方将打通百度联盟生态与乐视视频内容生态，在满足百度海量用户对于视频内容获取需求的同时，提升乐视内容的展现和分发能力。双方还将在影视剧制作、宣发，衍生品开发等方面，以及用户权益、智能硬件、全球化等领域展开合作。

（杜　玲）

【“樱花之约”系列活动举办】 4月24日，由国家新媒体产业基地管委会主办的以樱花为媒、文化为台、发现美丽新区的系列创意文化活动“美丽园区・相约新媒体——‘樱花之约’”在新媒体基地启动。活动包括“我型我秀”“樱花微影”“文化之旅”“寻找美・创意拍”等7项内容。启动现场，创意集市共有近30家企业参展，展示九州通、味道网、满铺香等电商企业的产品，董陶窑、李可染画院等艺术企业的文化作品，并举办赛普健身等文创企业的体验活动。系列活动延续至7月15日结束，各界嘉宾及群众3000余人次参加。

（周思远）

【乐视公司与 Twitter 达成战略合作】 5月11日，在2016亚洲消费电子展上，乐视控股（北京）有限公司与美国推特公司（Twitter）签署全球战略合作协议，Twitter 将通过对大数据的分析，为乐视公司提供定制的研究方案、战略性广告商工具和资源，以及广告商创新，定位精准客户群体。乐视公司将成为首批使用 Twitter First View（以视频为基础的全新广告产品）进行全球传播的中国品牌之一。通过使用 First View 应用，可将乐视公司的宣传内容以视频的形式自动跳转到 Twitter 信息流的最前端，在24小时内成为用户打开 Twitter 后最先看到的内容。

（杜　玲）

【3D 视频 +VR 音频手机发布】 6月12日，在康得新复合材料集团股份有限公司等单位举办的观3D 2016《中国好声音》全新原创3D版发布会上，3D视频 +VR 音频手机——观3DV5发布。产品应用康得新公司研发的13.1声道VR音频技术和裸眼3D技术，增加左中、右中、左侧环绕、右侧环绕、左角、右角等多个声道，使其左、中、右3个声道的频率范围达到20～2万赫兹，能满足全音域要求，无须佩戴辅助设备和受制于特定场景，便可随时随地使用3D视界，打造属于自己的个性化3D移动影院，最大限度还原人耳的声音效果。

（万　玮　范丁波）

【京津冀文化创意产业（海淀・西青）示范基地启动】 6月16日，由北京市海淀区文化创意产业协会、北京峰火文创中心主办的京津冀文化创意产业（海淀・西青）示范基地成立暨第十届峰火文创论坛在京举办。北京市委宣传部、天津市政府、天津市西青区经济技术开发区管委会等单位的相关负责人，以及文化创意产业智库的专家、企业家代表等200余人参加。由海淀区文创协会和西青开发区管委会合作共建的京津冀

文化创意产业（海淀・西青）示范基地，是在资源共享、优势互补的基础上，开展的具有一定规模的产业合作。基地项目一期位于西青开发区，占地面积0.84公顷，建筑面积1万平方米。基地的商业模式是“平台 + 基地 + 产业链 = 打造闭环产业生态系统”，管理团队将着眼于市场运营和产业运营，利用交通便利、商务配套等优势，为入园企业提供一站式服务；基地内钢结构厂房及办公楼层框架结构能够满足文化创意类、设计类、国际文化遗产产品贸易类、展览展示类、影视动漫类等企业的发展需求。

（冯秋帆）

【蚁视二代 VR 头盔发布】 7月12日，蚁视2016年新品发布会在京举行。发布会主题为“性能杀手，感官怪兽”。北京蚁视科技有限公司发布蚁视二代 VR 头盔系列产品。VR 头盔采用独立双屏显示，分辨率为2160 × 1200（单眼分辨率1080 × 1200），刷新率90赫兹，拥有110度视角，内置 Hi-Fi 耳机，并通过技术手段有效缓解 VR 眩晕问题。

（杜　玲）

【首届市文化创意创新创业大赛昌平分赛区开赛】 7月15日，由昌平园管委会、昌平区文化创意产业促进中

心主办的华夏银行杯首届北京市文化创意创新创业大赛初赛双创社区赛场开赛。文创领域专家学者、知名投资机构的代表及创业者等近100人参加。100余个项目参赛，斑马骑士（北京）科技有限公司的斑马小镇、

北京三三零音乐有限公司的三分半音乐等10个文化创意项目在回+创业图书馆进行路演，涵盖儿童益智软件、微信音乐人平台等领域。三只熊、玩转娱乐、斑马小镇和趣野户外运动4个项目参加复赛，进入北京市“文创100”计划，获免费入驻腾讯众创空间、培训辅导、项目推介、媒介推介等奖励。

（万　玮）

【中科大洋融媒体平台落户故宫博物院】7月，北京中科大洋科技发展股份有限公司中标故宫博物院融媒体平台项目。故宫博物院启用基于云架构的中科大洋融媒体平台后，将实现4K视音频影像素材的组网编辑，可提高博物院珍贵史料的编辑质量和使用效率。平台还集信息汇聚、视频编辑、素材分发功能为一体，为观众和馆内专家提供包括古建内容的细节浏览、数据审核、展品三维模型、公共互动、会议交流在内的视频在线浏览功能。

（杜　玲）

【乐视体育公司与张家口市政府达成战略合作】8月19日，张家口市政府、乐视控股集团战略合作签约仪式在张家口市举行。根据协议，乐视体育文化产业发展（北京）有限公司将与张家口市政府就冰雪赛事、场馆智能化运营、体育旅游资源等领域开展合作，包括：在媒体方面，乐视体育公司将发挥平台优势宣传2022年冬奥会，为张家口本地赛事提供转播、报道服务，共同开发个性化体育频道或节目；在赛事方面，双方将开发独立赛事IP、引进更多有影响力的国际赛事，打造张家口市独有的国际化冰雪项目；场馆方面，乐视体育公司将参与张家口奥运场馆的智能场馆建设。同时，双方还将共同开发张家口市体育旅游资源，打造体育生态小镇。

（杜　玲）

【启迪数字天下公司与京广传媒达成战略合作】8月24日，在首都文创产业投融资沙龙第二期暨京广传媒战略合作协议签署、京广天众公司揭牌仪式上，启迪数字天下（北京）科技文化有限公司与北京国际广告传媒集团签署战略合作协议。根据协议，京广传媒集团将负责启迪数字天下公司的AR增强现实浏览器——“特来视”平台及基于该平台制作的AR品牌宣传产品的推广业务，双方将把虚拟现实VR技术应用于体育赛事营销及传播，增强现实AR技术应用到企事业单位的宣传推广领域。“特来视”平台可通过三维全景、CG动画、三维模型、影音视频等交互方式改变使用者的认知。

（康秋红）

【英捷特公司3项产品获创意工业创新奖】8月25日，由中国出版传媒商报社、法兰克福书展、法兰克福学院联合主办的第三届中国创意工业创新奖报告发布暨颁奖礼在京举行。由海淀创业园北京英捷特数字出版技术有限公司开发的中华书局“中华经典古籍库平台”、中国科学杂志社“SciEngine科技类学术期刊国际传播平台”获新技术金奖，人民出版社“读书会社交平台”获新产品银奖。

（彭　晨）

【共同推出全球首个VR旅行团】8月31日，北京趣拿软件科技有限公司（去哪儿网）和暴风集团股份有限公司共同宣布，双方将结合国内热门景区和目的地，联手推出全球首个VR旅行团产品。双方联合为国内外游客提供网上VR体验、随团VR观摩、VR体验馆互动等全方位内容，打造线上+线下的双重应用场景。对于游客，VR技术使传统旅游告别单纯线下游逛状态，增加旅游前后的体验环节，也可帮助游客增加观赏维度和角度；对于景区，VR技术将帮助其全面提升用户体验。

（杜　玲）

【共同打造专业化儿童互联网平台】9月5日，北京奇虎科技有限公司与皇氏集团股份有限公司签署《全面战略合作框架协议》，双方将共同打造集娱乐、教育、儿童衍生品运营为一体的专业化儿童互联网平台。根据协议，皇氏集团将全面开放其拥有的版权库，包括影视剧、儿童动漫内容及其衍生品授权，在奇虎公司及其子公司、关联公司拥有并运营的互联网视频播出平台及其他相关互联网产品、儿童智能产品中投放使用。奇虎公司则提供全面的互联网视频播出服务，开

设定制专区或频道及儿童定制化产品，并提供全面市场推广及建立内容品牌。

（杜　玲）

【完美世界公司收购 217 家影院】 9 月 13 日，完美世界（北京）网络技术有限公司发布《重大资产购买报告书》，宣布设立全资子公司完美世界（重庆）影院管理有限公司作为交易投资主体，以 6.06 亿元收购时代今典影院投资有限公司持有的北京今典四道口影城管理有限公司 100% 股权，以 2.31 亿元收购北京时代今典传媒科技有限公司持有的北京时代华夏今典电影院线发展有限责任公司 100% 股权，以 3682.24 万元收购今典传媒公司持有的北京时代今典影视文化有限公司 100% 股权，以 4.79 亿元受让目标债权，合计交易金额 13.53 亿元。12 月 6 日，完美世界公司发布公告，宣布收购完成。截至 6 月 30 日，今典院线公司旗下共有 217 家可统计票房的自营和加盟影院。

（杜　玲）

【京津冀科技期刊发展联盟成立】 9 月 21 日，由市科协、亦庄园管委会主办的京津冀科技期刊协作发展联盟成立大会暨京津冀科技期刊创新发展论坛在博大大厦举办。中科院、中国期刊协会等单位相关负责人和京津冀三地的科技期刊工作者及信息、知识产权界的代表近 200 人参加。联盟由北京科学技术期刊学会、天津市科技期刊学会、河北省科技期刊编辑学会等单位发起成立，将组织专家论坛、专家培训、成员间沟通交流，加强京津冀科技期刊间的紧密协作，共同促进京津冀科技期刊在“互联网 +”的技术浪潮中跨界、融合、协同发展。与会代表还就科技期刊发展的政策环境、自身作用、前景探索、领域发展等展开研讨。

（崔春雷）

【新时代公司获中国文化管理协会两项大奖】 9 月 28 日，在 2016 中国企业文化管理年会暨第三届全国最美企业之声展演活动中，新时代健康产业（集团）有限公司鉴于在丰富企业文化载体、形成特色文化成果、全面打造“大任 · 国珍”文化体系方面取得的成果，获由中国文化管理协会企业文化管理专业委员会颁发的“企业文化影响力十强”大奖，公司拍摄的反映新时代人助学兴教、善行义举的公益微电影《格桑拉》获中国文化管理协会、中国大众音乐协会、东方文化艺术院颁发的第三届全国最美企业之声“企业故事”金奖。

（万　玮）

【首届中关村数字文化节举办】 9 月 29 日—10 月 11 日，由文化部艺术发展中心、中关村数字文化产业联盟、中国侨商联合会主办的 2016 首届中关村数字文化节在京举办。文化节以“数字改变世界，文化创造未来”为主题，举办数字文化大会、数字科技嘉年华和“数字英雄榜”颁奖盛典等活动。来自国内外的 1000 余名互联网和文化创意领域的代表参加数字文化大会，以全球化视角，围绕传统 IP 的活化与传播、文化消费新模式等主题进行跨地域和跨行业的交流和探讨；嘉年华以圆明园正觉寺为核心，辐射天心水面等区域，推出数字科技展、非遗工坊、风采路演、未来科技讲座和“捉妖 Go”等活动，按照不同的生活主题分为衣、食、住、行、医、娱、教 7 个板块，集中展示数字文化领域的新科技、新产品。“数字英雄榜”以网络大数据的方式，盘点中关村示范区 20 年来的重要企业和人物，总结整个数字文化领域的创新成果，评选出数字英雄“领袖榜”“新锐榜”“娱乐榜”，涉及数字影视、创意设计、动漫游戏、数字出版、网络传媒、智能装备等领域的企业和人物。

（张　毅）

【《寄青霞馆弈选》正、续编首发式举行】 10 月 8 日，由北京国学时代文化传播股份有限公司主办的《中国围棋古谱集成》之《寄青霞馆弈选》正、续编首发式在北京国家数字出版基地举行。中国围棋协会、北京围棋基金会、首都师范大学等单位的相关负责人，以及来自围棋界、学术界和出版界的代表等 80 余人参加。《中国围棋古谱集成》通过对存世围棋古谱进行大规模的搜集、整理，将收录自宋元时期至清末民初的所有围棋古籍，并采用数字化处理技术进行刊印出版。项目 2012 年启动，由国学时代公司与首都师范大学文化研究院共同完成。《寄青霞馆弈选》正、续编是《中国围棋古谱集成》推出的第一辑，系清末著名藏书家王存善所辑录的大型围棋丛谱，包括正编 8 卷、续编 8 卷，共收录棋谱 960 局，囊括自明末至晚清所有名手的对

局，为后世研究清代棋坛提供重要依据。在编纂体例上，采用“以人为经，以年为纬”的方式，按棋手及对弈的时间顺序编排谱目，且原谱所带棋评也一并收录其中。卷首附有谭其文所撰《弈选诸家小传》。该书由青岛出版社出版。

（刘　佳　张欣怡）

【2016“文化+”创业大赛决赛举行】10月18日，由东城区委组织部、东城园管委会等单位共同主办的2016“文化+”创业大赛决赛暨颁奖仪式在北京台湾会馆举行。大赛7月6日启动，以“文化筑梦·创新东城”为主题，旨在以创新激发活力，以创业推动发展，树立东城区创业工作特色品牌，引进一批优秀创业项目，促进全区文化人才成长，形成创业带动就业的良性模式，彰显东城区独特的文创资源优势。大赛首次在天津市设立分赛区，两大赛区共设5个分赛场，历时3个月征集到参赛项目556个，涉及教育、科技、国学、艺术等领域。最终12个项目进入决赛，“绘本舞蹈”获一等奖，“奇力空间”“蛋解创业”获二等奖，“新品有戏”“一起走员工运动激励平台”“奇喵英语”获三等奖，“蛋解创业”“梵高先生新式偶剧”“苇韵”“乐盒教育戏剧”及北京蛋解创业科技有限公司创始人耿伟分别获“年度创业人气奖”“年度投资价值奖”“年度创业新秀奖”“年度创业丽人奖”和“年度超级导师奖”5个单项奖。市委组织部、市人力社保局、中关村管委会等单位相关负责人和大赛合作机构、外联高校、投资机构的代表及文创领域专家、学者等近200人参加。

（刘晓霞）

【家庭云艺术馆BOE iGallery发布】11月8日，在京东方2016全球创新伙伴大会上，京东方科技集团股份有限公司发布全球首款家庭云艺术馆BOE iGallery。产品由App、云服务器及显示终端组成。用户在完成App与显示终端的账户绑定后，即可通过云服务器将App上的艺术画作推送到显示终端。显示终端采用防眩光、不伤眼的显示技术，外框采用实木。云服务器内存储海量的艺术作品，并支持一对多推送、多对一推送等功能。

（张　毅）

【打造北京剧本推介会“互联网+体验区”】11月18—20日，在第四届北京剧本推介会上，北京北大软件工程发展有限公司作为会议“互联网+体验区”的主要承办单位，利用信息通信技术及互联网平台，为广大编剧与剧本需求方提供免费的市场交易平台，使互联网与剧本超市进行深度融合，同时推出互动体验活动，让用户游历于虚拟和现实之间。来自全国的9家文学网站、5家出版集团、30余家影视机构、6家北京文艺院团，以及编剧和网络作家参与平面推介活动。

（韩洋洋）

【中文在线集团投资二次元企业】11月21日，中文在线数字出版集团股份有限公司发布《关于投资广州弹幕网络科技有限公司的公告》，宣布拟与广州弹幕公司及其原股东签署《关于广州弹幕网络科技有限公司增资协议》，以现金出资2.5亿元认购其13.51%的股权。广州弹幕公司为二次元文化的垂直社交平台，覆盖大量的二次元用户和作品，积累一批高黏性的核心二次元用户，其运营的弹幕视频网站用户的年龄段主要涵盖K12和大学年龄段，与中文在线集团的用户年龄段高度契合。投资广州弹幕公司有利于提高中文在线集团用户的时间的覆盖面、提高用户黏性。

（张　毅）

【国学智能书库项目获资金支持】11月25日，北京市国有文化资产监督管理办公室发布《2016年北京市文化创意产业发展专项资金拟支持项目公示》，北京国学时代文化传播股份有限公司申报的“古籍数字化研究与实践——国学智能书库”项目入选。书库以U盘为载体，以传统经典文献为基本内容，收录10亿字4000余种经典文献，是以多种知识库、多种知识词典为支撑的智慧虚拟图书馆，可对书库中收录的几千种图书全文进行逐字注解，且还带有包括人名、书名、帝王年号等内容的知识库，具有容量大、体积小、质量精、性价比高、使用简便五大特点。

（刘　佳　张欣怡）

【2016未来领袖文化创意大赛颁奖典礼举行】11月30日，由东城区人才工作领导小组、东城园管委会、北京大学文化产业研究院共同发起的“2016未来领袖文化创意大赛”颁奖典礼暨创意领袖论坛在东城文化人才（国际）创业园举行。东城区委、东城园工委、北京大学艺术学院等单位相关负责人及东城区相关委办局、孵化器平台、企业、投资机构的代表等50余人参加。大赛采用定向征集的方式，重点征集文化与科技融合项目，并为东城区“老字号”征集创新发展解决方案。大赛采取项目动态孵化的方式，参赛项目从报名开始就对接专家导师、银行、投资基金、担保公司、优秀企业家等资源，通过赛前培训、公开课、一对一辅导等培训课程，实现对参赛项目的边孵化边评比。经过多轮筛选，最终评出包括团体奖、单项奖在内的7个奖项。创意领袖论坛由主题演讲和沙龙对话两个部分

组成。北京大学文化产业研究院、中央财经大学文化与传媒学院、东方意象文创机构的专家分别做“创意者经济：互联网＋文创的创新模式”“互联网消费金融与创意创业”“‘十三五’文创发展机遇”主题演讲。

（刘晓霞）

【共同推出B&H创意平台】 12月6日，中英高级别人文交流机制第四次会议、中国手工坊与B&H创意平台合作签约仪式暨新闻发布会在上海市举行。中英政商各界人士300余人参加。英国商务大使芭芭拉·贾奇与依文·中国手工坊(依文服饰股份有限公司)合作，共同推出B&H创意平台，让英国的年轻设计师与中国的传统手工艺者共创时尚美学。B&H创意平台是代表中英两国文化的平台，也是首次将中国传统手工艺与英国时尚相结合的品牌。平台将中国传统的手工艺融入现代高端时尚服装，从而让传统手工艺产生更高的价值，吸引更多产业的加入。

（杜　玲）

【北京大学创业训练营文创产业特训班举办】 12月8—11日，由房山区委宣传部、北京大学校友会、北京大学艺术学院主办的北京大学创业训练营文创产业特训班暨北大校友企业家房山行活动在房山区举办。来自全国各地的80名企业家参加。活动组织企业家们考察超级蜂巢、北京互联网金融安全示范产业园、海聚基地，参加项目互动交流会和项目对接会，并对房山区的投资兴业环境、人才政策、科技行动计划、产业政策、文创支持政策等相关情况进行推介。中公教育文教产业园等北京大学6家校友企业的项目签约入驻房山区。

（梁雪媛）

【尚8文化集团入选中国优秀文创IP园区】 12月9日，在2016中国（深圳）文化科技周上，尚巴（北京）文化有限公司（尚8文化集团）入选“2016中国优秀文创IP园区”。其运营的尚8创意产业园以构建绿色低碳的创意环境与自由创新的展览交流空间为特色，为工作者营造独特的工作环境和生活氛围，呈LOFT式矩形空间，比例适宜，整齐划一，人文与艺术气息浓厚，适应不同群体办公、展示等需求。

（刘昱辉）

【蓝港互动集团获中国十大游戏研发商等4项奖】 12月15日，在海南省海口市召开的中国游戏产业年会（China GIAC）上，颁发2016年度中国游戏十强奖。蓝港互动集团有限公司获中国十大游戏研发商、中国十大移动游戏发行商、中国游戏产业十大影响力人物、十大最受欢迎移动网络游戏4个奖项。公司的游戏产品及商业模式备受用户关注，其推出的《蜀山战纪之剑侠传奇》《黎明之光》等手机游戏可在手机、电脑、游戏主机三端同步运行。

（朱文利）

【《圣迹图》出版】 12月，人民邮电出版社出版由北京国学时代文化传播股份有限公司组织编纂的《圣迹图》。《圣迹图》从圣人迹、列国游、至圣言、文献录、弟子贤、诗家说、海外评7个方面撰写，采用图文并茂的形式，展示孔子的经历、信念及性情。

（刘　佳　张欣怡）

重大创新成果

Major Innovative Achievements

本栏目设有国家科学技术奖和北京市科学技术奖两个分栏目，以条目体形式记述中关村国家自主创新示范区区域内的部分单位和个人获国家最高科学技术奖、国家自然科学奖、国家技术发明奖、国家科学技术进步奖及北京市科学技术奖的成果内容及其创新点。

综　述

2017年1月2日，《国务院关于2016年度国家科学技术奖励的决定》（国发〔2017〕2号）印发，决定授予赵忠贤院士、屠呦呦研究员国家最高科学技术奖，授予国家自然科学奖、国家技术发明奖、国家科学技术进步奖279项。中关村示范区58项成果获奖，包括一等奖6项、二等奖52项，占北京地区获奖总数（70项）的83%，企业牵头的11项、参与的25项，占北京地区获奖总数的52%。58项获奖项目中，国家自然科学奖13项，占国家自然科学奖获奖总数（13项）的100%，其中一等奖1项、二等奖12项；国家技术发明奖（通用项目）10项，占国家技术发明奖（通用项目）获奖总数（10项）的100%，其中企业牵头的1项、参与的5项；国家科技进步奖（通用项目）35项，占国家科技进步奖（通用项目）获奖总数（47项）的75%，其中一等奖5项、二等奖30项，企业牵头的10项、参与的20项，分别占国家科技进步奖（通用项目）获奖总数的21%、43%。两位国家最高科学技术奖获得者以及唯一的国家自然科学奖一等奖均被中关村示范区包揽。中科院物理研究所的赵忠贤院士是中国高温超导研究的奠基人之一，在国际超导界享有盛誉；中医科学院中药研究所的屠呦呦研究员与合作团队从大量中医古籍中筛选出中药青蒿作为抗疟的首选药物，其发现和抗疟作用标志着人类抗疟药物发展的新方向；“大亚湾反应堆中微子实验发现的中微子振荡新模式”项目发现了新的中微子振荡模式并精确测量其振荡幅度，使中国的中微子研究从无到有，并一步跨入国际先进行列。获奖项目中，一批以高端技术突破带动产业优化升级，解决制约战略性新兴产业发展关键性技术瓶颈的优秀科技成果，彰显中关村示范区强大的原始创新能力。清华大学等单位完成的“DTMB系统国际化和产业化的关键技术及应用”项目采用产学研结合方式，实现地面数字电视广播传输系统的关键技术突破；国网智能电网研究院等单位完成的“±800kV特高压直流输电换流阀关键技术及应用”研制出中国首个特高压换流阀，并在特高压直流工程中规模化应用。与此同时，一批保障民生的惠民成果，在脑血管病防控、动态交通信息、基因组分子育种技术等方面实现科技创新与社会发展需求的深度融合。中国寰球工程公司、中国恩菲工程技术有限公司等企业分别牵头完成“大型乙烯装置成套工艺技术、关键装备与工业应用”“底吹熔炼—熔融还原—富氧挥发连续炼铅新技术及产业化应用”等项目，充分体现企业的创新能力。2017年1月9日，中共中央、国务院在京召开2016年度国家科学技术奖励大会。

2016年11月3日，《北京市人民政府关于2016年度北京市科学技术奖励的决定》印发，批准180项成果获奖。中关村示范区149项，占北京地区获奖总数的83%。149项成果中，基础研究领域取得原创性突破，技术创新成果为产业转型发展提供新动力，以企业为主体的产学研联合攻关成果显著，民生领域成果全民共享，重大疾病成果带动医疗水平提升。149项获奖项目中，一等奖24项，占一等奖获奖总数（27项）的89%；二等奖49项，占二等奖获奖总数（60项）的82%；三等奖76项，占三等奖获奖总数（93项）的82%。其中，有64个项目由企业独立完成或牵头完成，占获奖项目总数的36%；企业参与完成的项目81项，占获奖项目总数的45%。由中科院物理研究所等单位完成的“原子气体玻色——爱因斯坦凝聚及应用”项目通过提出周期瞬子方法来计算在高、低能区都适用的有限温度量子隧穿，解决量子力学基本理论中的一个难题；百泰生物药业有限公司完成的“哺乳动物细胞大规模灌流培养技术开发及抗体产业化应用”项目开发出哺乳动物细胞连续灌流培养工艺技术；北京胜为弘技数控装备有限公司等单位完成的“叶片复杂型面精加工六坐标联动数控砂带磨关键技术研究与应用”项目研制出叶片六坐标联动数控砂带磨床和编程系统；北京三元食品股份有限公司等单位完成的“乳品产业链质量安全监控关键技术创新集成及应用”项目建立现代奶牛养殖技术体系，开展乳品质量安全管理与控制关键技术、关键设备等研究；中国医学科学院阜外医院完成的“冠心病外科手术疗效评价体系的建立及应用”项目建立冠心病外科手术疗效评价体系。2017年4月26日，市委、市政府在北京会议中心举行2016年度北京市科学技术奖励大会。

（章　健）

2016 年度国家科学技术奖（部分）项目简介

国家最高科学技术奖

【赵忠贤】1941 年出生，辽宁省新民市人，1964 年中国科学技术大学毕业后到中科院物理研究所工作至今，曾担任国防课题组业务负责人和超导国家重点实验室主任，现任中科院物理研究所研究员，1991 年当选中科院院士。50 余年来，除参加国防任务的几年外，赵忠贤一直从事超导研究，是中国高温超导研究的奠基人之一，也是国际上最早认识到柏诺兹和缪勒关于“在 Ba–La–Cu–O 中存在可能高达 35K 超导性”（后获诺贝尔奖）的重要意义的少数几位学者之一。该工作与其多年坚持的“结构不稳定性可以导致高临界温度”的思路产生共鸣。1987 年 2 月，赵忠贤及合作者独立发现液氮温区高温超导体，在国际上首次公布其元素组成为 Ba–Y–Cu–O，推动国际高温超导研究热潮，并获 1987 年第三世界科学院 TWAS 物理奖。1989 年因“液氮温区氧化物超导电性的发现”获国家自然科学奖集体一等奖（排名第一）。赵忠贤的第二个主要贡献是发现系列 50 开尔文以上铁基高温超导体并创造 55 开尔文纪录。长期的坚持和积累，赵忠贤在探索新的高温超导体方面逐渐地发展一种新的思路，即存在多种合作现象的层状四方体系中，有可能实现高温超导。2008 年，日本一小组报道 LaFeAsO 有 26 开尔文的超导电性，赵忠贤结合其学术思路，认识到其中可能孕育着新的突破。基于 LaFeAs（O，F）压力效应研究，赵忠贤提出轻稀土元素替代和高温高压的合成方案，率先将铁基超导体的临界温度从 26 开尔文提高到 52 开尔文，超过 40 开尔文的麦克米兰极限。很快又合成绝大多数 50 开尔文以上的系列铁基超导体，创造大块铁基超导体 55 开尔文的最高临界温度纪录。2013 年，赵忠贤因“40 开尔文以上铁基高温超导体的发现及若干基本物理性质研究”获国家自然科学奖一等奖；2015 年，获马蒂亚斯奖。赵忠贤注重培养人才，积极为年轻人营造良好环境，是中国高温超导研究主要的倡导者、推动者和践行者，为高温超导研究在中国扎根并跻身国际前列做出重要贡献。

【屠呦呦】1930 年 12 月出生，浙江省宁波市人，1955 年北京医学院药学系毕业后到中国中医科学院中药研究所工作至今，为研究院终身研究员、首席研究员，青蒿素研究中心主任。2015 年 10 月，屠呦呦以“从中医药古典文献中获取灵感，先驱性地发现青蒿素，开创疟疾治疗新方法”获诺贝尔生理学或医学奖。屠呦呦的科学贡献是发现青蒿素。其从中医古籍中得到启迪，改变青蒿传统提取工艺，创建的低温提取青蒿抗疟有效部位的方法，成为青蒿素发现的关键性突破；率先提取到对疟原虫抑制率达 100% 的青蒿抗疟有效部位“醚中干”，并在 1967 年“疟疾防治药物研究工作协作会议”（“523”会议）上做了报告，从此带动中国对青蒿提取物的抗疟研究；屠呦呦和其团队最先从青蒿抗疟有效部位中分离得到抗疟有效单一成分——青蒿素；率先开展“醚中干”、青蒿素单体的临床试验，证实其治疗疟疾的临床有效性；并与合作单位共同确定青蒿素的化学结构，为其衍生物开发提供条件。屠呦呦和其团队按国家药品新规，将青蒿素开发为中国实施新药审批办法以来第一个新药。青蒿素是与已知抗疟药化学结构、作用机制完全不同的新化合物，改写了只有含 N 杂环的生物碱成分抗疟的历史，标志着人类抗疟药物发展的新方向。从 20 世纪 90 年代起，世界卫生组织（WHO）推荐以青蒿素类为主的复合疗法（ACT）作为治疗疟疾的首选方案，现已为全球疟疾流行地区广泛使用，近年来 ACT 年采购量达 3 亿人份以上。据 WHO《2015 年世界疟疾报告》，由于采取有效防治措施，包括 ACT 的治疗，从 2000 年全球疟疾发病 2.14 亿例、死亡 73.8 万人，到 2015 年发病率、死亡率分别下降 37% 和 60%，挽救大约 590 万名儿童的生命。屠呦呦及其团队因研制青蒿素获多项国内外重要奖励。1978 年，屠呦呦领导的原卫生部中医研究院中药研究所“523”研究组受到全国科学大会表彰；1979 年，“抗疟新药青蒿素”项目获国家发明奖二等奖；2011 年，屠呦呦以“发现了青蒿素，一种治疗疟疾的药物，在全球特别是发展中国家挽救了数百万人的生命”获美国拉斯克临床医学奖。

（摘自科技部网站）

国家自然科学奖一等奖

【大亚湾反应堆中微子实验发现的中微子振荡新模式】 项目由中科院高能物理研究所王贻芳、曹俊、杨长根等完成。中微子振荡是一种新的物理现象，即一种中微子在飞行中自发变为另一种中微子。1998 年首次发现大气中微子振荡（对应于 q23），2002 年发现太阳中微子振荡（对应于 q12），两项成果均被授予 2015 年诺贝尔物理学奖。中微子振荡表明中微子有微小的质量，是唯一的超出粒子物理标准模型的新物理实验证据。寻找对应于混合参数 q13 的第三种振荡模式是中微子研究的必然。q13 的大小关系到中微子物理研究的未来发展，并和宇宙中的“反物质消失之谜”相关，也是粒子物理学 28 个基本参数之一。2003 年大亚湾中微子实验项目组提出原创的实验方案，2011 年建成国际领先的实验装置，探测精度和数据获取效率位居

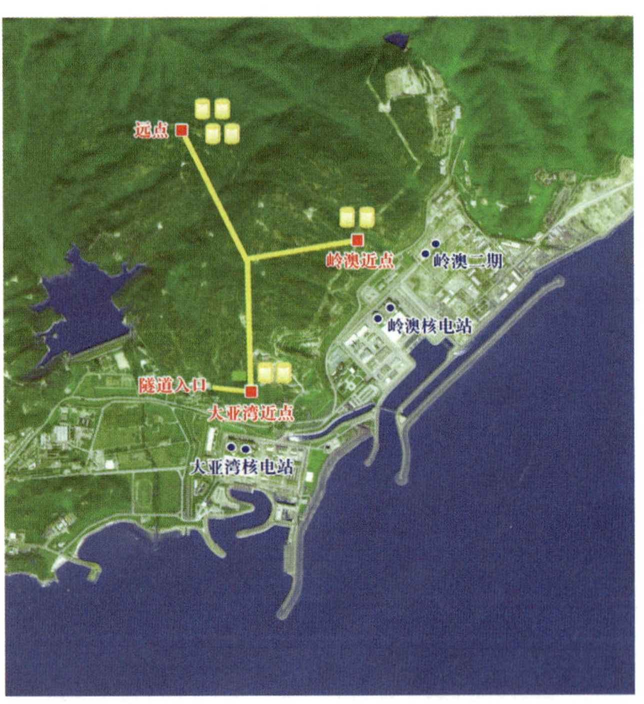

国际同类装置第一，2012 年发现对应于 q13 的中微子振荡模式确实存在，并精确测得其振荡幅度 sin22q13 约为 0.09，美国《科学》杂志将其评为 2012 年十大科学突破之一。来自中国、美国、俄罗斯、捷克等国家的研究机构组成的大亚湾实验合作组因在中微子振荡上的基础性发现与探索，揭示远远超越粒子物理标准模型的新前沿，其负责人与 4 个实验组因而获 2016 年度基础物理学突破奖。由北京师范大学、清华大学等高校和研究所组成的境内项目组提出具有创新性的完整实验方案和探测器设计，精度超过以往实验一个量级以上；负责全部土建与通用设施，以及约一半探测器的研制，包括液体闪烁体、中心探测器钢罐、反射板、阻性板探测器、读出电子学与数据获取等，并参与台湾负责的 3 米有机玻璃罐；发展具有一系列创新的数据分析方法，获得完整的物理分析结果。

（章　健）

国家自然科学奖二等奖

【磁电演生新材料及高压调控的量子序】 项目由中科院物理研究所靳常青、望贤成、刘清青等完成。课题属于凝聚态物理学科领域，以发现磁电演生新材料及量子序的高压调控为目标，围绕铁磁、反铁磁及强自旋轨道耦合 3 类典型磁电相互作用，深入开展新体系的原创研究。主要成果：①独立发现并命名国际公认的铁基超导“111”体系。其特点：无须化学掺杂即可超导，排除无序等非本征因素的复杂干扰；结构简单，易于提炼形成超导的基本要素；解离面无极性，保证表面和体态磁电结构严格一致。②首次研制并发现系列铁磁演生材料及量子序。基于 LiZnAs 的自旋和电荷掺杂机制分离的稀磁半导体，突破长期制约稀磁半导体的自旋和电荷掺杂捆绑瓶颈；LiZnAs 可看作 LiFeAs 的拓展，相比结构类同的经典稀磁半导体（Ga，Mn）As，能够独立调控自旋和电荷注入，具有晶格匹配的超导和磁有序对应体系，为研制面向应用的稀磁半导体 p–n 节以及和超导与磁的多组合异质结，揭示新的物理效应提供重要结构载体；提出化学键强度对这类非磁性元素铁磁序的关键调控。③揭示压力诱导的强自旋轨道耦合量子序演化新现象。在国际上首次发现压力诱发的拓扑化合物宏观量子凝聚，实现对拓扑量子序向纯净物理调控的拓展。项目发表论文 20 篇，授权发明专利 12 件。

（章　健）

【有机场效应晶体管基本物理化学问题的研究】 项目由中科院化学研究所胡文平、刘云圻、李洪祥等完成，得到中科院、科技部、自然科学基金委的支持。主要成就：①通过采用超薄塑料衬底以及其他技术手段，成功地将有机场效应晶体管的柔性指标——弯折曲率半径降低。②采用水浮法层合技术，制备超薄介电层支撑的整个器件和电路，其总体厚度可以降低到 320 纳米。③将制备好的超薄器件贴在刀片的刀刃处，器件性能在刀刃处弯曲前后基本保持不变，弯折曲率半径可以降低到 5 微米，展示优异的弯曲稳定性，刷新

有机场效应器件的弯折稳定性纪录。④将大面积、超薄的有机电路制备和转移，制得互补型倒相器和五阶环形振荡器，成功地将其转移到 100 元人民币的表面上，且能够正常工作。

（章　健）

【化学修饰石墨烯可控组装与复合的基础研究】项目由清华大学石高全、徐宇曦、李春等完成。课题主要研究化学修饰石墨烯的大分子行为，建立石墨烯化学修饰、可控组装与复合新方法，研制系列石墨烯功能材料并探索其在能源领域中的应用。主要发现点：①提出具有共轭结构小分子或高分子非共价修饰制备水溶性石墨烯的新方法，揭示化学修饰石墨烯的分散机制以及结构功能关系；建立化学修饰石墨烯结构控制与尺寸分级的新方法，为发展和完善可溶性石墨烯制备技术提供新思路。②率先开展化学修饰石墨烯溶液组装行为、三维组装结构与性能的研究；解析二维石墨烯片自组装及复合组装机理，制备系列具有多维度、多级次微结构的石墨烯块体材料并探索其应用。③建立制备化学修饰石墨烯复合材料的新策略，揭示复合组分与石墨烯片间的协同作用机理，有效提高复合材料的性能，且率先提出利用化学修饰石墨烯及其复合材料作为非金属催化电极用于染料敏化太阳能电池，研究石墨烯自组装三维结构及其复合材料的电容性能与形成机理。项目 20 篇主要论文均入选其领域近 10 年 ESI TOP 1% 高被引论文，8 篇代表性论文分别发表在《美国化学会志》等国际著名刊物上，其阶段性成果获 2013 年度高等学校科学研究优秀成果奖（自然科学）一等奖。

（章　健）

【中国东部板内燕山期大规模成矿动力学模型】项目由中国地质科学院矿产资源研究所等单位毛景文、陈斌、谢桂青完成。课题组针对东部宽达 1000 余千米的板内燕山期大规模成矿作用开展 15 年的深入研究，建立燕山期板内成矿动力学模型，被国际同行定义为 Maoetal’s 模型。主要创新点：①多阶段叠加。发现燕山期板内大爆发成矿具有多阶段性，即：华南与华北成矿时限基本一致，为中晚侏罗世至早白垩世（165±5Ma ~ 135Ma，称早阶段）和早白垩世晚期至晚白垩世早期（135Ma ~ 80Ma，称晚阶段）；在东北地区还发育 1 个 180Ma ~ 165Ma 时间段的成矿事件。②多种构造体制叠合。发现早阶段形成于挤压构造体制，受控于古太平洋板块低角度斜向大陆俯冲，在大陆内部沿不同块体结合带发育斑岩铜矿系统，与板片撕裂诱发形成的壳幔混源岩浆有关；在大陆边缘弧后伸展区发育钨、锡、钼、铅、锌多金属矿，与软流圈地幔岩浆底侵诱发的壳源花岗岩相关，控矿构造为东西向与北东向断裂的复合部位；晚阶段形成于伸展构造体制，与古太平洋板块沿北北东向走滑及后俯冲岩石圈减薄有关，成矿类型具有多样性，巨量矿产形成于伸展盆地。③多种来源成矿物质聚集。查明成矿物质来源有幔源或壳幔混源或壳源，在空间上成矿物质来源有分区性和分带性，还发现部分矿床的形成过程有地幔流体参与；提出辉钼矿中铼含量可以有效地指示物质来源。④矿产集中分布于有限单元。发现大型矿集区在成矿区带面积约占 5%，拥有资源量却达 95%，而矿集区出现于上述构造有利部位；基于矿集区时空结构和物质的解剖研究，建立 8 个矿集区矿床模型，可用于指导找矿勘查。

（章　健）

【植物小 RNA 的功能及作用机理】项目由北京生命科学研究所等单位戚益军、巴钊庆、叶瑞强等完成。小 RNA 是植物细胞内重要的基因表达调控元件，在植物生长发育、对逆境的响应、抵抗病毒侵染和维持基因组稳定性等诸多生物过程中起到重要的调控作用。课题围绕植物小 RNA 的发现、功能与作用机制开展研究，取得一系列成果：①发现并命名一类在 DNA 修复中起重要作用的新型的小 RNA（diRNA），为研究 DNA 损伤修复开辟新方向。②发现并命名一类可介导靶基因甲基化的 lmiRNA，揭示 miRNA 的一种新功能。③发现植物小 RNA 的 5¢末端核苷酸决定其结合 AGO 蛋白的特异性，阐明小 RNA 进入 AGO 蛋白的分拣机制，为植物小 RNA 领域的经典性工作。④首次在单细胞衣藻中发现 miRNA，表明 miRNA 在多细胞生物的进化前已经出现，改变关于 miRNA 仅存在于多细胞生物的观点。项目的 8 篇代表性论文发表在美国《细胞》杂志等生物学刊物，被 SCI 他引 1100 余次，有 20 余次对项目组发表的论文做亮点推荐和评论。

（章　健）

【乳腺癌发生发展的表观遗传机制】项目由北京大学尚永丰、王艳、石磊等完成，得到自然科学基金委、国家“973”计划的资助，成果在美国《癌细胞》杂志等刊物发表。项目组发现 1 个新的位于高尔基体的 B 型组蛋白乙酰转移酶（HAT）在细胞染色质重塑、染色体装配过程中起着非常重要的作用。根据其作用特点和作用底物的不同，组蛋白乙酰转移酶被分为 A、B 两型。A-HAT 主要存在于细胞核，能够乙酰化核小体组蛋白，在染色质重塑、基因转录调控中发挥重要作用；B-HAT 则主要位于细胞浆，催化细胞内游离的新生组蛋白的乙酰化，在染色质装配过程中起重要作用。研究克隆出1个新的含有GCN5乙酰转移酶结构域的蛋白-HAT4，基因编码的蛋白主要定位于高尔基体，且在体内外具有组蛋白乙酰转移酶的活性。研究显示HAT4通过乙酰化新生组蛋白H4K20、K79、K91，参与细胞复制期核小体形成及染色质装配，从而促进乳腺癌细胞周期进程和细胞增殖。研究揭示1个新的B型组蛋白乙酰转移酶HAT4在细胞中的生物学活性，探讨其发挥作用的、可能的细胞生物学和分子生物学机制，使细胞中存在的B-HATs以及染色质装配的精密调控过程得到进一步阐明；首次证实1个存在于人细胞内能够乙酰化组蛋白核心区域的B型组蛋白乙酰转移酶，并首次将高尔基体与染色质的动力学连接在一起。

（章　健）

【复杂动态网络的同步、控制与识别理论与方法】项目由中科院数学与系统科学研究院等单位吕金虎、虞文武、陈关荣等完成，历经近20年，取得关键性突破。重要科学发现：①复杂动态网络的同步。揭示一类典型时变复杂动态网络同步的普遍性规律，证明时变复杂网络同步本质上由网络的内耦合矩阵和外耦合矩阵的特征根及其特征向量决定，提出网络同步的基本判别准则，解决复杂动态网络同步理论中结构时变的难题。②复杂动态网络的控制。揭示复杂动态网络牵制控制的基本规律，发现复杂网络的结构、耦合强度、牵制节点数与控制增益之间本质的定量关系，克服网络结构与非线性动力学动态交互影响的本质困难，解决复杂网络中牵制节点选择和控制增益设计的理论难题。③复杂动态网络的识别。揭示复杂动态网络结构识别的内在机理，发现同步阻碍拓扑识别的本质规律，提出边权负荷与容量计算模型。项目8篇代表性论文他引1700余次，在国际会议做大会报告40余次，获第十四届中国输出版优秀图书奖、中国百篇最具影响国际学术论文奖。

（章　健）

【氧化物阻变存储器机理与性能调控】项目由中科院微电子研究所刘明、刘琦、管伟华等完成，得到自然科学基金委、国家“973”计划等持续支持。主要科学发现：①在纳米尺度揭示阻变机理。发展器件原位表征的透射电子显微镜（TEM）制样方法，在纳米尺度下观察到O-RRAM导电通路形貌、结构、成分、生长/断裂等微观信息，揭示氧化物导电桥阻变存储器中电子传输对阻变的作用机理，建立局域氧化/还原效应主导的导电通路生长/断裂模型。②发现功能层掺杂调控存储性能的规律。揭示通过功能层掺杂降低阴阳离子（氧空位、金属离子等）形成能和迁移势垒的调控机理，发现功能层阴阳离子分布均匀性对存储性能的作用规律，首次提出功能层掺杂的存储性能调控方法，解决原有O-RRAM良率低、性能差的难题。③提出局域电场增强调控器件参数一致性的方法。阐明导电通路随机生长是器件参数离散的物理本质，发现功能层电场强度与导电通路生长速率的指数规律，提出增强局域电场实现导电通路可控生长的方法，完成器件制备，提高器件参数的一致性。项目在德国《先进材料》杂志等期刊发表相关论文60余篇，8篇代表性论文被SCI他引700余次，20篇主要论文被SCI他引1100余次；两项工作入选国际半导体发展路线图（ITRS）；项目主要成果“阻变存储器机理与性能调控”获2015年度中国电子学会科学技术奖一等奖（自然科学类）。

（章　健）

【碳基纳米电子器件及集成】项目由北京大学彭练矛、张志勇、丁力等完成。课题针对高性能碳基电子学中的一系列重要问题进行研究，历时10余年，取得如下成果：①碳纳米管的理想n型欧姆接触和弹道场效应晶体管。发展一套半导体纳米材料电学性能和接触研究的定量方法，被国际上几十个研究组采用；发现金属钪或钇可以和碳纳米管的导带形成理想欧姆接触，首次制备出性能达到理想弹道极限的n型碳纳米管晶体管，被国际半导体技术路线图（ITRS）选为性能最好的碳纳米管晶体管，钪成为ITRS推荐的碳基器件中首选n型欧姆接触电极材料。②碳基纳米器件的理想高κ栅介质。发展在碳基纳米材料上直接生长高质量氧化钇栅介质薄膜的方法，获等效氧化层厚度为1.5纳米的介质层，其电容逼近碳纳米材料的量子电容，创造的栅电容纪录保持至今，成为ITRS推荐的唯一碳基器件栅介质材料。③高性能碳纳米管CMOS器件和集成电路的无掺杂制备技术。提出通过控制电极材料来达到选择性地向碳管注入电子或空穴，在实验室首次实现碳管无掺杂高性能完美对称的CMOS电路的制备，并用比CMOS逻辑效率更高的传输晶体管逻辑设计实现纳米运算器所需的全部电路，将电路的驱动电压降至0.4伏的水平。④高性能碳纳米管光电器件与集成。选取非对称接触电极，在碳管上构建出有效的p-n结，实现首个碳管发光和光电二极管。在此基础上，通过在碳管上引入虚电极，发明碳管级联光电池技术，在一根10微米长的碳管上实现光电压的5倍增，获超过1伏的光电压。项目发表论文50余篇，8

篇代表性论文被英国《自然》杂志等期刊他引 500 余次；授权专利 11 件；入选 2011 年度中国科学十大进展；相关成果获 2013 年高校自然科学奖一等奖。

（章　健）

【非金属基超常电磁介质的原理与构筑】 项目由清华大学周济、赵乾、李勃等完成。课题 1999 年启动，从材料超常响应的基本原理出发，借助于非金属材料中丰富的电磁极化机制，创建非金属基超常介质的原理框架和构筑策略，并指导材料探索和器件应用。主要科学发现：①构建基于非金属材料及其结构的超常电磁响应原理。提出以介质 Mie 谐振为基础的陶瓷超构材料设计原理；发现无机晶态材料中自身结构导致的若干种本征型超常电磁响应；开辟金属超构材料以外构筑超常电磁介质的新路线，实现超常介质的低损耗、结构简化和各向同性。②提出非金属基超常电磁介质的调控机制。利用非金属功能材料对外场的敏感性，通过人工原子或介电背景构建，发展出具有普适性的超构材料调控方法，突破超常电磁响应可调性的难题。③建立自下而上的光频非金属基超常介质制备策略。以自组装胶体晶体、阳极氧化铝（AAO）及生物有序结构为模板，发展出基于软化学过程的非金属基超构材料的构筑方法，使光频超常介质的制备摆脱了微加工技术的制约。相关研究工作在美国《物理评论快报》杂志等刊物上发表论文 80 余篇，8 篇代表性论文被 SCI 他引 770 余次，做国际会议特邀报告 30 余次。成果被多次大篇幅编入国外教科书和权威工具书，入选 2012 年度工业和信息化部信息产业重大发明。

（章　健）

【超快激光微纳制造机理、方法及新材料制备的基础研究】 项目由北京理工大学等单位姜澜、曲良体、李欣等完成，2010 年启动，得到自然基金委重大研究计划、国家重大科技专项、国家杰出青年科学基金等项目支持。项目突破长期制约国际微纳热传导和超快科技发展的瓶颈，解决核心科学问题。主要成果：①建立改进双温度方程，揭示超快激光加工金属机理。针对微纳热传导基石之一的经典双温度方程仅适用于峰值电子温度远低于费米温度的情况（如超快激光低能量加热），不能正确描述高能量密度情况下的超短脉冲与金属相互作用（如超快激光加工）等难题，建立改进双温度方程，扩展双温度方程的适用范围。②建立量子等离子体模型，揭示超快激光加工绝缘体机理。首次能够预测飞秒激光加工形状以及一系列重要反常效应，后被多个国家实验确认。③根据理论预测，提出超快激光微纳制造新方法。新方法可使加工重铸层高度降低约 60%，效率提高 5 ～ 56 倍，深径比极限提高 30 余倍，且被选定为某国家重大工程核心构件深孔的加工工艺，设计并加工新型光纤微传感器及不同维度石墨烯器件。项目所形成的 8 篇最具代表性论文，SCI 他引次数达到 1000 余次，在主流国际学术会议上做主题 / 特邀报告 70 余次。

（章　健）

国家技术发明奖（通用项目）二等奖

【玉米重要营养品质优良基因发掘与分子育种应用】 项目由中国农业大学等单位李建生、严建兵、杨小红等完成。成果首次发现控制玉米维生素 E 高含量主效数量性状座位（QTL）基因 ZmVTE4，开发提高维生素 E 含量的功能标记，筛选出高维生素的甜玉米新品种 5 个；首次克隆控制维生素 A 的 crtRB1 优良等位基因，开发 6 个功能标记；首次提出“优良等位基因累加是人工选择高油玉米的成因”的学术观点；发现 74 个影响总油分和脂肪酸组分及比例的基因，验证 LACS 等 5 个基因的功能，开发相应的功能标记。研究发表原创性论文 37 篇，包括 SCI 引用论文 32 篇，总引用 813 次，他引 610 次；获国家授权发明专利 4 件，品种权 1 件；培育营养品质优良的玉米新品种 9 个、新品系 1 个。项目成果将基础研究、技术发明与育种实践紧密结合，开发的分子标记在国内外育种机构应用，培育出甜玉米新品种，社会经济效益显著。

（章　健）

【重建多期油气复杂成藏过程的关键仪器与方法】 项目由中国石油化工股份有限公司石油勘探开发研究院刘文汇、金之钧、秦建中等完成。课题 2002 年启动，围绕多期构造活动背景下油气聚散机理与富集规律展开研究，克服痕量分析和近地质条件模拟的世界性难题，针对油气生成、运聚和后期保存等关键成藏要素，发明实验仪器与方法。主要发明点：①发明高保真大信息量单体油气包裹体激光剥蚀在线分析仪器与方法，解决现有技术因裂解或损失导致成分失真、不全而难以示踪油源的难题，为判识多期油气来源关键技术提供有效途径。②发明油气中稀有气体纯化富集与分离装置及组分同位素比值分析方法，成为复杂油气成藏定年的关键技术。③发明烃源岩地层孔隙热压生排烃模拟实验仪器及方法，揭示塔河油田油气早期源于寒武系泥质烃源岩、后期源于奥陶系碳酸盐烃源岩，解决塔里木盆地主力烃源岩长期争论的难题，为塔中北坡油气勘探突破提供重要依据；明确上二叠统海相烃源岩是普光等大型气田主力气源，为川东北万亿方大气区的勘探及川西深层海相天然气重大突破提供技术支持；使胜利、中原和河南油田新增油气资源量 23.3 亿吨，为老油区探明储量的增加和可持续发展做出贡献。

（章　健）

【复杂结构井特种钻井液及工业化应用】 项目由中国石油大学（北京）等单位蒋官澄、孙金声、蒲晓林等完成。鱼骨刺井、三维绕障井等复杂结构井是 21 世纪国际公认的高效开发低渗透、非常规及海洋复杂油气田的先进井型和主要技术发展方向，井塌、高摩阻、井漏、油气层损害是复杂结构井的技术瓶颈。课题历经 10 余年，国家与企业分别立项，形成一批核心专利和企业标准，取得突出成效：①发明仿生钻井液新材料和仿生钻井液新体系。研发生物分泌物化学结构接枝到聚合物链、提高抗温性的方法以及增强岩石颗粒间内聚力防塌新材料和金属 / 岩石间键合性润滑新材料，创建仿生钻井液新体系，井塌事故率降低 82.6%，钻速提高 27.7%，摩阻和扭矩降低率与国际先进指标相比分别高 12.3%和 35.4%。②发明岩心应力变化承压堵漏评价新方法与高摩阻防漏堵漏新材料。揭示堵漏材料与地层裂缝壁面黏附、滑脱、压力传递机理，建立基于岩心承压、破裂、裂缝重新开启和裂缝延伸压力测定的堵漏评价新方法，发明强黏附、高摩阻改性环氧聚酯堵漏新材料，井漏事故减少 80.6%。③发明双疏和贴膜保护油气层新方法和新材料。创建油气层双疏性与成膜保护油气层新理论，建立反映复杂结构井油气层损害各向异性强、损害程度大等特征的损害数学模型和分段评价法，发明保护油气层的双疏、贴膜新方法和新材料，与复杂结构井相比，平均日产量提高 1.6 倍以上，损害评价方法编入美国大学教材。项目获发明专利授权 39 件，软件著作权 7 件；发表论文 200 余篇，出版专著 9 部；企业标准 13 项；获省部级技术发明一等奖 1 项、科技进步一等奖 1 项。

（章　健）

【木质纤维生物质多级资源化利用关键技术及应用】 项目由北京林业大学等单位孙润仓、彭万喜、程少博等完成。通过 15 年产学研联合攻关，共同研发出 3 项新技术，创建木质纤维生物质多级资源化利用关键技术体系。主要技术内容：①发明木质纤维生物质抽提物溶出调控技术，系统解析木质纤维生物质抽提物组分及活性成分，阐明抽提物分子溶出规律，研发出抽提物活性分子系列产品，其中绿原酸纯度 99.8%。②发明木质纤维生物质细胞壁组分拆解技术，阐明细胞壁三大素之间的分子镶嵌机理及解离机理，定量解译三大素的结构特征，开发工程化水热耦合稀碱处理新技术，研发出超高纯度低聚木糖（>97%）、阿拉伯糖（>98.5%）、高纯度木质素（>94%）等产品，纤维素转化率提升到 88% 以上。③发明生物质木质素高强度耐候胶黏剂制备技术，以定位定量活化的木质素、苯酚、甲醛等为主要原料，采用多步共聚等技术，研制出高强度耐候木质素基酚醛树脂胶黏剂，其胶合成本与 E0 级脲醛树脂在同一水平上，木质素对苯酚替代率可达 60%，甲醛释放量远低于 E0 级限量值。项目创建木质纤维生物质多级资源化利用关键技术体系，通过集成 3 项发明技术，优化工艺，实现生物质多级资源化高效利用，生产出绿原酸、高纯度木质素、超高纯度低聚木糖及阿拉伯糖、木质素基酚醛树脂胶黏剂、耐候胶合板等系列生物质产品。成果获授权专利 39 件，出版专著 12 部，发表 SCI 论文 200 余篇，系列研究成果获教育部自然科学奖、科技进步奖一等奖等多项奖励。项目技术在企业大规模应用，建成生产线 19 条，产品畅销 30 余个省市，并出口美国、日本等国家。

（章　健）

【单晶多空心钛硅分子筛催化新材料及制备关键技术】 项目由中国石油化工股份有限公司石油化工科学研究院等单位林民、舒兴田、史春风等完成。技术实现分子筛表面钛的均匀分布，缩短晶化时间，提高合成稳定性和重复性。表征和评价结果表明，钛硅分子筛催化剂具有更多的活性中心、更好的催化性能，更有利于反应物分子扩散。项目在工业生产中应用，提高产品收率，保证产品质量，促进行业技术进步，经济社会效益显著。

（章　健）

【复现高超声速飞行条件激波风洞实验技术】 项目由中科院力学研究所姜宗林、赵伟、刘云峰等完成。团队经过多年研究，提出系统的爆轰驱动激波风洞理论，发明体系完整的复现风洞实验技术。2008 年，在财政部国家重大科研装备研制项目支持下，复现高超声速飞行条件激波风洞（JF12）开始建设，2012 年建成国际首座复现高超声速飞行条件的激波风洞，同时实现“复现气流总温和总压”“产生纯净实验气体”“基本满足试验时间需求”“全尺寸或接近全尺寸模型试验”4 项关键技术指标，整体性能国际领先。专家鉴定认为，

JF12 实现风洞实验状态从“模拟”到“复现”的跨越，攻克 60 年来久攻未破的世界难题，代表国际高超声速风洞技术的领先水平，是世界上首次发明。项目研制的 JF12 超大型高超声速风洞，能够复现马赫数 5 ～ 9 飞行条件，将支撑中国宇航领域民用与军用部门的研发；其马赫数 9、实验段直径 3.5 米的 JF12 风洞校准，热流测量与模拟技术给出外部气体流动和超声速燃烧的精确结果；具有独特的超燃试验能力，可以减少燃烧试验中气体污染带来的结果不确定性。项目获 2014 年中国力学学会授予的首届中国力学科学进步奖一等奖（唯一）。JF12 复现风洞成功应用于两个国家重大专项和航天部门多个型号的重大和特种试验，对专项技术突破、新型号研发和气动规律认知发挥不可替代的关键作用。

（章　健）

【±800kV 特高压直流输电换流阀关键技术及应用】项目由国网智能电网研究院等单位汤广福、查鲲鹏、邱

宇峰等完成，获 2014 年北京市科学技术奖一等奖，项目简介刊登在《中关村年鉴(2015)》重大创新成果栏目。

（章　健）

【广域宽带协同通信技术与应用】项目由清华大学等单位陆建华、朱洪波、陶晓明等完成，属于宽带无线通信技术领域。研究针对大范围、远距离宽带覆盖面临的理论与技术难题，发明基于时 / 空 / 频多域协同的广域宽带无线通信系统架构、越区动态无缝覆盖协同传输方法、异构无线网络资源协同调度方法，形成广域宽带协同通信技术体系，应用于大连—烟台航线的安全监控与应急通信系统，解决长期困扰海运的宽带通信难题。项目成果还可应用于国防、公安、交通、物流等行业的信息化建设。

（章　健）

【支持服务创新的可扩展路由交换关键技术、系统及产业化应用】项目由清华大学等单位徐恪、尹霞、甘玉玺等完成，属于计算机网络领域。研究提出功能与结构协同扩展的新型技术路线，攻克结构持续扩展、功能灵活重构、路由快速自愈、系统开放兼容等难题，实现路由交换关键技术与系统研发的升级跨越。主要技术发明：①提出解决路由交换设备中结构可扩展问题的核心技术方法，发明支持路由交换设备高效级连的协处理器，设计轻量级节点间通信机制和复杂结构数据迁移方法。②首次提出并实现核心路由交换设备中的软件可重构运行平台，发明可扩展结构下功能模块灵活组装机制和动态构件分配方法，解决大规模集群系统中功能灵活重构的技术难题。③提出路由交换设备中提升路由可靠性的多技术关联协作机制，设计跨层故障检测与快速自愈机制，发明路由抖动抑制方法和网络拓扑重构方法，解决大规模网络中路由故障难以快速恢复的技术难题，可快速实现二连通网络 100% 故障自愈，路由表存储开销降低为原有方案的 1/8。④发明基于元构件的构件生成方法和面向灰盒测试的自动化执行方法，研制开放式路由交换集成开发环境，为不同网络设备制造商和第三方机构提供统一开放平台，推动多方协同参与的开放式网络设备研发体系的建立。项目获国家发明专利授权 30 余件，获软件著作权 6 件，核心技术形成 3 项 IETF 国际标准和 3 项中国通信行业标准，发表 SCI/EI 论文 100 余篇。项目成果应用于华为技术有限公司等国内主流企业的多款路由交换产品，其研制的网络实验系统，被清华大学、北京大学等 30 余所高校用于网络教学。

（章　健）

【基于移动位置数据的城市出行信息服务关键技术与应用】项目由北京航空航天大学等单位吕卫锋、诸彤宇、杜博文等完成，属信息产业及现代服务业领域。项目发明多噪声小样本数据环境下城市复杂路网的交通信息准确计算方法，首次提出基于时空相关性特征的多源交通数据融合技术，创建场景特征驱动的交通信息表达与服务生成技术，研制国内首个出行信息服务系统，提出将移动位置数据作为新型数据源的创新思路，使投资大、建设周期长的交通工程问题转变为实时海量信息处理问题，解决采用移动位置数据计算路况的准确性、完整性和开放服务难题。项目获国家发明专利授权 107 件，PCT 专利 6 项，软件著作权 52 件，发表 SCI/EI 论文 43 篇，所编写国家标准被国内外车厂、互联网地图服务商广泛采用。项目成果为国内 300 余个城市的主要高速及国道提供实时路况和出行信息服务，成套技术和标准输出到东南亚。

（章　健）

国家科学科技进步奖（通用项目）一等奖

【北京正负电子对撞机重大改造工程】项目由中科院高能物理研究所等单位完成。为发展中国在粲物理研究的国际领先优势，2004年初提出并实施北京正负电子对撞机重大改造工程（BEPC Ⅱ），2008年按计划建成，2009年7月通过国家验收。BEPC Ⅱ设计亮度为（3—10）×1032cm—2s—1，建设内容包括注入器改造、新建正负电子两个储存环、新建北京谱仪BES Ⅲ和通用设施改造等数十项关键技术。其主要创新为：①突破双环对撞机设计与建设难关，攻克系列核心关键技术：在较短的周长和窄小的隧道里创造性地实施双环方案，实现大流强、高亮度对撞；提出超导插入磁体对撞区设计方案，在很短的距离内实现高强度束流精确对撞；自主设计和研制对撞机关键系统和核心部件，实现集成创新。②采用新型内外室方案，自行研制成功大型高精度漂移室；量能器采用晶体后吊挂的创新方案；设计研制成功大型超导磁体，并实现探测器系列关键技术突破。③实现半整数附近工作点运行，解决高流强下的探测器本底和噪声的国际性难题，峰值亮度8.53×1032cm—2s—1，为改造前的85倍，是CESRc前世界纪录12倍以上，日均获取数据较改造前约提高两个数量级，实现大能量范围高效运行和高能物理与同步辐射“一机两用”。项目共获取4.5亿ψ（3686）、12亿J/ψ、2.9fb—1ψ（3770）以及5fb—1质心系能量4GeV以上的事例，R值测量120余个能量点，是2—5GeV能区世界最大的数据样本，取得“首次发现带电类粲偶素Zc（3900）及其伴随态”“发现新粒子X（2120）和X（2370）”“首次观测到X（1870）”和确认X（3823）等重大物理成果。项目发表论文100余篇，获国家发明专利授权14件，其他知识产权28项，出版专著两本；为来自国内外255个研究机构的用户提供17轮13683小时的同步辐射专用光。

（章　健）

【IgA肾病中西医结合证治规律与诊疗关键技术的创研及应用】项目由中国人民解放军总医院等单位陈香美、蔡广研、王永钧等人完成，历时20余年，得到自然科学基金委、国家“863”计划等资助。项目将中医整体观融入西医临床实践，用现代医学最新技术解析传统医学理论，循证医学方法验证中医药疗效，为中西医结合典范。其主要成果为：①从中西医结合角度首次提出IgA肾病“风邪扰肾、致虚、致瘀、致毒”的新理论，系统揭示生物学机制和科学内涵。②创建IgA肾病宏观与微观相结合中西医结合诊断评价体系，最早提出IgA肾病的中医证候数据元，创建国际认证的集中医证候、西医临床、病理与生物标志物“四位一体”的生物信息资源库。③创研基于提出的IgA肾病创新理论与中医证候的“益气补肾、化瘀、祛风除湿”五型分治，多种组合的中西医结合序贯方案，对中药复方（肾华、复方积雪草等）开展国际注册的循证医学研究，疗效优于国际指南的推荐方案。④研发的具有清利湿热功效、自主知识产权国家创新药物黄葵胶囊，获国家新药发明专利和新药证书，并实现产业化。成果推广至国内3000余家医院，推动诊治规范化，惠及患者数千万；建成肾脏疾病国家重点实验室、国家临床医学研究中心及国家中医药管理局重点专科，促进中西医结合学科与团队建设。课题组在国际著名期刊发表论文300余篇，出版专著10余部，获国家发明专利授权5件、实用新型专利4件，软件著作权及新药证书、省部级奖励等12项。

（章　健）

【DTMB系统国际化和产业化的关键技术及应用】项目由清华大学、北京数字电视国家工程实验室有限公司等单位的杨知行、潘长勇、宋健等人完成，属广播电视工程技术领域。课题继节目编辑和信源编码之后，对数字电视信号进行信道编解码、调制解调、发射接收等地面传输技术处理，解决传输效率与可靠性问题，通过理论创新、技术突破、标准制定、产业化到工程建设，实现DTMB（数字电视强制性国家标准）及其产业的国际化。主要创新：①发明一种适用传输方式的LDPC纠错编码专利技术，在系统实现复杂度较低的前提下，使系统接收门限显著优于同类国际标准。②发明一种多域信号协同处理接收机总体结构，突破系统同步、信道估计和均衡算法等技术瓶颈，研发成功DTMB接收机，主要性能在国际同类标准系统中处领先水平；形成DTMB系统成套的实现技术和算法代码，且转让国内外20余家企业，自主开发数字电视一体机、多模式地面数字电视发射机等DTMB系列产品，实现DTMB系统产业化和产业链建设。③开发出多域时钟协同处理、等效星座扩展映射、时域并行采样率变换等技术，研制成功增强的DTMB系统。④开发成功增强的DTMB全产业链设备和工程应用方案，促成8个政府部门组成国标海外推广工作组，DTMB标准海外推广成为“国家战略”；探索标准、产品、服务和文化成套出口的DTMB海外应用工程模式，14个国家或地区（含中国）采用，覆盖全球近20亿人口。项目获授权发明专利112件，发表学术论文282篇，出版著作7本。

（章　健　夏　吟）

【互联电网动态过程安全防御关键技术及应用】项目由中国电力科学研究院等单位的汤涌、孙华东、易俊等人完成，得到国家“973”计划等项目支持，历时14年，建立互联电网动态过程安全防御技术体系。其创新点：①提出输电断面功率波动峰值预测方法，建立电力系统强迫振荡理论，发明强迫振荡和负阻尼低频振荡的辨识方法，攻克扰动源在线精确定位技术，研制出分类分时联合控制系统，解决输电断面功率波动和振荡“预测、辨识、定位、控制”4项难题。②提出电网主导失稳模式辨识方法，突破动态电压支撑能力评估技术，制定国内首个电压稳定评价标准，研制出电压稳定全过程防控系统，提出国家电网动态电压支撑能力提升方案。③提出自动变阶变步长组合数值积分等系列算法，解决时间常数相差5个数量级元件之间相互影响难以准确模拟的难题，研发出世界首套“毫秒级—秒级—分钟级”多时间尺度统一仿真的电力系统全过程动态仿真软件（PSD Power Tools），实现国家电网（约5万节点）数十分钟乃至数小时动态过程的准确仿真。项目获省部级科学技术奖、中国专利优秀奖，获国家发明专利授权60余件、软件著作权13件，编制标准9项，出版专著5部，发表SCI/EI论文近300篇。成果应用于30余个省级以上电网规划调度运行、高校科研教学以及葡萄牙、巴西等国的电网安全分析中。

（章　健）

创新团队

【中国农业科学院作物科学研究所小麦种质资源与遗传改良创新团队】团队初建于20世纪50年代中期，得到农业部、科技部和自然科学基金委等部门长期资助，主要开展种质资源收集保存、新材料创制与育种技术创新。以刘旭、何中虎为带头人，团队共有80余人，包括院士2人、“973”首席专家4人，建立国际化的组织管理与高效运行机制，逐步形成引领中国并影响世界的小麦种质资源与遗传改良创新，为实现小麦从严重短缺、基本自给到丰年有余的历史性转变提供种质和技术支撑。团队通过“联合攻关、协同创新”，解决三大科学问题，突破四大技术难题。主要成果：①全面系统地开展种质资源收集保存、评价与创新利用，在历次小麦品种更新换代中，90%以上主栽品种均利用团队提供的优异育种材料及其衍生后代。②首创矮败小麦高效育种技术体系，解决小麦大规模开展轮回选择的国际难题，育成的新品种推广1.8亿亩。③创建以面条为代表的中国小麦品种品质评价体系，育成的优质品种累计推广4.8亿亩。④在国际上首次完成D基因组测序，发掘的育种可用分子标记在美国等14个国家广泛应用。⑤集成创新高产高效生产技术，为1年两熟耕作制度下粮食周年丰收提供技术保障。团队先后获国家科技进步一、二等奖以及国际奖项，在国内外出版《中国小麦学》等专著，获授权发明专利和新品种保护权90余件，并在英国《自然》杂志等国际顶尖学术期刊上发表SCI论文。

（章　健）

2016 年度北京市科学技术奖（部分）项目简介

北京市科学技术奖一等奖

【中国盲文智能处理关键技术与应用】项目由华建宇通科技（北京）有限责任公司等单位的黄河燕、黄静、史树敏等完成，属计算机信息技术领域。成果主要面向视障群体与提供盲文特殊服务机构，开发盲人应用计算机系统与盲文智能化专业编辑排版系统，实现围绕触觉和听觉获取方式的基于多编码的盲文输入机制以及盲文出版过程中信息采集、内容输入、编辑排版、检查校对到出版的集成自动化。主要创新点：①提出基于多知识一体化分析的汉盲翻译转换算法，设计多知识一体化的表示和规则处理机制，解决汉语分词歧义、多音字正确标音和盲文连写等难题；提出一种集成多音字候选标色和汉语智能分词引擎的预处理技术。②实现多专业领域汉盲翻译智能分词引擎，可根据不同专业领域提供词库自定义、智能自学习功能；提出基于 SC 文法的连写规则和连写语料统计库相结合的多策略盲文分词连写算法，解决中文盲文所独有的连写问题。③研发面向多元信息的所见即所得的集成化盲文专业智能编辑排版系统，具有汉／盲自动翻译转换、汉盲对照显示、智能校对等特有功能。④实现基于多种编码的盲汉通用输入法及智能化语音导航机制，通过实时语音提示及纸质文稿的朗读功能，解决盲人无法直接使用系统常用各种标准输入法和跟踪键盘联想式输入等问题。成果提升盲人群体的信息获取能力、计算机文化素养和网络应用体验，在国内近 70 所大中型盲人学校、各级残联培训机构及国家和各级省市县公共图书馆应用。

（章　健）

【互联网多模态内容分析与识别关键技术及应用】项目由北京大学等单位彭宇新、杨建武、肖建国等完成，属计算机信息技术领域。研究团队历经 10 余年技术攻关，在互联网多模态内容分析与识别关键技术上取得突破。主要创新点：①针对图像视频概念检测问题，发明基于注意力模型和增量深度学习的分类方法，解决新增概念的训练加速和动态扩容难题，使特定概念检测精度突破 90%，且获国际权威评测 TRECVID 高层概念检测比赛第一名。②针对复杂场景下视觉目标检测问题，发明级联分类器与极角拓扑约束相结合的判别方法，提高低分辨率、形变、仿射变换等复杂情况下的检测效果，研究团队也因此受邀成为公安部重大项目办进行互联网图像视频识别与监管应用的唯一入选队伍。③针对多模态数据分析与识别问题，发明一套基于多模态融合与增量多索引磁盘哈希的语义协同方法，通过跨模态语义互补性实现多模态数据的综合利用，支持 10 亿级数据的快速索引，获 TRECVID 视频语义搜索比赛第一名。④针对互联网舆情监测问题，发明基于知识元的多模态语义分析方法和基于情感观点的话题追踪方法，实现对海量动态互联网舆情话题的准实时监测与传播分析，获 TREC 微博信息检索比赛第一名。成果获国家发明专利授权 50 件，发表论文 140 余篇；形成互联网多模态内容分析与监管系统、方正智思互联网舆情监测分析系统等系列产品，实现对互联网网页、图像、视频等多模态内容的全面监测与数据利用，应用于中央办公厅、中宣部等上百家单位。

（章　健）

【22 纳米集成电路核心工艺技术及应用】项目由中科院微电子研究所等单位叶甜春、徐秋霞、朱慧珑等完成，属集成电路技术领域，在国家科技重大专项支持下，研发具有自主知识产权的工艺和技术。主要创新点：①进行多种优质高 κ 栅介质及其金属栅功函数调节技术研究；提出单金属栅单高 KCMOS 集成技术以及成套集成工艺和 32 分频器电路，实现 CMOS 器件阈值的有效调控和性能提高；发明钛金属吸氧减薄 EOT 厚度的新方法，厚度小于 0.8 纳米，漏电减少 4 个数量级。②建立 22 纳米 CMOS 器件集成工艺流程，研发浅沟隔离、混合光刻、栅极工程、应变工程、沟道掺杂及源漏接触等 20 项关键技术模块，发明源漏凹槽临近应变、源漏分凝掺杂低阻接触、金属栅 CMOS 应变等创新技术，在 12 英寸生产线上应用，性能提高 30%，漏电降低 2 个数量级。③提出电荷俘获存储器栅堆栈能带调控概念，研发出电荷俘获存储器的新存储结构，提高器件耐受性和数据保持特性，完成 32 纳

米闪存关键技术验证并转移到国内12英寸集成电路制造厂商。④首次提出“专利导向下的研发战略”，在集成电路领域的专利申请形成专利族280余件，全球排名第四，被美国国际商业机器公司（IBM）、台湾积体电路制造股份有限公司等企业引用600余次。成果获发明专利授权530余件（含美国专利授权），专利许可和转让1300余件，在武汉新芯集成电路制造有限公司、中芯国际集成电路制造有限公司等企业推广。

（章　健）

【先进压水堆核电站核岛关键设备材料技术研究与工程应用】项目由钢铁研究总院等单位刘正东、张文辉、何西扣等完成，属新材料领域。研究团队围绕先进压水堆核岛关键设备材料技术开展攻关，自主研制实验室装备，系统研究“材料成分优化—冶炼浇注工艺及精准控制—热过程工艺及精准控制—性能评估”全流程集成技术，实现大型先进压水堆核电站核岛关键设备材料的自主化和大批量生产。主要创新点：①研发压力容器SA508−3c1.1钢特大锻件（300～600吨级钢锭）低温韧性提升和组织性能均匀性控制技术，发现影响低温韧性的物理冶金机理，改进多包合浇、锻造和热处理工艺。②形成蒸发器高强SA508−3c1.2钢特大锻件消应力退火后强韧性匹配控制技术，采用低硅控铝成分设计，研发低硅控铝钢冶炼浇注新工艺，获高强、高韧、高纯净大锻件。③率先掌握整锻316LN大锻件锻造开裂和晶粒度控制技术，研制出整锻主管道大锻件（100吨级钢锭）；研究铬镍当量比和氧铌含量影响，优化成分设计、冶炼和锻造方法，实现批量生产。④研制出三代核电堆内压紧弹簧F6NM马氏体不锈钢大型环锻件，形成强韧性匹配控制技术。成果获发明专利授权9件，版权5件，专有技术31项，修订国标和行标13项。成果实施后，SA508−3大锻件国内市场占有率从0到90%，316LN主管道和F6NM环锻件国内市场占有率从0到100%。产品在核电工程大批量应用，使国内核岛主设备采购价降低60%，核电工程单位造价降低30%。

（章　健）

【城市工业有机污染场地修复关键技术研究与应用】项目由中科院地理科学与资源研究所等单位廖晓勇、阎秀兰、殷晓东等完成，属资源与环境技术领域。成果以多环芳烃、苯系物、石油烃等重点污染物的低成本与低风险处理为目标，通过基础理论研究、共性技术研发、工艺组装集成、案例应用验证等一系列科学流程，形成“场地评估—修复决策—技术应用—工程服务”成套解决方案。主要创新点：①针对氧化效果偏低、药剂投放工艺粗糙等问题，开发高效活化、分层注入和精准修复的化学氧化修复新技术，研制出国内首台车载式污染场地修复装备，药剂用量比传统工艺节省50%，实现有效降解有机污染物和削减有毒代谢产物的突破。②针对有机污染物在低温下脱附效率低、后期“拖尾效应”与尾气处理难等技术瓶颈，研发基于过程强化的气相抽提和常温解吸的物理修复技术，开发出基于化工原理的溶剂回收法，使尾气中挥发性和半挥发性有机污染物吸收率达99.9%，其处理成本仅为国际上常用尾气处理技术的1/4，实现污染物高效低能耗脱附和尾气资源回收利用。③开发出城市工业场地有机污染修复决策系统，建立以物理、化学方法为核心的综合解决方案，在不同区域、不同类型场地开展多模式工程应用验证。成果获发明专利授权13件，实用新型专利7件，北京市工程建设工法2项，直接服务首钢、北京焦化厂、宋家庄交通枢纽、北京地铁7号线等工程。

（章　健）

【高效节能环保双套管粉体输送技术的研究与应用】项目由北京国电富通科技发展有限责任公司李新生、范力遥、李子甲等完成，属节能与环保技术领域。成果通过一系列关键技术研究，研发出多用途、节水节能、适应性强的双套管输送技术。主要创新点：①提出适应智能粉体输送系统要求的业务模型、系统架构、通信网络、控制设备等完整的技术标准体系，支撑粉体气力输送系统自愈、互动、优化、低耗及高效运行，具有流速低、磨损小、出力大、输送距离长等特点。②提出密闭浓相气力输送技术方法，采用双套管结构，实现管道内粉体沉积或堵塞的不断扰动和自动疏通。③形成完整的粉体气力输送系统的设计和计算方法，创建国内外最大的粉体输送实验平台，可实现4千米输送距离的工业规模试验，将层析成像、数值流场云计算、高速摄影摄像等技术应用于气固两相流的试验研究。④提出一种高效环保型气力输送装船技术，粉体散料通过双套管直接气力输送至船舱，全程密闭无污染，无须设置中转料仓，彻底解决码头灰尘污染等问题。⑤应用智能控制技术，研制出带自反馈、自适应功能的气量调节阀门，并应用模糊控制理论对系统运行参数进行调整和优化，实现系统高效、自动程控运行，解决常规输送系统投运后进气量无法实时调整的难题。成果获发明专利授权9件，制定行业标准2项，获评电力建设工法2项，具有能耗小、可靠性高、输送距离长及维护成本低等优点，应用于国内500余台套发电机组、炼铁高炉、脱硫脱硝项目中，并出口至美国、俄罗斯等国家。

（章 健）

【京津冀地面沉降多元场耦合模型与调控机制研究】项目由首都师范大学等单位宫辉力、张有全、潘云等完成，属于资源与环境技术领域。成果通过遥感与水文地质学科的交叉研究，首次建立区域地面沉降多元场耦合模型，揭示多元场互馈作用下，京津冀地面沉降演变模式与调控机制。主要创新点：①建立京津冀多尺度地下水储量时变重力场，可精确识别地面沉降动态水文地质体及其水循环模式；采用卫星重力信号校正新技术，首次观测到京津冀平原区地下水消耗的时空差异、深层地下水过量开采的重力异常。②实现地面沉降统一数据场的空间分析和数据挖掘，发现多元数据场的响应模式与区域地面沉降的尺度效应。③利用优化转移概率模型，提高三维地质体建模精度，发现人为—自然双重影响下区域地面沉降耦合成因，揭示形变场非线性响应机理和沉降中心转移的驱动机制。④发现差异性地面沉降影响下重大工程灾变模式，提出区域尺度地面沉降调控和局部尺度工程治理相结合的综合防灾减灾措施，解决安全避让距离、轨道基础选型和灾害防治等问题。成果发表 SCI 论文 137 篇，EI 论文 170 篇，出版专著 5 部，为南水北调工程、首都新机场、未来科技城等重大工程提供科学依据。

（章 健）

【大电网安全自动装置仿真控制关键技术研发及应用】项目由中国电力科学研究院等单位汤涌、吴国旸、王毅等完成，属于动力与电气工程领域。成果针对大规模电网安全自动装置建模仿真和智能化控制开展研究。主要创新点：①发明基于虚拟继电器和策略树的继电保护、安全自动装置的建模方法，建立精细化模型库，实现 5 万节点级大规模电网的动态全过程模拟，大幅提高仿真精度；解决国内外现有稳定仿真程序中缺乏准确的继电保护和安全自动装置模型，难以真实反映继电保护元件和安全自动装置控制规律的问题。②发明智能化静态、暂态和动态稳定辅助决策自动搜索方法，借鉴专家经验和 OpenMP 并行算法，实现大电网稳控策略的自动生成，首次建立“智能分析、实时决策”的电网动态分析决策系统。③发明基于多信息源的电力系统安全稳定紧急控制方法，提出 3 种定量化裕度指标，能够迅速、有效地给出紧急控制措施，实现电网在线安全稳定的紧急控制。④发明一套完整的 ±800 千伏级联式多端直流输电系统站间电压、电流协调控制方法，制定控制系统的框架；发明应对间歇性能源群体性脱网的紧急调控方法，降低间歇性能源脱网引发连锁性事故的风险。成果获发明专利授权 18 件，软件著作权 6 件，在北京、福建等地实际应用，提高了电网安全稳定运行与控制水平。

（章 健）

【系列规格撬装式天然气液化装置技术开发及应用】项目由中科院理化技术研究所等单位吴剑峰、公茂琼、孙兆虎等完成，属于制冷与低温领域。成果致力于新型低温液化技术和应用工艺的创新、优化。主要创新点：①发明普冷单级油润滑压缩机驱动的低压混合制冷剂液化流程技术，获优化的流程结构和混合制冷剂配比，具有高效率、高可靠性和低成本等特点。②在系统开展低温混合物相变流动传热研究的基础上，发明高效紧凑的多股流换热器技术；提出优化的流道和两相流均配结构，使冷箱换热器结构更加紧凑，换热效率更高。③发明润滑油与混合制冷剂的分离技术，集成离心分离、挡板变向及多孔介质过滤等多种分离效应，低成本地解决压缩机润滑油与制冷剂分离问题，避免了润滑油在换热器中的低温固体堵塞，使液化装置可长时间安全平稳运行。④创建一系列低成本专有生产工艺和技术装备，降低设备生产周期和现场施工周期；研发日液化量 5000 至 10 万标准立方米的系列规格撬装式天然气液化装置技术，实现装置的高度集成和自动化。成果获授权发明专利 17 件，发表 SCI 论文 60 余篇，2012 年实施产业化，不同规格的撬装液化装置实现现场应用。

（章 健）

【电力线路行波保护关键技术及装置开发应用】项目由清华大学等单位董新洲、施慎行、王宾等完成，属于电气工程领域。研究团队经过 10 余年的基础研究和技术攻关，提出障行波基础理论，攻克行波保护关键技术。主要创新点：①揭示波与故障之间的依存机理，发明故障行波的高可靠性多尺度小波算法；突破行波捕捉与处理的技术瓶颈，发明多路行波高速同步采集和快速处理技术。②针对超特高压线路无法获取电压行波难题，突破电磁暂态电路和电磁场割裂分析的瓶颈，利用低频电压对宽频电流行波进行极化以获取故障方向，首创行波保护抗强电磁干扰技术和后备保护技术，发明行波方向比较式纵联保护技术，方向元件出口 5 毫秒，保护动作时间 15 毫秒。③首创多频带行波信息比较的接地故障判别方法；发明针对配电线路单相接地故障的行波保护技术，首次实现单相接地故障的快速告警与可靠切除。④发明基于阻抗变化率的后备保护，实现振荡中无故障可靠闭锁，振荡中故障可靠跳闸，且仅跳故障相，统一后备保护的可靠性和安全性。成果获国家发明专利授权20件，国外发明专利授权11件；发表SCI和EI检索论文100余篇。

（章　健）

【气体钻井中气体介质高效利用与回收新技术与新装备】项目由中国石油大学（北京）等单位柳贡慧、李军、韩烈祥等完成，属于资源与环境技术领域。成果通过气体介质高效利用与回收新技术与新装备方面的研究，实现气体介质的高效利用。主要创新点：①建立考虑岩屑重复破碎特征的注气量计算新模型，实际用气量吻合度从75%提高到91%，提升气体钻井参数优化和设计水平，在川渝等地区推广应用。②提出气体回收利用钻井的思想，并形成整套气体回收利用钻井技术与工艺，降低氮气钻井、天然气钻井的成本，减少资源消耗和环境污染。③研制出具有完全自主知识产权的气体回收利用钻井装备，包括专用旋风分离装置、精细过滤装置、自动控制系统等，性能完全满足气体钻井要求。④开展气体回收利用钻井开环及闭环现场试验，气体重复利用率98%，气体循环回注后，机械钻速提高超过50%。成果形成的气体钻井注气量计算新模型及气体介质回收新技术与新装备，在国内气体钻井现场成功应用。

（章　健）

【叶片复杂型面精加工六坐标联动数控砂带磨关键技术研究与应用】项目由北京胜为弘技数控装备有限公司等单位刘树生、袁秀坤、杨建中等完成，属于先进制造与重大装备领域。成果通过产学研用合作，研制出叶片六坐标联动数控砂带磨床和编程系统，应用于核电汽轮机组叶片制造和新型航空发动机叶片制造领域。主要创新点：①提出内置砂带装置单元化的中空C轴式BC双摆头结构，研制出公开展示的高动态性能九轴六坐标联动数控砂带磨床，实现核电叶片复杂曲面高效、高质量六坐标联动磨削精加工。②提出水平布置多砂带装置的六坐标联动数控砂带磨床新型结构，实现微接触力控制磨削，满足航空发动机叶片0.1～0.2毫米薄进排气边磨削精加工要求，实现包括叶身型面、进排气边、叶根圆角、阻尼台过渡区在内的叶片集成磨削精加工。③提出双矢量控制的编程算法，自主研发六坐标联动数控砂带磨削加工工艺编程软件，具备六坐标联动轨迹光顺、加工参数优化和仿真、后置处理等功能，实现了自动编程与自动加工。④研制六坐标联动数控砂带磨削国产专用数控系统，实现三回转、三直线的六轴联动数控插补控制，满足复杂叶片的多轴联动控制要求。成果获国家发明专利授权5件，为西安航空发动机股份有限公司等企业提供先进制造工艺支持。

（章　健）

【500m口径球面射电望远镜超大空间结构工程创新与实践】项目由北京市建筑设计研究院有限公司等单位南仁东、朱忠义、朱万旭等完成，属于城乡建设领域，是国家重大科技基础设施项目。主要创新点：①提出超大型射电望远镜反射面主体支承结构体系，其主动变位功能具有独创性；提出沿径向释放、环向固定的边界条件及其新型支座，解决复杂山地地形条件下500米口径球面射电望远镜（FAST）基础、圈梁和索网受力不均匀以及超大结构温度影响的难题；研发适应主动变位的索网节点，将8895根钢索连接成整体。②构建具有主动反射面功能的索网理论分析体系，提出形态分析的目标位形初应变补偿法，解决FAST索网球面基准态和抛物面态的形态分析问题；研究主动变位的索网疲劳性能，为FAST钢索500兆帕的疲劳性能要求提供理论依据；提出基于敏感性分析的精度控制方法，兼顾建造可行性和经济性，实现FAST反射面观测精度要求；研究温度、风荷载等工况下索网性能，解决复杂荷载下结构安全和使用精度问题。③提出复杂地形条件下超大直径索网悬空组网、圈梁高空组合滑移安装的方法，解决高差达150米大陡坡索网、山区窝凼复杂地形条件的圈梁高效安装的难题。成果获国家级工法1项，发明专利11件，实用新型专利9件，应用于苏州工业园区体育中心等多项工程。

（章　健）

【全热回收的天然气高效清洁供热技术及应用】项目由清华大学等单位付林、隋晓峰、赵玺灵等完成，属于城乡建设领域。成果针对天然气供热方式存在的突出问题，提出深度回收烟气全热的方法，发明一系列天然气高效供热新流程。主要创新点：①针对燃气锅炉，发明直接接触式换热与吸收式热泵结合的烟气全热回收方法，解决热网水加热过程中温差损失大、烟气余热深度回收困难、传统烟气换热器体积大等难题，使烟气温度降到20摄氏度，燃气锅炉供热效率提高10%以上，烟气中氮氧化物排放浓度降低10%。②针对分布式热电冷联供系统，发明利用发电机烟气作驱动回收自身低温段烟气全热的新流程，在输入燃气量不变、输出电力不变的前提下，系统输出热量增加30%，综合效率提高15个百分点，超过95%。③针对大型燃气热电联产供热系统中汽轮机抽气与热网水换热过程中温差不可逆损失大、烟气排烟温度高、乏汽余热没有充分利用的问题，发明源网一体化的烟气—乏汽余热协同回收新流程，解决系统供热能力不足、燃气消耗量大的问题，输出热量可提高 40%，综合效率可提高 17 个百分点，达到 100%。成果获国家发明专利授权 19 件，发表 SCI / EI 论文 42 篇，出版专著 2 部，在北京、山西等地完成工程应用。

（章　健）

【纯电客车直驱 600~2500N·m 电机系统产品关键技术研发与产业化】 项目由精进电动科技（北京）有限公司等单位余平、蔡蔚、林程等完成，属于新能源汽车领域。成果围绕商用车的电驱动问题，建成电机耐久性考核用总装机功率超过 4 兆瓦台架实验机组、商用车高转矩电机动态性能试验台（>5000 牛·米）、进口三综合（温度、湿度、振动）试验设备、电机稳态试验台等，对产品进行大量的前期测试验证，制定出一套与批量产业化相适应的零部件和产品测试标准、检验方法和控制体系。主要创新点：①进行纯电客车直驱系统的结构设计开发，以及仿真优化分析、电机高效区的匹配优化，提升系统应用的优异性能。②采用低速大扭矩的高效永磁同步电机，直接驱动客车，实现了变速和差速转换，且无须变速箱或减速箱等变速装置。③开发高转矩的电机系统，最大可达 2500 牛·米的驱动转矩；采用优化设计的电磁方案，最高驱动效率 93．5%，最高发电效率 94%；开发的同轴混联系统成功地降低电机的体积和总重量。④采用弱磁控制算法，解决超高弱磁比下的电机控制。成果获发明专利 6 件，实用新型专利 8 件，软件著作权 4 件，取得 ISO 9001 和 TS 16949 质量体系认证，建成两条新能源客车驱动电机生产线。产品应用到厦门金龙联合汽车工业有限公司、金龙联合汽车工业（苏州）有限公司等多家企业，实现批量化生产。

（章　健）

【乘用车关键技术创新及其在绅宝 D70 系列化车型开发中的应用】 项目由北京汽车股份有限公司贺燕铭、顾镭、欧劢等完成，属于交通运输及安全领域。成果在引进、消化、吸收瑞典萨博汽车公司的技术后，创建多目标优化整车开发技术架构，建立整车开发及综合轻量化技术体系，完成轻量化、安全、增压发动机等核心技术的攻关与开发。主要创新点：①在结构化模块平台架构基础上，引入性能要素，形成模块化架构形式；利用此技术，平台零部件数量减少 34%，平台车型通用化率最高达到 80%，衍生车型通用化率提高到 95%以上。②创建一整套整车开发设计规范、试验验证规范、技术标准和质量控制规范，综合应用多种轻量化设计技术，通过提升高强度钢板、热成型、结构胶等新材料、新工艺的应用，使绅宝车型白车身轻量化系数最高达到 3.33。③研发平台化、标准化、支持拓展与配置的电子电器架构，最低功耗为 5.6 毫安；开发北汽“BUSS”五级安全开发技术，使全系列车型碰撞安全性能达到 CNCAP 五星级标准。④开发 1.8 升、2.0 升、2.3 升 3 款涡轮增压发动机，突破高增压发动机的早燃和燃烧不充分的难题；运用环形树脂的三点悬置技术，有效降低整车噪音。成果获国家发明专利授权 44 件，软件著作权 7 件。

（章　健）

【汽车同轴并联混合动力机电耦合系统关键技术及其产业化应用】 项目由清华大学等单位李亮、宋健、李磊等完成，属于交通运输及安全领域。研究团队针对系统构型创新、高效控制等难题开展攻关，历时 10 年。主要创新点：①发明基于电控机械自动变速箱（AMT）的同轴并联机电耦合系统新构型及 7 种高效工作模式，燃油经济性比美国伊顿公司的同类系统高 10%。②发明机械变速箱新型电控执行系统，提出离合器与换挡位置偏差的自学习算法、兼顾动力性与燃油经济性的换挡方法，研制出具备拟人式换挡功能的 AMT，较进口 AMT 换挡时间短 25%、传动效率高 3%、制造成本低逾 60%。③发明多工作模式动态切换控制方法，实现系统快捷平顺模式切换；提出再生制动双向补偿与 AMT 坡道起步控制方法，解决再生制动过程车轮抱死与坡道起步溜车引起的安全问题；保证整车 0 ~ 50 千米 / 时加速时间 18.4 秒、最大爬坡度 30%，指标优于国际同类产品。④发明基于交通流数据分析的实时最优能量管理方法，实现复杂工况下系统控制参数的最优匹配，整车节油率提高至 40%。成果获国家发明专利授权 26 件，软件著作权 8 件，发表 SCI 论文 32 篇，产品成功应用于东风汽车有限公司、北汽福田汽车股份有限公司等企业的新能源客车，并出口欧盟、新加坡等地区和国家。

（章　健）

【农产品中典型化学污染物精准识别与确证检测关键技术研究及应用】 项目由中国农业科学院农业质量标准与检测技术研究所等单位王静、何方洋、金茂俊等完成，属于现代农业领域。成果通过纳米增敏仿生识别、信号放大化学发光免疫等关键技术的研究，研发 25 种快速检测方法及产品，实现农产品中系列典型化学污染物的高灵敏、高通量的精准识别与确证检测。主要创新点：①研发酶抑制法的核心配方，构建能快速筛查有机磷和氨基甲酸酯类农药的速测技术；研制系列磁性功能化分子印迹聚合物及基于仿生识别技术的 SPR 芯片，创制复杂基质痕量物质的磁性分离与表面印迹高效识别的同步化荧光竞争技术，实现了基于分子印迹仿生识别技术的农产品中4种化学污染物的快速检测。②探明半抗原亲脂性与连接臂碳链长度的相关性、标记酶与样品基质种属亲缘关系等关键因子，制备得到亲和力常数Ka均可达108升/摩尔以上的农兽药等典型化学污染物抗体；研制基于4-羟基-4-碘联苯、对咪唑苯酚、对碘苯酚的化学发光核心增敏配方，开发出14种酶联免疫试剂盒、3种金标试纸条、4种化学发光试剂盒。③研发分子印迹固相萃取、混合分散固相萃取、凝胶渗透色谱等模块化样品净化单元，构建18套农兽药、违禁添加物等典型化学污染物的确证检测技术体系，且部分技术转化为标准。成果获国家发明专利授权12件，创制标准15项，发表SCI论文41篇，在国内部分省市的企业、科研院所及种、养殖基地等单位得到应用。

（章　健）

【冠心病外科手术疗效评价体系的建立及应用】项目由中国医学科学院阜外医院郑哲、胡盛寿、潘湘斌等完成，属于医疗卫生领域。研究团队历时10年，建立冠心病外科手术疗效评价体系。主要创新点：①开展中国心血管外科注册登记研究，建立国家级心血管外科数据研究服务平台；开展医疗结果评价研究，首次描述中国心血管外科手术规模和质量发展趋势；评价验证并转化应用冠心病外科二级预防药物。②验证冠心病外科风险评估模型“SinoSCORE”能够准确评估国人冠心病外科风险，发现系列与冠心病外科预后相关的新型生物标志物，为实现外科手术风险和指导临床决策的量化评估以及建立临床和生物标志物结合的精准预测模型奠定基础。③开展冠心病医疗质量评价与持续改进技术研究，提出并建立冠心病外科医疗质量国家标准；通过发布年度数据报告向各协作中心反馈临床结果和数据质量，死亡率由干预前的2.66%下降到1.44%，受益患者每年2万余例。成果发表SCI论文20余篇，相关成果通过协作网络在国内90余家医院得到应用。

（章　健）

【六味地黄汤作用原理与物质基础研究】项目由中国人民解放军军事医学科学院毒物药物研究所张永祥、乔善义、周文霞等完成，属于中药药理学领域。研究运用现代药理学与化学结合的方法，探索出一条从中药复方中创制新药的新路子。主要创新点：①提出中医“肾”与NIM网络功能相似、“肾虚”与NIM网络平衡失调具有相似的病理生理改变、补肾方剂的作用在于调节或恢复NIM网络平衡的工作假说，表明调节和恢复NIM网络平衡是六味地黄汤（LW）的主要药理作用和作用原理，也是其“滋补肾阴”“异病同治”的现代药理学基础。②将LW作为一个整体，从汤剂出发，获多个活性部位和活性成分，确定30余个苷类化合物的结构；首次发现LW调节NIM网络的主要药效物质是酸性杂多糖、苷类化合物和寡糖，并阐明上述3类物质的主要药理作用和作用机理。③创制首个来源于LW、由活性成分群组成的中药5类新药六味地黄苷糖，并获食品药品监管总局颁发的临床试验批件，是中国首个获准开展临床研究的来源于经典方剂、由活性成分群构成的创新中药，药效稳定、质量可控、制剂先进，在进行二期临床试验。成果发表论文130余篇，获国家专利授权2件，新药临床批件2件。

（章　健）

【哺乳动物细胞大规模灌流培养技术开发及抗体产业化应用】项目由百泰生物药业有限公司白先宏、林峰、何丽华等完成，属于生物工程领域。成果开发出的全球最大规模的哺乳动物细胞连续灌流培养工艺技术，成功应用于中国肿瘤临床重大抗体药物唯一的国产品种——尼妥珠单抗的产业化升级，实现中国抗体工业关键技术能力和水平的突破。主要创新点：①开发2500升、3000升级别连续灌流生产技术平台，超过国外同类工艺的最大规模，并实现工业化运行。②自主设计3000升发酵系统配套的灌流装置，与国外通行的细胞保留技术相比，具备截留率高、持续力强、剪切小、发热及能耗低等优点，还增加自动反冲洗、流量—反压同步控制、跨膜压差控制等新功能。③完善尼妥珠单抗质量标准，建立系列新质控技术和方法。（尼妥珠单抗收录于《中国药典》2015年版，是中国第一个也是唯一一个收入药典的抗体药物国家标准。）

（章　健）

【纳米材料绿色打印印刷基础研究】项目由中科院化学研究所宋延林、李风煜、李明珠等完成，属于物理化学与材料科学交叉学科研究领域。成果以纳米材料的创新研究为基础，围绕材料表面浸润性调控与墨滴图案化的基本科学问题开展系统研究。主要创新点：①研究纳米材料精细调控材料表面浸润性的原理，利用打印纳米材料构建高反差的超亲油图文区与超亲水的非图文区，推动感光成像到数字成像的跨越，从源头解决传统制版过程的感光废液排放和资源浪费问题。②研究纳米材料对液滴的扩散、融合、聚并和转移等行为控制的基本规律，实现对液滴在不同材料表面浸润/去浸润行为的精确调控，发现精准控制打印墨滴从零维到三维结构的规律和方法，形成对印刷技术的基本单元“点、线、面、体”精准控制的系统研究成果。③发展“印刷”方式大面积制备纳米尺度精细图案和功能器件的普适方法，实现多种尺寸、形貌、结构和性质可控的纳米粒子的浸润性调控及自组装图案化，制备一系列高性能的光电功能器件。④围绕印刷产业链的污染环节开展研究，形成包括“绿色制版、绿色版基、绿色油墨”的完整绿色印刷产业链技术，并与企业合作推向产业化。成果发表 SCI 论文 185 篇，主持撰写英文专著 1 部，获国家发明专利授权 40 件。

（章　健）

【原子气体玻色－爱因斯坦凝聚及应用】项目由中科院物理研究所等单位刘伍明、王育竹、纪安春等完成，属于物理学中的原子分子物理学领域。成果建立超冷原子基本理论，发展冷原子钟、原子芯片等高新技术，引领并推动超冷原子物理领域的发展。主要创新点：①在国际上率先开展激光冷却原子的实验研究，提出超冷原子玻色—爱因斯坦凝聚（BEC）相变的关键判据，建立参数可调的 BEC 可积模型并得到精确解。②提出周期瞬子方法来计算在高、低能区都适用的有限温度量子隧穿，解决量子力学基本理论中的一个难题；预言冷原子量子隧穿效应；首先在国际上实现冷原子射频导引和原子芯片 BEC。③建造可移动式冷原子小喷泉钟、超高精度空间冷原子钟，为超高精度空间时频网络及下一代空间导航系统奠定基础；建立光晶格钟理论模型，发现镱原子光晶格钟可达到运转 137 亿年误差不足 1 秒的精度，比铯原子钟精确 1000 倍。成果在美国《物理评论 A/B》杂志等期刊发表论文 200 余篇，SCI 他引 5700 余次，在重要国际学术会议做大会报告 50 次。

（章　健）

【材料弹塑性行为的微观机制研究】项目由北京工业大学等单位韩晓东、张泽、张跃飞等完成，属于材料科学领域。成果在原子层次对材料弹、塑性行为的微观机制进行原位、系统和定量化研究，取得原创性突破。主要创新点：①基于原子层次力学动力学实验，首次发现支撑半导体工业的硅，在小尺度下呈现 106% 的室温大应变塑性，是硅的体材料断裂应变的 3 个数量级；揭示并阐明硅的脆—韧转变原子机制，在氧化硅和碳化硅中实现应变超过 200% 的室温超塑性行为。②首次直接实验测得单晶铜纳米线的弹性应变为 7.2%；揭示了镍孪晶纳米线的弯曲晶格应变可达 34.6%，是体材料的 1 个数量级。③首次揭示纳米晶材料弹—塑性转变的位错动力学物理图像，定量化弯曲应力及位错核心引起的弹性应变梯度及其动态演化过程；发现位错形核的极限晶粒尺寸小至理论预测极限的 0.3 倍，从而将多晶材料理论强度极限提高 30% ～ 50%。④原创性地发展材料力学行为的原子层次原位动态表征方法，将材料力学行为原位表征技术的空间分辨率由纳米提高至皮米尺度，实现 3 个数量级的飞跃。成果发表 SCI 论文 50 余篇，10 篇代表性论文 SCI 他引 560 余次，获国家发明专利授权 24 件，国际专利 4 件。

（章　健）

创业基地

Entrepreneurial base

本栏目设有专业园、创业社区、大学科技园和海外人才创业园4个分栏目，以条目体形式记述中关村国家自主创新示范区各专业园、创业社区、大学科技园、海外人才创业园等加强自身建设的主要举措、开展的重要创新创业活动及取得的成效。

综　述

2016 年，中关村示范区专业园、创业社区、大学科技园、留学人员创业园等园区建设，围绕创建全国科技创新中心的总体发展目标，在基地基础设施建设、企业创新创业、国内外技术交流等诸多方面均获突出成就。

专业园多方发展稳中求胜。2016 年，专业园在基础设施建设、创业平台、产业园、国内外交流合作等方面均取得突出成效。中关村软件园二期 90% 项目均已开工，小米移动互联网产业园完成基础结构施工，中关村集成电路设计产业园一期工程主体结构完成封顶，中关村生命科学园医药科技中心开工，新浪总部大楼竣工交付使用。中关村集成电路设计园项目入选市重点工程计划，获科技部“精瑞可持续社区金奖”及美国 LEED 金级认证；中关村集成电路设计园创新创业平台以及支持园区建设专属政策发布，将构建产业生态圈、人本生态圈、企业生态圈、智慧生态圈“四大生态圈”，且给予相关企业及从业人员扶持。中关村大数据产业园挂牌，设中关村软件园、清华科技园两个分园，共有 10 余家大数据领域企业入驻。中关村软件园与芬兰赫尔辛基市政府企业服务中心签署《初创企业交换项目协议》，将定期组织创业项目路演和互访活动，并在国际范围内组织实施试点项目。

构建创业社区服务新模式。2016 年，创业社区不断完善服务功能，满足企业创新创业需求。市工商局昌平分局回 + 双创社区登记注册分中心揭牌，是北京市首家专门服务“双创”的工商登记注册服务点，对于有特殊需求的企业，实行特事特办。500 Startups 回 + 创新实验室揭牌，将在增量的创新小微企业与存量的大中型企业之间建立起创新能力互通共享平台和通道。回 + 双创社区知识产权服务中心揭牌，拟从知识产权创造、管理、运用、保护 4 个关键环节入手为小微企业提供一个最快速的服务通道。丰台园零工社区上线，具有智囊社区、知识产权、公共服务等功能。腾讯众创空间（北京）二期对外开放，可容纳团队 500 个，能够满足 5000 人的创业要求。

大学科技园建设稳步推进。2016 年，大学科技园继续保持 29 家的建设规模，7 家园区通过科技部、教育部 2015 年度税收优惠政策审核；财政部、税务总局联合发布《关于国家大学科技园税收政策的通知》，进一步明确符合条件的国家大学科技园有关税收政策。清华科技园、北航科技园等园区分别与徐州市政府及洛阳高新区等机构签约，徐州启迪科技城项目启动、洛阳北航科技园（二期）项目立项、深圳启迪协信科技园开工。北京启迪冰雪资产运营有限公司承担的启迪冰雪体育中心开工建设，为 2018 年冬季奥运会 32 个项目之一。北大科技园构建“定制化服务 + 投资”的创业生态系统，园内在孵企业获风险投资超 3 亿元。“中国矿业大学（北京）中澳联合能源研究中心”揭牌，将共同打造产、学、研、经结合的国际化合作平台。北京大学科技园、北京林业大学科技园、北京联合大学团委 3 家单位获首都科技志愿服务联合会首都科技志愿服务站授牌，成为首批服务站试点建设单位。中国大学科技园联盟成立，将整合国内大学科技园双创资源，推动高校科技成果转移转化。

海外人才创业园持续发展。2016 年，海外人才创业园继续发挥吸引与支撑海外人才回国创新创业主战场作用。37 家海外人才创业园累计孵化企业超过 6000 家，有近 1 万名海外人才在园创业和工作。371 家中关村示范区企业获 2016 年度海外人才创业支持资金，累计支持海外人才创业企业超过 900 家。秦皇岛经济技术开发区管委会与中关村科技园区海淀园创业服务中心签署协议，合作共建北京（海淀）留学人员创业园秦皇岛分园。中关村双创大学成立，旨在集聚中关村双创优势，使其成为传递先进“双创”理念和经验的基地。北理工留创园北京拓维思科技有限公司发布巡线鹰——旋翼无人机激光雷达系统，可实现高精度三维激光数据处理，在测绘出图、勘测设计等方面应用。国际孵化园多家企业及创业人员的研发项目分别获市人力社保局、北京海外学人中心留学人员创业资金，为企业发展提供支持。望京科技园呈发展态势，新增企业 29 家，在园企业累计 113 家，注册资金总额 6.5 亿元。海淀园创业服务中心相继举办“创业学堂”“创业咨询”“银企对接会”等活动，对科技政策体系进行梳理与解读，协助企业获高新技术企业认证，成功对接企业项目。

（章　健）

专业园

【全面重组集成电路设计服务平台】1月29日，中关村芯园（北京）有限公司与北京集成电路设计园有限责任公司签订资产重组协议，双方相关负责人参加。根据约定，自协议签订起，设计园公司即停止对外提供集成电路设计产业相关服务，中关村芯园公司全面承接设计园公共技术平台服务团队、资产与资源，包括政府延伸职能和相关行业服务资质。中关村芯园公司将作为国家集成电路设计北京产业化基地、北京国家现代服务业集成电路设计产业化基地的运营机构，完成专业平台的整体重组转移，为集成电路设计企业提供一站式全产业链专业技术服务。

（李贺英）

【集成电路设计园与大唐创新港签约】2月2日，北京中关村集成电路设计园发展有限责任公司与大唐创新

港投资（北京）有限公司合作框架协议签约仪式在集成电路设计园举行，签约双方相关负责人参加。根据协议，双方将发挥各自产业优势，围绕发展空间、服务、投资3个维度及产业招商、市场推广、长远规划方面进行深度合作，充分发挥“1+1>2”的引领示范效应，借助各自优势资源相互推介入园企业，联合渠道平台协同营销宣传，为各自孵化企业争取中央到地方各级优惠政策，集各方力量共同将海淀北部打造成为全球集成电路生态、产业创新的新高地。

（李贺英）

【集成电路设计园被纳入市重点工程计划】3月8日，市发展改革委、市住房城乡建设委印发《关于北京市2016年重点工程计划的通知》（京发改〔2016〕360号），中关村集成电路设计园项目入选。园区由中关村发展集团股份有限公司和北京首都创业集团有限公司共同开发，位于海淀北部中关村壹号南侧地块，占地面积5.98公顷，总建筑面积22万平方米，总投资额46亿元，2015年9月开工，2016年1月设计园展示中心投入试运行，12月26日，设计园一期主体结构封顶。项目纳入市重点工程计划将享有“四个优先”，即配置资源优先、办理手续优先、协调调度优先和督查考核优先。项目按照“五位一体”的规划原则精心设计，获科技部“精瑞可持续社区金奖”及美国LEED金级认证；严格实施“进度、质量、安全”三要素，高效推进工程进度，实现工程如期封顶，具备获“北京市结构长城杯金杯”资格，并获“北京市绿色安全样板工地”称号。

（李贺英）

【“创融e家”“e家亲”见面会举办】4月7日，由北京中关村软件园发展有限责任公司主办的“创融e家”“e家亲”见面会在中关村软件园举办，中关村管委会、中关村股权投资协会等单位相关负责人及“e家亲”成员代表等50余人参加。“创融e家”包含创、融、e平台和家园4个元素，将通过大数据、云计算、移动互联等技术，提供创客空间、创业云、创业社区、创新工具库等线上资源，让创与融在e平台上共享；将通过中关村发展集团“新时贷”等领创金融服务及园区的“创客秀”“项目汇”等特色服务，让创与融在服务中融合。“e家亲”将从资本、技术、信息等方面促进创业和产业要素配置，加强成员之间联系和交流，

通过完善的服务让创业者无后顾之忧，让园区成为创新创业的家园。“创融 e 家”分两期建设，一期位于中关村软件园软件广场 D 座，面积 5000 平方米；二期位于中关村软件园孵化加速器，面积 1.5 万平方米。至年底，“创融 e 家”聚集雷雷伙伴孵化器、衫晒科技孵化器等众创机构，引进合伙圈、众筹芯、银华投资等汇融项目，并获工商总局商标局批准的注册商标。

（张　蕾）

【生命科学园绿色化改造示范工程通过验收】 4 月 15 日，由深圳市建筑科学研究院股份有限公司主办的北京中关村生命科学园绿色化改造示范工程课题专家验收会在生命科学园举行，中国建筑设计研究院、北京市建筑设计研究院、天津大学等单位的专家参加。课题是国家“十二五”科技支撑计划“城市社区绿色化综合改造技术研究与工程示范”（2012BAJ06B03）项目的示范工程之一，2012 年启动，2014 年 4 月在生命科学园规划实施。项目在现有建筑的基础上进行整体生态规划、绿色设计、实施和运营管理的绿色化改造，完成的工程涵盖用地与布局、景观环境、交通道路、水资源、能源、固废资源和运营管理平台六大专项领域的 16 项改造工作。经理论测算，项目可减排二氧化碳 300 吨 / 年，节约资源费用 72.3 万元 / 年，生态效益显著，园区改造后获“2015 年北京市绿色生态示范区”称号。专家组实地考察后同意课题通过验收。

（李贺英）

【余欣荣调研中关村生命科学园企业】 4 月 22 日，农业部副部长余欣荣一行到中关村生命科学园内中玉金标记（北京）生物技术股份有限公司、北京奥瑞金种业股份有限公司就农业种业发展情况进行调研。调研期间，余欣荣听取企业负责人关于公司建设与发展、研发与推广、经营与战略等工作汇报，参观企业实验室，并与海归科研人员进行交流。余欣荣对两家企业在技术服务、信息管理、种质资源创新及大田试验等方面的工作给予高度赞誉，并指出现代种业发展要以企业为主体、以科技创新为引领，通过“产学研用”协作，推动联合科研攻关，用生物技术、信息技术等高科技改造提升传统种业。

（陈　潇）

【生命园三期地块规划获批】 5 月 5 日，市规委《关于昌平新城 CP00－1806－0001 等地块控制性详细规划的批复》（市规函〔2016〕696 号）印发。项目位于昌平区回龙观镇，毗邻中关村生命科学园建成区（一期、二期），规划占地面积约 470 公顷，建筑规模约 345 万平方米，总投资约 340 亿元，并被纳入中关村科学城建设范围，产业形态包括生物技术孵化器与加速器、健康医养中心、科技商务与科技金融中心等高端载体。生命园三期由北京中关村生物医药产业投资发展有限公司负责开发、建设及运营，将围绕建设具有全球影响力的生命健康领域产城融合发展商、产业生态运营商、产业创新服务商的定位，按照中关村发展集团股份有限公司“五个一流”的要求，坚持高层次规划、高标准建设、高起点组织，打造具有现代城市理念和科技创新精神的健康产业新城。

（李贺英）

【新浪总部大楼竣工交付使用】 5 月 9 日，新浪网技术（中国）有限公司总部大楼竣工典礼暨交付仪式举行。总部大楼位于中关村软件园二期，2013 年 2 月奠基，占地面积 2.9 公顷，建筑面积 13 余万平方米，耗资近 15 亿元。整栋大楼地上 6 层，地下 3 层，包括工作区、员工休息区、健身区、餐厅、停车场等功能区，可容纳 5000 人同时使用。新浪公司的行政办公室、信息技术中心及配套管理设施迁至总部大楼。大厦由 Aedas 建筑事务所负责总体设计，为庭院式建筑，设两个开放式院落，通过挤压、揉搓、捏合等形式形成建筑的入口、阳台、两层通高的办公空间和天窗，最小化吸收太阳热辐射，最大化自然通风，深度体现绿色低碳和节能环保的理念。大厦外形以“∞”为平面概念，玻璃幕墙配搭百叶的设计，有效减少太阳光的直射，且配备 PM2.5 过滤和二氧化碳传感器联动新风

系统，降低室内空调能耗。大厦的设计、施工和运营表达了对生态、环保和节能的极致追求，获美国绿色建筑委员会（USGBC）的“绿色能源与环境设计先锋奖”最高奖铂金奖。7 月 8 日，首批员工搬入新总部大楼。

（张　蕾）

【中关村大数据产业园挂牌成立】 5 月 12 日，中关村大数据产业园挂牌暨入驻企业签约仪式在中关村软件园举行，共建单位及中关村发展集团股份有限公司等单位相关负责人参加并为产业园揭牌，有关企业、新闻媒体的代表近 100 人参加。产业园由市经济信息化委、中关村管委会、海淀区政府共建，总建筑面积 2.5 万平方米，设中关村软件园、清华科技园两个分园。

仪式上，两家分园运营公司相关负责人分别介绍园区的基本情况，并与入驻产业园的企业签约。产业园将通过引进国际大数据领域高端实验室、高端人才，设立大数据产业基金等措施，整合相关资源，形成产业上下游联动，推动大数据产业及云计算、物联网、移动互联网等“高精尖”产业的快速发展。至年底，共有云筑控股（北京）有限公司等10余家大数据领域企业入驻。

（张　蕾　康秋红）

【软件园公司与赫尔辛基市政府企业服务中心签约】 5月13日，北京中关村软件园发展有限责任公司与芬兰赫尔辛基市政府企业服务中心签署《初创企业交换项目协议》。赫尔辛基市政府、芬兰经济发展部、中关村软件园公司等机构相关人员参加。协议的签订旨在为中芬两国的初创企业提供一个互相通往双方市场的平台，利用缔约方的资源、有关初创企业的服务经验帮助双方的交换企业更好地探索与了解当地市场，定期组织创业项目路演和互访活动，并在国际范围内组织试点项目。

（张　蕾　梁　冰）

【共建中关村软件园人才培养与创新创业平台】 5月17日，由廊坊市政府、北京中关村软件园发展有限责任公司主办的中关村软件园人才培养与创新创业平台战略合作协议签约仪式在廊坊国际会展中心举行。平台由中关村软件园公司与廊坊市政府共建，旨在构建集综合服务、科技金融、企业孵化、众创空间等功能为一体的、以人才培养为特色的创新型双创服务合作模式，将软件园研发、项目、智力资源与廊坊市产业、教育、人才优势相结合，合力打造人才集聚、资源集中、产业集群的协同创新品牌，助力廊坊“科技研发创新成果转化引领区”建设。根据协议，双方将在创新创业人才培养和创新创业服务两方面开展合作，包括建立创新创业人才培养体系，为京津冀区域内的云计算、大数据，电子商务等领域的企业提供中、高层专业技术人才；搭建创新创业生态体系，有目的、有针对性地培养选拔优秀创业项目，孵化培育科技型中小企业，承接中关村示范区IT企业合作项目，重点引进和培育“互联网+”、电子商务、软件与信息服务等创新创业团队。至年底，项目开始运营规划。

（张　蕾）

【中关村软件园区域合作交流中心启动】 5月22日，由北京中关村信息谷资产管理有限责任公司主办的中关村软件园区域合作交流中心启动仪式在中关村软件园举行。国家信息中心、市经济信息化委、市贸促会等单位相关负责人参加并为中心揭牌。来自保定市、南宁市等9座合作城市的政府代表及企业、投资机构、科研院校的代表等50余人参加。中关村区域合作城市线上项目融资路演同日举行，中关村创业投资和股权投资基金协会、保定市硕成科技有限公司等投资机构、企业通过视频系统参与路演。区域合作交流中心位于中关村软件园国际会议服务中心，具备区域合作成果展示、协同创新对接与合作交流、促进创新要素及优质资源聚集等功能，主要展示中关村信息谷公司布局区域和保定市、徐州市等城市的合作项目和工作成果，通过创新汇大讲堂等形式，结合视频互动系统与线上路演，同政府部门、创新企业对接交流，促进创新要素与优质资源的自由流动。

（李贺英　张　蕾）

【漫话中以双创之旅沙龙活动举办】6月2日，由北京中关村软件园发展有限责任公司、以色列施拉特公司主办的愿景与行动——漫话中以双创之旅沙龙活动在中关村软件园举办，主题为“创新＋创业”。以色列驻华使馆、中关村管委会以及园区企业、媒体的代表等60余人参加。活动中，以色列施拉特公司高管介绍中以创新中心、中以基金实施情况；以色列高科技公司与中国企业基金股权投资签字仪式举行；中以创新中心提出要致力于建立一个完善的双创生态系统——“SITIC Inno-Hub”，将以色列的高新技术企业引入中国，并最终实现产品的产业化和商业化，吸引和集中

运用各类社会资源，产生和转移新的研发成果，形成新技术产品与服务形式。

（张　蕾）

【中国农业大学－生命科学园就业创业实践基地揭牌】6月8日，由北京中关村生命园发展有限责任公司主办的中国农业大学－中关村生命科学园就业创业实践教育基地揭牌仪式在中关村生命园举行，双方有关负责人以及学校师生、企业的代表等50余人参加。基地将结合中国农大相关专业学生的职业发展和就业需求，组织学生赴入园单位参观学习，使学生了解其所学专业相关产业的未来发展趋势、就业情况；深入调研毕业生就业意向及入园单位招聘需求，有针对性地组织毕业生到对应的入园单位实习实践；推动入园单位结合自身工作特点提供岗位培训，使每个实习生都得到良好的训练；针对生命科学园人才需求与中国农大学生就业意向，组织相关入园单位和毕业生参加定期举办的专场双选会；邀请入园单位企业家担任创业导师，企业家与学生分享创业心得，指导学生团队创业，提高创业成功率。仪式后，与会代表实地考察北京万泰生物药业股份有限公司等企业。

（李贺英　陈　潇）

【中关村集成电路设计园创新创业平台发布】6月13

日，由市经济信息化委、中关村管委会、海淀区政府、中关村发展集团股份有限公司、北京首都创业集团有限公司主办的中关村集成电路设计园创新创业平台发布会在中关村示范区展示中心召开，主题为“构建高精尖 打造‘芯’旗舰”，工业和信息化部等部门相关负责人及北京市有关委办局、企业、合作机构的代表等400余人参加。设计园由中关村发展集团和首创集团共建，遵循“高标准、专业化、智慧化”的原则建设，构建产业生态圈、人本生态圈、企业生态圈、智慧生态圈“四大生态圈”，提供围绕集成电路设计企业需求的投融资、共性技术、人才培养、创新孵化、市场推广、海外拓展、中介服务及生活配套八大产业功能服务平台，聚集集成电路产业上下游企业，形成一体化产业链条，并延伸到软件应用、智能硬件、互联网、物联网，构建“泛集成电路设计园”。会上，中关村管委会、海淀区政府发布《中关村支持集成电路设计产业发展政策》。设计园还分别与北京大学软件与微电子学院、中国半导体协会、中关村科技融资担保公司等20余家院所、企业、融资机构等签订合作协议。

（李贺英　梁　冰）

【支持中关村集成电路设计园建设专属政策发布】6月13日，在中关村集成电路设计园创新创业平台发布会上，中关村管委会、海淀区政府发布《中关村支持集成电路设计产业发展政策》，从支持领军企业落户、提升企业创新能力、提升行业服务能力、推动产业上下游合作、吸引高端人才、优化产业环境六大方面推出14条专属支持政策，给予集成电路相关企业及从业人员支持，以提升集成电路设计产业发展活力。政策中“支持国内外行业领军企业落户”明确，对设计园引入的能为区域经济和产业发展做出巨大贡献的具有国际影响力的特大型企业给予资金支持1亿元；“支持企业吸引和培育全球集成电路设计领军人才”，将优先落实高端人才居留与出入境、子女入学、职称评审、

公租房等。

（李贺英）

【隋振江到北京生命科学研究所调研】6 月 15 日，副市长隋振江一行到北京生命科学研究所调研。隋振江一行参观实验室，了解研发人员在干细胞、胚胎发育和组织再生等领域的研究情况。座谈会上，隋振江听取北生所负责人所做的关于人才评估和机制创新等方面的工作汇报，充分肯定北生所作为科技体制改革“绿洲”的示范作用，并指出要坚定地走体制创新之路，希望北生所梳理 10 年来探索创新发展的经验，分析遇到的问题，为“十三五”科研体制改革提供借鉴。市科委、市财政局、市科技协作中心等单位相关负责人陪同调研。

（陈　潇）

【昆明学院与中关村软件园签约】7 月 20 日，昆明学院、中关村软件园校企合作签约仪式在昆明市举行，双方负责人分别在《昆明学院与中关村软件园校企合作协议书》上签字。根据协议，双方将充分发挥特色资源优势，设软件工程（软件开发方向）、软件工程（大数据方向）两个专业，在“专业共建”方面展开全面深入合作。9 月，两个专业首批招收 73 名学生，学期 4 年，在昆明学院进行从大一到大三的课程学习，大四到软件园实训，接受系统的工程实践教育；考试合格，获国家承认的普通高校本科毕业证书，同时还将获北京中关村软件园发展有限责任公司认证的《中关村软件园软件工程师证书》。双方还将共建合作专业方向实验室，采用企业化管理模式，共同组织师生开展工程项目实践和技术研发。同时，中关村软件园公司还将

对合作专业方向的老师进行技能、教学方法等方面的指导和培训，推荐学生就业。

（张　蕾）

【举办两期“创 e 堂”专题培训】8 月，由北京高校大学生创业园（软件园）主办的两期“创 e 堂”专题培

训在中关村软件园孵化加速器举办，IBM 中国有限公司相关技术顾问主讲，大学生创业者代表 30 余人参加。其中，“初创企业如何绕开九大死亡之‘坑’”全面分析企业在创立之初普遍面临的九大死亡原因，给出切实有效的解决之道，有助于新晋创业者迅速熟悉创业环境，在商业竞争中立于不败之地；“社群营销的方法、技巧与实践”从概念到实操，分享社群的玩法，包括如何制订群规、如何线上分享、如何做线下活动及选择什么样的平台等，并提供丰富的实操案例。“创 e 堂”是中关村软件园大讲堂系列活动的一部分，针对创业者开设创新创业培训课程，旨在帮助初创企业解决在发展过程中遇到的实际问题，助力创新创业事业发展。培训还包括与 IBM 公司合作开展的 IBM 车库创业方法、创业训练营免费体验课。

（张　蕾）

【4 家园区获批跨境电子商务产业园】9 月 29 日，在北京跨境电商产业发布会上，市商务委、北京海关等部门为 6 家首批中国（北京）跨境电子商务产业园授牌。其中，中关村示范区内 4 家，即天竺综保区园区、中科电商谷园区、马坊物流基地园区、华商创意中心园区。市商务委等部门为培育跨境电子商务产业园区，制定鼓励网络零售、网络批发健康发展，加强跨境电子商务关检合作，支持跨境电商 O2O 直购体验店、公共信息平台、通关辅助系统、海外仓建设等一系列政策，实现一次申报、联合查验，优化工作流程、提高通关效率。首批跨境电子商务产业园区将利用首都政策环境、航路资源和口岸建设体系等方面的优势，营造公平、规范、有序的营商环境，打造跨境电子商务产业链体系。

（章　健）

【共建大学生创新创业基地】10 月 12 日，内蒙古民族大学・中关村软件园创新创业基地签约仪式在内蒙古民族大学举行，北京中关村软件园发展有限责任公司与内蒙古民族大学签约。根据协议，双方将在专业共建、

人才培养、创新创业教育等领域展开全面合作，开展教育教学和产业对接，发挥各方优势，探索校企产学研合作的新模式和新途径，合力提高大学生创新创业能力，重点打造集“创新研发、项目孵化、技术转移、支撑服务”四位一体的协同创新平台，辐射带动当地软件、服务外包、电子商务等新兴产业发展。

（张　蕾）

【中关村生命科学园医药科技中心开工】 10 月 25 日，由北京中关村生命科学园发展有限责任公司主办的中关村生命科学园医药科技中心开工仪式在中关村生命园举行，昌平区政府、市发展改革委、市经济信息化委、中关村管委会等单位相关负责人，企业、设计、施工、监理等单位代表参加仪式。项目位于中关村生命园二期 CP00–1803–0013 地块，出让宗地规划用途为 B23 科研设计用地。项目总占地面积 7.75 公顷，其中建设用地面积 5.67 公顷，代征绿地面积 1.37 公顷，代征道路面积 0.71 公顷；总建筑面积 19.6 万平方米，其中地上控制建筑面积 12.5 万平方米，地下建筑面积 7.5 万平方米。项目由中关村生命科学园公司建设，总投资约 21.4 亿元，计划 2018 年 12 月竣工，拟建成医药科技企业孵化器，以医药科技项目的研发、实验和中试为主，依托北京大学国际医院优质资源，聚集中小型医药科技企业，打造企业发展中心，为各类型生物医药企业及研发机构提供包括生物医药研发与中试，办公、学术报告与会议等功能服务。

（万　玮　李贺英）

【中组部、科技部领导调研生命科学研究所】 11 月 10 日，中组部副部长周祖翼、科技部副部长黄卫一行调研北京生命科学研究所，市委组织部、市科委等单位相关领导参加。调研组一行参观实验室，听取研究人员所做的有关研究方向、项目进展和应用前景等情况汇报，并就有关问题进行交流。座谈会上，生命科学研究所主管领导就国内生命科学基础研究发展状况做主题发言。周祖翼指出，生命科学研究所发展成果显著，经验值得借鉴推广，各级政府应吸取科学家的建议，继续给予生命科学研究所稳定的支持；借大势，谋发展，各级政府应创造条件为科学家解决后顾之忧，使科研条件和人才待遇保持持续稳定，突破政策壁垒，涌现科研成果；在发展进程中更加关注、扶持科研成果转化，注重知识产权和自主创新成果的保护。

（陈　潇）

【不老尚品创业团队获“创青春”大赛金奖】 11 月 19 日，在 2016 年“创青春”中航工业全国大学生创业大赛决

赛上，北京高校大学生创业园（软件园）入驻企业北京不老尚品农业科技有限公司创业团队代表中央民族大学参赛，获共青团中央、教育部、人力资源和社会保障部、中国科协、全国学联和四川省政府联合颁发的创业大赛创业实践挑战赛“金奖”。（“创青春”全国大学生创业大赛是中国规模最大、参赛作品最多的大学生创业赛事，被称为全国大学生创新创业的“奥林匹克”。11 月 17 日，北京不老尚品农业科技有限公司创业团队在创业大赛创业实践挑战赛前八强电视公开赛中荣获“优胜奖”，获得 1 万元奖金。）

（张　蕾）

【集成电路设计园产业环境推介会举办】12月3日，由北京中关村集成电路设计园发展有限责任公司主办的中关村集成电路设计园产业环境推介会在中关村硅谷创新中心举办，中国驻旧金山总领事馆、华美半导

体协会等单位相关负责人，硅谷地区金融投资机构、有关IC企业的代表近100人参加。会上，集成电路设计园负责人做“中国集成电路设计产业发展机遇”的主题演讲，面向美国市场，推介创“芯”园区；设计园与硅谷创新中心签署战略合作协议，拟在多个层面展开合作，共同推进中国IC产业向全球迈进。与会企业代表从推介会中了解到中国IC行业的市场环境、发展状况以及IC产业园区在推动产业融合中发挥的重大作用，对增进IC行业资本交流、技术沟通，促进IC领域创新创业、资源与产业融合具有积极影响。

（李贺英）

【中国软件园区发展联盟2016年会举办】12月27日，由中国软件园区发展联盟主办的软件园区创新发展研讨会暨中国软件园区发展联盟2016年会在中关村软件园举办，主题为“新起点 新能力 新引擎”。工业和信息化部等政府部门相关负责人，以及国内知名软件园区、联盟成员单位、企业的代表等200余人参加。会上，中国工程院院士李伯虎做“智慧制造云中大数据技术的研究、实践与思考”主题演讲；中关村软件园、沈阳国际软件园等园区相关负责人分别做题为“创建国际一流软件园区——中关村软件园新‘四度空间’”“生态、互动、创新沈阳国际软件园的内生动力”“双创园区的实践分享”“聚焦智能制造－打造具全球影响力的科创中心”的演讲；成都咕咚科技有限公司、北京凯英信业科技股份有限公司等企业的有关人员共同分享创新创业的经验；圆桌对话环节，北京数字政通科技股份有限公司等单位的嘉宾围绕“创新与变革激活软件园区发展新动能”主题，从园区创新发展能力、新形势下如何提升园区服务能力等角度展开讨论；联盟授予中关村软件园等10家软件园“2016创新创业优秀园区”奖。

（李贺英）

【中关村软件园发展迅速】年内，中关村软件园新增入园企业129家，总数532家，其中上市企业47家（含分支机构）、国家规划布局重点软件企业23家、“十百千工程”企业26家、中国软件百强企业11家、入选“瞪羚计划”企业35家、年总收入超过1亿元企业60家。新增从业人员1万人，累计达6.4万人；总收入1819.4亿元，增长率为13.5%；利润177.3亿元，增长率为9.7%；申请知识产权7517件，累计拥有32320件，其中，授权专利4332件，累计拥有19250件；科技成果转化55项，累计389项；发布新产品、新技术139件，累计236件；累计25人入选中央“千人计划”，15人享受“国务院特殊津贴”，16人入选“青年千人”，1人入选“长江学者”，21人入选“海聚工程”，17人入选“高聚工程”，7人入选“科技北京领军人才”；投入研发经费30亿元，比2015年增长17.1%，累计205亿元。

（张　蕾）

创业社区

【回龙观双创社区首届回＋创业论坛举办】1月18日，由昌平园管委会、北京昌平科技园发展有限公司、北京昌科科技孵化器公司主办的回龙观双创社区首届回＋创业论坛在腾讯众创空间（北京）举办，昌平区政府等单位相关负责人及回龙观地区的创业者和业界嘉宾100余人参加。优客工场、互联网＋百人会、华盖资本、车库咖啡等机构的创始人、发起人分别就“让信任关系驱动企业成长”“行走在双创时代”“资本助推医疗健康产业创业发展”等主题发表演讲，建议创业要做实企业，通过学习发现未来，要利用大环境产生价值；认为“互联网＋”时代最大的重构是人与人的关系，信任不仅是创造关系，更是要建立美德；指出生物医药、医疗器械、医疗服务在未来5年是最好的并购期。论坛上，与会者一致认为，一定要结合当地的产业环境去选择创业方向，只有结合当地产业基础，生命力才强，全民参与创新、创业是历史的必然。（回龙观双创社区由各类主题孵化器、企业加速器及众创空间构成，将依托双创社区高密度的创新人群，利用空间、成本、产业、政府等优势资源，打造集“资本、人才、技术、信息、文化、空间”六位一体的创新创业生态圈。）

（万　玮）

【回＋·天通苑双创社区合作签约仪式举行】4月28日，由昌平园管委会主办的回＋·天通苑双创社区合作签约仪式在中关村生命科学园举行，昌平区政府、区相关委办局有关负责人及创客空间、创投机构的代表100余人参加。仪式上，北京昌平科技园发展有限公司与优客工场、泊寓等6家创业服务机构签约，将联手打造北京地区规模最大的7×24小时创意精英社区；启动宅创部落、极客丛林两个创业生态社区，总规模25万余平方米，包括5万平方米的联合办公、5万平方米的青年创业公寓和中高端人才公寓、15万平方米的创新体验式商业中心。其中，宅创部落总面积19万平方米，项目融创新创业孵化、联合办公、创业公寓、购物、社群社交为一体，将成为天通苑地区规模最大的创业生态社区；极客丛林面积约6.5万平方米，由下沉式文创广场、独栋孵化加速器和创业公寓3部分组成，项目主要定位于VR视觉产业、硬科技展览展示、泛文创产业、消费服务类产业的创业孵化和服务。优客工场、泊寓、乐乎公寓签约落户宅创部落，VR视觉产业中心入驻极客丛林。

（万　玮　石会昌）

【郭金龙调研回＋双创社区】7月5日，市委书记郭金龙、市长王安顺一行到回＋双创社区调研，市委常委陈刚、李伟及副市长王宁陪同，中关村管委会主任郭洪参加。昌平区政府的相关负责人陪同。郭金龙一行先后视察回＋无边界展厅、回＋创业图书馆、政务会客厅及腾讯众创空间创业项目展厅，听取回龙观地区成为“睡城”的原因并提出解决方案，并与人人实验、车萝卜、人工智能辅助诊断等项目负责人交流探讨，提出要深入贯彻习近平总书记系列重要讲话精神，通过大力培养新型优质增长点，唤醒职、住不平衡的“睡城”，打造新一代具有影响力的创新中心。

（万　玮）

【零工社区上线】7月8日，由丰台园管委会主办的零工社区新闻发布会在京举行。贝壳菁汇（北京）生态创新科技有限公司、依文服饰股份有限公司等企业的代表100余人参加。会上举办零工社区（www.gig-c.com）上线仪式。零工社区是由丰台园管委会打造的一个基于互联网的在线高端智力共享平台。平台设有智囊社区、知识产权、公共服务等功能，以“集众智、汇众力、传承工匠精神”为主旨，依托丰台园内1万余家企业和7万余名工程师等科技资源，通过互联网大数据技术高效整合，以共享经济的商业模式将碎片化的智力资源合理调配，快速有效地聚集高端智力资源创新创业，并依靠大数据技术为从事和参与创新创业的组织和个人提供公共服务，帮助科技创客减少创业成本和风险。零工社区里有3种“居民”：需求发布方、零工和大咖。需求发布方以企业身份注册，在经营过程中遇到问题时可点击“需求大厅”，将需求发布到社区里，社区将为需求方精准匹配到能够解决问题的专家。需求方也可以直接找零工，提出需求和问题。零工是拥有专业技能和丰富经验的人，以个人身份注册零工社区，注册完毕后通过“成为专家”功能完成认证。大咖则是某一领域的权威人士。零工社区通过线上线下的结合为创新创业组织和个人提供一种分享成功经验的渠道和方式，通过知识产权服务、政策平台支撑，让知识具备了价值力。

（魏立亮　杜　玲）

【腾讯众创空间（北京）二期对外开放】 7月19日，腾讯众创空间（北京）二期对外开放，招募企业入驻。二期位于昌平区回龙观社区，是由腾讯开放平台、英诺创业圈与昌平区政府三方筹办的全国首家“创业综合体”，单体面积5.5万平方米，可容纳创业团队500个，能够满足5000人的创新创业需求。腾讯众创空间具备线上线下5种核心能力，包括流量加速、开放支持、创业承载、培训教育和辐射带动，满足创业者对资金、成长、场地、营销和流量的需求。

（陈宝德）

【回+双创社区工商登记注册分中心揭牌】 7月26日，北京工商行政管理局昌平分局回+双创社区登记注册分中心揭牌仪式在腾讯众创空间（北京）举行。分中心是北京市首家专门服务“双创”的工商登记注册服务点，可为入驻双创社区的企业办理公司设立、变更、注销、备案和股权出质等手续，对于有特殊需求的企业，还将特事特办，尽早、尽快地为企业解决切实之需，并将重点支持智能制造、互联网、文创、金融、大数据、

健康医疗六大领域。分中心还增加网上预审指导服务，并利用外网接入审核终端，直接通过企业的预审请求，减少审核等待时间，领照缩短至3个工作日。分中心将实行定期“驻站”制度，每周安排2～3个工作日受理。

（万　玮）

【500 Startups回+创新实验室揭牌】 9月13日，由昌平园管委会主办的500 Startups回+创新实验室揭牌仪式在回+创业图书馆举行，北京昌平科技园发展有限公司和签约单位的相关负责人，以及投资、孵化等领域的代表参加。实验室由美国硅谷种子基金+加速器500 Startups与回+双创社区合作共建，将通过在增量的创新小微企业与存量的大中型企业之间建立创新能力互通共享平台和通道，促进增量与存量协同创新。

中美企业将依托平台开展多元化共享合作，进行交流与对接，共同推动协同创新和产业升级，构建一个服务全球创业者的国际创业加速器。仪式上，昌平区政协、区科委、北京昌平科技园发展有限公司、500 Startups共同签署合作协议；美国VR研究机构Greenlight的相关专家发表VR技术未来发展趋势的主题演讲；中美两国创投代表就“中美协同创新趋势与路径探索”主题进行探讨。

（万　玮）

【回+双创社区知识产权服务中心成立】 9月28日，昌平区小微企业创业创新基地回+双创社区知识产权服务中心揭牌仪式在双创政务会客厅举行，市知识产权局、昌平区科委、昌平园管委会等单位相关负责人及有关企业的代表50余人参加。中心由回+双创社区、昌平区知识产权局联合成立，将从知识产权创造、管理、运用、保护4个关键环节入手为小微企业提供一个最快速的服务通道，开展专题培训、政策解答等活动，推进专利技术有效实施，全面统筹知识产权保护机制，为政府、创新主体、知识产权服务机构搭建一个交流互助的平台，提供良好的知识产权服务保障。

（万　玮）

【硅谷大咖创业集训开班】 11月15—16日，由昌平园管委会、北京昌平科技园发展有限公司、500 Startups全球创投基金及创业加速器联合主办的首期“Champion国际乐创汇”——500 Startups Bootcamp硅谷大咖创业集训在回+创业图书馆开班。27家创业团队的CEO、总经理以及媒体的代表等参加。活动围绕加速器及种子投资最佳运营经验、投资人关注何种项目、如何打造完美路演、什么是成长营销及营销增长优化与数据分析、新创公司品牌创意学及如何借用创意力量增加用户获取、成本收益论及微信平台产品实战、创业中遇到的技术构架、团队建设等题目展开演讲，针对创业企业进行导师一对一的辅导，设计如何开拓市场。

在团队路演环节中，24 家团队的代表进行路演，其中特别优秀的团队项目将陆续入孵 500Startups 和回 + 创新实验室。

（万　玮）

【零工社区参展高交会】11 月 16—21 日，在第十八届中国国际高新技术成果交易会上，零工社区通过“零工 +”方式展现零工社区多元化的线下空间。其中，“零工 + 专利萃取”展示贝壳菁汇创新生态圈的专利萃取众创平台；“零工 + 时尚”展示依文服饰股份有限公司的中国手工坊及依服宝公共服务平台项目；“零工 + 共享”展现丰台园科创中心的创业辅导、人才服务、融资服务等“6+N”服务平台；“零工 + 大数据”展现国信优易数据有限公司利用大数据技术让零工社区各类资源得到最优匹配；“零工 + 路演”展现黑钻石（北京）文化传媒股份有限公司为企业量身打造的路演工具系统；“零工 + 匠心”展现零工社区线下场景空间聚匠咖啡，以及即将形成的集创业咖啡馆、双创服务、品牌设计推广等功能于一体的创业生态圈；“零工 + 创新”展现倪帮尔科技孵化器的线上线下相结合的垂直孵化服务模式；“零工 + 空间”展示竹海零工社区服务体系。

（魏立亮）

【互联网新经济下的双创生态研讨会召开】11 月 25 日，北京大学光华管理学院联合腾讯研究院网络空间研究中心、腾讯众创空间在北京大学举办互联网新经济下的双创生态研讨会。发展改革委、中国互联网协会、中关村管委会等单位相关负责人和专家出席，北京昌平科技园发展有限公司（昌发展公司）、英诺创新空间等经营方代表和企业的代表等 100 余人参加。会上，腾讯开放平台的相关人员做“双创大不同”的主题阐释；北大光华管理学院有关专家分享创新创业的价值模式和特色，提出营造有助于创新互动系统发展需要 4 个条件：即来自外部环境的激励机制、对创新创业试错的包容性、资源要素的可获得性、主体资源的整合互补；来自北京梦想加科技有限公司、北京萝卜科技有限公司、北京每日优鲜电子商务有限公司 3 家企业的代表提出自身遇到的行业困惑，认为创新创业具有大量的不确定性和风险，需要政府、大企业、运营商与投资人等从多维度为创业团队提供所需的各类资源和服务。昌发展公司、英诺创新空间的负责人分享在双创领域的实践经验。北大光华管理学院联合腾讯网络空间研究中心、腾讯开放平台共同发布《2016 腾讯创新创业生态发展报告》。

（万　玮）

【回 + 双创社区暨腾讯众创空间（北京）周年庆】12 月 15 日，由昌平区政府主办的 2016 回 + 双创社区暨腾讯众创空间（北京）周年庆——“一起回家 +”活动在回龙观创客广场举办。市科委、中关村管委会、昌平区政府等部门相关负责人以及公共科技平台、投资机构、创新服务机构和企业、媒体的代表近 200 人参加。活动回顾回 + 双创社区、腾讯众创空间（北京）成立一年来的成果；介绍昌平区获选国家小微双创基地城市示范后的主要工作进展；发布知识产权运营、科技条件共享、

重点产业支撑等昌平公共科技服务平台；举行昌平中小微企业双创发展基金合作签约、昌平双创基金对外投资合作战略签约、共建昌平科技金融服务体系战略签约、AI 大数据加速器与腾讯众创空间（北京）签约、腾讯众创空间创业服务红包启动仪式；为获腾讯众创空间（北京）优秀项目的创业企业颁发奖项。

（万　玮　陈宝德）

大学科技园

【清芸阳光公司获商业模式及新锐企业奖】1月7日，在2015中国光伏电站年会暨第三届中国光伏电站年度奖颁奖典礼上，北京清芸阳光能源科技有限公司获“2015中国光伏电站商业模式大奖”“2015中国光伏电站新锐企业大奖”两个奖项。由清芸阳光公司建设的光伏电站总装机规模152.4兆瓦，储备新增项目810兆瓦，实施的光伏小镇分布式项目超过2000户，覆盖全国清华科技园经济一体化分布式项目，规模500余兆瓦。（2015年底，由北京启迪清芸能源科技有限公司投资建设的云南开远100兆瓦光伏电站及绍兴乔波1.2兆瓦分布式光伏电站项目正式并网发电。）

（康秋红）

【启迪控股公司与泰国PM集团战略合作签约】1月14日，中国启迪控股股份有限公司与泰国PM集团战略

合作签约仪式在清华科技园举行。根据协议，双方将在科技创新、节能环保、在线教育、食品科技等领域展开合作，通过优势互补、资源共享，达到社会效益和经济效益的双赢。双方将以泰国为辐射点，共同开发泰国及周边国家科技园；建立联合投资基金，用于投资孵化初创性企业；联合投资泰国上市公司；促进太阳能及再生能源、废水处理及固废处理、空气净化等环保领域协作；提升中泰中草药技术，致力于大健康发展；创立创业培训系统与专业课程，发展在线教育。

（康秋红）

【共建启迪之星（沧州）孵化基地】1月15日，启迪之星（沧州）孵化基地项目签约仪式在沧州高新区举行，沧州市政府、沧州高新区相关负责人及清华科技园发展中心、启迪控股股份有限公司相关负责人等参加。根据协议，启迪之星（沧州）孵化基地将依托启迪控股公司的优势和资源，打造“孵化器+科技金融+创新基地”的科技创新模式，推动沧州高新区科技自主创新，实现产业结构转型升级。孵化基地总面积4000余平方米，将按照设计、建设、运营“三步走”发展战略，逐步实现与启迪之星的有效对接。

（康秋红）

【北航投资公司成立】1月16日，北航投资有限公司成立仪式在北航致真大厦举行。公司由北京航空航天大学和北航校友企业家集资创建，注册资本10亿元，将围绕创新驱动发展、“一带一路”国际合作与世界一流大学建设三大国家战略，开展股权投资、基金运营和众创空间等核心业务，主要面向航空航天产业、信息技术、“互联网+”和军转民等产业，重点对北航及各高校的青年创业师生和科技工作者进行投资、孵化与创业支持，并将每年分红的10%捐赠给学校用于支持创建一流大学的建设。北航校友企业家夏炜任公司首任董事长。

（梁　冰　钮　键）

【启迪控股公司与埃及通讯与信息部战略合作签约】1月21日，启迪控股股份有限公司与埃及通讯与信息部战略合作签约仪式在埃及举行。根据协议，启迪控股公司将整合资源，共同打造创新创业企业成长生态系统，通过培训骨干、分享经验、搭建金融投资平台和共同运行管理等方式，支持和协助埃及政府规划和建设国

家科技园区，促进大学与产业的结合，加快科技成果转化，吸引更多的中国企业落户埃及科技园区。

（康秋红）

【徐州启迪科技城项目签约】1月22日，徐州市政府和徐州云龙区政府分别与启迪控股股份有限公司签订《战略合作框架协议》和《徐州启迪科技城框架合作协议》，启动徐州启迪科技城项目。根据协议，合作双方建立互惠互利、合作共赢的战略伙伴关系，发挥启迪控股公司的科技创新优势及徐州市的区域中心城市优势，打造集“政、产、学、研、金、介、贸、媒”于一体的综合科技创新平台，培育孵化和引进发展智能装备制造、电子商务、文化创意、新能源、健康医疗、低碳环保等产业；同时还将依托清华大学等高校资源，引进相关研发机构，设立科技成果转化平台，搭建教育培训、企业孵化、众创空间等科技创新、创业服务、金融支持体系。徐州启迪科技城项目占地面积16.7公顷，建筑面积约42万平方米，拟投资30亿元。

（康秋红）

【洛阳北航科技园（二期）项目立项】2月3日，河南省财政厅公布调整后的PPP项目库清单，洛阳北航科技园（二期）项目列入河南省财政厅PPP项目库。项目是由北京北航科技园有限公司在洛阳投资建设的一个以多功能业态为一体的综合性大型科技园区，位于洛阳高新区，总投资15亿元，规划占地面积12.53公顷，总建筑面积32万平方米，其中企业孵化器3万平方米、企业加速器8万平方米、企业研发中心2万平方米。预计2018年12月完工。（一期工程于2015年7月底交付使用，建成4.6万平方米的企业加速器和研发中心、智慧园区系统—IDC机房和创新型孵化器“云集图书馆”，累计完成投资4.3亿元，50余家企业入驻。）

（钮　键）

【深圳启迪协信科技园建设开工】3月1日，深圳启迪协信科技园开工仪式在深圳市龙岗区举行。深圳市政府、龙岗区政府、清华控股有限公司等单位的相关负责人及清华大学、清华校友企业和粤港本地的产学研等专业领域的代表200余人参加。科技园位于龙岗区产学研核心的大运新城片区，占地面积约19公顷，规划建筑面积约78万平方米，计划总投资128亿元，主体建筑性质为研发用房，建设周期为4年，预计于2019年总体完工。项目主要依托清华大学，清华产业和启迪控股科技金融、科技服务和园区建设管理经验，发展“一核心、二平台、四重点”的产业生态体系，即以科技研发为核心、构建科技金融和创业孵化两个平台、突出智能制造、信息互联、环保健康、文创教育4个产业方向，重点引进一批重大科技领军企业、国家级实验室和研究机构，孵化一批创新创业企业。

（康秋红）

【北航张江众创空间启动】3月17日，北航张江众创空间开业仪式在上海张江高科技园区举行。北京北航资产经营有限公司、上海张江科技创业投资有限公司等相关单位的负责人参加。北航张江众创空间由北航国家大学科技园与上海张江企业孵化器经营管理有限公司合作建设，利用北京航空航天大学在空天信一体化领域科研优势及北航科技园的产业服务资源，结合上海张江科技创业投资有限公司的创新创业服务资源，共同建设以航空航天、智能装备、卫星应用、无人飞行器为重点的专业化新型创业服务平台。众创空间还将作为航空航天类专业的学生实习基地，开展航空航天领域的产学研融合，打破传统孵化器的封闭空间，提倡开放、合作、分享、共赢的孵化理念，最终打造成国际通航创客集聚地。（北航张江众创空间于2016年2月份投入试运营，近10家创业企业入驻。）

（钮　键）

【北航科技园中标沧州高新区产业新城建设PPP项目】3月29日，河北省政府采购网发布《沧州高新区产业新城建设PPP项目社会资本采购成交公告》，北京北航科技园有限公司、北京软件出口中心发展有限公司、京航科创投资有限公司联合体中标。沧州市高新区与北航国家大学科技园按PPP的模式合作共建“沧州北航科技园”，在高校科研成果对接及产业化、人才交流、高新技术企业服务及平台搭建等方面展开合作。项目规划占地面积约34.7公顷，一期工程用地面积13.3公顷，总建筑面积16万平方米，预计总投资7.1亿元，工期24个月。项目拟建设企业孵化器、科技企业加速器、科研中心、电子信息产业基地、现代服务业综合区及北航中心（会议、服务中心）等功能区域。

（钮　键）

【中澳能源联合研究中心揭牌】4月1日，“中国矿业大学（北京）中澳联合能源研究中心”揭牌仪式暨学术报告会在京举行。中国科协、中国工程院、美国工程院等单位的相关负责人、院士、专家等100余人参加。中心成立后，中澳两国科学家和工程技术人员将在地质勘探、采矿与安全、选矿、煤基合成燃料、新能源、生态环境修复、矿业经济与环境法等领域开展合作研究，共同打造集人才培训、技术研发、成果转化与产品制造为一体的产、学、研、经结合的国际化合作平台。中国矿业大学（北京）化学与环境工程学院院长王永刚、太原理工大学教授常丽萍任中澳能源联合研究中心执行主任。

（姜笑笑）

【北师大科技园企业融资辅导培训会举办】4月8日，

由北京师大科技园科技发展有限责任公司主办的企业融资辅导培训会在北京师范大学举办。熙典国际教育科技（北京）有限公司、北京诺洲环保科技有限公司等8家企业的代表参加。华尔集团公司、北京白石创业投资有限公司、清华大学经管学院的企业家、学者等专业人士担任培训师。会上，专家对“水泥圈”“全息课堂”“半湿式空气净化器”“留友网”等8个项目进行点评，就项目的融资需求提出指导性的意见。项目涉及VR技术、教育科技、环境保护等领域，其中具有“互联网+”运营模式的项目备受关注。

（葛静静）

【启迪控股公司与新南威尔士大学合作签约】 4月12日，启迪控股股份有限公司与澳大利亚新南威尔士大学签署战略合作意向书。根据意向书，双方将共建澳大利亚新南威尔士大学火炬创新中心，依托启迪控股公司在科技园、科技城规划设计、建设及运营管理方面的经验，以及在国际、国内形成的以众创空间、孵化器、科技园和科技城为载体的创新体系，共同打造澳大利亚新南威尔士大学创新园区示范空间。11月7日，启迪控股公司与新南威尔士大学就新南威尔士火炬园可行性研究及战略规划签署合作协议。根据协议，由清华大学启迪创新研究院承担新南威尔士火炬园的可行性研究及战略规划任务。研究院将依托启迪控股公司的创新服务体系，联合启迪科服集团和启迪之星孵化器，围绕新南威尔士火炬园的可行性研究、总体发展定位、产业发展方向展开研究。（新南威尔士火炬园项目是中国科技部“火炬计划”在澳大利亚建立的首个分支，也是“火炬计划”首个海外分支，项目拟投入1亿澳元。）

（康秋红）

【清华大学幸福科技实验室成立】 4月16日，清华大学幸福科技实验室成立暨首届中国积极心理学应用高峰论坛在清华大学科技园举行。清华大学幸福科技实验室（清华H+Lab）宣布成立，其由清华大学心理学系、清华科技园、启迪控股股份有限公司联合打造，以幸福、健康、和谐为理念，是集研发、学习、体验、展示、孵化于一体的复合型创新幸福科技平台，也是国内率先建成的将积极心理学研究成果进行转化的科技创新孵化平台。实验室拥有世界先进的大数据及生物和神经科学等技术与设备，能有效测量、追踪、关怀、保障和提升人们的主观幸福感，集合心理学、神经科学、信息技术、情绪识别等领域的跨界创业者，试图以积极心理学为代表的幸福科技研究带来幸福经济的创新创业机会。启迪控股股份有限公司为实验室首期注入奖金2000万元。

（梁　冰　康秋红）

【启迪澳大联合金融研究中心战略合作签约】 4月17日，由澳门大学与启迪控股股份有限公司共同主办的启迪澳大联合金融研究中心战略合作框架协议签约仪式在清华科技园举行。根据协议，双方将在珠海市横

琴新区成立启迪澳大联合金融研究中心。北京启迪集团作为启迪控股公司的下属企业，负责与澳门大学共同运营金融研究中心。金融研究中心成立后，将推进产学研一体化、促进金融创新和产业化，促进澳门金融体系与政策环境体系建设，实施国家“一带一路”金融产业体系建设。

（康秋红）

【共建云大启迪商学院】 4月26日，云南大学与启迪控股股份有限公司合作创办的云大启迪商学院在云南大学揭牌，云南省委省政府，启迪控股股份有限公司等单位的相关负责人参加揭牌仪式。学院依托清华大学等优质的教育资源，坚持“开放合作、集成创新”的办学理念，融入国家战略，服务云南和西部地区，辐射南亚东南亚，结合新常态下云南省新兴产业的发展，形成企业培训与学历教育相结合，以金融管理、物流管理、旅游管理和创新创业管理为特色的办学体系，设有“本、硕、博”完整的工商管理类学历教育

体系，工商管理一级学科博士后科研流动站，以及为党政企事业单位科技管理干部等相关人员提供的创新创业教育培训。

（康秋红）

【3 家单位获首都科技志愿服务站授牌】5 月 14 日，在首都科技志愿服务站授牌仪式上，北京大学科技园、北京林业大学科技园、北京联合大学团委 3 家单位获首都科技志愿服务联合会首都科技志愿服务站授牌，成为首批服务站试点建设单位。在高校和大学科技园建设首都科技志愿服务站，旨在在科技志愿者和大学生创新创业群体之间搭建起科技志愿服务交流的平台，发挥科技志愿者人才资源优势，营造首都科技创新创业生态环境，开展大学生创新创业志愿服务工作，延伸大学生创新创业服务链条。（首都科技志愿服务联合会成立于 2015 年 1 月 30 日，由市科委指导，组织开展营造创新创业生态环境、推广应用新技术新产品、促进大众科学文化素质提高、推动京津冀协同创新发展等志愿服务，秘书处设在北京科技协作中心，注册志愿者 200 余名，由首都地区的科学家、高级科研人员、专业科技管理人员、创新型企业家、高校院所师生组成，根据服务特点和服务内容分为首都科技创新志愿服务团、首都创业导师志愿服务团、首都高校大学生志愿服务团 3 支志愿服务队伍。）

（王学军）

【启迪漕河泾科技园开园】5 月 24 日，启迪漕河泾科技园开园仪式在上海举行。科技园由启迪控股股份有限公司与上海临港集团、松江区中山街道共同建设，在智能制造科创中心定位下，搭建政产学研金介贸媒全要素资源整合平台，打造智能制造专业加速器，通过“基地 + 专业平台 + 基金”的模式，聚焦智能制造领域。园区规划建筑面积 50 万平方米，一期 7 万平方米已投入使用。

（康秋红）

【“大学生创业训练计划”2015 项目结项】6 月 2 日，由中国人民大学文化科技园和中国人民大学主办的中国人民大学 2016 年本科课外教学优秀奖颁奖暨“大学生创业训练计划”2015 项目结项表彰会在人民大学举行，参与创业训练计划的学生代表等 70 余人参加。2015 年立项的 19 个项目全部通过结项评审，有 7 个项目获奖，其中“亲子益家”团队获最佳创业方案奖、“乡味科技”团队获最佳团队奖、“大象单车有限责任公司”团队获最具潜力奖、“四九城”团队获最佳创意奖、“Differ- 异客赛霆网络科技发展有限公司”团队获最佳商业模式奖；北京乐移科技有限公司、兔巴电

子产品服务平台两个项目进入创业实践阶段，分别获实践启动资金 10 万元奖励。同日，“大学生创业训练计划”2016 项目启动。

（徐　洋）

【北理工科技园 6 个项目获市中小企业专项支持】6 月 2 日，市科委发布《2016 年度北京市科技型中小企业促进专项立项公告》。北京理工大学国家大学科技园 6 家企业的项目入选。其中，北京理工新源信息科技有限公司的“新能源汽车大数据平台研究、建设与应用”，一起走（北京）健康科技有限公司的“一起走全民健身数字网络互动平台”入选创新类项目；北京我奥科技有限公司的“基于互联网 + 的体育竞赛领域数据统计采集、处理和展示的系统”，北京赛因哲信息技术有限公司的“基于新一代可编程器件的 ZT 系列智能优化控制平台”，北京宇极科贸有限公司的“高功率密度高显色 LED 光源”，以及北京怡凯智能技术有限公司的“老人智能看护系统与可视化服务”入选创业类项目。

（李　莹）

【北理工科技园 3 家企业获创业企业支持资金】6 月 20 日，中关村管委会发布《关于 2016 年高等学校科技人员和教师投资学生创业企业支持资金的公示》。北京理工大学国家大学科技园有 3 家企业分别获 2016 年高校科技人员创业企业支持资金和 2016 年高校教师作为天使投资人投资学生创业企业支持资金，总计 91.5 万元。其中，由北京理工大学学生创办的拍喽科技（北京）有限责任公司，研发设计适合儿童手持的智能终端，建立以硬件为入口、数据为基础、服务为核心的个性化亲子服务平台；北京佑陆科技有限公司采用太阳能中高温聚光技术，研发太阳能热利用产品系统集成和太阳能水处理设备；北京理工大学教师创办的北京理工新源信息科技有限公司，提供大数据应用服务及共享租赁等新型业态的整体解决方案，使用户可通过一部手机完成新能源汽车的整个租赁和结算过程。

（李　莹）

【财大科技园建设校外众创空间启用】6月，中央财经大学科技园长河湾众创空间投入使用。长河湾众创空间位于西直门高梁桥斜街，建筑面积1273.13平方米，可为入驻企业提供工位、独立办公空间、会议室、创客咖啡等办公设施。至年底，中财创新文化发展（北京）有限责任公司、北京鸿基同心文化发展有限公司、北京明日时尚信息技术有限公司、北京宜安相互管理咨询有限责任公司、北京视野金融信息服务有限公司等109家企业入驻，涉及科技金融、文化服务等领域。

（张向丽）

【“爱邮心生”纪念品设计大赛举行】7月1日，由北京邮电大学国家大学科技园、北京北邮信息网络产业研究院有限公司、北京邮电大学数字媒体与设计艺术学院主办的“爱邮心生”首届北京邮电大学纪念品设计大赛颁奖仪式在北京邮电大学举行。主办单位相关负责人、参赛选手等40余人参加。大赛的目的在于丰富校园文化，展现创新创意理念、学风校风、自然景

观及人文历史。大赛评选出一、二、三等奖和优胜奖，共25项。其中，数字媒体与设计艺术学院王湘铭设计的“信息物語”、自动化学院姚雷阳设计的“‘邮苑有我’系列玩偶”及数字媒体与设计艺术学院王琛设计的“格物”获大赛一等奖。（大赛4月18日启动，面向海内外北京邮电大学学子和关心校园建设的人士征集设计作品。）

（陈思亮）

【清华幸福科技实验室·上海中心揭牌】7月2日，清华幸福科技实验室·上海中心揭牌仪式在启迪之星(上海）举行，上海市杨浦区委、清华幸福科技实验室等单位的相关负责人及来自上海的企业家、投资人、创业者等100余人参加。上海中心是清华幸福科技实验室首个京外中心，将依托杨浦区在人才培养、科研储备和创新氛围等方面的优势，着力推动幸福科技和幸福创新领域发展。实验室将推出面向大众创业者的“橡果计划”，旨在用教练的方式帮助创业者确定目标，寻找路径，提升创业幸福感，真正实现幸福创业。

（康秋红）

【北京中矿创新科技有限公司成立】7月6日，中国矿业大学（北京）成立北京中矿创新科技有限公司。公司作为实体运行能源安全产业技术研究院，旨在吸引高校教师加入联合共建技术研发中心、联合实验室和公共技术服务平台等科技成果转化机构。至年底，宋俊生、陈斌等12个师生团队参与合作共建，团队的综合地质灾害监测预警系统、纳米自破胶清洁压裂液等科研成果涉及新能源、新材料、机器人、煤炭清洁加工与高效利用、煤炭开采与灾害防治、遥感探测、“互联网+”等领域。

（李俊峰　姜笑笑）

【北理工科技园6家企业入选“瞪羚计划”】8月2日，中关村管委会公布2016年“瞪羚计划”企业名单。其中，北京理工大学国家大学科技园6家企业入选，包括：北京理工雷科电子信息技术有限公司、泰瑞数创科技（北京）有限公司、易云捷讯科技（北京）股份有限公司、泰圣思信息系统开发（北京）有限公司、北京理工中兴科技股份有限公司、北京永洪商智科技有限公司。

（李　莹）

【北理工科技园8家企业入选“展翼计划”】8月2日，中关村管委会公布2016年“展翼计划”企业名单。其中，北京理工大学国家大学科技园8家企业入选，包括：北京麦克斯泰科技有限公司、中科泰岳（北京）科技有限公司、北京宇极芯光光电技术有限公司、北京宏捷玉鑫科技开发有限公司、北京天一安盛科技发展有限公司、北京拓维思科技有限公司、北京固本科技有限公司、北京联星科通微电子技术有限公司。

（李　莹）

【陈昌智到启迪公司调研】8月2日，十二届全国人大常委会副委员长陈昌智率全国人大常委会执法检查组

到启迪控股股份有限公司就科技成果转化及孵化服务体系建设情况进行专题调研。科技部、北京市人大、市政府等单位的相关负责人参加。陈昌智一行调研清华幸福科技实验室（H+Lab）及启迪之星众创空间，了解了启迪控股公司在科技成果转化、孵化器建设等科技服务领域的主要运作模式及成效。

（康秋红）

【北京大学创业家俱乐部理事会成立】8 月 28 日，北京大学创业家俱乐部理事会在京成立。中国科学院、北京大学信息科学技术学院、北京中坤投资集团有限公司、新希望六和股份有限公司等 20 余家成员单位的负责人参加。北京大学原校长周其凤被聘为名誉理事长。北京新东方教育科技（集团）有限公司董事长俞敏洪任理事长。北大创业家俱乐部成立于 2014 年 3 月 18 日，是由北大科技园联合北京大学以及社会投资机构、校友企业等单位共同建立的创新创业服务平台。俱乐部依托北京大学的教育资源、科技资源、人才资源，以北大科技园为载体，开展“创启未来 · 国际青年科技创业大赛”“北大创业孵化营”“企业百家行”“创业大学堂”等系列活动，搭建一个多元化的资源聚集平台。

（王学军）

【矿大科技园 12 家企业参加国际矿业装备与技术展】8 月 31 日—9 月 2 日，2016 中国（泰山）国际矿业装备与技术展览会在泰安市举办。中国矿业大学（北京）国家大学科技园组织北京中矿赛力贝特节能科技有限公司、北京中矿威通技术有限公司、北京大合创新科技发展有限公司及 4M 中心等 12 家园区企业及工程技术中心参展，集中展示科技园企业在矿业装备制造领域最新的科研成果和转化项目 100 余个。其中包括 KJ516 煤矿电力监控管理系统、KJ516 煤矿电力监控管理系统、SDCS 智能自组态分布式监控系统、矿用高压 / 低压电力线载波通讯系统、KJ516-MG 矿用远程可视对讲门禁管理系统、KXH12 矿用本安型警戒灯、智能化巷道掘进整体解决方案（赛瑞系统，SCMRE）、ASMS 高精度微震监测系统、煤矿安全生产综合自动化、信息化系统、煤矿生产监测监控系统、节能环保技改项目应用、洗煤水综合处理等。

（姜笑笑）

【国家大学科技园税收政策发布】9 月 5 日，财政部、税务总局联合发布《关于国家大学科技园税收政策的通知》（财税〔2016〕98 号）。《通知》明确，自 2016 年 1 月 1 日至 2018 年 12 月 31 日，对符合条件的科技园自用及无偿或通过出租等方式提供给孵化企业使用的房产、土地，免征房产税和城镇土地使用税；自 2016 年 1 月 1 日至 2016 年 4 月 30 日，对其向孵化企业出租场地、房屋及提供孵化服务的收入，免征营业税；在营业税改征增值税试点期间，对其向孵化企业出租场地、房屋及提供孵化服务的收入，免征增值税。《通知》要求，享受规定的房产税、城镇土地使用税以及营业税、增值税优惠政策的科技园，应当符合一定的条件，其中包括科技园符合国家大学科技园条件；科技园提供给孵化企业使用的场地面积占科技园可自主支配场地面积的 60% 以上，孵化企业数量占科技园内企业总数量的 75% 以上。《通知》对孵化企业也提出明确要求，包括企业注册地及主要研发、办公场所在科技园的工作场地内；企业在科技园内孵化的时间不超过 48 个月；单一在孵企业使用的孵化场地面积不超过 1000 平方米；从事航空航天、现代农业等特殊领域的单一在孵企业，不超过 3000 平方米等。

（钮　键）

【共建北航芜湖通航创新园】9 月 8 日，北京航空航天大学国家大学科技园与芜湖县政府战略合作签约仪式在京举行。芜湖县政府、北航通航产业发展研究中心、北航科技园等单位的相关负责人参加。根据协议，双方以 PPP 模式共建北京航空航天大学芜湖通航创新园（北航科技园芜湖分园）和北航通航产品校外生产基地，在产学研合作、科研创新、成果转化、通航产业、人才培养等方面展交流与合作，打造通航领域高端科技创新资源集聚地、成果中试和转化平台，建立跨领域资源共享机制，实现校企间的产、学、研互动，服务地方经济。创新园项目位于芜湖航空产业园，占地面积 43.33 公顷，总投资 10 亿元。

（钮　键）

【“为生命充电”心理学讲座举办】9 月 9 日，由北京师大科技园科技发展有限责任公司主办的“为生命充电”主题心理学讲座在北京师范大学举办。园区企业家代表 30 余人参加。来自中国科学院、东明诊所等单位的心理学专家就企业家关注的热点话题做心理分析，内容包括压力的释放、自我情绪的调节、亲子关系的本质、影响健康的因素等，引导企业家在创业道路上如何认识自我，用科学的方法舒缓压力，掌握调节不良情绪的方法，排除不良情绪对人体的影响，为创业创新注入新的动力。

（葛静静）

【中国大学科技园联盟成立】9 月 29 日，中国大学科技园联盟成立大会在武汉华中科技大学科技园召开。教育部、科技部等单位的相关负责人出席，联盟成员单位的代表 120 余人参加。由浙江省大学科技园联盟等 17 家单位发起成立的中国大学科技园联盟将以创新驱动发展战略和“双创”发展策略为指导方针，整合全国范围的大学科技园双创资源，推动高校科技成果转移转化，打破区域限制和行业限制，促进跨区域跨范围创新创业教育人才培养及各类大学园区、孵化器的协同发展，完善服务能力和运行机制，搭建中国大学科技园联盟双创服务平台。清华大学国家大学科技园发展中心主任梅萌任联盟理事长。至年底，联盟成员单位 83 家。

（钮　键）

【两个项目入选第三批政府和社会资本合作示范】 10 月 11 日，财政部、教育部、科技部等 20 个部委联合印发《关于联合公布第三批政府和社会资本合作示范项目加快推动示范项目建设的通知》（财金〔2016〕91 号），同时公布第三批政府和社会资本合作示范项目名单。北京航空航天大学国家大学科技园两个项目入选，其中“河北省沧州市高新区产业新城（沧州北航科技园）PPP 项目”，占地面积 13.33 公顷，建设 13 栋楼，总建筑面积约为 19 万平方米，总投资 7.14 亿元，分为科技企业加速器区、企业孵化器区、中电子信息产业基地、科研中心、综合服务区及众创中心 6 个区域；“延安市井口 LNG 新型产业一体化项目”总投资 15.39 亿元，于 2016 年底前实现延安境内五口井井口 LNG 的运行，预计 2017 年覆盖延安市各县、乡镇边缘井、孤井的有效开发利用，与国际、国内多家知名制造商合作建设装备制造与售后基地，与中科院物理研究所、北京航空航天大学、上海交通大学等国内研究机构和高校共建深冷技术研发实验室等。

（钮　键）

【两项机器人技术成果参展“双创周”主题展】 10 月 12—18 日，在 2016 年全国大众创业万众创新活动周北京会场主题展上，矿大能源安全产业技术研究院的公共交通侦测麦克纳姆轮机器人和超深探地雷达巡检搜救机器人两项特种机器人科技创新成果参展。搜救机器人搭建可移动机器人系统，全封闭设计车身，六轮独立运动，可用于极端环境巡视、搜救、探测等工作；麦克纳姆轮机器人采用先进的麦克纳姆轮，无须转动车身便可全方位自由移动，尤其适用于校车、公交车等狭小空间的巡查、排爆。

（李俊峰　姜笑笑）

【中俄技术转化创新基地落户启迪科技园（沈阳）】 10 月 14 日，中俄技术转化创新基地揭牌仪式在启迪科技园（沈阳）举行。辽宁省政府、沈阳市政府、俄罗斯托木斯克创新企业联合会、启迪科技园（沈阳）等单位的相关负责人参加。基地由沈阳三好街高科技园区管委会、沈阳启迪三好街科技园运营有限公司等国内企业，以及俄罗斯托木斯克创新企业联合会、俄罗斯圣彼得堡亚太地区国家合作中心、俄罗斯材料科学中心共同组建，通过引进、孵化、吸收欧亚企业先进技术，提升三好街整体创新能力，搭建欧亚科技创新合作的线上线下对接平台。基地成立后，将引进俄罗斯高科技合作项目，包括用于生态危险领域勘察的轮式机器人、智能数字 3D 微型层析 X 射线摄影机、宇航器用配套电力设备等。

（康秋红）

【北理工科技园 18 家企业参展世界物博会】 10 月 30 日—11 月 1 日，2016 世界物联网博览会在江苏省无锡市举办。北京理工科技园科技发展有限公司组织园区 18 家企业参展，展示北京金达雷科技有限公司的 3D

打印机，北京永洪商智科技有限公司的数据可视化分析解决方案，北京航景创新科技有限公司的无人机，汉朗科技（北京）有限责任公司的智能调光玻璃等产品。北京怡凯智能有限公司的智能老人看护系统，可实现多指标监测和关联分析，全天候、实时监测老人日常生活中的异常和意外并及时告警；泰邦泰平科技（北京）有限公司的 Magixoom 安防监控系统，可提供超低照度、超高分辨率、超宽视场、超远距离等系列的监控摄像机，实现高速移动目标全程自动追踪及所有动态细节连续记录等产品以海报简介、现场播放企业宣传片等形式进行产品推广。

（李　莹）

【钢铁共性技术协同创新中心与西门子公司签约】 11 月 1 日，北京科技大学钢铁共性技术协同创新中心与西门子（中国）有限公司签订“工业 4.0 框架下的钢铁智能制造关键技术”项目合作协议。根据协议，双方首期合作的内容包括钢铁先进生产计划与排程系统（APS）、设备故障诊断系统、产品全生命周期管理（PLM）在钢铁行业的应用等方面的研究。除科研方面的合作，西门子公司还将与中心共同推动中德钢铁行业智能制造联盟的成立，并在北京科技大学设立智能制造工业实验室。

（张　琪）

【膜式冰球馆群开工建设】 11月10日，由北京启迪冰雪资产运营有限公司承担的启迪冰雪体育中心开工建设。项目为北京市服务冬奥32个项目之一，位于北京市西长安街沿线，总体面积约2.7万平方米，其中有3块1800平方米符合奥运标准的冰球场地。启迪冰雪公司将冰雪运动与冰上文化表演、青少年素质中心和青少年体能基地有机结合起来，将成为国内规模最大的创新型膜式冰球馆群，也是国内第一家基于冰上运动的体育、文化和素质教育综合运动中心。

（康秋红）

【“重要场所安全保卫关键技术研究”项目启动】 11月15日，由北京航空航天大学牵头的国家重点研发计划项目“重要场所安全保卫关键技术研究”专项项目启动暨实施方案论证专家咨询会在京召开。中科院、中国人民公安大学等单位的专家及项目组负责人参加。项目针对新一代危爆物品探测与人体安检扫描技术，开展重要场所内部人员筛查定位主动防范技术、暴狱、脱逃行为检测技术与应用规范及全区域安保与主动防范集成技术应用的研究，以及通过式毫米波人体安检仪，对低空、慢速、小型无人飞行器目标识别及无附带损伤拦截毁伤技术与装备进行研究。项目是国家科技计划改革后实施的国家重点研发计划重点专项第一批项目之一。项目的实施，可为国内重要场所安全保卫提供技术支撑，依托标准使重点行业企业在安保行业实现有效布防与监督控制。

（钮　键）

【共建锦州北航科技园项目签约】 11月16日，北京北航科技园有限公司与锦州国家高新技术产业开发区管委会的《锦州国家高新技术产业开发区管委会与北京北航科技园有限公司战略合作协议》签约仪式在京举行。锦州市委、市政府等相关负责人参加。根据协议，双方将以产业技术需求为牵引，依托北航科技队伍和技术储备，以及锦州高新区政策扶持和资金支持，通过科技园区建设和产学研合作，促进锦州高新区的产业升级和结构调整，构建具有锦州高新区特色的区域创新体系。科技园建设项目总投资7.5亿元，占地面积13.3公顷，建设总面积约16万平方米。北航科技园将组建异地科技园项目管理公司，以PPP模式投资锦州北航科技园。

（钮　键）

【北大科技园9家企业入选金种子企业】 11月29日，中关村管委会网站公布第六批金种子名单，219家企业入选。其中，北大科技园人加智能机器人技术（北京）有限公司、北京合思信息技术有限公司、北京智充科技有限公司、北京佳格天地科技有限公司、未名企鹅（北京）科技有限公司、北京就帮我投资咨询有限公司、北京全息互信数据科技有限公司、北京韶华恒志科技有限公司、北京快签科技有限公司9家企业入选。企业涉及嵌入式机器视觉领域的人工智能开发、企业SaaS领域的云创新、新型互联网金融服务平台、新能源汽车智能充电技术、环境和农业大数据、“互联网+”大健康等领域，主要产品和技术有机器人视觉感知系统、“易快报”移动报销及费用管理解决方案、“社交金融”服务平台、环境和农业解决方案等。园区将为入选企业提供创业辅导与培训、交流沟通与合作、空间拓展与选址、项目推介与融资等专业化服务。

（王学军）

【“新媒体运营创业营”开营】 12月2日，由北京北航科技园有限公司、北京联合大学招生就业处、七六八（北京）教育咨询有限公司共同主办的“新媒体运营创业营”开营仪式在北京航空航天大学夸克创业空间举行。主办方及盛世易通公司等单位的相关负责人和学员等50余人参加。创业营以“新媒体运营”为培训内容，通过8周100课时，为学员讲授“新媒体运营及实际运用”课程，辅助1～2支由学员成立的创业团队，以“新媒体运营”为工作内容，采取“工作室”的方式，独立进行创业实践，激发学员创业潜力，提高学生就业能力。

（钮　键）

【启迪之星落户巴西】 12月12日，启迪控股股份有限公司与里约热内卢联邦大学科技园合作签约仪式在巴西驻华大使馆举行。巴西国家科技部、中国科技部火炬中心等单位的相关负责人参加。根据协议，合作双方将分别在里约热内卢和北京建立“启迪之星巴西里约商务技术创新中心”和“里约热内卢联邦大学科技园中国北京技术创新中心”，为中巴企业跨境发展提供便利和扶持，促进两国高科技企业之间的交流与合作。

（康秋红）

【横琴创新研究院首批项目落地】 12月27日，北师大－北中医国家大学科技园横琴科技创新研究院首批落地项目发布会在珠海横琴创意谷举行。横琴新区管委会、北京师大科技园科技发展有限责任公司等单位的相关负责人、项目团队代表等80余人参加。首批落地的可调节激光吸收光谱技术应用、模糊控制技术、石墨烯量产制备技术、孤独症儿童评估与干预技术等8个项目分别与研究院签署合作协议。项目带头人均为各行业领域中的领军人物，包括国内外工程院院士、国家“千人计划”专家、国家杰出青年以及海外华侨代表等。（7月25日，北师大－北中医国家大学科技园与珠海市横琴新区管委会在北京师范大学签署战略合作协议。根据协议，双方合作成立北师大－北中医国家大学科技园横琴科技创新研究院，并落户于珠海横琴创意谷。研究院将通过汇集一批国内外高层次人才和科技领先项目，探索与国际互动的多元化技术创新发展新模式，打通科技成果转化通道的“最后1公里”。）

（葛静静）

【北大科技园在孵企业获风险投资超3亿元】年内，北京北大科技园建设开发有限公司构建“定制化服务+投资”的创业生态系统，引入IDG、盘古创富、起源资本等风险投机构进入北大创业孵化营，与孵化企业项目进行对接。企业项目涵盖O2O生活服务、互联网金融、生物技术、新能源汽车、智能硬件、视觉识别、社交等领域。北京拜克洛克科技有限公司（ofo）、北京推想科技有限公司、北京合思信息技术有限公司等27家企业项目对接成功，获风险投资总额3.3亿元。至年底，孵化营累计毕业4期111个项目。东方弘道、未名天使、北大创投、洪泰基金、真格基金等10余家投资机构长期驻场，为项目实施做资金支持。

（王学军）

【财大科技园新增企业30家】年内，中央财经大学科技园新增企业30家。至年底，在园企业累计361家，注册资金1851.16亿元，企业主要涉及电子信息、节能环保、科技金融、文化服务等领域。

（张向丽）

【法律事务系列培训举办】年内，中国矿业大学（北京）国家大学科技园与北京久维律师事务所签署常年法律顾问协议，并共同举办“知识产权维权”“高新技术企业认定”“专利、版权申请”“财务、审计咨询”等专题系列培训4期，园区企业代表累计50余人次参加。培训主要内容包括国家高新申请认定申报解答、知识产权保护等相关内容。久维律师事务所全年免费为企业提供知识产权、法律、专利申请等相关咨询服务30余次，9家企业获国家高新技术企业认定。

（姜笑笑）

【技术合同认定及各项税收政策系列讲座举办】年内，北京北航科技园有限公司、北京技术市场管理办公室、海淀区国税局主办技术合同认定登记及税收优惠政策、“营改增”政策解析等系列专题讲座3期，相关企业的代表150余人次参加。讲座内容包括企业技术合同认定登记的原则、可享受的优惠政策及免税业务办理须知，“营改增”的计算、采购筹划、合同及发票管理等，相关专家针对与会代表提出的问题给予解答和指导。

（钮　键）

【人大科技园新增企业17家】年内，中国人民大学文化科技园新增企业17家，其中一般企业11家、留学创业企业6家。至年底，在园孵化企业60家，其中留学创业企业18家，一般在孵化企业17家，大学生创业企业25家，涉及数字出版、新媒体、游戏动漫、设计创作等文化与科技融合相关的领域。园区企业总数168家，资产总额约1亿元。

（徐　洋）

【天使直通车走进北航科技园活动举办】年内，由北京北航天汇科技孵化器有限公司与中关村天使投资协会主办的天使直通车在北航科技园举办6期。来自北航科技园30个创业团队的项目参加路演，项目涉及后汽车市场、F2F模式电子商务、教育培训、激光测距、生物医药、科学实验设备等领域。腾业投资、启迪投资等机构的专业人员对项目的特点及可行性进行点评和分析，并提出建议。

（翟　彬）

海外人才创业园

【望京科技园3家企业获“百强民营企业”称号】 1月18日，在朝阳区工商联（商会）年会暨宏观经济形势报告会上，2015年度北京市朝阳区“百强民营企业”认定名单公布，入围企业45家。其中，望京科技园北京握奇数据系统有限公司、北京时代凌宇科技有限公司、北京致生联发信息技术股份有限公司3家企业获2015年度朝阳区“百强民营企业”荣誉称号。评估指标主要考量企业经营业绩指标、现代企业管理制度建设、企业规模、社会责任、专利技术、科技进步、管理创新等10个维度，发掘朝阳区民营企业中的“标杆企业”，以带动整体民营企业的发展。

（朱文利）

【共建北京（海淀）留学人员创业园秦皇岛分园】 1月20日，秦皇岛经济技术开发区管委会与中关村科技园区海淀园创业服务中心签署协议，合作共建北京（海淀）留学人员创业园秦皇岛分园。秦皇岛分园位于秦皇岛开发区中关村创业大厦，建筑面积6500平方米，是集企业孵化、加速、产业化全链条服务的创业平台。根据协议，秦皇岛分园将汇聚北京（海淀）留学人员创业园、北京金种子创业谷科技孵化器中心等各方优势资源，针对移动互联网、智能智造、新材料、生物医药、节能环保等领域的科研成果在秦皇岛开发区实现产业化；投资设立秦皇岛金种子科技孵化器有限公司作为秦皇岛分园孵化器、众创空间、产业基金的运营管理单位，同时双方就融资担保服务、政策扶持、孵化服务、产业链资源对接等进行合作，将秦皇岛分园打造成实现自主创新成果辐射的专业园区。7月28日，秦皇岛分园正式开园，来自中关村示范区的绿竹光电技术有限公司、万马科技有限公司、钢天科技发展有限公司、才冠科技有限公司4家企业已在秦皇岛开发区注册，并入驻分园。

（梁　冰）

【7家企业的项目获2015年第三批新技术新产品证书】 2月24日，在2015年第三批新技术新产品证书及牌匾颁发大会上，望京科技园7家企业项目获市科委颁发的新技术新产品证书，包括北京铭光正讯科技有限公司的铭光正讯指纹识别身份认证系统；北京天睿空间科技股份有限公司的全景视频拼接服务器、机场场面运动目标检测及分析服务器、航班入离位检测及分析服务器、三维引擎、全景视频云平台、人群密度检测和分析服务器、机场全景动态运行检测系统；北京映翰通网络技术股份有限公司的现场门户通讯服务器；北京卓越讯通电子股份有限公司TSCPt系列核心汇聚层工业以太交换机及网管系统、TSCComet系列企业级以太网交换机及网管系统、TSCCarat系列现场层工业以太网交换机及网管系统、TSCMX系列工业级联网设备及网管系统、TSCSOD系列多业务防火墙路由器及控制系统、TSCTitan系列高防护等级工业以太网交换机及网管系统；北京致生联发信息技术股份有限公司基于图像处理的智能交通视频监控信息采集平台、北京博汇特环保科技有限公司的BioDopp生化反应器、BioDopp一体化分散式污水处理装置；光威和通能源科技（北京）有限公司的微热管阵列平板式太阳能集热器；弘宜森合（北京）科技有限公司的车载空气净化器、商用空气净化器、家用空气净化器。

（朱文利）

【汇龙森青少年科技创新奖发布】 3月26日，第36届北京青少年科技创新大赛颁奖仪式在中国科学院大学雁栖湖校区举行。市教委、市科委等单位的相关负责人及参赛选手的代表参加。大赛主题为“发现创新责任”，旨在推动开展青少年科技活动，培养青少年的创新精神和实践能力。会上颁发15个专项奖，其中10名国内外选手的项目获汇龙森国际企业孵化（北京）有限公司设置的“汇龙森青少年科技创新奖”，包括北京市昌平区第一中学王澜的“几种常见植物对PM2.5和PM10降低作用的研究”、北京市第八十中学王思翔的“基因组3D构象的新型检测方法”等。

（李美惠）

【国际孵化园3家企业获市留学人员项目资助】 4月18日，市人力社保局发布《2016年度北京市留学人员科技项目择优资助评审结果公示》。其中，中关村国际孵化园3家企业的项目获资助，包括北京紫晶立方科技有限公司创始人王世栋的“基于物联网紫晶盒子的3D打印云平台”、北京康易创新生物医学科技有限责任公司创始人乔海法的“可穿戴式智能迷走神经刺激仪”、北京数设科技有限公司创始人牟全臣的“DesignlabTM

设计实验室研发及应用”。

（樊敬愚）

【国际孵化园3家企业获开办费资助】4月27日，北京海外学人中心发布《第十八批（2016年第一批）北京市留学人员创办企业开办费资助资金通过评审人员名单公示》。其中，中关村国际孵化园北京朵来米科技有限责任公司董人霖、北京优妮可文化创意有限公司杨硕、北京超然天成科技有限公司冯焱的企业通过评审，分别获10万元留学人员企业开办费资助资金。

（樊敬愚）

【中关村双创大学成立】5月26日，由中关村科技园区海淀园创业服务中心等单位主办的中关村双创大学成立大会在京举行。甲由田申文化机构、北京大学、清华大学、中国国际招商引智网等单位相关负责人参加。双创大学的成立，旨在秉持兼容并蓄、开放办学的理念，取各方所长共享共用；集聚中关村双创优势，为本园区及全国各地的创业园区、企业及创新创业者提供指导、帮助和服务，使双创大学成为传递先进“双创”理念和经验的基地，搭建创业园区、企业、创业

者交流互动的平台，使之成为全国的创新创业者的加油站。甲由田申文化机构董事长宾春宇任中关村双创大学首任校长，聘请北京大学、清华大学、国家机关事务管理局等单位的博士生导师、教授、专家为双创大学首批高级顾问。

（彭　晨）

【国际孵化园两家企业获留学回国创业支持资金】5月30日，市人力社保局印发《关于划拨2016年北京市留学人员回国创业启动支持计划支持资金的通知》和《关于转拨2016年人力社保部留学人员回国创业启动支持计划支持资金的通知》。其中，中关村国际孵化园北京瑞柏泰克科技有限公司张波的“光伏电站自动清洁机器人”项目、北京数设科技有限公司牟全臣的“DesignlabTM设计实验室研发与应用”项目分别获支持资金15万元和25万元，并同时入选2016年人力社保部留学人员回国创业启动支持计划优秀项目。

（樊敬愚）

【海淀留创园航天桥分园启用】8月12日，中国北京（海淀）留学人员创业园航天桥分园启用。海淀区工商局、国税局、财政局等单位的相关负责人，以及企业的代表等30余人参加启用仪式。航天桥分园由海淀区投资促进局和中关村科技园区海淀园创业服务中心共同建设，位于北京市海淀区西三环中路10号望海楼，综合使用空间1200平方米，设有集中办公区、咖啡休闲交流区、会议交流区、路演厅等，近200个办公工位，创业者可免费使用1年，服务内容包括协助企业工商注册、国地税对接、知识产权中介、法律咨询，以及为早期创业者提供全方位的创业辅导、创业培训、投融资对接、项目产品推介等。

（彭　晨）

【望京海创园6家企业获海外人才创业支持资金】8月22日，中关村管委会印发《2016年中关村海外人才创业支持资金（第一批）予以公示通知》，共有海外人才创业服务机构28家、海外人才创业企业130家。其中，望京海外人才创业园北京天睿空间科技股份有限公司、北京云联互通科技有限公司、北京赛普泰克技术有限公司、北京硅兴科技有限公司、北京云上作科技有限责任公司、职课（北京）国际教育科技有限公司6家企业分别获中关村海外人才创业企业资金支持10万元。12月，中关村管委会拨付支持资金。

（朱文利）

【泰瑞数创公司服务G20杭州峰会】9月4—5日，20国集团领导人峰会（G20峰会）在杭州举行。北理工留创园泰瑞数创科技（北京）有限公司运用SmartEarth三维安保信息系统，为G20核心区安保工作提供直观、科学、高效的应急保障服务，其中融合规划、指挥、控制等项任务。SmartEarth平台以三维地理信息为基础，具备实景三维场景的室内外一体化导航定位服务、实景三维测量分析、地理空间信息及相关警务属性信息查询等功能。

（李　莹）

【大范围可交互虚拟现实系统参展“双创周”主题展】10月12—18日，在2016年全国大众创业万众创新活动周北京会场主题展上，北理工海创园北京国承万通信息科技有限公司展出了大范围可交互虚拟现实系统。系统涉及的全套激光定位技术方案具有全沉浸式、可多人交互的特点，支持任意物理空间转变为虚拟空间。

（李　莹）

【9 个项目参加市优秀创业项目融资路演】 10 月 13 日，由市人力社保局主办的北京市优秀创业项目融资对接会在中关村创业大厦举行。市人力社保局、中关村科技园区海淀园创业服务中心等单位的相关负责人，以及企业的代表等近 100 人参加。海淀创业园三维天工（北京）科技有限公司、北京雷果科技有限公司、北京码客信息技术有限公司等企业的 9 个项目参加了投资路演。“基于生物可降解材料生物骨骼（细胞支架）3D 打印机”等项目涉及新材料、智能制造、生物技术、科技农业、大数据、可穿戴设备等领域，受到华夏银行等 10 余家金融机构的关注。

（陈宝德）

【旋翼无人机激光雷达系统发布】 10 月 19—21 日，2016 电力无人机应用技术交流会在广州举办。会上，北理工海创园北京拓维思科技有限公司发布巡线鹰——旋翼无人机激光雷达系统（巡线鹰 Tovos DroneScan）。系统是为线路巡检班组量身打造的小型激光扫描系统，能够方便快捷地挂载在不同型号的轻型无人机平台实现激光扫描任务。巡检人员只需操作无人机飞过需要检测的线路区域，即可获取待检线路的运行环境数据，自动生成线路的检测报告和平断面图。巡线鹰 Tovos DroneScan 与拓维思公司的 Tovos Studio、Tovos LiDAR Suite 等软件相结合，可实现高精度三维激光数据处理，服务于测绘出图、勘测设计、廊道巡检、考古、侦察、取证等应用。

（李　莹）

【北京 IBI 众创空间管理办法出台】 10 月 31 日，丰台园科技创业服务中心印发《北京 IBI 众创空间管理办法》（丰科园创字〔2016〕10 号）。《办法》规定遴选的早期项目或初创企业的入驻条件、入驻流程、对入驻项目及企业的支持措施。符合入驻条件的大学生、海归人才及复转军人可享受房租优惠支持；免费提供工商注册代理服务、免费提供网络、空调、饮用水及其他相关办公设施服务；还提供财务代记账、知识产权托管、法律咨询等中介服务；开放创业培训、创业导师辅导、实验室共享、金融服务等各类平台；跟踪了解企业需求及项目进展，开展有针对性的孵化服务等；审核入驻的项目或企业享受众创空间孵化服务期限不超过两年，到期后可获得优先入驻丰台园科创中心孵化器继续孵化的支持。《办法》自 11 月 1 日起执行，同时《丰台园早期孵化中心管理办法》（丰科园创字〔2014〕3 号）废止。

（柳　杨）

【第一届望京科技园问答知识大赛举办】 11 月 4 日，由北京望京科技孵化服务有限公司主办的第一届望京科技园问答知识大赛在京举办。大赛主题是“智慧争锋对决科技人生”。50 余名参赛选手分别来自园区的 30 家企业。最终，萃智指南者教育科技（北京）有限公司、贝恩讯谱光电科技（北京）有限公司、凤凰云科技（北京）有限公司、北京泽创天成生物医药科技有限公司等 8 家企业分获一、二、三等奖。获胜者可为企业赢得奖励：可根据企业需要选择微信运营、VI 设计、举办发布会、团建策划、媒体发布、宣传片制作、基础服务搭建包等服务项目。

（朱文利）

【留学人员创业园联盟第三届成员代表大会召开】 11 月 11 日，第十七届全国留学人员创业园网络年会暨 2016 年中国海外人才创业园年会在宁波高新区召开。会议同期举行中国留学人员创业园联盟第三届第一次成员代表大会。大会审议通过新修订的联盟章程，选举北京市留学人员海淀创业园为新一届理事会理事长单位，中关村科技园区海淀园创业服务中心主任赵新良任联盟理事长，清华留学人员创业园等 30 家单位为副理事长单位。至年底，联盟成员单位 100 余家。

（彭　晨）

【IBI 5 家企业入选中关村金种子企业】 11 月 29 日，中关村管委会网站公布第六批金种子企业名单，219 家企业入选。其中，丰台园科技创业服务中心（IBI）的北京电擎科技股份有限公司、北京国卫星通科技有限公司、北京翰宁智能科技有限公司、凯云联创（北京）科技有限公司、易绚视景（北京）科技有限公司 5 家企业入选。企业涉及节能与新能源载运工具用动力系统的研发设计和生产制造，反无人机低空防御系统、智能测控、卫星导航，协作型机器人手臂及搬运机器人系统创新与开发应用，系统集成及信息技术服务，电子商务平台及软件开发等领域。

（柳　杨）

【望京科技园两家企业入选金种子企业】11 月 29 日，中关村管委会网站公布第六批金种子企业名单，219 家企业入选。其中，望京科技园内北京华力必维文化服务有限公司、北京卓然迈迪克医疗器械技术研究院两家企业入选。企业涉及检验检测和医疗系统的人才教育，主要特色产品和技术包括提供艺术品认证、检验鉴定、评估服务及医疗器械行业教材编写、技术人员培养和人员资质认定等，企业入选“金种子企业”后，可获创业辅导培训、公共政策支持、交流合作、项目推介与融资等服务。

（朱文利）

【丰台园科创中心获“职工书屋”示范点称号】11 月，丰台园科技创业服务中心职工书屋被中华全国总工会授予“职工书屋”示范点称号。科创中心“职工书屋”建于 2011 年 10 月，建筑面积 100 平方米，藏书 3000 余册，涉及电力专业、企业文化建设、技能培训、生活百科、中外名著、健康保健、人物传记等，订阅报刊 20 余种。“职工书屋”图书管理系统于 9 月份上线。

（柳　杨）

【北理工海创园 1 人入选“海聚工程”】12 月 7 日，北京市海外学人工作联席会印发《关于印发我市第十二批海外高层次人才入选资格的通知》（京海联发〔2016〕7 号）。其中，北京理工留学人员创业园北京金达雷科技有限公司的李厚民入选。至年底，北理工海创园累计 18 位海归创业者入选“海聚工程”。

（李　莹）

【海淀海创园 7 人入选“海聚工程”】12 月 7 日，北京海外学人工作联席会印发《关于印发我市第十二批海外高层次人才入选资格的通知》（京海联发〔2016〕7 号）。海淀创业园北京星闪世图科技有限公司总经理李峥嵘、北京中科嘉固科技有限公司董事长刘贵位、北京悟波智联科技有限公司首席执行官段然、北京零偏科技有限责任公司总经理宋华、北京众清科技有限公司董事长赵飞、北京众智人人信息科技有限责任公司首席执行官王建翔、卡尤迪生物科技（北京）有限公司技术总监陈海甫 7 人入选。其中，6 人为创业类，1 人为工作类。至年底，海淀创业园内累计引进与培养“千人计划”40 人，“海聚工程”60 人，“高聚工程”23 人。

（彭　晨）

【北理工海创园新增 1 名“千人计划”创业人才】12 月 29 日，海外高层次人才引进工作专项办公室发布《第十三批国家“千人计划”创业人才项目拟入选人员公示》。其中，北理工海创园易云捷讯科技（北京）股份有限公司董事长张继勇入选。公司于 2011 年创办，专注于云计算、大数据、人工智能、人机交互等领域。至年底，北理工海创园累计推荐 4 位海归创业者入选“千人计划”。

（李　莹）

【望京科技园 1 人入选“千人计划”】12 月 29 日，海外高层次人才引进工作专项办公室发布《第十三批国家“千人计划”创业人才项目拟入选人员公示》。其中，望京科技园北海康成（北京）医药科技有限公司董事长薛群入选。北海康成公司成立于 2012 年 6 月，通过与欧美生物高科技公司进行技术转让、技术对接、共同合作等方式，对新型肿瘤治疗药物进行临床研发及产业化。

（朱文利）

【“百家实验室进千家企业”系列活动举办】年内，北京北航天汇科技孵化器有限公司举办 4 次“百家实验室进千家企业”系列活动，企业代表 60 余人次参加。系列活动以“智能制造领域专场对接会”“VR 领域专场对接会”等为主题，分别介绍了各个实验室的情况，以及为企业提供服务的项目内容，活动旨在为企业搭建沟通平台，解决企业研发需求，帮助小微企业和创业团队及时掌握政策，同时促进校企之间的合作交流。

（翟　彬）

【“智汇星期五”品牌系列活动举办】年内，丰台园科技创业服务中心举办 26 场“智汇星期五”品牌系列活动，累计 1100 余人次参加。活动采取专业培训、项目融资路演会、智能机器人和无人机产业研讨沙龙、节能环保产业专家对接会等形式，主要内容包括技术合同认定登记等政策宣讲、操作实务、项目辅导、行业发展、企业管理、健康生活等。活动为企业提供了与政府职能部门及创业服务机构、金融机构直接交流沟通的机会，并得到资金及智力支持，促进企业快速发展。

（柳　杨）

【IT 人才双选会举办】年内，北京中关村留学人员创业园协会、中关村软件园孵化器在中关村软件园举办主办春、夏、冬季 3 期 IT 技术人才双选会。海创园内 100 余家企业参加，提供 Java、Android、iOS、UI 设计，以及 C++、PHP、软件测试和 Linux 系统维护、网络营销等岗位。来自有关培训机构的学生 1000 余人次参加。

（毕欣超）

【北航海创园系列创业咖啡沙龙举办】年内，北京北航天汇科技孵化器有限公司举办 10 场系列创业咖啡沙龙，累计 200 余人次参加。沙龙的主要内容包括智能互联网时代我们用什么样的产品来打动用户、从疯狂 idea 到伟大公司、互联网营销、创业公司吸引和留住人才的秘方、京东地方特色产业馆等。与会人员就创新型产品设计、资本驱动创业模式、京东地方特产馆项目的运营流程等不同领域的创新创业模式等话题进行研讨，对所涉及的行业、技术、项目等给予更多的关注及寻找合作伙伴。

（翟　彬）

【北理工海创园 6 家企业获开办费资金支持】年内，北理工海创园内菲特福康（北京）科技有限公司、北京崇理科技有限公司、思塔迪文化科技（北京）有限公司、咏爱燕窝窝（北京）文化科技有限公司、香蕉说（北京）教育科技有限公司、澳特赛文（北京）汽车科技有限公司 6 家企业分别获北京市留学人员创办企业开办费资助资金 10 万元支持。至年底，园区累计 63 家企业获此项资金支持。

（李　莹）

【北理工海创园 9 家企业获海外人才创业支持资金】年内，北理工海创园亚太麒麟（北京）电子信息技术有限公司、一起走（北京）健康科技有限公司、北京中科普金特种材料技术发展有限公司、北京优客思信息技术有限公司、北京高材科技有限公司、北京崇理科技有限公司、思塔迪文化科技（北京）有限公司、咏爱燕窝窝（北京）文化科技有限公司、香蕉说（北京）教育科技有限公司 9 家企业分别获 2016 年度中关村海外人才创业企业资金支持 10 万元。至年底，园区 40 家企业获此项资金支持，累计金额 520 万元。

（李　莹）

【创新之源大会举办】年内，中关村海外人才创业园协会、中关村软件园孵化器举办两期创新之源大会。北京嘉合百善科技发展有限公司、北京奇天大胜网络科技有限公司、北京金景科技有限公司等企业的代表及投资机构专家等 200 余人次参加。大会分别围绕智慧健康、智慧教育、智慧服务等主题，征集了北京奇天大胜网络科技有限公司、北京金景科技有限公司、北京快签科技有限公司等 30 余家企业的优质项目参加路演。项目涉及智能硬件、智能健康、智慧养老、智慧教育、智慧服务、智慧平台等领域，多维度地展示新产品和新模式。投资机构的专家为项目实施给予点评和指导。

（毕欣超）

【创业标杆行系列活动举办】年内，中关村科技园区海淀园创业服务中心分别在航天信息涿州分公司、国家建筑材料工业技术情报研究所、北京兆易创新科技股份有限公司、北京纳米科技产业园举办 4 期“创业标杆行”活动。来自生物医药、光机电、电子信息、节能环保等相关产业领域 70 余家企业的负责人 80 余人次参加。考察人员与标杆企业的管理者进行交流，学习标杆企业的成功经验和先进的管理理念。国家建筑材料工业技术情报研究所致力于新型建筑材料领域的研究与创新，北京兆易创新科技股份有限公司致力于微电子产品、存储器、控制器及周边产品技术研发。

（彭　晨）

【创业企业融资系列讲座举办】年内，北理工海创园与北工大海创园、北师大海创园等单位联合举办 4 场创业企业融资系列讲座，华尔集团公司、北京白石创业投资有限公司、清华大学等单位的专家及企业代表等近 100 人参加。讲座围绕商业模式、盈利模式、企业融资等主题，介绍了创业融资的概念和需求，向创业者传授融资技巧，提供融资路径，强化创业者控制融资风险意识，帮助提高融资成功率。

（李　莹）

【大数据分析系列沙龙举办】年内，北理工海创园北京永洪商智科技有限公司分别在济南、成都、杭州、西安、南京等12个城市举办大数据分析系列沙龙。各地电商、制造、能源、金融等企事业单位的客户和IT服务商等2000余人次参加。沙龙以“数造未来”为主题，就大数据可视化技术与应用价值、大数据分析方法论、大数据底层技术及如何快速构建一站式大数据分析平台等内容进行探讨，同时分享了公司一站式大数据分析平台的3类应用产品：新一代敏捷型BI软件，用于在前端进行多维分析和报表展现；MPP数据集市，一款大数据高性能计算引擎软件，采用列存储、分布式计算、内存计算、分布式通信等技术；深度分析，一款通过深度分析算法进行数据预测和数据关联性洞察的数据挖掘软件。

（李　莹）

【丰台科创中心两家企业获创新基金支持】年内，丰台园科技创业服务中心企业凯云联创（北京）科技有限公司获2016年度北京市科技型中小企业促进专项（科技创新项目）创新基金支持40万元，北京天天一泉净水设备股份有限公司获2016年丰台区科技型中小企业创新基金支持70万元。凯云联创公司致力于国产及自主可控的软件测试类产品的研究，核心业务涉及航空航天、兵器、船舶、核工业、核物理、水利水电、通信及金融等行业，提供软件开发、系统集成及信息技术服务。天天一泉公司拥有独特的饮用水水处理专利和核心技术，注重水处理高端产品的研发及品牌的建设，打造饮用水行业的第一品牌。

（柳　杨）

【海淀创业园“创业学堂”系列活动举办】年内，中关村科技园区海淀园创业服务中心举办10期“创业学堂”，园区企业代表等400余人次参加。市科委、北京中海天行投资管理中心、海淀区劳动人事争议仲裁院、北京宏信会计师事务所等单位的专家参加授课，主要内容有2016年度国家高新技术企业认定及复核政策解读与操作实务、基于市场成功的研发体系构建、小微企业财税政策解读、劳动合同法案例解析——企业如何规避劳资风险讲座等。

（彭　晨）

【海淀创业园“创业咨询”系列活动举办】年内，中关村科技园区海淀园创业服务中心举办4期“创业咨询”系列活动，园区企业的管理人员等180人次参加。市科委政策宣讲团、高新技术认定指导有关专家参加授课，对科技政策体系进行梳理与解读，主要内容包括2016年研发费加计扣除申报政策运用、2016年度北京市高新技术成果转化项目认定辅导、北京市科技型中小企业促进专项、研发体系设计及后续财税风险防范。

（彭　晨）

【海淀创业园“银企对接会”举办】年内，中关村科技园区海淀园创业服务中心在中关村创业大厦举办4场“银企对接会”，累计90家企业120余人次参加。中关村科技融资担保有限公司、中国银行、北京银行与园内企业对接，就小微企业融资担保业务、补贴政策等内容进行交流；华夏银行、平安银行、中国农业银行等投融资机构向企业介绍了初创期小微企业的贷款业务和金融方案等。至年底，园区德威华泰（北京）科技有限公司等21家企业项目对接成功，获投融资1.6亿元。

（彭　晨）

【海淀创业园企业知识产权系列讲座举办】年内，中关村科技园区海淀园创业服务中心举办4期“企业知识产权系列讲座”，累计100余家企业的代表150余人次参加。讲座由北京12330工作站的专家授课，内容包括企业专利挖掘、分析与布局，专利信息数据库应用实务及典型企业经验交流、初创企业知识产权基础与政策解读、电子信息领域专利申请与保护等。通过讲座，指导企业规范专利的申请、专利保护及管理制度的建设，促进企业可持续发展。

（彭　晨）

【人大海创园4家企业获开办费资金支持】年内，中国人民大学留学人员创业园平行世界派拉沃德（北京）科技有限公司、北京必康基因科技有限公司等4家留学人员创办的企业分别获北京市留学人员创办企业开办费资助资金10万元支持。至年底，人大海创园累计78家留创企业获此项资金支持。

（徐　洋）

【泰瑞数创公司举办5场高峰论坛】年内，北理工海创园泰瑞数创科技（北京）有限公司与产业链上下游企业合作，在重庆、武汉、上海、西宁、海口举办5场

"开启倾斜摄影云计算和实景三维大数据应用时代高峰论坛"，国内智慧城市、国土规划、公安、应急、水利、管线、旅游等相关领域专家及企业的代表累计1500余人次参加。论坛围绕"云计算·全要素·大数据"，以及倾斜摄影多源数据获取、多元数据融合、海量数据云处理、基于实景三维的6D测绘产品、BIM集成、大数据模拟分析、实景三维一站式解决方案及智慧城市云服务等主题进行研讨，就开展西北地区、华东地区、华中地区、西南地区及华南地区倾斜摄影实景三维云计算和大数据应用全面战略合作分别签署框架协议。现场还展示无人机驾驶飞行器及倾斜摄影航摄仪等科技成果。

（李　莹）

【望京科技园新增企业29家】 年内，望京科技园新增企业29家，主要涉及移动通讯、能源环保等领域。在园企业累计113家，注册资金6.5亿元。至年底，由望京科技园推荐申报入选"千人计划"1人、入选"海聚工程"2人；阿凡柯达环保科技（北京）有限公司等12家企业共引进"千人计划"人才12人；北京派迪畅科技发展有限公司等3家企业引进"海聚工程"3人；北京慈点点科技有限公司等10家企业获中关村创业企业海创资金100万元；北京凌宇智控科技有限公司、宜宝科技（北京）有限公司获市留学人员回国创业启动支持计划及择优资助23万元。

（朱文利）

【中关村海创园企业总收入80.67亿元】 年内，中关村海外人才创业园在园企业2249家，高新技术企业1554家，其中国家级高新技术企业371家。海创园企业孵化总面积42万平方米。在园企业收入总额80.67亿元，出口创汇4.3亿元，实现利润6.32亿元，上缴税费4.1亿元。

（王　芮）

【中关村海创园企业新增海外人才573人】 年内，中关村海外人才创业园新引入海外人才573人，同比增长16.4%。至年底，在中关村海创园创业和工作的海外人才4067人，其中博士学位从业人员占总人数的15.47%，硕士学位从业人员占总人数的54.09%，硕士以上从业人员占比近70%，高端人才集聚效应明显。

（王　芮）

【中关村海创园新增高层次人才50人】 年内，中关村海外人才创业园企业新增中央"千人计划"5人，北京市"海聚工程"39人，中关村"高聚工程"6人。至年底，海创园企业累计高层次人才596人，其中中央"千人计划"173人，"海聚工程"276人，"高聚工程"147人。

（王　芮）

【中关村海创园新增企业335家】 年内，新入驻中关村海外人才创业园企业335家，同比增长17.5%。至年底，在园企业总数2249家，其中高新技术企业1554家，占在园企业总数69.09%，涉及电子信息、生物医药、文化创意、节能环保、互联网、现代服务业、新材料、高端装备制造等技术领域。

（王　芮）

【中关村海创园企业融资规模呈上升趋势】 年内，中关村海外人才创业园企业融资总额47.23亿元，同比增长15.73%，其中股权融资36.85亿元，占融资总额78%；债权融资9.73亿元，占融资总额的21%。

（王　芮）

【中关村海创园企业新增知识产权1194件】 年内，中关村海外人才创业园企业新增知识产权1194件，其中发明专利307件。至年底，海创园企业累计获知识产权11.34万件，其中发明专利2169件。

（王　芮）

【中关村海创园企业研发投入稳定增长】 截至年底，中关村海外人才创业园在园企业收入总额累计80.67亿元，研发投入27.13亿元，同比增长22.59%，研发投入占收入总额的比例为33.63%，与2015年相比增长了5.11%，保持了稳定的增长态势。

（王　芮）

科技金融

Sci-tech Financing

本栏目设有信用和投融资两个分栏目，以条目体形式记述中关村国家自主创新示范区在创建国家科技金融创新中心中采取的举措，在创新科技金融服务和建设企业信用体系中组织的主要活动和取得的成效，以及中关村示范区企业在境内外上市和中关村发展专项资金的使用情况等。

综 述

2016年，中关村示范区坚持科技和金融深度结合、创新和风险防范并重，以推进各项科技金融改革试点为抓手，持续强化金融服务创新，推进供给侧结构性改革，激发民间投资潜力和创新活力，努力探索适合双创企业发展的综合金融服务模式，率先构建服务新经济的新金融生态体系，加快建设国家科技金融创新中心和全国科技创新中心。

*服务体系持续完善，融资规模稳步增长。*高成长企业融资规模稳定扩大。年内，中关村示范区4009家企业入选“瞪羚计划”，1364家企业入选“展翼计划”；高新技术企业新增贷款6537笔，金额2246.1亿元，其中信用贷款（含知识产权质押贷款、股权质押贷款）1358亿元。截至年底，北京中关村科技融资担保有限公司累计为28601家次企业提供担保融资1788亿元，其中累计为瞪羚企业提供97.4亿元担保，累计为131家企业提供担保授信3.45亿元。北京市中关村小额贷款股份有限公司全年为企业发放小额贷款1583笔，金额134亿元。中关村信用促进会2016年新增会员1210家，会员累计7189家。

*多层次资本市场体系不断完善。*中关村示范区上市公司数量位居全国前列，在全球主要资本市场形成“中关村板块”，截至年底，上市公司总数300家，其中境内203家，境外97家。“十二五”期间，平均每年新增25家上市公司。中关村示范区新三板挂牌企业保持全国领先，截至年底，新三板挂牌企业总数1475家，约占全国的1/7，其中创新层企业170家，约占全国的17.8%，居全国首位。北京四板市场规范发展，截至年底，累计服务中小微企业4199家，实现融资约131.05亿元，共培育90家企业在新三板挂牌或登陆其他资本市场。

*股权投资继续保持领先优势。*年内，中关村示范区发生股权投资案例1961起，占全国股权投资案例总数（5722起）的34.27%；已披露的股权投资总额1053.95亿元，占全国已披露股权投资金额（2770.24亿元）的38.05%。中关村示范区企业全年完成并购项目约600起，涉及金额2958亿元，同比分别增加19.6%和15.2%。其中，境外并购52起，涉及金额685亿元，同比分别增加8.3%和15.7%。

*金融机构服务和产品创新。*中关村科技担保公司推出国内首个“零保费”保投联动产品“创易保”，以降低优质高成长企业的融资成本，提高融资可获得度。建设银行北京中关村分行根据中关村科技型中小微企业重技术、轻资产的特点，与海淀区知识产权局、北京知识产权运营管理有限公司联合推出国内首个不附带条件、完全意义上的知识产权质押融资产品“助知贷”。博天环境集团股份有限公司在上海证券交易所公开发行的3+2年期绿色公司债券，成为国内首支非上市民营企业公开发行的绿色公司债。

*系列先行先试政策实施效果显著。*率先发布投贷联动试点支持政策，投贷联动试点项目落地中关村示范区。市金融局、中关村管委会、北京银监局联合印发《关于支持银行业金融机构在中关村国家自主创新示范区开展科创企业投贷联动试点的若干措施（试行）》。中关村科技担保公司、国家开发银行北京分行及国开科技创业投资有限责任公司与北京仁创生态环保科技股份公司签署投贷联动“投资+贷款+担保”协议，并实现3000万元股权投资和3000万元保证贷款同步到位，标志着全国首笔投贷联动试点项目落地中关村示范区。北京首家民营银行中关村银行获批筹建。银监会批复用友网络科技股份有限公司等11家中关村示范区A股上市公司筹建北京中关村银行股份有限公司，为中关村示范区创新创业企业提供个性化、精准化、综合性的金融服务，探索建立平台型、生态型、数据驱动型的科技金融综合服务模式。外债宏观审慎管理试点规模不断扩大。截至年底，人民银行中关村中心支行共为北京爱奇艺科技有限公司等74家中关村高新技术企业办理外债宏观审慎试点业务149笔，其中企业新增外债签约金额42.46亿美元，业务笔数和金额在全国试点范围内均居第一位。

*金融科技企业数量全国领先。*毕马威会计师事务所与澳大利亚投资公司H2Ventures联合发布2016全球金融科技100强榜单，中国共有8家金融科技公司上榜。北京地区北京快乐时代科技发展有限公司（趣店）、北京京东金融科技控股有限公司（京东金融）等4家企业上榜，全部是中关村示范区企业。

（赵正国）

信 用

【人人贷中国民生银行资金存管系统上线】2月29日，人人贷商务顾问（北京）有限公司（人人贷）发布《关于中国民生银行资金存管系统正式上线的公告》，宣布与中国民生银行股份有限公司合作的资金存管系统上线，人人贷用户的账户信息和资金流向都将受到中国民生银行的监管。系统的上线，实现用户资金和平台自身资金的分账管理，人人贷WE理财平台不参与交易过程中的资金流动，中国民生银行将依法对用户交易资金进行监督和管理，每一位用户都将在中国民生银行的存管系统内拥有一个专属的交易资金管理账户，未经用户输入交易密码确认，任何人都不能动用账户内的资金，更大程度保证用户的资金安全。

（杜 玲）

【京东消费金融战略升级】3月27日，北京京东金融科技控股有限公司（京东金融）在京发布消费金融品牌战略，宣布其消费金融业务将围绕白条品牌“走出京东”，体现在3个方面：白条服务“走出京东”；产品、风控、基础服务等“走出去”，京东金融搭建的基础设施将以开放的姿态对外输出；白条的“去京东化”。同时，宣布独立域名baitiao.com启用，白条将从一款行业产品全新升级为行业性品牌和一种生活方式。白条的用户定位为“奋斗的年轻人”，其服务旨在满足用户在不同人生阶段和不同场景下的各类需求。发布会上，京东金融推出两款新产品，即现金借贷产品“金条”与主打境外旅游的信用卡“光大小白卡”。金条产品提供的最高授信额度为20万元，最长分12个月还款，按天计息，日利率不超过0.05%。“光大小白卡”是京东金融与中国光大银行股份有限公司联合推出的白条联名信用卡，为全币种信用卡，支持用户境外消费需求，用户可享受终身免年费、境外免货币转换费及免取现手续费等多项优惠。

（徐 建）

【“Monica Pay”业务推出】4月1日，北京百付宝科技有限公司（百度钱包）推出全球信用卡及跨境金融服务产品“Monica Pay”（魔力卡支付），应用于海外消费、跨境支付等金融服务场景。用户通过用“Monica Pay”扫描个人海外签证，不需银行注册，即可开通当地虚拟信用卡。“Monica Pay”可根据用户百度钱包的消费数据，自动匹配8家当地银行信用卡，并自动筛选优惠力度最大的信用卡使用，同时还可以根据累计消费数据为用户推荐当地个性化消费项目。

（高 婧）

【知识产权金融创新产品“智融宝”发布】5月27日，由海淀区知识产权局、北京知识产权运营管理有限公司（北京IP）、建设银行北京中关村分行主办的中关村核心区知识产权金融创新产品“智融宝”启动仪式在京举行。国家知识产权局、北京市知识产权局、中关村管委会等单位有关负责人及金融机构、投资机构、企业的代表等近200人参加。“智融宝”（助知贷）由北京IP与建设银行中关村分行推出，是国内首个不附带其他条件、真正意义、可复制的“纯”知识产权质押贷款创新产品。产品不捆绑企业其他资产和信用；500万元以内的融资项目可进入快速批贷通道，15天批贷；海淀区企业可获融资成本50%的补贴，最高可达100万元；海淀区政府与北京IP共建首期规模4000万元的中关村核心区知识产权质押贷款风险处置资金池，创新风险补偿机制；“知识产权运营+投贷联动”全方位助力科技企业成长。北京IP、建设银行中关村分行与同辉佳视（北京）信息技术股份有限公司等12家拟贷款企业签订意向协议；北京中金浩资产评估有限责任公司等6家知识产权机构加入“智融宝”协同服务体系；北京天星资本股份有限公司等3家投资机构加入“智融宝投贷联动”。

（程晓荷 李贺英）

【9家企业入选首批第三方支付牌照续展】8月11日，中国人民银行公告〔2016〕第17号发布，公布对首批27家非银行支付机构“支付业务许可证”续展的决定，续展有效期5年，截止日期2021年5月2日。其中，中关村示范区内拉卡拉支付股份有限公司、北京数字王府井科技有限公司、裕福支付有限公司等9家企业入选。

（韩洋洋）

【碧水源公司获中信银行100亿元意向性授信额度】8月22日，中信银行股份有限公司、北京碧水源科技股份有限公司战略合作协议签约仪式在京举行。根据协议，中信银行将在3年内为碧水源公司提供100亿元意向性授信额度，包括项目贷款、流动性资金贷款、贸易融资业务、票据业务、保函、信用证等，支持碧水源公司的 PPP 项目融资及并购业务。同时，中信银行还为碧水源公司提供投资银行、集团账户现金管理、企业理财、资产管理、国际贸易等“一揽子”金融产品和“一站式”金融服务。

（杜　玲）

【小米支付发布】9 月 1 日，小米支付发布会在京举行。小米科技有限责任公司和中国银联股份有限公司共同发布小米公司旗下移动支付服务——小米支付（MIPay）。小米支付同时支持银行卡和公交卡刷卡服务，通过手机内置的 NFC 芯片记录银行卡的关键信息，形成一张只存在于 NFC 芯片上的虚拟银行卡。绑定银行卡的小米支付用户，可以直接使用手机通过非接触式 POS 机完成支付。

（杜　玲）

【拉卡拉公司与韩国友利银行达成合作】9 月，拉卡拉支付有限公司与韩国友利银行达成战略合作，双方将针对整形外科类韩国医疗机构进行跨境结算服务。通过拉卡拉公司与友利银行的支付结算系统，游客在国内可以先行用人民币跨境支付预约金及诊疗费，避免支付流程烦琐、自带现金等麻烦。

（韩洋洋）

【首款“零保费”融资担保产品推出】10 月 17 日，北京中关村科技融资担保有限公司“担风险、保创新”暨保投联动产品发布及签约仪式在京举行。市金融局、市财政局、中关村管委会等单位有关负责人以及相关企业的代表等参加。中关村科技担保公司推出全国首款“零保费”融资担保产品“创易保”。“创易保”是围绕融资供给侧改革进行的重大创新，具有三大特点：提高融资可获得性，解决科技型中小微企业融资难问题，中关村科技型中小微企业无不良信用记录、有较好的发展前景和成长性、愿意接受“担保授信 + 认股权 + 收益权”的融资模式，即可被纳入服务范围；降低融资成本，通过逐渐降低担保费率甚至“零保费”、对接低成本资金、政府融资补贴等措施切实解决科技型中小微企业融资贵问题；整合科技金融供给侧资源，通过与北京中关村创业投资发展有限公司等创投机构和北京中关村软件园发展有限责任公司等科技企业孵化培育机构合作，为科技型中小微企业快速发展提供融资等综合服务。中关村科技担保公司还发布“中关村创新成长企业债”产品。产品由中关村科技担保公司为客户提供从产品设计、资产端、资金端及发行后的信息披露管理等“一揽子”金融服务，具有成本低、效率高、期限长、资金使用灵活等特点，可有效满足科技型中小微企业的融资需求。

（赵正国　李贺英）

【美团点评与中国银联公司合作】10 月 18 日，北京三快科技有限公司（美团点评）宣布与中国银联股份有限公司达成合作，双方将联手打造银联云闪付“互联网 +”示范商圈。美团点评覆盖的线上线下商户将陆续开通银联云闪付服务，并通过受理环境优化提升银联云闪付支付体验。在有“银联云闪付 · 美团点评”标识的商圈商户，消费者通过打开美团点评旗下 App 将会自动标注及推荐，到店消费后通过云闪付（包括闪付银联卡、华为支付、小米支付等）在美团点评提供的商家智能终端，便可实现“一挥即付”的体验。

（杜　玲）

【中关村租赁 II 期资产支持计划发行】10 月 20 日，由中关村科技租赁有限公司与广发证券资产管理有限公司联合推出的资产证券化产品“广发恒进—中关村科技租赁 II 期资产支持专项计划”在上海证券交易所发行，募集资金 5.76 亿元，其中优先级规模 5.19 亿元，次级规模 0.57 亿元，期限两年。II 期计划由中关村租赁公司提供第一差额支付承诺，中关村发展集团股份有限公司为优先 B 证券提供第二差额支付承诺，上海新世纪资信评估投资服务有限公司给予所有优先级的级别为 AAA；获投资者数倍超额认购，综合票面利率 3.61%，融资成本较 I 期降低 1/3；还本方式增加过手摊还，降低客户提前还款对 ABS 投资者的影响。

（李贺英）

【4 家企业入围毕马威全球金融科技 100 强】10 月 24 日，毕马威会计师事务所与澳大利亚投资公司 H2Ventures 联合发布 2016 全球金融科技 100 强榜单，从全球 22 个国家中遴选出 100 家最佳金融科技（Fintech）创新者。中国 8 家金融科技企业上榜，其中北京地区北京快乐时代科技发展有限公司（趣店）、北京京东金融科技控股有限公司（京东金融）、北京融世

纪信息技术有限公司（融360）和品钛（北京）科技有限公司（品钛）4家企业上榜，全部是中关村示范区企业。

（赵正国）

【拉卡拉公司提供跨境支付】11月17日，在新疆中哈霍尔果斯国际边境合作中心人民币跨境支付项目启动仪式上，拉卡拉支付有限公司授权霍尔果斯市顶呱呱金融外包服务有限公司跨境支付业务。跨境支付实现境内外银联卡无障碍刷卡结算体系的搭建，扩大合作中心跨境人民币结算业务规模，哈萨克斯坦共和国和中国的商户到合作中心购物，用本国的银联卡就可以支付，不再需要多次兑换货币，满足境内外持卡人在合作中心刷卡结算的需求。

（韩洋洋）

【第二届信用中关村高峰论坛举办】11月30日，由中关村企业信用促进会、北京市中小企业公共服务平台联合主办的2016信用北京暨（第二届）信用中关村高峰论坛在中关村示范区展示中心举办。发展改革委、北京市政府、中关村管委会等单位相关负责人及来自中关村示范区各分园、金融机构、信用服务机构、创业服务机构、企业的代表等1000余人参加。论坛以“新应用、新平台、新技术”为主题，总结推广中关村信用体系建设的经验做法，探讨信用建设在优化区域环境、促进产业发展、创新社会治理中的重要作用。会议公布“2016中关村信用双百企业”名单，博彦科技股份有限公司等101家企业入选“2016年百家最具影响力信用企业”，钢研纳克检测技术有限公司等103家企业入选“2016年百家最具发展潜力信用企业”。会上还发布《中关村企业信用发展报告》，举行瞪羚企业家创新合作组织成立仪式，开通“北京市个人公共信用信息社会查询服务”。

（黄　蕊　李贺英）

【瞪羚企业家创新合作组织成立】11月30日，在2016信用北京暨（第二届）信用中关村高峰论坛上，瞪羚企业家创新合作组织（GEIC组织）成立。GEIC组织为中关村企业信用促进会的二级分会，由39位中关村示范区瞪羚企业负责人共同发起成立，以创新、合作、诚信、发展为宗旨，以企业信用为纽带，以营造企业做大、做强、做优的生态环境为使命，以培育影响世界格局的企业家为愿景，其价值观为“‘大手’拉‘小手’，大手小手同成长”，通过线上线下交流的方式，加强瞪羚企业间的相互了解与合作，为企业家提供深度交流、寻求资源、传递理念、拓展市场、资金融通的平台，提升信用环境建设能力。GEIC组织将建设三大平台：

瞪羚企业家的管理、资金、技术、市场的资源对接平台，企业资本与金融资本跨界融合、战略布局、转型升级的开放交流平台，以信用为基础的企业价值发现与企业家人脉资源整合平台。

（黄　蕊　李贺英）

【区域性股权市场中介机构征信链系统试运行】11月，北京股权交易中心应用区块链技术，与重庆四板市场、山东四板市场共同试运行区域性股权市场中介机构征信链系统，并将其推广至其他区域性股权市场。系统由深圳证券交易所、深圳证券通信有限公司牵头开发，面向全国区域性股权市场提供服务，依托区块链技术特有的去中心化、安全性、透明化的特点，提高中介机构披露数据的真实性和精确性，降低中介机构开展业务中的风险，帮助各地区域性股权市场共享优质的中介机构信息。北京四板市场作为全国首批试运行该系统的区域性股权市场，在会员管理体系规范化、透明化、标准化等方面走在国内各地四板市场的前列，将示范引领各地区域性股权市场会员管理体系的发展。

（孙当如）

【中关村科技担保公司获具竞争力担保公司奖】12月9日，在2016中国金融机构金牌榜颁奖盛典上，北京中关村科技融资担保有限公司获金融时报社、中国社科院金融研究所颁发的2016年度最具竞争力担保公司奖。中关村科技担保公司始终聚焦于服务科技型中小微企业，累计为2.86万家次企业提供担保融资1788亿元。2016年内新增担保规模超过320亿元，其担保客户中科技型企业占比超过70%，中小微企业占比超过90%，服务的企业中有近600家在资本市场上市或在新三板挂牌。

（李贺英）

【拉卡拉手环及移动支付解决方案发布】12月20日，拉卡拉支付有限公司与中国银行北京分行推出空中发卡智能手环——拉卡拉手环。北京地区的中行用户可将其中行银联卡（含借记卡和贷记卡）绑定在手环上，直接使用手环刷 POS 机结账。手环还预置北京交通一卡通，并支持运动计步、来电提醒、抬手亮屏、超长续航等功能，其搭载的 OLED 屏幕可直观显示时间日期、余额、步数等信息。同时，拉卡拉公司还推出“拉卡拉 Pay”。“拉卡拉 Pay”是拉卡拉支付平台核心技术及运作模式的总称，是支持跨系统（公共交通、银联闪付）、跨平台（Android 平台、iOS 平台）、跨终端（多品牌智能手机）的移动支付技术解决方案，可为用户、企业及厂商提供更方便、更快捷、更安全的支付服务。（空中发卡指的是银联持卡人通过银联 TSM 平台，将银行卡信息直接下载到手机或 IC 卡等安全载体中，下载绑定卡片的通路，用户即可借助手机终端实现闪付消费。）

（韩洋洋）

【金付通公司金付钱包上线】年内，由金付通网络科技（北京）有限公司开发的无卡支付系统金付钱包（jfqbpay.com）上线。金付钱包集微信支付、支付宝、百度钱包、QQ 钱包、京东钱包 5 个支付渠道于一身，消费者可以自行选择使用，还可以实现个人户外收款及快速小额贷款。

（杜　玲）

【中关村信促会新增信用报告 3235 份】年内，中关村企业信用促进会新增企业信用报告 3235 份，其中评级报告 2400 份，征信报告 835 份。中关村示范区累计 1 万余家企业使用各类信用报告 2 万余份，其中评级报告 13379 份，征信报告 11025 份（含 1500 份 2008 年瞪羚企业征信）。

（黄　蕊）

【中关村信促会新增会员 1210 家】年内，中关村企业信用促进会新增会员 1210 家，会员总数 7189 家，企业会员完成年审 2400 家。全年受理企业购买中介服务项目 4860 家次，申请科技中介服务支持资金补贴总金额 2937.66 万元。其中，企业信用报告服务 3268 家，申请补贴额 1323.8 万元；企业认证服务 538 家，申请补贴额 729.79 万元；企业知识产权服务 1036 家，申请补贴额 848.32 万元；企业评估服务 3 家，申请补贴额 7.5 万元；企业法律服务 15 家，申请补贴额 28.25 万元。同时还受理融资租赁补贴资金 3092.02 万元。

（黄　蕊）

【中关村信促会服务会员企业】年内，中关村企业信用促进会举办各种活动 74 场，包括政策宣讲、政策培训、瞪羚计划专场、融资对接、项目路演、高峰论坛、股权激励、金融专委会工作会、读书会等，对中关村示范区科技金融、产业发展等方面的相关政策进行解读。来自会员企业的代表 4000 余人次参加。

（黄　蕊）

【中关村信促会累计信用星级企业 1388 家次】截至年底，中关村企业信用促进会信用星级企业累计 1388 家次。其中，一星级企业 587 家次，二星级企业 290 家次，三星级企业 183 家次，四星级企业 119 家次，五星级企业 209 家次。

（黄　蕊）

投融资

【2016 中关村互联网金融论坛举办】 1月8日，由中关村互联网金融研究院、中国互联网金融三十人论坛（CIF30）主办的2016中关村互联网金融论坛暨第三届普惠金融论坛在京举办。论坛以“助力‘供给侧改革’服务实体经济”为主题，旨在探明2016年供给侧改革转型之际，互联网金融与普惠金融的发展之路。3个分论坛分别围绕“以大数据技术实现保险渠道和产品的颠覆式创新”“2016后监管时代，P2P网贷‘剩者为王’”“小微金融因时而变的破局与创新之道”等话题展开讨论，探索中国互联网金融未来的创新与融合发展之路，为互联网金融、小微金融与传统金融机构的深耕细作、战略转型、创业创新和投资合作提供新鲜智慧和前沿指导。中国保险行业协会、中关村管委会等单位有关负责人和学术界、传统金融界、投资界的专家学者及相关企业的代表等800余人参加。

（王　翔）

【宝乐丽家智能婴儿车在线众筹】 1月11日，北京九星智元科技有限公司研发的宝乐丽家智能婴儿车在京东商城上线众筹。最终，九星智元公司筹资57.7万余元，完成第一代智能婴儿车样机开发。产品具备多种智能功能，可提供智慧全息图形化的宝宝环境数据，包括地理位置、温度湿度、空气质量、甲醛浓度、光照、紫外线强度等，通过配套的宝乐丽家手机App，宝宝的环境数据实时呈现在手机上，用户还可采用其独有的杀菌过滤技术净化空气，有效对付雾霾和甲醛。

（李贺英）

【2016 中国互联网众筹行业发展趋势报告发布】 1月12日，中关村众筹联盟和融360大数据研究院在京联合发布《2016中国互联网众筹行业发展趋势报告》。《报告》数据显示，截至2015年底，全国有303家正常运营的众筹平台，其中北京有63家，且大部分集中在中关村示范区。《报告》分析股权众筹的行业发展现状、基本模式、风险防范措施及未来发展趋势等方面的问题，提出中关村股权众筹融资试点先行先试的十大政策建议，并以公开征求意见稿的形式全文发布《中关村众筹联盟行业自律公约》。

（王　翔）

【北京高精尖产业发展基金设立】 1月14日，北京高精尖产业发展基金发布会在中关村示范区展示中心举行，副市长隋振江出席并讲话。基金由市政府批准设立，由市经济信息化委和市财政局发布，旨在落实中国制造2025战略，打造符合首都城市战略定位、内生于城市创新要素、具有国际竞争力的高精尖产业，创新财政资金使用方式，吸引多方力量共同支持高精尖产业发展。基金计划总规模200亿元。其中，财政资金计划出资50亿元，将重点支持《〈中国制造2025〉北京行动纲要》提出的产业发展方向，聚焦于新一代移动互联网、自主可控信息系统、新一代健康诊疗、云计算与大数据、通用航空与卫星应用、新材料、现代都市等领域。基金首批拟合作机构11家，计划总规模55亿元，财政资金计划出资13亿元，包括北京可信开放高端计算系统产业发展基金、北京亦庄生物医药产业并购基金、国科嘉和一期并购基金、乐视智能终端生态并购基金、北京通用航空产业基地发展投资基金等；10家战略合作银行计划提供配套资金2400亿元，并为高精尖企业提供全生命周期融资解决方案、金融服务绿色通道、投贷联动和跨境并购等服务。

（蔡宇行）

【京东金融获66.5亿元融资】 1月16日，在2016京东集团年会上，北京京东世纪信息技术有限公司宣布其子公司北京京东金融科技控股有限公司（京东金融）和由红杉资本中国基金、嘉实投资、中国太平领投的投资人签署增资协议，融资66.5亿元。京东金融的交易后估值466.5亿元。

（杜　玲）

【因果树公司推出期权变现平台】 1月17日，北京因果树网络科技有限公司“期权变现通”产品沟通会在中关村创业大街举行。因果树公司推出的“期权变现通”，是推动未上市公司期权流通的平台产品，在国内首次实现期权交易。在设计“期权变现通”时，因果树公司设定3条不能碰触的红线：①不做交易所：要通过面对面、一对一的线下真实交易实现；②不突破200人限制及合格投资人限制：要通过设置合格投资人门槛，并严格审核合格投资人资质，不做公开销售，在人数上严格限制，总投资人数不得突破200人；③不做资金池：平台作为中介机构，在交易过程中只能起到撮合交易、法律咨询等作用，绝对不能做资金池。此前，创业公司期权变现只有 3 种途径：公司上市、被并购和公司进行期权回购。通过期权交易平台，能够提升创业企业提供的期权激励公信力，创业公司的员工不用等到公司上市也能将期权变现。

（徐　建）

【三一重工公司发行 45 亿元可转换债券】1 月 18 日，三一重工股份有限公司价值 45 亿元的可转换债券在上海证券交易所发行，初始转股价格 7.5 元 / 股。募集的资金拟用于三一重工海外产业园建设、工程机械产品研发、国内装备制造、三一重工有限公司股权收购等重大项目。三一重工公司在海外的发展拓展至风电、PC 装备、矿产、港口等领域，并从单纯的设备销售转为提供整体解决方案；在新业务上，除了新能源、住宅产业化、港口设备等业务板块外，计划投资 20 亿元打造的创新孵化平台也已启动。（三一重工公司为国内工程机械行业龙头企业，2003 年上市。）

（万　玮）

【小米公司收购第三方支付公司】1 月 20 日，捷付睿通股份有限公司完成股权变更，变更后小米科技有限责任公司持股 65%，呼和浩特市盛银和睿科技有限责任公司持股 32%。捷付睿通公司 2011 年 8 月取得人民银行颁发的支付业务许可证，是内蒙古自治区唯一一家可在全国范围内开展互联网支付与移动电话支付业务的机构，并在 2013 年 7 月增加全国范围内的银行卡收单业务。

（杜　玲）

【华夏银行中关村管理部揭牌】1 月 21 日，华夏银行北京中关村管理部揭牌仪式暨投贷联动服务方案发布会在中关村示范区展示中心举行。中关村管委会主任郭洪等领导及人民银行营管部、北京银监局、北京市金融工作局等单位相关负责人和有关机构、企业的代表参加。华夏银行中关村管理部将参照二级分行模式管理，初期纳入中关村、上地、万柳、魏公村、知春、学院路 6 家支行和文化创意产业金融部，重点面向中关村示范区科技型、创新型、创业型企业提供金融服务，并在信贷管理、金融产品、服务模式等方面实施符合科技型企业特点的先行先试政策。中关村管理部发布投贷联动服务方案：构建“先贷后投、先投后贷、边投边贷”的联动机制，共同为创业企业提供“股权 + 债权”的服务，满足企业多元化融资需求；探索与中关村创业投资引导资金等政府引导基金的母基金合作机制，在依法合规的前提下，与投资机构合作，打造华夏银行投贷联动业务品牌；与知名投资机构合作，开展基于认股权的投贷联动合作。

（赵正国）

【新东方在线获 3.2 亿元投资】2 月 1 日，新东方教育集团发布公告，宣布旗下北京新东方迅程网络科技股份有限公司（新东方在线）获腾讯科技（深圳）有限公司旗下机构的 3.2 亿元（5000 万美元）投资。投资完成后，新东方在线的估值 26 亿元。

（杜　玲）

【创新工场在新三板挂牌】2 月 15 日，创新工场（北京）企业管理股份有限公司在全国中小企业股份转让系统（新三板）挂牌。证券简称创新工场，证券代码为 835966，交易方式为协议交易。创新工场是 2010 年由中关村管委会授牌支持的第一家创新型孵化器。其将美国硅谷的先进理念、服务模式带到中国，结合国内的创业环境和特色，为早期创业企业提供一揽子服务。创新工场包括投资和创业服务两块业务，在新三板挂牌的是创业服务业务，将借助新三板的辐射力，与业内的创投圈节点人物和机构共同组成集投资、研发、市场、融资为一体，涵盖孵化、加速、发展不同阶段的互联网产业聚集生态圈，帮助更多优秀的创业者，致力于扶持未来的独角兽企业。

（王　翔　陈宝德）

【京津冀大气污染防治融资创新项目推介会举办】2 月 24 日，北京中关村国际环保产业促进中心有限公司联合华夏银行股份有限公司在中关村管委会举办京津冀大气污染防治融资创新项目推介会。密云园管委会、中关村国家环境服务业发展联盟、北京清新环境技术股份有限公司等单位相关人员参加。项目由华夏银行与世界银行联手设立，以《京津冀及周边地区落实大气污染防治行动计划实施细则》为依据，支持在京津晋鲁蒙豫区域内实施相关项目，并提供低息世界银行贷款转贷，将采用世界银行基于结果导向（P4R）的贷款方式，是首个世界银行与金融机构合作并在绿色金融领域应用的 P4R 项目，投资规模将超过 100 亿元，包括世界银行 5 亿美元转贷款和华夏银行不少于 1 : 1 的配套资金。项目涵盖节能、可再生能源及大气污染防控三大领域，每一个融资子项目都必须在投资范围之内，并应符合节能量、发电量或减排量，通过脱硫和脱硝子项目减少的二氧化硫和氮氧化物的排放量、能效领域和可再生能源融资领域子项目的总节煤量、减少的灰排放总量或减少的二氧化碳排放量来检验节能效果。9 月 23 日，世界银行与华夏银行召开绿色金融创新实践暨京津冀大气污染防治融资创新项目启动会。

（李贺英）

【乐视云公司获A轮10亿元融资】3月3日，乐视云计算有限公司宣布完成A轮融资。融资由重庆战略性新兴产业股权投资基金领投，融资金额为10亿元。乐视云公司将在重庆市进一步开展云计算和大数据相关研发、生产、发行、运营、孵化和管理等业务。双方将共同推进乐视云公司与重庆广播电视集团和重庆有线电视网络公司的业务合作，重庆市政府将在业务的合作运营、带宽资源等方面给予支持。

（杜　玲）

【中国政企合作投资基金公司落户中关村】3月4日，中国政企合作投资基金股份有限公司在市工商局注册成立。公司是经国务院批准，由财政部联合中国建设银行股份有限公司、中国邮政储蓄银行股份有限公司、中国农业银行股份有限公司等10家国有大型机构共同发起设立的股份有限公司，落户中央财经大学科技金融产业园，注册资本1800亿元，其主要业务是接受社会委托资金，通过股权、债权、担保等方式，为纳入国民经济和社会发展规划、基础设施和公共服务领域专项规划及党中央、国务院确定的其他重大项目中的中国政府和社会资本合作（PPP）项目提供融资支持。公司负责运作总规模1800亿元的PPP融资支持引导基金，第一批60亿元资金已到位。

（张向丽　陈宝德）

【掌趣科技公司投资网禅公司】3月8日，北京掌趣科技股份有限公司发布《关于对外投资的公告》，宣布拟以2038亿韩元（约为人民币11.01亿元）收购韩国网禅全球数字科技股份有限公司（Webzen Inc.）的19.24%股权。收购韩国网禅公司是掌趣科技公司推进国际化布局的重要战略部署。

（杜　玲）

【优客工场获投资】3月12日，优客工场宣布完成由中投汉富、中投合众、永柏联投等机构参与的A+轮约2亿元融资，其估值近40亿元。6月21日，优客工场完成3亿元Pre−B轮融资，投资方为银泰置地和中融信托。8月16日，优客工场宣布获上亿元B轮投资，投资方为中国泰合集团和北京百福嘉工程管理有限公司，占其股份的2%，其估值55亿元。

（杜　玲）

【艾吉泰康公司获A轮投资1000万元】3月14日，艾吉泰康生物科技（北京）有限公司宣布，完成由普华资医疗健康产业基金领投，联想之星、贝壳社基金跟投的A轮融资，规模1000万元。资金将用于采购仪器设备，以扩大市场规模。

（江茂华）

【凤凰云获B轮融资2000万元】3月30日，凤凰云科技（北京）有限公司与上海静水堂投资管理合伙企业（有限合伙）和汤果（自然人）在京签订投资合作协议，获B轮融资2000万元，占其股份的10%。融资将主要用于产品研发和市场营销，以及生产备用金。（凤凰云科技公司2012年获700万元天使轮融资，2015年获4000万元A轮融资。）

（朱文利）

【奇虎公司美股退市】3月30日，在北京奇虎科技有限公司召开的特别股东大会上，股东投票表决通过公司私有化协议。根据特别董事会批准的相关交易条款，除创始人翻转股票及异议股东股票外，奇虎公司全部已发行的普通股将以每股普通股51.33美元（相当于每股美国存托股77美元）的价格被现金收购并注销。该交易对奇虎公司估值93亿美元。4月19日，奇虎公司私有化项目获发展改革委审批通过。7月15日，奇虎公司宣布私有化交易完成，公司股票将不再在美国纽约证券交易所公开交易。（2015年12月18日，奇虎公司宣布与投资者联盟达成最终的私有化协议，投资者联盟将以约93亿美元的现金收购奇虎公司。投资者联盟成员包括中信国安、金砖丝路资本、红杉资本中国、泰康人寿、平安保险、阳光保险、New China Capital、华泰瑞联、Huasheng Capital，以及附属机构。）

（杜　玲）

【优酷土豆完成私有化交易】4月6日，合一信息技术（北京）有限公司（优酷土豆）宣布，依据2015年11月6日宣布的合并计划，其与阿里巴巴集团控股有限公司完成合并交易，成为阿里巴巴集团全资子公司。合一公司同时宣布申请停止其美国存托凭证（ADS）在美国纽约证券交易所的交易。（2015年11月6日，合一公司宣布与阿里巴巴集团达成最终的收购协议。阿里巴巴集团将以每股ADS27.6美元的现金收购优酷土豆。排除阿里巴巴集团已持有的优酷土豆股份，该交易为优酷土豆剩余股份估值47.7亿美元。因优酷土豆账上仍有11亿美元现金，阿里巴巴集团相当于以36.7亿美元收购优酷土豆剩余股份。）

（杜　玲）

【首个投资机器人发布】4月12日，由北京因果树网络科技有限公司主办的2016因果树“AlphaGo+·全球首个投资机器人”发布会在京举行。市科委、市金融局、中关村管委会等单位有关负责人及相关机构的代表参加。投资机器人的功能包括数据处理（建立数据库、跟踪分析）及在此基础上进行分析建模、投资预测，具体功能：抓取互联网公司的信息，建立关于互联网企业投融资信息的数据库；每日跟踪并分析全网项目动态，记录企业成长轨迹；对项目分析建模，使用标签云来分析项目的商业模式，并对项目进行归类，再根据行业热度、机构热度、项目本身情况进行建模，对项目综合评分；通过模型运算，最终推选出最具有潜力的企业。机器人加大信息半径，通过对所有过往项目的回归训练来进行投资建模，其还具备情感逻辑能力，可对优劣信息加以处理。

（杜　玲　秦　琳）

【盛通公司并购乐博乐博公司】4月29日，北京盛通印刷股份有限公司发布公告，宣布拟以发行股份和支付现金相结合的方式购买北京乐博乐博教育科技有限公司100%的股权，交易作价4.3亿元。11月23日，中国证券监督管理委员会上市公司并购重组审核委员会召开2016年第八十六次工作会议，审核通过盛通公司发行股份购买资产并募集配套资金事项，盛通公司成功并购乐博乐博公司。

（杜　玲）

【世纪互联公司获3.88亿美元投资】5月23日，世纪互联数据中心有限公司宣布，其与启迪控股股份有限公司签署股份认购协议，启迪控股公司将通过关联投资方对世纪互联公司进行投资，成为世纪互联公司的战略股东。根据协议，启迪控股公司下属的投资公司以每股2.712美元的价格认购世纪互联公司的普通股，并以每股16.274美元的价格认购世纪互联公司的美国存托凭证，共认购新发行A类普通股31996874股及B类普通股111053390股，认购总金额约3.88亿美元。交易结束后，启迪控股公司通过下属公司持有世纪互联公司21.4%的股权，占投票权的51%。

（李宜桐　康秋红）

【屹唐集创公司并购美国iML公司】6月2日，美国艾科嘉公司（Exar）宣布，将旗下电源管理与显示器IC设计业务公司Integrated Memory Logic Limited（iML）出售给由北京亦庄国际投资发展有限公司与北京集创北方科技股份有限公司等单位共同出资设立的北京屹唐集创科技有限公司。11月10日，集创北方公司宣布完成交割，交易金额约1.5亿美元。

（杜　玲）

【探路者定增募资12.7亿元】6月5日，探路者控股集团股份有限公司完成非公开股票发行，最终价格为15.88元/股，募集资金总额12.7亿元，为探路者公司上市以来的首次定增。增发募集的资金将用于探路者公司云项目、绿野户外旅行O2O项目、户外用品垂直电商项目、户外安全保障服务平台项目并补充流动资金，助推社群生态战略落地，逐渐从户外用品提供商向“为大众提供户外、运动和体验式旅行的极致服务，成为引领健康生活方式的社群生态组织”的定位转型。

（万　玮）

【中关村发展集团发行首期交易所公司债券】6月8日，证监会印发《关于核准中关村发展集团股份有限公司向合格投资者公开发行公司债券的批复》（证监许可〔2016〕1250号），中关村发展集团获准发行70亿元交易所公司债券。6月27日，中关村发展集团在上海证券交易所成功发行首期公司债券，规模20亿元，期限5年，票面利率3.38%。全国40余家投资机构参与投标，累计投标量87.6亿元，发行利率创下中关村发展集团历年来债权类融资成本的最低水平。资金的主要用途是用来偿还有息债务和补充日常流动性资金，加大对园区的建设和科技金融的投入。

（李贺英）

【国内首单绿色私募债注册成功】6月12日，启迪科技服务有限公司在中国银行间市场交易商协会注册国内首单绿色非公开定向债务融资工具（PPN）。启迪科服公司计划募集资金1.5亿元，全部用于指定绿色项目——启迪水务天津北辰大双污水处理厂二期扩建改造工程。水厂收水面积约6294公顷，服务人口12.5万人。扩建后，可消减化学需氧量7300吨、氨氮647.2吨。

（康秋红　孙当如）

【3只基金入选中国政府引导基金20强】6月16日，在第十届中国有限合伙人峰会上，清科集团公布清科—2015年度中国政府引导基金年度排名榜单，中关村示范区内中关村创业投资引导基金（第一位）、中关村天使投资引导基金（第十二位）、中关村现代服务业引导基金（第十八位）3只基金入选。截至2015年底，中关村创业投资引导基金与59家创投基金合作，总规模368.7亿元，投资创新创业企业559家，投资总额约191.6亿元，完成投资的企业中有15家上市，6家通过上市审核待发行，6家报送证监会进行上市审核，43家完成并购退出，47家在新三板挂牌。

（高　婧）

【乐视公司完成对酷派集团收购】6月17日，酷派集团发布公告，宣布其单一大股东Data Dreamland Holding Limited与乐视网信息技术（北京）股份有限公司旗下乐视移动香港有限公司（Leview Mobile HK Limited）签订协议，拟把持有的集团总股本11%的股份以每股1.9港元的价格出售给乐视移动公司，总交易额10.47亿港元。8月5日，酷派集团发布公告，宣布乐视移动公司成为其单一最大股东，拥有其28.83%的股权。（2015年6月27日，Data公司决定向乐视移动公司以每股3.508港元的价格出售7.8038亿股股份，占已发行股本的18%，总交易额27.3亿港元，乐视移动公司成为酷派集团第二大股东。）

（杜　玲）

【京东公司收购1号店】6月21日，北京京东世纪信息技术有限公司宣布与美国沃尔玛百货有限公司达成深度战略合作。协议达成后，沃尔玛公司将获京东公司新发行的1.45亿股A类普通股，约为京东公司发行总股本数的5%，京东公司以14.9亿美元(约合98亿元)收购沃尔玛公司旗下1号店，包括品牌、网站、App等所有资产打包并入京东公司。沃尔玛公司将继续经营1号店自营业务，并入驻1号商城。双方的合作将涉及供应链、物流等业务领域，并覆盖线上线下零售市场。

（张　毅）

【中关村“万家创客”行动计划启动】6月29日，北京银行支持中关村“万家创客”行动计划发布仪式在中关村示范区展示中心举行。中国银行业协会及北京市相关委办局的有关负责人参加。根据计划，北京银行股份有限公司将依托北京银行中关村小巨人创客中心，创新投贷联动服务模式，在年底前使创客中心会员规模达到1万家，在3年内达到2万家。小巨人创客中心将坚持服务科技、文化、绿色领域的创客，以投贷联动创新为主线，通过联动企业、机构、银行、政府等资源，围绕股权投资、债权融资、创业孵化开展工作，搭建一个股权投资和债权融资的联动平台。北京银行将通过设立专营机构、加大与该行及外部机构的联手互动，大力推广“投贷通”产品，力争为创客企业提供融资1000亿元，带动股权融资2000亿元，并将聘请数十位创业导师，为创客企业提供一对一的贴身辅导和创业培育。

（蔡宇行）

【趣分期获30亿元融资】7月7日，北京快乐时代科技发展有限公司（趣分期）在京召开发布会，宣布获由北京凤凰财富控股集团有限公司和杭州联络互动信息科技股份有限公司领投、老股东跟投的首期约30亿元的Pre-IPO融资。同时，趣分期还宣布升级为趣店集团，在产品板块、服务对象、战略方向完成全面扩容升级。

（李宜桐）

【百度公司投资美国ZestFinance公司】7月18日，百度在线网络技术（北京）有限公司宣布投资美国ZestFinance公司，投资数额未公布。ZestFinance公司将机器学习与大数据分析融合起来提供更加精准的信用评分，百度公司将使用ZestFinance公司的技术来判断其用户的信用。

（杜　玲）

【四板市场私募债券质押式协议回购业务推出】7月18日，首只北京四板市场私募债券质押式协议回购“北京顺隆投资发展基金（有限合伙）2016年第一期92天质押式协议回购”（简称：16顺质01，代码：600001）上线募集，募集资金1500万元。北京四板市场私募债券质押式协议回购是指参与双方自主协商约定，以在北京四板市场发行并转让的私募债券作为质押标的，由资金融入方（正回购方）将质押券出质给资金融出方（逆回购方）融入资金，并在未来返还资金，支付约定收益，同时解除债券质押登记的行为。

（孙当如）

【合众思壮公司收购Stonex公司】7月19日，北京合众思壮科技股份有限公司发布《第三届董事会第三十四次会议决议公告》，宣布通过其全资子公司广州思拓力测绘科技有限公司以4500万元收购意大利Stonexs.r.l公司60万股权，收购完成后持股占比60%，成为Stonexs公司第一大股东。11月12日，合众思壮公司发布《收购Stonexs.r.l公司剩余40%股份的公告》，宣布通过思拓力公司以485.6万欧元收购Stonexs.r.l公司剩余的40%股份，并以172.4万欧元对Stonexs.r.l公司增资。Stonexs.r.l公司主营高精度测量仪器的设计与制造。

（杜　玲）

【永洪科技公司获2亿元C轮融资】7月23日，北京永洪商智科技有限公司在“数造未来上海大数据峰会”上宣布，其完成由腾讯创投领投，元生资本、东方富海、经纬创投、艾瑞咨询跟投的2亿元C轮融资。融资资金主要投向研发领域以获取持续的技术优势，打造针对金融、能源、交通、电信、互联网、医疗、教育等垂直行业的大数据应用，进一步完善及扩大公司的合作伙伴体系和客户服务体系。

（李　莹）

【滴滴出行收购优步中国】8月1日，北京小桔科技有限公司（滴滴出行）宣布与美国优步公司达成战略协议。滴滴出行将收购上海雾博信息技术有限公司（优步中国）的品牌、业务、数据等全部资产，优步中国将保持品牌和运营的独立性，双方团队将在用户资源、线上线下运营和营销推广等方面共享资源、协同发展。双方达成协议后，滴滴出行和美国优步公司将相互持股，成为对方的少数股权股东。美国优步公司持有滴滴出行5.89%的股权，相当于17.7%的经济权益，优步中国的其余中国股东获合计2.3%的经济权益。

（杜　玲）

【猎豹移动收购美国News Republic公司】 8月2日，猎豹移动公司宣布以5700万美元的价格收购美国News Republic公司。News Republic公司使用智能编辑、数据分析和挖掘等大数据方式向全球用户提供个性化新闻内容推荐，被称为“世界上第一家没有记者的新闻媒体”。News Republic公司与全球超过1650家新闻机构构建版权合作关系，读者可通过其完善的个性分享系统，浏览和阅读属于自己的头条新闻，包括文章、图片和视频等新闻形式。读者还可就彼此感兴趣的新闻话题展开讨论，形成新闻社区。

（杜　玲）

【二十一世纪空间公司收购天目科技公司】 8月5日，二十一世纪空间技术应用股份有限公司发布《收购资产的公告》，拟通过发行股份及支付现金的方式购买北京天目创新科技有限公司100%的股权，交易价格1.6亿元，同时还收购位于海淀区建材城东路26号院内的4号楼房屋产权。11月2日，世纪空间公司在新三板公开发行股票3095万股，发行价格每股13.05元，其中用股权和实物资产认购的股票1965万股，用现金进行认购的股票1130万股，募集资金1.47亿元，总计募资4.04亿元。资金主要用于收购天目科技公司100%股权和4号楼房屋产权。

（杜　玲）

【北京四板市场私募债券首次簿记建档发行】 8月9日，北京四板市场备案私募债券派石环境技术（北京）有限公司2016年度私募债券（简称“16派石债”）采用簿记建档方式成功发行，并实现超额申购。北京股权登记管理中心组织债券的现场路演，合格投资者就发行人主要业务开展、核心技术资质、发展规划、融资历史与融资计划及债券基本要素与增信措施等方面内容与发行人及承销商进行沟通交流，承销商通过模拟簿记的方式向投资者解读债券簿记建档的定价与配售规则，交流结束即进行合格投资者认购与簿记建档工作。在市场化的定价方式下，该期债券满足合格投资者的收益需求，并将发行人融资成本降低0.2个百分点。“16派石债”是北京四板市场私募债券首次采用簿记建档的方式发行的债券。[簿记建档是指合格投资者根据自己对利率的判断，确定在不同利率档次下的认购债券数量，由簿记建档人（通常为主承销商）记录投资者申报情况，再按照一定的规则确定债券具体的利率水平，其流程包括前期预路演、路演及后期的簿记定价与配售等环节。]

（孙当如）

【百度公司投资美国激光雷达企业】 8月16日，美国Velodyne公司发布公告，宣布旗下激光雷达企业Velodyne LiDAR公司获百度在线网络技术（北京）有限公司与美国福特汽车公司1.5亿美元的共同投资，三方将围绕汽车无人驾驶领域展开全方位合作。Velodyne LiDAR公司开发的LiDAR传感器在涉及汽车自动驾驶的企业中广泛使用。

（杜　玲）

【启迪控股公司认购北控清洁能源集团股权】 8月22日，北控清洁能源集团有限公司发布公告，宣布完成一般授权认购新股份。北控清洁能源集团根据一般授权按每股股份0.17港元的认购价向启迪控股股份有限公司的全资附属公司配发，发行40.45亿股新股份，占已发行股本约12.86%。认购事项完成后，启迪控股公司成为北控清洁能源集团的第二大股东。

（康秋红）

【吉因加公司完成2亿元A轮融资】 8月，北京吉因加科技有限公司完成2亿元A轮融资。投资由深圳华大基因科技有限公司领投，火山石投资、松禾资本等机构跟投。资金将主要用于启动吉因加公司的cfDNA基线计划，建立中国人肿瘤基线数据库。部分资金将用于肿瘤基因检测试剂的研发、申报和商业营销体系的拓展、市场推广等。

（杜　玲）

【2016TSquare技术大会举行】 9月1日，由北京中关村软件园发展有限责任公司、加拿大汤森路透集团主办的2016TSquare技术大会（第五届）在中关村软件园举行，主题为“风云变幻的金融市场与科技”。金融界、科技界、商界等业界的代表600余人参加。会议就2016年金融市场的变化及金融科技带给金融市场和企业的机遇与挑战进行交流。大会开设听风—辨动向、观云—知潮流、弄潮—践真知三大分论坛，相关专家分别就“金融市场结构性变化导致全球资产荒”“区块链与关键现实应用”“宏观对冲、事件套利与高频数据的完美融合”等议题进行探讨，聚焦金融格局的前沿技术及话题，包括区块链技术、人工智能、机器学习、开放平台等热门技术分享，并对英国脱欧、外汇市场、人民币汇率趋势等金融时事进行解析。

（李贺英）

【合众思壮公司收购5家企业】 9月7日，北京合众思壮科技股份有限公司发布公告，宣布其将通过发行股票的方式，利用约10.85亿元资金收购广州中科雅图信息技术有限公司100%、广州思拓力测绘科技有限公司100%、广州吉欧电子科技有限公司100%、广州吉欧光学科技有限公司100%和上海泰坦通信工程有限公司65%的股权。9月27日收购完成。合众思壮公司收购的目标是要打通产业链上下游，从北斗高精度芯片到各行业的行业应用，形成技术与生态链的双重壁垒。

（杜　玲）

【紫光西部数据有限公司成立】 9月8日，紫光股份有限公司与美国西部数据公司共同宣布成立合资公司——紫光西部数据有限公司。紫光西部数据公司总投资3亿美元，注册资本1.58亿美元。其中，紫光股份公司出资8058万美元持股51%，西部数据公司出资7742万美元持股49%。公司将利用西部数据公司在核心存储、企业级存储等方面的技术，结合紫光公司本土化的研发团队和对中国市场需求的把握，为智慧城市、金融服务、媒体娱乐、天文气象、电信通讯、基因科学、医疗卫生、新兴互联网等各行业用户提供数据存储及数据服务解决方案。

（杜　玲）

【百度风投成立】 9月13日，百度在线网络技术（北京）有限公司宣布成立独立风险投资公司（百度风投，Baidu Venture）。百度风投将专注于人工智能，以及AR、VR等下一代科技创新项目，并集中投资于早期项目，第一期基金规模将达2亿美元。百度风投将独立于百度公司已有的投资并购团队，通过创新评估机制、加快决策流程，实现更加高效的投资运作。

（蔡宇行）

【联想控股公司退出房地产业】 9月18日，融创中国控股有限公司和联想控股股份有限公司发布联合公告，宣布双方订立两份框架协议。根据协议，融创公司拟以137.8843亿元收购联想控股公司旗下的地产平台北京融科智地房地产开发有限公司的41个附属公司的相关股权及债权，共涉及42个物业项目的权益。

（杜　玲）

【乐视汽车公司获10.8亿美元融资】 9月19日，在“919乐迷狂欢夜”晚会上，乐视控股（北京）有限公司宣布旗下乐视超级汽车（中国）公司完成A轮融资，融资金额10.8亿美元，投资方包括民生信托、英大资本、宏兆基金等机构。

（李宜桐　杜　玲）

【滴滴出行投资ofo】 9月26日，北京小桔科技有限公司（滴滴出行）宣布战略投资共享单车平台北京拜克洛克科技有限公司（ofo）数千万美元，未来双方将在城市出行领域展开全方位合作。ofo将得到来自滴滴出行的资本、用户流量及运营方面的支持；而滴滴出行则以战略合作的方式进一步拓宽其出行服务的维度——共享单车。

（杜　玲）

【康龙化成公司收购默沙东英国霍兹登园区】 9月26日，康龙化成新药技术有限公司与美国默沙东公司就收购默沙东英国霍兹登园区签订非限制性条款，旨在推动康龙化成公司在原料药及制剂研发服务领域的发展，夯实其在化学合成及一体化药物研发服务领域的全球领先地位。康龙化成公司是国际知名的生命科学研发服务企业；默沙东公司为国际知名的处方药、生物制品与动物保健品提供商。

（陈　潇）

【东风创投互联网投资基金设立】 9月27日，在中巴互联网促进会成立仪式上，百度巴西分公司宣布设立初始资金6000万美元的东风创投（Easterly Ventures）互联网投资基金，为巴西互联网创业公司的成长与发展提供资金、技术、流量和经验等综合性服务。这是中国互联网公司在巴西设立的首个投资基金。

（杜　玲）

【国内首支非上市民营企业绿色公司债发行】 10月11日，博天环境集团股份有限公司在上海证券交易所公开发行3+2年期绿色公司债券（债券代码136749.SH），发行规模3亿元，债券票面利率4.67%。债券是国内首支非上市民营企业公开发行的绿色公司债。（绿色债券是指募集资金主要用于支持节能减排技术改造、绿色城镇化、能源清洁高效利用、新能源开发利用、循环经济发展、水资源节约和非常规水资源开发利用、污染防治、生态农林业、节能环保产业、低碳产业、生态文明先行示范实验、低碳试点示范等绿色循环低碳发展项目的企业债券。）

（赵正国　杜　玲）

【百度资本成立】 10月12日，百度在线网络技术（北京）有限公司宣布成立百度资本（Baidu Capital）。百度资本是按照独立市场化运作的基金，一期规模为200亿元，主要投资于泛互联网领域中后期项目，平均每个项目的投资金额会在5000万～1亿美元之间，对于重量级项目，还会加大投资额度。

（杜　玲）

【智投汇成立】 10月27日，智投汇成立仪式在中关村创客中心举行。仪式以“创响中国，智投未来”为主题。来自政府、传媒、创投机构的代表等参加。智投汇是纯元资本与首钢基金合资成立的品牌投资开放平台，致力于将品牌运作平台化，建设品牌协同生态，助力创业公司和投资机构的品牌运作，提升资本效率。智投汇提出一体两翼的品牌投资生态，品牌、传媒、IP构成品牌运作模式，同时投资、并购、金融构成资本运作模式。其构建的国内高端资源对接平台，涵盖品牌生态、媒体矩阵、投资联盟、专家会员等品牌运作全产业链服务。

（杜　玲）

【雪迪龙公司收购比利时傲领公司】 10月30日，北京雪迪龙科技股份有限公司全资收购比利时傲领公司（Orthodyne S.A.）协议签署仪式在比利时驻中国大使馆举行。根据协议，雪迪龙公司以415万欧元收购傲领公司100%的股权，成为其控股股东。收购完成后，雪迪龙公司将把傲领公司作为其海外的色谱研发中心，将色谱分析技术应用于环保行业。双方将共同拓展在色谱分析技术、工业气体、环境监测、实验室检测、食品检测、药品检测等领域的应用，促进全球环境监测技术的发展及产业化进程。

（万　玮　杜　玲）

【北京四板市场"三板通"推出】 10月，北京股权交易中心推出创新服务——"三板通"，并在四板市场挂牌企业北京天诺物业管理有限责任公司开展试点。"三板通"的推出旨在加速审批及股份制改造等进程。北京股权交易中心参与挂牌企业的材料撰写、内核意见反馈等工作，还将提供四板挂牌、规范融资、转板发展等全套资本市场服务。

（孙当如）

【北京四板市场私募债券信息披露云平台上线】 10月，北京四板市场私募债券信息披露云平台上线。平台由北京股权交易中心与深圳证券交易所共建，目标是实现私募债线上受理、线上审核、线上持续督导，还将实现私募债在北京四板市场和深交所的双向挂牌交易，提高私募债的流动性，较低企业的融资成本。

（孙当如）

【利亚德公司收购美国虚拟动点公司】 11月4日，利亚德光电股份有限公司发布《关于收购NATURALPOINT，INC.100%股权的公告》，宣布将通过下属子公司平达公司（PLANAR SYSTEMS，INC.）以1.25亿美元收购美国虚拟动点公司（NATURALPOINT，INC.）100%股权。2017年2月2日，利亚德公司发布《关于收购NATURALPOINT，INC.100%股权完成交割的公告》，宣布收购完成。虚拟动点公司主要为教育机构、政府机构、商业企业及家庭游戏爱好者等客户提供3D光学动作捕捉软件、硬件及服务。

（杜　玲）

【碧水源公司成为盈德气体集团第一大股东】 11月7日，北京碧水源科技股份有限公司发布《对外投资公告》，宣布其全资子公司碧水源香港环保有限公司与盈德气体集团有限公司签署协议，以现金12.09亿港元认购盈德气体集团非公开发行的3.78亿股股份。认购完成后，碧水源公司将持有盈德气体集团20.17%股份，成为其第一大股东。

（杜　玲）

【初速度公司获500万美元A轮投资】 11月14日，北京初速度科技有限公司宣布获由蓝湖资本领投、创新工场和真格基金跟投的500万美元A轮投资。资金将用于数据收集、筛选和标注及专业人才招募两个方面。初速度公司是一个致力于打造无人车大脑，专注基于深度学习的环境感知、高精度地图、驾驶决策技术的企业，其产品包括不同级别的自动驾驶方案，以及衍生出的大数据服务。

（杜　玲）

【乐视公司获6亿美元投资】 11月15日，乐视控股（北京）有限公司宣布获海澜集团有限公司等10余家企业的6亿美元投资。资金将投向乐视汽车生态和LeEco Global。

（杜　玲）

【创新型金融产品"启创贷"发布】 11月16日，由中关村领创金融信息服务有限公司、启迪之星（北京）科技企业孵化器有限公司主办的"启创贷"产品发布会暨揭牌仪式在清华科技园举办。领创金融公司推出的创新型金融信贷产品"启创贷"，是专为入孵启迪之星公司的初创期企业提供的高效、便捷化的无抵押信用贷款，最低50万元左右，最高额度不超过200万元，期限一般为1年。申请"启创贷"的企业需由启迪之星公司按照企业核心团队人员素质、年度获奖情况、

投融资状况和成长性等评定后进行推荐，领创金融公司将给予不同程度的优惠。五彩世界（北京）文化传媒有限公司、导洁（北京）水处理技术有限公司、北京极光源芯科技有限公司、北京智联安科技有限公司、北京尤思腾科技股份有限公司、北京易康泰科汽车电子有限公司6家企业获首批授信企业证书。

（李贺英）

【诺禾致源公司完成B轮5亿元融资】 11月17日，北京诺禾致源科技股份有限公司与招银国际资本管理(深圳）有限公司、国投创新投资管理有限公司、上海方和投资中心（有限合伙）达成战略合作协议，获5亿元战略投资，完成B轮融资。诺禾致源公司2011年入驻生命园孵化器，专注于开拓生物学、计算机科学和信息技术在动植物、人类健康等领域的研究。

（陈　潇）

【一下科技完成E轮5亿美元融资】 11月21日，在一下科技E轮融资发布仪式暨2017战略沟通会上，炫一下（北京）科技有限公司（一下科技）宣布完成E轮融资，融资金额5亿美元，投资方为上海广播电视台、上海文化广播影视集团、尚城资本等机构。一下科技是移动短视频娱乐分享应用和移动视频技术服务提供商，旗下拥有“秒拍”“小咖秀”和“一直播”3款视频应用产品。[一下科技在2012年获晨兴创投的天使投资及红点创投领投的数百万美元A轮投资；2013年完成2500万美元的B轮融资，由北京微梦创科网络技术有限公司（新浪微博）领投，红点创投、晨兴创投跟投；2014年完成5000万美元的C轮融资，由凯鹏华盈领投，新浪微博、红点创投、StarVC跟投；2015年11月24日完成由新浪微博领投，红杉资本、韩国YG娱乐等跟投的2亿美元的D轮融资。]

（李宜桐）

【2016中国天使投资峰会金投榜颁奖盛典举办】 12月1日，由中关村天使投资联盟主办的洞见·未来—2016中国天使投资峰会金投榜颁奖盛典在清华大学举办。中关村管委会、海淀区政府、中关村发展集团股份有限公司、清华控股有限公司等单位的相关负责人、专家及天使投资机构、天使成长营、企业的代表等600余人参加。与会代表共同展望未来科技发展趋势，研讨人工智能、大数据、消费升级等领域的未来发展，并就投资项目现状、未来天使发展之路及未来中国投资和创业趋势进行交流。中关村天使投资联盟公布金投榜榜单，丹华资本创始人张首晟等入选最活跃硅谷华人天使投资人TOP5，创客共赢基金创始合伙人李建军等入选最活跃天使投资人TOP30，创客共赢基金创始合伙人李建军被评为最佳跨界天使投资人，

真格基金创始合伙人徐小平等3人被评为2016年度最佳投资人，君紫资本创始合伙人秦君获最美天使奖。

（李贺英　万　玮）

【北京希望组公司完成A轮融资】 12月5日，北京希望组生物科技有限公司宣布完成由经纬中国和赛富投资基金领投、清科创投跟投的A轮融资近6000万元。资金将用于加大研发投入，在北京建立国内领先的三代测序平台，在美国设立海外研发实验室，推动三代测序技术的应用和普及，通过前沿技术的创新来帮助提高遗传疾病基因检测精确度和检出率，为遗传病诊疗一线的医学工作者提供一站式大数据解决方案。

（陈　潇　江茂华）

【旷视科技公司完成C轮融资】 12月6日，北京旷视科技有限公司宣布获由建银国际（控股）有限公司和富士康科技集团领投的C轮融资，融资金额超1亿美元。融资完成后，旷视科技公司将在深度学习、机器视觉领域进行更深入的技术研发，并加大在人工智能云和智能物联网技术的投入。

（杜　玲）

【36氪获亿元级战略投资】 12月12日，36氪宣布获招商局创新投资基金领投的亿元级战略投资。投资完成后，36氪的国有资本占比近12%。招商局集团有限

公司将与36氪进行全方位合作。其中，招商局集团旗下孵化器“厘米空间”拥有庞大的物业资源，将与氪空间开展业务合作；招商局集团旗下的创投业务利用36氪的创投平台，也可找到更多更好的项目；在36氪发起成立的各种投资基金中，招商局集团可以通过有限合伙人（LP）的方式进行参与。

（杜　玲　陈宝德）

【中国银行首批中关村投贷联动试点项目落地】 12月16日，在中国银行投贷联动合作签约仪式上，中国银行股份有限公司与中关村管委会签署投贷联动业务战略合作协议。根据协议，中国银行将全面铺开投贷联动工作，打造“信贷工厂＋投贷联动＋跨境撮合”三位一体的科创企业服务模式。双方发挥各自在科技金融服务创新、行业引导扶持、风险分担与补偿等领域的优势，创新合作方式，加强多层次的互联互通，探索适合科技创新创业企业发展的金融服务新模式。中国银行还与中关村示范区企业北京高信达通信科技股份有限公司（通信服务集成商）、北京讯腾智慧科技股份有限公司（智能化运营解决方案提供商）签署投贷联动服务协议，标志着中国银行首批中关村示范区投贷联动试点项目启动。

（赵正国　秦　琳）

【国新启迪科创基金设立】 12月25日，在河南省现代服务业产业投资基金设立、国新启迪科创基金和河南省物流产业发展基金合作签约仪式上，中国国有资本风险投资基金的子基金——国新启迪科创基金签约设立，总规模100亿元。基金由中国国有资本风险投资

基金股份有限公司、启迪科技服务有限公司和河南省豫资城乡投资发展有限公司共同出资设立，将依托启迪集群创新网络，重点投向环保新能源、医疗健康及新一代信息技术三大产业领域，选择技术创新、商业模式创新和具备跨越式增长潜力的企业，以多种形式对实体企业提供支持。

（康秋红）

【2016年度北京四板市场会员大会举行】 12月28日，由中关村股权交易服务集团有限公司主办的2016年度北京四板市场会员大会在中关村示范区展示中心举行，主题为“风雨同舟，不忘初心”。市金融局、中关村管委会、北京证监局等单位有关负责人及200余家会员机构和挂牌企业的代表参加。会议解读国家及北京市关于四板市场的政策和中关村多层次资本市场综合融资服务计划，总结北京四板市场成立3年来的工作情况，并授予北京泽鹏易金资产管理有限公司、北京创业公社投资发展有限公司、中国工商银行北京市分行等13家会员机构“2016年度北京四板市场优秀会员机构”称号。截至年底，北京四板市场累计服务企业4000余家，其中，服务科技类、文化类企业比例达90%，转板到创业板、新三板等更高层次资本市场的企业90家，拥有会员机构200余家，帮助各类企业实现股权和债权融资超过100亿元，在市场开户的投资者近9000户。

（孙当如　秦　琳）

【滴滴出行获战略投资】 年内，北京小桔科技有限公司（滴滴出行）获70亿余美元的战略投资。其中，2月24日，获北汽产业投资基金等机构的10亿美元的战略投资；5月13日，获美国苹果公司10亿美元的战略投资；6月13日，获中国人寿保险（集团）公司6亿余美元的战略投资，包括3亿美元股权投资及20亿元的长期债权投资；6月16日，获中国人寿公司、美国苹果公司、蚂蚁金服等机构的45亿美元的股权融资；8月16日，获中国邮政集团公司投资（投资额未公开）；9月9日，获富士康科技集团2亿美元的投资。

（李宜桐　秦　琳）

【发生股权投资案例1961起】 年内，中关村示范区发生股权投资案例1961起，约占全国股权投资案例总数（5722起）的34.27%；已披露的股权投资总额1053.95亿元，占全国已披露股权投资金额（2770.24亿元）的38.05%。其中，信息技术业占比最大，共984起投资案例，占中关村示范区总投资案例数的50.18%，披露金额535.72亿元，占中关村示范区总披露金额的50.83%；科技服务业以160起投资事件位居投资案例数量排名的第二位；制造业以93.83亿元位居已披露金额排名的第二位。

（马媛月）

【新增711家新三板挂牌企业】 年内，中关村示范区北京量邦信息科技股份有限公司、阿尔特（中国）汽车技术有限公司、捷思锐科技（北京）有限公司等711家企业在全国中小企业股份转让系统挂牌。截至年底，

中关村示范区新三板挂牌企业总数1475家，其中创新层企业170家。

（马天诣）

【中关村示范区天使投资额占全国六成】年内，由中关村创业投资和股权投资基金协会、中关村高新技术企业协会完成的《2016年中关村天使投资发展报告》显示，2016年，中关村天使投资事件1115起，占全国比例的40.5%，投资金额43.9亿美元，占全国比例的66.7%。

（徐　建）

【新增20家上市企业】年内，中关村示范区新增上市企业20家。其中，上海证券交易所5家，深圳证券交易所9家（创业板6家，中小企业板3家），香港交易所3家（主板1家，创业板2家），美国纳斯达克交易所2家，美国纽约证券交易所1家，合计融资139亿元，平均每家企业融资7亿元，总市值约1709亿元。北京奇虎科技有限公司、优酷土豆股份有限公司从纽交所退市。截至年底，中关村示范区上市企业总数300家。

序号	公司名称	所属园区	上市时间	证券代码	证券简称	发行价格	发行数量（万股）	融资总额	上市地点	所属板块
1	百济神州（北京）生物科技有限公司	昌平园	2月4日	BGNE	百济神州	24美元	660	1.58亿美元	纳斯达克	主板
2	完美世界股份有限公司	朝阳园	4月21日	002624	完美世界	23.56元	2500	2.8亿元	深交所	中小企业板
3	北京恒泰实达科技股份有限公司	海淀园	5月30日	300513	恒泰实达	11.73元	1906	2.24亿元	深交所	创业板
4	中国在线教育集团	石景山园	6月10日	COE	无忧英语	1.49美元	6506	0.97亿美元	纽交所	主板
5	新奥特（北京）视频技术有限公司	海淀园	6月27日	8280	中国数字视频	1.65港元	15500	6.11亿港元	港交所	创业板
6	北京辰安科技股份有限公司	海淀园	7月26日	300523	辰安科技	21.92元	2000	3.99亿元	深交所	创业板
7	北京兆易创新科技股份有限公司	海淀园	8月10日	603986	兆易创新	23.26元	2500	5.17亿元	上交所	主板
8	新晨科技股份有限公司	海淀园	9月7日	300542	新晨科技	8.21元	2255	2.27亿元	深交所	创业板
9	北京先进数通信息技术股份公司	海淀园	9月13日	300541	先进数通	22.98元	3000	4.78亿元	深交所	创业板
10	北京国双科技有限公司	海淀园	9月23日	GSUM	国双科技	13美元	670	8710万美元	纳斯达克	主板
11	北京万集科技股份有限公司	海淀园	10月21日	300552	万集股份	12.25元	2670	3.27亿元	深交所	创业板
12	能科节能技术股份有限公司	海淀园	10月21日	603859	能科股份	7.54元	2839	2.14亿元	上交所	主板
13	新华网股份有限公司	大兴—亦庄园	10月28日	603888	新华网	27.69元	5190.29	14.37亿元	上交所	主板
14	中国建材检验认证集团股份有限公司	朝阳园	11月9日	603060	国检集团	10.04元	5500	8.56亿元	上交所	主板
15	北京东方中科集成科技股份有限公司	海淀园	11月11日	002819	东方中科	4.96元	2834	1.41亿元	深交所	中小企业板
16	大唐环境产业集团股份有限公司	海淀园	11月15日	1272	大唐环境	3.25港元	56700	18.42亿港元	港交所	主板
17	北京星网宇达科技股份有限公司	海淀园	12月13日	002829	星网宇达	17.65元	1900	3.35亿元	深交所	中小企业板
18	飞思达技术（北京）有限公司	海淀园	12月15日	8342	飞思达科技	0.63港元	64764	2.52亿港元	港交所	创业板
19	森特士兴集团股份有限公司	大兴—亦庄园	12月16日	603098	森特股份	9.18元	6251	6.23亿元	上交所	主板
20	北京数字认证股份有限公司	海淀园	12月26日	300579	数字认证	13.32元	2000	2.66亿元	深交所	创业板

（马天诣）

【拨付中关村示范区专项资金 13.99 亿元】 年内，市财政局拨付中关村示范区专项资金 13.99 亿元，全年支出 11.71 亿元。其中，小微企业创新创业孵化支持资金 2.49 亿元，占支出总额的 21%；高成长企业支持资金 3.61 亿元，占支出总额的 31%；做强做大企业及“十百千工程”支持资金 0.99 亿元，占支出总额的 8%；人才特区建设支持资金 1.36 亿元，占支出总额的 12%；创新环境建设支持资金 3.25 亿元，占支出总额的 28%。

投向（按领域）	2016 年支出金额（万元）	占支出总额比例（%）
小微企业创新创业孵化支持资金	24872	21
高成长企业支持资金	36149.60	31
做强做大企业及“十百千工程”支持资金	9931.67	8
人才特区建设支持资金	13644.67	12
创新环境建设支持资金	32500.80	28
合计	117098.74	100

投向（按园区）	2016 支出金额（万元）	2000—2016 年支出金额（万元）	占 2000—2016 年总支出的比重（%）
海淀园	71521	1701066.01	82.17
丰台园	1580	24680.57	1.19
昌平园	3799	76510.29	3.7
朝阳园	16525	89942.18	4.34
亦庄园	0	26665.54	1.29
西城园	1216	19403.80	0.94
大兴医药产业基地	0	8619.25	0.42
通州园	173	21918.99	1.06
石景山园	1107	14117.27	0.68
东城园	9180	17018.3	0.82
马坊高新技术产业基地	0	650	0.03
密云高新技术产业基地	90	1133	0.05
房山园	197	2128.95	0.1
门头沟园	0	3100	0.15
临空国际高新技术产业基地	0	950	0.05
怀柔园	720	816	0.04
其他	10991	61421.8	2.97
合计	117098	2070142.01	100

（续表）

（陈 刚）

【办理外债宏观审慎试点业务 149 笔】 截至年底，人民银行中关村中心支行共为用友网络科技股份有限公司、北京爱奇艺科技有限公司等 74 家中关村示范区高新技术企业办理外债宏观审慎试点业务 149 笔，其中企业新增外债签约金额 42.46 亿美元，参与试点企业相对国内同期利率水平 1 年可节省财务成本合计约 7.72 亿元，业务笔数和金额在全国试点范围内均居第一位。

（郑霁晨）

人才工作

Work of Talents

本栏目设有人才引进和人才服务两个分栏目，以条目体形式记述中关村国家自主创新示范区在建设国家人才特区过程中取得的进展，在引进人才方面采取的举措，在利用和发挥人才作用方面提供的具有创新性的服务等内容。

综　述

2016 年，中关村示范区人才工作围绕建设国家级人才特区的中心任务，以贯彻落实《首都中长期人才发展规划纲要（2010—2020 年）》为主线，开展相关工作，推动中关村人才管理改革试验区建设发展。

*实施政策措施，不断完善中关村人才服务机制。*公安部推出的支持北京创新发展 20 项出入境政策措施实施，在中关村示范区先行先试，为外籍高层次人才、创业团队外籍成员和企业选聘的外籍技术人才、外籍华人、外籍青年学生 4 类群体提供永久居留、口岸签证、居留许可等出境入境便利。启动中关村外籍人才在华永久居留积分评估工作，评估 45 位外籍人才符合推荐条件。至年底，中关村管委会出具各类外籍人才推荐函 308 份；联想（北京）有限公司、小米通讯技术有限公司等企业的 155 位外籍高层次人才获得“绿卡”。完善人才评价机制，开展教授级高工专业技术资格评价工作。至年底，共有 410 位中关村高端人才通过中关村教授级高工“直通车”政策获得教授级高工职称。

*集聚人才，构建中关村创新创业人才资源体系。*加快聚集高层次人才，继续开展“千人计划”“海聚工程”及中关村“高聚工程”等高层次人才项目申报工作。截至年底，中关村示范区入选中央“千人计划”1188 人，占全国的 20%；入选北京市“海聚工程”590 人，占北京地区的 65.6%；入选中关村“高聚工程”292 人（含团队），覆盖新一代信息技术、生物产业、节能环保等战略性新兴产业领域。支持海外人才创新创业，开展 2016 年度中关村海外人才创业园及创业企业支持资金申报工作，368 家新注册企业获创业启动资金，3 家企业获“千人计划”配套支持资金，14 家海外人才创业服务机构获相关服务补贴。2016 年创新人才推进计划组织实施，中关村示范区内清华大学“密码理论与技术研究创新团队”等 13 支团队入选重点领域创新团队，北京航空航天大学等 5 家单位被评为创新人才培养示范基地。京津冀技术转移人才实训基地、百度互联网营销人才培养基地等揭牌，为培养实用型技术人才提供支撑。

*强化人才培养，持续优化中关村创新创业生态系统。*促进人才培养与使用相衔接。北京工业大学引进的杜甫·哈特成为自“海聚工程”实施以来被认定的首位战略科学家；中国科学院北京纳米能源与系统研究所首席科学家王中林院士获 2016 年美国 SURA 杰出科学家奖，并入选“海聚工程”战略科学家。拓展人才创新创业培训平台。年内，中关村人才市场举办首届京津冀区域科技创新人才交流会和 2016 年首届创业合伙人对接会；举办 9 期 2016 年度中关村战略新兴产业专项人才提升特训营；以“创新创业战略落地实践”为主题，举办企业创业导师培训班；举办 2016 年度海淀区“三个一千”高端领军人才专项培训北大 COO 班、清华 CEO 班、人大 CHO 班等。百城千校十万智能制造人才培养助推计划启动，中鑫创投（北京）教育科技有限公司将与德国职业教育培训公司 Trias、瑞士智能制造企业史陶比尔公司及中国高校合作，共建智能制造及人工智能相关专业产学研人才培养基地。海淀区订单式人才培养项目启动，旨在联合央属高校院所开展订单式人才培养，强化人才培养与使用的衔接，至年底，共培养订单式人才 800 人。以“创新创业成就未来”为主题的 2016 首届中关村人才创客大赛举办，参赛的创业项目 500 余个；中关村海外创业企业校园招聘会举办 10 场，为中关村企业招聘人才、交流经验搭建平台。中关村人才论坛举办，发布“2015 中关村十大海归新星榜单”和“2015 中关村创业未来之星榜单”。加强中关村青联组织建设，成立北京海外高层次人才协会青年委员会，致力于青年海外高层次人才的创新创业事业发展。

*搭建平台，推动中关村人才国际化发展。*北京环球英才交流促进会等 130 余家单位在中关村示范区发起成立“来华留学人才专业委员会”，打造外国在华留学生之家、来华留学人才创新创业交流平台；成立“外教人才专业委员会”，搭建外教信息交流和沟通平台，促进外教资源共建共享。“2016 海外赤子北京行”创业大赛海外分赛在英国牛津大学举办。组织海外联络处进行中关村出入境新政宣讲活动，在硅谷、伦敦、悉尼等高校、科研机构举办政策宣讲活动 100 余场。举办 2016 中关村海外人才考察团活动，来自美国、加拿大、英国等 10 余个国家的 120 余位海外高端人才考察中关村创新创业情况。

（王　征）

人才引进

【留法归国人员创业见面会举办】1月16日，由北京海外学人中心和中法创业者协会共同主办的留法归国人员创业见面会在京举办。法国驻华大使馆文化教育合作处高等教育署、北京市海淀区归国华侨联合会、中国北京（海淀）留学人员创业园等单位相关负责人及留法归国创业者近100人参加。会上，北京海外学人中心负责人解读“海聚工程”“留学人员创业企业开办费”等北京市对于海归创业者及在京外籍人才的各类扶持政策；中法双方相关负责人就“中法两国创业浪潮的相同和不同点”“中法两国创业者交流的必要性”“留法归国创业者以及在华法国创业者的优势和劣势”等议题进行探讨；留法归国创业代表就“与中、法两国政府部门沟通的原则”和“如何获得创投公司的青睐”等话题进行主题演讲及心得交流。

（娜　琳）

【王中林获2016年度美国SURA杰出科学家奖】3月4日，美国东南部大学研究协会（SURA）宣布，中国科学院北京纳米能源与系统研究所首席科学家王中林院士获2016年美国SURA杰出科学家奖。王中林成为获该奖项的首位华裔科学家。王中林是中国科学院外籍院士和欧洲科学院院士、美国科学发展协会（AAAS）会士，以及美国物理学会、美国材料学会、美国显微学会、美国陶瓷学会、英国皇家化学学会学士（fellow）。4月13日，颁奖典礼在美国北卡罗来纳州立大学召开的SURA董事会会议上举行。（SURA杰出科学家奖由美国东南部大学研究协会设立，从2006年开始，每年从60余所顶尖研究型大学会员推荐的候选人中，评选出一位在科学研究方面做出卓越贡献的科学家作为获奖人。）

（王　征）

【香港招才引智活动举办】4月7—13日，由中关村人才市场主办，北京市人才工作领导小组驻香港人才联络处、香港内地生联合总会协办的香港招才引智活动在香港大学、香港科技大学、香港中文大学举办。浪潮（北京）电子信息产业有限公司、乐普（北京）医疗器械股份有限公司等企业参加。活动期间，北京市人才工作领导小组驻香港人才联络处主任、香港内地生联合总会秘书长分别就机构情况及为内地在港求学毕业生服务情况进行介绍，参会企业在企业基本情况、企业文化、员工发展等方面进行宣讲。浪潮公司等企业提供新能源设备管理、生物医疗器械、工业电气设备管理、程序环境测试等岗位300余个，近500名硕士、博士毕业生参会。

（冯　娜）

【北京海外学人中心海外人才寻访活动举办】5月9—17日，北京海外学人中心人才寻访团赴澳门、硅谷和洛杉矶寻访活动举办。寻访活动举办4场政策说明会，包括解读北京海外人才聚集工程、发布北京市重点单位海外高层次人才岗位需求、宣传北京市创新创业环境等内容；寻访团还走访澳门特别行政区人才发展委员会，考察中关村硅谷创新中心、美国斯坦福StarX孵化器和加州大学洛杉矶分校里根医疗中心等。相关海外人才、专家学者等200余人参加。

（周唯颖）

【7名中关村外籍高层次人才获永久居留证】5月20日，中关村外籍高层次人才永久居留“直通车”政策落实座谈会在中关村外国人服务大厅召开，副市长隋振江和公安部出入境管理局的相关负责人出席，并为联想（北京）有限公司研发总监郑和（Menon Sanjeev Surendranath）、小米通讯技术有限公司副总裁张金玲等7名中关村外籍高层次人才颁发外国人永久居留证。获得永久居留证的外国人不用在华办理其他的居留证件，可以合法地在华居留、出入境；同时，凭借永久居留证还将享受购车、购房等政策。根据政策，除外籍高层次人才，在中关村企业的外籍华人具有博士研

究生以上学历或连续工作满4年，每年在中国境内实际居住累计不少于6个月，可以直接申请在华永久居留。中关村创业团队外籍成员和中关村企业选聘的外籍技术人才，根据中关村外籍人才积分评估标准进行评分，达到一定分值的，经由中关村管委会认定并出具推荐函，也可以申请在华永久居留。

（王　征）

【海外赤子北京行创业大赛海外分赛举办】 6月11日，由北京海外学人中心主办、英国牛津学生学者联谊会承办的“2016海外赤子北京行”创业大赛海外分赛在英国牛津大学赛德商学院举办。海外分赛参赛项目20个，经现场路演、评委及观众评分，玛丽女王大学张星辰的“基于Wi-Fi的手势识别与生理指标监测系统”项目、牛津大学王智华的“无线低功耗自供能传感器网络”项目和朱天择的“智能手机卫士”项目获前3名。

（娜　琳）

【北京海高会青委会成立大会召开】 6月17日，北京海外高层次人才协会青委会成立大会在欧美同学会百年礼堂召开。欧美同学会、北京海外学人中心、北京海外高层次人才协会等相关机构负责人出席，“千人计划”“海聚工程”专家及青年海外学人近200人参加。会上，北京海高会青委会成立，并提出“发展会员、创立基金、众筹众智”的工作思路。北京海高会青委会依托北京海高会，致力于青年海外高层次人才的创新与创业事业发展。北京海高会副会长刘科兼任青委会会长。

（娜　琳）

【枣庄市招才引智推介会在京举办】 6月30日，由北京环球英才交流促进会与山东省枣庄市委、市政府主办的枣庄市招才引智推介会在京举办。来自国内外的“千人计划”特聘专家等高端人才、招才引智专业机构相关负责人，以及中关村示范区部分企业的代表等120余人参加。会上，达成合作意向34项，现场签约6项。促进会还与枣庄市政府签署《战略合作框架协议》。根据协议，双方共同设立“全球招才引智北京联络总站”，并在德国法兰克福市设立“枣庄市驻德招才引智工作站”，助力枣庄市引进高端人才，智力促进产业转型升级。

（冯秋帆）

【海外赤子北京行活动举办】 7月4—6日，由市委组织部、市人力社保局、北京海外学人中心主办的“2016海外赤子北京行”活动在京举办。主办单位相关负责人，“千人计划”“海聚工程”专家代表及市属医院、风险投资机构、留创园的代表等300余人参加。来自美国、加拿大、澳大利亚等14个国家及地区的100余名海外高层次人才携对接项目参与活动，涉及生物医药、电子信息、新能源和新材料等领域。活动设置2016北京海聚论坛、留学精英工作创业分享会、创新创业加速器、创新人才专场对接会、创业大赛暨专场对接会、考察参观交流等。主办方邀请天津市、河北省政府相关部门代表分别介绍当地的海外引才政策措施。海外人才考察团分别参观北京亦庄经济技术开发区、北京（海淀）留学人员创业园、北京清华长庚医院、汇龙森海外人才创业园等单位，了解基本情况，并就科研条件、人才引进、开展项目等问题进行交流。

（娜　琳　李美惠）

【“海聚工程”认定首位战略科学家】 7月15日，北京市海外学人工作联席会办公室印发《关于将杜甫·哈特列为“海聚工程”战略科学家人选的通知》，北京工业大学引进的杜甫·哈特成为自2009年“海聚工程”实施以来被认定的首位战略科学家。杜甫·哈特是国际应用数学领域的著名专家，主要从事计算数学与应用数学研究，在众多科学和应用领域做出原始性贡献，先后当选为柏林—勃兰登堡科学与人文科学院院士和欧洲科学院院士。杜甫·哈特来京后，将担任北京工业大学北京科学与工程计算研究院的名誉院长和名誉学术委员会主任。

（周唯颖）

【秋季海外精英回国创新创业考察走进昌平】 10月17日，由昌平区委组织部、昌平园管委会承办的2016年秋季海外精英回国创新创业考察走进昌平专场活动在回＋双创社区举办，国家“千人计划”专家联谊会、海创智库（千人计划）科技服务中心等单位相关负责人参加。考察团成员实地参观腾讯众创空间，了解双创社区空间定位、企业入驻、未来发展规划等情况。北京海外学人中心相关负责人以“海纳百川，汇聚英才”为主题，从引进人才、评估人才、服务人才、聚用人才4个方面对北京市海外引才工作进行全面介绍。来自计算机大数据、金属3D打印、新媒体、航空航天、医疗健康等领域的12个海外精英团队展示自主研发的项目，创客团队分别就项目背景、项目优势等方面阐释，并与投融资机构代表进行面对面答疑和洽谈，长安资本、中经合、展春堂等融资机构参加路演。活动为期3天，通过座谈交流、实地参观等形式，为海外留学人员回国创业和工作搭建人才对接的平台。

（万　玮）

【留学归国人员专场招聘会举办】 10月29日，由中关村人才市场举办的2016年度中关村人才特区留学归国人员专场招聘会在京举办。北京软岛科技有限公司、北京北邮国安技术股份有限公司、北大方正信息产业集团有限公司、北京谷数科技有限公司等30余家企业参会，提供科研生产、产品研发、公司管理、区域销售管理等中高层职位200余个，涉及经济学、软件工程、电子信息科学与技术、法律及文化教育等领域，吸引英国、美国、澳大利亚等国家及地区毕业院校的300余名留学归国人员参加，达成意向300余个。

（冯　娜）

【中关村国际人才海外招聘洽谈活动举办】 11月19—23日，由中关村人才协会主办的中关村国际人才海外招聘洽谈活动在美国举办。中关村硅谷创新中心、留学生社团组织、猎头机构的相关负责人及留学生代表等近60人参加。洽谈会上，中关村人才协会与亿恩国际（Enterprise Nest International LLC）签订合作协议。根据协议，中关村人才协会可使用亿恩国际在美国的相关渠道发布中关村企业对国际人才的需求信息，可从亿恩国际获得有归国意向的海外留学生的简历信息。亿恩国际可接待中关村人才协会的赴美参访团并提供企业代表名单。协会代表还在加利福尼亚大学洛杉矶分校与就业中心负责人进行座谈。通过赴美招聘洽谈活动，建立起发布中关村企业海外人才需求、宣传中关村海外人才引进的相关优惠政策、收集有归国就业意向的国际人才简历的相关通道。

（冯秋帆）

【77人入选“海聚工程”】 12月7日，北京市海外学人工作联席会印发《关于印发我市第十二批海外高层次人才入选资格的通知》。中关村示范区77名海外高层次人才入选，占北京地区的58%。其中，全职工作类27人，短期项目4人，创业类25人，青年项目19人，外专项目2人。截至年底，中关村示范区累计590人入选“海聚工程”，占北京地区的65.6%。

（王　征）

【王中林入选“海聚工程”战略科学家】 12月7日，在2016年北京市海外学人工作联席会上，王中林院士获颁“海聚工程”战略科学家证书。王中林是中国科学院外籍院士，在国际纳米科技领域具有重要学术影响，取得多项有国际影响力科研成果，倡导建立众多新的压电电子学、压电光子学等分支学科，并做出很多原创性学术贡献。“海聚工程”战略科学家项目旨在鼓励用人主体从海外引进具有重大原始创新能力、能够引领国际发展趋势及开展重大产业技术应用基础研究的国际顶尖科学家。

（王　征）

【来华留学人才专业委员会成立】 12月17日，来华留学人才专业委员会成立仪式在京举行。来自全国有关高校、国际学校和国际人才交流服务机构等130余家单位的负责人，以及北京大学、北京师范大学、北京外国语大学等高校在华留学生代表等近200人参加。专委会由北京环球英才交流促进会联合高校、国际人才交流服务机构及中关村社会组织联合会等130余家单位在中关村发起成立，旨在贯彻党和国家关于引进外国人才系列文件和指示精神，开发用好在华优秀留学生人才资源，优化外籍人才来华环境。其主要工作是探索完善在华优秀留学生的实习居留、工作居留和创新创业奖励制度，建立“来华留学人才联谊会”，打

造外国在华留学生之家、来华留学人才创新创业交流平台，引导来华优秀留学生“讲好中国故事，传播好中国声音”，与北京师范大学等高校留学生管理机构和国际人才中介服务机构建立来华留学人才实习基地，筹备创建“来华留学人才（中关村）国际创客走廊（孵化器）”等。

（冯秋帆）

【2016 中关村海外人才考察团活动举办】 12 月 20—23 日，由中关村管委会、中关村发展集团股份有限公司主办的 2016 中关村海外人才考察团活动在京举办，来自美国、加拿大、英国等 10 余个国家的 120 余位海外高端人才参加。活动期间，考察团了解中关村示范区创业生态优势，包括海外人才创业支持计划、雏鹰人才发展计划、高端领军人才聚集工程等最新的中关村海外人才政策，听取中关村软件园、生命科学园、医疗器械园等园区基本情况的介绍；先后来到中关村领创空间、中关村智造大街、北京（海淀）留学人员创业园、中关村生命园留学人员创业园等专业园区及孵化机构，与园区负责人、海外留学人员创业者进行交

流，感受中关村示范区创新创业的环境与活力；参加中关村留学人员精品项目推介会暨 2016 年中关村海外人才考察团优秀项目展示专场，“人工智能解译遥感大数据”“智能机器人开发平台”“绿色能源清洁技术”等 11 个海外人才项目进行路演，与风险投资机构和海归人才交流对接。

（李贺英　王　征）

【140 人入选“千人计划”】 年内，市委组织部发布第十二批中央“千人计划”入选人员名单，中关村示范区 140 人入选，其中创新长期项目 15 人，创新短期项目 8 人，青年项目 109 人，外专项目 5 人，创业类 3 人。至年底，中关村示范区有 1188 人入选“千人计划”，占北京地区的 80%，占全国的 20%。

（王　征）

【385 家企业获海外人才创业支持资金】 年内，中关村管委会分两批公布 2016 年中关村海外人才创业支持资金名单，385 家企业获资金支持。其中，汇龙森海外人才创业园等 14 家海外人才创业园获中关村海外人才创业服务机构资金支持 1015.5 万元，北京健联医疗科技有限公司等 368 家企业获中关村海外人才创业企业资金支持 3656 万元，九州华兴集成电路设计（北京）有限公司等 3 家企业获创业类中央“千人计划”海归人才配套资金支持 300 万元。

（王　征）

【53 人入选中关村“高聚工程”】 年内，53 人入选中关村“高聚工程”。其中，桑德集团有限公司董事长文一波、北京京东世纪贸易有限公司董事长刘强东、紫光集团有限公司董事长赵伟国、太极计算机股份有限公司董事长刘淮松、北京奇虎科技有限公司董事长周鸿祎、北京大北农科技集团股份有限公司董事长邵根伙 6 人入选中关村领军企业家；北京高能时代环境技术股份有限公司陈望明等 9 人入选创新领军人才；北京轻客智能科技有限责任公司陈腾蛟等 25 人入选创业领军人才；清控银杏创业投资管理（北京）有限公司薛军等 6 人入选投资家，北京 U 家创业投资管理有限公司苏菂等 7 人入选创新创业服务领军人才。截至年底，“高聚工程”共开展 9 批次人才遴选工作，认定中关村高端领军人才 292 人（团队），其中海淀园 191 人，大兴—亦庄园 25 人，朝阳园 20 人，石景山园 18 人，昌平园 17 人，西城园 8 人，东城园 4 人，丰台园 3 人，通州园、顺义园各 2 人，房山园、密云园各 1 人。（2017 年 3 月 3 日，中关村高聚工程专项工作小组发布《2016 年度中关村高聚工程拟支持人员情况公示》。）

（王　征）

【北京海外高层次人才协会法务咨询日活动举办】 年内，北京海外高层次人才协会法务咨询日活动举办 9 期。活动分别以“产品开发中的知识产权问题”“企业高管的法律风险与防范”“股权转让过程中的法律风险与防范”“品牌推广与创业法务”等为主题，采取专题讲座、一对一咨询等形式，就产品研发、股权融资和市场推广等内容进行讲解。协会会员累计 200 余人次参加。

（娜　琳）

【北京市海外人才创新创业政策说明会举办】 年内，北京海外学人中心举办 5 场海外人才创新创业政策说明会，海归创业企业代表、市属 22 家医院和 4 家事业单位的负责人等 560 余人参加。说明会由北京海外学人中心相关负责人讲解“海聚工程”和国家公派出国留

学政策，市科委、市人力社保局、市卫生计生委等相关负责人解读北京市科技型中小企业技术创新资金、外籍人才在京工作相关政策、中关村海归初创企业扶持资金、外国医师考试及执业许可和留学人员职称评定等政策，以及“海英计划”“凤凰计划”“新创工程”“双百工程”等各区人才扶持政策，市委组织部相关负责人介绍北京市海外人才工作基本情况、讲解海外引才重点政策措施等。

（胡建余）

【创办企业开办费资助资金评审会举办】年内，北京海外学人中心举办3期北京市留学人员创办企业开办费资助资金评审会，对第十八批、第十九批、第二十批北京市留学人员创办企业开办费资助资金进行评审。电子信息、能源环保、新材料、文化创意、生物医药、现代农业、科技服务、教育等领域的341家留学人员企业参加答辩，295家通过评审，共获得创业资助2950万元。

（孙　伟）

【创业项目对接和创业辅导活动举办】年内，北京海外学人中心举办两场创业项目对接会、两次“海风行动成长营”和1次“海归创业新星导师见面会”创业辅导活动。通过开展项目对接、产品展示、超级对话、项目路演、主题分享等活动，85位海外人才的优秀创业项目进行展示，并与200余家风险投资机构、创业服务机构负责人对接，20余位海归创业者与11位创业导师进行面对面交流，并确定辅导关系。

（李　强）

【海归创业系列培训活动举办】年内，北京海外学人中心举办两期海归创业系列培训活动。培训以“企业创新与战略经营”“移动互联时代的机遇和挑战”“互联网的投资逻辑”等为主题，采取主题演讲、专题讨论等形式，涉及管理精研、实战经营、高端论坛等内容。累计培训入选“千人计划”和“海聚工程”的海外高层次人才及部分海归创业企业高级管理人员等70余人次。

（胡建余）

【海外高层次人才沙龙活动举办】年内，北京海外学人中心以“节能环保领域高层次人才门头沟行”和“创企未来——聊聊风投那些事儿”为主题举办两次主题沙龙活动，包括赴京西创客工场、利德衡环保产业园和清华科技园启迪之星孵化器考察交流及创业企业融资主题培训等内容。部分“海聚工程”人才及海归创业者90余人参加。

（胡建余）

【海外人才政策说明会举办】年内，北京海外人才政策宣讲团分别在澳大利亚、日本、德国和英国等国家举办6场北京海外人才政策说明会，内容包括解读“海聚工程”相关政策、介绍支持海外人才创新创业的新举措、推介对接交流等。累计200余人参加。

（李　涛）

【人力资源与财务金融高级研修班举办】年内，北京海外学人中心与中国人民大学商学院联合举办两期“海创企业人力资源与财务金融高级研修班”。入选中央“千人计划”和北京“海聚工程”的海外高层次创业人才、部分优秀海归创业企业高管130人参加。培训活动为两期5天，分别围绕现代人力资源管理与人才机制创新、人力资本股权激励与合伙人制创新、企业文化建设、资本市场与公司投融资实物和财务战略思维管理整合等专题，采取案例讲解、实务操作、现场演练、小组研讨等方式开展教学，主要讲解人才成长、持股载体、企业文化的实践创新、公司融资方式比较、会计人员的能力架构等内容。

（胡建余）

【中关村出入境新政实施成效显著】年内，中关村创新发展出入境政策实施取得成效，中关村管委会累计接待小米通讯技术有限公司等中关村示范区企业2800余家、中国科学院微电子研究所等高校科研院所200余家，受理外籍高层次人才永久居留直通车等各类政策咨询1万余次。至年底，中关村管委会出具各类外籍人才推荐函308份。通过“绿卡直通车”办理外籍高层次人才永久居留申请249人，其中155人获得“绿卡”。

（王　征）

人才服务

【退役士兵推荐就业现场招聘会举办】1月18日，由中关村人才市场和海淀区民政局主办的退役士兵推荐就业现场招聘会在京举办。北京当代商城、北京友谊宾馆、北京双杰电气股份有限公司、北京京港地铁有限公司等40余家企业参加招聘，提供行政、安保、市场推广、客服等领域的招聘岗位300余个。累计400余名退役士兵参加招聘会。

（冯　娜）

【海淀区订单式人才培养项目启动】2月1日，在北京市海淀区高层次人才发展促进会的第一次沟通会上，海淀区订单式人才培养项目启动。中关村人才市场、中关村创新研修学院、北京中关村国际软件孵化协会等单位相关负责人和代表参加。项目为央地人才协同发展核心项目之一，由海淀区委组织部牵头，海淀区人力社保局主控，中关村人才市场实施，旨在以核心区战略性新兴产业人才需求为导向，支持有经验的培训机构、行业协会、产业联盟等中介组织，联合央属高校院所开展订单式人才培养，强化人才培养与使用的衔接，促进央地人才协同发展。截至年底，项目在移动大数据、移动互联网、生物医药等领域共培养订单式人才800人。

（冯　娜）

【毕业生就业服务月活动举办】3月16日—4月29日，由中关村人才市场主办的2016年毕业生就业服务月活动在京举办。活动以“促进大学生就业”为主题，共举办大学生专场招聘会6场，200余家企业参会，提供包括互联网、金融、贸易等领域的招聘岗位800余个，来自北京航空航天大学、北京理工大学、北京科技大学等近20所高校的1300余名学生参加，600余名学生与企业达成初步意向。

（冯　娜）

【央地人才合作交流会举办】3月18日，由北京市海淀区高层次人才发展促进会主办的首期央地人才合作交流会在京举行。北京交通大学等高校的专家和50余家互联网、新能源、电力自动化等领域企业的代表参加。高校专家分别介绍各自所属院校科技发展的现状及平台资源，参会企业就自身科研技术所遇问题及实际需求进行阐述，与会双方均表示出在技术开发、难题攻关等方面的合作意愿。央地人才合作交流会是人才促进会开展的定向行业平台对接交流系列活动，旨在推动高校与企业的产学研合作，促进科研技术的转移转化。年内，交流活动共举办15期，围绕企业的需求，组织企业在移动互联网、大数据、虚拟与现实等领域与高校进行对接，北京理工大学等13所高校和科研机构发布各类技术成果44项，近700家次企业参加。

（冯　娜）

【首届京津冀区域科技创新人才交流会举办】3月19日，由中关村人才市场主办的首届京津冀区域科技创新人才交流会在京举办。交流会通过视频演示、产品展示等形式推介企业，促进三地人才交流。天津卫凯生物工程有限公司、北京惠朗时代科技有限公司、天津市天大银泰科技有限公司等50余家京津冀三地高新企业参会，来自北京大学、天津大学、燕山大学等高校的优秀毕业生以及京津冀三地科技创新人才、企业管理人才等600余名求职者参加，其中200余名求职者与企业达成初步意向。

（冯　娜）

【应届毕业生专场招聘会举办】3月24日，由中关村国际孵化园、北京（海淀）留学人员创业园、中关村生物医药园、中关村软件园共同主办的高新技术企业2016年应届毕业生专场招聘会在中关村生物医药园举办。北京思比科微电子技术股份有限公司、吉贝克信息技术（北京）有限公司、药渡经纬信息科技（北京）有限公司等67家企业提供就业职位600余个，涉及计算机、生物医药、通信、电子工程、软件工程、石油工程等专业。来自北京理工大学、北京邮电大学、北京航空航天大学等10余所大学的应届毕业生参加应聘及咨询，30余人达成聘用意向。

（樊敬愚）

【首届创业合伙人对接会举办】3月26日，由中关村人才市场主办的2016年首届创业合伙人对接会在京举办。中关村天使投资联盟、京东众创加速实验室、慢跑科技等35家创业团队参加。活动现场设创业项目展示区，展示画吧App、超级课程表等创业项目60余个，涉及生活服务、教育培训、能源环保、医疗化工等领域。近500人参加活动，30余个创业项目与创业团队达成进一步合作意向。

（冯　娜）

【“翻转招聘”模式启用】3月28日，中关村人才创新俱乐部的“翻转招聘”模式在中关村人才市场首次启用。“翻转招聘”是一种全新的招聘＋人才交流方式，选择中立第三方面试场所，平衡招、应聘双方的地位；同时招聘者进行企业展示，让高端人才选择企业，彻底改变企业“审问”人才的传统，让招聘变成合作；在“翻转招聘”中施行“定岗邀约”“高管出席面试”的定制化人才服务方式，提高了合作关系在单次面试中的形成比例，缩减了用人单位和企业的时间。同时“翻转招聘”所形成的人脉圈层，可以让新人才、新项目得到业内大咖更多的关注，增加高端教培人员的优质人脉资源，也通过集体头脑风暴增加新项目的产生机会，促进活跃人才推进行业的进步。

（冯　娜）

【贵州民族大学软件学院获批复】3月，中关村软件园人才基地与贵州民族大学共建的贵州民族大学中关村软件园学院获贵州省教育厅批复，支持招收本科生。在2016年全国普通高校招生中，双方将共同招收普通二本学生，拟开设计算机科学与技术（移动互联网方向）、软件工程（JAVA开发方向）、信息与计算科学（大数据应用方向）、市场营销（互联网营销方向）4个专业，计划招生300人。软件学院将采用“3+1”培养模式，前3年以理论教学为主，第四年即安排学生进入中关村软件园开展“预就业式”实习。双方将共同负责各专业的课程设置、培养方案、教学计划、组织实习及就业指导，共同开展大学生创新创业、联合科技攻关和专业硕士培养等校企合作。中关村软件园学院年内实际招收首批学生198人，实际开设软件工程专业（大数据方向、软件开发方向）。

（张　蕾）

【人才特色服务站劳动仲裁庭审旁听会举办】4月13日，由北京市海淀区高层次人才发展促进会主办的人才特色服务站劳动仲裁庭审旁听会在海淀区劳动人事争议仲裁院举办。来自方正国际软件（北京）有限公司、神州数码（中国）有限公司、北京四方继保自动化股份有限公司、北京北邮国安技术股份有限公司等80余家会员单位的人力资源和法务代表参加旁听活动。案件涉及未签书面劳动合同支付两倍工资及支付违法解除劳动关系赔偿金的内容。在休庭后的答疑时间，仲裁员向会员单位代表分析案件内容及相关法律解释，并解答会员单位代表针对案件细节和有关企业如何建立事实依据、规范企业制度、完善送达程序和劳动合同管辖权等方面提出的问题。至年底，劳动仲裁庭审旁听活动共举办4期，近300家会员单位的代表参加。

（冯　娜）

【校园精英众包峰会举办】4月15日，由中关村人才市场主办的校园精英众包峰会在京举行。苏宁易购、椅子网等51家初创企业及北京航空航天大学、北京科技大学、北京林业大学等20余所高校100余个学生团队及个人参加。众包峰会为以服务大学生为核心的创业团队与有创业意向的在校大学生搭建对接平台，以促进大学生创业就业。活动通过众包的形式，把有限的资源，通过人才市场的平台，分包给不同的合伙人或者创业团队运行，让更多的人、更专业的团队为其服务；通过众包服务在线平台，结合线上线下一体化、多元化的服务模式，通过发包企业及合作方的完成度、完成率及效果等多维度评价，定制个性化的星级团队众包服务机制，更加优化众包平台服务的合理性及效率改良。会上，苏宁易购、蛋壳网、椅子网等企业发出需求包200余个，部分团队同时收获3个以上任务包。

（冯　娜）

【中关村人才论坛举办】4月16日，由中关村人才协会主办的第十三届中关村人才论坛在北京天工大厦举办。中关村管委会、中关村社会组织联合会相关负责人及京津冀三地的政产学研金等单位的代表200余人参加。论坛围绕“人才‘供给侧’改革”主题进行研讨。会议还设有4场高端研讨会，分别就人才供给侧的改革所触及的热点政策、人才创新创业、生态环境建设与改革相融合的人才战略等主题进行对话与交流。会上发布2015年度中关村品牌推荐系列活动的中关村十大海归新星榜单、中关村创业未来之星榜单。

（冯秋帆）

【中关村战略新兴产业专项人才提升特训营启动】4月18日，由中关村人才市场主办的2016年度中关村战略新兴产业专项人才提升特训营在京启动。特训营设有“高精尖”产业双创核心课程和企业家核心素质能力提升精选课程，包括高层次人才培养体系构建、人力资源战略、企业家管理思维、物联网体系构建实战、大数据实战应用、管理者心理资本、企业组织发展战略、大数据时代营销与商业模式创新、战略思维创新与指数型组织再造9个方面内容，采用互动辩论、交流研讨、参访交流等教学模式。年内，特训营共举办9期，累计培训中高层次人才400余人次。

（冯　娜）

【中关村人才创客大赛举办】4月20日—7月11日，

由北京市海淀区高层次人才发展促进会和中关村人才市场主办的2016首届中关村人才创客大赛举办。大赛以“创新创业成就未来”为主题，旨在搭建核心区创新创业服务平台，推进创业组织发展。5月22日，大赛官方网站“才创汇”（cch.hdgch.org）上线，开始面向社会征集创业团队及项目。大赛在全国多个省市开展推广并征集项目，在中国农业大学、北京林业大学、首都师范大学、东北林业大学、大连海事大学、东北大学、东北师范大学、湖南农业大学设立区域分赛场。大赛组委会共收集全国各分赛场报送参赛的创业项目500余个，社会团队公开展示及报名254个。经过初赛、复赛筛选，35支团队携创业项目入围决赛评审，内容涵盖中关村示范区六大产业集群优质资源、人力资源服务、素质教育、大数据分析挖掘、尖端医疗领域及社会公益项目等，决赛评审通过风险评估、商业延展性、团队可塑性等多维度比较，确定15支团队晋级决赛。最终，东北师范大学陈艺丹团队的“金纳米棒@聚丙烯酸/二氧化硅的可控抗癌药物载体制备项目”获一等奖，东北师范大学施阳团队的“施予山野大学生公益项目”和东北师范大学康华团队的“OLED护眼灯项目”获二等奖，首都师范大学刘伊诺团队的“单词棒棒糖项目”等3个项目获三等奖。

（冯　娜）

【博士、博士后专场洽谈会举办】5月10日，由中关村人才市场主办的2016年度中关村人才市场、中关村科技园区海淀园企业博士、博士后专场洽谈会（春季）在中关村鼎好电子大厦举办。软通动力信息技术（集团）有限公司、联想（北京）有限公司、北京双鹭药业股份有限公司等32家企业参会，提供电子信息、生物医药等领域的岗位100余个，吸引北京大学、剑桥大学、早稻田大学等国内外60余所高校的300余名博士生参加，100余名博士生与企业达成就业意向。

（冯　娜）

【入选2015年国家创新人才推进计划】5月16日，科技部印发《关于公布2015年创新人才推进计划入选名单的通知》（国科发政〔2016〕152号），确定50个重点领域创新团队，北京地区14个，中关村示范区13个（见下表）；34个创新人才培养示范基地，北京地区14个，其中中关村示范区13个，即北京交通大学、中国地质大学（北京）、首都医科大学、北京理工大学、中国科学院物理研究所、北京空间飞行器总体设计部、中国中医科学院、中国人民解放军军事医学科学院、中国铁道科学研究院、中国气象科学研究院、中国地震局地球物理研究所、中国地质科学院地质研究所、中国检验检疫科学研究院，占北京地区入选数量的92.86%。

序号	重点领域创新团队名称	团队负责人	依托单位
1	新一代运载火箭大直径贮箱先进制造技术创新团队	王国庆	中国运载火箭技术研究院
2	早期脊椎动物演化创新团队	朱　敏	中国科学院古脊椎动物与古人类研究所
3	蔬菜种质创新与遗传育种创新团队	许　勇	北京市农林科学院
4	脑调控创新团队	李路明	清华大学
5	特提斯演化创新团队	林　伟	中国科学院地质与地球物理研究所
6	养分资源高效利用创新团队	周　卫	中国农业科学院农业资源与农业区划研究所
7	数字媒体信息处理创新团队	赵　耀	北京交通大学
8	结构生物学研究创新团队	施一公	清华大学
9	流域水循环模拟与水资源高效利用创新团队	贾仰文	中国水利水电科学研究院
10	飞行器先进导航与控制系统技术创新团队	郭　雷	北京航空航天大学
11	油料化学与功能脂质创新团队	黄凤洪	中国农业科学院油料作物研究所
12	高速铁路基础设施健康状态检测评估技术创新团队	黎国清	中国铁道科学研究院
13	高精度寻的制导与控制技术创新团队	魏明英	中国航天科工集团第二研究院第二总体设计部

（武　悦）

【百城千校十万智能制造人才培养助推计划启动】5月25日，由中鑫创投（北京）教育科技有限公司、北京中关村软件园发展有限责任公司主办的百城千校十万智能制造人才培养助推计划新闻发布会在中关村软件园举行。发布会以“中外合作智能制造人才培养协同创新”为主题，体现“互联网+”“中国制造2025”“工匠精神”的发展理念。十一届全国人大常委会副委员长周铁农及教育部职业技术教育中心研究所、中国高科技产业化研究会等单位相关负责人出席，院校、行业组织、企业等各行业代表100余人参加。“助推计划”由中鑫创投公司引进，将与德国职业教育培训公司Trias、瑞士智能制造企业史陶比尔公司及中国高校合作，共建智能制造及人工智能相关专业产学研人才培养基地，拟用5年左右的时间，与国内近100个大、中型城市的近1000所院校合作，设立机器人专业，联合培养10万名智能制造人才，以满足智能制造产业发展的用人需要，形成人才共育、过程共管、责任共担和成果共享的紧密型合作关系。发布会上，中鑫创投公司、德国Trias公司合作签约仪式举行。

（张　蕾）

【外教人才专业委员会成立】5月29日，由北京环球英才交流促进会主办的外教渠道拓展与聘请服务座谈会暨外教人才专业委员会成立仪式在京举行。来自美国英语学会、中美加国际交流中心、英国才奕教育集团、澳大利亚澳中文化教育交流中心等40余家国内外文教专家组织，以及130余家国内聘专学校和地方外专局、教育局等单位的代表参加。会上，由北京环球英才交流促进会联合北京理工大学等聘专单位、文教专家发起成立的“外教人才专业委员会”揭牌。外教人才专委会的主要工作包括搭建外教信息交流和沟通平台，促进外教资源共建共享；引导行业自律，避免恶性竞争，促进外教市场良性发展；拟定外教标准和评价体系，提高外教工作和供需的质量；引导优化外教来华环境，加大对外教资源的开发和供给。针对中关村高校和科研机构对外国专家、学术大师的需求，将引进语言类、学科类和学术类专家名师资源，促进外教资源的共建共享。

（冯秋帆）

【北大COO班举办】6月20日，由中关村人才市场主办的2016年度海淀区“三个一千”高端领军人才专项培训——北大COO班在京举办。来自海淀区“三类高层次人才”所创办企业、区重点企业、国家级高新技术企业、中关村“十百千工程”及“瞪羚计划”企业的47名企业家参加。培训以“运营决策与创新发展”为主题，采用面授、参访、小组讨论等方式开展教学，主要讲解战略运营之法、资本运营之方、创新运营之慧、

市场运营之变、领导力之道、人力运营之策、政经前沿解读7个方面内容。

（冯　娜）

【清华CEO班举办】7月25日，由中关村人才市场主办的2016年度海淀区“三个一千”高端领军人才专项培训——清华CEO班在京举办。来自海淀区“三类高层次人才”所创办企业、区重点企业、国家级高新技术企业、中关村“十百千工程”及“瞪羚计划”企业的46名企业家参加。培训以“战略发展与思维变革”为主题，采用面授、参访、小组讨论等方式开展教学，主要讲解创新管理思维、领导力与变革管理、政经前沿解读、财务资本战略、继任者人才计划、组织发展战略、商业思维变革7个方面内容。

（冯　娜）

【第六届大学生集成电路设计大赛举办】8月27日，第六届（北京）大学生集成电路设计大赛颁奖暨闭幕式在北方工业大学举办。大赛由市教委、北京电子学会主办，1月开赛，8月26日决赛，68所高校参加，共有369支有效参赛队，其中研究生队伍104支，“211工程”学校33所，总人数达千人，提交的有效作品数量超过150件，参赛队伍获奖率30%。大赛设华大九天企业杯、京微雅格企业杯、展讯通信企业杯、时代民芯企业杯、集创北方企业杯、希格玛微电子企业杯、新视界光电企业杯七大奖项，设置“适用于低功耗SoC系统的高精度带隙基准模块”“高精度低功耗SARADC”“高速峰值检测模块设计”“无线充电发射驱动电路”等赛题，最终62支团队获奖，一等奖7名，二等奖11名，三等奖44名。

（崔春雷）

【京津冀技术转移人才实训基地揭牌】8月30日—9月1日，由北京大学科技开发部、北京技术市场协会、北方技术交易市场、河北省科技成果转化服务中心主办的京津冀技术转移人才实训基地揭牌仪式暨2016年

技术转移高级人才实训班在京举办。科技部火炬中心和京津冀科技部门的相关负责人及学员代表参加。基地由京津冀技术转移协同创新联盟与北大创业训练营共同搭建，将为京津冀产业发展培养一批实用型技术转移人才，加速推进技术转移协同化、网络化和市场化。仪式后，举办首届京津冀技术转移高级人才实训班。培训重点围绕国际转移、知识产权交易、技术经营、创新融资转型等内容，通过导师授课、学员实战分享、项目对接等环节从理论到实践为学员剖析技术转移管理与运作模式。来自京津冀三地 67 家高校、院所、科研机构、高新技术企业的 121 位学员参加。

（徐　建）

【入选 2016 年国家创新人才推进计划】 9 月 5 日，科技部办公厅、中央组织部办公厅印发《关于做好 2016 年创新人才推进计划暨国家“万人计划”科技创新领军人才、科技创业领军人才推荐选拔工作的通知》（国科办政〔2016〕57 号），2016 年创新人才推进计划组织实施。最终，评选出 67 个重点领域创新团队，北京地区 14 个，中关村示范区 13 个（见下表）；33 个创新人才培养示范基地，北京地区 8 个，中关村示范区 5 个，即北京航空航天大学、中国农业大学、北京科技大学、中国科学院数学与系统科学研究院、中国科学院过程工程研究所。[2017 年 6 月 15 日，科技部印发《关于 2016 年创新人才推进计划入选名单的通知》（国科发政〔2017〕173 号）。]

序号	重点领域创新团队名称	团队负责人	依托单位
1	密码理论与技术研究创新团队	王小云	清华大学
2	结核病系统生物学与转化医学创新团队	毕利军	中国科学院生物物理研究所
3	可再生碳资源绿色转化利用创新团队	刘志敏	中国科学院化学研究所
4	空间智能控制创新团队	何英姿	北京控制工程研究所
5	宽带多媒体传输技术创新团队	宋　健	清华大学
6	国家空域系统运行安全监控技术创新团队	张学军	北京航空航天大学
7	铜基及铁基高温超导机理研究团队	周兴江	中国科学院物理研究所
8	基于内源性物质化学修饰的仿生药物研究	周德敏	北京大学
9	大陆汇聚边界深部动力学创新团队	赵　亮	中国科学院地质与地球物理研究所
10	健康养殖新型酶制剂创新与应用创新团队	姚　斌	中国农业科学院
11	高速铁路线路工程安全服役创新团队	高　亮	北京交通大学
12	资源高效利用水稻的分子设计创新团队	储成才	中国科学院遗传与发育生物学研究所
13	新型薄膜太阳电池基础及应用研究	戴松元	华北电力大学

（章　健）

【企业创业导师培训班举办】 9 月 20—23 日，由中关

村人才市场主办的企业创业导师培训班在京举办。来自北京神州泰岳软件股份有限公司、北京新联铁集团股份有限公司、北京中电方大科技股份有限公司等企业的 39 名企业家参加。培训以“创新创业战略落地实践”为主题，采用面授、参访、小组讨论等方式开展教学，主要讲解营销兵法、股权激励、行动学习、“双创”战略分析、创新商业模式 5 个方面的内容。

（冯　娜）

【中关村企业人才校园招聘会举办】 9—10 月，中关村新跃校企合作发展中心受中关村管委会委托，分别在北京邮电大学、北京理工大学、清华大学等高校举办中关村创业企业人才校园招聘系列活动 10 场。参加招

聘会的企业近900家次，招聘的专业涉及计算机、化工、通信、生物医药、自动化等。应聘学生近9000人次，反馈的有效应聘意向岗位3600余个。企业对系列招聘活动的平均满意度为95.8%。招聘会为中关村人才特区企业解决实习岗位、就业岗位需求起到促进作用。

（冯秋帆　王　征）

【人大CHO班举办】 10月24日，由中关村人才市场主办的2016年度海淀区“三个一千”高端领军人才专项培训——人大CHO班在京举办。来自海淀区国家级高新技术企业的45名高层管理人员参加。培训以“人才战略与组织发展”为主题，采用面授、小组讨论、经验分享等方式开展教学，主要讲解人才战略、执行力建设、风险防范、人力资源变革、组织创新、学习发展建设等方面的内容。

（冯　娜）

【《潮涌中关村——高端领军人才故事》出版】 10月，由中关村管委会、北京科技报社和科学普及出版社策划，北京科技报社编著的《潮涌中关村——高端领军人才故事》出版。著作从“千人计划”“海聚工程”“高聚工程”等中关村高端领军人才中遴选代表性人物，以人才故事的表现形式结集出版，记录中关村示范区在科技、产业、人才协同发展方面的探索和实践。全书39万字，记述北京小桔科技有限公司（滴滴出行）创始人程维等10位创业高端人才、北京生命科学研究所所长王晓东等9位科技创新人才、红杉资本全球执行合伙人沈南鹏等9位风险投资家、创新工场创始人李开复等8位创新创业服务人才，共36位中关村高端领军人才故事。

（王　征）

【中关村先行先试政策解读会举办】 11月4日，由北京市海淀区高层次人才发展促进会主办的2016年中关村先行先试政策解读会在京举办。来自新浪网技术（中国）有限公司、高德信息技术有限公司、北京九尊能源技术股份有限公司等近50家会员企业的人力资源，财务、行政从业者参加。会上，中关村管委会相关负责人就高新技术企业认定管理办法、股权激励和技术入股所得税政策、研究开发费用税前加计扣除政策、工商“19”条政策等进行解读。截至年底，海淀区高层次人才发展促进会举办政策解读会4场，共240家次企业350余人次参加。

（冯　娜）

【两岸创新人才发展论坛举办】 11月9日，在第十九届京台科技论坛上，由中关村人才协会协办的两岸创新人才发展论坛在台北市举办。来自北京市和台湾地区的企业界、学界及社会组织等单位的相关负责人等80余人参加。会上，中关村人才协会发布“中关村重点企业国际人才岗位需求信息”。京台两地企业家、学者围绕“创新·人才·发展”主题，分别做“集聚海外人才，创新产业升级跃进”“汇聚全球智慧，打造创新创业天堂”“高等教育翻转，培育一流国际人才”“高端人才集聚，加速产业集群发展”等内容的演讲与交流，探索共建海峡两岸人才交流平台及京台两地人才合作新模式。

（冯秋帆）

【“创启未来”2016国际青年科技创业大赛决赛举办】 11月27日，由海淀园管委会、北京北大科技园建设开发有限公司主办的“创启未来”2016国际青年科技创业大赛全球总决赛颁奖典礼在金华北大科技园举行。大赛吸引海内外1000余个项目和团队参加，在北京、金华、包头、波士顿、西雅图等11个城市，以科技创新为主线举办分赛场，选拔出63个优质项目参加决赛。项目涵盖互联网与电子信息、人工智能与硬件制造、生物医药与医疗健康、能源环保与新材料、文化与科技融合等前沿领域。最终，中关村示范区北京博电新力电气股份有限公司的移动式电气检测实验平台项目获企业组一等奖、北京科锐博润电力电子有限公司的超级电容储能型现代有轨电车充电装置项目获二等奖。

microsensor labs 团队的一款基于微电子芯片的循环肿瘤细胞检测系统（Microsensor Finger Tip）项目获团队组一等奖。

（王学军）

【百度互联网营销人才培养基地成立】 12 月 12 日，由百度在线网络技术（北京）有限公司、中国电力科学研究院主办的百度互联网营销人才培养基地揭牌仪式在京举行。基地由百度公司、北京电子科技职业学院合作建立，落户电科院。双方将联合开展产、学、研方面工作，陆续引入百度公司内部业务模块，并将其转化成教学内容，打造高水平互联网营销课程，提升人才培养质量，通过联合授课、师资培训、就业推荐等各种渠道，为学生的职业生涯发展提供强有力的支撑。仪式上，百度研究院相关负责人为电科院经济管理学院电子商务系师生做“百度大数据与互联网营销”专题讲座，使学生们领略到互联网营销对企业的重要性及用创新方法开展互联网营销产生的实效。电科院将与百度公司深入合作，使课堂教学标准与领军企业用人标准趋于一致，为百度公司及社会培养高素质网络营销人才。

（范丁波）

【国际人才对接活动举办】 年内，北京市海淀区高层次人才发展促进会以“中以科技创新项目对接”“节能环保、新能源及生命科学领域对接”为主题举办两期国际人才交流对接活动，中方中电方大科技股份有限公司、恒安嘉新（北京）科技有限公司、北京维泰凯信新技术有限公司等 37 家企业的代表 60 余人参加。活动涉及网络安全与应急管理、高端制造与信息技术、农业科技与生命科学、清洁科技、环保能源产业领域的 130 余个项目。

（冯　娜）

【人才促进会高端会员沙龙活动举办】 年内，北京市海淀区高层次人才发展促进会分别以“大数据社会化的发展”“DT: 正在发生的未来互联网 + 社会转型与商业模式创新”“美国新政府内政外交趋向及其影响”等主题举办 12 期高端会员沙龙活动。相关专家分析大数据时代的特征及所引发的社会变革、云计算与大数据推动产业变革、IT 与 DT 的区别等问题。来自联想（北京）有限公司、启明星辰信息安全技术有限公司、中美冠科生物技术（北京）有限公司、北京数码视讯科技股份有限公司等会员单位的高层管理者和高层次人才 400 余人次参加。

（冯　娜）

【在京高校外籍留学生就业创业状况调查研究开展】 年内，中关村新跃校企合作发展中心受中关村管委会委托，针对北京出入境新政“北京人才 20 条”在中关村示范区先行先试的实施情况，开展在京高校外籍留学生就业创业状况调查研究。依据调研结果撰写《在京高校外籍留学生就业创业状况调查报告》。《报告》对来自 47 个国家的在京高校各类外籍留学人员 75660 人进行数据分析，同时在清华大学、北京第二外国语大学、北京交通大学等 10 所高校抽样调查 411 名在京高校外籍留学生的创业就业情况，对于建立与国际接轨的市场化人才评价机制、便利海外高层次人才出入境、服务外籍青年学生创业等提出建设性意见，对吸引外籍留学生在华就业、创业，聚集更多海外人才等具有参考价值。

（冯秋帆）

【中关村财务人员继续教育学习班举办】 年内，中关村新跃校企合作发展中心举办两期财务人员继续教育学习班，来自中关村示范区 80 余所院校的财务和审计工作者近 700 人参加。每期培训分为 5 个模块，内容涵盖《政府会计准则——基本准则》、新《会计档案管理办法》解读、人际风格与沟通、信息公开及内控制度建设等，为提升财务人员的专业能力和业务水平服务。

（冯秋帆）

创业服务

Entrepreneurial Service

本栏目设有创业孵化和创业环境两个分栏目，以条目体形式记述中关村国家自主创新示范区在培育和扶持企业（特别是中小微企业）创新创业方面所提供的服务，在营造有利于企业成长壮大的环境方面所采取的举措及取得的成效等。

综 述

2016年，中关村示范区贯彻落实国务院及北京市对于“大众创业、万众创新”的系列文件精神，以持续打造全球最具吸引力的创业中心为目标，不断完善中关村创新创业生态系统，打造“双创”发展升级版。

中关村创新创业持续活跃。新创办科技型企业24607家，大企业创业系、海外高端人才成为硬科技创业的主体，人工智能、生物医药等成为创业主流产业领域。北京量化健康科技有限公司CEO赵柏闻、北京旷视科技有限公司创始人印奇等19位创业者入选《福布斯》“亚洲30位30岁以下杰出青年”榜单。中关村U30系列赛事举办，1000余位创业者参赛，获奖者将得到创业导师陪伴、投资基金、政府资源保障等支持。

中关村创业服务体系逐步完善。新增中航爱创客创新创业服务平台等35家创新型孵化器，截至年底，中关村示范区创新型孵化器总数97家，初步形成大企业加速模式、天使孵化模式、股权众筹模式、创客孵化模式、创业社区模式、创业媒体模式、智能硬件供应链模式、互联网生态圈模式、联合办公模式、跨境孵化平台十大孵化模式。腾讯众创空间（中关村）开园，建立专项基金15亿元。中国首家区块链孵化器——亚洲区块链孵化器落户朝阳园，面向个人、企业、产业组织、投资机构提供硅谷式的开放办公空间服务。北京北航天汇科技孵化器有限公司举办“精准孵化系列课程”培训10期，为创业者带来更多成功的机遇。

中关村创业服务国际化步伐加快。中关村创新型孵化器在美国、德国、英国等国家设立20余个分支机构。大河理光创新加速器、美国Plug&Play孵化器、安创空间等跨国创业服务机构在中关村示范区成立。美国Plug&Play中国总部落地中关村示范区，建立国际创业生态体系。北京协同创新孵化器与巴黎产业集群开展交通、能源、安保、医疗和通信等领域的合作。中关村创业大街及入驻机构与美国、以色列、芬兰等10余个国家的20余个机构开展跨境联合孵化，助力“高精尖”项目落地。举办国际项目路演活动，对接国际资源。全球创新路演活动举办，来自英国、美国、韩国等7个国家的9支人工智能领域创新创业团队参加。盛景全球创新大奖赛举办，参赛项目涉及AR、VR、智能制造、大数据&AI、生物和数字医疗等领域。

中关村核心区双创工作成效显著。中关村创业大街形成创新创业生态圈。截至年底，创业大街及其入驻机构累计孵化创业团队1500余个，获融资的创业团队600支，融资总额超过65亿元；举办各类创业活动2800余场。创业会客厅线上线下接待创业咨询8000余次，为企业提供专业服务2000余家，其中600余家企业通过窗口办理企业设立业务。中关村大街实施升级改造，科贸大厦、E世界、中发电子城等电子卖场转型挂牌为中关村互联网教育中心、中关村科技金融创新中心、中关村智能制造创新中心。中关村广场购物中心成为中关村国际创客中心，入驻企业50余家。中关村智造大街成为核心区产业升级的新支点，汇聚中国电子标准研究院、ARM加速器、硬创梦工场等转化平台，通过平台化的服务，“一站式”解决创新企业的服务需求。

中关村特色产业孵化平台平稳推进。北京迪希工业设计创意开发有限公司等13家创业服务机构入选中关村特色产业孵化平台。截至年底，中关村示范区特色产业孵化平台累计26家，涉及生物医药、文化创意、生物健康、机器人智能制造等领域，入孵企业952家，分布在大兴—亦庄园、房山园、门头沟园等园区的孵化面积超过5万平方米。昌平园回龙观双创社区、天通苑双创社区初具规模，引入和链接各种创新资源，吸引腾讯众创空间、乐邦乐成、优客工场等创新型孵化器入驻，实现家门口创业就业。

中关村金种子工程助力企业创新发展。219家企业入选中关村第六批金种子企业，总数达670家。年内，举办项目推介会10场，金种子企业接受辅导180余家。举办企业互助会17场，走访调研企业100余家。集聚创业导师100余位，投资机构300余家。加强宣传和推广，发布金种子企业新闻等各类创业资讯200余篇，撰写金种子企业故事共计80余篇。建立金种子工程企业微信群，搭建沟通交流平台，促进企业全方位发展。

（陈宝德）

创业孵化

【可可豆（北京）创新孵化平台开业】1月6日，可可豆（北京）创新孵化平台开业仪式在中关村创业大街举行。仪式以“遇见梦想、播种未来”为主题。市科委、北京众创空间联盟、达晨创投等单位相关负责人，以及有关企业的代表等100余人参加。平台是北京洛可可科技有限公司旗下的孵化平台，旨在利用创新设计优势与合作伙伴共建创业生态圈，以创新设计为驱动，构建从创意到产品、从产品到营销、从营销到价值提升的创新孵化平台，以智能产品、互联网产品、服务产品、文创产品、快消产品为主体，为创客提供优质的创新创业服务。

（陈宝德）

【大河理光创新加速器成立】1月18日，北京大河汇智投资管理有限公司与理光软件研究所（北京）有限公司战略合作签约仪式在京举行。双方宣布共同发起成立大河理光创新加速器。加速器将构建开放共享、协同创新、融合发展的创业孵化生态圈，在人工智能与大数据、集成电路设计制造与高端计算、智能机器人与工业控制、石墨烯纳米材料等前沿技术领域开展产业化创新等，为入驻的项目和创业团队提供包括政

策、财税、投融资、企业管理、资源对接等方面的创业辅导和服务。签约仪式现场，理光会展O2O大数据服务平台、基于3D双目立体视觉的智能监控系统两个首批进入加速器的项目进行展示。加速器是理光集团首次与中资创投机构在知识产权专利领域开展的全面跨界合作。双方将共同探索合作模式，推动中关村企业从研发到产品化、市场化的转化速度，促进从研发机制到商业转化机制的模式创新。中关村管委会、中华全国专利代理人协会、夏普北京研发中心等单位相关负责人50余人参加。

（王　翔　陈宝德）

【洪泰A+Labs五合一孵化模式启动】1月18日，一条生产线的自白——洪泰A+Labs战略发布会在中关村创业大厦举行。中关村管委会、海淀区政府等单位相关负责人及企业的代表等参加。会上，洪泰智能硬件孵化器A+Labs、中关村科技园区海淀园创业服务中心

联合发布新一代孵化器发展战略，“基金＋孵化空间＋生产线＋实验室＋研发团队”五合一孵化模式启动。洪泰A+Labs将免费提供给智能硬件创业者使用数万平方米孵化空间，并引进高标准的电学专业实验室、通信实验室和可靠性测试实验室，还在国内建立数条敏捷生产线。生产线及其所代表的服务，将为智能硬件创业者提供陪伴式服务。同时，位于海淀创业园中关村发展大厦一层的“洪泰海创智能硬件生产线”启动，主要服务于中关村示范区智能硬件创业者，可以解决智能硬件创业中0～1000件之间的小批量生产过程，海淀创业园在孵的智能存储、机器人等项目在办公楼里即可享受专业、可靠、低价甚至免费的样机生产服务。

（梁　冰　杜　玲）

【“展翅计划”大学生创业课堂举办】2月26—28日，由丰台园科技创业服务中心主办的“展翅计划”大学生创业课堂在中心举办。来自北京理工大学、中国农业大学等17所院校的25名学员，围绕“迎风展翅，

筑梦远航”主题进行学习及创新创业实践。课程设置“团队破冰”“创业导师与你面对面”“创业那点事”等内容。结业式上,学员的 9 个项目进行路演。最终“安道利佳楼道智能代步梯”获优秀项目一等奖。获奖项目的学员团队可入驻北京 IBI 众创空间，享受房租减免 1 年的优惠政策。

（柳　杨）

【亭基地落户中关村国际创客中心】 2 月 28 日，由北京青亭远见传媒有限公司（青亭网）和北京创业公社投资发展有限公司（创业公社）主办的中关村虚拟现实加速器·亭基地暨青亭网上线仪式在京举行。双方共同宣布，亭基地落户创业公社·中关村国际创客中心。亭基地是中关村示范区首家虚拟现实产业基地，由创业公社和青亭网共同打造，占地面积 0.2 公顷，将建成虚拟现实产业集群集聚区和消费者体验街区，为入驻项目提供路演、活动、产品发布场地，为入驻企业提供媒体资源共享，助力品牌传播等服务。青亭网（www.7tin.cn）同日上线，是 VR/AR 垂直领域的新媒体，注重从商业与技术角度深度报道行业创业公司，致力于为 VR/AR 领域创业者服务，从研究、资本、产业、传媒 4 个方面推动产业发展。

（杜　玲　梁　冰）

【北航科技园致真创享空间启用】 3 月 17 日，由北京致真文化传媒有限公司运营的致真创享空间投入使用。创享空间包括飞行模拟体验中心、文化创意馆、致真咖啡厅 3 个版块。其中，飞行模拟体验中心是一个模拟飞行训练教学活动和体验飞行的专业平台，拥有 1 台“小鹰 500”飞行训练器、6 台 K8 桌面飞行训练器及多媒体教室，可同时满足飞机系统理论教学、仪表飞行 / 武器投放体验、通航飞机飞行体验等需求；文化创意馆是将北航校园文化、航空文化与艺术融合的场所，可为关注航空航天、艺术与设计的人士提供个性化的定制及展销服务，已有原创艺术品、艺术家衍生产品、品牌艺术定制产品、设计创意产品四大类，涉及服装配饰、家居用品、图书音像、工艺礼品、旅游纪念品等范围；致真咖啡厅是为提升校园人文意蕴和文化品位重点打造的公共场所，致力于共享多元化的文化艺术传播等资源，提供文化艺术沙龙、主题学术交流活动等服务。

（钮　键）

【瀚海 Plug and Play 贝壳菁汇国际创新生态圈成立】 3 月 29 日，瀚海 Plug and Play 落地中关村创业大街揭牌仪式暨硅谷创业节新闻发布会在贝壳·爱喜咖啡举行。科技部、北京市科委、中关村管委会等单位有关负责人及来自国内开发区、高新区、孵化器和投资机构的代表等 100 余人参加。贝壳菁汇创（北京）生态创新科技有限公司与北京瀚海智业投资管理集团共同引进美国孵化器著名品牌 Plug&Play Techcenter，成立瀚海 Plug and Play 贝壳菁汇国际创新生态圈。生态圈定位是一个创新型的国际加速器，将以投资为导向，搭建国际跨境加速通道，对接国际创新创业资源，致力于打造国际创新服务平台。

（魏立亮　王　翔）

【《中国众创空间发展蓝皮书》发布】 4 月 18 日，优客工场、中国与全球化智库、中国科协科学技术传播中心及北京众创空间联盟联合发布《中国众创空间发展蓝皮书》（第一版）。《蓝皮书》是优客工场等单位经过 117 天调研的成果，从中国众创空间的内涵与延伸、政策环境分析、中国众创空间发展现状及市场需求变化、问题与挑战、推动众创空间发展的建议、共享办公的国际经验、行业趋势及商业模式 7 个方面探讨中国众创空间的现状与未来。同时，《蓝皮书》中对于推动众创空间的发展提出 6 项建议：合理制定众创空间绩效指标；鼓励联盟、投资、并购；健全众创空间投融资体系，打造全要素孵化平台；坚持市场配置资源的原则；甄别金融领域的众创空间；降低准入门槛，简化登记手续。全书约 2 万字。

（徐　建）

【氪空间“五百千万”战略发布】 4 月 22 日，氪空间两周年战略发布会在京召开。氪空间公布“城市合伙人”计划，并推出“五百千万”战略。“城市合伙人”计划是指氪空间将以联合办公的方式，以独栋写字楼的形式，提供不同阶段、不同公司、不同类型的产品，满足不同创业者的创业需求。“五百千万”战略是指氪空间要在 5 年内，扩张到 100 个城市，开设 1000 家氪空间办公场所，在氪空间生态内实现 1 万亿元的总产值。

（杜　玲）

【洪泰创新空间与优客工场开展合作】 5 月 18 日，洪泰创新空间与优客工场全面合作签约仪式暨王胜江新书《创业生存法则》发布会在京举行。根据协议，双方合作将从5个方面展开：优客工场与洪泰创新空间在股权层面进行置换；联合推出一个互联网在线创业服务平台，为创业者提供网上的创业服务；合作推出一个创业商学院，提供创业团队培训、短期的定向课程和商业案例教学等内容；还将推出联合办公空间“一卡通”，移动办公和流动办公创业者可以凭两家机构联合推出的“一卡通”，在全国各地的优客工场与洪泰创新空间流动办公；成立创投机构“大胜基金”，规模约为5000万～1亿元。

（陈宝德）

【图来激光公司入驻中关村一二三工厂】6月6日，北京图来激光科技有限公司入驻海淀区北部首家创新型孵化器——中关村一二三工厂，标志着孵化器开业运营。工厂2015年10月在“未来智造中关村CID创新型产业集群发展高端论坛”上成立，位于永丰产业基地内，主要为导航与位置、智能硬件和可穿戴设备核心技术领域的创业团队提供全方位的空间、技术、金融、创业指导和后勤等服务，建设集办公、会议、展示、休闲和交流于一体的孵化空间。北京图来公司主要从事导航与目标识别类激光雷达设备与系统的研发、生产销售、应用指导及后期维护等业务，针对具有环境空间三维感知需求的设备（智能机器人、无人车、无人机、直升机以及其他自动化设备等）提供一体化的环境空间三维检测激光雷达解决方案、激光雷达设备与相关软件。

（何　慰）

【首家区块链孵化器落户朝阳园】6月15日，中国首家区块链孵化器——亚洲区块链孵化器在京成立。孵化器位于朝阳区摩托罗拉大厦，办公面积2500平方米，由北京太一科技有限公司、侠客岛联合办公室共同建立，并与IBM中国实验室、亚洲区块链基金会、亚洲DACA区块链协会、德丰杰资本等企业和机构建立战略合作关系。孵化器是亚洲第一个专注于区块链行业的组织，旨在为区块链创业者和创业企业提供一个开放、共生、创新、发展的新环境，促进中国区块链的产业落地。孵化器面向个人、企业、产业组织、投资机构提供硅谷式的开放办公空间服务及基于区块链节点的联合办公管理系统服务，还可提供区块链技术支撑、解决方案咨询、公共关系对接、产业资本对接等核心功能服务。入孵的区块链初创企业将在孵化器中获得管理咨询服务，通过联合IBM中国实验室、亚洲区块链基金会、亚洲DACA区块链协会等区块链业内高端资源，孵化器内还建立“区块链大学”人员培训机制，每两周举办一次讲座。太一科技公司、IBM实验室和侠客岛还将开发“岛链”创新孵化平台。依托区块链技术，侠客岛联合办公室将建立区块链节点，为入驻企业提供区块链企业注册和股权登记、转让服务等，打造国内领先的基于区块链技术的联合办公和企业资源共享的众创新模式。

（陈宝德　王仁清）

【区校三方战略合作签约】6月24日，丰台区人力社保局、首都经济贸易大学、丰台园科技创业服务中心三方战略合作签约仪式在首都经贸大学举行。合作三方的相关负责人参加。根据协议，三方将围绕促进大学生创新创业进行长期合作。政府提供政策指导与支持，高校提供人才资源和科研优势，孵化器提供一站式创新创业孵化服务。通过政府、高校、孵化器间的资源互补，开展创业培训、见习实践、资源共享及项目落地等方面的合作，搭建政府、高校、孵化器之间的交流平台，为大学生创业提供方便、快捷的服务，帮助大学生创业项目顺利实施。

（柳　杨）

【“北京侨创空间”揭牌】7月5日，在2016中关村华侨华人创业大会上，“北京侨创空间”揭牌仪式举行。国务院侨办、北京市政府侨办、大兴区委等单位相关负责人及中关村华侨华人创业大会部分嘉宾、有关企业的代表等参加。市政府侨办与经济技术开发区管委会签署《共同推进“北京侨创空间”建设合作框架协议》，“北京侨创空间”入驻北京亦庄移动硅谷创新中心。“北京侨创空间”由北京华侨科技创业者协会创立，是以云智能平台建设为基础的新型创新创业孵化器，集创投基金、互联网创新教育、创业教育、公共服务为一体，将依托云平台，融合全球资本、科技、人才等创新要素资源，为国内乃至全球范围内的华人华侨科技创新与创业发展提供服务，助力海外高端华侨华人归国创业发展。

（杜　玲）

【中关村领创金融咖啡开业】7月12日，由中关村发展集团股份有限公司主办的中关村领创金融咖啡开业仪式举行，市金融局、海淀区政府、中关村管委会及共建单位的相关负责人和有关机构的代表等参加。金融咖啡位于中关村创业大街，由中关村发展集团、中国邮政储蓄银行北京分行合作共建，中关村科技创业金融服务集团有限公司出资打造，并负责日常运营管理。金融咖啡定位于休闲、宣传展示和商务洽谈等，建筑面积200余平方米，地面一层为开放休闲区，配有独立的洽谈室，地下一层为多功能空间，配有网络、音响、电视及投影设备，具备会议、路演功能。金融咖啡汇集中关村发展集团旗下多样化的、覆盖全产业链的科技金融产品和服务资源，拥有邮储银行丰富的资金、网点、政策优势，将为投资者和创业者提供咨询、培训以及线上、线下信息交流等一系列配套服务。

（李贺英）

【“导师项目帮扶汇”路演举办】7月14日，由北京北航天汇科技孵化器有限公司、高手帮天使导师团主办的“导师项目帮扶汇”路演在北京航空航天大学举办。蓝晶创投、北斗星通导航技术股份有限公司的有关专家及创业导师参加。来自VR教育、智能硬件、网红、新能源、生活服务、互联网医疗等领域的12个团队，带着种子期项目参加路演，包括新能源汽车分布式充换电系统——任性跑、VR直播系统、游戏娱乐平台——娱乐小飞机、君子淑女公众号、先进制造——增材工程、医疗互联网——爱医等项目。投资人针对每个项目进行专业点评，提出可行性建议。其中爱医、任性跑、增材工程、娱乐小飞机4个项目，达成投资意向。

（钮　键）

【美国Plug&Play中国总部落地中关村】7月23日，在中关村国际创新周开幕式暨中关村智造大街启动仪式上，美国Plug&Play中国总部与中关村智造大街签署入驻协议。根据协议，合作双方将在海淀区已有的物联网、智能健康及车联网在内的科技生态系统基础上，建立国际创业生态体系，使创业公司、风险投资、大型企业、大学及科研机构在同一个全球化创新平台上有机地发挥各自重要的作用。10月18日，Plug&Play中国总部开幕典礼在中关村智造大街举行。

（陈宝德）

【两家单位入选国家专业化众创空间示范名单】7月28日，科技部印发《关于印发〈专业化众创空间建设工作指引〉及公布首批国家专业化众创空间示范名单的通知》（国科发高〔2016〕231号），确定首批17家示范性国家专业化众创空间。中关村示范区内大唐电信科技产业集团的移动互联网国家专业化众创空间和北京航空航天大学的虚拟现实与智能硬件国家专业化众创空间两家单位入选。

（徐　建）

【腾讯众创空间（中关村）开园】8月16日，腾讯众创空间（中关村）开园仪式在中关村软件园举行。海淀区政府、海淀园管委会、中关村软件园等单位相关负责人出席，共建单位的代表等参加。腾讯众创空间（中关村）由腾讯众创空间、坤鼎投资管理集团股份有

限公司、海淀科技金融资本控股集团股份有限公司共建，落户在中关村软件园孵化加速器，将针对社交、教育、电商、大数据、人工智能、文创等项目，重点引进15～30人的规模团队，兼顾2～15人以内“小而美”的小微团队，打造“高精尖”的创新创业生态圈；海科金集团提供15亿元的专项基金，打造全要素、立体化的特色初创项目孵化空间。园区拥有“互联网+平台+资本”的创新孵化模式，全面引入腾讯“五创”服务体系，包括创服、创孵、创投、创培、创星，加速资源输入，提高创业成功概率。仪式上，园区与微播、快创商学院等企业签订入园协议（第一批），与北京中关村领创金融信息服务有限公司等10家合作伙伴签订战略合作协议。

（张　蕾　李贺英）

【2016中国众创空间排行榜发布】9月10日，由优客工场、标准排名主办的全球INS大会2016中国众创空间行业峰会在京举行。会上发布《2016中国创新创业报告》。《报告》课题组根据联合办公空间的空间规模、入驻企业数量、合作伙伴数量、融资额度、企业估值及业内影响力等因素综合考量，选出“2016中国众创空间之联合办公空间20强”。同时，根据科技部公布名单和业内知名创新型孵化器名单，按照其入驻企业数量、项目融资总额、毕业项目总估值、覆盖产业、合作伙伴、导师团队、媒体影响力等方面的因素，综合评定出“2016中国众创空间之创新型孵化器排行榜30强”。其中，车库咖啡等联合办公空间入选“2016中国众创空间之联合办公空间20强”，创新工场、联想之星、北大创业孵化营等创新型孵化器入选“2016中国众创空间之创新型孵化器排行榜30强”榜单。

（王学军）

【北京协同创新孵化器揭牌】9月26日，由北京协同创新研究院和北京创业公社投资发展有限公司共同成立的北京协同创新孵化器在北京翠湖科技园揭牌。中关村管委会、北京协同创新研究院等单位的相关负责

人参加揭牌仪式。孵化器是一家以原创科技为内核、集约化管理、分布式孵化、开放式发展、协同式服务的新型创投孵化机构，依托北京协同创新研究院的高等院校、科研院所、龙头企业等优势资源，打造科技创新创业服务平台，推进产学研合作，促进科技成果转化及产业化。孵化器可为入驻企业提供3种特色的孵化器服务，包括研发支持服务、基金支持服务和实验室支持服务。

（陈宝德）

【北京协同创新孵化器与巴黎产业集群开展合作】 9月26日，北京协同创新孵化器宣布与法国巴黎大区竞争力产业集群平台进行战略合作。双方将在未来工厂、数字城市和企业机构的IT服务等方面进行合作，重点领域为软件与电子技术、先进制造、环保与能源、材料、生命科技和食品工程。中方将为法方提供场地及相应落地支持，并通过北京协同创新研究院的网络，加快集群成员企业在中国的落地、业务发展以及融资合作。（法国巴黎大区集群平台涉足软件与电子技术领域，汇集800余家中小企业，通过为中小企业提供服务，帮助其成为全球领导者。）

（陈宝德）

【科技企业孵化器服务规范发布】 10月14日，在第八届启迪创新论坛暨中国合肥·南艳湖论坛上，启迪控股股份有限公司、中国标准化研究院、中关村核心区科技服务业发展促进会联合发布《科技企业孵化器服务规范》。《规范》以启迪控股公司的“聚集—聚合—

聚焦—聚变”模式作为理论基础，以启迪之星孵化器孵化服务经验为指导，围绕企业成长壮大所需的“政产学研金介贸媒”等要素，规范科技企业孵化器的孵化服务行为。《规范》确定孵化服务的应用范围、内容、流程、服务人员与服务平台等内容，系统构建科技企业孵化器服务规范体系。《规范》的实施，将促进科技企业孵化器行业的健康发展。

（康秋红）

【首个机器人产业孵化器挂牌】 10月22日，在2016世界机器人大会上，北人壹创（北京）投资管理有限公司和北人亦创孵化器举行挂牌发布会。由北人集团公司与壹创投资本共同发起并出资设立的北人壹创公司管理的智能机器人产业投资基金——北人壹创基金启动。基金分为3个板块，包括面向机器人、无人机、3D打印、高端医疗装备等早期项目的智能成长基金，面向高端智能装备、工业4.0等中期发展项目的智能发展基金，智能制造、新材料产业、传统产业转型等产业项目的智能产业基金。北人亦创孵化器是由北人集团发起成立的国内首个机器人产业孵化器，位于亦创智能机器人创新园，将引进机器人与智能制造等高端装备领域的创新项目和企业，为其企业提供高效便捷的创新创业服务。

（徐　建）

【共建MBA实践基地】 10月28日，北京金种子创业谷科技孵化器中心与闽江学院新华都商学院合作共建的新华都商学院海淀创业园MBA实践基地在中关村创业大厦挂牌。共建实践基地的宗旨是为社会培养较高层次的创新创业人才，提高学生专业理论学习与创业实践学习相结合的能力，建立校企合作。根据协议，海淀创业园将为实践基地的创业者们提供实践机会、工位、孵化服务等；新华都商学院负责为海淀创业园提供专业的咨询服务，利用MBA学员的实践项目，落实可行的孵化方案，在创业实践中解决疑难问题。

（彭　晨）

【34家科技企业孵化器通过科技部考核】 11月2日，科技部火炬中心印发《关于公布2015年度国家级科技企业孵化器考核评价结果的通知》（国科火字〔2016〕123号）。中关村示范区内的北京北航天汇科技孵化器有限公司等6家孵化器被评为优秀（A类），北京奥宇科技企业孵化器有限责任公司等16家孵化器被评为良好（B类），北京高技术创业服务中心等12家孵化器被评为合格（C类），北京东升科技企业加速器有限公司等两家孵化器被评为不合格（D类）。

（徐　建）

【互联网教育未来工场国际孵化器成立】 11月12日，互联网教育未来工场国际孵化器新闻发布会在京举行。会议宣布互联网教育未来工场国际孵化器成立。孵化器位于中关村互联网教育创新中心，由中关村互联网教育创新中心与未来工场联合运营，是教育科技创新创业国际孵化平台，将成为中国教育科技企业走向国际市场、引进国际先进教育产品和服务及促进跨国教育创新创业人才、资源互补的教育科技孵化载体。

（杜　玲　徐　建）

【共建创业生态服务平台】11月23日，北京大学创业训练营、车库咖啡教育学院、洪泰创新空间宣布，共建一个深度孵化的创业生态服务平台，整合三方优质资源和运营经验，对接产业资本。平台依托北京大学创业训练营教育资源、车库咖啡在创投领域的创新经验及洪泰创新空间在创投生态的服务，以“产业 ×WeWork×YC”模式，为优秀的初创企业发展提供一整套孵化解决方案。

（陈宝德）

【北京创客空间公司与科控孵化器公司合作签约】12月8日，在第一届中英高新技术及产品交易会——中英科技节上，北京创客空间科技有限公司与科控孵化器股份有限公司（Cocoon Networks）达成战略合作协议。根据协议，双方以合作共赢、优势互补为原则，共享在中国、英国及欧洲孵化资源，联合孵化及投资，其中包括跨境项目的筛选、海外优质项目引入、垂直产业对接落地、中国项目的海外融资及海外市场拓展、国际性创客交流活动、国际性创客培训等，共建创业课程跨国共享平台，通过远程视频分享双方的初创企业辅导课程、讲座、研讨会等。双方将致力于实现中欧之间创投资本与优秀创新项目的对接，协助双方项目和资本登上国际舞台。（Cocoon Networks位于伦敦科技金融中心，占地面积0.59公顷，是集企业孵化器、企业加速器、风险投资、科技媒体、并购咨询和知识产权管理为一体的创新中心。）

（陈宝德）

【北航天汇精准孵化系列培训举行】年内，北京北航天汇科技孵化器有限公司举办“精准孵化系列课程”培训10期。投资机构、中介服务机构、创业者、合伙人及企业的代表等300余人次参加。课程由专业导师进行授课，主要内容有创业公司的股权设计及公司治理结构、产品设计中的体验式创新、创业中的法律与财税风险防范、初创企业团队建设及团队激励、初创企业知识产权战略、创业企业如何运用公共关系建立品牌等。“精准孵化系列课程”对接产业领域，为创业者带来更多成功的机遇。

（钮　键）

【创业创新系列专题沙龙举办】年内，北京北航天汇科技孵化器有限公司举办8期创业创新主题系列沙龙，200余家企业、创业团队、投资机构的负责人和相关代表等500余人次参加。沙龙主要围绕创业者如何做好顶层股权设计、如何寻找合伙人、员工离职股权退出机制设计等话题进行研讨，企业家代表对初创企业在“互联网+”潮流中，如何利用云服务降低IT成本，提升IT效率，提供用户体验等内容做了经验介绍。

（钮　键）

【大学生创业训练系列活动举办】年内，北京人大文化科技企业孵化器有限公司举办11期大学生创业训练课程系列活动，参与活动的学生累计800余人次。创业训练课程主要有创业早知道、企业游学、如何打造高效的创业团队、创业如何做产品、融资秘籍、商业模式、市场拓展、资本的力量、模拟路演等。实践课程的内容包括组建9个学生创业团队参与模拟路演，项目分别为italk口语平台、INschool、HELLO有限责任公司、搜其（Search）平台、i创图书交易线上平台、“云物”大学生网络二手交易网、艺术品租赁平台、多肉动物DORO、风游Tibet。课程结束后，其中有6个团队组建参加“2016年大学生创业训练计划”项目，实现了大学生创业教育和实践的金字塔架构。

（徐　洋）

【启迪创业孵化器助力“双创”】年内，北京启迪创业孵化器有限公司分别在浙江杭州、江苏句容、河北南宫等地新创建孵化基地29家，项目主要分布在长三角区域、珠三角区域、京津冀区域及主要城市，开展各类品牌推广、项目路演、座谈交流等活动1000余场，近6万人次参加。“联动计划”通过空间的共享，带动资源的互动，40余个城市的优势产业、优质政策在全国范围内实现共享。至年底，启迪孵化器公司累计在全国启动孵化基地项目近80个，覆盖40余座城市，创新孵化面积近20万平方米，孵化企业近5000家，其中国家级孵化器1家，省级孵化器2家，市级孵化器4家，国家级众创空间6家，省级众创空间1家，上市企业30家。

（康秋红）

【软件园孵化器知识产权系列培训举办】年内，北京中关村软件园孵化服务有限公司举办18期中关村软件园孵化器入园企业财税系列培训，园区企业的代表等50余人次参加。培训的主要内容包括知识产权申请、知识产权支持政策、知识产权质押流程、知识产权管理平台、知识产权转化等。通过讲座，指导企业完善知识产权管理制度及维权的各项措施。

（毕欣超）

创业环境

【巷内加速器项目展示会举办】1月9日，由中关村硅谷创新中心、巷内加速器共同主办的巷内2016年首期项目展示会在创新中心举办。展示会共有爱易财、毛豆网、特赞、ZStack等9个初创项目的研发团队进行路演，涵盖移动互联网、大数据分析、人工智能、平面设计、流媒体等热点投资领域。资深投资人、从业者们进行现场点评与辅导，初创团队对国内外企业级客户的真实需求有了更清晰的认识，为项目的远期发展增值及回国落户打下良好基础。

（李贺英）

【16家企业入选2015年中国最佳创新公司50强】1月20日，在“重启Reloading”创新大会上，由美国快公司杂志社评选的2015年中国最佳创新公司50强榜单揭晓。其中，中关村示范区北京思维造物信息科技有限公司（罗辑思维）、北京明略软件系统有限公司（明略数据）等16家企业入选。16家入选企业中，超过40%的企业为2014年以后成立的初创企业，其中北京我最在行信息技术有限公司(在行)仅成立4个多月。

（杜　玲）

【中关村U30系列赛事举办】1月23日，“寻找改变世界的青年创业力量”中关村U30第二赛季在北京银行中关村小巨人创客中心启动。第二赛季至3月底结束，共有近30位青年创业者参加，创业项目来自健康、教育、社交、生活服务、新媒体等领域，北京淘氪科技有限公司、狒特科技（北京）有限公司等企业的15位选手晋级年度决赛。至年底，中关村U30共举办4个赛季、一次年赛，累计有1000余位创业者报名参赛，最终北京轩辕联科技有限公司的“车载智能抬头显示器”、最会设计公司的“最会设计App”等企业项目获2016年度中关村U30优胜奖，获奖者将得到创业导师陪伴、投资基金、媒体宣传跟进、政府资源保障等支持。（中关村U30项目2015年由海淀区青年联合会发起，旨在寻找改变世界的青年创业力量。活动面向全国乃至全世界，针对30岁的创业者及团队，通过季度、年度寻找等环节，搭建青年同创业导师展示交流、资源对接等平台，引导青年开展创新性强、前瞻性好的创业项目，扶持培育科技含量高、商业模式新的创业团队。2017年1月7日，2016年度“寻找改变世界的青年创业力量”颁奖仪式举行。）

（李贺英　蔡宇行）

【首届“车创未来”创新大赛举办】1月24日，由中国电动汽车百人会、清华大学创新发展研究院和科技部火炬中心联合主办的首届“车创未来”创新大赛决赛在京举办。在1月11—12日挑战赛中胜出的8个团队参加决赛。大赛旨在由来自行业风险投资机构和私募基金的专家、企业家对参赛项目进行专业遴选、辅导和评定，发掘在车、人、网、生活构成的生态圈内新技术、新产业、新业态的优秀创新项目。经过决赛，纳米吸能材料获一等奖，星谷电机、云驾车载智能副驾获二等奖，鲁师傅、苏打出行、Icharging获三等奖。大赛期间成立的行业资源纵向整合平台——“双创云平台”，将通过开展众创、众包、众扶、众筹业务，免费帮助参赛的优秀创客项目对接行业资源，推动创新项目产业化及创业方案落地。

（王　翔）

【全球创业观察中国报告发布】1月28日，由清华大学中国创业研究中心与启迪控股股份有限公司、清华大学启迪创新研究院联合主办的全球创业观察（GEM）

中国报告发布会在清华科技园举办。报告主要包括总体情况和环境分析、中国青年创业活动的分布和特征、国际视野下的青年创业等内容。报告指出，中国的创业活动在全球效率驱动和创新驱动型经济体中仍然处于活跃状态，创业活动的创新含量有待提高，需要重点改善创业环境中的金融、教育、服务和文化等环境条件，中国青年创业的早期创业活动指数为18%，在全球创业观察的73个参与国家和地区中属于活跃的国家。（自2002年起，清华大学中国创业研究中心承担GEM中国项目研究，从不同视角研究中国创业者的行为和中国的创业态势，关注机会型和生存型创业、创业转型和就业效应、中国的创业结构，以及中国创业的国际比较、中国创业的环境与政策和中国青年创业等主题。）

（康秋红）

【19位创业者入选福布斯“亚洲U30”排行榜】 2月25日，美国《福布斯》杂志中文版发布2016年度“亚洲30位30岁以下杰出青年”榜单（Forbes 30 Under 30 Asia）。其中，中关村示范区北京量化健康科技有限公司CEO赵柏闻、北京旷视科技有限公司创始人印奇、友乐活（北京）网络科技有限公司（大姨吗）创始人柴可等19位创业者入选，占创业者榜单的31.1%，分别来自医疗健康、公益创业、消费级科技、传媒和营销、企业级科技、金融和投资、电商和零售等领域。入选者所领导的公司在技术领先、产品研发、商业模式和资本运作等方面表现出突出的创新能力。

（陈宝德）

【4名中关村企业家入选2016年“全球青年领袖”】 3月16日，世界经济论坛在瑞士日内瓦公布2016年“全球青年领袖”（Young Global Leaders）排行榜。其中，中关村示范区内猎豹移动CEO傅盛、真格基金合伙人兼CEO方爱之、果壳网“在行”平台创始人嵇晓华、萝卜太辣CEO张尧4名中关村企业家入选。

（王　征　陈宝德）

【第三届黑马运动会举办】 3月26—27日，由创业黑马集团主办第三届黑马运动会在京举办。运动会基于打造学习型组织的战略发展目标，推出“学霸型创业者”计划，设置体育竞技和创业思想竞技两个板块，在全国范围甄选创业者，5个分会场分别聚焦智能硬件、健康医疗等领域，围绕“文创沙龙·IP江湖风云汇”“硬件沙龙智能硬件连接无线未来”“医疗沙龙科技引领健康，服务赢得未来”等主题展开跨界生态群组学习，5000余名创业者及导师、投资机构代表等参与。最终，制造业云服务创业项目1001号创始人李获鼎获比赛冠军，现场获投资100万元。

（陈宝德）

【中关村大街提升发展战略合作伙伴签约仪式举行】 4月8日，中关村大街提升发展战略合作伙伴签约仪式在中关村科贸中心举行，主题为“汇聚新动力　构建新生态”。市委副秘书长郭广生及中关村管委会、海淀区政府等相关部门领导出席，金融机构、高校、企业的代表等参加。仪式上，北京中关村大街运营管理股份有限公司揭牌成立，中关村大街改建项目启动。中关村大街沿线中国科学院、清华大学等12家大中院校、科研院所及首都体育馆、中钢集团等10家单位的代表共同签署《中关村大街提升发展共建倡议书》，以共商共建来推进中关村大街地区的整体发展。国家开发银

行北京分行、北京银行中关村分行、北京中关村科技融资担保有限公司等15家金融机构与中关村大街运营公司签署开发性金融合作协议。中关村上市公司协会、中关村产业技术联盟促进会等社会组织现场联合签署战略支持协议，将通过优势互补、资金支持、资源整合等多元化协作手段，携手中关村运营大街公司推动中关村大街改造升级。

（李贺英　王学军）

【8位企业家入选2016中国最具影响力商界领袖】 4月14日，美国《财富》杂志发布2016中国最具影响力的50位商界领袖排行榜。其中，中关村示范区北京京东世纪信息技术有限公司CEO刘强东、百度在线网络技术（北京）有限公司董事长李彦宏、北京小桔科技有限公司（滴滴出行）首席执行官程维、联想集团有限公司董事局主席杨元庆、小米科技有限责任公司创始人雷军、乐视网信息技术（北京）股份有限公司董事长贾跃亭、合一信息技术（北京）有限公司董事长古永锵、北京三快科技有限公司（美团点评）首席执行官王兴8位企业家入选。

（陈宝德）

【14家平台通过中小企业公共服务示范平台复核】 4月20日，工业和信息化部发布《关于公布第二批国家中

小企业公共服务示范平台复核意见的通知》（工信部企业〔2016〕148 号）。其中，中关村示范区内的北京市石景山区产业促进中心、北京北航科技园有限公司等 14 家平台通过复核。（根据《国家中小企业公共服务示范平台认定的管理办法》，工业和信息化部对示范平台每 3 年复核一次。省级中小企业主管部门组织测评后，填写测评情况及意见，经工业和信息化部复核，对合格的示范平台予以确认，对不合格的予以撤销。）

序号	服务机构名称	平台类别
1	北京市石景山区产业促进中心	信息
2	北京北航科技园有限公司	技术创业
3	北京国融工发投资咨询有限公司（西城区金融街 19 号富凯大厦）	融资
4	北京交大科技孵化器有限公司	技术创业
5	北京中关村生命科学园生物医药科技孵化有限公司	技术
6	中关村科技园区丰台园科技创业服务中心	创业
7	机械工业信息中心	信息技术
8	中国农业机械化科学研究院	信息技术
9	中国皮革和制鞋工业研究院	信息技术培训
10	中国国际工程咨询公司	技术
11	北京工业设计促进中心	技术培训创业
12	工业和信息化部电子工业标准化研究院	信息技术培训
13	工业和信息化部计算机与微电子发展研究中心（中国软件评测中心）	技术培训
14	中国中小企业发展促进中心	信息培训

（钮　键）

【蓝色光标公司入围全球公关排行榜 TOP10】 4 月 24 日，霍姆斯报告（The Holmes Report）发布 2016 年度全球公关代理商排行榜，北京蓝色光标品牌管理顾问股份有限公司以 2015 年营业收入 2.45 亿美元排名第九位，成为首家入围全球公关排行榜 TOP10 的中国公司，并以 36.7% 的增长率成为 TOP10 里增长最强劲的公司。

（秦　琳）

【中关村数据资产双创平台启动】 4 月 28 日，全球首个数据资产评估模型发布暨中关村数据资产双创平台成立仪式在京举行。平台由中关村数海数据资产评估中心联合中国信息通信研究院、公安部第一研究所等单位共同发起成立，将依托数海数据中心为“双创”企业的数据资产进行登记确权、评估，并开展基于数据资产的“双创”金融服务，引导金融资源以信息流、服务流和资金流等形式在平台内实现有效配置、自我循环及价值创造。仪式上，数海数据中心与高德纳咨询公司（Gartner）共同发布首个数据资产评估模型。模型涵盖数据的内在价值（IVD）、业务价值（BVD）、绩效价值（PVD）、成本价值（CVD）、市场价值（MVD）及经济价值（EVD）6 个子模型，能针对不同信息的资产特性和用户使用诉求，从数据的数量、范围、质量、粒度、关联性、时效、来源、稀缺性、行业性质、权益性质、交易性质、预期效益等维度，按不同的权重配比、不同的指标量级，合理配置不同维度的数据资产评估指标项，实现对数据资产的全方位、标准化评估。

（徐　建）

【创新中国春季峰会暨春季创新展举办】 5 月 10—12 日，由创业邦主办的 2016 创新中国春季峰会暨春季创新展在京举办。中关村管委会、IDG 资本、蓝港互动集团等单位的相关负责人及创业者代表等 3 万余人参加。会议主题为“超新星纪元”。峰会分别设置投资人论坛、企业服务高峰论坛，以及机器人、移动生活、医疗健康、二次元、智慧出行、AR/VR 等 11 个专场，3000 余个创业项目参与创业招募。与峰会同步举办的“2016 创新中国展”，总面积 5000 平方米，300 余家国内外科技与互联网企业参展，其中展示由创业邦 DEMO8 评选的“脑洞撬壳机——搅局创新想象力的八款产品”、北京轻松筹网络科技有限公司的“轻松筹”等产品。

（陈宝德）

【市级政府投资基金统一登记工作启动】 5 月 11 日，市财政局召开全市政府投资基金登记管理系统培训会，标志着北京市市级政府投资基金统一登记工作启动。政府出资基金登记管理系统（www.bjotc.cn:881/jjdj/）由北京股权登记管理中心有限公司开发建设并进行维护管理，在便利基金日常运作的基础上，通过互联网的方式，全面、准确地对政府投资基金运行情况进行管理和监督。

（孙当如）

【5 家企业获市中小企业公共服务平台授牌】 5 月 12 日，北京市中小企业服务平台工作交流会在中关村示范区展示中心召开。会上，市经济信息化委为第四批北京市中小企业公共服务平台、小企业创业基地授牌。其中，中关村示范区内北京厚德科创科技孵化器有限公司、北京海淀置业集团有限公司、北京嘉润创业商务有限公司、北京市群英印刷有限公司、北京北服时尚投资管理中心 5 家企业获授牌。

（陈宝德）

【28 家企业获评信息网络产业新业态创新企业 30 新】 5 月 23 日，由北京信息化协会、北京软件和信息服务业协会等单位联合主办的 2016 信息网络产业新业态创新企业 30 新遴选颁奖典礼在京举行。市经济信息化委等单位的相关负责人及协会、联盟和企业的代表等 100 余人参加。中关村示范区内北京艾德思奇科技有限公司、北京博雅英杰科技股份有限公司、北京创业公社信息科技服务有限公司等 28 家企业入围，涉及大数据及云计算、“互联网 +”、电子信息、农业信息化、电力信息化、互联网金融、互联网教育、信息安全等领域。上榜企业可被推荐申报市经济信息化委中小企业发展基金，优先入选北京市软件和信息服务业的重点项目储备库及相关政府采购名单。

（朱文利　江　欣）

【“校长杯”创新挑战赛决赛举行】 5 月 28 日，由清华大学创意创新创业教育平台（x-lab）主办的第三届清华大学“校长杯”创新挑战赛十强决赛在清华大学举行。清华大学相关负责人及参赛选手、投资机构代表、学生代表等 400 余人参加。最终，由清华大学生命科学学院的博士生组成的“艺妙神州”项目团队以其新一代癌症治疗核心产品 CAR-T 免疫治疗技术，获“佳通”金奖，OwlReality——新型 VR 视频采集编码传输方案、光合未来——室内智能花园两个团队项目获创新奖，八度阳光——向太阳要电等 7 个团队项目获挑战奖，斑马社——社群管理型互助保险平台项目获“社创硅谷”社会创新奖。

（陈宝德）

【业务协同及重大项目全生命周期管理平台上线】 5 月 31 日，中关村创新平台业务协同及重大项目全生命周期管理平台（一期）上线运行。平台于 2015 年启动，资金投入 598 万元，由神州数码信息系统集成有限公司承担。项目整合部分创新要素、创新成果，搭建中关村示范区范围内的基础数据库，建立项目申报、经费管理、行政办公、公共应用、专项应用等内部模块系统，简化各部门间公文收发流程，优化相关业务流程，提高各部门项目协同审批效率，实现中关村管委会内部重大项目全程网上项目申报、全流程化的项目审批、全自动的项目进度反馈、全生命周期的项目信息管理。

（马文涛　于喜鹏）

【企业财务顾问服务项目启动】 5 月，北京股权交易中心启动企业财务顾问服务项目，旨在帮助挂牌企业获得股权与债权融资服务、政策申请与补贴服务、并购与被并购服务及挂牌后转板等资本市场服务。北京雅森科技发展有限公司等 10 余家企业参加试点。其中，雅森公司通过该项服务获北京四板市场关联基金 1000 万元的领投，以及相关行业上下游机构 500 万元的股权跟投。

（孙当如）

【14 家企业项目获市中小企业促进专项支持】 6 月 2 日，市科委发布《2016 年度北京市科技型中小企业促进专项立项公告》。北京中关村领创金融信息服务有限公司授信支持的 14 家企业通过项目评审。北京智联安科技有限公司的“超高精度电容式位置编码器芯片”、北京车盈科技有限公司的“养车宝”等 13 家企业项目获创新资金（科技创业项目）立项，分属电子信息、新材料、新能源与高效节能、新能源汽车领域，每家企业可获得最高 25 万元支持资金；北京爱智尚科技有限公司的“基于顶级低功耗蓝牙芯片技术与三轴加速度传感器技术的可穿戴式智能备孕仪”获创新资金（创新项目）立项，属电子信息领域，可获得最高 60 万元的支持资金。

（李贺英）

【首家医药健康创业平台入驻中关村创业大街】 6 月 12 日，在第三届 Innoway 创新创业节开幕式上，药明康德新药开发有限公司宣布入驻中关村创业大街，成为创业大街上首家专注医药健康的企业。药明康德公司将建立一个以“VC+IP+CRO+OS”（即风险投资、知识产权、研发服务、运营支持相结合）为特色的生物医药创业孵化平台。平台在全球寻找有创新构想的个人或企业，借由药明康德的研发平台进行孵化，帮助初创公司研发出具有自主知识产权的创新技术与产品。企业只需一个项目管理团队，整个项目执行可在药明康德平台上完成，帮助客户缩短研发周期、降低研发成本，助力初创公司成长。作为开放式全方位一体化研发平台，药明康德公司可为全球范围内的相关企业和个人客户提供实验室研发、生产服务及推向市场等全过程的系列服务。（同时入驻中关村创业大街的机构还有中美创新创业孵化器、怡仁融创、韩国技术风险财团。）

（陈宝德）

【清华 x-lab 与德国慕尼黑工业大学 TIE² 计划启动】 6 月 13 日，在第八届中德经济技术合作论坛上，清华大学经济管理学院与德国慕尼黑工业大学创新创业中心就“清华 x-lab 与德国慕尼黑工业大学创新创业中心合作”事宜签约。签约的核心内容为清华大学—慕尼黑工业大学创新创业团队国际交换计划（TIE² 计划）。TIE² 计划是让参与者利用项目所提供的资源解决创业过程中遇到的实际问题，创业者在项目过程中组成临时跨国团队，建立友谊，展开持续交流，帮助彼此成长。根据协议，合作双方将围绕培养中德两国高科技创新创业展开，重点关注3D打印、航空航天科技、清洁技术、金融科技、健康医疗、工业4.0、物联网、移动科技等领域，推动两国初创企业合作及早期投资的创新创业生态发展。通过加强资源共享、平台深度合作等方式，探索国际化的创新创业教育新模式，更好地帮助中德两国创新创业人才成长。TIE² 计划将每年定期在北京和慕尼黑两地举办。

（陈宝德）

【两家企业入选全球五十大创新公司榜单】6月22日，美国麻省理工科技评论杂志社公布2016年五十大创新公司榜单，中国共5家公司入选，其中中关村示范区百度在线网络技术（北京）有限公司、北京小桔科技有限公司（滴滴出行）两家企业入选。百度公司凭借在语音及图像识别与搜索、无人车、机器翻译等领域的创新排名第二位；滴滴出行以每天客运次数达1400万，排名第二十一位。

（秦　琳　杜　玲）

【大学生创业服务平台和大学生创业板启动】6月30日，由市人力社保局与中关村股权交易服务集团有限公司共同主办的北京大学生创业服务平台及大学生创业板启动仪式暨首批大学生创业企业挂牌仪式在北京股权交易中心举行。人力资源社会保障部、北京市政府等单位有关负责人及来自北京市各区人力社保部门、相关金融投资机构和创业服务机构、部分在京高校大学生的代表等400余人参加。大学生创业服务平台和大学生创业板由市人力社保局与中关村股权交易服务集团有限公司共建，其中，大学生创业服务平台以北京市毕业生就业服务中心为实际载体，主要为北京地区高校在校生、毕业未满5年的高校毕业生（含留学回国人员）、在岗大学生村官、流动发展后未满5年的大学生村官4类群体提供免费服务，包括人力资源政策咨询和人事人才服务，同时依托中关村股权交易服务集团，为服务对象提供工商代办、融资对接、规范辅导、培训锻炼、咨询指导等专业指导；大学生创业板采取资本市场的运作模式，在北京四板市场设立独立板块，采用专有代码管理体系，为挂牌大学生企业提供融资、培训辅导、股权管理、转板上市等专业服务。北京易净星科技有限公司等首批10家大学生创业企业在北京股权交易中心挂牌。

（孙当如　杜　玲）

【联想之星WILL大会召开举行】7月9日，联想之星WILL大会在京召开。中国工程院院士詹启敏及创业者、投资人代表等600余人参会。会议围绕下一代基因技术将如何改善人们的健康和医疗、人工智能与制造业转型的结合将发生怎样的化学反应、企业服务和消费升级会如何改变移动互联网生态等主题进行研讨。会上，北京高途智驾科技有限公司推出的教学机器人——驾陪君、北京中科虹霸科技有限公司的虹膜识别移动终端产品IKMobile100及远距离虹膜识别仪等创新产品进行现场展示，100余家创业企业进行产品介绍。

（陈宝德）

【京东3C众创计划启动】7月12日，寻找下一个独角兽——京东3C众创计划发布会在京召开。北京京东世纪信息技术有限公司启动京东3C众创计划。京东3C是依托京东公司在渠道、营销、运营和金融4个领域的优势，对其他第三方有成长价值的初创企业提供品牌、营销、运营、金融四大环节支持，并以打造100＋亿级的3C初创品牌为目标的创业扶持计划。京东众创服务平台（Y.JD.COM）同时上线，将为初创企业提供创业所需的各项服务。平台将服务分为七大类别，分别为产品研发、代运营、基础服务、营销推广、设计制作、供应链、企业软件。

（杜　玲）

【35家单位获中央引导地方科技发展专项支持】7月21日，市科委发布《关于公示2016中央引导地方科技发展专项拟支持企业名单通知》。其中，中关村示范区北京宏福科技孵化器股份有限公司、中国矿业大学（北京）国家大学科技园等35家地方科技创新创业服务机构获资金支持。

序号	机构名称
1	北京宏福科技孵化器股份有限公司
2	汇龙森国际企业孵化（北京）有限公司
3	北京中关村软件园孵化服务有限公司
4	北京交大科技孵化器有限公司
5	北京汉潮大成科技孵化器有限公司
6	北京高技术创业服务中心
7	北京中关村生命科学园生物医药科技孵化有限公司
8	北京东升科技企业加速器有限公司
9	创客帮科技孵化器有限公司
10	兰天使创新创业孵化器有限公司
11	北京东方嘉诚文化产业发展有限公司
12	北京3W孵化器管理有限公司

（续表）

序号	机构名称
13	北京清创纪元创业教育科技有限责任公司
14	大唐创新港投资（北京）有限公司
15	北京云基地云计算科技发展有限公司
16	太库（北京）科技孵化器有限公司
17	北京远见育成科技孵化器有限公司
18	星库空间（北京）创业投资有限公司
19	北京金种子创业谷科技孵化器中心
20	北京创富春天商务服务有限公司第十分公司
21	北京阳光壹佰优客工场创业投资有限公司
22	北京厚德科创科技孵化器有限公司
23	中国矿业大学（北京）国家大学科技园
24	北京北航科技园有限公司
25	农鑫高科（北京）科技开发有限公司
26	北京现代华清材料科技发展中心
27	中科合创（北京）科技推广中心
28	中科研（北京）科技发展中心
29	创为信国际技术咨询（北京）有限公司
30	北京海淀中科计算技术转移中心
31	北京创遇科技服务有限公司
32	北京中农博乐科技开发有限公司
33	北京科岳中科科技服务有限公司
34	中国技术交易所有限公司
35	北京北航先进工业技术研究院有限公司

（姜笑笑）

【中关村100企业家俱乐部全体理事会召开】 7月27日，中关村100企业家俱乐部全体理事会在京召开。中关村管委会等单位有关负责人及俱乐部理事、代表等参加。会议总结2015—2016年度俱乐部工作，对2017年度俱乐部重点工作进行讨论，提出继续发挥企业家智力优势，持续开展“做强做大闭门研讨会”品牌活动等工作重点和方向，推选桑德集团有限公司董事长文一波为俱乐部第六任执行理事长。

（霍燕燕）

【盛景全球创新大奖总决赛举办】 8月9—10日，由盛景网联科技股份有限公司、盛景嘉成母基金等单位主办的第二届中关村国际创业节暨盛景全球创新大奖总决赛在清华大学举行。中关村管委会主任郭洪和相关单位负责人及创业者代表等1000余人参加。大赛1月7日启动，设有中国、美国、以色列、欧洲4个赛区，共有3500余家创新创业企业的项目参赛，项目涉及AR/VR、智能制造、文化娱乐、企业级服务、大数据&AI、生物和数字医疗、机器学习等领域。决赛最终评选出兰渡文化、智能机器人拣选系统、长亭科技、NiNiSpeech、C−B4、AerialGuard、星图运动追踪系统等10强，获胜团队将分享盛景嘉成母基金提供的150万美元奖金。会上，盛景网联公司发布“中国创新服务高速骨干网”计划，以类Uber的联合共享模式，将1万家一线投资机构、券商、律师和会计师、人力资源、技术转移、营销服务等行业的创新服务机构紧密协同起来，形成创新服务供给侧的集群，逐步为100万家中小企业提供全面便利的创新服务。

（陈宝德　魏立亮）

【滴滴出行入选50家改变世界的公司排行榜】 8月18日，美国《财富》杂志发布“2016年50家改变世界的公司”排行榜。两家中国企业上榜，其中中关村示范区企业北京小桔科技有限公司(滴滴出行)榜上有名。《财富》杂志对其的核心评价是:中国拼乘行业独角兽，帮助抵抗污染危机。

（陈宝德）

【21家企业入选中国领先金融科技公司50强】 9月19日，毕马威中国首次发布“中国领先金融科技公司50强”排行榜。其中，中关村示范区安心de利、百度金融、百分点等21家企业入选。评选的6个核心维度涵盖金融科技领域的关键要素；内容包括领先信息技术应用与突破，科技驱动数据归集、挖掘、使用，模式创新和对传统金融颠覆度，痛点解决与金融效率提升度，估值及资本市场认可度，具备未来发展潜能与广阔发展前景等。

序号	排名	上榜企业	所属领域
1	1	安心de利	产业链金融
2	2	百度金融	综合金融服务
3	3	百分点	大数据
4	4	百融金服	大数据征信
5	12	金电联行	大数据征信
6	14	京东金融	综合金融服务
7	18	老虎股票	互联网证券
8	19	量化派	消费金融
9	25	PINTEC品钛	综合金融服务
10	26	钱方好近	移动支付O2O
11	27	趣店	消费金融
12	28	人人友信	综合金融服务

（续表）

序号	排名	上榜企业	所属领域
13	29	融 360	信息服务
14	30	闪银	消费金融
15	33	搜易贷	互联网借贷
16	36	太一云	区块链
17	37	腾云天下	大数据
18	38	天创信用	大数据征信
19	39	天云大数据	大数据
20	47	星火乐投	众筹
21	48	资配易	投资管理

（陈宝德）

【新南威尔士大学·启迪之星创新创业中心揭牌】 9月28日，澳大利亚新南威尔士大学·启迪之星创新创业中心揭牌仪式在启迪之星长三角旗舰孵化基地举行。

澳大利亚新南威尔士大学、启迪之星（上海）及上海市杨浦区委、区政府等单位的相关负责人参加。中心成立后，将依托启迪之星在中国和全球的创新服务网络，推动新南威尔士大学的技术转移项目在中国的落地和产业对接。首批合作项目涉及水处理环保膜、光伏能源、新材料等高新技术领域，为中澳两国科技创新交流提供新的平台，可为中国有需求的企业、机构和个人提供便利，实现科技成果转化的效益。（新南威尔士大学是一所研究型学府，创立于1949年，其主校区位于悉尼。）

（康秋红）

【2016秋季创新汇活动举办】 10月13日，由中关村发展集团股份有限公司主办的“2016秋季创新汇”活动在中关村领创空间举办，主题为“构建科技创新服务供给新生态”。市委副秘书长郭广生及海淀区政府、市金融局、中关村管委会等单位相关负责人、专家出席，合作伙伴、媒体的代表等300余人参加。活动中，发布《中关村发展集团“十三五”发展规划纲要》，举行中关村领创空间开业仪式，中国科学院院士王中林及清华大学、中国科学技术战略研究院等相关专家发表主旨演讲，分别举办主题为“打造金融服务生态链”“深耕‘高精尖’，打造新格局”“协同发展，合作共赢”“按照‘五个一流’标准构建科技园区服务供给新生态”的分论坛，举行一系列“高精尖”项目路演、成果汇报、高端对话、专题研讨等活动，集中展示中关村发展集团在金融、产业投资、区域合作、园区发展等方面的探索和成果。

（李贺英）

【中关村创业大街－英特尔开放创新实验室成立】 10月14日，由中关村创业大街运营公司和英特尔（中国）有限公司主办的中关村创业大街－英特尔开放创新实验室启动仪式在中关村创业大街举行。实验室由中关村创业大街与英特尔（中国）有限公司联合成立，创客大爆炸运营，旨在发挥中关村创业大街的创新创业服务资源优势，以及利用英特尔公司领先的智能硬件技术优势和产业资源，推动智能硬件创新创业资源集成和融合。双方将在智能硬件、机器人、AR、VR、物联网、大数据等前沿领域开展研发，帮助国际、国内创新企业快速发展。实验室将成为创新实验基地，为创客们提供先进的实验设备与空间，以用于产品原型的制作与验证；成为创客及智能硬件爱好者的展示交流中心，通过项目展示、专家讲座、创客训练营、智能硬件活动工坊等形式，实现创新需求的汇聚与对接；依托中关村创业大街以及英特尔公司的优势资源，为创业者提供市场营销、资本对接、技术支持、生产制造等一站式服务。

（张　蕾　梁　冰）

【国家高新区瞪羚企业发展报告发布】 10月15日，由科技部火炬中心、中国高新区研究中心、北京市长城企业战略研究所主办的《国家高新区创新能力评价报告（2016）》及《国家高新区瞪羚企业发展报告（2016双创周特刊）》发布会在中关村示范区展示中心举行。其中，《瞪羚企业发展报告》遴选2085家瞪羚企业，报告数据显示中国瞪羚群体营业收入近3年复合增长率为35.8%，2015年平均营业收入9.06亿元，平均净利润6683.7万元，平均员工数量527人，平均上缴税额3946.6万元。中关村示范区瞪羚培育工作成效突出，瞪羚企业数量居全国高新区之首，占国家高新区瞪羚企业总量的25%。

（石会昌　孙当如）

【全球创新路演活动举行】 10月16日，中关村创新创业季——全球创新路演在中关村创业大街举行。来自英国、美国、韩国等7个国家的9支人工智能领域创新创业团队参加。路演项目主要集中于人工智能领域，与交通、医疗等实体产业紧密结合。其中，美国5D Robotics项目，涉及智能交通领域，致力于无人驾驶传感器技术与解决方案；英国的Medical Realities项目，是利用VR/AR/AI技术开发的一款医疗培训产品；Safe Patient Systems（SPS），是一套智能安全移动医疗（SMC）医疗系统，产品可覆盖医疗保健的任何阶段，包括视频通话解决方案、文本型医疗解决方案和患者学习模块。最终，5D Robotics获最佳团队奖，可享受创业大街提供的奖金和6个月落地孵化服务。

（陈宝德）

【7家企业入选新智元100最具竞争力榜单】 10月18日，在世界人工智能大会上，《中国人工智能产业发展报告》发布，新智元100最具竞争力TOP10企业名单揭晓。中关村示范区北京字节跳动科技有限公司（今日头条）、驭势科技（北京）有限公司（驭势科技）、北京地平线机器人技术研发有限公司（地平线）、北京旷视科技有限公司（旷视科技）、北京羽扇智信息科技有限公司（出门问问）、北京云知声信息技术有限公司（云知声）、北京智能管家科技有限公司（ROOBO）7家企业入选。上榜企业凭借影响力、发展潜力、融资情况、团队规模等业绩，得到评审委员会的认可。

（王学军）

【创业公社台湾青年创业驿站揭牌】 10月21日，在两岸创业青年筑梦北京系列活动启动仪式上，创业公社台湾青年创业驿站揭牌。台湾驿站由北京创业公社投资发展有限公司打造，台湾青年郑博宇负责运营，位于北京中关村国际创客中心，办公面积100余平方米，可为入驻的台湾创业团队提供3个月的免费办公场地，并提供各项服务咨询，包括资讯普及、服务对接、金融扶持等。桃桃喜、燿麒科技、八桂韦氏中医等首批14家台湾创业团队入驻驿站。

（徐　建）

【共建北京加州科技服务中心】 10月28日，美国加州亚太商会与北京中关村大街运营管理股份有限公司合作协议签署仪式在清华科技园举行。合作双方的相关负责人及商界代表等参加。根据协议，双方将在中关村示范区成立北京加州科技服务中心，为中美两国科技企业合作提供一站式技术支持服务。中心将引进美国企业和个人到中关村设立分公司或企业，在办公空间市场、资源、合作伙伴、人力资源、投融资渠道等方面提供一站式服务，搭建中美企业在技术交易、技术转让、技术投资等领域的合作平台。同时组建运营公司，专业从事技术交易、技术转移、技术投资等业务，为本土“双创”企业带来更多资本接触的机会。

（康秋红　范丁波）

【10家企业入选德勤50强排行榜】 11月16日，德勤中国发布2016高科技高成长中国50强排行榜名单。其中，中关村示范区北京字节跳动科技有限公司（今日头条）、宜人恒业科技发展（北京）有限公司（宜人贷）、北京云测信息技术有限公司（云测）等10家企业入选，涉及软件、互联网、通信、生物技术等领域。

排名	公司全称	公司简称	行业	收入增速
3	北京字节跳动科技有限公司	今日头条	互联网/媒体	13085%
4	宜人恒业科技发展（北京）有限公司	宜人贷	软件	6578%
17	北京云测信息技术有限公司	云测	通信	1166%
22	北京博奥晶典生物技术有限公司	博奥晶典	生物技术/制药	1051%
28	北京天地祥云科技有限公司	天地祥云	通信	896%
30	北京智象信息技术有限公司	智象	软件	832%
31	北京乐融多源信息技术有限公司	PINTEC	软件	822%
32	北京蓝海讯通科技股份有限公司	蓝海讯通	软件	815%
34	玖富互金控股集团有限责任公司	玖富	软件	708%
40	北京大生知行科技有限公司	51Talk无忧英语	互联网/媒体	614%

（陈宝德）

【6家单位获新建高校学科创新引智基地立项】 11月17日，教育部、国家外国专家局印发《关于2017年度新建高等学校学科创新引智基地立项的通知》（教技函〔2016〕57号）。北京地区7家单位获立项，其中中关村示范区内6家，包括北京大学高可信软件技术学科创新引智基地、北京航空航天大学空天先进材料学科创新引智基地、北京科技大学材料基因工程学科创新引智基地、北京理工大学安全与防护学科创新引智基地、北京师范大学多尺度生态模拟与安全调控技术学科创新引智基地、北京邮电大学信息网络体系构建与融合学科创新引智基地。《通知》要求立项单位于

2017 年 6 月 30 日前完成组织建设论证、5 年建设规划及年度计划。

序号	基地编号	基地名称	依托单位
1	B17001	高可信软件技术学科创新引智基地	北京大学
2	B17002	空天先进材料学科创新引智基地	北京航空航天大学
3	B17003	材料基因工程学科创新引智基地	北京科技大学
4	B17004	安全与防护学科创新引智基地	北京理工大学
5	B17005	多尺度生态模拟与安全调控技术学科创新引智基地	北京师范大学
6	B17007	信息网络体系构建与融合学科创新引智基地	北京邮电大学

（钮 键 武 悦）

【6 个项目获大学生创新创业大赛金奖】 11 月 22 日，教育部发布《关于公布第二届中国“互联网 +”大学生创新创业大赛获奖名单的通知》（教高函〔2016〕9 号）。来自中国人民大学的“彩虹蜗牛教育”、清华大学的“LinkTravel—基于新型公交电子站牌的商业与大数据服务系统”、北京航空航天大学的“CellRobot”“航空航天与汽车智能装备制造”、北京科技大学的“RoBits 创客教育教学装备”、北京邮电大学的“北京新片场传媒股份有限公司”6 个项目获大赛金奖。同时，北京大学的“ofo 共享单车”获大赛季军。（第二届中国“互联网 +”大学生创新创业大赛全国总决赛于 2016 年 10 月 13—15 日在华中科技大学举行。）

（钮 键 武 悦）

【72 家单位获创新创业服务机构建设资金支持】 11 月 23 日，市科委印发《公示 2016 年创新创业服务机构建设促进专项拟支持名单的通知》。其中，中关村示范区北京中关村软件园孵化服务有限公司、北京普天德胜科技孵化器有限公司等 15 家科技企业孵化器，中国矿业大学（北京）国家大学科技园等 4 家大学科技园以及北京创业公社投资发展有限公司、启迪之星（北京）科技企业孵化器有限公司等单位运营的 53 家众创空间分别获专项资金支持。资金用于支持科技园运营机制的创新、科技成果转化、促进校企合作及服务大学生创业等相关活动。

（姜笑笑）

【中关村示范区企业及项目获中国工业大奖】 12 月 11 日，中国工业经济联合会发布《第四届中国工业大奖公告》，其中，中关村示范区内的北新集团建材股份有限公司 1 家企业，中国空间技术研究院的中国探月工程探测器系统 1 个项目获中国工业大奖；国核电力规划设计研究院、中国华电科工集团有限公司、京东方科技集团股份有限公司 3 家企业，北京水泥厂有限责任公司的依托水泥窑协同处置转型升级示范项目、中国长江三峡集团公司的三峡巨型水轮发电机组创新研究与国产化实践两个项目获中国工业大奖表彰奖。

（曾 佳）

【6 家单位入选 2016 年度优秀创新案例】 12 月 15 日，在由新华社瞭望周刊社、中国电子信息产业发展研究院主办的 2016 世界创新论坛 · 国家城市新经济发展市长论坛上，“2016 年度优秀城市（园区）创新案例”“2016 年度影响力优秀企业创新案例”“2016 年度新锐优秀企业创新案例”名单揭晓。中关村示范区 6 家单位入选，其中昌平园凭借完善的创新创业支持政策、集聚的创新创业要素资源、独特的创新创业品牌，

推动了区域产业升级和转型发展，入选优秀城市（园区）创新案例；北京高能时代环境技术股份有限公司入选影响力优秀企业创新案例；北京中关村领创金融信息服务有限公司、北京百度网讯科技有限公司、北京国承万通信息科技有限公司、北京进化者机器人科技有限公司 4 家单位入选新锐优秀企业创新案例。

（李贺英 范丁波）

【中关村 TOP100 企业家俱乐部首次探营活动举办】 12 月 16 日，中关村 TOP100 企业家俱乐部举办首次探营

活动，20余名企业家、投资人、金融机构负责人走进北京中广上洋科技股份有限公司，就企业发展交流经验，并在公司互动课堂、演播室进行实地场景体验。中关村TOP100企业家俱乐部探营活动是北京中关村高新技术企业协会走进企业系列活动的组成部分，以中关村TOP100企业家俱乐部会员企业、中关村高成长TOP100企业、高企协会员企业等为对象，开展参访交流。

（郭　楠　赵景芳）

【15家企业入选2016年中国最佳创新公司50强】 12月28日，美国《快公司》中文版发布2016年中国最佳创新公司50强排行榜。其中，中关村示范区北京量化健康科技有限公司、北京百奥赛图基因生物技术有限公司等15家企业入选，占全部入选企业的30%。

序号	企业	成立时间	亮点
1	量化健康	2014/4/21	微军火商
2	百奥赛图	2009/11/13	生物医药拓荒工具
3	吉因加	2015/4/23	基线破解癌症
4	罗辑思维	2014/6/17	罗氏“制要”
5	阿博茨科技	2016/5/3	链条生花
6	发现旅行	2008/1/17	境外旅行管家
7	商汤科技	2014/11/14	算法造血机
8	日志易	2014/4/18	活用日志的力量
9	奥科美	2009/10/21	智育良田
10	渡鸦科技	2014/5/6	感触交互
11	客如云	2012/8/15	餐饮“造脑者”
12	一撕得	2013/11/26	优雅开箱
13	贯通云网	2014/5/23	智慧快递
14	摩拜单车	2015/1/27	共享骑行
15	中国铁路通信信号股份有限公司	2010/12/29	主控交通

（陈宝德）

【《全球创业观察中国报告（2015/2016）》发布】 12月28日，由清华大学启迪创新研究院与清华大学中国创业研究中心联合主办的全球创业观察（GEM）2015/2016中国报告暨2016中国城市创新创业环境评价研究报告发布会在京举行。国际欧亚科学院、人力资源社会保障部、中国科协创新战略研究院、清华大学等单位的相关负责人参加。会上，发布《全球创业观察中国报告（2015/2016）》，主题为20国集团（G20）背景下的中国创业。《报告》内容包括：中国创业活动在G20中处于比较活跃的状态；中国创业活动主要集中在客户服务业，高附加值产业创业比例较低；G20中创新驱动经济体的创业企业更容易成长为成熟企业；中国创业生态环境总体表现良好；中国创业活动的创新能力和国际导向有待提高，创业带动就业能力较好；G20创业调查数据显示，创业数量和质量负相关，创业活动活跃的国家，其产品和市场创新能力相对较差；中国创业者资金来源于自有资金（占比为91.3%），主要渠道是家庭、银行和朋友，银行贷款、风险投资、政府项目和众筹也是创业资金的来源，但比例仍然低于大多数创新驱动型经济体。同日，清华大学启迪创新研究院还发布《2016中国城市创新创业环境评价研究报告》。

（康秋红）

【中关村100企业家俱乐部做强做大研讨会举办】 年内，中关村100企业家俱乐部共举办探路者专场、中科金财专场等6场企业做强做大闭门研讨会。中关村

管委会等单位有关负责人和企业家俱乐部理事及代表等170余人次参会。与会企业家分别围绕企业并购、多层级合伙人制、技术创新驱动大企业发展等话题进行研讨，并对企业做强做大建言献策。

（霍燕燕）

【搭建中关村双创展示平台】 年内，中关村双创平台建设取得初步成果。在中关村创新创业服务平台基础上，中关村管委会搭建外网门户网站——中关村双创展示平台，完成由北京数海科技有限公司承建的数海科技双创平台和神州企橙（北京）科技有限公司承建的神州数码双创平台的建设，结合中关村示范试点项目成果，基本实现与“智慧中关村”平台的有效对接。数海双创平台与北京奇虎科技有限公司等企业进行对接，引入20余家服务商，新增注册企业用户200户，网站点击率不低于1.5万次；神州数码双创平台接入天使汇、车库咖啡、京东众筹等200余家创业企业服务机构，汇聚1200余项服务。

（马文涛　于喜鹏）

知识产权与标准化

Intellectual Property and Standardization

本栏目设有专利、商标与版权、知识产权管理、标准化4个分栏目，以条目体形式记述中关村国家自主创新示范区在加强知识产权保护和管理方面采取的举措和取得的成效，中关村示范区范围内的单位在参与国际标准、国家标准、行业标准和北京市标准的制定方面取得的成效，以及在推广实施标准方面所开展的主要活动和取得的成效等。

综　述

2016年，中关村示范区不断加强工作体系建设，聚焦重点、统筹资源，加大对企业的支持力度，引导知识产权服务业集聚创新发展。

《2016—2018年中关村知识产权推进计划》和《2016年中关村知识产权工作要点》印发，明确示范区近、中期知识产权工作重点。京东方科技集团股份有限公司等7家中关村示范区企业年度专利申请量1000件以上，103家企业年度专利申请量超过100件。中关村示范区3家单位的专利项目获第十八届中国专利奖金奖，占金奖总数的15%。全面推动中关村专利导航产业发展实验区第二阶段建设，《中关村专利导航移动互联网产业创新发展的意见》出台，围绕移动终端的电池等7个领域开展2016年度移动互联网专利导航细分领域分析工作。知识产权局批复中关村示范区成为全国首家国家知识产权服务业集聚发展示范区和国家知识产权质押融资示范区。支持中关村知识产权领军企业和重点示范企业开展知识产权战略制定、数据挖掘、信息检索分析、专利预警及知识产权运营等知识产权高端运用工作。北汽福田汽车股份有限公司等23家第二批中关村知识产权领军企业和重点示范企业共获支持资金973.4万元。专利审查员实践基地活动持续开展，北京（中关村）审查员实践基地被知识产权局评为“十二五”优秀审查员实践基地。吸引服务机构为企业服务。中关村示范区聚集知识产权代理机构超过240家，占全国的20%；北京集慧智佳知识产权管理咨询股份有限公司登陆新三板，成为国内科技服务领域知识产权咨询方向的第一家上市公司。北京市柳沈律师事务所等7家中关村知识产权服务机构先后被知识产权局评为国家知识产权分析评议服务示范创建机构；集慧智佳公司等18家2016年度绩效考核优秀的知识产权服务机构获资金支持；出现“在线创新创意保护平台”等一批互联网知识产权专业服务平台，以互联网为支撑，以开放式、综合化、高效率服务为特点的知识产权服务新生态正在加速形成。加强知识产权宣传培训交流，举办2016年中关村知识产权推进会和2016中关村知识产权论坛；举办中关村优秀知识产权服务机构巡讲季培训活动5期，服务示范区重点企业500家次。与世界知识产权组织、国际商标协会对接，探索社会组织助力中关村知识产权保护；邀请英国普雷塞斯中心等国外知识产权服务机构与中关村示范区企业、服务机构交流相关国家专利政策和专利运营经验。2016年，中关村示范区企业共申请专利6.92万件，同比增长14.2%，其中发明专利4.11万件，同比增长8.7%，占示范区企业专利申请量的59.4%；示范区企业获专利授权3.63万件，占北京市专利授权量的36.1%，其中发明专利1.48万件，同比增长15.3%，占示范区企业专利授权量的40.7%；示范区企业申请PCT专利3187件，同比下降5.1%，占北京市PCT专利申请量的47.9%。截至年底，中关村示范区企业拥有有效发明专利61776件，占北京市企业同期有效发明专利量的62.6%。

2016年，中关村标准创新试点工作通过国家标准委验收。标准化试点示范工作的建设，使中关村示范区企业的标准化意识明显增强，涌现出一批具有推广意义的标准化示范单位，一批标准带动产业整体发展。《中关村标准化行动计划（2016—2018年）》印发，到2018年，中关村示范区将基本建成全球先进标准创制与实施的引领辐射区。中关村示范区16个标准项目获2016年中国标准创新贡献奖，其中3项成果获一等奖。中关村技术创新能力建设资金政策逐年完善，2016年，完成对2015年度150家单位296个标准项目的支持，共涉及资金5913万元。开展中关村示范区标准化试点示范工作，确定中关村标准化试点单位88家和中关村标准化示范单位10家。中关村标准化协会成立并发布首批7项“中关村标准”，将着力打造“中关村标准”品牌。2016年，中关村示范区企业和产业联盟创制60项标准，包括国际标准2项、国家标准52项、行业标准6项。截至年底，共创制标准6173项，包括国际标准229项、国家标准3433项、行业标准2331项、地方标准180项。

《关于开展中关村商标品牌建设调研联系点工作的通知》印发，确定TD产业联盟等14家单位为首批联系点。《中关村商标品牌故事》出版，讲述北京双鹭药业股份有限公司等19家企业的商标品牌发展之路。2016年，中关村示范区新增中国驰名商标6件。

（钟锌章　孙婷婷）

专 利

【14 家单位入选国家专利运营试点】 1 月 29 日，知识产权局印发《关于确定新一批国家专利导航产业发展实验区、国家专利协同运用试点单位、国家专利运营试点企业的通知》(国知发管函字〔2016〕18 号)，86 家单位入选。其中，中关村示范区内 14 家单位入选。北京电信技术发展产业协会、北京音视频产业知识产权联盟、中国科学院计算技术研究所等 8 家单位入选国家专利协同运用试点单位名单；中国技术交易所有限公司、北京创驿科技发展有限公司、北大方正集团有限公司等 6 家企业入选国家专利运营试点企业名单。试点建设（培育）期限 3 年半，截至 2018 年 8 月。建设（培育）期间，知识产权局将建立跟踪管理工作机制和核心指标年度统计上报制度，根据建设（培育）工作成效，选取部分实验区及试点企业给予重点支持。建设（培育）期满后，将对实验区、试点单位及试点企业进行考核验收。

（韩洋洋）

【一种微纳升体系流体芯片的检测系统获发明金奖】 5 月 10 日，在北京发明创新大赛 10 周年回顾活动中，博奥生物集团有限公司、清华大学共同研发的“一种微纳升体系流体芯片的检测系统及检测方法”获第十届北京发明创新大赛金奖。发明包括入射光生成系统、双焦面荧光收集系统、收集光处理系统、循环流动立体温控载物台以及微流体芯片。双焦面荧光收集系统包括前、后两个成像透镜组和设置在后透镜组输出端的探测器；收集光处理系统包括与探测器输出端连接的 A/D 采集卡，与 A/D 采集卡输出端连接的计算机；温控载物台包括承载微流体芯片的运动平台，以及围绕在运动平台周围的传热介质，设置在传热介质周围的加热器和设置在加热器外面的保温装置。发明结构简单、成本低廉，荧光收集效率与检测灵敏度高，操作使用方便，已应用于博奥生物集团自主研制的恒温扩增微流控芯片核酸分析仪，适用于食品安全、临床医疗、卫生防疫等领域。

（万 玮）

【184 家市专利示范单位通过复审】 9 月 13 日，市知识产权局印发《关于确认通过 2016 年度北京市专利示范单位复审工作企事业单位的通知》。根据通知，自 6 月 13 日起，市知识产权局面向第一批至第六批北京市专利示范单位开展 2016 年度北京市专利示范单位复审工作。经审核，共确定中国中铁股份有限公司等 198 家企事业单位通过复审。其中，中关村示范区内北大方正集团有限公司、有研稀土新材料股份有限公司、北京京诚凤凰工业炉工程技术有限公司等 184 家单位通过复审。

（李积伟）

【35 件专利获第四届北京市发明专利奖】 9 月 14 日，市知识产权局印发《关于第四届北京市发明专利奖评审结果公示的通知》，共 36 件专利获奖。中关村示范区内 35 件专利获奖，其中，飞天诚信科技股份有限公司的签名方法、设备及系统（ZL200910083284.4）获特等奖，京东方科技集团股份有限公司的一种供电系统（ZL201310573353.6）等 5 件专利获一等奖，北京东土科技股份有限公司的一种工业以太网快速冗余的实现方法（ZL200710003041.6）等 10 件专利获二等奖，北京奇虎科技有限公司的一种分布式键—值查询方法和查询引擎系统（ZL201110460494.8）等 19 件专利获三等奖。

（张 毅）

【签名方法、设备及系统】 9 月 14 日，由飞天诚信科技股份有限公司陆舟等发明的签名方法、设备及系统（ZL200910083284.4）获第四届北京市发明专利奖特等奖。发明涉及信息安全领域，主要解决用户的数字签名被他人冒用的问题。客户端主机在接收到用户输入的交易信息后，用交易信息生成交易报文并发送到 USB Key；USB Key 接收主机发送的交易报文，并提取交易报文中的复核信息，通知用户对复核信息和复核信息标识符进行复核，接收到用户发送的确认信号后，对复核信息进行签名并发送签名到主机；服务器接收主机转发的签名和交易报文，从交易报文中提取复核信息并对其进行拼接，根据拼接后形成的待签名数据包对接收到的签名进行验证。

（张 毅）

【电动汽车车载充电保护装置、充电保护方法及车辆】 9 月 14 日，由北汽福田汽车股份有限公司邓小明等发明的电动汽车车载充电保护装置、充电保护方法及车辆（ZL200910089068.0）获第四届北京市发明专利奖一等奖。装置及方法包括：1个电机控制器连接汽车电机，提供电机运行信号并依指令控制电机运行或关闭；1台车载充电机提供电源连接信号；1个电池组分别连接车载充电机和电机控制器，提供电池信号，并依指令充电或向电机供电；1个整车控制器分别连接电机控制器、车载充电机、动力电池组，根据电机控制器、车载充电机、动力电池组提供的信号进行判断，并向车载充电机、电机控制器发送是否充电控制指令信号。充电插座未接或电池组未处于可充电状态或电机未闲置状态或出现故障时，控制车载充电器不充电，当上述条件具备时，车载充电机对电池组进行充电，同时控制电机控制器以防止电机误启动。

（张　毅）

【一种汽爆秸秆木糖发酵丙酮丁醇及提取剩余物的方法】9月14日，由北京中科百瑞能工程技术有限责任公司陈洪章等发明的一种汽爆秸秆木糖发酵丙酮丁醇及提取剩余物的方法（ZL200910088002.X）获第四届北京市发明专利奖一等奖。方法的步骤：汽爆秸秆经水浸泡后进行固、液分离，从汽爆秸秆液体中得到糠醛、有机酸和木糖；汽爆秸秆木糖发酵生产丙酮丁醇，总溶剂产量12克/升～22克/升；汽爆秸秆固体经过碱萃取后，碱萃取液用于制备木质素，碱萃取渣用于造纸和发酵生产饲料。发明使秸秆中的纤维素、半纤维和木质素三大组分得到分级转化，可以生产糠醛、有机酸、木糖、木质素以及造纸纤维，经生物转化可以生产丙酮、丁醇、饲料蛋白等发酵产品，实现秸秆资源的综合利用，生产过程无废料和污染物排放，达到清洁生产。

（张　毅）

【一种上报信道状态的方法及装置】9月14日，由大唐移动通信设备有限公司苏昕等发明的一种上报信道状态的方法及装置（ZL201010569722.0）获第四届北京市发明专利奖一等奖。方法用于实现基于CSI-RS的信道状态上报，包括：用户设备UE对探测参考信号CSI-RS的配置信息进行检测；UE根据检测结果确定基于CSI-RS的信道状态上报所需的端口数量；UE根据确定的端口数量、预设的端口数量与传输方案的对应关系，确定基站将采用的传输方案；UE根据确定的传输方案计算并上报信道状态信息。

（张　毅）

【一种供电系统】9月14日，由京东方科技集团股份有限公司等单位郭乃嘉等发明的一种供电系统（ZL201310573353.6）获第四届北京市发明专利奖一等奖。供电系统用于为电子装置供电，包括：为电子装置供电的至少两个并联连接的第一供电电源。供电系统中的每一个第一供电电源的结构简单，且便于维修，使得整个供电系统的结构简单并便于维修。发明还获第十八届中国专利优秀奖。

（张　毅）

【一种加氢处理催化剂及其应用】9月14日，由北京安耐吉能源工程技术有限公司曲良龙等发明的一种加氢处理催化剂及其应用（ZL201110034020.7）获第四届北京市发明专利奖一等奖。催化剂含有载体和金属活性组分，其中，金属活性组分含有钼和/或钨以及镍，且以催化剂总重量为基准，以氧化物计，载体的含量为60%～89.5%，钼和/或钨的含量为0.5%～10%，镍的含量为10%～30%。加氢处理催化剂的催化活性高，对二烯烃的氢化反应有很高的选择性。

（张　毅）

【汽轮发电机组轴系机械疲劳的测量方法】9月14日，由北京四方继保自动化股份有限公司梁新艳等发明的汽轮发电机组轴系机械疲劳的测量方法（ZL200710178667.0）获第四届北京市发明专利奖二等奖。发明涉及一种火力发电厂汽轮发电机组轴系机械疲劳的实时测量算法，公开通过机组轴系模型、固有频率和振型曲线计算轴系机械疲劳的计算过程和方法。方法包括：确定汽轮机组轴系集中质量模型及其参数，选取轴系计算断面、危险截面位置；根据轴系模型参数，计算汽轮发电机组轴系固有频率和振型；求解次同步谐振频率信号在各计算断面处产生的转矩；根据轴系材料的扭转S-N曲线按照轴系各危险截面处实时计算的转矩得到该位置的机械疲劳。发明是解决机组次同步振荡对汽轮发电机组轴系危害的关键研究，也可应用于大型旋转机械的实时疲劳计算和危险评估。

（张　毅）

【一种工业以太网快速冗余的实现方法】9月14日，由北京东土科技股份有限公司马化一等发明的一种工业以太网快速冗余的实现方法（ZL200710003041.6）获第四届北京市发明专利奖二等奖。发明提供一种工业以太网冗余环网的快速倒换设计实现方法。在多台交换机形成环网时，该方法预先设定网络中1个主站、多个从站，在网络正常状态下，主站设备定期发送TEST报文，并检测报文，维护整个网络的拓扑在主站形成逻辑的断点。当网络上的节点发生中断时，断点的相邻节点的环端口的状态被检测到，并转发到主站及网络上的其他节点，主战设备打开原来被阻塞的端口，网络上的所有节点同时刷新MAC地址表，改变网络中的数据路由，并达到稳态，过程在100毫秒内完成。

（张 毅）

【一种屏幕可旋转的便携式电子设备】9月14日，由联想（北京）有限公司夏小松等发明的一种屏幕可旋转的便携式电子设备（ZL200610126709.1）获第四届北京市发明专利奖二等奖。发明提供一种具有显示屏和底座的便携式电子设备，其屏幕能够稳定地实现360度的自由开合旋转。设备在显示屏和底座之间设有转动机构，使显示屏能够相对底座进行翻转，其中转动机构包括：第一支撑件，沿第一轴向固定于显示屏；第二支撑件，沿平行于第一轴向的第二轴向固定于底座；转动件，分别可枢转地连接于第一支撑件和第二支撑件，以沿第一轴向和/或第二轴向旋转。在显示屏和底座之间还可设有齿轮啮合机构，齿轮啮合机构包括：第一齿轮，沿第一轴向固定于显示屏；第二齿轮，沿第二轴向固定于底座，其中，在显示屏相对底座翻转的过程中，第一齿轮和第二齿轮相互啮合转动。该电子设备可以在各种环境下灵活使用。

（张 毅）

【一种熔融钢渣余热有压热闷处理方法】9月14日，由中冶建筑研究总院有限公司等单位钱雷等发明的一种熔融钢渣余热有压热闷处理方法（ZL201110083643.3）获第四届北京市发明专利奖二等奖。处理方法包括：倾翻熔融钢渣，渣罐倾翻车将熔融钢渣倾倒于预处理室中；辊压破碎，预处理室内的自动喷水装置对熔融钢渣表面喷水冷却并通过辊压破碎机进行辊压破碎；推渣，辊压破碎机将预处理室内已冷却的块状高温钢渣推至卸料口入渣槽内；转运，转运台车将盛有所述的块状高温钢渣的渣槽转运至余热有压热闷罐；消解，对所述的块状高温钢渣表面喷水产生蒸汽且在交变的蒸汽压力下消解游离氧化钙（f–CaO）、游离氧化镁（f–MgO）使钢渣自解粉化。发明对钢渣温度、流动性不加限制并可实现钢渣处理的连续化、设备化、自动化，具有节能、节地、高效、安全的优点。发明还获第十八届中国专利优秀奖。

（张 毅）

【一种双层烧结金属粉末滤芯的制备方法】9月14日，由安泰科技股份有限公司王凡等发明的一种双层烧结金属粉末滤芯的制备方法（ZL201010226138.5）获第四届北京市发明专利奖二等奖。成果属粉末冶金制品领域。双层滤芯是由尺寸较大的外层滤芯内套尺寸较小的内层滤芯构成的。外层滤芯的孔隙较小，起过滤作用；内层滤芯的孔隙较大，起保护作用。外层滤芯主要采用等静压/粉末轧制成形与真空/氢气高温烧结的方法制备，其平均孔隙1～20微米，孔隙率25%～40%；内层滤芯主要采用等静压/粉末轧制成形与真空/氢气高温烧结的方法制备，其平均孔隙20～50微米，孔隙率30%～50%。双层金属滤芯具有过滤精度高、强度大、再生性能好、使用寿命长、运行安全可靠等优点，适用于石油化工、能源环保等领域的高温气固分离场合。

（张 毅）

【83件专利获中国专利奖】12月7日，知识产权局印发《关于第十八届中国专利奖授奖的决定》（国知发管字〔2016〕95号），中关村示范区内83件专利获奖。其中，中国石油天然气股份有限公司的裂缝储层含油气饱和度定量计算方法（ZL200910087474.3）、机械科学研究总院先进制造技术研究中心的无模铸造成形机（ZL201110127890.9）、北京空间飞行器总体设计部的多约束多航天器飞行间距预示及碰撞规避方法（ZL201210543834.8）3件专利获第十八届中国专利金奖，联想（北京）有限公司的笔记本电脑（U430s）（ZL201330033017.3）获第十八届中国外观设计金奖，北京赛升药业股份有限公司的高纯度蛇毒纤溶酶的制备方法及其药物制剂（ZL200410009433.X）等79件专利获第十八届中国专利优秀奖。

（孙婷婷）

【裂缝储层含油气饱和度定量计算方法】12月7日，由中国石油天然气股份有限公司李宁等发明的裂缝储层含油气饱和度定量计算方法（ZL200910087474.3）获第十八届中国专利金奖。发明涉及石油开发技术的裂缝储层含油气饱和度定量计算方法，利用已知的全直径岩心资料、成像测井资料得到裂缝储层不同深度的裂缝孔隙度，计算不同深度的电阻率指数，根据已知的孔隙特征建立基质—裂缝结合的逾渗网络模型，利用岩心实验和密闭取心资料刻度逾渗网络模型数值模拟结果，刻度之后通过数值模拟得到不同裂缝孔隙度下电阻率指数（I）与含水饱和度（Sw）之间的变化关系，选定插值函数关系计算裂缝储层的含油（气）饱和度。在常规方法计算的含油气饱和度为0.49时，利用发明方法计算的含油气饱和度为0.67，可提高精度0.18以上。

（张 毅）

【无模铸造成形机】12月7日，由机械科学研究总院先进制造技术研究中心单忠德等发明的无模铸造成形机（ZL201110127890.9）获第十八届中国专利金奖。无模铸造成形机由多轴运动系统、工作台和移动平台系统组成，其中多轴运动系统至少包括 X 轴运动系统、Y 轴运动系统和 Z 轴运动系统；工作台位于多轴运动系统的下方；移动平台系统设置在工作台的下方，包括沿平行于 X 轴的方向可往复移动的移动支架，移动支架上设有抬升装置，抬升装置用于抬高并支撑工作台，使工作台与移动支架联动。成形机无须吊装工具即可移动工作台，可以加工大尺寸、复杂型腔的铸型，且环境污染小。

（张　毅）

【多约束多航天器飞行间距预示及碰撞规避方法】 12 月 7 日，由北京空间飞行器总体设计部杨慧等发明的多约束多航天器飞行间距预示及碰撞规避方法（ZL201210543834.8）获第十八届中国专利金奖。方法的步骤：①根据在轨已发射航天器巡航姿态下姿控消耗推进剂的遥测数据值，确定姿控平均力的大小；②根据各航天器的初始星历信息及步骤①中确定的姿控平均力进行高精度轨道预报，计算任一时刻各航天器在惯性坐标系的星历及任一时刻各航天器之间的相对距离，确定航天器间的最小相对距离；③改变姿控平均力的作用方向，重复步骤①和②，计算各航天器最小相对距离的最小值，最小值对应的姿控平均力作用方向即为最恶劣情况；④将步骤③中确定的最小值与最小安全距离进行比较，若最小值大于最小安全距离，则航天器无碰撞风险，否则在第一圈测控跟踪弧段内，选择其中 1 个航天器进行 1 次轨道机动，拉开航天器之间的距离，规避航天器碰撞风险。

（张　毅）

【玻璃基芯片型液晶显示器】 12 月 7 日，由北京京东方光电科技有限公司冷长林发明的玻璃基芯片型液晶显示器（ZL201010156379.7）获第十八届中国专利优秀奖。显示器在现有的玻璃基芯片型液晶显示器的基础上，增加恒定电流源和转换电路，恒定电流源分别与 2 个或 2 个以上源极驱动电路中的至少 1 个，和 2 个或 2 个以上栅极驱动电路中的至少 1 个连接，用于为各个源极驱动电路和各个栅极驱动电路提供恒定电流信号；各个源极驱动电路和各个栅极驱动电路中均包括转换电路，用于将接收到的恒定电流信号转换成电压信号。显示器通过转换电路将恒定电流源的电流信号转换成电压信号，能够为栅极驱动电路和源极驱动电路提供驱动电压，并简化制造工艺，提高液晶显示器的性能。

（张　毅）

【从含镍钴矿石生产镍钴的工艺】 12 月 7 日，由中国恩菲工程技术有限公司傅建国等发明的从含镍钴矿石生产镍钴的工艺（ZL200910237208.4）获第十八届中国专利优秀奖。工艺包括将含镍钴矿石制成矿浆，进行酸浸，得到浸出浆液；将浸出浆液注入常压循环浸出槽内，向槽内加入中和剂以对浸出浆液进行中和；对中和后的浸出浆液进行固液分离，得到浸出液和浸出渣；对浸出液进行一段净化以去除铁、铝，得到一段净化液和含有铁、铝的一段净化渣；对一段净化液进行二段净化以除去剩余铁、铝，得到二段净化液和二段净化渣；将二段净化渣返回到常压循环浸出槽内，回收二段净化渣中所含的有价金属；对二段净化液进行沉镍、钴。工艺具有有价金属回收率高、节约资源、工艺简单的特点。

（张　毅）

【二氧化碳开采器】 12 月 7 日，由煤炭科学技术研究院有限公司霍中刚等发明的二氧化碳开采器（ZL201310001976.6）获第十八届中国专利优秀奖。开采器由泄能头、定压泄能片、主管和充装头等组成，泄能头和充装头分别旋合在主管的两端，充装头上设置有通向主管充装腔的充装通道及开启和关闭充装通道的顶针，泄能头上设置有泄能通道，通道的一端通向主管的充装腔，另一端通向二氧化碳开采器外，并在主管的充装腔间中密封设置定压泄能片，主管的充装腔内设置加热装置，定压泄能片可在加热装置将充装到主管充装腔内的液态二氧化碳加热气化并膨胀到一定压力时破裂。产品可代替矿井开采中常用的雷管和炸药，避免明火爆炸引起瓦斯爆炸，实现矿井安全生产，还可以在瓦斯抽采过程中使煤体预裂，有效增加煤层透气性，提高煤层瓦斯抽采效率。

（张　毅）

【防爆透析式循环清洗的清洗罐和清洗装置】 12 月 7 日，由北京全盛虎安防爆科技有限责任公司王学彬等发明的防爆透析式循环清洗的清洗罐和清洗装置（ZL201210274306.7）获第十八届中国专利优秀奖。清洗罐包括罐体，罐体内填充有铝箔制成的阻隔防爆材料，阻隔防爆材料内分布有透析石；罐体的其中一端的上部设有进口，另一端的下部设有出口；罐体内靠近进口的一端设有由冲孔板围成的沉淀净化区，进口处连接有缓冲管，缓冲管伸入沉淀净化区的下部，沉淀净化区的下部设有水平的第一过滤网，沉淀净化区的底部设有排水孔；出口处设有第二过滤网。油品经过第一、第二过滤网和透析石 3 道过滤，将铁锈、残渣等杂质过滤沉淀，变得更加清澈、纯净。施工人员不用进入油罐内作业，可保障安全。清洗罐只需更换过滤网和透析石就能再次使用，可通过更换口和排污孔将过滤的杂质回收。

（张　毅）

【非固化沥青胶】12月7日，由北京东方雨虹防水技术股份有限公司田凤兰等发明的非固化沥青胶（ZL201010618185.4）获第十八届中国专利优秀奖。产品组成成分及其重量百分比：沥青35%～55%、环烷油15%～30%、聚合物改性剂3%～10%、胶粉55%～20%、邻苯二甲酸二异壬酯3%～10%、增粘树脂10%～20%。产品可以单独使用，也可以和配套的卷材一起使用，构成防水系统，可解决由于基层变形引起的防水层开裂导致的漏水问题。

（张　毅）

【高纯度蛇毒纤溶酶的制备方法及其药物制剂】12月7日，由北京赛升药业股份有限公司马骉等发明的高纯度蛇毒纤溶酶的制备方法及其药物制剂（ZL200410009433.X）获第十八届中国专利优秀奖。发明涉及制备高纯度蛇毒纤溶酶的方法，将抗原抗体反应与亲和层析技术结合，从含蛇毒纤溶酶的原料蛇毒中将蛇毒纤溶酶分离纯化，制备得到纯度高的蛇毒纤溶酶。通过该方法制备的高纯度蛇毒纤溶酶及其药物制剂纯度高，是集选择性适度、半衰期长、抗抑制、效力高、无毒副作用于一体的理想溶栓剂。

（张　毅）

【含碳或氧同位素化合物、制备方法、应用以及组合物】12月7日，由北京大基康明医疗设备有限公司曾骏等发明的含碳或氧同位素化合物、制备方法、应用以及组合物（ZL201010527457.X）获第十八届中国专利优秀奖。发明涉及一种含碳或氧同位素化合物及其制备方法、该含碳或氧同位素的化合物在正电子或其他核素成像中的应用和在获含碳或氧同位素的化合物在有机体内的分布或代谢图像中的应用、包含该含碳或氧同位素化合物的组合物。其制备方法为，利用射线照射在含碳或氧化合物上，射线的能量20兆电子伏特至430兆电子伏特，在不破坏化合物分子结构的情况下，使含碳或氧化合物中的碳或氧原子通过光核反应产生碳或氧正电子核素，得到含碳或氧同位素的化合物，将化合物用于有机体中，可以明确标记化合物在有机体内的分布和代谢状况。

（张　毅）

【基于互联网信息的输入法词频库的生成方法和系统】12月7日，由北京搜狗科技发展有限公司佟子健等发明的基于互联网信息的输入法词频库的生成方法和系统（ZL200610086577.4）获第十八届中国专利优秀奖。生成方法包括：通过网络爬虫技术获取互联网的网页；对网页信息进行分词处理；对词条进行词频统计，并保存形成互联网词频库。发明以公开的、实时变化的互联网信息为输入法系统的词频统计来源，生成的词频信息是最新和最佳的，并可以通过各种简单方便的方式更新至输入法系统的系统词频库，使得系统词频库中的词频信息能够与互联网上字词的词频信息保持一致，提高使用者首选词的命中率及输入速度和效率。

（张　毅）

【接触网悬挂状态监测系统】12月7日，由北京京天威科技发展有限公司赵俊彦等发明的接触网悬挂状态监测系统（ZL201310736951.0）获第十八届中国专利优秀奖。监测系统的承载车上设置有：一维激光测距仪，用于对接触网的支柱进行定位；腕臂成像单元，用于对接触网的腕壁进行成像；吊柱座成像单元，用于对接触网的吊柱座进行成像；杆号成像单元，用于对接触网支柱的杆号进行成像；接触线及吊弦成像单元，用于对接触线及接触网的吊弦进行成像；主机，分别与一维激光测距仪、腕臂成像单元、吊柱座成像单元、杆号成像单元、接触线及吊弦成像单元连接，用于对各装置测量的信息进行接收并显示。系统能够对接触网进行全面成像，有效降低漏检率。

（张　毅）

【可用于钢板表面施工的水泥基阻尼耐磨材料】12月7日，由中冶建筑研究总院有限公司任恩平等发明的可用于钢板表面施工的水泥基阻尼耐磨材料（ZL200910087034.8）获第十八届中国专利优秀奖。材料的组分按质量份数配比：水泥30～70份，砂40～90份，减水剂0.1～2份，增韧剂0.5～5份，保水剂0.3～3份，膨胀剂0.5～6份，阻尼剂0.1～30份。其效果在于：提高水泥基耐磨材料的阻尼性和使用年限，减少由于振动对材料的损伤；抗冲击韧性好，材料发生应变滞后，同时应变区域增大；降低表面摩擦系数，减少摩擦而生成的热能。

（张　毅）

【宽带信道测量的方法及系统】12月7日，由北京星河亮点技术股份有限公司张建华等发明的宽带信道测量的方法及系统（ZL200710098880.0）获第十八届中国专利优秀奖。方法包括：在发送机，产生宽带测量信号；对宽带测量信号进行上变频以产生射频信号；对射频信号进行功率放大；通过发送天线阵列中的1个或多个天线阵元以时分复用的方式将射频信号发送到接收机；在接收机，选择接收天线阵列中的1个或多个天线阵元以时分复用的方式来接收信号；对接收的信号进行下变频；对基带信号进行相关接收处理，以得到信道响应。同时还包括：在发送机，通过主控单元来控制宽带测量信号的类型、上变频信号的频段、发送功率及对发送天线阵元的选择；在接收机，通过主控单元来控制对接收天线阵元的选择、接收信号的频段，以及进行相关接收处理所需的相关码和数据存储等。

（张　毅）

【离子迁移谱仪】 12 月 7 日，由同方威视技术股份有限公司等单位李元景等发明的离子迁移谱仪（ZL200810116735.5）获第十八届中国专利优秀奖。离子迁移率谱仪由沿着迁移管依次布置的进样器、半透膜、离化区和端电极组成，其中在离化区靠近半透膜的一侧设置 1 个或多个进气孔，与针阀和第一过滤装置连接，用于进气，端电极上有直径小于进气孔的至少 1 个孔，在离化区靠近端电极的位置设置有孔，与抽气泵连接，可控制与电离区连接泵的气体流速，微孔结构和使用针阀形成较大的气阻，在电离区和半透膜处形成较低的气压，提高半透膜的透过效率，同时半透膜采用双金属网片夹持结构，不会因低气压而凸起。

（张　毅）

【马来酸桂哌齐特改进的制备方法】 12 月 7 日，由北京四环制药有限公司王雪松等发明的马来酸桂哌齐特改进的制备方法（ZL200610103455.1）获第十八届中国专利优秀奖。制备方法包括：氯乙酰基吡咯啶的制备；1–[（1– 四氢吡咯羰基）甲基] 哌嗪的制备；3，4，5– 三甲氧基肉桂酰氯的制备；1–[（1– 吡咯烷羰基）甲基]–4–（3，4，5– 三甲氧基肉桂酰基）哌嗪的制备；1–[（1– 吡咯烷羰基）甲基]–4–（3，4，5– 三甲氧基肉桂酰基）哌嗪顺丁烯二酸盐的制备；马来酸桂哌齐特的纯化及稳定晶形的制备。其特征：马来酸桂哌齐特稳定晶形的制备步骤中使用的溶剂为氯仿和丙酮中的一种或其任意组合。制备的产品熔点为 170 ～ 175 摄氏度，具有熔点高、晶形稳定的特点，适合工业化规模生产。

（张　毅）

【碳酸氢镁或／和碳酸氢钙水溶液在金属萃取分离提纯过程中的应用】 12 月 7 日，由有研稀土新材料股份有限公司黄小卫等发明的碳酸氢镁或 / 和碳酸氢钙水溶液在金属萃取分离提纯过程中的应用（ZL201080000551.8）获第十八届中国专利优秀奖。发明使用碳酸氢镁或 / 和碳酸氢钙水溶液作为酸平衡剂，以调节酸性有机萃取剂萃取分离过程中的平衡 pH 值，提高有机相萃取能力，使负载有机相中金属离子浓度提高。

（张　毅）

【物理上行控制信道的功率控制方法及设备】 12 月 7 日，由大唐移动通信设备有限公司高雪娟等发明的物理上行控制信道的功率控制方法及设备（ZL201010554295.9）获第十八届中国专利优秀奖。发明公开一种长期演进升级系统中的物理上行控制信道的功率控制方法及设备，涉及无线通信技术领域，用于合理地确定终端在物理上行控制信道（PUCCH）的信号发射功率，从而提高终端功率利用率。在发明中，终端在确定需要对生成的肯定应答（ACK）否定应答（NACK）信息进行合并时，采用预先设定的合并方式对 ACK/NACK 信息进行合并，根据合并方式确定 PUCCH 承载比特数对应的功率偏移量，进而确定 PUCCH 的发射功率，可更为合理地确定终端的发射功率。

（张　毅）

【业务系统可用性评估方法及系统】 12 月 7 日，由北京星网锐捷网络技术有限公司宋立华发明的业务系统可用性评估方法及系统（ZL201110078197.7）获第十八届中国专利优秀奖。业务系统可用性评估方法包括：监测业务系统中网元故障事件，根据预设规则获取网元的健康分值，网元包括节点和链路；根据节点在业务系统路径中出现的次数获取节点的权重；根据链路关联节点获取链路的权重；根据网元的健康分值和权重，按照预定算法评估业务系统可用性，实现业务系统可用性的有效、准确评估。

（张　毅）

【一种 NAS 算法的传输方法及装置】 12 月 7 日，由大唐移动通信设备有限公司吴鹏程发明的一种 NAS 算法的传输方法及装置（ZL201210050881.9）获第十八届中国专利优秀奖。发明用以实现由归属签约用户服务器（HSS）确定网络附属存储（NAS）算法并下发 NAS 算法给移动性管理实体（MME）的过程，使运营商可以根据 BOSS 端对 HSS 的签约信息进行修改，针对不同资质的用户对 NAS 算法进行灵活配置。其提供的一种 NAS 算法的通知方法包括：归属签约用户服务器 HSS 确定 NAS 算法列表，其中包括 NAS 加密保护算法列表和 NAS 完整性保护算法列表；HSS 将 NAS 算法列表发送给 MME。

（张　毅）

【一种并联式制动能量回收系统及其控制方法】 12 月 7 日，由北京新能源汽车股份有限公司张兆龙等发明的一种并联式制动能量回收系统及其控制方法

（ZL201210185868.4）获第十八届中国专利优秀奖。发明涉及电动汽车技术领域。回收系统包括：制动踏板、制动踏板开关、制动主缸、主缸压力传感器、制动防抱死系统、整车控制器、电机控制器、电池管理系统，其中制动踏板开关受制动踏板控制，整车控制器采集制动踏板开关及主缸压力传感器信号，并与电机控制器和电池管理系统进行通讯，发送信息状态及控制指令，整车控制器根据驾驶员踩制动踏板深度的制动主缸压力以及电机控制器、电池管理系统和制动防抱死系统的信息状态进行制动能量回收电制动力矩控制，具有结构简单、成本低、控制容易实现等特点。

（张　毅）

【一种单片型双极性膜的制造方法】12 月 7 日，由北京廷润膜技术开发有限公司葛道才发明的一种单片型双极性膜的制造方法（ZL201010281997.4）获第十八届中国专利优秀奖。制造步骤：以聚乙烯和乙烯与辛烯共聚物弹性体二元共混的合金薄膜，或聚乙烯和乙烯与辛烯的共聚物弹性体以及聚异丁烯橡胶三元共混的合金薄膜作为基底膜；将基底膜浸入含苯乙烯、二乙烯苯及过氧化苯甲酰的溶液中，浸过液的膜再加压，并在加热下聚合得到基膜；将基膜的一侧面在浓硫酸中加热磺化；将一侧面已磺化的膜在含无水四氯化锡的氯甲醚中进行氯甲基化反应，得另一侧面为氯甲基的膜，再浸在三甲胺水溶液或含二甲胺的三甲胺水溶液中进行胺化或季铵化反应，得到单片型双极性膜。方法的优点：含浸温度降低，苯乙烯和二乙烯苯溶液可以反复应用，双极性膜电阻低。双极性膜具有加速水分解的催化层，制造方法简便，易于大规模工业化生产。

（张　毅）

【一种多指标检测的微流控芯片】12 月 7 日，由博奥生物集团有限公司等单位王磊等发明的一种多指标检测的微流控芯片（ZL201410082166.2）获第十八届中国专利优秀奖。微流控芯片包括 1 个底片和与底片密封配合的盖片；芯片的中心设有 1 个通孔；底片上设有 1 条或多条波浪形的主通道，每条主通道的一端均与底片上的进样孔相连通，另一端均与底片上的排气孔相连通；主通道的波谷远离通孔的方向设置，波峰靠近通孔的方向设置；主通道的任一波谷通过连接管道与 1 个反应池相连通；连接管道上设有缓冲池。芯片可通过荧光、浊度、显色以仪器检测或肉眼直接观察，可在反应过程中实时检测，也可以在反应结束后检测。

（张　毅）

【一种发动机热测试液】12 月 7 日，由北京蓝星清洗有限公司沈一飞等发明的一种发动机热测试液（ZL201010100915.1）获第十八届中国专利优秀奖。测试液的组成成分及其重量百分比：乙二醇 70% ～ 80%、脂肪族一元羧酸 1% ～ 5%、直链脂肪族二元羧酸 1% ～ 5%、三嗪骨架三元羧酸 0.1% ～ 1%、芳香酸 0.1% ～ 4.5%、复合缓蚀剂 0.1% ～ 1%、水解聚马来酸酐 0.1% ～ 0.5%、烯基胺类 0.2% ～ 4%、碳酸环已胺 0.2% ～ 2%、消泡剂 0.001% ～ 0.2%，余量为去离子水。测试液采用独特的气相缓蚀技术，可用于防止发动机在热测试后的放置过程中由于残留液体、空气接触形成电位腐蚀而造成的锈蚀，同时兼具全有机酸型发动机冷却液缓蚀技术，具有稳定性好等特点。

（张　毅）

【一种反向传播神经网络 DNN 的训练系统】12 月 7 日，由百度在线网络技术（北京）有限公司欧阳剑发明的一种反向传播神经网络 DNN 的训练系统（ZL201310057598.3）获第十八届中国专利优秀奖。训练系统包括：第一图形处理器组，用于进行 DNN 前向计算和权重更新计算；第二图形处理器组，用于进行 DNN 前向计算和 DNN 反向计算；控制器组，用于控制第一图形处理器组和第二图形处理器组分别根据各自的输入数据进行第 N 层 DNN 前向计算，直至前向计算完成之后，控制第一图形处理器组进行权重更新计算，并控制第二图形处理器组进行 DNN 反向计算，其中 N 为正整数。系统具有训练速度快、数据传输开销低的优点，可提升反向传播神经网络 DNN 的训练速度。

（张　毅）

【一种评价网络资源价值的方法及其在搜索引擎领域的应用】12 月 7 日，由北京奇虎科技有限公司李钊等发明的一种评价网络资源价值的方法及其在搜索引擎领域的应用（ZL200710065064.X）获第十八届中国专利优秀奖。利用价值评价方法可以有效评价网页资源对搜索用户的价值衡量，将高质量的、真正符合用户搜索意图的网页资源优先提供给用户，以减少用户浏览、查检网页的时间，提高用户的搜索效能。发明还提供将网络资源价值评估方法应用于网络搜索引擎的方法，可以在网络搜索时，给予搜索到的网络资源更为准确的权值，利用该权值，可以剔出无价值或价值甚微的网络资源，将与用户真实意图更为贴切的资源优先排列呈给用户。

（张　毅）

【一种无损测定食品中重金属镉的快速分析仪及分析方法】12 月 7 日，由钢研纳克检测技术有限公司陈永彦等发明的一种无损测定食品中重金属镉的快速分析仪及分析方法（ZL201410083219.2）获第十八届中国专利优秀奖。发明属食品安全检测技术领域。分析仪由X射线荧光分析装置、分析仪机壳、样品杯和智能控制装置组成。进行分析时，将样品装入样品杯，样品杯放入分析仪机壳的检测孔中，用X射线荧光分析装置测试，通过智能控制装置计算得到样品中镉的含量。其中，X射线荧光分析装置为大功率能量色散X射线荧光分析装置，样品为不经化学消解或富集前处理的粉状或粒状样品。发明的优点是无须对食品样品进行前处理，即可实现对其中的重金属镉进行检测，具有无损、直接、快速、灵敏度高、便于现场测量等特点。

（张　毅）

【一种新型聚酰胺反渗透膜的制备方法】12月7日，由北京碧水源膜科技有限公司陈亦力等发明的一种新型聚酰胺反渗透膜的制备方法（ZL201310690827.5）获第十八届中国专利优秀奖。制备方法的步骤：①将空隙率为60%～85%的聚砜多孔膜浸没在浓度为0.5%～4%的多元胺的水相溶液中，持续时间0.5～2分钟，取出后去除表面液体；②浸没在含有多元酰氯和有机酮类的油相溶液中，持续时间0.5～2分钟；取出后常温固化15～30分钟；③依次通过纯净水浸泡3分钟，质量份数为2%～12%的有机酸类浸泡3分钟，质量份数为1%～30%的无机酸类浸泡3分钟，然后进行干燥处理。发明实现一种快速调节膜通量和脱盐率的简易方法，提供一种均匀、稳定、可批量生产的制备路径，实现膜通量和脱盐率的自由调控。

（张　毅）

【一种移动数据业务端到端质量分析方法及系统】12月7日，由北京神州泰岳软件股份有限公司吴林英发明的一种移动数据业务端到端质量分析方法及系统（ZL201010158299.5）获第十八届中国专利优秀奖。分析方法包括：根据待分析的移动数据业务源端到目的端流程，配置不同数据业务系统；根据数据业务流程中前后数据业务系统之间的作用关系，配置前后数据业务系统业务指标的影响关系，并将有影响关系的业务指标用相同的标识标记；根据影响关系对业务指标进行实时监控，判断业务指标是否正常。分析系统包括：业务系统配置模块、业务指标配置模块、业务指标分析模块。发明实现业务系统和业务指标可配置，建立业务指标的“横向”影响关系，节省开发的时间和效率，可随时定位出现异常的业务指标，能够及时发现问题。

（张　毅）

【一种乙烯装置碱洗塔黄油抑制剂及其使用方法】12月7日，由北京斯伯乐科学技术研究院等单位刘宽胜等发明的一种乙烯装置碱洗塔黄油抑制剂及其使用方法（ZL200810119911.0）获第十八届中国专利优秀奖。黄油抑制剂由醇胺类化合物、酰肼类化合物和烷基胺类化合物组成，克服了现有抑制剂生产成本高、毒性大、抑制效果不稳定等缺点，有效地控制碱洗塔中黄油的产量，降低废碱液的排放量和新鲜碱液的消耗量，减轻废碱液的处理压力和黄油带来的环境污染。

（王希华）

【一种用于GSM-R系统中的数据分析装置和方法】12月7日，由北京世纪东方国铁科技股份有限公司田秀华等发明的一种用于GSM-R系统中的数据分析装置和方法（ZL201110447750.X）获第十八届中国专利优秀奖。装置包括：数据读取单元，从配置的路径读取列尾数据文件和/或包含业务数据信息的业务数据文件；数据预处理单元，用于对所读取的列尾数据文件和/或业务数据文件进行预处理，以将各文件中的数据转化为至少包括设定的数据类型、记录时间、数据内容元素的数据元组；数据查询单元，用于根据用户基于数据类型和/或记录时间所设定的查询条件，查询相应的数据元组。发明通过对GSM-R系统运行的数据进行归类、查询、分析，可使业务人员方便、快捷地找到所需要的数据内容，甚至快速定位异常数据，提高业务人员的工作效率。（GSM-R是专门为满足铁路日常运营管理开发的数字无线通信系统，可提供无线列控信息传输、应急通信和组呼通信等业务，是非常有效的调度指挥通信工具。）

（张　毅）

【一种预解码高清播放器及播放方法】12月7日，由乐视网信息技术（北京）股份有限公司杨永强等发明的一种预解码高清播放器及播放方法（ZL200910223439.X）获第十八届中国专利优秀奖。播放器通过对整个播放过程进行比较独立的分阶段流程处理，并对每个处理流程进行独立使用处理器进行调度，调度依据处理器速度、影片长度等数据来计算缓冲区缓冲量的阈值，并且检测缓冲区缓冲量是否已经达到阈值，缓冲量未达到阈值之前，为预解码模块分配最高的处理器调度优先级；缓冲量达到阈值后，系统调度模块降低预解码模块对处理器的使用量，把更多的处理器时间优先级分配给播放模块；当缓冲区内的预缓存数据量低于阈值时，系统调度模块把预解码模块的处理器调度优先级设为更高，而暂停播放模块的播放。发明还解决缓冲区中缓存到多少数据的时候去通知播放模块的问题，可以使高清视频能在低端处理器中进行流畅播放。

（张　毅）

【一种制作虚拟试衣模特图像的方法和装置】12月7日，由北京京东尚科信息技术有限公司赵刚发明的一种制作虚拟试衣模特图像的方法和装置（ZL201310359012.9）获第十八届中国专利优秀奖。方法包括：提取参考图像中的头像；将参考图像中的头像与虚拟试衣模特图像中的模特身体区域合成，得到完整的人像。根据发明的技术方案，将用户头像与虚拟试衣模特的身体区域合成得到新的虚拟试衣模特，使用新的虚拟试衣模特进行虚拟试衣时，脸型、肤色等都与用户本人一致，与图库中的虚拟试衣模特相比，更接近用户本人的试衣效果。

（张　毅）

【制备电石的方法】12月7日，由神雾环保技术股份有限公司吴道洪等发明的制备电石的方法（ZL201310728829.9）获第十八届中国专利优秀奖。方法包括：将碳基原料进行干燥处理，并与钙基原料分别进行破碎处理，获碳基颗粒和钙基颗粒；将两种颗粒进行混合处理，然后对混合物料进行热解处理，获高品质焦油、高热值煤气和热解固体产物，其中热解固体产物含有生石灰和选自焦炭、半焦和炭黑中的一种；将热解固体产物在温度不低于450摄氏度时输入至电弧炉中进行冶炼处理，制备出电石。发明可进一步提高热量利用率和生产效率，降低生产成本、能耗和污染。

（张　毅）

【重叠指纹图像的分离方法】12月7日，由北京海鑫科金高科技股份有限公司郑逢德等发明的重叠指纹图像的分离方法（ZL201210271915.7）获第十八届中国专利优秀奖。发明依据指纹轮廓对重叠指纹图像进行处理，获背景区域图像、指纹重叠区域图像、单一指纹区域图像；用梯度算法对单一指纹区域图像进行运算，获第一种指纹初始方向场数据，用局部傅立叶分析算法对指纹重叠区域图像进行运算，获第二种指纹初始方向场数据，用松弛标注算法对指纹初始方向场数据进行处理，获两种粗糙的指纹方向场图像文件，通过最小化原始方向场和由指纹奇异点重构出的基于模型方向场求出指纹奇异点最优组合；依据混合模型进行指纹方向场重构，获基于模型的指纹精细方向场数据；利用滤波增强算法对基于模型的指纹精细方向场数据进行处理，获分离后的两个指纹图像文件。

（张　毅）

【优势专利企业集群效应显著】年内，中关村示范区内京东方科技集团股份有限公司（3569件，排名第六）、小米移动软件有限公司（3280件，排名第八）两家企业入围2016年中国发明专利申请受理量十强；中关村示范区企业2016年申请PCT专利3187件，京东方集团、小米科技有限责任公司、北京奇虎科技有限公司等5家企业PCT专利申请量超100件，其中京东方集团申请量1530件。

（孙婷婷）

【7家企业年度专利申请量超1000件】年内，京东方科技集团股份有限公司、北京小米移动软件有限公司、北京奇虎科技有限公司、联想（北京）有限公司、百度在线网络技术（北京）有限公司、北京神雾环境能源科技集团股份有限公司和北京京东尚科信息技术有限公司7家中关村示范区企业年度专利申请量达1000件以上，中国电力科学研究院、北京汽车股份有限公司、北京新能源汽车股份有限公司等103家中关村示范区内单位年度专利申请量在100～1000件之间。

（孙婷婷）

商标与版权

【13 个品牌入选 BrandZ 中国品牌百强榜】 3 月 21 日，WPP 集团和北京华通明略信息咨询有限公司公布第六届 BrandZ 最具价值中国品牌 100 强年度排名，中关村示范区内百度在线网络技术（北京）有限公司的“百度”等 13 个品牌入选。

序号	品牌	排位	行业	品牌价值（百万美元）
1	百度	5	科技	26849
2	中国石油	14	石油和天然气	10709
3	京东	15	零售	9422
4	联想	24	科技	3788
5	乐视	32	科技	2805
6	网易	40	科技	1933
7	同仁堂	43	医疗保健	1808
8	新东方	51	教育	1155
9	合一集团	52	科技	1076
10	大宝	62	个人护理	742
11	新浪	68	科技	628
12	燕京啤酒	78	酒类	438
13	学而思	91	教育	290

（杜　玲）

【3 个品牌入选 BrandZ 全球品牌百强榜】 3 月 21 日，北京华通明略信息咨询有限公司公布 2016 年 BrandZ 全球最具价值品牌百强榜，中关村示范区内百度在线网络技术（北京）有限公司的“百度”（第二十九位，品牌价值 290.3 亿美元）、中国石油天然气集团公司的“中国石油”（第八十三位，品牌价值 123.41 亿美元）、北京京东世纪信息技术有限公司的“京东”（第九十九位，品牌价值 104.96 亿美元）3 个品牌入选。

（张　毅）

【商标局驻中关村办事处受理窗口业务完成交接】 4 月 1 日，工商总局商标局驻中关村办事处与工商总局商标审查协作中心完成受理窗口业务工作交接。北京市商标的变转续审查工作由审协中心受理，办事处负责对注册大厅窗口服务和审查业务的指导与监督工作。截至年底，办事处共收取各类商标申请 52755 件，其中，受理商标注册申请 29964 件。

（付　饶）

【四季沐歌公司入选中国行业标志性品牌企业】 5 月 12 日，北京四季沐歌太阳能技术集团有限公司入选由品牌观察杂志社联合国内 200 余家机构评定的 2016 年第六届中国太阳能行业标志性品牌企业，品牌名称为“四季沐歌”。公司在基于用户年轻化、网络化的趋势和无边界创新整合思维的引领下，开展一系列创新品牌公关活动，深化品牌年轻化、社交化、时尚化、国际化建设，衍生出多种优势虚拟资产，如品牌溢价、价值链管理、营销战略、售后服务体系、绩效管理体系等，成为四季沐歌公司品牌力和市场竞争力的体现。

（万　玮）

【北汽新能源 ARCFOX 品牌发布】 8 月 3 日，北汽新能源 ARCFOX 品牌发布会在京举办。北京新能源汽车股份有限公司发布旗下全新生态品牌——ARCFOX。ARCFOX 定位为高品质、年轻化的时尚品牌，由 Arctic（北极）和 Fox（狐）两个单词组合而来，强调对北极纯洁净土的热爱和追求速度极限、挑战自我的天性。同时，品牌以象征电压和速度的“V”型符号作为徽标，将纯电动车超级跑车的特性融入其中。ARCFOX 诞生背景为互联网时代的新能源社会，并具有“我车我创造（兴趣＋好玩儿）、个性 / 互联、多样化场景移动终端”三大品牌特征。位于朝阳区三里屯的 ARCFOX Space 体验中心同时开业。中心是以未来智能交通出行为理念，向消费者提供新能源绿色出行及生活方式等多维度体验服务的空间。活动还发布 ARCFOX 品牌众创计划。众创计划是北汽新能源公司和北京洛可可科技有限公司合作，通过云端账户、社交平台、创客联盟、体验中心、线上商城来打造真实的众创平台，可为消费者提供一个自己参与创造的全过程，通过众创实现个性化定制，以满足不同的用户需求。

（杜　玲）

【“微妙军团”品牌获金谱奖】 8 月 9 日，在第十届中国品牌节颁奖典礼上，北京百丰天下生物科技有限公司的“微妙军团”品牌被授予“2016 中国品牌节金谱奖·中国生态农业新锐品牌”。百丰天下公司以自然农法理念和微生物技术推出“微妙军团”新农资品牌，研发出新一代菌肥合一的食品级生态农资产品，主张从根源上解决农业生产过程中遇到的问题，其产品体系涵盖土壤修复、病虫草害预防、提质增效、生物菌肥和水菌肥合一的全元液体肥等方面，全部采用植物源、生物源、矿物源成分，生态安全无污染，可以全

周期为作物生长提供营养与保健方案。产品获北京市新产品新技术认证，被列为国家2020年化肥农药零增长行动的替代产品。

（彭　晨）

【9家单位入选全国知识产权服务品牌机构】 8月22日，在知识产权局举办的第二批全国知识产权服务品牌机构评鉴发布会上，中国知识产权研究会、中华全国专利代理人协会、中华商标协会、中国知识产权报社、今日财富杂志社公布第二批全国知识产权服务品牌机构名单并颁发证书。中关村示范区的北京康信知识产权代理有限责任公司、北京同立钧成知识产权代理有限公司、北京银龙知识产权代理有限公司、北京润平知识产权代理有限公司、北京轻创知识产权代理有限公司、北京国知专利预警咨询有限公司、中国技术交易所有限公司、北京纲正知识产权事务咨询有限公司、北京三聚阳光知识产权代理有限公司9家知识产权服务机构入选。

（徐　建）

【《中关村商标品牌故事》出版】 10月，中国政法大学教授刘瑛编撰的《中关村商标品牌故事》由知识产权出版社出版。该书由中关村管委会等单位组织编写，筛选北京碧水源科技股份有限公司、北汽福田汽车股份有限公司、北京双鹭药业股份有限公司等19家企业的典型案例，以故事的形式讲述各企业商标品牌发展之路，结合专家点评与品牌大事记，分上、中、下3篇，分别从商标获权、用权、维权3个方面，对企业商标品牌战略中的问题进行探讨。

（韩　冰）

【中关村商标品牌建设调研联系点工作方案发布】 12月20日，工商总局商标局、北京市工商局、中关村管委会印发《关于开展中关村商标品牌建设调研联系点工作的通知》（中科园发〔2016〕45号），发布中关村商标品牌建设调研联系点工作方案。方案包括工作目标、工作内容和工作机制3个部分，将聚焦中关村示范区的重点企业和产业联盟，推动企业实施商标品牌战略，主要通过定期走访、双向反馈、专家会诊、商标审查员下基层等措施，实现企业与工商总局商标局的快速沟通，使工商总局商标局实时掌握企业的商标品牌战略实施情况，向企业宣传商标品牌战略，为企业提供商标法律咨询、培训，协调解决企业商标注册管理的疑难问题，帮助企业进行商标维权，提高商标运用水平。方案确定北京中关村软件园发展有限责任公司、TD产业联盟、联想（北京）有限公司等14家企业、专业园区、产业技术联盟为首批中关村商标品牌建设调研联系点。

（韩　冰）

【5件商标受驰名商标扩大保护】 年内，北京地区8件商标受驰名商标扩大保护，其中5件为中关村示范区企业商标，分别为“华素制药”“依文服装”“博彦科技”“京东方”“乐视网”，占北京地区总数的62.5%。截至年底，中关村示范区共有95件商标受驰名商标扩大保护，占北京地区总量227件的42%。

（韩　冰）

【6件商标获中国驰名商标认定】 年内，北京地区北京易华路信息技术股份有限公司的“易华录”等8件商标被工商总局认定为中国驰名商标。其中，中关村示范区内北京金盾建材有限公司的“金盾JINDUN及图”等6件商标入选。

（汪凌波）

【三维虚拟仿真实验教学软件获3项软件著作权】 年内，由北京润尼尔网络科技有限公司开发的三维虚拟仿真实验教学软件中的生态虚拟仿真实验教学系统（登记号：2016SR340473）、开放式网上流体力学虚拟实验室软件（登记号：2016SR118221）、开放式网上材料力学虚拟实验室软件（登记号：2016SR029611）获版权局颁发的计算机软件著作权登记证书。软件采用3D技术开发，B/S软件架构，可通过网络实现互动实验教学。其中开放式网上流体力学虚拟实验室软件结合计算流体动力学（CFD）软件技术，可通过增加分析网格的细化程度，提升实验的计算精度和仿真程度，呈现三维可视化技术，在短时间内给出高逼真度、高精确度的计算结果。

（韩洋洋）

知识产权管理

【北京知识产权保护协会第三届会员代表大会召开】 1月15日，北京知识产权保护协会第三届会员代表大会暨三届一次理事会在京召开。市知识产权局等单位有关负责人及来自各类行业组织、科研院所和相关企事业单位的代表参加。会议审议通过第二届理事会、监事会工作报告，表决通过新章程草案和相关制度性文件，并选举北京奇虎科技有限公司为协会第三届理事长单位，奇虎公司董事长周鸿祎当选理事长。

（潘　丹）

【英国技术转移实务交流研讨会举办】 3月7日，由中关村管委会主办的英国技术转移实务交流研讨会在京举办。来自科研院所、高新技术企业、联盟和知识产权服务机构的代表50余人参加。英国普雷塞斯中心（Praxis Unico）的相关专家围绕英国国际技术转移中心的实践经验进行介绍，并与参会代表就技术价值评估、知识产权管理、ATTP认证培训等方面的问题展开交流。

（孙婷婷）

【承德天合转化中心成果推介会召开】 3月23日，承德中关村天合京津冀高新技术转化中心成果推介会暨第一届创新创业培训会在承德高新区举行。河北省科技厅、承德市政府、中关村管委会等单位相关负责人以及企业代表等参加。北京中关村天合科技成果转化促进中心相关人员向100余家企业推介中关村示范区最新科技成果，并围绕“创新驱动、转型升级”主题为中关村天合承德创新创业培训学院的学员授课。（承德天合转化中心于2015年11月13日揭牌成立，是承德高新区管委会与中关村天合科技成果转化促进中心共同打造的创新服务平台，依托中关村示范区150余家开放实验室、京津冀三地科协400余家学术学会及会员单位的科技成果、专业人才等资源，发挥以市场为主导的科技转化促进服务系统平台作用，重点围绕京津冀科技成果在承德地区的转化落地服务。）

（王　翔）

【专利萃取众创平台揭牌】 3月28日，由丰台区知识产权局、丰台区科委、丰台园管委会主办的专利萃取众创平台揭牌仪式在京举办。知识产权局、科技部、北京市知识产权局、中关村管委等单位有关负责人以及来自丰台区专利试点企业、知识产权服务机构、产业联盟、行业协会的代表等100余人参加。专利萃取众创平台是国内首个知识产权与众创空间相结合的服务平台，是由贝壳菁汇创新孵化器联合中科智桥国际投资有限公司、北京安博达知识产权代理有限公司共同打造的“互联网＋众创空间＋专利运营”创新模式平台，为中小微企业提供“互联网＋专利运营”信息、知识产权高端服务、知识产权金融、众创孵化等一站式的专业化服务。平台建设突出国际化、高端化、专业化特色，重点引入包括专利检索、分析、评估等高端知识产权服务机构。会上，平台与韩国世界知识产权检索株式会社签订合作协议。

（魏立亮　李　琳）

【京津冀知识产权发展联盟成立】 3月29日，京津冀知识产权发展联盟成立仪式在亦庄园举行。世界知识产权组织中国办事处、北京市知识产权局、天津市知识产权局、河北省知识产权局等单位相关负责人及来自京津冀三地的企业和知识产权服务机构的代表100余人参加。联盟由首都知识产权服务业协会、天津市科学学研究所和河北省知识产权研究会共同倡议发起，120家创新型企业和30家知识产权服务机构成为联盟首批会员单位。联盟旨在调动京津冀优质知识产权服务资源，解决企业发展过程中遇到的与知识产权相关的问题和困难，提升京津冀三地企业在国内外市场的核心竞争力，为企业“走出去”保驾护航。联盟成立后将着重进行联盟宣传推广，开展知识产权风险防范培训和重点企业帮扶活动；将依托京津冀丰富的专家资源，定期面向京津冀三地企业开展知识产权风险防范培训；对有较大行业影响力、“走出去”过程中遇到困难的成员企业，将进行“一对一”的专业帮扶活动，助力京津冀企业向国际化发展。

（潘　丹　冯秋帆）

【中国铁建知识产权教育基地成立】 3月29日，中国铁建知识产权教育基地成立暨远程教育培训平台开通仪式在中国铁建大厦举行。中国知识产权培训中心、北京市知识产权局、中国铁建股份有限公司等单位有关负责人参加。基地由市知识产权局与中国铁建公司共同建设，将成为企业知识产权普及教育和全员战略动员的平台、全球视野下企业间知识产权经验交流与互动合作的平台、知识产权国际竞争等重大议题专家会商的平台、社会化知识产权智力资源整合与专业支持的平台、企业知识产权人才培养和成长的平台。基地将为中国铁建公司全系统强化知识产权规范管理能力、高质量知识产权产出能力、知识产权风险管控能力和知识产权国际化战略运作能力发挥基础支撑作用，使其成为央企中具有知识产权综合竞争优势和较强国际竞争力的领军企业。中国铁建知识产权远程教育平台同时开通。

（潘　丹）

【企业“走出去”知识产权交流研讨会举办】3月31日，由中关村管委会主办的企业“走出去”知识产权交流研讨会在京举办。中关村知识产权领军企业和服务机构的代表80余人参会。来自英国代理人协会、日本技术贸易株式会社（NGB）和日本Shin-Ei专利事务所的相关专家分别围绕“英国知识产权制度和专利申请实务”“日本知识产权制度和专利申请实务”进行主题介绍，并与参会代表就在英国和日本申请专利的时间周期、流程和费用等方面的问题进行交流。

（孙婷婷）

【央企知识产权教育基地2016年首期专业课程班举办】4月19日，央企知识产权教育基地2016年首期知识产权专业课程班开班仪式在京举行。课程班由市知识产权局与神华集团有限责任公司共同举办，8位知识产权专家进行为期两天的专业授课，来自神华集团35家子公司的120余名专业技术人员和知识产权管理人员参加培训。活动还举行神华集团知识产权教育基地落户神华管理学院揭牌启动及知识产权远程教育平台开通仪式。

（潘　丹）

【知识产权案件巡回审判活动举办】4月20日，由北京市保护知识产权举报投诉服务中心、海淀区知识产权局、海淀区人民法院主办，中关村软件园保护知识产权举报投诉服务中心承办的知识产权案件巡回审判活动在中关村软件园举办。软通动力信息技术（集团）有限公司、12330工作站等企业及知识产权服务机构的100余位代表参加旁听活动。海淀区人民法院开庭审理戴比尔斯百年有限公司、戴比尔斯英国有限公司诉深圳市永恒印记珠宝有限公司、高文新、北京微梦创科网络技术有限公司“FOREVERMARK”和“FOREVERMARK及图”系列商标侵权及不正当竞争纠纷案件。知识产权案件审理“进园区”的形式，能更为直观地增强企业的知识产权保护意识，可进一步推动企业自主创新，提高企业的综合竞争力。

（张　蕾）

【新增54家专利示范单位】4月25日，市知识产权局发布《关于认定北京市第七批专利示范单位的通知》，55家企事业单位通过认定。中关村示范区内百泰生物药业有限公司、北京安天电子设备有限公司、北京碧水源膜科技有限公司等54家单位通过认定，其中，海淀园18家，大兴—亦庄园11家，朝阳园和昌平园各4家，丰台园3家，东城园、密云园、顺义园、通州园和石景山园各2家，怀柔园、门头沟园、西城园和房山园各1家，涉及环境保护、先进制造、新能源与高效节能、电子与信息、生物工程和新医药、新材料、海洋工程等领域。

（瑞　鑫）

【《2016—2018年中关村知识产权推进计划》发布】4月29日，在2016年中关村知识产权推进会上，市知识产权局和中关村管委会联合发布《2016—2018年中关村知识产权推进计划》（京知局〔2016〕81号）。《推进计划》提出，未来3年，中关村示范区将实施知识产权创新主体培育、国际化推进等七大工程共28项举措，力争到2018年，达到中关村示范区企业年专利授权量突破4万件，形成2～3个具有全球技术主导权的知识产权密集型产业，知识产权保护体系日趋完善，培育3～5家具有国际影响力的知识产权服务品牌机构，打造一批“互联网+”模式的知识产权服务新业态的工作目标，使知识产权工作为中关村示范区加快建设具有全球影响力的科技创新中心、打造原始创新策源地、构建“高精尖”经济结构发挥重要的支撑作用。

（孙婷婷）

【2016年中关村知识产权工作要点发布】4月29日，在2016年中关村知识产权推进会上，由中关村管委会和市知识产权局共同制定的《2016年中关村知识产权工作要点》发布。《要点》从深入开展知识产权先行先试工作、着力打造中关村国家知识产权服务业集聚发

展示范区、全面推进中关村专利导航产业发展实验区建设、大力提升中关村示范区企业知识产权综合能力、进一步完善中关村知识产权工作体系 5 个方面提出争取知识产权局在中关村示范区开展支持知识产权服务业发展的创新政策试点、加快推进中关村知识产权和标准化一条街建设等 26 项具体任务目标及实施举措。

（孙婷婷）

【2016 中关村知识产权论坛举办】 4 月 29 日，由市知识产权局、中关村管委会、海淀区政府共同主办的 2016 中关村知识产权论坛在中关村示范区展示中心举办。论坛以“知识产权运营与保护”为主题，旨在庆祝第十六个世界知识产权日，汇聚专家共同探讨知识产权的运营与保护，以加强知识产权宣传普及，推进知识产权文化建设，优化海淀区良好的知识产权氛围。论坛发布 2015 年海淀区知识产权状况白皮书，启动全国首家知识产权众筹平台和首家知识产权主题书店，举行知识产权海外维权援助基地授牌仪式。知识产权局、北京市知识产权局、中关村管委会、海淀区政府等部门的相关负责人，以及高校、科研院所、企业、知识产权服务机构的代表等近 1000 人参加。

（程晓荷）

【中关村知识产权服务机构巡讲季系列活动举行】 4—6 月，由中关村管委会主办，中关村商标服务中心承办的“中关村优秀知识产权服务机构巡讲季”举办 5 期。中关村示范区企业代表近 700 人次参加。来自工商总局商标局、世界知识产权组织（WIPO）、北京市工商局、中关村管委会等机构的有关负责人以及孖士打律师事务所等 10 余家知识产权服务机构的专家，分别对《中关村国家自主创新示范区技术创新能力建设专项资金管理办法》等政策进行讲解，对马德里体系及其特点及国际运用、欧盟商标法修改解读、互联网时代的商标品牌保护策略、商标大数据的应用、国际技术转移中的知识产权注意事项等主题进行培训和交流。

（韩　冰）

【落实《促进科技成果转化法》峰会举行】 5 月 20 日，由中国技术交易所有限公司、中科院国有资产经营有限责任公司、江苏省产业技术研究院主办的落实《促进科技成果转化法》峰会暨国有科技成果挂牌与公示实务研讨会在中关村示范区展示中心举行。来自高等学校、科研院所、中关村示范区各园区、科技主管部门及技术转移机构的代表等 300 余人参加。相关专家就《促进科技成果转化法》及若干规定进行讲解，对科技成果转化中的股权激励问题进行剖析，并介绍国有科技成果挂牌交易、竞价交易与成交信息公示的演

进过程、机制流程与实践案例。与会代表还围绕科研人员、科技成果转化人员激励机制设计和国有科技成果挂牌公示等实务操作问题展开讨论。

（韩洋洋）

【“互联网 +”时代下的知识产权服务专题论坛举办】 5 月 28 日，由中关村社会组织联合会主办第四届中国（北京）国际服务贸易交易会之“互联网 +”时代下的知识产权服务专题论坛在京举办。知识产权局、中关村管委会等单位的相关负责人及知识产权界专家等近 200 人参加。与会代表围绕“互联网 +”万众创新创意保护、知识产权服务新业态、影视剧本创作过程中的知识产权保护等主题进行交流。会上，影视版权产业联盟与阳光影视集团签署知识产权保护战略合作协议，双方投资额 8000 万元。根据协议，双方将在“互联网 +”时代的新知识产权环境下加强合作，提升企业知识产权保护力度。

（冯秋帆）

【创新驱动科技成果转化促进服务专题活动举办】 5 月 31 日，第四届中国（北京）国际服务贸易交易会上，中关村天合科技成果转化促进中心承办创新驱动科技成果转化促进服务专题活动。在创新驱动产业升级中的科技成果转化新机遇高峰论坛上，与会代表就双向转促、技术合作、跨境合作机制、知识产权等内容进行交流。天合转促中心与荷兰商学院签约，双方将共同成立中关村天合科技成果转化促进中心荷兰中心。承办方推介 5 项科技成果，发布 30 项科技成果，以及来自京津冀地区及全国创新助力示范市的企业技术需求信息，涉及智能信息技术、节能环保、现代农业、新兴材料等领域。中国科协创新助力工程示范市有关负责人、京津冀三地企业家代表及来自大学院校和科研院所的专家等参加。

（蒋宜珍）

【东方雨虹公司获审查员实践基地授牌】 6 月 15 日，国家知识产权局专利局北京审查员实践基地走进东方雨虹启动仪式暨授牌仪式在京举行。北京东方雨虹防水技术股份有限公司成为 2016 年度首家国家知识产权

局审查员实践基地。审查员实践基地将进行3个平台建设：审查员和企业沟通的平台，助力行业领先企业创新、创业的平台，推动创新型企业加强知识产权运用和保护、促进企业更好更快发展的平台。东方雨虹公司将充分利用审查员实践基地平台，加强与专业审查队伍的交流，并建立长期合作沟通机制，推动公司向以质量为核心、运用为宗旨的知识产权运营方向发展，为引领防水行业技术创新提供支撑和保障。市知识产权局、中关村知识产权局等单位有关负责人参加。

（袁永章）

【科技成果转化成熟度评价规范发布】7月26日，由市科协、首都科技服务业协会、中关村天合科技成果转化促进中心、中国标准化研究院主办的《科技成果转化成熟度评价规范》新闻发布会在市科协召开。《规范》是中国首个科技服务业团体标准，由市科协、中国标准化研究院、中关村天合促进中心联合制定，旨在为科技机构开展科技成果转化提供评价依据和操作规范，引领和规范科技服务业产业发展，实现科技服务标准化，助推国家标准化体系建设。《规范》分为7个部分，包括科技成果市场转化成熟度的术语与定义、评价原则、评价内容、评价方法、评价流程和评价报告等，适用于项目成果拥有方、需求方、金融机构、第三方评价机构及政府管理部门等对科技成果转化成熟度的评价。《规范》采用包括评价模型和评价权重确定的评价方法，以技术先进性、外部支撑性和市场转化性3个维度，在技术研发、技术人才、市场要素、资源要素、产品化要素、生产化要素及商业化要素7个方面设定24个具体评价指标。

（蒋宜珍）

【京津冀科协科技成果转化平台项目推介会举办】9月29日，由北京市科协、天津市科协、河北省科协和中关村管委会共同主办的京津冀科协科技成果转化平台第二届项目发布和推介会（北京）在京举办。来自京津冀三地的有关政府部门、企事业单位、投资机构、科技类社会团体的有关负责人及个人创业者等300余人参加。活动发布北京市科学技术研究院的“居家养老服务与管理平台项目”、中科院电子学研究所的“智能可穿戴设备在医疗监护系统的推广应用项目”等涉及“重大产业集成项目”“转型升级促进项目”“成果转移对接项目”三大类30项科技成果，涵盖环保技术、智慧城市、现代农业、农产品深加工、储能技术、可穿戴设备、食品安全技术、新材料技术、机器人技术、生物质环保材料等领域。经洽谈对接，中关村科技成果转化促进中心与上海信隆行信息科技股份有限公司、北京大北农科技集团股份有限公司、秦皇岛青龙满族自治县发展改革局、北京远见育成科技孵化器有限公司等4家企业签署科技成果转化合作协议，达成177个科技成果转化合作意向。

（蒋宜珍）

【6家联盟成为市专利信息服务体系产业联盟分站】11月22日，在北京市专利信息服务体系产业联盟分站签约仪式暨北京市知识产权公共信息服务平台产业联盟宣讲会上，汽车产业知识产权联盟、北京市抗肿瘤生物医药产业知识产权联盟、TD-SCDMA产业联盟、北京新型抗生素知识产权联盟、云计算知识产权创新联盟、北京市音视频产业知识产权联盟6家产业联盟与市知识产权局信息中心签订《专利信息服务合作框架协议》，成为市专利信息服务联盟分站。签约各方将建立长效互动工作机制，发挥各自专业和人才资源优势，推动数据资源共享和应用，提高产业联盟企业专利信息利用水平，促进联盟企业发展壮大。

（瑞　鑫）

【中关村审查员实践基地获评优秀基地】12月5日，知识产权局印发《关于表扬“十二五”优秀审查员实践基地的通知》（国知办发人字〔2016〕46号），北京（中关村）审查员实践基地等3家基地被评为“十二五”优秀审查员实践基地。“十二五”期间，中关村审查员实践基地以“学习实践、交流服务、共享共赢”为原则开展系列实践活动，接待知识产权局专利局等10个审查部门的408名审查员赴中关村示范区127家实践单位开展审查员技术更新与学习实践活动，接待审查员人次占全国的40%以上。基地创新服务模式，对接中关村软件园、亦庄园、大兴生物医药基地、东城园等园区建立审查员实践分园区，在满足园区企业需求的同时，促进园区统筹发展。

（孙婷婷）

【握奇公司知识产权维权案获赔5000万元】12月8日，北京知识产权法院一审认定被告恒宝股份有限公司侵犯原告北京握奇数据系统有限公司的发明专利，判决被告恒宝公司赔偿原告握奇公司经济损失4900万元，以及合理支出律师费100万元。两家公司都是生产智能密码钥匙产品（USB Key）的企业。握奇公司对“一种物理认证方法及一种电子装置”（ZL200510105502.1）发明专利享有专利权。由恒宝公司制造并向全国几十家银行销售的多款USB Key产品及使用侵权产品进行网上银行转账交易时使用的物理认证方法均属握奇公司专利权的保护范围，即构成对原告专利权的侵权。握奇公司于2015年2月26日向北京知识产权法院提起诉讼，要求判令被告恒宝公司停止侵权行为，赔偿原告经济损失。经北京知识产权法院合议庭审理认定，被告构成对原告专利权的侵权。最终，法院支持原告的诉讼请求。

（朱文利）

【“T 空间”和“T 中心”启动】12 月 16 日，中国技术交易所有限公司“T 空间”和“T 中心”启动仪式在

中技所举行。科技部火炬中心、中关村管委会等单位的相关负责人及 35 位首批创业导师、首批入驻的创业项目和投资人代表等 100 余人参加。“T 空间”和“T 中心”是中技所创立的新型创新创业服务平台。“T 空间”将以中技所作为国家级科技成果转化平台丰富的科技项目资源、完善的配套服务体系、广阔的市场服务网络为依托，有针对性地安排布局专业领域的技术和产业方向，形成完整的技术链和产业链，构建成果转化与创新创业相互支撑、相互促进的生态系统，首期在中关村核心区以生物大健康领域为起步，并逐步向其他产业领域和地区拓展。“T 中心”将着力打造成科技成果转化与创新创业路演交流场所，分类开展成果转化咨询、项目路演、投资孵化、培训交流、知识产权培育运营等方面的系列活动，构建服务投资人、创业团队及专家学者的专业化交流平台。中国医药物资协会医疗器械分会、中关村医疗器械产业技术创新联盟等单位成为第一批入驻“T 空间”的服务机构，中健长城核医学影像、SV 华阳复方抗癌中药、博方智能手术器械等项目成为第一批入孵项目。北京高精尖医学研究院同日揭牌成立。

（韩洋洋　陈宝德）

【开展知识产权高端运用项目研究】年内，京东方科技集团股份有限公司、北汽福田汽车股份有限公司等 23 家第二批中关村知识产权领军企业和重点示范企业分别开展射频识别技术专利分析、M 平台中高端轻卡产品（车身系统）专利预警与分析、浏览器的专利数据挖掘及专利布局情报分析等 53 项知识产权高端运用项目的研究，以进一步完善企业知识产权战略和管理体系，有效支撑企业的技术研发和市场拓展。项目涵盖专利数据挖掘、信息检索分析、知识产权运营、知识产权战略制定等 6 类，共获 973.36 万元专项培育经费支持。

（孙婷婷）

标准化

【第八届电子信息产业标准推动会举行】1月8日，由中国电子工业标准化技术协会、中国电子技术标准化研究院和中关村管委会主办的第八届电子信息产业标准推动会暨中国信息技术服务标准年会（2016）在京举行。工业和信息化部、国家标准化委等单位相关负责人，上海市、江苏省等省、市、区工业和信息化主管部门以及科研机构、大型企业、行业协会的代表300余人参加。会议介绍工业和信息化部标准化工作总体情况、国家标准化改革思路、信息产业标准化工作重点、信息技术服务发展态势，并发布2015年度电子信息产业标准化十大事件。

（王家立）

【全国智能家居标准工作组成立】1月16日，全国智能建筑及居住区数字化标准化技术委员会智能家居标准工作组在京成立。智能家居标准工作组由中关村乐家智慧居住区产业技术联盟组建，负责智能家居领域国家标准的制修订、物联网技术在智能家居领域的关键技术研究及应用试点、智能家居系统体验展示以及综合方案的研究等工作。

（杜　玲）

【北京软交所入选国家级服务业标准化试点】1月28日，国家标准委印发《关于下达2016年度国家级服务业标准化试点项目的通知》（国标委服务〔2016〕6号），北京软件和信息服务交易所有限公司的软件交易服务标准化试点项目入选。试点工作的主要任务包括：建立健全标准体系，制定相关服务标准，开展标准的宣传培训，组织标准实施，开展标准实施评价，制订持续改进措施，创建行业品牌等。项目计划执行时间原则上为两年，2016年1月1日至2017年12月31日。试点期间，北京软交所制订的软件交易标准体系将从软件采购用户的角度出发，解决软件交易过程中存在的严重信息不对称、软件交易复杂、软件定价难等问题。6月3日，北京软交所软件交易服务标准化试点在中关村知识产权大厦启动。

（徐　建）

【两个项目入选国家高端装备制造业标准化试点】2月2日，国家标准委办公室、工业和信息化部办公厅印发《关于中关村科技园区丰台园管理委员会等11家单位开展国家高端装备制造业标准化试点项目的通知》（标委办工一联〔2016〕14号），中关村示范区内丰台园的轨道交通装备领域和顺义科技创新产业功能区的汽车领域两个高端装备制造业试点项目入选，实施期3年，承担单位分别是丰台园管委会和顺义科技创新产业功能区管委会。通过建设，中关村示范区在轨道交通智能控制和汽车制造两个领域将率先实践促进标准化与科技创新、产业发展的有机衔接，建立健全标准体系，推进标准实施，推动装备标准“走出去”，强化标准化服务，加速创新成果应用和产业化，促进北京市装备制造业向“高精尖”迈进。

（魏立亮　袁永章）

【SC6年会举办】2月29日—3月4日，由国家标准化委主办，WAPI产业联盟等单位承办的国际标准化组织（ISO）和国际电工委员会（IEC）第一联合技术委员会（JTC1）第六分技术委员会（SC6）全会及工作组会议在西安市举办。SC6年会是国际数据通信标准化领域的最高规格会议。来自中国、美国、法国等10余个国家及联络组织的SC6专家40余人参加。会议就磁域网（MFAN）、电力线通信（PLC）、通过胶囊内镜进行人体通信、多播通信、未来网络及基于频跳TDMA链路的低功率无线网状网（Mesh）网络等方面的技术项目进行讨论，并审查关于物联网对象标识符使用的新提案及其他技术标准的编制进展情况。

（钟锌章　刘子一）

【14家企业通过知识产权管理标准化认证】4月22日，在北京企业知识产权管理标准化认证推进会上，市知识产权局公布北京市首批通过《企业知识产权管理规范》国家标准认证的15家企业名单。其中，中关村示范区内14家企业入选，包括海淀园的瑞斯康达科技发展股份有限公司、北京国双科技有限公司、北京安天电子设备有限公司、北京同步科技有限公司、汉王科技股份有限公司5家，顺义园的北京汽车股份有限公司、北京东方雨虹防水技术股份有限公司、北京雅昌艺术印刷有限公司3家，昌平园的北京勤邦生物技术有限公司、高德软件有限公司2家，通州园的北京市丰隆温室科技有限公司、甘李药业股份有限公司2家，大兴—亦庄园的北方微电子基地设备工艺研究中心1

家，石景山园的北京东土科技股份有限公司 1 家，入选企业涉及电子信息、生物医药和先进制造等领域。

（潘　丹）

【信息技术服务标准（ITSS）宣贯培训会举办】 4 月 22 日，由北京信息化协会、北京软件与信息服务业促进中心承办的信息技术服务标准（ITSS）宣贯培训会举办。工业和信息化部、北京市经济信息化委、中国电子工业标准化技术协会信息技术服务分会等单位的有关负责人及相关企业的代表等 100 余人参加。有关专家介绍工业和信息化部促进 ITSS 工作的相关政策、背景及 ITSS 的标准体系及评估体系，就《信息技术服务 咨询设计 第 1 部分：通用要求》标准编制的概述及能力管理、通用要求做了介绍，解读《信息技术服务 监理 第 1 部分：总则》，并指导企业做好评估的准备工作，针对企业关心的问题进行现场答疑。

（江　欣）

【闪联数字媒体内容保护国家标准发布】 4 月 25 日，质检总局和国家标准委发布《关于批准发布〈团体标准化　第 1 部分：良好行为指南〉等 203 项国家标准的公告》（2016 年第 7 号），由闪联信息技术工程中心有限公司等单位起草的国家标准 GB/T 29265.304—2016《信息技术 信息设备资源共享协同服务 第 304 部分：数字媒体内容保护》被批准发布。标准是闪联 GB/T29265 系列标准中第八项发布的国家标准，其定义的闪联数字媒体内容保护系统与文件的媒体格式、操作系统和运行环境无关，各种文件都可以通过此系统得到版权保护。标准自 2016 年 11 月 1 日起实施。

（杜　玲）

【随进滚动式草坪打孔通气机通过企标审定】 4 月 26—27 日，在全国林业机械标准化技术委员会 2016 年年会暨标准审定会上，由绿友机械集团股份有限公司创制的《以汽油机为动力的手扶随进滚动式草坪打孔通气机》（LY/T1605—2016）通过国家林业行业标准审定，升级为园林机械行业标准。标准界定随进式草坪打孔通气机的术语，规定随进式草坪打孔通气机的技术要求、试验方法、检验规则、标志、使用说明书、包装、运输和贮存，适用于以内燃机为动力的手扶随进式草坪打孔通气机。

（袁永章）

【握奇数据公司与腾讯公司推出 TUSI 认证标准】 4 月 28 日，在 2016 年移动互联网大会（GMIC）上，北京握奇数据系统有限公司与腾讯科技（深圳）有限公司及其他产业链合作伙伴共同推出 TUSI 认证标准和“领御守护计划”开放平台。腾讯公司“领御守护计划”中 TUSI 认证标准主要由握奇数据公司参与制定。TUSI 认证标准（Tencent User Security Infrastructure，即腾讯用户安全基础设施），是基于硬件和密码学算法的一套身份认证及移动支付鉴权标准。通过该认证标准，可以解决移动支付互联网端身份认证标准不统一的现状，让产业链各方通过统一的标准设计软件、智能硬件和智能家居设备，共同享受统一的安全防护。飞天诚信科技股份有限公司、天地融科技股份有限公司等 8 家企业加入腾讯领御守护平台。平台还提供第三方应用接入的 sdk 源码、技术文档及第三方应用账号、认证、授权、审计的 4A 安全管理系统。

（朱文利）

【中关村示范区标准化试点示范单位名单发布】 5 月 10 日，中关村管委会、市质监局印发《关于公布中关村国家自主创新示范区标准化试点示范单位的通知》（中科园发〔2016〕16 号），确定 10 家中关村标准化示范单位和 88 家中关村标准化试点单位。其中，示范单位包括 TD 产业联盟、闪联产业技术创新战略联盟、中关村半导体照明工程研发及产业联盟等 7 家示范联盟和京东方科技集团股份有限公司（朝阳园）、北京天地互连信息技术有限公司（亦庄园）、中国国际电子商务有限公司（亦庄园）3 家示范企业。试点单位包括北京长风信息技术产业联盟、北京现代有机产业技术创新战略联盟、中关村可信计算产业联盟等 8 家试点联盟和北京健坤伟华新能源科技有限公司等 80 家试点企业。试点企业包括海淀园的北京泰美世纪科技有限公司等 43 家，西城园的有研稀土新材料股份有限公司 1 家，朝阳园的北京中材人工晶体研究院有限公司等 6 家，丰台园的北京当升材料科技股份有限公司等 5 家，石景山园的北京合康亿盛变频科技股份有限公司等 2 家，门头沟园的北京精雕科技集团有限公司等 2 家，顺义园的有研半导体材料有限公司 1 家，亦庄园的国富通信息技术发展有限公司等 2 家，昌平园的北京东华原医疗设备有限责任公司等 13 家，怀柔园的北京碧水源净水科技有限公司等 2 家，延庆园的北京玻钢院复合材料有限公司 1 家，房山园的北京八亿时空液晶科技股份有限公司等 2 家。

（王家立）

【中关村示范区首家标准化事务所成立】 5 月 18 日，在中国标准科技集团有限公司举办标准化服务模式创新研讨会上，中国标准科技集团标准化事务所宣告成立。该机构是中关村示范区首家标准化事务所，位于海淀园，可为企业提供标准化信息咨询、实验验证、数据挖掘等专业化服务。

（王家立）

【中关村示范区标准创新试点通过验收】6月30日，中关村示范区标准创新试点工作在京通过国家标准委组织的专家验收。验收组现场考核北京天地互连信息技术有限公司和京东方科技集团股份有限公司，参观成果展示和生产线，听取企业有关标准化工作及中关村管委会关于试点工作的汇报。验收组认为，中关村示范区标准创新试点工作自2011年4月启动以来，取得显著成效：①以产业联盟为创新载体，构建专利池，建立标准族，完善检测认证体系，引导和促进产业化，形成“科技、专利、标准、产业化”深入融合机制，并在企业创新实践中成效显著。产业联盟共发布102项团体标准，其中7个产业联盟被确认为国家标准委团体标准试点，占全国试点总数的18%。加强团体标准化组织建设，引导成立中关村标准化协会，推动“中关村标准”品牌建设。②以标准为纽带，整合中关村示范区内的中央和地方标准化资源，打造技术创新联合体。中关村示范区企业和联盟创制标准1471项，包括国际标准106项、国家标准843项、行业标准452项、地方标准70项。③引导重点企业重要技术标准“走出去”，扩大中关村标准化国际影响力。中关村示范区企业和联盟承担国际标准化技术委员会秘书处10个，人员担任主要职务12项，参与国际标准化会议157次，中关村示范区的产业联盟与国际产业组织开展实质性标准化合作。④中关村管委会和市质监局联合组建中关村标准创新服务中心，市、区两级质监部门和中关村示范区各分园管委会协同配合，形成共同推动标准化工作的新模式。验收组一致同意中关村标准创新试点工作通过验收。

（王家立）

【闪联被认定为智慧家庭产业的先进标准组织】7月11—13日，在日本松江市举办的第十届中日韩电子信息产业标准化合作论坛（CJK-SITE）及同期举行的东北亚标准化合作论坛（NEASF）上，闪联产业联盟在ISO/TC268、ISO/IEC JTC1/WG11和IEC智慧城市SyC中的工作得到肯定，被中国、日本、韩国的电子信息领域标准组织共同认定为智慧家庭产业的领先标准化组织。3个国家的代表还一致通过将以官方名义支持闪联继续开展创制ISO/IEC 14543-5《信息设备资源共享协同服务》中远程访问部分6项国际标准工作的决议。

（孙志勇　王家立）

【增材制造云服务及其模式规范提案获预立项】7月11—14日，在国际标准化组织ISO/TC261（增材制造）第八届国际会议上，全国增材制造标准化技术委员会秘书处承担单位和ISO/TC 261国内技术对口单位——中机生产力促进中心代表中国就增材制造云服务及其模式规范做了有关报告，提出在应用增材制造技术背景下，制造业正在由“大规模生产（Mass Production）”模式，逐渐向“大规模生产”与“大规模定制化(Mass Customization)”并存模式转变的概念。报告得到各国专家的广泛认可，并决定就该内容设立预备工作项目（ISO/PWI 52913），由中国牵头开展相关工作。ISO/PWI 52913是由中国自主研究提出并作为预备项目（PWI）立项的第一个增材制造国际标准提案。

（刘子一　钟锌章）

【中关村标准化行动计划发布】7月26日，市质监局和中关村管委会印发《关于印发〈中关村标准化行动计划（2016—2018年）〉的通知》（京质监发〔2016〕48号）。《行动计划》包括指导思想、主要目标、前瞻布局、重点任务、重大工程、保障措施6个部分，在前沿信息产业、生物健康产业、智能制造与新材料产业、生态环境与新能源产业、现代交通产业、新兴服务业6个重点领域超前部署一批重大技术标准创制项目，提出促进重大科技成果产业化、推进“高精尖”经济结构建设、提高中关村标准国际话语权、建设“中关村标准”品牌、提升标准化基础能力5个重点任务，以及建设国际标准攀登工程、团体标准培育工程、核心标准引领工程、标准化高端人才培育工程4个重大工程，以实现到2018年中关村示范区基本建成全球先进标准创制与实施的引领辐射区的目标。

（钟锌章　王家立）

【酒石酸用作泡腾剂的辅料用途标准建立】7月，中关村现代医药生产力促进中心在加拿大卫生部天然药品数据库中建立标准——酒石酸用作泡腾剂的辅料用途。酒石酸的酸性较强，易溶于水，是一种优良的泡腾酸化剂，常用于维生素C泡腾片。

（张琳培）

【华能清能院主持及参与的5项电力行业标准颁布】8月16日，能源局发布第6号公告，颁布144项行业标准。由中国华能集团清洁能源技术研究院有限公司主持及参与起草的5项电力行业标准入选，包括主持编制的《循环流化床锅炉燃烧系统技术条件》（DL/T 1600—2016），主持修订的《135MW级循环流化床锅炉运行导则》（DL/T 1034—2016），参与编制的《循环流化床锅炉滚筒冷渣机运行及技术条件》（DL/T 1594—

2016)、《循环流化床锅炉受热面防磨喷涂技术规范》(DL/T 1595—2016)、《循环流化床锅炉风机技术条件》(DL/T 1596—2016)。

（万　玮）

【信息技术服务标准（ITSS）修订会召开】8月24日，由中国电子工业标准化技术协会信息技术服务分会主办的《信息技术服务 运行维护 第1部分：通用要求》国家标准修订启动会暨2016年第一次封闭编写会议在京召开。来自全国9家评估机构和35家标准应用单位的代表参加。会上介绍《运维通用要求》标准的修订背景及编写组组织结构，确定修订方向，进一步完善、改进信息技术服务标准（ITSS）体系，提高国家标准的适用性。北京信息化协会作为参修单位之一参与《运维通用要求》国家标准修订工作。

（江　欣）

【国内首个微机电系统国际标准发布】8月25日，由北京大学、中机生产力促进中心牵头制订的中国第一个微机电系统（MEMS）领域国际标准IEC 62047—25:2016《半导体器件 微机电器件 第25部分：微键合区剪切和拉压强度检测方法》在国际电工委员会（IEC）网站发布。标准规定硅基MEMS加工过程中所涉及的微小键合区域键合强度检测的要求和试验方法，为键合工艺质量评价提供简单、有效、易于推广的方法，成为微结构键合强度研究分析的共同语言，为芯片制造和设计双方搭建可共识的交付界面，适用于采用微电子工艺及相关微细加工技术制造的微小键合区的剪切和拉压强度测试，对微机电产业发展具有现实的促进作用。标准在国内多条业界生产线上试用，成功识别各生产线的键合工艺质量差异，也让工艺工程师第一次看到其生产线的工艺质量数据。

（钟锌章　刘子一）

【新时代公司参与健康服务国家标准制订工作】8月26日，在全国保健服务国家标准达标认证认可峰会上，新时代健康产业（集团）有限公司接受国家标准委、国家中医药管理局等单位颁发的“中医药健康管理标准研究课题组组长单位”“中医药健康服务课题组组长单位”“国家标准达标认证宣贯工作站”牌匾，作为组长单位参与国家中医药管理局《中医药保健服务标准研究》(SATCM—2015—BZ)［401］中健康服务相关国家标准的制订。标准发布后将作为国家监管的主要依据，让行业有标准可依，帮助企业规范日常经营行为，推动健康服务行业的发展。

（万　玮）

【EGFR标准物质通过认定】9月12日，由北京雅康博生物科技有限公司与中国计量科学研究院合作开发的EGFR基因突变标准物质获质监总局颁发的《国家标准物质定级证书》[GBW（E）090640 ~ GBW（E）090651]，被认定为国家二级标准物质。表皮生长因子受体（EGFR）标物用于定性或定量检测非小细胞肺癌等癌症患者组织样本DNA中EGFR基因突变。检测结果可供医生在非小细胞肺癌等癌症患者中选择适合服用EGFR的靶向治疗药物的人群时参考。

（韩洋洋）

【风电叶片红外检测指南国家标准通过审定】9月20—21日，在全国风力机械标准化技术委员会2016年年会暨标准审查会上，由北京维泰凯信新技术有限公司主持创制的国家标准《风力发电机组 风轮叶片红外热像检测指南》(2014773—T—604）通过审定。标准对风轮叶片在制造、交付验收、损伤修复后质量评估、在线在役等阶段或过程的无损检测提出红外热像检测的指导性原则和方法，并提供应用范例、检测示图。

（韩洋洋）

【16项成果获中国标准创新贡献奖】9月30日，质检总局、国家标准委印发《关于公布2016年中国标准创新贡献奖获奖名单的通知》(国质检标联〔2016〕481号)，中关村示范区内16项成果获奖。其中，由中国电力科学研究院等单位王伟胜等完成的“GB/T 19963—2011 风电场接入电力系统技术规定、GB/T 19964—2012 光伏发电站接入电力系统技术规定等24项标准”、由中冶建筑研究总院有限公司等单位岳清瑞等完成的“GB 50608—2010 纤维增强复合材料建设工程应用技术规范、CECS 146：2003 碳纤维片材加固混凝土结构技术规程等12项标准”、由中测新图（北京）遥感技术有限责任公司等单位李英成等完成的“GB/T 27919—2011 IMU/GPS辅助航空摄影技术规范、GB/T 27920.1—2011 数字航空摄影规范 第1部分：框幅式数字航空摄影等8项标准”3项成果获一等奖；由中国检验检疫科学研究院邹明强等完成的“ISO/TS 11937：2012 纳米技术－纳米二氧化钛粉体－表征与测量、ISO/TS 11931：2012 纳米技术－纳米碳酸钙粉体－表征与测量等7项标准”等4项成果获二等奖；由京东方科技集团股份有限公司等单位张志刚等完成的“SJ/T 11459.2.2.2—2013 液晶显示器件 第2-2-2部分：显示器用彩色矩阵液晶显示模块详细规范、SJ/T 11459.2.2.3—2013 液晶显示器件 第2-2-3部分：便携式计算机用彩色矩阵液晶显示模块详细规范等3项系列标准”等9项成果获三等奖。

（刘子一　王家立）

【CSA 016 标准获中国标准创新贡献奖】9 月 30 日，质检总局、国家标准委印发《关于公布 2016 年中国标准创新贡献奖获奖名单的通知》（国质检标联〔2016〕481 号），由半导体照明联合创新国家重点实验室等单位阮军等编制的国家半导体照明工程研发及产业联盟（CSA）标准——CSA 016—2013《LED 照明应用接口要求：自散热、控制装置分离式 LED 模组的路灯 / 隧道灯》获 2016 年中国标准创新贡献奖二等奖。标准规定满足道路照明应用的非集成式 LED 模块、控制装置和 LED 灯体可互换的接口要求。

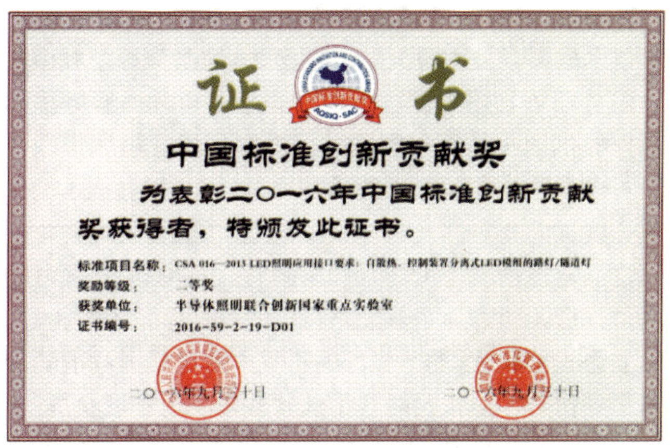
证 书

中国标准创新贡献奖

为表彰二〇一六年中国标准创新贡献奖获得者，特颁发此证书。

标准项目名称：CSA 016—2013 LED照明应用接口要求：自散热、控制装置分离式LED模组的路灯/隧道灯
奖励等级：二等奖
获奖单位：半导体照明联合创新国家重点实验室
证书编号：2016-59-2-19-D01

二〇一六年九月三十日　　二〇一六年九月三十日

（朱寒雪）

【两项 NFC 安全技术成为国际标准】9 月，由 WAPI 产业联盟组织开发的“近场通信（NFC）非对称实体鉴别”（NEAU-A）、“NFC 对称实体鉴别”（NEAU-S）两项安全技术被国际标准化组织（ISO）发布成为 ISO / IEC 国际标准，分别为《信息技术 系统间远程通信和信息交换 第 4 部分：使用非对称密码技术的 NFC-SEC 实体鉴别与密钥协商》（ISO/IEC 13157—4:2016）和《信息技术 系统间远程通信和信息交换 第 5 部分：使用对称密码技术的 NFC-SEC 实体鉴别与密钥协商》（ISO/IEC 13157—5:2016）。标准基于对称密码算法的机制 NEAU-S 采用国际及国家商用密码算法实现 NFC 设备之间的身份鉴别；基于非对称密码算法的机制 NEAU-A，按照有无可信第三方 TTP 参与又分为两种鉴别机制，尤其有可信第三方参与的机制，由可信第三方为 NFC 设备之间的鉴别提供鉴别服务，安全强度最高。NEAU 技术通过为 NFC 设备之间的空中接口通信提供安全保护，实现 NFC 设备之间的安全连接，可以有效应对 NFC 通信过程中的伪造、数据破坏、数据篡改、中间人攻击等典型安全威胁，确保 NFC 通信的安全和设备间数据传输的机密性、完整性、真实性，为端到端模式下开展高价值交易提供鉴别保障，可达到与高端智能卡比拟的最高安全等级。NFC 技术被智能手机等消费类电子产品所集成，可以用于机场登机验证、大厦门禁钥匙、交通一卡通、信用卡、支付卡等领域。

（刘子一　钟锌章）

【闪联多模态组网技术标准暨芯片模组发布】10 月 20 日，由闪联产业联盟主办的多模态组网技术标准暨芯片模组发布会在深圳市举行。国家标准委、工业和信息化部、深圳市政府等单位相关负责人及企业代表等参加。闪联产业联盟发布 3 项多模态无线组网标准，即《多模态无线组网标准 第 1 部分 系统结构》《多模态无线组网标准 第 2 部分 基础协议》《多模态无线组网标准 第 3 部分 芯片和模组技术规范》。标准在多种无线通信组网方式基础上制订，是具有低功耗、自组网、多节点设备中继和多对多通信功能的无线通信组网标准。符合闪联多模态无线组网标准的设备可以在支持闪联无线组网标准的同时，兼容并支持与 Wi-Fi、ZigBee 和蓝牙等多种通信协议的互联互通。同时，符合闪联多模态无线组网标准的设备和控制终端，可以在网络中同时进行广播和扫描，即能够同时承担主设备和从设备的角色，是具有广泛应用前景的新一代物联网通信技术。标准将在智慧家庭、移动支付、可穿戴智能设备等物联网领域实现应用。

（孙志勇）

【两个项目入选国家级服务业标准化示范项目】11 月 15 日，国家标准委印发《关于下达 2016—2017 年度国家级服务业标准化示范项目的通知》（国标委服务〔2016〕82 号），全国 13 个项目入选，其中北京地区 2 个，均在中关村示范区，即北京汽车博物馆承担的“北京汽车博物馆科教文化旅游服务标准化示范”项目和北京亦庄置业有限公司承担的“北京亦庄生物医药园工业物业服务标准化示范”项目。汽车博物馆项目搭建“北京汽车博物馆标准化管理体系”，形成企业标准 156 个；编制岗位工作手册 263 个，建立长期有效的监督考核保障机制，形成“依标准服务、依标准管理、依标准考核”，提升汽车博物馆的整体服务质量。亦庄生物医药园项目按标准化项目要求进行大中修工程 34 项，安装有国际标准的标志标识 8500 个；增设微型消防站、配备治安消防巡逻车，定期、定时全范围巡视；对冷、热、电等方面的近万台设备和设施统一编号、统筹管理；配合安监局、环保局，主动引导客户合理采购危化品，科学处理固体废弃物。两个示范试点将围绕“精品展示基地、实践验证基地、创新研究基地、宣传培训基地”的目标持续开展标准化建设工作，推进工业物业服务水平。

（范丁波）

【“程序化营销协议”国家标准通过审查】11月21日，中国电子工业标准化技术协会信息技术服务分会在京召开《信息技术服务 数字化营销服务 第1部分：程序化营销协议》（计划号：20160596—T—469）国家标准专家审查会。审查组由国务院扶贫办信息中心、中国电子信息产业集团有限公司、大唐微电子技术有限公司等单位的专家组成。专家对标准的编制背景、研制过程、主要内容、文档结构等方面进行审查与质询，对标准结构、适用范围、相关法律法规等方面提出完善性建议。审查组最终宣布标准送审稿通过审查。

（江　欣）

【8家单位入选首批标准化服务业试点】11月23日，国家标准委发布《关于下达第一批标准化服务业试点项目的通知》，33家单位成为首批标准化服务业试点单位，试点建设期2年，自2017年1月1日起，至2018年12月31日止。北京市12家单位入选，其中中关村示范区内中国标准科技集团有限公司等8家单位入选。

序号	试点名称	承担单位
1	中国标准科技集团标准化服务事务所建设试点	中国标准科技集团有限公司
2	乔智创新（北京）管理咨询有限公司标准化服务事务所建设试点	乔智创新（北京）管理咨询有限公司
3	北京质信标准咨询服务有限公司标准化服务事务所建设试点	北京质信标准咨询服务有限公司
4	机械行业标准化服务中小微企业发展试点	中机生产力促进中心
5	电子信息行业标准化服务产业培育试点	中国电子技术标准化研究院
6	兵器工业标准化服务产业培育试点	中国兵器工业标准化研究所
7	中国大唐集团新能源股份有限公司标准化服务产业培育试点	中国大唐集团新能源股份有限公司
8	家用电器行业标准化服务产业培育试点	万源众享联盟科技（北京）有限公司

（王家立）

【智联软件联盟两项团体标准发布】11月25日，由中关村智联软件服务业质量创新联盟等单位主办的2016年度中国软件成本度量大会在京召开。工业和信息化部、中国软件行业协会系统与软件过程改进分会等单位的相关负责人，以及国内外软件行业技术专家等300余人参加。大会主题是“实施成本度量标准，建立软件造价依据”。智联联盟发布IQA/T002—2016《智慧城市软件服务预算管理规范》、IQA/T003—2016《信息技术软件项目度量元》两项团体标准。《智慧城市软件服务预算管理规范》为中国智慧城市软件服务预算管理提供统一的框架和指导，内容包括智慧城市软件服务成本构成和预算管理的基本过程。《信息技术软件项目度量元》对涉及IT项目的度量元进行收纳、分析和定义，并给出应用场景和采集时点，指导IT项目的度量分析，同时为企业建立自己的度量体系提供指导。标准为规范和统一IT项目甲乙双方对度量元的准确理解起到指导作用，同时作为《软件研发成本度量规范》《IT服务成本度量规范》的支撑文件，对相关标准中涉及的主要度量元进行规范和统一，也为后续建立IT行业的基准数据库提供度量基准。

（冯秋帆　杜　玲）

【NISC测试标准发布】12月8日，由旭月（北京）科技有限公司和NMT国际标准化委员会（NISC）共同制订的第一版《NMT国际标准化委员会（NISC）测试标准》发布。《标准》是针对NMT实验方案的行业文件，包括前期培养条件、实验处理方法、测试溶液成分、具体检测部位等NMT实验设计信息，对规范NMT活体实验过程，统一NMT检测模式和加强不同学科领域、不同科研体系、不同学术平台之间的信息互通都具有科学意义和实用价值，也为后续建立NMT大数据平台打下基础。

（韩洋洋）

【首批7项“中关村标准”发布】12月16日，在中关村标准化协会成立大会暨首批中关村标准发布仪式上，中关村标准化协会发布首批7项“中关村标准”。标准分别为：《LED照明产品光通量衰减加速试验方法》《增材制造 主要特性及检测方法》《企业移动智能终端应用开发、安装、运行管控机制（指南）》《智能交通系统 车道保持辅助系统 性能要求和测试规程》《可穿戴的健康类电气设备 第1部分：通过心电图法测量心律设备的性能和安全要求》《信息设备资源共享协调服务 多模式无线组网标准 第1部分：基础协议》《基于HTTP（S）的DNS传输技术要求》，涵盖新能源技术、智能交通、智能制造、医疗健康、新一代信息技术等领域。

（孙志勇）

合作与交流

Cooperation and Exchange

本栏目设有合作和交流两个分栏目，以条目体形式记述中关村国家自主创新示范区为推进企业参与国内外交流与合作所采取的举措，以及企业在开展国内外交流与合作的重要活动中取得的成效。

综 述

2016年，中关村示范区继续以建设具有全球影响力的科技创新中心为目标，以服务和推进企业国际化发展为核心，逐步提升国际科技参与和产业资源配置的能力，推进企业资本、技术、人才和品牌国际化，增强中关村示范区国际影响力和竞争力。同时，加强与全国各地合作交流，面向全国进行产业布局和技术扩散，带动地方经济发展。

*支持和服务企业全球配置资源。*推动跨国公司及其研发中心加强与中关村示范区企业、协会、联盟合作，使跨国公司高端国际资源进一步融入中关村创新创业生态系统。美国英伟达公司（NVIDIA）与北京京东世纪信息技术有限公司共建联合实验室，推进智能电商的建设；美国数据存储提供商 Nimble Storage 公司与联想集团有限公司共同研发数据中心管理系统；北京柯瑞生物科技有限公司与法国精准医疗平台 PreciMed 就共同组建中法柯瑞国际诊疗中心签署合作备忘录；北京小桔科技有限公司（滴滴出行）分别与美国 Lyft 公司、安飞士巴吉集团合作，其“滴滴海外”上线。北京·伦敦科技创新论坛举办，中英双方共同探讨两国科技创新创业生态系统、伦敦投资机遇等议题。组织企业以中关村整体形象参加 2016 年美国国际消费电子展（CES）、世界移动通信大会（MWC）等 9 项国际知名展会，参展企业 100 余家，签订成交合同金额达 2.45 亿元。

*支持企业在“一带一路”沿线国家进行业务布局。*亿赞普（北京）科技有限公司作为主要发起人，与吉布提财政部签署合作协议，共同建立吉布提丝路国际银行，推进吉布提金融基础设施建设，为中非贸易提供便利化金融服务；并参与吉布提新自贸区建设。北京碧水源科技股份有限公司与巴基斯坦旁遮普省政府签订谅解备忘录，通过自主研发的膜技术，助力解决当地水资源匮乏问题。组织中科创达软件股份有限公司等 4 家企业赴保加利亚索非亚市，参加首届中国－中东欧国家首都市长论坛，推介企业创新成果，进行一对一洽谈。

*深化与港澳地区的合作交流。*中关村管委会与科技部火炬中心、香港团结基金会合作开展香港创业青年内地行北京站活动。百名香港创业青年与中关村示范区内的创新型孵化机构、投资人、创业者进行交流，加深香港青年对祖国内地创新发展建设情况的了解。参与 2016 北京·澳门合作伙伴行动，与澳门特别行政区高等教育辅助办公室签署合作备忘录，支持澳门高等院校学生来中关村示范区实习、创业，助力澳门青年积极参与“大众创业、万众创新”。

*推动与全国各地的产业对接与交流。*中关村管委会通过专场推介、组织考察等形式与新泰市、大同市、昆明市、安阳市、西藏自治区科技厅、拉萨市等 9 个地区（单位）签署战略合作协议；与合作地区共同举办项目推介会、揭牌仪式 7 场，加强在各产业领域的对接。中关村·电子城（昆明）科技产业园项目启动，重点打造现代高端制造、现代科技服务、生命健康装备、临空关联产业四大板块；拉萨中关村科技成果产业化基地揭牌，重点支持电子信息、生物医药、节能环保、科技文化融合、新能源及现代农业等领域的中关村示范区企业在基地开展合作；南宁·中关村双创示范基地揭牌运营，打造以信息技术做支撑、以智能制造与智能装备为主导、领军企业集聚的创新生态系统。年内，河北省党政代表团、内蒙古自治区党政代表团、拉萨市党政代表团等分别到中关村示范区调研，中关村示范区与各地的合作交流日益密切。

*京津冀协同发展工作稳步推进。*保定·中关村创新中心成立一周年暨双创成果发布会举办，中心初具规模。2016·京津冀协同发展石家庄（正定）中关村集成电路产业基地暨正定科技新城“十三五”发展推介会举行。涿州市政府、北京创业公社投资发展有限公司、中关村人才协会、中关村创新研修学院 4 家单位共同打造“中关村创业公社—涿州人才港”。中国农业大学牵头，联合北京农林科学院、天津市农业科学院、河北省农林科学院等 10 家单位发起的京津冀现代农业协同创新研究院成立。由北京中关村高新技术企业协会、中关村创业投资和股权投资基金协会、河北国控股权投资基金管理有限公司等单位联合参与的“量子计划”启动。天津京津中关村科技城发展有限公司成立，统筹开发建设和运营京津中关村科技城。

（殷　茵　朱　凯）

合 作

【中技所与武汉未来科技城签约】 1月5日，武汉未来科技城、中国技术交易所战略合作签约仪式在京举行。武汉市委、市政府等单位有关负责人及相关机构的代表等参加。双方将在共建技术交易新机制、合作筹建华中科技孵化投资基金、推动国内外知名技术转移、创投孵化机构落地武汉等方面开展合作。根据协议，双方将加快建立流程化、规范化、市场化的技术公开交易机制；推动武汉高校出台政策，引导高校通过技术公开交易机制，借助中技所“国有科技成果公开挂牌交易系统”及“国有科技成果交易信息公示系统”进行科技成果确权、定价、交易及信息公示，将武汉的科教资源优势转化为地区转型升级的发展优势，共同服务武汉东湖高新区及未来科技城“自由创新区”建设。

（韩洋洋）

【中关村管委会与新泰市政府开展战略合作】 1月15日，在中关村·新泰对接合作洽谈会上，中关村管委会与山东省新泰市政府签订《中关村科技园管理委员会、新泰市人民政府战略合作框架协议》。双方相关负责人及中关村示范区有关企业的代表等参加。根据协议，双方按照“创新驱动、优势互补、务实高效、协同发展”的合作宗旨，对接发展理念和政策体系，支持产业拓展对接和项目合作，推动双方新技术新产品示范应用，加强人才交流。协议自签署之日起生效，有效期两年。

（朱　凯）

【中关村管委会与昆明市政府开展战略合作】 3月1日，云南省昆明市和滇中新区开放合作推介会在京举行。云南省委书记李纪恒、云南省省长陈豪、北京市委常委陈刚等领导出席，中关村管委会主任郭洪及昆明市政府、滇中新区管委会等单位相关负责人参加。会上，中关村管委会与昆明市委、市政府及滇中新区管委会签署战略合作框架协议。根据协议，三方按照“协同创新、示范引领，优势互补、务实高效”的合作宗旨，构建开放灵活的政策体系，通过跨区域协同创新发展，探索对接一个先进地区建设一个产业园区的产业发展模式，发挥中关村示范区的示范引领作用，加强资源对接，聚合创新资源，促进中关村示范区与昆明市、滇中新区创新合作，共同培育区域经济转型和产业升级的新动能。协议自签署之日起生效，有效期两年。推介会还进行集中签约，签约的50个项目涉及基础设施、金融、科技服务、文化创意等行业，协议总金额8916亿元。

（朱　凯　王　翔）

【“智慧民权”项目签约】 3月16日，在河南省商丘市民权县委、县政府举行的重点项目签约仪式上，同方股份有限公司与民权县政府签署协议，双方通过PPP模式，建设以同方大数据库为基础的“智慧民权”、同方科技产业园两大项目，项目总投资10亿元。根据协议，同方公司将“生态圈+”商业合作模式引入智慧城市建设，发挥自身技术、人才和智慧城市运营等综合优势，整合各方优势资源，通过“百城计划”形成合力，优势互补，加快民权县物联网、大数据等相关技术的发展，用3～5年的时间建设完成“智慧民权”工程。

（韩洋洋）

【环促中心与芬兰水务协会开展战略合作】 3月17日，北京中关村国际环保产业促进中心有限公司与芬兰水务协会（Finnish Water Forum）在环促中心签署战略合作协议，双方相关负责人及有关工作人员参加签约仪式。双方旨在发挥环促中心和芬兰水协在水资源和环境保护领域的服务平台优势，促进落实中芬合作备忘录相关条款。根据协议，双方将在技术转移、示范工程、创新研究、学术交流培训、商业模式创新、经济贸易及信息交换等方面开展合作；双方相互介绍适宜可行的技术到对方地区推广应用；介绍芬兰或中国相关企业作为中关村环境产业联盟和芬兰水协的会员企业，促进双方的商业和技术深度合作。双方确定的合作技术领域包括：水资源的管理和规划，城镇水领域的监测和管理，监测技术、传感技术、无线数据传输技术等水领域更便捷的解决方案，湖泊和河流生态系统恢复，地方工业用水和污水处理等。（芬兰水务协会于2009年由企业界、政府部门、非政府机构、科研院校和相关水业联合会共同筹建，有70余家专业会员，集成芬兰水业相关各领域的核心机构和企业，涵盖完整的芬兰水务产业链与网络渠道，提供产业、技术、科技、教育及管理等全方位的资讯资源，以便于为应对全球水资源挑战找出合适的解决方案。）

（马晓清　李贺英）

【“中关村创业公社—涿州人才港”项目签约】 3月18日，“中关村创业公社—涿州人才港”战略合作框架协议签约仪式在涿州市举行。中关村管委会、保定市政府等单位有关负责人参加。项目由涿州市政府、北京创业公社投资发展有限公司、中关村人才协会、中关村创新研修学院4家单位共同发起，将依托涿州市技师学院的场地、设施、人才资源方面的优势，由中关村示范区相关单位以“场地运行＋企业服务＋小微金融＋创业社群＋创业数据”运营模式，共建集理念、技术、培训和初创项目四大功能于一体的“中关村创业公社—涿州人才港”，打造集创业办公空间、创业公寓、创业服务和金融服务为一体的全新模式创业生态圈，推动京冀创新创业人才孵化进程。

（王　翔　王　征）

【启迪控股公司与瑞士国家创新园合作签约】 4月8日，在人民大会堂举行的中瑞两国系列重要合作签约仪式上，启迪控股股份有限公司与瑞士国家创新园签署友好合作协议。中国国家主席习近平，瑞士联邦主席施耐德·阿曼出席。根据协议，双方将在科技创新园区建设与运营等方面进行交流，探讨大学科技成果转化的合作路径，为两国企业在项目合作中提供支持与帮助。

（康秋红）

【环促中心与涿鹿县政府开展战略合作】 4月11日，北京中关村国际环保产业促进中心有限公司与张家口市涿鹿县政府在涿鹿县政府签署《把握京津冀一体化与冬奥运机遇，共促涿鹿绿色科技产业发展战略合作框架协议》，双方相关负责人参加。根据协议，环促中心将组织涿鹿县国家级科技企业孵化器招商工作，并探索相关合作运营模式；在涿鹿县农村推广应用生活污水循环利用和生活垃圾资源化处理性价比高的适宜技术，解决农村脏、乱、差问题；以当地玄武岩矿石为原料，生产连续纤维复合材料，打造连续纤维研发孵化及生产完整产业链；协助涿鹿县开展招商引资工作，促进科技产业落地发展，并带动科技园区建设。

（马晓清）

【“滴滴海外”上线】 4月12日，北京小桔科技有限公司（滴滴出行）和美国Lyft公司宣布“滴滴海外”上线。“滴滴海外”是滴滴出行旗下基于主App为出境乘客提供移动出行服务的产品，一期与Lyft公司合作，服务覆盖美国近200座城市。中国乘客在Lyft公司提供服务的所有美国地区都可以通过“滴滴海外”呼叫5座或者7座专车。

（杜　玲）

【共同推进绿色基地信息化建设】 4月15日，同方股份有限公司与全国绿色农业特产示范基地管理办公室在京签署“全国绿色基地信息化建设”战略合作协议。根据协议，双方将共同加强与县（市）政府、基地企业的沟通，做好统筹协调和政策引导；坚持以绿色基地企业为主体开展合作，共同建立绿色基地农副产品消费者的公共溯源服务平台，构建具有公信力的绿色农副产品市场安全及消费环境。同时，全国绿办授权同方公司成立“全国绿色基地信息化办公室”。办公室将在绿色农业、特色产业、食品安全等领域，负责全国绿色基地信息化建设的统筹、协调及宣传推广等工作。

（韩洋洋）

【保定·中关村创新中心周年庆活动举行】 4月27日，由保定高新区管委会、保定市科技局、北京中关村信息谷资产管理有限责任公司联合主办的保定·中关村创新中心成立一周年暨双创成果发布会在保定·中关村创新中心举行。河北省科技厅、中关村管委会、中关村发展集团股份有限公司、保定市政府等单位相关负责人及科研院校、企业的代表约300人参加。会上，《三方共建“协同创新基地”战略合作框架协议》《天津大学（保定）技术转移中心共建协议》《中关村创业大街战略合作框架协议》签订；举行保定市创新创业科技服务平台揭牌仪式、京津冀技术交易市场保定工作站揭牌暨京津冀技术交易保定信息平台上线运营仪式、中国智能电网技术交易服务平台揭牌暨上线运营仪式及保定科技金融创新中心、保定科技成果展示中心落成启动仪式；为保定天拓智能装备科技有限公司、河北金锁安防工程股份有限公司发放中关村领创金融首批贷款，授信金额150万元。一年里，保定·中关村创新中心

确定签约企业 55 家，签约面积约 2.3 万平方米，其中来自北京的企业和机构超过总数的 40%，接待 850 余家企业来访，与 4600 余位政府官员、企业客户、合作伙伴进行沟通交流，先后举办 17 余场大型活动和 10 余场企业家沙龙，中关村天合成果转化中心对接国家 159 家开放性实验室，完成 7 项成果落地。

（李贺英　张　蕾）

【中关村管委会与安阳市政府开展战略合作】 4 月 28 日，安阳融入京津冀协同发展推介会暨重点项目签约仪式在京举行。北京市政协副主席闫仲秋、河南省副省长张维宁等领导及中关村管委会、安阳市政府等单位相关负责人和中关村示范区企业的代表参加。仪式上，中关村管委会与河南省安阳市政府签订战略合作框架协议。根据协议，双方按照“突出特色，创新引领、市场主导，政府推动、优势互补，互利共赢、平等协商，高效务实”的合作宗旨，对接发展理念和政策体系，支持产业拓展对接和项目合作，共同推动科技创新，促进产学研用合作，推动双方新技术新产品示范应用，加强人才交流。协议自签署之日起生效，有效期两年。

（朱　凯）

【京津冀现代农业协同创新研究院成立】 5 月 7 日，由市科委、中国农业大学主办的“北京农科城涿州农业科技成果创新示范园建设暨京津冀现代农业协同创新研究院发起研讨会”在河北省涿州市举办。北京市科委、河北省政府等单位的相关负责人，以及京津冀三地农业高校院所和重点农业龙头企业的代表近 100 人参加。会上，由中国农业大学牵头，联合北京农林科学院、天津市农业科学院、河北省农林科学院等 10 家单位发起的京津冀现代农业协同创新研究院成立。研究院依托中国农业大学涿州基地，将发挥中国农业大学涿州国家农业科技园区的地域优势，打造农业科技人才集聚、产业融合发展的重点承接区域，实现京津冀三地农业创新资源互联互通、合作共享；以涿州基地为载体，搭建生物种业、循环农业、设施农业和智慧农业等领域具有国际影响力的现代农业科技创新创业平台，促进农业科技成果在京津冀区域高效转化和产业孵化，引领全国现代农业科技创新与发展；在理事会决策、市场化运作、企业化经营、基金式投资等方面开展体制机制创新的探索，为创建“中国农业硅谷”夯实基础。

（付　骁）

【现代物流领域战略合作签约】 6 月 1 日，神华铁路货车运输有限责任公司、北京交通大学战略合作框架协议签约仪式在京举行。北京交通大学、神华铁路货运公司、中关村管委会等单位的相关负责人参加。根据协议，双方将在轨道交通和现代物流领域开展合作，构成以轨道交通和铁路大物流市场需求为导向、以高校为依托、以创新成果转化为目标的校企合作新模式。双方将在现代物流、人才培养、产学研协同创新等方面寻找新的突破点，运用大数据分析整合物流资源，提高运输效率。

（韩宜彤）

【环促中心与张家口市下花园区政府开展战略合作】 6 月 21 日，在 2016 张家口市（北京）投资推介会签约仪式上，北京中关村国际环保产业促进中心有限公司与张家口市下花园区政府签署《把握京津冀一体化与冬奥运机遇，共促下花园区绿色科技产业发展战略合作

框架协议》。根据协议，双方将联合国际碳交易市场有关机构和中关村示范区企业在国际智慧环境产业园建立碳市场大数据分析研究平台，为碳市场从业单位提供专业的综合数据及可靠的分析研究，为碳市场相关的商业决策及投资提供数据参考；在国际智慧环境产业园引进和培育国际监测仪器生产加工业，促进发达国家先进技术设备项目落地下花园区；联合中关村示范区相关企业在国际智慧环境产业园实施节能环保示范工程；联合国际健康产业有关组织或传统中医研究机构等单位培育国际健康产业体系以及共同开展招商

引资工作等。

（马晓清）

【中安华邦公司应急援救培训基地建设项目签订】7月15日，中安华邦（北京）安全生产技术研究院股份有限公司与中国石油集团川庆钻探工程有限公司培训中心在成都市签订《中石油川庆培训中心应急救援培训演练基地建设项目总承包合同》。根据合同，中安华邦公司作为应急救援培训演练基地建设项目的总承包人，负责项目的具体建设，合同金额3410万元。项目建设包括安全生产应急救援系统的软件开发，相关软硬件设备、材料的采购，应急救援培训演练系统平台的系统集成、安装、调试及后期运行维护。开发的安全生产应急救援系统有10个，包括钻井应急培训演练系统、多功能应急逃生实训演练系统、应急装备培训演练系统、现场急救培训演练系统、应急演播及应急指挥系统、典型事故警示教育展示系统、典型事故警示教育4D体验系统、应急培训演练综合管理平台、油气采输净化应急培训演练系统、油气炼化应急培训演练系统。

（朱文利）

【南宁·中关村双创示范基地揭牌运营】7月24日，由南宁市政府、中关村管委会、中关村发展集团股份有限公司主办的南宁·中关村双创示范基地揭牌仪式在南宁高新区举行，主题为“开放合作　协同发展”。广西壮族自治区主席陈武、北京市副市长隋振江及南宁高新区管委会等单位相关负责人和两地相关机构、企业的代表300余人参加。基地是中关村管委会设立的国内首个双创示范基地，由北京中关村信息谷资产管理有限责任公司全权运营。基地将通过整合政策、人才、资本、技术四位一体的创新要素，聚焦构建“五个一流”（即一流的平台、一流的项目、一流的服务、一流的人才、一流的机制），汇聚国内外创新资源，通过线上线下搭建展示交流、科技服务、创新人才的协同创新平台，打造以信息技术为支撑、以智能制造与智能装备为主导、领军企业集聚的创新生态系统。基地位于南宁高新区核心区心圩江明月湖半岛，总建筑面积8万平方米，由13栋欧式建筑组成，包括科技创新展示交流中心、智能制造产业集中办公群、信息技术产业集中办公群、展示中心——创新汇等。仪式后，12家世界500强企业和行业领军企业分别与南宁高新区管委会签约，首批入驻园区，其中有北京苍穹数码测绘有限公司等3家中关村示范区企业。

（李贺英　张　蕾）

【碧水源公司与巴基斯坦旁遮普省政府签订备忘录】7月26日，北京碧水源科技股份有限公司与巴基斯坦旁遮普省谅解备忘录签订仪式在巴基斯坦驻华大使馆举行。签约双方相关负责人参加。根据备忘录，碧水源公司将发挥膜技术研发、应用方面优势，提升旁遮普省的水处理技术及供水工程、市政基础设施建设水平，解决当地水资源匮乏问题，并开展相关领域的投融资合作；旁遮普省政府将为碧水源公司在巴基斯坦的投资和业务发展提供相关支持。（旁遮普省是巴基斯坦经济第一大省，面积第二大省，有巴基斯坦2/3的人口，政治、经济环境稳定，但可用水资源匮乏，严重制约经济的可持续发展。）

（陈　潇　杜　玲）

【企业对外辐射与区域合作服务平台上线】7月27日，“智慧中关村”企业对外辐射与区域合作服务平台上线。平台2015年启动，资金投入180余万元，由龙信数据（北京）有限公司承担。项目整合中关村管委会掌握的企业信息及承建单位掌握的企业工商注册信息，搭建企业专题数据库，设置企业信息查询、对外辐射、对内投资、专题报告等功能模块，且通过相关功能查询，掌握企业对外投资区域、辐射带动等信息，根据用户业务需求，通过系统设置相应条件后即自动生成报告。

（马文涛）

【吉布提丝路国际银行成立】7月28日，亿赞普（北京）科技有限公司、重庆钱宝跨境科技有限公司、丝路亿商信息技术有限公司与吉布提财政部在京签署合作协议，成立吉布提丝路国际银行（Silk Road International Bank）。丝路国际银行由亿赞普公司、招商局集团、

丝路亿商信息技术有限公司等中资企业与吉布提财政部共同发起成立，是经吉布提中央银行批准成立的当地第十三家商业银行，将开展个人存取款、对公服务、银行卡制卡发卡、银行卡收单、代发工资、人民币跨境结算清算、贸易融资等业务，是吉布提政府管理政府主要收入和开支的银行，以及当地中资企业贸易结算和资金往来的主要银行。亿赞普公司作为主要发起

人，与吉布提财政部各占股25%，丝路亿商公司占股20%。这是中国企业首次在非洲大陆获得银行牌照，也是“一带一路”倡议构想下中国企业在海外成立的首家商业银行。11月16日，丝路国际银行在吉布提宣布成立。（2017年1月18日，丝路国际银行挂牌营业。）

（韩洋洋　王　征）

【碧水源公司入驻新南威尔士大学火炬创新园】 8月17日，在澳大利亚新南威尔士大学火炬创新园区启动仪式上，北京碧水源科技股份有限公司与新南威尔士大学签署战略合作协议，落户火炬创新园，成为中关村示范区入驻该园的首家企业，标志着双方共建世界级水领域研究中心进入实质性阶段。双方将合作研发世界前沿水领域技术，包括澳大利亚国家研究基金（ARC）项目——新一代膜蒸馏与太阳能技术的组合等，促进研究成果快速进入商业化阶段。（4月，澳大利亚总理马尔科姆·特恩布尔访华期间，科技部火炬中心与澳大利亚新南威尔士大学签署《关于在澳共建火炬创新园的谅解备忘录》，共同启动新南威尔士大学火炬创新园项目建设工作。火炬创新园将作为中澳科技产业合作的全新平台，重点围绕能源与环境、先进材料和生物技术等领域为中澳企业、科研专家、投资人及创业青年提供服务。）

（陈　潇　王　征）

【紫光集团与武汉市政府签署战略合作协议】 8月24日，由紫光集团有限公司主办的武汉市政府、紫光集团全面战略合作框架协议签订仪式在京举行。工业和信息化部、国家集成电路产业投资基金、清华大学等单位有关负责人参加。根据协议，双方将围绕国家存储器基地项目建设、集成电路产业发展基金、新IT“云—网—端”全产业链等领域开展全方位合作。双方将选取集成电路产业研发和制造、集成电路产业发展基金、研发和新增产能制造业务转移、云产业、大数据、大互联、大安全和智慧城市、国际社区、智能制造等方面开展多层次、多形式的合作，加快推动存储器项目的进展，形成完整的创新链和产业链。

（杜　玲）

【共建中法柯瑞国际诊疗中心】 9月9日，在“探讨精准防治推介创新成果”癌症防治协作研讨会上，北京柯瑞生物科技有限公司与法国精准医疗平台PreciMed就双方联手国内公立医院共同组建中法柯瑞国际诊疗中心签署合作备忘录。根据协议，双方将整合各自在品牌、临床科研或教学、医疗专业人才培训、诊疗方法和医疗服务体系、资金运作、信息与技术、管理体系与经验、设备设施与软件、市场开拓等方面的资源优势，打造癌症精准治疗跨国合作平台。中心将在临床科研或教学、医疗专业人才培训、诊疗方法和医疗服务体系方面为癌症精准治疗提供平台。

（韩洋洋）

【环促中心与广西环科院及东盟环保中心签约】 9月10日，中国—东盟环境合作论坛（2016）在南宁市举办。会上，北京中关村国际环保产业促进中心有限公司、广西壮族自治区环境科学院、中国—东盟环境保护合作中心签署《环促中心、广西环科院、东盟环保中心三方框架合作协议》。根据协议，三方将构建协同创新共同体，共同搭建“一带一路”绿色技术国际创新平台，联合开展技术研发、专利技术应用等合作；以广西壮族自治区的农村污水和垃圾处理为切入点，将中关村的企业技术、资金与广西的项目进行有效对接，共同进行环境治理，联合开展示范工程项目；搭建广西与中关村环保企业展示平台，通过召开国际研讨会、环保产品推介会和技术交流会等形式，开展与合作国家和地区的对话，促进绿色供应链建设；共建“一带一路”信息共享平台和环保产业国际合作咨询服务平台，为环保企业与相关机构提供信息共享、项目政策咨询、项目绿色融资、对外投资环境风险评估等技术服务；联合金融机构、科研机构等战略合作方，共同组建产业投资基金，促进环保产业健康发展。

（马晓清）

【京腾智慧推出】 9月12日，在2016腾讯智慧峰会上，腾讯科技（深圳）有限公司和北京京东世纪信息技术有限公司共同公布数据对接营销并驱动销售的解决方案——京腾智慧。根据方案，腾讯公司和京东公司将实现大数据的全面融合，通过对腾讯公司覆盖资讯、娱乐、社交等用户场景下积累数据的记录、分析和学习，使其更好地运用于电商营销市场，从而助力品商实现“品效合一”。双方的合作具体包括：可以用京东公司的行业数据直接投放腾讯公司的资源，不管是朋友圈还是视频、信息流，甚至是打通3个资源平台；品牌在腾讯平台投放广告之后，可以了解点击广告的人；为行业提供一些解决方案。

（杜　玲）

【中关村管委会与西藏自治区开展共建合作】 9月12日，第四次全国科技援藏工作座谈会在拉萨市举行。会上，中关村管委会与西藏自治区科技厅、拉萨市政府签订《中关村科技园管理委员会、西藏自治区科学技术厅、拉萨市政府支持建设拉萨高新技术产业开发区框架协议》。三方相关负责人及中关村示范区企业的代表等参加签约仪式。根据协议，三方将按照“创新驱动、优势互补、务实高效、协同发展”的合作方针，共同建立长期合作交流机制，对接发展理念和政策体系，支持产业拓展对接和项目合作，推动创新资源对接和开放共享，推动双方新技术新产品示范应用，适时推动园区合作共建。协议自签署之日起生效，有效期两年。

（朱　凯）

【NVIDIA与京东公司战略合作】 9月13日，在2016年GPU技术大会（GTC CHINA 2016）上，美国英伟达公司（NVIDIA）与北京京东世纪信息技术有限公司宣布达成战略合作并共建联合实验室，共同推进智能电商的建设。双方将在深度学习模型优化方面展开合作，在京东公司推广模型（前向）优化方案，京东公司将借助NVIDIA深度学习的技术优势和在研发环节技术团队的支持，进一步优化包括实时服务在内的业务应用系统。基于GPU集群优化的成果和先进经验，京东公司将与NVIDIA合作，基于京东业务场景，从深度学习平台出发，在GPU集群的深度学习训练、KMeans等图像算法加速上，共同打造业内领先的解决方案。

（杜　玲）

【共建国家网络安全科技园区签约】 9月19日，在2016年国家网络安全宣传周开幕式上，启迪控股股份有限公司与武汉市政府签署《关于共建国家网络安全科技园区战略合作协议》。根据协议，启迪控股公司主要承担国家网络安全科技园区的整体规划设计、建设及运营工作；利用领先的科技建设和运营经验及覆盖全球的科技创新创业基地网络的项目资源，协助武汉市政府打造一流的国家网络安全产业园区。

（康秋红）

【澳洲教育城与启迪控股公司合作项目签约】 9月20日，启迪控股股份有限公司与澳大利亚教育城有限公

司合作的澳大利亚教育城科技园规划项目签约仪式在京举行。启迪控股公司、澳大利亚维多利亚州政府、澳大利亚教育城公司等单位的相关负责人参加。根据协议，清华大学启迪创新研究院将为澳大利亚教育城科技园项目提供规划咨询服务，围绕园区定位、产业发展、运营管理等事项开展研究。澳大利亚教育城（AEC）项目位于澳大利亚墨尔本维多利亚州韦里比东部，占地面积近500公顷，规划总建筑面积604万平方米，其中教育功能区面积79万平方米，科技园区面积88.6万平方米，商业写字楼与酒店面积约135万平方米，居住功能区面积250万平方米。AEC定位为国际教育科研中央商务区。

（康秋红）

【京条计划推出】 9月27日，京东商城 & 今日头条战略合作发布会在京举行。北京京东世纪信息技术有限公司和北京字节跳动科技有限公司（今日头条）共同推出京条计划。京条计划主要涵盖3个方面：京东公司将在今日头条上开设一级购物入口“京东特卖”；今日头条将依托于个性化的数据推荐能力帮助京东公司和京东平台上的商家实现精准的广告投放；双方将共同开展基于兴趣阅读的电商合作，通过导购、分佣等模式，帮助更多的头条号变现。京条计划打通了京东公司与今日头条的用户体系，消费者在今日头条购买京东商品时，无须跳转出今日头条App，即可闭环完成从下单到支付等全部流程。

（杜　玲）

【天合转促中心与IAIT签署协议】 9月27日，在2016年德国先进工业科技研究院（IAIT）中国峰会暨工业4.0中德演进蓝图战略启动仪式上，中关村天合科技成果转化促进中心与IAIT签署战略合作协议。根据协议，双方将共同对中德智能制造、德国工业4.0领域的科技成果进行项目转化促进，促使双方在科技成果转化服务方面实现创新发展。

（蒋宜珍）

【福田汽车公司与百度公司战略合作】10月10日，福田汽车集团和百度——车联网与无人驾驶汽车战略合作签约仪式在京举行。北汽福田汽车股份有限公司与北京百度网讯科技有限公司签署战略合作框架协议，双方将在车联网、大数据及自动驾驶3个方面展开合作。根据协议，双方将共同打造智能网联超级卡车。福田汽车公司将协助百度公司开发包括Carlife和车机两个版本的商用车导航及测试和高精度地图，利用百度公司的高精度地图、语音等技术为用户提供导航、查询车况、电话等智能行车服务。同时，百度公司将通过与福田汽车公司的联手，增强数据采集能力，完善商用车大数据，双方合作开发适用于商用车的MyCar（车辆私有云）、CoDriver（智能语音副驾）和CarGuard（智能车辆管理系统），并合作建设商用车车联网运营服务平台，共享商用车车联网运营收益。

（杜　玲）

【中关村管委会与澳门高教办签署合作备忘录】10月20日，2016北京·澳门合作伙伴行动启动暨签约仪式在澳门举行，澳门特别行政区行政长官崔世安和北京市市长王安顺出席。仪式上，中关村管委会与澳门特别行政区政府高等教育辅助办公室就中关村示范区企业与澳门高校科研创新签署合作备忘录。根据备忘录，双方将发挥各自创新资源及国际资源优势，加强中关村示范区企业和澳门高等院校联系，支持澳门高等院校学生来中关村实习、创业，助力澳门青年积极参与“大众创业、万众创新”。中关村管委会主任郭洪参加，并代表中关村管委会签约。

（殷　茵）

【“量子计划”启动】10月23日，在京津冀产融协同“量子计划”启动暨2016中关村高成长企业TOP100颁奖典礼上，“量子计划”启动。“量子计划”由北京中关村高新技术企业协会、中关村创业投资和股权投资基金协会、新华网股份有限公司、河北国控股权投资基金管理有限公司等单位联合参与，将以新的产业运营和投资理念，通过中关村示范区企业及优质项目与河北省相关机构合作，构建新的高新技术产业发展高地，促进河北产业升级，推动京津冀协同发展。活动中，高企协、新华网与承德市政府、邢台市政府、张家口市政府签约，3座城市成为“量子计划”落地的合作城市。学习创新投资控股（北京）有限公司和河北国控股权投资基金管理有限公司进行京津冀产融协同“量子计划”基金签约。承德海淀信息谷项目、京津冀精准医学大数据产业基地项目等承德市重点项目也进行集中签约。

（张　毅）

【中关村（烟台）数字电视产业园项目启动】11月2日，中关村（烟台）数字电视产业园项目签约仪式在烟台市举行。北京牡丹电子集团有限责任公司、烟台开发区管委会等单位相关负责人参加。烟台经济技术开发区管委会与牡丹电子集团签署合作协议。产业园位于烟台开发区，占地面积18公顷，将建设成为烟台开发区重要的双创基地、智慧化建设示范基地、新型城市增长极和数字城市综合体；建成以科技、信息服务业务为核心的数字科技型“互联网+”战略性新兴产业策源地和科技型成果转化基地。根据协议，产业园将通过创新孵化体系、创新科技体系、园区智慧化、产业促进等方面的建设，引进数字电视产业优秀的创新资源，聚集数字电视产业链企业，进行智慧化建设和运营服务，以实现区域智慧化，并在烟台经济技术开发区打造智慧化建设的全产业链。

（夏　吟）

【参建吉布提新自贸区】11月15日，在吉布提共和国总理阿卜杜勒卡德尔·卡米尔·穆罕默德见证下，中国招商局集团有限公司、亿赞普（北京）科技有限公司与吉布提财政部就建设吉布提新自贸区签署投资协议。吉布提国际自贸区位于吉布提市，规划面积约4820公顷，其中首发区面积240公顷，包含商贸物流功能和出口加工及商务配套功能。新自贸区由吉布提港口和自贸区管理局与招商局集团、亿赞普公司等中资企业共同投资及运营，将设立两个合资公司，园区资产公司中吉布提政府占股60%、中方占股40%；园区运营管理公司中中方占股60%，吉布提政府占股40%。项目将通过开展商贸物流、出口加工等产业，助力吉布提经济发展，并通过引进金融服务、大数据服务、贸易便利化服务及培训服务等提升吉布提软环境，同时还将成为中国“一带一路”倡议辐射非洲大陆的重要支点。（吉布提原自贸区占地面积17公顷，主要从事保税仓储物流等传统业务。2017年1月16日，吉布提国际自贸区开工。）

（韩洋洋）

【滴滴出行与安飞士巴吉集团达成战略合作】11月15日，北京小桔科技有限公司（滴滴出行）宣布与美国安飞士巴吉集团（Avis Budget Group）签署战略合作协议，双方将为中国用户在175个国家和地区提供境外租车服务。根据合作协议，双方将协同彼此的产品、技术及商业资源，为中国用户提供简单便捷的跨境租车服务。中国用户可通过滴滴出行App实现境外租车。

（杜　玲）

【中关村·电子城（昆明）科技产业园项目启动】12

月 1 日，由昆明市政府、滇中新区管委会主办的中关村·电子城（昆明）科技产业园项目启动仪式在滇中新区临空产业园举行。中关村管委会主任郭洪及云南省政府、昆明市政府等单位的相关领导出席。昆明市政府、滇中新区管委会与北京电子城投资开发集团股份有限公司签署项目合作协议。项目是三方合作搭建的产业招商运营平台，位于昆明空港经济区核心区，占地面积约 113.3 公顷，建设用地约 80 公顷，总建设规模约 85 万平方米。其定位为面向东盟及南亚的集现代高科技产业、高端制造、研发、科技服务及综合配套为一体的“互联网 +”智能科技园区，将重点引进、承接中关村产业转移的科技企业，以东盟及南亚为市场的现代科技制造企业，对临空经济有需求的现代科技企业，承接华东、华南发展动力强劲的产业转移科技企业，重点打造现代高端制造、现代科技服务、生命健康装备、临空关联产业四大板块。

（朱　凯）

【拉萨中关村科技成果产业化基地揭牌】 12 月 5 日，由拉萨高新区管委会主办的拉萨中关村科技成果产业化基地揭牌仪式在拉萨高新区 N 次元众创空间举行。西藏自治区政府、拉萨市政府、北京援藏指挥部等单位的相关负责人及中关村示范区企业的相关代表参加。基地位于拉萨高新区，将结合中关村科技、人才、资本和拉萨市产业、空间、资源的各自优势，发挥西藏本地资源整合和统筹协调作用，同时结合西藏自治区及拉萨市资源特点、产业基础和发展需求，以及拉萨高新区发展规划，重点支持电子信息、生物医药、节能环保、科技文化融合、新能源及现代农业等领域的中关村示范区企业在基地开展合作，促进相关高新技术成果转移转化和项目落地及其产业转型升级。

（朱　凯）

【京津中关村科技城发展有限公司成立】 12 月 27 日，由宝坻区政府主办的天津京津中关村科技城发展有限公司成立大会在天津金融培训学院举行，宝坻区政府、中关村管委会、中关村发展集团股份有限公司共建单位相关负责人，中国交建总承包公司等企业及媒体的代表等 200 余人参加。京津中关村科技城项目于 2013 年启动，为宝坻经济开发区组成部分，占地面积 1450 公顷，合作期 30 年，将依托区域协作、科技服务、“互联网 +”，逐步形成能源互联网、新材料、先进装备制

造和科技服务业四大产业板块，带动一批专业化社会力量，完善生产、生活配套，引导产业、人才聚集。公司由中关村发展集团、北京国际信托有限公司、天津华城建业有限公司、中关村协同发展投资有限公司 4 家股东共同出资，注册资本 5 亿元，将统筹开发建设和运营科技城，利用中关村的品牌、理念和管理模式，通过整合两地优势资源，快速打造、提升科技城的产业聚集发展水平和创新创业环境。

（李贺英　陈宝德）

【中关村发展集团与德州市政府签署合作协议】 12 月 30 日，中关村发展集团股份有限公司与德州市政府在京签署战略合作框架协议，双方领导及有关人员近 20 人参加。协议包括德州协同创新子基金设立、科技产业园建设、科技创新载体运营、科技成果在德州转移转化、产业升级和项目引进以及加强人才双向交流、

科技服务合作等内容，双方将基于“优势互补、务实高效、互惠互利、共同发展”的原则，在产业投资、金融引导、人才培养、园区建设等方面展开合作。

（李贺英）

交　流

【大同（北京）招商对接会暨项目签约仪式举行】 1月16日，由中关村发展集团股份有限公司与大同市委、市政府共同主办的大同（北京）招商对接会暨项目签约仪式在中关村示范区展示中心举行。北京市副市长隋振江、中关村管委会主任郭洪和山西省政府、大同市政府等单位相关负责人及100余家企业的负责人等参加。会上，中关村管委会、中关村发展集团、北京市投资促进局、北京控股集团有限公司、软通动力信息技术（集团）有限公司等单位分别与大同市政府签订大同中关村科技园、清华科技园、农村电子商务、大数据产业园、医疗健康服务、万达广场、第五空间、PC产业基地、旅游资源开发等战略合作协议及合作投资项目。其中，中关村管委会、中关村发展集团与大同市政府签署构建协同创新共同体合作框架协议。根据协议，双方按照“创新驱动、优势互补、务实高效、协同发展”的合作宗旨，对接发展理念和政策体系，支持产业拓展对接和项目合作，探索科技金融合作模式，共同推动科技创新，促进产学研用合作，推动双方新技术新产品示范应用，加强人才交流。协议自签署之日起生效，有效期两年。会议共签订战略合作平台5个、项目战略协议6项，总投资94.4亿元；签约合作投资项目8个，总投资167亿余元。

（朱　凯　李贺英）

【北京·伦敦科技创新论坛举办】 1月19日，由伦敦发展促进署、启迪之星联合主办的北京·伦敦科技创新论坛——对话中英科创精英活动在京举行。中英科技企业家、投资人、专家等近200人参加。论坛围绕两国科技创新创业生态系统、伦敦投资机遇等议题进行探讨。北极光创投等中方投资机构代表就“伦敦科技成功背后的几大因素”“东西方碰撞，如何在全球范围内培育创新”“中国科技企业及投资人到伦敦投资发展，能够得到哪些支持”“全球风险投资战略”等议题与英方代表进行交流探讨。英方代表认为，伦敦作为世界上首要的机会之城，具备独特的技术准备、商务环境和文化氛围，除总部机构之外，还致力于吸引新兴科技创业公司，尤其是混合型的产业，包括互联网金融、互联网广告、互联网零售、互联网时装、互联网教育、互联网医学等，伦敦为成为中国科技企业国际化的跳板做好了准备。

（康秋红）

【福州市党政代表团到中关村创业大街调研】 1月21日，福州市党政代表团到中关村创业大街调研。北京市副市长隋振江、中关村管委会主任郭洪等陪同。代表团一行参观3W咖啡和创业会客厅，了解孵化器的运作机制及路演、公开课、“投资相亲会”等创业活动，与咖啡馆内的创业团队交流创业情况及项目类型，在创业会客厅内，了解“三证合一”及法律政策咨询等窗口服务。隋振江表示希望两地政府能够建立常态化的交流合作机制，互相学习，共促发展。

（王　翔）

【中关村企业参展世界移动通信大会】 2月22—25日，在2016年西班牙巴塞罗那世界移动通信大会（MWC）上，中关村管委会组织北京天宇朗通通信设备股份有限公司、北京握奇数据系统有限公司、北京格林伟迪科技股份有限公司等16家企业参展，展区面积170余平方米，集中展示智能终端、移动互联安全软件、物联网等产品，达成意向合同金额约1200万元。

（殷　茵）

【中关村企业参展美国信息安全大会】 2月29日—3月4日，在2016年美国国际信息安全大会上，中关村管委会组织北京奇虎科技有限公司、猎豹移动公司、北京握奇智能科技有限公司等20家中关村示范区企业参加，其中参展企业10家，集中展示企业10家，展区面积140平方米，展示MCSECURITYWEB、WEB安全技术、下一代应用安全体系等产品。猎豹公司参展的移动端产品包括手机版猎豹浏览器、PC版金山毒霸和猎豹浏览器等，覆盖Android、iOS、Windows三大平台。握奇公司重点展出符合FIDO国际标准的兼具支付及运动监测的智能可穿戴产品——握奇智能手环，能支持在金融、交通领域的支付功能。

（殷　茵）

【中关村企业参展德国汉诺威消费电子博览会】 3月14—18日，在2016年德国汉诺威消费电子、信息及通信博览会（CeBIT2016）上，中关村管委会组织浪潮（北京）电子信息产业有限公司、北京启明星辰信息技术股份有限公司、汉王科技股份有限公司等17家企业参展，展示通信和网络系统、解决方案、电子金融、安防、电子零售等产品和技术。浪潮公司展示针对关键业务计算研制的关键应用主机 K1、SmartRack 服务器、浪潮八路服务器 TS860，以及高性能计算 HPC 解决方案等。神州数码网络（北京）有限公司展示自主研发的万兆交换机产品、有线无线一体化方案及云平台产品三大主线产品。

（殷　茵）

【新三板企业项目路演活动举办】 3 月 23 日，由中关村国际孵化园、创业成长互助联盟、中关村社会组织联合会等联合主办的同信证券新三板路演汇第五十一期、国际孵化园首期项目路演会在国际孵化园举办。江苏宝莲生物科技股份有限公司的植物提取、北京元鼎时代科技股份有限公司的互联网 IT 生态系统、北京精冶源新材料股份有限公司的无水在线碳素压入材料和陶瓷耐磨材料技术、北京怡软汇商信息技术有限公司以农村淘宝为业务主线的电子商务平台 4 家新三板企业项目参与路演。中国博乐、恒业基金、长城证券等 30 余家投资机构的负责人听取项目介绍并交流互动。来自企业、投资机构、新闻媒体的代表 80 余人参会。至年底，新三板企业项目路演共举办 3 期，17 家企业进行路演，200 余人次参加，分别介绍企业 3 年财务数据、发展历程、运营情况、行业分析、产品开发、收入模式、管理团队、融资计划等。

（樊敬愚　李贺英）

【创新汇大讲堂交流活动举办】 3 月 27 日，河北省科技厅、保定市政府、中关村发展集团股份有限公司在保定·中关村创新中心联合举办双创导师保定行之——创新汇大讲堂交流活动，国务院发展研究中心金融研究所、保定国家高新区管委会、保定市科技局等单位的相关负责人、专家等 300 余人参加。活动为创新汇大讲堂首次活动，主题是“中关村模式如何破解保定中小企业融资难”，河北省科技厅、中关村发展集团、中关村领创金融信息服务有限公司等单位相关

专家围绕金融改革助力中小微企业发展、中关村科技金融模式创新、投资机构如何发现并延伸企业价值等内容发表演讲。创新汇大讲堂由北京中关村信息谷资产管理有限责任公司主办，年内共举办 6 期，主题分别为“中关村模式如何解决中小企业融资难”“创新与未来能源”“2016 企业组织创新峰会”“当前经济社会新格局”“能源互联网——概念架构与产业前景”“科技创新促进产业发展政策宣贯会”，累计 1500 余人次参与。

（李贺英　张　蕾）

【河北省党政代表团到中关村示范区调研】 3 月 30—31 日，河北省委书记赵克志、省长张庆伟率河北省党政代表团调研中关村示范区。代表团先后到清华大学宇航技术研究中心、中国下一代互联网示范工程网络

运行中心，了解微型卫星、互联网研究进展情况，就相关技术应用与合作进行交流。在中关村示范区展示中心，代表团观看中关村战略性新兴产业具有全球领先水平的创新成果，听取对 3D 打印、集成电路装备、新一代信息技术和智能终端与新型显示等重大技术成果的讲解。代表团还到中关村创业大街的 3W 咖啡、36 氪、创业会客厅及太库科技创业发展有限公司调研，了解创新服务机构的运行模式、资源整合等情况。北京市委书记郭金龙、常务副市长李士祥、市委常委苟仲文及副市长张工、隋振江陪同，中关村管委会主任郭洪参加。

（王　翔）

【IBM 前瞻者高峰论坛举办】 4 月 12 日，由 IBM 中国研究院、北京中关村软件园发展有限责任公司主办的认知时代智者先行——IBM 前瞻者高峰论坛 2016 在软件园举办，中国互联网协会、赛迪工业和信息化研究院等单位相关专家及神州云科数据技术有限公司、北京光年无限科技有限公司等企业的代表 300 余人参加。论坛围绕“认知技术”如何帮助企业实现“真智能”、

经济与生态新格局下的中国认知未来、“认知商业”的未来发展等话题展开，与会专家分别以“新时代、新视角、新认知——ZPARK 新印象”“晓说认知—IBM 解读认知时代”“认知技术的商业创新应用”“拥抱认知、携手开创”等主题发言。IBM 大中华区代表还与北京普猎创新网络科技有限公司等企业相关负责人围绕“认知技术的行业应用与实践”和“‘互联网 +’走进行业走向认知”两个主题进行对话。

（李贺英　梁　冰）

【中国军民两用技术应用推进大会召开】4 月 15—16 日，由中国航天系统科学与工程研究院、军民两用技术与产品全国理事会、军民融合包装发展建设工作委员会和中国技术交易所有限公司主办的 2016（第三届）中国军民两用技术应用推进大会在京召开。来自国家有关部委、地方政府科技和经济发展主管部门、军队装备管理部门、军工集团及所属院所企事业单位、高等院校、民营高科技企业的代表等 700 余人参加。大会以“国际化视野、高起点合作”为主题，征集优选 120 余个项目参与合作交流，50 余家企业进行技术和项目展示，项目涉及新材料、光机电、精密制造、电子电缆、化工、安防、工业装备、船舶、汽车、航空等领域，并首次引进以色列等 8 个国家的 60 余项军民两用技术项目进行展示和开展合作。

（韩洋洋）

【贵阳市与中关村大数据企业座谈会举行】4 月 28 日，主题为“创新发展与大数据生态体系”的贵阳市与中关村大数据企业座谈会在京举行。贵阳市委书记陈刚、中关村管委会主任郭洪等领导及来自东华软件股份公司等 40 余家企业的代表等参加。会议通报贵阳大数据综合创新试验区建设情况，围绕中关村示范区进一步加深与贵阳市的合作以实现融合发展、创新发展进行交流，并就贵阳市政府与中关村示范区大数据企业在贵阳市“大数据资源中心、金融中心、创新中心”的共同建设上进行对接。

（杜　玲　王　征）

【走进中关村系列主题展举办】5 月 13 日，由中关村示范区展示交易中心主办、中关村会展与服务产业联盟承办的走进中关村系列主题展的首展——“全民智能新生活”主题活动在中关村示范区展示中心举办。活动展出北京格林曼光电科技有限公司、北京糖护科技有限公司等 10 家企业的高新技术产品，包括家庭有机菜园、除雾霾灯、全景摄像机、智能血糖仪等与生活密切相关的科技产品，通过路演及现场展示的方式，让参观者感受到科技对日常生活的改变。活动将发挥中关村示范区展示中心的桥梁作用，为中关村示范区企业搭建展示平台，传播科技知识，让更多的人了解

中国科技的发展水平。年内，活动共举办两场，分别以“全民智能新生活”和“拥抱安全主题科普”为主题，展示 20 余件产品，吸引 500 余人次参观。

（王洁琦　杜　玲）

【中国软件园区发展论坛举办】5 月 27 日，由工业和信息化部主办的中国软件园区发展论坛在中关村软件园举办，主题为“融合创新、创赢未来”。中国软件行业协会、中国软件园区发展联盟、北京市经济和信息化委等单位相关负责人及有关企业、协会的代表等 300 余人参加。论坛旨在进一步提升中国软件园区整体品牌形象，展示其在产业聚集、创新引领和对软件与信息服务业发展的贡献，通过搭建政府、园区、企业及研究机构的协作平台，分享经验、创新思路，提升园区核心竞争力和产业发展新动力。深圳软件园管理中心、成都天府软件园有限公司相关负责人分别做“深圳 IT 产业创新与走向共享经济的科技园区”“成都天府打造园区平台连接产业未来”主题发言；成都中云天下科技有限公司、广联达软件股份有限公司、亚信集团股份有限公司、邦正科技股份有限公司等企业负责人分别围绕“促进园区与企业共同良性发展”“‘互联网 +’助力建筑产业升级”等主题发表演讲；与会代表就创新创业、两化融合、智慧城市、互联网 +、园区发展趋势等热点话题进行交流，共同探讨园区与

企业协同发展的新方向。

（张　蕾）

【中关村发展集团科技金融创新体系参展京交会】 5月28日—6月1日，在第四届中国（北京）国际服务贸易交易会上，中关村发展集团股份有限公司受邀作为北京市金融机构代表，在北京市国有资产配置平台展示“科技创新金融需求”“轻资产科技企业担保”“科技融资租赁”等服务，以及在集团多种金融方式支持下部分企业取得的成果，包括中芯北方集成电路制造（北京）有限公司的28纳米晶圆、中科院北京纳米能源与系统研究所的摩擦纳米发电、北京航景创新科技有限公司的工业级无人机、北京梦之墨科技有限公司的液态金属打印、北京光年无限科技有限公司的图灵机器人、北京中科虹霸科技有限公司的虹膜识别安全手机、北斗天汇（北京）科技有限公司的北斗时空表等。

中关村发展集团为满足不同类型、不同成长阶段的投资项目及企业的多样化资金和服务需求，为科技企业量身打造从孵化落地到投保贷租等全方位、立体化科技金融服务体系，包括科技担保、科技小贷、科技租赁、领创金融等；还有“中关村基金系”，包括清华水木系列基金、航天科工基金、天使基金等；以及围绕战略性新兴产业设立的规模300亿元的北京集成电路产业基金等。

（李贺英）

【中关村企业参展新加坡国际广播科技与设备展】 5月31日—6月3日，在2016新加坡国际广播科技与设备展览会上，中关村管委会组织北京时代奥视科技股份有限公司、北京中科大洋科技发展股份有限公司、北京数码视讯科技股份有限公司等16家企业参展，展区面积144平方米，集中展示智慧城市、远程医疗等技术和产品。中科大洋公司展示自主研发的虚拟图文系统、一体化小播出系统、媒体资产管理设备及广播级mini转换设备；北京赛科世纪科技股份有限公司展出DTVScape5.0，系统支持智能化、定向化和个性化的多媒体信息发布形式及多维度、多终端的组合展现策略，用户可通过平台实现电视直播节目、高清视频点播内容及其他多屏应用服务的即时收看、分享、传播等。

（殷　茵　张倩倩）

【中关村企业参展新加坡国际通信与资讯科技展】 5月31日—6月3日，在2016年新加坡国际通信与资讯科技展览会上，中关村管委会组织北京永新视博数字电视技术有限公司、北京动力源科技股份有限公司、北京傲天动联技术有限公司等15家企业参展，展区面积160平方米，展示物联网、大数据分析等产品。动力源公司展示具备远程监控和管理功能的新型控制器，其具备高效率的整流器模块和达97%的转换效率。永新视博公司展示视频安全产品SecureMax，其可提供基于多平台的内容版权保护，还展出包括OTT端到端系统解决方案、多屏解决方案—屏屏通、4K极清线、家庭智能网关等产品及互动云直播、VR直播系统等前沿技术。

（殷　茵　张倩倩）

【大数据科技创新与人才发展论坛举办】 6月4日，由北京光环致成国际管理咨询股份有限公司主办的首届大数据科技创新与人才发展论坛在中关村软件园举办，来自高校、企业的代表等600余人参加。论坛邀请战略行业负责人、大数据资深讲师、企业高管等4位主讲嘉宾分别从“大数据创新与实践”“大数据核心技术”“大数据产业应用”“大数据人才培养”角度进行演讲，包括未来大数据在智能化、可视化、连接性、安全性方面的发展，大数据如何与营销、金融等行业融合，创造全新的产业生态圈，“大数据管理员、大数据架构师、大数据分析师、大数据项目经理、大数据科学家”的发展与培养方案等内容，多维度剖析大数据的产业应用及创新实践，展望大数据产业的发展趋势。高端对话及互动交流环节中，与会代表就大数据技术、发展趋势、新型产业的落地应用及数据安全等问题进行交流。

（张　蕾　梁　冰）

【约翰·霍尔德伦来访中关村示范区】 6月7日，美国总统科技助理兼白宫科技政策办公室主任约翰·霍尔德伦（John Holdren）来访中关村示范区，科技部部长万钢陪同。科技部火炬中心、中关村管委会、北京市科委等单位相关负责人参加。霍尔德伦一行参观中关村创业大街，在创业会客厅听取其在法律、金融、人力资源、知识产权保护、创业场所等方面为创业者提供的服务情况介绍，在JD+智能奶茶馆体验诺亦腾

Project Alice、驭势无人驾驶汽车、Face++、Poputar 智能吉他、云宝智能机器人等创业项目。霍尔德伦对中方在鼓励创新方面取得的成就给予赞赏，表示美方愿共同探讨相关合作。

（殷　茵）

【加速科研成果转化研讨会举办】 6月22日，由中关村管委会与创客总部、中国科学院北京国家技术转移中心、国际 iCAN 联盟等单位主办的加速科研成果转化研讨会在京举办。中关村管委会相关负责人及来自清华大学、北京大学、中科院等高校、科研院所和中关村创新型孵化器等单位的代表40余人参加。中科院北京国家技术转移中心相关负责人以“互联网时代的科技成果转化 O2O 服务体系”为主题，介绍中科院运用“互联网思维”和“模式创新”推进科研成果转化经验做法，强调在科技成果转化的3.0时代，应通过资本的力量把技术和市场结合起来。北京理工大学先进技术研究院的代表以“高校科技成果转化思考与探讨”为主题，从实战角度分享北京理工大学创办学科性公司的模式探索和实践成效，提出高校成果转化的3个有利于原则，从高校体制机制、产学研合作机制等方面，建议建立科技成果转化动力机制和风险机制，摆脱成果转化过程中的政策束缚。创客总部的代表以“创客总部用市场化机制促进科技成果转化的探索”为主题，介绍高校科研成果转化当前的现状及问题，阐述如何通过“业务 + 管理”的创业路径双轮驱动科研成果转化，分享创客总部孵化高校和科研院所创业项目的成功案例。

（陈宝德）

【第一期美国顶级高校创业项目路演举办】 6月28日，由中关村发展集团股份有限公司、麻省理工学院中国创新与创业论坛（MIT–CHIEF）主办的“中美协同、创新发展”美国顶级高校创业项目路演活动（第一期）在中关村软件园举办。相关院校、机构、企业的代表等200余人参加。来自哈佛大学、波士顿大学等9所美国顶级院校的16个一流的创业项目参加路演，展示发展前景与投资价值，与会专家精彩点评，投资人现场发问，金融投资机构、中关村新兴产业园区等代表进行创新交流，SUNISLAND 项目（太阳能光伏产业的资源整合型网络平台）、SECURITYX（网络安全解决方案）获投资意向。北京中关村软件园、南宁中关村创新示范基地、徐州中关村信息谷创新中心、保定中关村创新中心通过视频互动系统进行对话，相关负责人分别介绍各自城市的创新特点与优势。（MIT–CHIEF 是首个美国院校的中国创新创业平台，包括哈佛大学

等9所顶尖高校，拥有全球14个国家的800余个创业项目，涉及医疗大健康、大数据、泛互联网、智能制造、智能硬件等领域。）

（李贺英）

【首届融知2016高峰论坛举办】 6月29日，由市知识产权局主办，北京亦庄国际产业投资发展有限公司承办的首届北京市知识产权运营论坛——融知2016知识产权高峰论坛在京举办。论坛以“知识产权金融化，创新在路上”为主题。来自北京、上海、广东等地的150余名金融投资界、知识产权界、产业界专家和企业的代表参加。澎石资本、连城评估、小米科技有限责任公司等机构和企业的专家就知识产权与金融创新的模式和方法发表主题演讲，并以圆桌沙龙的形式探讨知识产权运营模式的创新与落地。

（潘　丹）

【河南省党政代表团到中关村示范区调研】 8月22日，河南省委书记谢伏瞻、省长陈润儿率党政代表团一行到中关村示范区调研，北京市委书记郭金龙、市长王安顺等领导陪同。在中关村示范区展示中心，中关村管委会主任郭洪向考察团介绍中关村创新发展情况，并从新突破、新趋势、新机遇3个方面介绍中关村示范区与河南省在科技领域开展的合作与交流。考察团参观中关村示范区在3D打印、集成电路、新一代信息技术、智能终端与新型显示、生物健康、新材料、节能环保与新能源七大产业领域的创新成果，并听取北京诺亦腾科技有限公司、北京中航智科技有限公司、北京大北农科技集团股份有限公司等9家代表性企业的主题汇报。河南省领导表示，希望未来中关村示范区与河南省能携手建立多层次跨区域创新合作平台，通过创新链、产业链、资金链协同联动，积极支持企业跨区域布局，共同优化跨区域创新创业生态系统。

（徐　建）

【中国通信集成电路技术与应用研讨会举办】 8月24—

25 日，由中国通信学会通信专用集成电路委员会、中国半导体行业协会集成电路设计分会、海淀园管委会、北京中关村集成电路设计园发展有限责任公司主办的 2016（第十四届）中国通信集成电路技术与应用研讨会在京举办。工业和信息化部、中关村管委会、海淀区政府、中关村发展集团股份有限公司等单位相关负责人及来自集成电路和通信领域的专家、企业代表等 300 余人参加。与会者围绕“智能时代集成电路协同创新”主题，就“十三五”时期集成电路产业热点与创新应用、5G 通信标准、物联网与智能硬件、人工智

能、极低功耗集成电路设计等相关议题进行研讨。中科院微电子研究所刘明院士以“后摩尔时代集成电路技术挑战与机遇”为主题从集成电路的现状和挑战、集成电路的发展态势、IMECAS 的相关研究发展、集成电路发展机遇 4 个方面进行演讲；国家集成电路产业投资基金股份有限公司、中国半导体行业协会、清华大学微电子所、Synopsys 中国区等单位相关专家就“关于我国集成电路产业发展的几点思考”“新形势下校企联合微电子人才培养”“打造国家集成电路设计产业‘芯’高地”“新型阻变存储器技术的发展和应用前景”“互联世界中的芯片智能与安全”等主题发表演讲。北京志翔科技股份有限公司、北京兆易创新科技有限公司等企业的代表分别针对电子行业、企业信息安全、5G 技术、国内芯片企业的发展及相关产品等进行演讲。

（李贺英）

【内蒙古自治区党政代表团到中关村示范区调研】 9 月 7 日，内蒙古自治区主席布小林率党政代表团到中关村示范区调研。布小林一行参观北京大北农科技集团股份有限公司、北京协同创新研究院、百度在线网络技术（北京）有限公司等单位。北京市市长王安顺和副市长林克庆、隋振江陪同，中关村管委会主任郭洪参加。

（张倩倩）

【拉萨市党政代表团到中关村示范区调研】 9 月 21—24 日，由拉萨市委书记齐扎拉率领的拉萨市党政代表团一行到京考察。在朝阳区 798 艺术区，代表团观看 798 艺术区宣传片，参观桥艺术空间、时态空间、亚洲艺术中心、品画廊和百雅轩 798 艺术中心等机构。在怀柔区，代表团到雁栖不夜谷、雁栖湖生态发展示范区，了解北京沟域经济发展情况，走进典型民俗户，参观 2014APEC 展示中心等。在海淀区，代表团到闻康集团股份有限公司（寻医问药网）、北京农信互联科技有限公司、北京碧水源科技股份有限公司等企业参观考察，并与闻康集团就西藏智慧医疗、拉萨市医疗精准扶贫等方面的下一步合作达成初步意向。代表团还与中关村管委会有关负责人进行座谈，交流拉萨市与中关村管委会合作协议落实情况。北京市委书记郭金龙、市长王安顺及副市长陈刚、张工出席，中关村管委会主任郭洪参加。

（张倩倩）

【中关村企业参加 16+1 首都市长论坛经贸论坛】 9 月 27—28 日，首届中国—中东欧国家（16+1）首都市长论坛在保加利亚索非亚市举行，北京市人大常委会主任杜德印出席。论坛期间，16+1 首都市长论坛经贸论坛举办，16 个首都城市政府和商界代表围绕旅游文化、交通、创新、智慧城市、外包业务、农林园艺等专题开展交流研讨，进行一对一洽谈与签约。中关村示范区的中科创达软件股份有限公司、浩东知识产权股份有限公司、共友时代（北京）科技股份有限公司、中关村多媒体创意产业园 4 家单位参加，展示中关村示范区企业在智慧城市领域的科技成果。

（殷　茵）

【中关村社会组织与德州产业联盟对接活动举办】 10 月 13 日，由中关村社会组织联合会、山东省德州市政府联合主办，北京环球英才交流促进会承办的“智汇德州—中关村社会组织与德州产业联盟对接活动”在德州市举办。活动分为主会场和能源环保、生物医药、机械电子 3 个专场，以“交流互鉴，协同发展”为主题，旨在通过人才智力的交流和互融，探讨“实施京津冀人才圈建设工程”，推进京津冀的协同创新和发展。中关村示范区 23 家社会组织及 110 余家会员企业的负责人、高端人才，以及德州市 15 个产业推进办、产业联盟及 104 家联盟骨干企业负责人等近 300 人参加。200 余个企业项目参与交流、推介及对接，涉及能源环保、生物医药、机械电子（装备制造）等领域。会上，环球英才促进会与德州市人力社保局签署《海外人才引进和智力交流合作战略框架协议》，中关村华医移动医

疗技术创新研究院与德州市卫计委签署《高端卫生医疗才智资源共享战略合作协议》。在3个专场对接中，北京颖诺凯胜科技有限公司、中关村现代医药生产力促进中心、北京航空航天大学自动化科学与电气工程学院、北京中科可来博电子科技股份有限公司等单位负责人分别做项目路演与资源推介。至年底，北京泰宁科创雨水利用技术股份有限公司的城市雨水收集再利用系统、北京厨无忧环保科技有限公司的环流油烟净化技术及一体化设备、北京金鹏环益科技有限公司的在线水质监测技术及设备、佑景天国际水环境研究中心有限公司的污水处理技术及一体化设备等11个项目在德州市达成落地意向。

（冯秋帆）

【百名香港创业青年参访中关村示范区】 10月26—29日，由科技部和团结香港基金会共同主办的2016香港创业青年内地行北京站活动在京举行。活动期间，访问团参观中关村创业大街、中关村智造大街及联想控股有限公司、北京小桔科技有限公司等中关村示范区代表性企业，参加2016香港创业青年内地行北京创新创业座谈会和由中关村管委会主办的2016香港创业青年北京行中关村创业创新分享座谈会。香港创业青年感受到中关村创新创业发展的新形势，并结识志同道合的创业伙伴，将推动京港两地创新创业的交流与合作。

（殷　茵）

【青海省党政代表团到中关村示范区调研】 11月4日，青海省委书记王国生、省长郝鹏率青海省党政代表团到中关村示范区调研。北京市委书记郭金龙，市委副书记、代市长蔡奇等陪同，中关村管委会主任郭洪参加。代表团一行到中关村示范区展示中心，参观创新新业态、新经济澎湃新动能、京津冀协同创新共同体等展区，观看三维视觉行为分析仪、云端智能机器人、智能两轮电动车等前沿技术创新创业成果。王国生、郝鹏表示，要学习、借鉴、推广中关村经验，进一步开阔视野、抢抓机遇，解开束缚的绳索，增强发展的动力，让创新成为引领发展的强大引擎，使青海绿色低碳循环的道路越走越宽。代表团一行还到怀柔园北汽福田戴姆勒股份有限公司调研。

（曾　佳）

【德国勃兰登堡州投资推介会举办】 11月14日，由德国勃兰登堡州经济发展局、北京市投资促进局、中关村天合科技成果转化促进中心主办的德国勃兰登堡州投资推介会在北京大学举办。来自德国的9家企业和机构及来自中国北京、天津、唐山等地的相关企业、投资机构的代表等200余人参加。德国机构的代表对勃兰登堡州的经济发展、投资环境、投资政策及科研机构、技术成果等情况进行介绍。来自德国的消防、金融、虚拟现实、科研、教育、钢铁、表面处理、软件、电影等领域的企业及机构进行项目推介，并同中方代表进行洽谈。

（蒋宜珍）

【正定科技新城“十三五”发展推介会举办】 11月16日，由石家庄市政府、北京市经济信息化委、中关村管委会主办的2016·京津冀协同发展石家庄（正定）中关村集成电路产业基地暨正定科技新城“十三五”发展推介会在中关村示范区展示中心举行。北京市委、石家庄市政府等单位相关负责人，两地有关产业联盟、行业协会及国内外100余家企业的代表参加。会上，发布《石家庄市人民政府关于支持石家庄（正定）中关村集成电路产业基地发展的若干意见》；举行石家庄中关村协同发展有限公司成立启动仪式、京津冀协同发展合作项目签约仪式；正定县政府与紫光国芯股份有限公司的集成电路封装测试等11个京津冀合作项目集中签约，总投资244.1亿元。石家庄（正定）集成电路产业基地由石家庄市政府与中关村管委会合作共建，将构建集成电路设计、制造和封装测试及装备制造全产业链。正定科技新城由京冀两地政府整合中关村示范区和石家庄市的优质资源共同推动建设，规划面积 7050 公顷，将培育新能源汽车、高端装备制造、节能环保、现代物流四大潜力产业。

（李贺英）

【中关村企业参展深圳高交会】11 月 16—21 日，在第十八届中国国际高新技术成果交易会上，中关村管委会设立“中关村科技创新成果”展区，展览面积 300 平方米，分为创新孵化展区、新经济新动能展区、区域协同发展展区 3 个板块。中关村管委会组织零度智控（北京）智能科技有限公司、北京萝卜科技有限公司等 20 家企业参展，展出智能机器人、智能硬件、3D 打印、VR 虚拟交互等前沿科学技术和创新产品。展会期间，参展企业累计接待 5000 余人次参观。

（王洁琦）

【droidcon 北京 2016 安卓技术大会召开】11 月 17—18 日，由北京长风信息技术产业联盟、大规模流数据集成与分析技术北京市重点实验室、德国 Mobile Seasons GmbH 主办的 droidcon 北京 2016 安卓技术大会在京召开。大会以“移动智能，跨界创新”为主题。来自美国英特尔公司、小米科技有限责任公司、乐视网信息技术（北京）股份有限公司等国内外安卓技术与应用领域相关机构和企业的代表近 500 人次参加。大会围绕安卓体系结构、性能优化、开发工具与测试、IOT

与动态化等内容展开交流与研讨，并对安卓技术未来发展趋势展开观点分享，还成立国际安卓技术开发者联盟。（droidcon 国际技术大会 2009 年由一个安卓爱好者国际研究小组发起，已在全球四大洲 25 个国家和地区召开，每年有上万人参加，成为安卓领域全球最有影响力的技术大会。2016 年 droidcon 第一次登陆中国。）

（李云芝）

【第八届食品科技北京论坛举办】11 月 28—29 日，由中国社会科学院食品药品产业发展与监管研究中心、中国保健协会健康产品监督监测分会、北京食品学会、北京食品协会、中关村天合科技成果转化促进中心联合主办的第八届食品科技北京论坛、第五届中国方便与休闲食品产业发展论坛在京举办。来自国内外相关科研机构、高校、协会的代表等 200 余人参加。论坛就《食品安全法》《食品安全法实施条例》及食品新原料管理体制变动与审批、食品安全标准进展、食品工业科技进展、食育的重要意义，以及营养与功能食品、运动食品、婴幼儿配方食品、特殊医学用途食品、新研发思路与食品工业新技术等内容进行探讨，并对 25 项具有市场转化价值的优秀科技成果进行评价。

（蒋宜珍）

【京冀曹妃甸协同发展示范区推介会举行】12 月 21 日，由中关村管委会和唐山市政府主办的京冀曹妃甸协同发展示范区推介会在中关村软件园举行。来自中关村示范区相关协会、产业联盟、大学科技园、留创园与孵化器及企业的代表近 200 人参加。推介会主题是“推进协同发展，实现合作共赢”。会议介绍唐山市曹妃甸区的投资环境和京冀曹妃甸协同发展示范区的建设情况。北京图森未来科技有限公司自动驾驶卡车试验基地和智能物流运输商业化运营基地项目、中佳互联建筑科技（北京）有限公司装配式建筑产业基地项目、北京金路易速冻食品有限公司速冻食品加工基地项目、中国投资协会投资咨询专业委员会双创中心孵化器项目、中国产业联盟发展组织委员会合作项目、数银互联（北京）技术发展有限公司科工研究院和创意空间项目、北京世纪和有科技公司展览装饰材料基地项目、中国云谷产业园集团公司曹妃甸跨境电子商务产业园项目 8 个项目签约，其中 6 个项目总投资 36 亿元。

（徐　建）

社会组织

Social Organizations

本栏目设有协会和联盟两个分栏目，以条目体形式记述中关村国家自主创新示范区支持和发挥社会组织的功能而采取的举措，以及各社会组织承担政府转移职能，根据自身特点开展的为企业服务的活动等。

综　述

2016年，中关村示范区社会组织紧密围绕示范区中心工作，不断加强自身建设，充分发挥社会组织桥梁纽带作用，整合资源服务创新创业主体，在构建京津冀协同创新共同体、加强行业自律、助力中关村创新创业生态系统等方面取得丰硕成果。

中关村管委会印发《关于2016年支持社会组织发展的指导意见》，明确支持中关村示范区社会组织发展的工作思路、原则、重点任务及工作要求，指导社会组织围绕示范区中心任务，在行业研究、标准创制推广、知识产权服务、政策宣讲、创新创业服务等方面开展一系列创新性活动。2016年，中关村社会组织联合会新增会员单位15家，会员总数118家，其中协会94家、民办非企业24家。中关村社会组织联合会持续扩大党的组织覆盖和工作覆盖，引导中关村社会组织加强党建工作，联合会118家会员中，建立党组织35家（包括12家功能型党组织）；制定《中关村社会组织诚信体系建设规划纲要（2016—2020）》，明确提出“十三五”时期中关村社会组织诚信体系建设的重点工作任务，发布并签署《中关村社会组织自律公约》，采集89家中关村社会组织诚信信息，编成《中关村社会组织诚信报告》（2016年版）；联合举办第三届京津冀协同创新共同体高峰论坛暨滨海中关村科技园发展战略研讨会，11个京津冀钢铁行业节能减排技术合作项目签约；发布2015年度中关村品牌推介系列活动的13个榜单；举办“智汇德州——中关村社会组织与德州产业联盟对接活动”等交流活动；会员单位开展特色品牌活动358场，服务企业3万余家次，服务个人45万余人次；参与“一带一路”建设，成立驻华使节商务联盟，支持并引导会员单位开展国际化活动93场，与境外企业或社会组织达成合作意向151个。年内，中关村一带一路产业促进会、中关村智慧旅游创新协会等社会组织成立，中关村社会组织累计搭建创新创业类、科技成果转化类、人才建设类、企业服务类等公共服务平台132个，服务企业40万余家次，服务个人近300万人次；统筹协调会员单位开展行业、产业、企业发展课题研究140余项，参与《中关村示范区发展报告》课题调研工作，提出中关村社会组织发展的参考建议，开展《中关村社会组织能力测评方法研究》课题，为科学评价示范区社会组织工作能力与工作绩效提供参考。中关村企业信用促进会新增会员1210家，会员总数7189家，企业会员完成年审2400家；信用星级企业累计1388家；新增中关村信用培育双百企业204家，信用双百企业累计1200余家。中关村产业技术联盟促进会被认定为市级枢纽型社会组织，将构建联盟与政府、联盟与联盟之间跨界融合的生态系统，并成为联盟与其他社会组织之间沟通的桥梁。北京中关村高新技术企业协会发起组建中关村TOP100企业家俱乐部，筑造中关村企业家的精神家园，构建精英企业家良性互动生态体系。北京知诚中小企业财税与金融服务促进会推出由知识型社会组织牵头的京津冀社会组织众扶平台，聚焦“互联网+助力京津冀社会组织协同发展”。

2016年，中关村产业技术联盟在促进战略性新兴产业发展、建设具有全球影响力的科技创新中心的过程中日益显示出独具特色的重要作用，成为中关村示范区建设中不可或缺的新兴力量，成为推动形成具有技术主导权的产业集群和加快构建首都“高精尖”经济结构的重要主体。年内，中关村京企云梯科技创新联盟、中关村区块链产业联盟、中关村前沿科技与产业服务联盟等产业联盟成立，中关村示范区较活跃的产业联盟总数180家。推进产业联盟备案和注册试点，引导联盟规范发展，截至年底，共有55家联盟完成备案，143家联盟实现注册。2016年，中关村产业技术联盟共创制国际标准9项、国内标准215项；搭建共性技术服务平台97个、投融资平台70个，累计为业内上百家企业服务近千次；开展特色品牌活动共计385场，开展国际化相关活动近100场；承担国家重大项目70余项，参与地方重大项目近80项；累计开展183项课题研究，其中制定产业发展规划、路线图55个，发布产业研究报告82个。多家中关村产业技术联盟在国内外区域合作方面开展务实合作，北京长风信息技术产业联盟与新西兰D&D Technology有限公司签署合作协议，共同成立长风联盟驻新西兰办事处；中关村数字文化产业联盟与欧盟中欧数字协会就开展“丝路之营”等项目达成合作。

（冯秋帆　杜　玲）

协　会

【北京软件企业一站式服务平台开通】 1月10日，北京软件和信息服务业协会开通北京软件企业一站式服务平台。平台联合检测、著作权登记、财务审计等多家机构，开展软件著作权登记代理业务，为软件和信息服务企业提供软件企业税收优惠政策咨询、软件产品登记测试、软件著作权登记代理咨询等服务。

（郝峥嵘）

【中关村智慧旅游创新协会成立】 1月15日，中关村智慧旅游创新协会成立大会暨第一次会员大会在中关村创业大厦举行。中国旅游研究院、市民政局社团办等单位有关负责人及50余家互联网公司和旅游行业相关企业的代表参加。协会由北京携程国际旅行社有限公司、北京途牛科技有限公司等互联网旅游企业及与旅游行业相关的社会团体、企业等单位共同发起，旨在以“中国旅游互联网产业技术创新发展与服务”为导向，构建“政府引导、科技支撑、企业参与、合作共赢”的旅游互联网产业技术创新环境，通过“资源对接、行业聚合、创新实践、服务社会”，提升旅游互联网创新能力，促进旅游互联网创新成果推广和学术交流。中国旅游创业家协会创始人张德欣当选首任会长。

（梁　冰）

【2016国际视野下的创新与资本论坛举办】 1月19日，由中关村股权投资协会主办的2016国际视野下的创新与资本论坛（第四届）在中关村软件园举办。中关村管委会、海淀区政府等单位相关负责人出席，加拿大、美国、以色列等多国大使、参赞及北京合伙圈金融信息服务有限公司等企业、协会的代表近1000人参加。论坛设有主论坛、圆桌对话、展览展示等活动。主论坛上，北美众筹网、天星资本、人民大学法学院等单位相关专家分别就“将‘众筹’引向大洋彼岸的中国人”“新三板带来的历史性机遇”“2016年互联网金融发展趋势展望”等主题进行演讲；3场平行圆桌对话分别围绕“独角兽不是一天长成的，寻找小独角兽的窝”“互联网究竟为金融带来了什么？理论与实战的切磋琢磨”“上市公司投资和重组并购经验和未来趋势”主题进行，各专业机构有关人士就相关经济与政策动向、“双创”金融生态、孵化器行业标准、天使\VC\PE\上市公司全产业链联动、股权投资国际化、新三板等展开讨论。活动中，股权投资协会与加拿大母基金、前海股权投资母基金等现场签约；中关村“双创”生态共建联盟、全国股权投资协会新三板俱乐部启动；“中国青年投资100行业评选”（第二届）颁奖仪式举行；首届“全球最佳投资机构”评选榜单发布；国际及国内“三优三高”项目展示，以色列跨境视频路演专场等活动举办。

（张　蕾）

【北京信息化协会第五届会员代表大会召开】 2月3日，北京信息化协会第五届会员代表大会在京召开。市经济信息化委、中关村社会组织联合会、中国电子信息行业联合会信息系统集成资质办公室等单位的相关负责人，以及会员代表等100余人参加。大会听取协会第四届理事会工作报告、财务报告和监事会工作报告；根据协会章程进行换届工作，选举产生第五届理事会、监事会，东华软件股份公司董事长薛向东当选协会新一届理事长。会上，对优秀会员企业进行表彰。

（江　欣）

【中关村品牌推介系列活动3个榜单发布】 2月，中关村社会组织联合会通过网站发布2015年度中关村品牌推介系列活动的3个榜单，包括中关村十大创投案例、中关村十大并购案例、中关村十大新闻事件。上榜企业覆盖移动互联网、节能环保、高端装备制造、IT服务等中关村重点产业领域，彰显2015年度中关村示范区企业创投及并购重组的特色与影响力。

（冯秋帆）

【智乐读书会书友交流活动举办】 3月4日，以“进民协，话智乐”为主题的智乐读书会书友交流活动在中关村民营科技企业家协会举办。与会书友踊跃发言，共同为读书会的良好发展提出意见建议。活动值学雷锋纪念日前夕，主办方北京国鑫控股集团有限公司通过趣味问答、唱雷锋歌曲等方式与书友进行互动，宣传雷锋精神，传递正能量。中关村民协作为支持单位参与的智乐读书会是自2013年3月发起的公益性读书活动，旨在推广多读书、读好书，共举办活动30余场，主题丰富多彩，分享推荐书目近400本，参与书友近1500人次。

（韩洋洋）

【支持社会组织发展的指导意见出台】3月15日，中关村管委会印发《关于2016年支持社会组织发展的指导意见》。《意见》明确中关村示范区社会组织2016年的工作思路、原则、重点任务及具体工作要求，分为工作思路与原则；支持枢纽型社会组织发挥平台作用，引领中关村社会组织发展；支持社会组织聚焦示范区中心工作，加强服务能力建设；支持社会组织诚信体系建设，提高自律水平；不断创新完善支持方式，加大力度支持社会组织服务中关村创新发展5个部分，指导中关村示范区社会组织围绕示范区深化全面创新改革、构建“高精尖”经济结构、促进科技领域军民融合深度发展、优化创新创业生态系统、构建京津冀协同创新共同体围绕示范区打造链接全球创新网络的关键枢纽等方面，在行业研究、标准创制推广、知识产权服务、政策宣讲、创新创业服务等方面开展一系列创新性活动。

（马媛月）

【第四届中关村天使投资论坛举办】4月15日，由中关村创业投资和股权投资基金协会、中关村天使投资协会、北京中关村高新技术企业协会主办的第四届中关村天使投资论坛暨双星汇颁奖典礼在京举办。市投资促进局、中关村管委会、海淀区政府等单位有关负责人及相关机构和企业的代表400余人参加。活动分别以“从‘疯投’回归到‘风投’——天使投资人大

复盘”“热点轮换看投资风向——天使嗅觉大PK”“一夜间‘退出’政策利好落空——投资人如何‘调整’”为主题，分享投资的经验教训，探讨2016年的投资热点。大会公布双星汇榜单，北京小鱼儿科技有限公司CEO宋晨枫等20人获评2015中关村创业之星，北京融通高科创业投资有限公司总裁张金柱等20人获评2015中关村创投之星。同时还颁发双星汇导师团聘书，导师团由知名投资人、成功创业者、创业服务机构创始人构成，小米科技有限责任公司董事长雷军出任团长。导师享有推荐和评审企业、帮助辅导创业项目、接受企业咨询定向会诊等职责。大会还揭晓2015年度中关村品牌推介系列活动的中关村十大天使投资人榜单。

（郭　楠　冯秋帆）

【全行业营改增政策解读培训举办】4月19日，由中关村社会组织联合会主办，北京软件和信息服务业协会协办的全行业营改增对软件行业的影响与应对分析及政策解读培训在北京理工大学举办。中关村示范区企业的代表等300余人参加。北京知诚中小企业财税与金融服务促进会的专家围绕全面实施营改增，讲解全行业“营改增”税收政策的变化要点，分析“营改增”后对软件行业税负的影响，就软件企业应如何从战略高度调整企业组织架构、软件企业进项税额抵扣应当注意的问题、大数据背景下软件企业怎样进行纳税风险管控等方面提出合理的建议，帮助企业适应新的税收政策，提升企业纳税筹划能力。

（郝峥嵘）

【中关村品牌推介系列活动5个榜单发布】4月21日，由中关村社会组织联合会主办的2015年度中关村品牌推介系列活动榜单发布会暨互联网+时代行业自律与品牌建设高峰论坛在京举行。中关村管委会、中关村各分园管委会、企业代表及中关村社会组织联合会成员单位的代表等参加。会上揭晓中关村十大年度人物、中关村最受关注品牌、中关村十大创新成果、中关村十大创新标准及中关村新锐企业十强5个榜单，并为获奖代表颁发证书。品牌推介系列活动向公众展示在2015年度中关村涌现的优秀企业家、品牌企业及创新成果，彰显中关村行业创新、企业技术升级、品牌影响力增强的特点与趋势，2015年度榜单实际发布13个。（详见附录，其中德勤－中关村高科技高成长20强榜单于2015年10月30日发布。）

（冯秋帆）

【北京软件名人论坛举办】5月24日，由北京软件和信息服务业协会主办的2016北京软件名人论坛在京举办。工业和信息化部、北京市经济和信息化委等单位的相关负责人，以及专家学者、社会组织、软件企业的代表等近300人参加。论坛围绕“大数据大软件大应用”主题展开讨论。用友网络科技股份有限公司、北京数码大方科技股份有限公司、北京亚信数据有限公司的企业家代表分别以“服务企业的互联网化”“智能制造和工业互联网”“释放数据的力量”为主题发表演讲。与会者共同研讨产业生态战略，为北京构建“高精尖”经济结果做出新贡献。

（江　欣　郝峥嵘）

【软件企业开放日活动举办】 5月26日，由北京软件和信息服务业协会主办的2016北京软件周企业开放日活动在京举办。来自各省市经济信息化委、行业协会、银行及企业的代表等近30人参观北京信威通信技术股份有限公司、启明星辰信息技术有限公司。信威通信公司展示的McWill行业信息化解决方案网络架构，是面向电信运营商的低成本、全业务、端到端解决方案，具有业务融合、计费融合、终端融合三大特点，可以提供语音、短信、集群调度、宽带数据、视频及多媒体业务，只用一个账号即可对所有业务进行计费，只用一个终端即可享受所有业务；启明星辰公司展示天阗入侵检测与管理系统、天玥网络安全审计、天镜脆弱性扫描与管理系统等安全产品。新一代安全产品在架构设计上，囊括网络已知威胁检测和未知威胁检测两大技术领域，功能涵盖全面，有助提高工作效率，提高网络使用效率、避免机密外泄及法律风险、网络带宽管理，防止网络资源滥用。

（郝峥嵘）

【24家企业参展第二十届软博会】 5月26—28日，在2016第二十届中国国际软件博览会上，北京软件和信息服务业协会主办“北京馆”展示活动，展示面积530平方米，以“大数据大软件大应用”为主题，组织用友网络科技股份有限公司、太极计算机股份有限公司、北京华胜天成科技股份有限公司等24家中关村示范区企业参展。参展产品涉及智能制造、工业大数据等领域，集中展示软件支撑中国制造2025、“互联网+”等发展取得的标志性成果，以及软件促进大众创业万众创新、保障信息安全等方面的新产品、新技术、新模式，包括太极计算机股份有限公司的安全可靠的太极政务云环境、用友网络科技股份有限公司的超客营销社交化业务平台、东华软件股份公司的健康乐云医院和云管理系统、中科睿光软件技术有限公司的虚拟化管理软件cloudview2.0、华胜信泰信息产业发展有限公司的中国可信开放高端计算生态系统等。通过实物、视频、模型等形式，突出数字化、体验式、交互式的感知体验效果。

（郝峥嵘）

【第四届京交会数字内容商务大会举行】 5月29—31日，由北京数字内容产业协会（DC产业联盟）主办的第四届中国（北京）国际服务贸易交易会暨数字内容商务大会在京举行。大会分为展览展示、商务洽谈、数字财富论坛3个部分，涉及科学技术服务、互联网和信息服务、文化教育服务、金融服务、商务和旅游服务、健康医疗服务六大重点领域。50家企业展示新技术、新成果，包括北京卓意麦斯科技有限公司的袋鼠跳跳移动交互式富媒体儿童阅读平台、易绚视景（北京）科技有限公司的三维数字技术制作平台，同时部分展区内还特设VR体验区，让参会人员更直观地认识VR项目及其发展前景；论坛分别以“中美智慧创新论坛”“腾讯儿童内容平台开放合作大会”“动漫游戏商务大会”为主题进行研讨；在商务洽谈专场，设有专业买家私密洽谈25间，为华为、谷歌、央视动画、优酷土豆等25家企业发布100余项服务采购需求信息并进行配对洽谈，近100家中关村企业参加私密洽商并成功对接，达成合作意向40亿元。大会接待参观人数近4000人次。

（贾众望）

【第三季创新之源大会智慧健康专场举行】 6月8日，由中关村海外人才创业园协会、中关村软件园孵化器、Hello World孵化器主办的第三季创新之源大会智慧健康专场在中关村软件园举行。中关村管委会、市中小企业公共服务平台、中国软件网等单位相关负责人出席，国内智慧健康领域的创业精英及投资代表等近200人参加。大会共征集健康领域的20家前沿企业的项目，包括智慧健身、睡眠呵护、智能硬件、智慧养老等高潜力、高成长性项目。其中，6家智慧健康创业公司的优秀成果进行路演，包括北京嘉合百善科技发展有限公司的“爱爸妈随时亲”项目、北京奇天大胜网络科技有限公司的“72变”项目、绿小锄（北京）科技有限公司的“易关怀”项目、北京巧克力科技有限公司的“暖心理”项目、北京徒步信息技术有限公司的“去徒步”项目、北京爱动科技有限公司的“羽林决”项目。来自天星资本、幸福投资、赛伯乐资本等50余家投资机构代表对创业项目进行点评。

（张　蕾）

【中央引导地方科技发展专项（市级）启动】 6月，由北京科技咨询业协会承担的中央引导地方科技发展专项（市级），即北京创新创业服务机构能力提升项目启动。协会受市科委委托，开展专项征集、专家评审等工作，最终给予北京生产力促进中心、石景山区生产力促进中心、丰台区生产力促进中心经费支持共计60万元。资金用于支持机构集聚科技创新资源，助力企业快速发展。年内，协会服务企业2000余家，培训人数3500余人次。

（冯秋帆）

【海淀商业服务业职业技能风采大赛举办】 7月12日，由北京市海淀区商业联合会主办的第十届海淀商业服务业职业技能风采大赛在鼎好大厦举办。来自鼎好电子商城、中关村维修城、科贸电子城的6位维修工程师参赛。在规定赛程内，最先完成拆装、维修的选手为获胜者。最终，中关村维修城推荐的李延坤以15分11秒的成绩获冠军，鼎好电子商城的王义、科贸电子商城的李向宇分获第二、三名。大赛为中关村电子卖场维修行业提供展示技艺的平台。

（丁　旭）

【新版《ITSS系列培训 IT服务经理》教材培训举办】 7月27—30日，由北京信息化协会、北京护航科技股份有限公司主办的新版《ITSS系列培训 IT服务经理》教材全国首次培训在中工大厦举办。会员企业的相关负责人30余人参加。新版《ITSS系列培训 IT服务经理》教材主编围绕新版教材中《信息技术服务从业人员能力规范》标准等内容，做详细讲解，结合实践经验、管理经验和案例分析，采用分组讨论、模拟训练等方式授课。考试合格者，由工业和信息化部电子工业标准化研究院颁发IT服务经理证书。

（江　欣）

【中关村民协企业家说案系列活动举办】 9月21日，中关村民营科技企业家协会企业家说案系列活动第一期——“当有麻烦找上门”在京举办。来自会员企业的20余位代表参加。相关专家通过实际案例分析，与企业代表共同探讨当企业陷入国际纠纷时如何选择化解纠纷的路径。企业家说案系列活动旨在通过剖析案例宣传调解理念，帮助企业通过提升、改善自身管理水平，减少纠纷的发生，同时告知企业，一旦出现纠纷如何通过合法的第三方调解组织及机构，采用调解的方式快速、低成本地化解纠纷，实现彼此的利益最大化。

（韩洋洋）

【京津冀民营经济发展研讨会举办】 10月18日，由市工商联、中关村民营科技企业家协会主办的京津冀民营经济发展研讨会在京举办。来自京津冀三地工商联及民营企业的代表80余人参加。会议以“携手京津冀、共谋新发展”为主题，介绍京津冀协同发展背景下民营企业科技成果转化状况，并就民营企业面临的机遇和挑战、民营经济的发展走向等内容进行交流。

（韩洋洋）

【中关村产业技术联盟促进会获枢纽型社会组织认定】 10月21日，在第二届北京社会公益汇活动开幕式上，中关村产业技术联盟促进会被认定为市级枢纽型社会组织。联盟促进会将围绕中关村示范区创新发展的中心任务，构建联盟与政府、联盟与联盟之间跨界融合的生态系统，并成为联盟与其他社会组织之间沟通的桥梁；促进联盟参与国家的重大项目顶层设计，提升联盟的全球竞争力和影响力；发挥联盟技术龙头作用参与地方建设；推动联盟利用科技金融工具，开展产学研用合作，产业链协同创新，培育优势产业集群；推动中关村产业技术联盟信用评价体系建设研究，激发联盟发展活力，促使联盟不断提升行业服务能力；指导新联盟设立，规范联盟的发展，提升联盟运营服务能力。

（杜　玲）

【中关村科技服务进社区主题活动启动】 10月21日，由中关村电子商会主办的2016—2017年度中关村科技服务进社区主题活动在海淀区四季青敬老院启动。中关村电子商会组织中关村示范区的IT企业和互联网技术人员为老人讲解手机、相机、电脑等数码产品功能及使用方法，帮助老人解决微信使用、App下载、网

上交费等实际需求，提醒老人增强信息安全防范意识，服务人数100余人次。

（丁　旭）

【2016中关村高成长企业TOP100颁奖】 10月22—23日，由北京中关村高新技术企业协会主办的京津冀产融协同“量子计划”启动暨2016中关村高成长企业TOP100颁奖典礼在石家庄市举行。河北省相关部门

负责人，专家学者及企业的代表等500余人参加。北京远程视界眼科医院管理有限公司、北京济元紫能环境工程有限公司、北京极科极客科技有限公司等企业获2016中关村高成长企业TOP100奖；北京集创北方科技有限公司、恒安嘉新（北京）科技有限公司等10家企业获2016中关村高成长企业TOP100成就奖；中国建设银行北京分行、中国工商银行北京中关村支行、北京融通高科创业投资有限公司、中信建投证券股份有限公司4家机构获2016中关村高成长企业TOP100科技伯乐奖。颁奖典礼上，“聚焦中关村与京津冀协同发展”圆桌论坛举办，与会代表围绕“聚焦中关村与京津冀协同发展”主题，就如何应对京津冀协同发展带来的挑战与机遇进行探讨。活动还举行京津冀产融协同“量子计划”启动仪式、中关村高新技术企业协会和中关村创投协会的驻冀办事处揭牌仪式、中关村TOP100企业家俱乐部成立仪式。

（郭　楠　赵景芳）

【中关村TOP100企业家俱乐部成立】10月23日，在京津冀产融协同“量子计划”启动暨2016中关村高成长企业TOP100颁奖典礼上，举行中关村TOP100企业家俱乐部成立仪式。俱乐部是由北京中关村高新技术企业协会发起组建，以优秀企业家为主体的非营利性社会组织，其宗旨是：在高企协的倡导和推动下，构建“政企学研金”跨界融合的桥梁，通过互进沟通、交流学习，达到资源整合、共谋发展的目的；凝聚最具远见的企业家智慧，寻求实现商业价值的正确道路；弘扬敢冒险、能创新、守诚信、善合作的企业家精神，成就企业家的共同梦想，筑造中关村企业家的精神家园，构建精英企业家良性互动生态体系，助力经济与社会可持续发展。俱乐部由高企协秘书处管理，其入会标准：每年中关村年度人物获得者有资格成为俱乐部常务理事成员；每年中关村高成长企业TOP100评选上榜企业高管可作为会员加入；每年创业之星获得者可作为列席会员加入；其他机构入会，需由理事会审议决定。

（郭　楠　赵景芳）

【2016丹麦创意杯首届中国区总决赛举办】10月28日，由北京中关村高新技术企业协会、中关村创业投资和股权投资基金协会共同主办的2016丹麦创意杯首届中国区总决赛在海龙大厦举办。国内知名投资人及企业和团队的代表等200余人参加。近100家初创公司参赛，12家创业公司的12个项目入围决赛。最终，北京视感科技有限公司的Poputar智能吉他项目获一等奖，寻球（北京）科技有限公司的Recova运动康复项目等两个项目获二等奖，亦伴（北京）信息科技有限公司的e伴孝芯等3个项目获三等奖。获一、二等奖

的项目将参加2016丹麦创意产业杯全球总决赛。

（郭　楠　赵景芳）

【京津冀社会组织众扶平台上线】10月28日，由北京知诚中小企业财税与金融服务促进会主办的京津冀社会组织众扶平台项目一期工程启动仪式暨京津冀众扶平台内测上线仪式在京举办。市委社会工委、市民政局等单位相关负责人及企业的代表等150余人参加。众扶平台项目由知诚促进会负责运营，聚焦“互联网＋助力京津冀社会组织协同发展”，通过互联网线上推广结合线下活动的实施方式，将项目线下活动产生的京津冀社会组织运营刚需信息资源，通过内容共性化、交互智能化和服务标准化处理，最终将项目平台打造成

一个由知识型社会组织牵头的京津冀社会组织众扶支撑平台。

（冯秋帆）

【科技社团创新能力提升培训会举办】 11 月 3—4 日，由中关村管委会、市科协主办，中关村社会组织联合会、北京科技社团服务中心承办的“2016 年科技社团创新能力提升培训会”在北京实创西山科技培训中心举办。主办方的相关负责人出席。北京科技期刊学会、北京交通工程学会等市科协团体会员单位，北京电信技术发展产业协会、中关村赛德科技企业成长互助促进会等中关村社会组织近 200 家单位的负责人参加。会上解读了《关于加强和改进社会组织党的建设工作的实施意见》，有关专家就中国社会组织的发展与改革趋势分析、社会组织运行和品牌建立、项目管理在社会组织工作中的应用等内容做培训。学员们结合授课内容、科技社团典型发言和自身实际情况进行交流与研讨。

（冯秋帆）

【北京软件 30 年发展研讨会举办】 11 月 8 日，北京软件 30 年发展研讨会暨北京软协第八届理事会第三次会员代表大会在京举办。行业专家、知名软件企业及会员单位的代表等 200 余人参加。会议围绕“软件的未来——支撑互联网时代企业创新”主题开展研讨，回顾北京软件行业 30 年的发展历程，发布北京软件影响力报告，揭晓 2016 北京软件和信息服务企业综合实力百强及 30 年突出贡献企业榜单，其中百度在线网络技术（北京）有限公司、航天信息股份有限公司等 100 家企业入选“综合实力百强”榜单，安世亚太科技股份有限公司、北京北信源软件股份有限公司等 30 家企业入选“30 年突出贡献企业”榜单。

（郝峥嵘　张冬梅）

【BSIA 软件无限平台发布】 11 月 8 日，在北京软件 30 年发展研讨会暨北京软协第八届理事会第三次会员代表大会上，北京软件和信息服务业协会发布 BSIA 软件无限平台。平台设置行业资讯、主题活动、创新空间、需求发布、科技圈、通讯录、个人中心 7 个应用模块，旨在构建软件行业的协同创新服务模式，实现软件行业创新资源的数据化，为软件从业人员提供最新的信息技术动态；根据需求和主题，实现个性化软件供需双方的精准匹配；通过知识分享和人才互动，构建软件生态社群，自动匹配人才和职位，实现软件政策、产业、技术、人才和资本相融合。

（郝峥嵘）

【中关村上市公司协会换届】 11 月 25 日，中关村上市公司协会 2016 年会员代表大会暨换届大会在中关村示范区展示中心召开。中关村管委会、北京证监局、海淀园管委会等单位相关负责人及理事单位、会员单位的代表等 60 余人参加。会议选举产生第二届会长、副会长、监事长、秘书长。科兴控股生物技术有限公司董事长尹卫东当选新一届会长。

（王扬丹）

【亚洲杰出企业家峰会举办】 11 月 27 日，由中关村亚洲杰出企业家成长促进会主办的亚洲杰出企业家峰会暨亚杰商会 12 周年年度会在京举办。科技部火炬中心、中关村管委会等单位的相关负责人，以及来自亚杰商会的摇篮导师、企业家、创业学员等近 1000 人参加。与会者围绕“创变与成长”会议主题，探讨企业如何在新常态下实现真正的“创变与成长”。

（冯秋帆）

【中关村创业生态发展促进会成立】 12 月 9 日，中关村创业生态发展促进会成立大会在中关村管委会召开。促进会由创业黑马（北京）科技股份有限公司牵头，联合优客工场（北京）创业投资有限公司等 40 余家创新型孵化器组建成立，会员单位分别来自海淀园、昌平园、东城园等园区。促进会成立后，将打造多元要素交互发展的平台，开展创业生态趋势调研，优化创业生态环境，整合人工智能、新材料、前沿生物技术等多元化创业要素资源，发挥行业发展“智囊团”作用，促进人才、资本、技术的有效结合，建立和完善创业服务业标准和评价体系，推动中关村“一区十六园”创业服务的协同发展。创业黑马公司董事长牛文文担任首届理事长。

（冯秋帆　万　玮）

【京津冀生产力体系工作会召开】 12 月 15 日，由北京科技咨询业协会承办的 2016 年度京津冀生产力体系工作会暨工作交流会在京召开。北京市科委、中关村管委会、中国生产力促进中心协会等单位的相关负责人，以及 97 家相关机构的专家、企业代表等 120 余人参加。会议就推动京津冀生产力体系建设，交流探讨服务创新创业中小微企业的成果和经验，以联盟为平台，以优势资源为纽带，共同服务中小企业创新发展。要从“生态、共享、服务”3 个方面挖掘服务企业的产品，做到“贴心、贴近、贴身”，助力中小微企业快速成长。会上，中心分别与探路者控股集团股份有限公司、中国国家地理北京全景地理书业公司、华录北邮信息文化（义务）研究院、海淀留创园、北京邮电大学感知技术与产业研究院等 10 家机构、院校签署联合研发智能机器人关键共性技术合作框架协议、联合建设海淀大健康主题产业园合作框架协议等 7 项战略合作协议，涉及合作内容包括：众创空间建设、市场平台搭建、投资与项目孵化、品牌合作等。

（冯秋帆）

【系统集成行业自律信用评估总结大会召开】 12月29日，由北京软件和信息服务业协会主办的2016年北京市系统集成行业自律信用评估总结大会在京举行。市

社团办、市经济信息化委等单位的相关负责人，以及社团组织、企业的代表等200余人参加。大会总结开展系统集成行业自律信用评估工作情况。最终，神州数码系统集成服务有限公司等121家企业获“2016年北京市诚信系统集成企业”称号。其中，企业年收入5亿元以上的21家，1亿～5亿元的45家，2000万～1亿元的36家，1000万元以下的19家；股份有限公司56家，公司成立10年以上的87家。

（郝峥嵘）

【“互联网+”课程巡讲举办】 年内，中关村电子商会在北京市、葫芦岛市、德州市等城市举办“互联网+”课程巡讲50余场，累计参与的企业家、政府机构工作人员、社会团体等1万余人。巡讲以专题讲座和会后一对一咨询的方式，为2000余家中小型企业提供诊断服务，帮助各地政府和中小企业低成本建立电商平台和移动应用（App），实现企业内部管理和外部营销的移动互联网化。讲座主题包括互联网推进供给侧改革、“互联网+”时代的新机遇、借力“互联网+”促传统产业发展等。

（丁　旭）

【财务总监俱乐部系列活动举办】 年内，北京知诚中小企业财税与金融服务促进会采用线上线下结合的方式举办204期财务总监俱乐部活动。其中，线上活动198期，由财税专家以PPT+语音的方式讲解、传授财税知识，在线听课人员累计2500余人次；线下举办以热点政策及上市公司财务治理等为主题的小型沙龙活动6期，累计100余人次参加。

（冯秋帆）

【创新创业型企业选址服务工作开展】 年内，北京中关村不动产商会利用“中关村创新创业企业选址服务中心”“创业中关村”线上平台，为中关村示范区200余家科技型企业提供写字楼选址服务，提供全程服务1200余次，以及办公用房面积20余万平方米；“创业中关村”平台累计提供企业选址需求信息1200余条。建成的“中关村企业区域合作网”，将北京高耗能企业、非科技创新型企业和部分科技创新成果转化型企业，以及高端制造业中缺乏优势的生产加工型企业疏解到北京周边地区，引导天津市、河北省优质企业在北京设立总部及研发机构。至年底，平台整合京津冀科技园区、产业园区、相关政策、功能定位及区域可利用空间面积等资源，其中京津冀三地产业园区100家，北京科技企业近18000家。

（冯秋帆）

【创业公开课举办】 年内，中关村亚洲杰出企业家成长促进会举办20场创业公开课，来自中关村示范区的创新创业者、企业代表等1200余人次参加。课程内容涵盖知识产权、财税、高新技术认定政策解读、股权激励、在线出行、微信营销、网红经济、互联网金融等，帮助和指导企业解读政策，合理规避创业风险。

（冯秋帆）

【高企协举办32场专题培训活动】 年内，北京中关村高新技术企业协会举办32场企业专题培训活动，来自中关村示范区企业的代表3000余人次参加。活动分别以企业所得税汇算清缴、高新技术成果转化项目认定、“村高新”和“营改增”等为主题，就税务、科技成果转化、高新技术企业认定等方面的相关政策进行解读。

（郭　楠　赵景芳）

【高企协举办5场高新技术企业认定政策培训】 年内，北京中关村高新技术企业协会举办5场高新技术企业资格认定政策培训。培训从政策背景、工作体系、工作流程、认定条件4个方面，对《高新技术企业认定管理办法》（国科发火〔2016〕32号）和《高新技术企业认定管理工作指引》（国科发火〔2016〕195号）进行解析。中关村示范区内企业的代表近2000人次参加。

（郭　楠　赵景芳）

【国际名师讲堂举办】 年内，北京环球英才交流促进会

举办4场国际名师讲堂，来自中关村示范区企业、京津冀科技企业、社会组织，以及高校、科研院所等单位的相关负责人参加，累计350余人次。讲座分别以美国大数据创新发展趋势、战略产业应用和投资产业发展、波士顿创新创业课程体系、生态系统的构成及其运行等为主题，为与会者讲解国际经济发展、科技创新、产业培育、人才流动等方面的最新趋势，解析国内经济社会转型、创新驱动发展战略趋势等。

（冯秋帆）

【京津冀中关村创新创业企业圈系列活动举办】年内，中关村社会组织联合会、京津冀专委会、京津冀社会组织共同举办11场“京津冀中关村创新创业企业圈”

系列活动。其中，企业项目对接与交流会6场，项目路演3场，企业家俱乐部活动2场。活动内容包括创业服务、政策咨询、创新创业培训、定向交流等，为京津冀三地高新技术企业、投资机构、科研院所提供服务500余家次。

（冯秋帆　马媛月）

【精准医学咨询师培训举办】年内，中关村华康基因研究院分别在北京、上海、深圳等地举办5期精准医学咨询师培训班，参训人员包括临床医生、从事临床诊断的实验室人员、医学检验师、相关专业的科研和教学人员、健康体检机构的从业人员等，累计270余人次。由健康管理专家、高校专业教授进行授课，培训内容

包括遗传分析、遗传咨询、健康思维、基因健康信息学及基因组导向下健康管理等。

（冯秋帆）

【科技地产服务专题系列培训举办】年内，北京中关村不动产商会举办科技地产营改增的挑战与应对、中关村示范区科技地产孵化器专题培训两期，企业及会员代表100余人次参加。培训内容包括介绍房地产业的特殊性、改革及变化、风险和挑战、内控的完善、节税与筹划等，解读中关村创新型孵化器、中关村特色产业孵化平台、市级以上大学科技园等创业服务机构支持政策等。企业代表就大学生创业引导，科技地产孵化器协同发展、资源共享及科技孵化生态运营等方面咨询与交流，有关专家给予相应的解答。

（冯秋帆）

【软件行业劳动纠纷调解服务项目系列讲座举办】年内，北京软件和信息服务业协会举办2016年软件行业劳动纠纷调解服务项目系列讲座20期，来自用友网络科技股份有限公司等软件企业的员工代表参加，累计400余人次。讲座内容包括员工招聘及入职法律风险和企业员工福利探讨与分享、劳动合同的签订及管理实务、未签劳动合同两倍工资支付实务处理、劳动争议实务问题交流与探讨等，为员工维权、争取经济补偿金、签订竞业限制及支付标准等提供法律依据。系列讲座得到企业员工的认可，市总工会给予购买社会组织服务职工权益维护项目资金支持。

（郝峥嵘）

【社会组织诚信建设】年内，中关村社会组织联合会举办诚信建设研讨会、互联网行业自律座谈会、诚信价值培训会等近10场，600余家会员单位的代表等1000余人次参加。联合会还编制完成《中关村社会组织诚信体系建设规划纲要（2016—2020）》，发布《中关村社会组织自律公约》，引入第三方机构核实、制作完成并公示89家社会组织诚信报告，完善中关村社会组织诚信档案。

（冯秋帆　马媛月）

【社会组织联合会会员服务系列活动举办】年内，中关村社会组织联合会举办系列科技服务活动8场，其中包括5场会员开放日、1场新老会员见面会、2场社会组织工作沙龙，累计近70家会员单位的代表100余人次参加。活动主要内容为交流工作、寻求合作等。联合会通过QQ群、微信群、微信公众号、中关村社联App等形式，与会员单位保持密切联系，了解需求提供优质服务，增加会员之间交流互动，加强会员黏性。

（冯秋帆）

【社会组织联合会新增会员 15 家】年内，中关村社会组织联合会新增会员单位 15 家，涉及新能源、科技评价、移动医疗、民营经济、天使投资等领域。至年底，累计会员单位 118 家，会员单位本科以上专职工作人员占总人数的 89%，人员素质逐年提高。

（冯秋帆）

【社会组织能力建设培训系列活动举办】年内，中关村社会组织联合会举办 5 场秘书长能力建设培训、5 场基层人员业务工作培训。活动围绕“社会组织党建”“社会组织用工风险管理”“社会治理创新”等主题，邀请相关专家为中关村社会组织秘书长及工作人员进行政策热点及社会组织工作培训。共有 700 余家次社会组织的代表近 1000 人次参加。

（马媛月）

【信息服务业协会企业资质系列培训举办】年内，北京市海淀区信息服务业协会举办各类企业资质系列培训 16 场，来自会员单位及园区企业的代表参加，累计培训 500 余人次。培训内容包括高新技术企业认定、计算机信息系统集成资质、军工涉密业务服务安全保密资质、IT 企业开发及技术服务相关认证咨询（CMMI、ITSS、ISO20000）、信息业务安全服务资质、企业财务管理以及信息服务业企业信用评级推介会等。

（冯秋帆）

【摇篮系列课程举办】年内，中关村亚洲杰出企业家成长促进会举办 7 次摇篮计划课程，来自摇篮计划第十期和第十一期在孵的 60 余位学员参加培训。课程围绕创始人成长、团队成长、商业模式、市场营销、运营管理、资本六大模块进行系统学习，内容涵盖创业者

在初创期所需要的知识、经验、方法等要点。培训聘请科技界、商界、投资金融界的专家、企业家授课，并作为导师，以一对一、一对多等形式进行具体辅导，形成一个导师与学员、学员与学员之间交流分享的网络化学习型组织，孵化时间 2 年。至年底，累计 276 位创业家进入摇篮计划，122 位导师列入专家库。

（冯秋帆）

【用户体验职业技术认证培训举办】年内，北京软件和信息服务业协会举办两期工业和信息化部“用户体验”职业技术认证培训班，来自软件企业等单位的人员累计 50 余人参加。学员通过考试后，可获得由工业和信息化部颁发的职业技术认证证书。最终，51 人取得职业技术证书。（2014 年 6 月，工业和信息化部教育与考试中心将“用户体验”学科纳入“全国信息技术人才培养工程”，并颁发工业和信息化部权威认证的用户研究工程师、交互设计师、视觉界面设计师职业技术证书，成立“用户体验职业教育项目组”对“用户体验”人才体系进行统一规划与建设。“用户体验”人才培养已纳入国家人才发展战略。）

（郝峥嵘）

【政策解读系列活动举办】年内，中关村社会组织联合会联合 10 余家会员单位共同举办政策解读系列活动

15 场，会员单位、园区企业、合作机构等近 5000 家次单位的代表参加。政策解读的主要内容包括出入境政策措施、高新技术企业认定、软件行业营改增政策等。联合会还编印《2016 年政策解读系列活动最新政策汇编》，为企业了解相关政策提供便利。

（冯秋帆　马媛月）

【知诚创服平台政策宣讲及专业培训举办】年内，北京知诚中小企业财税与金融服务促进会创业服务平台（www.zccfpt.org）实施全国首创的 3O2C 建设模式（即社会组织通过线上＋线下的模式服务于会员企业）。通过举办政策解读、中小微企业多渠道融资辅导等专业培训和项目推介等线下活动，运用线上 PC 端、App 将线下活动中的政策解读和实战培训进行内容共性化、交互智能化、服务标准化处理，搭建有效提升中关村科技型中小微企业和大学生创业者创新创业能力的公共服务平台。至年底，累计主办、承办、合办线下政策解读和实战培训 32 场，6000 余家次企业参加，为 1000 余家次会员企业及 400 余家次参会企业提供免费咨询服务，线上解决 5500 余条企业实操问题。

（冯秋帆）

【中关村科技企业家圆桌论坛举办】年内，中关村民营科技企业家协会举办3场中关村科技企业家圆桌论坛，分别以“中关村企业家在‘双创’大潮中面临的机遇与挑战”“供给侧为中关村科技企业带来的机遇与挑战”“经济新常态下，中关村民营科技企业如何面对新机遇、新挑战、新痛点，继续创新推动发展”为主题，就中关村企业如何抓住机会在全国企业转型升级过程中实现创新发展、供给侧结构性改革等内容展开交流与讨论。来自会员企业的代表200余人次参加。

（韩洋洋）

【中关村民协培训宣讲活动举办】年内，中关村民营科技企业家协会举办科技部国家重点研发计划重点专项政策解读会、政府项目申报专题培训、环保法律知识培训会、2016高新新政实操解读会、新技术新产品政府采购政策宣讲会5场培训宣讲活动。来自300余家次企业的代表参加。活动围绕中国科技计划和项目管理现状及重点研发计划项目申报具体问题，对“新高新技术企业认定政策”“北京市科技型中小企业促进专项、北京市科技服务业促进专项的申报要点、验收指标等要素”“环保政策法规的改变以及执法能力的提升”“企业在项目建设过程中的环境法律风险”“新技术新产品认定与首购首台（套）认定”等内容进行解读。

（韩洋洋）

【中关村民协需求对接会举办】年内，中关村民营科技企业家协会围绕北京能源科技创新交流、中日“六次产业”交流、农村新能源替代领域新技术新产品需求、投融资需求举办4次对接会。与会代表围绕创新民营科技企业对企业能源领域的创新技术，日本大数据与现代农业、大健康产业融合的发展趋势，倡导环保、健康、高效率、高收益、饮食文化结合的经营模式，投融资方式心得等方面进行探讨。来自近200家次会员企业的代表参加。

（韩洋洋）

【中关村民协中小企业恳谈会举办】年内，中关村民营科技企业家协会举办4场中小企业恳谈会，分别以“并购？ Bingo！”、探索“区块链+”时代、“战略+资本+金融”和“政府零距离——与人力社保局面对面”为主题，围绕“并购实战经验、技巧和需要注意的事项”“如何应对区块链安全挑战”“聚焦政企对话、金融服务”等内容，就企业财务流程梳理、社保政策、社保经办现状进行解读，并就企业面临的人才挑战及应对措施等方面进行探讨。来自130余家次会员企业的代表参加。

（韩洋洋）

【中关村研发开放日系列活动举办】年内，北京中关村外商投资企业协会与微软亚太研发集团、北京法国电信研发中心有限公司等单位举办5场中关村研发开发日活动，累计320余家企业的代表500余人次参加。参与活动的项目涉及人工智能、大数据、云计算、数字化设计、清洁能源、环境保护、智能制造等技术领域，为搭建中关村高新技术企业与科研资源的合作交流平台起到促进作用。

（冯秋帆）

【走进会员企业系列沙龙举办】年内，中关村创业投资和股权投资基金协会举办4场走进知名会员企业沙龙，会员企业的代表、投资人等140余人参加。协会组织

会员代表走进乐视金融、君联资本、创业公社·中关村国际创客中心等单位，了解企业和孵化器的发展理念和发展历程，相关企业负责人做“乐视发展与乐视生态布局”“君联资本增值服务的实践内容及案例分析”“戈壁创投的投资逻辑”等主题演讲。座谈会还就打造投资界具有影响力的活动品牌，促进创投行业持续健康发展等话题进行研讨。

（冯秋帆）

联　盟

【中关村联新生物医药产业联盟成立】1月7日，中关村联新生物医药产业联盟成立。联盟由方正医药研究院有限公司、北京禾芫科技孵化器有限公司发起成立，成员单位包括中美冠科生物技术（北京）有限公司、北京百奥赛图基因生物技术有限公司等41家。联盟前身是2006年成立的中关村生物医药研发外包（CRO）联盟，2009年更名为中关村生物医药产业联盟，2015年12月注册为中关村联新生物医药产业联盟。联盟将加强成员单位之间的强强联合，推动京津冀协同创新共同体建设发展，加速联盟组织间的产业融合，搭建生物医药关键共性技术平台和跨学科国际合作创新平台，组织具有社会影响力的行业活动，向政府部门提供合理化建议及产业分析报告，促进解决产业关键共性难题。方正医药研究院院长易崇勤任首届理事长，北京禾芫科技孵化器有限公司为秘书长单位。

（万　玮）

【超融合产业联盟成立】1月12日，在首届超融合产业联盟峰会上，超融合产业联盟成立仪式举行。联盟由联想云服务业务集团、中国电子学会、北京华云网际科技有限公司等超融合产业链领衔企业、机构发起，旨在通过搭建一个开放合作的超融合交流平台，确保超融合产业链上下游厂商的合作与优势互补，共同推动超融合产品创新、市场发展和产业成熟，构建健康的超融合产业生态圈，同时引领企业IT聚变和互联网转型，提升中国经济社会的数字化和信息化水平。超融合架构部署时间相比传统IT架构缩减75%，能够让云基础架构平台与企业应用软件、中间件及数据库软件得以完全解耦，并可通过统一平台进行管理，提高企业IT基础设施运维管理效率，IT运维成本相较传统架构降低60%，其资源池可通过增加节点实现横向无限扩展，不仅能够帮助企业快速迁移原有IT系统，还可有效支持企业快速上线新业务。联想集团有限公司为第一届超融合联盟理事长单位，任期两年。

（张　蕾）

【TD产业联盟全体成员大会第十五次会议召开】1月19日，TD产业联盟全体成员大会第十五次会议在京召开。科技部、工业和信息化部、中关村管委会等单位有关负责人及联盟成员代表100余人参加。会议举行行业应用签约仪式，TD产业技术创新战略联盟分别与杂交水稻产业技术创新战略联盟、中国老年保健医学研究会与信息化健康服务促进会、中国智慧城市产业联盟、农业装备产业技术创新战略联盟、中国卫星导航系统管理办公室学术交流中心、第三代半导体产业技术创新战略联盟6家行业组织签署合作协议。TD产业联盟将发挥信息通信产业和各垂直产业之间的桥梁和纽带作用，与联盟成员企业在农业、医疗、智慧

城市、农业机械、卫星导航、第三代半导体方面与签约联盟及相关企业合作，共同推动TD-LTE的行业应用发展。会议还举行TD产业联盟无线宽带专业委员会成立仪式。专委会由TD产业联盟发起成立，中国大唐集团公司、华为技术有限公司、中兴通讯股份有限公司等10家单位为专委会委员，北京世纪互联宽带数据中心有限公司等3家单位为观察员。TD产业联盟将以无线宽带专委会为平台开展产业定位研究、技术解决方案研究，快速培育和发展海内外市场，以提升专委会成员的集体竞争力。同时，TD产业联盟还吸纳北京佰才邦技术有限公司为新成员，联盟成员总数101家。

（陈　岩　杜　玲）

【互联网+资源循环利用产业促进联盟成立】1月20日，由中国循环经济协会、清华大学等行业协会、科研院所共同发起的互联网+资源循环利用产业促进联盟在京成立。联盟旨在促进互联网与资源循环利用产业融合，建立规范的“互联网+”资源循环利用体系，创新商业模式，推动产业转型升级，发挥成员单位、

相关协会、专家队伍在技术创新、政策研究、标准制定、模式推广、平台建设、咨询服务、人才培养等方面的优势，共同促进产业健康发展。启迪桑德环境资源股份有限公司董事长文一波担任联盟首届理事长，中国循环经济协会副会长赵凯任秘书长，清华大学环境学院循环经济产业研究中心主任温宗国任专家委员会主任。

（康秋红）

【中关村大数据产业联盟数据交换标准专委会成立】1月28日，由北京亚信数据有限公司主办的中关村大数据产业联盟数据交换标准专委会成立大会在京举行。中关村大数据产业联盟、亚信数据公司的相关负责人以及30余家大数据企业和机构的代表参加。专委会由北京集奥聚合科技有限公司、北京博晓通科技有限公司等单位组成，旨在共同协商，制定数据流通和交易过程中涵盖的各关键环节的标准统一化，为数据需求方和数据提供方提供公开的、权威的、统一的、标准化的数据交易与交换服务。专委会将定期举办论坛和交流活动，推动成员间的相互信任与深度合作，开展与数据交易、数据交换、数据开放相关的重大技术、标准、市场、政策等方面的前瞻性研究，推进数据流通创新与商业模式创新，推动各项成果在各行业的深层次应用，带动大数据产业发展。亚信数据公司数据运营部总经理武源文担任专委会主任。

（梁　冰）

【中关村区块链产业联盟成立】2月3日，中关村区块链产业联盟成立大会在中关村示范区展示中心召开。联盟由北京世纪互联数据中心有限公司联合清华大学、北京邮电大学等高校和中国通信学会、中国联通研究院等运营商及布比（北京）网络技术有限公司等企业发起成立，世纪互联公司担任联盟理事长单位，世纪互联公司董事长陈升任联盟理事长。联盟聚焦区块链技术的标准化及产业化，旨在推动未来网络空间基础设施产业快速发展，提高中国在区块链技术领域的研究、开发和应用水平，为在万物互联时代下的新一轮国际竞争中抢占网络形态和协议标准的制高点提供支撑。联盟成员瞄准全球前沿技术领域，共同搭建大学、科研院所及企业之间的合作交流平台，组织国内外区块链产学研机构开展合作，解决会员单位在发展中遇到的技术攻关、知识产权保护、产业化等问题，打造完整的区块链产业链。联盟成立大会上，还宣布成立中关村创业公社区块链国际孵化中心，并举办区块链高峰论坛。发展改革委、公安部、工业和信息化部、科技部等单位的相关负责人及专家学者等参加。（区块链是一串使用密码学方法相关联产生的数据块，可提供多中心化信用积累范式。区块链技术降低全球“信用”的建立成本，其点对点验证会产生一种“基础协议”，未来无论是物联网、金融、智能设备，还是教学、档案，甚至家庭娱乐，都将依赖区块链技术的发展。）

（王　翔）

【长风联盟驻新西兰办事处成立】3月1日，北京长风信息技术产业联盟与新西兰D&D Technology有限公司签署合作协议，共同成立长风联盟驻新西兰办事处。协议委托D&D Technology公司作为长风联盟新西兰办事处的办事机构，负责长风联盟在新西兰地区的各项业务。办事处将为联盟国内会员企业寻求匹配的先进的国际技术项目、产品、代理机遇；为联盟会员企业提供中新企业培训、中新商务考察、中新论坛、中新技术项目对接等业务。长风联盟将以新西兰为核心，聚集周边地区的国际化合作资源，吸纳更多海外会员，帮助联盟拓展国际化业务，将新西兰及周边地区先进的信息化经验、技术和项目带给国内会员，以对接海内外的科技资源。

（李云芝　杜　玲）

【云计算开源产业联盟成立】3月9日，由中国通信标准化协会、中国信息通信研究院主办的云计算开源产业联盟成立大会在京召开。来自政府、企业、科研院所的代表100余人参加。云计算开源产业联盟由中国信息通信研究院联合中国移动通信集团公司等云计算开源技术企业发起，是业界首个专注于云计算市场的开源产业联盟，以促进云计算开源技术和产品在中国的发展为使命，致力于培育中国云计算开源产业生态，引领行业最佳实践及制定产品评估标准，支撑政府政策制定，培养云计算开源技术人才，提升中国在国际开源社区的影响力。中国信息通信研究院总工程师余晓晖任联盟首届理事长。

（杜　玲）

【北京移动金融产业联盟成立】3月18日，北京移动金融产业联盟成立大会暨第一届全体会员大会在京召开。人民银行、市民政局、中关村管委会等单位有关负责人及会员单位的代表等参加。联盟是国内首家移动金融产业联盟，由中国金融电子化公司联合商业银行、银行卡组织、手机厂商、智能卡厂商、芯片厂商等机构共同发起，将汇聚移动金融产学研用等领域的相关专家和机构，逐步解决制约产业持续发展所涉及的行业标准、设备制造、受理环境、安全保障、行业联合等问题，为产业链各方提供一个融智融力、共促发展的平台。中国金融电子化公司董事长陈波当选第一届理事会主席。

（秦　琳　王　翔）

【闪联与韩国签署合作意向书】3月18日，由中国工业和信息化部、韩国产业通商资源部主办的第二次中韩产业合作部级对话在京举行。中国工业和信息化部部长苗圩与韩国产业通商资源部长官周亨焕共同出席。对话中，中韩双方就产业政策、集成电路、机器人、汽车和动力电池、航空等议题进行交流。闪联产业联盟作为中国产业组织的代表，与韩国电子部品研究院签署合作意向书。根据协议，中韩两国企业将在建设产业技术、合作商业平台及构建合作网络方面开展合作，为东北亚地区间的产业合作创造条件。

（孙志勇）

【驻华商务使节联盟成立】4月6日，2016驻华商务使节联盟理事成员大会在京举行。联盟各理事成员参加。会议就联盟发展目标、责任等议题达成一致。联盟由北京国际和平文化基金会、埃及驻华使馆经济商务处、北京对外文化贸易协会等机构发起，40余家驻华使馆商务使节成为首批理事成员，将发挥“一带一路”国家驻华使馆的商务外交资源优势，借助驻华使节独有的高端影响力和关注度，全面开展与中国各省市政府机构、商协会、中国国企和民企在经济、对外经贸、技术、投资及人文合作领域的深入及广泛的合作，在联盟成员国与中国的经济商业合作发展中发挥积极的价值和影响力；关注全球和谐发展，尊重多元文化；开展经济交流与技术创新，建立共赢关系；为中国企业搭建共享信息资源、寻求广阔商机的经贸人文交流平台，全面开展中国与“一带一路”国家在经贸与人文领域上的交流与合作。联盟以北京对外文化贸易协会驻华使节商务合作专委会名义在市民政局备案。

（张　毅）

【5G技术与测试研讨会举办】4月15日，由中国信息通信研究院、TD产业联盟、TD-LTE全球发展倡议(GTI)、中国移动通信集团主办的5G技术与测试研讨会在京举办。会议主题为“推动5G技术测试夯实产业发展基础”。发展改革委、工业和信息化部等单位有关负责人，来自海内外运营商、系统厂商、芯片企业、仪表企业及科研机构的专家近400人参加。与会代表共同探讨5G端到端系统测试验证中的重点问题，提出切实可行的解决方案。来自中国信息通信研究院的专家介绍中国5G技术研发试验进展；日本NTT DOCOMO电信公司等国际运营商交流各自的5G技术研发进展和试验测试规划；华为技术有限公司、大唐科技产业集团有限公司、诺基亚通信系统技术（北京）有限公司等系统设备企业，美国英特尔公司等芯片终端企业，罗德与施瓦茨中国有限公司、北京星河亮点技术股份有限公司、思博伦通信科技（北京）有限公司等测试仪表企业分别阐述各自5G关键技术研发的最新进展及产品规划。会议还展示大唐移动通信设备有限公司的“敏捷服务节点（AgileSite）解决方案”等5G技术的研究成果。

（陈　岩　冯秋帆）

【中国数字产城联盟成立】4月15日，由启迪控股股份有限公司、清华大学启迪创新研究院主办的“互联网+政务”高峰论坛暨中国数字产城联盟签约仪式在京举行。由启迪控股公司牵头，联合中兴通讯股份有限公司等业界龙头企业及清华大学启迪创新研究院等学术与研究机构共同成立中国数字产城联盟。联盟将通过整合成员单位的资源和技术优势，在科技服务、环保环卫、新能源、大健康、教育、旅游、文化传媒、网络基础设施、存储、北斗等产业领域形成领先的数字化应用能力和解决方案，共同建设城市级综合数字运营服务平台，并通过丰富资本运作手段，有效推进中国数字产城创新生态圈建设。启迪控股公司副总裁赵东担任联盟首届理事长。会上，联盟发布全新的“数字产城”战略，将联合多家龙头企业机构共同建立中国“数字产城”创新生态圈，提出“产业数字化、城市数字化、园区数字化”三融合的新模式。新模式将城市政务数据、产业应用数据、园区创新数据打通，实现城市政务平台、产业应用平台及创新服务平台的对接，在数据流、信息流、物流、人才流、管理流上实现互通共享，形成统一的大数据，打造跨区域、跨行业的城市级综合数字运营平台。“数字产城”包括3个参与主体，即以政务为核心的城市、以应用为核心的产业、以创新为核心的园区服务平台，产业的数字化应用是启迪控股公司及中国数字产城联盟最具优势的部分。同日，清华大学启迪创新研究院下设立的“数字中国研究中心”揭牌成立。

（康秋红）

【闪联跨界融合新品参展重庆高交会】4月21日，在第十二届中国重庆高新技术成果交易会上，闪联产业联盟携会员新联合众公司、闪联云视公司、俊原科技公司参展，集中展出基于闪联技术标准的产品及解决方案。其中，新联合众公司的新联LED微型无线投影仪可通过无线连接，即可使手机、iPad或普通笔记本电脑上的视频、音乐、图片等内容无线推送到微型投影仪上，享受投影带来大屏影像（推荐投影尺寸：26～57英寸）。闪联云视公司展出基于闪联国际标准的“FiFO”防丢器和全新的FiFO-S1水果系列便携蓝牙音箱。“FiFO”防丢器具有“3.9毫米全球最薄”“可替换金属环”“遥控拍照”“情景模式”等特点；FiFOS1水果蓝牙音箱是一款以水果为主要造型的蓝牙音频设备，内置两个强磁发声单元和低音辅助振膜，音质绚丽，特别是低音效果表现力丰富。

（孙志勇）

【中关村蓝创通用航空产业联盟成立】4月22日，中关村蓝创通用航空产业联盟成立大会暨第一次会员大会在京召开，市民政局相关负责人及30余家联盟发起单位的代表等参加。联盟由北京蓝创投资管理有限公司、北京航空航天大学通用航空产业研究中心、中国航空器拥有者及驾驶员协会等60余家会员单位组成，宗旨为服务国内通航企业、搭建多元多层次交流合作平台、推动中关村示范区和全国范围内的通用航空发展。会议表决通过联盟筹备工作报告、联盟章程（草案）及会费收取管理办法等，选举产生联盟第一届理事会理事成员。北京蓝创投资公司为理事长单位，陕西国家航空高技术产业基地管委会书记金乾生为联盟首任理事长。联盟办事处落户在中关村软件园。

（赵蔚彬　杜　玲）

【科技服务业产业联盟五年促进计划实施】5月1日，由中关村新兴科技服务业产业联盟制定的《科技服务第一个五年促进计划》实施。《计划》以众筹科技服务的方式建立供给方与需求方精准对接的科技服务生态系统，形成科技、信息、政策、金融、市场五位一体的服务体系，实现专业化服务与共享经济并行。联盟根据《计划》制定《科技服务奖励资金管理办法（试行）》，与《计划》同步实施。《办法》是《计划》的落地与支撑，包含的支持内容有科技咨询、科技金融、知识产权、法律、财税、人才服务等，支持内容将随着会员科技服务需求的多元化逐步增加。12月29日，联盟受理的第一笔科技服务奖励资金申请获批通过。

（毛　炜）

【卫星导航与移动通信协同发展论坛举办】5月17日，由TD产业联盟与中国卫星导航系统管理办公室学术交流中心联合主办的第七届中国卫星导航学术年会——卫星导航与移动通信协同发展论坛在长沙市举办。来自TD产业联盟成员单位及相关领域的专家等

200余人参加。论坛汇聚政产学研用多方观点，共同研讨卫星导航与移动通信技术协同发展的成果及发展前景，推动产业链企业增强通信技术、导航技术、传感技术、大数据技术等相关技术的融合集成，促进卫星导航和移动通信更好地协同服务于消费电子领域和行业应用市场。

（陈　岩）

【科技服务与科普活动举办】5月19日，中关村新兴科技服务业产业联盟在北京市计量检测科学研究院举办科技服务与科普服务活动，活动主题是“标准和计量科普”。相关专家围绕市质监局标准管理信息化系统使用方法、地方/行业标准报批政策和程序、计量基础知识等内容进行讲解。来自北矿磁材科技股份有限公司等企业的近30名相关人员参加。

（毛　炜）

【中国现代职业智慧众创空间联盟成立】5月20日，中国现代职业智慧众创空间联盟在京成立。联盟由现代职业教育关联的高等院校、职业院校、技师学院、

科研院所、企（事）业单位、社会团体自愿组成，将在促进现代职业发展方面发挥作用，致力于提升高等院校和职业院校人才培养水平和实效。联盟以“北信职业智慧众创空间”为依托，联合北京信息职业技术学院等职业院所，开展产学合作；以企业为主体，以市场为导向，探索高职教育新模式及现代职业的新发展；促进人力资源适应产业转型升级和“互联网+”的时代要求，打造智慧众创空间。于宁担任联盟首届理事长。

（王学军）

【CSA 与启迪控股公司签署战略合作协议】5月27日，国家半导体照明工程研发及产业联盟（CSA）与启迪控股战略合作签约仪式在清华科技园举行。双方相关负责人参加。根据协议，启迪控股股份有限公司和CSA拟采用市场化机制，共同推进半导体照明领域的公共研发平台建设，以及专业孵化器、示范项目、基地建设，促进半导体照明产业的健康发展。双方还将在专利池及专利基金、风险投资基金等领域展开重点合作。

（朱寒雪　杜　玲）

【TD 产业联盟组织企业展示“十二五”成果】6月1—7日，在国家“十二五”科技创新成就展上，由TD产业联盟、中国信息通信研究院和中国移动集团公司组成的工作组，与移动通信产业链各环节专项承担企业展示“新一代宽带无线移动通信网”重大专项在“十二五”期间的成果。展示形式包括系统、终端、芯片、仪表、天线等产业链各环节代表性产品的静态展示及移动通信在行业中的应用场景演示，演示内容主要包括：大唐电信科技产业集团的“TD-LTE 服务数字油田”业务，展示 TD-LTE 技术引入石油石化行业中，以物联网系统架构为模型，推出的基于 TD-LTE 技术的生产现场管理系统，覆盖从采油到输送、炼化、销售的整个环节，解决实际生产中遇到的问题；普天信息技术有限公司的“智慧医疗”通过对医院数据进行分析重构，提供包括移动医疗、移动护理、精细化管理服务。

（陈　岩）

【北京网络信息安全技术创新产业联盟成立】6月3日，北京网络信息安全技术创新产业联盟成立大会在中关村软件园召开。市科委、海淀区政府等单位的相关负责人，网络安全专家及来自全市网络信息安全行业的代表等100余人参加。中科院信息工程研究所副所长荆继武当选联盟首任理事长。联盟是由北京软件产品质量检测检验中心牵头，联合北京金山安全管理系统技术有限公司、北京安天电子设备有限公司、北京天融信网络安全技术有限公司等企业自愿发起成立的行业性、非营利性社会团体。联盟成立后，主要开展网络安全产业的技术研究，搭建信息交流、应用推广、教育培训、展览展示的平台，承接北京市及国家重大创新项目，并探索和建立科技成果转化基金；维护联盟会员的合法权益，维护网络安全产业从业者的利益；协助政府相关部门制定网络安全产业政策，协调起草相关技术标准；推动技术交流、产品与服务的推广，探索和建立科技成果转化基金，筹备网络安全科技金融服务平台，搭建科技中介服务平台，推动网络安全科技孵化器的建设。

（孙志勇）

【中关村数字文化联盟与中欧数字协会签署备忘录】6月5日，中关村数字文化产业联盟与中欧数字协会签署备忘录。根据备忘录，双方同意共同推动中欧智慧城市方案并扶植双方初创公司发展，联合建立数字科学产业园，以及支持中欧商业项目的相互投资与合作。（中欧数字协会总部位于比利时布鲁塞尔市，致力于为中欧数字经济领域的对话、互信和商业合作牵线搭桥，是最早提出将欧盟“容克计划”与中国“一带一路”倡议对接的机构之一，确定在5G、具体数字项目投资、互联网和电信法规、智能城市和初创公司五大领域的合作规划。）

（杜　玲）

【中关村智慧建筑产业绿色发展联盟成立】6月16日，中关村智慧建筑产业绿色发展联盟第一届会员大会暨第一届第一次理事会、监事会在深圳市召开。来自联盟成员单位的代表20余人参加。联盟由广联达软件股份有限公司、北京中关村国际环保产业促进中心有限公司、北京海林节能科技股份有限公司等单位发起成立，将围绕智慧建筑的市场、技术、资本、人才和政策等创新要素和产业资源，以企业化管理、市场化运作的模式，搭建资源对接、整合营销、产业孵化、行业交流的中国智慧建筑产业平台，推动联盟成员单位在联合开发、项目合作、孵化培育、新技术与新产品推广应用、智慧园区开发建设、新型城镇化建设等方面的合作，并建立常态化、多层次的创新合作机制，引导创新资源共享和优势互补。广联达公司董事长刁志中当选联盟第一届理事长。

（杜　玲）

【中关村众筹联盟第一届会员大会召开】6月16日，中关村众筹联盟第一届会员大会在北京中关村互联网金融中心召开。中关村管委会等单位有关负责人及相关众筹机构的代表等参加。联盟是股权众筹行业自律组织，由北京大河融科创业投资有限公司、北京天使街网络科技有限公司、北京京北众筹科技有限公司等近60家众筹及相关机构、企业发起成立，将建立行业自律和运行的标准，推动合格投资人、项目备案与登记确权、信息公开、操作流程、标准法律文件等制度和规范的建立，并通过增强行业透明度，减少运行和摩擦成本，抑制不正当竞争，规避行业系统性风险，同时还专注于打造良性行业生态，服务实体经济发展，助力经济结构转型，孵化创新创业企业。大河创投公司创始合伙人刘志硕当选联盟首届理事长。

（李贺英　秦　琳）

【首届国际第三代半导体创新大赛举办】7月2日—11月15日，由国家半导体照明研发工程及产业联盟、第三代半导体产业技术创新战略联盟主办的首届国际第三代半导体创新大赛在京举办。大赛以“黄金半导·创新未来”为主题，通过明星导师辅导、创客展示、专家点评评选及公众参与等方式，评选出最佳创新项目。活动征集到269个项目，其中来自中国、意大利、荷兰、美国、德国5个国家的108个项目通过初审，项目涉及半导体照明、光电子、电力电子、微波射频等领域，包含传感器、LIFI技术、OLED显示、5G、紫外光源、无线充电、智慧城市应用等前沿科技核心技术。大赛经过初审、复赛、半决赛、总决赛，最终，无锡视美乐激光显示科技有限公司获企业组冠军，清华Paers获团队组冠军。

（朱寒雪）

【长风联盟成为OCF会员】7月7日，在OCF新会员交流会上，北京长风信息技术产业联盟获批加入开放互连基金会（Open Connectivity Foundation，OCF），成为其非营利黄金会员。加入OCF，标志着长风联盟在物联网标准制定体系和物联网产业领域将拥有更多话语权。（OCF是一家开放的物联网标准组织，旨在推动实现一个稳健、开放、可扩展、可互操作且安全的物联网协议，帮助避免进一步的碎片化，并为消费者、企业和行业确保物联网设备和服务的互操作性，统一物联网标准，加快互联网创新。OCF的创始成员包括美国微软公司、美国思科系统公司、美国英特尔公司等。）

（李云芝）

【TiD 2016质量竞争力大会召开】7月17—20日，由中关村智联软件服务业质量创新联盟等单位主办的TiD 2016质量竞争力大会在京召开。国内外软件行业相关企业的代表、演讲嘉宾等2000余人参加。腾讯科技（深圳）有限公司等30余家企业现场展示研发的新产品。大会以“下一代软件研发:对策与方案”为主题，围绕软件敏捷、软件测试、云计算研发、大数据研发、互联网研发、IT人发展等议题分别召开中国系统与软件过程改进、中国软件测试、中国敏捷软件开发3场大会，12场平行论坛。来自百度在线网络技术（北京）有限公司、北京京东世纪信息技术有限公司等企业的代表进行主题演讲并参与讨论。

（冯秋帆）

【北京智慧医疗技术创新联盟成立】7月18日，北京智慧医疗技术创新联盟第一次会员大会在中国技术交易所有限公司召开。来自首批35家会员单位的50余位代表参加。联盟由中国技术交易所、中国医疗设备杂志社、首都医科大学宣武医院、普天信息技术有限公司和北京航天数据股份有限公司5家单位共同发起，致力于促进医疗产业技术创新，将通过整合教育和科研机构、医院、生产商和服务商、行业协会、学术组织、

媒体机构等医疗行业相关资源，以及建设权威医疗产业数据发布平台、开展医疗行业高端论坛、成立医疗产业发展基金、搭建医疗产业标准创制平台和产业技术交易平台等，促进行业健康发展。中技所总裁郭书贵当选联盟首届理事会理事长。

（韩洋洋　杜　玲）

【蜂窝物联网NB-IoT及eMTC发展论坛举办】7月20

日，由2016中国国际物联网博览会组委会主办，TD产业联盟、中国信息通信研究院承办的蜂窝物联网NB-IoT及eMTC发展论坛在京举办。工业和信息化部等单位有关负责人及相关科研机构、运营商、行业用户及制造企业的代表200余人参加。会议介绍了蜂窝物联网技术NB-IoT和eMTC的技术标准、网络规划和业务模式探索等方面的进展；桑德集团有限公司等行业用户和集成商的代表从应用视角就智能跟踪、环保、应急、医疗等领域对物联网的需求进行交流，共同探讨蜂窝物联网典型技术的标准创制、产业发展及行业应用，加速蜂窝物联网技术的研发与产业化，推动垂直行业信息化需求与蜂窝物联网技术的匹配，促进各垂直行业与信息产业的深入合作；大唐移动通信设备有限公司等系统设备企业的代表介绍有针对性的解决方案和应用案例。

（陈　岩　杜　玲）

【中国高端芯片联盟成立】 7月31日，中国高端芯片联盟成立大会在京召开。工业和信息化部、中央网信办及发起单位的相关负责人参加。联盟由联想（北京）有限公司、中国电子信息产业集团有限公司、清华大学、中科院微电子所等27家国内高端芯片、基础软件、整机应用等产业链的骨干企业、著名院校和研究院所共同发起成立，接受国家集成电路产业发展领导小组办公室的指导，其宗旨是围绕处理器、存储器、传感器等高端芯片领域，以建立产业生态为目标，以重点骨干企业为主体，整合各方资源，建立产、学、研、用深度融合的联盟，推动协同创新攻关，促进核心技术和产品应用推广，探索体制机制创新，打造“架构—芯片—软件—整机—系统—信息服务”的产业生态体系，推进集成电路产业快速发展。国家集成电路产业投资基金总经理丁文武任首届理事长。

（苑丁波）

【中国大数据行业规范化运营联盟成立】 7月，由北京易观智库网络科技有限公司与北京腾云天下科技有限公司（TalkingData）发起，36氪、北京中清龙图网络技术有限公司等企业组成的中国大数据行业规范化运营联盟成立。联盟将致力于推进国家数据安全相关法律、法规、部门规章的制订与实施；制订并颁布对全体联盟成员具有普遍约束力的行为规范，对复杂环境下用户隐私数据边界给予建议性的区分；对涉及危害用户安全数据的商业行为采取严格的管控和坚决的抵制。

（杜　玲）

【中关村绿智海绵城市生态家园产业联盟成立】 8月7日，中关村绿智海绵城市生态家园产业联盟第一次会员大会在京召开。海绵城市、绿色建筑领域有关专家及联盟会员单位的代表100余人参加。联盟由北京泰宁科创雨水利用技术股份有限公司、北京市水科学技术研究院、北京绿创环保集团有限公司等30家科研、设计、生产企业发起成立，将以“立足中关村、辐射全国、创新科技、引领行业发展”为宗旨，汇集优势资源，研究符合中国城市发展和布局的核心技术，加速“产学研”联动，提升会员单位技术研发、成果转化水平。泰宁科创公司董事长潘晓军当选联盟第一届理事长。

（杜　玲）

【面向5G的LTE网络创新研讨会举办】 8月12日，由TD产业联盟和移动通信杂志社主办的面向5G的LTE网络创新研讨会（2016）在京举办。工业和信息化部等单位有关负责人及来自通信运营商、相关企业、研究机构、高校的代表等300余人参加。会议以“推进网络演进探索5G技术”为主题，探讨LTE网络面向5G的发展方向、LTE现网应用及未来衔接5G的技术创新和行业应用、5G相关的测试技术和网络架构、物联网应用与管理等内容，并就5G的全连接特性、LTE的演进创新、NB-IoT等方面的问题进行阐述和分析。会上，TD产业联盟还发布NB-IoT测试技术研究报告。研讨会收到论文投稿300余篇，内容覆盖LTE演进技

术与 4.5G、5G 空口与网络技术、网络规划优化经验、新型应用与创新、物联网能力与测试等方面，其中 65 篇论文入选《面向 5G 的 LTE 网络创新研讨会（2016）论文集》。

（陈　岩）

【北京高端精密机电产业知识产权联盟成立】 8 月 16 日，北京高端精密机电产业知识产权联盟成立大会在京召开。市知识产权局等单位有关负责人及相关企业的代表参加。联盟由北京京仪集团和北京京仪科技孵化器有限公司、北京京仪绿能电力系统工程有限公司等京仪集团直属企业，北京睿步科技有限公司等京仪孵化器入孵企业及中科院计算研究所等 15 家单位发起成立，将通过对高端精密机电产业知识产权的整合与管理，在做大做强优势企业时，注重对外发展知识产权的保护，为联盟成员扫清发展障碍。联盟成员包括高端精密机电产业设计、制造、测试、相关装备和材料等产业链上下游企业及相关科研院所和相关软件开发、系统制作、互联网、内容与服务等方面的企事业单位和社会团体组织。京仪孵化器董事长孙建军任联盟首届理事长。

（瑞　鑫）

【中关村智通智能交通产业联盟成立】 8 月 29 日，中关村智通智能交通产业联盟成立大会暨第一次会员代表大会在京召开。市交通委、市经济信息化委等单位有关负责人及联盟会员代表等参加。联盟由北京千方科技股份有限公司、北京新能源汽车股份有限公司、清华大学等 30 家智能汽车与智能交通企业、科研院所和高校发起成立，产业覆盖通信、汽车、汽车电子、交通管理服务等领域。联盟的总体目标是面向智能汽车与智慧交通产业，把握国内外产业市场与技术发展趋势，紧跟国家宏观形势，对接国家智能汽车与智慧交通相关政策，基于京津冀产业、人才等资源平台，在绿色用车、智慧路网、智能驾驶、便捷停车、智能收费、智慧管理及车联网等应用领域开展工作，将重点解决辅助安全驾驶、全自主驾驶与智能汽车、智慧交通大数据的关键技术应用问题；组织车路协同通信、智能车载平台等关键技术突破与产品开发，推动联盟内外的产业上下游企业合作；参与中关村示范区测试验证环境规划建议，推进开放式和封闭式试验场的建设部署工作；组织开展 5G 智能汽车与智慧交通综合应用示范，推动行业与国家相关标准的制定。北京千方科技股份有限公司董事长夏曙东当选联盟首届理事长。

（苑丁波　石会昌）

【京东 VR/AR 产业推进联盟成立】 9 月 6 日，京东 VR/AR 产业推进联盟成立仪式在京举行。VR/AR 领域相关企业的代表等参加。联盟由北京京东世纪信息技术有限公司联合北京暴风魔镜科技有限公司等 30 余家 VR/AR 硬件设备厂商、算法及系统制作商和内容供应商等 VR/AR 领域上下游企业共同成立，将通过品牌、营销、运营、金融等方式，整合行业资源，为 VR/AR 企业提供全面支持。

（杜　玲）

【TD 联盟参展 2016 年中国国际信息通信展】 9 月 20—23 日，在 2016 年中国国际信息通信展览会上，TD-LTE 全球发展倡议（GTI）、TD 产业联盟以“迈向 5G 的 TDD 融合创新体系”为主题共同组织北京信威通信技术股份有限公司等 14 家企业，展示由中国主导的 TD-LTE 在自主创新、产业发展、行业应用、走向世界等方面取得的成果，包括 3DMIMO 产品、安全全网通智能手机、NB-IoT 停车感应模块等 4G/4.5G/pre5G/5G 方面的终端、芯片、行业应用、测试仪器仪表、新型天线等产业链成果，以及未来 5G 技术下的跨界融合创新趋势。

（陈　岩）

【中国虚拟现实产业联盟成立】 9 月 29 日，中国虚拟现实产业联盟成立大会在京召开。工业和信息化部、中国工程院等单位相关负责人及宏达通讯有限公司等企业的代表 500 余人参加。联盟（IVRA）由中国电子信息产业发展研究院、北京航空航天大学虚拟现实技术与系统国家重点实验室、歌尔股份有限公司等虚拟现实领域主要企业、研究机构联合发起，近 180 家企业和机构加入。联盟第一届会员代表大会审议通过《联盟章程》，选举第一届理事会，理事长为中国工程院院士赵沁平，秘书处设在中国电子信息产业发展研究院。联盟将在工业和信息化部的指导下，从 9 个方面开展工作，包括建立健全虚拟现实标准体系、制定虚拟现实产业发展指导意见、推介虚拟现实产业基地、推荐行业应用试点示范项目、设立虚拟现实产业投资基金、推进虚拟现实领域相关人才培养培训、举办虚拟现实产业国际论坛和博览会、发布虚拟现实产业发展报告、举办虚拟现实领域全球开发者大会等。

（苑丁波）

【蜂窝物联网 eMTC 产业峰会召开】 10 月 19 日，由 TD 产业联盟主办的蜂窝物联网 eMTC 产业峰会在京召开。来自电信运营商、垂直行业用户及产业链制造企业的专家等 200 余人参加。与会专家阐述产业发展观点，共同探讨以 eMTC 为代表的蜂窝物联网技术的标准创制、产业发展及行业应用，以加速蜂窝物联网技术的研发及产业链的成熟完善，推动垂直行业信息化需求与蜂窝物联网技术的匹配，促进各垂直行业与信息产业的深入合作。

（陈　岩）

【中关村漫影游联盟成立】 10月20日，中关村漫影游联盟成立大会在京召开。乐视网信息技术（北京）股份有限公司、北京爱奇艺科技有限公司、北京掌趣科技股份有限公司等50余家联盟发起单位的代表参加。联盟是原海淀影视联盟的升级，是国内首个将动漫、影视、游戏三大文化创意产业进行资源整合的行业组织，目的在于通过跨界融合进一步整合资源，以创新融合手段打造漫影游产业链和生态圈，加速产业升级。

（杜　玲）

【百度地图鹰眼硬件联盟成立】 10月24日，百度地图鹰眼一周年暨鹰眼硬件联盟成立发布会在京举行。百度地图宣布成立百度地图鹰眼硬件联盟，通过设立准入门槛的形式严格筛选联盟企业和产品，让需要接入此类服务的企业更加轻松地获得从硬件到软件的全套轨迹服务解决方案。百度地图开放平台向开发者和行业用户开放包括定位服务、地图服务、数据服务、出行服务、分析服务及鹰眼轨迹服务六大服务。百度鹰眼是百度地图开放平台推出的一套轨迹管理开放服务，帮助开发者通过各种终端追踪并管理小到几十、多至上百万的人和车的轨迹。鹰眼提供覆盖多平台的SDK、API及云端服务，基于鹰眼，开发者可以二次开发出一套轨迹追踪产品，用于车队监控、外业人员监管、车联网、儿童防丢等领域。

（杜　玲）

【中关村能源互联网专家联盟成立】 10月31日，中关村能源互联网专家联盟成立大会在京召开，能源互联网相关领域的国内外知名专家、学者和企业的代表等100余人参加。专家联盟是在中国智慧能源产业技术创新战略联盟和北京中关村国际环保产业促进中心有限公司支持下，由国内新能源行业知名专家组成，以专家为核心特点的联盟组织，与有关企业、科研院所、建设单位、投资机构、行业协会、媒体等单位及人员保持紧密沟通。专家联盟主要开展研究产业发展战略、统筹策划行业标准、建立公开公正的能源互联网评价平台、设立中国能源互联网评价指数、协同市场推广、协调合作途径、组织重大共性关键技术攻关、开展技术交流和技术培训、组织产品评测、信息共享服务等工作。中国智慧能源产业盟理事长王忠敏任专家联盟理事长。

（马晓清）

【科技金融“双创”系列沙龙举办】 10—11月，中关村新兴科技服务业产业联盟举办4期科技金融“双创”沙龙活动。北京鼎源科技有限公司等企业的代表参加。沙龙分别以新三板股权融资、融资条款解析、新三板挂牌、企业股权分配为主题，就新三板上市过程中的风险预估、企业内部管理如何调整、新三板上市与主板及创业板上市的区别、上市过程中法律风险预测、新三板分层制度的模式与标准、新三板股票的交易渠道及转板流程、不同阶段公司股权激励制度的制订等内容进行交流。

（毛　炜）

【从4G到5G–TDD频谱研讨会举行】 11月14日，在第十六届ITU（国际电信联盟）世界电信展上，由ITU、TD–LTE全球发展倡议（GTI）、中国移动通信集团公司、TD产业联盟主办的从4G到5G–TDD频谱研讨会（第六届TD–LTE技术与频谱研讨会）举行。来自英国Ofcom等各国通信业管制机构、全球移动设备供应商协会（GSA）等国际组织及电信运营商的代表等200余人参加。与会代表分享全球各区域4G发展情况，展望5G等未来移动宽带技术的发展，探讨未来移动通信技术发展带来的频谱资源稀缺的问题，并就如何获取更多频谱资源，使有限的频谱资源高效利用支撑全球移动通信产业发展提出相关建议。

（陈　岩）

【第十三届中国国际半导体照明论坛举办】 11月15—17日，由国家半导体照明工程研发及产业联盟（CSA）主办的第十三届中国国际半导体照明论坛（SSLCHINA2016）在京举办。来自中国、美国、英国等19个国家及中国港澳台地区的半导体照明和相关领域的专家学者、企业领袖、行业机构相关负责人等1500余人参加。论坛以“新经济新动能——LED产业多维度发展新机遇”为主题，通过“跨界整合时代LED产业发展多重奏”等两场大会，材料与装备技术、

生物农业光照技术等12场技术分会，智能照明与智能应用、照明设计与创新应用等6场主题分会及首届国际第三代半导体创新创业大赛等活动，探讨半导体照明的研发，企业、产业发展战略和从半导体照明到第三代半导体材料的研究方向，交流国内外相关领域发展的新动态。

（朱寒雪）

【第一届北京加强全国创新中心专题研修班举办】11月18日—12月16日，中关村新兴科技服务业产业联盟举办第一届北京加强全国科技创新中心专题研修班。来自聚龙融创科技有限公司等128家单位的130余名学员参加。市委组织部、市科委、市经济信息化委、市发展改革委、市地税局、市商务委、中关村管委会、

市海外学人中心等单位相关负责人分别围绕税收减免政策、财政资金支持政策、科技人才政策、科技创新基地建设政策、市科技计划项目（课题）管理政策5个方面进行授课。

（毛　炜）

【中关村数字电视产业联盟成员大会召开】11月21日，中关村数字电视产业联盟2016年度成员大会在洛阳市召开。来自全国100余家联盟成员单位的代表参加。与会代表交流一年来的工作情况和技术、市场发展动向，探讨新形势下产业发展方向，谋求成员单位之间

的合作创新等。会议审议通过产生第二届联盟理事长、监事及联盟秘书长。北京数字电视国家工程实验室有限公司连任联盟理事长单位。廖国华担任联盟第二届理事长。

（夏　吟）

【2016年度数字电视技术及运营管理论坛举办】11月22日，由中关村数字电视产业联盟等单位主办的2016年度数字电视技术及运营管理论坛在洛阳市举办。国家新闻出版广电总局规划院等单位有关负责人及来自全国各级电视台及地面数字电视运营单位、数字电视产业链各环节相关企业的代表400余人参加。论坛以“技术创新、应用创新”为主题，介绍行业主管部门对行业发展的规划及要求，并从高清发展、无线宽带、

智能监测、内容保护、增值应用及数字电视与互联网、虚拟现实融合发展等方面探讨产业发展方向。

（夏　吟）

【TDD论坛举办】11月29日，由TD产业联盟、XGP论坛和TD-LTE全球发展倡议（GTI）主办的TDD论坛2016在日本举办。来自国际电信运营商、系统厂商、科研机构及芯片、仪器仪表等相关领域企业的代表等100余人参加。与会代表分享3.5吉赫兹TDD的商用情况等TDD在全球的发展成果及其演进，探讨5吉赫兹频段在日本及全球的商用发展情况，以及5G的发

展规划。

（陈　岩）

【北京特产美食联盟成立】 12月6日，由北京御食园食品股份有限公司、中国全聚德（集团）股份有限公司、北京稻香村食品有限责任公司联合主办的北京特产美食联盟启动仪式在新闻大厦举行，市旅游委、市商委、中华老字号工作委员会等单位相关负责人参加。联盟由御食园公司联手全聚德公司、稻香村公司成立，将在王府井、大栅栏等旅游聚集区进行门店布局，统一标识，统一门店装潢，以方便旅游者辨别，也便于消费者一站式购齐3个品牌的北京特产。联盟的成立突破单一品牌、单一门店的老字号销售模式，打通3家企业的销售渠道，从“单打独斗”变为“抱团发展、互相支持”，旨在京城传统食品中打造全新的消费业态。联盟标识外形呈抽象的徽章形，寓意稳定与包容；标识上方是能体现北京地域特色的四合院形象；标识还将“食”与“联”之间的圆点和下方的弧线组成一张笑脸，加上圆角的字体设计，呈现亲和、轻松的感觉，展现联盟笑脸迎接各方顾客的姿态。

（王　莹　苑丁波）

【中关村融智特种机器人联盟成立】 12月12日，中关村融智特种机器人联盟首届理事会在京召开。联盟由军民融合（北京）装备技术研究院、中国北方车辆研究所（201所）、中国兵器装备研究院（208所）、中科院沈阳自动化研究所、新时代集团国防科技研究中心、北京海兰信数据科技股份有限公司、北京辰安科技股份有限公司、长源动力（北京）科技股份有限公司、北京京金吾高科技有限公司9家单位发起成立，将依靠核心会员单位为基础的资源优势，整合机器人产业技术和人才资源，通过不断研发系列化的产品并推广应用，参与重大课题研究，开展国际合作，推动中国机器人生产流通管理运营服务产业规范、健康发展和产业链价值提高；实现联盟创新成果快速产业化，推进产业结构调整；运用市场机制集聚资源，组建成熟的信息发布渠道，提供专业化服务，争取政府相应政策扶持，提升联盟成员机器人在创新开发、绿色制造、智能应用和维修服务各个领域的应用水平，搭建一个跨区域、跨行业、跨部门、跨学科的产学研、政商用高层互动交流与成果转化平台，不断推广联盟创新成果和引领机器人产业健康全面绿色发展。大会选举北京海兰信公司总经理魏法军为联盟首届理事长。

（徐　建）

【“科技控的一天”科普展活动举办】 12月24日，由西三旗街道办、中关村会展与服务产业联盟举办的西三旗科普展在北大青鸟华腾学院开展。科普展以“科技控的一天”为故事线索，借助人的吃穿住行用，选取北京市商汤科技开发有限公司的“美颜机”、零度智控（北京）智能科技有限公司的无人机等与日常生活相关的30余个智能硬件产品嵌入生活场景，通过实时互动、现场体验的方式，使观众在参展中领略“科技控的一天”，累计800余人参观。

（王洁琦）

【第一届中国区块链技术创新应用大赛举办】 12月28日，由中关村区块链产业联盟主办的第一届中国区块链技术创新应用大赛决赛颁奖仪式在清华大学举办。来自全国各地区块链产业的技术专家、投资机构代表等300余人参加。大赛于10月初启动，主题是“共建信用、重构价值”。参赛项目100余个，涵盖区块链+金融、农业、能源、版权、慈善、医疗、大数据等行业应用。最终，北京太一云科技有限公司的“太一云平台项目”获中国区块链基础平台创新一等奖，北京信和云科技有限公司的“数字资产和智能合约项目”获中国区块链应用创新一等奖。

（康秋红）

【科技型企业高新技术认定体系建设活动举办】 年内，中关村新兴科技服务业产业联盟举办3期科技型企业高新技术认定体系建设活动，累计300余家企业的代表330余人次参加。活动主要对科技型企业高新技术企业认定内部体系梳理及认定政策进行解读，并就认定高新技术企业的意义及重要性、高新技术企业的基本要求、高新认定服务内容进行讲解。

（毛　炜）

【科技与产业政策会诊沙龙举办】 年内，中关村新兴科技服务业产业联盟举办6期科技与产业政策会诊沙龙活动。来自北京昌东科技股份有限公司等30余家企业的代表参加。活动就重点产业规划领域中的中小企业在发展经营过程中遇到的战略发展规划、内部流程设计与管理、员工关系管理与促进、科技项目管理与风险控制、股权激励、融资服务、资质提升、知识产权规划及法律等问题进行交流。科技与产业政策会诊服务平台是科技服务业产业联盟利用其在产业及科技政策研究与专家库方面的优势，通过对国家、中关村示范区、北京市及各省市科技的政策梳理、解读、规划，提升科技咨询内涵与质量，使科技咨询在助推科技创新和科技成果转化、优化产业结构、实现科技创新引领产业升级、推动经济向中高端水平迈进等创新驱动发展中发挥重要作用。

（毛　炜）

【科技咨询与科技金融活动举办】年内，中关村新兴科技服务业产业联盟举办8期科技咨询与科技金融活动。活动就中小企业促进专项、高新技术成果转化、科技服务业促进专项、中关村现代服务业、高新技术企业认定、工程技术中心、工程实验室、研发费加计扣除等方面，通过专题培训、小型讨论、课堂授课等形式，对相关政策、项目基本条件解析与财务梳理、执行期管理与风险控制、成果转化规模分析、产业发展趋势等内容进行讲解。累计900余家次企业的1200人次参加。举办系列活动的主要目的是促进科技咨询和科技金融服务的有序发展，培育科研项目集成化总包和专业化分包的第三方服务机构，搭建高水平科技咨询和符合科技型企业特点的科技金融创新服务链，为科技型企业和围绕战略新兴产业集群与重点产业规划领域开展专业服务的第三方服务机构提供“两高一专一协调”的科技服务平台。“两高”是指准入门槛高、服务水准高；“一专”是指细分领域专业化服务；“一协调”是指在联盟秘书处的协调下，逐步规范科技服务体系与标准。

（毛　炜）

【长风联盟创新创业沙龙举办】年内，北京长风信息技术产业联盟举办3场围绕中小企业创新创业的沙龙培训活动，分别为股权激励方案设计实战沙龙、股权融资密码分享沙龙、税务筹划和资产配置分享沙龙。活动围绕股权激励方案设计、ICT企业股权激励案例、实施股权激励遇到的法律问题、股权融资的作用、实战技巧、案例及新税改下中小企业的税务筹划和资产配置等内容展开。联盟会员企业的代表80余人次参加。

（李云芝）

【长风联盟大数据系列交流活动举办】年内，北京长风信息技术产业联盟举办4场大数据系列交流活动，分别为区块链技术研讨会、Hadoop技术交流会、北京市大数据管理平台建设与应用研讨会、云计算与大数据产业链协作研讨会。活动围绕区块链技术、Hadoop技术、北京市大数据管理平台建设与应用及京津冀云计算与大数据产业链协作展开研讨与合作对接。联盟会员企业的代表200余人次参加。

（李云芝）

【长风联盟国际化交流与对接活动举办】年内，北京长风信息技术产业联盟举办13次国际化活动，组织国内外企业进行交流与对接，包括项目洽谈会、项目对接会、项目推介会、交流会、项目路演等，涵盖ICT、TMT、智慧医疗、智能硬件、物联网、VR、智慧城市、养老等领域。活动为会员企业引入韩国、德国、西班牙等国家的国际创新资源机构，同时向会员企业推介国际先进技术项目近100个。联盟会员企业的代表400余人次参加。

（李云芝）

统计资料

Statistics Data

本栏目以统计表格形式记录年度内中关村国家自主创新示范区主要经济指标、十大行业主要经济指标、国内部分高新技术产业开发区主要经济指标，以及中关村示范区区域内单位获国家科学技术奖、北京市科学技术奖和中国专利奖的项目等。

2016 年中关村国家自主创新示范区主要经济指标一览表

表 1　按园区统计

指标 \ 园区	总和	海淀园	丰台园	昌平园	朝阳园	亦庄园	西城园	东城园	石景山园	通州园	大兴园	平谷园	门头沟园	房山园	顺义园	密云园	怀柔园	延庆园
企业总数（家）	19869	9886	1877	2456	1445	863	598	388	795	318	284	96	120	149	260	129	144	61
年末从业人员（人）	2482615	1091198	173869	160490	224576	241306	104972	73129	85642	46726	46159	13286	19401	30460	117238	17684	29995	6484
其中：科技活动人员	657015	362976	30537	42086	59031	38301	26548	17464	17928	9738	10127	2055	5285	4622	20720	3206	5244	1147
工业总产值（亿元）	9937.7	2140.0	276.6	883.1	391.3	2581.7	1007.4	31.2	71.9	321.5	400.1	84.7	70.6	171.8	970.9	138.8	346.8	49.4
总收入（亿元）	46047.6	18355.4	4403.3	3669.1	4603.6	4436.9	2686.9	1910.4	1881.5	627.6	562.8	122.2	174.6	302.1	1484.6	213.4	522.8	90.4
1. 技术收入	7580.4	4076.1	503.9	232.2	1011.2	316.4	250.2	506.6	309.6	86.8	36.3	6.3	22.7	13.8	164.9	6.9	19.0	17.5
2. 产品销售收入	14752.5	4655.5	831.9	1119.0	863.5	2686.1	1122.8	365.7	195.2	428.5	436.6	96.4	87.5	230.0	1030.8	148.2	392.0	62.8
其中：新产品销售收入	4565.6	1858.3	377.4	327.5	254.5	512.6	40.2	13.5	50.5	157.7	162.2	5.3	20.1	54.5	539.9	42.2	130.2	19.0
3. 商品销售收入	14522.4	7124.1	937.5	1890.9	2150.3	883.3	473.6	441.4	278.8	97.6	56.3	6.8	29.5	17.6	54.8	28.6	43.5	7.7
进出口总额（亿美元）	781.4	252.5	42.6	27.5	168.3	168.7	30.7	18.8	4.1	9.0	1.9	1.3	3.1	2.5	45.5	1.4	3.3	0.1
其中：进口总额	523.5	178.6	28.8	14.1	139.0	99.3	5.5	12.3	1.8	6.0	0.8	0.8	0.3	0.8	33.5	0.4	1.3	0.0
其中：出口总额	257.9	73.8	13.8	13.4	29.3	69.4	25.2	6.5	2.3	3.0	1.1	0.6	2.8	1.7	12.0	1.0	2.0	0.1
实缴税费总额（亿元）	2314.1	746.8	138.7	160.7	449.3	330.2	107.5	108.3	79.3	31.5	27.3	6.7	10.7	15.3	62.7	14.0	21.4	3.6
其中：实缴增值税	1100.5	357.0	55.5	80.5	259.8	133.8	44.2	42.8	27.0	17.0	16.0	3.7	5.8	8.5	26.8	8.1	12.1	1.8
其中：实缴营业税	109.7	22.2	23.9	4.8	7.8	4.0	8.5	8.6	17.8	3.8	1.3	0.1	0.6	1.1	2.9	0.3	1.4	0.5
其中：实缴所得税	645.8	248.4	38.5	49.2	66.7	93.5	45.9	36.7	23.2	6.7	5.2	2.2	2.2	3.3	13.9	3.6	5.6	1.0
利润总额（亿元）	3732.5	1407.9	345.6	203.1	441.9	371.4	261.6	181.1	308.3	63.3	40.8	7.7	-0.2	19.3	29.9	12.4	34.9	3.4
资产总计（亿元）	97824.6	37113.1	13478.6	5810.2	10246.1	5790.0	7019.0	5332.7	5576.8	976.9	992.3	183.5	662.4	455.3	3064.8	338.0	636.5	148.4
科技活动经费支出总额（亿元）	1972.4	1045.2	89.9	133.9	205.1	133.4	58.7	60.8	50.5	28.0	25.6	4.2	15.2	10.8	81.6	9.6	16.6	3.2
企业专利申请量（件）	69217	35323	3578	5948	8105	3289	2825	1349	1304	1095	1646	127	347	443	2421	701	494	222
其中：发明专利申请量	41127	23734	1711	2593	5549	1467	2047	861	516	325	709	31	104	185	807	215	186	87
企业专利授权量（件）	36336	16596	2206	3440	4184	2194	1612	533	754	751	873	119	240	261	2030	217	252	74
其中：发明专利授权量	14782	7635	775	1042	2325	806	998	150	302	159	136	26	34	78	189	48	67	12

（续表）

表2	按高新技术领域统计											
指标 \ 技术领域	总和	电子与信息	生物医药	新材料	先进制造	航空航天	现代农业	新能源	环境保护	海洋工程	核应用	其他
企业总数（家）	19869	11716	1362	1055	1878	147	257	1167	819	9	29	1430
年末从业人员（人）	2482615	1213378	139656	123226	270712	54271	24280	211290	67551	3076	3801	371374
其中：科技活动人员	657015	402043	32701	24628	60556	13388	3926	42961	18059	289	872	57592
工业总产值（亿元）	9937.7	1853.9	882.8	675.1	3177.7	274.7	120.2	2205.5	266.9	18.8	8.1	454.1
总收入（亿元）	46047.6	18292.3	1872.9	3071.2	5619.7	788.9	296.7	4820.2	1143.6	19.9	80.4	10041.7
1. 技术收入	7580.4	4221.1	106.9	89.4	144.2	232.0	17.9	533.9	256.0	0.2	4.1	1974.7
2. 产品销售收入	14752.5	4606.7	1050.4	890.5	3243.3	475.5	168.4	2554.1	465.1	18.9	12.0	1267.6
其中：新产品销售收入	4565.6	1820.1	218.9	381.4	959.6	85.1	65.6	579.7	120.9	0.0	3.2	331.3
3. 商品销售收入	14522.4	7665.3	668.6	1228.0	1961.2	7.5	98.6	1358.4	211.4	0.1	34.6	1288.7
进出口总额（亿美元）	781.4	259.9	44.2	54.5	233.7	11.1	6.6	53.0	7.4	0.0	4.9	106.2
其中：进口总额	523.5	170.0	34.2	36.9	174.4	4.3	1.1	41.5	2.1	0.0	4.9	54.0
其中：出口总额	257.9	89.9	9.9	17.5	59.3	6.7	5.5	11.5	5.3	0.0	0.0	52.2
实缴税费总额（亿元）	2314.1	689.8	157.9	95.2	581.9	17.0	8.8	235.6	74.3	0.9	4.2	448.6
其中：实缴增值税	1100.5	348.3	95.9	49.0	286.6	7.3	4.2	119.6	38.3	0.1	1.8	149.2
其中：实缴营业税	109.7	11.9	0.7	8.9	4.3	0.2	0.4	5.5	3.6	0.0	1.0	73.1
其中：实缴所得税	645.8	217.3	37.4	23.0	109.8	6.8	2.8	66.9	23.2	0.0	1.0	157.6
利润总额（亿元）	3732.5	1079.4	243.0	143.7	531.9	47.4	21.3	353.0	122.5	-4.3	8.3	1186.3
资产总计（亿元）	97824.6	30609.2	2970.7	6463.2	9759.3	1986.6	711.6	11079.2	3829.2	106.6	214.7	30094.4
科技活动经费支出总额(亿元)	1972.4	1153.8	99.4	69.0	174.4	97.9	11.8	136.7	54.7	0.4	1.7	172.5
企业专利申请量（件）	69217	36680	2156	3795	7199	—	—	8216	2960	—	—	8211
其中：发明专利申请量	41127	26137	1426	1966	2978	—	—	3369	1120	—	—	4131
企业专利授权量（件）	36336	16835	1135	2337	5092	—	—	4544	1800	—	—	4593
其中：发明专利授权量	14782	8242	589	946	1702	—	—	1094	483	—	—	1726

表3	按登记注册类型统计										
指标 \ 注册类型	总和	国有	集体	股份合作	联营	有限责任	股份有限	私营	港澳台	外商	其他
企业总数（家）	19869	242	55	161	15	6407	1248	10223	490	985	43
年末从业人员（人）	2482615	77367	2926	5270	594	1025616	363472	468628	214014	323949	779
其中：科技活动人员	657015	27730	609	970	140	245540	112499	140180	56517	72530	300
工业总产值（亿元）	9937.7	124.0	5.2	19.2	0.1	2892.0	1696.1	605.0	1454.9	3141.4	0.1
总收入（亿元）	46047.6	1758.4	11.6	24.9	2.8	20717.3	6569.9	3975.0	5970.0	7012.1	5.5
1. 技术收入	7580.4	450.7	2.0	4.5	2.5	3616.0	781.9	978.7	859.1	881.3	3.6
2. 产品销售收入	14752.5	535.9	5.6	15.1	0.2	5043.2	2422.8	1466.9	1731.6	3530.0	1.3

（续表）

按登记注册类型统计											
指标 \ 注册类型	总和	国有	集体	股份合作	联营	有限责任	股份有限	私营	港澳台	外商	其他
其中：新产品销售收入	4565.6	149.0	2.9	4.0	0.0	1508.4	1018.8	395.0	916.0	571.5	0.0
3. 商品销售收入	14522.4	644.1	0.5	3.5	0.1	6910.1	1069.4	763.1	2956.4	2174.8	0.3
进出口总额（亿美元）	781.4	63.9	0.0	0.1	0.0	199.1	70.9	21.4	131.9	293.9	0.1
其中：进口总额	523.5	53.7	0.0	0.0	0.0	122.2	21.3	7.4	91.5	227.3	0.1
其中：出口总额	257.9	10.2	0.0	0.1	0.0	76.9	49.6	14.0	40.5	66.6	0.0
实缴税费总额（亿元）	2314.1	84.0	1.1	1.9	0.1	828.5	338.5	199.8	149.9	710.0	0.4
其中：实缴增值税	1100.5	26.6	0.7	1.2	0.1	394.9	146.2	110.6	68.4	351.6	0.1
其中：实缴营业税	109.7	2.8	0.1	0.1	0.0	73.4	22.7	7.6	1.0	2.1	0.0
其中：实缴所得税	645.8	43.0	0.1	0.3	0.0	242.5	98.2	54.5	52.3	154.6	0.2
利润总额（亿元）	3732.5	195.2	0.0	0.9	0.5	1136.2	1221.5	221.7	249.4	705.9	1.0
资产总计（亿元）	97824.6	7114.5	80.2	67.8	13.0	38396.4	30346.5	7339.9	5662.5	8789.7	14.0
科技活动经费支出总额（亿元）	1972.4	167.8	0.7	1.6	0.2	688.7	275.0	286.3	226.5	324.9	0.6

表 4　按收入规模统计

指标 \ 收入规模	总和	大于100亿元	10亿～100亿元	1亿～10亿元	5000万～1亿元	1000万～5000万元	500万～1000万元	100万～500万元	小于100万元
企业总数（家）	19869	73	543	2657	1749	5101	2092	3552	4102
年末从业人员（人）	2482615	339193	699036	803317	201874	289013	56674	57439	36069
其中：科技活动人员	657015	55706	178029	222697	58601	92486	18189	19820	11487
工业总产值（亿元）	9937.7	3986.0	3313.8	2142.0	254.8	211.4	17.9	10.3	1.3
总收入（亿元）	46047.6	20751.9	14708.5	7848.4	1241.2	1239.7	151.9	95.0	10.9
1. 技术收入	7580.4	1753.5	3016.3	1975.9	362.1	378.0	53.7	36.2	4.7
2. 产品销售收入	14752.5	4940.4	5045.1	3599.8	570.1	506.5	55.0	32.8	2.8
其中：新产品销售收入	4565.6	1320.8	1734.8	1235.5	149.5	113.1	7.3	4.4	0.3
3. 商品销售收入	14522.4	9130.2	3736.0	1217.5	184.3	209.4	27.1	15.8	2.1
进出口总额（亿美元）	781.4	391.7	275.3	94.1	12.0	7.4	0.5	0.3	0.1
其中：进口总额	523.5	325.6	157.5	33.5	4.2	2.3	0.1	0.1	0.1
其中：出口总额	257.9	66.1	117.8	60.6	7.8	5.1	0.4	0.2	0.0
实缴税费总额（亿元）	2314.1	960.7	650.1	496.3	85.5	85.3	22.5	7.1	6.6
其中：实缴增值税	1100.5	443.5	297.8	249.4	46.5	50.7	7.3	4.3	1.0
其中：实缴营业税	109.7	49.0	34.8	17.4	2.4	3.3	1.3	0.2	1.3
其中：实缴所得税	645.8	241.5	191.2	149.3	25.6	20.5	12.3	1.6	3.7
利润总额（亿元）	3732.5	1484.8	1100.8	989.7	178.6	43.4	22.5	-26.9	-60.3
资产总计（亿元）	97824.6	26347.9	27855.2	24562.5	5136.7	6659.7	2819.6	1232.7	3210.4
科技活动经费支出总额（亿元）	1972.4	317.9	652.8	606.9	127.0	184.9	28.1	28.5	26.2

资料来源：中关村科技园区管理委员会

2016年中关村国家自主创新示范区十大行业主要经济指标一览表

行业＼指标	企业数量（家）	总收入（亿元）	工业总产值（亿元）	新产品销售收入占总收入比重（%）	技术收入占总收入比重（%）	利润总额（亿元）	实缴税费总额（亿元）	出口总额（亿美元）	从业人员（人）	科技活动经费支出（亿元）
第二产业										
计算机、通信和其他电子设备制造业	409	2525.6	1785.7	50.6	1.7	86.1	63.9	64.0	98896	111.1
汽车制造业	119	2789.1	2730.1	18.8	0.2	230.0	230.4	7.7	94080	86.9
土木工程建筑业	100	3235.7	0.0	0.1	30.8	200.3	86.9	10.9	57954	56.1
第三产业										
软件和信息技术服务业	4505	4631.0	0.0	8.0	43.2	506.5	294.2	19.0	535585	575.6
专业技术服务业	1055	3397.0	0.0	2.2	31.2	293.8	131.7	16.7	172969	86.6
商务服务业	1095	2113.8	0.0	1.8	17.2	475.4	168.7	18.6	112990	43.4
科技推广和应用服务业	4923	1546.6	0.0	7.1	29.8	14.2	70.3	15.6	182422	158.0
互联网和相关服务	356	1345.3	0.0	0.3	66.4	177.3	73.6	1.0	119554	154.0
研究和实验发展	498	944.3	0.0	7.7	45.1	64.1	26.7	8.2	71533	175.2
电信、广播电视和卫星传输服务	216	781.2	0.0	0.3	41.1	123.4	46.6	3.8	54693	60.9

注：按照国民经济行业分类代码（GB/T4754—2011），依据大类行业的企业数量、经济总量规模、从业人数等指标，综合选定中关村国家自主创新示范区十大行业，其中第二产业占3席，第三产业占7席

资料来源：中关村科技园区管理委员会

2016年国内部分高新技术产业开发区主要经济指标一览表

名称＼指标	企业数（家）	从业人员（万人）	总收入（亿元）	工业总产值（亿元）	实缴税费（亿元）	出口总额（亿美元）	净利润（亿元）
中关村示范区	19869	248.3	46047.6	9937.7	2314.1	257.9	3170.3
上海张江示范区	4244	91.3	15455.1	9938.5	898.0	298.7	1609.0
武汉东湖示范区	3215	54.9	11368.8	7778.5	497.6	147.8	706.0
西安高新区	3882	41.5	10031.6	7258.3	728.4	128.1	645.1
天津高新区	4005	37.3	7177.8	4665.7	255.7	73.8	565.8
成都高新区	1762	37.9	5743.9	4224.6	248.1	158.7	331.8
广州高新区	2868	47.0	6024.2	3903.5	291.7	113.1	441.7
深圳高新区	1874	48.5	6208.5	4292.4	462.1	195.0	747.1
苏州高新区	1176	22.5	2812.5	2678.7	102.6	221.6	142.4
全国高新区合计	91093	1805.9	276559.4	196838.7	15609.3	4385.9	18535.1

资料来源：科学技术部火炬高技术产业开发中心

中关村国家自主创新示范区获 2016 年度国家科学技术奖项目一览表

序号	编号	项目名称	主要完成人	主要完成单位
国家自然科学奖一等奖				
1	Z-102-1-01	大亚湾反应堆中微子实验发现的中微子振荡新模式	王贻芳　曹　俊　杨长根	中国科学院高能物理研究所
国家自然科学奖二等奖				
1	Z-101-2-03	奇点量子化理论研究	范辉军	北京大学
2	Z-102-2-02	磁电演生新材料及高压调控的量子序	靳常青　望贤成　刘清青	中国科学院物理研究所
3	Z-103-2-03	有机场效应晶体管基本物理化学问题的研究	胡文平　刘云圻　李洪祥	中国科学院化学研究所
4	Z-103-2-06	化学修饰石墨烯可控组装与复合的基础研究	石高全　徐宇曦　李　春	清华大学
5	Z-104-2-04	中国东部板内燕山期大规模成矿动力学模型	毛景文　陈　斌　谢桂青	中国地质科学院矿产资源研究所
6	Z-105-2-01	植物小 RNA 的功能及作用机理	戚益军　巴钊庆　叶瑞强	北京生命科学研究所
7	Z-106-2-02	乳腺癌发生发展的表观遗传机制	尚永丰　王　艳　石　磊	北京大学
8	Z-107-2-03	复杂动态网络的同步、控制与识别理论与方法	吕金虎　虞文武　陈关荣	中国科学院数学与系统科学研究院
9	Z-107-2-04	氧化物阻变存储器机理与性能调控	刘　明　刘　琦　管伟华	中国科学院微电子研究所
10	Z-107-2-05	碳基纳米电子器件及集成	彭练矛　张志勇　丁　力	北京大学
11	Z-108-2-01	非金属基超常电磁介质的原理与构筑	周　济　赵　乾　李　勃	清华大学
12	Z-109-2-04	超快激光微纳制造机理、方法及新材料制备的基础研究	姜　澜　曲良体　李　欣	北京理工大学
国家技术发明奖（通用项目）二等奖				
1	F-301-2-03	玉米重要营养品质优良基因发掘与分子育种应用	李建生　严建兵　杨小红	中国农业大学
2	F-303-2-01	重建多期油气复杂成藏过程的关键仪器与方法	刘文汇　金之钧　秦建中	中国石油化工股份有限公司石油勘探开发研究院
3	F-303-2-02	复杂结构井特种钻井液及工业化应用	蒋官澄　孙金声　蒲晓林	中国石油大学（北京）
4	F-305-2-03	木质纤维生物质多级资源化利用关键技术及应用	孙润仓　彭万喜　程少博	北京林业大学
5	F-306-2-02	单晶多空心钛硅分子筛催化新材料及制备关键技术	林　民　舒兴田　史春风	中国石油化工股份有限公司石油化工科学研究院
6	F-30801-2-02	复现高超声速飞行条件激波风洞实验技术	姜宗林　赵　伟　刘云峰	中国科学院力学研究所
7	F-30802-2-03	±800kV 特高压直流输电换流阀关键技术及应用	汤广福　查鲲鹏　邱宇峰	国网智能电网研究院
8	F-30901-2-04	广域宽带协同通信技术与应用	陆建华　朱洪波　陶晓明	清华大学
9	F-30902-2-01	支持服务创新的可扩展路由交换关键技术、系统及产业化应用	徐　恪　尹　霞　甘玉玺	清华大学
10	F-30902-2-02	基于移动位置数据的城市出行信息服务关键技术与应用	吕卫锋　诸彤宇　杜博文	北京航空航天大学

（续表）

序号	编号	项目名称	主要完成人	主要完成单位
国家科学技术进步奖（通用项目）一等奖				
1	J-21701-1-01	北京正负电子对撞机重大改造工程	—	中国科学院高能物理研究所
2	J-234-1-01	IgA肾病中西医结合证治规律与诊疗关键技术的创研及应用	陈香美　蔡广研　王永钧	中国人民解放军总医院
3	J-236-1-01	DTMB系统国际化和产业化的关键技术及应用	杨知行　潘长勇　宋　健	清华大学
4	J-21702-1-01	互联电网动态过程安全防御关键技术及应用	汤　涌　孙华东　易　俊	中国电力科学研究院
创新团队				
1	J-207-1-03	中国农业科学院作物科学研究所小麦种质资源与遗传改良创新团队	刘　旭　何中虎　刘秉华	中国农业科学院作物科学研究所
国家科学技术进步奖（通用项目）二等奖				
1	J-202-2-02	三种特色木本花卉新品种培育与产业升级关键技术	张启翔　李纪元　张方秋	北京林业大学
2	J-203-2-04	中国荷斯坦牛基因组选择分子育种技术体系的建立与应用	张　勤　张　沅　孙东晓	中国农业大学
3	J-203-2-05	节粮优质抗病黄羽肉鸡新品种培育与应用	文　杰　赵桂苹　耿照玉	中国农业科学院北京畜牧兽医研究所
4	J-204-2-01	躲不开的食品添加剂——院士、教授告诉你食品添加剂背后的那些事	孙宝国　曹雁平　赵玉清	—
5	J-206-2-01	中国机械工业集团科技创新工程	—	中国机械工业集团有限公司
6	J-206-2-02	中船集团高端海洋装备科技创新工程	—	中国船舶工业集团公司
7	J-210-2-01	南海北部陆缘深水油气地质理论技术创新与勘探重大突破	朱伟林　谢玉洪　刘再生	中海石油（中国）有限公司
8	J-213-2-01	大型乙烯装置成套工艺技术、关键装备与工业应用	张来勇　罗自坚　杨庆兰	中国寰球工程公司
9	J-213-2-03	阿维菌素的微生物高效合成及其生物制造	张立新　张　庆　暴连群	中国科学院微生物研究所
10	J-215-2-04	电弧炉炼钢复合吹炼技术的研究应用	朱　荣　刘润藻　李　林	北京科技大学
11	J-215-2-05	底吹熔炼-熔融还原-富氧挥发连续炼铅新技术及产业化应用	李东波　陆志方　蒋继穆	中国恩菲工程技术有限公司
12	J-21702-2-01	电网大面积污闪事故防治关键技术及工程应用	宿志一　梁曦东　陈　原	中国电力科学研究院
13	J-21702-2-02	新能源发电调度运行关键技术及应用	王伟胜　刘　纯　薛　峰	中国电力科学研究院
14	J-219-2-02	高动态星敏感器技术与工程应用	张广军　魏新国　江　洁	北京航空航天大学
15	J-220-2-01	新一代立体视觉关键技术及产业化	戴琼海　王好谦　索津莉	清华大学
16	J-221-2-06	高速铁路标准梁桥技术与应用	郑　健　徐升桥　邓运清	中铁工程设计咨询集团有限公司
17	J-222-2-01	高混凝土坝结构安全关键技术研究与实践	贾金生　张国新　周厚贵	中国水利水电科学研究院
18	J-222-2-02	长距离输水工程水力控制理论与关键技术	刘之平　练继建　杨开林	中国水利水电科学研究院
19	J-223-2-02	滨海地区粉细砂路基修筑与长期性能保障技术	凌建明　卢　山　黄少文	中国路桥工程有限责任公司
20	J-231-2-01	城市循环经济发展共性技术开发与应用研究	李金惠　温宗国　金宜英	清华大学
21	J-231-2-04	国家环境质量遥感监测体系研究与业务化应用	王　桥　厉　青　申文明	环境保护部卫星环境应用中心
22	J-25101-2-02	农药高效低风险技术体系创建与应用	郑永权　张宏军　董丰收	中国农业科学院植物保护研究所

（续表）

序号	编号	项目名称	主要完成人	主要完成单位
23	J-25101-2-03	南方低产水稻土改良与地力提升关键技术	周　卫　李双来　杨少海	中国农业科学院农业资源与农业区划研究所
24	J-25201-2-01	国家电子政务协同式空间决策服务关键技术与应用	刘纪平　张福浩　郭庆胜	中国测绘科学研究院
25	J-25201-2-02	航空地球物理勘查技术系统	熊盛青　王　平　陈　斌	中国国土资源航空物探遥感中心
26	J-25201-2-03	国产陆地卫星定量遥感关键技术及应用	顾行发　徐　文　方洪宾	中国科学院遥感与数字地球研究所
27	J-25201-2-05	大别山东段深部探测与找矿突破	董树文　张怀东　蒋其胜	中国地质科学院
28	J-25202-2-01	急倾斜厚煤层走向长壁综放开采关键理论与技术	王家臣　马念杰　赵兵文	中国矿业大学（北京）
29	J-25202-2-04	智能煤矿建设关键技术与示范工程	韩建国　李首滨　杨汉宏	神华集团有限责任公司
30	J-25302-2-03	中国严重创伤救治规范的建立与推广	姜保国　周继红　张　茂	北京大学

注：受篇幅所限，表中主要完成人仅列前 3 名，主要完成单位仅列第一完成单位

资料来源：国家科学技术奖励办公室网站

中关村国家自主创新示范区
获 2016 年度北京市科学技术奖项目一览表

序号	编号	项目名称	主要完成人	主要完成单位
		一等奖		
1	2016 计 -1-001	中国盲文智能处理关键技术与应用	黄河燕　黄　静　史树敏	华建宇通科技（北京）有限责任公司
2	2016 计 -1-002	互联网多模态内容分析与识别关键技术及应用	彭宇新　杨建武　肖建国	北京大学
3	2016 电 -1-001	22 纳米集成电路核心工艺技术及应用	叶甜春　徐秋霞　朱慧珑	中国科学院微电子研究所
4	2016 材 -1-001	先进压水堆核电站核岛关键设备材料技术研究与工程应用	刘正东　张文辉　何西扣	钢铁研究总院
5	2016 环 -1-001	城市工业有机污染场地修复关键技术研究与应用	廖晓勇　阎秀兰　殷晓东	中国科学院地理科学与资源研究所
6	2016 环 -1-002	高效节能环保双套管粉体输送技术的研究与应用	李新生　范力遥　李子甲	北京国电富通科技发展有限责任公司
7	2016 环 -1-003	京津冀地面沉降多元场耦合模型与调控机制研究	宫辉力　张有全　潘　云	首都师范大学
8	2016 能 -1-001	大电网安全自动装置仿真控制关键技术研发及应用	汤　涌　吴国旸　王　毅	中国电力科学研究院
9	2016 能 -1-002	系列规格撬装式天然气液化装置技术开发及应用	吴剑峰　公茂琼　孙兆虎	中国科学院理化技术研究所
10	2016 能 -1-003	电力线路行波保护关键技术及装置开发应用	董新洲　施慎行　王　宾	清华大学
11	2016 能 -1-004	气体钻井中气体介质高效利用与回收新技术与新装备	柳贡慧　李　军　韩烈祥	中国石油大学（北京）
12	2016 制 -1-001	叶片复杂型面精加工六坐标联动数控砂带磨关键技术研究与应用	刘树生　袁秀坤　杨建中	北京胜为弘技数控装备有限公司
13	2016 城 -1-001	500m 口径球面射电望远镜超大空间结构工程创新与实践	南仁东　朱忠义　朱万旭	北京市建筑设计研究院有限公司

（续表）

序号	编号	项目名称	主要完成人	主要完成单位
14	2016 城 -1-002	全热回收的天然气高效清洁供热技术及应用	付 林 隋晓峰 赵玺灵	清华大学
15	2016 交 -1-001	纯电客车直驱 600~2500Nm 电机系统产品关键技术研发与产业化	余 平 蔡 蔚 林 程	精进电动科技（北京）有限公司
16	2016 交 -1-002	乘用车关键技术创新及其在绅宝 D70 系列化车型开发中的应用	贺燕铭 顾 镭 欧 劢	北京汽车股份有限公司
17	2016 交 -1-003	汽车同轴并联混合动力机电耦合系统关键技术及其产业化应用	李 亮 宋 健 李 磊	清华大学
18	2016 农 -1-001	农产品中典型化学污染物精准识别与确证检测关键技术研究及应用	王 静 何方洋 金茂俊	中国农业科学院农业质量标准与检测技术研究所
19	2016 医 -1-004	冠心病外科手术疗效评价体系的建立及应用	郑 哲 胡盛寿 潘湘斌	中国医学科学院阜外医院
20	2016 中 -1-001	六味地黄汤作用原理与物质基础研究	张永祥 乔善义 周文霞	中国人民解放军军事医学科学院毒物药物研究所
21	2016 药 -1-001	哺乳动物细胞大规模灌流培养技术开发及抗体产业化应用	白先宏 林 峰 何丽华	百泰生物药业有限公司
22	2016 基 -1-001	纳米材料绿色打印印刷基础研究	宋延林 李风煜 李明珠	中国科学院化学研究所
23	2016 基 -1-002	原子气体玻色 - 爱因斯坦凝聚及应用	刘伍明 王育竹 纪安春	中国科学院物理研究所
24	2016 基 -1-003	材料弹塑性行为的微观机制研究	韩晓东 张 泽 张跃飞	北京工业大学

序号	编号	项目名称	主要完成人	主要完成单位
二等奖				
1	2016 计 -2-002	大规模地理空间数据云服务关键技术与应用	黎建辉 周园春 王学志	中国科学院计算机网络信息中心
2	2016 计 -2-003	智能高清视频云计算感知系统的研究与应用	晏 峰 张开春 秦绪彬	北京数字智通科技有限公司
3	2016 计 -2-004	智能电网下的火电机组 AGC 及控制系统性能监督提升技术研发与应用	王建东 毕贞福 李 军	北京大学
4	2016 计 -2-005	智能化立体仓库系统关键技术及应用	张仲森 姚长杰 黄改娟	北京信息科技大学
5	2016 计 -2-006	新型环保关键控制技术与大功率高效板式臭氧发生器研发及应用	孙德辉 董 哲 史运涛	北方工业大学
6	2016 计 -2-008	基于组装业务建模的保险行业应用软件参考系统平台研究与应用	左 春 邢 立 谢中阳	中科软科技股份有限公司
7	2016 电 -2-001	高密度三维系统级封装的关键技术研究	万里兮 曹立强 蔡 坚	中国科学院微电子研究所
8	2016 电 -2-002	55 纳米嵌入式 FLASH 工艺及高可靠性电信卡芯片的研制与应用	周建锁 宁先捷 沈安星	北京中电华大电子设计有限责任公司
9	2016 电 -2-003	配套物联网的胶体金免疫分析系统及其在食品检测中的应用	刘清珺 万宇平 张 颖	北京勤邦生物技术有限公司
10	2016 电 -2-004	密集多层混合无线网络组网技术	陶小峰 崔琪楣 许晓东	北京邮电大学
11	2016 电 -2-005	基于惯性导航的卫星移动通信系统及应用	赵书伦 门吉卓 徐 毅	北京航天控制仪器研究所
12	2016 材 -2-001	耐磨耐蚀、高强韧的超细和纳米 WC 基硬质合金的规模化制备与应用	宋晓艳 王海滨 刘雪梅	北京工业大学
13	2016 材 -2-002	MAC 导电陶瓷结构遗传蜕变 MCC 材料及其在高速列车受电弓滑板的应用	翟洪祥 黄振莺 周 洋	北京交通大学
14	2016 环 -2-002	高分辨率遥感智能飞行处理及无人机车载动态定标——应急新技术	赵红颖 孙岩标 晏 磊	北京大学
15	2016 环 -2-003	基于低影响开发的绿色村镇雨污水生态处理与资源化利用技术及应用	袁冬海 李俊奇 张列宇	北京建筑大学
16	2016 环 -2-004	京津冀农林废弃物无害化生产园艺基质研究与应用	刘克锋 何忠伟 赵永志	北京农学院

（续表）

序号	编号	项目名称	主要完成人	主要完成单位
17	2016 能 -2-001	新一代核辐射成像探测技术研究及应用	魏　龙　帅　磊　章志明	中国科学院高能物理研究所
18	2016 能 -2-002	多维度高可靠性电力计量关键技术研究及应用	徐英辉　刘　宣　张蓬鹤	中国电力科学研究院
19	2016 能 -2-003	大规模储能系统集成技术及其在源 - 网 - 荷端典型应用示范	李建林　闫　涛　惠　东	中国电力科学研究院
20	2016 能 -2-004	城市电网自愈控制关键技术、系统开发与应用	盛万兴　宋晓辉　孟晓丽	中国电力科学研究院
21	2016 能 -2-005	陆相沉积油藏地质建模与数值模拟系统研制与应用	吴淑红　任殿星　王　强	中国石油天然气股份有限公司勘探开发研究院
22	2016 能 -2-006	可控并联电抗器关键技术研究及装备研制	邱宇峰　邓占锋　徐桂芝	全球能源互联网研究院
23	2016 能 -2-007	大型火电机组频发次同步振荡机理与抑制关键技术研究及应用	肖湘宁　宋　畅　程时杰	华北电力大学
24	2016 能 -2-008	京津冀智慧城市下智能变电站关键技术及应用	宋璇坤　闫培丽　肖智宏	国网北京经济技术研究院
25	2016 制 -2-001	用于化纤长丝生产的全自动落丝系统研制及规模化应用	王　勇　吴振强　王峰年	北京机械工业自动化研究所
26	2016 制 -2-002	桥式起重机轻量化技术开发与应用	张喜军　孙吉泽　汤秀丽	北京起重运输机械设计研究院
27	2016 制 -2-003	集成电路封装关键装备、部件及核心技术研发与产业化	王志越　王明权　王仲康	北京中电科电子装备有限公司
28	2016 城 -2-001	600 米超高层巨型框架—核心筒结构施工综合技术的研究与应用	周予启　阎培渝　刘　波	中建一局集团建设发展有限公司
29	2016 城 -2-002	城市运行风险监测与评估关键技术研究与应用	翁文国　朱　伟　黄　弘	清华大学
30	2016 城 -2-003	北京地下直径线大直径泥水盾构隧道建造关键技术研究与应用	程学武　张继清　何　峰	北京铁路局
31	2016 交 -2-001	高速铁路自然灾害及异物侵限监测系统关键技术及应用	王　瑞　熊　杰　张翠兵	中国铁道科学研究院电子计算技术研究所
32	2016 交 -2-003	基于一张图的公共安全信息共享技术与应急现场监测装备研究及应用	袁宏永　陈　涛　钟少波	清华大学
33	2016 交 -2-004	面向交通多领域应用的海量个体出行全过程精准感知及优化决策技术	陈艳艳　王东柱　赖见辉	北京工业大学
34	2016 农 -2-001	羔羊生理营养和快速育肥关键技术研究及应用	刁其玉　张乃锋　屠　焰	中国农业科学院饲料研究所
35	2016 农 -2-002	智能植物工厂能效提升与营养品质调控关键技术研究与应用	杨其长　魏灵玲　周增产	中国农业科学院农业环境与可持续发展研究所
36	2016 农 -2-003	乳品产业链质量安全监控关键技术创新集成及应用	陈历俊　姜铁民　郭　刚	北京三元食品股份有限公司
37	2016 农 -2-004	京单 58 等早熟、抗旱系列优良玉米品种的选育与推广	赵久然　王元东　邢锦丰	北京市农林科学院玉米研究中心
38	2016 农 -2-005	禽用系列灭活联苗的研究与应用	姜北宇　章振华　李　林	北京市农林科学院畜牧兽医研究所
39	2016 医 -2-001	原发性头痛机制研究、现况调查及干预对策	于生元　董　钊　刘若卓	中国人民解放军总医院
40	2016 医 -2-002	人感染 H7N9 禽流感流行病学关键参数和防控措施评价研究	余宏杰　冯录召　廖巧红	中国疾病预防控制中心
41	2016 医 -2-003	急性传染病预警技术体系的建立与应用	杨维中　李中杰　王劲峰	中国疾病预防控制中心
42	2016 医 -2-006	组蛋白修饰酶类参与肿瘤细胞氧化应激的机制研究	朱卫国　赵　颖　王丽娜	北京大学
43	2016 药 -2-001	新型手足口病疫苗质量控制和评价关键技术的建立与应用	王军志　梁争论　毛群颖	中国食品药品检定研究院
44	2016 药 -2-002	高次非球面人工晶体关键技术、系统与临床应用	解江冰　王　曌　隋信策	爱博诺德（北京）医疗科技有限公司

（续表）

序号	编号	项目名称	主要完成人	主要完成单位
45	2016 基 -2-001	多细胞生物细胞自噬的分子机制和调控机理的研究	张　宏　赵　燕　张玉霞	中国科学院生物物理研究所
46	2016 基 -2-002	果实成熟衰老与品质保持的分子机制	田世平　秦国政　李博强	中国科学院植物研究所
47	2016 基 -2-003	《现代蔬菜病虫鉴别与防治手册》（全彩版）	郑建秋	北京市植物保护站
48	2016 基 -2-004	新型有机半导体材料的合成与性能研究	裴　坚　王婕妤　雷　霆	北京大学
49	2016 基 -2-005	基于金纳米颗粒的分析与检测	蒋兴宇　刘定斌　鲜于运雷	国家纳米科学中心

注：受篇幅所限，表中主要完成人仅列前 3 名，主要完成单位仅列第一完成单位
资料来源：北京市科学技术奖励工作办公室网站

中关村国家自主创新示范区
获 2016 年中国标准创新贡献奖项目一览表

序号	标准项目名称	主要完成人	主要完成单位
	一等奖		
1	GB/T 19963—2011 风电场接入电力系统技术规定、GB/T 19964—2012 光伏发电站接入电力系统技术规定等 24 项标准	王伟胜　赵海翔　刘　纯	中国电力科学研究院
2	GB 50608—2010 纤维增强复合材料建设工程应用技术规范、CECS 146：2003 碳纤维片材加固混凝土结构技术规程等 12 项标准	岳清瑞　杨勇新　李　荣	中冶建筑研究总院有限公司
3	GB/T 27919—2011 IMU/GPS 辅助航空摄影技术规范、GB/T 27920.1—2011 数字航空摄影规范第 1 部分：框幅式数字航空摄影等 8 项标准	李英成　张　坤　薛艳丽	中测新图（北京）遥感技术有限责任公司
	二等奖		
1	GB/T 29042—2012 汽车轮胎滚动阻力限值	王克先　徐丽红　张建军	北京橡胶工业研究设计院
2	ISO/TS 11937：2012 纳米技术 - 纳米二氧化钛粉体 - 表征与测量、ISO/TS 11931：2012 纳米技术 - 纳米碳酸钙粉体 - 表征与测量等 7 项标准	邹明强　王丽敏　戴石锋	中国检验检疫科学研究院
3	GB/T 23331—2012 能源管理体系要求、GB/T 29456—2012 能源管理体系实施指南	王　赓　李爱仙　李　燕	中国标准化研究院
4	CSA 016—2013 LED 照明应用接口要求：自散热、控制装置分离式 LED 模组的路灯 / 隧道灯	阮　军　周　详　高　伟	半导体照明联合创新国家重点实验室
	三等奖		
1	GJB 50A—2011 军事作业噪声容许限值及测量	牛聪敏　高　慧　刘　钢	航天员科研训练中心
2	GJB 8114—2013 C/C++ 语言编程安全子集	宋晓秋　潘　华　段锐宁	中国航天科工集团第二研究院 706 所
3	GB 1103.1—2012 棉花第 1 部分：锯齿加工细绒棉	徐水波　杨照良　熊宗伟	中国纤维检验局
4	JT/T 794—2011 道路运输车辆卫星定位系统车载终端技术要求、JT/T 796—2011 道路运输车辆卫星定位系统平台技术要求等 4 项标准	周　炜　刘　建　董　轩	交通运输部公路科学研究院
5	ISO 16781：2013 空间系统 - 控制系统仿真要求	王晓东　柳嘉润　田海涛	北京航天自动控制研究所

（续表）

序号	标准项目名称	主要完成人	主要完成单位
6	YD/T 2571—2013 TD-LTE 数字蜂窝移动通信网基站设备技术要求（第一阶段）、YD/T 2570—2013 LTE 数字蜂窝移动通信网无线接入网总体技术要求等 37 项标准	徐霞艳　徐　菲　苏　洁	中国信息通信研究院
7	SJ/T 11459.2.2.2—2013 液晶显示器件第 2-2-2 部分：显示器用彩色矩阵液晶显示模块详细规范、SJ/T 11459.2.2.3—2013 液晶显示器件第 2-2-3 部分：便携式计算机用彩色矩阵液晶显示模块详细规范等 3 项系列标准	张志刚　徐文艳　李新国	京东方科技集团股份有限公司
8	GB/T 22760—2008 消费品安全风险评估通则、GB/T 28803—2012 消费品安全风险管理导则	刘　霞　汤万金　富　锐	中国标准化研究院
9	GB/T 29467—2012 企业质量诚信管理实施规范	周　莉　叶如意　咸奎桐	中国标准化研究院

注：受篇幅所限，表中主要完成人仅列前 3 名，主要完成单位仅列第一完成单位
资料来源：国家标准化管理委员会网站

中关村国家自主创新示范区获第十八届中国专利奖项目一览表

序号	专利号	专利名称	发明人	专利权人
		专利金奖		
1	ZL200910087474.3	裂缝储层含油气饱和度定量计算方法	李　宁　王克文　乔德新	中国石油天然气股份有限公司
2	ZL201110127890.9	无模铸造成形机	单忠德　刘　丰　刘丽敏	机械科学研究总院先进制造技术研究中心
3	ZL201210543834.8	多约束多航天器飞行间距预示及碰撞规避方法	杨　慧　马　利　周　静	北京空间飞行器总体设计部
		外观设计金奖		
1	ZL201330033017.3	笔记本电脑（U430s）	甘俊杰	联想（北京）有限公司
		专利优秀奖		
1	ZL02148931.9	一水硬铝石型铝土矿的溶出方法	顾松青　尹中林　樊大林	中国铝业股份有限公司
2	ZL200410009433.X	高纯度蛇毒纤溶酶的制备方法及其药物制剂	马　骉　魏化伟　宋梦薇	北京赛升药业股份有限公司
3	ZL200410009918.9	对鳞翅目昆虫高毒力的 Bt cry1Ah 基因及其表达产物	张　杰　宋福平　黄大昉	中国农业科学院植物保护研究所
4	ZL200510080028.1	一种碳五加氢石油树脂的制备方法	曹耀强　许翠红　王福善	中国石油天然气集团公司
5	ZL200610003437.6	采用冲击弹性波测量护栏钢管立柱埋深的检测设备及检测方法	吴佳晔　张高强　吴曾炜	交通部公路科学研究院
6	ZL200610086577.4	基于互联网信息的输入法词频库的生成方法和系统	佟子健　郭　奇	北京搜狗科技发展有限公司
7	ZL200610103455.1	马来酸桂哌齐特改进的制备方法	王雪松　车冯升	北京四环制药有限公司
8	ZL200710065064.X	一种评价网络资源价值的方法及其在搜索引擎领域的应用	李　钊　周鸿祎　刘旭平	北京奇虎科技有限公司
9	ZL200710098880.0	宽带信道测量的方法及系统	张建华　张　平　高新颖	北京星河亮点技术股份有限公司
10	ZL200710178297.0	可旋转液压机械双作用膨胀式尾管悬挂器	任荣权　王　辉　张燕萍	中国石油天然气集团公司

（续表）

序号	专利号	专利名称	发明人	专利权人
11	ZL200810104584.1	一种产生视频大纲的方法和系统	陈益强　黄　强　纪　雯	中国科学院计算技术研究所
12	ZL200810105434.2	一种配置上行探测参考信号的方法和装置	潘学明　索士强　丁　昱	电信科学技术研究院
13	ZL200810111000.3	液体自校准型直线容积式灌装机	徐志刚　冯　巍	北京强度环境研究所
14	ZL200810113342.9	一种酸性木聚糖酶XYL10A及其基因和应用	姚　斌　罗会颖　杨培龙	中国农业科学院饲料研究所
15	ZL200810116735.5	离子迁移谱仪	李元景　张清军　彭　华	同方威视技术股份有限公司
16	ZL200810119911.0	一种乙烯装置碱洗塔黄油抑制剂及其使用方法	刘宽胜　王秀芬　王彦斌	北京斯伯乐科学技术研究院
17	ZL200810239733.5	一种腐植酸复合缓释肥料及其生产方法	赵秉强　李燕婷　林治安	中国农业科学院农业资源与农业区划研究所
18	ZL200910063481.X	油菜含油量性状主效基因位点及应用	王汉中　华　玮　刘　静	中国农业科学院油料作物研究所
19	ZL200910087034.8	可用于钢板表面施工的水泥基阻尼耐磨材料	任恩平　王　强　邹　新	中冶建筑研究总院有限公司
20	ZL200910147915.4	一种光电倍增管	王贻芳　钱　森　赵天池	中国科学院高能物理研究所
21	ZL200910223439.X	一种预解码高清播放器及播放方法	杨永强　李　茗　祝晓光	乐视网信息技术（北京）股份有限公司
22	ZL200910237208.4	从含镍钴矿石生产镍钴的工艺	傅建国　刘　诚　李少龙	中国恩菲工程技术有限公司
23	ZL200910242417.8	一种高速铁路及城市轨道交通轨道结构试验模拟系统	高　亮　肖　宏　蔡小培	北京交通大学
24	ZL201010100915.1	一种发动机热测试液	沈一飞　白剑利　王双田	北京蓝星清洗有限公司
25	ZL201010156379.7	玻璃基芯片型液晶显示器	冷长林	北京京东方光电科技有限公司
26	ZL201010158299.5	一种移动数据业务端到端质量分析方法及系统	吴林英	北京神州泰岳软件股份有限公司
27	ZL201010174767.8	一种降低汽油中硫和烯烃含量的生产方法	兰　玲　邢颖春　鞠雅娜	中国石油天然气股份有限公司
28	ZL201010194555.6	无氰全湿成套工艺绿色回收废旧电路板的方法	张深根　李　彬　潘德安	北京科技大学
29	ZL201010239538.X	一种方扁材生产线喷射冷却系统	边新孝　朱冬梅　刘国勇	北京科技大学
30	ZL201010281997.4	一种单片型双极性膜的制造方法	葛道才	北京廷润膜技术开发有限公司
31	ZL201010527457.X	含碳或氧同位素化合物、制备方法、应用以及组合物	曾　骏　孙启银	北京大基康明医疗设备有限公司
32	ZL201010527864.0	基于克希霍夫积分法的绕射波场分离方法	孙赞东　刘立峰　田　军	中国石油大学（北京）
33	ZL201010539578.6	一种脱烯烃催化剂的制备方法	于海斌　吴　青　邢淑建	中国海洋石油总公司
34	ZL201010554295.9	物理上行控制信道的功率控制方法及设备	高雪娟　沈祖康　潘学明	大唐移动通信设备有限公司
35	ZL201010598161.7	一种有机物污染土壤滚筒式逆向热脱附系统	蒋建国　殷晓东　高国龙	清华大学
36	ZL201010618185.4	非固化沥青胶	田凤兰　段文锋　栾　斌	北京东方雨虹防水技术股份有限公司
37	ZL201080000551.8	碳酸氢镁或/和碳酸氢钙水溶液在金属萃取分离提纯过程中的应用	黄小卫　龙志奇　彭新林	有研稀土新材料股份有限公司
38	ZL201110078197.7	业务系统可用性评估方法及系统	宋立华	北京星网锐捷网络技术有限公司
39	ZL201110083643.3	一种熔融钢渣余热有压热闷处理方法	钱　雷　范永平　杨景玲	中冶建筑研究总院有限公司
40	ZL201110124858.5	一种硫铝酸盐水泥复掺混合材固化放射性废树脂的方法	王建龙　孙奇娜　李俊峰	清华大学

（续表）

序号	专利号	专利名称	发明人	专利权人
41	ZL201110171871.6	一种带有铁环结构的开放式核磁共振磁体系统	王秋良　王　晖　胡新宁	中国科学院电工研究所
42	ZL201110173596.1	一种烧结烟气脱除二氧化硫和二噁英的装置及方法	朱廷钰　叶　猛　徐文青	中国科学院过程工程研究所
43	ZL201110321237.6	一种高速铁路无砟轨道自充填混凝土专用改性剂	李化建　谭盐宾　易忠来	中国铁道科学研究院铁道建筑研究所
44	ZL201110370024.2	一种抖动测量装置	林德福　王　伟　王　江	北京理工大学
45	ZL201110447750.X	一种用于 GSM-R 系统中的数据分析装置和方法	田秀华　熊道权　严小生	北京世纪东方国铁科技股份有限公司
46	ZL201210004225.5	一种超硬刀具电火花加工装置及操作方法	何　平　叶佩青　方晨曦	清华大学
47	ZL201210026066.9	一种基于大气中性点的偏振遥感地 - 气信息分离方法	晏　磊　吴太夏　陈　伟	北京大学
48	ZL201210048453.2	一种适用于高层和超高层建筑火灾扑救的消防装置	邱旭阳　申　研　韩书永	北京机械设备研究所
49	ZL201210050881.9	一种 NAS 算法的传输方法及装置	吴鹏程	大唐移动通信设备有限公司
50	ZL201210185868.4	一种并联式制动能量回收系统及其控制方法	张兆龙　张青平　魏跃远	北京新能源汽车股份有限公司
51	ZL201210212549.8	一种金属粉末制备装置及方法	张少明　徐　骏　胡　强	北京有色金属研究总院
52	ZL201210238553.1	基于变形敏感的软级联模型的视频拷贝检测方法及系统	田永鸿　姜梦林　黄铁军	北京大学
53	ZL201210270607.2	一种大幅面 UV 烫印膜及其制备方法、烫金方法	褚庭亮　汤文杰　俞朝晖	中国印刷科学技术研究所
54	ZL201210271915.7	重叠指纹图像的分离方法	郑逢德　杨春宇　刘晓春	北京海鑫科金高科技股份有限公司
55	ZL201210274306.7	防爆透析式循环清洗的清洗罐和清洗装置	王学彬　高文冲	北京全盛虎安防爆科技有限责任公司
56	ZL201210287259.X	基于合作博弈理论的安全和经济协调的自动电压控制方法	孙宏斌　郭庆来　张　明	清华大学
57	ZL201210366241.9	一种 0~6 月龄犊牛用的复合微生物酶制剂及含其代乳品	屠　焰　刁其玉　姜成钢	中国农业科学院饲料研究所
58	ZL201210592693.9 X	射线脉冲星导航地面试验系统	贝晓敏　徐立宏　帅　平	中国空间技术研究院
59	ZL201310001976.6	二氧化碳开采器	霍中刚　温　良　倪　昊	煤炭科学技术研究院有限公司
60	ZL201310013394.X	一种高压直流宽频域电晕电流测量系统	陆家榆　袁海文　刘元庆	中国电力科学研究院
61	ZL201310051688.1	改性 HZSM-5 分子筛催化剂的制备方法及该催化剂	姚　敏　刘万州　王　峰	神华集团有限责任公司
62	ZL201310057598.3	一种反向传播神经网络 DNN 的训练系统	欧阳剑	百度在线网络技术（北京）有限公司
63	ZL201310065436.4	一种尾矿库干滩长度的测量方法及测量系统	杨小聪　张　达　袁子清	北京矿冶研究总院
64	ZL201310108724.3	一种航天星载软件自动测试系统	王振华　张国峰　陈朝晖	北京控制工程研究所
65	ZL201310116072.8	防撞梁及汽车	刘　利　朱德霞	北京汽车股份有限公司
66	ZL201310146614.6	起重机复合运动控制方法	李海波　饶京川　宋志国	交通运输部水运科学研究所
67	ZL201310359012.9	一种制作虚拟试衣模特图像的方法和装置	赵　刚	北京京东尚科信息技术有限公司
68	ZL201310367372.3	一种基于相控圆弧阵的声波测井方位接收方法及装置	车小花　乔文孝　鞠晓东	中国石油大学（北京）

（续表）

序号	专利号	专利名称	发明人	专利权人
69	ZL201310573353.6	一种供电系统	郭乃嘉　贺见紫	京东方科技集团股份有限公司
70	ZL201310690827.5	一种新型聚酰胺反渗透膜的制备方法	陈亦力　夏建中　文剑平	北京碧水源膜科技有限公司
71	ZL201310728829.9	制备电石的方法	吴道洪　张佼阳　丁　力	神雾环保技术股份有限公司
72	ZL201310736951.0	接触网悬挂状态监测系统	赵俊彦　任崇巍　谭韧斯	北京京天威科技发展有限公司
73	ZL201310751755.0	利用 CRISPR/Cas9 系统构建真核基因敲除文库的方法	魏文胜　周悦欣　朱诗优	北京大学
74	ZL201410082166.2	一种多指标检测的微流控芯片	王　磊　张国豪　周鑫颖	博奥生物集团有限公司
75	ZL201410083219.2	一种无损测定食品中重金属镉的快速分析仪及分析方法	陈永彦　刘明博　廖学亮	钢研纳克检测技术有限公司
76	ZL201410089776.5	微纳米气泡加氧滴灌系统及方法	李云开　刘秀娟　王克远	中国农业大学
77	ZL201420154908.3	一种用于城市集中供热的铜厂低品位余热回收系统	夏建军　方　豪　宿颖波	清华大学
78	ZL201420681387.7	一种非线性节点探测器	范　蓓　陈飞龙　任丽红	公安部第一研究所
79	ZL201520231392.2	具有单向导湿速干功能的保暖针织面料	蔡智怡　陈百顺　何泽寿	北京探路者户外用品股份有限公司

注：受篇幅所限，表中发明人仅列前 3 名，专利权人仅列第一完成单位
资料来源：国家知识产权局网站

中关村国家自主创新示范区获第四届北京市发明专利奖项目一览表

序号	专利号	专利名称	发明人	专利权人
		特等奖		
1	ZL200910083284.4	签名方法、设备及系统	陆　舟　于华章	飞天诚信科技股份有限公司
		一等奖		
1	ZL201310573353.6	一种供电系统	郭乃嘉　贺见紫	京东方科技集团股份有限公司
2	ZL201010569722.0	一种上报信道状态的方法及装置	苏　昕　高秋彬　拉盖施	大唐移动通信设备有限公司
3	ZL200910089068.0	电动汽车车载充电保护装置、充电保护方法及车辆	邓小明　李德伟　郭齐杰	北汽福田汽车股份有限公司
4	ZL200910088002.X	一种汽爆秸秆木糖发酵丙酮丁醇及提取剩余物的方法	陈洪章　王　岚	北京中科百瑞能工程技术有限责任公司
5	ZL201110034020.7	一种加氢处理催化剂及其应用	曲良龙　陈晓林　陈士博	北京安耐吉能源工程技术有限公司
		二等奖		
1	ZL200710003041.6	一种工业以太网快速冗余的实现方法	马化一　陈凡民　薛百华	北京东土科技股份有限公司
2	ZL200810104584.1	一种产生视频大纲的方法和系统	陈益强　黄　强　纪　雯	中国科学院计算技术研究所
3	ZL200910083197.9	探测参考信号发送功率配置方法、网络侧设备及 UE	高秋彬　沈祖康　缪德山	电信科学技术研究院
4	ZL200610126709.1	一种屏幕可旋转的便携式电子设备	夏小松　辛志峰	联想（北京）有限公司
5	ZL200710178667.0	汽轮发电机组轴系机械疲劳的测量方法	梁新艳　焦邵华　李元盛	北京四方继保自动化股份有限公司

（续表）

序号	专利号	专利名称	发明人	专利权人
6	ZL200910225252.3	超临界空气储能系统	陈海生　谭春青　刘　佳	中国科学院工程热物理研究所
7	ZL201010226138.5	一种双层烧结金属粉末滤芯的制备方法	王　凡　杨军军　高春阳	安泰科技股份有限公司
8	ZL201310314196.7	一种激发荧光实时成像系统及方法	田　捷　叶津佐　迟崇巍	中国科学院自动化研究所
9	ZL201110083643.3	一种熔融钢渣余热有压热闷处理方法	钱　雷　范永平　杨景玲	中冶建筑研究总院有限公司
10	ZL201010194555.6	无氰全湿成套工艺绿色回收废旧电路板的方法	张深根　李　彬　潘德安	北京科技大学
三等奖				
1	ZL201110460494.8	一种分布式键－值查询方法和查询引擎系统	杨　康　谢　冉	北京奇虎科技有限公司
2	ZL201110268069.9	一种特高压直流电晕电流取样电阻传感器	陆家榆　袁海文　刘颖异	中国电力科学研究院
3	ZL200910089897.9	一种 X 射线荧光激发检测装置	周俊武　赵建军　徐　宁	北京矿冶研究总院
4	ZL201210264423.5	一种控制方法和装置	王恩东　胡雷钧　李仁刚	浪潮（北京）电子信息产业有限公司
5	ZL200910093009.0	扫描笔	刘迎建　向国威　王　杰	汉王科技股份有限公司
6	ZL201010109271.2	数字集群通信系统中的集群业务实现方法和集群用户终端	张瀚峰　李瑞林　赵顾良	普天信息技术研究院有限公司
7	ZL201110109136.2	一种偏置漂移主动纠正系统、方法及引线键合机	于丽娜　王双全	北京中电科电子装备有限公司
8	ZL201210051701.9	一种在线检测热镀锌板表面锌花尺寸的方法	蒋光锐　王　洋　邝　霜	首钢总公司
9	ZL201110321932.2	一种准分子激光器用贯流风机叶轮	丁金滨　刘　斌　陈进新	中国科学院光电研究院
10	ZL201210212549.8	一种金属粉末制备装置及方法	张少明　徐　骏　胡　强	北京康普锡威科技有限公司
11	ZL200810115058.5	超微细键合金丝规模化生产方法	刘家强　杨顺兴　苏宏福	北京达博有色金属焊料有限责任公司
12	ZL201010527681.9	一种磁珠与发光体共标记以检测遗传性耳聋的试剂盒	高华方　项光新　蒋　迪	博奥生物集团有限公司
13	ZL200610168125.0	药物洗脱器械用纳米级孔洞药物释放结构及其制备方法	张昱昕	乐普（北京）医疗器械股份有限公司
14	ZL201010618185.4	非固化沥青胶	田凤兰　段文锋　栾　斌	北京东方雨虹防水技术股份有限公司
15	ZL201080000551.8	碳酸氢镁或/和碳酸氢钙水溶液在金属萃取分离提纯过程中的应用	黄小卫　龙志奇　彭新林	有研稀土新材料股份有限公司
16	ZL201110110470.X	利用吸收式热泵回收烟气余热的集中供热系统	付　林　孙　健　张世钢	清华大学
17	ZL200710100357.7	高热值燃料蓄热式冷凝节能锅炉	吴道洪　胡　韬　王正华	北京神雾环境能源科技集团股份有限公司
18	ZL200410062705.2	具有活化流体燃料分子及助燃功能的陶瓷材料及其用途	梁金生　梁广川　郑淑芬	北京联飞翔科技股份有限公司
19	ZL201210160504.0	一种增强型中空纤维膜的生产方法及装置	陈亦力　彭兴铮　李锁定	北京碧水源膜科技有限公司

注：受篇幅所限，表中发明人仅列前 3 名，专利权人仅列第一完成单位
资料来源：北京市知识产权局网站

附　录

Appendix

本栏目以表格形式记载中关村国家自主创新示范区十六园管理机构、社会组织、大学科技园、孵化器；中关村示范区区域内的国家级实验室、企业技术中心、工程研究中心和工程技术研究中心；北京地区中国科学院院士、中国工程院院士；中关村示范区企业获得的中国驰名商标等。

中关村国家自主创新示范区十六园管理机构一览表

序号	名称	地址	邮编	电话 传真	电子邮箱	网址
1	海淀园管委会	海淀区四季青路 6 号海淀招商大厦 5 ~ 7 层	100089	88498507 88494199	kfzx-qy@zhongguancun.com.cn	www.zhongguancun.com.cn
2	昌平园管委会	昌平区超前路 9 号	102200	69744527 69745549	cpygwh@bjchp.gov.cn	www.zgc-cp.gov.cn
3	顺义园管委会	顺义区白马路高丽营段 9 号	101302	69491012 69497510	zgc_syy@163.com	www.zgcsyy.gov.cn
4	大兴—亦庄园管委会	大兴区兴丰大街三段 138 号	102600	89292031 89292013	zgcdxytcb@126.com	www.zgcdy. gov.cn
5	房山园管委会	房山区长阳镇昊天北大街 38 号 CSD 商务广场 B 座	102445	81312882 81312882	yuanquban2006@126.com	—
6	通州园管委会	通州区新华南路 190 号主楼二楼东侧	101100	61567995 61567995	yuanquguanweihui@126.com	kjyq.bjtzh.gov.cn
7	东城园管委会	东城区藏经馆胡同 11 号 77 文创园 1 层	100007	59260100 59260100-0800	yongheyuan0927@sina.com.cn	www.bjdch.gov.cn
8	西城园管委会	西城区阜成门外大街 31 号天恒置业大厦 3 层	100031	66205328 66205328	zgcxckjy@126.com	www.zgc-ds.gov.cn
9	朝阳园管委会	朝阳区酒仙桥路甲 12 号电子城科技大厦 15 层	100015	64311811 64317300	64317300@163.com	www.zgccyy.gov.cn
10	丰台园管委会	丰台区外环西路 8 号	100070	63702020 63702051	weill@zgc-ft.gov.cn	www.zgc-ft.gov.cn
11	石景山园管委会	石景山区实兴大街 30 号院 17 号楼	100041	68863659 88910825	sjskw@263.net.cn	www.zgc-sjs.gov.cn
12	门头沟园管委会	门头沟区永安路 20 号	102308	69803404 69803404	bj2172@sina.com	slkfq.bjmtg.gov.cn
13	平谷园管委会	平谷区府前西街 17 号社会服务中心 15 层	101200	69985420 69988495	zgcpgy@163.com	—
14	怀柔园管委会	怀柔区杨雁路 888 号	101407	61667108 61667431-0	kaifq@yda.gov.cn	www.yda.gov.cn
15	密云园管委会	密云区兴盛南路 8 号	101500	69044661 89099929	69044661@163.com	www.bmida.gov.cn
16	延庆园管委会	延庆区康庄镇紫光东路 1 号	102101	61166802 61164935	535473490@qq.com	www.zgc-yq.gov.cn

资料来源：中关村科技园区管理委员会

中关村国家自主创新示范区协会一览表

序号	名称	成立时间（年）	地址	邮编	网址 电子邮箱	电话 传真
1	中关村社会组织联合会	2003	海淀区花园路2号牡丹创业楼416室	100191	www.zgcshzz.org.cn flo@zgcngo.org	82237601 82237601-604
2	中关村泰诚民营经济产业发展研究所	2013	海淀区上地西路28号时代集团大厦B座2402室	100085	qyjgwh@163.com	62960696 62960696
3	中关村民营科技企业家协会	1987	海淀区信息路7号数字传媒大厦605室	100085	www.ztea.org hanyy@ztea.org	62960213 62960965
4	北京中关村高新技术企业协会	1991	海淀区四季青路8号郦城工作区611室	100195	www.gaoqixie.org gaoqixie-11@vip.163.com	68945496 68948951-608
5	北京中关村不动产商会	2002	海淀区花园路2号牡丹创业楼501A	100191	www.zgcestate.org zgcestate@vip.163.com	82237603 82237604
6	中关村企业信用促进会	2003	海淀区中关村南大街乙12号天作国际中心A座	100080	www.ecpa.org.cn zgcxch@yahoo.com.cn	82168927 82886657
7	中关村电子商会	2003	海淀区茶棚路2号	100091	mishuchu@bjzecc.org qibo@bjzecc.org	13910869601 13501277999
8	北京电信技术发展产业协会	2002	海淀区花园东路10号高德大厦301室	100191	www.tdia.cn liujunjie@tdia.cn	82036611 82038611
9	中关村上市公司协会	2012	海淀区清华科技园科技大厦C座	100084	www.zlca.org zlca@zlca.org	82483498 82483364
10	北京软件和信息服务业协会	1986	海淀区海淀南路甲21号中关村知识产权大厦A座206室	100080	www.bsia.org.cn bsia@bsia.org.cn	82358771 82358691
11	北京中关村外商投资企业协会	1990	海淀区四季青路7号永泰郦城果岭1号楼1-801室	100195	www.zgcafe.org zgcafe@163.com	88498441 88498441-22
12	北京电子商会	1993	海淀区花园北路14号环星大厦C座	100191	www.becc.org.cn yanjun@becc.org.cn	63182387 63021895
13	北京项目管理协会	2008	海淀区学院南路39号中财大厦3002室	100081	www.bpma-china.org bpma_china@163.com	62104230 62289962
14	北京中关村优联网产业促进会	2006	朝阳区北辰东路8号北京国际会议中心东配楼2层	100101	www.zuia.org.cn wulianwang@gei.com.cn	82000975-500
15	北京数字内容产业协会	2010	海淀区牡丹园北甲2号市政投资商务楼3层302室	100191	www.zgcdcia.org.cn zy@zgcdcia.org.cn	62342036 62342036-804
16	中关村人才协会	2000	海淀区苏州街甲49号606室	100080	www.zitpa.org zitpa@zitpa.org	62563533 62563533
17	北京市闪联信息产业协会	2005	海淀区东北旺西路58号院东侧1号楼	100094	www.igrs.org dufei@igrslab.com	59610166 59610169
18	中关村股权投资协会	2012	海淀区东北旺西路8号中关村软件园4号楼D座113室	100193	www.zvca.org zvca@zvca.org	53692796 59733465
19	北京知识产权保护协会	2006	海淀区海淀南路甲21号中关村知识产权大厦A座3层	100080	www.bippa.org bippa@126.com	82610919 82610151
20	北京市海淀区中关村科技中介服务机构协会	2007	海淀区中关村南大街3号海淀科技大厦11层	100081	www.kjzj.org.cn kjzjxh@126.com	68948361 68915238
21	中关村光电产业协会	2011	海淀区花园路3号院主楼409室	100191	www.zgcgd.org zgcgdcyxh@163.com	82028905 82028903
22	中关村资本市场研究会	2012	海淀区中关村东路1号清华科技园科技大厦C座301室	100084	www.zgcscm.org alfred_xu@126.com	56181425 84897121

（续表）

序号	名称	成立时间（年）	地址	邮编	网址 电子邮箱	电话 传真
23	中关村宽带无线专网应用产业协会	2007	海淀区西直门北大街60号首钢国际大厦	100082	www.bwpforum.org info@bwpforum.org	58810398 58810089
24	中关村创业投资和股权投资基金协会	2008	海淀区中关村南大街3号海淀科技大厦11层	100081	www.zvcpe.org zvcpe@zvcpe.org	57039638 82656666-666
25	北京电子电器协会	1991	朝阳区潘家园东里21号	100021	www.dzdqxh.org bjeea128@sina.com	66158248 66158248
26	北京中关村人力资源经理协会	2002	西城区裕民中路8号北办公楼6层613室	100029	hr_zgc@163.com	62022303 62022125
27	中关村自主品牌创新发展协会	2006	海淀区学院路35号世宁大厦4层401室	100191	www.zpa.org.cn info@zba.org.cn	82500018 4008266163-03532
28	北京高校毕业生就业促进会	2006	海淀区增光路45号院东门	100048	www.bjbys.net.cn 526job@163.com	68988992 68988996
29	北京信息化协会	2003	海淀区海淀南路甲21号中关村知识产权大厦A座201室	100080	www.bjit.org.cn heweiyu@bjit.org.cn	61136399 61136398
30	北京科技咨询业协会	1994	朝阳区广顺北大街5号融创动力产业园B119室	100102	bjca@bjpc.org.cn	58952681 58952686
31	北京发明协会	1985	海淀区苏州街甲49号1层101室	100080	www.bj-fm.com bj-fm@vip.163.com	68356829 68337026
32	北京市海淀区高层次人才发展促进会	2012	海淀区海淀大街3号鼎好电子大厦A座8层807室	100080	www.hdgch.zgcrc.org hdgch@zgcrc.com.cn	88506177 88506198
33	北京市海淀区文化创意产业协会	2008	海淀区万寿路西街甲7号	100195	hd_chuangyi@163.om	88493560-807 88493560-804
34	中关村虚拟现实产业协会	2011	海淀区花园路2号牡丹创业楼209A	100191	www.cnvr.org.cn zgcvria@sina.com	82237526 82237526
35	北京创新学会	2001	朝阳区北四环东路108号千鹤家园1号楼2404室	100029	beijingcxxh@126.com	58859701 58898908
36	北京创业投资协会	1999	海淀区海淀大街3号鼎好大厦A座20层	100080	www.vcab.org piblicvcab@126.com	62572150 62572151
37	北京市科技金融促进会	1995	朝阳区安翔北里11号北京创业大厦A座217室	100101	www.bjtf.cn bjtf_2007@126.com	64853151 64858451
38	北京中关村国际孵化软件协会	2004	海淀区学院路35号世宁大厦407室	100191	www.zsoft.cn zsoft@zsoft.cn	82318300 82337088
39	北京市朝阳区高新技术企业协会	2008	朝阳区酒仙桥路甲12号电子科技大厦908室	100015	gqx@zgc-dzc.gov.cn	64310293 64317300
40	中关村海外人才创业园协会	2009	海淀区东北旺西路8号中关村软件园2号楼B座2245室	100193	www.zppa.org.cn zgc_zppa@163.com	82825033 62288385
41	中国民营科技促进会	1995	西城区三里河路54号	100045	www.cappse.org.cn cappse@cappse.org.cn	68598348 68573743
42	北京企业投资协会	1993	朝阳区东四环中路41号嘉泰国际大厦B座306室	100120	www.bjeia.org qytzxh@163.com	65836301 65836301
43	北京创业孵育协会	2000	朝阳区安翔北里11号创业大厦A座	100101	www.bjventure.com.cn bbia2000@126.com	64843991 64843992
44	北京技术市场协会	1992	西城区西直门南大街16号	100035	www.cbtma.org.cn congwei001@126.com	66161862 66161862
45	北京设备管理协会	1983	东城区美术馆后街60号	100010	1175000310@qq.com	82120140 64016341
46	中国科技金融促进会	1992	海淀区玉渊潭南路8号	100038	www.cstf.org.cn zhmkjb@163.com	68530171 68530170

（续表）

序号	名称	成立时间（年）	地址	邮编	网址 电子邮箱	电话 传真
47	北京中关村生物工程和新医药企业协会	2000	海淀区马连洼北路151号院内	100094	dongshuai@newlife.org.cn	62896868-835 62899978
48	北京中关村科技园区昌平园高新技术企业协会	2002	昌平区超前路9号	102200	www.zgc-cp.gov.cn vpyzifw@126.com	80113651 89719107
49	首都知识产权服务业协会	2007	海淀区知春路23号量子银座301室	100191	www.capitalip.org cipsa@vip.126.com	51530062 51530137
50	中国软件行业协会系统与软件过程改进分会	2006	海淀区中关村软件园华夏科技大厦226室	100193	www.spichina.org.cn spichina@spichina.org.cn	62970611 62970611-8805
51	北京中关村高新技术企业协会数字娱乐传媒分会	2005	海淀区农大南路88号万霖大厦	100084	www.egu360.com lixul@sina.com	82666722
52	北京通信信息协会	1992	海淀区西土城路10号北京邮电大学鸿通楼5层	100876	www.bita.org.cn bita@bita.org.cn	62282029 62283381-8016
53	北京市专利代理人协会	2013	海淀区知春路23号量子银座301室	100083	www.bjpaa.org bjipaa@126.com	51530063 51530137
54	中国光学光电子行业协会液晶分会	1996	朝阳区酒仙桥路10号	100015	www.coda.org.cn lcb.coema@gmail.com	64318888-6095 64363965-5111
55	中关村工业设计产业协会	2010	海淀区海淀北二街8号PE大厦619室	100080	www.zida.org.cn zgcida@163.com	59718368 62699862
56	北京标准化协会	1982	东城区和平里东街20号2号楼218室	100013	bzxiehui@sina.com	84255247 64210795
57	北京市民间组织国际交流协会	2007	东城区南河沿大街97号	100006	www.beijingngo.org.cn liuyuqing999@126.com	65221476 65221474
58	中关村成长型科技企业互助促进会	2013	海淀区上地东路颐泉汇大厦2号楼521室	100085	hzok98@126.com	58417286 57239697
59	中关村亚洲杰出企业家成长促进会	2004	海淀区北四环西路66号中国交易大厦B座	100080	www.aamachina.org aama@aamachina.com.cn	62680817
60	中关村创新企业发展促进会	2013	海淀区清华科技园创新大厦A座14层	100084	cujinhui@163.com	62785888-3613
61	北京科技教育促进会	2008	朝阳区八里庄东里1号莱锦创意产业园CN17栋3层	100025	www.cujinhui.net woaiqisheng@126.com	57892789 57892883
62	中关村腾飞大学生创就业研究会	2013	朝阳区朝外SOHO A座	100020	www.zueera.org bj_student@126.com	56028955
63	北京市海淀服务外包企业协会	2009	海淀区东北旺西路8号中关村软件园1号楼	100193	xuyujue@basscom.cn	82826849 82825690-1073
64	北京服务外包企业协会	2007	海淀区东北旺西路8号中关村软件园1号楼	100193	www.basscom.cn xuyujue@basscom.cn	82825690-1920 82825690-1073
65	中关村赛德科技企业成长互助促进会	2009	西城区德外大街11号美江大厦413室	100088	fanhuahong@cedchina.org	62041870
66	中关村大学生自主创新创业就业促进会	2013	海淀区北四环中路6号华亭嘉园A座32F	100029	zgc.beike.org.cn djky329@sina.com	82858113 82858113
67	中关村长策产业发展战略研究院	2013	朝阳区育慧北路8号院世纪村3区1号楼	100101	747947021@qq.com	15001126922
68	中关村创新文化发展促进会	2013	海淀区阜成路73号裕惠大厦C座	100142	zicpa@zgc.gov.cn	88827138 88827049
69	中关村现代医药生产力促进中心	2014	北京经济开发区科创六街88号院3号楼101室	101111	zhaoshengnan@czppc.org	56315136 56315137
70	中关村华康基因研究院	2011	海淀区杏石口路65号益园文创基地C区10号楼2层	100195	www.hkgi.org yunxia.han@kangso.net	82444060 84195478-816
71	天津市高新技术企业协会	1993	天津市华苑产业区梅苑路6号海泰大厦1710室	300384	lxjlixinjun@aliyun.com	58391922 58391922

（续表）

序号	名称	成立时间（年）	地址	邮编	网址 电子邮箱	电话 传真
72	北京强国知识产权研究院	2014	海淀区海淀南路甲21号中关村知识产权大厦A座103室	100080	www.powernation.cn jcq@poweration.cn	62531820 59556662
73	北京商务服务业联合会	2013	石景山区石景山路22号万商大厦1916室	100040	www.ubbs.org.cn bcbs_ngozh@163.com	59424831 68627180-8006
74	首都科技服务业协会	2011	西城区西直门南大街16号西楼10层	100035	www.bjtsa.org.cn gumu000@sina.com	66158633 66158633-8011
75	北京农业产业化龙头企业协会	2013	西城区裕民路2号圆山大酒店8层	100029	www.bjaaile.com bjnyxh@sina.com	62023342 82997796
76	天津市西青区高新企业促进会	2014	天津市西青区天安创新科技产业园2区1号楼A栋12层	300380	xin.jin@tjxq.gov.cn	022-27946487 022-87185878
77	中关村博硕人才与市场经济研究院	2014	海淀区中关村大街45号兴发大厦909室	100037	jianhua1101@126.com	68007159
78	中关村汉德环境观察研究所	2012	海淀区西小口路66号中关村东升科技园D2楼407室	100192	liqian@hdieo.org.cn	82800200 82800399
79	中关村益心医学工程研究院	2011	密云区密云工业开发区科技路48号院3号楼2层	101500	www.yixinmed.org yixin_wd@163.com	57649890 57649899
80	中关村智汇产业技术研究所	2013	海淀区中关村软件园2号楼2331室	100094	chengli0421@163.com	58810089 58810089
81	中国电子工业标准化技术协会知识产权工作委员会	2012	石景山区鲁谷路35号电子一所东8层	100040	www.sipr.cn qintianxiong@infoip.org	88685195 68632927
82	中关村英普斯蔓软件行业知识产权促进会	2014	海淀区中关村软件园2号楼B座2343~2344室	100193	fhczpatent@fortunehigh.com	82600690 82600691-806
83	北京市静态交通业商会	2014	海淀区彰化路曙光宾馆	100095	www.bjjtjt.org jingtaijiaotong@163.com	88487433 53057200
84	中关村科创高新技术转移促进会	2014	海淀区西三环北路27号北科大厦理化实验楼4层	100089	www.sihta.org mot999@163.com	68960106 62657758
85	中关村兰德科教评价研究院	2014	海淀区福缘门路1号北京达园7号楼	100091	www.landepj.org lande68@163.com	57163895
86	中关村华信知识产权法律保护研究院	2012	海淀区福缘门路1号北京达园7号楼	100091	www.z-parklaw.org zparklaw@163.com	62535872
87	中国互联网协会调解中心	2008	海淀区板井路曙光花园智业园B座6E	100097	www.iscu.cn bwang123@vip.sina.com	88466861 88546086
88	北京知诚中小企业财税与金融服务促进会	2015	海淀区翠微路2号院1幢3层3243室	100020	www.zccfpt.org rhy791126@163.com	65529833 65529833
89	北京电子学会	1963	东城区北河沿大街79号	100009	www.bjiesh.org 37017625@qq.com	64034890-252
90	北京税收法制建设研究会	2014	西城区珠八宝胡同23号西小院	100035	zhangxingming7777@163.com	62233870
91	中关村天合科技成果转化促进中心	2014	海淀区阜成路73号裕惠大厦A座1层	100142	www.techchina.org.cn jiagh@techchina.org.cn	88192046 88192042
92	北京新能源汽车产业协会	2009	海淀区北三环西路66号国际交流大厦1008室	100081	www.abnea.org.cn yaodandan1122@126.com	68945320
93	北京生物医学工程学会	1980	西城区新街口东街31号北京积水潭医院教学楼	100035	www.b-bme.com beijingbme@163.com	58516786
94	中国气象服务协会	2015	海淀区中关村南大街46号实验楼311~316室	100081	www.chinamsa.org cmsa@chinamsa.org	58995433 58995825
95	北京出入境检验检疫协会	1995	朝阳区甜水园街6号307室	100026	beijingxiehui2012@163.om	58648680 64927082
96	中关村国大中小微企业成长促进会	2012	海淀区学院南路12号院A座	100082	www.iunion.org.cn zhangqi939@soho.com	62205228 62200577

（续表）

序号	名称	成立时间（年）	地址	邮编	网址 电子邮箱	电话 传真
97	北京环球英才交流促进会	2015	海淀区中关村南大街1号友谊宾馆62041室	100873	www.talent.org.cn zlw@talent.org.cn	68942688 68948636
98	北京对外文化贸易协会	2015	东城区白桥大街22号102室	100062	www.bfcta.org 100300580@qq.com	67127123
99	中关村人居环境工程与材料研究院	2013	海淀区清华东路35号林业大学学研中心C座	100083	www.chinahsi.com info@chinahsi.com	56278014 51649238
100	中关村华美职业经理研究院	2014	西城区月坛北小街2号院2号楼2217室	100836	www.zgcpm.org 1105131716@qq.com	84828506 84827692
101	中关村产融合作与转型促进会	2014	海淀区高梁桥路中坤大厦1011室	100088	13311531953@qq.com	57283013 57280323
102	中关村文化产业创新促进会	2012	石景山区八大处甲1号	100144	www.zgcwch.org 707512844@qq.com	66392392
103	北京能源协会	2013	朝阳区太阳宫南街23号丰和大厦	100028	www.bjnyw.com.cn zgbjnyxh@13.com	63593125 63593117
104	北京市海淀区信息服务业协会	2009	海淀区四季青常青园3区7号楼4单元101室	100195	www.hdisa.org bjhdisa@126.com	88499030 88499030
105	北京民营经济发展促进会	2015	东城区广渠门北里乙73号2号楼4层	100062	599238401@qq.com	18910751522 18611325222
106	中关村沿江产业技术转移中心	2015	西城区西直门南大街16号西楼512室	100035	alsa0326@sina.com	68057036 68017145
107	中关村华医移动医疗技术创新研究院	2014	海淀区北三环西路32号恒润大厦1002室	100086	www.hyzx000.org lfmd123@sina.com	62150866 62199166
108	中关村新华新能源产业研究院	2015	东城区东直门外大街46号天恒大厦707A	100123	liuchang@esunnews.com xhsly@163.com	18911749760 13701050219
109	中关村智慧旅游创新协会	2016	海淀区上地信息路26号07层0713室	100085	yumeng@ztia.org	62982840
110	中关村医疗健康产业金融研究院	2015	西城区高梁桥路6号4层A区（T4）4A3室	100034	Zb5558@163.com	13811482919 88828949
111	中关村锐智大学生创业研究院	2013	海淀区清华大学科技园科技大厦Z301	100084	564314917@qq.com	62800531
112	中关村新跃校企合作发展中心	2015	海淀区增光路45号中国劳动关系学院综合楼701室	100048	zhenghuioffice@126.com	15810685625 13911163583
113	中关村天使投资协会	2013	海淀区海淀大街34号海置创投大厦8层	100084	www.zangels.org.cn wanghui@zangels.org.cn	57174644 18911150027
114	中关村元和天使投资产业研究会	2015	海淀区北四环中路238号柏彦大厦603室	100083	www.yuanhets.com yuanheangel@163.com	82311910
115	中关村互联网金融行业协会	2013	海淀区丹棱街6号中关村金融大厦7层	100080	1271572329.wezhan.cn liuna@zaif.org	56710999-998 56710550
116	中关村巨加值科技评价研究院	2014	海淀区蓝靛厂南路25号牛顿办公区902室	100097	wangcf@tvaei.org tvanet@126.com	18601061629 18600950755
117	中关村远见知识产权创新研究院	2015	海淀区海淀南路甲21号中关村知识产权大厦A座7层	100080	Yuanjian_ip@163.com	52188680
118	中关村天成创新研究中心	2015	海淀区中关村大街59号人民大学明德楼723室	100086	gw701@126.com	82500273
119	中关村远卓企业专利数据掘取研究院	2015	西城区阜成门外大街2号7层711室	100037	http://www.farfir.com zhangjj@farfir.com.cn	64068217

注：以上协会为中关村社会组织联合会及其成员单位

资料来源：中关村科技园区管理委员会

中关村国家自主创新示范区主要产业技术联盟一览表

序号	名称	成立时间	主要发起单位
1	TD 产业联盟	2002 年 10 月	大唐电信科技产业集团、联想（北京）有限公司、中国普天信息产业集团公司等
2	中国医药产业技术促进联盟	2002 年 11 月	中国医药科技成果转化中心等
3	闪联产业联盟	2003 年 6 月	联想集团有限公司、TCL 集团股份有限公司等
4	中关村清新空气产业联盟	2004 年 9 月	中关村国际环保产业促进中心、清华大学建筑学院等
5	国家半导体照明工程研发及产业联盟	2004 年 10 月	中国科学院半导体研究所、国家光电源质量监督检验中心（北京）等
6	北京材料分析测试服务联盟	2004 年 12 月	北京新材料发展中心、中国建筑材料检验认证中心等
7	中关村下一代互联网产业联盟	2005 年 2 月	北京天地互连信息技术有限公司、中国科学院计算技术研究所等
8	长风开放标准平台软件联盟	2005 年 4 月	神州数码（中国）有限公司、太极计算机股份有限公司等
9	AVS 产业联盟	2005 年 5 月	北京海尔广科数字技术有限公司、联合信源数字音视频技术（北京）有限公司等
10	中国生物技术创新服务联盟（ABO）	2005 年 9 月	北京生物技术和新医药产业促进中心、北京科信必成医药科技发展有限公司等
11	中关村 WAPI（无线网络和网络安全接入）产业联盟	2006 年 3 月	北京邮电大学、中国移动通信集团公司等
12	中关村农业装备产业技术创新战略联盟	2007 年 1 月	中国农业机械化科学研究院、中国一拖集团有限公司等
13	北京中关村农业生物技术产业联盟	2007 年 2 月	北京大北农科技集团股份有限公司、北京奥瑞金种业股份有限公司等
14	中关村数字电视产业联盟	2007 年 6 月	清华大学、北京凌讯华业科技有限公司等
15	中关村资源节约与能源管理服务产业联盟	2007 年 6 月	中关村国际环保产业促进中心有限公司、中国建筑业协会建筑节能专业委员会等
16	中国汽车制造装备创新联盟	2007 年 11 月	机械科学研究总院、北京机床研究所等
17	宽带无线专网应用产业联盟	2008 年 1 月	大唐电信科技产业集团、中国普天信息产业集团公司等
18	抗体产学研联盟	2008 年 3 月	百泰生物药业有限公司、中国科学院生物物理研究所等
19	机械装备工业节能减排产业技术创新战略联盟	2008 年 10 月	机械科学研究总院、中国机械制造工艺协会等
20	电子贸易产业技术创新战略联盟	2008 年 12 月	中国国际电子商务中心、易达讯网络科技（北京）有限公司等
21	中关村国际超导技术研究开发联盟	2009 年 5 月	北京美尔斯通科技发展股份有限公司等
22	首都新能源产业技术联盟	2009 年 6 月	北京市农林科学院、北京金风科创风电设备有限公司等
23	中关村半导体照明产业技术联盟	2009 年 6 月	中科院半导体研究所、利亚德光电股份有限公司等
24	北京农村水环境治理创新服务联盟	2009 年 7 月	北京碧水源科技有限公司、北京市可持续发展科技促进中心等
25	小卫星遥感系统产业技术创新战略联盟	2009 年 9 月	北京宇视蓝图信息技术有限公司、航天恒星科技有限公司等
26	新一代纺织设备产业技术创新联盟	2009 年 9 月	中国纺织机械器材工业协会、东华大学等
27	遥感数据处理与分析应用产业技术创新战略联盟	2009 年 9 月	北京国遥万维信息技术有限公司、中测新图（北京）遥感技术有限责任公司等

（续表）

序号	名称	成立时间	主要发起单位
28	国家太阳能光热产业技术创新战略联盟	2009年10月	中国科学院电工研究所、北京奥普科星技术有限公司等
29	开源及基础软件通用技术创新战略联盟	2009年10月	中标软件有限公司、普华基础软件股份有限公司等
30	中关村物联网产业联盟	2009年11月	同方股份有限公司、中国移动通信集团北京有限公司等
31	固废废弃物处理处置科技创新服务联盟	2010年1月	北京市可持续发展科技促进中心、北京环卫集团环境研究发展有限公司等
32	污染场地修复科技创新联盟	2010年1月	中科院地理科学与资源研究所、轻工业环境保护研究所等
33	中国云计算技术与产业联盟	2010年1月	中国电子学会、中兴通讯（南京）业务研究院等
34	中关村智能电网产业技术创新战略联盟	2010年3月	中国电力科学研究院、北京电力公司等
35	城市生物质燃气产业技术创新战略联盟	2010年3月	清华大学、北京科力丹迪技术开发有限责任公司等
36	北京轨道交通产业技术创新战略联盟	2010年4月	北京市基础设施投资有限公司、北京市轨道交通建设管理有限公司等
37	集成电路设计产业技术创新服务联盟	2010年4月	北京集成电路设计园有限责任公司、华大九天软件等
38	全国电力产业技术创新战略联盟	2010年4月	中国电力科学研究院等
39	温湿度独立调节空调技术推广联盟	2010年4月	清华大学建筑节能研究中心、招商局地产控股股份有限公司等
40	中关村车载信息服务产业应用联盟	2010年4月	启明信息股份有限公司、中国电子工业标准化技术协会等
41	数字出版联盟	2010年5月	北京出版集团有限责任公司、江苏凤凰出版传媒集团等
42	中关村国家污水资源化产业联盟	2010年5月	北京城市排水集团有限责任公司、北京市市政工程设计研究总院等
43	中关村数字内容产业联盟	2010年6月	北京迪生通博科技有限公司、北京捷成世纪科技股份有限公司等
44	中关村云计算产业联盟	2010年7月	联想集团有限公司、赛尔网络有限公司等
45	北京绿色印刷产业技术创新联盟	2010年8月	北大方正集团有限公司、北人印刷机械股份有限公司等
46	中关村电子产品循环经济与逆向物流产业发展联盟	2010年8月	北京海龙资产经营集团有限公司、中关村电子商会等
47	中国工业设计技术服务联盟	2010年8月	北京工业设计促进中心、北京上拓科技有限公司等
48	国际半导体照明联盟	2010年10月	国家半导体照明工程研发及产业联盟（CSA）、雷士光电科技有限公司等
49	粉末冶金产业技术创新战略联盟	2010年10月	中国钢研科技集团有限公司、北京有色金属研究总院等
50	物流中心自动化装备与系统产业技术创新战略联盟	2010年12月	中国普天信息产业股份有限公司、北京机械工业自动化研究所等
51	中关村膜生物反应器产业技术创新战略联盟	2010年12月	北京碧水源科技发展有限公司、中关村国际环保产业促进中心等
52	中关村移动互联网产业联盟	2011年1月	中国移动通信集团北京有限公司、大唐电信科技股份有限公司等
53	中关村智能交通产业联盟	2011年4月	北京千方科技股份有限公司、汉王科技股份有限公司等
54	聚合物发泡材料产业技术创新联盟	2011年6月	轻工业塑料加工应用研究所等
55	数字视频产业技术创新战略联盟	2011年7月	新奥特（北京）视频技术有限公司、中科院自动化研究所等
56	安全防范监控数字视音频编解码技术产业联盟（SVAC）	2011年8月	国家公安部第一研究所、北京中星微电子有限公司等

（续表）

序号	名称	成立时间	主要发起单位
57	新型海洋生物制品产业技术创新战略联盟	2011 年 8 月	北京雷力（集团）公司、北京中关村科技担保有限公司等
58	中关村空间信息技术产业联盟	2011 年 8 月	北京合众思壮科技股份有限公司等
59	中关村网页游戏联盟	2011 年 10 月	工业和信息化部电子科技情报研究所、趣游科技集团有限公司等
60	北京新一代移动通信产业创新联盟	2011 年 11 月	中国移动通信研究院、大唐移动通信设备有限公司等
61	中国科技自动化联盟	2011 年 11 月	北京易能立方科技有限公司、毕孚自动化设备贸易（上海）有限公司北京分公司等
62	中国车联网产业技术创新战略联盟	2011 年 12 月	北京邮电大学、国机汽车股份有限公司等
63	中关村轨道交通视频与安全产业技术联盟	2011 年 12 月	北京交大科技孵化器有限公司等
64	新一代视频监控产业技术创新战略联盟	2012 年 1 月	公安部第三研究所、北京航空航天大学等
65	首都生物肥料科技创新服务联盟	2012 年 4 月	北京世纪阿姆斯生物技术股份有限公司、中国农业微生物菌种保藏中心等
66	中关村建筑能效运营管理技术创新战略联盟	2012 年 5 月	北京恒业世纪科技股份有限公司、中国合同能源管理网等
67	中关村医疗器械产业技术创新联盟	2012 年 5 月	北京天智航技术有限公司、北京华科同力知识产权咨询有限公司等
68	中关村新能源海水淡化产业技术创新联盟	2012 年 6 月	北京控股集团有限公司、首钢总公司等
69	中关村储能产业技术联盟	2012 年 7 月	中国科学院工程热物理研究所、国能电力集团等
70	中关村软件和信息服务业节能减排产业联盟	2012 年 8 月	工信部电信研究院、中关村光电产业协会等
71	中关村智慧城市产业技术创新战略联盟	2012 年 9 月	北京航空航天大学、神州数码信息系统有限公司等
72	中关村太阳能跟踪系统产业联盟	2012 年 10 月	中国可再生能源学会国际合作中心、北京寰能天宇科技发展有限公司等
73	中关村电子商务与现代物流产业联盟	2012 年 11 月	北京物资学院、北京京东世纪贸易有限公司等
74	中关村应急管理产业技术联盟	2012 年 11 月	北京东方正通科技有限公司、中国普天信息产业股份有限公司等
75	中关村大数据产业联盟	2012 年 12 月	北京云基地企业管理有限公司、北京数聚联合科技有限公司等
76	中关村国家环境服务业发展联盟	2012 年 12 月	中关村国际环保产业促进中心、清华同方股份有限公司等
77	中关村未来制造业产业技术创新战略联盟	2012 年 12 月	北新建材集团有限公司、北京数码大方科技有限公司等
78	北京现代农业科技创新服务联盟	2013 年 7 月	北京市科学技术委员会农村发展中心、北京大北农科技集团股份有限公司等
79	中关村云平台与数据应用产业联盟	2013 年 10 月	中电华通通信有限公司、亿赞普北京科技有限公司等
80	北京设计产业联盟	2013 年 10 月	中国设计集团有限公司、北京洛可可科技有限公司等
81	中关村美中生物技术产业集群创新联盟	2013 年 11 月	北京五加和分子医学研究所有限公司、北京亦庄国际诊断试剂技术有限公司等
82	中关村信息安全产业联盟	2013 年 12 月	北京奇虎科技有限公司、北京锐安科技有限公司等
83	中国运动健康产业联盟	2013 年 12 月	北京康比特体育科技股份有限公司、健与美杂志社等
84	中关村油气技术创新与服务产业联盟	2013 年 12 月	中关村光电产业协会、北京六合伟业科技股份有限公司等

（续表）

序号	名称	成立时间	主要发起单位
85	北京脑血管病产业技术创新战略联盟	2014 年 5 月	悦康药业集团有限公司、首都医科大学宣武医院等
86	图像视频大数据产业技术创新战略联盟	2014 年 9 月	中科院自动化研究所、腾讯科技（北京）有限公司等
87	中关村智慧环境产业联盟	2014 年 12 月	北京百灵天地环保科技有限公司、北京三益能源环保发展股份有限公司等
88	中关村现代节能服务产业联盟	2015 年 1 月	天壕节能科技股份有限公司、北京神雾环境能源科技股份有限公司等
89	中关村数字文物产业联盟	2015 年 2 月	中国社科院研究生院文博专业硕士教育中心、中国社科院考古所等
90	中关村融智特种机器人联盟	2015 年 2 月	北京海兰信数据科技股份有限公司等
91	中关村智慧城市信息化产业联盟	2015 年 3 月	清华大学电子工程系、中国通信学会等
92	京津冀钢铁行业节能减排产业技术创新联盟	2015 年 4 月	北京科技大学、北京市可持续发展科技促进中心等
93	中关村科技服务业产业联盟	2015 年 5 月	北京携创科技有限公司等
94	中关村全华稀土工业污染防治技术联盟	2015 年 5 月	中华环保联合会环保技术标准研究专业委员会等
95	北京环都经济圈节能低碳环保产业联盟	2015 年 5 月	北京新奥集团有限公司、北京派克蓝环保科技有限公司等
96	中关村区域轨道交通互联互通信号技术产业联盟	2015 年 6 月	北京市轨道交通建设管理有限公司、北京交控科技有限公司等
97	中关村工业互联网产业联盟	2015 年 6 月	北京东土科技股份有限公司、北京天地互连信息技术有限公司等
98	中关村环球时尚创意产业联盟	2015 年 6 月	阿丁秀国际文化传媒（北京）有限公司、北京奢尚国际品牌管理有限公司等
99	智慧北京促进联盟	2015 年 7 月	太极计算机股份有限公司、神州数码（中国）有限公司等
100	中关村硅藻新材料创新技术产业联盟	2015 年 8 月	北京大津硅藻新材料股份有限公司、北京博智建科新技术有限公司等
101	中关村新兴科技服务业产业联盟	2015 年 10 月	北京市计量检测科学研究院、北京达沃时代科技有限公司等
102	中关村能源互联网产业联盟	2015 年 11 月	清华大学能源互联网创新研究院等
103	中关村蓝创通用航空产业联盟	2015 年 11 月	华夏幸福基业产业发展集团、北京卓越天翔航空投资管理有限公司等
104	京津冀技术转移协同联盟	2015 年 12 月	北京市科学技术委员会等
105	中关村智慧建筑产业绿色发展联盟	2015 年 12 月	广联达软件股份有限公司、中关村国际环保产业促进中心等
106	中关村思德库智能养老产业联盟	2015 年 12 月	北京天云融创科技有限公司、思德库养老服务信息技术创新研究院等
107	中关村量子生物农业产业技术创新战略联盟	2016 年 1 月	北京大北农科技集团股份有限公司、北京奥瑞金种业股份有限公司、中国种子集团有限公司等
108	中关村大数据产业联盟	2016 年 1 月	软通动力信息技术（集团）有限公司、用友网络科技股份有限公司、北京腾云天下科技有限公司等
109	中关村京企云梯科技创新联盟	2016 年 6 月	北京电子控股有限责任公司、桑德集团有限公司、北京控股集团有限公司等
110	中关村蓝创通用航空产业联盟	2016 年 6 月	北京航空航天大学通用航空产业研究中心、中国民航科学技术研究院、中国航空规划设计研究总院等
111	中关村区块链产业联盟	2016 年 6 月	清华大学、北京大学、北京邮电大学等
112	中关村绿智海绵城市生态家园产业联盟	2016 年 11 月	北京泰宁科创雨水利用技术股份有限公司、北京市水科学技术研究院、北京绿创环保集团有限公司等

（续表）

序号	名称	成立时间	主要发起单位
113	中关村无线网络安全产业联盟	2016年11月	国家密码管理局商用密码检测中心、国家无线电监测中心检测中心、北大方正集团有限公司等
114	中关村健源食品微生物技术产业创新战略联盟	2016年11月	北京味食源食品科技有限责任公司、北京市东风保健营养品有限责任公司、北京晶品赛思科技有限公司等
115	中关村前沿科技与产业服务联盟	2016年12月	北京柏惠维康科技有限公司、北京市商汤科技开发有限公司、北京中科寒武纪科技有限公司等
116	中关村材料试验技术联盟	2016年12月	中国钢研科技集团有限公司、中国建筑材料科学研究总院、中国计量科学研究院等
117	中关村智慧建筑产业绿色发展联盟	2016年12月	广联达将科技股份有限公司、当代节能置业股份有限公司、北京海林节能科技股份有限公司等
118	中关村智通智能交通产业联盟	2016年12月	北京千方科技股份有限公司、北京新能源汽车股份有限公司、法乐第（北京）网络科技有限公司等

注：以上联盟均为中关村产业技术联盟联席会成员单位
资料来源：中关村科技园区管理委员会

中关村国家自主创新示范区大学科技园一览表

序号	名称	地址	邮编	电话	电子邮箱	网址
1	清华大学国家大学科技园	海淀区清华科技园创新大厦A座	100084	62785888	xuyy@tuspark.com	www.tuspark.com
2	北京大学国家大学科技园	海淀区中关村北大街127-1号	100080	62769088	zhouwei@pkusp.com.cn	www.pkusp.com.cn
3	北京航空航天大学国家大学科技园	海淀区学院路39号唯实大厦505室	100191	82338158	chenxiaojuan821002@126.com	www.buaa.com.cn
4	北京科技大学国家大学科技园	海淀区学院路30号方兴大厦6层	100083	62316722	bjkdkjy@163.com	www.ustbsp.cn
5	北京理工大学国家大学科技园	海淀区中关村南大街9号理工科技大厦	100081	68470073	bitrp@bitsp.com.cn	www.bitsp.com.cn
6	北京邮电大学国家大学科技园	海淀区西土城路10号新科研楼1层126室	100876	62282813	flag870711@163.com	www.buptsp.com
7	中国人民大学国家大学科技园	海淀区中关村大街甲59号文化大厦	100872	62517777	cspruc@ruc.edu.cn	www.cspruc.com
8	北京师范大学国家大学科技园	海淀区学院南路12号北师大科技园区A座	100875	62200571	kjy@bnu.edu.cn	bj.zhaoshang.net
9	北京化工大学国家大学科技园	海淀区紫竹院路98号116号楼101室	100089	64438220	huadakejiyuan@126.com	www.spbuct.com
10	北京工业大学国家大学科技园	朝阳区平乐园100号	100124	67392953	lam@bjut.edu.cn	—
11	北京交通大学国家大学科技园	海淀区高梁桥斜街44号一区89号科教楼	100044	51685317	lding@bjtuspark.com	www.bjtuspark.com
12	中国农业大学国家大学科技园	海淀区天秀路10号	100193	62737370	630761764@qq.com	www.cau.spark.com
13	中国矿业大学（北京）国家大学科技园	海淀区学院路丁11号宝源商务公寓	100083	51733599	kjy@cumtb.edu.cn	kjycyy.cumtb.edu.cn
14	华北电力大学国家大学科技园	昌平区回龙观镇北农路2号	102206	61771035	976098692@qq.com	www.ncepupark.com

（续表）

序号	名称	地址	邮编	电话	电子邮箱	网址
15	北京林业大学国家科技园	海淀区清华东路35号	100083	62336989	798834864@qq.com	blkjy.bjfu.edu.cn
16	中央财经大学科技园	海淀区学院南路39号	100081	62288385	cufedongyue@163.com	www.cufesp.org
17	中国政法大学科技园	海淀区西土城路25号	100088	58908009	lyl0312@163.com	www.cuplsp.com
18	首都师范大学科技园	海淀区西三环北路105号科原大厦A座	100048	68905635	blue896@sohu.com	www.cnu.edu.cn
19	中国石油大学（北京）科技园	昌平区振兴路18号	102249	89731535	1304142877@qq.com	cup.edu.cn
20	北京建筑工程学院建筑科技大学科技园	西城区展览馆路1号	100044	68322201	gaoyan@bucea.edu.cn	btusp.bucea.edu.cn
21	北京信息科技大学科技园	海淀区清河小营东路12号	100192	82426833	bistukjy@163.com	—
22	北京印刷学院大学科技园	大兴区兴华大街二段1号	102600	60261571	358122468@qq.com	kjy. bigc.edu.cn
23	北京农学院大学科技园	昌平区回龙观镇北农路7号	102206	80799140	bn.kj@163.com	www.bua.edu.cn
24	中国传媒大学科技园	朝阳区定福庄东街1号	100024	65783688	bsj_2008@yeah.net	—
25	北京联合大学科技园	朝阳区北四环东路97号	100101	64900086	ldkyc@buu.edu.cn	—
26	首都医科大学科技园	丰台区右安门外西头条10号	100069	83911290	gaowen@ccmu.edu.cn	—
27	北京电影学院大学科技园	海淀区西土城路4号	100088	82283398	likan2951444@126.com	www.bfa.edu.cn
28	北京服装学院大学科技园	朝阳区樱花园东街甲2号	100029	64520943	yanyan@biftpark.com	www.biftpark.com
29	北京物资学院大学科技园	通州区富河大街1号	101149	80575106	wangchegnlin6688@126.com	www.bwu.edu.cn

资料来源：中关村科技园区管理委员会

中关村国家自主创新示范区海外人才创业园一览表

序号	名称	地址	邮编	电话	网址	成立时间
1	海淀海外人才创业园	海淀区上地信息路26号中关村创业大厦	100085	82898000	www.ospp.com	1997年10月
2	中关村国际孵化园海外人才创业园	海淀区上地信息路2号创业园D栋	100085	82893008	www.incubase.net	2000年12月
3	中国北京（望京）海外人才创业园	朝阳区利泽中二路2号望京科技园A座西侧6层	100102	64390345	www.wjpark.com	2003年4月
4	中关村软件园海外人才创业园	海淀区东北旺西路8号中关村软件园3号楼B座1318室	100193	82825187	www.zgcspi.com	2004年1月
5	北京中关村生命科学园海外人才创业园	昌平区生命园路29号A209	102206	80715732-1013	www.zgcbmi.com.cn	2004年3月
6	丰台园海外人才创业园（北京国际企业孵化中心）	丰台区科兴路9号	100070	63744650	www.bjibi.org.cn	2004年4月
7	北京大学海外人才创业园	海淀区中关村北大街127-1号	100080	82667188	www.pkusp.com.cn	2002年9月
8	清华大学海外人才创业园	海淀区清华科技园创新大厦A14层	100084	62785888-3543	www.tusstar.com	2002年12月

（续表）

序号	名称	地址	邮编	电话	网址	成立时间
9	北京航空航天大学海外人才创业园	海淀区学院路35号世宁大厦1401室	100191	82316255	www.bbi.com.cn	2003年4月
10	北京科技大学海外人才创业园	海淀区学院路30号方兴大厦611室	100083	62316722	www.ustbsp.cn	2003年6月
11	北京理工大学海外人才创业园	海淀区中关村南大街9号理工科技大厦902室	100081	68470075	www.bitrp.com.cn	2003年7月
12	北京邮电大学海外人才创业园	海淀区西土城路10号北京邮电大学	100876	62281497	www.buptsp.com	2003年12月
13	中科院中科海外人才创业园	海淀区中关村东路95号自动化大厦520室	100190	62541938	www.casmpark.om	2005年4月
14	中国农业大学海外人才创业园	海淀区清华东路17号科贸楼C201室	100083	62732266	www.causpark.com	2005年8月
15	汇龙森海外人才创业园	北京经济技术开发区科创14街99号33幢D座9层	100176	59755588	www.huilongsen.com	2005年5月
16	北京工业大学海外人才创业园	海淀区车公庄西路35号	100044	68458163	www.bjutrp.com	2005年12月
17	中国人民大学海外人才创业园	海淀区中关村大街45号兴发大厦1005室	100872	82509532	www.cspruc.com	2005年12月
18	北京师范大学海外人才创业园	海淀区学院南路57号102室	100875	62205399	http://park.bnu.edu.cn	2005年12月
19	中关村集成电路海外人才创业园	海淀区知春路27号量子芯座5层	100083	82357181	www.bjicpark.com	2006年1月
20	石景山海外人才创业园	石景山区石景山路3号玉泉大厦4层	100041	88258607	www.ivyi.org.cn	2006年1月
21	中央财经大学海外人才创业园	海淀区学院南路39号中央财经大学	100081	62289262	www.cufesp.org	2006年12月
22	中国政法大学海外人才创业园	海淀区西土城路25号中国政法大学旧1号楼109室	100088	58908009	www.cuplsp.cn	2007年5月
23	北京交通大学海外人才创业园	海淀区高梁桥斜街44号一区89号科教楼1018室	100044	51686060	www.bjtuspark.com	2007年7月
24	中国矿业大学海外人才创业园	海淀区清华东路16号3号楼303室	100083	51733999	www.zgces.com	2007年7月
25	首都师范大学海外人才创业园	海淀区西三环北路甲105号科原大厦A座510室	100048	68907023	kjy.cnu.edu.cn	2007年9月
26	华北电力大学海外人才创业园	昌平区朱辛庄华北电力大学主楼D座310室	102206	61771035	ncepupark.cn	2008年10月
27	北京化工大学海外人才创业园	海淀区紫竹院路98号116号楼101室	100089	64435482-8007	www.spbuct.com	2009年3月
28	中关村大兴生物医药产业基地海外人才创业园	大兴区大兴生物医药产业基地天河西路19号	102600	61252862	www.bjcbp.com.cn	2009年12月
29	北京瀚海智业海外人才创业园	东城区东直门内海运仓1号瀚海海运仓大厦10层1018室	100007	64050575	www.hanhaizhiye.com.cn	2009年7月
30	中关村昌平园海外人才创业园	昌平区昌平科技园区超前路9号人才办624室	102200	69718743	www.zgc-cp.gov.cn	2012年3月
31	中关村博雅海外人才创业园	海淀区紫竹院路116号C座	100097	51709999	www.bjmmedia.cn	2012年1月

（续表）

序号	名称	地址	邮编	电话	网址	成立时间
32	中关村雍和航星海外人才创业园	东城区和平里东滨河路乙一号航星科技园2号楼4层	100013	88103160	www.bjhangxing.com	2012年1月
33	中关村798创意产业海外人才创业园	朝阳区酒仙桥路4号院内798艺术区D03楼2层	100015	59789861-810	www.798art.org	2011年12月
34	中关村京仪海外人才创业园	海淀区大钟寺东路9号B座1层119室	100098	62165588-6887	www.jyfhq.com.cn	2012年12月
35	京泰香港海外人才创业园	香港上环干诺道中200号信德中心西座34层3402室	—	008522540-2086	www.bhlibc.com	2015年12月
36	北京服装学院海外人才创业园	朝阳区樱花东街甲2号北京服装学院中关村时尚产业创新园304室	100029	64520943	www.biftpark.com	2015年12月
37	中关村普天海外人才创业园	西城区新街口外大街28号B座1层	100088	82052127	www.ptdsh.com	2015年12月

资料来源：中关村科技园区管理委员会

中关村国家自主创新示范区驻外联络处一览表

序号	名称	地址	电话	传真	电子邮箱	成立时间
1	硅谷联络处	4633 Old Ironsides Drive，Suite 402，Santa Clara，CA95054，USA	001 4084063118	—	ftan@zgc-usa.com	2000年7月
2	东京联络处	东京都中央区日本桥蛎殻町1丁目37-12 PARK AXIS 日本桥 STAGE 大楼1207房间	0081(3)-3664-1388	0081(3) 3664-1136	tokyo@zgc.gov.cn	2001年12月
3	华盛顿联络处	13943 Coachmans Cir，Germantown，MD20874，USA	001-301-515-4898	001-301-515-2737	washington@zgc.gov.cn	2002年12月
4	多伦多联络处	4 St Moritz Way #5 Markham，Ontario Canada L3R 4E8	001 (905)-305-8298	001 (905)-305-7698	toronto@zgc.gov.cn	2003年12月
5	伦敦联络处	31 Thames Avenue，Perivale，London UB6 8JN	0044 (20)88817996	0044 (20)88817996	london@zgc.gov.cn	2004年7月
6	悉尼联络处	Level 56，MLC Centre，19-29 Martin Place Sydney 2000，Australia	00612 92386300	0061 280692595	qzhang@zgc.gov.cn	2012年2月
7	赫尔辛基联络处	Tekniikantie 14，02150 Espoo	00358 4 69033816	—	zhuzq@zpark.com.cn	2012年11月
8	慕尼黑联络处	Konrad-Zuse-Platz8，81829 München	0049 17672534377	—	rzhang@zgc.gov.cn	2012年12月
9	布鲁塞尔联络处	Clos Chapelle-aux-Champs，30-bte1.30.30 B-1200 Brussels	0049 17672534377	—	rzhang@zgc.gov.cn	2013年8月

资料来源：中关村科技园区管理委员会

中关村国家自主创新示范区创新型孵化器一览表

序号	名称	运营主体	孵化模式	地址	电话
1	创新工场 *	北京创新方舟科技有限公司	天使孵化模式	海淀区海淀大街 3 号鼎好电子商城 A 座写字楼 10 层	57525200
2	车库咖啡 *	北京创业之路咖啡有限公司	创业生态模式	海淀区中关村创业大街 6 号楼	82627127
3	常青藤创业园 *	北京市石景山区常青藤创业研究中心	—	—	88258696
4	AAMA 亚杰商会 *	北京亚杰商汇咨询有限公司	创客型孵化模式	海淀区北四环西路 66 号中国技术交易所 B 座 1728-29	62680817
5	3W 咖啡 *	北京三大不六文化传播有限公司	互联网生态圈模式	海淀区海淀西大街 70 号	56232857
6	创业黑马 *	北京创业未来传媒技术有限公司	大企业加速模式、天使孵化模式、创业媒体模式	海淀区北四环 52 号方正国际大厦 601	62510308
7	创业邦 *	爱奇清科（北京）信息科技有限公司	创业媒体模式	朝阳区霄云路 36 号国航大厦 1503 室	82332922
8	联想之星 *	北京联想之星创业投资有限公司	大企业加速模式	北京市海淀区海淀西大街 39 号 4 层	82982599
9	云基地 *	北京云基地云计算科技发展有限公司	—	海淀区东北旺西路 8 号中关村软件园 4 号楼 C 座	—
10	36 氪 *	北京协力筑成传媒科技有限公司	互联网生态圈模式	海淀区海淀大街 34 号海置创投大厦 5 层 6 层	59974030
11	微软创投加速器 *	微软（中国）有限公司	大企业加速模式	海淀区丹棱街 5 号微软大厦 2 号楼 2 层	59176028
12	石谷轻文化产业孵育基地 *	趣游科技集团有限公司	天使孵化模式	石景山区鲁谷路 74 号中国睿达大厦 22 层	68608366
13	中关村国际数字设计中心（中关村梦想实验室）*	北京中关村国际数字设计中心	天使孵化模式	海淀区中关村南大街六号海淀区科技大厦 11 层	62613178
14	厚德创新谷 *	北京厚德科创科技孵化器有限公司	—	海淀区海淀大街 3 号鼎好电子大厦 A 座 8 层 801 室	—
15	创客空间 *	北京创客空间科技有限公司	垂直产业孵化模式	海淀区海淀大街 1 号中关村梦想实验室 4 层	57196164
16	天使汇 *	北京天使汇科技有限公司	—	海淀区海淀大街 27 号海淀图书城 10 号楼	50980656
17	清华 x-lab*	清华大学经济管理学院	创新创业教育平台	海淀区清华大学经济管理学院伟伦楼 109/112b 室	62785650 62781761
18	互联网金融实验室 *	清控三联创业投资(北京）有限公司	—	海淀区成府路 43 号	—
19	IC 咖啡 *	北京爱思创芯汇咨询有限公司	垂直产业链生态圈模式	海淀区海淀西大街 36 号昊海一楼	62650914
20	师林孵化器 *	北大医疗产业园科技有限公司	—	昌平区中关村生命科学园生命园路 8 号	18210953171
21	北京大学创业训练营 *	燕园校友（北京）投资管理有限公司	创客孵化模式	海淀区中关村创业大街昊海楼 7 层	56020201

（续表）

序号	名称	运营主体	孵化模式	地址	电话
22	启迪之星孵化器 *	北京启迪创业孵化器有限公司	天使孵化模式、创客孵化模式、互联网生态圈模式、联合办公模式	清华科技园创新大厦 A 座 14 层	62785888-3580
23	百度开发者创业中心 *	北京百度网讯科技有限公司	—	海淀区上地十街 10 号百度大厦 2 层	59928888
24	创客总部 *	北京创客帮科技孵化器有限公司	专注实验室技术孵化的知识资本孵化器	海淀区中关村大街 18 号中关村互联网教育创新中心 B 座 919 室	82898007
25	一八九八咖啡馆 *	一八九八文化传媒（北京）有限公司	创业生态圈 + 股权众筹 + 天使孵化	海淀区北大中关新园 9 号楼 1 层	62755600
26	中美企业创新中心 *	北京瀚海华美国际咨询有限公司	—	东城区朝阳门内大街银河 SOHO D 座 6 层	—
27	腾讯创业基地	腾讯科技（北京）有限公司	—	昌平区回龙观东大街 338 号回龙观创客广场	4008-890-630
28	零壹时光咖啡馆 *	北京零壹诚品科技有限公司	创新空间孵化模式	海淀区西土城路 10 号北京邮电大学南区	13621387465
29	Binggo 咖啡 *	北京思源易创科技服务有限公司	投资型孵化器	海淀区西大街 39 号 201 室	62567747
30	清华创客空间	清华大学	—	海淀区清华园 1 号	—
31	创业公社 *	北京创业公社投资发展有限公司	创业社区模式	石景山区实兴大街 30 号 17 号楼 4-7 层	4000130816 68666989
32	科技寺 *	北京科聚思网络科技有限公司	创客型孵化器	东城区东四北大街 107 号科林大厦 B 座	56236121
33	北大创业园（北大科技园北大孵化器）*	北京北大创业园有限公司	人才资源及科技成果转化模式	海淀区中关村北大街 127–1 号 1 层	13811653649
34	金种子创业谷 *	北京金种子创业谷科技孵化器中心	创业社区模式	海淀区上地信息路 26 号中关村创业大厦 108 室	82898001-8799
35	极客公园	北京中明万长管理咨询有限公司	股权众筹模式、创业媒体模式、智能硬件供应链模式	朝阳区酒仙桥路 4 号 751 DPark 正东集团院内 C8 座 105 室	8610-84599761
36	YOU+ 青年创业社区	优家开天客（北京）企业管理咨询有限公司	创业社区模式	海淀区苏州街三义庙 2 号院	15010773378
37	乐邦乐成创业空间	北京乐邦乐成科技孵化器有限公司	创业社区模式	昌平区回龙观西大街龙冠商务中心银座 6 层 601 室	13911870382
38	北服创新园 *	北京北服时尚投资管理中心	创业社区模式	朝阳区樱花东街甲 2 号	6452094
39	极地国际创新中心 *	北京极地加科技有限公司	互联网生态圈模式	朝阳区酒仙桥路 4 号正东集团 A9 座	84599330
40	硬蛋	硬蛋科技（北京）有限公司	智能硬件供应链模式	海淀区中关村海龙大厦 2 楼	53808700
41	MadNet 协同创新空间	疯网云端（北京）科技孵化器有限公司	创业社区	朝阳区酒仙桥东路 10 号	17600079577
42	清华经管创业者加速器 *	北京清创纪元创业教育科技有限责任公司	众创空间 + 教育培训 + 投资孵化	海淀区海淀西大街 36 号中关村创业大街昊海楼 3 层	62524849
43	瀚海 Plug and Play 加速器	北京瀚海华美国际咨询有限公司	—	东城区朝阳门银河 SOHO D 座 6 层	64097207
44	Hello World 创投工社	你好未来（北京）投资管理有限公司	天使孵化、互联网生态、联合办公和创业社区模式	海淀区东北旺西路 8 号院中关村软件园软件广场 4 号楼 D 座 3 层	86461891

（续表）

序号	名称	运营主体	孵化模式	地址	电话
45	京东 JD+ 开放孵化器 *	北京京东顺顺餐饮服务有限公司	—	海淀区海淀西大街 36 号 1 层	89188864
46	汇龙森创新型孵化器	汇龙森欧洲科技（北京）有限公司中孵高科产业孵化（北京）有限公司	互联网生态圈模式	北京经济技术开发区科创十四街 99 号 33 号楼 D 座 9 层	59755588
47	明日之星创新型孵化器	北京明日之星创业商务有限公司	天使孵化模式	东城区青龙胡同 35 号和咖啡	13811092349
48	IBI 咖啡 *	中关村科技园区丰台园科技创业服务中心	创客孵化模式	丰台区科兴路 9 号	63739256
49	D9X 社会化创新平台	北京地久云文化发展有限公司	联合办公模式	朝阳区望京 SOHO 塔一 B301	84727101
50	中关村 e 谷	中关村意谷（北京）科技服务有限公司	创业孵化 + 创业投资	海淀区农大南路 88 号中关村 e 谷（万霖大厦）402 室	82666722
51	普天德胜孵化器	北京普天德胜科技孵化器有限公司	大企业加速模式	西城区新街口外大街 28 号 B 座 1 层	82052111
52	速普孵化器	北京速普创新投资管理有限公司	天使孵化模式 + 互联网生态圈模式	海淀区海淀大街 3 号 1 幢 19 层 1701-A921	50950461-602
53	优客工场 *	优客工场（北京）创业投资有限公司	—	朝阳区光华路 2 号阳光 100 D 座	51003098
54	洪泰创新空间 *	洪泰创新空间（北京）创业投资有限公司	天使孵化模式、创客孵化联合办公模式、跨境孵化平台	朝阳区望京湖光中街 1 号 2 层 207 室	13810806764
55	创投圈 *	北京海蓝创景投资咨询有限公司	通过线上线下活动助推创业者快速融资、提高管理水平、对话明星投资人	海淀区中关村创业大街 7 号楼 4 层	56019823
56	创业谷 · 光华孵化平台	北京创业谷科技孵化器有限公司	—	海淀区北四环西路 52 号 6 层	—
57	北领地文创科技孵化器	北领地文创（北京）科技孵化器有限公司	数字创意产业链孵化模式	海淀区西小口路 66 号中关村东升科技园 B-2 楼	—
58	亦庄生物医药园	北京亦庄国际生物医药投资管理有限公司	创业社区模式	大兴区亦庄路东区科创六街 88 号商务中心 515 室	56315282
59	飞马旅 *	北京飞马旅企业管理有限公司	用服务置换微股份孵化模式	海淀区中关村创业大街 3 号楼 3 层	18630236460
60	赛伯乐	北京赛伯乐绿科投资管理有限公司	创客孵化模式	海淀区中关村大街 11 号中关村 E 世界 A 座	82183588
61	盛景国际创新孵化器	盛景网联科技股份有限公司	大企业加速模式	海淀区中关村东路 1 号清华科技园科技大厦 B 座 11 层	53205000
62	中航爱创客创新创业服务平台	中航联创科技有限公司	互联网 + 开放技术资源 + 股权众筹	海淀区北三环西路 43 号院 2 号楼 1 层 6 单元	4001-666-505
63	卡睿达孵化平台	中国电动汽车百人会双创中心	创业社区模式	海淀区丹棱街 18 号创富大厦 15 层 1505~1509 室	82606639
64	中关村智能硬件梦工场	北京硬创梦工场科技有限公司	—	海淀区成府路 45 号中关村智造大街 C 座	82662260 18600200039
65	太库孵化器	太库（北京）科技孵化器有限公司	—	海淀区中关村科学院南路 2 号融科资讯中心 B 座 11 层	59222999
66	互联网教育未来工场国际孵化器（MOOC 创新港）	中关村互联网教育创新中心	—	海淀区中关村大街 18 号 B 座	82538902 82539056

（续表）

序号	名称	运营主体	孵化模式	地址	电话
67	阿尔法沃夫加速器	阿尔法沃夫（北京）加速器科技有限公司	—	海淀区海淀大街3号楼B座10层	—
68	798众创空间	北京798文化创意产业投资股份有限公司	创客孵化模式	朝阳区酒仙桥路4号D03楼2层	57626370
69	中关村小巨人创客中心*	北京银行中关村分行	创业孵化＋债权融资＋股权投资创新孵化模式	海淀区彩和坊路6号朔黄发展大厦6层	60190183
70	安创空间	北京安创空间科技有限公司	大企业加速模式	海淀区知春路7号致真大厦A座1602~1603室	82263345
71	369 Cloud云平台	大唐网络有限公司	大企业加速模式、互联网生态圈模式	海淀区北太平庄路18号城建大厦C座3层	83421999
72	回＋双创社区	北京昌平科技园发展有限公司	—	昌平区回龙观西大街商务中心	80199808
73	九州通孵化器	北京九州通科技孵化器有限公司	大企业加速模式	丰台区科学城航丰路8号	56541558
74	清华同方孵化器	同方科技园有限公司	大企业加速模式＋天使孵化模式	海淀区王庄路1号清华同方科技广场D座东楼301室	82390080
75	创业公社·中关村（中关村国际创客中心）	北京创业公社互联网科技有限公司	—	海淀区中关村大街15-11号B1-D01	—
76	天作创新科技孵化器（"埃米空间"新材料孵化器）	北京天作创新科技孵化器有限公司	"细分领域、垂直孵化"和"将众创空间建到实验室"模式	朝阳区安翔北里甲11号院北京创业大厦B座327室	64858651
77	航天科工中关村创新创业基地	航天云网科技发展有限责任公司	大企业加速模式	海淀区阜成路8号院主办公楼5层	13699281121
78	DEMO SPACE	创业邦（北京）传媒文化有限公司	天使孵化模式	海淀区海淀大街34号海置创投7层	82632657
79	健康智谷*	北京天亿弘方投资管理有限公司	大企业加速模式	海淀区花园北路35号9号楼健康智谷	83039541
80	大河理光创新加速器	北京加中天使科技有限公司	跨境孵化平台	海淀区科学院南路2号融科资讯中心A座409室	62509325
81	北林皓客空间	北京京林高科孵化器有限公司	—	海淀区清华东路35号北林学研中心C208室	—
82	硬派空间*	北京海置科创科技服务有限公司	智能硬件供应链模式	海淀区36号中关村创业大街5号楼B1层	62563640
83	虫洞创业之家*	北京虫洞创业之家投资管理有限公司	天使孵化模式及联合办公模式	海淀区西大街36号9层	—
84	北航致真创享空间	北京致真文化传媒有限公司	创客孵化模式	海淀区学院路37号北航体育馆致真创享空间	82315732
85	溢思得瑞国际协同创新创业基地	北京溢思得瑞智能科技研究院有限公司	离岸孵化、深度合伙	海淀区知春路7号A座5层	13910900651
86	新华1949 中文创客空间*	中文发集团文化有限公司	创客孵化＋联合办公模式	西城区车公庄大街4号新华1949文创园区23栋2层	88333060 13601148797
87	极创家	极创家（北京）科技有限公司	智能硬件供应链模式、联合办公模式	昌平区回龙观镇回南路9号院28号楼2层	56918955
88	赢家伟业科技孵化器*	北京赢家伟业科技孵化器股份有限公司	服务引导型模式	海淀区北四环西路9号银谷大厦2108A	62800488-6030
89	北京远见育成中心	北京远见育成科技孵化器有限公司	跨境孵化平台	海淀区西北旺东路10号院1号楼中关村领创空间102室	18519797168

（续表）

序号	名称	运营主体	孵化模式	地址	电话
90	将门	做实事科技服务（北京）有限公司	高价值创业服务模式	朝阳区霄云路40号院1号楼国航世纪大厦裙楼2F	57452202
91	毕马威创新创业共享中心	毕马威科技服务（北京）有限公司	服务资源加速模式	海淀区丹棱街3号中国电子大厦B座603室	5875 2555
92	PNP中国总部	北京即联即用创业投资有限公司	大企业加速、跨境孵化、联合办公、天使孵化等模式	海淀区成府路45号中关村智造大街G栋	50949839
93	雷雷伙伴创业空间 *	雷雷伙伴（北京）科技孵化器有限公司	服务＋投资＋资源对接	海淀区东北旺西路8号院23号楼3层306室	59403138
94	创园国际 *	北京创园国际科技有限公司	空间＋投资＋服务	东城区后永康胡同17号东雍创业谷A座	84063516
95	泰智会 *	北京宏泰智会科技服务有限公司	创业社区模式	海淀区丹棱街1号互联网金融中心1层103室	82169790
96	华夏幸福	华夏幸福创新（北京）企业管理有限公司	—	丰台区花乡四合庄1516−25、27地块（园区）	—
97	因果树	因果树	互联网生态圈模式	海淀区海淀西大街36号昊海楼402室	53342595

注：* 为科学技术部批准的众创空间
资料来源：中关村科技园区管理委员会

中关村国家自主创新示范区国家级科技企业孵化器一览表

序号	名称	地址	邮编	电话传真	电子邮箱	网址
1	北京高技术创业服务中心	朝阳区安翔北里甲11号	100101	64853169 64853178	cyzx@bjcy.net.cn	www.bjcy.net.cn
2	中关村科技园区丰台园科技创业服务中心	丰台区科兴路9号	100071	63747737 63728448	bjibi@bjibi.org.cn	www.bjibi.org.cn
3	中关村科技园区海淀园创业服务中心	海淀区上地信息路26号	100085	82898748 62984933	chuangye@ospp.com	www.ospp.com
4	北京北航天汇科技孵化器有限公司	海淀区北四环中路238号柏彦大厦	100191	82316140 82338204	bbi@bbi.com.cn	www.bbi.com.cn
5	北京望京科技孵化服务有限公司	朝阳区望京高新技术产业区利泽中二路2号	100102	64390345 64392019	wangjingkejiyuan@126.com	www.wjpark.com
6	北京理工创新高科技孵化器有限公司	海淀区中关村南大街9号理工科技大厦	100081	68470075 68470073-8999	bitrp@126.com	www.guojiagaoxin.com.cn
7	北京启迪创业孵化器有限公司	海淀区清华科技园创新大厦A座14层	100084	62773649 62788199	liuxueliang@tuspark.com	www.tusstar.com
8	北京科大方兴科技孵化器有限公司	海淀区学院路30号方兴大厦6层	100083	62333297 623167221	vcy@ustbcm.com	www.ustbsp.cn
9	北京中关村国际孵化器有限公司	海淀区上地信息路2号创业园D座	100085	82895166 62974804	scottzwx@sohu.com	www.incubase.net
10	北京赛欧科园科技孵化中心有限公司	丰台区科学城海鹰路5号	100071	83681790 83682828	soky@bjibi.org.cn	www.bjsoky.com
11	北京中关村软件园孵化服务有限公司	海淀区东北旺西路8号中关村软件园3号楼	100193	82825187 82825186	spi@zgcspi.com	www.zgcspi.com

（续表）

序号	名称	地址	邮编	电话传真	电子邮箱	网址
12	北京康华伟业孵化器有限责任公司	西城区德胜门外大街 11 号	100088	62021044 82085979	bjkhwy@163.com	www.bjkh.com.cn
13	汇龙森国际企业孵化（北京）有限公司	北京经济技术开发区科创14街99号D座	101111	59755588 59755396	hls666@huilongsen.com	www.huilongsen.com
14	北京普天德胜科技孵化器有限公司	西城区新街口外大街 28 号	100088	82052111 82052127	Ptdsh2002@gmail.com	www.ptdsh.com
15	北京博奥联创科技孵化器有限公司	昌平区超前路 5 号	102200	69711188 69728266	tq198908@163.com	www.balc.com.cn
16	北京汉潮大成科技孵化器有限公司	东城区东直门内海运仓1号瀚海海运仓大厦	100007	51239477 64041953	bjhcdc2011@163.com	www.bjhcdc.com
17	北京九州通科技孵化器有限公司	丰台区科学城航丰路 8 号	100070	56541558 56541500	jdgk@jzteyao.com	www.jdgk.com.cn
18	北京中关村上地生物科技发展有限公司	海淀区上地信息产业基地开拓路 5 号	100085	82898305 62988017	qijm@biozgc.com	www.biozgc.com
19	北京中关村生命科学园生物医药科技孵化有限公司	昌平区生命园路 29 号创新大厦	102206	80715731 80715732-1005	zgcbmi@zgcbmi.com.cn	www.zgcbmi.com.cn
20	北京京仪科技孵化器有限公司	海淀区大钟寺东路 9 号B座	100098	62252281 62272425	jyfhq@fwzx.com.cn	www.jyfhq.com.cn
21	北京北达燕园科技孵化器有限公司	海淀区中关村北大街 127—1号	100080	62769088 82667188	pkuincubator@pkusp.com.cn	www.pkusp.com.cn
22	北京牡丹科技孵化器有限公司	海淀区花园路 2 号	100191	82237531 82237572	wangjing@peony.cn	www.dtvjxtt.com
23	北京奥宇科技企业孵化器有限责任公司	大兴区金星路 12 号	102600	60213415 60215576	aykjfhq@126.net	www.aoyucn.com
24	北京瀚海润泽孵化器有限公司	丰台区开阳路 1 号瀚海花园大厦	100007	83973962 83973556	master@hanhairunze.com.cn	www.hanhairunze.com.cn
25	北京华海基业科技孵化器有限公司	石景山区石景山路 22 号长城大厦	100043	68668593 68666207	huahaijy2012@163.com	www.huahaijiye.com
26	汇龙森欧洲科技（北京）有限公司	北京经济技术开发区科创14街99号D座	101111	59755588 59755396	hls666@huilongsen.com	www.huilongsen.com
27	北京中关村京蒙高科企业孵化器有限责任公司	海淀区上地东路京蒙高科大厦	100085	51557666 82783861	jmgk@newwest.cn	www.newwest.cn
28	北京亦庄国际生物医药投资管理有限公司	北京经济技术开发区科创六街 88 号院	101111	56315281 56315287	swyyzs@bybp.com.cn	www.bybp.com.cn
29	北京人大文化科技企业孵化器有限公司	海淀区中关村大街 45 号兴发大厦 403 室	100086	82509532 82509959	cspruc@cspruc.com	www.cspruc.com
30	北京交大科技孵化器有限公司	海淀区高梁桥斜街 44 号东校区科教楼	100044	51686946 51686172	mmeng@bjtu.edu.cn	www.bjtuspark.com
31	北京宏福博奥科技孵化有限公司	昌平区北七家镇宏福大厦1713 室	102209	81785567 81784356	bitjhl@163.com	www.hffhq.com
32	北京乐邦乐成创业投资管理有限公司	昌平区回龙观镇西大街 16号	102208	53321997	chuangye@lebanglech-eng.com	www.leventure.cn
33	北京厚德科创科技孵化器有限公司	海淀区海淀大街 3 号	100080	62607779 -8012	bp@hdcxg.com	www.hdcxg.com
34	北京东升科技企业加速器有限公司	海淀区西小口路 66 号中关村东升科技园B区B-2楼	100192	56358278 56358128	dsfuhuaqi@163.com	www.beilingdi.com
35	北京创新方舟科技有限公司	海淀区海淀大街 3 号鼎好电子商城A座	100080	57525200	press@chuangxin.com	www.chuangxin.com
36	北京瀚海博智科技孵化器有限公司	朝阳区向军北里 28 号院 1号楼	100020	65007339 65007335	—	www.hanhaibozhi.com

（续表）

序号	名称	地址	邮编	电话传真	电子邮箱	网址
37	中关村意谷（北京）科技服务有限公司	海淀区农大南路88号万霖大厦	100084	82666722 82669822	—	www.egu360.com
38	北京东方嘉诚文化产业发展有限公司	东城区藏经馆17号嘉诚印象C101	100007	59865918	hr@jiacheng.com	www.jia-cheng.net
39	北京创业公社投资发展有限公司	石景山区实兴大街30号17号楼4～7层	100144	4000130816 68866989	cygs@vstartup.cn	www.vstartup.cn
40	博雅燕园科技企业孵化（北京）有限公司	海淀区紫竹院路116号嘉豪国际中心	100097	51709999	park@bjmmedia.cn	www.bjmmedia.cn
41	北京嘉捷美锦科技发展有限公司	北京经济技术开发区西环南路26号	100176	67817688	tianlin@bdapark.com	—
42	北京华商置业有限公司	大兴区工业开发区科苑路18号	102600	61271941 61271943	—	—
43	北京牡丹创新科技孵化器有限公司	朝阳区酒仙桥东路1号院8号楼	100016	64345799 64345799	duhang@pe0hy.cn	—
44	大唐创新港投资（北京）有限公司	海淀区永嘉北路6号	100094	58917940 58917941	innohub@datang.com	www.dtinnohub.com
45	北京赢家伟业科技孵化器股份有限公司	海淀区北四环西路9号银谷大厦2108室	100190	62800368	—	www.bjyjwy.com
46	北京嘉润创业商务有限公司	东城区后永康胡同17号A101房间	100007	64038817	mayq@jiaruncpa.com	—
47	北京华电天德科技园有限公司	昌平区朱辛庄华北电力大学	102206	80798918	—	—
48	北京国投尚科信息技术有限公司	朝阳区酒仙桥中路18号18号楼305室	100015	62570941	—	www.skword.com.cn

资料来源：中关村科技园区管理委员会

中关村国家自主创新示范区开放实验室一览表

序号	名称	业务范围	电话	地址
		软件互联网通信（49家）		
1	清华大学互联网测试和认证中心	开展互联网技术研究，特别是新型互联网体系结构和协议，以及网络协议测试技术	62788109	海淀区清华园1号清华大学东主楼
2	北京大学软件工程国家工程研究中心	主要任务是开发应用软件平台进行成果转化及产业化，制定软件工程标准与规范	62754993	北京大学理科楼群1号楼7层
3	北京大学空间信息集成与3S工程应用北京市重点实验室	专注于对地观测与3S集成应用、空间信息GIS工程、微波遥感、数字地球、地理信息分析与应用、卫星导航与应用、数字矿山联合、地理信息系统软件等研究	62769330 62759765	海淀区颐和园路5号
4	北京大学数字视频编解码技术国家工程实验室	通过组织领导视频编解码国家标准制定，开展视频编码的核心算法研究。配合标准的出台与实施，研制编解码核心软件、芯片IP核和原型产品	62757268 62751638	海淀区颐和园路5号北京大学理科2号楼2641室
5	北京大学网络与信息安全实验室	在网络和信息系统的内容安全、运行安全和信息对抗等领域，为企业提供Smartbits、Avalanche、IXIA等标准测试仪器等	82529591 62754532	海淀区中关村北大街128号北京大学计算机科学技术研究所
6	中科院软件所信息安全共性技术国家工程研究中心	主要开展信息安全技术成果的工程化与产品化、信息安全测评与咨询服务、信息安全技术标准研究与制定、为信息安全行业提供共性技术支撑等工作	82486299 82486355	海淀区中关村大街19号新中关大厦B座1601室

（续表）

序号	名称	业务范围	电话	地址
7	中科院软件所基础软件国家工程研究中心	可提供检测验证服务，主要对操作系统、数据库、基础软件、系统软件、中间件、技术标准等研发及工程化验证	62661900-812	海淀区中关村南四街4号
8	中科院遥感所国家遥感应用工程技术研究中心	主要开展先进、关键、共性、遥感集成技术及多维信息技术的开发与服务，研究方向为遥感技术、空间地理信息系统、全球定位系统和3S综合集成技术	64889206	朝阳区北辰西路奥运科技园遥感所工程中心
9	中科院计算所网络存储研究中心	致力于海量数据大规模高效集群存储系统核心技术的研发、产品化、产业化，提供相关服务。在广电、视频监控、新媒体等10余个领域获得了成功的应用	59851155-2605	海淀区中关村大街19号新中关大厦A座10层
10	中科院计算所网络技术研究中心	主要开展网络体系结构与关键技术的研究；网络设备与网络应用的研发；网络系统的测试、评估与验证	62600725 62533449	海淀区科学院南路6号
11	中科院计算机网络信息中心互联网基础技术开放实验室	致力于互联网基础技术研究，促进政府主管部门、科研机构、高校和互联网产业界等合作，构建合作共赢的开放研究环境	58813489	海淀区中关村南四街4号中国科学院软件园1号楼
12	中科院计算所虚拟现实技术实验室	研究重点集中于“虚拟人合成”和“虚拟环境交互”，能为企业在模拟分析、影视产品制作、游戏动漫生成、数字媒体的生成、展示、管理、发布等方面提供技术支撑服务	6262619 82611846	海淀区中关村大街1号海龙大厦12层
13	中科院信工所网络安全开放实验室	研究方向为网络安全系统、BIOS样本库、监控系统等，可为信息安全企业提供技术攻关、成果转化、自主创新产品研发的分析检测类服务、人才交流与培养等服务	88257981 88236839	海淀区杏石口路65号益园文创基地C1栋中段3层
14	中科院自动化所数字内容技术与系统研究中心	主要从事人类学习测量与评估技术、媒体内容分析与综合技术、人类跨语言沟通技术、混合现实环境与技术以及3D数字内容生成技术的研究	82614847 62570224	海淀区中关村东路95号自动化大厦804室
15	中国科学院大学网络经济及知识管理研究中心	开展网络经济、数据挖掘、企业知识管理以及网络行为与社会等领域的研究，在新经济企业商业模式创新、电子商务等领域有较强的技术优势	82680920	海淀区中关村东路80号
16	北京航空航天大学北京智能交通研究实验中心	主要开展先进交通信息服务模式、架构与系统，交通信息处理和发布技术与标准，城市交通管理组织与规划、交通设施管理技术与系统等方面的研究	82338582 82338220	海淀区学院路37号
17	北京航空航天大学虚拟现实技术与系统国家重点实验室	主要研究虚拟现实中的建模理论与方法、增强现实与人机交互机制、分布式虚拟现实方法与技术、虚拟现实的平台工具与系统，可为企业提供技术攻关服务	82338861 82339909	海淀区学院路37号北航新主楼G座710
18	北京邮电大学智能通信软件与多媒体重点实验室	主要开展大数据分析、物联网、云计算、环境监测、智能交通、嵌入式系统、通信软件、智能信息处理、多媒体等方面的研究	62283324 62283523	海淀区西土城路10号
19	北京邮电大学网络与交换技术国家重点实验室	在网络科学的基础理论和高新技术领域，针对网络管理、网络智能、网络安全、交换技术开展研究和应用	62283412	海淀区西土城路10号
20	北京邮电大学泛网无线通信教育部重点实验室	在无线电波及环境模型、宽带无线移动通信、短距离无线通信、认知无线电、未来无线网络及互联网架构及技术等方面开展研究	61198100	海淀区西土城路10号
21	北京邮电大学信息光子学与光通信国家重点实验室	主要从事宽带接入技术、大容量光传输系统与网络、光子交换与路由技术、光信息处理技术、信息光电子器件、光纤传感技术、光纤光缆检测的研究	61198087 61198084	海淀区西土城路10号
22	北京邮电大学网络体系构建与融合实验室	在未来网络体系架构、核心承载网、业务控制网、接入网络、绿色网络与网络节能、网络融合、网络安全方面为企业提供技术支持	62282262	海淀区西土城路10号
23	北京邮电大学宽带移动通信工程实验室	拥有完整先进的移动通信网络的计算机仿真环境，能够进行移动通信各个领域的热点技术评估	62283232	海淀区西土城路10号
24	北京交通大学轨道交通信息系统评测与认证实验室	主要开展半实物仿真测试环境下的评测与认证服务，轨道交通信息系统可靠性、可用性、可维护性和安全性的测试与评估，网络测试，标准制定和测试验证等	51686023	海淀区西直门外上园村3号

（续表）

序号	名称	业务范围	电话	地址
25	北京理工大学智能信息技术北京市重点实验室	主要研究方向集中于智能网络信息处理、智能系统与信息技术、视觉与自主系统、数字设计自动化和虚拟现实技术等	68913536	海淀区中关村南大街5号
26	北京市科学技术研究院公共计算重点实验室	可提供以200万亿次计算能力、上百TB数据存储容量和高带宽网络通道等为基础的硬件服务以及工程计算、工业仿真、生物计算、医药健康等领域的应用软件服务	59341832 65240710	海淀区永丰产业基地丰贤中路7号北科产业3号楼
27	电子信息产品协同互联（闪联）开放实验室	提供闪联标准架构研究、闪联产业关键技术和芯片研究、闪联标准基础应用和开发平台研究、闪联产品测试认证等服务	59610166-861	海淀区万柳中路11号派顿大厦4层
28	北京工业大学多媒体与智能软件技术北京市重点实验室	主要开展用于网站、机场、地铁、车站等公共场合的手语播报技术，用于安检、考勤、鉴定等场合的人脸及手纹识别技术等方面的研究	67392313	朝阳区平乐园100号北京工业大学
29	中国软件评测中心	以检测为主，是国内最具权威性的国家级软硬件产品和信息系统测试实验室；开展计算机信息系统集成资质认证、双模型认证服务、信息工程监理、评估等服务	88559238-9239	海淀区紫竹院路66号赛迪大厦5/12/13/14层
30	软件测试与渲染技术重点实验室	研究方向包括云渲染技术研究与开发、数字内容的云存储技术、数字内容云协作模式标准流程的研究和数字工作室云协作最佳实践	82825511-815	海淀区东北旺西路8号中关村软件园3A楼
31	国家网络新媒体工程技术研究中心	致力于网络感知与媒体服务、内容聚合与大数据分析处理、未来网络、嵌入式多核处理、智能终端操作系统等行业与技术领域的研发	62565615-218 62564602	海淀区北四环西路21号
32	中国传媒大学数字音视频技术研究中心	主要研究视频压缩及内容检索技术，高效音视频数字编码与传输技术，高效数字音视频应用系统实现方法，压缩图像质量的客观评价与超分辨率技术等	65783391-317 65779081	朝阳区定福庄东街1号
33	无线移动通信国家重点实验室终端开放实验室	拥有TD-SCDMA/TD-LTE/WLAN多网络端到端全业务测试系统，可提供专业测试服务和实验室解决方案，以及TDS／TDL Mini IOT测试系统	58832515 58832493	海淀区学院路29号
34	中关村下一代互联网测试服务中心	提供IPv6Ready Logo产品测试认证和IPv6 Enabled Logo应用测试认证服务，提供功能测试、性能测试、互联互通测试以及第三方验证测试等服务	58678188-166	朝阳区曙光西里甲6号时间国际A座2508室
35	中关村软件园公共技术服务实验室	建成一系列以通信服务、增值服务及公共服务三大核心内容为主体的公共技术平台，包括基础通信平台、数据中心和灾备中心等	82825690-2009	海淀区东北旺西路8号中关村软件园1号楼B座
36	影视技术与艺术研究院	开发、建成具有自主知识产权的可应用到国产电影制作中的数字电影制作相关技术和产品，建立数字电影研发高端平台；开展有关数字电影高新技术的科研及应用开发工作	82283398	海淀区西土城路4号
37	高动态导航技术北京市重点实验室	围绕高动态惯性器件、高动态导航领域的共性与关键技术及应用技术等科研方向，探索新机理、新方法，发现新效应、新规律，并转化为具体应用成果，形成具有自主知识产权的导航与控制技术应用产品	64884344	朝阳区北四环中路35号
38	方正国际公共信息服务平台智慧城市开放实验室	针对智慧城市运行所需的大型公共信息服务平台，建立配套的标准规范、产品体系、技术装备、开放实验室检测平台，为政府、科研院所及相关企业提供规划咨询、成果转化、软件产品、技术服务、数据加工	82343603 62961425	海淀区北四环西路52号方正国际大厦5层
39	可信计算北京市重点实验室	专注于可信计算与信息安全理论研究与技术开发；信息安全人才专业培养、实训实践；可信计算系列标准国家／行业研制；合作申请、开发国家和省部级研究项目等	67392153	朝阳区平乐园100号
40	定量遥感信息技术实验室	围绕定量遥感信息获取与应用机理、定量遥感信息质量控制技术、定量遥感信息服务技术三大方向，开展多维遥感数据获取与成像、高精度遥感信息量化提取、目标多维特征信息综合分析等研究	82178696 82178600	海淀区邓庄南路9号中科院光电研究院

（续表）

序号	名称	业务范围	电话	地址
41	智能终端操作系统研发实验室	可为移动互联网产业链上下游企业提供研发、测试、性能优化、运营商认证、信息安全保护、一站式解决方案等公共技术服务，产品线覆盖包括应用程序框架、底层架构技术、中间件技术等操作系统各个层级，可面向智能手机、智能家居、可穿戴设备等物联网智能硬件提供解决方案以及技术服务	62662686	海淀区龙翔路甲一号泰翔商务楼
42	北航电磁兼容技术研究所	提供电磁兼容试验、电磁兼容设计、电磁电容整改、天线设计、线路布局、电磁兼容暗室设计、电磁兼容测试设备集成、便携式电磁兼容检测设备等	82314558	海淀区学院路37号北京航空航天大学新主楼F1027
43	中航工业计算机软件北京测评中心	开展软件内部自测试、第三方测试、定型/鉴定测评及回归测试；开展ATE检测设备及航电系统仿真/测试环境、视景研发工作；开展测试工具、测试软件的研究开发工作；开展相关航空、航天技术衍生产品及民用产品的研发工作	67857356 67885823	北京经济技术开发区29号院8号楼
44	网神工业控制系统安全北京市工程实验室	拥有工业安全网关研发及测试平台，工业控制系统安全传输研发及测试平台、工业控制系统安全管理研发及测试平台、国产化硬件及可靠性试验平台，可提升工业控制系统安全产品的核心技术研发与创新能力	62972892 62972896	海淀区上地信息产业基地开拓路7号先锋大厦2段1层
45	三网融合数字视频技术国家地方联合工程实验室	致力数字媒体领域，打造领域共性关键技术的研发平台和成果转化平台，可提供视频技术产品、解决方案和技术服务	82853168	海淀区五棵松路49号新奥特科技大厦
46	网络空间安全技术与应用实验室	主要从事网络安全管理、网络攻防检测等领域的研究和开发，研究网络安全数据分析挖掘与威胁情报分析、云计算安全、移动互联网安全等网络安全关键技术	58812891	海淀区中科院软件园2号楼
47	智能物流系统北京市重点实验室	主要研究方向包括：智能物流系统基础理论与方法，物联网复杂事件处理，数据挖掘与数据分析；异构信息集成处理体系结构，可视化物流平台，智能物流技术装备。面向电子商务物流、应急物流、农业物流、冷链物流等行业物流开展示范应用并产业化推广	89534105	通州区富河大街1号
48	中科卓信软件测评中心	提供的服务涉及业务逻辑测试、性能调优、代码检查、安全评估、数据测试、接口测试等领域，同时为企事业用户提供测试咨询服务，协助用户提升测试能力	82097351	海淀区知春路23号量子银座1401
49	网络舆论安全研究中心	在信息安全和网络舆情、下一代互联网、新一代移动通信技术等研究领域具备研究基础	51684227	海淀区西直门外上园村3号
		电子信息（24家）		
50	清华大学信息科学与技术国家实验室	主要从事智能技术与系统、微波与数字通信、集成光子学、普适计算、生物信息学、信息系统安全的研究，提供EDA工具应用、设计资源、技术支持等服务，以及以电子测试为主的公共技术服务平台	62798981 62798987	海淀区清华园1号
51	北京航空航天大学计算机系统结构研究所	在虚拟化与云计算、高性能计算、分布式计算、移动计算等关键技术领域开展前沿性核心技术研发、产业化技术开发、技术创新人才培养	82338824 82339523	海淀区学院路37号北航新主楼G座1034
52	北京邮电大学安全生产智能监控北京市重点实验室	主要从事电子信息产品电磁兼容、轨道交通和广电设备电磁辐射、电信设备和终端入网预检、天线测试、安全生产智能监控、宽带移动通信等方面的研究	62281958 62283222	海淀区西土城路10号
53	北京交通大学下一代互联网互联设备国家工程实验室	在下一代互联网网络体系、互联设备等关键技术领域开展战略性核心技术研发、产业化技术开发，研究产业技术标准，促进重大科技成果应用	51685364 51688743	海淀区西直门外上园村3号
54	北京交通大学轨道交通控制与安全国家重点实验	搭建的CTCS-3级列控系统互联互通测试平台被铁道部确定为高速铁路列控系统互联互通第三方测试认证实验室	51684773	海淀区西直门外上园村3号思源楼8-13层
55	交通运输部公路科学研究院智能交通技术交通行业重点实验室	主要从事公路电子收费、交通信息采集与服务、交通控制与管理、公路气象监测与预警、车载电子与辅助安全、交通专用通信等方面的研究	62079526-240 62045674	海淀区西土城路8号
56	高速铁路系统试验国家工程实验室	围绕高速铁路系统的可靠性、安全性、舒适性和节能环保等性能验证，开展高速列车、线路工程、通信信号、牵引供电等系统综合性能试验、测试	51893730	海淀区大柳树路2号

（续表）

序号	名称	业务范围	电话	地址
57	北京东方计量测试研究所（514所）	开展交直流电压、电流、电阻、相位噪声、微波功率、频率、电磁干扰等专业参数的检定、校准、检测	68379243	海淀区知春路82号院
58	中国电子科技集团公司微波电真空器件国家级重点实验室	开展微波毫米波真空电子学的前沿、基础科学和应用研究	84352402	朝阳区酒仙桥路13号
59	中国泰尔实验室	国内最权威的信息通信类第三方检验/校准实验室，开展新技术研究、标准制定、测试验证、计量校准等工作	62300495	海淀区花园北路52号
60	国家广播电视产品质量监督检验中心	从事强制认证、自愿认证、委托检验、监督抽查、质量鉴定等项目的检验	59570528 59570553	朝阳区酒仙桥北路乙7号
61	中国电子技术标准化研究院	提供试验检测、计量校准、认证、培训等服务；提供长、热、力、电等领域的计量校准服务；提供产品认证、体系认证及3C认证等服务	67831906	东城区安定门东大街1号/亦庄经济技术开发区同济南路8号
62	北京无线电计量测试研究所	以检测为主，从事微波、无线电、电磁兼容、时间频率、电学等计量测试研究和量值传递，以及航天专用计量设备的工程技术研究	68388203 68763247	海淀区永定路50号
63	北京尊冠科技有限公司	提供集成电路、电子标签、海量存储、计算机及外设、物联网、信息产品的系统检测及节能测试，以及机房验收等服务	89055269	海淀区北四环中路211号
64	数字电视国家工程实验室	具有前端与发射、芯片与接收、传输与网络、测试与显示等4个验证平台，提供数字电视产业化和业务运营系统技术支撑	82284700-8018	海淀区花园路2号
65	卫星导航应用与用户设备检测实验室	具备北斗及GPS等各型用户设备的检测能力，涵盖了用户设备全部功能和性能以及高动态和抗干扰等性能测试，具备各类时间比对及数据处理系统等资源	66369060	海淀区北清路22号
66	北京市传感器重点实验室	拥有微机械加工工艺流水线、纳米级微振动检测量的激光扫描系统等加工手段，惯性传感器和声波传感器的测量条件，以及产品设计软件和系列环境实验条件	64884673	海淀区北四环中路35号
67	电磁信息安全应用技术北京市工程实验室	提供电磁环境安全（EMF）检测与评价，医疗器械、机车电子设备、通用电子信息处理设备等民用产品电磁兼容（EMC）等服务	58711666	海淀区中关村永丰产业基地丰德东路9号
68	北京市物流系统与技术重点实验室	拥有自动化立体仓库、AGV等一大批高端大型物流设备和综合性软硬件测试平台，可为企业提供物流系统规划、设计、仿真、优化以及实施服务	89534322	通州区富河大街1号北京物资学院
69	中远现代物流信息技术实验室	从事现代物流中供应链和物流新技术的研究、测试，可将技术成果转化，为企业提供全方位的物流系统规划、设计、仿真、优化、开发、测试等服务	65542060	东城区朝阳门北大街8号富华大厦F座15A室
70	国家无线电监测中心检测中心	专注于无线电技术领域的检测认证、科学研究、标准制定、设计咨询、仪表研发以及重大活动中的无线电设备技术监管等工作	57996002 57996388	石景山区实兴大街30号院中国无线电检测大厦
71	威尔克通信实验室	提供国家网络信息安全的技术研究和综合服务、软件及信息系统评测、机房验收及节能减排检测、国家部委行业的项目验收测试和评估等服务	62301146	北京市海淀区学院路40号研7B
72	新一代无线通信技术终端一致性测试技术开放实验室	可以提升国内终端芯片、测试仪表产品的能力和质量；紧密结合新技术的测试标准研究和测试代码调试工作，提高终端产业链产品国际的竞争力	82607490	海淀区花园东路10号高德大厦519室
73	下一代互联网关键技术和评测国家地方联合工程研究中心	与全球各标准组织进行深入合作，共同承担标准起草、规范制订、体系建设及工具研发等工作，建立成熟的国际化市场和国际合作，在DNSv6、IPv6、SDN、能源互联网四大互联网基础技术领域开展研究，建成全球最大的互联网基础技术公共服务平台	58678188	北京经济技术开发区东区经海5路58号院数字工厂5号楼
集成电路（10家）				
74	北京大学微处理器及系统研究开放实验室	致力于CPU、系统芯片及配套关键系统软件研发和系统设计，关注高性能、高能效、低功耗、安全可靠的前沿核心技术及计算机系统的研发和设计	62759129 62756231	海淀区颐和园路5号北京大学理科1号楼1818室

（续表）

序号	名称	业务范围	电话	地址
75	北京大学微米纳米加工技术国家级实验室	主要从事集成电路生产工艺上的研究	62753137	海淀区颐和园路 5 号北京大学微纳电子大厦 316 室
76	中科院计算所集成电路研究与设计开放实验室	主要从事超大规模集成电路设计方法学，软硬件协同仿真加速、低功耗、可靠性、EDA 支撑平台共性关键技术的研究	62600100 62600109	海淀区科学院南路 6 号计算所办公楼
77	中科院自动化所国家专用集成电路设计工程技术研究中心	IC 分析与设计方法论的工程学术研究和先进的集成电路分析系统的工程开发	62620080-95882614483	海淀区中关村东路 95 号中科院自动化所模式楼 4 层
78	中科院集成电路 EDA 中心	提供集成电路设计、多目标芯片（MPW）、IP 委托开发、IP 打包与评测、封装设计与委托开发、PCB 设计和人才培训等专业集成电路技术服务	82995726 62362261	朝阳区北土城西路 3 号
79	中科院半导体所半导体集成技术开放实验室	具备微纳电子学、光电子学以及微电子机械器件的集成加工及测试表征能力	82304360	海淀区清华东路甲 35 号中科院半导体所
80	中关村芯园 EDA 开放实验室	拥有 SoC、Asic 集成电路设计、检测、全流程设计平台，具有 IP 评估及交易能力，可提供芯片 MPW/ 小批量 / 量产、封装、测试等服务	51530188	海淀区知春路 27 号量子芯座 5 层
81	中关村集成电路测试中心开放实验室	主要从事集成电路晶圆测试、成品测试、设计验证、测试适配器设计加工和整体测试解决方案提供等业务，具有覆盖高、中、低端芯片的测试能力	58717623-233	海淀区永丰基地丰贤中路 7 号孵化楼 A 楼 2 层
82	北京市高亮度半导体发光器件实验室	致力于高质量、高效率、高亮度 LED 器件的研发和制造，拥有在微电子技术、高功率 LED 芯片制造工艺、半导体封装、光机电一体化的核心技术和产业化能力	56381638	北京亦庄经济开发区经海五路 58 号院 3 号楼 3 层
83	集成电路计算光刻与设计优化实验室	主要研究方向：集成电路计算光刻方向和设计与工艺协同优化方向	82995816	朝阳区北土城西路 3 号
		先进制造（15 家）		
84	中科院高能所射线成像工程实验室	主要从事 CT 成像理论和方法、工业 CT 系统集成技术、CT 图像重建及处理算法、基于 CT 的逆向工程技术、CT 应用和 CT 关键部件等研究	88236218 88236413	石景山区玉泉路 19 号乙院
85	机械科学研究总院通用零部件产品质量检测中心	主要研究通用零部件的测试方法、设备、标准等，面向先进制造业企业提供技术咨询服务，标准服务，认证服务，检测服务等技术支持	88301132 68366657	海淀区首体南路 2 号
86	机械科学研究总院先进制造技术研究中心	主要在先进成形制造技术、新材料及工程应用技术、机械工业绿色制造工艺技术、机电一体化设备开发、电动汽车电源技术、汽配技术等领域开展研究	82415945 82415078	海淀区学清路 18 号
87	北京机电研究所精密成形国家工程研究中心	可进行精密成形与改性工艺、模具和装备成套技术研发，材料与机械性能检测，成形与改性数值模拟与试验研究	82415037	海淀区学清路 18 号
88	北方工业大学现场总线技术及自动化北京市重点实验室	主要研究现场总线技术、网络自动化控制、物联网技术、环保控制设备高校科研创新平台等，承揽上述领域的技术开发、新产品开发和自动化工程项目	88803518 88803382	石景山区晋元庄路 5 号
89	航天防御技术研究试验中心	以检测为主，元器件可靠性检测，医疗设备、电子产品、通信设备、汽车配件、铁路设备、电气设备等产业领域方面的企业提供检测服务	88527201 68387956	海淀区永定路 50 号院
90	北京长城计量测试技术研究所	从事计量前沿技术、先进测试技术、特种传感技术研究，机载设备和传感器研发，提供专用测试和控制设备、光机电一体化仪表生产等专业的计量测试技术服务	62458085	海淀区温泉镇环山村
91	北京奥德科汽车电子产品测试有限公司	试验项目能力涵盖声学检测、电磁兼容、环境试验（温度湿度、机械振动 / 冲击、水试验、光老化、防尘试验、阻燃试验）等与汽车电子产品检测相关的各类试验标准	88855635-730	北京市海淀区苍栅路 2 号
92	太赫兹及超快激光应用实验室	主要进行超快激光器、太赫兹光谱成像设备的技术跟进和产品研发工作	82782668	海淀区上地信息路甲 9 号 3 号楼

（续表）

序号	名称	业务范围	电话	地址
93	教育服务智能图像应用技术研究中心	在数据处理产品（OMR、ISR）领域及通信产品（CTI）领域推出一系列具有国内外先进水平的产品，应用范围覆盖教育、邮电、通讯、金融、证券、税务、统计等领域	62976668	海淀区上地科技综合楼B座5层
94	分布式发电与微电网技术实验室	建设先进接入技术与装备、交直流混合微电网、直流配电、分布式电源集群、试验检测平台5个实验平台，重点关注分布式发电并网控制技术研究、分布式发电并网装置研发与测试、分布式电源灵活并网集群控制技术研究、交直流混合微电网协调控制与能量管理技术研究、交直流混合微电网电能质量控制技术研究、直流配电关键技术研究及装置研发6个研究方向	82812934	海淀区小营东路15号
95	北京卫星环境工程研究所机电产品环境与可靠性试验中心	开展环境试验、可靠性试验、寿命试验等技术研究和工程实施，提供产品不同研制阶段的试验设计/实施/评价/咨询等一站式服务，同时可为航空、电子、兵器、船舶、通信、汽车和轨道交通等领域提供环境可靠性试验与检测服务	68113396	海淀区友谊路104号院
96	北京市电动汽车充换电工程技术研究中心	从事电动汽车充换电科学研究、标准制定、检验检测、咨询服务、合作交流等工作	82813303	海淀区清河小营东路15号
97	半导体照明联合创新国家重点实验室	研究方向分为前沿性创新核心技术研究和产业化共性关键技术及应用研究两大方向	82388280	海淀区清华东路甲35号
98	分子影像和放疗装备技术实验室	进行高能放疗设备照射生物应用等物体放射生物反应分子显像，放射性同位素制备和个性化药物示踪剂制备的方法及应用开发的研究；进行高能放射治疗装备在药物、毒物的靶区和药代动力学等方面的研究；进行高能放射治疗装备在老药新用和新药筛选大通道试验研究、生命科学、教育培训、放射治疗临床科研、临床应用研究；探讨a-45高能X线动力治疗的机制，研究其治疗血管斑块和癌症的治疗效果，通过高能靶向动力技术进行肿瘤治疗	67885599	北京经济技术开发区永昌北路11号
生物医药（41家）				
99	北京大学干细胞与再生生物学实验室	在细胞分化、细胞工程及医学应用研究等方面和企业合作研发。重点合作领域包括：干细胞生物和病毒感染宿主细胞的分子机理及艾滋病疫苗的分子设计等	62756954 62755754	海淀区颐和园路5号北京大学东门生命科学院4层
100	北京大学医药卫生分析中心	提供分析测试服务，包括生物医学平台、药物分析平台、公共卫生平台	82801736	海淀区学院路38号
101	北京大学实验动物中心	拥有实验动物转基因制备技术、实验动物影像学技术和实验动物抗体制备技术等实验平台	62765851	海淀区颐和园路5号
102	中科院生物物理所蛋白质与多肽药物实验室	在生物大分子结构与功能层面从事蛋白质与多肽药物方面的研发，为促进蛋白质基础性科研成果转化为生产力提供技术支持	64845388	朝阳区大屯路15号
103	中科院过程工程实验室	从工艺创新、过程量化、工程实施等方面为企业提供技术服务	82544955	海淀区中关村北二条1号过程工程研究所
104	中科院微生物所分子病毒及生物制药开放实验室	可以为企业提供技术攻关和蛋白——蛋白相互作用、病毒检测、细菌检测及鉴定、细胞因子测定、抗病毒药物筛选、抗体制备等多项技术检测服务	64807503 62638846	朝阳区大屯路甲3号
105	中科院微生物所中关村细胞免疫与疫苗评价开放实验室	可为企业在免疫识别的结构基础与病原微生物跨种间传播的分子机制，尤其是有关T细胞识别、艾滋病病毒等囊膜病毒侵入的分子机制、禽流感等动物源性病原跨种间传递的机制等方向提供相关技术服务	64807569	朝阳区北辰西路1号院3号
106	中国医学科学院药用植物研究所天然药物、健康产品的研究与开发实验室	致力于天然中草药的研究，整合药植所所有科技资源，为企业提供药品的二次开发、检测、分析、药理、毒理等服务	62899735 62898496	海淀区马连洼北路151号药用植物研究所
107	中国医学科学院抗体工程药物与肿瘤标志物实验室	致力于肿瘤早诊及癌前预警分子标志物、肿瘤功能基因及分子靶标发现，以及靶向治疗恶性肿瘤的基因工程抗体新药等方面的基础及应用研究	87788749	朝阳区潘家园南里17号

（续表）

序号	名称	业务范围	电话	地址
108	军事医学科学院药物代谢、药物制剂与药物分析重点实验室	储备丰富的口服固体制剂研发和产业化技术，可以为企业同时开展50项制剂项目的研发和中试放大	82671638 82672588	海淀区太平路27号
109	中国食品药品检定研究院国家药物安全评价监测中心	可开展符合GLP原则的生物制品、药品、医疗器械、食品、化妆品的非临床安全性评价，国家重大不良事件的调查及研究以及开展全国范围GLP技术人员的培训	67887035	北京经济技术开发区宏达中路甲8号
110	北京理工大学生物分离分析实验室	以生物分离分析技术为特色，在生物医药与生物材料、蛋白质组学与重大疾病病因学、空间生物与医学工程等方面为企业提供研发以及分析测试服务	68949331 68918123	海淀区中关村南大街5号
111	国家北京药物安全评价研究中心	为企业提供符合CFDA和FDA申报要求的药物、农药、医疗器械、化妆品以及新化学物质临床前安全评价、早期毒性筛选等研发服务	66930753 68220554	海淀区太平路27号
112	总后勤部卫生部药品仪器检验所	在新药研发、药品质量检验和医疗设备的研制、质量控制、检测装置研发、溯源体系研究及标准规程编写等领域技术优势明显，可以为企业提供优质技术服务	66949008	丰台区丰台西路17号
113	北师大基因工程药物与生物技术实验室	在基因工程药物、蛋白质工程及小分子配体药物的设计开发、与疾病相关的蛋白质和细胞工程等方面为企业提供各类研发和检测服务	83754896	海淀区新街口外大街19号
114	北京化工大学北京市生物加工过程重点实验室	利用生物催化技术，进行产品加工或新能源、新材料的制备。实验室拥有自主知识产权的系列生物炼制技术，并将这些技术产业化，为企业提供技术支持	64421335 64416428	朝阳区北三环东路15号
115	北京市科学技术研究院北京市理化分析测试中心	提供微生物学、免疫学、分子生物学、细胞生物学、基因组学、法医物证等科技支撑，以及化学成分检测、分析等服务	58717638	海淀区丰贤中路7号孵化楼B座4层
116	北京中医药大学科研实验中心	提供中药化学成分结构分析、分子生物学、细胞生物学等技术平台，为中医证候理论、中医病因病机、方剂配伍规律、中药作用机理和物质基础研究提供技术支撑	64286401	朝阳区北三环东路11号
117	蛋白质组学及其相关产品分析实验室	提供多肽药物、蛋白质药物、抗体、融合蛋白、ADC药物等结构确证服务，包括：分子量测定，N-端、C-段序列分析，二硫键分析，等电点，PEG修饰，糖基化修饰等	80705888 80705155	昌平区科学园路33号
118	国家人类基因组北方研究中心	提供Sanger测序、DNA合成、新一代高通量测序和生物信息学分析等服务	67873016	北京经济技术开发区永昌北路3号707室
119	北京航空航天大学医疗器械及康复辅具实验室	在心血管系统和肌骨－口腔系统植介入医疗器械生物力学评价和优化设计，无源医疗器械生物安全性和相容性测试，有源医疗器械技术开发和验证等方面提供服务	82315554	海淀区学院路37号
120	北京市医疗器械检验所	检验范围涵盖医用电子、医用射线、核医学、电声学、体外诊断系统、一次性医疗产品、医用橡胶制品、口腔材料、生物安全柜、电磁兼容、生物相容性等领域	57901488 62354086	通州区光机电一体化产业基地兴光二街7号
121	中关村生命园开放实验室	主要为中关村生命园及部分园区外生物医药中小企业提供公共设备及技术检测平台	80715732-1035 80715732-1005	昌平区生命园路29号创新大厦B座221室
122	国家生物医药产业基地汇龙森中小企业公共实验中心	主要为中关村生命园及部分园区外生物医药中小企业提供公共设备及技术检测平台	59755606	北京经济技术开发区科创十四街99号
123	生物芯片北京国家工程研究中心	提供HLA基因分型、SNP检测、甲基化谱检测、基因表达谱微阵列服务、miRNA微阵列服务、转录因子活性谱芯片服务等	80726868-6319	昌平区生命科学园路18号
124	北京昭衍新药研究中心	可为企业提供临床前试验，包括药物筛选、主要药效学、安全药理学、一般毒理学、特殊毒性试验、药/毒代动力学等研究	67869966	北京经济技术开发区荣京东街甲5号
125	京蒙细胞治疗及相关产品分析实验室	提供临床检验服务，包括BD流式细胞仪、ABI 7900 Real-Time PCR仪器、ABI 3730XL Analyser基因测序仪等，以及干细胞产品检测、医学检测服务	51557690	海淀区上地东路5-2号京蒙高科大厦B座601室

（续表）

序号	名称	业务范围	电话	地址
126	药物安全评价关键技术北京市工程实验室	主要在GLP条件下开展各类新药、新化学物质、化学品的各种安全性评价服务和技术研究。评价物质涉及化学药物、中药、生物制品、医疗器械、新化学物质、化妆品、农药等	67817730	北京经济技术开发区景园街2号3幢
127	生物质谱转化医学研究中心	开发飞行时间质谱系统相关的技术和产品，开展相关的科研及临床应用工作	53223581	昌平区中关村生命科学园28号博达大厦
128	赛林泰肿瘤和糖尿病小分子靶向新药研发开放实验室	提供计算机辅助设计、药物化学、分析化学、工艺学、酶学、细胞学、药代药动学、毒理学等新药研发服务	88858866	海淀区闵庄路3号15、16楼
129	重组蛋白药物关键技术及应用开放实验室	以原核基因药物、长效蛋白多肽药物、真核基因药物、基因工程改造传统生化药物4个技术平台为支撑，为生物医药中小企业提供从技术到产品的服务	68727127-8332 88795883	海淀区阜石路69号
130	医药研究与智慧医疗健康服务实验室	提供分子生物学、细胞生物学、基因组学、蛋白质组学等方面的生物技术实验服务	80765191 80765101	昌平区中关村生命科学园生命园路8号北大医疗产业园
131	非人灵长类动物开放实验室	从事非人灵长类实验动物供应、非人灵长类模型实验动物研发及供应、非人灵长类实验动物生物制品开发及供应，以及体内药效学、药代学、毒理学等研究	56315002	房山区窦店镇六股道村
132	功能性医用材料与器械北京市工程实验室	主要从事高分子材料的理化性能测试分析，金属、陶瓷、高分子材料表面性能、形貌和微观结构分析、植入物生物力学测试等服务	82292929-2202	海淀区北清路103号超然时代2号楼1门
133	北京诺禾致源生物信息科技有限公司	以基因组学研究与应用开发为发展方向，专注于开拓生物学和生物信息技术在生命科学以及人类健康领域的应用	82837801	北京市海淀区学清路38号金码大厦B座21层
134	北京天广实生物技术股份有限公司	开展抗体蛋白的制备，新型抗体药物的开发，高表达稳定细胞株的构建，抗体药物从小试规模到中试规模的细胞培养工艺、纯化工艺、制剂工艺的开发等业务	87169781-828 59755423	北京亦庄经济技术开发区科创十四街99号汇龙森3号楼3层
135	博奥晶典分子检测研究与应用中心	拥有完全自主知识产权的生物芯片技术和产品系列，以生物芯片技术为主，测序技术为辅，向客户提供一体化检测、诊断解决方案	69002900	北京经济技术开发区科创六街亦庄生物医药园C座
136	北京市心肺血管疾病研究所	拥有国家心血管临床医学研究中心、教育部心血管重塑相关疾病重点实验室、上气道功能障碍相关心血管疾病研究北京市重点实验室等研究机构，并建立转基因动物模型平台、病理生理学平台、细胞与分子生物学平台、小动物影像学平台和基因诊断学平台	64456529	朝阳区安贞路2号
137	北京市系统营养工程技术研究中心	拥有食品营养分析检测技术研究中心、食品营养与功能评价共性技术研究中心、人体健康预警测评与营养干预研究中心、特殊膳食营养食品配方研究中心4个研究平台，以营养素和营养成分检测技术研究、营养代谢与调控应用基础研究、营养与功能食品产业化研发、健康预警和营养干预研究为核心	83515318	丰台区右安门外东滨河路4号
138	精准医疗与基因工程北京市工程实验室	建立NextSeq 550AR、Ion Torrent ™、DAAN DA8600等新一代高通量测序平台，可以对DNA、RNA等不同分子类型的样本进行测序分析	56315326-8327	北京市经济技术开发区科创六街88号院B2栋
139	百迈客基因研究与应用开放实验室	设有分子实验室、测序实验室以及高性能信息分析平台，基于高通量测序和生物信息技术的开发与应用，主要开展农学科技服务、医学基因检测和生物信息分析等业务	56440802	顺义区南法信镇顺平路南法信段9号院1幢5层508室
		现代农业（15家）		
140	国家兽药安全评价中心	主要承担国家下达的兽药残留检测技术研究与产品研发、残留检测技术或产品验证（复核）、残留检测方法标准制（修）订、动物产品残留监测检验等工作	62733378	海淀区圆明园西路2号中国农业大学（西校区）
141	中国农业科学院生物技术研究所	在作物抗逆分子生物学、作物基因工程、生物反应器、作物功能基因组学和代谢工程、农业微生物功能基因组和酶工程技术等方面为企业提供技术支持	82106142	海淀区中关村南大街12号

（续表）

序号	名称	业务范围	电话	地址
142	中国农业科学院饲料研究所	在饲料微生物工程、基因工程、生物化工、生态饲料、饲料资源、饲料工程技术、饲料经济与信息、饲料检测等方面为企业提供高技术服务	82106085	海淀区中关村南大街12号
143	北京市作物分子育种工程技术研究中心	专注于玉米、水稻、大豆等主要农作物精准生物育种及关键农艺性状研究，以提高作物产量、抗除草剂及抗病虫能力、抗旱性、增进作物对肥料的利用效率等	82408600-8619	海淀区圆明园西路2号
144	北京农学院农业生物制品与种业实验室	在饲料添加剂及中兽药、生物种业技术、食品安全与质量3个方面为企业提供技术服务	80797301	昌平区回龙观镇北农路7号
145	土壤植物机器系统技术国家重点实验室	主要研究土壤－植物－机器系统应用基础、土壤和植物信息获取及病虫草防控技术与装备、农业雾化工程技术与设备、农业装备智能化技术等	64866839	西城区德胜门外北沙滩1号
146	北京农林科学院国家农业智能装备工程技术研究中心	围绕农业智能装备通信标准规范、关键技术产品、系统集成开展研究，开发了农田信息采集、智能农机、农业精准监测传感器等产品	51503416	海淀区曙光花园中路11号北京农科大厦
147	北京市蛋鸡工程技术研究中心	提供遗传育种分子实验、蛋品质检测、禽白血病、支原体等垂直传播疾病病原的分离、培养、鉴定，以及兽药、疫苗、消毒剂质量检测等服务	61905280 61903706	平谷区峪口镇兴隆庄北街3号
148	饲用微生物工程国家重点实验室	主要开展微生物饲料菌种资源与新产品、微生物发酵与制剂工程、饲用微生物菌种产品检验测定与技术规范等研究	57815016-2017 57815015-8011	海淀区西小口路66号东升科技园B-3三层
149	现代生物农业产业技术研究院	以推动生物农业科研成果产业化为目标，开展作物育种、植物生物技术、微生物技术和有机农业等方面的研究和产业化推广工作	62995866 82346928	海淀区清河东滨河路4号3号院A栋
150	北京食品安全检测装备工程技术研究中心	主要从事食品检测、农产品检测、环境检测、水质检测、纺织品检测、设备性能检验等各项业务	82499843 69910289	平谷区平三路3号8号楼
151	北京农业质量标准与检测技术研究中心	提供农产品（食品）的质量安全等样品的检测服务，以及相关检测仪器设备研发的设计咨询和产品开发的技术支持	51503793	海淀区曙光花园中路9号农科院新实验大楼1005室
152	北京华牛生物实验室	进行基因测序、生物信息分析、细胞克隆、分子育种、分子诊断及治疗技术研究，以及功能食品、保健品、生物制品的开发	61824280 61824286	门头沟区水闸北路21号
153	农业部农产品质量安全重点实验室	开展农兽药和重金属等有毒有害物质残留动态、溯源及真假识别研究，承担国家农产品及饲料质量安全风险监测、监督抽查等监控技术支持工作	82106506	海淀区中关村南大街12号
154	北京市畜禽生物制品工程技术研究中心	专注于猪用疫苗、宠物用疫苗、特种经济动物用疫苗、反刍类疫苗、诊断治疗试剂等研究，是国内最大的市场化兽用疫苗研发及猪病检测诊断中心之一	82400231-8152	海淀区杏石口路西杉创意园4区（益园文创基地C区）8号楼
		新材料（33家）		
155	中科院理化所工程塑料国家工程研究中心	专注于材料合成、改性、加工、应用，主要研究工程塑料、抗菌材料和新型环保材料——全生物降解材料及相关其他环保材料	82543775 82543776	海淀区中关村北一条2号
156	中科院理化所功能高分子材料研发与检测实验室	主要从事水处理环保材料、新能源材料、生物应用高分子功能材料、精细化学品材料的研发、中试与产业化，以及以上材料的检测	82543772	海淀区中关村东路29号
157	中国科学院低温工程学重点实验室	开展先进低温系统的低温热工学理论、低温材料以及低温生物医学工程的研究	82543427	海淀区中关村东路29号
158	中国建材检验认证中心	提供水泥、混凝土与新型建筑材料、玻璃与特种玻璃、纤维与纤维复合材料、耐火材料、陶瓷材料、墙体材料、装饰装修材料等产品的测试、检验和认证服务	51167790 51167666	朝阳区管庄东里1号
159	钢铁研究总院先进钢铁材料技术国家工程研究中心	以材料的组织形貌、结构和各项性能为手段，涉及材料开发、性能检测、失效分析以及材料焊接和表面处理工艺领域的各项任务，提供准确的数据和权威的咨询服务	62182657	海淀区高梁桥斜街13号院主楼
160	钢铁研究总院国家钢铁材料测试中心	负责金属材料的化学分析、力学检测、物理检测、无损检测、校准实验、标准物质研制	62182642 62182584	海淀区学院南路76号

（续表）

序号	名称	业务范围	电话	地址
161	钢铁研究总院先进永磁材料与分析检测实验室	主要致力于新材料、新工艺、新设备、测量技术、器件应用等研究，涉及航天、航海、新能源、计算机、医疗、现代家用电器、交通和通信等领域的关键材料	62185125	海淀区学院南路76号
162	国家重有色金属质量监督检验中心	研究与服务领域主要为矿石、精矿、有色金属、选冶中间产品和最终产品、矿山药剂，以及土壤、医疗样品等	88399626 68342279	海淀区西直门外文兴街1号
163	北京北达燕园微构分析测试中心有限公司	主要提供X射线衍射分析和X射线荧光分析服务，具备X射线分析仪器的开发设计能力	58874029	海淀区中关村北大街116号
164	北京市腐蚀、磨蚀与表面技术重点实验室	研发大气腐蚀、土壤腐蚀、高温环境及特殊环境下的材料腐蚀机理、涂镀层防护技术，为轨道交通、燃气管网、热力管网等领域的涂层技术开发提供成果转化服务	62333524 62332715	海淀区学院路30号
165	北京科技大学教育部金属电子信息材料工程研究中心	主要开展新材料的研究开发与生产、材料制备与加工新技术新工艺开发和设备制造、新型电子信息元器件的开发与制造、计算机控制系统集成、机电一体化技术开发及其产品的生产与销售等	82376835 62333375	海淀区学院路30号北科大材料工程学院功能材料研究所
166	北京科大分析检验中心有限公司	可提供分析检验、技术研发、咨询培训、实验室建设咨询等技术服务。检测资质已经覆盖钢铁、铝、钛、合金制品、表面涂料、橡胶、塑料、矿石等26类检测对象和260余个检测项目	62333720	海淀区学院路30号北科大材料测试楼
167	激光与红外光学材料研究开发实验室	主要从事光电功能晶体材料、红外光学材料、超低膨胀微晶玻璃以及相关器件的基础研究与应用技术开发	65492620-8015	朝阳区东坝红松园1号
168	纤维材料工程化技术开发实验室	研究开发差别化、高性能、可再生资源纤维制造技术领域的关键工艺和设备	65987254	朝阳区朝外延静里中街3号
169	北京市建筑材料检验中心有限公司	从事建材产品检验，包括超细粉体材料、抗菌剂系列产品、高分子材料、高效减水剂、阻燃剂、各种功能涂料、无机非金属材料等	88751768 88715189	石景山区金顶北街69号院
170	北京有色院国家有色金属及电子材料分析测试中心	开展有色金属、稀有金属、稀土金属及其合金、电子材料的化学成分分析，黄金、白银、铂金饰品成色无损检测；材料的力学和物理性能检测及各种合金、半导体材料和器件的微结构、微缺陷研究	82241374	西城区新街口外大街2号
171	北京有色金属研究总院半导体材料国家工程研究中心	研发半导体材料产业的关键共性技术，在硅单晶生长、硅片加工、硅片处理、大直径外延片制备、硅片分检测等方面拥有多项核心技术	62055383	西城区新街口外大街2号
172	首师大太赫兹光电子学教育部重点实验室	研究开发太赫兹波谱、太赫兹成像技术、太赫兹安检技术、红外热波无损检测技术，扩展太赫兹与红外技术的应用领域	68980838	海淀区西三环北路105号
173	首师大北京市纳米光电子学重点实验室	提供激光拉曼体系与纳米探针激光耦合技术平台、微纳新材料制备与微纳器件研发技术平台、生物太阳能技术和生物医药结构分析技术平台、文物和艺术品鉴定技术平台以及相关服务	68902965	海淀区西三环北路105号首都师范大学科技园
174	国家纤维增强模塑料工程技术研究中心	设计、研发、试制、生产、销售玻璃钢/复合材料及制品，承接复合材料及制品的设计、研发、性能评价、分析测试、检验监测等技术服务	61161204	延庆县八达岭经济开发区康西路261号
175	北京橡胶工业研究设计院橡胶材料及其制成品实验室	承担国家强制性认证轮胎产品的检测，轮胎产品的国家监督抽查和市场抽查，以及国家标准的制定、修订、验证，橡胶物化检测领域国家标准、行业标准的制定和修订，中国对ISO相应的ISO/TC45/SC2橡胶与制品试验与分析的表态等工作	51338840	海淀区阜石路甲19号
176	印刷包装材料与技术北京重点实验室	以印刷包装材料及相关信息材料与技术的研发为基础，以行业发展、市场需求、企业亟待解决的问题为依据，开展前沿性的研究工作	60261107 60261108	大兴区兴华北路25号
177	北京市生态环境材料及其评价工程技术研究中心	拥有生态环境材料与材料环境协调性评价、稀土及难熔金属材料、绿色连接新材料、有实力的轻合金材料与制备加工等技术，可提供相关材料与技术的性能评价、分析测试等服务	67392166	朝阳区平乐园100号

（续表）

序号	名称	业务范围	电话	地址
178	北京经济技术开发区（汇龙森）新材料公共技术服务及实验中心	可为大部分陶瓷产品生产工艺及部分粉末冶金生产工艺提供粉末原材料的处理、一般的成型、成型件的预处理、条件烧结、后期加工及分析检测服务	59755588-8855	北京经济技术开发区科创14街99号汇龙森7号楼2单元B1
179	中电投工程研究检测评定实验室	提供结构性能、振动性能、环境性能、数据中心环境、节能与绿色建筑、水利水电工程以及工程材料的检测、鉴定、评价、咨询、设计等服务	68207503	海淀区万寿路27号院
180	北京化工大学先进弹性体材料研究中心	以国家资源、能源、环境、生命健康和传统产业技术改造服务为应用目标，对弹性体材料的制备和应用技术进行研究与开发	64456158	朝阳区北三环东路15号北京化工大学科技大厦1211室
181	北京化工大学教育部超重力工程研究中心	围绕超重力法纳米材料制备、超重力反应强化等技术进行研究，在新材料、环保、化工、能源、生物医药、海洋工程等领域开展高科技产业化工作	64443134 64434784	朝阳区北三环东路15号
182	环保型防护技术功能涂料北京市工程实验室	提供节能环保新材料的设计、检测、工程服务	62459395 62497080	海淀区温泉太舟坞环山村六二一厂区
183	江河创建检测中心	致力于建筑材料的质量控制与新产品设计研发验证，可提供金属材料成分分析、机械性能测试、耐腐蚀性能测试服务	60411166-6588 60411666	顺义区牛汇北五街5号
184	首钢总公司校准实验室	主要从事几何量、温度、力学、电学等专业领域的计量技术服务	88296216	石景山区石门路1号院8号楼
185	化学品危险性检测与控制实验室	检测项目涵盖危险化学品物理危险性11项指标，具备9项粉尘爆炸性能指标的检测能力，是北京市唯一一家具备粉尘爆炸检测能力单位	81292636	大兴区黄村镇清源北路19号
186	工业材料腐蚀与服役安全实验室	开展材料服役性能检测和材料腐蚀测试、材料在工业环境中的适用性评价、用于材料保护的各类涂层和药剂性能的测试与评价等工作	82883759	小汤山镇工业开发区15号
187	材料电化学过程与技术实验室	以材料电化学基础理论与应用技术研究为核心，以电化学与材料学的交叉创新性研究为基础，以国家新能源、新材料、节能减排、材料失效控制、传统产业技术改造服务为应用目标，推动中国材料电化学学科和应用技术的提高	64411301	朝阳区北三环东路15号
节能环保（36家）				
188	清华大学电力系统及发电设备控制和仿真国家重点实验室	设有电力系统动态模拟、电力电子变流系统、高电压与强电磁环境、热力系统研究检测4个实验平台，主要研究方向为大电网安全与经济运行、交直流输电技术与电磁环境、高压大容量电力电子技术及柔性输配电技术	62783378	海淀区清华园1号清华大学西主楼3区205室
189	清华大学环境模拟与污染控制国家重点联合实验室	主要研究城市污水处理与回用技术、工业废水处理技术、污染水体的净化与修复技术、水污染控制的仪器化、区域水环境污染控制与管理	62785684 62771472	海淀区清华园1号清华大学环境科学与工程系
190	清华大学核环境技术实验室	进行工业与民用供水和废水的资源化处理，包括石化电子等工业废水处理、工业与民用废气处理、放射性废物固化、重金属和放射性核素污染的生物治理等	62784945	昌平区南口镇虎峪村清华大学核研院内
191	清华大学饮用水安全技术实验室	在饮用水处理技术及水质评价方面可提供水质测试以及水处理材料与设备的性能测试等服务	62796958	海淀区清华园1号
192	中科院生态中心环境水质学国家重点实验室	深入探索天然水体与水处理过程中水质转化的基本规律，发展环境水质改善与保护的科学原理与高效技术，以解决全国性和区域性水污染和水安全问题	62923543 62849108	海淀区双清路18号
193	中科院工程热物理所传热传质研究中心	主要从事针对大功率设备的新型高效冷却、先进材料传蓄热特性测量、高效传热传质、工业余能利用、节能环保和废弃物处置等领域的科学研究	82543062	海淀区北四环西路11号

（续表）

序号	名称	业务范围	电话	地址
194	中科院过程所离子液体清洁过程北京重点实验室	主要开展化工行业技术升级换代的研究，解决传统工艺资源利用率低、能耗高、污染重的问题	56200254	海淀区中关村北二条1号
195	中科院地理所场地污染评估与修复北京市重点实验室	致力于开展不同类型场地的土壤、地下水污染调查评估，研发适宜国情的修复设备，为污染场地的修复工作提供技术支撑和解决方案	64888162	朝阳区大屯路甲11号
196	华北电力大学电站设备状态监测与控制教育部重点实验室	围绕大型火电和可再生能源发电安全、高效和清洁热功转换过程中的关键科学问题开展应用基础研究，主要包括燃烧状态检测与污染物控制，高温金属材料特性与失效预防等	61773872 61773877	昌平区北农路2号
197	华北电力大学生物质发电成套设备国家工程实验室	在生物质燃烧、热解气化、多联产、烟气脱硝脱汞、生活垃圾及危险废物处理等领域拥有先进技术，可提供燃料利用相关的检验测试、仿真模拟、可行性研究等服务	61772990 61772992	昌平区北农路2号
198	华北电力大学新能源电力系统国家重点实验室	开展新能源电力系统安全、经济运行的基础和应用基础理论研究，主要包括规模化风能、太阳能等新能源电力接入后对电力系统的影响与交互作用机理，建立大时间尺度紧密耦合且具有强随机性的复杂电力系统分析、控制理论与方法的科学研究体系	51971430	昌平区北农路2号
199	北理工电动车辆国家工程实验室	在新能源车辆整车优化和系统集成、车载能量源系统设计和利用、新能源车辆电驱动系统和法规体系与标准方面开展研究	68918297	海淀区中关村南大街5号
200	北理工环境科学与工程北京市重点实验室	研究方向为新型能源材料、环境友好材料、环境工程技术等，包括二次电池新体系及储能材料、新能源汽车及大规模储能的动力电池和相关材料的资源化等方面的技术开发	68918766 68912508	海淀区中关村南大街5号
201	中国北方车辆研究所动力电池实验室	是动力电池检测基地，主要提供各种车辆用动力蓄电池、通信用蓄电池、矿灯用蓄电池、启动用蓄电池、特种蓄电池等检测、评估服务	83809250-101 83809562-101	丰台区槐树岭4号
202	中国电力科学研究院继电保护及安全自动装置实验室	开展继电保护及安全自动装置的型式试验和委托试验，具有自主设计各种模拟设备和分析研究继电保护性能的能力	82812216 62942490	海淀区清河小营东路15号
203	中国电力科学研究院智能用电与节能技术实验室	建有国家电网用电信息系统安全密钥管理中心，拥有国家高电压大电流标准和基准及电力行业最高直流计量标准、数字仪表计量标准、功率电能计量标准等	82813239	海淀区清河小营东路15号
204	中国建筑科学研究院建筑安全与环境国家重点实验室	在建筑大型结构、地基基础、建筑抗震、建筑风工程、建筑材料、建筑防火、建筑幕墙、建筑环境、建筑节能、建筑新能源等领域开展创新性、基础性和公益性技术研究	64517305 64517697	海淀区北三环东路30号
205	煤炭科学研究总院煤炭工业洁净煤工程技术研究中心	致力于高效洁净煤炭利用技术的研发，根据北京的产业特点，就煤炭清洁利用新技术研发、推广和工程服务与相关单位展开全面合作	84262359 84262097	朝阳区和平里青年沟东路5号
206	北京矿冶研究总院无污染有色金属提取及节能技术国家工程研究中心	为有色金属工业的扩改建和新建企业提供无污染工艺和节能技术，为企业节能、减排和提高资源综合利用率提供技术支持	63299841 88380195	南四环西路188号总部基地18区23号楼
207	北京环卫集团环境研究发展有限公司	从事城市生活固废无害化处理的研究开发、设计咨询、设备成套、环境检测等业务，涉及生活垃圾可持续填埋、生物质废物资源化等领域	59682798	朝阳区北湖渠路15号京环大厦12层
208	国家城市环境污染控制工程技术研究中心	进行大气污染防治、水污染防治、土壤与固废污染防治、生态与城市环境4个重点技术领域的研究，具有工程咨询、市政排水、环境影响评价甲级资质以及CMA计量认证等资质	68333644	西城区北营房中街59号

（续表）

序号	名称	业务范围	电话	地址
209	北京绿创声学工程实验室	可提供对各类建筑隔声构件进行空气声隔声性能测定、各类阻性消声器的声学性能和空气动力性能测试、各类吸声材料及结构的吸声性能以及噪声设备的声功率测量等服务	60748995	昌平区振兴路28号
210	北京市劣质铁矿石综合利用工程技术研究中心	下设煤基转底炉、燃气熔融、电熔融冶炼、磨矿磁选等中试平台及相关基础实验室，具备开展劣质含铁资源及冶金固废处理工艺的研发、设计等服务能力	60759696	昌平区马池口镇神牛路18号
211	硅砂资源利用实验室	开展硅砂产品研发、技术推广及检测工作，涉及市政工程、雨洪利用、石油压裂开采、精密铸造、农业种植、沙漠治理、生态建筑等领域	89090770-1502	密云县经济开发区兴盛南路3号
212	固体废弃物综合利用实验室	业务范围涵盖冶金环保及工业废弃物综合利用、市政环保及城市垃圾资源化利用两大领域，可提供业务范围内新产品与新技术的研发、中试、分析、检测、培训等服务	88292034	石景山区石景山路68号首钢厂区内
213	谱尼测试实验室	主要开展食品安全检测、生物医药分析、环境水质监测、汽车检测、电子产品检测、日用消费品检测，以及货物运输条件鉴定、安规可靠性测试、建筑及工程检测等	86218116-629 82619629	海淀区苏州街盈智大厦
214	北京天然植物胶发展中心	专业从事天然绿色高分子——植物胶及其衍生物的研发和生产，提供植物胶应用领域所需的高效、快速溶解技术及其装备	63299219 68364364	大兴区西红门镇北兴路东段22号3号楼北京矿冶研究总院三部
215	北京清洁能源成套设备工程实验室	为清洁能源相关设备及系统的设计、研发、成套和工程实践提供服务平台	60773577-8062	通州区金桥科技产业基地景盛北三街甲2号
216	油气太赫兹波谱与光电检测实验室	开展油气领域光学探测技术的前瞻性研究，成果应用于成品油气性能预测等方面的光学技术研发，耐腐蚀、耐高温、耐高压、快速响应、高灵敏度的非制冷光探测器件以及满足油气实时监测需要的新型光学传感与测控装备研发	89733159	昌平区府学路18号中国石油大学
217	清华大学建筑环境检测中心空气室	围绕室内空气质量问题，提供室内材料物品污染释放评估、空气污染检测、通风系统诊断及改造、空气污染治理等服务	62792713 62795425	海淀区清华大学旧土木工程馆
218	北京工业大学油气管道先进检测与安全评价技术实验室	围绕陆地及海洋油气管道，提供土壤腐蚀性评价、海洋环境腐蚀性评价、杂散电流检测及其危害性评价等服务，以及与管道检测、管道腐蚀相关的服务	67396214	朝阳区平乐园100号北工大西校区机电学院机电楼103室
219	新危险化学品评估及事故鉴定国家级中心实验室	提供化学品危险性分析评估及相关物性分析表征、复杂化学安全事故分析鉴定及其环境影响分析评价、水质在线监测技术与设备研发、水污染物证分析与溯源等服务	64435452	朝阳区北三环东路15号北京化工大学综合楼50E
220	福田汽车节能减排重点试验室	以汽车节能减排为核心业务，具有排放分析、环境模拟、综合性能测试等产品验证能力	59912799 59912680-1-13	昌平区沙河镇沙阳路18号
221	公安部安全与警用电子产品质量检测中心	是具有第三方公证资质的技术服务机构，也是集计量检定校准、监督检验、检查于一身的综合型国家级实验室	68773301	海淀区首都体育馆南路1号
222	科邦检测实验室	建立完善的质量保证体系，已筹建专业实验室，配备各类专业检测仪器及设备，能满足各项大气、水体、土壤、固废、噪声、辐射等环境检测服务的需要	56208883	丰台区科学城航丰路8号1幢楼518房
223	京诚检测实验室	主要检测能力包括环境质量监测、污染源监测及其他监测	50952100	海淀区永丰产业基地永捷北路2号天惠华大厦2层

资料来源：中关村科技园区管理委员会

中关村国家自主创新示范区国家工程实验室一览表

序号	名称	依托单位	所属园区	所属领域	成立、验收年份	地址	邮编	电话
1	遥感卫星应用国家工程实验室	中国科学院遥感与数字地球研究所	朝阳园	电子信息	2008 2013	朝阳区大屯路甲20号北	100101	64879268
2	下一代互联网互联设备国家工程实验室	北京交通大学	海淀园	电子信息	2008 2011	海淀区上园村3号	100044	51685364
3	数字视频编解码技术国家工程实验室	北京大学	海淀园	电子信息	2009 2013	海淀区颐和园路5号北京大学理科2号楼	100871	62758116
4	灾备技术国家工程实验室	北京邮电大学	海淀园	电子信息	2008 2014	海淀区西土城路10号	100876	62256336-820
5	下一代互联网核心网国家工程实验室	清华大学	海淀园	电子信息	2009 2014	海淀区清华大学信息科学技术大楼	100084	62785931
6	新一代移动通信测试验证国家工程实验室	工业和信息化部电信研究院	海淀园	电子信息	2010	海淀区花园北路52号	100191	62301618
7	新一代移动通信无线网络与芯片技术国家工程实验室	大唐电信科技产业控股有限公司	海淀园	电子信息	2010 2014	海淀区学院路40号	100191	62303003
8	数字电视国家工程实验室（北京）	北京数字电视国家工程实验室有限公司	海淀园	电子信息	2009 2011	海淀区花园路2号	100191	82284700-8028
9	电子商务交易技术国家工程实验室	清华大学	海淀园	电子信息	2013	海淀区清华大学中央主楼	100084	62794291
10	移动互联网安全技术国家工程实验室	北京邮电大学	海淀园	电子信息	2013	海淀区西土城路10号	100876	62283180
11	互联网域名管理技术国家工程实验室	中国科学院计算机网络信息中心	海淀园	电子信息	2013	海淀区中关村南四街4号中国科学院软件园1号楼	100190	58813000
12	网络安全应急技术国家工程实验室	国家互联网应急中心	朝阳园	电子信息	2013	朝阳区裕民路甲3号	100029	82990168
13	工业控制系统信息安全技术国家工程实验室	中国电子信息产业集团有限公司第六研究所	海淀园	电子信息	2014	海淀区清华东路25号	100083	82306030
14	公共安全应急技术国家地方联合工程实验室（北京）	北京辰安科技股份有限公司	海淀园	电子信息	2015	海淀区信息路甲28号科实大厦C座	100085	57930920
15	抗肿瘤蛋白质药物国家工程实验室	清华大学	海淀园	生物医药	2008	海淀区清华大学	100084	62773584
16	濒危药材繁育国家工程实验室	中国医学科学院药用植物研究所	海淀园	生物医药	2008 2013	海淀区马连洼北路151号	100193	57833199
17	神经调控技术国家工程实验室	清华大学	海淀园	生物医药	2012	海淀区清华大学	100084	62794952
18	作物细胞育种国家工程实验室	中国农科院蔬菜花卉研究所	海淀园	生物医药	2008 2011	海淀区中关村南大街12号	100081	82109531

（续表）

序号	名称	依托单位	所属园区	所属领域	成立、验收年份	地址	邮编	电话
19	林木育种国家工程实验室	北京林业大学	海淀园	生物医药	2008 2014	海淀区清华东路35号	100083	62336232
20	畜禽育种国家工程实验室	中国农业大学	海淀园	生物医药	2008 2014	海淀区圆明园西路2号	100083	62732708
21	作物分子育种国家工程实验室	中国农科院作物科学研究所	海淀园	生物医药	2008 2014	海淀区中关村南大街12号	100081	82109715
22	粮食储运国家工程实验室	国家粮食局科学研究院	西城园	生物医药	2011	西城区百万庄大街11号	100037	58523700
23	作物高效用水与抗灾减损国家工程实验室	中国农业科学院农业环境与可持续发展研究所	海淀园	生物医药	2011	海淀区中关村南大街12号	100081	82109567
24	耕地培育技术国家工程实验室	中国农业科学院农业资源与农业区划研究所	海淀园	生物医药	2011 2015	海淀区中关村南大街12号	100081	82106203
25	新型疫苗研制技术国家地方联合工程实验室（北京）	北京民海生物科技有限公司	大兴—亦庄园	生物医药	2015	大兴区大兴生物医药产业基地思邈路35号	102600	59613696
26	电动车辆国家工程实验室	北京理工大学	海淀园	先进制造	2008 2016	海淀区中关村南大街5号	100081	68940589
27	农业生产机械装备国家工程实验室	中国农业机械化科学研究院	朝阳园	先进制造	2011 2015	朝阳区德胜门外北沙滩1号	100083	64882239
28	大型金属构件增材制造国家工程实验室	北京航空航天大学	海淀园	先进制造	2014	海淀区学院路37号	100191	82317114
29	钢铁制造流程优化国家工程实验室	冶金自动化研究设计院	丰台园	先进制造	2008 2013	丰台区西四环南路72号	100071	83802365
30	金属新材料检测与表征装备国家地方联合工程实验室（北京）	钢研纳克检测技术有限公司	海淀园	先进制造	2015	海淀区高梁桥斜街13号	100081	62183085
31	生物冶金国家工程实验室	北京有色金属研究总院	海淀园	新材料	2005 2010	海淀区新街口外大街2号	100088	82241313
32	先进金属材料涂镀国家工程实验室	新冶高科技集团有限公司	海淀园	新材料	2008 2012	海淀区学院南路76号	100081	62182572
33	TFT-LCD工艺技术国家工程实验室	京东方科技集团股份有限公司	大兴—亦庄园	新材料	2008	北京经济技术开发区地泽路9号	100176	87119726
34	功能性碳纤维复合材料国家工程实验室	中国航天科技集团公司航天材料及工艺研究所	丰台园	新材料	2008	丰台区南大红门路1号	100076	68755654
35	口腔数字化医疗技术和材料国家工程实验室	北京大学	海淀园	新材料	2011 2015	海淀区中关村南大街22号	100081	82195521
36	制浆造纸国家工程实验室	中国制浆造纸研究院	朝阳园	新材料	2009 2014	朝阳区启阳路4号中轻大厦	100102	64778001
37	电力系统仿真国家工程实验室	中国电力科学研究院	海淀园	新能源与节能	2007 2011	海淀区清河小营东路15号	100192	82812114
38	湿法冶金清洁生产技术国家工程实验室	中国科学院过程工程研究所	海淀园	其他	2008 2014	海淀区中关村北二街1号	100190	82544829
39	油气钻井技术国家工程实验室	中国石油集团钻井工程技术研究院	昌平园	其他	2008	昌平区沙河镇西沙屯桥西中国石油创新基地A34地块	102206	80162352

（续表）

序号	名称	依托单位	所属园区	所属领域	成立、验收年份	地址	邮编	电话
40	下一代互联网宽带业务应用国家工程实验室	中国联合网络通信集团有限公司	大兴—亦庄园	电子信息	2006	北京经济技术开发区中和街1号	100176	66522712
41	煤矿深井建设技术国家工程实验室（北京实验区）	北京中煤矿山工程有限公司	朝阳园	其他	2008 2013	朝阳区和平街十三区青年沟路5号	100013	84263083
42	信息内容安全技术国家工程实验室	中国科学院信息工程研究所	海淀园	电子信息	2008 2013	海淀区闵庄路甲89号	100093	82546700
43	结构性碳纤维复合材料国家工程实验室	北京航空材料研究院	海淀园	新材料	2008	海淀区温泉镇环山村	100095	62496020
44	中药质量控制技术国家工程实验室	中国中医科学院中药研究所	东城园	生物医药	2009	东城区东直门内南小街16号	100700	64014411
45	生物质发电成套设备国家工程实验室	华北电力大学	昌平园	新能源	2009 2014	昌平区朱辛庄北农路2号	102206	61772992
46	海洋石油勘探国家工程实验室	中国海洋石油总公司	东城园	其他	2011 2013	东城区东直门外小街6号海油大厦	100027	84523630
47	轨道交通系统测试国家工程实验室	中国铁道科学研究院	海淀园	先进制造	2016	海淀区大柳树路2号	100081	—
48	桥梁结构安全技术国家工程实验室	交通运输部公路科学研究所	海淀园	土木工程	2015	通州区马驹桥大杜社村	101102	—
49	新一代移动通信技术应用国家工程实验	中国移动通信集团公司	西城园	电子信息	2016	西城区宣武门西大街32号博瑞琪大厦	100044	—
50	轮胎设计与制造工艺国家工程实验	北京化工大学、三角集团有限公司	朝阳园	先进制造	—	朝阳区北三环东路15号北京化工大学机械楼410室	100029	18610321984
51	交通安全应急信息技术国家工程实验室	中国交通通信信息中心	朝阳园	电子信息	2013	朝阳区安外外馆后身1号	100011	65292114
52	中压大功率变频技术国家地方联合工程实验室（北京）	北京森源东标电气有限公司	石景山园	先进制造	2015	石景山区西井路甲一号	100144	51956655 51956655
53	出生缺陷防控关键技术国家工程实验室	陆军总医院	东城园	生物医药	2016	东城区东四十条南门仓5号	100010	—
54	中药临床疗效和安全性评价国家工程实验室	中国中医科学院西苑医院	海淀园	生物医药	2016	海淀区西苑操场1号	100091	62835652 62835646
55	城市轨道交通列车通信与运行控制国家工程实验室	北京交控科技股份有限公司	丰台园	电子信息	2016	丰台区科技园海鹰路6号院北京总部国际2、3号楼	100070	52820888 52820800
56	城市轨道交通系统安全保障技术国家工程实验室	中铁信息工程集团有限公司	海淀园	电子信息	2016	海淀区首体南路22号国兴大厦8层	100044	51845656 51845656
57	计算机病毒防御技术国家工程实验室	中国人民解放军61539部队	海淀园	电子信息	2016	—	—	—
58	城市轨道交通绿色与安全建造技术国家工程实验室	北京城建设计发展集团股份有限公司	西城园	先进制造	2016	西城区阜成门北大街5号	100037	88336666
59	特高压工程技术国家工程实验室（北京）	中国电力科学研究院	海淀园	新能源	2016	海淀区清河小营东路15号	100192	82812114 62913126

资料来源：中关村科技园区管理委员会

中关村国家自主创新示范区国家重点实验室一览表

序号	名称	依托单位	园区	领域	地址	邮编	电话	建设、验收年份
1	蛋白质与植物基因研究国家重点实验室	北京大学	海淀园	生物	海淀区颐和园路5号	100871	62751848	1987 1990
2	核物理与核技术国家重点实验室	北京大学	海淀园	数理	海淀区成府路201号	100871	62751870	2007 2009
3	人工微结构和介观物理国家重点实验室	北京大学	海淀园	数理	海淀区成府路209号	100871	62751757	1990 1993
4	天然药物及仿生药物国家重点实验室	北京大学	海淀园	医学	海淀区学院路38号	100191	82805739	1985 1987
5	湍流与复杂系统国家重点实验室	北京大学	海淀园	数理	海淀区颐和园路5号	100871	62757426	1991 1995
6	稀土材料化学及应用国家重点实验室	北京大学	海淀园	化学	海淀区颐和园路5号	100871	62751016	1991 1995
7	区域光纤通信网与新型光通信系统国家重点实验室（北京实验区）	北京大学	海淀园	信息	海淀区颐和园路5号	100871	62754170	1989 1995
8	电力系统及发电设备安全控制和仿真国家重点实验室	清华大学	海淀园	工程	海淀区清华大学	100084	62795706	1989 1995
9	摩擦学国家重点实验室	清华大学	海淀园	工程	海淀区清华大学	100084	62797646	1986 1988
10	汽车安全与节能国家重点实验室	清华大学	海淀园	工程	海淀区清华大学	100084	62785708	1991 1995
11	水沙科学与水利水电工程国家重点实验室	清华大学	海淀园	工程	海淀区清华大学	100084	62797481	2006 2008
12	微波与数字通信技术国家重点实验室	清华大学	海淀园	信息	海淀区清华大学	100084	62784884	1991 1995
13	新型陶瓷与精细工艺国家重点实验室	清华大学	海淀园	材料	海淀区清华大学	100084	62772556	1991 1995
14	智能技术与系统国家重点实验室	清华大学	海淀园	信息	海淀区清华大学	100084	62782266	1987 1990
15	低维量子物理国家重点实验室	清华大学	海淀园	数理	海淀区清华大学	100084	62795188	2011 2013
16	化学工程联合国家重点实验室（清华大学萃取分离实验室）	清华大学、天津大学、华东理工大学、浙江大学	海淀园	化学	海淀区清华大学	100084	62782748	1987 1991
17	精密测试技术及仪器国家重点实验室	清华大学、天津大学	海淀园	信息	海淀区清华大学	100084	62773609	1990 1995
18	环境模拟与污染控制国家重点联合实验室（清华大学）	清华大学、中国科学院生态环境研究中心、北京大学、北京师范大学	海淀园	地学	海淀区清华大学	100084	62785684	1989 1995
19	集成光电子学国家重点实验室（清华大学实验区）	清华大学、吉林大学、中国科学院半导体研究所	海淀园	信息	海淀区清华大学	100084	62782734	1987 1991
20	地表过程与资源生态国家重点实验室	北京师范大学	海淀园	地学	海淀区新街口外大街19号	100875	58805461	2007 2010

（续表）

序号	名称	依托单位	园区	领域	地址	邮编	电话	建设、验收年份
21	认知神经科学与学习国家重点实验室	北京师范大学	海淀园	医学	海淀区新街口外大街19号	100875	58800126	2005 2008
22	轨道交通控制与安全国家重点实验室	北京交通大学	海淀园	工程	海淀区上园村3号	100044	51684773	2006 2010
23	化工资源有效利用国家重点实验室	北京化工大学	朝阳园	化学	朝阳区北三环东路15号	100029	64425385	2006 2008
24	有机无机复合材料国家重点实验室	北京化工大学	朝阳园	材料	朝阳区北三环东路15号	100029	64428723	2011 2013
25	地质过程与矿产资源国家重点实验室	中国地质大学（北京）	海淀园	地学	海淀区学院路29号	100083	82322176	2005 2008
26	爆炸科学与技术国家重点实验室	北京理工大学	海淀园	工程	海淀区中关村南大街5号	100081	68913957	1991 1996
27	煤炭资源与安全开采国家重点实验室	中国矿业大学（北京）	海淀园	地学	海淀区学院路丁11号	100083	62331854	2006 2008
28	深部岩土力学与地下工程国家重点实验室	中国矿业大学（北京）	海淀园	工程	海淀区清华东路16号宝源公寓A2座	100083	62331091	2008 2010
29	植物生理学与生物化学国家重点实验室	中国农业大学、浙江大学	海淀园	生物	海淀区圆明园西路2号	100193	62733475	2002 2003
30	农业生物技术国家重点实验室	中国农业大学、香港中文大学	海淀园	生物	海淀区圆明园西路2号	100193	62733332	1987 1990
31	软件开发环境国家重点实验室	北京航空航天大学	海淀园	信息	海淀区学院路37号	100191	82338422	1991 1995
32	虚拟现实技术与系统国家重点实验室	北京航空航天大学	海淀园	信息	海淀区学院路37号	100191	82338861	2007 2010
33	网络与交换技术国家重点实验室	北京邮电大学	海淀园	信息	海淀区西土城路10号	100876	62283412	1991 1995
34	信息光子学与光通信国家重点实验室	北京邮电大学	海淀园	信息	海淀区西土城路10号	100876	61198106	2011 2013
35	新金属材料国家重点实验室	北京科技大学	海淀园	材料	海淀区学院路30号	100083	62334925	1991 1995
36	钢铁冶金新技术国家重点实验室	北京科技大学	海淀园	工程	海淀区学院路30号	100083	82375842	2011 2013
37	油气资源与探测国家重点实验室	中国石油大学（北京）	昌平园	地学	昌平区府学路18号	102249	89733952	2007 2010
38	重质油国家重点实验室	中国石油大学（北京）	昌平园	化学	昌平区府学路18号	102249	89733070	1989 1995
39	新能源电力系统国家重点实验室	华北电力大学	昌平园	工程	昌平区朱辛庄北农路2号	102206	61773778	2011 2014
40	半导体超晶格国家重点实验室	中国科学院半导体研究所	海淀园	数理	海淀区清华东路甲35号	100083	82304287	1988 1991
41	表面物理国家重点实验室	中国科学院物理研究所	海淀园	材料	海淀区中关村南三街8号	100190	82649428	1984 1987
42	超导国家重点实验室	中国科学院物理研究所	海淀园	材料	海淀区中关村南三街8号	100190	82649167	1987 1991
43	磁学国家重点实验室	中国科学院物理研究所	海淀园	材料	海淀区中关村南三街8号	100190	82649253	1991 1995
44	城市与区域生态国家重点实验室	中国科学院生态环境研究中心	海淀园	地学	海淀区双清路18号	100085	62941033	2006 2010
45	环境化学与生态毒理学国家重点实验室	中国科学院生态环境研究中心	海淀园	地学	海淀区双清路18号	100085	62849339	2004 2007

（续表）

序号	名称	依托单位	园区	领域	地址	邮编	电话	建设、验收年份
46	大气边界层物理和大气化学国家重点实验室	中国科学院大气物理研究所	朝阳园	地学	朝阳区德胜门外祁家豁子	100029	62085512	1991 1995
47	大气科学和地球流体力学数值模拟国家重点实验室	中国科学院大气物理研究所	朝阳园	地学	朝阳区德胜门外祁家豁子	100029	82995265	1990 1992
48	非线性力学国家重点实验室	中国科学院力学研究所	海淀园	数理	海淀区北四环西路15号	100190	82543935	1999 2001
49	高温气体动力学国家重点实验室	中国科学院力学研究所	海淀园	数理	海淀区北四环西路15号	100190	82543973	2011 2013
50	分子动态与稳态结构国家重点实验室	中国科学院化学研究所、北京大学	海淀园	化学	海淀区中关村北一街2号	100190	62558682	1987 1991
51	高分子物理与化学国家重点实验室（北京）	中国科学院化学研究所、中国科学院长春应用化学研究所	海淀园	化学	海淀区中关村北一街2号	100190	62659906	2000 2001
52	计算机科学国家重点实验室	中国科学院软件研究所	海淀园	信息	海淀区中关村南四街4号	100190	62661616	2005 2007
53	信息安全国家重点实验室	中国科学院信息工程研究所	海淀园	信息	海淀区闵庄路甲89号	100093	82546591	1989 1991
54	科学与工程计算国家重点实验室	中国科学院数学与系统科学研究院	海淀园	数理	海淀区中关村东路55号	100190	62545820	1990 1995
55	空间天气学国家重点实验室	中国科学院空间科学与应用研究中心	海淀园	地学	海淀区中关村南二条1号	100190	62582648	2006 2009
56	模式识别国家重点实验室	中国科学院自动化研究所	海淀园	信息	海淀区中关村东路95号	100190	82544593	1984 1987
57	复杂系统管理与控制国家重点实验室	中国科学院自动化研究所	海淀园	信息	海淀区中关村东路95号	100190	82544528	2011 2013
58	脑与认知科学国家重点实验室	中国科学院生物物理研究所	朝阳园	医学	朝阳区大屯路15号	100101	64861049	2005 2007
59	生物大分子国家重点实验室	中国科学院生物物理研究所	朝阳园	生物	朝阳区大屯路15号	100101	64888486	1989 1991
60	生化工程国家重点实验室	中国科学院过程工程研究所	海淀园	生物	海淀区中关村北二条1号	100190	82544958	1988 1995
61	多相复杂系统国家重点实验室	中国科学院过程工程研究所	海淀园	化学	海淀区中关村北二条1号	100190	62628836	2006 2009
62	膜生物学国家重点实验室	中国科学院动物研究所、清华大学、北京大学	朝阳园	生物	朝阳区北辰西路1号院5号	100101	62765106	1988 1990
63	干细胞与生殖生物学国家重点实验室	中国科学院动物研究所	朝阳园	医学	朝阳区北辰西路1号院5号	100101	64807312	1991 1993
64	农业虫害鼠害综合治理研究国家重点实验室	中国科学院动物研究所	朝阳园	生物	朝阳区北辰西路1号院5号	100101	64807068	1991 1995
65	声场声信息国家重点实验室	中国科学院声学研究所	海淀园	数理	海淀区北四环西路21号	100190	82547821	1987 1990
66	微生物资源前期开发国家重点实验室	中国科学院微生物研究所	朝阳园	生物	朝阳区北辰西路1号院3号	100101	64807430	1989 1995
67	真菌学国家重点实验室	中国科学院微生物研究所	朝阳园	生物	朝阳区北辰西路1号院3号C406室	100101	64807515	2011 2013
68	系统与进化植物学国家重点实验室	中国科学院植物研究所	海淀园	生物	海淀区香山南辛村20号	100093	62836101	2004 2007
69	植被与环境变化国家重点实验室	中国科学院植物研究所	海淀园	地学	海淀区香山南辛村20号	100093	62836978	2007 2009

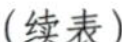

（续表）

序号	名称	依托单位	园区	领域	地址	邮编	电话	建设、验收年份
70	计算机体系结构国家重点实验室	中国科学院计算技术研究所	海淀园	信息	海淀区中关村科学院南路6号	100190	62600600	2011 2013
71	核探测与核电子学国家重点实验室	中国科学院高能物理研究所、中国科学技术大学	石景山园	数理	石景山区玉泉路19号乙	100049	88236046	2011 2013
72	岩石圈演化国家重点实验室	中国科学院地质与地球物理研究所	朝阳园	地学	朝阳区北土城西路19号	100029	82998240	2005 2007
73	遥感科学国家重点实验室	中国科学院遥感与数字地球研究所、北京师范大学	朝阳园	地学	朝阳区大屯路甲20号北	100101	64848730	2003 2005
74	植物基因组学国家重点实验室	中国科学院遗传与发育生物学研究所、中国科学院微生物研究所	朝阳园	生物	朝阳区北辰西路1号院2号	100101	64806595	2003 2006
75	植物细胞与染色体工程国家重点实验室	中国科学院遗传与发育生物学研究所	朝阳园	生物	朝阳区北辰西路1号院2号	100101	64806537	1989 1995
76	分子发育生物学国家重点实验室	中国科学院遗传与发育生物学研究所	朝阳园	生物	朝阳区北辰西路1号院2号	100101	64806637	2011 2013
77	资源与环境信息系统国家重点实验室	中国科学院地理科学与资源研究所	朝阳园	地学	朝阳区大屯路甲11号	100101	64889074	1985 1987
78	地震动力学国家重点实验室	中国地震局地质研究所	朝阳园	地学	朝阳区德外祁家豁子	100029	62009427	2003 2007
79	有色金属材料制备加工国家重点实验室	北京有色金属研究总院	西城园	材料	西城区新街口外大街2号	100088	82241161	2005 2010
80	灾害天气国家重点实验室	中国气象科学研究院	海淀园	地学	海淀区中关村南大街46号	100081	68406768	2005 2007
81	先进钢铁流程及材料国家重点实验室	钢铁研究总院	海淀园	材料	海淀区学院南路76号	100081	62182907	2004 2010
82	植物病虫害生物学国家重点实验室	中国农业科学院植物保护研究所	海淀园	生物	海淀区圆明园西路2号	100193	62815922	1989 1992
83	动物营养学国家重点实验室	中国农业科学院畜牧兽医研究所、中国农业大学	海淀园	生物	海淀区圆明园西路2号	100193	62818910	2005 2009
84	林木遗传育种国家重点实验室	中国林业科学研究院、东北林业大学	海淀园	生物	海淀区颐和园后东小府1号	100091	62888539	2011 2014
85	流域水循环模拟与调控国家重点实验室	中国水利水电科学研究院	海淀园	地学	海淀区复兴路甲1号D座936室	100038	68781657	2011 2013
86	病原微生物生物安全国家重点实验室	中国人民解放军军事医学科学院	丰台园	医学	丰台区东大街20号	100071	66948668	2005 2010
87	蛋白质组学国家重点实验室	中国人民解放军军事医学科学院	昌平园	医学	昌平区生命园路33号	102206	80705188	2007 2009
88	传染病预防控制国家重点实验室	中国疾病预防控制中心	昌平园	医学	昌平区昌平流字5号	102206	61739580	2005 2011
89	肾脏疾病国家重点实验室	中国人民解放军总医院	海淀园	医学	海淀区复兴路28号	100853	66935642	2011 2014
90	航天医学基础与应用国家重点实验室	中国航天员科研训练中心	海淀园	医学	海淀区航天城	100094	68117398	2009 2012
91	心血管疾病国家重点实验室	中国医学科学院阜外心血管病医院	西城园	医学	西城区北礼士路167号	100037	60866093	2011 2013
92	先进成形技术与装备国家重点实验室*	机械科学研究总院	海淀园	制造	海淀区首体南路2号	100044	88301811	2008 2010

（续表）

序号	名称	依托单位	园区	领域	地址	邮编	电话	建设、验收年份
93	土壤植物机器系统技术国家重点实验室 *	中国农业机械化科学研究院	朝阳园	工业设计	朝阳区德胜门外北沙滩1号	100101	64882223	2008 2010
94	石油化工催化材料与反应工程国家重点实验室 *	中国石油化工股份有限公司石油化工科学研究院	海淀园	能源	海淀区学院路18号	100083	62327551	2008 2012
95	无线移动通信国家重点实验室 *	电信科学技术研究院	海淀园	信息	海淀区学院路40号	100083	62302299	2008 2010
96	高速铁路轨道技术国家重点实验室 *	铁道科学研究院	海淀园	交通	海淀区大柳树路2号	100081	51849018	2008 2012
97	矿物加工科学与技术国家重点实验室 *	北京矿冶研究总院	西城园	矿产	西城区西直门外文兴街2号	100044	88399236	2008 2013
98	电网安全与节能国家重点实验室 *	中国电力科学研究院	海淀园	能源	海淀区清河小营东路15号	100192	82812114	2008 2010
99	提高石油采收率国家重点实验室 *	中国石油天然气股份有限公司勘探开发研究院	海淀园	矿产	海淀区学院路20号	100083	83598373	2008 2010
100	硅砂资源利用国家重点实验室 *	北京仁创科技集团有限公司	海淀园	矿产	海淀区上地三街9号嘉华大厦	100085	62987799	2008 2012
101	海洋石油高效开发国家重点实验室 *	中国海油研究总院	朝阳园	能源	朝阳区太阳宫南街6号院中国海油大厦B座	100027	84523630	2010 2013
102	绿色建筑材料国家重点实验室 *	中国建筑材料科学研究总院	朝阳园	材料	朝阳区管庄东里1号	100024	51167416	2008 2012
103	特种纤维复合材料国家重点实验室 *	中材科技股份有限公司	海淀园	材料	海淀区板井路69号	100097	88433966	2008 2011
104	建筑安全与环境国家重点实验室 *	中国建筑科学研究院	朝阳园	土木建筑工程	朝阳区北三环东路30号	100013	64517000	2008 2011
105	混合流程工业自动化系统及装备技术国家重点实验室 *	冶金自动化研究设计院	丰台园	制造	丰台区西四环南路72号	100071	63898782	2008 2011
106	数字多媒体芯片技术国家重点实验室 *	北京中星微电子有限公司	海淀园	信息	海淀区学院路35号世宁大厦	100191	68948888	2010 2015
107	数字出版技术国家重点实验室 *	北大方正集团有限公司	海淀园	信息	海淀区成府路298号中关村方正大厦	100871	82532081	2010 2013
108	固废资源化利用与节能建材国家重点实验室 *	北京建筑材料科学研究总院有限公司	石景山园	材料	石景山区金顶北路69号	100041	88752599	2010 2013
109	生物饲料工程国家重点实验室 *	北京大北农科技集团股份有限公司	海淀园	农业	海淀区中关村大街27号中关村大厦14层	100080	62818175	2010 2013
110	煤炭资源高效开采与洁净利用国家重点实验室 *	煤炭科学研究总院	朝阳园	矿产	朝阳区和平里青年沟5号	100013	84261651	2010 2013
111	钢铁工业环境保护国家重点实验室 *	中冶建筑研究总院有限公司	海淀园	环保	海淀区西土城路33号	100088	83268526	2015
112	矿冶过程自动控制技术国家重点实验室 *	北京矿冶研究总院	丰台园	矿产	丰台区南四环西路188号总部基地18区23号楼	100160	63299888	2015
113	石油石化污染物控制与处理国家重点实验室 *	中国石油安全环保技术研究院	昌平园	能源	昌平区沙河镇西沙屯桥西中国石油创新基地	102206	80169659	2015
114	特种功能防水材料国家重点实验室 *	北京东方雨虹防水技术股份有限公司	顺义园	材料	朝阳区高碑店北路康家园4号楼	100123	59031700	2015

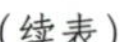
（续表）

序号	名称	依托单位	园区	领域	地址	邮编	电话	建设、验收年份
115	先进输电技术国家重点实验室 *	国网智能电网研究院	昌平园	能源	昌平区未来科技城北区	102209	66601719	2015
116	新能源与储能运行控制国家重点实验室 *	中国电力科学研究院	海淀园	能源	海淀区清河小营东路15号	100192	82812114	2015
117	页岩油气富集机理与有效开发国家重点实验室 *	中国石化石油勘探开发研究院	海淀园	能源	海淀区学院路31号	100083	82311268	2015
118	智能传感功能材料国家重点实验室 *	北京有色金属研究总院	西城园	材料	西城区新街口外大街2号	100088	62014488	2015
119	半导体照明联合创新国家重点实验室（北京中心）	半导体照明产业技术创新战略联盟	海淀园	材料	海淀区清华东路甲35号	100083	82387600	2012 2015

注：* 为科学技术部批准的依托转制院所和企业建设的国家重点实验室
资料来源：国家重点实验室网站

中关村国家自主创新示范区国家认定企业技术中心一览表

序号	名称	依托单位	所属园区	领域	地址	邮编	电话
1	联想（北京）有限公司技术中心	联想（北京）有限公司	海淀园	电子信息	海淀区上地创业路6号联想大厦	100085	58868888
2	北大方正集团有限公司技术中心	北大方正集团有限公司	海淀园	电子信息	海淀区成府路298号中关村方正大厦	100871	82529966
3	北京北开电气股份有限公司技术中心	北京北开电气股份有限公司	大兴—亦庄园	先进制造	北京经济技术开发区永昌南路5号	100176	53798839
4	北京燕京啤酒股份有限公司技术中心	北京燕京啤酒股份有限公司	顺义园	生物医药	顺义区双河路9号	101300	89495511
5	中国电子信息产业集团有限公司技术中心	中国电子信息产业集团有限公司	海淀园	电子信息	海淀区万寿路27号电子大厦	100846	68218529
6	同方股份有限公司技术中心	同方股份有限公司	海淀园	电子信息	海淀区王庄路1号清华同方科技大厦A座	100083	82399988
7	北京和利时系统工程有限公司技术中心	北京和利时系统工程有限公司	大兴—亦庄园	先进制造	北京经济技术开发区地盛中路2号院	100176	58981000
8	北汽福田汽车股份有限公司技术中心	北汽福田汽车股份有限公司	昌平园	先进制造	昌平区沙河镇沙阳路	102206	80708888
9	中国印钞造币总公司技术中心	中国印钞造币总公司	西城园	其他	西城区西直门外大街143号	100044	88016040
10	大唐电信科技股份有限公司技术中心	大唐电信科技股份有限公司	海淀园	电子信息	海淀区永嘉北路6号	100094	58919000
11	中国普天信息产业股份有限公司技术中心	中国普天信息产业股份有限公司	海淀园	电子信息	海淀区海淀北二街6号普天大厦	100080	62683001
12	中牧实业股份有限公司技术中心	中牧实业股份有限公司	丰台园	生物医药	丰台区南四环西路188号总部基地8区16号楼	100070	63701111
13	安泰科技股份有限公司技术中心	安泰科技股份有限公司	海淀园	先进制造	海淀区学院南路76号	100081	62180969
14	北京大北农科技集团股份有限公司技术中心	北京大北农科技集团股份有限公司	海淀园	生物医药	海淀区中关村大街27号中关村大厦14层	100080	82856450

（续表）

序号	名称	依托单位	所属园区	领域	地址	邮编	电话
15	用友软件股份有限公司技术中心	用友软件股份有限公司	海淀园	电子信息	海淀区北清路68号用友软件园	100094	400-6600-588
16	北京中科三环高技术股份有限公司技术中心	北京中科三环高技术股份有限公司	海淀园	先进制造	海淀区中关村东路66号甲1号楼	100190	62533386
17	北京四方继保自动化股份有限公司技术中心	北京四方继保自动化股份有限公司	海淀园	先进制造	海淀区上地四街甲9号	100085	62961515
18	时代集团公司技术中心	时代集团公司	海淀园	先进制造	海淀区上地信息产业基地开拓路17号	100085	62982299
19	江河创建集团股份有限公司技术中心	江河创建集团股份有限公司	顺义园	先进制造	顺义区牛汇北五街5号	101300	60411166
20	北京北一机床股份有限公司技术中心	北京北一机床股份有限公司	顺义园	其他	顺义区林河工业开发区双河大街16号	101300	89496161
21	北京东方雨虹防水技术股份有限公司技术中心	北京东方雨虹防水技术股份有限公司	顺义园	其他	顺义区顺平路沙岭段甲2号	101309	56303999
22	有研半导体材料有限公司技术中心	有研半导体材料股份有限公司	海淀园	新材料	海淀区新街口外大街2号	100088	82087088
23	汉王科技股份有限公司技术中心	汉王科技股份有限公司	海淀园	电子信息	海淀区东北旺西路8号中关村软件园汉王大厦	100193	82786699
24	北京启明星辰信息技术股份有限公司技术中心	北京启明星辰信息技术股份有限公司	海淀园	电子信息	海淀区东北旺西路8号中关村软件园启明星辰大厦	100193	82779088
25	中国华电科工集团有限公司技术中心	中国华电科工集团有限公司	丰台园	其他	丰台区汽车博物馆东路6号华电科工大厦	100160	63918219
26	北京神州泰岳软件股份有限公司技术中心	北京神州泰岳软件股份有限公司	海淀园	电子信息	朝阳区北苑路北甲13号院1号楼北辰泰岳大厦22层	100107	58847555
27	北京双鹭药业股份有限公司技术中心	北京双鹭药业股份有限公司	海淀园	生物医药	海淀区西三环北路100号金玉大厦	100049	64742227
28	北京三元食品股份有限公司技术中心	北京三元食品股份有限公司	大兴—亦庄园	生物医药	大兴区瀛海瀛昌街8号	100076	56306666
29	中铁十六局集团有限公司技术中心	中铁十六局集团有限公司	朝阳园	其他	朝阳区红松园北里2号	100018	51883272
30	百度在线网络技术（北京）有限公司技术中心	百度在线网络技术(北京）有限公司	海淀园	电子信息	海淀区上地十街10号百度大厦3层上地北区	100085	59928888
31	京东方科技集团股份有限公司技术中心	京东方科技集团股份有限公司	朝阳园	电子信息	朝阳区酒仙桥路10号	100016	64318888
32	新奥特（北京）视频技术有限公司技术中心	新奥特（北京）视频技术有限公司	海淀园	电子信息	海淀区五棵松路49号新奥特科技大厦	100195	62586666
33	北京资源亚太饲料科技有限公司技术中心	北京资源亚太饲料科技有限公司	大兴—亦庄园	生物医药	大兴区黄村镇兴政街31号科技大厦	102600	69266329
34	中国电子工程设计院技术中心	中国电子工程设计院	海淀园	其他	海淀区西四环北路160号	100142	88193666
35	中国建筑科学研究院技术中心	中国建筑科学研究院	朝阳园	其他	朝阳区北三环东路30号	100013	64517000
36	中铁第五勘察设计院集团有限公司技术中心	中铁第五勘察设计院集团有限公司	大兴—亦庄园	其他	大兴区黄村镇康庄路9号	102600	51011506
37	中煤北京煤矿机械有限责任公司技术中心	中煤北京煤矿机械有限责任公司	房山园	先进制造	房山区矿机路1号	102400	81369880
38	中铁十九局集团有限公司技术中心	中铁十九局集团有限公司	大兴—亦庄园	其他	北京经济技术开发区荣华南路19号	100176	15011028850
39	中国京冶工程技术有限公司技术中心	中国京冶工程技术有限公司	海淀园	其他	海淀区西土城路33号	100088	82228001

（续表）

序号	名称	依托单位	所属园区	领域	地址	邮编	电话
40	北京二七轨道交通装备有限责任公司技术中心	北京二七轨道交通装备有限责任公司	丰台园	先进制造	丰台区长辛店杨公庄1号	100072	83306001
41	北京天地玛珂电液控制系统有限公司技术中心	北京天地玛珂电液控制系统有限公司	朝阳园	先进制造	朝阳区青年沟路5号天地大厦1层	100013	84263000
42	北京中科科仪股份有限公司技术中心	北京中科科仪股份有限公司	海淀园	先进制造	海淀区中关村北二条13号	100190	62560908
43	北京科诺伟业科技股份有限公司技术中心	北京科诺伟业科技股份有限公司	海淀园	先进制造	海淀区王庄路1号清华同方科技广场B座23层	100083	82378899
44	北京神州绿盟信息安全科技股份有限公司技术中心	北京神州绿盟信息安全科技股份有限公司	海淀园	电子信息	海淀区北洼路4号益泰大厦3层	100089	68438880
45	北京神雾环境能源科技集团股份有限公司技术中心	北京神雾环境能源科技集团股份有限公司	昌平园	先进制造	昌平区马池口镇神牛路18号	102200	60751999
46	北京伟嘉人生物技术有限公司技术中心	北京伟嘉人生物技术有限公司	海淀园	生物医药	海淀区上地三街9号嘉华大厦D座8层	100085	62988706
47	中国路桥工程有限责任公司技术中心	中国路桥工程有限责任公司	大兴—亦庄园	其他	东城区安定门外大街丙88号	100011	64280055
48	北京当升材料科技股份有限公司技术中心	北京当升材料科技股份有限公司	丰台园	新材料	丰台区南四环西路188号总部基地18区21号楼	100160	52269500
49	北京汽车股份有限公司技术中心	北京汽车股份有限公司	顺义园	汽车及零部件制造	顺义区双河大街99号	100021	56636000
50	北京金隅股份有限公司技术中心	北京金隅股份有限公司	东城园	其他	东城区北三环东路36号环球贸易中心D座	100013	66411587
51	同方威视技术股份有限公司技术中心（分中心）	同方威视技术股份有限公司	海淀园	电子信息	海淀区双清路同方大厦A座2层	100084	62780909
52	普天科创实业有限公司技术中心（分中心）	普天科创实业有限公司	朝阳园	电子信息	朝阳区东直门外将台路5号	100015	59222222
53	北新建材集团有限公司技术中心（分中心）	北新建材集团有限公司	海淀园	新材料	海淀区首体南路9号主语国际4号楼9、10层	100048	68799800
54	通达耐火技术股份有限公司技术中心（分中心）	通达耐火技术股份有限公司	海淀园	新材料	海淀区清河安宁庄东路1号院	100085	62914308
55	中国软件与技术服务股份有限公司技术中心（分中心）	中国软件与技术服务股份有限公司	海淀园	电子信息	海淀区学院南路55号中软大厦B座1层	100081	51527800
56	中交第一公路工程局有限公司技术中心	中交第一公路工程局有限公司	朝阳园	其他	朝阳区管庄周家井世通国际大厦A座15～19层	100024	65168299
57	中铁二十二局集团有限公司技术中心	中铁二十二局集团有限公司	石景山园	其他	石景山区石景山路35号	100043	51889839
58	航天长征化学工程股份有限公司技术中心	航天长征化学工程股份有限公司	大兴—亦庄园	环境保护技术	北京市经济技术开发区东区经海四路141号	101111	56325000
59	北京高能时代环境技术股份有限公司技术中心	北京高能时代环境技术股份有限公司	海淀园	环境保护技术	海淀区地锦路中关村环保科技园9号院高能环境大厦	100095	62490000
60	北京首航艾启威节能技术股份有限公司技术中心	北京首航艾启威节能技术股份有限公司	大兴—亦庄园	环境保护技术	丰台区南四环188号总部基地3区20号楼	100067	52255555

资料来源：中关村科技园区管理委员会

中关村国家自主创新示范区国家工程研究中心一览表

序号	名称	依托单位	所属园区	领域	地址	邮编	电话
1	制造业自动化国家工程研究中心	北京机械工业自动化研究所	西城园	先进制造	西城区德胜门外教场口1号	100120	82285005
2	信息安全共性技术国家工程研究中心	中国科学院信息工程研究所	海淀园	电子信息	海淀区杏石口路65号益园文创基地C区1号楼4层	100195	82486161
3	小卫星及其应用国家工程研究中心	航天东方红卫星有限公司	海淀园	先进制造	海淀区友谊路104号	100094	68745024
4	先进钢铁材料技术国家工程研究中心	中国钢研科技集团有限公司	海淀园	新材料	海淀区学院南路76号钢铁研究总院南院新材料大楼6层	100081	62188321
5	无污染有色金属提取及节能技术国家工程研究中心	北京矿冶研究总院	丰台园	新材料	丰台区南四环西路188号总部基地18区	100160	63299843
6	输配电及节电技术国家工程研究中心	中国电力科学研究院	海淀园	新能源与节能	海淀区清河小营东路15号	100192	82812114
7	生物芯片北京国家工程研究中心	北京博奥生物芯片有限责任公司	昌平园	生物医药	昌平区生命科学园路18号	102206	80726868
8	生物饲料开发国家工程研究中心	中国农业科学院饲料研究所	海淀园	生物医药	海淀区中关村南大街12号	100081	62117012
9	软件工程国家工程研究中心	北京大学	海淀园	电子信息	海淀区北四环西路9号银谷大厦	100080	61137666
10	燃气轮机与煤气化联合循环国家工程研究中心	清华大学等	海淀园	其他	海淀区清华大学	100084	82151165
11	煤层气开发利用国家工程研究中心	中联煤层气国家工程研究中心有限责任公司	海淀园	其他	海淀区地锦路7号1幢	100095	50866600
12	炼油工艺与催化剂国家工程研究中心	中国石油化工股份有限公司石油化工科学研究院	海淀园	其他	海淀区学院路18号	100083	62310806
13	连铸技术国家工程研究中心	钢铁研究总院	海淀园	新材料	海淀区学院南路76号	100081	62183336
14	精密成形国家工程研究中心	北京机电研究所	海淀园	先进制造	海淀区学清路18号	100083	82415018
15	经济领域系统仿真技术应用国家工程研究中心	中国航天科工集团公司第二研究院	海淀园	电子信息	海淀区永定路52号	100854	68387521
16	基础软件国家工程研究中心	中国科学院软件研究所等	海淀园	电子信息	海淀区中关村南四街4号	100190	62661012
17	机械产品再制造国家工程研究中心	装甲兵工程学院、北京首科集团公司、山东能源机械集团	房山园	先进制造	房山区长阳镇	102445	66717531
18	轨道交通运行控制系统国家工程研究中心	北京交通大学等	海淀园	先进制造	海淀区上园村3号	100044	51683296
19	光盘系统及其应用技术国家工程研究中心	清华大学	海淀园	电子信息	海淀区清华大学	100084	82863227
20	光电子器件国家工程研究中心	中国科学院半导体研究所	海淀园	新材料	海淀区清华东路甲35号	100083	82304182

（续表）

序号	名称	依托单位	所属园区	领域	地址	邮编	电话
21	公路养护技术国家工程研究中心	中公高科养护科技股份有限公司	海淀园	其他	海淀区地锦路9号院4号楼	100095	82364000
22	工业环境保护国家工程研究中心	中冶建筑研究总院有限公司	海淀园	环境保护技术	海淀区西土城路33号	100088	82227604
23	工业锅炉及民用煤清洁燃烧国家工程研究中心	清华大学	海淀园	其他	海淀区清华大学	100084	62782108
24	工程塑料国家工程研究中心	中国科学院理化技术研究所	海淀园	新材料	海淀区中关村东路29号	100190	82543770
25	高效轧制国家工程研究中心	北京科技大学	海淀园	先进制造	海淀区学院路30号	100083	62332598
26	电子政务应用基础设施国家工程研究中心	北京航空航天大学、中国电子技术标准化研究所等	海淀园	电子信息	海淀区学院路37号	100191	82317114
27	电子出版新技术国家工程研究中心	北京大学	海淀园	电子信息	海淀区中关村北大街128号	100080	82529813
28	蛋白质药物国家工程研究中心	北京正旦国际科技有限责任公司	昌平园	生物医药	昌平区生命科学园科学园路33号	102206	80727777
29	大规模集成电路CAD国家工程研究中心	北京华大九天软件有限公司	朝阳园	电子信息	朝阳区利泽中二路2号望京科技园A座2层	100102	84776888
30	半导体材料国家工程研究中心	有研半导体材料股份有限公司	西城园	新材料	西城区新街口外大街2号	100088	82087088
31	稀土材料国家工程研究中心	有研稀土新材料股份有限公司	西城园	新材料	西城区新街口外大街2号	100088	82087088
32	中药复方新药开发国家工程研究中心	北京中研同仁堂医药研发有限公司	丰台园	生物工程和新医药	丰台区南三环中路20号	100075	13910139969
33	新型疫苗国家工程研究中心	北京微谷生物医药有限公司	大兴—亦庄园	生物工程和新医药	北京经济技术开发区经海二路38号	101111	52245097
34	下一代互联网关键技术和评测国家地方联合工程研究中心（北京）	下一代互联网关键技术和评测北京市工程研究中心有限公司	大兴—亦庄园	电子信息	北京经济技术开发区路东区经海东路58号院5号楼1层101室	100176	13716862405
35	木材工业国家工程研究中心	中国林业科学院木材工业研究所	海淀园	新材料	海淀区万寿山后中国林科院内	100091	62889410
36	油气勘探计算机软件国家工程研究中心	中油油气勘探软件国家工程研究中心有限公司	海淀园	电子信息	海淀区海淀大街甲36号惠华大厦	100080	81200213
37	卫星导航应用国家工程研究中心	航天长征火箭技术有限公司	丰台园	航空航天	丰台区东高地南大红门路1号内	100076	68382523
38	聚烯烃国家工程研究中心	中国石化北京化工研究院	朝阳园	新材料	朝阳区北三环东路14号	100013	64216131
39	橡塑新型材料合成国家工程研究中心	中国石化北京化工研究院	朝阳园	新材料	朝阳区北三环东路14号	100013	64216131
40	精密超精密加工国家工程研究中心	北京机床研究所	顺义园	先进制造	顺义区天竺开发区A区天柱西路22号	101312	80420808
41	纤维基复合材料国家工程研究中心	中国纺织科学研究院	朝阳园	新材料	朝外延静里中街3号	100025	65987114
42	公路长大桥建设国家工程研究中心	中交公路长大桥建设国家工程研究中心有限公司	西城园	其他	西城区德胜门外大街85号	100088	82017026

资料来源：中关村科技园区管理委员会

中关村国家自主创新示范区国家工程技术研究中心一览表

序号	名称	依托单位	所属园区	领域	地址	邮编	电话	建设、验收年份
1	国家并行计算机工程技术研究中心	中国科学院计算技术研究所、江南计算技术研究所	海淀园	信息与通信	海淀区科学院南路6号	100190	62570431	1992 1996
2	国家高性能计算机工程技术研究中心	中国科学院计算技术研究所、北京曙光天演信息技术有限公司	海淀园	信息与通信	海淀区科学院南路6号	100190	62657255	1997 2000
3	国家企业信息化应用支撑软件工程技术研究中心	清华大学、华中科技大学	海淀园	制造业	海淀区清华大学华业大厦3区4层	100084	62782208	1997 2000
4	国家数据通信工程技术研究中心	兴唐通信科技股份有限公司	海淀园	信息与通信	海淀区学院路40号	100191	62301219	1992 1995
5	国家网络新媒体工程技术研究中心	中国科学院声学研究所、中国科学技术大学	海淀园	信息与通信	海淀区北四环西路21号	100190	62540072	2007 2010
6	国家遥感应用工程技术研究中心	中国科学院遥感与数字地球研究所	朝阳园	信息与通信	朝阳区安外大屯路甲20号	100101	64889206	1997 2000
7	国家专用集成电路设计工程技术研究中心	中国科学院自动化研究所	海淀园	信息与通信	海淀区中关村东路95号	100190	62554297	1992 2012
8	国家生化工程技术研究中心（北京）	中国科学院过程工程研究所	海淀园	轻纺医药卫生	海淀区中关村北二条1号	100190	62550875	1996 2000
9	国家工业建筑诊断与改造工程技术研究中心	中冶建筑研究总院有限公司	海淀园	建设与环境保护	海淀区西土城路33号	100088	82227377	1993 1996
10	国家住宅与居住环境工程技术研究中心	中国建筑设计研究院	西城园	建设与环境保护	西城区车公庄大街19号	100044	68302801	1993 1999
11	国家智能交通系统工程技术研究中心	交通运输部公路科学研究院	海淀园	能源与交通	海淀区西土城路8号	100088	62079526	1999 2003
12	国家铁路智能运输系统工程技术研究中心	中国铁道科学研究院	海淀园	能源与交通	海淀区大柳树路2号	100081	51849016	2000 2004
13	国家新能源工程技术研究中心	北京市太阳能研究所有限公司	海淀园	能源与交通	朝阳区北苑路大羊坊10号	100012	84932673	1992 1995
14	国家板带生产先进装备工程技术研究中心	北京科技大学、燕山大学	海淀园	制造业	海淀区学院路30号	100083	62332598	2009 2012
15	国家钢结构工程技术研究中心	中冶建筑研究总院有限公司	海淀园	建设与环境保护	海淀区西土城路33号	100088	82227377	2007 2011
16	国家工业控制机及系统工程技术研究中心	中国航天科技集团公司五院502研究所	海淀园	制造业	海淀区知春路61号康拓科技大厦	100190	62523971	1993 1996
17	国家固体激光工程技术研究中心	中国电子科技集团公司第十一研究所	朝阳园	制造业	朝阳区酒仙桥路4号	100015	84321411	1992 1995
18	国家计算机集成制造系统工程技术研究中心	清华大学	海淀园	制造业	海淀区清华大学中央主楼6层	100084	62783197	1992 1995

（续表）

序号	名称	依托单位	所属园区	领域	地址	邮编	电话	建设、验收年份
19	国家金属矿产资源综合利用工程技术研究中心（北京）	北京矿冶研究总院	西城园	资源开发	西城区文兴街1号	100044	88333366	1994
20	国家磁性材料工程技术研究中心	北京矿冶研究总院-北矿磁材科技股份有限公司	西城园	新材料	丰台区南四环路188号6区5号楼	100070	67537184	1992 1995
21	国家非晶微晶合金工程技术研究中心	中国钢研科技集团有限公司	海淀园	新材料	海淀区学院南路76号	100081	62183317	1996 1999
22	国家通用工程塑料工程技术研究中心	北京市化学工业研究院	海淀园	新材料	海淀区中关村北大街123号华腾科技大厦5层	100084	62640827	1991 1995
23	国家有色金属复合材料工程技术研究中心	北京有色金属研究总院	西城园	新材料	西城区新街口外大街2号	100088	82241220	1992 1996
24	国家碳纤维工程技术研究中心	北京化工大学、中国石油天然气股份有限公司吉林分公司	朝阳园	新材料	朝阳区北三环东路15号	100029	64434771	1992 2008
25	国家昌平综合农业工程技术研究中心	中国农业科学院作物研究所	海淀园	农业	海淀区中关村南大街12号	100081	68975179	1991 1995
26	国家花卉工程技术研究中心	北京林业大学	海淀园	农业	海淀区清华东路35号	100083	62338279	2005 2008
27	国家蔬菜工程技术研究中心	北京市农林科学院蔬菜研究中心	海淀园	农业	海淀区西郊板井村	100097	51503032	1992 1995
28	国家节水灌溉北京工程技术研究中心	中国水利水电科学研究院、中国灌溉排水发展中心	海淀园	农业	海淀区车公庄西路20号	100044	68786521	1999 2002
29	国家农业信息化工程技术研究中心	北京市农林科学院	海淀园	农业	海淀区西郊板井村	100097	51503473	2001 2005
30	国家农业机械工程技术研究中心	中国农业机械化科学研究院	朝阳园	农业	朝阳区德胜门外北沙滩1号	100083	64882238	1999 2002
31	国家饲料工程技术研究中心	中国农业大学、中国农业科学院饲料研究所	海淀园	农业	海淀区圆明园西路2号	100193	62829803	2000 2004
32	国家奶牛胚胎工程技术研究中心	北京首都农业集团有限公司	西城园	农业	延庆区北京奶牛中心延庆基地	100085	62948036	2004 2008
33	国家作物分子设计工程技术研究中心	北京未名凯拓农业生物技术有限公司	海淀园	农业	海淀区上地西路39号北大生物城	100085	62986799	2008 2012
34	国家果蔬加工工程技术研究中心	中国农业大学	海淀园	农业	海淀区清华东路17号	100083	62737434	2010 2014
35	国家测绘工程技术研究中心	中国测绘科学研究院	海淀园	建设与环境保护	海淀区莲花池西路28号	100830	63880820	2009 2013
36	国家科技信息资源综合利用与公共服务中心	中国科学技术信息研究所	海淀园	信息与通信	海淀区复兴路15号	100038	58882425	2010 2014
37	国家农业智能装备工程技术研究中心	北京市农林科学院	海淀园	农业	海淀区西郊板井村	100097	51503686	2009 2013

（续表）

序号	名称	依托单位	所属园区	领域	地址	邮编	电话	建设、验收年份
38	国家蛋品安全生产与加工工程技术研究中心	北京德青源农业科技股份有限公司	延庆园	农业	延庆区张山营镇德青源生态园院内	102115	59798166-222	2009 2013
39	国家建筑工程技术研究中心	中国建筑科学研究院	朝阳园	建设与环境保护	朝阳区北三环东路	100013	64517000	1993 1996
40	国家皮革及制品工程技术研究中心	中国皮革和制鞋工业研究院	朝阳园	轻纺医药卫生	朝阳区将台西路18号	100015	64362592	2009 2013
41	国家超精密机床工程技术研究中心	北京市机床研究所	朝阳园	制造业	朝阳区望京路4号	100012	64736742	2004 2008
42	国家火力发电工程技术研究中心	华北电力大学	昌平园	能源与交通	昌平区朱辛庄北农路2号	102206	61772209	2009 2013
43	国家应急防控药物工程技术研究中心	军事医学科学研究院	海淀园	轻纺医药卫生	海淀区太平路27号	100850		2010 2014
44	国家半导体泵浦激光工程技术研究中心	北京国科世纪激光技术有限公司	海淀园	新材料	昌平区百葛路9号院1号楼2层	102211	56760700	2011 2015
45	国家有色金属新能源材料与制品工程技术研究中心	北京有色金属研究总院	西城园	新材料	西城区新街口外大街2号	100088	82241240	2012
46	国家阻燃材料工程技术研究中心	北京理工大学	海淀园	新材料	海淀区中关村南大街5号	100081	68912927	2012
47	国家科技资源共享服务工程技术研究中心	北京航空航天大学	海淀园	科技服务	海淀区学院路37号	100191	82316681	2012
48	国家心脏病植介入诊疗器械及设备工程技术研究中心	乐普（北京）医疗器械股份有限公司	昌平园	生物工程	昌平区超前路37号	102200	80120651	2012
49	国家玻璃深加工工程技术研究中心	中国建筑材料科学研究总院	朝阳园	新材料	朝阳区管庄东里1号	100024	51167361	1999 2003
50	国家冶金自动化工程技术研究中心	冶金自动化研究设计院	丰台园	制造业	丰台区西三环南路72号	100071	63898746	1992 1997
51	国家棉花加工工程技术研究中心	中棉工业有限责任公司	西城园	农业	西城区宣武门外大街甲1号环球财讯中心B座6层	100052	59338968	2010 2014
52	国家水煤浆工程技术研究中心	煤炭科学研究总院	朝阳园	能源与交通	朝阳区和平里青年沟东路5号	100013	84261742	1992 1996
53	国家母婴乳品健康工程技术研究中心	北京三元股份有限公司	大兴—亦庄园	农业	大兴区瀛海瀛昌街8号	100076	56306519	2014
54	国家纤维增强模塑料工程技术研究中心	北京玻璃钢研究设计院	延庆园	新材料	延庆区八达岭经济开发区康西路261号	102101	61161236	1992
55	国家城市环境污染控制工程技术研究中心	北京市环境保护科学研究院	西城园	建设与环境保护	西城区北营房中街59号	100037	68314675	1996

资料来源：中关村科技园区管理委员会

2016 年中关村国家自主创新示范区收入超 100 亿元企业一览表

（续表）

序号	法人单位名称	所属园区
1	北京京东世纪贸易有限公司	海淀园
2	北京奔驰汽车有限公司	大兴—亦庄园
3	梅赛德斯－奔驰（中国）汽车销售有限公司	朝阳园
4	中国移动通信集团终端有限公司	昌平园
5	北京京东世纪信息技术有限公司	大兴—亦庄园
6	小米通讯技术有限公司	海淀园
7	国网冀北电力有限公司	西城园
8	中国建筑一局（集团）有限公司	丰台园
9	中国交通建设股份有限公司	西城园
10	联想（北京）有限公司	海淀园
11	北京普天太力通信科技有限公司	海淀园
12	北汽福田汽车股份有限公司	昌平园
13	中国中铁股份有限公司	丰台园
14	神华销售集团华北能源贸易有限公司	昌平园
15	中海石油气电集团有限责任公司	朝阳园
16	北京市燃气集团有限责任公司	西城园
17	五矿有色金属股份有限公司	海淀园
18	中交第一公路工程局有限公司	朝阳园
19	中电建路桥集团有限公司	海淀园
20	中国港湾工程有限责任公司	东城园
21	京沪高速铁路股份有限公司	海淀园
22	中国移动通信集团北京有限公司	东城园
23	中铁十九局集团有限公司	大兴—亦庄园
24	北京神州数码有限公司	海淀园
25	中铁建设集团有限公司	石景山园
26	西门子（中国）有限公司	朝阳园
27	中国长安汽车集团股份有限公司	海淀园
28	北京汽车股份有限公司	顺义园
29	中铁六局集团有限公司	海淀园
30	中建二局第三建筑工程有限公司	丰台园
31	中铁建工集团有限公司	丰台园
32	中国印钞造币总公司	西城园
33	中国光大银行股份有限公司信用卡中心	石景山园
34	北京科园信海医药经营有限公司	丰台园
35	北京福田戴姆勒汽车有限公司	怀柔园
36	中国矿产有限责任公司	海淀园
37	中国铁建电气化局集团有限公司	石景山园
38	中车物流有限公司	海淀园
39	朔黄铁路发展有限责任公司	海淀园
40	百度时代网络技术（北京）有限公司	海淀园
41	拜耳医药保健有限公司	大兴—亦庄园
42	华润医药商业集团有限公司	东城园
43	神华国华（北京）电力研究院有限公司	朝阳园
44	百度在线网络技术（北京）有限公司	海淀园
45	北京城建集团有限责任公司	海淀园
46	北京京东方显示技术有限公司	大兴—亦庄园
47	施耐德电气（中国）有限公司	朝阳园
48	中石油管道联合有限公司	昌平园
49	北京神华昌运高技术配煤有限公司	昌平园
50	中铁电气化局集团有限公司	丰台园
51	乐视移动智能信息技术（北京）有限公司	顺义园
52	中铁二十二局集团有限公司	石景山园
53	爱立信（中国）通信有限公司	朝阳园
54	河钢集团北京国际贸易有限公司	昌平园
55	翰林汇信息产业股份有限公司	海淀园
56	神州数码（中国）有限公司	海淀园
57	腾讯科技（北京）有限公司	海淀园
58	天安人寿保险股份有限公司	石景山园
59	服务业单位 032	丰台园
60	中交第四公路工程局有限公司	东城园
61	服务业单位 086	海淀园
62	诺基亚通信系统技术（北京）有限公司	东城园
63	中国中铁航空港建设集团有限公司	海淀园
64	中交路桥建设有限公司	通州园
65	万宝矿产有限公司	丰台园
66	中博世金科贸有限责任公司	丰台园
67	微软（中国）有限公司	海淀园
68	中建材集团进出口公司	海淀园
69	中外运—敦豪国际航空快件有限公司	大兴—亦庄园
70	北京华为数字技术有限公司	海淀园
71	北京百度网讯科技有限公司	海淀园
72	中国机械设备工程股份有限公司	西城园
73	中建一局集团建设发展有限公司	朝阳园

资料来源：中关村科技园区管理委员会

中关村国家自主创新示范区企业获2016年度中国驰名商标一览表

序号	注册人	商标	商品或服务	所属园区
1	北京易华路信息技术股份有限公司	易华录	道路交通信号控制机	石景山园
2	北京金盾建材有限公司	金盾 JINDUN 及图	防水卷材、屋顶用沥青涂层	顺义园
3	北京黎明文仪家具有限公司	LMFU	家具、办公家具	通州园
4	北京四环制药有限公司	四环 SIHUAN 及图	各种针剂	通州园
5	中国印钞造币总公司	中钞国鼎	硬币、铜质纪念品	西城园
6	中国农业生产资料集团公司	中国农资 SINO-AGRI	农业肥料、化学肥料	西城园

资料来源：北京市工商行政管理局

2015年度中关村品牌推介系列榜单

2015中关村十大创投案例

序号	项目名称	公司名称	所属行业	融资阶段	金额	投资机构
1	36氪	北京协力筑成传媒科技有限公司	信息技术—金融	D	1.5亿美元	蚂蚁金服领投、经纬中国等跟投
2	人人车	北京善义善美科技有限公司	信息技术—电子商务C2C	C	8500万美元	腾讯产业基金
3	蚁视科技	北京蚁视科技有限公司	科技服务	A、B	3亿元	红杉、高新兴
4	今目标	北京今目标信息技术有限公司	信息技术—应用办公软件	B	6000万美元	老虎基金
5	face++	北京旷视科技有限公司	科技服务—智能识别	B	2200万美元	启明创投、创新工场
6	跟谁学	北京百家互联科技有限公司	信息技术—教育平台	A	5000万美元	高榕资本
7	停简单	北京停简单信息技术有限公司	信息技术—O2O	A	2000万美元	千方集团、峰瑞资本
8	同心医联	同心医联科技（北京）有限公司	信息技术—移动医疗	A	1000万美元	君联资本
9	致导科技	致导科技（北京）有限公司	科技服务	A	2000万元	征金投资控股
10	纳源丰科技	北京纳源丰科技发展有限公司	科技服务	—	2000万元	中关村科技园区海淀园创业服务中心、优能尚卓基金

数据来源：中关村科技园区管理委员会

2015 中关村十大并购案例

序号	并购案例	并购（合并）主体	行业
1	滴滴打车、快的打车合并	北京小桔科技有限公司	移动互联网
2	紫光股份定增收购香港华三 51% 股权、紫光数码 44% 股权、紫光软件 49% 股权	紫光股份有限公司	集成电路产业
3	美团、大众点评合并	北京三快在线科技有限公司	移动互联网
4	58 同城、赶集网合并	北京五八信息技术有限公司	互联网
5	乐视汽车并购易到用车	乐视控股（北京）有限公司	智能交通
6	掌趣科技收购天马时空 80% 股权 & 上游信息 30% 股权	北京掌趣科技股份有限公司	IT 服务业
7	飞利信并购精图信息 100% 股权 & 杰东控制 100% 股权 & 欧飞凌通讯 100% 股权	北京飞利信科技股份有限公司	IT 服务业
8	蓝色光标并购亿动 100% 股权 & 多盟 95% 股权	北京蓝色光标品牌管理顾问股份有限公司	广告传媒
9	利亚德并购 Planar Systems，Inc.100% 股权	利亚德光电股份有限公司	高端装备制造业
10	天壕环境收购北京华盛 100% 股权	天壕环境股份有限公司	节能环保
11	海兰信间接收购劳雷产业	北京海兰信数据科技股份有限公司	高端装备制造业

注：因有并列结果，最终上榜案例为 11 个

数据来源：中关村科技园区管理委员会

2015 中关村十大新闻事件

序号	名称	推荐理由
1	李克强总理两次到访中关村 为“双创”加油助力	国务院总理李克强首次考察成立不到 1 年的中关村创业大街，是支持全国创新创业热潮的标志性事件。2015 年开始每年举办的“全国大众创业万众创新活动周”是政府大力支持创新创业的信号。两个事件都引起社会公众对创新创业的关注
2	中关村率先启动“创业中国”和“互联网 +”工程 助推创业创新	两大工程汇聚优势资源引领创新创业。对中关村示范区的未来 5 年发展有重要影响
3	中关村创新改革再升级 股权激励工商药品人才金融等又一批新政相继落地	国家有关部门对中关村示范区企业发展的政策支持，将进一步释放创新创业主体的活力，营造良好的创新创业环境
4	中关村打造“四众”新模式 汇聚发展新动能	中关村示范区的众创、众包、众扶、众筹新模式，对于在举国掀起的“大众创业，万众创新”热潮中，进一步发挥示范引领作用，具有典型示范意义
5	全球科技园区云集北京 中关村彰显国际创新吸引力	中关村管委会承办国际科技园区协会历史上参会国家和代表数量最多、规模最大的一次年会，是中关村示范区国际化程度不断提升的充分表现
6	中关村“大数据日”首次发布大数据产业发展路线图 京津冀大数据走廊初具雏形	近 1000 名国内外大数据领域的院士专家和企业家，围绕中关村大数据产业共谋发展、共话未来，中关村“大数据日”成为推动中国大数据产业发展先锋。全国首家开展数据资产登记确权赋值的服务机构诞生，具有大数据行业引领作用

（续表）

序号	名称	推荐理由
7	北京四板市场纳入中关村科技金融体系	金融创新，是科技创新创业的重要支撑和引擎，北京四板市场的调整，为中小微科技企业成长拓宽的融资渠道，向社会释放了积极信号
8	“中关村创业大街”有了升级版	作为全国双创热潮中的地标性建筑，创业大街已经成为中关村新时代的代表，成为社会关注的热点
9	百度无人驾驶车完成路测 标志中国无人驾驶车的发展进入新阶段	此次完成的路面测试，开启国内无人驾驶车实际使用的先河，而随着百度无人驾驶技术的日渐成熟，也让中国在世界无人驾驶技术领域占有一席之地
10	中芯国际量产高通28纳米芯片开启芯片制造新纪元	标志着移动互联芯片巨头高通与中芯国际在工艺制程和晶圆制造合作上的又一重要里程碑，同时也开启了中国晶圆制造的新纪元

数据来源：中关村科技园区管理委员会

2015中关村独角兽企业

（续表）

排名	企业名称	估值（亿美元）	领域	创立时间
1	小米	460	消费电子	2010年
2	CIP（美团点评）	180	电子商务	2010年
3	滴滴快的	165	交通运输	2012年
4	京东金融	70	互联网金融	2013年
5	乐视移动	50	消费电子	2014年
6	乐视体育	40	体育	2012年
7	神州专车	35.5	交通运输	2015年
8	凡客	30	电子商务（服装）	2007年
8	搜狗	30	软件技术	2004年
10	爱奇艺	25	传媒	2010年
11	科信美德	20	大健康	2014年
11	惠民网	20	电子商务	2013年
13	优信互联	17	电子商务	2011年
13	易到用车	17	交通运输	2010年
15	拉卡拉	16.7	互联网金融	2005年
16	人人贷	15.8	互联网金融	2010年
17	英雄互娱	15	移动竞技	2015年
17	APUS Group（麒麟合盛）	15	软件技术	2014年
17	微票儿	15	电子商务	2014年
17	口袋购物	15	电子商务	2011年
21	58到家	13	电子商务	2014年
21	途家网	13	旅游	2011年
23	罗计物流	12.6	物流	2014年
24	拉手网	11	电子商务	2010年
25	金山云	10.6	云服务	2012年
26	百度外卖	10	电子商务	2014年
27	趣分期	10	互联网金融	2014年
28	酒仙网	10	电子商务	2013年
29	春雨医生	10	大健康	2011年
30	Geo集奥聚合	10	大数据	2011年
31	蜜芽宝贝	10	电子商务	2011年
32	融360	10	互联网金融	2011年
33	一下科技	10	软件技术	2011年
34	车易拍	10	电子商务	2010年
35	美丽说	10	电子商务	2009年
36	我买网	10	电子商务	2009年
37	豌豆荚	10	软件技术	2009年
38	宝宝树	10	电子商务	2007年
39	玖富	10	互联网金融	2006年
40	VIPABC	10	在线教育	2004年

数据来源：中关村科技园区管理委员会

2015 中关村年度人物

序号	姓名	公司名称	类别
1	王　兴	北京三快科技有限公司（美团点评）	企业家
2	程　维	北京小桔科技有限公司（滴滴快的）	企业家
3	赵伟国	紫光集团有限公司（紫光集团）	企业家
4	孙陶然	拉卡拉支付有限公司（拉卡拉支付）	企业家
5	陆正耀	神州优车股份有限公司（神州专车）	企业家
6	吴　刚	同创九鼎投资管理集团股份有限公司（九鼎集团）	投资人
7	周　逵	红杉资本	投资人
8	施一公	清华大学	科学家
9	创业大街团队	北京海置科创科技服务有限公司（中关村创业大街）	创业服务机构
10	毛大庆	优客工场（北京）创业投资有限公司（优客工场）	创业服务机构

数据来源：中关村科技园区管理委员会

2015 中关村年度最受关注品牌

序号	企业名称	品牌名称
1	联想集团有限公司	联想
2	北京小米科技有限责任公司	小米
3	百度在线网络技术（北京）有限公司	百度
4	北京新浪互联信息服务有限公司	新浪
5	北京金山办公软件有限公司	WPS
6	北京京东世纪贸易有限公司	京东

（续表）

序号	企业名称	品牌名称
7	北京奇虎科技有限公司	360
8	利亚德光电股份有限公司	利亚德
9	蓝色光标传播集团	蓝色光标
10	北京协力筑成传媒科技有限公司	36 氪

数据来源：中关村科技园区管理委员会

2015 中关村十大天使投资人

序号	姓名	职务	机构名称
1	徐小平	创始人	真格基金
2	吴世春	创始合伙人	梅花天使创投
3	张　鹰	合伙人	创新工场
4	林　森	合伙人	英诺天使基金
5	宋春雨	总经理	联想乐基金
6	盛希泰	创始人	洪泰基金

（续表）

序号	姓名	职务	机构名称
7	张　野	创始人 &CEO	青山资本
8	周伟丽	董事长	安芙兰资本
9	王利杰	创始合伙人	荷多投资
10	徐　晨	合伙人	戈壁投资

数据来源：中关村科技园区管理委员会

2015 中关村十大创新成果

序号	创新成果名称	企业名称	所属领域
1	品驰可充电脑起搏器	北京品驰医疗设备有限公司	生物健康产业
2	百度无人驾驶汽车	北京百度网讯科技有限公司	前沿信息产业
3	脊柱外科手术机器人	北京天智航医疗科技股份有限公司	智能制造和新材料产业
4	肠道病毒 71 型灭活疫苗（Vero 细胞）	北京科兴生物制品有限公司	生物健康产业
5	Face++/Image++ 智能图像识别云服务	北京旷视科技有限公司	前沿信息产业
6	液态金属电子增材制造技术	北京梦之墨科技有限公司、中国科学院理化技术研究所	智能制造和新材料产业
7	石墨烯及应用研究	北京航空材料研究院	智能制造和新材料产业
8	基于深度学习的人工智能视觉引擎及应用系统	北京市商汤科技开发有限公司	前沿信息产业
9	QDChip 量子点光谱芯片	QDChip	前沿信息产业
10	基于三维视觉感知和深度学习技术的智能行为分析系统	北京格灵深瞳信息技术有限公司	前沿信息产业

数据来源：中关村科技园区管理委员会

2015 中关村十大创新标准

序号	标准项目名称	标准号	申报单位	所属领域	标准性质
1	LTE TDD 上下行干扰管理和业务自适应增强、用户设备一致性规范等六项标准	3GPP TR 36.828；3GPP 36.523	TD 产业联盟（北京电信技术发展产业协会）、大唐电信科技产业集团	移动互联网和新一代移动通信	国际
2	TePA 三元对等鉴别（信息技术 安全技术 实体鉴别 第 3 部分：采用数字签名技术的机制）	ISO/IEC 9798-3:1998/Amd.1:2010(E)	WAPI 产业联盟	移动互联网和新一代移动通信	国际
3	用于数字地面电视广播的频谱限制掩模	ITU-R BT.1206-2	北京数字电视国家工程实验室有限公司	移动互联网和新一代移动通信	国际
4	有机发光二极管显示器件 第 6-1 部分：光学和光电参数测试方法	IEC 62341-6-1:2009	北京维信诺科技有限公司	集成电路	国际
5	量度继电器和保护装置 第 151 部分：过 / 欠电流保护功能要求	IEC 60255-151:2009	北京紫光测控有限公司	高端装备与通用航空	国际
6	LED 照明产品加速衰减试验方法	ISA TCS-90012014	中关村半导体照明工程研发及产业联盟（国家半导体照明工程研发及产业联盟）	节能环保	国际
7	软件研发成本度量规范	SJ/T 11463—2013	中关村智联软件服务业质量创新联盟	现代服务业	行业
8	地理空间数据库访问接口	GB/T 30320—2013	北京超图软件股份有限公司	下一代互联网	国家
9	射频识别系统密码应用技术要求 系列标准第 1-5 部分	GM/T 0035.1 ～ 5—2014	北京中电华大电子设计有限责任公司	下一代互联网	行业
10	五轴联动雕刻加工中心 系列标准第 1-2 部分	JB/T 11569.1 ～ 2—2013	北京精雕科技集团有限公司	高端装备与通用航空	行业

数据来源：中关村科技园区管理委员会

2015 中关村新锐企业十强

序号	企业名称	所属行业	所属园区	成立时间
1	北京国能中电节能环保技术有限责任公司	节能环保	丰台园	2011 年 12 月 23 日
2	炫一下（北京）科技有限公司	文化创意	朝阳园	2011 年 8 月 26 日
3	北京乐动卓越科技有限公司	新一代信息技术	东城园	2012 年 8 月 10 日
4	北京海博思创科技有限公司	新能源	海淀园	2011 年 11 月 4 日
5	北京星网卫通科技开发有限公司	新一代信息技术	大兴—亦庄园	2012 年 5 月 29 日
6	安诺优达基因科技（北京）有限公司	生物医药	大兴—亦庄园	2012 年 4 月 28 日
7	北京光年无限科技有限公司	新材料	石景山园	2012 年 7 月 23 日
8	速得尔科技（北京）有限公司	新一代信息技术	海淀园	2014 年 3 月 11 日
9	北京国承万通信息科技有限公司	新一代信息技术	海淀园	2013 年 7 月 1 日
10	北京中网易企秀科技有限公司	新一代信息技术	海淀园	2015 年 7 月 28 日

数据来源：中关村科技园区管理委员会

2015 中关村十大海归新星

序号	姓名	单位	备注
1	刘昊扬	北京诺亦腾科技有限公司总经理	入选第十一批国家“千人计划”
2	龙　翔	七星天（北京）咨询有限责任公司总裁	入选科技部国家科技计划专家库及北京市第十一批“海聚工程”
3	阎　海	北京泛生子基因科技有限公司首席科学家	入选北京市第十一批“海聚工程”
4	周卫国	北京锐洁机器人科技有限公司董事长	入选北京市第十一批“海聚工程”
5	崔晶晶	北京集奥聚合科技有限公司董事长	2014 年入选北京市“海聚工程”
6	陈重建	安诺优达基因科技（北京）有限公司 CEO	入选北京市“海聚工程”
7	龚　衍	北京皓德创业科技有限公司董事长	2015 年入选中关村“高聚人才”
8	王　刚	平方创想教育科技（北京）有限公司 CEO	入选北京市“海聚工程”
9	冯　博	全新优筑（北京）建筑设计有限公司董事长	—
10	丑树人	北京碧水源膜科技有限公司高级工程师	2015 年获选入选北京市第十一批“海聚工程”

数据来源：中关村科技园区管理委员会

2015 中关村创业未来之星

序号	姓名	公司名称	职务
1	李光武	弘大科技（北京）有限公司（弘大科技）	董事长
2	崔毅龙	先花信息技术（北京）有限公司（先花花）	联合创始人兼 CEO
3	宋晨枫	北京小鱼儿科技有限公司（小鱼儿科技）	联合创始人兼 CEO
4	俞志晨	北京光年无限科技有限公司（图灵机器人）	创始人兼 CEO
5	蒋建平	北京云端时代科技股份有限公司（云端时代）	总经理
6	马　宁	北京支点联游科技有限公司（OpenXLive）	CEO
7	王昭赢	送姜（北京）信息科技有限公司（送姜）	CEO
8	马　力	北京中科虹霸科技有限公司（中科虹霸）	总经理
9	许方雷	北京格物乐道科技有限公司（格物者）	创始人
10	赵建君	北京君友世纪信息技术有限公司（君友世纪）	董事长

数据来源：中关村科技园区管理委员会

2015 德勤——中关村高科技高成长 20 强

排名	公司中文全称	所属行业	增长率（%）
1	北京亿心宜行汽车技术开发服务有限公司	通信 互联网	4332
2	北京中交兴路信息科技有限公司	通信 互联网	2486
3	北京志能祥赢节能环保科技股份有限公司	清洁技术	1042
4	北京航天恒丰科技发展有限公司	生命科学	655
5	北京零度智慧科技有限公司	软件	495
6	东电创新（北京）科技发展股份有限公司	软件	403
7	北京汉博信息技术有限公司	软件	377
8	北京华宇信息技术有限公司	软件	333
9	北京百奥赛图基因生物技术有限公司	生命科学	211
10	北京融安特智能科技股份有限公司	软件	197
11	北京易华录信息技术股份有限公司	软件	185
12	北京佳讯飞鸿电气股份有限公司	软件	135
13	北京科华微电子材料有限公司	硬件 半导体	112
14	中际联合（北京）科技股份有限公司	硬件 半导体	106
15	北京神州云动科技股份有限公司	通信 互联网	102
16	博彦科技股份有限公司	软件	92
17	北京联合永道软件股份有限公司	软件	87
18	天壕节能科技股份有限公司	清洁技术	74
19	北京航天泰坦科技股份有限公司	软件	69
20	北京新雷能科技股份有限公司	硬件 半导体	67

资料来源：中关村科技园区管理委员会

2016 年度中关村品牌推介系列榜单

2016 中关村十大创投案例

序号	项目名称	公司名称	所属行业	融资阶段	金额	投资机构
1	纪源晨兴携手贝塔斯曼腾讯联合投资 KEEP，助力移动体育领域应运成长	北京卡路里信息技术有限公司	体育产业	C	2000 万元	纪源资本 / 晨兴资本 / 贝塔斯曼亚洲投资基金 / 腾讯
2	驭势科技获创新工场垂青，开创无人自动驾驶技术新纪元	驭势科技（北京）有限公司	汽车服务	A	3500 万元	创新工场 / 真格基金 / 青山资本 / 中科创星 / 格林深瞳
3	云峰基金携手红杉注资 VIPKID，打造国内先进少儿英语口语教育平台	北京大米未来科技有限公司	在线教育	B/C	1 亿美元	云锋基金 / 红杉 / 真格基金
4	创新工场红杉联合投资第四范式，推动大数据人工智能应用开拓	北京物思创想科技有限公司	大数据	A	2 亿元	创新工场
5	小鱼儿科技致力发展互联网智能硬件领域，获创新工场、光速中国、成为资本、富士康联合注资	北京小鱼儿科技有限公司	智能硬件	B+	未披露（约 1000 万元）	创新工场 / 光速中国 / 成为资本
6	Geek+ 获高榕火山石投资，开辟人工智能应用新领域	北京极智嘉科技有限公司	智能硬件	A	1000 万元	火山石资本 / 高榕资本
7	作业帮专注定位国内中小学作业辅导，纪源襄禾引领红杉君联联合投资	作业帮教育科技（北京）有限公司	在线教育	B	6000 万美元	襄禾资本 / 红杉 / 君联资本 / 纪源资本
8	启赋资本领投布比区块链，引领国内区块链领域发展	布比（北京）网络技术有限公司	互联网金融	Pre-A	3000 万元	上海界石 / 启赋资本 / 创新工场 / 万向创业投资 / 招商局创新投资管理
9	智眸科技积极拓展智能双目相机技术应用，获多家投资机构青睐	北京智眸科技有限公司	智能硬件	A	1000 万美元	国家航空产业投资 / 汉能投资集团 / Translink 资本
10	星河互联携手红杉明势、创业邦投资 Microduino，开辟智能硬件应用新模式	美科科技（北京）有限公司	智能硬件	B	1000 万元	高通 / 红杉 / 创业邦投资 / 启赋资本

资料来源：中关村科技园区管理委员会

2016 中关村十大并购案例

序号	并购案例	并购（合并）主体	行业
1	滴滴并购 Uber	北京小桔科技有限公司	移动互联网
2	京东并购 1 号店	京东商城电子商务有限公司	移动互联网
3	梅泰诺并购 BBHI100% 股权	北京梅泰诺通信技术股份有限公司	互联网营销
4	光线传媒并购猫眼文化 57.4% 股权	北京光线传媒股份有限公司	娱乐与传媒
5	捷成股份并购 Auro Technologies20% 股权	北京捷成世纪科技股份有限公司	音频应用
6	旋极信息并购泰豪智能 100% 股权	北京旋极信息技术股份有限公司	其他建筑 / 工程
7	立思辰并购康邦科技 100% 股权	北京立思辰科技股份有限公司	网络教育
8	昆仑万维并购 Opera Software ASA 33.3% 股权	北京昆仑万维科技股份有限公司	网络社区
9	奥瑞金并购卡乐互动 21.8% 股权	奥瑞金包装股份有限公司	网络游戏
10	安泰科技并购天龙钨钼 100% 股权	安泰科技股份有限公司	其他机械制造

资料来源：中关村科技园区管理委员会

2016 中关村十大新闻事件

序号	名称	推荐理由
1	国务院印发《北京加强全国科技创新中心建设总体方案》 以中关村国家自主创新示范区为主要载体	经国务院总理李克强签批，国务院印发《北京加强全国科技创新中心建设总体方案》，明确了北京加强全国科技创新中心建设的总体思路、发展目标、重点任务和保障措施
2	中关村先行试点绿卡直通车创新外籍人才管理制度	公安部出台支持北京创新发展 20 项出入境政策，于 2016 年 3 月 1 日正式实施。20 项政策中，有 10 项是专为中关村示范区“量身打造”，是全国外籍人才管理力度最大的制度创新
3	中关村指数 2016 发布 创新创业环境指标位居第一	中关村指数 2016 在全国大众创业万众创新活动周北京会场启动仪式上发布，是全面刻画中关村创新发展最新趋势、最新特征的综合性指数
4	中关村在硅谷核心地带设立创新中心	位于美国圣克拉拉市的中关村硅谷创新中心开幕，为中关村示范区企业走向硅谷、走向世界、参与创新创业的全球化进程提供具有全球影响力的平台
5	股市中关村板块引领创新经济 两万亿总营收彰显实力	《2016 年中关村上市公司竞争力报告》显示，在 2015 年经济放缓的大环境下，中关村上市公司的总营收增长率远远超过中国 A 股公司总营收的平均增长水平，充分证明了中关村科技创新型企业具有经营业绩优良和保持高速增长的优势
6	中关村大街升级打造“双创”新地标	中关村智造大街是全国首个汇集“智能制造”创新创业资源的街区。未来中关村大街将沿大街向两侧拓展 300 米左右，搭建国际技术转移服务平台，集聚创新资源
7	“一链三带多社区”——中关村协同津冀打造创新城市群	根据《中关村京津冀协同创新共同体建设行动计划》，三地将推动各类创新主体合力建设以科技创新园区链为骨干，以协同发展产业带为载体，以创新社区为支撑的“一链三带多社区”协同创新共同体
8	中关村军民融合军地对接平台暨军方联络处揭牌启动	中关村军民融合军地对接平台暨军方联络处在海淀区揭牌启动，标志着中关村军民融合工作又向前迈出了重要一步
9	中关村瞪羚企业达 535 家全国居首 发展活力增强	《国家高新区瞪羚企业发展报告（2016 双创周特刊）》报告显示，中关村示范区瞪羚培育工作成效突出，瞪羚企业数量达 535 家，全国排名第一，占国家高新区瞪羚企业总量的 25%
10	中关村成立多家产业联盟 社会组织全方位参与中关村创新成果丰富	2016 年，中关村社会组织发展活跃，在推进国家战略、技术研发、产业升级等各方面积极发力

资料来源：中关村科技园区管理委员会

2016 中关村独角兽企业

排名	企业名称	估值（亿美元）	领域	创立时间
1	小米	460	智能硬件	2010 年
2	滴滴出行	338	交通出行	2012 年
3	美团点评	180	电子商务	2010 年
4	今日头条	92	新媒体	2012 年
5	借贷宝	76.9	互联网金融	2014 年
6	京东金融	71.8	互联网金融	2013 年
7	乐视移动	55	智能硬件	2014 年
8	神州专车	35.5	交通出行	2015 年
9	Here 地图	33	交通出行	2007 年
9	乐视体育	33	文化娱乐	2012 年
11	一下科技	30	文化娱乐	2011 年
11	阿里音乐	30	文化娱乐	2015 年
11	易鑫金融	30	互联网金融	2015 年
14	爱奇艺	25	文化娱乐	2010 年
15	百度外卖	24	电子商务	2014 年
16	快手	22	文化娱乐	2011 年
17	人人贷	20	互联网金融	2010 年
17	Face++	20	人工智能	2011 年
17	惠民网	20	电子商务	2013 年
17	科信美德	20	大健康	2014 年
17	微票儿	20	电子商务	2014 年
17	摩拜单车	20	交通出行	2015 年
23	优信互联	17	电子商务	2011 年
24	口袋购物	15	电子商务	2011 年
24	APUS Group	15	软件应用	2014 年
24	英雄互娱	15	文化娱乐	2015 年
27	乐视影业	14.7	文化娱乐	2011 年
28	宝宝树	14.5	电子商务	2007 年
29	途家网	13	旅游	2011 年
30	趣分期	12.91	互联网金融	2014 年
31	罗计物流	12.6	物流	2014 年
32	易生金服	12	互联网金融	2011 年
32	猫眼电影	12	文化娱乐	2012 年
32	ETCP 停车	12	交通出行	2012 年
35	360 企业安全	11.6	网络安全	2014 年
36	百望云	11.2	云服务	2015 年
37	金山云	11.1	云服务	2011 年
38	乐视云	10.8	云服务	2014 年

（续表）

排名	企业名称	估值（亿美元）	领域	创立时间
39	玖富	10	互联网金融	2006 年
39	猎聘网	10	企业服务	2006 年
39	VIPABC	10	互联网教育	2008 年
39	纷享逍客	10	企业服务	2008 年
39	亿赞普	10	大数据	2008 年
39	掌阅科技	10	文化娱乐	2008 年
39	我买网	10	电子商务	2009 年
39	易到用车	10	交通出行	2010 年
39	车易拍	10	电子商务	2010 年
39	酒仙网	10	电子商务	2010 年
39	36 氪	10	新媒体	2010 年
39	蜜芽宝贝	10	电子商务	2011 年
39	融 360	10	互联网金融	2011 年
39	春雨医生	10	大健康	2011 年
39	瓜子二手车	10	电子商务	2011 年
39	Geo 集奥聚合	10	大数据	2012 年
39	纳恩博	10	交通出行	2012 年
39	云知声	10	人工智能	2012 年
39	知乎	10	社交	2012 年
39	VIPKID	10	互联网教育	2013 年
39	美菜网	10	电子商务	2014 年
39	朴新教育	10	互联网教育	2014 年
39	云鸟配送	10	物流	2014 年
39	ofo 共享单车	10	交通出行	2014 年
39	商汤科技	10	人工智能	2014 年
39	优客工场	10	企业服务	2015 年
39	映客	10	文化娱乐	2015 年

资料来源：中关村科技园区管理委员会

2016 中关村十大天使投资人

（续表）

序号	姓名	职务	机构名称
1	徐小平	创始人	真格基金
2	李 竹	创始合伙人	英诺天使基金
3	吴世春	创始合伙人	梅花天使创投
4	冷 艳	执行董事	联想之星
5	王 啸	创始人	九合创投
6	朗春晖	合伙人	创新工场
7	张 野	创始人 &CEO	青山资本
8	张金生	董事长	启迪之星
9	周伟丽	董事长	安芙兰资本
10	王东晖	创始管理合伙人	阿米巴资本

资料来源：中关村科技园区管理委员会

2016 中关村年度人物

（续表）

序号	姓名	公司名称	类别
1	龚　宇	北京爱奇艺科技有限公司	企业家
2	张一鸣	北京字节跳动科技有限公司	企业家
3	刘庆峰	中科讯飞互联（北京）信息科技有限公司	企业家
4	刘　德	北京小米科技有限责任公司	企业家
5	徐井宏	清华控股有限公司	投资人
6	乔　杰	北京大学第三医院	科学家
7	戴　威	北京拜克洛克科技有限公司	企业家
8	陈生强	京东金融集团	企业家
9	张　颖	经纬中国	投资人
10	滕　放	因果树	服务机构

资料来源：中关村科技园区管理委员会

2016 中关村十大创新标准

序号	标准项目名称	标准号	申报单位	所属领域	标准性质
1	IMU/GPS 辅助航空摄影技术规范	GB/T 27919—2011	中测新图（北京）遥感技术有限责任公司	前沿信息	国家标准
2	嵌入式软件质量度量	GB/T 30961—2014	北京凯思昊鹏软件工程技术有限公司	前沿信息	国家标准
3	NFC–SEC 实体鉴别与密钥管理系列标准（使用非对称密码技术的 NFC–SEC 实体鉴别与密钥管理；使用对称密码技术的 NFC–SEC 实体鉴别与密钥管理）	ECMA 410；ECMA 411	WAPI 产业联盟（中国计算机行业协会无线网络和网络安全接入技术专业委员会）	前沿信息	国家标准
4	LED 照明应用接口要求：自散热、控制装置分离式 LED 模组的路灯 / 隧道灯	CSA016—2013	中关村半导体照明工程研发及产业联盟	智能制造和新材料	团体标准
5	碳化硅单晶抛光片系列标准（碳化硅单晶抛光片；碳化硅单晶抛光片微管密度无损检测方法）	GB/T 30656—2014；GB/T 31351—2014	北京天科合达半导体股份有限公司	智能制造和新材料	国家标准
6	有机发光二极管显示器件第 2–1 部分：OLED 显示模块基本额定值和特性	IEC 62341-2-1:2015	京东方科技集团股份有限公司	智能制造和新材料	国际标准
7	便携式电子产品用锂离子电池和电池组安全要求	GB 31241—2014	北京赛西科技发展有限责任公司	生态环境	国家标准
8	人体疾病易感 DNA 多态性检测基因芯片	GB/T 29889—2013	博奥生物集团有限公司	生物健康	国家标准
9	多参数食品现场快速检测仪系列标准（多参数食品现场快速检测仪通用技术条件；多参数食品现场快速检测仪试剂盒（包）质量检测总则）	JB/T 12019—2014；JB/T 12020—2014	北京普析通用仪器有限责任公司	新兴服务业	行业标准
10	智能运输系统车辆前向碰撞减缓系统操作性能和检验要求	C/ITS 0003—2014	中关村中交国通智能交通产业联盟	现代交通	团体标准

资料来源：中关村科技园区管理委员会

2016 中关村最受关注品牌

序号	企业名称	品牌名称
1	联想集团有限公司	联想
2	北京京东世纪贸易有限公司	京东
3	北京碧水源科技股份有限公司	碧水源
4	北京神雾环境能源科技集团股份有限公司	神雾
5	北京北斗星通导航技术股份有限公司	北斗星通
6	东华软件股份公司	东华软件
7	北京高能时代环境技术股份有限公司	高能时代
8	完美世界（北京）软件科技发展有限公司	完美世界
9	北京东方园林环境股份有限公司	东方园林
10	优客工场（北京）创业投资有限公司	优客工场

资料来源：中关村科技园区管理委员会

2016 中关村新锐企业十强

序号	企业名称	所属行业	所属园区	成立时间
1	北京柏惠维康科技有限公司	生物医药－高端医疗器械	海淀园	2010 年 8 月 3 日
2	北京云中融信网络科技有限公司	移动互联网	海淀园	2015 年 3 月 18 日
3	同光科技有限公司	高端装备制造	海淀园	2015 年 11 月 26 日
4	北京金堤科技有限公司	互联网	海淀园	2014 年 10 月 30 日
5	北京蘑菇科技有限公司	互联网＋旅游	东城园	2015 年 4 月 10 日
6	药渡经纬信息科技（北京）有限公司	生物医药	海淀园	2013 年 7 月 22 日
7	普强信息技术（北京）有限公司	软件与硬件	海淀园	2010 年 9 月 27 日
8	北京蚁视科技有限公司	智能硬件、穿戴设备、虚拟现实	海淀园	2014 年 3 月 11 日
9	北醒（北京）光子科技有限公司	软件与硬件	海淀园	2015 年 6 月 9 日
10	艾吉泰康生物科技(北京)有限公司	生物医药	昌平园	2014 年 9 月 26 日

资料来源：中关村科技园区管理委员会

2016 中关村十大海归新星

序号	姓名	单位	备注
1	宋晨枫	北京小鱼儿网络科技有限公司	—
2	康　睿	北京钱粮科技有限公司	入选北京市第十二批“海聚工程”
3	李峥嵘	北京星闪世图科技有限公司	入选北京市第十二批“海聚工程”
4	谭建伟	瑞曼博（北京）环保科技有限公司	—
5	刘　松	华电智连信达科技（北京）有限公司	—
6	马兆远	司马大大（北京）智能系统有限公司	—
7	黄家学	佳学基因医学技术（北京）有限公司	—
8	何晓武	思享时代（北京）科技有限公司	—
9	刘贵位	北京中科嘉固科技有限公司	入选北京市第十二批“海聚工程”
10	陈华伟	北京超微上达科技有限公司	入选北京市第十一批“海聚工程”

资料来源：中关村科技园区管理委员会

2016 中关村创业未来之星

序号	姓名	公司名称	职务
1	崔　萌	北京果仁宝科技有限公司	创始人 / 总裁
2	沈　飞	北京忆芯科技有限公司	创始人 / 首席执行官
3	黄家祥	万里云医疗信息科技（北京）有限公司	总经理
4	裴向宇	北京发镖网络科技有限公司	董事长
5	张　悦	缤刻普锐（北京）科技有限责任公司	CEO
6	雷雨田	北京彩球世纪科技有限公司	CEO
7	侯建彬	作业帮教育科技（北京）有限公司	创始人 /CEO
8	伏英娜	迈吉客科技（北京）有限公司	创始人 /CEO
9	周　文	北京麓柏科技有限公司	董事长 / 总经理
10	丁永强	北京云总财科技有限公司	CEO

资料来源：中关村科技园区管理委员会

北京地区2015年当选中国科学院院士一览表

序号	姓名	专业	工作单位
		数学物理学部	
1	王贻芳	粒子物理实验	中国科学院高能物理研究所
2	朱诗尧	物理、光学	北京计算科学研究中心
3	江　松	应用数学、计算数学	北京应用物理与计算数学研究所
4	张平文	计算数学	北京大学
5	谢心澄	凝聚态物理	北京大学
		化学部	
1	刘云圻	物理化学	中国科学院化学研究所
2	李玉良	无机化学	中国科学院化学研究所
3	张锁江	化学工程	中国科学院过程工程研究所
4	席振峰	有机化学	北京大学
		生命科学和医学学部	
1	王福生	临床传染病学	中国人民解放军第三〇二医院
2	李　蓬（女）	生理学与生物化学	清华大学
3	邵　峰	感染与免疫的分子机制	北京生命科学研究所
4	周　琪	干细胞生物学	中国科学院动物研究所
5	曹晓风（女）	植物表观遗传学	中国科学院遗传与发育生物学研究所
6	阎锡蕴（女）	纳米生物学	中国科学院生物物理研究所
		地学部	
1	吴福元	岩石学	中国科学院地质与地球物理研究所
2	张人禾	气象学	中国气象科学研究院
3	高　锐	地球物理与深部构造	中国地质科学院地质研究所
		信息技术科学部	
1	刘　明（女）	微电子科学与技术	中国科学院微电子研究所
2	陆建华	通信与信息系统	清华大学
3	房建成	导航、制导与控制	北京航空航天大学
4	姜　杰（女）	导航、制导与控制	中国航天科技集团公司第一研究院
5	周志鑫	信号与信息处理	北京市遥感信息研究所
6	顾　瑛（女）	生物医学光子学（激光医学）	中国人民解放军总医院
7	黄　如（女）	微电子学与固体电子学	北京大学
		技术科学部	
1	闫楚良	飞机结构寿命与可靠性	国机集团科学技术研究院有限公司
2	汪卫华	材料科学	中国科学院物理研究所
3	陈维江	高电压与绝缘技术	国家电网公司
4	俞大鹏	无机非金属材料科学与工程	北京大学
5	倪晋仁	治河工程、环境工程	北京大学

注：以姓氏笔画为序

资料来源：中国科学院网站

北京地区 2015 年当选中国工程院院士一览表

（续表）

序号	姓名	工作单位
		机械与运载工程学部
1	侯　晓	中国航天科技集团公司
2	李魁武	中国兵器工业集团
3	邱志明	海军装备研究院
4	孙　聪	中国航空工业集团公司
5	王华明	北京航空航天大学
		信息与电子工程学部
1	吴建平	清华大学
2	吴伟仁	国防科工局探月与航天工程中心
		化工、冶金与材料工程学部
1	陈建峰	北京化工大学
2	李　卫	钢铁研究总院
3	谢建新	北京科技大学
		能源与矿业工程学部
1	邓运华	中海油研究总院
2	顾大钊	神华集团有限责任公司
3	康红普	中国煤炭科工集团有限公司
4	李根生	中国石油大学（北京）
5	刘吉臻	华北电力大学
6	武　强	中国矿业大学（北京）
		土木、水利与建筑工程学部
1	彭永臻	北京工业大学
		环境与轻纺工程学部
1	贺克斌	清华大学
2	杨志峰	北京师范大学
3	岳国君	中粮集团有限公司
4	张远航	北京大学
		农业学部
1	金宁一	解放军军事医学科学院
2	沈建忠	中国农业大学
3	唐华俊	中国农业科学院
4	万建民	中国农业科学院
		医药卫生学部
1	高长青	解放军总医院
2	黄璐琦	中国中医科学院
3	李　松	解放军军事医学科学院
		工程管理学部
1	凌　文	神华集团有限责任公司

注：以汉语拼音为序，其中不包括3位中央军事委员会联合参谋部人员

资料来源：中国工程院网站

索 引
Index

说 明

1. 本索引采取主题索引也称内容分析索引法编制，索引词以《中关村年鉴2017》版正文中出现的专业名词、名词词组、机构名称等为主。

2. 大事记、统计资料及附录内容不在索引标注之内。

3. 本索引按汉语拼音音序排列。汉字的标目（索引词）按首字的音序、音调依次排列，首字相同时，则以第二字排序，以此类推。以阿拉伯数字打头的索引词，排在最前面，以英文字母打头的索引词，列于其次。

4. 本索引的文字部分为标目，即所要查找的内容，标目之后的数字，表示该标目所在正文中的页码（地址页）。

A

B

C

D

E

F

G

H

J

K

L

M

N

P

Q

R

S

T

W

X

Y

Z

编辑部地址：北京市海淀区西三环北路 27 号
北科大厦 1006 室
邮 政 编 码：100089
电　　　话：010－68451257　010－88827911
传　　　真：010－68722136
电 子 邮 箱：bjkjz007@sina.com
网　　　址：yqz.zgc.gov.cn